Mario Candeias (Hg.)
KlassenTheorie
Vom Making und Remaking

Mario Candeias (Hg.)

KlassenTheorie
Vom Making und Remaking

ARGUMENT

Für die Finanzierung des Projekts bedanken wir uns beim Institut für Gesellschaftsanalyse der Rosa-Luxemburg-Stiftung.

Die Deutsche Bibliothek verzeichnet diese Publikation in der Deutschen Nationalbibliografie; detaillierte bibliografische Daten sind im Internet über http://dnb.d-nb.de abrufbar.

© Mario Candeias 2021
© für diese Ausgabe Argument Verlag 2021
Glashüttenstraße 28, 20357 Hamburg
Telefon 040/4018000 – Fax 040/40180020
www.argument.de
Umschlag und Satz: Martin Grundmann
Umschlagbild: © Bruce Turner (CC BY 2.0,
flickr.com/photos/whiskeytango/3376087325)
Druck: CPI books, Leck
ISBN 978-3-86754-517-4
Zweite Auflage 2021

Inhalt

Vorwort: Wozu Klassentheorie, -analyse und -politik? 7

Mario Candeias, Crashkurs Klassenanalyse – eine Einleitung........... 9

1. **Die Grundlegung bei Marx und Engels**
   1.1. Michael Vester, Klasse an sich/für sich (2008)..................... 37
   1.2. Stuart Hall, Das ›Politische‹ und das ›Ökonomische‹ in der marxschen Klassentheorie (1977).............................. 47

2. **Das Making of**
   2.1. Antonio Gramsci, Gefängnishefte: Herrschaft und Führung (1929–35) .. 87
   2.2. Antonio Gramsci, Gefängnishefte: Politik der Subalternen, Spontaneität und Führung (1929–35)........................... 101
   2.3. Edward P. Thompson, Die Entstehung der englischen Arbeiterklasse: »Vorwort« und »Rituale gegenseitiger Hilfe« (1963) 125
   2.4. Rosa Luxemburg: Massenstreik, Partei und Gewerkschaften (Auszüge, 1906) 140
   2.5. Frank Deppe, Einheit und Spaltung als Konstitutionsproblem der Arbeiterklasse (1981) 149

3. **»Rasse« und Klasse**
   3.1. Stuart Hall, ›Rasse‹, Artikulation und Gesellschaften mit struktureller Dominante (1980)................................. 181
   3.2. Étienne Balibar, Der »Klassen-Rassismus« (1988) 224

4. **Struktur, Reproduktion, Widerstand**
   4.1. Alex Demirović, Nicos Poulantzas: Staat als materielle Verdichtung eines Kräfteverhältnisses – die Staatsapparate (2007/1987).......... 237
   4.2. Paul Willis, Erziehung zwischen Reproduktion und kultureller Produktion (1984)..................................... 270
   4.3. Pierre Bourdieu, Die feinen Unterschiede: »Der Habitus und der Raum der Lebensstile« und »Die symbolischen Auseinandersetzungen« (1979) 292
   4.4. Gayatri Spivak, Wer hört die Subalterne? Rück- und Ausblick (2014)... 310
   4.5. Steve Wright, Negris Klassenanalyse. Die autonomistische italienische Theorie in den 1970er Jahren (1996) 319

5. **Geschlecht und Klasse**
   5.1. Mariarosa Dalla Costa, Die Frauen und der Umsturz der Gesellschaft (1973).. 345
   5.2. Lise Vogel, Hausarbeit neu gedacht (2019)....................... 357
   5.3. Frigga Haug, Ein marginales Zentrum. Geschlechterverhältnisse sind Produktionsverhältnisse (2018)................................ 374

6. ReMaking: Transnationalisierung und Prekarisierung der Klasse
6.1. Projekt Automation und Qualifikation: Widersprüche der
Automationsarbeit – Widerspruchsanalyse (1987) 385
6.2. Ursula Huws, Die Produktion eines Kybertariats. Die Wirklichkeit
virtueller Arbeit (2002) 397
6.3. Mario Candeias, Das »unmögliche« Prekariat. Unmaking and
Remaking of Class (2009) 413
6.4. Didier Eribon, Rückkehr nach Reims. Wie aus Linken Rechte
werden (2016) 435

7. Verbindende Klassenpolitik
7.1. Tithi Bhattacharya, Auf dem Dachboden der Geschichte kramen.
Wie wir unsere Kämpfe neu erinnern sollten (2017) 453
7.2. Mario Candeias, Eine Frage der Klasse. Neue Klassenpolitik
als verbindender Antagonismus (2017) 459
7.3. Bernd Röttger und Markus Wissen, Ökologische
Klassenpolitik (2017) 471
7.4. Barbara Fried, »Feminism is for Everyone« – Perspektiven
einer feministischen Klassenpolitik (2017) 480
7.5. Alex Demirović, Kein Wesenskern – nirgendwo. Klassen und
Identität (2020) 495
7.6. Klaus Dörre, Umkämpfte Globalisierung und soziale Klassen.
20 Thesen für eine demokratische Klassenpolitik (Auszüge, 2019) ... 524

Autor*innen 556

Vorwort

Wozu Klassentheorie, -analyse und -politik?

Warum und wie über »Klasse« reden? Viele Jahre kaum beachtet, sind »Klassen« und »Klassenpolitik« als Begriffe mit Wucht in den öffentlichen Diskurs zurückgekehrt. Dabei fällt auf: Vieles, was im Gefolge der 1968er-Bewegung wissenschaftlich wie politisch an klassenanalytischem Erkenntnisfortschritt erreicht wurde, ist heute in Vergessenheit geraten oder gänzlich verloren gegangen. Deshalb wird die aktuelle Klassendiskussion heute aus wissenschaftlicher Perspektive oftmals oberflächlich und mitunter in geradezu vulgärer Weise geführt. Die Sozialwissenschaften verfügen derzeit über keinen Begriff zum Verständnis der Klassengesellschaften des 21. Jahrhunderts. Damit reproduzieren und verdoppeln sie in ihren Gesellschaftsdeutungen lediglich, was sich real ohnehin abspielt.

Einerseits nehmen sowohl vertikale als auch horizontale, klassenspezifische Ungleichheiten in nahezu allen Gesellschaften des globalen Nordens wie des Südens zu, andererseits sind um den Gegensatz von Kapital und Arbeit gebaute politische und gewerkschaftliche Organisationen so schwach, wie es nach 1949 wohl noch nie der Fall gewesen ist. In diese Lücke stoßen rechte, radikalpopulistische Strömungen, denen es in vielen Ländern gelungen ist, Teile der Lohnabhängigen für sich zu interessieren und »Solidarität« an völkische Zugehörigkeit zu koppeln. Solidarität ist geschwächt, wird exklusiv. Was sind die Ursachen? Können diese Teile der Klasse zurückgewonnen werden?

Nun gab es in den letzten Jahrzehnten eigentlich viele Untersuchungen über die Veränderungen der Klasse durch die Produktivkraftentwicklung, neue Subjektivierungsformen, die unterschiedlichen Emanzipations- und Klassenkämpfe der Zeit. Sicher wurden dabei selten Begriffe der Klassenanalyse eingesetzt. Es gab sicher auch keine umfassende Klassenanalyse. Aber der Sache nach gab es natürlich einiges an gutem Material – davon gingen wir aus, als wir am Institut für Gesellschaftsanalyse der Rosa-Luxemburg-Stiftung mit der Konzeption einer »neuen« oder »verbindenden Klassenpolitik« begannen.

Wir setzten dabei außerdem die entwickelte marxistische, marxistisch-feministische und praxeologische Klassentheorie als gegeben voraus, von Antonio Gramsci, E. P. Thompson, Stuart Hall, Étienne Balibar und Immanuel Wallerstein, Pierre Bourdieu, Frank Deppe, Frigga Haug, Gayatri Spivak oder Michael Vester etc., um nur einige zu nennen – alle jene, die in diesem Buch versammelt sind. Man kann auch andere nennen. Viele fehlen, mehr Marx und Engels, Eleanor Marx-Aveling und Edward Aveling, Clara Zetkin, Lenin, Klaus Dörre, Wolfgang Abendroth, José Carlos Mariátegui, Karl-Heinz Roth, André Gorz, Loïc Wacquant, Stéphane Beaud

u. Michel Pialoux, Tithi Bhattacharya, Bell Hooks, aber auch Lia Becker und Bernd Riexinger und andere mehr. Der Platz im vorliegenden Buch und die Frage der Rechte für den Abdruck erzwingen eine rüde Beschränkung und Schwerpunktsetzung. Diese Theoretiker*innen wiederum inspirierten zahlreiche Klassenanalysen. Beides, die besten Theorien und die besten Untersuchungen, setzten wir also gewissermaßen voraus. Ein zumindest diskursives Versäumnis, das uns zu Beginn viel Mühe gekostet hat, denn dieses Wissen ist alles andere als verallgemeinert in der gesellschaftlichen Linken.

Denn beides, Klassentheorie und -analyse wurde an den Universitäten ausgedünnt. Es gab sie immer, aber die Verbindung empirischer, theoretischer und letztlich dann auch politischer Arbeit wurde immer seltener systematisch verfolgt. Daher funktioniert es auch nicht, einfach an die besten Arbeiten unvermittelt wieder anzuknüpfen, wie wir uns das unter dem politischen Handlungsdruck erhofften. Selbst die berühmtesten dieser Arbeiten waren auch unter politischen Profis nicht mehr bekannt, der Wissensstand zu zerklüftet, nicht aufgearbeitet, weitergetragen worden.

Wir wollen zumindest einen Teil davon mit diesem Lesebuch *Klassen-Theorie. Vom Making und Remaking* gebündelt verfügbar machen. Das Buch fasst einige der wichtigsten Texte marxistischer und linker Klassentheorie zusammen. Die Beiträge sind keine Einsteigertexte, obwohl das Buch auch für Einsteiger ist. Die Texte sind meist von hohem theoretischem und wissenschaftlichem Niveau und setzen vieles voraus. Ihre Aneignung ist Arbeit, nicht alles erschließt sich beim ersten Lesen. Es empfiehlt sich daher, nicht nur allein zu lesen, sich Diskussionszusammenhänge zu organisieren, Probleme beim Entschlüsseln, Übersetzen und Begreifen zu besprechen, den Zusammenhang für das eigene Erkenntnisinteresse und Praxis herzustellen. Dann eröffnet sich der Reichtum einer langen Linie kritischer Theorie.

Mit einem ähnlichen Buch, *Gramsci lesen – Einstiege in die Gefängnishefte* von Lia Becker, Mario Candeias, Janek Niggemann & Anne Steckner, als Grundlage für unsere Kurse und selbstorganisierte (ggf. unter Anleitung) Seminare haben wir sehr gute Erfahrungen gemacht. Auch wenn in diesem Band keine didaktischen Brücken als Einstieg in die Texte geboten werden, erhoffen wir uns einen ähnlichen Effekt auch diesmal wieder: einen kleinen Beitrag zur (Wieder)Aneignung des großen Fundus marxistisch inspirierter Klassentheorie als Grundlage zu ihrer Weiterentwicklung, zur Analyse der gegenwärtigen gesellschaftlichen Konflikte und Transformationen, zur Schärfung der Handlungsfähigkeit einer emanzipativen und sozialistischen Linken.

Mario Candeias

Crashkurs Klassenanalyse – eine Einleitung

Mario Candeias

> Die Geschichte aller bisherigen Gesellschaft ist die Geschichte von Klassenkämpfen.
> Freier und Sklave, Patrizier und Plebejer, Baron und Leibeigener, Zunftbürger und Gesell, kurz, Unterdrücker und Unterdrückte standen in stetem Gegensatz zueinander, führten einen ununterbrochenen, bald versteckten, bald offenen Kampf, einen Kampf, der jedes Mal mit einer revolutionären Umgestaltung der ganzen Gesellschaft endete oder mit dem gemeinsamen Untergang der kämpfenden Klassen.
> In den früheren Epochen der Geschichte finden wir fast überall eine vollständige Gliederung der Gesellschaft in verschiedene Stände, eine mannigfaltige Abstufung der gesellschaftlichen Stellungen. Im alten Rom haben wir Patrizier, Ritter, Plebejer, Sklaven; im Mittelalter Feudalherren, Vasallen, Zunftbürger, Gesellen, Leibeigene, und noch dazu in fast jeder dieser Klassen besondere Abstufungen.
> Die aus dem Untergang der feudalen Gesellschaft hervorgegangene moderne bürgerliche Gesellschaft hat die Klassengegensätze nicht aufgehoben. Sie hat nur neue Klassen, neue Bedingungen der Unterdrückung, neue Gestaltungen des Kampfes an die Stelle der alten gesetzt.
> (Marx und Engels, Manifest, MEW 4, 424f.)[1]

Wodurch bestimmt sich »die Klasse«?[2] Welche? Die Arbeiterklasse natürlich, oder sollen wir sagen: die Klasse der Arbeiter*innen oder besser: aller, die ihre Arbeitskraft zu Markte tragen müssen. Bei Marx ist das Verhältnis zu Kapital und Produktionsmitteln grundlegend. Der doppelt freie Lohnarbeiter (MEW 23, 183) verfügt, anders als der Leibeigene, frei über seine zur Ware gewordene Arbeitskraft, die er auf dem (Arbeits-)Markt verkaufen kann. Zugleich ist er aber auch »frei« von Produktionsmitteln, also gezwungen, seine Arbeitskraft zu verkaufen. Dies ist zunächst die objektive Gemeinsamkeit aller Lohnabhängigen als Klasse.

Antagonistischer Widerspruch

In dieser Weise treten sie dem Kapital gegenüber, jener Klasse, die die Ware Arbeitskraft kauft, jene eigentümliche Ware mit der besonderen Eigenschaft, mehr Wert zu produzieren, als sie kostet. Der Wert der Arbeitskraft bestimmt sich durch die zu ihrer Reproduktion notwendigen Kosten für

---

1 Alle Zitate und Literaturhinweise von Marx und Engels aus den Marx-Engels-Werken (MEW), Dietz-Verlag, Berlin 1965ff., sofern nicht anders angegeben.
2 Für wichtige Hinweise beim Schreiben des Textes danke ich Anne Steckner.

Lebensmittel, Wohnen etc., abhängig von der Entwicklung, den kulturellen Lebensansprüchen und den politisch-ökonomischen Kräfteverhältnissen (MEW 23, 184f.). Dies schließt nicht nur die individuelle Arbeitskraft, sondern auch »die Erhaltung der Arbeiterfamilie« (417) und somit die Produktion der nächsten Generation von Arbeitskräften ein (186). Der Arbeiter reproduziert ebendiesen Gegenwert des Werts seiner Arbeitskraft und einen Überschuss darüber hinaus, den Mehrwert. Diesen eignet sich der Kapitalist an. Dabei handelt es sich um einen Tausch von Äquivalenten: Der Arbeiter bekommt den Wert seiner Arbeitskraft bezahlt, der Kapitalist erhält dafür das Arbeitsvermögen des Arbeiters und kann dieses in der Produktion ausbeuten. Dabei versucht er den Wert der Arbeitskraft möglichst niedrig zu halten und demgegenüber das Arbeitsvermögen möglichst vollständig auszuschöpfen, durch Intensivierung der Arbeit, also »erhöhte Anspannung der Arbeitskraft, [...] Ausfüllung der Poren der Arbeitszeit«, d.h. eine Verdichtung der Arbeit (432) und/oder Verlängerung der Arbeitszeit.

Dies konstituiert den *antagonistischen* Widerspruch zwischen Kapital und Arbeit, »zwischen dem Ausbeuter und dem Rohmaterial seiner Ausbeutung« (350), zwischen Bourgeoisie und Arbeiterklasse – ein Konfliktverhältnis, das auf gesellschaftlichen Interessengegensätzen beruht.[3] Nun gibt es viele Gegensätze in der Gesellschaft, etwa zwischen den Geschlechtern und Generationen oder zwischen autochthonen Bevölkerungsgruppen und Migranten. Diese können heftig sein – jedoch sind sie eben nicht notwendig antagonistisch in dem Sinne, dass die eine Seite des Widerspruchs ohne die andere nicht existieren kann, sie wechselseitig aufeinander verwiesen sind: ohne Lohnarbeit kein Kapital und umgekehrt. Dies ist der Grund, weshalb dieser Gegensatz von Kapital und Arbeit als Grundwiderspruch kapitalistischer Gesellschaften bezeichnet werden kann (Achtung: Grundwiderspruch bedeutet nicht Hauptwiderspruch oder dass andere Gegensätze nur von diesem Grundwiderspruch abgeleitet werden könnten – doch dazu gleich mehr).

Nach dieser Bestimmung gehört tatsächlich der größte Teil der arbeitenden Bevölkerung in den entwickelten, kapitalistischen Ländern zur Klasse der Lohnabhängigen. Die Figur des doppelt freien Lohnarbeiters ist auch in der gegenwärtigen informationstechnologischen Produktionsweise verbreiteter als je zuvor. Die feuilletonistische Rede vom »Ende der (Lohn-)Arbeitsgesellschaft« erweist sich angesichts einer nie dagewesenen globalen Expansion von Lohnarbeitsverhältnissen als borniertter Unsinn. Auch in den sogenannten Industriestaaten sind die Erwerbsquoten überall gestiegen, insbesondere durch Einbeziehung der weiblichen Arbeitskraft. Die Grundlage von Klassenbildungsprozessen, der antagonistische Gegensatz zwischen Kapital und Arbeit, ist nach wie vor vorhanden. Dies sagt jedoch noch nichts über die *konkrete Zusammensetzung der Klassen* aus. Denn die Klasse der

---

3 Man muss kein Marxist sein, um dies zu erkennen. »Eine Person ist reich oder arm, gemäß der Menge an Arbeit, die sie kommandieren kann«, schrieb bereits Adam Smith (1176, 63).

Lohnabhängigen – und nur auf diese konzentrieren wir uns hier – ist vielfältig differenziert.

Es handelt sich um komplexe und in Bewegung befindliche, dialektische Prozesse von Vereinheitlichung und Ausdifferenzierung, von Konvergenz, Kooperation und Assoziation sowie Divergenz, Distinktion und Spaltung, die im Folgenden zumindest kurz erläutert werden sollen. Diese Prozesse finden mindestens auf drei Feldern statt: dem ökonomischen Feld, oder spezifischer der Teilung und Organisation der Arbeit (einschließlich der betrieblichen, gesellschaftlichen und geschlechtlichen Arbeitsteilung; auch Kopf- und Handarbeit); dem alltagskulturellen Feld bzw. der Organisation des Alltagslebens; und dem politischen Feld bzw. der Assoziation und Organisation der Klasse, die im Anschluss diskutiert werden. Wer eine Analyse der Klasse der Lohnabhängigen betreiben möchte, hat diese unterschiedlichen Prozesse der Vereinheitlichung und Differenzierung auf den unterschiedlichen Ebenen und Feldern in den Blick zu nehmen, gewissermaßen *von der Spaltung der Klasse auszugehen*. Alles andere wäre naiv.

Strukturelle Differenzierungen der Klasse

Die Differenzierung verläuft entlang ganz unterschiedlicher Ebenen und Momente. Ein einfacher Blick auf die Unterschiede zwischen einer Entwicklerin in einer Hightech-Industrie und einem Putzmann, einer Bandarbeiterin in der Automobilfabrik und einem Verkäufer bei H&M, einer wissenschaftlichen Referentin in der Rosa-Luxemburg-Stiftung und einem Pflegeassistenten in einem Krankenhauskonzern zeigt auf, wie groß die Bandbreite ist. Gehen wir systematisch vor.

Stellung am Arbeitsmarkt und im Produktionsprozess: Jenseits der Lohnabhängigkeit ist die Position im Produktionsprozess entscheidend. Wie unverzichtbar ist eine bestimmte Position oder wie nah am produktiven Kernbereich eines Unternehmens ist sie? Es ist naheliegend, dass eine hochqualifizierte Entwicklerin mit Spezialwissen in einem Hightech-Betrieb schwieriger zu ersetzen ist als der Putzmann im selben Betrieb. Dies hängt aber weniger von den offenkundigen Qualifikationsunterschieden als vielmehr von der jeweiligen *strukturellen* Macht ab. Denn aus einer besonderen Stellung einzelner Lohnabhängigengruppen auf dem Arbeitsmarkt (aufgrund eines knappen Arbeitskräfteangebots generell oder in spezifischen Bereichen) kann eine stärkere *Marktmacht* erwachsen, entweder aufgrund hoher Nachfrage nach einem bestimmten Typus von Arbeitskraft oder aufgrund spezieller Qualifikationen. Aus einer strategischen Position in der Wertschöpfung kann eine spezifische *Produktionsmacht* erwachsen, die andere Gruppen so nicht haben. So können auch Beschäftigte mit geringerer oder mittlerer Qualifikation, etwa am Fließband, bei Zulieferern oder in der Logistik, ganze Produktionsketten lahmlegen.

Stellung im Reproduktionsprozess: Um ihre volle Arbeitskraft auf dem Markt anbieten zu können, ist nicht nur die doppelt freie, sondern die dreifach freie Lohnarbeiterin erforderlich, d. h. im Anschluss an Marx nicht nur frei von Produktionsmitteln und frei, ihre Arbeitskraft zu verkaufen, sondern auch frei von den notwendigen Reproduktionsarbeiten. Die geschlechtsspezifische Teilung der Arbeit und damit die Unterordnung der Frauen werden bei Marx und Engels benannt, aber nicht ausgearbeitet. Dabei ist offensichtlich: die Arbeit zur Reproduktion der Arbeitskräfte wird unbezahlt angeeignet, allenfalls über den sogenannten Familienlohn eingepreist. Obwohl die in der Reproduktion Tätigen praktisch alle das Gleiche tun – »sie waschen, putzen, kochen, ziehen Kinder groß« –, setzt ihre vereinzelte und isolierte Form der Arbeit asymmetrische Machtverhältnisse – »ihre Tätigkeiten bringen die Frauen nicht zusammen« (Kreutz/Stäbler 1988, 130). Es ist also entscheidend, ob die Arbeit in kooperativen Verhältnissen und als Teil des Kapitalkreislaufes organisiert wird oder außerhalb.

Wird die Reproduktionsarbeit als Erwerbsarbeit organisiert, wird sie in kooperative Verhältnisse gebracht, die Position verbessert sich. Ihre (Re-)Produktionsmacht ist jedoch begrenzt, da diese Tätigkeiten in weiten Teilen staatlich organisiert bzw. im öffentlichen Sektor angesiedelt sind. Eine Arbeitsniederlegung unterbricht keine weitläufigen, integrierten Produktionsprozesse, hat keine Einnahmeverluste zur Folge, da der Staat oder die Kommune nicht profitorientiert wirtschaften. Wird sie privatwirtschaftlich organisiert, bleibt ihre (Re-)Produktionsmacht dennoch beschränkt, da sie bei Arbeitsniederlegung zunächst vor allem die von ihnen Abhängigen trifft: Kinder, Kranke, Alte. Dies ist einer der Gründe für die strukturell schlechtere Bezahlung von Reproduktionsarbeiter*innen gegenüber Produktionsarbeiter*innen. Die Nähe oder Ferne zu den entscheidenden Bereichen kapitalistischer Wertschöpfung spielt also eine Rolle – ein Zustand, den feministische Bewegungen und gewerkschaftliche Organisierungen von Frauen zu Recht durch Aufwertung und Umverteilung dieser Tätigkeiten verändern wollen. Dalla Costa (in diesem Band) erinnert daher daran, »dass die informelle, nie abreißende Organisierung der Frauen die notwendige Vorbedingung dafür war, dass die Fabrikarbeiter Massenkämpfe auf gesellschaftlicher Ebene – Mietstreiks, Kämpfe gegen Preiserhöhungen im Allgemeinen – organisieren konnten, und dass daher in den Kämpfen innerhalb des Zyklus der direkten Produktion die Unterstützung und die formelle und informelle Organisierung der Frauen entscheidend gewesen sind«. Dies hängt eng mit dem nächsten Punkt zusammen, denn viele reproduktive Bereiche sind in Märkten organisiert.

Stellung auf Märkten des alltäglichen Bedarfs und Klassenlage: Jenseits der Stellung auf dem Arbeitsmarkt, in der Produktion und Reproduktion, ist auch die Stellung auf anderen Märkten wichtig. Je nachdem, wie die Bereiche Wohnen, Gesundheit, Pflege- und Erziehungsarbeit etc. organisiert sind, wird die Lage der unterschiedlichen Teile der Klasse stark geprägt. Es wirken hier Prozesse der Differenzierung, Segmentierung, Segregation.[4] Sind diese Bereiche kapitalistisch organisiert, wird durch hohe Mieten, hohe Lebensmittelpreise, Kosten für Behandlung und Medikamente bei Krankheit oder Kreditzinsen eine zweite Form der Ausbeutung über den notwendigen Konsum betrieben, bis hin zur Enteignung des Lohnes und Überschuldung. Werden diese Bereiche oder einzelne davon staatlich bereitgestellt, als soziale Infrastruktur zu günstigen Preisen oder entgeltfrei, verlieren sie ihren Warencharakter, werden dekommodifiziert, zumindest teilweise. Die Lage der Arbeiter*innen differiert also entsprechend der Lohnhöhe, aber auch entsprechend ihres Zugangs zu den Waren Wohnung, Gesundheit, Bildung und entsprechend der Lage auf Wohnungs-, Lebensmittel-, Gesundheits-, Kreditmärkten etc. bzw. dem Grad der Dekommodifizierung, staatlichen Bereitstellung und des Zugangs zu diesen Gütern.

»Die fortschrittlichsten Teile der Arbeiter- und Gewerkschaftsbewegung haben immer das gesamte Leben in den Blick genommen […] Ob die Wohnung bezahlbar ist, ob es eine schnelle U-Bahn-Verbindung zur Arbeit oder einen Bus vom Land in die Stadt gibt, ob die Kinder gut versorgt sind und ihnen gute Bildung zugänglich gemacht wird, ob für humane Pflege im Alter, ein patient*innenorientiertes Gesundheitssystem, saubere Luft, Wasser, Energie gesorgt ist« (Riexinger 2018, 11f.): diese Fragen der Reproduktion oder der öffentlichen Infrastruktur spielen eine bedeutende Rolle. Und wie eine solche öffentliche soziale Infrastruktur beschaffen sein und finanziert werden soll, ist eben Gegenstand von Verteilungs- und Klassenkämpfen (11f.). Nicht umsonst finden in diesen Bereichen mit die stärksten und radikalsten gesellschaftlichen Bewegungen und Kämpfe statt.

Wie viele Aufstände und Revolutionen begannen mit dem Ruf nach Brot? Von der Französischen über die Russische Revolution bis hin zum Ausbruch der Aufstände des kurzen Arabischen Frühlings reicht die Geschichte. Umfassender und poetischer wird der Kampf für gerechten Lohn (Brot) und eine menschenwürdige Arbeits- und Lebensumgebung im Ruf nach »Brot und Rosen« gefasst. Und gegenwärtig sind es die Mieter*innenbewegung, Kämpfe um gute Pflege und Personalbemessung, Umweltbewegungen gegen die ›Ausbeutung‹ von Mensch und Natur, Initiativen für eine Mobilitätswende und einen starken öffentlichen Verkehr, Kämpfe gegen ökonomische und physische Gewalt und für die Rechte von Frauen und LGBITQ, die den Alltag als Sphäre des Klassenkampfes politisieren.

---

4   Z. B. mit einer Zwei-Klassen-Medizin, einem stark klassenförmig segmentierten Schulsystem, das zudem räumlich konzentriert in »gute« und »Problemschulen« ausdifferenziert wird, oder die räumliche Konzentration von Reichtum und Armut in entsprechenden »Wohnlagen«.

Berufe, Qualifikationshierarchien, Produktivkraftentwicklung, Zwischenklassen

Mit E. P. Thompson (in diesem Band) ist zu erinnern, dass die industrielle Revolution »eine Phase der Transformation zwischen zwei Lebensweisen« war und zu Beginn kein einheitliches Arbeitermilieu existierte, »sondern viele«. Teilweise ererbt aus der Zeit handwerklicher Produktion, haben sich innerhalb der Klasse der Lohnabhängigen schon frühzeitig spezifische Identitäten u. a. entlang von Berufen gebildet. Aus diesen heraus konnten sich erste berufsständische Zusammenschlüsse der Selbsthilfe organisieren, die später die Grundlage bildeten für die Gründung von Gewerkschaften, Sozialversicherungen und politischen Organisationen der Arbeiterklasse. In ihnen entwickelten sich – zunächst im Geheimen – lebendige Institutionen, eine Kultur und Lebensweise, ein kollektives Bewusstsein der Arbeiterklasse (Thompson 1963, 418–29). Mithin war und ist nicht nur die Anrufung der Arbeiterklasse an sich, sondern eines spezifischen Berufsethos eines der wirksamsten Mittel der Mobilisierung. Entscheidend ist die Offenheit/Geschlossenheit bzw. Inklusivität/Exklusivität solcher Zusammenschlüsse. So kann der Kampf kleiner, gut organisierter Berufsgruppen mit einer besonderen Stellung in der Produktion zur Speerspitze einer gemeinsamen Klassenbewegung werden oder – nur ihrem Partikularinteressen folgend, eben berufsständisch – spaltend wirken, indem sie sich Vorteile gegenüber anderen Teilen der Arbeiterklasse zu sichern versucht. Was davon geschieht, hängt ganz entscheidend vom Niveau und der Dynamik der Klassenkämpfe ab.

Berufsständische Identitäten können durch formelle Bildungs- und Qualifikationsgrade (und informelles Wissen) befestigt werden, insbesondere wenn sie hohe Hürden für die Aufnahme solcher Berufe ausbilden, etwa in Handwerksgilden oder später Kammern von Ärzten, Anwälten etc. Die Stärkung allgemeiner Bildung (etwa in der Bildungsexpansion der 1970er Jahre), nicht zuletzt durch Öffnung der Hochschulen und Akademisierung zahlreicher Berufe, nivellierte viele dieser Identitäten und formellen Abschließungen. Noch viel mehr jedoch zerstört die Entwicklung der Produktivkräfte geronnene berufliche Identitäten und entsprechende institutionelle Arrangements. So richtete sich etwa der Taylorismus[5] und seine Verbindung mit dem fordistischen Fließband direkt gegen die eher noch von Handwerkern und teilweise berufsständisch geprägten Gewerkschaften in den USA. Ihre Zerstörung schuf aber zugleich die Grundlage für die Einbeziehung der sogenannten Massenarbeiter in die Organisierung und führte

---

5 Benannt nach Frederick Winslow Taylor (1856–1915), der das Prinzip des »wissenschaftlichen Managements« des Arbeitsprozesses begründete. Taylorismus bezeichnet konkret die Zerlegung eines Arbeitsprozesses in kleinste Arbeitsschritte und die Reduktion des Arbeiters auf die Ausführung nur noch einzelner, immer gleicher Momente des Gesamtarbeitsprozesses oder, wie Gramsci es nennt, die Reduzierung des Arbeiters auf einen »dressierten Gorilla« (*Gef* 7, 1499f.).

zur Entstehung der modernen und großen Industriegewerkschaften. Mit jeder Produktivkraftrevolution werden notwendig neue Qualifikationen und Berufe hervorgebracht und alte abgewertet. Es kommt zum relativen Ab- oder Aufstieg bestimmter Klassensegmente. Dies ist eine besondere Herausforderung für die Organisation und die Solidarität in der Klasse. Die Veränderung der Klassenzusammensetzungen (vgl. u. a. Wright, PAQ, Huws und Candeias in diesem Band) bspw. durch zunehmend transnationale Produktionsstrukturen, Prozesse der Subjektivierung der Arbeit, Veränderung der betrieblichen Organisation durch Ideologien eines »agilen Unternehmens« oder gar Auflösung von Betriebsgrenzen, oder durch Digitalisierung und Industrie 4.0 etc., verunsichert überkommene Identitäten und Subjektivitäten und bringt neue hervor.

Solche Umwälzungen rufen immer wieder die Frage auf, welches die »fortgeschrittensten« Teile der Arbeiterklasse sind, die die Entwicklung der gesamten Gesellschaft voranbringen können. Gemeinhin wird dabei auf die sogenannten aufsteigenden Gruppen gesetzt, z. B. die wissenschaftlich-technische Intelligenz oder (französisch) die Cadre. Doch so einfach ist die Bestimmung der »fortschrittlichsten« Gruppen nicht. Die während der 1960er und 70er auf diese Gruppen gesetzten Hoffnungen wurden häufig enttäuscht: Nicht immer, aber oft genug ließen sie sich nicht organisieren oder taten dies eben in eher berufsständischen Organisationen, während weniger qualifizierte, oft migrantische Arbeitskräfte, denen keine führende Rolle zugetraut wurde, etwa im Mai 1968 und danach zu den radikalsten und vorantreibendsten Kräften gehörten. Auch Jahrzehnte später zeigten sich die hoch qualifizierten Programmierer und Ingenieure trotz ihrer steigenden Bedeutung im Produktionsprozess nicht gerade als zentrale Gruppen gewerkschaftlicher Organisierung. Auf diese wiederholte Erfahrung gründet sich jeweils die Frage, ob diese wissenschaftlich-technische Intelligenz nicht eher eine Zwischenklasse darstellt, die nicht (mehr) zur Arbeiterklasse gehört.

Wichtiges Kriterium für die Unterscheidung wäre, a) wie sehr eine formal lohnabhängige Gruppe von Beschäftigten via Delegation reale Kommandomacht über fremde Arbeit gewinnt und damit Funktionen des Kapitals übernimmt, b) wie sehr eine direkte Beteiligung an Gewinnen etwa über Boni oder Aktienbeteiligungen ein unmittelbares Interesse an Profitsteigerungen bewirkt und/oder c) wie sehr Angehörige dieser Gruppe als organische Intellektuelle des Kapitals wirken, also nicht nur die Arbeitsprozesse in praktischer Hinsicht, sondern auch die Überzeugung der Subalternen, ihrer eigenen Unterordnung zuzustimmen, ideologisch organisieren und damit die Herrschaft des Kapitals legitimieren. Auch hier wären Abstufungen zu berücksichtigen: So ist ein klassischer Manager oder Geschäftsführer sicher nicht zur Klasse der Lohnabhängigen zu zählen, obwohl er formal in einem Angestelltenverhältnis zum Kapital steht. Beim Vorarbeiter oder allgemeiner beim mittleren Management und Gruppenleitern stellt sich die Sache diffiziler dar. Das entspricht genau dem Charakter von Zwischenklassen, die eben keine »Klassen« im eigentlichen Sinne sind – anders als etwa das Kleinbürgertum oder Bauern –, sondern Klassensegmente darstellen, die sich dazwischen *bewegen* (Auf- und Abstiegsprozesse eingeschlossen), abhängig davon, wie sie in ideologische, kulturelle oder politische Projekte einbezogen werden bzw. sich selbst in diese hineinarbeiten. Dies gilt ebenfalls für die wachsende Zwischenklasse der Solo-Selbständigen und kleinen Selbständigen (mit 1–2 Beschäftigten), die formal selbständig und über eigene Produktionsmittel verfügen, dennoch überwiegend unter prekären Bedingungen arbeiten (vgl. dazu Bologna 2006 u. Candeias 2008). Die Veränderung der Produktionsweise selbst bringt immer wieder auf neue Weise Zwischenklassen hervor.

Marx erahnte in den *Grundrissen* eine Entwicklung, in der der Arbeiter »neben den Produktionsprozess« tritt, »statt sein Hauptagent zu sein« (MEW 42/601). Er wird zum »Wächter und Regulator« (ebd.). Die Entwicklung der Produktivkräfte, veränderte Arbeitsorganisationen und die Transnationalisierung der Produktion seit den 1970er Jahren führen zu einer Umwälzung von Arbeitsformen und Tätigkeiten, zur Entwicklung neuer Berufe und Branchen sowie zur Bildung neuer Gruppen von Beschäftigten und der massenhaften Einbeziehung von Frauen in den Produktionsprozess. Ursula Huws sucht dabei nach Begriffen zum Verständnis einer »global army of workers«, deren »Arbeit das Prozessieren von Informationen« umfasst, und fragt, »ob sie möglicherweise eine gemeinsame Klasse bilden, die in den meisten orthodox soziologischen Taxinomien von Klasse nicht vorgesehen« ist (Ursula Huws' Blog, 25.9.10). Sie sieht in Anlehnung an E. P. Thompson »die Entstehung des Kybertariats«, von »Gruppen zwischen Proletariat und Bourgeoisie«, die sich durch »eine steigende Komplexität der Arbeitsteilung« herausbilden (Huws in diesem Band). Damit versucht sie, die Veränderungen in der Produktion am Kreuzungspunkt von veränderten Produktivkräften und Lohnarbeitsverhältnissen klassentheoretisch auf den Begriff zu bringen, zunächst bezogen auf die »objektive Klassenlage« (ebd.). Das Kybertariat lässt sich im Anschluss an Huws als Klassenfraktion »hochqualifizierter, flexibler, häufig in Projektarbeit beschäftigter« Arbeitskräfte beschreiben, »die den alten Habitus des Arbeiters abgelegt haben, gewerkschaftlichen Organisationsstrukturen skeptisch bis ablehnend gegenüberstehen, deren Tätigkeiten durch die Bedienung/Beherrschung von I&K-Technologien geprägt sind« (Candeias 2004b, 398; 2001, 162ff.) und die sich sozusagen als Arbeitskraftunternehmer begreifen. »Dass ein neues Kybertariat im Entstehen begriffen ist, liegt auf der Hand. Eine andere Frage ist, ob es sich auch als solches verstehen wird«, angesichts seiner globalen Zerstreuung, geschlechtlicher, rassistischer und nationalistischer Spaltungen und individualisierender Praxen (Huws, ebd.). Zentral ist dabei auch das Verhältnis zu anderen Fraktionen der Arbeiterklasse. Die Grenze zwischen unterschiedlichen Sphären der Lohnarbeit – auch innerhalb desselben Unternehmens – sind dabei z. T. so scharf, dass die unterschiedlichen Arbeiten nicht mehr als Kooperationsbeziehungen wahrgenommen werden (PAQ 1987, 61). Die Zersetzung und Neuzusammensetzung der Arbeiterklassen ist Folge der sich schubweise durchsetzenden transnationalen »informationstechnologischen Produktionsweise« (HKWM 6/I, 436). Huws greift in Diskurse ein, die darin nur Zersetzung und Unübersichtlichkeit zu erkennen vermögen, bzw. postmodern Klassen und lebendige Arbeit als wertbildende in einer vermeintlich »entmaterialisierten Wissensökonomie« als obsolet betrachten. Wie Thompson setzt sie auf einen langen Lernprozess, bis sich jener Teil der Klasse auch »als solches verstehen wird«, sich also zur handlungsfähigen Klasse(nfraktion) formiert (Huws, ebd.). Die Arbeit am Begriff des Kybertariats angesichts der »beschleunigten Umwälzung der materiellen Produktivkräfte« (PAQ 1975, 124) bietet eine Chance, die Frage nach der Lage, nach der Spaltung und Einheit der Arbeiterklasse, ihrem subjektivem Selbstverständnis und ihrer transnationalen Organisation auf dem Niveau der informationstechnologischen Produktionsweise neu zu stellen. Der Begriff Kybertariat soll auf die Entstehung einer abgrenzbaren Gruppe von Beschäftigten in der Informationsverarbeitung verweisen und zugleich auf eine sich verallgemeinernde epochale Tendenz, in der die Arbeiterklasse perspektivisch begrifflich mit dem Kybertariat zusammenfällt, weil in alle Tätigkeiten, auch in die (Sorge)Arbeit, informationstechnologische Aspekte einsickern und zu zentralen Steuerungsmomenten werden. Die Entstehung dieser spezifischen Gruppe korrespondiert in Zeiten des Entsicherns der Lohnarbeit und einer »verallgemeinerten Kultur der Unsicherheit« mit der Entstehung eines Prekariats, denn auch ein großer Teil des entstehenden Kybertariats lebt und arbeitet unter prekären Bedingungen (vgl. Candeias in diesem Band).

Ob eine lohnabhängige Gruppe als Zwischenklasse nun also zur »Klasse« gehört oder nicht, ist keine Frage der objektiven Bestimmung, sondern subjektiver Aspekte: der Organisierung und des Klassenkampfes – ob es etwa gelingt, Produktionsmacht so einzubinden, dass sie für die Klasse als Ganzes nutzbar und Solidarität ausgebildet wird. Auf der anderen Seite wurden prekär Beschäftigte lange Zeit als absteigende und nicht zu organisierende Gruppe gefasst. In den letzten Jahren wurden diese jedoch zu den wichtigsten Trägern fortschrittlicher Kämpfe in Branchen wie Gesundheit, Erziehung oder Handel (Candeias/Steckner 2015). Qualifikation oder die Stellung im Produktionsprozess allein reichen nicht aus – entscheidend ist, ob es gelingt, solidarische Bande zwischen den unterschiedlichen Teilen der Klasse auszubilden, bzw. wie die gewerkschaftliche und politische Organisation beschaffen ist, um die jeweiligen Potenziale, spezifisches Wissen und Fähigkeiten, produktiv zu kombinieren – dies beinhaltet die Frage der *Organisationsmacht*.

Der Ort der avanciertesten Kämpfe hat sich dabei verschoben. »Die Streikbewegungen folgen der veränderten Zusammensetzung der Arbeiter*innenklasse. Sie verschieben sich in den Dienstleistungssektor, erfassen nach und nach Branchen, die neu entstanden oder stark gewachsen sind« (Riexinger 2019, 118) wie Handel, Sozial- und Erziehungsdienste, Krankenhäuser, das Dienstleistungsproletariat in der Logistik (Amazon) oder andere Bereiche des digitalen Plattformkapitalismus (z. B. Deliveroo). Die Akteure dieser Kämpfe werden weiblicher und migrantischer. »Sie widerlegen, dass sich klassische Büroangestellte oder prekär Beschäftigte nicht organisieren und kämpfen können.« (Ebd.)

Klasse, Konsum, Kultur

Konsum ist nichts Individuelles, sondern eine »gesellschaftlich bestimmte Tätigkeit« (Aglietta 1976), aufs Engste mit der Produktions- und Lebensweise einer bestimmten Gesellschaft verwoben. Seit der Verdrängung der Subsistenzproduktion in den kapitalistischen Zentren muss in arbeitsteiligen Warengesellschaften ein Großteil der menschlichen Bedürfnisse über den geldvermittelten Konsum befriedigt werden: Wir nehmen uns nicht, was wir brauchen, sondern wir kaufen ein, was wir bezahlen können. Im Kapitalismus ist die Reproduktion der Arbeitskraft – also die alltäglichen Ausgaben der Lohnabhängigen für Ernährung, Bekleidung, Bildung, Wohnen, Kinderaufzucht, Freizeit etc. – zugleich ein treibendes Moment der Verwertung des Kapitals. Warenkonsum und Kapitalkreislauf bilden einen strukturellen Zusammenhang von Produktion, Zirkulation und Konsumtion. In den »goldenen« Jahrzehnten des Fordismus wurde dieser Zusammenhang sinnfällig in den Massengütern Waschmaschine, Fernsehgerät und Volkswagen. Sie symbolisierten den Siegeszug der Marktwirtschaft durch die Befriedigung aller erdenklichen Bedürfnisse. Im Zuge der sich durchsetzenden neoliberalen, informationstechnologischen Produktionsweise wurden die Möglichkeiten, die Lebensbedingungen der Lohnabhängigen in den Dienst der Kapitalakkumulation zu stellen, noch ausgeweitet: Neben den herkömmlichen Verkehrsformen – Ware gegen Geld – etablierten sich diverse Finanzprodukte, die die Beschäftigten verstärkt zu Kreditnehmern machten. Dies gelang durch die Einführung und Ausweitung von Ratenzahlungen, durch Konsumentenkredite, E-Commerce, staatlich geförderte Hypotheken- und Bausparkredite, die Erfindung der Kreditkarte oder die Privatisierung der Rentenversicherung. Im Zuge dieser forcierten Akkumulationsdynamik durch private Verschuldung konnte das Kapital sich neue profitable Anlagefelder erschließen. Eine Verringerung dieses Konsums auf Pump widerspräche den Verwertungsinteressen des Kapitals. So bilden sich historisch spezifische Konsumtionsweisen heraus.

Bedürfnisse sind weder individuell noch zeitlos. Folglich sind sie nicht an sich richtig oder falsch, sondern historisch bedingt, gesellschaftlich geprägt und normativ überformt. So wurde etwa im »Wirtschaftswunder«-Deutschland unter Ludwig Erhard ausdrücklich zum Konsumieren ermuntert, Sparen war out. Im Zuge der permanenten Revolutionierung der kapitalistischen Produktion werden immer wieder neue Bedürfnisse geschaffen, neue Maßstäbe gesetzt, neue Normen erzwungen. Allerdings werden nicht alle

Neigungen, Wünsche und Begierden gleichermaßen befriedigt, sondern vor allem die profitablen. Konsum ist also keine Tätigkeit Einzelner oder eines bestimmten Menschenschlags, sondern eine verallgemeinerte Lebensführung, eine gesellschaftliche Konsumweise. Gleichwohl verfügen nicht alle über dieselben Möglichkeiten, ihre Bedürfnisse in der vorherrschenden Weise zu befriedigen, zumal sich das Konsumverhalten je nach Geldbeutel, Sozialisation und Status bedeutend unterscheidet. Obschon in der Figur des Konsumenten jeder Unterschied von Klasse, Race und Geschlecht ausgelöscht ist, verfolgt die Werbung zum Beispiel milieu- oder geschlechterspezifische Verkaufsstrategien und spricht Kundengruppen gezielt an. Das Konsumverhalten wird klassenförmig angeordnet: Dem Luxuskonsum stehen die Tafeln, dem Einkauf im Bio-Supermarkt der Besuch bei Aldi und Lidl gegenüber. Das hat Folgen für die Konsumkritik (siehe im Folgenden auch Candeias/Steckner 2014).

Klassenspezifische Konsummuster wirken auf zahlreichen Feldern: Menschen mit dem nötigen Kleingeld, die über die Konsumgewohnheiten breiter Teile der Bevölkerung zuweilen die Nase rümpfen, erreichen Distinktion über Preis, Qualität und Exklusivität. Wohlhabende und Angehörige der gehobenen Mittelklasse bewohnen größere Wohnungen oder Häuser mit entsprechendem Energie- und Wasserbedarf, besitzen eher eine Zweit- oder Drittwohnung, haben platzraubendere Hobbys (Golf, Reiten, Tennis, Segeln) und unternehmen häufigere und längere Reisen, oft Fernreisen im Flugzeug, ebenso wie ihre Kinder. Sie fahren das luxuriösere Auto, oder mehrere, frequentieren Restaurants mit ausgesuchter Speisekarte und erwerben mehr exotische Produkte aus edlem, seltenem Material – mit oder ohne Nachhaltigkeits-Gütesiegel. Ihr ökologischer Fußabdruck ist auch bei Einkauf auf dem Regionalmarkt und Verzicht auf Flugananas im Schnitt erheblich größer, ihr Ressourcenverbrauch höher als der der inkriminierten Massen. Ihr Konsumverhalten wirft mithin die ökologische Frage anders auf und offenbart Verhältnisse sozialer Ungleichheit.

Konsum markiert Status. Der (wiederholte) Erwerb eines neuen Handys, das Tragen der gerade angesagten Markenklamotten, ein riesiger Flachbildschirm, Flugreisen mit easyJet übers verlängerte Wochenende in eine andere Stadt dienen nicht nur der Bedürfnisbefriedigung, sondern markieren einen persönlichen Status gegenüber anderen. Der Alltagsverstand weiß, dass das ökologisch nicht tragbar ist. Doch in der Warengesellschaft ist Konsum neben Bedürfnisbefriedigung auch ein Weg zu gesellschaftlicher Teilhabe und Mobilität. So dienen etwa Laptops und Smartphones keineswegs nur der technischen Ausrüstung in der »Wissensgesellschaft«, sondern sind die Eintrittskarte in soziale Netzwerke, also dorthin, wo Kontakte geknüpft und gepflegt, Neuigkeiten ausgetauscht werden, aber auch Hierarchie und Konkurrenz regieren, kurz: wo Gesellschaft stattfindet. An dieser Gesellschaft teilhaben zu können, ist für all jene besonders wichtig, die nicht über andere Mittel von Macht und Einfluss verfügen – eine Klassenfrage.

In entfremdeten Verhältnissen ist Konsum auch Kompensation. Er bietet kurzfristige Sinnstiftung und ermöglicht Beteiligung an den Glücksversprechen der Gesellschaft. Wo echte politische Beteiligung an der Gestaltung von Ökonomie und Gesellschaft versagt bleibt, gibt privater Konsum ein Stück Kontrolle über persönliche Entscheidungen und Präferenzen zurück. Erich Fromm hat die identitätsstiftende Wirkung von Besitz für das eigene Selbstwertgefühl auf den Punkt gebracht: »Man ist, was man hat.« Neben dem allgegenwärtigen Anreiz zum Konsumieren – ausgelöst durch aggressive Werbung vor allem im Netz – kann Konsumfähigkeit zum Ein- und Ausschlusskriterium für gesellschaftliches Ansehen, für Status, Kultur, Prestige und Geschmack werden.

Pierre Bourdieu (in diesem Band) zeigt die teilweise unsichtbaren Mechanismen der Distinktion, die z. B. über Sprache, einen verkörperlichten Habitus und eben nicht zuletzt Geschmack wirken. Der individuelle Aufstieg aus benachteiligten Verhältnissen, aus einem Milieu der proletarischen Arbeiterklasse, ist durch Erwerb von Bildung und spezifischen Qualifikationen, mit Förderung und etwas Glück möglich, dennoch bleiben bestimmte Anerkennungsverhältnisse bestehen, die eine/n als Angehörige/n der unteren Klasse markieren. Didier Eribon hat mit Blick auf seine eigene Biografie wunderbar beschrieben, wie er zum »Klassenflüchtling« wurde und doch seiner Klasse nicht entrinnen konnte. Ein Gefühl von Fremdheit blieb (Eribon 2016). Denn von ›oben‹ werden gleichsam unsichtbare Grenzen der Anerkennung und Respektabilität gezogen. Zugleich kann bspw. eine proletarische Gegenkultur, die Widerständigkeit artikuliert, auch ihre eigene Diskriminierung reproduzieren, wie Willis (in diesem Band) zeigt.

Die Lebensweise als verallgemeinerte Form der individuellen Formen der Lebensführung differenziert sich daher nicht nur über den Konsum, sondern auch über kulturelle Differenzen. Klasse ist eben »nicht nur eine ökonomische, sondern auch kulturelle Formation« (Thompson in diesem Band).

Klassenmilieus und Klassensegmente

Die Klasse ist somit nicht nur entlang der jeweiligen Stellung im Produktions- und Reproduktionsprozess, der Stellung an diversen Märkten, entlang von Berufen und Qualifikationen und entsprechender Identitäten und Subjektivation segmentiert, also entlang ähnlicher »äußerer« oder »objektiver« Lagen, sondern auch entlang »innerer« oder »subjektiver« Haltungen. So war seit jeher die Scheidung entlang religiöser, ethnischer oder nationaler Linien innerhalb der Arbeiterklasse häufig tiefergehend, als sie entlang »objektiver« Interessen zu erwarten wäre. Die katholische und protestantische Arbeiterbewegung war in der Geschichte Deutschlands vielleicht weniger einflussreich – das wäre diskutabel – als die sozialistische. Zahlenmäßig war sie ihr aber überlegen, so dass in diesem quantitativen Sinne weniger die SPD oder andere linke Parteien als vielmehr die CDU/CSU die Arbeiterpartei der Nachkriegszeit darstellte.

Schon die Entstehung der Arbeiterbewegung baut auf einer »langen Kontinuität der Volksmilieus« (Vester 2018, 896) auf, auf ihren kulturellen Traditionen, Vereinen und Hilfskassen, Gemeinden und Gemeinschaften, auf traditionellen und widerständigen Formen der Solidarität und wechselseitigen Hilfe (vgl. Thompson in diesem Band). Die Abgrenzung solcher Milieus nach außen ist dabei eher ein Nebeneffekt, zentral ist die Ausbildung sozial-moralischen Zusammenhalts nach innen (wenn dieser gefährdet erscheint, kann die Abgrenzung nach außen als reaktive Stabilisierung in ihrer Bedeutung hervortreten). Für Thompson ist eine solche »moralische Ökonomie« (moral economy) aus Legitimitätsvorstellungen und moralischen Grundannahmen der guten oder akzeptablen Lebens- und Arbeitsbedingungen zentral nicht nur für den inneren Zusammenhang der Klasse, sondern auch für das Verhältnis der Klassen von Kapital und Arbeit. Wann immer diese »moralische Ökonomie« schwerwiegend verletzt wurde – durch mangelnden Respekt, überhöhte Preissetzungen, Überausbeutung, moralisch verwerfliche Handlungen von Seiten der herrschenden Klassen –, konnte dies ein zündender Funke für große Unruhen, Aufstände und (Hunger)Revolten bis hin zu Revolutionen in der Geschichte werden.

Unterschiedliche Milieus untersucht bspw. schon Gramsci in seinen *Gefängnisheften*, etwa »traditionelle« und »Volksmilieus«, das »primitive Milieu« der städtischen Unterschicht, das »industrielle Arbeitermilieu«, das »banale bürgerliche Milieu« etc. (vgl. Vester 2018, 903). Bourdieu weist darauf hin, dass die Haltungen (der »Habitus«) und Fähigkeiten in der Sozialisation der Milieus gleichsam durch die Haut, »auf osmotische Weise [...] ohne jedes methodische Bemühen und jede manifeste Einwirkung« aufgenommen werden (zit. n. ebd.). Hinzu tritt jedoch ein aktives Moment der Subjektivation (im Gegensatz zur einfachen Sozialisation), bei dem die gesellschaftlichen Individuen den immer vorhandenen Möglichkeitsraum ausfüllen. Damit ist aber auch, gramscianisch gelesen, die Möglichkeit der Überwindung des spontan wirkenden Milieus, das die Einzelnen auf den ihnen qua Herkunft zukommenden sozialen Positionen festhält, eingeschrieben (vgl. dazu Candeias zum Unmaking und Remaking in diesem Band). Heute wie damals ist es immer wieder gelungen, dass unterschiedliche Teile der Klasse und verschiedene Milieus übergreifende Organisationsformen entwickeln, gar sozialistische »Milieus« herausbilden.

So bilden sich (durch Prozesse der Differenzierung) unterschiedliche Klassensegmente heraus. Wo kaum noch sich überschneidende gemeinsame Kooperations-, Verkehrs- und Kommunikationsverhältnisse existieren, Arbeits- und Lebensweisen auseinanderfallen, weitgehend getrennt voneinander verlaufen, kann es zur Fragmentierung der Klasse kommen (Bsp. der französischen Parzellenbauern im *18. Brumaire* von Marx, MEW 8). Daher ist es von entscheidender Bedeutung, gemeinsame Organisationen und alltägliche Orte der Solidarität, des Lernens, der gemeinsamen politischen Praxis zu schaffen. Die Herausbildung gemeinsamer Interessen kann nicht einfach auf gleichen Lebensbedingungen und Klassenlagen beruhen, sondern muss durch Bündnisse zwischen verschiedenen Gruppen politisch organisiert werden.

Bewusstsein und Organisation der Klasse

Mit Marx ist, so könnte man sagen, in Gesellschaften, in denen die kapitalistische Produktionsweise herrscht, die Klasse der Lohnabhängigen an sich objektiv gegeben. Aber ist sie auch subjektiv als bewusste Kraft aktiv? Nun, sie kämpft, immer schon. Sie gewinnt nicht erst Bewusstsein, wenn sie sich organisiert, sie hat in jeder Periode ihr spezifisches Alltags- und Kampfbewusstsein, spezifische Haltungen und Überzeugungen, Vorurteile und Traditionen und mehr oder weniger spontane, überlieferte oder entwickelte Organisationsformen. Mit E. P. Thompson (in diesem Band) gesprochen, ist der Klassenkampf und das Klassenbewusstsein immer schon da, geht gewissermaßen der »Klasse für sich selbst«, so Marx im *Elend der Philosophie* (MEW 4, 181), voraus – also jenem Prozess gezielter und systematischer gesellschaftlicher Organisation als Klasse, die danach strebt, die Klassengesellschaft aufzuheben.

Zentrales Element der Klassenformierung sind ihre »ökonomischen«, »zivilgesellschaftlichen« und «politischen« Formen der Organisierung – vereinfachend könnte man sagen: Gewerkschaften, re/produktive Solidarstrukturen des Alltags (Genossenschaften, Vereine, Initiativen/Bewegung) und Partei. Eine solche Reduzierung der Gewerkschaft auf den ökonomischen Klassenkampf, der Bewegung auf den Alltag oder der Partei auf die politische, gar parlamentarische Ebene wäre selbst schon ein Teil des Problems (zum Verhältnis von Politik und Ökonomie bei Marx vgl. Hall in diesem Band). Alle sind jeweils auf unterschiedliche Weise in diesen gesellschaftlichen Sphären aktiv und müssen es auch sein – so sind »das ökonomische und das politische Moment unmöglich voneinander zu trennen« (Luxemburg, *Massenstreik*, Werke Bd. 2, 127, in diesem Band). Dies zeigt sich bspw. schon in der Debatte um das politische Mandat der Gewerkschaften oder um die Verankerung der Partei in zahlreichen Initiativen, Bewegungen und eben auch Gewerkschaften oder um die Bedeutung von Solidarstrukturen als sozial-ökonomische Stützen der Reproduktion und Orte politischer Selbsterziehung.

Es sind diese Orte, in denen sich die unterworfenen Klassen und Gruppen kollektiv (selbst) organisieren und auf unterschiedlichen Feldern gemeinsam aktiv werden. Hier werden (Klassen-)Erfahrungen verallgemeinert und wird eine gemeinsame (Klassen-)Praxis im (Klassen-)Kampf herausgebildet.

So unterscheidet der sogenannte Machtressourcen-Ansatz (Brinkmann u. a. 2008, Dörre u. a. 2016) neben der oben erwähnten strukturellen Macht durch die Stellung im Re/Produktionsprozess noch weitere potenzielle Machtformen der Klasse der Lohnabhängigen: eben die Organisationsmacht, die erst aus dem Zusammenschluss zu kollektiven politischen oder gewerkschaftlichen Organisationen entsteht. Deren Handeln zielt darauf, die Verfügungsgewalt des Kapitals über den Einsatz der Arbeitskraft einzuschränken und/oder andere Unterdrückungs- und Herrschaftsverhältnisse zu bekämpfen, eine gesellschaftliche Kraft für die Transformation der Gesellschaft zu werden, dafür gruppen- und klassenübergreifende Kooperations- und Diskursmacht zu erringen und verzweigte gesellschaftliche Hegemoniekämpfe zu führen. Die damit verbundenen Probleme der Organisation, des Verhältnisses von Repräsentation und Selbstorganisation/ -ermächtigung wurden und werden im Marxismus von jeher breit diskutiert, von Marx' *Kritik des Gothaer Programms*, über Lenins, Kollontais und Luxemburgs Kritik bestimmter Formen gewerkschaftlicher Praxis und des Bürokratismus in der Partei oder Gramscis komplexer Hegemonietheorie sowie Spivaks grundlegender Frage, »ob die Subalterne sprechen kann« bzw. durch die Form der Organisation der Klasse unhör/sichtbar wird, um nur einige Beispiele zu nennen (Luxemburg, Gramsci und Spivak in diesem Band). Die strategische Grundfrage ist immer wieder: Was tun, und wer tut es, mit wem und wie?

Für die Gewinnung von Handlungsfähigkeit ist es notwendig, aus Widerspruchskonstellationen, in denen sich alle bewegen müssen, eine Verallgemeinerung von Interessen zu erarbeiten, die Differenzen respektiert. Spezifische Interessen müssen neu verbunden und Solidarität entwickelt werden. Das ist das, was Gramsci mit dem Prozess der Entwicklung von der korporativ-ökonomischen zur politisch-ethischen Phase meint. Paradox mag dabei Folgendes erscheinen: Die Markierung von Differenzen, sowohl diskursiv als auch organisatorisch, ist Voraussetzung der Verallgemeinerung. Die Formulierung und Artikulation partikularer Interessen sowie die Schaffung eigener Organisationen und Netze ist notwendig, um von dort aus überhaupt in eine Assoziation mit anderen Gruppen und Klassenfraktionen treten zu können und in der Auseinandersetzung das Gemeinsame nicht zu finden, sondern zu produzieren. Dies betrifft nicht nur die unterschiedlichen Teile der Klasse der Lohnabhängigen, sondern auch ihr Verhältnis zu anderen subalternen Gruppen und Klassen, seien es z. B. die Frauen- oder Ökologiebewegung oder andere Klassen wie die (Klein-)Bauern (vgl. v. a. Lenin) oder Teile des Kleinbürgertums, Intellektuelle oder sogar Teile der aufgeklärten Kapitalfraktionen. Die Klasse der Lohnabhängigen ist schon bei Marx nicht einfach jene, die ihr Partikularinteresse gegen andere durchsetzen muss, vielmehr geht es ihm um das universelle Interesse, alle Unterdrückungs- und Klassenverhältnisse aufzuheben. Konkret bedeutet dies zunächst, über die eigene Klasse oder Gruppe hinaus die Interessen aller potenziellen Bündnispartner schon bei der Formulierung eines ethisch-politischen Hegemonieprojektes einzubeziehen.

Eine weitere Machtquelle ist die institutionelle Macht, wenn es gelingt, soziale Kompromisse institutionell und gesetzlich festzuschreiben, etwa über Tarifvertragsrecht, Arbeitsrecht, gesetzliche Sozialversicherungen etc. Hierin liegt die Bedeutung des Kampfes um den Sozialstaat (als sogenannter »zweiter Lohn«) und die Regulierung der Arbeit, um die mögliche Dekommodifizierung der Ware Arbeitskraft und der notwendigen Bedingungen der Reproduktion (Wohnen, Gesundheit, Bildung etc.), aber auch um Geschlechterverhältnisse, Wahlrechte, soziale und politische Grundrechte etc. pp. Insbesondere Gramsci und später Poulantzas machen deutlich, dass der Staat nicht einfach den verlängerten Arm der Bourgeoisie, sondern selbst ein Feld des Klassenkampfes darstellt, in dem die Klasse der Lohnabhängigen ihre Bastionen und Stellungen im »Stellungskrieg« (Gramsci) errichtet.

Politische Fraktionierung und Integration in geschichtliche Blöcke – Hegemonie

Die immer schon enorme Heterogenität der lohnarbeitenden Klasse muss durch ihre unterschiedlichen Formen der Organisation in solidarischer und horizontaler Vielheit fruchtbar verbunden werden. Diese Heterogenität bietet aber auch die Grundlage für gezielte Spaltungsprozesse von herrschender Seite durch Fraktionierung und Einbindung von Teilen der Arbeiterklasse in hegemoniale Projekte.

In einem hegemonialen Projekt müssen sich die Bedürfnisse und Interessen der Subjekte redefinieren lassen, damit es von den Subjekten gewollt und aktiv angestrebt wird. Ohne das aktive Element der Zustimmung würde sich Hegemonie auf Zwang und Gewalt reduzieren. Entsprechend handelt es sich bei Hegemonie nicht nur um die Fähigkeit einer Klasse oder eines Bündnisses, ihr »Projekt als das der gesamten Gesellschaft darzustellen und durchzusetzen« (Lipietz 1998, 160; vgl. MEW 3, 47), sondern in Form einer ›passiven Revolution‹ (Gramsci) um einen realen »*Prozess der Verallgemeinerung* von Interessen in einem instabilen Kompromissgleichgewicht« (Demirović 1992, 154, Herv. MC).

Hegemonie heißt für Gramsci entsprechend, »dass die herrschende Gruppe sich auf konkrete Weise mit den allgemeinen Interessen der untergeordneten Gruppen abstimmen wird und das Staatsleben als ein andauerndes Formieren und Überwinden von instabilen Gleichgewichten zu fassen ist [...], von Gleichgewichten, in denen die Interessen der herrschenden Gruppen überwiegen, aber nur bis zu einem gewissen Punkt, d.h. nicht bis zu einem engen ökonomisch-korporativen Interesse« (*Gef* 7, 1584).

Die herrschende Gruppe – so Demirović, Poulantzas (1975, 139) zusammenfassend – »setzt also ihre Interessen keineswegs in reiner Form durch, sondern durchdringt zum einen durch Verallgemeinerung und Polarisierung die der anderen Fraktionen, zum anderen nimmt sie durch denselben Vorgang der Verallgemeinerung deren Interessen in sich auf« (Demirović 1987, 64; in diesem Band). Sie bestimmt aber in gewissen Grenzen die Prämissen, »auf denen der jeweilige Kompromiss der diversen Fraktionen beruht« (ebd.). Die herrschende Gruppe wird also Zugeständnisse und Opfer »korporativ-ökonomischer Art« bringen, »aber es besteht auch kein Zweifel, dass solche Opfer und ein solcher Kompromiss nicht das Wesentliche betreffen können« (Gramsci, *Gef* 7, 1567).

Ein hegemoniales Projekt, zu verstehen als Artikulation der vielen gesellschaftlichen Praxen und Interessen in einem Kompromiss, wird also getragen von einem geschichtlichen Block gesellschaftlicher Kräfte, der ›Herrschende‹ und ›Beherrschte‹ miteinschließt. Er ist das Resultat der konkreten Kräfteverhältnisse im Kampf um Hegemonie.

Von herrschender Seite wurden immer schon Teile der Subalternen aus der Klasse herausgebrochen und in ein hegemoniales Projekt integriert. Auf diese Weise wird der »Klassenkampf intern auf[ge]spalten« (Hall 1994, 131). Dies ist kein Bewusstseinsphänomen, sondern mit der Realisierung realer Interessen verbunden. Im Fordismus resultierte dies angesichts der Kräfteverhältnisse und einer erstarkenden Arbeiterbewegung in einem Klassenkompromiss mit breiter Basis, der auch ein Außen produzierte sowie patriarchal und paternalistisch geprägt war. Im Neoliberalismus wurde die Basis der Klassenkompromisse immer schmaler, begrenzte sich mehr und mehr auf sogenannte Kernbelegschaften und aufsteigende Hightech-Spezialisten. Der Export- und Standortnationalismus, erkauft mit Austerität und Lohnzurückhaltung, sichert aber für Teile der Klasse immer noch eine gewisse, wenn auch umkämpfte Teilhabe. Diese Art des Klassenkompromisses ist verbunden mit hohen Kosten wie erzwungener Unterordnung, verschärften Flexibilitäts- und Leistungsanforderungen etc. Mit seinen immer geringeren Zugeständnissen mobilisiert er zugleich ungeheure »Ängste, im universellen Kampf aller gegen alle nicht mithalten« zu können (Haug 1993, 228).

Von oben, von herrschaftlicher Seite eingesetzt, dient in einer solchen Situation bspw. der Rassismus zur Spaltung der Arbeiterklasse. Die wesentliche gesellschaftliche Wirkung des Rassismus ist die Verschiebung des vertikalen Klassenkonflikts (zwischen herrschendem Block und subalternen Gruppen und Klassen) hin zu einem horizontalen Konflikt innerhalb der Klasse der Lohnabhängigen (vgl. Balibar in diesem Band; Candeias 2018, 45ff.).

Aus der Vielfalt und den Differenzen innerhalb der Klasse der Lohnabhängigen werden harte Spaltungen und politisch eigenständige Fraktionierungen der Klasse – vielleicht die schärfsten Formen der Klassenspaltung. Jenseits von Differenzierung und Segmentierung durch unterschiedliche Stellungen im (Re-)Produktionsprozess, verschiedene Identitäten, Traditionen oder Habitus, oder durch Fragmentierung aufgrund mangelnder Kooperations-, Verkehrs- und Kommunikationsverhältnisse zeichnet sich eine Fraktion durch ihre intendierte politische Wirkung aus. »Im Gegensatz zu Schichten«, Milieus, Segmenten oder Gruppen, »können die Fraktionen in dem Maße, wie sie autonom werden, zu gesellschaftlichen Kräften werden« (Poulantzas 1974, 83).

Nebenwidersprüche? Strukturelemente!

Der Antagonismus zwischen Kapital und Arbeit ist der Grundwiderspruch in Gesellschaften, in denen die kapitalistische Produktionsweise herrscht. Er durchzieht alle anderen gesellschaftlichen Verhältnisse, verleiht ihnen eine je spezifische Form. Veränderte gesellschaftliche Produktionsverhältnisse führen zu veränderten Geschlechterverhältnissen, Lebensweisen, einer Veränderung staatlicher oder rassifizierter Verhältnisse. Aber Obacht, spätestens seit Althusser (1968 u. 1972 und eigentlich schon seit Marx, MEW 42, 34) wissen wir: Das Ökonomische determiniert die anderen Verhältnisse nicht einfach, vielmehr handelt es sich um komplexe Prozesse der wechselseitigen Überdeterminierung.

Doch geht es nicht darum, dass wir Klassenverhältnisse haben, und dann treten bspw. Geschlechterverhältnisse oder Rassismus hinzu und verkomplizieren die Sache. Vielmehr gehen Geschlechter- oder rassifizierte Verhältnisse schon in die Konstitution der konkreten Klassenverhältnisse ein, strukturieren sie – und eben umgekehrt. Die geschlechtliche Arbeitsteilung bedingt die konkrete Form des Gesamtarbeiters, des Staates etc. – »eben weil die Klassenausbeutung insgesamt die Ausbeutung der Frau als spezifische Vermittlungsinstanz zur *Voraussetzung* hat«, so Dalla Costa (vgl. auch Vogel, beide in diesem Band). So durchziehen Geschlechterverhältnisse als Produktionsverhältnisse (Frigga Haug in diesem Band) die gesamte Gesellschaft, so wie umgekehrt die Klassenverhältnisse auch. Dies gilt auch für die Frage des Rassismus (vgl. Hall und Balibar in diesem Band). Es handelt sich also nicht um abgeleitete Verhältnisse – gar Nebenwidersprüche –, sondern um Strukturelemente in einem komplex gegliederten Ganzen (vgl. W. F. Haug 1999). Für die Untersuchung eines komplexen Ganzen steht nun kein von vornherein gegebener Nullpunkt mehr zur Verfügung. Dennoch muss ein »epistemologischer[6] Schnitt« vorgenommen werden, »der nicht willkürlich, sondern in der Sache selbst begründet ist« (Weber 1994, 617): Es muss ein spezifischer Einsatzpunkt gewählt werden, sozusagen eine Blickrichtung, aus der das Ganze untersucht werden soll – so wie etwa die Begriffe Produktions- und Lebensweise nicht zwei getrennte Sphären beleuchten, sondern jeweils das Ganze aus unterschiedlichen Richtungen in den Blick nehmen.[7]

In der polarisierten Debatte beispielsweise, ob für den Aufstieg des Rechtspopulismus und dann der radikalen Rechten eher soziale Faktoren ursächlich sind oder ein verbreiteter Rassismus, könnte mit Stuart Hall (1980, 92; in diesem Band) entgegnet werden: »Das Problem hier ist aber nicht, ob die ökonomischen Strukturen für ›rassische‹ Spaltungen relevant sind, sondern

---

6   Epistemologie ist die Theorie der Erkenntnis, hier gemeint im Sinne der Frage, wie man Erkenntnis gewinnt.
7   Verkompliziert wird das Ganze noch durch die gleichzeitige und wiederum verwobene Existenz unterschiedlicher Produktionsweisen (und Lebensweisen), vgl. Meillassoux 1975 oder auch Hall in diesem Band.

wie beide theoretisch verknüpft werden.« Auch ist nicht fraglich, ob Menschen rassistische Zuschreibungen vornehmen, »sondern welches die spezifischen Bedingungen sind, die dieser Form [rassistischer] Unterscheidung soziale Bedeutung und historische Wirksamkeit verleihen« (ebd., 129).[8]

Welches wiederum der »Hauptwiderspruch« ist, ist eine konjunkturell-strategische Frage. So kann es sein, dass in einer konkreten geschichtlichen Situation in der direkten Konfrontation von Kapital und Arbeit im Betrieb politisch keine Dynamik existiert, sehr wohl aber in der Wohnungs- oder Klimafrage, die selbst systematische Herausforderungen stellen. Die ist auch regional sehr differenziert: So kann es sein, dass ein religiös beherrschtes kapitalistisches Regime wie in Saudi-Arabien durch einen Aufstand der Frauen eher bedroht wäre als durch die oft niedergeschlagenen kleinen Aktionen der Arbeiter*innen.

Zweifelhaft ist allerdings, ob es diesen einen Punkt gibt, an dem die Herrschaft in ihrem Kern getroffen werden kann. Es gibt kein steuerndes gesellschaftliches Zentrum. Dies trifft auch auf den Staat als Verdichtung gesellschaftlicher Kräfteverhältnisse zu. Entsprechend ist in entwickelten Gesellschaften eine Revolution nach dem Vorbild des Sturms auf das Winterpalais kaum zielführend. »Im Osten war der Staat alles, die Zivilgesellschaft war in ihren Anfängen und gallertenhaft; im Westen bestand zwischen Staat und Zivilgesellschaft ein richtiges Verhältnis, und beim Wanken des Staates gewahrte man sogleich eine robuste Struktur der Zivilgesellschaft. Der Staat war nur ein vorgeschobener Schützengraben, hinter welchem sich eine robuste Kette von Festungen und Kasematten befand«, so Gramsci (*Gef*, H. 7, § 16, 874).

Das letztlich Bestimmende ist nur durch die Struktur der Verhältnisse konkretisierbar. Alain Lipietz (1998, 111f.) fasst die konkrete Gesellschaft entsprechend als spezifische *Artikulation eines Verhältnisses von Verhältnissen*. Frigga Haug (2013) nennt diese Verwobenheit von Verhältnissen einen Herrschaftsknoten. Wer Klassenverhältnisse analysieren möchte, muss sich dieser Verwobenheit widmen. Marx paraphrasierend alle (Herrschafts- und Unterdrückungs-)Verhältnisse umzuwerfen, alle zugleich, ist allerdings nicht so einfach. Es gilt, irgendwo zu beginnen: einen Faden zu fassen zu bekommen, einen produktiven gesellschaftlichen Konflikt, um den Knoten zu entwirren. Dies ist eine strategische Frage. Eine verbindende, sozialistische Klassenpolitik kann dabei eine sinnvolle Orientierung sein.

---

8   Unter Bedingungen einer verallgemeinerten Kultur der Unsicherheit im Neoliberalismus ergibt die Mischung aus verschärften Anforderungen, Zumutungen, eigenen Abwertungserfahrungen sowie Versuchen der Selbststabilisierung über rassistische und andere (z. B. sexistische) Formen der Abwertung eine radikal rechte Artikulation zunächst unabhängiger Phänomene. Die radikale Rechte ermöglicht den Einzelnen einen nonkonformistischen Konformismus, bei dem sich die widerständige Haltung rhetorisch zwar gegen die Instanzen der Herrschaft richtet, sie aber zugleich praktisch aufruft zur Abwertung und Ausgrenzung des »Anderen«, der Migrant*innen etc. Rassismus von »unten« wird dann verständlich als restriktive Handlungsfähigkeit und reaktionäre Selbstermächtigung (Candeias 2018, 33–48).

Politische Strategie und verbindende Klassenpolitik

Die Klasse ist also vielfältig gespalten, entlang beruflicher und generationeller Linien, formaler Bildung, entlang geschlechtlicher, ethno-nationaler und anderer (Selbst-)Zuschreibungen, entlang ihrer Stellung im gesellschaftlichen (Re-)Produktionsprozess. Es ist klar, dass *die* Klasse nicht vorausgesetzt werden kann, vielmehr von vielfältigen Differenzierungen, Segmentierung, Fragmentierung oder gar Spaltungen ausgegangen werden muss. Das war nie anders. Insofern geht es immer um ein Making und Remaking of class.

Die damit einhergehenden Differenzen sind jedoch so tiefgreifend, konstituieren so unterschiedliche Erfahrungen, Lebenslagen und Interessen, dass es fragwürdig ist, wieder zu einfachen und essenzialistischen Vorstellungen einer Vereinheitlichung von Interessen zu kommen, die »Einheit« der Klasse (wieder-)herstellen zu wollen. Vielleicht müsste sogar »der politische Begriff der Klasseneinheit grundsätzlich modifiziert oder schlicht aufgegeben werden«, fragt Deppe (1981, 78, in diesem Band). Wir meinen: ja. Vor allem *eine* Klassenidentität im engeren Sinne kann es nicht geben. Zwar sind »Klasse und Identität kein Gegensatz«, aber »in besonderen Konstellationen« können sie zu einem Gegensatz werden. »Das Ziel emanzipatorischer Praxis ist es, sowohl ›Klasse‹ als auch ›Identität‹ zu überwinden. Diese emanzipatorischen Praktiken sind also mit einem Widerspruch konfrontiert, dass sie sich auf die Identitäten berufen müssen, gegen die sie sich gleichzeitig wenden: die ambivalente Identität von ›Klasse‹, ›Rasse‹ oder ›Geschlecht‹«, so Demirović in diesem Band.

Im Sinne Gramscis müssten die verschiedenen Erfahrungen und Interessen dieser vielfältigen Klasse *konkret* verbunden und auf diese Weise verallgemeinert werden, ohne wieder Differenzen und wichtige Partikularinteressen im Namen der Einheit unter den Tisch zu kehren (vgl. Candeias 2010). Die Linke muss ganz unterschiedliche Segmente der Klasse *verbinden*. Sie muss immer neu lernen, zu übersetzen. Dies ist die Intention des Konzepts der verbindenden Klassenpolitik (ausführlich auch Riexinger 2018).

Eine verbindende Klassenpolitik kann helfen, a) einen klaren Gegnerbezug zu formulieren, zu den führenden Klassen »oben« und gegen die radikale Rechte. Sie kann b) die soziale Frage schärfer, eben klassenorientiert, von der allgemeinen (sozialdemokratischen) Rede von sozialer Gerechtigkeit scheiden und zuspitzen. Sie kann die Klassenfrage aus ihrer Fixierung auf die alte, oft männlich geprägte Arbeiterklasse lösen und zu einer feministischen und gegen geschlechtliche Normierungen gerichteten (queeren), ökologischen Klassenpolitik, zu einem klassenbewussten Antirassismus weiterentwickeln; zugleich kann sie so auch diese Bewegungen klarer links profilieren. Sie kann c) den falschen Gegensatz zwischen sozialer Frage und (vermeintlicher) Identitätspolitik überwinden. Feminismus und Ökologie sind nicht nur etwas für »die Elite« – es sind auch Klassenfragen. Und es müssen dabei d) Projekte und Praxen entwickelt werden, die über die üblichen Verdächtigen hinausreichen und gerade auch das »Unten« – mit oder ohne migrantischen Hintergrund – erfassen, von diesem selbst getragen werden. Es geht um jene formal weniger qualifizierten, prekarisierten, in benachteiligten Vierteln konzentrierten Teile der Klasse, die sich in der Regel weniger organisieren und seltener zur Wahl gehen. Hier gilt es, mit aufsuchender Arbeit (links-emanzipativer Organisationen) Ausgrenzungen durch räumliche Segregation, Klassifikationen und Respektabilitätsgrenzen zu überwinden, einfache Dinge zu tun, die so schwer erscheinen, wie an ›deren‹ Haustüren zu klingeln, zuzuhören, ins Gespräch zu kommen, gemeinsam in die konkrete Arbeit der Organisierung zu treten. Diese Praxen sind der Lackmustest einer verbindenden Klassenpolitik. Auf diese Weise könnte die neue Klassenpolitik als eine Art »verbindender Antagonismus« wirken (Candeias in diesem Band), der unterschiedliche Gruppen, Klassensegmente und Bewegungen, quer zu den unterschiedlichen Themen und Politikfeldern, mit einer orientierenden Herangehensweise und konfliktorientiert gegenüber konkreten Gegnern zusammenführt, ohne die Differenzen zwischen den verschiedenen Teilen der Klasse zu negieren. Denn nur zusammen gedacht lässt sich der erwähnte »Knoten« unterschiedlicher Herrschaftsverhältnisse durchtrennen.

Dies sind – extrem verdichtet – die Kerngedanken einer Strategie verbindender Klassenpolitik. Für solche Praxen gab es vielfältige Erfahrungen, die jedoch nicht systematisch verallgemeinert und verbunden waren. Dem sollte mit den theoretischen und strategischen Ansätzen der »verbindenden Partei«[9] (vgl. Candeias 2020) und der »verbinden Klassenpolitik« Rechnung getragen werden. Zugrunde lagen dem auch Debatten um den Zusammenhang einer gesellschaftlichen Linken: etwa um die Mosaiklinke, meist nur ein Nebeneinander, manchmal auch eine Verbindung der aktiven Teile, aber eben nur der politisch aktiven Teile, für ein Mitte-Unten-Bündnis (Brie/Candeias 2017) – diesem fehlte jedoch zunehmend das »Unten«. Die Partei Die LINKE konnte über längere Zeit etwa die von Hartz-IV-Betroffenen aktiv integrieren und repräsentieren. Dies nahm jedoch über die Jahre ab, das Protestpotenzial und die Hoffnungen in die LINKE nutzten sich über die Jahre weiterer neoliberaler Verschlechterung ab. Anderen Organisationen erging es ähnlich. Die Rechten drängten in die Lücke. Es war notwendig, die Partei wieder zu einer organisierenden Partei zu entwickeln, die im Alltag präsent ist, zur Ermächtigung ermutigt, um Dinge selbst in die Hand zu nehmen. Außerdem ging es darum, die dezidierte und postavantgardis-

---

9   Gramsci erweitert das Verständnis von Partei so, dass Parteien *als gesellschaftliche Kraft* eine spezifische Form der Kämpfe um Hegemonie sind. Eben nicht bloß »technische Organisationen«, wie er schreibt, sondern ein »aktiver gesellschaftlicher Block«, also eine konkrete Verbindung unterschiedlicher Kräfte und Organisationen, von denen Parteien im engeren Sinne, die u. a. bei Wahlen antreten, nur ein, wenn auch wichtiger Teil sind.

tische[10] Rolle der Partei gegenüber anderen Teilen des Mosaiks, gegenüber Bewegungen und Initiativen oder Gewerkschaften, besser in den Blick zu nehmen.

Doch wer ist die Klasse? Wenn man die Klasse in den Blick nehmen möchte, muss man ihre Veränderung in den Blick nehmen. Im Feuilleton und vielen politischen Debatten nicht nur der gesellschaftlichen Linken ist »die Klasse« zurück, meist verbunden mit einer Erzählung zur Rechtsentwicklung. Die Bilder der Klasse, die dabei häufig transportiert werden, sind jedoch seltsam eindimensional, fast altmodisch, beziehen sich nur auf einen ganz bestimmten Ausschnitt von Klasse. Demgegenüber werden dann andere Teile entnannt bzw. als gar nicht der Klasse zugehörig behauptet. Entsprechend polarisiert verläuft dann oft die Debatte, die aus wirklichen Differenzen harte und falsche Gegensätze produziert: Identitäts- versus Klassenpolitik oder auch Kosmopoliten vs. Kommunitarier (vgl. Demirović in diesem Band). Dies ist aus meiner Sicht der politisch hoch problematische Ausdruck einer Unfähigkeit, Differenzen und Widersprüche innerhalb der Klasse angemessen zu begreifen.

Demgegenüber geht die Vielfältigkeit der Klasse verloren. Diese Vielfältigkeit gilt es also wieder sichtbar zu machen, ohne ihren Zusammenhang aufzulösen: Wir müssen die Stimmen und unterschiedlichen Klassengeschichten wieder hörbar machen (vgl. Bhattacharya in diesem Band). Was denken und fühlen der Kohlekumpel in der Lausitz, der von Digitalisierung bedrohte Industriearbeiter, die DHL-Botin am Ende einer informatisierten Logistikkette, die Krankenschwester in den modernen Krankenhauskonzernen, die Informatik-Ingenieure, die feststellen, dass ihr hochqualifiziertes Wissen in kurzer Zeit entwertet wird durch neue Technologien und jüngere Konkurrenten, die jungen, urbanen, akademisch qualifizierten, aber häufig prekarisierten Arbeitenden mit unsicheren Zukunftsaussichten?

Parallel zur Entwicklung und Verbesserung einer neuen Klassenpolitik braucht es eine Erneuerung kritischer Klassenanalyse und Klassentheorie, die dann wiederum Klassenpolitik informieren kann und Grundlagen bietet, um gezielter zu arbeiten. Dabei entstehen Anforderungen auch an die Wissenschaft: Sosehr ich etwa die Arbeiten von Bourdieu, später Wacquant oder Castel oder anderen schätze, allzu sehr beziehen sie sich auf die Zersetzung der alten Arbeiterklasse, auf ihre Fragmentierung, auf die Nicht-Klasse. Zu wenig steht das Remaking of class im Zentrum. Die Klasse ist in permanenter Veränderung, immer schon, im doppelten Sinne, durch objektive und subjektive Momente: Durch permanenten Umbau von Seiten des Kapitals und die umwälzende Dynamik der Produktivkraftentwicklung werden alte Klassenzusammenhänge auseinandergerissen und wieder neu zusammengesetzt. Alte Milieus sind in Auflösung, neue entstehen, schein-

---

10 Im Gegensatz zum Verständnis einer Kaderpartei von Berufsrevolutionären oder später Funktionären, die sich als Avantgarde des Proletariats bzw. der subalternen Klassen versteht.

bar aber fragmentierter, pluraler, weiblicher, migrantischer und prekär. Bestimmte Segmente der Klasse steigen ab, etwa bestimmte Berufsgruppen qualifizierter Facharbeiter, andere auf. Damit sind Unsicherheit, Ressentiment, Resignation und Wut, aber auch veränderte Subjektivitäten, Ansprüche und Aspirationen der Subjekte verbunden, immer wieder neue Ansätze von Kämpfen in veränderten Konstellationen.

Dabei ist zentral, dass auf Basis von Differenzen innerhalb der Klasse der Lohnabhängigen, die Gegenstand von Hegemoniekämpfen sind, Spaltungen und Fraktionierungen produziert werden, indem Teile der Klasse in unterschiedlicher Weise in Herrschaftsprojekte integriert werden. Diese Spaltungen sind ernst zu nehmen, richtig einzuschätzen, sie wirken handlungsbegrenzend, aber sie sind nicht unveränderbar. Gegenüber diesen Tendenzen steht die Untersuchung solidarischer Potenziale weit weniger im Fokus. Das ist ein Erkenntnisproblem.

Und nicht zuletzt spielen sich zahlreiche Klassenkämpfe nicht nur in der Produktion oder Erwerbsarbeit, sondern auch im Bereich der Reproduktion ab, um soziale Infrastrukturen, Pflege und Sorgearbeit, geschlechtliche Arbeitsteilung, Wohnen, lebenswerte Umwelten und Stadträume etc. Diese werden aber selten als Fragen der Klasse verhandelt.

Dann würde aber deutlicher, dass der Interessenbegriff wieder erweitert werden muss. Das gab es alles mal, sowohl theoretisch als auch in der Praxis zum Beispiel von Gewerkschaften. Denn die Einzelnen haben vielfältige Interessen. Teilweise sind diese gegensätzlich, gehen mitten durch die Subjekte hindurch. Betrachten wir also den ganzen Menschen. Insofern sind Interessen auch nicht gegeben, sondern werden in Auseinandersetzungen permanent geformt, im besten Fall gemeinsam. Entsprechend vielfältiger sind auch die Kämpfe. Denn die These von der »demobilisierten Klassengesellschaft« (Dörre in diesem Band) meint ja nicht, dass es keine Kämpfe gebe, es gibt immer auch eine Gegenbewegung, an die es anzuknüpfen gilt.

»Klassenerfahrungen« in diesem breiten Sinn wieder zum Gegenstand einer widerspruchsorientierten Analyse zu machen, kann Anknüpfungspunkte für solidarische Praxen begründen. Wie lassen sich also die verschiedenen Teile der Klasse verbinden? Wie also kann eine neue Klassenanalyse die für einen Teil der gesellschaftlichen Linken zentral gewordene Strategie einer »verbindenden Klassenpolitik« empirisch und theoretisch begleiten? Dafür bräuchten wir mehr Unterstützung und produktive Kritik.

Wie nun agieren in Zeiten hoher Dynamik? Wie ist eine Situation zu durchbrechen, in der die Linke momentan kaum sichtbar wird? Die Strategie einer verbindenden Klassenpolitik und der Organisierung zeigt zwar Fortschritte in vielen Bereichen, ist in der Lage, mehr Menschen aktiv in konkrete soziale Kämpfe einzubeziehen, auch zur Mitgliedschaft in linken Organisationen (z. B. der Partei Die LINKE) zu motivieren, aber sie ist langfristig ausgerichtet, braucht Zeit (und ist noch längst nicht systematisch in der Partei oder sozialen Bewegungen verankert).

Die Widersprüche sind unsere Hoffnungen, so Brecht. Wie wahr. Von allein spielen sie uns jedoch nicht in die Hände. Es bedarf der aktiven Zuspitzung der Widersprüche. Entscheidend ist, einige Projekte zu bestimmen, die unmittelbare Verbesserungen bringen, zugleich Macht- und Eigentumsverhältnisse verändern – und damit *gezielt beispielgebende Konflikte zu produzieren*, wie bspw. die Beschäftigten der Charité bei der Frage der Personalbemessung oder die in Berlin begonnene Initiative ›Deutsche Wohnen & Co enteignen‹. Dabei sollte ein gezielter Konflikt eben an Alltagsbedürfnissen ansetzen, auf unmittelbare Verbesserung für die Einzelnen zielen und eine Dynamik für nächste Schritte und weitergehende Perspektiven schaffen. Dies schließt disruptive Praktiken wie Streik, Besetzung, Blockade und ggf. auch Volksentscheid ein. Diese Selbstermächtigung und ein langer Atem sind zentral zur Erweiterung des Möglichkeitsraumes – noch vor kurzem hätten wir gedacht, dass eine Kampagne zur Enteignung von Immobilienkonzernen unter keinen Umständen Erfolg haben kann. Ein solcher Konflikt verleiht Sichtbarkeit, inspiriert und motiviert. Eine entsprechende Kampagne bietet Möglichkeiten, zuvor zersplitterte Initiativen und Organisationen konkret zu verbinden. Wenn sie erfolgreich ist, verschiebt sie den gesellschaftlichen Diskurs, mithin die Kräfteverhältnisse, und erweitert somit den Möglichkeitsraum. Sie erhöht die Durchsetzungsfähigkeit auch anderer Forderungen (beispielsweise hat die Enteignungskampagne unmittelbar das Diskursfeld für den Mietendeckel verbessert und inspiriert radikale Überlegungen auf anderen Feldern). Dass Konflikte ungeheuer Spaß bereiten können, sieht man schon im Kleinen bei den Stadtteilorganisierungen, wenn dann eine Kampagne vor Ort fruchtet, sich mit anderen verbindet, Menschen sich als Teil von etwas Größerem fühlen. Auch für jene, die selbst nicht aktiv werden wollen oder können, kann dies eine neue Attraktivität ausstrahlen: Sie spüren, hier legt sich jemand für uns mit mächtigen Interessen an – nicht weltfremd, sondern um real etwas zu erreichen. Die organisierende Arbeit – verbinden, verbreitern, verankern – ist zentral, um mehr zu werden. Und sie kann (Selbst-)Organisierung mit einer lebendigen Repräsentation verbinden. – Welches sind also die drei bis vier zentralen gesellschaftlichen Fragen, die gelöst werden müssen und die geeignet sind, einen solchen für die Linke produktiven Konflikt zu entwickeln?

Dabei bedarf es jeweils spezifischer Gegnerbezüge. Taktisch wie strategisch sollte man hier möglichst genau werden, damit der Gegner nicht abstrakt bleibt, also etwa mit Recherchen über Hintergründe von Investoren, Machenschaften eines Unternehmens, wer steckt auf Kosten von Patienten und Personal die Profite in diesem oder jenem Krankenhauskonzern ein; wer liefert welche Rüstungsgüter in Krisengebiete; wer sperrt sich mit Dieselbetrug und Korruption gegen eine ökologische Mobilitätswende etc. Hier geht es um ein gezieltes *Blaming* der Gegner. Eine eigene scharfe, mitreißende Tonart unserer politischen Sprache gehört dazu. So kann eine verbindende, sozialistische Klassenpolitik praktisch herausstellen, weshalb

Kämpfe um bessere Arbeitsbedingungen, Löhne und Zeit, aber auch um die Reproduktion – Gesundheit, Wohnen, Ökologie – noch immer Klassenkämpfe sind. Denn das ist nicht evident, weder im industriellen Sektor (Tradition der Sozialpartnerschaft, Inkorporation in den Exportkorporatismus oder Digitalpakt), noch weniger in den Dienstleistungsbereichen, am wenigsten im Bereich öffentlicher sozialer Infrastrukturen oder eben in der Klimafrage. So ist z. B. die Mär, wir säßen bei der ökologischen Krise alle im selben Boot, und auch die Reichen könnten ihr nicht entfliehen, global wie innergesellschaftlich grober Unsinn angesichts der klassenförmig extrem ungleichen Verteilung von Verursachung und Folgen. Neben dem Gegnerbezug braucht es immer verbindende (und meist recht allgemeine) Slogans für einen sozial-ökologischen Systemwechsel, positive Projekte, eine Mischung aus erreichbaren Zielen und vorwärtstreibenden Forderungen und Initiativen.

In Zeiten gesellschaftlicher Polarisierung ist eine radikale Perspektive entscheidend. Es geht nicht einfach um die Verteidigung des Sozialstaates oder die Rückkehr zu einem nationalstaatlichen Modell der Regulierung des Kapitalismus. Wir sollten klar sagen, dass wir als Linke an einem Ende des Kapitalismus arbeiten, an einer Gesellschaft, die Bernie Sanders unbekümmert Sozialismus nennt. Dazu gehören ganz selbstverständliche Dinge wie eine kostenfreie Gesundheitsversorgung und Bildung sowie bezahlbares Wohnen für alle; entgeltfreie öffentliche Güter und Dienstleistungen von Bibliotheken bis zum öffentlichen Personennahverkehr und den Netzen der »Fundamentalökonomie des Alltagslebens«; viel mehr Zeit füreinander und zum Leben; demokratische Mitsprache, die etwas bewegt, also wirkliche Demokratie. Sozialismus wäre erst einmal der Anspruch auf *das Selbstverständliche*.

Dabei werden alte sozialistische Problematiken, wie Macht- und Eigentumsfragen, Umverteilung, Planung und Demokratie, aktualisiert und mit neuen Problemstellungen verknüpft – in der Perspektive der Erweiterung der gemeinsamen Verfügung über die unmittelbaren Lebensbedingungen, der gesellschaftlichen Produktions- und Reproduktionsmittel.

Eine dezidert sozialistische Perspektive kann hilfreich sein, indem sie zwei Dinge leistet. a) Sie kann in einem offenen und offensiven Suchprozess eine Perspektive bieten, die die unterschiedlichen Felder wieder zusammenbindet, damit nicht alles in Einzelpolitiken und Initiativen zerfällt; und b) kann sie versuchen, die unterschiedlichen Interessen und Bewegungen im Sinne »revolutionärer Realpolitik« so zu verknüpfen, dass sie sich nicht »nur erreichbare Ziele steckt und sie mit den wirksamsten Mitteln auf dem kürzesten Wege zu verfolgen weiß«, sondern »in allen ihren Teilbestrebungen in ihrer Gesamtheit *über den Rahmen der bestehenden Ordnung*« hinausgehen (Luxemburg 1903, 373), an die Wurzel gehen (wollen).

Denn möglicherweise sind wir bereits in einer Entscheidungssituation. Kräfte, die sich auch nur für den Erhalt liberaler, bürgerlicher Freiheiten und minimaler Standards solidarischer Lebensweisen einsetzen wollen, müssen Partei ergreifen gegen Autoritarismus wie Neoliberalismus, d.h. auch für einen radikaleren linken Kurs. Jetzt ist der Moment der Entscheidung, in einer Phase des Interregnums, in dem noch unterschiedliche Möglichkeiten offen sind, sich aber bereits zu schließen beginnen. Die Barbarei ist wieder denkbar – und sie ist der Normalfall im Übergang zu einem neuen gesellschaftlichen Projekt (sei es kapitalistisch oder nicht); ein sozialistisches Projekt kann sich dabei zugleich auf Notwendigkeit aufgrund ungelöster, eskalierender Menschheitsprobleme und der Gefahr der Barbarei berufen, als auch sich aus Wünschen/Sehnsüchten nach dem Zukünftigen/konkreter Utopie speisen. Eine sozialistische »Erzählung« ist *unverzichtbar*, zugleich muss sie sehr konkret sein, aus den sozialistischen Interventionen heraus entwickelt werden. Das Adjektiv »sozialistisch« verweist auf die Praxis (nicht auf eine fertige Blaupause).

* * *

Man muss allerdings diese strategische Ausrichtung einer verbindenden und sozialistischen Klassenpolitik nicht teilen, um von den grundlegenden Texten, die hier versammelt sind, theoretischen und politischen Nutzen zu ziehen.

Begriffe sind die Instrumente, mit denen wir die Wirklichkeit zu fassen versuchen, insofern ist es wichtig, den Begriff von Klasse und Klassenpolitik wieder sprechbar zu machen. Zugleich gilt es, sich vor einem Voluntarismus oder »Begriffsrealismus«[11] zu hüten, »schließlich Begriff und Wirklichkeit zu verwechseln und bei einem Begriffsidealismus zu landen, der dem Begriff die Fähigkeit der Selbstverwirklichung zuschreibt« (Jessop 2002, 785).

Ebenso gilt es, sich vor einem Objektivismus zu hüten, der sich in den komplexen Differenzierungen der Klasse verliert. Es ergibt nur eingeschränkt Sinn, die Klasse als statistisches Artefakt zu behandeln, in ihre unterschiedlichen Segmente, Milieus und Gruppen zu zerlegen, ihr jeweiliges Gewicht rein quantitativ zu erfassen. Vielmehr ist es von entscheidender Bedeutung, eine Klassenanalyse zu entwickeln, die die Klasse in ständiger Veränderung, als objektiv geformte und sich selbst formende, als sich in konkreten Auseinandersetzungen auf allen Ebenen organisierende und kämpfende und in allen Feldern der Gesellschaft befindliche zu erfassen. Es gilt, die Klasse als konkret geschichtliche, d.h. gegenwärtige gesellschaftlich wirkende »im Flusse der Bewegung« (Marx, MEW 23, 31) zu fassen. Die Analyse der Klasse ist kein »Selbstzweck« (Gramsci, *Gef* 7, 1564); sie dient vielmehr dazu, Bedingungen gesellschaftlicher Handlungsfähigkeit der subalternen Klassen zu erkunden.

---

11 Begriffsrealismus meint eine Vorstellung, in der »die Begriffe ihrerseits ein Ansichseiendes und gegenüber dem unter ihnen Gefassten jedenfalls bis zu einem gewissen Grad ein Selbständiges und Unabhängiges seien. Dieser Realismus legt die Wirklichkeit gerade in die Begriffe und nicht in das bloß empirisch uns Begegnende und ist damit das genaue Gegenteil von dem, was man unter Realismus gewöhnlich versteht« (Adorno 1973, 247).

Literatur

Adorno, Theodor W., 1973: *Philosophische Terminologie*, Bd. 1, Frankfurt/M

Bhattacharya, Tithi, 2017: Auf dem Dachboden der Geschichte kramen. Wie wir unsere Kämpfe neu erinnern sollten, in: *LuXemburg*, H. 2–3, www.zeitschrift-luxemburg.de/auf-dem-dachboden-der-geschichte-kramen/

Bologna, Sergio, 2006: *Die Zerstörung der Mittelschichten. Thesen zur neuen Selbständigkeit*, Graz

Brie, Michael, u. Mario Candeias, 2017: Auswege aus der Zehn-Prozent-Nische. Neue Klassenpolitik, Motor des solidarischen Pols, Richtungswechsel 2021: Was die Linkspartei jetzt tun sollte, in: *Neues Deutschland* v. 2.10.2017, www.neues-deutschland.de/artikel/1065470.auswege-aus-der-zehn-prozent-nische.html

Brinkmann, Ulrich, Hae-Lin Choi, Richard Detje, Klaus Dörre, Hajo Holst, Serhat Karakayalı, Catharina Schmalstieg, 2008: *Strategic Unionism: Aus der Krise zur Erneuerung? Umrisse eines Forschungsprogramms*, Wiesbaden

Candeias, Mario, 2008: Die neuen Solo-Selbständigen zwischen Unternehmergeist und Prekarität, in: *Prokla* 150, H. 1, 38. Jg. 2008, 65–82, http://www.prokla.de/wp/wp-content/uploads/2008/Prokla150.pdf

ders., Den Aufstieg der radikalen Rechten begreifen. Wie hängen die unterschiedlichen Erklärungsmuster zusammen? Dimensionen einer verallgemeinerten Kultur der Unsicherheit, in: *Rechtspopulismus, radikale Rechte, Faschisierung. Bestimmungsversuche, Erklärungsmuster und Gegenstrategien*, Reihe Materialien der RLS, hg. v. M. Candeias, Berlin, 33–60, www.rosalux.de/publikation/id/39174/rechtspopulismus-radikale-rechte-faschisierung/

Demirović, Alex, 1992: Regulation und Hegemonie, in: ders., H. P. Krebs u. Th. Sablowski (Hg.), *Hegemonie und Staat*, Münster, 128–57

ders., 1987: *Nicos Poulantzas. Eine kritische Auseinandersetzung*, Berlin

Dörre, Klaus, Thomas Goes, Marcel Thiel, Stefan Schmalz, 2016: *Streikrepublik Deutschland? Die Erneuerung der Gewerkschaften in Ost und West*, Frankfurt/M-New York

Gramsci, Antonio, 1991 ff.: *Gefängnishefte* (*Gef*), 10 Bde., hg. v. W. F. Haug u. a., Berlin-Hamburg

Haug, Frigga, 2013: Herrschaft als Knoten denken, in: *LuXemburg* 2/2013, www.zeitschrift-luxemburg.de/herrschaft-als-knoten-denken/

Haug, Wolfgang Fritz, 1999: Ganzes, in: *Historisch-kritisches Wörterbuch des Marxismus*, Bd. 4, hg. v. W. F. Haug, Hamburg, 1210–38

Jessop, Bob, 2002: Informationskapitalismus und Empire – Verklärung der US-Hegemonie, in: *Das Argument* 248, 44. Jg., 777–90

Lipietz, Alain, 1998: Kette, Schuss und Regulation, in: ders., *Nach dem Ende des »Goldenen Zeitalters«. Regulation und Transformation kapitalistischer Gesellschaften*, hg. v. H. P. Krebs, Hamburg, 77–115

Meillassoux, Claude, 1983: *Die wilden Früchte der Frau. Über häusliche Produktion und kapitalistische Wirtschaft* (1975), Frankfurt/M

Riexinger, Bernd, 2018: *Neue Klassenpolitik. Solidarität der Vielen statt Herrschaft der Wenigen*, Hamburg

Smith, Adam, 1776: *Eine Untersuchung über den Ursprung und das Wesen des Reichtums der Nationen*, Berlin 1963

Thompson, E. P., 1963: *The Making of the English Working Class*, New York

Vester, Michael, 2018: Milieu, soziales, in: *Historisch-kritisches Wörterbuch des Marxismus*, Bd. 9/1, hg. v. W. F. Haug u. a., Hamburg, 890–910

Weber, Thomas, 1994: Artikulation – Gliederung, in: *Historisch-kritisches Wörterbuch des Marxismus*, Bd. 1, hg. v. W. F. Haug, Hamburg, 613–28

1. Die Grundlegung bei Marx und Engels

1.1. Klasse an sich/für sich

Michael Vester

Die Ausdrücke »Klasse an sich«, »Klasse für sich« und »Klasse an und für sich«, die MARX[1] zugeschrieben zu werden pflegen, finden sich bei diesem nicht. BUCHARIN etwa behauptet in seiner *Theorie des historischen Materialismus* (1922, § 54), MARX verwende die Ausdrücke »Klasse an sich« und »Klasse für sich« in *Das Elend der Philosophie*. Doch dort und zumal in dem von BUCHARIN als Belegstelle zitierten Passus unterscheidet MARX »eine Klasse gegenüber dem Kapital«, in der eine »Masse« von Besitzlosen zusammengewürfelt ist, von einer »Klasse für sich selbst«, in die sich diese Masse über Konflikte, Erfahrungen und Organisation verwandelt (4/181). Die objektive Lage jener Masse geht ihrer intersubjektiven Realisierung voraus. Daher die auf den ersten Blick paradoxe Einsicht, die E. P. THOMPSON mit seinem Kontrahenten ALTHUSSER teilt, dass der Klassenkampf der Klasse (im vollen Sinn) vorausgeht. [...]

Wie eine ›Klasse an sich‹ zu einer »Klasse für sich selbst« (4/181) bzw. vom Objekt zum Subjekt der Geschichte wird, ist nicht aus einer sozioökonomisch beschreibbaren Klassenstellung allein »abzuleiten«, sondern muss an den wirklichen historischen Bewegungen »studiert werden« (Engels an C. Schmidt; 37/436f.).

Nach 1848 beobachteten MARX und ENGELS aufmerksam die Entstehung neuer Gegenmachtpotenziale in den fortgeschrittenen Ländern. Sie kritisierten die Verselbstständigung des Staatsapparats in Frankreich und die Staatsgläubigkeit in der Arbeiterbewegung und unterstützten demgegenüber die Entstehung unabhängig von Staat und Bürgertum sich organisierender Kräfte in Gestalt genossenschaftlicher, gemeindlicher und föderativer Selbstverwaltung. Gleichzeitig beobachteten sie die v. a. von den Facharbeitergewerkschaften erkämpften Verbesserungen im Arbeits- und Wahlrecht, der Lebens- und Arbeitsverhältnisse und forderten eine staatliche Arbeits-, Sozial-, Gesundheits- und Bildungspolitik zur Verbesserung der sozialen Lage. Diese Verbesserungen würden allerdings das Wachstum des Elends nur eindämmen, nicht aber die grundsätzliche »Unsicherheit der Existenz« (22/231) beenden, solange nicht auch die politische Macht übernommen sei. Beide Perspektiven zielen auf die Überwindung des Kapitalismus, deuten

---

1 Alle Zitate von Marx und Engels werden auf die Marx-Engels-Werke (MEW) zurückgeführt, erschienen im Dietz-Verlag, Berlin. Diese werden nicht eigens in der Literatur angegeben. Dies gilt für alle Beiträge dieses Buches.

aber auf unterschiedliche mögliche historische Konstellationen und nationale Wege. Die Verfestigung einander ausschließender Doktrinen war eine Folge der Enthistorisierung ihres Klassenkonzepts. [...]

Durch ihren kritischen Rückgriff auf die politische Ökonomie von SMITH und RICARDO konnten MARX und ENGELS die sozialen Klassen auch als ökonomische Faktoren analysieren. Anstatt die sozialen Kämpfe allein auf Ideen oder Machtkämpfe zurückzuführen, untersuchten sie diese »nach den existierenden empirischen Daten« (*Deutsche Ideologie*, 3/29) und an der »*wirklichen* Bewegung« (35) historischer Strukturen und Akteure. Ihre Untersuchungen mündeten im Theorem des Widerspruchs zwischen der Dynamik der ökonomischen Produktivkräfte und der Beharrungskraft der in Verkehrsformen und Institutionen wirksamen Produktionsverhältnisse. [...] Solange sich die Elemente einer neuen historischen Produktionsweise und Gesellschaftsordnung im Schoße der alten Gesellschaft vorbereiten, koexistieren sie noch mit den Elementen der alten Gesellschaft. [...]

ENGELS legte 1845 mit *Die Lage der arbeitenden Klasse in England* eine einzigartig umfassende Darstellung der englischen Wirtschafts- und Gesellschaftsverhältnisse vor, aber diese enthält z. T. noch lineare Prognosen, ferner Unterschätzungen des Klassenbewusstseins der Arbeiter, die auf ein Elite-Masse-Schema zurückgehen. MARX entwickelte 1847 ein methodisch stringentes Konzept der Klassenentwicklung, das die empirische Entwicklung der englischen Gewerkschaftsbewegung nach einem praxeologischen Theoriekonzept auf den Begriff bringt und quer zur Alternative von idealistischen und anschauend-materialistischen Interpretationen steht. Das Theorem der Entwicklung von der »Klasse an sich« zur »Klasse für sich selbst« (4/181) enthält bereits fast alle wesentlichen Elemente eines analytischen Konzepts sozialer Praxis (im Sinne der *Thesen über Feuerbach*), wonach die Arbeiterklasse sowohl durch bestimmte äußere Bedingungen erzeugt wird, als auch durch eigene Kämpfe und Zusammenschlüsse sich selbst erzeugt. Das praxeologische Theorem greift seiner Zeit weit voraus. [...]

Während MARX wie ENGELS die ökonomischen und politischen Prozesse weitgehend in ihrem historisch spezifischen Zusammenhang miteinander darstellen, haben sich diese beiden Aspekte in der Wirkungsgeschichte des Marxismus gegeneinander verselbständigt. [...] Bes. Karl KORSCH hat hervorgehoben, dass die beiden Formeln sich zwar ergänzen, aber auf theoretischer Ebene unzureichend miteinander vermittelt sind (1938/1967, 82ff., 136ff., 181ff.). Auch deshalb sind sie zur Grundlage gegensätzlicher Konzepte der historischen Handlungsperspektive der Arbeiterbewegungen geworden, eines substanzialistischen bzw. mechanisch-evolutionistischen Konzepts und eines »relationalen« bzw. »praxeologischen«, wie es BOURDIEU (1976, 139–318) nannte. [...] Die Bewegungen bzw. ihre Avantgarden sind immer wieder in ›objektivistische‹ und ›subjektivistische‹, ›evolutionäre‹ und ›aktivistische‹, ›reformistische‹ und ›revolutionäre‹ Richtungen zerfallen. Die praxeologische Denkströmung lag quer zu diesen dualistischen Alternativen; aus ihr sind bedeutsame, wenn auch an den Rand gedrängte Weiterentwicklungen der historischen Klassenanalyse hervorgegangen, die mit den Namen Rosa LUXEMBURG und Antonio GRAMSCI, aber auch THOMPSON, BOURDIEU, Raymond WILLIAMS und Barrington MOORE verbunden sind.

* * *

Im 1847 auf den abschließenden Seiten von *[Das] Elend* (4/180ff.) entworfenen *praxeologischen Konzept* ist die Klassenentwicklung bereits in allen ihren analytischen Dimensionen konzipiert. Nach den prägnanten Formulierungen, durch die das MARXsche Klassenkonzept bekannt geworden ist, »mag es aussehn, als habe man es mit einer Konstruktion a priori zu tun« (23/27). Tatsächlich sind sie als »summarische Zusammenfassung langer Entwicklungen, die vorher [...] gegeben worden sind« (19/111), entstanden, also als Quintessenzen, in denen differenzierte historische und zeitgeschichtliche Untersuchungen auf den Begriff gebracht sind. Diese Zusammenfassungen tauchen später oft als Versatzstücke in den wissenschaftlichen und v. a. politischen Schriften von MARX und ENGELS auf.

Bei solchen Quintessenz-Texten muss unterschieden werden, ob ausgelassene analytische Distinktionen und empirische Bezüge durch Rückgriff auf den Texthintergrund wiederhergestellt werden können oder ob sie auch dort fehlen, d. h. tatsächlich auf einer ›reduktionistischen‹, wichtige Vermittlungsglieder und Unterscheidungen auslassenden Analyse beruhen. An den Formulierungen in *Elend*, in denen MARX die Entwicklung der Arbeiterklasse zur »Klasse für sich selbst« konzipiert, lässt sich dies exemplarisch zeigen (wobei die eingefügten Ziffern und kursiven Hervorhebungen die analytischen Dimensionen markieren, die in den folgenden Unterabschnitten vollständiger dargestellt werden):

> »Die ökonomischen Verhältnisse haben zuerst die Masse der Bevölkerung *in Arbeiter verwandelt* [1]. Die Herrschaft des Kapitals hat für diese Masse eine *gemeinsame Situation* [2], *gemeinsame Interessen* [3] geschaffen. So ist diese Masse bereits eine Klasse gegenüber dem Kapital, aber noch nicht für sich selbst. In dem *Kampf* [4], den wir nur in einigen Phasen gekennzeichnet haben, findet sich diese Masse zusammen, konstituiert sie sich als Klasse für sich selbst. Die Interessen, welche sie verteidigt, werden Klasseninteressen. Aber der Kampf von Klasse gegen Klasse ist ein *politischer Kampf* [5]« (4/180f.).

Eingerahmt sind diese viel zitierten Zeilen in zwei andere Quintessenz-Passagen, die für das Verständnis unverzichtbar sind, weil sie die historischen Bezüge und v. a. die Pointe verdeutlichen, dass die Klasse nicht nur erzeugt wird, sondern sich durch Kämpfe, Koalierung und Gegenmachtbildung auch selbst erzeugt. [...] Der zweite, ohne Unterbrechung an das Leitzitat anschließende Rahmungstext zieht das klassische Modell der Revolution der Bourgeoisie heran, die sich in einem etwa achthundertjährigen Emanzipationskampf innerhalb der vorangehenden Gesellschaftsformationen konstituiert hat: »Mit Bezug auf die Bourgeoisie haben wir zwei Phasen zu unterscheiden: die, während derer sie sich unter der Herrschaft des Feudalismus und der absoluten Monarchie *als Klasse konstituierte* [4, 5], und die, wo sie, bereits als Klasse konstituiert, die Feudalherrschaft und die Monarchie *umstürzte* [6], um die Gesellschaft zu einer Bourgeoisgesellschaft zu *gestalten* [7]. Die erste dieser Phasen war die längere und erforderte die größeren Anstrengungen. […]

Unterschieden werden damit insgesamt sieben Dimensionen. Zunächst drei Dimensionen der ›Klasse an sich‹: Stellung als Lohnarbeiter, gemeinsame Lage unter Herrschaft des Kapitals, gemeinsame Interessen; sodann zwei Dimensionen der Konstitution und Organisation als »Klasse für sich selbst«: Koalierung zuerst im gewerkschaftlichen Kampf und dann im politischen Kampf; schließlich zwei Dimensionen der Revolution: Eroberung der politischen Macht und Gestaltung der neuen Gesellschaft. V. a. den ersten vier Dimensionen liegen 1847 bereits ausführliche historische Analysen zugrunde (bes. in *Die Lage*, die *Deutsche Ideologie* u. *Elend*), die später fortgeführt wurden, u. a. in den *Grundrissen*, dem *Kapital Bd. I* u. *Ursprung der Familie*). Sie verdeutlichen, wie weit diese Dimensionen gerade nicht idealistisch-teleologische Konstrukte sind, sondern der »*wirklichen* Bewegung« historischer Strukturen und Akteure nachgehen (3/35). Auch die übrigen Dimensionen wurden nach 1848 auf empirischer Grundlage weiter ausgefüllt. […]

* * *

Um zur »Klasse für sich selbst« zu werden, muss der Zustand der durch »Konkurrenz zersplitterten Masse« (4/470) isolierter Einzelner überwunden, d. h. die Vergesellschaftung ihrer Beziehungen erreicht werden. Diese wird von der industriekapitalistischen Produktionsweise selber ermöglicht, indem sie die Arbeitenden in Großbetrieben, großen städtischen Agglomerationen und über zunehmende Verkehrs- und Kommunikationsmittel physisch zusammenbringt (466f.). MARX hat dies 1852 im *18. Brumaire* durch den Vergleich mit den französischen Parzellenbauern verdeutlicht: Diese

> »bilden eine ungeheure Masse, deren Glieder in gleicher Situation leben, aber ohne in mannigfache Beziehung zueinander zu treten. Ihre Produktionsweise isoliert sie voneinander, statt sie in wechselseitigen Verkehr zu bringen. Die Isolierung wird gefördert durch die schlechten französischen Kommunikationsmittel und die Armut der Bauern. […] Jede einzelne Bauernfamilie genügte beinahe sich selbst […]. Insofern Millionen von Familien unter ökonomischen Existenzbedingungen leben, die ihre Lebensweise, ihre Interessen und ihre Bildung von denen der andern Klassen trennen und ihnen feindlich gegenüberstellen, bilden sie eine Klasse. Insofern ein nur lokaler Zusammenhang unter den Parzellenbauern besteht, die Dieselbigkeit ihrer Interessen keine Gemeinsamkeit, keine nationale Verbindung und keine politische Organisation unter

ihnen erzeugt, bilden sie keine Klasse. Sie sind daher unfähig, ihr Klasseninteresse im eigenen Namen, sei es durch ein Parlament, sei es durch einen Konvent geltend zu machen. Sie können sich nicht vertreten, sie müssen vertreten werden« (8/198). [...]

* * *

[In der] *bürgerlichen Klassenentwicklung* [...] ist der Phase der politischen Revolution, in der die alte Ordnung umgestürzt und die neue Gesellschaft gestaltet wurde, eine längere und mit Anstrengungen verbundene Phase der Klassenkonstitution vorausgegangen, in der die neuen Produktivkräfte entwickelt und die institutionelle Gegenmacht erkämpft wurden, beginnend mit partiellen Koalitionen gegen den Feudalismus und selbstverwalteten Stadtgemeinden (4/181). Im *Kommunistischen Manifest* werden die »Entwicklungsstufen der Bourgeoisie« genauer dargestellt: als »Produkt [...] einer Reihe von Umwälzungen in der Produktions- und Verkehrsweise«, »begleitet von einem entsprechenden politischen Fortschritt. Unterdrückter Stand unter der Herrschaft der Feudalherren, bewaffnete und sich selbst verwaltende Assoziationen und der Kommune, hier unabhängige städtische Republik, dort dritter steuerpflichtiger Stand der Monarchie, dann zur Zeit der Manufaktur Gegengewicht gegen den Adel [...], erkämpfte sie sich endlich [...] im modernen Repräsentativstaat die ausschließliche politische Herrschaft« (464).

Das *Manifest* enthält somit schon das Konzept der stufenweisen historischen Bildung einer Gegenmacht von sich selbst verwaltenden Assoziationen und Institutionen. Dieses Konzept wird auch auf die entstehende Arbeiterklasse angewandt. [...]

* * *

[In den 1840er Jahren schien die politische Entwicklung blockiert.] Dieser blockierten Situation entsprechend stehen im *Manifest* [zwei] Perspektiven, das Konzept der Gegenmacht und das der abkürzenden Revolution, noch unvermittelt nebeneinander. *Einerseits* setzt das *Manifest* darauf, dass die Arbeiter »Koalitionen« bilden und durch Kämpfe ihre Zersplitterung nach lokalen und regionalen, betrieblichen und branchenspezifischen partikularen Interessen überwinden. Trotz Rückschlägen ersteht die »Organisation der Proletarier zur Klasse [...] immer wieder«, wird politischer, zentraler, national und »erzwingt die Anerkennung einzelner Interessen der Arbeiter in Gesetzesform [...]. So die Zehnstundenbill in England.« (4/471) Schließlich konstituiert sich die »proletarische Bewegung« als »selbständige Bewegung der ungeheuren Mehrzahl im Interesse der ungeheuren Mehrzahl« (472). – *Andererseits* mündet diese Darstellung einer aktiven, kämpfenden, durch Rückschläge immer wieder unterbrochenen Koalierung und Bewegung vier Absätze später in ein Resümee, das diesen Prozess begrifflich in die Nähe naturgesetzlicher Zwangsläufigkeit rückt: »Der Fortschritt der Industrie, dessen willenloser und widerstandsloser Träger die Bourgeoisie ist, setzt an die Stelle der Isolierung der Arbeiter durch die Konkurrenz ihre revolutionäre Vereinigung durch die Assoziation.« (473f.) Die Bourgeoisie »produziert vor allem ihren eigenen Totengräber. Ihr Untergang und der Sieg des Proletariats sind gleich unvermeidlich.« (474)

Knapp 50 Jahre nach dem Erscheinen von *Elend*, in seinem Todesjahr 1895, erlebte ENGELS jedoch noch die Bestätigung der anderen, weitblickenden Prognose einer Politisierung der Gewerkschaftsbewegung. Aufgrund neuer Zuspitzungen der ökonomischen Klassengegensätze bildeten die englischen Gewerkschaften eine unabhängige Arbeiterpartei, die schließlich 1945, weitere 50 Jahre später, die politische Mehrheit gewann, die sie dann zur Einführung eines modernen Sozialstaates nutzte.

Nach 1848 wurde, bedingt durch die unerhörte Entwicklung des Kapitalismus und der Arbeiterbewegung, v. a. das Konzept der Gegenmacht weiterentwickelt. Das Konzept einer abkürzenden Revolution wurde gleichwohl nicht aufgegeben, sondern blieb daneben bestehen, und zwar auch im *Kapital Bd. I.* [...] Bemerkenswert ist, dass das historische Ergebnis dieser Umwälzung nicht ein kollektives oder staatliches Eigentum sein soll, »wohl aber das individuelle Eigentum auf Grundlage der Errungenschaft der kapitalistischen Ära: der Kooperation und des Gemeinbesitzes der Erde und der durch die Arbeit produzierten Produktionsmittel« (23/791). Diese Formulierungen sind nicht näher erklärt. Wahrscheinlich ist an bestimmte Formen der genossenschaftlichen und gemeindlichen Selbstverwaltung gedacht, die im *Manifest* umschrieben werden als »eine Assoziation, worin die freie Entwicklung eines jeden die Bedingung für die freie Entwicklung aller ist« (4/482). [...]

Ebenfalls aus der Erfahrung praktischer Kämpfe in der Periode der Ersten Internationalen ging MARX' Schrift zur Pariser Kommune von 1871 (*Der Bürgerkrieg in Frankreich*) hervor. Marx sah in dieser von der Arbeiterklasse erkämpften Regierung »die endlich entdeckte politische Form, unter der die ökonomische Befreiung der Arbeit sich vollziehen konnte« (17/342). Das Wesentliche dieses Beispiels »neuer geschichtlicher Schöpfungen« (340) sah er in ihrer Politik, die herkömmliche Herrschaft des Kapitals und des Staatsapparates nicht selbst zu übernehmen, sondern zu ersetzen durch wirtschaftliche und politische Selbstverwaltungsorgane und eine planvolle Koordination nach dem föderativen statt dem zentralistischen Prinzip (335–45). Zu dieser Selbstverwaltung gehörte auch, die Unterrichtsanstalten den Einflüssen von Zentralstaat und Kirche zu entziehen (339). Mit diesen Maßnahmen hatte die Arbeiterklasse keine Doktrinen oder »Ideale zu verwirklichen«, sondern »nur die Elemente der neuen Gesellschaft in Freiheit zu setzen, die sich bereits im Schoß der zusammenbrechenden Bourgeoisgesellschaft entwickelt haben« (343). Diese Züge hob ENGELS in seiner Einleitung von 1891 zur Kommuneschrift noch einmal hervor [...] zugunsten einer [wie Marx schrieb] »freien Föderation aller französischen Kommunen mit Paris«, weil »die Arbeiterklasse, einmal zur Herrschaft gekommen, nicht fortwirtschaften könne mit der alten Staatsmaschine« (17/623). [...]

Kritisiert wird gleichzeitig der »Aberglaube an den Staat« (624) in vielen Arbeiterparteien [...] Der gleiche Tenor beherrscht die 1875 verfasste *Kritik des Gothaer Programms*, die v. a. gegen den staatsgläubigen Lassalleanismus gerichtet war. Zum einen sollen sich »im selben Maß [...], wie die neue Gesellschaft sich entwickelt«, die Staatsaufgaben von Ordnungs- bzw. Verwaltungsaufgaben zu sozialen Aufgaben verschieben, v. a. *»zur gemeinschaftlichen Befriedigung von Bedürfnissen* [...] wie Schulen, Gesundheitsvorrichtungen etc.« (19/19). Damit sollte aber keine neue Staatsbürokratie, sondern die Organisationsform autonomer Gegenmacht und Selbstverwaltung gestärkt werden. [...] Den Gewerkschaften sollte eine besondere Rolle beim Erlernen der Fähigkeit zur Selbstverwaltung zukommen. Sie, so ENGELS 1875 an August BEBEL, sind »die eigentliche Klassenorganisation des Proletariats, in der es seine täglichen Kämpfe mit dem Kapital durchficht, in der es sich schult« (34/128). Angestrebt werden sollte nicht nur Gesetzgebung, sondern »*Verwaltung* durch das Volk. Das wäre doch etwas« (ebd.).

* * *

Unter dem Eindruck v. a. der Kommune verstärkten MARX und ENGELS ihre Bemühungen, ihr Klassenkonzept nicht als doktrinäre Prophezeiung, sondern als heuristische Methode zu verstehen, mit der geschichtliche Bewegungen zu entdecken wären. So scheute sich Engels nicht, 1872 in seinem Vorwort zum *Manifest* einzuräumen, dass zwar die »allgemeinen Grundsätze« des *Manifests* »im Ganzen und Großen« richtig geblieben seien, aber die »praktische Anwendung dieser Grundsätze [...] überall und jederzeit von den geschichtlich vorliegenden Umständen abhängen« wird, so dass der Passus über die »revolutionären Maßregeln [...] heute in vieler Beziehung anders lauten« würde (18/95). Mit der Fortentwicklung der großen Industrie, der politischen Lage und der Parteiorganisation der Arbeiterklasse und den »praktischen Erfahrungen« v. a. mit der »Pariser Kommune, wo das Proletariat zum ersten Mal zwei Monate lang die politische Gewalt innehatte, ist heute dieses Programm stellenweise veraltet« (96).

Mit der gleichen heuristischen Absicht studierten MARX und ENGELS systematischer die historischen Vorläufer demokratischer Selbstverwaltung und (entgegen ihrer früheren Annahme, dass der Kapitalismus alle früheren gesellschaftlichen Bindungen auflösen werde) die Möglichkeit von deren Wiederkehr. In seinen Briefentwürfen an Vera SASSULITSCH erinnert MARX 1881 an [...] das »Gemeineigentum eines mehr oder weniger archaischen Typus« (19/384f.), das im Mittelalter zum »Hort der Volksfreiheit und des Volkslebens« (387) wurde und möglicherweise, wie MARX Lewis Henry MORGAN zitiert, eine »Wiedergeburt des archaischen Gesellschaftstypus in einer höheren Form« erleben könnte (386). [...]

In seinen Altersbriefen kritisiert ENGELS die dogmatisierende Ableitung des Politischen aus dem Ökonomischen, die »als Vorwand dient, Geschichte *nicht* zu studieren« (an C. Schmidt, 5.8.1890, 37/436) und die »relative Selbständigkeit« und »Eigenbewegung« der Kräfte des politischen Feldes (27.10.1890, 490) zu ignorieren, denen gegenüber »die Produktion und Reproduktion des wirklichen Lebens« nur »das *in letzter Instanz* bestimmende Moment« (an J. Bloch, 21.9.1890, 463) seien. […]

* * *

Die inhaltliche Besonderheit der Klassenanalysen nach 1848 liegt nicht darin, dass statt eines revolutionären nun ein reformistischer Weg der Arbeiterbewegung zum Dogma gemacht wurde. Es wird vielmehr eine Pluralität von Entwicklungswegen für sinnvoll gehalten, die je nach den Phasen der wirtschaftlichen und politischen Entwicklung und je nach Land verschieden sein können. Dabei kommt es primär nicht auf die Durchsetzungsform – etwa friedlich oder gewaltsam – an, sondern darauf, ob damit inhaltlich eine nachkapitalistische Gesellschaft vorbereitet wird oder nicht. […] Wenn in der kapitalistischen Gesellschaft Verbesserungen der Lebenslagen erkämpft werden können, dann bedeutet dies nicht, dass damit für ENGELS die Überwindung der kapitalistischen Gesellschaftsordnung unnötig geworden wäre.

* * *

ENGELS in *Die L*age und MARX im *Kapital Bd. I* hatten, gestützt v. a. auf Andrew URE (1835), eine vereinheitlichende Herabdrückung der Arbeitsqualifikation und der Löhne v. a. der Frauen und Kinder zwar nur in der Textilindustrie (und dort auch zutreffend) beobachtet, aber diese zu einer Tendenzprognose für alle Industrien und Lohnarbeiter verallgemeinert. E. P. THOMPSON (1963/1987, 203–28) stellte stattdessen eine sehr uneinheitliche Entwicklung der Löhne und keine allgemeine Dequalifizierung fest. Spätere Datenanalysen bestätigen, dass es auch in anderen kapitalistischen Ländern im langfristigen Durchschnitt zur Zunahme der qualifizierten Facharbeit kam, ohne dass allerdings die großen Verlierergruppen der gering Qualifizierten und Entlohnten verschwanden (vgl. KUCZYNSKI 1961-72). Die Heterogenität solcher äußerer Lagemerkmale musste jedoch nicht zur sozialen Fragmentierung führen, da die Arbeiter- und Volksmilieus weitgehend auch durch den Rahmen solidarischer Kohäsions- und Deutungsmuster zusammengehalten wurden. […]

Insgesamt zeigt THOMPSON auf, dass die Klassenentwicklung eine politische Koalitionsbildung verschiedenartiger, aber durch eine gemeinsame Alltagskultur verbindbarer Volksmilieus war, die durch einen unerbittlichen liberalen Gegner überhaupt erst zur Solidarisierung und zur Umstellung auf modernere Verhältnisse herausgefordert wurden. Diese Koalitionen konnten auch wieder zerfallen, wenn der Gegner eine koalierende Gruppe –

wie die kleinen Hausbesitzer, die 1832 das Wahlrecht bekamen – zu sich herüberziehen konnte.

THOMPSON (1971, 1978a/b) ergänzt, hierin in weitgehender Übereinstimmung mit BOURDIEU, den Marxismus v. a. durch zwei miteinander verbundene Konzepte einer Theorie der Praxis. Wie sich Akteure praktisch verhalten, kann nicht unvermittelt aus den mit ihrer gesellschaftlichen Stellung verbundenen Interessen bzw. materiellen oder kulturellen Ressourcen – ihrem ökonomischen, kulturellen und sozialen »Kapital« (Bourdieu 1979 u. 1983) – abgeleitet werden. […] THOMPSON grenzt sich ab von den statischen Klassenbegriffen des orthodoxen Marxismus und des soziologischen Positivismus, die ihm als epistemologisches Zwillingspaar gelten. Er fasst Klasse als »*historische* Kategorie« auf, die auch »den realen erfahrungsbestimmten historischen Prozess der Klassenbildung« einbeziehen müsse; man habe »dem Begriff ›Klasse‹ viel zu viel (meist offensichtlich ahistorische) theoretische Beachtung geschenkt, dem Begriff Klassenkampf dagegen zu wenig. In der Tat ist Klassenkampf sowohl der vorgängige als auch der universellere Begriff. […] Klassen existieren nicht als gesonderte Wesenheiten, die sich umblicken, eine Feindklasse finden und dann zu kämpfen beginnen. Im Gegenteil: Die Menschen finden sich in einer Gesellschaft, die in bestimmter Weise (wesentlich, aber nicht ausschließlich nach Produktionsverhältnissen) strukturiert ist, machen die Erfahrung, dass sie ausgebeutet werden […], erkennen antagonistische Interessen, beginnen um diese Streitpunkte zu kämpfen, entdecken sich im Verlauf des Kampfs als Klassen und lernen diese Entdeckung allmählich als Klassenbewusstsein kennen. Klasse und Klassenbewusstsein sind immer die letzte, nicht die erste Stufe im realen historischen Prozess« (1978a, 264–67).

Literatur

Bourdieu, Pierre, 1976: *Entwurf einer Theorie der Praxis auf der ethnologischen Grundlage der kabylischen Gesellschaft* (1972), Frankfurt/M

ders., 1982: *Die feinen Unterschiede. Kritik der gesellschaftlichen Urteilskraft* (1979), a. d. Frz. v. B. Schwibs u. A. Russer, Frankfurt/M

ders., 1983: Ökonomisches Kapital, kulturelles Kapital, soziales Kapital, in: R. Kreckel (Hg.), *Soziale Ungleichheiten*, Göttingen, 183–98

Bucharin, Nikolai, 1922: *Theorie des historischen Materialismus. Gemeinverständliches Lehrbuch*, Hamburg

Korsch, Karl, 1967: *Karl Marx* (1938), Frankfurt/M

Kuczynski, Jürgen, 1961–72: *Die Geschichte der Lage der Arbeiter unter dem Kapitalismus*, Bd. 1–38, Berlin/DDR

Ricardo, David, 1817: *On the Principles of Political Economy and Taxation*, London

Smith, Adam, 1937: *An Inquiry into the Nature and Causes of the Wealth of Nations* (1776), New York

Thompson, Edward P., 1987: *The Making of the English Working Class* (1963), a. d. Engl. v. L. Eidenbenz u. a., Frankfurt/M ders., 1971: Die »moralische Ökonomie« der englischen Unterschichten im 18. Jahrhundert, in: ders. 1980, 67–130

ders., 1978a: Die englische Gesellschaft im 18. Jahrhundert: Klassenkampf ohne Klasse?, in: ders. 1980, 247–89

ders., 1978b: Volkskunde, Anthropologie und Sozialgeschichte, in: ders. 1980, 290–318

ders., 1980: *Plebeische Kultur und moralische Ökonomie*, hg. v. D. Groh, a. d. Engl. v. G. Lottes, Berlin/W

Ure, Andrew, 1835: *The Philosophy of Manufactures: or, an Exposition of the Scientific, Moral and Commercial Economy of the Factory System of Great Britain*, London 1835

Vester, Michael, 1970a: *Die Entstehung des Proletariats als Lernprozess. Die Entstehung antikapitalistischer Theorie und Praxis in England 1792–1848*, Frankfurt/M

ders. (Hg.), 1970b u. 1971: *Die Frühsozialisten 1789–1848*, Bd. 1 u. 2, Reinbek

ders., 1981: Der »Dampf-Marxismus« von Friedrich Engels. Zum Verhältnis von Marxismus und Lernprozessen der Arbeiterbewegung im »Anti-Dühring«, in: *Prokla* 43, 11. Jg., 85–101

ders., 1998: Was wurde aus dem Proletariat? Das mehrfache Ende des Klassenkonflikts: Prognosen des sozialstrukturellen Wandels, in: J. Friedrichs, M. R. Lepsius u. K. U. Mayer (Hg.), *Die Diagnosefähigkeit der Soziologie*, Opladen-Wiesbaden, 164–206

ders. u. a., 2001: *Soziale Milieus im gesellschaftlichen Strukturwandel. Zwischen Integration und Ausgrenzung* (1993), 2., vollst. überarb. Aufl., Frankfurt/M

Williams, Raymond, 1958: *Culture and Society 1780–1950*, London (dt. Gesellschaftstheorie als Begriffsgeschichte. Studien zur historischen Semantik von Kultur, München 1972)

Bei dem vorliegenden Text handelt es sich um Auszüge aus dem Stichwort »Klasse an sich/für sich« des »Historisch-kritischen Wörterbuchs des Marxismus«, hg. von Wolfgang Fritz Haug u. a., Bd. 7/I, Berlin 2008, 736–75.

1.2. Das ›Politische‹ und das ›Ökonomische‹ in der marxschen Klassentheorie

Stuart Hall

Die Grenzen dieses Artikels liegen auf der Hand. Ein umfassender oder systematischer »Überblick« über die marxsche Klassentheorie kann hier nicht geboten werden. Erstens, weil Klassen, Klassenverhältnisse und Klassenkampf Begriffe sind, die im Zentrum von allem standen, was Marx geschrieben hat – einschließlich natürlich des *Kapitals,* seinem Hauptwerk über die »Bewegungsgesetze« der kapitalistischen Produktionsweise, in dem das Thema »Klassen« ganz ans Ende verlegt ist und auf geradezu peinigende Weise unvollständig bleibt. Eine umfassende Würdigung von »Marx zum Thema Klassen« würde daher auf die Rekonstruktion seines gesamten Werkes hinauslaufen. Zweitens, weil es *die* »Klassentheorie« im Sinne einer homogenen Einheit oder eines homogenen Gegenstandes bei Marx gar nicht gibt. Marx hat in jeder wichtigen Phase seiner Arbeit über Klasse und Klassenkampf geschrieben. Wir wissen, dass diese Texte einen unterschiedlichen Stellenwert haben und mit unterschiedlichen Absichten geschrieben wurden, und dass dies entscheidend dafür ist, auf welcher Ebene, unter welchem Aspekt und auf welchem Abstraktionsgrad die Frage behandelt wurde. Die Polemik gegen den Linkshegelianismus in der *Deutschen Ideologie,* die programmatische Absicht und rhetorische Vereinfachung im *Kommunistischen Manifest,* die Analyse der politischen Konstellation in den *Klassenkämpfen in Frankreich,* die theoretische Arbeit in den *Grundrissen* und im *Kapital* – in jeder dieser Schriften wird das Problem der Klassen aufgrund der verschiedenen Stoßrichtungen und Adressaten in unterschiedlicher Weise gestellt.

Aus Marx' eigenen Kommentaren und seiner Korrespondenz – zum Beispiel in Bezug auf den unterschiedlichen Aufbau in den »Arbeitsheften« der *Grundrisse* und im *Kapital* – wissen wir, dass er die Frage der Darstellungsweise sehr ernst nahm. So schrieb er z. B. in seinem Brief an Weydemeyer am 1. Februar 1859 über die beabsichtigte Publikationsfolge der ersten vier Abschnitte des ersten Bandes des *Kapital:* »Du begreifst die *politischen* Gründe, die mich bewogen, mit dem 3. Kapitel über ›Das Kapital‹ zurückzuhalten, bis ich wieder Fuß gefasst habe.« (MEW 29, 572)

Drittens wissen wir, dass all diese verschiedenen Texte bis zu einem gewissen Grad auch durch die Problematiken begrenzt und geprägt wurden, in deren Rahmen Marx zum jeweiligen Zeitpunkt dachte und schrieb. Mit der Entwicklung des marxschen Denkens wandelten und veränderten auch sie sich. Althusser konstatiert zu Recht, dass Marx' »Entdeckungen« zum Teil entscheidend mit den »Brüchen« zwischen den jeweiligen Problematiken zusammenhängen. Wir müssen nicht unbedingt die Rigidität und Totalität akzeptieren, in der Althusser mit Hilfe des »epistemologischen Einschnitts« das marxsche Werk »periodisiert« – zumal sich Althusser selbst später davon distanziert hat (vgl. die Haupt»revisionen« in Althusser 1976). Aber seine Intervention *verhindert,* dass wir Marx jemals wieder in einer Weise lesen, die, mittels eines prospektiv-retrospektiven Taschenspielertricks, einen einzigen, homogenen »Marxismus« konstituiert, der sich stets auf einer vorgezeichneten Bahn bewegt, von den ökonomisch-philosophischen *Manuskripten* über den *Bürgerkrieg in Frankreich* bis zu seinem vorgegebenen teleologischen Ziel. Eine derartige Leseweise tut nicht nur Marx Unrecht, sie gibt auch ein falsches und irreführendes Bild von der Art, wie theoretische Arbeit auszusehen hat, und sie verschleiert die Rückzüge und Umwege, durch die diese voranschreitet und sich entwickelt. Sie fördert in uns einen »faulen« Marxismus, da sie ja nahelegt, für uns gäbe es keine kritische Arbeit mehr zu leisten, wir bräuchten uns nicht ernsthaft mit den Differenzen und Entwicklungen im marxschen Werk auseinanderzusetzen – alles, was uns zu tun bleibe, ist, uns auf die »Offensichtlichkeit« des »Marxismus« zu verlassen, die in allen Texten von Marx latent schlummert. Diese Art marxistischen »gesunden Menschenverstandes« hat dem Marxismus als einer lebendigen und sich entwickelnden Praxis enorm geschadet, ebenso dem notwendigen Streit *innerhalb* der Theorie selbst.

Teilweise wird es also um eine spezifische Praxis des Lesens gehen – eine, die versucht, die Logik der Argumentation und des Aufbaus eines Textes festzuhalten, und zwar vor dem Hintergrund der Thesen und Begriffe, die den Diskurs des Textes ermöglichen, ihn hervorbringen. Vieles von dem, was anhand einer begrenzten Anzahl von Passagen und Texten hier diskutiert werden wird, beruht auf der Entwicklung einer solchen theoretischen Arbeitsweise. Sie beinhaltet auch, einen Text nicht einfach als solchen, als etwas Geschlossenes hinzunehmen. Das gilt sowohl für die Stellen, an denen der Text offensichtlich »ins Auge springt«, als auch für die, an denen er offensichtlich komplex oder dunkel ist. Der Klassenkampf ist in jeder Zeile und in jedem Abschnitt des *Kommunistischen Manifests* geradezu handgreiflich *präsent.* Aber der Klassenbegriff, auf dem dieser Text beruht, ist, wie wir hoffentlich werden zeigen können, nicht von der glänzenden Oberfläche her unmittelbar fassbar. *Das Kapital* ist das genaue Gegenteil – ein komplexer theoretischer Text, dessen zentraler Gegenstand die kapitalistische Produktionsweise ist und der über weite Strecken hinweg den Klassenkampf auf eine andere Ebene, auf ein anderes Moment »verschoben« zu haben scheint. Es gehört mit zu den schwersten Übungen, aus dem *Manifest* herauszu»lesen«, wie das Verhältnis von Klassen und Produktionsweise gefasst wird, und umgekehrt die Gesetze und die Bewegung des Kapitals im *Kapital* unter der Perspektive des Klassenkampfes zu »lesen«. Was Letzteres angeht, so gibt uns Marx selbst (wiederum in einem Brief, diesmal an Engels vom 30. April 1868) einen wunderbaren Einblick in die Art der Beziehung beider zueinander. Im Wesentlichen fasst er seine Argumentation aus dem dritten Band zusammen. Er geht einige der komplexesten – technischen – Theoreme durch: die Konstituierung der »Durchschnittsprofitrate«, das Verhältnis zwischen den verschiedenen Produktionszweigen, das Problem der Transformation »von Wert in Produktionspreis«, den tendenziellen Fall der Profitrate.

Danach kehrt er schließlich zu dem zurück, was den »Ausgangspunkt der Vulgärökonomie« ausmacht: zur berühmten Trinitarischen Formel (deren vernichtende Entlarvung *in extenso* im dritten Band eine der reichhaltigsten Abschnitte dieses Werkes ist). Gemeint ist die Formel, die die Verteilung des Profits als harmonischen Rückfluss jedes seiner Teile zu dem ihm zugehörigen Faktor in der kapitalistischen Produktion »erklärte«: die Grundrente entspringt dem Boden, der Profit (Gewinn) dem Kapital, der Lohn aus der Arbeit. Indem Marx die »wirkliche« Bewegung hinter dieser Verteilung enthüllte, entlarvte er ihre »Erscheinungsform«; aber das ist keine bloße »theoretische« Entmystifizierung: »Endlich, da jene drei (Arbeitslohn, Grundrente, Profit [Zins]) die Einkommensquellen der drei Klassen von Grundeigentümern, Kapitalisten und Lohnarbeitern – der *Klassenkampf* als Schluss, worin sich die Bewegung und Auflösung der ganzen Scheiße auflöst.« (MEW 32, 74f.)

Althusser hat uns vorgeführt, wie theoretische Texte zu »lesen« sind – mit der Methode des »symptomatischen Lesens«. Meine eigenen Anmerkungen oben gehen nicht so weit. Die Idee des »symptomatischen Lesens« ist natürlich Freuds Theorie der Symptombildung im Diskurs des Patienten entnommen, wie er sie in seinem wichtigen Werk über *Die Traumdeutung* entwickelt hat. Wendet man diese ausgereifte Theorie nun auf theoretische Texte an, dann entsteht das Problem ihrer Kontrollierbarkeit. Es ist *eine* Sache, einen komplexen Text mit einem stets offenen Auge für die Matrix der begrifflichen Prämissen und Sätze zu lesen, die diesen Text tragen und ihm seine wie auch immer geartete theoretische Konsistenz geben – und uns helfen, sein »Schweigen«, seine Leerstellen, zu identifizieren. Das Herauslesen von Leerstellen ist mit Sicherheit ein tragendes Fundament einer kritischen theoretischen Praxis. Eine ganz *andere* Sache aber ist es, das »symptomatische Lesen« als eine Art theoretischer Guillotine zu benutzen, mit der jeder Begriff, der die Tollkühnheit besitzt, vom vorgezeichneten Weg abzuweichen, einfach geköpft wird. Leider ist die Grenze zwischen beiden Lesarten fließend.

Es ist nicht immer leicht, zwischen einem »symptomatischen Lesen« zu unterscheiden, mit dem wir die theoretische Struktur eines marxschen Textes aus den Oberflächenformulierungen herauslesen können, in denen die Begriffe in ihrem – wie es manchmal etwas dubios genannt wird – »praktischen Zustand« erscheinen, und einem »symptomatischen Lesen«, das in Wirklichkeit nur einen Deckmantel dafür liefert, diese »praktischen Begriffe« in ihren »reinen« theoretischen Zustand zu versetzen, so dass der Text dazu gebracht wird, auch »tatsächlich« das zu sagen, was immer der Leser von vornherein hören wollte. *Das Kapital lesen* (Althusser 1972), das sich dieser Methode in ihrer radikalsten und extremsten Form bedient, bewahrt uns einerseits vor einem »unschuldigen« Lesen von Marx, andererseits aber macht es sich selbst schuldig, das, »was Marx wirklich gesagt hat«, so zu *transformieren*, dass es – natürlich – das produziert, was die Autoren von Anfang an entdecken wollten. Um es ganz klar zu sagen: Wenn »praktische Begriffe« bei Marx mit Hilfe strukturalistischer Instrumente und Begriffe systematisch auf eine abstraktere theoretische Ebene gehoben werden, dann ist es nicht weiter schwierig, am Ende einen »strukturalistischen« Marx zutage zu fördern. Die Frage – die enorm wichtige Ausgangsfrage von *Das Kapital lesen* –, was für ein »Strukturalist« der reife Marx denn tatsächlich gewesen ist, kann nicht in dieser zirkulären Weise beantwortet werden. Althusser selbst weiß das. Schließlich war *er* es, der – in *Für Marx* – die notwendig geschlossene Zirkularität eines »Lesens«, das seine »Antworten« bereits in Form der Fragestellung vorwegnimmt, klipp und klar demonstriert hat. Er nannte diese Zirkularität – ideologisch.

Im Folgenden werde ich versuchen, beides zu vermeiden – die »Unschuld« eines »Lesens«, das an der Oberflächenform der Argumentation kleben bleibt, und die spezifische »Schuld«, die einer Interpretationsweise anhaftet, die schlicht meine vorgefasste Meinung bestätigt. Mein Ziel ist eine bestimmte Art der *Befragung* einiger zentraler Passagen bei Marx darüber, was sie über Klassen und Klassenkampf aussagen. Ich spreche von Klassen und Klassenkampf im Zusammenhang, weil mich diese Verknüpfung in diesem Artikel am meisten interessiert und sie die Auswahl der Passagen bestimmte, die ich untersuchen will. Mir wird es speziell darum gehen, zu zeigen, warum und worin sich Marx' Vorstellungen von Klassen und Klassenkampf in verschiedenen Phasen seiner Arbeit verändert haben und welche Entwicklung sie durchliefen. Ich möchte einige der Frühschriften und Texte des »Übergangs« neu überdenken – viele von ihnen wurden allzu rasch auf den begrifflichen Schrotthaufen geworfen. Aber ich werde sie natürlich aus dem Blickwinkel der reifen und entwickelten marxschen Theorie untersuchen – ich werde versuchen, sie nicht »unschuldig«, sondern *im Lichte des Kapitals* zu betrachten.

I

Das Kommunistische Manifest wurde von Marx und Engels für den Bund der Kommunisten verfasst: »um ihre Zwecke, ihre Tendenzen vor der ganzen Welt offen dar[zu]legen und dem Märchen vom Gespenst des Kommunismus ein Manifest der Partei selbst entgegen[zu]stellen« (MEW 4, 461).

Es wurde am Vorabend der großen revolutionären Erhebung von 1848 veröffentlicht – zum Zeitpunkt seines Erscheinens befand sich Marx bereits auf Einladung der liberal-radikalen Regierung von Frankreich, die Louis-Philippe gestürzt hatte, in Paris. Es sollte eine revolutionäre Sturmglocke sein; viele, wenn nicht alle der darin enthaltenen Vereinfachungen müssen in diesem Zusammenhang gesehen werden. Im Sommer 1848 begann die Konterrevolution sich zu entfalten; Marx und Engels waren zu der Einsicht gezwungen, dass sie die Geburtswehen der bürgerlichen Gesellschaft als deren Totengeläut missverstanden hatten. Marx änderte seine Ansichten, und zwar über weitaus mehr als über die Geschwindigkeit, mit der es zum revolutionären Endkampf kommen sollte. Gwyn Williams (1976) hat gezeigt, wie dieser »Einschnitt« in der Perspektive – ein *politischer* Einschnitt – seinen Niederschlag in der *theoretischen* Struktur eines der wichtigsten Texte von Marx fand, im *Achtzehnten Brumaire des Louis Bonaparte*. Ja man kann, ohne die Zusammenhänge vereinfachen zu wollen, durchaus sagen, dass der historische Zusammenbruch der achtundvierziger Revolution einen enormen theoretischen Fortschritt im marxschen Verständnis von Klassen und ihrem Verhältnis zum politischen Kampf bewirkt hat. Welche Entfernung er zurückgelegt und welche Entdeckungen er gemacht hat, lässt sich ermessen, wenn man die Unterschiede – und Gemeinsamkeiten – bei der Darstellung von Klassen im *Manifest* von 1847 einerseits und im *Achtzehnten Brumaire* und den *Klassenkämpfen in Frankreich* von 1850 und 1852 andererseits herausarbeitet.

»Die Geschichte aller bisherigen Gesellschaft ist die Geschichte von Klassenkämpfen. Freier und Sklave, Patrizier und Plebejer, Baron und Leibeigener, Zunftbürger und Gesell, kurz, Unterdrücker und Unterdrückte standen in stetem Gegensatz zueinander, führten einen ununterbrochenen, bald versteckten, bald offenen Kampf, einen Kampf, der jedes Mal mit einer revolutionären Umgestaltung der ganzen Gesellschaft endete oder mit dem gemeinsamen Untergang der kämpfenden Klassen.« (MEW 4, 462)

»[...] mit der Entwicklung der Industrie vermehrt sich nicht nur das Proletariat; es wird in größeren Massen zusammengedrängt, seine Kraft wächst, und es fühlt sie mehr. Die Interessen, die Lebenslagen innerhalb des Proletariats gleichen sich immer mehr aus, indem die Maschinerie mehr und mehr die Unterschiede der Arbeit verwischt und den Lohn fast überall auf ein gleich niedriges Niveau herabdrückt. Die wachsende Konkurrenz der Bourgeois [...] machen den Lohn der Arbeiter immer schwankender; die immer rascher sich entwickelnde, unaufhörliche Verbesserung der Maschinerie macht ihre ganze Lebensstellung immer unsicherer; immer mehr nehmen die Kollisionen zwischen dem einzelnen Arbeiter und dem einzelnen Bourgeois den Charakter von Kollisionen zweier Klassen an. Die Arbeiter beginnen damit, Koalitionen gegen die Bourgeois zu bilden; [...]« (Ebd., 470)

»Die Organisation der Proletarier zur Klasse, und damit zur politischen Partei, wird jeden Augenblick wieder gesprengt durch die Konkurrenz unter den Arbeitern selbst. Aber sie entsteht immer wieder, stärker, fester, mächtiger: Sie erzwingt die Anerkennung einzelner Interessen der Arbeiter in Gesetzesform, indem sie die Spaltungen der Bourgeoisie unter sich benutzt. So die Zehnstundenbill in England.« (Ebd., 471)

Was diesen Text so fatal verführerisch macht, das ist sein vereinfachender revolutionärer Schwung – sein Elan und die zuversichtliche Gewissheit, mitten in der heranrollenden unaufhaltsamen Welle revolutionären Kampfes und proletarischen Sieges zu sein, und vor allem sein ungebrochener Glaube an die historische Zwangsläufigkeit. Diese Äußerungen reiben sich mit unserem inzwischen geläuterten Wissen über die unendlich »lange Verzögerung« der Revolution – und unserem Wissen, um wie viel komplexer und ungewisser ihr Ausgang geworden ist. Damit verbunden ist die Ablehnung einer der zentralen Thesen, die diese Vorstellung der Entwicklung-durch-Revolution offenbar befördert und stützt: die fortschreitende Vereinfachung der Klassenantagonismen (entlang eines gradlinig gezeichneten Geschichtsverlaufes) in *zwei* prinzipiell feindliche Lager – Bourgeoisie und Proletariat, die sich in einem »Auflösungsprozess« von einem »so heftigen, so grellen Charakter« (MEW 4, 471) gegenüberstehen. Die gesamte Logik in diesem Teil des Textes ist durch die historische Konstellation, in der er verfasst wurde, überdeterminiert. Die Klassen werden in diesem Text zweifellos auf recht simple Weise historisch konstruiert: Auflösung des Feudalismus, revolutionäre Rolle der aufkommenden Bourgeoisie, »freie Konkurrenz« und »freie Arbeitskraft«, bei Marx die beiden Voraussetzungen für die Errichtung der kapitalistischen Produktionsweise auf erweiterter Stufenleiter, gigantische Entwicklung der produktiven Möglichkeiten des Kapitals, dann die Industrie- und Handelskrisen, fortschreitende Verelendung, Klassenpolarisierung, revolutionärer Bruch und Umsturz.

Diese *Linearität,* dieser unverhüllte historische Evolutionismus, wird wesentlich nur durch das Spiel eines einzigen Widerspruchs unterbrochen oder verschoben: durch den Widerspruch zwischen der Entwicklung der Produktivkräfte und den »fesselnden« Produktionsverhältnissen, in die sie eingebettet sind. Dieser Grundwiderspruch bestimmt die Zuspitzung des Klassenkampfes in der kapitalistischen Produktionsweise. Sein Verlauf ist natürlich auch Verzögerungen unterworfen, aber seine Haupttendenz strebt vorwärts – zum Zusammenstoß. Das liegt daran, dass die beiden Ebenen zusammengespannt werden – der Klassenkampf »reift« in dem Maße, wie der Kapitalismus sich »entwickelt«. Ja, Letzterer entwickelt und vollendet den Ersteren: der Kapitalismus ist sein eigener Totengräber. Der Kapitalismus produziert also seine eigene »Negation«: die unterdrückten Klassen, deren aufstrebende Kämpfe diese Phase zu ihrer Vollendung und die Gesellschaft vorwärts in das nächste Stadium ihrer Entwicklung treiben. Da die Konstellation Bourgeoisie versus Proletariat als die »allgemeinste« Form des Klassenkampfes bestimmt wird – das Proletariat als die letzte zu emanzipierende Klasse, als die, die »nichts zu verlieren hat als ihre Ketten« –, umfasst die proletarische Revolution zugleich die Emanzipation aller Klassen oder die Abschaffung der Klassengesellschaft *an sich.*

Die Grundproblematik des *Manifests* ist klar. Ihre Präsenz scheint durch die Transparenz der Schreibweise hindurch – eine stilistische Transparenz, die wiederholt, wie die Verhältnisse und Zusammenhänge, von denen der

Text handelt, aufgefasst und weiterentwickelt werden: Das *Manifest* behandelt Klassen als »ganze« Subjekte – kollektive Subjekte oder Akteure. Die Übertragung des Klassenkampfes von der ökonomischen auf die politische Ebene wird als völlig problemlos behandelt. Beide Ebenen sind austauschbar: die eine führt unweigerlich auf die andere. Ihr Zusammenhang stellt sich über das her, was Althusser die »transitive Kausalität« genannt hat. In ihr wird die Geschichte als eine sich entfaltende Abfolge von Kämpfen gefasst – eingeteilt in Epochen, zugespitzt durch den Klassenkampf, der ihr Motor ist. Sie fasst die kapitalistische Gesellschaftsstruktur als eine ihrem Wesen nach einfache Struktur: Ihre unmittelbaren Formen mögen zwar komplexer Art sein, ihre Dynamik und Gliederung werden jedoch als einfach und essenzialistisch begriffen. Ihre Gliederung ist grundsätzlich durch einen einzigen Widerspruch (Produktivkräfte versus Produktionsverhältnisse) »gegeben«, der sich von der ökonomischen »Basis« aus problemlos, gleichmäßig und unverändert durch alle verschiedenen Ebenen der Gesellschaft hindurch entfaltet. Von daher führt der Bruch auf einer Ebene früher oder später zu einem parallelen Bruch auf anderen Ebenen. Diese Auffassung wurde als »historizistisch« definiert (Althusser 1972), da sie eine gesellschaftliche Formation als eine, wie Althusser es nannte, »expressive Totalität« auffasst. Aber hinter diesem »Historizismus« findet sich noch die Spur einer früheren Problematik – die Auffassung der proletarischen Revolution als Befreiung der ganzen Menschheit, als der »Moment«, in dem die Herrschaft der Vernunft in der Geschichte errichtet wird. Diese Problematik erinnert an die humanistische Stoßrichtung z. B. im Abschnitt »Über den Kommunismus« in den *Manuskripten* von 1844 mit seinen unverhüllt feuerbachschen und hegelschen Obertönen. Eine heroische, humanistische Vision, die sich aber sowohl in ihren wesentlichen Voraussagen als auch in der Art ihrer Begriffsbildung als brüchig erwiesen hat.

Die klarste und entschiedenste Demontage dieser gesamten Problematik findet man ohne Zweifel in Althussers Aufsatz »Widerspruch und Überdeterminierung« in *Für Marx* (1968). Das *Manifest* lässt sich heute nicht mehr anders als im Lichte dieser Intervention lesen. Althusser legt darin, kurz gesagt, dar, dass in der konkreten Analyse eines jeden historisch spezifischen Augenblicks der Grundwiderspruch der kapitalistischen Produktionsweise – der zwischen den Produktivkräften und den sie »fesselnden« Produktionsverhältnissen – zwar »letztendlich« determinierend ist, dass aber dieser Widerspruch allein nicht ausreicht, um zu erklären, wie die *verschiedenen Ebenen des Klassenkampfes* zu einem revolutionären Bruch führen. Denn da sich die Ebenen einer Gesellschaftsformation nicht so glatt aneinanderfügen, wie das *Manifest* unterstellt, entfalten sich auch die Widersprüche nicht unmittelbar und unvermittelt von der ökonomischen Basis aus, um einen auf allen Ebenen gleichzeitig stattfindenden Bruch zu initiieren. Ja wie Lenin zu Recht im Hinblick auf 1917 meinte, die entscheidende Frage ist eher, wie sich »völlig verschiedene Ströme, völlig ungleichartige Klasseninteressen, völlig entgegengesetzte politische und soziale Bestrebungen vereinigten, und zwar bemerkenswert ›einmütig‹ vereinigten« als Resultat »einer außerordentlich originellen historischen Situation« (LW 23, 316). Diese verschiedenen Ströme lassen sich also nicht auf die determinierenden »Gesetze« der ökonomischen Basis reduzieren. »[…] der Widerspruch Kapital-Arbeit [ist] niemals einfach […], sondern […] immer durch die Formen und die konkreten historischen Umstände spezifiziert […], in denen er sich auswirkt. Spezifiziert durch die Formen des Überbaus […], durch die äußere und innere historische Situation […], da eine Reihe dieser Phänomene vom ›Gesetz der ungleichmäßigen Entwicklung‹ im leninistischen Sinn abhängen kann.« (Althusser 1968, 72)

Das bedeutet, wir müssen uns verschiedene Widersprüche vorstellen, von denen jeder seine eigene Spezifik hat, sein eigenes Entwicklungstempo, eine eigene innere Geschichte und eigene Existenzbedingungen – zugleich »determiniert und determinierend« ist, womit, kurz gesagt, die Frage nach der relativen Autonomie und der spezifischen Wirksamkeit der verschiedenen Ebenen einer Gesellschaftsformation gestellt ist. Bezogen auf das oberste Prinzip des Marxismus – ohne das er theoretisch nicht von irgendeiner anderen »Soziologie« unterscheidbar wäre –, nämlich der »Determination in letzter Instanz durch die (ökonomische) Produktionsweise«, heißt das: Man kann eine entscheidende Wende im Kräfteverhältnis einer Gesellschaftsformation nicht adäquat als *Reduktion* aller Nebenwidersprüche auf den Hauptwiderspruch »denken«. Kurz, der Marxismus braucht eine Form der Determination, die *nicht* gleichzusetzen ist mit einem ökonomischen Reduktionismus. Die »Vereinigung« dieser »heterogenen Ströme«, so Althusser, sollte man sich nicht als Reduktion, sondern als einen *komplexen Effekt* »denken« – eine Anhäufung aller Instanzen und Wirksamkeiten, eine »Fusion«, ein Bruch – eine »Überdeterminierung«. Daraus folgt, dass eine Gesellschaftsformation keine »Totalität« im essenzialistischen Sinne ist, in der eine einfache »Identität« zwischen ihren verschiedenen Ebenen besteht und die Überbauebenen bloße »Epiphänomene«, bloße Begleiterscheinungen der objektiven Gesetze sind, die »die ökonomische Basis« regieren. Es handelt sich vielmehr um eine notwendig komplexe Einheit – ein »Ensemble«, das selbst bereits das Resultat vieler Determinationen ist, eine Einheit, die vor allem durch ihre *Ungleichheit* charakterisiert ist.

In seiner 1857 geschriebenen Einleitung zu den *Grundrissen* erklärt Marx, dass, obwohl das Kapital für seinen anhaltenden Kreislauf sowohl der Produktion als auch der Distribution und des Austausches bedarf, diese nicht als »gleiche«, sondern als verschiedene »Momente« eines Kreislaufs zu denken sind, die in eine »Einheit« *eingegliedert* [articulated into] sind – eine Einheit, die ihre notwendigen Unterschiede nicht verwischt, sondern »in ihren Unterschieden« zu »denken« ist. Und obwohl es die »Produktion« ist, die letztendlich den Gesamtkreislauf determiniert, ist jedes einzelne »Moment« selbst determinierend, spielt seine notwendige, nicht-reduzierbare Rolle im Prozess der Selbstverwertung des Kapitals und gehorcht seinen eigenen Existenzbedingungen. Auch und vor allem das Verhältnis des Ökonomischen zum Politischen muss begrifflich gefasst werden als das Verhältnis zweier Momente, die durch ihre notwendigen Unterschiede und Verschiebungen in eine Einheit eingegliedert sind. Von daher gibt es *keine notwendige, unmittelbare* Entsprechung zwischen der »ökonomischen« und der »politischen« Konstituierung der Klassen. Die Begriffe, in denen man diese »komplexe Einheit« denken konnte, waren freilich noch zu entwickeln. Zweifellos führte dies dazu, dass das Terrain der weiteren Arbeit von Marx sich radikal von dem im *Manifest* unterschied.

So wichtig es ist, die Grenze zu markieren, die diejenige Phase des marxschen Denkens, die ihren definitiven Ausdruck im *Manifest* findet, von seiner späteren Entwicklung trennt, so wichtig ist es auch, uns an das zu erinnern, was wir nicht preisgeben dürfen. Es wird erkennbar, wenn wir das *Manifest* ein wenig aus seiner unmittelbaren Umgebung herauslösen und seine »Fortschritte« im, wie ich es auszudrücken versucht habe, »Licht des *Kapitals*« neu bedenken. Nehmen wir erstens die Erklärung, dass »die Geschichte aller bisherigen Gesellschaften [...] die Geschichte von Klassenkämpfen [ist]«; sie ist heute ein ebenso selbstverständlicher Bestandteil des Marxismus, wie sie damals, als sie zum ersten Mal vorgebracht wurde, eine »aufsehenerregende These« war. Ohne sie ist der Marxismus undenkbar. Die Betonung liegt hier fast genauso stark auf »Klassen« wie auf »Kämpfen«. Die unmittelbar darauf folgende, knappe Entwicklung dieser These – Freier und Sklave, Feudalherr und Leibeigener, Bourgeois und Proletarier – ist ein absolut notwendiger Ausgangspunkt, wenn auch keine *adäquate* Darstellung der komplexen Klassenstrukturen der Produktionsweisen, auf die sie sich jeweils beziehen. Die Vorstellung, dass »die Menschen« zuerst biologische Individuen oder »nackte Individuen« der Marktgesellschaft sind und sich erst dann zu Klassen zusammenschließen – Klasse als eine sozusagen sekundäre Formation –, lässt sich durch diesen Text oder durch irgendeinen späteren Text von Marx nicht stützen. Dies deutet deshalb bereits auf die vielen späteren Passagen hin, in denen Marx den scheinbar natürlichen und selbstverständlichen Rekurs auf die »Individuen« als Basis einer Klassentheorie entthronte.

Vom Standpunkt des Marxismus sind die Menschen stets durch das antagonistische Klassenverhältnis, in das sie hineingeworfen werden, präkonstituiert. Historisch gesehen sind sie nie in ihrer unergründlichen und einzigartigen Individualität, sondern stets durch das »Ensemble der gesellschaftlichen Verhältnisse« artikuliert – das heißt als Träger des Klassenverhältnisses. Diese vorangegangene Konstituierung bringt unter spezifischen Bedingungen als *Resultat* einen spezifischen Typ von Individualität hervor: das nach Besitz strebende Individuum der bürgerlichen politischen Theorie, das bedürftige Individuum der Marktgesellschaft, das Verträge schließende Individuum der Gesellschaft der »freien Arbeit«. Außerhalb dieser Verhältnisse kann das Individuum (dieser »Robinson Crusoe« der klassischen politischen Ökonomie, der selbstgenügsam in seiner Welt lebt, die nur vom Standpunkt »seiner« Bedürfnisse und Wünsche betrachtet wird), das der natürliche, enthistorisierte Ursprungsort der bürgerlichen Gesellschaft und Theorie bildete, in keiner Weise einen theoretischen Ausgangspunkt bilden. Es ist nichts als die »Zusammenfassung vieler Bestimmungen«. Die Geschichte seiner Produktion ist, wie Marx bemerkte, »in die Annalen der Menschheit eingeschrieben mit Zügen von Blut und Feuer« (MEW 23, 743). Und weiter:

> »Die Gesellschaft besteht nicht aus Individuen, sondern drückt die Summe der Beziehungen, Verhältnisse aus, worin diese Individuen zueinander stehen. Als ob einer sagen wollte: Vom Standpunkt der Gesellschaft aus existieren Sklaven und Citizens nicht: sind beide Menschen. Vielmehr sind sie das außer Gesellschaft. Sklave sein und Citizen sein, sind gesellschaftliche Bestimmungen, Beziehungen der Menschen A und B. Der Mensch A ist als solcher nicht Sklave, Sklave ist er in der und durch die Gesellschaft.« (Grundrisse, MEW 42, 176)

> »Wie alle seine Vorgänger, geht der kapitalistische Produktionsprozess unter bestimmten materiellen Bedingungen vor sich, die aber zugleich Träger bestimmter gesellschaftlicher Verhältnisse sind, welche die Individuen im Prozess ihrer Lebensproduktion eingehen. Jene Bedingungen, wie diese Verhältnisse, sind einerseits Voraussetzungen, andererseits Resultat und Schöpfungen des kapitalistischen Produktionsprozesses; sie werden von ihm produziert und reproduziert.« (MEW 25, 827)

Diese Formulierungen widersprechen allem, was sich als soziologischer »gesunder Menschenverstand« über Gesellschaftsklassen äußert – und ihre Kernaussage ist implizit bereits im *Manifest* vorhanden.

Wichtig ist zweitens die Prämisse, die Marx selbst als springenden Punkt seines eigenen Beitrages sah (Marx an Weydemeyer, 5.3.1852, MEW 28) und die Marx und Engels in ihrem gemeinsamen Vorwort zur deutschen Ausgabe des *Manifestes* von 1872 erneut bekräftigten: »[...] dass die Existenz der Klassen bloß an bestimmte historische Entwicklungsphasen der Produktion gebunden ist« (507).

Die Produktionsbedingungen und -verhältnisse sowie ihre Spezifik in verschiedenen Phasen der widersprüchlichen Kapitalentwicklung bilden den grundlegenden und zentralen Rahmen der marxistischen Klassentheorie. Diese Prämisse unterscheidet den Marxismus als »wissenschaftliche« Theorie von allen vorangegangenen und folgenden Formen des utopischen Sozialismus. Von nun an war der Klassenkampf nicht mehr länger eine moralische Aussage über die Unmenschlichkeit des kapitalistischen Systems, und die Zerstörung des Kapitalismus wurde nicht mehr länger als bloßes Wünschen und Hoffen von außen auf das System projiziert.

So verstanden, produziert und reproduziert sich der Kapitalismus selbst als eine antagonistische Struktur von Klassenverhältnissen; er spaltet die »Bevölkerung« unerbittlich wieder und wieder in antagonistische Klassen. Man beachte aber gleichzeitig, dass es die Entwicklungsphasen in *der Pro-*

duktionsweise sind, die für eine marxistische Klassentheorie die notwendigen, wenn auch nicht hinreichenden Bedingungen bilden – es ist nicht »das Ökonomische« im handgreiflichen Sinne, das hier »determiniert«. Hier ist die marxsche Theorie absolut konsistent: von den ersten Formulierungen über die *Deutsche Ideologie* bis zum Schluss. Da aber die Herrschaft des gesunden, bürgerlichen Alltagsbewusstseins derart mächtig ist und derart hartnäckig immer wieder aufs Neue bis ins Herz der marxistischen Theorie selbst vordringt, sollten wir diesen Punkt nochmals klarstellen: Es sind die materiellen und sozialen Verhältnisse, in denen die Menschen ihre materiellen Existenzbedingungen produzieren und reproduzieren, die »determinierend« sind – *wie*, das bleibt zu klären. Die ungleiche Verteilung von ökonomischem Reichtum, Gütern und Macht, die die Grundlage für eine »sozioökonomische« Auffassung der »Gesellschaftsklassen« bildet, ist für Marx nicht die Basis, sondern das *Resultat* der *vorausgegangenen* Einteilung der Träger der kapitalistischen Produktion in Klassen und ihrer Einordnung in Klassenverhältnisse sowie der vorangegangenen Verteilung der Produktionsmittel zwischen »Eigentümern« und »Enteigneten«.

Auch die Vereinfachung der Klassen, eine Grundthese des *Manifestes,* ist nicht ganz so simpel, wie sie aussieht. Das Argument, im Kapitalismus sei der Kampf Bourgeoisie versus Proletariat die grundlegende Form des Klassenkampfes, bedeutet nicht – wie manchmal gesagt wird –, dass im *Manifest* die Existenz anderer Klassen und Klassenfraktionen vernachlässigt wird. Tatsächlich findet sich ein summarisches Urteil über das revolutionäre Potenzial, zu dem unter anderem »die Mittelstände, der kleine Industrielle, der kleine Kaufmann, der Handwerker, der Bauer« ebenso wie »das Lumpenproletariat« gehören, von dem Marx niemals abweichen sollte. Was er sagt, ist, dass »von allen Klassen, welche heutzutage der Bourgeoisie gegenüberstehen, […] nur das Proletariat eine wirklich revolutionäre Klasse [ist]« (MEW 4, 472). Eine problematische Aussage, die weiterer Analyse bedarf.

Marx gründet seine Aussage auf der objektiven Stellung des Proletariats innerhalb einer Produktionsweise, die auf der Enteignung der Produktionsmittel und der Ausbeutung seiner Arbeitskraft beruht. In *diesem* Sinne hat der Satz seine Gültigkeit: Die revolutionäre *Stellung* des Proletariats ist durch seine Verortung in einer bestimmten Produktionsweise »gegeben« (spezifiziert). Damit aber lässt sich das Proletariat tendenziell als ein homogenes und undifferenziertes »Klassensubjekt« auffassen – ein Subjekt, das eine Rolle *in* der Geschichte spielt, aber selbst keine eigene, innere, widersprüchliche Geschichte hat, zumindest nicht in der kapitalistischen Epoche. Diese Prämisse, die von Marx später modifiziert wurde, muss von uns zurückgewiesen werden. Man kann diese Passage freilich auch noch anders lesen, so, als behaupte sie, dass, *weil* das Proletariat in der ökonomischen Struktur der kapitalistischen Produktion eine objektiv revolutionäre *Stellung* einnimmt, es *deshalb* auch und immer empirisch ein revolutionäres politisches Bewusstsein und eine revolutionäre Form politischer Organisation aufweisen muss.

Diesen weiteren »Schritt« machte Lukács in *Geschichte und Klassenbewusstsein;* und wo er anerkennen muss, dass dieses Proletariat sich »empirisch« nicht immer zu der ihm zugewiesenen Bewusstseinsform emporschwingt, behandelt er sie »abstrakt«, als sei sie ein ihm zugeschriebenes Schicksal – sein »potenzielles Bewusstsein« –, angesichts dessen die tatsächlichen, konkret historischen Divergenzen bloße zeitweilige Irrtümer sind. Von dieser Position aus lässt sich das für den Marxismus gewaltige historische Problem des »Ökonomismus«, des trade-unionistischen Bewusstseins und des Eingebundenseins der westeuropäischen Arbeiterbewegungen in die Schranken des sozialdemokratischen Reformismus nicht systematisch erklären. Damit kehren wir zu einer der entscheidensten Schwächen des *Manifests* zurück, die in der einen oder anderen Form immer wieder im Text auftaucht, eine Schwäche, die man jetzt zusammenfassend kennzeichnen kann:

Das *Manifest* hat recht mit seiner (offenkundig und notwendig schematischen) Behandlung der ökonomischen Konstitution der Klassen im Rahmen der Entwicklungsphasen der Produktionsweise. Aber es hat fatale Mängel, wo die Beziehungen zwischen dem Ökonomischen und dem Politischen systematisch behandelt werden. Hier erhält man entweder nur unbefriedigende Antworten (z. B., Politik und Ökonomie seien mehr oder weniger richtungsgleich, würden sich mehr oder weniger »entsprechen«), oder es bleibt eine Lücke stehen, die dann später immer wieder mit der fehlerhaften Abstraktion eines Lukács'schen Historizismus gefüllt werden kann. Kurz, all das, was notwendig ist, um die Spezifik des politischen Klassenkampfes und seine Beziehung zur ökonomischen Sphäre zu denken – wovon unsere Fähigkeit, »das Ensemble« als ein Ganzes zu erklären, abhängt –, ist zu diesem Zeitpunkt im marxschen Denken als verwendbares begriffliches Instrumentarium noch nicht vorhanden. Die »Entdeckung« dieser Begriffe wurde geradezu *erzwungen* durch die historische und politische Konstellation, zu deren Erklärung sie benötigt wurde – den Zusammenbruch der 1848er Revolution. Ihre klarste und gehaltvollste Formulierung findet sich denn auch in den Schriften über Frankreich, eher flüchtig (und weniger befriedigend) in den Randbemerkungen zu England – Texte, die, ausgelöst durch die Niederlage der Revolution, in einem Augenblick der theoretischen Reflexion und Klärung geschrieben wurden. Hier befinden wir uns auf dem Boden wirklicher Entdeckungen und eines revolutionären theoretischen *Durchbruchs.* Dieser Durchbruch findet zwar »im Denken« statt, lässt sich aber wohl kaum angemessen als »epistemologisch« bezeichnen.

Wir sind jedoch dem *Manifest,* diesem Text mit seiner blendenden Oberfläche, noch nicht auf den Grund gegangen. Warum und wie haben Marx und Engels sich diese »Klassenvereinfachung« als *impliziten* Bestandteil der sich entfaltenden kapitalistischen Entwicklung vorgestellt (mit den entsprechend folgenschweren Konsequenzen für die Entzifferung der Bewegungen des Klassenkampfes)?

II

Diese »Vereinfachung« wird durch den wachsenden Umfang und die steigende Stufenleiter der kapitalistischen Produktion hervorgerufen. Es ist nützlich, die Umstände, die das Proletariat zunächst hervorbringen, dann entfalten und schließlich alle Mittelschichten in seine wachsenden Reihen treiben, kurz aufzulisten (vgl. MEW 4, 468f.): a) die Formierung einer Klasse ohne Eigentum an den Produktionsmitteln, die nur ihre Arbeitskraft zu verkaufen hat, den »Wechselfällen der Konkurrenz und allen Schwankungen des Marktes« ausgesetzt; b) die Arbeitsteilung als Folge der extensiven Anwendung von Maschinerie, die den Arbeiter »dequalifiziert«, ihn zum bloßen Zubehör der Maschine degradiert; c) die wachsende Ausbeutung der Arbeitskraft, »sei es durch Vermehrung der in einer gegebnen Zeit geforderten Arbeit, beschleunigten Lauf der Maschine usw.«; d) die Zusammenfassung der Arbeiterschaft als »industrielle Armee« in der Fabrik unter dem Kommando von »Unteroffizieren und Offizieren des Kapitals«; e) die Entwertung der Arbeit durch die Senkung des Wertes der Arbeitskraft – die Einstellung von Frauen und Kindern zu niedrigeren Löhnen; f) die Auslieferung der Klasse zur Ausbeutung auf dem Subsistenzmittelmarkt – durch den Hausbesitzer, den Krämer, den Pfandleiher. In diesem Kontext steht g) die These, dass die untere Schicht des Mittelstandes schrittweise »ins Proletariat hinabfällt« – teilweise durch ihren verlorenen Kampf gegen h) das konzentrierte Großkapital. Die Mittelschichten sind das, was Gramsci die »subalternen« Fraktionen der Mittelklassen nennen würde. Sie sind ihrem Wesen nach konservativ und reaktionär, es sind diejenigen, die »suchen das Rad der Geschichte zurückzudrehen«. »Revolutionär« sind oder werden sie nur »im Hinblick auf den ihnen bevorstehenden Übergang ins Proletariat« (MEW 4, 472) – im Hinblick auf ihre »Proletarisierung«.

Dem aufmerksamen Leser wird nicht entgangen sein, dass alle diese rasch skizzierten Gedanken im 13. Kapitel des ersten Bandes des *Kapital*, dem Kapitel über »Maschinerie und große Industrie«, wieder auftauchen und dort ausführlich entwickelt werden. Die historische Bildung einer Klasse »freier Lohnarbeiter«, die nichts zu verkaufen hat als ihre Arbeitskraft und aus dem Geflecht der feudalen Beziehungen hervorgegangen ist, ist im *Kapital* beständiger Bezugspunkt als die »historische Basis« des Kapitals. Die zunehmende Reduktion des Arbeiters auf ein »Zubehör der Maschine« steht im Mittelpunkt der marxschen Beschreibung des Arbeitsprozesses und seiner qualitativen Unterscheidungen zwischen der Phase der »Maschinerie« und der der »großen Industrie«. Die Beschreibung der wachsenden Ausbeutung der Arbeitskraft deutet auf die wichtige Unterscheidung im *Kapital* zwischen absolutem (Verlängerung des Arbeitstages) und relativem Mehrwert (Zunahme der »toten« im Verhältnis zur »lebendigen« Arbeit) hin. Die Darstellung der zunehmenden Hierarchisierung und des wachsenden »Despotismus« des Kapitals führt dann weiter zur Unterscheidung zwischen »formeller« und »reeller« Subsumtion der Arbeit. Die »Entwertung« der qualifizierten Arbeitskraft und die Bildung einer »Reservearmee« sind zwei entscheidende, dem »tendenziellen Fall der Profitrate« »entgegenwirkende Ursachen«, die beide im ersten Band des *Kapital* (z. B. in Kapitel 24) diskutiert werden und dann wieder im dritten Band, in dem die wachsenden Konzentrations- und Zentralisationsprozesse des Kapitals ausführlicher dargestellt sind. In diesem Kontext wird auch die Entstehung des »Gesamtarbeiters« beschrieben und zum ersten Mal auf die *Ausbreitung* der *neuen* Zwischenschichten als Folge der sich entwickelnden Arbeitsteilung verwiesen, da das alte Kleinbürgertum und seine materielle Basis in »Klein«- und Handelskapital zerfallen. Im Rahmen dieser ausführlichen theoretischen Darstellung wird die Skizze im *Manifest,* die kaum mehr als einen *Hinweis* darauf enthält, wie die kapitalistische Produktion die Grundlage für diese *Bildung* und *Neugruppierung* der Klassen bildet, erweitert und transformiert. Wir müssen also wiederum die für die Entwicklung einer Theorie der Klassen notwendigen Kontinuitäten *und* Brüche beachten.

Die von Marx im *Kapital* verwendeten Formulierungen, dort, wo er die allgemeine Tendenz der ganzen Entwicklung – in konzentrierter Form – darstellen will, sind denen, die er im *Manifest* anwendet, *auffallend ähnlich.* Man braucht sich nur dem zusammenfassenden Überblick in dem kurzen Abschnitt über die »Geschichtliche Tendenz der kapitalistischen Akkumulation« im 24. Kapitel des ersten Bandes zuzuwenden, um die vertrauten Sätze erneut zu hören:

> »Auf einem gewissen Höhegrad bringt sie die materiellen Mittel ihrer eignen Vernichtung zur Welt. Von diesem Augenblick regen sich Kräfte und Leidenschaften im Gesellschaftsschoße, welche sich von ihr gefesselt fühlen. [...] Sobald dieser Umwandlungsprozess nach Tiefe und Umfang die alte Gesellschaft hinreichend zersetzt hat, sobald die Arbeiter in Proletarier, ihre Arbeitsbedingungen in Kapital verwandelt sind, sobald die kapitalistische Produktionsweise auf eignen Füßen steht, gewinnt die weitere Vergesellschaftung der Arbeit [...] eine neue Form. [...] Diese Expropriation vollzieht sich durch das Spiel der immanenten Gesetze der kapitalistischen Produktion selbst, durch die Zentralisation der Kapitale. [...] Hand in Hand mit dieser Zentralisation oder Expropriation vieler Kapitalisten durch wenige entwickelt sich die kooperative Form des Arbeitsprozesses auf stets wachsender Stufenleiter, die bewusste technische Anwendung der Wissenschaft, die planmäßige Ausbeutung der Erde, die Verwandlung der Arbeitsmittel in nur gemeinsam verwendbare Arbeitsmittel, die Ökonomisierung aller Produktionsmittel durch ihren Gebrauch als Produktionsmittel kombinierter, gesellschaftlicher Arbeit, die Verschlingung aller Völker in das Netz des Weltmarkts [...] [Damit zugleich aber] wächst [...] auch die Empörung der stets anschwellenden und durch den Mechanismus des kapitalistischen Produktionsprozesses selbst geschulten, vereinten und organisierten Arbeiterklasse.« (MEW 23, 789ff.)

Das ist das Echo, die »Stimme« des *Manifests* im *Kapital*. Aber neben dieses Resümee müssen wir die Einzelheiten setzen, mehr noch, wir müssen uns die *Methode* ansehen, mit der die einfache Skizze im *Manifest* in die Ausdrücke und Begriffe der im *Kapital* dargestellten Untersuchung übersetzt wird. Ein »Lesen« des Textes, das den Gehalt dieser theoretischen Transformation im Einzelnen nachweisen könnte, ist im Rahmen dieses Artikels unmöglich. Aber anhand einiger Beispiele lässt sich zeigen, wie der im *Manifest* skizzierte Prozess – der dort größtenteils als eine lineare Entwicklung konzipiert ist, die sich durch die Beschleunigung des Klassenkampfes zuspitzt – in seiner Umarbeitung im *Kapital* durch die konsequente Anwendung der Konzeption des *Widerspruchs* und durch ein dialektisches Entwicklungsdenken *von Grund auf transformiert* wird.

Zwei Beispiele sollten ausreichen. Im ersten Unterabschnitt des 13. Kapitels markiert Marx den technischen Unterschied zwischen einerseits der Natur der Arbeitswerkzeuge (und der daraus folgenden Arbeitsteilung im Arbeitsprozess selbst), durch die die *erste* Phase der kapitalistischen Entwicklung – die Maschinenära – gekennzeichnet ist, und andererseits der weiteren qualitativen Entwicklung – der des Maschinensystems, in dem nicht der Arbeiter die Maschinen, sondern umgekehrt, die Maschinen den Arbeiter »anwenden« –, charakteristisch für die Phase der »großen Industrie«. Im vierten Unterabschnitt über »Die Fabrik« untersucht Marx dann die vielfältigen und widersprüchlichen Auswirkungen dieses Übergangs auf die materielle Basis des Kapitalismus. Er erläutert unter anderem die Zerlegung der traditionellen Qualifikationen der Arbeiterklasse, die zunehmend auf die Maschinen selbst »übergehen« – an dieser Stelle spricht er von der »Tendenz der Gleichmacherei oder Nivellierung der Arbeiten« (442). Das hat unmittelbare Auswirkungen auf die *gesellschaftliche* Organisation der Produktion: Sie zieht eine Neugliederung der Produktion in »Hauptarbeiter« und »bloße Handlanger« nach sich, und parallel dazu entsteht eine neue »höhere, teils wissenschaftlich gebildete [...] Arbeiterklasse«, die »mit der Kontrolle der gesamten Maschinerie und ihrer beständigen Reparatur beschäftigt ist« (443).

Wo die Maschinerie die Organisation des Arbeitsprozesses zu diktieren beginnt, bringt sie weitere widersprüchliche Entwicklungen hervor: die leichtere Ersetzbarkeit einer Arbeiterschaft durch eine andere; die Einführung des kontinuierlichen Produktionsprozesses und des Schichtsystems (des »Relaissystems«); die Entwertung der Arbeitskraft und die Erosion der traditionellen Qualifikationen, die aus einer früheren Arbeitsteilung stammen – »traditionelle Gewohnheiten« werden jetzt »systematisch umgeformt«. Die Einverleibung des Arbeiters in die Maschine, das systematische »Auspumpen« der lebendigen Arbeit durch die tote Arbeit schreitet in einem enormen Tempo fort: »Das Detailgeschick des individuellen, entleerten Maschinenarbeiters verschwindet als ein winzig Nebending vor der Wissenschaft, den ungeheuren Naturkräften und der gesellschaftlichen

Massenarbeit, die im Maschinensystem verkörpert sind« (446). Und auch das hat weitere Konsequenzen für die Arbeitsdisziplin, die Hierarchie und das Kommando über die Arbeit – die Spaltung der Arbeiter in »Handarbeiter und Arbeitsaufseher« (in »gemeine Industriesoldaten und Industrieoffiziere«, 447) – und für die Verwaltung eines differenzierteren und auf Zwang beruhenden Fabriksystems. Dr. Andrew Ure selbst, der »Poet« der großen Industrie, sah, wie die Revolutionierung der Produktionsmittel die Wegnahme aller Arbeiten, welche spezifische Qualifikationen und ein spezifisches Geschick verlangten, aus den »Armen des zu geschickten und oft zu Unregelmäßigkeiten aller Art geneigten Arbeiters« und »ihre Verlagerung auf einen sich selbst regulierenden Mechanismus«, den sogar ein Kind überwachen kann, ebenso *erforderte* wie *ermöglichte*. Auf diese Weise hatte die »technische« Revolutionierung der Arbeitsmittel unerwartete Auswirkungen auf die Regulierung der Arbeit, die Unterdrückung von Streiks und anderen »periodischen Arbeiteraufständen« gegen die Lebensbedingungen (456, 459). Und erneut mit den Worten von Ure konstatiert Marx, »dass das Kapital, indem es die Wissenschaft in seinen Dienst presst, stets die rebellische Hand der Arbeit zur Gelehrigkeit zwingt« (460).

Schon in diesem Abschnitt können wir sehen, wie das, was im *Manifest* als einfacher Antagonismus erscheint, hier zu einem komplexen und widersprüchlichen Antagonismus verknüpft ist: notwendige Bedingungen erweisen sich als nicht intendierte *Effekte,* die selbst wiederum widersprüchliche Auswirkungen haben; Auswirkungen auf *Ebenen,* an die man nicht gedacht hatte; *Tendenzen,* die sofort von ihrem Gegenteil durchkreuzt werden; Fortschritte, die an anderer Stelle zu Rückschritten werden. Vor allem aber ist das Proletariat, das in dem früheren Text als eine wesentlich homogene Kraft vorgestellt wurde, nunmehr selbst dauernd und unablässig den Einwirkungen der widersprüchlichen Kapitalgesetze ausgesetzt, wird umdefiniert, reorganisiert und umgeformt. Bereits im *Manifest* hatte Marx vorausgesehen, wie die wachsende Vereinheitlichung des Proletariats unter den Bedingungen der Fabrikarbeit beständig durch die tendenzielle »Konkurrenz der Arbeiter untereinander« durchbrochen wird. Aber nur, wenn wir den Entwicklungsprozess, der zur Grundlage der wachsenden Vereinheitlichung wird, genauer untersuchen, können wir verstehen, *warum* das Kapital notwendig *beides* hervorbringt: die Tendenz zur Vermassung und »Vereinfachung« der Arbeit *und,* genauso »notwendig«, die Tendenz zur inneren Spaltung in gelernte und ungelernte ArbeiterInnen, die Verteilung der Qualifikationen auf verschiedene Produktionszweige, von denen die »große Industrie« *ungleichmäßig* Besitz ergreift und sie ungleichmäßig transformiert. Und wir können sehen, wie durch die »Entwertung« der traditionellen Arbeitskraft aufgrund der massenhaften Einstellung von Frauen und Kindern (eine Entwicklung, die ausschließlich durch die Revolutionierung des Arbeitsprozesses selbst möglich wurde) eine Gruppe von Arbeitskräften gegen die andere gestellt und ein weiterer Widerspruch eingeführt wird: »die natürlichen Unterschiede des Alters und Geschlechts«, das heißt die Einführung der geschlechtsspezifischen Arbeitsteilung in die gesellschaftliche Arbeitsteilung; und wieso das Kapital dazu in der Lage ist, diese neuen Formen der Arbeitsteilung (oder die parallel dazu verlaufende zwischen Aufsehern, der »qualifizierteren Arbeiterklasse«, und Maschinenarbeitern) zu seinem Vorteil zu nutzen. Kurz, wie die Produktion zweier gegensätzlicher *Tendenzen* in der widersprüchlichen Entwicklung des Kapitals jeder simplen Vorstellung von dem »zwangsläufigen Zusammenhalt des Proletariats« zuwiderläuft und stattdessen die wirkliche Realisierung dieses Zusammenhalts unter den historisch neuen Bedingungen der kapitalistischen Organisation auf die Tagesordnung setzt.

Ein für Form und Charakter des Klassenkampfes unter den modernen Produktionsbedingungen absolut zentrales Element findet sich bereits in der folgenden, scheinbar einfachen Bemerkung: »Soweit in der automatischen Fabrik die Teilung der Arbeit wieder erscheint, ist sie zunächst Verteilung von Arbeitern unter die spezialisierten Maschinen und von Arbeitermassen, die jedoch keine gegliederten Gruppen bilden, unter die verschiednen Departements der Fabrik, wo sie an nebeneinander gereihten gleichartigen Werkzeugmaschinen arbeiten, also nur einfache Kooperation unter ihnen stattfindet. Die gegliederte Gruppe der Manufaktur ist ersetzt durch den Zusammenhang des Hauptarbeiters mit wenigen Gehilfen.« (442f.)

Diese Tendenz bringt die andere nicht zum Verschwinden – sie bereitet sowohl die wachsende Basis für die »Vergesellschaftung der Arbeit« als auch für die technische Abhängigkeit der verschiedenen kapitalistischen Produktionszweige voneinander, und sie ist die gesellschaftliche Grundlage für die Bildung des modernen Proletariats. Die Entwicklung des Kapitalismus reproduziert *beide* Tendenzen zugleich: Indem das Kapital, kurz gesagt, seine »technischen« Grenzen hinter sich lässt, indem es eine der materiellen Schranken überwindet, die seiner revolutionierenden Selbstexpansion im Wege stehen, produziert es neue Widersprüche auf einer höheren Entwicklungsstufe. Sein Fortschreiten ist – ganz im Gegensatz zum Haupteindruck, den das *Manifest* vermittelt – im *vollen* Sinne dialektisch.

Das lässt sich auch an einer anderen Stelle zeigen, an der ebenfalls ein scheinbar direktes »Echo« aus dem *Manifest* widerhallt. Im *Manifest* erwähnt Marx die beiden »Wege«, die dem Kapital offenstehen – Verlängerung des Arbeitstages und »Vermehrung der in einer gegebenen Zeit geforderten Arbeit, beschleunigter Lauf der Maschinen usw.« (MEW 4, 469). In einem anderen Zusammenhang erwähnt er auch die wachsende politische Stärke des Proletariats – »sie entsteht immer wieder, stärker, fester, mächtiger« (471) –, die die Anerkennung »einzelner Interessen der Arbeiter« erzwingt; in diesem Kontext führt er dann die Zehnstundenbill in England an. Wieder ist nicht zu übersehen, welche tiefe und durchgehende Transformation diese Vorstellungen erfahren haben, wenn sie im *Kapital* wieder auftauchen. Die erweiterte Anwendung von Maschinen hat eine Zunahme der Arbeitsproduktivität zur Folge – »Verkürzung der für die Produktion einer Ware notwendigen Arbeitszeit«. Sie hat aber auch zur Folge, dass der Widerstand der Arbeiter gegen die Verlängerung des Arbeitstages abnimmt. Hier entsteht sofort ein Widerspruch, da die Maschinerie, »indem sie von den beiden Faktoren des Mehrwerts, den ein Kapital von gegebener Größe liefert, den einen Faktor, die Rate des Mehrwerts, nur dadurch vergrößert, dass sie den andren Faktor, die Arbeiterzahl verkleinert« (MEW 23, 429). Diese Wirkungen sind daher ebenso widersprüchlich wie »unbewusst« (Fn. 153, 430). Wenn die Maschinerie den Arbeitstag verlängert, »die Arbeitsweise selbst wie den Charakter des gesellschaftlichen Arbeitskörpers in einer Art umwälzt, die den Widerstand gegen diese Tendenz bricht, produziert sie andrerseits, teils durch Einstellung dem Kapital früher unzugänglicher Schichten der Arbeiterklasse, teils durch Freisetzung der von der Maschine verdrängten Arbeiter, eine überflüssige Arbeiterpopulation«. (430) Diese schrankenlose Ausbeutung der Arbeitskraft ruft in Teilen der herrschenden Klasse »eine Reaktion« hervor, die zur »Spaltung der Bourgeoisie selbst« führt, eine Spaltung, die die Arbeiter in ihrem Kampf ausnutzen, indem sie die Fabrikgesetzgebung mit der gesetzlichen Beschränkung des Arbeitstages erzwingen. Ferner erwähnt Marx, dass die Kapitalisten diese Begrenzung politisch vehement bekämpften; sie erklärten, die Produktion sei unter diesen Umständen »unmöglich«. Aber es war genau der Zwang zur Begrenzung, zu der »die anschwellende Empörung der Arbeiterklasse den Staat zwang« (432), der das Kapital dann dazu antrieb, »durch gesteigerte Produktivkraft der Arbeit den Arbeiter zu befähigen, mit derselben Arbeitsausgabe in derselben Zeit mehr zu produzieren« (432). Damit überschritt das Kapital – in unterschiedlicher Weise und ungeplant – die entscheidende Schwelle von der Ära des absoluten zur Ära des relativen Mehrwerts.

Die Auswirkungen sind ungeheuer: Erhöhung der organischen Zusammensetzung des Kapitals; Senkung des Wertanteils in jeder einzelnen Ware; Intensivierung des Arbeitsprozesses; »dichtere Ausfüllung der Poren der Arbeitszeit« (432); »erhöhte Anspannung der Arbeitskraft« (ebd.); Beschleunigung des Produktionsprozesses; gewaltiger Anreiz zum technischen Fortschritt und zur Anwendung der Wissenschaft als materieller Produktivkraft; die Vorteile, die die Herrschaft der »Regelmäßigkeit, Gleichförmigkeit, Ordnung und Kontinuität der Arbeit« für das System der Kontrolle hat. Soweit nur *einige* der Auswirkungen, wie Marx sie beschreibt. 1858, hält Marx fest, berichtete der Fabrikinspektor: »Die großen in Maschinen jeder Art eingeführten Verbessrungen haben die Produktivkraft sehr gesteigert. Ohne allen Zweifel gab die Verkürzung des Arbeitstags [...] den Stachel zu diesen Verbessrungen.« (438) Am Ende des 13. Kapitels kehrt Marx zu den Auswirkungen der um die Jahrhundertmitte verabschiedeten Fabrikgesetzgebung zurück; hier beschäftigt er sich ausführlich sowohl mit ihren technischen als auch mit ihren sozialen Folgen (Erziehung, Kinder, Familie). Was also im *Manifest* als eine einfache Abkoppelung der Ebene der Produktionsweise von der des politischen Kampfes erscheint, wird hier in eine widersprüchliche »Einheit« zusammengebracht: eine Einheit, die zeigt, wie, während sich das Wertgesetz durchsetzt, das Kapital blind und unbewusst voranschreitet, wie es gezwungen ist, sich weiterzuentwickeln, indem es seine eigenen selbstgesetzten Grenzen und Schranken durchbricht; wie sein »politisches« Bewusstsein oftmals von seinem inneren Trieb und seinen inneren Notwendigkeiten abweicht. Damit ist die *Regenerationsfähigkeit* des Kapitals sehr anschaulich beschrieben: wie es permanent dazu gezwungen ist, seine eigenen widersprüchlichen Impulse mit sozialen und ökonomischen Organisationsformen zu verknüpfen, die es zum Vorteil seiner eigenen »Logik« entsprechend zurechtbiegen kann. Damit zeigt sich auch, wie das Kapital, um die Interessengegensätze innerhalb der eigenen Reihen zu meistern – vor allem aber auch, um jene »spezifischen« Fortschritte, die die Arbeiterklasse ihm aufzwingen kann, im Rahmen seines Systems zu halten und unter Kontrolle zu bringen –, ein anderes *Repertoire* entwickelt: es entdeckt neue »Lösungen«. In diesem Kapitel verabschiedet sich Marx entschieden von jeder Vorstellung, die die »Logik des Kapitals« als ein simples, gradliniges, funktionales »Sich-Entfalten« sieht, oder als etwas, das von der »Logik des Klassenkampfes« zu trennen sei, als handele es sich um zwei unverbundene Fäden.

Aus dieser historisch-analytischen Darstellung löst Marx den fruchtbaren theoretischen Keim heraus, um ihn im folgenden Kapitel in einer theoretisch »reineren« Form zu entwickeln: die »Produktion des absoluten und relativen Mehrwerts«. Die gesamte Entwicklungstendenz wird knapp und präzise zusammengefasst: »Die Verallgemeinerung der Fabrikgesetzgebung als physisches und geistiges Schutzmittel der Arbeiterklasse« – das Ergebnis eines unmittelbar politischen Kampfes – »verallgemeinert und beschleunigt […] die Verwandlung zerstreuter Arbeitsprozesse auf Zwergmaßstab in kombinierte Arbeitsprozesse […], also die Konzentration des Kapitals und die Alleinherrschaft des Fabrikregimes.« (525f.) »Sie zerstört alle altertümlichen und Übergangsformen, wohinter sich die Herrschaft des Kapitals noch teilweise versteckt, und ersetzt sie durch seine direkte, unverhüllte Herrschaft. Sie verallgemeinert damit auch den direkten Kampf gegen diese Herrschaft.« (526) Sie erzwingt Gleichförmigkeit, Regelmäßigkeit, Ordnung und Ökonomie, spornt zu technischen Innovationen an und steigert damit auch die Intensität der Arbeit und die »Konkurrenz der Maschinerie mit dem Arbeiter« (ebd.). Sie zerstört die materielle Basis des Kleinbetriebes und der häuslichen Produktion. »Mit den materiellen Bedingungen und der gesellschaftlichen Kombination des Produktionsprozesses reift sie die Widersprüche und Antagonismen seiner kapitalistischen Form« (ebd.). Wenn dies aussieht wie eine in letzter

Minute erfolgte Rückkehr zum *Manifest,* dann nur, weil der widersprüchliche, doppelte Druck der kapitalistischen Entwicklung und sein ihm innewohnendes antagonistisches Wesen den Kern in beiden Konzepten ausmachen. Der Fluchtpunkt *Kapital* zeigt, dass die sogenannte »Vereinfachung der Klassen und des Klassenkampfes« – oder das, was wir jetzt die *komplexe Vereinfachung* der Klassen und die Logik des Klassenkampfes innerhalb der »Logik« der historischen Entwicklung des Kapitals nennen müssen – vollständig und unwiderruflich transformiert wurde. Was die marxistische »Klassentheorie« angeht, haben wir damit ein ganz neues Terrain betreten.

III

Wie wir gesehen haben, ist das Verhältnis zwischen dem ökonomischen und dem politischen Aspekt des Klassenkampfes einer der wichtigen Punkte, die im *Manifest* nicht zufriedenstellend geklärt werden. Marx fragt tatsächlich nach der »Organisation der Proletarier zur Klasse und damit zur politischen Partei« (MEW 4, 471) – als seien die politischen Aspekte nur eine fortgeschrittenere Form des »Ökonomischen«, als bedürften sie keinerlei begrifflicher Veränderung oder Ausweitung des theoretischen Rahmens. In der *Deutschen Ideologie* sagt Marx über die Kapitalistenklasse, dass »die einzelnen Individuen nur insofern eine Klasse [bilden], als sie einen gemeinsamen Kampf gegen eine andere Klasse zu führen haben; im Übrigen stehen sie einander selbst in der Konkurrenz wieder feindlich gegenüber« (MEW 3, 54). Im *Elend der Philosophie* bezeichnet Marx den utopischen Sozialismus als typisch für eine Zeit, in der »das Proletariat noch nicht genügend entwickelt ist, um sich als Klasse zu konstituieren und daher der Kampf des Proletariats mit der Bourgeoisie noch keinen politischen Charakter trägt« (MEW 4, 143). Er nennt das Proletariat »diese Masse«, die bereits als Klasse im Gegensatz zum Kapital steht, aber noch keine »Klasse für sich« ist. Im *Achtzehnten Brumaire* schreibt Marx:

> »Insofern Millionen von Familien unter ökonomischen Existenzbedingungen leben, die ihre Lebensweise, ihre Interessen und ihre Bildung von denen der andern Klassen trennen und ihnen feindlich gegenüberstellen, bilden sie ein Klasse. Insofern ein nur lokaler Zusammenhang unter den Parzellenbauern besteht, die Dieselbigkeit ihrer Interessen keine Gemeinsamkeit, keine nationale Verbindung und keine politische Organisation unter ihnen erzeugt, bilden sie keine Klasse. Sie sind daher unfähig, ihre Klasseninteressen im eigenen Namen [...] geltend zu machen.« (MEW 8, 198)

1871 schrieb Marx in einem Brief an Friedrich Bolte, der wiederum die Frage der Fabrikgesetzgebung berührte:

»Das political movement der Arbeiterklasse hat natürlich zum Endzweck die Eroberung der political power für sie, und dazu ist natürlich eine bis zu einem gewissen Punkt entwickelte previous Organisation der working class nötig, die aus ihren ökonomischen Kämpfen selbst erwächst.
Andrerseits ist aber jede Bewegung, worin die Arbeiterklasse als *Klasse* den herrschenden Klassen gegenübertritt und sie durch pressure from without zu zwingen sucht, ein political movement. Z. B. der Versuch, in einer einzelnen Fabrik oder in einem einzelnen Gewerk durch strikes etc. von den einzelnen Kapitalisten eine Beschränkung der Arbeitszeit zu erzwingen, ist eine rein ökonomische Bewegung; dagegen die Bewegung, ein Achtstunden-etc. *Gesetz* zu erzwingen, ist *eine politische* Bewegung. Und in dieser Weise wächst überall aus den vereinzelten ökonomischen Bewegungen der Arbeiter eine *politische* Bewegung hervor, das heißt eine Bewegung der *Klasse,* um ihre Interessen durchzusetzen in allgemeiner Form, in einer Form, die allgemeine gesellschaftlich zwingende Kraft besitzt. Wenn diese Bewegungen eine gewisse previous Organisation unterstellen, sind sie ihrerseits ebenso sehr Mittel der Entwicklung dieser Organisation.« (MEW 33, 332f.)

Marx ging es hier darum, bestimmte Beschlüsse des Generalrats der Internationale, dessen Statuten er formuliert hatte, zu klären. Wenige Tage später schrieb Engels mit einer ähnlichen Absicht in der Turiner Zeitschrift *Proletario Italiano:* »[...] dass die ökonomische Emanzipation der Arbeiterklasse der große Endzweck ist, dem jede politische Bewegung, als Mittel, unterzuordnen ist. [...] dass in dem streitenden Stand der Arbeiterklasse ihre ökonomische Bewegung und ihre politische Betätigung untrennbar verbunden sind.« (MEW 17, 468f.)

Marx und Engels überdenken hier also genau das, was sie im *Manifest* zu vereinfacht skizziert hatten: die notwendigen Verschiebungen und die Konstellationen im Verhältnis zwischen den politischen und den ökonomischen Formen des Klassenkampfes. Die Zeitspanne, die dazwischenliegt, ist ziemlich lang – vom *Elend der Philosophie* bis zur Pariser Kommune, ein Zeitraum, in dem das marxsche Nachdenken über dieses entscheidende Thema »weiteren Schwankungen« – wie Poulantzas (1973, 58) es genannt hat – unterlag. Diese ›Schwankungen‹ sind sorgfältig zu betrachten.

Die in dem obigen Zitat aus dem *Elend der Philosophie* gezogene Unterscheidung zwischen Klasse »an sich« und Klasse »für sich« erstarrte später zu einer Art Standardformel. Sie setzt das Ökonomische und Politische auf falsche Weise ins Verhältnis. Sie unterstellt, dass es eines Tages einen Moment geben könnte, in dem das ganze Proletariat das revolutionäre Klassenbewusstsein entwickelt haben wird, das ihm durch eine gegebene, ökonomisch-objektive Bestimmung vorgeschrieben ist; und dass man überhaupt erst dann von einer *Existenz* der Klasse auf der Ebene des politischen Kampfes sprechen kann. Wir haben bereits zuvor auf die Schwächen dieser säuberlichen Aufspaltung hingewiesen: einer Aufspaltung, die den »politischen Klassenkampf« ausschließlich für diesen Moment erfüllten

Bewusstseins zu reservieren scheint; die dieses Bewusstsein zu direkt aus der ökonomischen Determiniertheit der Klassen ableitet; die das Erlangen einer »autonomen« Form von Klassenbewusstsein zum einzigen Prüfstein der politischen Existenz einer Klasse macht und die Klassen als einheitliche historische Subjekte fasst.

Die Unterscheidung zwischen »an sich/für sich« ist *dann* nützlich, wenn unterschiedliche Momente und Formen des Klassenbewusstseins definiert werden sollen, und vielleicht sogar dann, wenn man in ganz großen Zügen die Entwicklung weg von einer »korporativen« Form des Klassenkampfes markieren will. Dann müssten wir aber eine gelegentliche Äußerung von Marx in einer Weise weiterentwickeln, die mit der Stoßrichtung dieses Passus im Widerstreit läge. Denn die Unterscheidung zwischen »korporativ« und dem, was Marx später einen Kampf nennt, der eine »allgemeine, gesellschaftliche zwingende Kraft besitzt« (MEW 33, 333), ist *keine* Unterscheidung zwischen der Anwesenheit oder Abwesenheit von politischen Kämpfen und der »entsprechenden« Form von Klassenbewusstsein, sondern das genaue Gegenteil: eine Unterscheidung zwischen *zwei verschiedenen Formen* des Klassenkampfes, zwei Arten von Klassenbewusstsein, von denen jedes seine eigenen determinierenden Bedingungen hat, die in den materiellen Verhältnissen der Klassen im Kapitalismus begründet sind. Wie Marx und Engels gesehen haben – und wie Lenin noch genauer ausführte –, hat der Reformismus der Arbeiterklasse, das »trade-unionistische Bewusstsein« (oder was Lenin in *Was tun?* die »bürgerliche Politik der Arbeiterklasse« nannte [LW 5, 452]), seine eigenen Existenzbedingungen, seine eigene materielle Basis in der ökonomischen Lage der Arbeiterklasse im Kapitalismus. Es ist keineswegs eine Ebene oder Form des Klassenkampfes sozusagen »unterhalb« des politischen Horizontes; man könnte eher sagen, dass es die natürliche – oder wie Lenin es nannte, die »spontane« – Form des Kampfes der Arbeiterklasse ist, und dann, wenn es keine Mittel gibt, diesen Kampf auf eine »allgemeinere« Ebene zu heben. Wie solche Bedingungen allerdings aussehen und wodurch die Formen des ökonomischen und politischen Kampfes auf ihre »allgemeinere« Ebene gehoben werden könnten, das ist in der Unterscheidung »an sich/für sich« nicht erfasst.

Der Brief an Bolte hat einen ganz anderen Ansatzpunkt. Hinter der Formulierung »die Eroberung der political power« (MEW 33, 333) durch die Arbeiterklasse steht die marxsche Überzeugung, dass die politische Macht des von der Bourgeoisie errichteten Staates gebrochen werden müsse; und seine Betonung der »Diktatur des Proletariats«, die aus seiner Analyse der Pariser Kommune stammte, erhielt im *Bürgerkrieg in Frankreich* konkrete Gestalt. Aber noch interessanter ist, dass die Begriffe »ökonomisch« und »politisch« hier offenbar dazu verwendet werden, zu kennzeichnen, *wo* der Klassenkampf in jeder spezifischen Konstellation sich jeweils auswirkt. Die Organisierung des Proletariats in der Produktion, zur Abwehr von Versuchen des Kapitals, die Ausbeutung durch die Verlängerung des Arbeitstages zu intensivieren, wird als eine »ökonomische Bewegung« definiert, während Versuche, das Gesetz über die Beschränkung des Arbeitstages zu verändern (deren Adressat daher der bürgerliche Staat selbst sein muss), eine »politische Bewegung« konstituieren. Hier wird alles in eine konkrete, historisch-spezifische Situation übersetzt, in der der Klassenkampf »wirksam wird«. Es fehlt jede Spur von Automatismus, wo über die Bewegung von einer Ebene zur anderen gesprochen wird. In allen diesen Zitaten wird die Frage auf die Tagesordnung gesetzt, unter welchen weiteren Bedingungen – und in welchen Formen – die antagonistischen Produktionsverhältnisse der kapitalistischen Produktionsweise auf die Bühne der Politik treten und die jeweils entsprechende Wirkung haben können. Die Begriffe, die es uns ermöglichen, die Quellen und die Mechanismen der »relativen Autonomie« der politischen Ebene des Klassenkampfes im Verhältnis zur ökonomischen zu begreifen, finden wir vor allem in *Klassenkämpfe in Frankreich* und im *Achtzehnten Brumaire*.

Die ersten Kapitel der *Klassenkämpfe* wurden unmittelbar nach 1848 geschrieben. Obwohl Marx bereits hier davon überzeugt war, das Proletariat sei noch nicht »reif« zum Sieg, konzentriert sich dieser Teil der Analyse darauf, wie die bürgerlichen politischen Kräfte durch ihre eigenen inneren Widersprüche dazu getrieben werden, die Basis ihrer »reifen« politischen Herrschaft – das allgemeine Männerwahlrecht – zu zerstören und sich in der Folge vor der einzigen Alternative wiederfinden: Rückzug unter den Schutz von Napoleons Bajonetten oder proletarische Revolution. Das letzte Kapitel wurde jedoch später entworfen und veröffentlicht; sein Wechsel der Perspektive markiert einen zentralen und unumkehrbaren »Einschnitt«, den Fernbach als den »vielleicht wichtigsten seiner gesamten politischen Arbeit als Kommunist« bezeichnet. Den Kern dieses Einschnitts hat Gwyn Williams so zusammengefasst:

> »Im Sommer 1850 kehrte Marx zu seinen ökonomischen Studien zurück, die ihn viele Jahre lang im British Museum untertauchen ließen. Er kam zu dem Schluss, dass der Revolutionskreis von 1848 durch eine spezifische Krise der neuen kapitalistischen Gesellschaft in Gang gesetzt worden war [...], dass die Rückkehr zum Wachstum eine neue Welle von Revolutionen extrem unwahrscheinlich machte, und, wichtiger noch, dass eine proletarische Revolution auf dem Kontinent so lange unmöglich sei, wie sich die kapitalistische Ökonomie und die kapitalistischen Produktionsverhältnisse nicht viel vollständiger entfaltet hätten. [...] Seine neue Perspektive gründete sich auf eine bedeutend reichhaltigere, die Strukturen mehr ins Zentrum rückende Analyse, die dann siebzehn Jahre später im *Kapital* ihren Höhepunkt erreichen sollte.« (1976, 112)

Der Unterschied zu den Ausführungen im *Manifest* – wohl am klarsten ersichtlich in der Analyse, die Marx im *Achtzehnten Brumaire* bietet – liegt nicht darin, dass nunmehr die »Politik« auf Kosten der »objektiven Bedingungen«, die durch den Entwicklungsstand der Produktivkräfte und der

Produktionsverhältnisse im Kapitalismus bestimmt sind, hervorgehoben wird. Das Gegenteil ist der Fall. Die objektiven Determinationen und die Schranken dafür, welche Lösungen auf politischer Ebene »möglich« sind und welche nicht, werden in den späteren Arbeiten weitaus *rigoroser* formuliert, zusammenhängender erfasst und systematischer zur Geltung gebracht als in den früheren Texten. Die Herausarbeitung des »praktischen Begriffs« des Politischen, für die der *Achtzehnte Brumaire* zu Recht berühmt ist, wird durchgehend strukturiert von der Bedeutung, die Marx der »Determiniertheit« der politischen Entscheidungen durch die objektiven Bedingungen gibt. An dieser Stelle bricht Marx mit der Annahme, die beiden Ebenen würden einander genau entsprechen, so dass die Formen und Inhalte der einen vollständig im Rahmen der Bedingungen und Schranken der anderen gegeben seien. Indem Marx die Formen, die der Klassenkampf bei (wie Gramsci es nannte) »seinem Übergang auf die Ebene des komplexen Überbaus« annimmt, im Einzelnen und auf provozierende Weise verfolgte, gebrauchte er zum ersten Mal jene Begriffe, die uns allein dazu befähigen, die *Spezifik des Politischen* zu »denken«.

In knappen Worten: Die Krise von 1851 wird, in ihrer Gesamttendenz und ihrem Verlauf, grundlegend und entscheidend durch die objektive Entwicklung des französischen Kapitalismus überdeterminiert. Dieser setzt den äußeren Rahmen, innerhalb dessen die Formen des Politischen entstehen und auftreten. Die französische Gesellschaftsformation befindet sich noch in einem relativ frühen Stadium der kapitalistischen Entwicklung. Das Proletariat steht mit seinen Parolen und Forderungen bereits »auf der Bühne«, aber es kann noch keine entscheidende, vor allem keine autonome Rolle spielen. Die Bourgeoisie hat sich bereits voll herausgebildet und ist in ihren Hauptfraktionen auf der politischen Bühne vertreten, wobei jede Fraktion bald die eine, bald die andere Partei oder Gruppierung gegeneinander ausspielt, bald die eine, bald die andere mögliche Lösung ausprobiert. Sie hat ihre *historische* Rolle jedoch noch lange nicht erfüllt; vor allem hat sie bis jetzt noch keineswegs jene Klassen, die aus früheren Produktionsweisen hervorgegangen sind, in ihren hegemonialen Bann »geschlagen«. Von daher ist die Bourgeoisie noch nicht in der Lage, von sich aus und auf eigene Faust von der französischen Gesellschaft Besitz zu ergreifen und deren kulturelle und politische Strukturen den Bedürfnissen der sich entwickelnden kapitalistischen Produktionsweise »anzupassen«. So stolpert die Republik von einer instabilen Koalition zur anderen; sie durchläuft das gesamte Repertoire der republikanischen und demokratischen Formen: gesetzgebende Versammlung, parlamentarische Demokratie, bürgerlich-republikanische, republikanisch-sozialistische Demokratie. Jede »Form« ist der Versuch einer der Fraktionen der Bourgeoisie, ihre jeweilige politische Hegemonie – stets im Rahmen eines zeitweiligen *Bündnisses* – zu sichern. In dem Maße, wie sich die einzelnen Bündnisse erschöpfen oder besiegt werden, verringert sich die soziale Basis für eine mögliche Lösung – das Proletariat ist in jedem dieser Bündnisse entweder ein zweckdienlicher und untergeordneter Partner oder – als sich das Ende nähert – die isolierte Kraft. Und schließlich, nachdem sich alle möglichen Lösungen erschöpft haben, wirkt das labile Gleichgewicht der Kräfte auf der Bühne zugunsten von Napoleon Bonaparte, der »gerne als der patriarchale Wohltäter aller Klassen« auftreten möchte, aber nur weil er sie bereits *besiegt* hatte: »Frankreich braucht vor allem Ruhe.«

Wir müssen uns hier auf zwei Aspekte dieser Beweisführung beschränken: auf die Frage der Klassen und ihrer politischen »Erscheinungsformen« sowie auf das Problem der »Determination in letzter Instanz« der Formen und Ergebnisse des politischen Kampfes durch die ökonomische Produktionsweise.

Zunächst fällt auf: Obwohl die Strukturanalyse der Hauptklassen der kapitalistischen Produktionsweise durchgehend den *analytischen Rahmen* der gesamten Darstellung bildet – das und nichts anderes verleiht der gesamten, verwirrenden und dramatischen Erzählung ihren logischen Zusammenhang –, treten auf dieser Bühne keine »Klassen als solche« auf. Das Proletariat ist die Klasse, die am häufigsten als »Block« vorgeführt wird, aber selbst hier durchkreuzt die Bestimmung der spezifischen und problematischen Rolle des »Lumpenproletariats« die Tendenz, das Proletariat im Zusammenstoß der Positionen als eine einheitliche Kraft darzustellen. In Bezug auf das Kapital unterscheidet Marx stets dessen vorherrschende *Fraktionen*: »das große Grundeigentum«, »die große Industrie«, »der große Handel« (MEW 8, 138f.), die »zwei großen Interessen« des Kapitals (ebd.), »Finanzaristokratie«, »industrielle Bourgeoisie« (121) etc. Das Kleinbürgertum – »eine Übergangsklasse, worin die Interessen zweier Klassen sich zugleich abstumpfen« (144) – wird de facto zum Dreh- und Angelpunkt. Und wenn Marx schließlich zur Kennzeichnung der Klassenposition Napoleons kommt, verweist er auf die Präsenz einer Klasse, die eigentlich eine niedergehende historische Kraft war, und schält ihre Hauptfraktion heraus: die »kleinen Parzellbauern«.

Zweitens muss erwähnt werden, dass keine dieser Fraktionen auf der politischen Bühne jemals isoliert agiert. Der Schlüsselbegriff, der die verschiedenen Klassenfraktionen mit den politischen und konstitutionellen Formen verbindet, ist das Bündnis oder, genauer gesagt, das wechselnde und sich ständig neu zusammensetzende Bündnis oder der Klassenblock. Die erste verfassungsmäßige Form der »Krise« ist die der *bürgerlichen Republik*. Sie wurde durch den Juni-Aufstand des Pariser Proletariats hervorgerufen, das aber, obwohl es die Hauptlast des Kampfes trug, in dem politischen Bündnis nur eine *untergeordnete* Rolle spielte. Eine Zeitlang sind die *führenden Fraktionen* des Bündnisses die Finanzaristokratie und die industrielle Bourgeoisie mit Unterstützung des Kleinbürgertums.

Auf der politischen Bühne stehen noch andere entscheidende Kräfte, die klassenmäßig nicht eindeutig einzuordnen sind: die Armee, die Presse, Intellektuelle, die Priester, die ländliche Bevölkerung. Gelegentlich deutet Marx den Klasseninhalt dieser unterstützenden Schichten und Cliquen an: So nennt er zum Beispiel die Mobilgarde das »organisierte Lumpenproletariat« (121). Hier taucht das Pariser Proletariat zum letzten Mal als ein bestimmender Faktor auf; danach wird die Sache »hinter dem Rücken der Gesellschaft« geregelt. Das Proletariat befindet sich jedoch bereits in einem Bündnis, dessen führende Fraktion aus einer anderen Klasse herkommt. Die Republik offenbart somit nur »die uneingeschränkte Despotie einer Klasse über andre Klassen« (122). Dennoch hat diese instabile politische Form eine strukturelle und historische Funktion: Sie ist die klassische »politische Umwälzungsform der bürgerlichen Gesellschaft« (ebd.). Ihre »Geschichte« ist zu diesem Zeitpunkt die »Geschichte der Herrschaft und der Auflösung der republikanischen Bourgeoisfraktion« (124). In Opposition zu ihr steht die »Partei der Ordnung«, die sich hinter den alten Parolen von Eigentum, Familie, Religion und Ordnung sammelt. In dieser Situation tritt dieses Bündnis in seiner zweifachen royalistischen Verkleidung auf – als legitimistische Bourbonen und als Orleanisten. Indes hat auch dieser labile Block seine Klassenzusammensetzung: Hinter den »verschiedenen Schattierungen des Royalismus« vereinigen sich die »großen Grundeigentümer« mit ihren Cliquen und Truppen (Pfaffen und Lakaien), »die hohe Finanz, die große Industrie, der große Handel, d. h. das *Kapital* mit seinem Gefolge von Advokaten, Professoren und Schönrednern« (138f.). Auch hier versteckt sich der Kampf um die Vorherrschaft hinter der notwendigen Einheit angesichts der »Partei der Anarchie«. Was sie grundsätzlich spaltet – und sie dazu trieb, »jedes seine eigne Suprematie und die Unterordnung des anderen zu restaurieren« (139) –, waren *nicht nur* ihre materiellen Existenzbedingungen (»zwei verschiedene Formen des Eigentums«), sondern auch die ideologischen Traditionen, durch die sie jeweils geformt worden waren. Das ist eine von vielen Stellen, an denen Marx die spezifische Wirkung der jeweiligen *ideologischen* Dimension des Klassenkampfes auf das Politische zeigt, wobei er allerdings noch eine weitere komplexe Ebene hinzugefügt hat: »Auf den verschiedenen Formen des Eigentums, auf den sozialen Existenzbedingungen erhebt sich ein ganzer Überbau verschiedener und eigentümlich gestalteter Empfindungen, Illusionen, Denkweisen und Lebensanschauungen.« (139) Man muss ferner klar »die Phrasen und Einbildungen der Parteien von ihrem wirklichen Organismus und ihren wirklichen Interessen, ihre Vorstellung von ihrer Realität unterscheiden« (ebd.). Was diese Fraktionen von sich selbst in der Situation des Mai »dachten«, lässt sich zwar in letzter Instanz auf ihre materielle Existenzgrundlage zurückführen, hatte aber reale und eigenständige Auswirkungen – wie der *Achtzehnte Brumaire* auf dramatische Weise vorführt. Marx führt für jedes »Moment« der Situation im *Brumaire* die gleiche Analyse durch: die Bildung komplexer Koalitionen, die auf Klassenfraktionen beruhen, ihre inneren Widersprüche, die »Notwendigkeit« der politischen Positionen, zeitweiligen Programme und ideologischen Formen, in denen jene »Interessen« auftreten.

Der dritte Punkt bezieht sich auf die Frage, wie diese politischen Fraktionen und Schichten im Verlauf des Kampfes sich *politisch* darstellen. Die beiden Hauptfraktionen der Großbourgeoisie erscheinen auf der politischen Bühne in ihren jeweiligen royalistischen Gewändern, aber das »Stück«, das dieses Bündnis objektiv aufführt, ist nicht die Restauration ihrer jeweiligen Herrschaftshäuser. Ihre Vereinigung zur »Partei der Ordnung« und ihre Repräsentation durch diese Partei wirft die Frage nach der Herrschaft der Klasse »als solcher« auf und nicht die nach der Vorherrschaft einer Fraktion über die andere. Objektiv gesehen macht gerade diese zeitweilige und unheilige Allianz sie zu »Repräsentanten der bürgerlichen Weltordnung«. Marx kehrt immer wieder zu dieser zentralen Frage des »Klasseninhaltes« und seiner *politischen Repräsentationsweise* zurück. Es geht nicht einfach darum, dass die Repräsentation von Klasseninteressen durch politische Bündnisse und »Parteien« niemals eine geradlinige Sache ist. Das politische Interesse einer Klassenfraktion kann auch durch die Rolle, die eine andere Fraktion auf der politischen und ideologischen Bühne spielt, vertreten werden. Marx' Darstellung der Koalition zwischen Proletariat und Kleinbürgertum in der »sogenannten sozial-demokratischen Partei« (141) bietet dafür ein hervorragendes Beispiel. Diese »Partei« handelt zunächst unmittelbar im Interesse derjenigen, die *durch* die erzwungene Umgruppierung der bürgerlichen Truppen zu kurz gekommen waren. Ihre innere Struktur ist widersprüchlich: Indem es sich einordnet, wird dem Proletariat »die revolutionäre Spitze« gebrochen und seine sozialen Forderungen erfahren »eine demokratische Wendung«. Die »Sozial-Demokratie« hat auch einen objektiven *politischen* Inhalt, der nicht darin besteht, »Kapital und Lohnarbeit [...] aufzuheben, sondern [...] ihren Gegensatz abzuschwächen und in Harmonie zu verwandeln« (141). Eine »demokratische« Reform im Rahmen der bürgerlichen Gesellschaft.

In diesem Zusammenhang warnt Marx uns vor einer allzu *reduktiven* Auffassung der politischen Repräsentation. Diese zeitweilige »Lösung« ist nicht deshalb kleinbürgerlich, weil sie die engen Interessen dieser Übergangsklasse vertritt. Ihre »Repräsentanten« lassen sich analytisch nicht fassen, wenn man sie auf ihre Klassenzugehörigkeit reduziert – sie sind nicht alle »Krämer«. Dieses Bündnis hat deshalb einen »kleinbürgerlichen« Charakter, weil, zumindest übergangsweise, die *allgemeine* Lösung der Krise, die sie anstrebt und verkörpert, mit den objektiven Schranken der *besonderen* materiellen Interessen und der *besonderen* sozialen Lage des Kleinbürgertums als Klasse korrespondiert. Die politischen Repräsentanten, wer immer sie sind und was immer ihre eigene besondere materielle Bestimmung ist, nehmen in jenem Moment die politische *Position* des Kleinbürgertums ein; sie spielen eine kleinbürgerliche politische Rolle und tragen kleinbürgerliche politische Lösungen vor. Von verschiedenen Ausgangspunkten aus findet im Rahmen objektiver Schranken ein Zusammentreffen statt, das – so Marx – die Grundlage für die Entzifferung des »Verhältnisses der politischen und literarischen Vertreter einer Klasse zu der Klasse, die sie vertreten«, bildet (142). Obwohl also die sozialen und materiellen Schranken sowie der objektive Klasseninhalt die Bedingungen und den Horizont bestimmen, innerhalb dessen in einer bestimmten Situation eine »kleinbürgerliche Lösung« entstehen kann, so hängt doch alles von den Mitteln und Bedingungen ab, die es einer solchen Lösung erst erlauben, in den Vordergrund zu treten und im Krisentheater *als politische* Kraft konkrete Gestalt anzunehmen.

Dieser Begriff der *Repräsentation* – die Analyse der Repräsentation objektiver Klasseninhalte einander entgegengesetzter Kräfte und der Mittel und Bedingungen des politischen Kampfes, eines Kampfes mit eigenen Erscheinungsformen und eigener, spezifischer Wirksamkeit – erlaubte es Marx, eine verblüffende Antwort auf die zentrale Frage des *Achtzehnten Brumaire* zu geben. Wen repräsentiert Napoleon, wer wird von dieser außergewöhnlichen Form, den Kampf zu beenden (mittels Staatsstreich) repräsentiert? Wir wissen, zu welcher Erklärung sich Marx entschloss: Napoleon »vertritt« den Parzellenbauern – den konservativen, nicht den revolutionären Bauern, den Bauern, der nicht über den Status quo hinausgehen, sondern ihn befestigen will. Wir können hier die Art, wie diese »Lösung« konstruiert wird, nur grob umreißen (vgl. 198ff.). Sie umfasst, erstens, eine Untersuchung der spezifischen bäuerlichen Produktionsweise, die auf der kleinen Parzelle gründet, und der Form des gesellschaftlichen Lebens, das aus ihr hervorgeht: die Isolierung voneinander, die erzwungene Selbstgenügsamkeit, die Struktur der Dorfgemeinschaft, die fehlende Entwicklungsvielfalt, die Armut der gesellschaftlichen Beziehungen. Marx verfolgt die entscheidende Transformation der ökonomischen Rolle der Bauernschaft – vom halbhörigen Bauern zum freien Grundeigentümer – unter der Regentschaft Napoleons I. und ihre unmittelbaren Folgen: die Zersplitterung des bäuerlichen Eigentums, den Durchbruch von freier Konkurrenz und Marktwirtschaft, die Rolle von Wucherern, Hypothek und Schulden in diesem zurückgebliebenen, traditionellen Sektor. Marx zeigt hier detailliert die verheerenden Auswirkungen der durch den kapitalistischen Einbruch auf dem Land hervorgebrachten Desorganisierung der bäuerlichen Gesellschaft. Dieser Vorgang bereitete den Boden für den zunehmenden Antagonismus zwischen Bauernschaft und Bourgeoisie – ein Antagonismus, der Napoleon zu seiner »Unabhängigkeit« verhalf. Die Parzellenbauern werden nicht nur in ein Meer von Schulden gestürzt, die versteckte Steuerlast verbindet ihre Verelendung schicksalhaft mit den erstarkten Armen der Regierung und dem staatlichen Exekutivapparat.

Im Weiteren stellt Marx auf meisterhafte Weise dar, wie die *ideologischen* Anschauungen der Bauernschaft in der Ideologie von Louis Napoleon – in den »idées napoléoniennes« – weniger eine Entsprechung als einen *ergänzenden* Widerhall finden. Ihrem objektiven Gehalt nach sind die »idées napoléoniennes« nichts als »Ideen der unentwickelten, jugendfrischen Parzelle« (203). Es gibt zwischen ihnen eine »Homologie der Formen«. Bedeutet dies nun, dass Napoleons Lösung letztendlich nicht der sich entwickelnden bürgerlichen Produktionsweise in Frankreich entspricht, kein Rettungsanker der Bourgeoisie ist? Tatsache ist, so Marx, dass Napoleon nicht mehr einen bestimmten Teil der Bourgeoisie vertreten kann, denn er ist nur durch die sukzessive Niederlage oder den sukzessiven Rücktritt der einzelnen Hauptfraktionen der Bourgeoisie an die Macht gekommen. Diese fortschreitende Liquidierung bietet lediglich eine unsichere und widersprüchliche Grundlage für einen Staatsstreich. Das führt Napoleon dazu, seine politischen Ansprüche am Ende auf die Klasse der Parzellenbauern zu stützen, die »sich nicht vertreten [können], sie müssen vertreten werden. Ihr Vertreter muss zugleich als ihr Herr, als eine Autorität über ihnen erscheinen, als eine unumschränkte Regierungsgewalt, die sie vor den anderen Klassen beschützt und ihnen von oben Regen und Sonnenschein schickt« (198f.). An genau dieser Stelle aber – an der eine ganze Klassenfraktion politisch nur durch die politische Ausnahmeform einer Ein-Mann-Diktatur in Erscheinung tritt – vollzieht Marx eine letzte ironische Wendung. Denn durch Napoleon gerät die Parzellenbauernschaft in direkte Abhängigkeit von der Exekutivgewalt – vom *Staat*.

Durch diesen Reifeprozess der Staatsmacht, die Schaffung einer aufgeblähten aber »unabhängigen« Staatsmaschinerie, die durch das napoleonische Regime perfektioniert wird, und gestützt auf die widersprüchliche Basis seiner »Unabhängigkeit« kann Napoleon schließlich nicht dieser oder jener Fraktion der Bourgeoisie, sondern der Entwicklung der kapitalistischen Verhältnisse in Frankreich überhaupt dienen.

> »Aber das materielle Interesse der französischen Bourgeoisie ist gerade auf das innigste mit der Erhaltung jener breiten und vielverzweigten Staatsmaschinerie verwoben. Hier bringt sie ihre überschüssige Bevölkerung unter und ergänzt in der Form von Staatsgehältern, was sie nicht in der Form von Profiten, Zinsen, Renten und Honoraren einstecken kann. Anderseits zwang ihr *politisches* Interesse sie, die Repression, also die Mittel und das Personal der Staatsgewalt, täglich zu vermehren [...]. So war die französische Bourgeoisie durch ihre Klassenstellung gezwungen, einerseits die Lebensbedingungen einer jeden, also auch ihrer eignen parlamentarischen Gewalt zu vernichten, anderseits die ihr feindliche Exekutivgewalt unwiderstehlich zu machen.« (150f.)

Das ist langfristig ihre »Leistung«, und sie wird durch die »Krise« von 1851, durch Umschwünge und Umwege, durch Fortschritte und Rückschritte hindurch zur Reife gebracht und vollendet, zugunsten der sich entfaltenden kapitalistischen Kräfte der französischen Gesellschaft. Das ist die objektive Leistung der Revolution, die sie »auf der Reise durch das Fegefeuer« vollbringt (196).

Der politische Klassenkampf hat also seine eigene Wirksamkeit, seine eigenen Formen und Existenzbedingungen, sein eigenes Moment, sein Tempo und seine Richtung, seine eigenen inneren Widersprüche, seine »eigentümlichen« Ergebnisse und Resultate. Auch wenn alles in letzter Instanz durch den Entwicklungsstand der materiellen und gesellschaftlichen Verhältnisse bestimmt ist, durch die sich die vorherrschende Produktionsweise reproduziert (wie auch die untergeordneten oder überlebenden Produktionsweisen, die in jeder konkreten Gesellschaft mit der in ihr vorherrschenden Produktionsweise verbunden existieren), können nur sehr wenige der tatsächlichen Verschiebungen in den politischen Beziehungen der Klassenkräfte dadurch entziffert werden, dass man sie auf die abstrakten Bedingungen des »Hauptwiderspruchs« reduziert. Das Politische *ist* mit der Ebene des Ökonomischen verknüpft; und beide sind – um die Unterscheidung ganz klar zu machen – durch die mit der »Produktionsweise« verbundenen Kräfte und Verhältnisse überdeterminiert (grundlegend durch sie konstituiert und in den möglichen Varianten und Ergebnissen durch sie begrenzt).

Sie als etwas Unverbundenes zu betrachten, als etwas, was in keiner Weise miteinander »korrespondiert«, hieße, das oberste Prinzip des historischen Materialismus aufzugeben: das Prinzip der Gesellschaftsformation als »komplexe Einheit«, als »Ensemble der Verhältnisse«. Zu dieser Artikulation aber kommt es nur über eine Reihe von Verschiebungen und Desartikulationen. Zwischen die Klassen, die in den ökonomischen Produktionsverhältnissen konstituiert werden – sei es in ihrer »reinen« Form (da, wo die Produktionsweise als ein analytischer Rahmen fungiert) oder ihrer konkret-historischen Form (wo sie in komplexen Formen auftreten, verbunden mit den Formationen früherer Produktionsweisen) –, tritt eine Reihe von Formen, Prozessen, Bedingungen und Voraussetzungen (die mit einem spezifischen Satz von nicht reduktiven Begriffen fassbar werden), die die Ebene des Politischen in einer Gesellschaftsformation »ausfüllen«. Die Repräsentation des »Ökonomischen« auf der Ebene des »Politischen« läuft über diese Formen und Prozesse. Ohne diesen Prozess, diesen komplexen Zusammenhang von Praxen des politischen Klassenkampfes gäbe es überhaupt keine »politische« Ebene. Und sobald der Klassenkampf auf der Bühne des politischen Klassenkampfes dem Prozess der »Repräsentation« unterworfen ist, verewigt sich diese Verbindung: Sie gehorcht nicht nur den auf sie wirkenden Determinationen, sondern auch einer eigenen, inneren Dynamik; sie hält sich an ihre eigenen, spezifischen Existenzbedingungen. Sie wird unumkehrbar. Diese Transformation ist es, die die notwendige Ebene des Politischen produziert und stützt. In dem Moment, in dem die Klassenkräfte als politische Klassenkräfte auftreten, haben sie politische Konsequenzen; sie bringen »Lösungen« hervor – Resultate, Ergebnisse, Konsequenzen –, die nicht in die Ausgangsbedingungen *rückübersetzt* werden können.

Natürlich gewinnt der politische Klassenkampf seine einzelnen Elemente aus dem »Rohmaterial« der gesellschaftlichen Produktionsverhältnisse – auf der Ebene der Produktionsweise. Und die politischen Resultate und Folgerungen, die auf der Ebene des Politischen »gewonnen« oder gesichert werden, dienen nicht nur dazu, »das Politische« als eine dauerhafte Praxis in jeder Gesellschaftsformation zu verankern – eine Praxis, die *niemals* mehr ein »leerer Ort« sein kann –, sondern sie wirken sich auch auf die Weiterentwicklung der Kräfte und Verhältnisse der materiellen Existenzbedingungen selbst aus. Das heißt, sie wirken auf das zurück, was sie konstituiert: sie haben ihre eigenen Wirkungen. Die spezifische politische Form, in der der »Kompromiss« mit dem Staatsstreich 1851 geschlossen wurde, ist sowohl für das Tempo als auch für den Charakter der kapitalistischen Entwicklung in Frankreich wichtig. Sie beeinflusst sowohl das politische als auch das ökonomische Leben der französischen Gesellschaft. Diese »Rückwirkung« der politisch-ideologischen Überbauten auf die »Basis« bewegt sich nicht in einem »luftleeren Raum«. Aber ihre genaue Richtung und Tendenz ist nicht ausschließlich durch die Kräfte und Verhältnisse an der Basis, sondern *auch* durch die Kräfte und Verhältnisse des politischen und ideologischen Kampfes vorgegeben und durch alles, was an ihnen spezifisch – relativ autonom – ist. Die Auswirkungen des Überbaus können auf die Entwicklung der Basis entweder fördernd oder behindernd »zurückwirken«. So schrieb Althusser, »dass der ›überdeterminierte Widerspruch‹ überdeterminiert sein mag entweder im Sinn einer historischen Hemmung, einer echten Sperrung [...] oder im Sinn eines revolutionären Bruchs, dass er sich aber unter diesen Bedingungen nie im ›reinen‹ Zustand darbietet« (1968, 72f.). In seinem berühmten Brief an Conrad Schmidt sprach Engels genau diese Frage an und erklärte: »Die Rückwirkung der Staatsmacht auf die ökonomische Entwicklung kann dreierlei Art sein: Sie kann in derselben Richtung vorgehen, dann geht's rascher. Sie kann dagegen angehn, [...] oder sie kann der ökonomischen Entwicklung bestimmte Richtungen abschneiden und andre vorschreiben [...]« (MEW 37, 490f.) »Die Charakteristik der beiden Grenzsituationen«, so Althusser, »ist hier gut aufgezeigt« (1968, 73, Fn. 32). (Man beachte, dass dieser Begriff von »Determinierung« sich von der weiter ausgebauten, aber »formaleren« Konzeption einer Determination durch »strukturale Kausalität« unterscheidet, die Althusser und Balibar in *Das Kapital lesen* übernommen haben. Diese formalistischere Fassung war eine der Hauptquellen der »theorizistischen Abweichung« Balibars.)

In der Einleitung zu den *Grundrissen* schreibt Marx, dass, sobald wir das Verhältnis zwischen den verschiedenen »Momenten« eines Prozesses nicht mehr als ein *identisches* denken, wir notwendig von *Gliederung* sprechen müssen (Grundrisse, 29). Als Gliederung wird ein Beziehungstyp bezeichnet, in dem zwei Prozesse, die ihre jeweilige Spezifik behalten und ihren eigenen Existenzbedingungen gehorchen, sich zu einem »komplexen Ganzen« verschlingen. Dieses Ganze ist daher das Ergebnis »vieler Bestimmungen«, wobei die Existenzbedingungen des einen nicht genau mit denen des anderen zusammenfallen (Politik nicht mit Ökonomie, Zirkulation nicht mit Produktion), *auch wenn* Ersteres der »bestimmte Effekt« des Letzteren ist; denn Politik und Zirkulation haben auch ihre eigenen inneren »Bestimmungen«.

Die Begriffe, die Marx im *Achtzehnten Brumaire* zum ersten Mal herausarbeitet und einsetzt – Bündnis, Block, konstitutionelle Formen, Regime, politische Repräsentanten, politische Ideologien oder »Ideen«, Fraktionen,

Gruppierungen etc. –, sind Begriffe, mit deren Hilfe wir die Komplexität dieser doppelten Determination »denken« können. Da diese politischen Formen und Verhältnisse ihrerseits durch die antagonistischen Klassenverhältnisse der kapitalistischen Produktionsweise, in der sie auftreten, konstituiert werden, sind sie selbst die konkreten Objekte der Praxen des Klassenkampfes – des Klassenkampfes auf der »politischen Bühne«. Der *repräsentative* Aspekt dieses Verhältnisses wird durch den Ausdruck »Bühne« und die durchgängige Dramaturgie der Darstellung im *Achtzehnten Brumaire* noch unterstrichen. Diese Ebene ist in jeder entwickelten Gesellschaftsformation präsent, sie wird stets auf die eine oder andere Weise »ausgefüllt«. Sie erfüllt für die Gesellschaftsformation als Ganzes eine »Funktion«, indem hier die Formen und Verhältnisse des Politischen auftauchen, in denen die verschiedenen Kapitalfraktionen und ihre jeweiligen politischen Verbündeten kämpfen können – sowohl gegeneinander als auch gegen die unterdrückten Klassen. Vermittels dieser Formen beherrschen sie den Klassenkampf und bringen die Kulturgesellschaft, Politik, Ideologie und den Staat mit den breiten »Grundbedürfnissen« der sich entfaltenden Produktionsweise in Einklang. Aber diese »Bedürfnisse« erscheinen nie in »Reinform«. Am Beispiel Großbritannien konnte Marx sogar sehen, dass die Hauptklassen des Kapitals nie in ihrer ganzen Pracht und vereint auftreten, um selbst und in ihrem eigenen Namen »für das Kapital« »die Aufsicht über die Gesellschaftsformation« zu übernehmen. Die Unterscheidung zwischen der »ökonomisch herrschenden Klasse« und der »politisch führenden oder regierenden Kaste« in den Schriften von Marx und Engels über Großbritannien wiederholt in knapper Form die Unterscheidungen, die im *Achtzehnten Brumaire* ausführlich dargestellt wurden; sie liefern den Schlüssel zur Entzifferung des Klassenkampfes in Großbritannien: »Die regierende Kaste […] ist unter keinen Umständen mit der herrschenden Klasse identisch« (»Parties and Cliques«, in: Survey From Exile, 279). Die politische Ebene bietet daher auch den notwendigen Repräsentationsraum, in dem die Verhandlungen stattfinden, die Koalitionen und »labilen Gleichgewichte« gebildet und aufgelöst werden, die den »Kapitalgesetzen« ihre einschlägigen Auswirkungen ermöglichen. Folglich kann die Arbeiterklasse auch in diesem »Raum« – aber auch dessen spezifische Formen und Beziehungen nutzend – mit ihren politischen Kräften und Repräsentanten darum kämpfen, die Kapitalmacht zu kontrollieren, um so in einer günstigen politischen Situation die *ökonomische* Struktur der Gesellschaft zu transformieren. Dabei wird sie genau den Punkt zum Gegenstand ihres Kampfes machen, in dem sich die Struktur *verdichtet* – in der Form des bürgerlichen Staates, das heißt in der *politischen* Macht. Wir dürfen uns also »den Klassenkampf« nicht so vorstellen, als seien die Klassen auf der Ebene des Ökonomischen zunächst als einfache und homogene Einheiten konstituiert und erst auf der Ebene des Politischen gespalten. Die politische Ebene ist »abhängig« – determiniert –, denn ihr »Rohmaterial« stammt aus der Produktionsweise *als ganzer*. In einem Prozess der »Repräsentation« muss etwas zu repräsentieren sein. Aber die Konstituierung der Klassen ist ein *komplexer* Vorgang, der auf allen Ebenen der Gesellschaftsformation stattfindet – auf der ökonomischen, der politischen, der ideologischen. In der spezifischen Situation einer konkreten historischen Formation den »Stand« des Kräfteverhältnisses zwischen den Klassen zu erfassen, *bedeutet,* die notwendige Komplexität und die notwendigen Verschiebungen in dieser »Einheit« zu erfassen. Nur in der einzigartigen Ausnahmesituation eines revolutionären Bruchs werden die Instanzen auf diesen verschiedenen Ebenen einander entsprechen. Man kann also die »Einheit« des so konstituierten Klassenkampfes nur dann erfassen, wenn man die Klassenfrage *in ihrer widersprüchlichen Form* begreift.

IV

Zwanzig Jahre liegen zwischen dem *Achtzehnten Brumaire* und dem *Bürgerkrieg in Frankreich,* wo Marx einige der damals entwickelten Begriffe ausbaut. Die begrifflichen Weiterentwicklungen in diesem Text stehen in direktem Zusammenhang mit einer revolutionären politischen Konstellation, die einer ernsthaften Analyse bedurfte (die Pariser Kommune), wie auch unter dem starken Einfluss der erneuten politischen Arbeit von Marx und Engels im Rahmen der Internationalen (einschließlich des Kampfes gegen Bakunin und die Anarchisten). An dieser Stelle können nur drei wichtige Punkte aus dem politischen Schrifttum angeführt werden, die innerhalb der marxistischen Bewegung viel zu wenig bedacht und studiert werden.

Der erste Punkt betrifft die absolute Notwendigkeit für die Arbeiterklasse, sich als »Partei« zu konstituieren, deren Ziel »die Eroberung der politischen Macht« ist, deren Zweck das Zerbrechen des bürgerlichen Staates und der Staatsmacht ist: dieses »nationale[n] Kriegswerkzeug[s] des Kapitals gegen die Arbeit«, dieser »öffentliche[n] Gewalt zur Unterdrückung der Arbeiterklasse«, dieser »Maschine der Klassenherrschaft« (MEW 17, 336f.). Diese »Lektion« wurde nachdrücklich im Vorwort zur deutschen Ausgabe des *Manifests* von 1872 festgehalten: »Namentlich hat die Kommune den Beweis geliefert, dass die Arbeiterklasse nicht die fertige Staatsmaschine einfach in Besitz nehmen und sie für ihre eignen Zwecke in Bewegung setzen kann.« (MEW 4, 574) Die detaillierte Analyse der Kommune ist nicht nur Marx' ausführlichste Schrift über die Formen der politischen Macht des Proletariats, sie enthält auch das entscheidende Argument für das, was Marx in seiner *Kritik des Gothaer Programms* die »revolutionäre Diktatur des Proletariats« (MEW 19, 28) nennt, die einzige und notwendige Form, in der die Arbeiterklasse »lange Kämpfe und eine Reihe historischer Prozesse durchlaufen muss, in denen sie die Verhältnisse und die Menschen verändert« (MESW, 291, aus dem engl. Orig. übersetzt).

In diesem Kontext kehrt Marx zu der bereits im *Achtzehnten Brumaire* aufgeworfenen Frage zurück, welche Klassenkräfte durch die Gestalt und

Formation des napoleonischen Staates repräsentiert wurden und in welcher Beziehung die napoleonische »Lösung« zur ökonomischen Entwicklung des Kapitalismus in Frankreich stand. Im *Bürgerkrieg in Frankreich* arbeitet Marx ausführlich die zunehmende Verselbständigung der »zentralisierten Staatsmacht« heraus (MEW 17, 336f.); er fasst die konstitutionellen Formen der 1851er Krise zusammen, in denen diese Staatsmacht heranreifte und sich entwickelte – das »objektive Werk« der Revolution und das politische Werk der Herrschaft über die unterentwickelten Fraktionen, die es Napoleon ermöglichten, das Werk zu vollenden.

Hier findet sich die Grundlage für jene Theorie, die den Staat als »Klassenstaat« fasst, als *politische Verdichtung*; eine Theorie, der Lenin später zu einem so hohen Stellenwert verhelfen sollte (durch seinen Kommentar in *Staat und Revolution* zu den fragmentarischen Einsichten von Marx und Engels). Auf eine der Konsequenzen, die diese neue Theorie für unser Verständnis vom Verhältnis zwischen dem politischen und dem ökonomischen Aspekt des Klassenkampfes hat, werde ich sogleich eingehen.

Zunächst aber kehrt Marx zur Frage der »Repräsentation« zurück. Napoleon, so schreibt er, »gab vor, sich auf die Bauern zu stützen, auf jene große Masse der Produzenten, die nicht unmittelbar in den Kampf zwischen Kapital und Arbeit verwickelt waren« (MEW 17, 337). Dieses Klasseninteresse, das scheinbar außerhalb des unmittelbaren Schauspiels der Hauptklassen stand, diente dazu, das vermeintliche Kampfgeschehen zu bestätigen – es sicherte seinem Staatsstreich den Schein der Autonomie. Damit war es ihm möglich, seine politische Intervention als Verwirklichung des »Allgemeininteresses« auszugeben – eine klassische ideologische Funktion des Staates –, als »Repräsentation« aller Klassen (weil sie keine einzelne vertrat), »der Nation«. Napoleons Intervention »gab [...] vor, alle Klassen zu vereinigen durch die Wiederbelebung des Trugbildes des nationalen Ruhms« (ebd., 338).

Marx weist dann darauf hin, auf welche Weise und warum diese politische Lösungsform mit dem direkten Kräfteverhältnis im Zentrum des Kampfes verknüpft war: auf *indirekte* Weise, als eine Repräsentation, *als ihre eigene Zurückstellung.* »In Wirklichkeit war es die einzig *mögliche Regierungsform zu einer Zeit, wo die Bourgeoisie* die Fähigkeit, die Nation zu beherrschen, schon verloren und wo die Arbeiterklasse diese Fähigkeit noch nicht erworben hatte.« (Ebd.) Die »Zurückstellung« einer politischen Lösung, die auf dem politischen Feld als einstweilige, aber verschobene »Herrschaft« einer *abwesenden* Klasse auftritt (einer Klasse, die nicht in ihrem eigenen Namen auftreten konnte), war eine *Form,* die dem unterentwickelten Stand der Klassenverhältnisse in der kapitalistischen Produktion Frankreichs entsprach (aber keineswegs »unmittelbar«). Denn dieses »labile Gleichgewicht« war die Bedingung dafür, dass der Staat »scheinbar hoch über der Gesellschaft schweben« (338) konnte – als Verkörperung, aber zugleich auch *Maskierung* des Klassenkampfes. Und in genau dieser Form – der Form eines »nationalen Kriegswerkzeugs des Kapitals gegen die Arbeit« (337) – entwickelte sich der Kapitalismus in Frankreich, natürlich mit all seinen widersprüchlichen Auswirkungen. Diese Auswirkungen zeigen sich noch heute in der eigentümlichen Form des »Etatismus«, in der sich die kapitalistische Entwicklung in der französischen Gesellschaftsformation manifestiert hat. Deutlicher lassen sich die mächtigen Auswirkungen des Politischen *auf das* Ökonomische kaum zeigen. Und ebenso deutlich zeigt sich, dass das Politische und das Ökonomische *miteinander verkoppelt* sind, aber nicht im Sinne einer *identischen* Beziehung.

In diesem Zusammenhang sollten wir erwähnen, dass Marx zu einer Stelle im *Manifest* zurückkehrt, die wir oben angeführt haben, und einen Punkt klarstellt, der – im Licht des *Achtzehnten Brumaire* – zugleich eine notwendige Korrektur ist. In seiner *Kritik des Gothaer Programms* geht Marx auf Lassalles Fehlinterpretation ein, alle anderen Klassen bildeten gegenüber der Arbeiterklasse »nur eine reaktionäre Masse« (MEW 19, 22) (das heißt, die These von der »Vereinfachung der Klassen« im politischen Kampf). Er führt zur Klarstellung zwei Punkte an. Erstens wiederholt er, dass die Bourgeoisie aufgrund ihrer historischen Rolle »als Trägerin der großen Industrie« zu *der* revolutionären Klasse gegenüber den feudalen Klassen wurde. Auch das Proletariat erhält seine revolutionäre Stellung durch seine objektive Lage. Das aber heißt nicht, dass man alle anderen Klassen auf einen Haufen zusammenwerfen kann. Die Überreste der feudalen Klassen können objektiv reaktionär sein, aber »sie bilden […] nicht zusammen mit der Bourgeoisie nur eine reaktionäre Masse« (ebd., 23). Das heißt, kurz gesagt: Die politische Analyse *erfordert* eine Theorie der komplexen Formierung von Klassenfraktionen zu Klassenbündnissen. Diese Bündnisse – und nicht eine undefinierbare Verschmelzung ganzer Klassen – konstituieren das Terrain des politischen Klassenkampfes. – Marx und Engels betonen immer wieder – auf Grundlage der Thesen der Internationale – die Notwendigkeit »der politischen Bewegung« als Mittel zur »ökonomischen Emanzipation der Arbeiterklasse« (Rede auf der Feier zum siebten Jahrestag der Internationale, MEW 17, 432). Je mehr die Theorie des Staates und die der zentralen Bedeutung der Staatsmacht für die Expansion des Kapitalismus weiterentwickelt wurde, desto wichtiger wurde die Rolle des politischen Kampfes im Vorfeld der »Sozialen Revolution«. Fernbach hebt zu Recht hervor, dass Marx und Engels keine Theorie der korporativen Formen des politischen und ökonomischen Kampfes der Arbeiterklasse ausgearbeitet haben. Und er hat recht, wenn er ihr Fehlurteil über das Wesen der Arbeiterbewegung in Großbritannien dieser theoretischen Lücke zuschreibt (Fernbach 1973, 22–24). Man muss sich schon Lenins Polemik gegen Martynow und die »Ökonomisten« zuwenden, um eine adäquate Theoretisierung dieser Tendenz zu erhalten. Das gesamte Kapitel über »Trade-unionistische und sozialdemokratische Politik« in Lenins *Was tun?* sollte im Zusammenhang mit diesem Problem gelesen werden – denn die Verwirrung, der Lenin dort entgegentritt, ist heute eher noch gewachsen (LW 5, 409–455). Lenin demontiert überzeugend die Ansicht, dass der Kampf, der auf *der Ebene des Ökonomischen geführt wird*, das (wie Martynow erklärt hatte) »weitest anwendbare Mittel« sei, nur weil die Formen und Ergebnisse des Klassenkampfes in letzter Instanz durch die ökonomischen Grundlagen und Verhältnisse bestimmt werden. Lenin nennt diese Behauptung die »Quintessenz des Ökonomismus«; und diese Bestimmung führt ihn zur Analyse des korporativen Charakters eines Kampfes, der sich auf den Kampf »für günstige Bedingungen des Verkaufs der Arbeitskraft, für die Verbesserung der Arbeits- und Lebensbedingungen der Arbeit« beschränkt, was direkt ins Zentrum des sozialdemokratischen Reformismus und »Ökonomismus« führt – zu dem »gründlich gelehrten (und ›gründlich‹ opportunistischen) Ehepaar Webb« und zu den englischen Gewerkschaften (ebd., 471). Lenins Intervention (und die folgende Weiterentwicklung seiner Position im Rahmen seiner Imperialismustheorie) markiert weitaus klarer als die marxsche den *Schaden,* der – von Marx und von späteren Marxisten – dadurch angerichtet wurde, dass sie denselben Begriff – »das Ökonomische« – dazu benutzten, *zwei* völlig unterschiedliche Dinge zu bezeichnen: die Produktionsverhältnisse und Produktivkräfte der Produktionsweise *und* den Ort der Praxen und Kampfformen, deren spezifischer Gegenstand ökonomische Beziehungen sind (wie etwa Arbeitsbedingungen oder Lohn).

V

Zum Schluss will ich kurz skizzieren, wie wir diese Begriffe und ihre Auswirkungen auf die Konstituierung von Klassen und Klassenkampf fassen könnten. »Hauptbegriff« ist der Begriff der Produktionsweise. Die »Produktionsweise« ist zunächst die begriffliche und analytische Matrix, die es uns erlaubt, die Grundstrukturen der Verhältnisse zu denken, in denen die Menschen – unter bestimmten historischen, determinierenden Bedingungen – ihre materiellen Lebensbedingungen produzieren und reproduzieren. Sie besteht aus »Kräften« und »Verhältnissen« – was allerdings nur eine zusammenfassende Formulierung ist. Mit diesen scheinbar simplen Bestimmungen werden verschiedene Gruppen von Verhältnissen erfasst: Verhältnisse sowohl zwischen den Agenten der Produktion und ihren Werkzeugen als auch unter den Produktionsagenten selbst: die technische und gesellschaftliche Arbeitsteilung unter den sich entwickelnden kapitalistischen Bedingungen, wobei Marx dem »Gesellschaftlichen« gegenüber dem »Technischen« den Vorrang gibt. Aber die »gesellschaftlichen« Verhältnisse sind nicht einfach: Sie verweisen sowohl auf das Eigentum an den Produktionsmitteln, die Organisation des tatsächlichen Arbeitsprozesses und auf die Macht, Menschen und Produktionsmittel auf bestimmte Weise miteinander zu kombinieren.

Unsere Zusammenfassung des 13. Kapitels des *Kapital* über »Maschinerie und große Industrie« sollte ausreichend gezeigt haben, auf welche verschiedenen Gruppen von Verhältnissen, in verschiedener Kombination, die griffige Formel »Kräfte und Verhältnisse« hinweist. Hinzuzufügen wäre noch das »korrespondierende Verhältnis« zwischen Zirkulation und Austausch, das den Kreislauf zur Realisierung des Kapitals vervollständigt. Wenn wir sagen, der Begriff »Produktionsweise« sei zunächst eine analytische Matrix, dann meinen wir damit nur, dass Bedingungen und Verhältnisse, Orte und Umstände näher bestimmt sein müssen, wenn wir einen Vorgang als »Produktion unter kapitalistischen Verhältnissen« erkennen wollen. Er bezeichnet die zentralen Orte und Räume, auf die die Produktionsagenten und -mittel verteilt werden und wo sie miteinander kombiniert werden müssen, damit die kapitalistische Produktion voranschreiten kann. Er bezeichnet die ökonomische Struktur des Kapitalismus, als dem zentralen *Ort* des *Klassenverhältnisses*, weil hier jede Position antagonistische Beziehungen beinhaltet. Antagonismen, für die Marx in der Analyse im Kapital die »Personifikationen« von Kapitalist und Lohnarbeiter anführt. Die Klassenpositionen beinhalten keine Bestimmung »ganzer« Klassen als empirisch einheitlicher Gruppen von Männern und Frauen; sie verweisen vielmehr auf eine Funktion. Wie *jede* durchdachte Theorie über die Anatomie von Klassen in verschiedenen Phasen der kapitalistischen Entwicklung eindeutig zeigt, können Klassen in Bezug auf ihre Funktion zumindest einige ihrer Positionen verschieben, oder, anders ausgedrückt, sie können sozusagen »Funktionen« auf beiden Seiten des Klassenantagonismus ausüben.

Dieser Punkt spielt zum Beispiel bei der Bestimmung der neuen Mittelklassen eine große Rolle, die nicht alle, aber einige Funktionen sowohl des »weltweiten Kapitals« als auch »des Gesamtarbeiters« (um Carchedis Begriffe einmal zur Illustration zu benutzen, Carchedi 1975) ausüben. In der tatsächlichen, konkreten Funktionsweise einer spezifischen Produktionsweise in einer historisch konkreten Gesellschaft oder Gesellschaftsformation und in jeder spezifischen Phase ihrer Entwicklung ist also die Konstituierung von Klassen *bereits* auf dieser »ökonomischen« Ebene ein komplexer und in einigen, zum Teil entscheidenden Aspekten widersprüchlicher Vorgang. Die Vorstellung, wir könnten irgendwie durch die Verwendung des Begriffes der »Produktionsweise« empirisch konstituierte, »einheitliche Klassen« auf der Ebene des Ökonomischen zu Tage fördern, ist unhaltbar.

Es gibt noch zwei weitere Gründe, warum das so sein muss. Erstens erscheinen in realen, konkret-historischen Gesellschaftsformationen die Produktionsweisen nicht selbständig und in »reiner Form«. Sie sind stets mit vorangegangenen und untergeordneten Produktionsweisen – und deren korrespondierenden politischen und ideologischen Verhältnissen – auf komplexe Weise verknüpft, womit jede Tendenz einer »reinen« Produktionsweise, eine Reihe von »reinen« Klassen zu produzieren, durchkreuzt und überdeterminiert wird.

Der zweite Grund wurde bereits angesprochen. Gesellschaftsformationen bestehen nicht ausschließlich aus miteinander verknüpften Produktionsweisen, sie enthalten immer auch Überbauverhältnisse – das Politische, das Juristische, das Ideologische. Und da diese nicht bloße Blüten der »Basis« sind, haben sie auch eigene Auswirkungen – sie komplizieren die Konstituierung der Klassen zusätzlich. Sie haben in zweierlei Hinsicht einen überdeterminierenden Effekt: Zum einen haben das Politische, das Juristische und das Ideologische Auswirkungen *innerhalb* dessen, was wir grob »das Ökonomische« nennen. In bestimmten Phasen der kapitalistischen Entwicklung fallen das reale und das rechtliche Eigentum an den Produktionsmitteln zusammen. Aber im Monopolkapitalismus fallen die beiden Funktionen zum Beispiel *nicht* zusammen. Das Körperschaftseigentum kann juristisch gesehen gesellschaftlichen Gruppen »gehören«, die aber nicht die »reale« Macht besitzen, die Instrumente dieses Eigentums in der Produktion einzusetzen. Zum anderen aber haben das Politische, Juristische und Ideologische auch *ihre eigenen* Auswirkungen, wie sie auch ihre eigenen bestimmten Existenzbedingungen haben, die nicht auf »das Ökonomische« reduzierbar sind. Wie wir zu zeigen versucht haben, sind sie zwar aufeinander bezogene, aber »relativ autonome« Praxen und damit die Orte bestimmter Formen des Klassenkampfes mit ihren eigenen Kampfzielen, die selbst wiederum relativ unabhängig auf die »Basis« zurückwirken. Deshalb haben die Formen, in denen Klasse, Klasseninteresse und Klassenkräfte auf jeder dieser Ebene *auftreten*, keineswegs notwendig ein und dieselbe Bedeutung oder entsprechen einander. Das Beispiel der Bauernschaft, Napoleons, der Pattsituation zwischen den Hauptklassen, der Expansion von Staat und Kapital im *Achtzehnten Brumaire* sollte uns von der Nicht-Unmittelbarkeit, der Nicht-Transferierbarkeit zwischen beiden Ebenen ausreichend überzeugt haben. Die Verallgemeinerbarkeit der Theorie über Klassen und Klassenkampf in ihren verschiedenen Aspekten wird von unserer Fähigkeit abhängen, die *globale* Auswirkung dieser komplexen, widersprüchlichen Auswirkungen zu erfassen. Das impliziert die These von der Nicht-Homogenität der Klassen, einschließlich etwa der Nicht-Homogenität des Kapitals, einem Kürzel für die verschiedenen Kapitalformen. Seine innere Zusammensetzung und jeweils unterschiedliche Stellung im Kreislauf führt dazu, dass es selbst auf der ökonomischen Ebene kein einheitliches, eindeutiges »Interesse« verfolgt. Von daher ist es höchst unwahrscheinlich, dass es auf der politischen Bühne als einheitliche Kraft auftritt, ganz zu schweigen davon, dass es auf der ideologischen Ebene erscheinen könnte, wenn es sich sozusagen »*selbst* dazu entschlossen hat«.

In den vorangegangenen Kapiteln habe ich versucht nachzuzeichnen, wie Marx bei den Bestimmungen dieser »Nicht-Homogenität« anlangte, und dann, wie er sie begrifflich ausfüllte. Um die praktische Relevanz dessen zu sehen, brauchen wir nur an die Zeiten in der jüngeren europäischen Geschichte zu denken, in denen »das Kapital« auftrat und seine unwiderstehliche ideologische Gewalt ausübte, indem es (um zwei Bilder aus dem *Achtzehnten Brumaire* zu benutzen) sich die Maske des Kleinbürgertums aufsetzte bzw. sich in das Gewand des Kleinbürgertums kleidete (der Klasse, die, frei nach Marx, nichts zu verlieren hatte als ihre moralische Rechtschaffenheit).

Diese ideologischen Verschiebungen und Maskierungen sind keineswegs auf die Vergangenheit beschränkt. Man könnte die ökonomische und politische Situation in Großbritannien seit den frühen 1960er Jahren als eine sich vertiefende Krise der ökonomischen Strukturen begreifen, die auf der politischen Ebene ihren »natürlichsten« Ausdruck in der Form einer Labour-Regierung annimmt – eine paradoxe Situation, in der die in Krisenzeiten vom Kapital am meisten favorisierte Partei die »Partei der Arbeiterklasse« ist. Das mag aber auch mit dem zu tun haben, was diese Partei tut, wenn sie an der Macht ist: Sie hält sich fast wörtlich an die Beschreibung, die Marx im *Achtzehnten Brumaire* von der historischen Rolle der Sozialdemokratie gegeben hat: Sie verlangt »demokratisch-republikanische Institutionen als Mittel [...], nicht um zwei Extreme, Kapital und Lohnarbeit, aufzuheben, sondern um ihren Gegensatz abzuschwächen und in Harmonie zu verwandeln« (MEW 8, 141). Wenn die Sozialdemokratie versucht, sowohl dem Kapital zu dienen, als auch die Arbeiterklasse zu vertreten, dann geschieht das oft dadurch, dass sie das »Allgemeininteresse« zum Prinzip ihrer Macht erhebt: In der Rhetorik der Sozialdemokratie erscheint dieses Interesse dann in der ideologischen Personifikation »des Konsumenten«. Auf der anderen Seite der parlamentarischen Szene sehen wir die Thatcher-Führung, wie sie sich auf die Macht vorbereitet und einen autoritativen Massenkonsens konstituiert, indem sie versucht, das Kapital in der »ehrwürdigen Verkleidung und mit der erborgten Sprache«, mit den »Namen, Parolen und Kostümen« einer verschwindenden Klassenfraktion zu »vertreten« – denen der kleinen »Ladenbesitzer«. Das mag zwar anachronistisch anmuten, ist aber nichtsdestoweniger effektiv. Für jeden, der versucht, den roten Faden zu finden, der diese widerstreitenden Erscheinungen im Klassenkampf verbindet, kann es wohl kein zwingenderes Argument für die Entwicklung einer Theorie des Klassenkampfes geben. Und zwar einer Theorie der »Einheit« dieser widersprüchlichen und verschobenen Repräsentationen der Klassenverhältnisse auf verschiedenen Ebenen oder in verschiedenen Instanzen: des Ökonomischen, des Politischen, des Ideologischen. Kurz, es geht um die Notwendigkeit einer marxistischen Theorie der Repräsentation, der *Darstellung*.

In dem Bemühen, auch den letzten Funken von Reduktionismus aus dem Marxismus zu verbannen, scheint Hirst die These der Nicht-Übertragbarkeit, der Nicht-Homogenität zwischen den ökonomischen und politischen Ebenen des Klassenkampfes in ihr *extremes Gegenteil* zu verkehren. Daraus folgt Hirsts verwegene Formulierung der »notwendigen Nicht-Entsprechung« – ein Begriff, der sich erheblich von dem der »*nicht notwendigen Entsprechung*« unterscheidet. Und mir scheint, der Unterschied zwischen beiden ist der zwischen *Autonomie* und *relativer Autonomie*. »Relative Autonomie« scheint – im Hinblick auf die von uns untersuchten Texte – die

Richtung anzugeben, in der Marx die *komplexe Einheit* einer Gesellschaftsformation denkt (wobei *Komplexität* und *Einheit* gleichermaßen wichtig sind). »Autonomie« oder die »notwendige Nicht-Entsprechung« dagegen scheint mir aus dem theoretischen Rahmen des Marxismus vollständig herauszufallen. Marx gelangte – so haben die von mir untersuchten Passagen gezeigt – nicht auf irgendeine einfache, reduktionistische oder vereinheitlichende Weise zur Vorstellung der Nicht-Entsprechung. Er entwickelte die Begriffe, mit deren Hilfe wir in den historisch spezifischen Konstellationen die Verschiebungen denken können. Ebenso klar ist, dass Marx – wie auch Althusser offen anerkannt hat – nach wie vor die ökonomische Struktur als »determinierend« denkt, wenn auch nicht im reduktionistischen Sinne, und dass damit das – neue und originelle – Problem einer »Einheit« aufgeworfen wurde, die sich *nicht* als eine einfache oder reduktionistische fassen lässt. Diese doppelte Bewegung ist das Thema des *Achtzehnten Brumaire*.

Dieses Theorem braucht die marxistische »Topografie« von Basis und Überbau. Ohne sie verliert der Marxismus seine Spezifik und wird zu etwas anderem – zu einer Theorie der absoluten Autonomie von allem und jedem. Im Lichte dieser fortdauernden Debatten schien es sinnvoll zu untersuchen, wie Marx selbst das Feld des Essenzialismus und der Vereinfachung verlassen hat und wie er gezwungen wurde, Begriffe zu entwickeln, die es ihm – und im Gefolge uns – ermöglichten, die notwendig komplexe Praxis des Klassenkampfes zu begreifen.

Literatur

Althusser, Louis, 1968: *Für Marx*, Frankfurt/M
ders., 1972: *Das Kapital lesen*, 2 Bde., Reinbek
ders., 1976: Ideology and Ideological State Apparatuses, in: ders.: *Essays on Ideology*, London, 1–60; dt. *Ideologie und ideologische Staatsapparate*, Hamburg 2010
Carchedi, Guglielmo, 1975: On the Economic Identification of the New Middle Class, in: *Economy & Society*, Vol. 4, 1–86
Fernbach, David, 1973: Introduction, in: ders. (Hg.): *Marx's Political Writings*, 3 Bde.: The Revolutions of 1848, Surveys from Exile, The First International and After, Harmondsworth
Lenin, Wladimir I., 1961: *Werke*, Berlin
Poulantzas, Nicos, 1973: *Political Power and Social Classes*, London; dt. *Politische Macht und gesellschaftliche Klassen*, Frankfurt/M 1968
Williams, Gwyn, 1976: *France 1848–1851*, Open University A321, Einh. 5–8, London

aus: ders., Ideologie, Kultur, Rassismus. Ausgewählte Schriften 1, Argument, Berlin-Hamburg 1989, 11–55; Übersetzung: Gabriela Mischkowski

2. Das Making of

2.1. Herrschaft und Führung

Antonio Gramsci

Brücke in die Paragraphen

Hegemonie – alles dreht sich um diesen Begriff, den viele mit Gramsci in Verbindung bringen. Er ist wie ein Leitmotiv, das seine Themen und Fragestellungen in den Gefängnisheften durchzieht und miteinander verbindet. Unwillkürlich denkt man vielleicht an ›die Hegemonie‹ der Weltmacht USA im Sinne von Vormachtstellung. Oder es taucht die rücksichtslose Machtpolitik eines autoritären Staatsoberhauptes vor dem inneren Auge auf. Gleich zu Beginn der Gefängnishefte spricht Gramsci bereits wichtige Bedeutungen dieses vielschichtigen Begriffs an. Er erschließt sich, wenn er mit seinen anderen Ausführungen, insbesondere zu Herrschaft und Führung, in Beziehung gesetzt wird.

In seinen ersten Aufzeichnungen im Gefängnis entwickelt Gramsci grundlegende Überlegungen zur Hegemonie anhand der Frage, wie in Frankreich und Italien im 18. und 19. Jahrhundert das Bürgertum zur herrschenden Klasse wird und den Nationalstaat durchsetzt. Schnell wird deutlich, dass es dabei (zunächst) um den Zusammenhang von Klassen und Staat geht bzw. um die Frage, wie eine Klasse die Macht im Staat erringen kann. Gramsci fordert dazu auf, staatliche Herrschaft im Zusammenhang mit der Bildung von Klassenbündnissen zu denken. Um innerhalb des Staates herrschend zu werden und zu bleiben, muss eine Gruppe oder Klasse führend werden. Das heißt, sie muss die Zustimmung der Beherrschten zu ihrem gesellschaftlichen Projekt gewinnen, ebenso wie die von Teilen der um die Macht konkurrierenden gegnerischen Gruppen.

Um die Macht innezuhaben und auszuüben, reicht es nicht, Wahlen zu gewinnen und den Staat zu erobern. Bereits vor Regierungsantritt, so Gramsci, muss ein Klassenbündnis führend sein. Hegemonie lässt sich als eine Form von Klassenherrschaft verstehen, die auf der Zustimmung großer Teile der Beherrschten basiert. Das unterscheidet Hegemonie von der gewaltsamen Unterdrückung einer Klasse durch eine andere. Es wird deutlich: Herrschaft erschöpft sich nicht im Beherrschen, im Unterwerfen, im Bezwingen. Vielmehr geht es um eine Kombination von Führung und Herrschaft, von Zustimmung und Unterwerfung, von Konsens und Zwang – wobei der ausgeübte Zwang in Situationen schwindender Zustimmung ein stärkeres Gewicht bekommen kann.

In einer späteren Notiz greift Gramsci die Überlegungen zum Zusammenhang von Hegemonie, Staat und Klassen mit der Analyse von »Kräfteverhältnissen« wieder auf. Anders als viele Marxisten seiner Zeit denkt Gramsci

Klassen dabei nicht als homogenes Gebilde, sondern als plurale Zusammensetzung unterschiedlicher Gruppen. Leitend ist hier die Frage, wie es einer Klasse gelingt, ihre je nach Beruf unterschiedlichen und notwendig begrenzten unmittelbaren ökonomischen Interessen zu überschreiten und ein übergreifendes, das heißt unterschiedliche gesellschaftliche Gruppen verbindendes, Projekt gesellschaftlicher Veränderung zu entwickeln. Darin liegt genau das Besondere von Gramscis Überlegungen: Die Klassen sind nicht einfach gegebene politische Akteure mit festgelegten, vorab bestimmbaren Interessen (z. B. die Kapitalisten wollen immer die Löhne drücken und die Arbeiter wollen stets höhere). Zwar spielt ihre jeweilige Position in der ökonomischen Arbeitsteilung (z. B. Fließbandarbeiter, Managerinnen oder Servicekräfte) in der Herausbildung von Interessen eine wichtige Rolle. Doch erst im Prozess der Entwicklung politischer Ziele, geteilter Werte und kollektiver Praxis bilden sich diese Gruppen als Klassen heraus (vgl. Stichworte Subalterne sowie Partei). Gramsci betont: Führend kann eine Klasse bzw. Klassenfraktion nur werden, indem sie bündnisfähig wird, d. h. Kompromisse macht, ihre unmittelbaren ökonomischen Ziele überschreitet und Ziele, Werte und Interessen anderer Gruppen aufgreift, zusammenbindet und auf eine gemeinsame Perspektive verpflichtet.

Lia Becker, Mario Candeias, Janek Niggemann & Anne Steckner

Aus den Gefängnisheften von Gramsci im Original

H. 1, § 44. (GH: 101–113) *Politische Führung durch eine Klasse vor und nach Regierungsantritt.* Das ganze Problem der verschiedenen politischen Strömungen des Risorgimento, ihrer wechselseitigen Beziehungen und ihrer Beziehungen zu homogenen oder untergeordneten Kräften der verschiedenen historischen Untergliederungen (oder Gebiete) des nationalen Territoriums läuft auf folgendes Grundproblem hinaus: dass die Moderati eine relativ homogene Klasse repräsentierten, weswegen die Führung recht begrenzten Schwankungen unterlag, während die Aktionspartei sich auf keine historische Klasse im Besonderen stützte und die Schwankungen, denen ihre Führungsorgane unterlagen, sich letztlich gemäß den Interessen der Moderati ausglichen: historisch wurde die Aktionspartei also von den Moderati gelenkt (die Behauptung Viktor Emanuels II., er habe die Aktionspartei ›in der Tasche‹ oder so ähnlich, trifft zu, und nicht nur wegen seiner persönlichen Kontakte zu Garibaldi; die Aktionspartei wurde historisch von Cavour und Viktor Emanuel II. gelenkt). Das historisch-politische Kriterium, das den eigenen Untersuchungen zugrunde gelegt werden muss, ist folgendes: dass eine Klasse auf zweierlei Weise herrschend ist, nämlich ›führend‹ und ›herrschend‹. Sie ist führend gegenüber den verbündeten Klassen und herrschend gegenüber den gegnerischen Klassen. Deswegen kann eine Klasse, bereits bevor sie an die Macht kommt, ›führend‹ sein (und muss es sein): wenn sie an der Macht ist, wird sie herrschend, bleibt aber auch weiterhin ›führend‹. Die Moderati führten die Aktionspartei auch nach [18]70 weiterhin, und der ›trasformismo‹ ist der politische Ausdruck dieser Führungstätigkeit; die gesamte italienische Politik von 70 bis heute ist durch den ›trasformismo‹ geprägt, das heißt durch die Herausbildung einer führenden Klasse innerhalb des nach 48 von den Moderati festgesetzten Rahmens, wobei die aktiven Elemente, die aus den verbündeten und auch aus den feindlichen Klassen hervorgegangen sind, aufgesogen werden. Die politische Führung wird zu einem Aspekt der Herrschaft, insofern die Absorption der Eliten der feindlichen Klassen zur Enthauptung derselben und zu ihrer Machtlosigkeit führt. Es kann und es muss eine ›politische Hegemonie‹ auch vor dem Regierungsantritt geben, und man darf nicht nur auf die durch ihn verliehene Macht und die materielle Stärke zählen, um die politische Führung oder Hegemonie auszuüben. Aus der Politik der Moderati geht diese Wahrheit klar hervor, und es ist die Lösung dieses Problems, die das Risorgimento in den Formen und in den Grenzen ermöglicht hat, in denen es sich als Revolution ohne Revolution vollzogen hat. In welchen Formen gelang es den Moderati, den Apparat ihrer politischen Führung zu errichten? In Formen, die ›liberal‹ genannt werden können, das heißt durch die individuelle, ›private‹ Initiative (nicht durch ein ›offizielles‹ Parteiprogramm, das einem vor der praktischen und organisatorischen Tätigkeit ausgearbeiteten und aufgestellten Plan entsprochen hätte). Dies war ›normal‹ in Anbetracht der Struktur und Funktion der von den Moderati repräsentierten Klassen, deren führende Schicht – die ›Intellektuellen‹ in organischem Sinne – die Moderati waren. Für die Aktionspartei stellte sich das Problem auf andere Weise, und andere Verfahrensweisen hätten angewandt werden müssen. Die Moderati waren ›Intellektuelle‹, die schon aufgrund des organischen Charakters ihrer Verbindungen mit den Klassen, deren Ausdruck sie waren, auf natürliche Weise ›verdichtet‹ waren (für eine ganze Reihe von ihnen verwirklichte sich die Identität von Repräsentiertem und Repräsentant, von Ausgedrücktem und Ausdruck, die gemäßigten Intellektuellen waren also eine wirkliche organische Avantgarde der Oberklassen, weil sie selbst ökonomisch den Oberklassen angehörten: sie waren Intellektuelle und politische Organisatoren und zugleich Betriebsleiter, Großgrundbesitzer und -verwalter, Handels- und Industrieunternehmer usw.). Durch diese organische ›Verdichtung‹ oder Konzentration übten die Moderati auf ›spontane‹ Art und Weise eine mächtige Anziehung auf die ganze Masse Intellektueller aus, die wegen des allerdings nur elementar befriedigten Bedarfs an öffentlicher Bildung und Verwaltung ›verstreut‹ und ›vereinzelt‹ im Land existierten. Es erweist sich hier die Wahrheit eines Grundsatzes historisch-politischer Forschung: es gibt keine unabhängige Klasse von Intellektuellen, sondern jede Klasse hat ihre Intellektuellen; aber die Intellektuellen der historisch progressiven Klasse üben eine solche Anziehungskraft aus, dass sie sich letztlich die Intellektuellen der anderen Klassen unterordnen und eine Atmosphäre der Solidarität aller Intellektuellen mit Bindungen psychologischer (Eitelkeit usw.) und häufig kastenmäßiger (technisch-rechtlicher, korporativer) Art schaffen.

Dieses Phänomen tritt ›spontan‹ in den Phasen auf, in denen jene bestimmte Klasse tatsächlich progressiv ist, nämlich die ganze Gesellschaft vorantreibt, indem sie nicht nur den existenziellen Erfordernissen nachkommt, sondern ihre Führungskräfte durch eine fortwährende Inbesitznahme neuer industriell-produktiver Tätigkeitsbereiche erweitert. Wenn die herrschende Klasse ihre Funktion erschöpft hat, neigt der ideologische Block zum Zerfall, und auf die ›Spontaneität‹ folgt dann der ›Zwang‹, in immer weniger verhüllten und indirekten Formen bis hin zu regelrechten Polizeimaßnahmen und Staatsstreichen.

Die Aktionspartei konnte diese Anziehungskraft nicht haben, sondern war, im Gegenteil, ihrerseits angezogen, sowohl aufgrund der Atmosphäre der Einschüchterung, die sie zögern ließ, bestimmte Forderungen des Volkes in ihr Programm aufzunehmen, als auch, weil einige ihrer bedeutendsten Männer (Garibaldi z. B.), wenn auch nur sporadisch (›Schwankungen‹), in einem persönlichen Verhältnis der Unterordnung zu den Führern der Moderati standen. Damit die Aktionspartei eine autonome Kraft hätte werden und es ihr letztlich zumindest hätte gelingen können, der Bewegung des Risorgimento einen betonter popularen und demokratischen Charakter zu verleihen (zu mehr konnte sie es angesichts der grundsätzlichen Voraussetzungen der Bewegung selbst nicht bringen), hätte sie der ›empirischen‹ Aktion der Moderati (die nur sozusagen eine empirische war) ein einheitliches Regierungsprogramm entgegensetzen müssen, das die wesentlichen Forderungen der Volksmassen, in erster Linie der Bauern, umfasst hätte. Der ›spontanen‹, von den Moderati ausgeübten Anziehung musste sie also eine ›organisierte‹, planmäßige Anziehung entgegensetzen.

Als typisches Beispiel spontaner Anziehung der Moderati muss an die Entstehung der ›katholisch-liberalen‹ Bewegung erinnert werden, die das Papsttum so sehr erschütterte und der es teilweise gelang, es zu lähmen und zu demoralisieren, indem sie es in eine Position weiter rechts von der, die es hätte einnehmen können, drängte und so teilweise isolierte; das Papsttum hat die Lektion gelernt und daher in jüngerer Zeit großartig zu manövrieren gewusst. Erst der Modernismus und dann der Popularismus sind ähnliche Phänomene wie das der ›Katholisch-Liberalen‹ des Risorgimento: sie sind zum Großteil der ›spontanen‹, durch die moderne Arbeiterbewegung ausgeübten Anziehungskraft zu verdanken. Das Papsttum (unter Pius X.) hat den Modernismus als reformatorische Tendenz der Religion angegriffen, hat aber den Popularismus, das heißt die ökonomische Basis des Modernismus, entwickelt und macht heute, unter Pius XI., das Kernstück seiner Weltpolitik daraus.

Jedenfalls hätte die Aktionspartei ein Regierungsprogramm haben müssen, was ihr immer gefehlt hat. Im Wesentlichen war sie immer vor allem eine Agitations- und Propagandabewegung der Moderati. Die inneren Streitigkeiten und Konflikte der Aktionspartei, der fürchterliche Hass, den Mazzini seitens der herausragendsten Männer der Aktion (Garibaldi selbst, Felice Orsini usw.) auf sich zog, sind diesem Mangel an politischer Führung zuzuschreiben. Die inneren Polemiken sind größtenteils ebenso abstrakt wie das Predigen Mazzinis, doch lassen sich ihnen nützliche historische Hinweise entnehmen (stellvertretend für alle die Schriften Pisacanes, der im Übrigen äußerst schwerwiegende militärische Fehler beging, wie den Widerstand gegen die Militärdiktatur Garibaldis in der Römischen Republik). Die Aktionspartei folgt der ›rhetorischen‹ Tradition der italienischen Literatur. Sie verwechselt die kulturelle Einheit mit der politischen und territorialen Einheit. Vergleich zwischen Jakobinern und Aktionspartei: die Jakobiner kämpften unermüdlich, um die Verbindung zwischen Stadt und Land herzustellen; sie wurden besiegt, weil sie die Klassenbestrebungen der Arbeiter ersticken mussten; ihr Fortführer ist Napoleon, und heute sind es die französischen Radikalsozialisten.

In der politischen Literatur Frankreichs war diese Notwendigkeit der Verbindung von Stadt und Land sehr lebendig: an die *Geheimnisse des Volkes* von Eugène Sue erinnern, die um 1850 herum auch in Italien sehr verbreitet waren (Fogazzaro erwähnt in *Piccolo Mondo Antico*, dass F. Maironi die *Geheimnisse des Volkes*, die, glaube ich, in Wien vom Henker verbrannt wurden, heimlich aus der Schweiz erhielt) und in denen besonders eindringlich und ausdauernd die Notwendigkeit hervorgehoben wird, die Bauern an die Stadt zu binden; Sue ist der Romanschriftsteller der jakobinischen Tradition und in vielerlei Hinsicht ein Vorläufer Herriots und Daladiers (Napoleonlegende im *Ewigen Juden*, Antiklerikalismus in allen Büchern, aber besonders im *Ewigen Juden*, kleinbürgerlicher Reformismus in den *Geheimnissen von Paris* usw. usf.). Die Aktionspartei war durch die Ideologie Mazzinis implizit antifranzösisch (vgl. den Artikel von Omodeo, *Primato francese e iniziativa italiana*, in ›Critica‹, 1929, 223); aber sie hatte in der italienischen Geschichte die Tradition, an die sie anknüpfen konnte. Die Geschichte der Stadtrepubliken ist reich an diesbezüglichen Erfahrungen: das entstehende Bürgertum sucht in den Bauern Verbündete gegen das Reich und gegen den eigenen Lokalfeudalismus (es stimmt, dass die Frage durch den Kampf zwischen Bürgertum und grundbesitzendem Adel, um sich die Arbeitskraft streitig zu machen, komplizierter wird: die Bürger brauchen Arbeitskräfte, und diese können nur durch die ländlichen Klassen zur Verfügung gestellt werden; aber die Adligen wollen die Bauern an die Scholle gebunden; Flucht der Bauern in die Stadt, wo die Adligen sie nicht fangen können. Jedenfalls tritt in der Epoche der Stadtrepubliken auch in anderen Situationen die führende Funktion der Stadt zutage, die den inneren Kampf auf dem Land vertieft und sich seiner als politisch-militärisches Werkzeug bedient, um den Feudalismus niederzuschlagen). Aber auch der klassischste Meister der Politik für die italienischen Führungsklassen, Machiavelli, hatte das Problem, natürlich mit den Worten und Sorgen der Zeit, aufgeworfen: in den militärischen Schriften Machiavellis wird die Notwendigkeit ziemlich genau gesehen, die Bauern an sich zu binden, um über eine nationale Miliz zu verfügen, welche die Söldnertruppen ausschalten soll.

[… GH: 104–111]

Ein Element, das bezüglich des Jakobinismus und der Aktionspartei erwähnt werden muss, ist, dass die Jakobiner durch den Kampf ihre Funktion einer Führungspartei eroberten: sie setzten sich gegenüber dem französischen Bürgertum durch, indem sie sie zu einer weit fortgeschritteneren Position brachten, als das Bürgertum ›spontan‹ gewollt hätte, und weit fortgeschrittener auch als diejenige, welche die historischen Voraussetzungen zulassen mussten, und daher die Rückschläge und die Funktion Napoleons. Dieser für den Jakobinismus und daher für die gesamte Französische Revolution charakteristische Zug der (scheinbaren) Beschleunigung der Situation von Seiten einer Gruppe äußerst energischer und entschlossener Männer und der Schaffung vollendeter, unverrückbarer Tatsachen, indem die bürgerliche Klasse mit Tritten in den Hintern vorangetrieben wurde, lässt sich folgendermaßen ›schematisch darstellen‹: der Dritte Stand war der am wenigsten homogene der Stände; das Bürgertum bildete seinen kulturell und ökonomisch fortgeschrittensten Teil; die Entwicklung der französischen Ereignisse zeigt die politische Entwicklung dieses Teiles, der anfänglich die Fragen aufwirft, die nur seine derzeitigen physischen Komponenten interessieren, seine unmittelbaren ›korporativen‹ Interessen (korporativ in einem besonderen Sinn, als unmittelbare und egoistische einer bestimmten begrenzten sozialen Gruppe); die Vorläufer der Revolution sind gemäßigte Reformisten, die den Mund weit aufreißen, aber in Wirklichkeit recht wenig verlangen. Dieser fortgeschrittene Teil verliert nach und nach seine ›korporativen‹ Kennzeichen und wird durch die Wirkung zweier Faktoren zur hegemonialen Klasse: den Widerstand der alten Klassen und die politische Aktivität der Jakobiner. Die alten Klassen wollen nichts abtreten, und wenn sie etwas abtreten, tun sie es in der Absicht, Zeit zu gewinnen und den Gegenangriff vorzubereiten; ohne das energische Handeln der Jakobiner, die sich jedem Zwischenhalt widersetzen und nicht nur die Repräsentanten der alten Klassen, sondern auch die heute reaktionär gewordenen Revolutionäre von gestern unter die Guillotine bringen, wäre das Bürgertum in diese sukzessiven Fallen gestürzt.

Die Jakobiner stellen also die einzige Partei der Revolution dar, insofern sie nicht nur die unmittelbaren Interessen der derzeitigen physischen Personen sehen, aus denen sich das französische Bürgertum zusammensetzt, sondern auch die Interessen von morgen, und nicht allein die jener bestimmten physischen Personen, sondern die der anderen sozialen Schichten des Dritten Standes, die morgen bürgerliche sein werden, weil sie von der égalité und der fraternité überzeugt sind. Es muss daran erinnert werden, dass die Jakobiner keine Anhänger des Abstrakten waren, auch wenn ihre Sprache ›heute‹, in einer neuen Situation und nach mehr als einem Jahrhundert historischer Ausarbeitung ›abstrakt‹ scheint. Die Sprache der Jakobiner, ihre Ideologie, spiegelte perfekt die Bedürfnisse der Zeit entsprechend den Traditionen und der französischen Kultur wider (vgl. die Analyse von Marx in der *Heiligen Familie*, aus der hervorgeht, dass die jakobinische Phraseologie perfekt den Formulierungen der klassischen deutschen Philosophie entsprach, der man heute größere Konkretheit zuerkennt und die den modernen Historizismus ins Leben gerufen hat): 1. Notwendigkeit: die gegnerische Klasse vernichten oder wenigstens entmachten; die Unmöglichkeit einer Konterrevolution schaffen; 2. die Klasseninteressen der Bourgeoisie ausweiten, indem die gemeinsamen Interessen zwischen ihr und den anderen Schichten des Dritten Standes ausfindig gemacht werden, diese Schichten in Bewegung bringen, zum Kampf führen, dabei zwei Ergebnisse erzielend: 1. den Schlägen der gegnerischen Klasse ein breiteres Angriffsziel entgegenzusetzen, das heißt, ein der Revolution günstiges militärisches Verhältnis zu schaffen; 2. der gegnerischen Klasse jegliche Passivitätszone zu entziehen, in der sie mit Sicherheit Vendée-Heere gebildet hätte (ohne die Agrarpolitik der Jakobiner wäre Paris bis vor seine Tore von der Vendée umzingelt worden: der Widerstand der Vendée im eigentlichen Sinne hängt mit der nationalen Frage zusammen, die unter den Bretonen durch die Formel von der ›einen und unteilbaren Republik‹ bestimmt war, auf welche die Jakobiner nur um den Preis des Selbstmordes verzichten konnten: die Girondisten versuchten, auf den Föderalismus abzuheben, um die Jakobiner zu zerschmettern, aber die Truppen aus der Provinz, die nach Paris gebracht wurden, gingen zu den Jakobinern über: außer in der Bretagne und anderen kleinen Randgebieten stellte sich die Agrarfrage getrennt von der nationalen Frage dar, wie man an diesem und anderen militärischen Vorfällen sieht: die Provinz akzeptierte die Hegemonie von Paris, die Landbewohner begriffen also, dass ihre Interessen an die der Bourgeoisie gebunden waren). Die Jakobiner gebrauchten demnach Zwang, aber immer im Sinne der realen historischen Entwicklung, weil sie nicht nur den bürgerlichen Staat begründeten, aus dem Bürgertum die ›herrschende‹ Klasse machten, sondern (in einem gewissen Sinne) noch mehr leisteten, aus dem Bürgertum die führende, hegemoniale Klasse machten, das heißt, dem Staat eine dauernde Basis verliehen.

Dass die Jakobiner immer auf dem Klassenterrain geblieben sind, wird durch die Ereignisse, die ihr Ende und den Tod Robespierres anzeigten, bewiesen: sie wollten den Arbeitern kein Koalitionsrecht zugestehen (Gesetz Le Chapelier), und so zerbrachen sie den städtischen Block von Paris; ihre Sturmkräfte, die sich in der Kommune versammelten, zerstreuten sich enttäuscht, und der Thermidor gewann die Oberhand: die Revolution war an ihre Klassengrenzen gestoßen: die Politik der ›Verbündeten‹ hatte neue Probleme entstehen lassen, die damals nicht gelöst werden konnten.

In der Aktionspartei finden wir diesen jakobinischen Geist, diesen Willen, ›führende Partei‹ zu werden, nicht. Die Unterschiede müssen in Betracht gezogen werden: in Italien stellte der Kampf sich als Kampf gegen die alten Verträge und gegen die Fremdmacht Österreich dar, welche sie repräsentierte und in Italien mit Waffengewalt aufrechterhielt, indem sie Lombardei-Venetien besetzt hielt und über den Rest des Landes eine Kontrolle ausübte. Auch in Frankreich stellte sich das Problem, wenigstens in einem gewissen

Sinne, weil an einem bestimmten Punkt der innere Kampf ein nationaler, an der Grenze ausgefochtener Kampf wurde, aber die Jakobiner wussten daraus Elemente größerer Energie zu ziehen: sie verstanden sehr wohl, dass sie, um den äußeren Feind zu besiegen, im Inneren seine Verbündeten vernichten mussten, und sie zögerten nicht, das Septemberblutbad anzurichten. In Italien wurde diese Verbindung, die ebenfalls, explizit und implizit, zwischen Österreich und wenigstens einem Teil der hohen adligen und grundbesitzenden Klassen existierte, nicht oder wenigstens nicht mit dem nötigen Nachdruck von der Aktionspartei angeprangert: jedenfalls wurde kein aktives politisches Element daraus. Sie wandelte sich merkwürdigerweise in eine Frage größerer oder geringerer patriotischer Würde um und gab dann bis 98 zu einem Nachspiel scharfer, aber fruchtloser Polemiken Anlass (vgl. Artikel von ›Rerum Scriptor‹ in der ›Critica Sociale‹ und das Buch von Bonfadini *Cinquant'anni di patriottismo*). [...]

H. 11, § 65. (GH: 1479–1480) *Philosophie – Politik – Ökonomie.* [...] Nützlich und fruchtbar ist hierzu auch der von Luxemburg ausgedrückte Gedanke über die Unmöglichkeit, bestimmte Fragen der Philosophie der Praxis anzugehen, insofern sie noch nicht *aktuell* geworden sind für den Gang der allgemeinen Geschichte oder für eine gegebene gesellschaftliche Gruppierung. Der korporativ-ökonomischen Phase, der Phase des Kampfes um die Hegemonie in der Zivilgesellschaft, der staatlichen Phase entsprechen bestimmte intellektuelle Aktivitäten, die sich nicht beliebig improvisieren oder antizipieren lassen. In der Phase des Kampfes um die Hegemonie entwickelt sich die Politische Wissenschaft; in der staatlichen Phase müssen sich alle Superstrukturen entwickeln, bei Strafe der Auflösung des Staates.

H. 13, § 17. (GH: 1556–1564) *Analyse der Situationen: Kräfteverhältnisse.* Das Problem der Beziehungen zwischen Struktur und Superstrukturen muss genau gestellt und gelöst werden, um zu einer richtigen Analyse der Kräfte zu gelangen, die in der Geschichte einer bestimmten Epoche wirken, und ihr Verhältnis zu bestimmen. Man muss sich im Umkreis zweier Prinzipien bewegen: 1. desjenigen, dass keine Gesellschaft sich Aufgaben stellt, für deren Lösung nicht bereits die notwendigen und zureichenden Bedingungen vorhanden oder nicht wenigstens im Erscheinen und in Entwicklung begriffen sind; und 2. desjenigen, dass sich keine Gesellschaft auflöst und ersetzt werden kann, bevor sie all die Lebensformen, die in ihren Verhältnissen enthalten sind, entwickelt hat (die genaue Formulierung dieser Prinzipien kontrollieren). [Siehe Vorwort von *Zur Kritik der politischen Ökonomie*.]

Von der Reflexion über diese beiden Regeln kann man zur Entwicklung einer ganzen Reihe anderer Prinzipien historischer Methodologie gelangen. Beim Studium einer Struktur gilt es indessen, die organischen (relativ dauerhaften) Bewegungen von denen zu unterscheiden, die konjunkturell genannt werden können (und sich als gelegenheitsbedingt, unmittelbar, quasi beiläufig darstellen). Gewiss sind auch die konjunkturellen Erscheinungen von den organischen Bewegungen abhängig, aber ihre Bedeutung ist nicht von großer historischer Reichweite: sie geben Anlass zu einer politischen Kritik in Detailfragen, von Tag zu Tag, die sich auf die kleinen Führungsgruppen und die unmittelbar Verantwortlichen der Macht bezieht. Die organischen Erscheinungen geben Anlass zur gesellschaftlich-geschichtlichen Kritik, die sich auf die großen Gruppierungen jenseits der unmittelbar Verantwortlichen und des Führungspersonals bezieht. Beim Studium einer historischen Epoche zeigt sich die große Bedeutung dieser Unterscheidung. Es kommt zu einer Krise, die sich manchmal über Jahrzehnte hinzieht. Diese außergewöhnliche Dauer bedeutet, dass sich in der Struktur unheilbare Widersprüche offenbart haben (herangereift sind) und die positiv für die Konservierung und Verteidigung derselben Struktur wirkenden politischen Kräfte trotzdem bemüht sind, sie innerhalb gewisser Grenzen zu heilen und zu überwinden. Diese unablässigen und beharrlichen Anstrengungen (denn keine Gesellschaftsform wird je eingestehen wollen, dass sie überholt ist) bilden den Boden für das »Gelegenheitsbedingte«, auf dem sich die antagonistischen Kräfte organisieren, die zu beweisen suchen (ein Beweis, der in letzter Instanz nur gelingt und »wahr« ist, wenn er zu einer neuen Wirklichkeit wird, wenn die antagonistischen Kräfte triumphieren, sich aber unmittelbar in einer Reihe ideologischer, religiöser, philosophischer, politischer, juristischer usw. Auseinandersetzungen abspielt, deren Konkretheit sich danach bewerten lässt, inwieweit sie überzeugend wirken und die bestehende Verteilung der gesellschaftlichen Kräfte verschieben), dass die notwendigen und hinreichenden Bedingungen bereits dafür vorhanden sind, dass bestimmte Aufgaben geschichtlich gelöst werden können und folglich müssen (müssen, weil jede Vernachlässigung des geschichtlichen Sollens notwendig die Unordnung vergrößert und folgenschwerere Katastrophen vorbereitet).

Der Fehler, in den man bei den politisch-historischen Analysen oft verfällt, besteht darin, dass man das rechte Verhältnis zwischen dem Organischen und dem Gelegenheitsbedingten nicht zu finden vermag: dadurch kommt man entweder dazu, Ursachen als unmittelbar wirkend darzustellen, die stattdessen mittelbar wirken, oder zu behaupten, die unmittelbaren Ursachen seien die einzigen wirkenden Ursachen; in dem einen Fall gibt es ein Übermaß an »Ökonomismus« oder doktrinärer Pedanterie, in dem anderen ein Übermaß an »Ideologismus«; in dem einen Fall werden die mechanischen Ursachen überschätzt, in dem anderen wird das »voluntaristische« und individuelle Element hervorgehoben. (Die Unterscheidung zwischen organischen »Bewegungen« und Tatsachen bzw. »konjunkturellen« oder gelegenheitsbedingten Bewegungen und Tatsachen muss auf alle Situationstypen angewandt werden, nicht nur auf diejenigen, bei denen eine regressive Entwicklung oder eine der akuten Krise stattfindet, sondern auch auf die, bei denen eine progressive Entwicklung oder eine der Prosperität stattfindet, sowie auf die, bei denen es eine Stagnation der Produktivkräfte gibt). Den dialektischen Zusammenhang zwischen den beiden Arten der Bewegung und damit der Forschung genau festzulegen ist schwierig, und wenn der Fehler in der Geschichtsschreibung ein schwerwiegender ist, so wird er noch schwerwiegender in der politischen Kunst, wenn es sich nicht um die Rekonstruktion der vergangenen Geschichte handelt, sondern um die Konstruktion der gegenwärtigen und zukünftigen: die eigenen Wünsche und eigenen niederen und unmittelbaren Leidenschaften sind die Ursache des Fehlers, insofern sie die objektive und unparteiische Analyse ersetzen, und das tritt nicht auf als bewusstes »Mittel«, um zur Handlung anzuspornen, sondern als Selbstbetrug. Die Schlange beißt auch in diesem Fall den Gaukler, bzw. der Demagoge ist das erste Opfer seiner Demagogie.

[... GH: 1558–1559]

Ein Aspekt desselben Problems ist die sogenannte Frage der Kräfteverhältnisse. Man liest in den Geschichtserzählungen oft den allgemein gehaltenen Ausdruck: für diese oder jene Tendenz günstige oder ungünstige Kräfteverhältnisse. Derart abstrakt erklärt diese Formulierung nichts oder fast nichts, weil damit nur die Tatsache wiederholt wird, die erklärt werden soll, indem sie einmal als Fakt und einmal als abstraktes Gesetz und als Erklärung hingestellt wird. Der theoretische Fehler besteht folglich darin, eine Forschungs- und Interpretationsregel als »geschichtliche Ursache« auszugeben.

Indessen sollte man beim »Kräfteverhältnis« verschiedene Momente oder Ebenen unterscheiden, die hauptsächlich die folgenden sind:

1. Ein eng an die Struktur gebundenes gesellschaftliches Kräfteverhältnis, das objektiv und vom Willen der Menschen unabhängig ist und mit den Systemen der exakten oder physikalischen Wissenschaften gemessen werden kann. Auf der Basis des Entwicklungsgrades der materiellen Produktivkräfte treten die gesellschaftlichen Gruppierungen auf, deren jede eine Funktion in der Produktion selbst repräsentiert und eine bestimmte Stellung in ihr einnimmt. Dieses Verhältnis ist, was es ist: eine widerspenstige Realität: niemand kann die Anzahl der Unternehmen und ihrer Beschäftigten, die Zahl der Städte mit ihrer gegebenen Stadtbevölkerung usw. verändern. Diese grundlegende Anordnung ermöglicht zu untersuchen, ob in der Gesellschaft die notwendigen und hinreichenden Bedingungen für ihre Umgestaltung vorhanden sind, ermöglicht also, den Grad an Realismus und Umsetzbarkeit der verschiedenen Ideologien zu kontrollieren, die auf ihrem eigenen Boden entstanden sind, dem Boden der Widersprüche, die sie bei ihrer Entwicklung hervorgebracht hat.

2. Ein darauf folgendes Moment ist das politische Kräfteverhältnis, das heißt die Einschätzung des Grades an Homogenität, Selbstbewusstsein und Organisation, den die verschiedenen gesellschaftlichen Gruppen erreicht haben.

Dieses Moment kann seinerseits auf verschiedenen Ebenen analysiert und unterschieden werden, die den unterschiedlichen Momenten des politischen Kollektivbewusstseins entsprechen, wie sie sich bisher in der Geschichte gezeigt haben. Die erste und elementarste ist die korporativ-ökonomische: ein Kaufmann fühlt, dass er solidarisch mit einem anderen Kaufmann sein *muss*, ein Fabrikant mit einem anderen Fabrikanten usw., aber der Kaufmann fühlt sich noch nicht mit dem Fabrikanten solidarisch; es wird also die homogene Einheit gespürt und die Aufgabe, sie zu organisieren, die der Berufsgruppe, aber noch nicht die der breiteren gesellschaftlichen Gruppe. Ein zweites Moment ist dasjenige, in dem das Bewusstsein der Interessensolidarität zwischen allen Mitgliedern der gesellschaftlichen Gruppe erlangt wird, aber noch auf bloß ökonomischem Gebiet. Bereits in diesem Moment stellt sich die Staatsfrage, jedoch nur auf dem Gebiet der Herstellung einer politisch-rechtlichen Gleichheit mit den herrschenden Gruppen, da das Recht eingefordert wird, bei der Gesetzgebung und bei der Verwaltung mitzuwirken und sie womöglich zu verändern, sie zu reformieren, aber innerhalb des bestehenden grundlegenden Rahmens. Ein drittes Moment ist dasjenige, in dem das Bewusstsein erlangt wird, dass die eigenen korporativen Interessen in ihrer gegenwärtigen und künftigen Entwicklung den korporativen Umkreis, den einer bloß ökonomischen Gruppe, überschreiten und zu Interessen anderer untergeordneter Gruppen werden können und müssen. Dies ist die Phase, die am eindeutigsten politisch ist, die den klaren Übergang von der Struktur zur Sphäre der komplexen Superstrukturen markiert, es ist die Phase, in der die zuvor aufgekeimten Ideologien »Partei« werden, zur Konfrontation kommen und in den Kampf eintreten, bis eine einzige von ihnen oder zumindest eine einzige Kombination derselben dazu tendiert, das Übergewicht zu erlangen, sich durchzusetzen, sich über den gesamten gesellschaftlichen Bereich zu verbreiten, wobei sie über die Einheitlichkeit der ökonomischen und politischen Ziele hinaus auch die intellektuelle und moralische Einheit bewirkt, alle Fragen, um die der Kampf entbrannt ist, nicht auf die korporative, sondern auf eine »universale« Ebene stellt und so die Hegemonie einer grundlegenden gesellschaftlichen Gruppe über eine Reihe untergeordneter Gruppen herstellt. Wohl wird der Staat aufgefasst als der einer Gruppe zugehörige Organismus, der dazu bestimmt ist, die für die maximale Expansion der Gruppe selbst günstigen Bedingungen zu schaffen, jedoch werden diese Entwicklung und diese Expansion aufgefasst und dargestellt als die Triebkraft einer universellen Expansion, einer Entfaltung aller »nationalen« Energien, das heißt, die herrschende Gruppe wird konkret mit den allgemeinen Interessen der untergeordneten Gruppen abgestimmt, und das staatliche Leben wird als ein ständiges Sich-Bilden und Überwunden-Werden instabiler Gleichgewichte (im Rahmen des Gesetzes) zwischen den Interessen der grundlegenden Gruppe und denen der untergeordneten Gruppen aufgefasst, Gleichgewichte, in denen die Interessen der grundlegenden Gruppe überwiegen, aber nur bis zu einem gewissen Punkt, also nicht bis zum nackten korporativ-ökonomischen Interesse. In der wirklichen Geschichte bedingen sich diese Momente gegenseitig, sozusagen horizontal und vertikal, also je nach den sozialökonomischen (horizontalen) Aktivitäten und je nach den Territorien (vertikal), wobei sie sich wechselnd kombinieren und aufspalten: jede dieser Kombinationen kann durch einen eigenen organisierten politischen und ökonomischen Ausdruck repräsentiert werden. Ferner ist zu berücksichtigen, dass sich mit diesen inneren Beziehungen eines Nationalstaates die internationalen Beziehungen verflechten und dabei neue originelle und historisch konkrete Kombinationen hervorbringen. Eine in einem entwickelteren Land entstandene Ideologie verbreitet sich in weniger entwickelten Ländern und beeinflusst das lokale Spiel der Kombinationen. (Zum Beispiel ist die Religion immer eine Quelle derartiger nationaler und internationaler politisch-ideologischer Kombinationen gewesen, und mit der Religion die anderen internationalen Gebilde, das Freimaurertum, der Rotary Club, die Juden, die Berufsdiplomatie, die politische Mittel unterschiedlichen historischen Ursprungs einbringen und in bestimmten Ländern triumphieren lassen und damit als internationale politische Partei funktionieren, die in jeder Nation mit all ihren vereinten internationalen Kräften wirkt; aber Religion, Freimaurertum, Rotary, Juden usw. können zur gesellschaftlichen Kategorie der »Intellektuellen« gehören, deren Funktion im internationalen Maßstab darin besteht, zwischen den Extremen zu vermitteln, die technischen Mittel, die das Funktionieren jeglicher Führungstätigkeit sichern, zu »vergesellschaften«, Kompromisse und Auswege zwischen den extremen Lösungen auszudenken.) Dieses Verhältnis zwischen internationalen Kräften und nationalen Kräften verkompliziert sich noch durch die Existenz etlicher territorialer Sektoren von unterschiedlicher Struktur und unterschiedlichem Kräfteverhältnis auf allen Ebenen im Innern jedes Staates (so war in Frankreich die Vendée mit den internationalen reaktionären Kräften verbündet und repräsentierte diese innerhalb der territorialen Einheit Frankreichs; so repräsentierte Lyon in der Französischen Revolution einen besonderen Knotenpunkt von Beziehungen, usw.).

3. Das dritte Moment ist das des militärischen Kräfteverhältnisses, das jedes Mal unmittelbar entscheidend ist. (Die geschichtliche Entwicklung schwankt fortwährend zwischen dem ersten und dem dritten Moment, wobei das zweite vermittelt.) Aber auch dieses ist nichts Undifferenziertes und in schematischer Form unmittelbar Identifizierbares; auch bei diesem lassen sich zwei Ebenen unterscheiden: die militärische im engeren oder militärisch-technischen Sinn und die Ebene, die man militärisch-politisch nennen kann. Im Verlauf der Geschichte sind diese beiden Ebenen in einer großen Vielfalt von Kombinationen aufgetreten. Ein typisches Beispiel, das als Grenzfall-Demonstration dienen kann, ist das militärische Unterdrückungsverhältnis eines Staates gegenüber einer Nation, die ihre staatliche Unabhängigkeit zu erlangen sucht. Das Verhältnis ist nicht rein mili-

tärisch, sondern militärisch-politisch, und tatsächlich wäre ein solcher Typus der Unterdrückung ohne den Zustand sozialer Zersetzung des unterdrückten Volkes und die Passivität seiner Mehrheit nicht zu erklären; deshalb kann die Unabhängigkeit nicht mit rein militärischen Kräften erlangt werden, sondern mit militärischen und militärisch-politischen. Wenn die unterdrückte Nation, um den Unabhängigkeitskampf einzuleiten, tatsächlich darauf warten müsste, dass der Hegemonialstaat ihr erlaubt, eine eigene Armee im engen, technischen Sinn des Wortes zu organisieren, dann könnte sie lange warten (es kann vorkommen, dass die Forderung nach einer eigenen Armee von der hegemonialen Nation befriedigt wird, aber das bedeutet, dass bereits ein großer Teil des Kampfes auf militärisch-politischem Gebiet ausgefochten und gewonnen worden ist). Die unterdrückte Nation wird folglich der militärischen Hegemonialkraft anfangs eine Kraft entgegensetzen, die bloß »militärisch-politisch« ist, das heißt, sie wird eine Form politischer Aktion entgegensetzen, die geeignet ist, Folgen militärischer Art in dem Sinn zu bewirken: 1. dass ihr die Wirkungskraft eignet, die Kriegstüchtigkeit der hegemonialen Nation innerlich zu zersetzen; 2. dass sie die militärisch hegemoniale Kraft zwingt, sich über einem großen Territorium auszudünnen und zu zerstreuen, und dadurch einen Großteil ihrer Kriegstüchtigkeit zerstört. Im italienischen Risorgimento kann man das verhängnisvolle Fehlen einer militärisch-politischen Führung beobachten, besonders bei der Aktionspartei (aus angeborener Unfähigkeit), aber auch bei der piemontesisch-moderaten Partei sowohl vor als auch nach 1848, gewiss nicht aus Unfähigkeit, sondern aus »politisch-ökonomischem Malthusianismus«, weil man nämlich die Möglichkeit einer Agrarreform nicht einmal andeuten wollte, und weil man die Einberufung einer verfassunggebenden Nationalversammlung nicht wollte, sondern nur danach strebte, dass sich die piemontesische Monarchie ohne Bedingungen oder Einschränkungen von Seiten des Volkes, mit der bloßen Sanktion durch regionale Plebiszite, auf ganz Italien ausdehnte.

Eine andere mit den obigen zusammenhängende Frage ist, ob die fundamentalen geschichtlichen Krisen unmittelbar durch die Wirtschaftskrisen bewirkt werden. Die Antwort auf diese Frage ist in den vorhergehenden Paragraphen implizit enthalten, wo Fragen behandelt {werden}, die auf andere Weise die soeben behandelte darstellen, dennoch ist es angesichts der besonderen Öffentlichkeit aus didaktischen Gründen immer erforderlich, jede Darstellungsweise ein und derselben Frage so zu prüfen, als ob es ein unabhängiges und neues Problem wäre. Ausgeschlossen kann werden, dass die unmittelbaren Wirtschaftskrisen von sich aus fundamentale Ereignisse hervorbringen; sie können nur einen günstigeren Boden für die Verbreitung bestimmter Weisen bereiten, die für die ganze weitere Entwicklung des staatlichen Lebens entscheidenden Fragen zu denken, zu stellen und zu lösen. Im Übrigen können alle Äußerungen über die Zeiten von Krise oder Prosperität zu einseitigen Urteilen Anlass geben. In seinem Abriss zur

Geschichte der Französischen Revolution (Verl. Colin) sagt Mathiez – sich gegen die traditionelle Vulgärgeschichte wendend, die a priori eine Krise »findet«, die mit den großen Brüchen gesellschaftlicher Gleichgewichte zusammenfällt –, dass die wirtschaftliche Lage um 1789 unmittelbar eher gut war, weswegen man nicht sagen kann, die Katastrophe des absolutistischen Staates sei einer Verelendungskrise geschuldet gewesen (vgl. die genaue Äußerung bei Mathiez). Anzumerken ist, dass sich der Staat in den Fängen einer tödlichen Finanzkrise befand und sich die Frage stellte, auf welche der drei privilegierten gesellschaftlichen Stände die Opfer und Bürden fallen sollten, damit die staatlichen und königlichen Finanzen wieder geordnet werden konnten. Ferner: wenn auch die Lage des Bürgertums blühend war, so war die Lage der Volksklassen in den Städten und auf dem Land gewiss nicht gut, besonders der Letzteren, die von endemischem Elend gequält waren. Auf jeden Fall kam es zum Bruch des Gleichgewichts nicht aus unmittelbar mechanischen Gründen der Verelendung der gesellschaftlichen Gruppe, die Interesse daran hatte, das Gleichgewicht zu zerbrechen, und es in der Tat zerbrach, sondern vollzog sich im Rahmen von oberhalb der unmittelbar ökonomischen Welt angesiedelten Konflikten, die mit dem Klassen-»Prestige« (künftige ökonomische Interessen), mit einem Aufbäumen des Unabhängigkeits-, Autonomie- und Machtempfindens zusammenhingen. Die Spezialfrage des wirtschaftlichen Missstands oder Wohlstands als Ursache neuer historischer Realitäten ist ein Teilaspekt der Frage der Kräfteverhältnisse auf ihren verschiedenen Ebenen. Neues kann entstehen, weil entweder eine Situation des Wohlstands durch den nackten Egoismus einer gegnerischen Gruppe bedroht ist oder weil der Missstand unerträglich geworden ist und man in der alten Gesellschaft keine Kraft sieht, die in der Lage wäre, ihn zu lindern und mit legalen Mitteln einen normalen Zustand wiederherzustellen. Deshalb kann man sagen, dass alle diese Elemente der konkrete Ausdruck der konjunkturellen Schwankungen des Ensembles der gesellschaftlichen Kräfteverhältnisse sind, auf deren Boden der Übergang derselben zu politischen Kräfteverhältnissen erfolgt, um im entscheidenden, militärischen Verhältnis zu gipfeln. Wenn dieser Entwicklungsprozess von dem einen Moment zum anderen nicht stattfindet – und dieser ist wesentlich ein Prozess, der als Akteure die Menschen und den Willen und die Fähigkeit der Menschen hat –, bleibt die Situation unwirksam und können sich widersprüchliche Konsequenzen ergeben: die alte Gesellschaft widersteht und sichert sich eine Zeit der »Atempause«, indem sie die gegnerische Elite physisch zerstört und die Massen der Reserve terrorisiert, oder aber die wechselseitige Zerstörung der sich im Konflikt befindlichen Kräfte und der Einzug von Friedhofsruhe, womöglich unter der Aufsicht einer fremden Wache. [...]

aus: Gramsci lesen, hg. v. Lia Becker, Mario Candeias, Janek Niggemann u. Anne Steckner, Argument Verlag, Hamburg 2013, 19–35

2.2. Politik der Subalternen, Spontaneität und Führung

Antonio Gramsci

Brücke in die Paragraphen

Wer ist das revolutionäre Subjekt, das die kapitalistische Gesellschaft umwälzen und zugleich die Herrschaft von Menschen über Menschen überwinden kann? Die klassische Antwort der sozialistischen und kommunistischen Bewegungen im Anschluss an Marx war: die Arbeiterklasse. Aber wer ist das eigentlich, die Arbeiterklasse? Ein Blick auf Machtverhältnisse wie Rassismus, Nationalismus, Patriarchat und Heterosexualität macht deutlich, dass es die Arbeiterklasse als einheitliche Gruppe mit gleichen Interessen nicht gibt. Das war schon zu Marx' Zeiten nicht anders. Heute sieht die Klassenfrage noch komplizierter aus: Erwerbslose, prekär beschäftigte Alleinerziehende, Migranten ohne Aufenthaltsrechte, Facharbeiterinnen, leitende Angestellte, kleine Selbständige, Gewerkschaftsfunktionäre, kritische Professorinnen haben unterschiedlich viel zu verlieren und kämpfen von sehr verschiedenen Positionen aus. Erst in politischen Auseinandersetzungen können gemeinsame Interessen entstehen. Was kann uns Gramsci also zu diesen alten und neuen Fragen noch sagen? Statt vom Proletariat spricht er von den »Subalternen«, mal von subalternen Gruppen, mal von subalternen Klassen. Subaltern? Das bedeutet wörtlich übersetzt: unterstellt, untertan oder untergeben.

Zuerst liegt die Vermutung nahe, dass dieser Begriff – ähnlich wie »Philosophie der Praxis« (statt Marxismus) – ein Tarnwort für das Proletariat war, das die Zensur im Gefängnis leichter umgehen konnte. Aber der Begriff reicht weiter: Gramsci richtet den Blick von den unterschiedlichen Gruppen (dem »zersplitterten Volk«) auf die ihren Spaltungen zugrunde liegenden gesellschaftlichen Verhältnisse: Wo Menschen untergeordnet, unterworfen sind, gibt es zugleich ein ›über‹. Jedenfalls taucht der Begriff Subalterne bei Gramsci meist im Gegensatz zu den herrschenden Klassen auf. Einerseits ist Subalterne also – wie Proletariat bei Marx – ein Sammelbegriff für die verschiedenen unterworfenen Gruppen. Andererseits bringt er zum Ausdruck, dass die Beherrschten keine homogene Einheit sind, sondern (auch global betrachtet) sehr unterschiedliche Lebens- und Arbeitsbedingungen haben. Und es geht nicht nur um Klassenverhältnisse, sondern auch um ihre Verbindung mit anderen gesellschaftlichen Spaltungen: zwischen den Geschlechtern, zwischen Stadt und Land, zwischen den Nationen oder im Zusammenhang mit Kolonialismus – etwa zwischen dem industrialisierten Norden und dem bäuerlichen Süden Italiens zu Gramscis Zeit. Gramsci betont: Der Normalzustand der Subalternen ist ihre Zersplitterung und fehlende Organisierung. Die Versuche, sich gegen ›die da oben‹ zu vereinen, durchbrechen die Herrschenden systematisch mit-

tels Gewalt und durch Zugeständnisse an Teile der Subalternen. Über solche »instabilen Kompromissgleichgewichte«, wie Gramsci schreibt, werden Spaltungen und Ungleichheiten zwischen den Subalternen immer wieder neu hergestellt. Dennoch gibt Gramsci die Perspektive einer möglichen Überwindung dieser Spaltungen nicht auf. Sie kann nicht auf gleichen Lebensbedingungen beruhen, sondern muss als eine zusammengesetzte Einheit durch Bündnisse zwischen verschiedenen Gruppen politisch organisiert werden.

Gramsci schreibt, die Geschichte der subalternen Klassen sei »notwendigerweise bruchstückhaft«. Wie lässt sich deren Geschichte also erzählen und weitergeben? Die offizielle Geschichtsschreibung gibt stets die Geschichte der Herrschenden wieder. Sie erzählt von mächtigen Königen, großen Architekten und weisen Philosophen. Sie zitiert die Schriften belesener Autoren, dokumentiert die Schlachten großer Feldherren, berichtet von siegreichen Truppen, berühmten Politikern und erfolgreichen Unternehmern. Das Aufspüren und die Rekonstruktion der geschichtlichen Spuren der Subalternen hingegen erfordern eine genaue Suche, viel Geduld und eine Verbindung zu ihren Bewegungen.

Eine solche Geschichte ›von unten‹ kann zu gemeinsamen Lernprozessen beitragen. Gramsci spricht vom »Geist der Abspaltung«, durch den sich die Subalternen aus ihrer Unterwerfung und Einbindung in die bestehende Kultur befreien, indem sie eine eigenständige und eigensinnige Weltauffassung entwerfen, neue Denk- und Handlungsweisen entwickeln und anders zu fühlen beginnen (vgl. Stichwort Kultur). In den spontanen Kämpfen und Initiativen von unten muss kollektive »Führung« entstehen, die massenhafte Bildung und Selbsterziehung organisiert (vgl. Stichwort Partei). Dies ist für Gramsci ebenso unverzichtbar wie das spontane Element. Er ist sich der Gefahr bewusst, dass unorganisierte Aufstände ohne bewusste Führung in reaktionäre Bewegungen abdriften können. Zugleich sieht er die Tendenz, dass sich die Führung autoritär verselbständigt. Daher treibt ihn die Frage um, wie sich selbstgewählte Disziplin und Unterordnung unter eine gewählte Führung mit einer Demokratisierung der Entscheidungsprozesse und der Aktivität verbinden lassen. Die Beziehung von Führenden und Geführten beschreibt Gramsci als eine komplexe Verknüpfung von Gefühlen und intellektueller Überzeugung. Letztlich geht es Gramsci jedoch darum, das Verhältnis von Führenden und Geführten als hierarchische Arbeitsteilung zu überwinden.

Lia Becker, Mario Candeias, Janek Niggemann & Anne Steckner

Aus den Gefängnisheften von Gramsci im Original

H. 25, § 2. (GH: 2191) *Methodologische Kriterien.* Die Geschichte der subalternen gesellschaftlichen Gruppen ist notwendigerweise bruchstückhaft und episodisch. Zweifellos gibt es in der geschichtlichen Aktivität dieser Gruppen eine Tendenz zur Vereinigung, sei es auch nur auf provisorischen

Ebenen, aber diese Tendenz wird durch die Initiative der herrschenden Gruppen fortwährend gebrochen, und deshalb kann sich erst bei Vollendung des geschichtlichen Zyklus zeigen, ob er erfolgreich abgeschlossen wird. Die subalternen Gruppen erleiden immer die Initiative der herrschenden Gruppen, auch wenn sie rebellieren und sich auflehnen: erst der »dauerhafte« Sieg bricht die Unterordnung, und auch nicht sofort. In Wirklichkeit sind die subalternen Gruppen, auch wenn sie zu triumphieren scheinen, nur in Alarmbereitschaft (diese Wahrheit lässt sich anhand der Geschichte der Französischen Revolution mindestens bis 1830 demonstrieren). Jede Spur autonomer Initiative seitens der subalternen Gruppen sollte deshalb für den integralen Historiker von unschätzbarem Wert sein; daraus ergibt sich, dass eine solche Geschichte nur durch Monographien behandelt werden kann und dass jede Monographie eine sehr große Anhäufung von Materialien verlangt, die häufig schwer zusammenzutragen sind.

H. 3, § 45. (GH: 365) *Vergangenheit und Gegenwart*. Die theoretische Schwäche, das Fehlen von Schichtenbildung und historischer Kontinuität der linken Richtung haben einen der Gründe der Katastrophe ausgemacht. Um das Bildungsniveau zu bezeichnen, kann man die Geschichte von Abbo auf dem Parteitag von Livorno anführen: wenn eine Bildungstätigkeit der Partei fehlt, erwerben sich die Einzelnen eine Bildung, wie sie können, und so passiert es eben – und das Vage des Begriffs des Subversiven trägt dazu bei –, dass ein Abbo die Albernheiten eines Individualisten auswendig lernt.

H. 3, § 46. (GH: 365–368) *Vergangenheit und Gegenwart*. Der echt italienische Begriff des ›Subversiven‹ kann folgendermaßen erklärt werden: eine nicht positive, sondern negative Klassenposition: das ›Volk‹ spürt, dass es Feinde hat, und macht sie bloß empirisch in den sogenannten Herren aus (im Begriff des ›Herrn‹ steckt viel von der alten Abneigung des Landes gegen die Stadt, und die Kleidung ist ein grundlegendes Unterscheidungselement: es gibt auch die Abneigung gegenüber der Bürokratie, in der man einzig den Staat sieht: der Bauer – auch der mittlere Eigentümer – hasst den ›Beamten‹, nicht den Staat, den er nicht versteht, und für ihn ist dieser der ›Herr‹, auch wenn der Bauer ihm ökonomisch überlegen ist; daher der scheinbare Widerspruch, demgemäß für den Bauern der Herr oft ein ›Hungerleider‹ ist). Dieser ›unspezifische‹ Hass ist noch ›halbfeudaler‹, nicht moderner Art und kann nicht als Beleg für Klassenbewusstsein angeführt werden: er ist kaum der erste Schimmer davon, er ist bloß, wie gesagt, die elementare negative und polemische Position: nicht nur hat man kein genaues Bewusstsein von der eigenen historischen Persönlichkeit, sondern man hat nicht einmal ein Bewusstsein von der historischen Persönlichkeit und den genauen Grenzen des eigenen Gegners. (Die unteren Klassen können, da sie historisch in der Defensive sind, ein Bewusstsein von sich selbst nur über Negationen erlangen, durch das Bewusstsein von der Persönlichkeit und den Klassenschranken des Gegners; aber ebendieser Prozess dämmert erst, mindestens auf nationaler Ebene.)

Ein weiteres Element, um den Begriff des ›Subversiven‹ zu verstehen, ist das der Schicht, die unter dem typischen Ausdruck der ›Hungerleider‹ bekannt ist. Die ›Hungerleider‹ sind keine homogene Schicht und man kann bei ihrer abstrakten Identifizierung schwere Fehler begehen. Auf dem Dorf und in den kleinen städtischen Zentren gewisser ländlicher Gegenden gibt es zwei verschiedenartige Schichten von ›Hungerleidern‹: eine ist die der ›landwirtschaftlichen Tagelöhner‹, die andere die der kleinen Intellektuellen. Diese Tagelöhner haben als wesentliches Merkmal nicht ihre wirtschaftliche Lage, sondern ihre geistig-moralische Verfassung: sie sind Säufer, unfähig zu dauerhafter Arbeitsamkeit und Sinn fürs Sparen und daher oft biologisch belastet, entweder durch chronische Unterernährung oder durch halbe Idiotie und Einfältigkeit. Der typische Bauer dieser Gegenden ist der kleine Grundeigentümer oder der ursprüngliche Halbpächter (der die Pacht mit der Hälfte, dem Drittel oder auch zwei Dritteln der Ernte je nach Fruchtbarkeit und Lage des Bodens bezahlt), der ein paar Arbeitsinstrumente besitzt, das Ochsenjoch und das Häuschen, das er sich an den arbeitsfreien Tagen oft selbst gebaut hat, und der sich das notwendige Kapital entweder mit ein paar Jahren Auswanderung beschafft hat, oder indem er in der ›Grube‹ arbeiten ging, oder mit ein paar Jahren Dienst bei den Carabinieri, oder indem er einige Jahre Bediensteter eines Großgrundbesitzers war, d. h. indem er ›sich abmühte‹ und sparte. Der ›Tagelöhner‹ hingegen konnte oder wollte sich nicht abmühen und besitzt nichts, er ist ein ›Hungerleider‹, weil die tageweise Arbeit knapp und unregelmäßig ist: er ist ein halber Bettler, der von Notbehelfen lebt und an die ländliche Verbrecherwelt grenzt.

Der kleinbürgerliche ›Hungerleider‹ stammt aus dem ländlichen Bürgertum, das Eigentum wird in zahlreiche Familien aufgestückelt und schließlich liquidiert, aber die Glieder dieser Klasse wollen nicht manuell arbeiten: so bildet sich eine gierige Schicht von Anwärtern auf kleine Gemeindeämter, als Schreiber, Kommissionäre usw. usf. Diese Schicht ist ein störendes Element im Leben der ländlichen Gebiete, immer begierig auf Veränderungen (Wahlen usw.), und erzeugt den lokalen ›Subversiven‹, und da sie ziemlich verbreitet ist, hat sie eine gewisse Bedeutung: sie verbündet sich vor allem mit dem ländlichen Bürgertum gegen die Bauern und organisiert zu ihren Diensten auch die ›Tagelöhner und Hungerleider‹. In jeder Region gibt es diese Schichten, die auch in den Städten Ableger haben, wo sie in die professionelle Verbrecherwelt und die fluktuierende Verbrecherwelt einmünden. Viele kleine Angestellte in den Städten stammen sozial von diesen Schichten ab und bewahren davon die arrogante Denkart des gefallenen Adligen, des Grundbesitzers, der gezwungen ist, sich mit Arbeit abzumühen. Der ›Subversivismus‹ dieser Schichten hat zwei Gesichter: nach links und nach rechts, aber das linke Gesicht ist ein Erpressungsmittel: sie gehen immer nach rechts in den entscheidenden Momenten und ihr verzweifelter ›Mut‹ zieht es stets vor, die Carabinieri als Verbündete zu haben.

Ein weiteres Element, das zu untersuchen ist, ist der sogenannte ›Internationalismus‹ des italienischen Volkes. Er steht in wechselseitiger Beziehung zum Begriff des ›Subversivismus‹. Es handelt sich in Wirklichkeit um einen vagen ›Kosmopolitismus‹, der an genau bestimmbare historische Elemente gebunden ist: an den mittelalterlichen und katholischen Kosmopolitismus und Universalismus, der seinen Sitz in Italien hatte und der sich wegen des Fehlens einer italienischen ›politischen und nationalen Geschichte‹ gehalten hat. Geringer nationaler und staatlicher Geist im modernen Sinn. Andernorts habe ich angemerkt, dass es hingegen einen besonderen italienischen Chauvinismus gab und gibt, der viel verbreiteter ist, als es scheint. Die beiden Bemerkungen sind nicht widersprüchlich: in Italien hat die politische, territoriale, nationale Einheit eine geringe Tradition (oder vielleicht keine Tradition), weil vor 1870 Italien nie ein einheitliches Gebilde war, und auch der Name Italien, der zur Zeit der Römer Süd- und Mittelitalien bis zur Magra und zum Rubicon bezeichnete, büßte im Mittelalter gegenüber dem Namen Lombardei Terrain ein (die Untersuchung von C. Cipolla über den Namen ›Italien‹, veröffentlicht in den Akten der Akademie von Turin, ansehen). Italien hatte [und bewahrte] jedoch eine kulturelle Tradition, die nicht auf die klassische Antike, sondern auf die Zeit vom vierzehnten bis zum siebzehnten Jahrhundert zurückgeht, und die vom Humanismus und der Renaissance mit dem klassischen Zeitalter verknüpft wurde. Diese kulturelle Einheit war die in der Tat sehr schwache Grundlage des Risorgimento und der Einheit, um die aktivsten und intelligentesten Schichten der Bevölkerung um das Bürgertum zu sammeln, und sie ist noch heute das Substrat des popularen Nationalismus: wegen des Fehlens des politisch-militärischen und politisch-ökonomischen Elements in diesem Gefühl, d. h. der Elemente, die der französischen, deutschen oder amerikanischen nationalistischen Denkart zugrunde liegen, kommt es, dass viele sogenannte ›Subversive‹ und ›Internationalisten‹ ›Chauvinisten‹ in diesem Sinne sind, ohne zu glauben, im Widerspruch zu sein.

Was man sich merken muss, um die Virulenz zu verstehen, die dieser kulturelle Chauvinismus manchmal annimmt, ist dieses: dass in Italien eine bedeutendere wissenschaftliche, künstlerische, literarische Blüte zusammengefallen ist mit der Epoche des politischen, militärischen, staatlichen Zerfalls (sechzehntes und siebzehntes Jahrhundert). (Dieses Phänomen erklären: residenzhafte, höfische Kultur, d. h. als das Bürgertum der Kommunen im Niedergang und der Reichtum von einem produktiven zu einem des Wuchers geworden war, mit Anhäufungen von ›Luxus‹, Vorspiel zum vollständigen ökonomischen Zerfall.)

Die Begriffe des Revolutionärs und des Internationalisten im modernen Wortsinn stehen im Wechselverhältnis zum genauen Begriff von Staat und Klasse: geringes Verständnis des Staates bedeutet geringes Klassenbewusstsein (Verständnis des Staates gibt es nicht nur, wenn man ihn verteidigt, sondern auch, wenn man ihn angreift, um ihn umzustürzen), folglich geringe Wirksamkeit der Parteien usw. Zigeunerbanden, politisches Nomadentum sind keine gefährlichen Angelegenheiten und so waren der italienische Subversivismus und Internationalismus nicht gefährlich.

Alle diese Bemerkungen können natürlich nicht kategorisch und absolut sein: sie dienen dem Versuch, bestimmte Aspekte einer Situation zu beschreiben, um die zu deren Veränderung entfaltete Tätigkeit besser einzuschätzen (oder die Untätigkeit, d. h. das Nichtverstehen der eigenen Aufgaben) und um die Gruppen mehr hervorzuheben, die aus dieser Situation hervorgingen, weil sie sie verstanden und in ihrem Umkreis verändert hatten. [Der populare ›Subversivismus‹ steht im Wechselverhältnis zum ›Subversivismus‹ von oben, d. h. dazu, dass es nie eine ›Herrschaft des Gesetzes‹, sondern nur eine Politik der Willkür und der Cliquen von Personen oder Gruppen gegeben hat.]

H. 3, § 48. (GH: 369–373) *Vergangenheit und Gegenwart. Spontaneität und bewusste Führung.* Vom Ausdruck ›Spontaneität‹ lassen sich verschiedene Definitionen geben, weil das Phänomen, auf das er sich bezieht, vielseitig ist. Jedoch muss hervorgehoben werden, dass es in der Geschichte die ›reine‹ Spontaneität nicht gibt: sie würde mit der ›reinen‹ Mechanizität zusammenfallen. In der ›spontansten‹ Bewegung sind die Elemente ›bewusster Führung‹ einfach unkontrollierbar, sie haben kein feststellbares Zeugnis hinterlassen. Man kann sagen, dass das Element der Spontaneität daher charakteristisch für die ›Geschichte der subalternen Klassen‹ ist, ja sogar der marginalsten und periphersten Elemente dieser Klassen, die nicht das Bewusstsein der Klasse ›für sich‹ erlangt haben und die daher nicht einmal ahnen, dass ihre Geschichte irgendeine Bedeutung haben könnte und dass es irgendeinen Wert haben könnte, dokumentarische Spuren zu hinterlassen.

Es gibt also eine ›Vielfalt‹ von Elementen ›bewusster Führung‹ in diesen Bewegungen, aber keines von ihnen ist vorherrschend oder überschreitet das Niveau der ›Populärwissenschaft‹ einer bestimmten sozialen Schicht, des ›Alltagsverstandes‹ oder der [traditionellen] Weltauffassung dieser bestimmten Schicht. Genau das ist das Element, das De Man empirisch dem Marxismus entgegensetzt, ohne (anscheinend) zu bemerken, dass er auf genau die Position derjenigen zurückfällt, die, nachdem sie die Folklore, die Hexerei usw. beschrieben und gezeigt haben, dass diese Anschauungen eine historisch kräftige Wurzel haben und sich in der Psychologie bestimmter Volksschichten zäh festgesetzt haben, nun glauben, die moderne Wissenschaft ›überwunden‹ zu haben, und die Artikelchen der populärwissenschaftlichen Zeitungen und der Veröffentlichungen in Fortsetzungen für die ›moderne Wissenschaft‹ halten; es ist dies ein wirklicher Fall von intellektueller Teratologie, wovon man andere Beispiele hat: die Bewunderer der Folklore etwa, die deren Konservierung vertreten, die Maeterlinck verpflichteten ›Anhänger des Hexenkultes‹, die behaupten, man müsse die gewalttätig unterbrochene Tradition der Alchemie und der Hexerei wiederaufnehmen, um die Wissenschaft auf einen an Entdeckungen reicheren Weg zurückzubringen, usw. Dennoch hat De Man ein zufälliges Verdienst: er beweist die Notwendigkeit, die Elemente der Volkspsychologie zu studieren und auszuarbeiten, historisch und nicht soziologisch, aktiv (d. h. um sie, indem man sie erzieht, in eine moderne Geisteshaltung umzuwandeln), und nicht deskriptiv, wie er es tut; aber diese Notwendigkeit war zumindest impliziert (vielleicht auch explizit ausgesprochen) in der Lehre von Iljitsch, was De Man vollständig ignoriert.

Dass in jeder ›spontanen‹ Bewegung ein primitives Element von bewusster Führung, von Disziplin steckt, zeigt indirekt die Tatsache, dass es Strömungen und Gruppierungen gibt, welche die Spontaneität als Methode vertreten. Diesbezüglich muss man unterscheiden zwischen rein ›ideologischen‹ Elementen und Elementen praktischen Handelns, zwischen Forschern, welche die Spontaneität als immanente [und objektive] ›Methode‹ des historischen Werdens vertreten, und Politikastern, die sie als ›politische‹ Methode vertreten. Bei den Ersten handelt es sich um eine irrige Auffassung, bei den Zweiten handelt es sich um einen [unmittelbaren und engstirnigen] Widerspruch, der die offenbare praktische Ursache durchscheinen lässt, d. h. den [unmittelbaren] Willen, eine bestimmte Führung durch eine andere zu ersetzen. Auch bei den Wissenschaftlern hat der Irrtum eine praktische Ursache, allerdings keine unmittelbare, wie bei den Zweiten. Der Apolitizismus der französischen Syndikalisten der Vorkriegszeit enthielt beide Elemente: er war ein theoretischer Irrtum und ein Widerspruch (es gab das ›sorelianische‹ Element und das Element der Konkurrenz zwischen der anarchosyndikalistischen politischen Richtung und der sozialistischen Strömung). Sie war noch die Folge der schrecklichen Pariser Ereignisse von 71: die Fortsetzung – mit neuen Methoden und einer glänzenden Theorie – der dreißigjährigen Passivität (1870–1900) der französischen Arbeiter. Der rein ›ökonomische‹ Kampf war nicht dazu angetan, der herrschenden Klasse zu missfallen, ganz im Gegenteil. Das gilt auch für die katalanische Bewegung, die nur deswegen der spanischen herrschenden Klasse ›missfiel‹, weil sie objektiv den katalanischen republikanischen Separatismus stärkte, indem sie Anlass bot zu einem richtiggehenden republikanischen industriellen Block gegen die Großgrundbesitzer, das Kleinbürgertum und das Heer, die monarchistisch waren.

Die Turiner Bewegung wurde gleichzeitig angeklagt, ›spontaneistisch‹ und ›voluntaristisch‹ oder bergsonianisch (!) zu sein. Die widersprüchliche Anklage zeigt, wenn man sie analysiert, die Fruchtbarkeit und die Richtigkeit der ihr aufgeprägten Führung. Diese Führung war nicht ›abstrakt‹, sie bestand nicht darin, mechanisch wissenschaftliche oder theoretische Formeln zu wiederholen: sie verwechselte die Politik, das wirkliche Handeln nicht mit der theoretischen Abhandlung. Sie wurde angewendet auf wirkliche historische Menschen, die sich in bestimmten historischen Verhältnissen gebildet haben, mit bestimmten Gefühlen, Sichtweisen, Bruchstücken von Weltauffassungen usw., die sich aus den ›spontanen‹ Verbindungen eines gegebenen Milieus materieller Produktion mit der ›zufälligen‹ Ansammlung disparater sozialer Elemente darin ergab. Dieses Element von ›Spontaneität‹ wurde nicht vernachlässigt und viel weniger noch verschmäht: es wurde *erzogen*, wurde ausgerichtet, wurde gereinigt von all dem, was es als Nichtdazugehöriges trüben konnte, um es homogen zu machen, aber in lebendiger, historisch wirksamer Art, mit der modernen Theorie. Man sprach selbst von Seiten der Führenden von ›Spontaneität‹ der Bewegung; es war richtig, dass man davon sprach: diese Aussage war ein Stimulans, ein Stärkungsmittel, ein Element der Tiefenvereinigung, sie war mehr als alles andere die Verneinung, dass es sich um etwas Willkürliches, Abenteuerliches, Künstliches [und nicht historisch Notwendiges] handele. Sie gab der Masse ein ›theoretisches‹ Bewusstsein einer Schöpferin historischer und institutioneller Werte, einer Staatsgründerin.

Diese Einheit der ›Spontaneität‹ und der ›bewussten Führung‹ oder auch der ›Disziplin‹ ist eben das wirkliche politische Handeln der subalternen Klassen, insofern es Politik der Masse und nicht einfach Abenteuer von Gruppen ist, die sich auf die Masse berufen. Es stellt sich eine grundsätzliche theoretische Frage zu diesem Thema: kann die moderne Theorie in Gegensatz zu den ›spontanen‹ Gefühlen der Masse stehen? (›spontan‹ im Sinne, dass sie nicht einer systematischen Erziehungstätigkeit von Seiten einer schon bewussten Führungsgruppe geschuldet sind, sondern sich durch die vom ›Alltagsverstand‹, d. h. von der traditionellen popularen Weltauffassung erhellte tägliche Erfahrung gebildet haben, das, was man sehr platt ›Instinkt‹ nennt und was seinerseits nur eine ursprüngliche und elementare historische Errungenschaft ist). Sie kann nicht im Gegensatz stehen: zwischen ihnen gibt es einen ›quantitativen‹, gradmäßigen, keinen qualitativen Unterschied: eine sozusagen wechselseitige ›Zurückführung‹ muss möglich sein, ein Übergang von den einen zur andern und umgekehrt. (In Erinnerung rufen, dass I. Kant daran gelegen war, dass seine philosophischen Theorien mit dem Alltagsverstand übereinstimmten; die gleiche Position findet man bei Croce: den Ausspruch von Marx in der *Heiligen Familie* erwähnen, dass die Formeln der französischen Revolutionspolitik auf die Prinzipien der klassischen deutschen Philosophie hinauslaufen.)

Die sogenannten ›spontanen‹ Bewegungen zu vernachlässigen oder schlimmer, sie geringzuschätzen, d.h. darauf zu verzichten, ihnen eine bewusste Führung zu geben, sie auf eine höhere Stufe zu heben, indem man sie in die Politik eingliedert, kann oft sehr ernsthafte und schwerwiegende Folgen haben. Fast immer geht eine ›spontane‹ Bewegung der subalternen Klassen mit einer reaktionären Bewegung der Rechten der herrschenden Klasse einher aufgrund von zusammenwirkenden Ursachen: eine ökonomische Krise zum Beispiel löst Unzufriedenheit in den subalternen Klassen und spontane Massenbewegungen auf der einen Seite aus, und auf der andern Seite bewirkt sie Komplotte der reaktionären Gruppen, die von der objektiven Schwächung der Regierung profitieren und Staatsstreiche versuchen. Zu den auslösenden Ursachen dieser Staatsstreiche muss man den Verzicht der verantwortungtragenden Gruppen zählen, den spontanen Bewegungen eine bewusste Führung zu geben und sie daher zu einem positiven politischen Faktor werden zu lassen. Beispiel der *Sizilianischen Vesper* und Auseinandersetzungen der Historiker, um festzustellen, ob es sich um spontane Bewegung oder verabredete Bewegung handelte: mir scheint, dass sich die beiden Elemente in der Sizilianischen Vesper verbunden haben, der spontane Aufstand des sizilianischen Volkes gegen die Provenzalen – der sich so rasch ausgedehnt hat, dass er den Eindruck der Gleichzeitigkeit und daher einer vorhandenen Verabredung erweckte, wegen der auf dem ganzen nationalen Territorium nunmehr unerträglich gewordenen Unterdrückung – und das bewusste Element von unterschiedlicher Bedeutung und Wirksamkeit, mit dem Hauptgewicht der Verschwörung Giovanni von Procidas mit den Aragoniern. Andere Beispiele lassen sich aus allen vergangenen Revolutionen entnehmen, in denen die subalternen Klassen zahlreich und durch die ökonomische Stellung und durch die Homogenität hierarchisch geordnet waren. Die ›spontanen‹ Bewegungen der breitesten Volksschichten machen wegen der objektiven Schwächung des Staates das An-die-Macht-Kommen der am meisten fortgeschrittenen subalternen Klasse möglich. Dies ist noch ein ›fortschrittliches‹ Beispiel, aber in der modernen Welt sind die rückschrittlichen Beispiele häufiger.

Die scholastische und akademische historisch-politische Auffassung, wonach nur jene Bewegung wirklich und würdig ist, die zu hundert Prozent bewusst ist, ja die durch einen im Voraus bis ins Kleinste ausgearbeiteten Plan bestimmt ist oder die (was dasselbe ist), der abstrakten Theorie entspricht. Aber die Wirklichkeit ist voll der wunderlichsten Verbindungen, und es ist am Theoretiker, in diesen Wunderlichkeiten die Probe auf seine Theorie zu machen, die Elemente des geschichtlichen Lebens in theoretische Sprache zu ›übersetzen‹, und nicht umgekehrt sich die Wirklichkeit nach dem abstrakten Schema darstellen. Dies wird es nie geben, und daher ist jene Auffassung nichts als ein Ausdruck von Passivität. (Leonardo verstand in allen Erscheinungen des kosmischen Lebens die Zahl aufzufinden, auch wenn die profanen Augen nur Willkür und Unordnung sahen.)

H. 8, § 169. (GH: 1036–1037) *Einheit der Theorie und der Praxis.* Der durchschnittliche Arbeiter wirkt praktisch, hat aber kein klares theoretisches Bewusstsein dieses seines die Welt Bearbeitens-Erkennens; im Gegenteil, sein theoretisches Bewusstsein kann »historisch« im Gegensatz zu seinem Wirken stehen. Das heißt, er wird zwei theoretische Bewusstseine haben, ein implizites in seinem Wirken, das ihn auch wirklich mit all seinen Mitarbeitern bei der praktischen Umgestaltung der Welt verbindet, und ein »explizites«, oberflächliches, das er von der Vergangenheit ererbt hat. Die praktisch-theoretische Position muss in einem solchen Fall »politisch« werden, das heißt zu einer Frage von »Hegemonie«. Das Bewusstsein, Teil der hegemonialen Kraft zu sein (also das politische Bewusstsein), ist die erste Phase eines weiteren und progressiven Selbstbewusstseins, nämlich der Vereinigung der Praxis und der Theorie. Auch die Einheit von Theorie und Praxis ist nichts mechanisch-faktisch Gegebenes, sondern ein geschichtliches Werden, das seine elementare und ursprüngliche Phase im Gefühl von »Unterscheidung«, von »Abstand«, von »Unabhängigkeit« hat. Das ist der Grund, warum ich woanders bemerkt habe, dass die Entwicklung des Begriffs-Faktums der Hegemonie einen großen »philosophischen« Fortschritt über den praktisch-politischen hinaus dargestellt hat.

Jedoch ist in den neuen Entwicklungen des historischen Materialismus die Vertiefung des Begriffs von Einheit der Theorie und der Praxis erst in einer Anfangsphase: noch gibt es Reste von Mechanizismus. Man spricht noch von Theorie als »Ergänzung« der Praxis, gleichsam als Zubehör usw. Ich meine, dass auch in diesem Fall die Frage geschichtlich und das heißt als ein Aspekt der Intellektuellenfrage gestellt werden muss. Geschichtlich bedeutet das Selbstbewusstsein die Hervorbringung einer Avantgarde von Intellektuellen: eine »Masse« »unterscheidet« sich nicht und wird nicht »unabhängig«, ohne sich zu organisieren, und es gibt keine Organisation ohne Intellektuelle, das heißt ohne Organisatoren und Führer. Aber dieser Prozess der Hervorbringung der Intellektuellen ist lang und schwierig, wie man woanders bereits gesehen hat. Und für lange Zeit, das heißt, bis die »Masse« der Intellektuellen eine gewisse Breite erreicht hat, was bedeutet, bis die größere Masse ein gewisses Bildungsniveau erreicht hat, erscheint er immer als eine Kluft zwischen Intellektuellen (oder bestimmten von ihnen oder einer Gruppe von ihnen) und den großen Massen: daher der Eindruck von »Zubehör und Ergänzung«. Das Insistieren auf der »Praxis«, das heißt, nachdem man in der behaupteten »Einheit« die Praxis von der Theorie nicht unterschieden, sondern getrennt hat (rein mechanische Operation), bedeutet geschichtlich, dass die geschichtliche Phase noch relativ elementar ist, noch die ökonomisch-korporative Phase ist, in welcher der allgemeine Rahmen der »Struktur« umgestaltet wird.

Zu den Intellektuellen könnte man in diesem Zusammenhang noch den grundlegenden Unterschied zwischen der Epoche vor und nach der Französischen Revolution und der gegenwärtigen Epoche anmerken: der ökonomische Individualismus der vorangegangenen Epoche ist ebenfalls ein Strukturphänomen, da die alte Struktur sich über individuelle Beiträge entwickelte. Der unmittelbare Intellektuelle des Kapitalismus war der »Industrielle«, Organisator der Produktion. In der Massenökonomie vollzieht sich die individuelle Auslese im intellektuellen Feld und nicht im ökonomischen; die Hauptaufgabe ist die der Vereinigung von Praxis und Theorie, also der Führung der »gesamten ökonomisch aktiven Masse«, und dies kann in den

Anfängen nur individuell geschehen (individuelle Mitgliedschaft in den politischen Parteien und nicht Labour Party oder gewerkschaftliche Vereinigungen): die Parteien sind die Erzeuger der neuen integralen und ganzheitlichen Intellektualität, und der traditionelle Intellektuelle der vorhergehenden Phase verschwindet notwendig (Klerus, Berufsphilosophen usw.), wenn er sich nicht nach einem langen und schwierigen Prozess assimiliert.

H. 10.II, § 44. (GH: 1334–1336) *Einführung ins Studium der Philosophie. Sprache, Sprachen, Alltagsverstand.* Unterstellt man die Philosophie als Weltauffassung und das philosophische Wirken nicht mehr [nur] als »individuelle« Ausarbeitung systematisch kohärenter Begriffe, sondern darüber hinaus und besonders als kulturellen Kampf zur Umformung der Volks-»Mentalität« und zur Verbreitung der philosophischen Erneuerungen, die sich in dem Maße als »geschichtlich wahr« erweisen werden, in welchem sie konkret, also geschichtlich und gesellschaftlich universell werden, dann muss die Frage der Sprache und der Sprachen »technisch« an vorderste Stelle gerückt werden. Die einschlägigen Schriften der Pragmatisten müssen erneut vorgenommen werden. Vgl. die *Schriften von G. Vailati* (Florenz 1911), darunter die Studie *Die Sprache als Hindernis bei der Ausschaltung illusorischer Gegensätze*.

Im Falle der Pragmatisten wie überhaupt bei jedem anderen Versuch organischer Systematisierung der Philosophie ist nicht gesagt, dass auf die Totalität des Systems oder den Wesenskern desselben Bezug genommen wird. Meines Erachtens kann man sagen, dass die Sprachauffassung Vailatis und anderer Pragmatisten inakzeptabel ist: jedoch scheinen sie wirkliche Erfordernisse gespürt und mit annähernder Genauigkeit »beschrieben« zu haben, auch wenn es ihnen nicht gelungen ist, die Fragen zu formulieren und die Lösung für sie zu geben. Man kann wohl sagen, dass »Sprache« wesentlich ein Sammelname ist, der eine weder in der Zeit noch im Raum »einheitliche« Sache voraussetzt. Sprache bedeutet auch Kultur und Philosophie (sei es auch auf der Ebene des Alltagsverstands), und darum ist das Faktum »Sprache« in Wirklichkeit eine Vielzahl mehr oder weniger organisch kohärenter und koordinierter Fakten: überspitzt kann man sagen, dass jedes sprechende Wesen eine eigene persönliche Sprache hat, das heißt eine eigene Denk- und Fühlweise.

Auf ihren verschiedenen Ebenen vereint die Kultur eine größere oder geringere Menge von Individuen in zahlreichen Schichten mit mehr oder weniger expressivem Kontakt, die sich untereinander in unterschiedlichem Grad verstehen usw. Es sind diese geschichtlich-gesellschaftlichen Unterschiede und Unterscheidungen, die sich in der Alltagssprache widerspiegeln und jene »Hindernisse« und »Fehlerursachen« hervorbringen, von denen die Pragmatisten gehandelt haben.

Hieraus folgt die Bedeutung, die das »kulturelle Moment« auch für die praktische (kollektive) Tätigkeit hat: jeder geschichtliche Akt kann nur vom

»Kollektivmenschen« vollzogen werden, setzt also die Erreichung einer »kulturell-gesellschaftlichen« Einheit voraus, durch die eine Vielzahl auseinanderstrebender Willen mit heterogenen Zielen für ein und dasselbe Ziel zusammengeschweißt werden, auf der Basis einer (gleichen) und gemeinsamen Weltauffassung (einer allgemeinen oder besonderen, transitorisch – auf emotionalem Wege – wirkenden oder permanenten, deren intellektuelle Basis so verwurzelt, assimiliert, gelebt ist, dass sie zur Leidenschaft werden kann). Da es so geschieht, scheint die Bedeutung der allgemeinen Sprachfrage auf, das heißt des kollektiven Erreichens ein und desselben kulturellen »Klimas«.

Dieses Problem kann und muss mit dem modernen Herangehen der pädagogischen Lehre und Praxis verglichen werden, der zufolge das Lehrer-Schüler-Verhältnis ein aktives Verhältnis wechselseitiger Beziehungen und deshalb jeder Lehrer immer auch Schüler und jeder Schüler Lehrer ist. Aber das pädagogische Verhältnis kann nicht auf die spezifisch »schulischen« Beziehungen eingegrenzt werden, durch welche die neuen Generationen in Kontakt mit den alten treten und deren historisch notwendige Erfahrungen und Werte aufnehmen, indem sie eine eigene, geschichtlich und kulturell höhere Persönlichkeit »zur Reife bringen« und entwickeln. Dieses Verhältnis existiert in der ganzen Gesellschaft in ihrer Gesamtheit und für jedes Individuum in Bezug auf andere Individuen, zwischen intellektuellen und nicht-intellektuellen Schichten, zwischen Regierenden und Regierten, zwischen Eliten und Anhängern, zwischen Führenden und Geführten, zwischen Avantgarden und dem Gros der Truppen. Jedes Verhältnis von »Hegemonie« ist notwendigerweise ein pädagogisches Verhältnis und ergibt sich nicht nur im Innern einer Nation, zwischen den verschiedenen Kräften, aus denen sie sich zusammensetzt, sondern auf der gesamten internationalen und globalen Ebene, zwischen nationalen und kontinentalen Zivilisationskomplexen.

Deshalb kann man sagen, dass die geschichtliche Persönlichkeit eines individuellen Philosophen auch durch das aktive Verhältnis zwischen ihm und der kulturellen Umwelt gegeben ist, die er verändern will, eine Umwelt, die auf den Philosophen zurückwirkt und, indem sie ihn zu fortwährender Selbstkritik zwingt, als »Lehrer« fungiert. So ist es gekommen, dass eine der Hauptforderungen der modernen Intellektuellenschichten auf politischem Gebiet die nach der sogenannten »Gedanken- und Redefreiheit (Presse und Versammlung)« gewesen ist, denn nur wo es diese politische Bedingung gibt, verwirklicht sich das Lehrer-Schüler-Verhältnis im weitesten, oben erwähnten Sinn, und in der Tat verwirklicht sich »geschichtlich« ein neuer Typus des Philosophen, der »demokratischer Philosoph« genannt werden kann, nämlich des Philosophen, der davon überzeugt ist, dass seine Persönlichkeit sich nicht aufs eigene physische Individuum beschränkt, sondern ein tätiges gesellschaftliches Verhältnis der Veränderung der kulturellen Umwelt ist. Wenn sich der »Denker« mit dem eigenen »subjektiv« freien, also abstrakt freien Denken zufrieden gibt, fordert er heutzutage zum Spott heraus: denn die Einheit von Wissenschaft und Leben ist eine tätige Einheit, in der sich die Gedankenfreiheit allererst verwirklicht, sie ist ein Verhältnis von Lehrer-Schüler, Philosoph-Kulturmilieu, in dem zu wirken ist, aus dem die notwendig zu stellenden und zu lösenden Probleme zu entnehmen sind, das heißt, sie ist das Verhältnis Philosophie-Geschichte.

H. 11, § 15. (GH: 1402–1403) *Der Begriff der »Wissenschaft«* [...] Eine Anmerkung, die zu vielen polemischen Hinweisen des *Lehrbuchs* gemacht werden kann, ist das systematische Verkennen der Möglichkeit des Irrtums seitens der einzelnen zitierten Autoren, weshalb einer gesellschaftlichen Gruppe, deren Repräsentanten die Wissenschaftler angeblich immer sein sollen, die disparatesten Meinungen und die widersprüchlichsten Willensäußerungen zugeschrieben werden. Diese Anmerkung hängt mit einem allgemeineren methodischen Kriterium zusammen, und zwar: es ist nicht sehr »wissenschaftlich« oder ganz einfach »sehr seriös«, die Gegner unter den Dümmsten und Mittelmäßigsten auszusuchen oder auch unter den Meinungen der eigenen Gegner die unwesentlichsten und beiläufigsten auszusuchen und anzunehmen, den Gegner »völlig« »vernichtet« zu haben, weil man eine seiner zweitrangigen und zufälligen Meinungen vernichtet hat, oder eine Ideologie oder eine Lehre vernichtet zu haben, weil man das theoretische Ungenügen ihrer dritt- oder viertrangigen Verfechter nachgewiesen hat. Auch »gilt es, gerecht zu sein mit den Gegnern«, und zwar in dem Sinne, dass man sich anstrengen muss zu verstehen, was sie wirklich haben sagen wollen, und sich nicht boshaft bei den oberflächlichen und unmittelbaren Bedeutungen ihrer Ausdrucksweisen aufzuhalten. Dies sei gesagt, wenn das gesteckte Ziel das ist, den intellektuellen Stil und das intellektuelle Niveau der eigenen Anhänger zu heben, und nicht unmittelbar darin besteht, mit allen Mitteln und auf jede Weise eine Wüste um sich herum zu erzeugen. Man muss sich auf folgenden Standpunkt stellen: dass der eigene Anhänger in Auseinandersetzung mit fähigen und intelligenten Gegnern diskutieren und den eigenen Standpunkt vertreten soll und nicht nur mit ungebildeten und ungeschulten Gegnern, die »durch Autorität« oder auf »emotionalem« Wege überzeugt werden. Die Möglichkeit des Irrtums muss eingeräumt und gerechtfertigt werden, ohne hierdurch der eigenen Auffassung Abbruch zu tun, denn worauf es ankommt, ist gar nicht die Meinung von Hinz und Kunz, sondern jenes Ensemble von Meinungen, die kollektiv, ein gesellschaftliches Element und eine gesellschaftliche Kraft geworden sind: diese gilt es zurückzuweisen in ihren repräsentativsten theoretischen Vertretern, die sogar aufgrund gedanklicher Höhe und auch wegen unmittelbarer »Uneigennützigkeit« achtenswert sind, und dabei nicht zu denken, man habe damit das entsprechende gesellschaftliche Element und die entsprechende gesellschaftliche Kraft »vernichtet« (was reiner aufklärerischer Rationalismus wäre), sondern nur, dass man dazu beigetragen hat: 1. auf der eigenen Seite den Geist der Unterscheidung und des Bruchs aufrechtzuerhalten und zu stärken; 2. den Boden dafür zu schaffen, dass die eigene Seite eine eigene originale Lehre aufnimmt und mit Leben erfüllt, die den eigenen Lebensbedingungen entspricht. […]

H. 11, § 25. (GH: 1423–1424) *Reduktion der Philosophie der Praxis auf eine Soziologie.* Diese Reduktion stellte die Kristallisation der bereits von Engels (in den im »Sozialistischen Akademiker« veröffentlichten Briefen an zwei Studenten) kritisierten üblen Tendenz dar, die darin besteht, eine Weltauffassung auf ein mechanisches Formelwerk zu reduzieren, das den Eindruck macht, die ganze Geschichte in der Tasche zu haben. Sie war der Hauptanreiz für die leichtfertigen journalistischen Improvisationen der »Genialischen«. Die Erfahrung, auf der die Philosophie der Praxis gründet, kann nicht schematisiert werden; sie ist die Geschichte selbst in ihrer unendlichen Varietät und Vielfalt, deren Studium Anlass zur Geburt der »Philologie« geben kann, als Methode der Gelehrsamkeit zur Feststellung der Einzeltatsachen, und zur Geburt der Philosophie, verstanden als allgemeine Methodologie der Geschichte. Dies war es vielleicht, was die Autoren sagen wollten, die bestreiten, wie das Lehrbuch sehr flüchtig im ersten Kapitel andeutet, dass sich aus der Philosophie der Praxis eine Soziologie konstruieren lässt, und behaupten, die Philosophie der Praxis lebe nur in den einzelnen historischen Studien (in dieser nackten und rohen Form ist diese Behauptung gewiss verfehlt und wäre eine neue, sonderbare Form von philosophischem Nominalismus und Skeptizismus). Zu bestreiten, dass sich eine Soziologie konstruieren lässt, verstanden als Wissenschaft der Gesellschaft, das heißt als Wissenschaft von der Geschichte und der Politik, die nicht die Philosophie der Praxis selbst wäre, heißt nicht, dass man keine empirische Zusammenstellung praktischer Beobachtungen konstruieren kann, welche die Sphäre der Philologie, wie sie traditionell verstanden wird, erweitern. Wenn die Philologie der methodologische Ausdruck dafür ist, wie wichtig es ist, dass die Einzeltatsachen in ihrer unverwechselbaren »Individualität« festgestellt und präzisiert werden, lässt sich die praktische Nützlichkeit dessen nicht ausschließen, dass man bestimmte allgemeinere »Tendenzgesetze« ausmacht, die in der Politik den statistischen Gesetzen oder dem Gesetz der großen Zahl entsprechen, die einigen Naturwissenschaften zu ihrem Fortschritt verholfen haben. Aber es ist nicht klargestellt worden, dass das statistische Gesetz in der Politischen Wissenschaft und Kunst nur so lange Anwendung finden kann, als die großen Massen der Bevölkerung wesentlich passiv bleiben – in [Bezug auf die] Fragen, die den Historiker und den Politiker interessieren –, oder man annimmt, dass sie passiv bleiben. Im Übrigen kann die Ausweitung des statistischen Gesetzes auf die Politische Wissenschaft und Kunst sehr schwerwiegende Konsequenzen haben, sofern man es übernimmt, um Handlungsperspektiven und -programme zu konstruieren; wenn das Gesetz in den Naturwissenschaften nur Fehlurteile und Schnitzer bewirken kann, die leicht durch neue Forschungen berichtigt werden und jedenfalls nur den einzelnen Wissenschaftler lächerlich machen können, der davon Gebrauch gemacht hat, so kann es in der Politischen Wissenschaft und Kunst wahre Katastrophen zum Ergebnis haben, deren »knallharte« Schäden niemals wiedergutgemacht werden können. In der Tat ist in der Politik die Übernahme des statistischen Gesetzes als schicksalhaft wirkendes Wesensgesetz nicht nur wissenschaftlicher Irrtum, sondern wird politischer Irrtum in actu; außerdem begünstigt sie die Denkfaulheit und die programmatische Oberflächlichkeit. Es muss bemerkt werden, dass die politische Handlung gerade darauf gerichtet ist, die großen Massen aus ihrer Passivität hervortreten zu lassen, also das Gesetz der großen Zahl zu zerstören; wie kann dies also für ein soziologisches Gesetz gehalten werden? Wenn man es sich genau überlegt, ist selbst die Forderung nach einer planmäßigen oder gelenkten Wirtschaft dazu bestimmt, das mechanisch verstandene, das heißt durch eine zufällige Anhäufung einer Unzahl individueller Willkürakte hervorgebrachte statistische Gesetz zu brechen, auch wenn sie sich auf die Statistik stützen muss, was jedoch nicht dasselbe bedeutet: in Wirklichkeit ersetzt menschliche Bewusstheit die naturwüchsige »Spontaneität«. Ein anderes Element, das in der politischen Kunst zur Umwälzung der alten naturwüchsigen Muster führt, ist hinsichtlich der Leitungsfunktion die Ersetzung der einzelnen Individuen, der individuellen (oder charismatischen, wie Michels sagt) Anführer durch kollektive Organismen (die Parteien). Mit der Ausbreitung der Massenparteien und ihrer organischen Anbindung an das innerste (produktiv-ökonomische) Leben der Masse selbst wird der Prozess der Standardisierung der popularen Gefühle aus einem mechanischen und zufälligen (das heißt durch das umwelthafte Dasein von Bedingungen und ähnlichen Pressionen hervorgerufenen) zu einem bewussten und kritischen. Die Kenntnis und das Urteil über die Bedeutung solcher Gefühle werden nicht mehr seitens der Anführer durch Intuition, gestützt auf die Identifizierung statistischer Gesetze, das heißt auf rationalem, intellektuellem, allzu oft trügerischem Weg gebildet – was der Anführer in Ideen-Kraft, in Worte-Kraft übersetzt –, sondern durch den kollektiven Organismus, durch »aktive und bewusste Mitbeteiligung«, durch »Mit-Leidenschaftlichkeit«, durch Erfahrung der unmittelbaren Einzelheiten, durch ein System, welches man das einer »lebendigen Philologie« nennen könnte. So bildet sich ein enges Band zwischen großer Masse, Partei, Führungsgruppe, und der gesamte gut gegliederte Komplex vermag sich wie ein »Kollektiv-Mensch« zu bewegen. [...]

H. 11, § 67. (GH: 1490) Übergang vom Wissen zum Verstehen, zum Fühlen, und umgekehrt, vom Fühlen zum Verstehen, zum Wissen. Das volkshafte Element »fühlt«, aber versteht oder weiß nicht immer; das intellektuelle Element »weiß«, aber es versteht und vor allem »fühlt« nicht immer. Die beiden Extreme sind folglich Pedanterie und Spießbürgertum auf der einen

Seite und blinde Leidenschaft und Sektierertum auf der anderen. Nicht, dass der Pedant nicht leidenschaftlich sein kann, im Gegenteil; die leidenschaftliche Pedanterie ist ebenso lächerlich und gefährlich wie die maßloseste Sektiererhaltung und Demagogie. Der Irrtum des Intellektuellen besteht {im Glauben}, man könne *wissen*, ohne zu verstehen und besonders ohne zu fühlen und leidenschaftlich zu sein (nicht nur fürs Wissen an sich, sondern fürs Objekt des Wissens), dass also der Intellektuelle ein solcher sein könne (und nicht ein reiner Pedant), wenn er vom Volk-Nation unterschieden und abgehoben ist, das heißt, ohne die elementaren Leidenschaften des Volkes zu fühlen, sie verstehend und folglich in der bestimmten geschichtlichen Situation erklärend und rechtfertigend und sie dialektisch mit den Gesetzen der Geschichte, mit einer höheren, wissenschaftlich und kohärent ausgearbeiteten Weltauffassung, dem »Wissen« verknüpfend; man macht keine Politik-Geschichte ohne diese Leidenschaft, das heißt ohne diese Gefühlsverbindung zwischen Intellektuellen und Volk-Nation. Bei Abwesenheit einer solchen Verbindung sind bzw. reduzieren sich die Beziehungen des Intellektuellen zum Volk-Nation auf Beziehungen rein bürokratischer, formaler Art; die Intellektuellen werden zu einer Kaste oder einer Priesterschaft (sogenannter organischer Zentralismus). Wenn das Verhältnis zwischen Intellektuellen und Volk-Nation, zwischen Führenden und Geführten, zwischen Regierenden und Regierten durch einen organischen Zusammenhalt gegeben ist, in dem das Gefühl-Leidenschaft zum Verstehen und folglich zum Wissen wird (nicht mechanisch, sondern auf lebendige Weise), nur dann ist die Beziehung eine der Repräsentanz und kommt es zum Austausch individueller Elemente zwischen Regierten und Regierenden, zwischen Geführten und Führenden, das heißt, es verwirklicht sich das gemeinsame Leben, das allein die soziale Kraft ist, es bildet sich der »geschichtliche Block«. De Man »studiert« die Gefühle des Volkes, fühlt nicht mit ihnen mit, um sie zu lenken und zu einer Katharsis moderner Zivilisation {civiltà} zu führen: seine Position ist die des Folklore-Forschers, der fortwährend fürchtet, die Moderne könnte ihm den Gegenstand seiner Wissenschaft zerstören. Im Übrigen findet sich in seinem Buch der pedantische Reflex eines wirklichen Erfordernisses: dass die Gefühle des Volkes so gekannt und studiert werden, wie sie sich objektiv darstellen, und nicht für etwas Belangloses und Träges in der geschichtlichen Bewegung gehalten werden.

H. 15, § 4. (GH: 1713–1716) *Machiavelli. Elemente der Politik.* Man muss nachgerade sagen, dass als Erstes gerade die ersten Elemente, die elementarsten Dinge vergessen werden; andererseits werden sie durch unendliches Wiederholen zu den Säulen der Politik und jedweder kollektiven Handlung. Erstes Element ist, dass es tatsächlich Regierte und Regierende, Führer und Geführte gibt. Die ganze Politische Wissenschaft und Kunst beruht auf dieser grundlegenden, (unter bestimmten allgemeinen Bedingungen) unverrückbaren Tatsache. Die Ursprünge dieser Tatsache sind ein Problem für sich, das für sich untersucht werden muss (zumindest wird untersucht werden können und müssen, wie man die Tatsache mildern und beseitigen kann, indem bestimmte Bedingungen verändert werden, von denen erkennbar ist, dass sie in diesem Sinn wirken), aber es bleibt die Tatsache, dass es Führer und Geführte, Regierende und Regierte gibt. Dies vorausgesetzt, wird zu sehen sein, wie man auf die wirksamste Weise führen kann (bestimmte Ziele vorausgesetzt) und wie deshalb die Führer in der besten Weise vorzubereiten sind (und darin besteht genauer die erste Abteilung der Politischen Wissenschaft und Kunst), und wie man auf der anderen Seite die Linien des geringsten Widerstands oder rationalen Linien erkennt, um den Gehorsam der Geführten oder Regierten zu erlangen.

Bei der Heranbildung der Führer ist die Voraussetzung wesentlich: will man, dass es immer Regierte und Regierende gibt, oder will man die Bedingungen schaffen, unter denen die Notwendigkeit der Existenz dieser Teilung verschwindet? das heißt, geht man von der Voraussetzung der fortwährenden Teilung des Menschengeschlechts aus oder glaubt man, dass sie nur eine geschichtliche, bestimmten Bedingungen entsprechende Tatsache ist? Man muss sich dennoch darüber im Klaren sein, dass die Teilung in Regierte und Regierende, wenn sie in letzter Instanz auch auf eine Teilung in Gesellschaftsgruppen zurückgeht, so wie die Dinge nun einmal sind, trotzdem vorhanden ist, auch innerhalb derselben Gruppe, auch wenn diese sozial homogen ist; in einem gewissen Sinn kann man sagen, dass diese Teilung ein Geschöpf der Arbeitsteilung, eine technische Tatsache ist. Über diese Koexistenz von Motiven spekulieren diejenigen, die in allem nur »Technik«, »technische« Notwendigkeit usw. sehen, um sich nicht das Grundproblem zu stellen.

Da es auch in ein und derselben Gruppe die Teilung in Regierende und Regierte gibt, müssen einige unabdingbare Prinzipien festgelegt werden, und gerade auf diesem Gebiet passieren die schlimmsten »Fehler«, das heißt, treten die kriminellsten und auch am schwersten zu reparierenden Fälle von Versagen auf. Da das Prinzip von der Gruppe selbst aufgestellt worden ist, glaubt man, dass der Gehorsam automatisch sein müsse, nicht nur eintreten müsse, ohne dass es eines Beweises der »Notwendigkeit« oder Rationalität bedürfe, sondern jeder Diskussion enthoben sei (manche denken und, was noch schlimmer ist, handeln nach dem Gedanken, dass der Gehorsam »kommt«, ohne verlangt zu werden, ohne dass der einzuschlagende Weg gezeigt wird). So ist es schwer, den »Cadornismus« bei den Führern auszurotten, das heißt die Überzeugung, etwas würde getan werden, weil der Führer für richtig und vernünftig hält, dass es getan wird: wenn es nicht getan wird, wird »die Schuld« auf diejenigen abgewälzt, die »es hätten tun müssen« usw. So ist auch die kriminelle Gewohnheit schwer auszurotten, es zu verabsäumen, sinnlose Opfer zu vermeiden. Zeigt doch der Alltagsverstand, dass der größte Teil der kollektiven (politischen) Katastrophen zustande kommt, weil man nicht versucht hat, das sinnlose Opfer zu vermeiden, oder man gezeigt hat, dass man anderer Leute Opfer nicht zur Kenntnis nimmt und ihre Haut zu Markte trägt. Jeder hat von Frontoffizieren erzählen hören, wie die Soldaten wirklich das Leben riskierten, wenn es nötig war, wie sie hingegen aber rebellierten, wenn sie sich nachlässig behandelt sahen. Zum Beispiel: eine Kompanie war fähig, tagelang nichts zu essen, weil sie sah, dass die Verpflegung durch höhere Gewalt nicht ankommen konnte, meuterte jedoch, wenn eine einzige Mahlzeit aus Nachlässigkeit oder Bürokratie übersprungen wurde, usw.

Dieses Prinzip erstreckt sich auf alle Handlungen, die ein Opfer erfordern. Weshalb es immer, nach jedem Rückschlag, vor allem darauf ankommt, die Verantwortung der Führer zu untersuchen, und dies im engen Sinn (zum Beispiel: eine Front besteht aus mehreren Abschnitten, und jeder Abschnitt hat seine Führer: es ist möglich, dass für eine Niederlage die Führer eines Abschnitts mehr Verantwortung tragen als die eines anderen, aber es handelt sich um mehr und weniger, nicht um den Ausschluss der Verantwortung für irgendeinen, niemals).

Das Prinzip vorausgesetzt, dass es Geführte und Führer, Regierte und Regierende gibt, ist es richtig, dass die Parteien bis jetzt die angemessenste Weise sind, die Führer und die Fähigkeit zur Führung heranzubilden (die »Parteien« können sich unter den verschiedensten Namen präsentieren, auch unter dem einer Antipartei oder der »Verneinung der Parteien«; in Wirklichkeit sind auch die sogenannten »Individualisten« Parteimenschen, nur dass sie »Parteichefs« von Gottes Gnaden oder der Torheit ihrer Gefolgsleute sein wollen).

Entwicklung des allgemeinen Begriffs, der im Ausdruck »Staatsgeist« enthalten ist. Dieser Ausdruck hat eine sehr präzise, historisch bestimmte Bedeutung. Es stellt sich aber das Problem: gibt es in jeder ernsthaften Bewegung etwas, {das dem ähnelt,} was sich »Staatsgeist« nennt, was also nicht der willkürliche Ausdruck von mehr oder weniger berechtigten Individualismen ist? Indessen setzt der »Staatsgeist« die »Kontinuität« sowohl mit der Vergangenheit oder der Tradition als auch mit der Zukunft voraus, setzt also voraus, dass jede Handlung das Moment eines komplexen Prozesses ist, der bereits begonnen hat und sich fortsetzen wird. Die Verantwortung für diesen Prozess, Akteure dieses Prozesses zu sein, mit Kräften solidarisch zu sein, die materiell »unbekannt« sind, von denen man aber dennoch spürt, dass sie wirken und aktiv sind, und mit denen man rechnet, als wären sie »materiell« und körperlich präsent, heißt in manchen Fällen eben »Staatsgeist«. Es ist offenkundig, dass ein solches Bewusstsein der »Dauer« konkret sein muss und nicht abstrakt, das heißt, gewissermaßen bestimmte Grenzen nicht überschreiten darf; nehmen wir an, die engsten Grenzen seien eine vorhergehende und eine zukünftige Generation, und das bedeutet nicht wenig, denn man zählt für jede Generation nicht dreißig Jahre vor und dreißig Jahre nach dem heutigen Tag, sondern organisch, in geschichtlichem Sinn, was für die Vergangenheit zumindest leicht zu verstehen ist: wir fühlen uns mit den Menschen solidarisch, die heute sehr alt sind und die für uns die

»Vergangenheit« darstellen, die noch unter uns lebt, die man kennen muss, mit der man rechnen muss, die eines der Elemente der Gegenwart und eine der Voraussetzungen der Zukunft ist. Und mit den Kindern, den Generationen, die geboren werden und heranwachsen und für die wir verantwortlich sind. (Etwas anderes ist der »Kult« der »Tradition«, der einen tendenziösen Wert hat, eine Wahl und ein bestimmtes Ziel impliziert, das heißt, einer Ideologie zugrunde liegt.) Und dennoch muss man, wenn man sagen kann, dass ein so verstandener »Staatsgeist« in allen ist, immer wieder Entstellungen desselben und Abweichungen von ihm bekämpfen. »Die Geste um der Geste willen«, den Kampf um des Kampfes willen usw., und besonders den engherzigen und kleinlichen Individualismus, der ja ein launisches Befriedigen augenblicklicher Impulse usw. ist. (In Wirklichkeit geht es immer um das italienische »Unpolitischsein«, das diese verschiedenen pittoresken und bizarren Formen annimmt.)

Der Individualismus ist nur animalisches Unpolitischsein; das Sektierertum ist »Unpolitischsein«, und wenn man {genau} hinschaut, ist das Sektierertum tatsächlich eine Form persönlicher »Klientel«, während der Parteigeist fehlt, der das Grundelement des »Staatsgeistes« ist. Der Nachweis, dass der Parteigeist das Grundelement des Staatsgeistes ist, ist eine der wichtigsten zu lösenden Aufgaben und von größter Bedeutung; und umgekehrt, dass der »Individualismus« ein animalisches Element ist, »von den Fremden bewundert« wie das Treiben der Bewohner eines zoologischen Gartens.

H. 15, § 13. (GH: 1730–1731) *Kulturprobleme. Fetischismus.* Wie sich der Fetischismus beschreiben lässt. Ein Kollektivorganismus setzt sich aus Einzelindividuen zusammen, die den Organismus bilden, insofern sie sich eine bestimmte Hierarchie und Führung gegeben haben und aktiv billigen. Wenn jede der Einzelkomponenten den Kollektivorganismus als ein ihr äußerliches Wesen denkt, ist offensichtlich, dass dieser Organismus faktisch nicht mehr existiert, sondern eine Einbildung des Verstandes, ein Fetisch wird. Man muss sehen, ob diese sehr verbreitete Denkweise nicht ein Überbleibsel der katholischen Transzendenz und der alten paternalistischen Regime ist: sie ist für eine Reihe von Organismen üblich, vom Staat über die Nation zu den politischen Parteien usw. Es ist natürlich, dass dies für die Kirche zutrifft, denn zumindest in Italien war das jahrhundertelange emsige Treiben des vatikanischen Zentrums, um jede Spur von innerer Demokratie und Einwirkung der Gläubigen auf die religiöse Aktivität zu tilgen, ein voller Erfolg und ist dem Gläubigen zur zweiten Natur geworden, obwohl sie ja gerade die spezifische Form von Katholizismus bestimmt hat, die dem italienischen Volk eigen ist. Erstaunlich ist, und das ist bezeichnend, dass der Fetischismus dieser Art sich durch »freiwillige« Organismen nicht »öffentlichen« oder staatlichen Typs reproduziert, wie die Parteien und die Gewerkschaften. Man ist geneigt, die Beziehungen zwischen dem Einzelnen und dem Organismus als einen Dualismus zu denken, und kommt zu einer äußerlich-kritischen Einstellung des Einzelnen gegenüber dem Organismus (sofern die Einstellung nicht eine unkritische enthusiastische Bewunderung ist). Jedenfalls ein fetischistisches Verhältnis. Der Einzelne erwartet, dass der Organismus handelt, auch wenn er nicht tätig wird, und er überlegt nicht, dass gerade deshalb, weil seine Einstellung sehr verbreitet ist, der Organismus notwendig untätig ist.

Ferner muss festgestellt werden, dass bei der weiten Verbreitung einer deterministischen und mechanischen Geschichtsauffassung (einer Auffassung, die zum Alltagsverstand gehört und mit der Passivität der großen Volksmassen verknüpft ist) jeder Einzelne – da er sieht, dass trotz seines Nicht-Eingreifens dennoch etwas geschieht – geneigt ist zu denken, dass eben über den Einzelnen ein phantasmagorisches Wesen existiert, die Abstraktion des Kollektivorganismus, eine Art autonomer Gottheit, die mit keinem konkreten Kopf denkt, und doch denkt, die sich nicht auf bestimmten Menschenbeinen bewegt, und sich doch bewegt usw.

Es könnte scheinen, dass einige Ideologien wie die des aktualen Idealismus (Ugo Spiritos), in dem das Individuum mit dem Staat identifiziert wird, die individuellen Bewusstseine umziehen müssten, aber dazu scheint es faktisch nicht zu kommen, weil diese Identifikation rein verbal und verbalistisch ist. Dasselbe gilt für jede Form des sogenannten »organischen Zentralismus«, der sich auf die Voraussetzung gründet – die nur in außergewöhnlichen Momenten zutrifft, wenn die popularen Leidenschaften am Glühen sind –, dass das Verhältnis zwischen Regierenden und Regierten dadurch gegeben ist, dass die Regierenden die Interessen der Regierten vertreten und deshalb deren Konsens haben »müssen«, das heißt, die Identifizierung des Einzelnen mit dem Ganzen zustande kommen muss, weil das Ganze (welcher Organismus es auch immer sei) von den Führern repräsentiert wird. Es ist denkbar, dass, wie für die katholische Kirche, eine solche Auffassung nicht nur nützlich, sondern notwendig und unverzichtbar ist: jede Form des Einwirkens von unten würde die Kirche tatsächlich zersetzen (man sieht das an den protestantischen Kirchen); für andere Organismen jedoch ist nicht der passive und indirekte, sondern der aktive und direkte Konsens eine Lebensfrage, die Teilhabe der Einzelnen also, auch wenn das einen Anschein von Zersetzung und Tumult hervorruft. Ein Kollektivbewusstsein, und das heißt ein lebendiger Organismus, formiert sich erst dann, wenn die Vielfalt sich durch die Reibung der Einzelnen vereinheitlicht hat: man kann dann auch nicht sagen, dass das »Schweigen« keine Vielfalt sei. Ein Orchester bei den Proben, jedes Instrument für sich, macht den Eindruck der schrecklichsten Kakophonie; und doch sind diese Proben die Bedingung dafür, dass das Orchester als ein einziges »Instrument« lebt.

H. 15, § 22. (GH: 1739) *Einführung ins Studium der Philosophie.* Theorie und Praxis. Da jede Handlung das Resultat unterschiedlicher Willen ist, mit unterschiedlichem Grad an Intensität, Bewusstheit, Homogenität mit dem

Gesamtzusammenhang kollektiven Wollens, ist klar, dass auch die entsprechende und implizite Theorie eine Kombination ebenso auseinanderfallender und heterogener Glaubensgehalte und Gesichtspunkte sein wird. Dennoch haftet hier die Theorie vollständig an der Praxis, in diesen Grenzen und in diesem Rahmen. Wenn das Problem des Identischmachens von Theorie und Praxis sich stellt, stellt es sich in folgendem Sinn: auf einer bestimmten Praxis eine Theorie zu konstruieren, die, indem sie mit den entscheidenden Elementen der Praxis selbst zusammenfällt und sich mit ihnen identifiziert, den sich vollziehenden geschichtlichen Prozess beschleunigt, indem sie die Praxis in all ihren Elementen homogener, kohärenter, wirksamer macht, das heißt, indem sie diese maximal potenziert; oder aber, ausgehend von einer bestimmten theoretischen Position, das praktische Element zu organisieren, das unentbehrlich ist, um sie ins Werk zu setzen. Das Identischmachen von Theorie und Praxis ist ein kritischer Akt, kraft dessen die Praxis als rational und notwendig aufgewiesen wird, oder die Theorie als realistisch und rational. Das ist der Grund, warum das Problem der Identität von Theorie und Praxis sich besonders in bestimmten geschichtlichen Momenten stellt, die solche des Übergangs heißen, also der schnelleren umgestaltenden Bewegung, wenn die entfesselten praktischen Kräfte wirklich danach verlangen, gerechtfertigt zu werden, um wirksamer und ausgreifender zu sein, oder sich die theoretischen Programme vervielfachen, die danach verlangen, ihrerseits realistisch gerechtfertigt zu werden, insofern sie sich als von den praktischen Bewegungen assimilierbar erweisen, die nur so praktischer und wirklicher werden.

H. 25, § 4. (GH: 2191–2194) *Einige allgemeine Notizen zur geschichtlichen Entwicklung der subalternen gesellschaftlichen Gruppen im Mittelalter in Rom.* […] (GH: 2193–2194) Der größte Teil der Probleme römischer Geschichte, die Ciccotti in der bereits erwähnten Untersuchung darlegt (abgesehen von der Feststellung »persönlicher« Episoden, wie die von Tanaquilla usw.), beziehen sich auf Ereignisse und Institutionen der subalternen gesellschaftlichen Gruppen (Volkstribun usw.). Deshalb kann die von Ciccotti vertretene und theorisierte Methode der »Analogie« einige »indizienhafte« Ergebnisse bringen, denn da es den subalternen gesellschaftlichen Gruppen an politischer Selbständigkeit fehlt, unterliegen ihre »defensiven« Aktivitäten eigenen Gesetzen der Notwendigkeit, die einfacher, begrenzter und politisch verdichteter sind als die Gesetze historischer Notwendigkeit, welche die Initiativen der herrschenden Klasse leiten und bedingen. Oft sind die subalternen Gruppen ursprünglich anderer Rasse (anderer Kultur und anderer Religion) als die herrschenden, und oft sind sie eine Mischung verschiedener Rassen, wie im Falle der Sklaven. Die Frage der Bedeutung der Frauen in der römischen Geschichte ähnelt derjenigen der subalternen Gruppen, aber nur bis zu einem gewissen Punkt; der »Maskulinismus« kann nur in einem bestimmten Sinn mit einer Klassenherrschaft verglichen werden, er hat daher mehr Bedeutung für die Geschichte der Sitten als für die politische und Sozialgeschichte.

Ein weiteres Forschungskriterium muss berücksichtigt werden, um die Gefahren offenzulegen, die der Methode der historischen Analogie als Kriterium der Interpretation innewohnen: im antiken Staat und in dem des Mittelalters war die Zentralisierung, sei es die territorial-politische, sei es die gesellschaftliche (und schließlich ist die eine nur eine Funktion der anderen), minimal. Der Staat war in einem gewissen Sinn ein mechanischer Block aus gesellschaftlichen Gruppen und oft aus verschiedenen Rassen: im Bereich des militärisch-politischen Drucks, der in akuter Form nur in gewissen Momenten ausgeübt wurde, hatten die subalternen Gruppen ein eigenes Leben für sich, eigene Institutionen usw., und gelegentlich hatten diese Institutionen staatliche Funktionen, die aus dem Staat eine Föderation von gesellschaftlichen Gruppen mit unterschiedlichen, nicht untergeordneten Funktionen machten, was in Krisenzeiten am Phänomen der »Doppelregierung« unmittelbar evident wurde. Die einzige von jedem organisierten gemeinschaftlichen Eigenleben ausgeschlossene Gruppe war die der Sklaven (und die der Proletarier, die nicht Sklaven waren) in der klassischen Welt, und die der Proletarier sowie die der Leibeigenen und der Kolonen in der mittelalterlichen Welt. Wenn auch in mancherlei Hinsicht die antiken Sklaven und die mittelalterlichen Proletarier dieselben Bedingungen hatten, war ihre Lage doch nicht identisch: der Versuch der Ciompi brachte gewiss nicht den Eindruck hervor, den ein ähnlicher Versuch der Sklaven hervorgebracht hätte (Spartakus, der verlangt, in Zusammenarbeit mit der Plebs in die Regierung aufgenommen zu werden usw.). Während im Mittelalter ein Bündnis zwischen Proletariern und Volk und darüber hinaus die proletarische Unterstützung der Diktatur eines Fürsten möglich war, nichts dergleichen in der klassischen Welt hinsichtlich der Sklaven. Der moderne Staat ersetzt den mechanischen Block der gesellschaftlichen Gruppen durch ihre Unterordnung unter die aktive Hegemonie der führenden und herrschenden Gruppe, beseitigt folglich einige Selbständigkeiten, die jedoch in anderen Formen, als Parteien, Gewerkschaften, Bildungsvereine wiedererstehen. Die zeitgenössischen Diktaturen beseitigen auf legale Weise auch diese neuen Formen von Selbständigkeit und bemühen sich, sie der staatlichen Aktivität einzuverleiben: die legale Zentralisierung des gesamten nationalen Lebens in den Händen der herrschenden Gruppe wird »totalitär«.

H. 25, § 5. (GH: 2194–2196) *Methodische Kriterien*. Die geschichtliche Einheit der führenden Klassen vollzieht sich im Staat, und ihre Geschichte ist im Wesentlichen die Geschichte der Staaten und der Staatengruppen. Man darf indes nicht glauben, dass diese Einheit rein rechtlich und politisch wäre, obwohl auch diese Form von Einheit ihre Bedeutung und keine bloß formale hat: die grundlegende geschichtliche Einheit ist in ihrer Konkretheit das Ergebnis der organischen Beziehungen zwischen Staat oder politischer

Gesellschaft und »Zivilgesellschaft«. Die subalternen Klassen sind per definitionem keine vereinheitlichten und können sich nicht vereinheitlichen, solange sie nicht »Staat« werden können: ihre Geschichte ist deshalb verwoben in die der Zivilgesellschaft, ist eine »zersetzte« und diskontinuierliche Funktion der Geschichte der Zivilgesellschaft und, auf diese Weise, der Geschichte der Staaten oder Staatengruppen. Untersucht werden muss daher: 1. die objektive Herausbildung der subalternen gesellschaftlichen Gruppen aufgrund der Entwicklung und der Umwälzungen, die sich in der Welt der ökonomischen Produktion vollziehen, ihre quantitative Verbreitung und ihre Herkunft aus vorher bestehenden gesellschaftlichen Gruppen, deren Mentalität, Ideologie und Ziele sie eine gewisse Zeit lang beibehalten; 2. ihre aktive oder passive Zugehörigkeit zu den herrschenden politischen Formationen, die Versuche, auf die Programme dieser Formationen Einfluss zu nehmen, um eigene Forderungen durchzusetzen, und die Folgen, die solche Versuche bei der Bestimmung von Prozessen der Auflösung und Erneuerung oder der Neuformierung haben; 3. die Entstehung neuer Parteien der herrschenden Gruppen, um den Konsens und die Kontrolle der subalternen Gruppen aufrechtzuerhalten; 4. die eigenen Formationen der subalternen Gruppen für Forderungen beschränkter und partieller Art; 5. die neuen Formationen, welche die Selbständigkeit der subalternen Gruppen beanspruchen, jedoch in den alten Rahmen; 6. die Formationen, welche die völlige Selbständigkeit beanspruchen, usw.

Die Auflistung dieser Phasen kann noch präzisiert werden durch Zwischenphasen oder durch die Kombination mehrerer Phasen. Der Historiker muss die Entwicklungslinie zur völligen Selbständigkeit hin bemerken und rechtfertigen, von den ursprünglichsten Phasen an, er muss jede Äußerung des Sorel'schen »Geistes der Abspaltung« bemerken. Daher ist auch die Geschichte der Parteien der subalternen Gruppen sehr komplex, insofern sie alle Rückwirkungen der Parteiaktivitäten auf den ganzen Bereich der subalternen Gruppen in ihrer Gesamtheit einschließen muss, auch auf die Haltungen der herrschenden Gruppen, und sie muss die Rückwirkungen der sehr viel wirksameren, weil vom Staat gestützten Aktivitäten der herrschenden auf die subalternen Gruppen und deren Parteien einschließen. Eine der subalternen Gruppen wird eine gewisse Hegemonie ausüben oder vermittels einer Partei danach streben, und das muss man festhalten, wenn man die Entwicklungen auch aller anderen Parteien untersucht, insofern sie Elemente der hegemonialen Gruppe oder der anderen subalternen Gruppen einschließen, die einer solchen Hegemonie unterliegen. Viele Regeln historischer Forschung lassen sich konstruieren, wenn man die Kräfte der Erneuerung in Italien untersucht, die das nationale Risorgimento leiteten: diese Kräfte haben die Macht ergriffen, haben sich im modernen italienischen Staat vereinigt, indem sie gegen bestimmte andere Kräfte kämpften, unterstützt von bestimmten Hilfstruppen oder Verbündeten; um Staat zu werden, mussten sie sich unterordnen bzw. die einen ausschalten und den aktiven oder passiven Konsens der anderen haben. Die Untersuchung der Entwicklung dieser Kräfte der Erneuerung von subalternen Gruppen zu führenden und herrschenden Gruppen muss deshalb die Phasen erforschen und bestimmen, durch welche sie die Selbständigkeit in den Auseinandersetzungen mit den zu schlagenden Feinden und die Anhängerschaft der Gruppen erreicht haben, die sie aktiv oder passiv unterstützt haben, inwieweit dieser ganze Prozess historisch notwendig war, um sich im Staat zusammenzuschließen. Der politisch-geschichtliche Bewusstseinsgrad, den diese Kräfte der Erneuerung nach und nach in den verschiedenen Phasen erreicht haben, bemisst sich genau nach diesen beiden Maßstäben und nicht nur nach dem seiner Loslösung von den vorher herrschenden Kräften. Gewöhnlich achtet man nur auf dieses Kriterium und hat so eine einseitige Geschichte oder versteht zuweilen gar nichts, wie im Fall der Geschichte der Halbinsel von der Zeit der Kommunen an. Das italienische Bürgertum vermochte das Volk nicht um sich zu vereinigen, und das war der Grund für seine Niederlagen und die Unterbrechungen seiner Entwicklung. Auch im Risorgimento verhinderte solch ein beschränkter Egoismus eine rasche und kraftvolle Revolution wie die französische. Hier liegt eine der wichtigsten Fragen und einer der schwerwiegendsten Gründe für die Schwierigkeiten beim Schreiben der Geschichte der subalternen gesellschaftlichen Gruppen und folglich überhaupt der (vergangenen) Geschichte der Staaten.

aus: Gramsci lesen, hg. v. Lia Becker, Mario Candeias, Janek Niggemann u. Anne Steckner, Argument Verlag, Hamburg 2013, 210–38. Die vollständige Übersetzung der Gefängnishefte: Gefängnishefte. Kritische Gesamtausgabe in 10 Bänden auf Grundlage der im Auftrag des Gramsci-Instituts besorgten Edition von Valentino Gerratana, herausgegeben von Klaus Bochmann und Wolfgang Fritz Haug unter Mitarbeit von Peter Jehle. Übersetzt von den Herausgebern und R. Graf, G. Kuck, J. Meinert, L. Schröder.

2.3. Die Entstehung der englischen Arbeiterklasse (Auszüge)

Edward P. Thompson

Vorwort

Die englische Ausgabe dieses Buches trägt einen umständlichen Titel: *The Making of the English Working Class*; er entspricht allerdings der Zielsetzung des Buches. Es heißt *Making*, denn was hier untersucht wird, ist ein aktiver Prozess, Resultat menschlichen Handelns *und* historischer Bedingungen. Die Arbeiterklasse trat nicht wie die Sonne zu einem vorhersehbaren Zeitpunkt in Erscheinung; sie war an ihrer eigenen Entstehung beteiligt.

Ich verwende den Ausdruck *Klasse* und nicht *Klassen* aus Gründen, die ich, neben anderen, im Verlauf meiner Untersuchung deutlich machen werde. Zwischen beiden Ausdrücken besteht natürlich ein Unterschied. »Arbeitende Klassen« ist ein deskriptiver Begriff, der ebenso viel außer Acht lässt, wie er definiert. Hier werden unterschiedliche Phänomene zu einem lockeren Bündel zusammengefasst. Hier gab es Schneider und dort Weber, und zusammen »bilden« sie dann die »arbeitenden Klassen«.

Unter *Klasse* verstehe ich ein historisches Phänomen, das eine Reihe von Ereignissen vereint, die in der Erfahrung und im Bewusstsein ungleichartig und scheinbar zusammenhanglos existieren. Ich möchte betonen, dass es sich um ein *historisches* Phänomen handelt. Ich betrachte *Klasse* nicht als eine »Struktur« oder gar als eine »Kategorie«, sondern als etwas, das sich unter Menschen, in ihren Beziehungen, abspielt (und das dokumentiert werden kann).

Der Begriff der *Klasse* impliziert darüber hinaus den Begriff von Beziehungen in ihrer Geschichtlichkeit. Wie jeder anderen Beziehung eignet ihr etwas Fließendes, das sich der Analyse entzieht, sobald wir versuchen, es zu irgendeinem Zeitpunkt anzuhalten und seine Struktur zu zerlegen. Selbst ein noch so dichtes soziologisches Raster kann kein reines Exemplar von Klasse sichtbar machen, auch nicht von Achtung oder Liebe. Die Beziehung muss sich immer in realen Menschen und in einem konkreten Kontext verkörpern. Wir können auch nicht von verschiedenen Klassen, die unabhängig voneinander existieren, ausgehen und sie dann *zueinander* in Beziehung setzen. Wir können das Phänomen Liebe nicht von den Menschen, die sich lieben, trennen und Ehrerbietung nicht von Gutsherrn und Arbeitern. Eine Klasse formiert sich, wenn Menschen aufgrund gemeinsamer Erfahrungen – seien sie von den Vorfahren weitergegeben oder zusammen erworben – die Identität ihrer Interessen empfinden und artikulieren, und zwar sowohl untereinander als auch gegenüber anderen, deren Interessen von ihren eigenen verschieden (und diesen gewöhnlich entgegengesetzt) sind. Die Klassenerfahrung ist weitgehend durch die Produktionsverhältnisse bestimmt, in die man hineingeboren wird – oder in die man gegen seinen Willen eintritt. Klassenbewusstsein ist die Art und Weise, wie man diese Erfahrungen kulturell interpretiert und vermittelt: verkörpert in Traditionen, Wertsystemen, Ideen und institutionellen Formen. Im Gegensatz zum Klassenbewusstsein ist die Erfahrung allem Anschein nach determiniert. In den Reaktionen vergleichbarer Beschäftigungsgruppen mit ähnlichen Erfahrungen erkennen wir zwar eine *Logik,* aber ein *Gesetz* können wir nicht aufstellen. Klassenbewusstsein entsteht zu verschiedenen Zeiten und an verschiedenen Orten auf dieselbe Weise, allerdings niemals auf *genau* dieselbe Weise.

Man neigt heute allenthalben zu der Annahme, Klasse sei etwas Konkretes, Reales. Diese Auffassung findet sich in Marx' historischen Schriften nicht; aufgrund dieser falschen Interpretation sind allerdings viele spätere »marxistische« Analysen unbrauchbar. »Sie«, die Arbeiterklasse, existiert, wie es dann heißt, tatsächlich, und man kann diese Existenz nahezu mathematisch definieren: soundso viele Menschen, die in einem bestimmten Verhältnis zu den Produktionsmitteln stehen. Wenn man von dieser Annahme ausgeht, lässt sich das Klassenbewusstsein ableiten, das »sie« haben müsste (aber selten hat), wenn »sie« sich ihrer eigenen Lage und ihrer wirklichen Interessen hinreichend bewusst wäre. Es gibt einen kulturellen Überbau, der diese Einsicht in ungenügendem Maße verbreitet. Da diese kulturellen Verzögerungen und Entstellungen nur Schwierigkeiten mit sich bringen, lässt man sie leicht links liegen und geht zu einer Substitutionstheorie über: Nun sind es Partei, Sekte oder Theoretiker, die das Klassenbewusstsein ans Licht bringen, und zwar nicht wie es ist, sondern wie es sein sollte.

Einen ähnlichen Denkfehler begeht man Tag für Tag im anderen ideologischen Lager. Zum einen handelt es sich dabei um eine einfache Negation. Da der vulgäre Klassenbegriff, den man Marx zuschreibt, ohne Schwierigkeiten widerlegt werden kann, nimmt man an, jeder Klassenbegriff sei ein pejoratives, der Wirklichkeit aufgezwungenes theoretisches Konstrukt. Man leugnet, dass sich eine Klasse überhaupt formiert habe. Zum anderen ist es, aufgrund einer eigenartigen Umkehrung, dann möglich, von einem dynamischen zu einem statischen Begriff von Klasse überzugehen. »Sie«, die Arbeiterklasse, existiert zwar und kann mit einiger Genauigkeit als Bestandteil der Gesellschaftsstruktur definiert werden. Klassenbewusstsein ist jedoch etwas ganz Übles, eine Erfindung von überspannten Intellektuellen. Alles, was die harmonische Koexistenz von Gruppen, die verschiedene »soziale Rollen« spielen, stört (und damit das wirtschaftliche Wachstum hemmt), muss als ein »ungerechtfertigtes Störungssymptom« missbilligt werden.[1] Das Problem besteht darin, herauszufinden, wie »sie« am besten dazu konditioniert

---

1 Ein Beispiel für diesen Ansatz, das den in diesem Zeitraum behandelten Zeitraum abdeckt, kann man in den Arbeiten eines Kollegen von Talcott Parsons finden (Smelser 1959).

werden kann, ihre soziale Rolle zu akzeptieren, und wie man am besten ihre Unzufriedenheit »in den Griff bekommen und kanalisieren« kann.

Wenn wir uns vor Augen halten, dass Klasse eine Beziehung und nichts Konkretes, Reales ist, so wird die Unmöglichkeit dieser Begriffsvorstellungen deutlich. »Sie« existiert nicht, um ein ideales Interesse oder Bewusstsein zu zeigen oder als Patient auf dem Seziertisch zu liegen. Wir können auch nicht die Dinge auf den Kopf stellen, wie dies ein Experte getan hat – in einer Untersuchung über Klassen, die sich geradezu besessen mit Methodologie befasst, ohne überhaupt eine einzige reale Klassensituation in einem realen historischen Kontext zu prüfen. Er unterrichtet uns folgendermaßen:

> »Klassen gehen zurück auf Unterschiede der legitimen Machtbefugnis in bestimmten Positionen, auf die Struktur sozialer Rollen unter dem Gesichtspunkt ihrer Autoritätsgehalte. Das heißt aber, dass ein Individuum im Prinzip dadurch zum Angehörigen einer Klasse wird, dass es eine unter dem Aspekt der Autorität relevante soziale Rolle einnimmt [...]. Es ist aber Mitglied einer Klasse, weil es eine Position in einem Herrschaftsverband einnimmt, d. h., die Klassenzugehörigkeit ist abgeleitet von der Trägerschaft sozialer Rollen, die Rekrutierung zu sozialen Klassen geht hervor aus der Rekrutierung zu diesen Rollen.« (Dahrendorf 1957, 153f.)

Die entscheidende Frage lautet natürlich, wie das Individuum zu dieser »sozialen Rolle« gekommen ist und wie dieser besondere »Herrschaftsverband« (mit seinen Eigentumsrechten und seiner Autoritätsstruktur) entstanden ist. Dies sind in der Tat Fragen historischer Art. Wenn wir die Geschichte an irgendeinem Punkt anhalten, finden wir keine Klassen, sondern schlicht und einfach eine Vielzahl von Individuen mit einer Vielzahl von Erfahrungen. Betrachten wir jedoch diese Menschen während einer ausreichend langen Zeitspanne gesellschaftlicher Veränderung, so erkennen wir Muster in ihren Beziehungen, ihren Ideen und ihren Institutionen. Indem Menschen ihre eigene Geschichte leben, definieren sie Klasse, und dies ist letzten Endes die einzige Definition.

Obwohl mein Verständnis für die methodologischen Vorlieben gewisser Soziologen unzureichend ist, hoffe ich, dass man dieses Buch als einen Beitrag zum Verständnis des Klassenbegriffs ansehen wird. Meiner Überzeugung nach können wir Klasse nicht begreifen, wenn wir sie nicht als eine gesellschaftliche und kulturelle Formation betrachten; diese Formation ist ihrerseits ein Resultat von Prozessen, die man nur in ihrer Entwicklung über eine beträchtliche historische Phase hinweg untersuchen kann. In den Jahren zwischen 1780 und 1832 bildete die arbeitende Bevölkerung Englands zum größten Teil ein Empfinden für die Identität von Interessen aus, und zwar untereinander und gegen ihre Herrscher und Lohnherren. Diese herrschende Klasse war ihrerseits vielfach gespalten und gewann in der Tat nur deshalb in denselben Jahren an Einheitlichkeit, weil bestimmte fundamentale Gegensätze angesichts einer aufrührerischen Arbeiterklasse beseitigt oder relativ unbedeutend wurden. Im Jahre 1832 war daher die Präsenz der Arbeiterklasse der wichtigste Faktor im politischen Leben Großbritanniens.

Ich habe das Buch folgendermaßen gegliedert. In Teil I befasse ich mich mit der Kontinuität der Volkstraditionen des 18. Jahrhunderts, die die folgenreiche Jakobinerbewegung in den neunziger Jahren jenes Jahrhunderts beeinflusst haben. In Teil II gehe ich von den subjektiven zu den objektiven Einflussfaktoren über: den Erfahrungen der mir besonders bedeutsam erscheinenden Arbeitergruppen während der Industriellen Revolution. Ich versuche in diesem Zusammenhang auch, die Eigenart der neuen Industriellen Arbeitsdisziplin und ihre Beeinflussung durch die methodistische Kirche abzuschätzen. In Teil III nehme ich die Geschichte des plebejischen Radikalismus auf und verfolge sie über den Luddismus bis zur heroischen Periode gegen Ende der Napoleonischen Kriege. Schließlich diskutiere ich einige Aspekte der politischen Theorie und des Klassenbewusstseins in den 20er und 30er Jahres des 19. Jh.

Dieses Buch ist eher eine Zusammenstellung von Untersuchungen miteinander verwandter Themen als eine fortlaufende Erzählung der Darstellung. Bei der Auswahl dieser Themen war mir zuweilen bewusst, gegen die vorherrschende Orthodoxie anzuschreiben. Es gibt erstens die Fabier-Orthodoxie, die in der großen Mehrheit der arbeitenden Menschen nichts als passive Opfer des *laissez-faire* sieht […] Zweitens gibt es die Orthodoxie der empirischen Wirtschaftshistoriker, in der die arbeitenden Menschen als Arbeitskräfte, Wanderarbeiter oder Daten für Statistiken vorkommen. Drittens haben wir die *Pilgrim's Progress*-Orthodoxie, die die Geschichte nach Vorläufern und Pionieren des Wohlfahrtsstaates durchstöbert, nach Vorfahren eines sozialistischen Commonwealth oder nach früheren Beispielen rationaler Arbeitsverhältnisse. Alle drei Orthodoxien haben eine gewisse Berechtigung und erweitern unser Wissen. Der ersten und zweiten Orthodoxie werfe ich vor, dass sie dazu neigen, das aktive Handeln der arbeitenden Menschen, das Ausmaß, in dem sie durch bewusste Leistungen die Geschichte mitgeprägt haben, zu gering zu bewerten. Mein Einwand gegen die dritte Orthodoxie besteht darin, dass sie die Geschichte im Lichte späterer Interessen interpretiert und nicht so, wie sie sich wirklich ereignet hat – man erinnert sich nur an die Erfolgreichen (d.h. an die, deren Bestrebungen spätere Entwicklungen antizipierten); die Sackgassen, die verlorenen Kämpfe und die Verlierer selbst werden vergessen.

Ich versuche, den armen Strumpfwirker, den ludditischen Tuscherer, den ›obsoleten‹ Handwerker, den ›utopischen‹ Handwerker, sogar den verblendeten Anhänger von Joanna Southcott vor der ungeheuren Arroganz der Nachwelt zu retten. Ihre Berufe und Traditionen waren möglicherweise im Absterben, ihre Feindschaft gegen den neuen Industrialismus war vielleicht rückwärts gerichtet, ihre kommunitären Ideale waren unter Umständen Phantasiegebilde und ihre rebellischen Verschwörungen tollkühn. Aber sie waren es, die diese Zeit akuter sozialer Unruhen erlebten und nicht wir.

Ihre Bestrebungen waren im Rahmen ihrer eigenen Erfahrungen berechtigt. Wenn sie auch die Gefallenen der Geschichte sind, so überdauerten sie doch, verurteilt in ihrem eigenen Leben, als Gefallene.

Ob die Taten eines Menschen im Lichte der nachfolgenden Entwicklung berechtigt waren oder nicht, sollte nicht unser einziger Beurteilungsmaßstab sein. Schließlich stehen auch wir nicht am Ende der gesellschaftlichen Entwicklung. Manche Niederlage der arbeitenden Menschen während der Industriellen Revolution vermittelt uns vielleicht Einblicke in soziale Missstände, die es immer noch zu beseitigen gilt. Im Übrigen hat es der größere Teil der Welt heute mit Problemen der Industrialisierung und der Schaffung demokratischer Institutionen zu tun, die in vielerlei Hinsicht den englischen Erfahrungen während der Industriellen Revolution entsprechen. Kämpfe, die in England verloren wurden, lassen sich in Asien oder Afrika vielleicht noch gewinnen.

Zum Schluss noch ein Wort der Entschuldigung gegenüber schottischen und walisischen Lesern. Nicht aus Chauvinismus, sondern aus Rücksichtnahme habe ich ihre Geschichte vernachlässigt. Da Klasse nicht nur eine ökonomische, sondern auch eine kulturelle Formation ist, war ich mit allgemeinen Urteilen außerhalb des englischen Erfahrungsraumes vorsichtig. (Ich habe die Iren berücksichtigt, allerdings nicht in Irland, sondern als Einwanderer in England.) Insbesondere die schottische Vergangenheit ist ebenso dramatisch und qualvoll wie die unsere. Die Jakobinerbewegung war in Schottland heftiger und heroischer. Die schottische Geschichte nimmt jedoch einen wesentlich anderen Verlauf. Calvinismus ist nicht dasselbe wie Methodismus, obwohl sich nur schwer entscheiden lässt, was im frühen 19. Jahrhundert schlimmer war. Wir hatten in England keine Landbevölkerung, die sich mit den Wanderarbeitern des schottischen Hochlands vergleichen ließe. Auch die Alltagskulturen waren hier und dort sehr verschieden. Man kann die englische und schottische Entwicklung, zumindest bis etwa 1820, als eigenständig ansehen, denn die gewerkschaftlichen und politischen Bindungen waren unausgereift und nicht dauerhaft. [...]

Halifax, August 1963

Rituale gegenseitiger Hilfe

Erneut entzieht sich dieser »Untergang des alten England« der Analyse. Vielleicht sehen wir den Zusammenhang der Veränderungen deutlicher, wenn wir uns daran erinnern, dass die Industrielle Revolution kein festes soziales Gefüge, sondern ein Übergangsstadium zwischen zwei Lebensformen war. Wir müssen viele verschiedene, nebeneinander existierende Gemeinden betrachten und nicht eine »typische« wie Middleton oder Pudsey. In Südwest-Lancashire allein fanden sich, nur ein paar Meilen voneinander entfernt, die kosmopolitische Stadt Manchester, in der Immigranten aus allen Ecken des Königreichs zusammenkamen; Bergwerksdörfer (wie in den Kohlegebieten des Herzogs von Bridgewater), die gerade aus dem Halbfeudalismus auftauchten; paternalistische Musterdörfer (wie Turton); neue Fabrikstädte (wie Bolton) und daneben ältere Weberdörfchen. In all diesen Gemeinden wirkten vielfältige konvergierende Einflüsse in Richtung auf größere Disziplin und wachsendes Bewusstsein der Arbeiterklasse.

Das Gemeinschaftsleben der Arbeiterklasse des frühen 19. Jahrhunderts war weder ein Produkt des Paternalismus noch des Methodismus, sondern in hohem Grade der bewussten Anstrengung der Arbeiterklasse selbst. In Manchester oder Newcastle reichen die Traditionen der Gewerkschaften und Unterstützungskassen mit ihrer Betonung von Selbstdisziplin und Gemeinsinn bis tief ins 18. Jahrhundert zurück. Aus der Zeit von 1750 überlieferte Satzungen der Kurzwarenweber von Manchester zeigen bereits eine peinlich genaue Beachtung des Protokolls und der verordneten Etikette. Die Komiteemitglieder müssen eine bestimmte Sitzordnung beachten. Die Türen sind zu schließen. Es gibt sorgfältige Vorsichtsmaßnahmen zur sicheren Aufbewahrung der Kasse. Die Mitglieder werden daran erinnert, dass »Unmäßigkeit, Feindlichkeit und Gottlosigkeit die Pest und das Gift sind, die den Lebensnerv jeder Gesellschaft zerfressen«. [...]

Hier zeigt sich der Verhaltenskodex des selbstbewussten Handwerkers, wenn auch die Hoffnung, durch diese Nüchternheit das Wohlwollen der Behörden zu gewinnen, weitgehend enttäuscht werden sollte. Männer wie Hardy und Place gingen durch diese Schule. Aber mit dem Fortschreiten der Industriellen Revolution wurde dieser Verhaltenskodex (manchmal in der Form von Mustersatzungen) auf immer weitere Teile der arbeitenden Bevölkerung ausgeweitet. Kleine Kaufleute, Handwerker, Arbeiter – alle versuchten, sich gegen Krankheit, Arbeitslosigkeit und Begräbniskosten[2] durch die Mitgliedschaft in »Kassen« oder Unterstützungsvereinen zu versichern. Die Disziplin, die zur sicheren Aufbewahrung der Geldmittel, zur geordneten Durchführung der Versammlungen und zur Entscheidung strittiger Fälle nötig war, erforderte jedoch ebenso viel Selbstbeherrschung wie die neue Arbeitsdisziplin. [...]

Vielleicht sollten einige dieser Regeln, so z.B. das Verbot von politischen Diskussionen und Liedern, nicht ganz wörtlich genommen werden. Während einige dieser Gesellschaften exklusive Krankenkassen von ungefähr 20 oder 30 Handwerkern waren, die sich in einem Wirtshaus trafen, dienten andere wohl eher als Deckmantel für gewerkschaftliche Tätigkeiten. Wahrscheinlich wurde nach den *Two Acts* sowohl in Sheffield als auch in Newcastle die Gründung von Unterstützungskassen als Tarnung für jakobinische Organisationen benutzt. (Eine »zünftlerische Unterstützungskasse« bezeugte 1816 die »loyalen, patriotischen und friedlichen Satzungen« der meisten Gesellschaften in Newcastle, beklagte sich aber, dass diese oft nicht

---

2 Arbeitende Menschen legten außergewöhnlichen Wert auf die Begräbniszeremonie. Ein Armenbegräbnis war die schlimmste gesellschaftliche Schande. Die Zeremonie hatte viel Folkloristisches und beschäftigte die sterbenden Menschen. »Ich würde mir wünschen«, schrieb ein verurteilter Luddit, »dass John Rawson, John Roberts und John Roper mich tragen; liebes Weib, wähle selbst die anderen drei aus.« (The Surprising, o. J.: 239)

genügten, um »heiße Debatten und heftige Reden« zu verhindern.) (Benevolent Society 1816) Die Obrigkeit misstraute diesen Gesellschaften während der Kriegsjahre aufs äußerste, und es war daher ein Ziel ihrer Satzungen, die Registrierung durch die lokalen Friedensrichter sicherzustellen. Aber jeder, dem Verfahrensweisen und Umgangsformen in einigen Gewerkschaften und Arbeitervereinen unserer Tage vertraut sind, wird den Ursprung von heute noch existierenden Praktiken in manchen dieser Satzungen erkennen. Zusammengenommen verweisen sie auf eine wahrhaft eindrucksvolle Zunahme von Selbstdisziplin und auf eine ebenso beeindruckende Verbreitung von Erfahrungen.[3]

Die Mitgliederschaft der Unterstützungskassen wird für das Jahr 1793 auf 648 000, für 1803 auf 704 350 und für 1815 auf 925 429 geschätzt. Obwohl nach dem ersten Unterstützungskassengesetz von 1793 die Registrierung beim Friedensrichter die gesetzliche Sicherstellung des Vereinsvermögens für den Fall, dass ein Vorstandsmitglied seinen Verpflichtungen nicht nachkommen sollte, ermöglichte, unterließ es eine große, aber nicht näher benannte Anzahl von Clubs, sich registrieren zu lassen. Entweder hinderte sie ihr Misstrauen gegenüber den Behörden daran oder engstirnige Trägheit oder ihre Geheimnistuerei, die, wie Holland feststellte, in den vierziger Jahren immer noch stark genug war, um seine Untersuchungen in Sheffield zu vereiteln. Diese Gesellschaften waren vor 1815 fast alle lokal begrenzt und selbstverwaltet; sie vereinigten in sich die Funktionen einer Krankenkasse mit geselligen Clubabenden und jährlichen Ausflügen oder Festen. Ein Zeitgenosse beobachtete 1805 in der Nähe von Matlock

> »ungefähr 50 Frauen, denen ein einzelner Geigenspieler voranging, der eine fröhliche Melodie spielte. Es handelte sich um einen weiblichen Versicherungsverein, der in Eyam eine Predigt gehört hatte und nun auf dem Wege zum gemeinsamen Mittagessen war; ein Luxus, den sich unser weiblicher Versicherungsverein in Sheffield nicht erlaubt. Dieser veranstaltet nur gemeinsame Teekränzchen, meist mit Gesang, Tanzen, Rauchen und Glühweintrinken.« (Siehe auch Priestley 1943; Ward 1909, 78)

Die Mitglieder von Unterstützungskassen hatten selten einen höheren Status als den eines Angestellten oder kleinen Kaufmanns. Die meisten waren Handwerker. Die Tatsache, dass jeder Bruder bei der Kasse Geld einzahlte, sorgte für die Stabilität der Mitgliedschaft und für aufmerksame Teilnahme an der Selbstverwaltung. Die Kassen hatten kaum Mitglieder aus dem Bürgertum, und auch wenn einige Unternehmer sie wohlwollend betrachteten, so ließ ihr tatsächliches Verhalten nur wenig Raum für paternalistische Kontrolle. Pleiten infolge versicherungsstatistischer Unerfahrenheit waren häufig und Verfehlungen von Vorstandsmitgliedern nicht selten. Diese über das

---

3   Zum gesetzlichen Status der Unterstützungskassen in dieser Zeit vgl. Gosden (1961, 5). Zur sozialen Zusammensetzung der Gesellschaften in Sheffield vgl. Holland (1843), Kap. 17.

ganze Land verstreuten Unterstützungskassen waren Stätten reicher (und oftmals schmerzlicher) Erfahrungen.

Die strenge Verschwiegenheit der Kassen und ihre Undurchdringlichkeit für die obere Klasse ist ein authentischer Beweis für das Wachsen einer unabhängigen Kultur der Arbeiterklasse und ihrer Institutionen. Dies war die Subkultur, aus der die weniger stabilen Gewerkschaften hervorgingen und in der Gewerkschaftsfunktionäre geschult wurden.[4] Die Satzungen der Gewerkschaften waren in vielen Fällen etwas sorgfältiger ausgearbeitete Versionen des entsprechenden Verhaltenskodexes der Krankenkassen. Manchmal wurden sie, wie im Fall der Wollkämmer, durch Verfahrensweisen der geheimen Freimaurerlogen ergänzt:

> Fremde, der Zweck all unserer Logen ist Liebe und Einigkeit,
> Mit Selbstschutz, gegründet auf die Gesetze der Gerechtigkeit,
> Und wenn Ihr unsere geheimnisvollen Rechte studiert habt,
> Dann sind Euch alle unsere Geheimnisse enthüllt. (Tufnell 1834, 42ff.)

In den Jahren nach 1790 zeigt sich unter dem Einfluss der jakobinischen Agitation ein neuer Tonfall in den Satzungspräambeln. Es ist eine der merkwürdigsten Folgen der Rhetorik vom »Gesellschaftsmenschen« in der philosophischen Aufklärung, dass sie sich in den Satzungen von unscheinbaren Clubs, die sich in den Wirtshäusern oder geheimen Lokalen des industriellen England trafen, wiederfindet. Im Gebiet des Tyne drückten »soziale« und »philanthropische« Gesellschaften ihre Ziele in Worten aus, die von leeren Phrasen – »für eine sichere, dauerhafte und liebevolle Gesellschaft«, »zur Förderung von Freundschaft und wahrer christlicher Nächstenliebe«, »der Mensch lebt nicht für sich allein« – bis zu gewaltigen philosophischen Ableitungen reichten:

> »Der Mensch ist durch den Bau seines Körpers und die Anlage seines Geistes ein Wesen, das für die Gesellschaft geformt ist.
> Wir, die Mitglieder dieser Gesellschaft, sind ernsthaft der Ansicht, dass der Mensch ein soziales Wesen ist [...], das dauernd der gegenseitigen Hilfe und Unterstützung bedarf; und wir haben in unsere Satzungen jene menschlichen und mitfühlenden Regungen eingeflochten, die wir stets beim Unglück eines unserer Mitmenschen empfinden.« (Friendly Society at West Bolton 1811; Good Intent Society 1815; siehe auch Maltby 1933 zu Beispielen für methodistisch beeinflusste Satzungen; Sociable Society 1812; Unanimous Society 1804)

Die Unterstützungskassen, die in so vielen verschiedenen Gemeinden zu finden waren, übten einen vereinheitlichenden Einfluss aus. Obwohl sie

---

4   Eine ständige Klage der Obrigkeit bezog sich darauf, dass die Unterstützungskassen ihren Mitgliedern die Entnahme von Mitteln erlaubten, wenn sie streikten. Macclesfield wurde 1812 als ein »Nest von unerlaubten Vereinigungen« beschrieben, »voller Kranken- und Sterbekassen, die der Keim der Revolution sind« (Davies 1961, 180).

sich aus finanziellen und gesetzlichen Gründen nur langsam miteinander verbanden, erleichterten sie doch den Zusammenschluss zu regionalen und nationalen Gewerkschaften. Die Rede vom Menschen als »soziales Wesen« trug zum wachsenden Bewusstsein der Arbeiterklasse bei. Ihre Sprache verband die christliche Nächstenliebe und die schlummernde Vorstellungswelt der »Brüderlichkeit« der methodistischen (und herrenhuterischen) Tradition mit den gesellschaftlichen Prinzipien des owenitischen Sozialismus. Viele der frühen owenitischen Gesellschaften und Läden stellten vor ihre Satzungen das Wort Jesajas (41,6): »Einer half dem andern und sprach zu seinem Nächsten: Sei getrost!« In den dreißiger Jahren des 19. Jahrhunderts waren viele Hymnen und Lieder von Unterstützungsgesellschaften im Umlauf, die dieses Thema ausführlicher behandelten.

»Das entscheidende Element im englischen Leben seit der Industriellen Revolution [...], der entscheidende Unterschied«, schreibt Raymond Williams, »liegt in den alternativen Ideen über die Natur der gesellschaftlichen Beziehungen.« Im Gegensatz zu den bürgerlichen Vorstellungen des Individualismus und (bestenfalls) Dienstes ist das, »was ›Kultur der Arbeiterklasse‹ wirklich bedeutet, [...] die fundamentale, kollektive Idee zusammen mit den von ihr ausgehenden Einrichtungen, Gewohnheiten der Gedanken und Intentionen« (Williams 1972, 389–392). Die Unterstützungskassen gingen nicht »von einer Idee aus«; ihre Institutionen wie ihre Ideen entstanden als Antwort auf gewisse gemeinsame Erfahrungen. Aber der Unterschied ist wichtig. In der einfachen Zellstruktur der Unterstützungskassen mit ihrem Alltagsethos der gegenseitigen Hilfe können wir viele Züge erkennen, die in anspruchsvollerer und komplexerer Form in Gewerkschaften, Genossenschaften, *Hampden-Clubs*, politischen Vereinigungen und chartistischen Logen wiederkehren. Gleichzeitig können wir in ihnen die Kristallisationspunkte eines Ethos der gegenseitigen Hilfe sehen, das in den »dichten« und »konkreten« Einzelheiten persönlicher Beziehungen der arbeitenden Bevölkerung zu Hause wie auch bei der Arbeit noch in weit stärkerem Maße verbreitet war. Die unterschiedlichsten Zeitgenossen aus der ersten Hälfte des 19. Jahrhunderts – Pastoren, Fabrikinspektoren, radikale Publizisten – erwähnen das Ausmaß gegenseitiger Hilfe in den ärmsten Distrikten. In Zeiten der Not, bei Arbeitslosigkeit, Streik, Krankheit, bei der Geburt eines Kindes waren es die Armen, bei denen »jeder seinem Nachbarn half«. [...]

Dies war nicht die *einzige* wirksame »Arbeiterklassen«-Ethik. Die »aristokratischen« Bestrebungen der Handwerker, die Vorstellung von »Selbsthilfe«, aber auch Kriminalität und Demoralisierung waren ebenso weit verbreitet. Der Kampf zwischen alternativen Lebensweisen wurde eben nicht nur zwischen Bürgertum und Arbeiterklasse, sondern in den Arbeitergemeinden selbst ausgefochten. Aber für die frühen Jahre des 19. Jahrhunderts kann man sagen, dass kollektivistische Wertvorstellungen in vielen industriellen Gemeinden dominieren; es gibt einen genauen moralischen

Kodex mit Sanktionen gegen Streikbrecher, »Handlanger« der Unternehmer oder unfreundliche Nachbarn wie auch Unduldsamkeit gegenüber dem Exzentriker oder Individualisten. Kollektivistische Wertvorstellungen werden bewusst vertreten und in der politischen Theorie, im Zeremoniell der Gewerkschaften und in der moralischen Rhetorik propagiert. Ebendieses kollektive Selbstbewusstsein mit seiner entsprechenden Theorie, seinen Institutionen, seiner Disziplin und seinen Gemeinschaftswerten unterscheidet die Arbeiterklasse des 19. Jahrhunderts vom Mob des 18. Jahrhunderts.

Politischer Radikalismus und Owenismus griffen auf diese »grundlegende kollektivistische Idee« zurück und bereicherten sie zugleich. Francis Place mag wohl recht gehabt haben, als er das veränderte Verhalten der Volksmassen in Lancashire 1819 dem Fortschritt des politischen Bewusstseins zuschrieb, »das sich in diesem Land verbreitet hat, seitdem 1792 die ›Constitutional‹ und die ›Corresponding Societies‹ aktiv wurden«:

> »Heute ist es möglich, dass sich 100 000 Leute versammeln, und doch entsteht kein Aufruhr, und warum? […] Die Leute haben ein Ziel, dessen Verfolgung ihnen in ihren eigenen Augen Wichtigkeit verleiht, das sie in ihrer eigenen Meinung hebt, und so kommt es, dass die gleichen Individuen, die sonst einen Aufstand angeführt hätten, jetzt den Frieden bewahren.« (Wallas 1918, 146)

Ein anderer Beobachter schrieb die Veränderung in Lancashire dem Einfluss von Cobbett und den Sonntagsschulen zu und bemerkte »eine allgemeine und radikale Veränderung« im Charakter der arbeitenden Klassen:

> »Wenn die Armen leiden und unzufrieden sind, dann machen sie keinen Aufstand mehr, sondern halten eine Versammlung ab – statt ihre Nachbarn anzugreifen, klagen sie das Ministerium an.« (Taylor 1820)

Die wachsende Selbstachtung und das gesteigerte politische Bewusstsein waren ein wirklicher Gewinn der Industriellen Revolution. Sie führten zur Auflösung einiger Formen des Aberglaubens und der Unterwürfigkeit und ließen bestimmte Formen der Unterdrückung nicht länger erträglich erscheinen. In der Stärke und den stolzen Zeremonien der Vereine und Handwerkerklubs, die nach der Aufhebung der Koalitionsgesetze aus der Halblegalität auftauchten, finden wir zahllose Beispiele für das stetige Anwachsen des Ethos gegenseitiger Hilfe. Beim Wollkämmerstreik 1825 in Bradford beteiligten sich in Newcastle, wo die Unterstützungskassen tief verwurzelt waren, auch die Gewerkschaften der Schmiede, Mühlenbauer, Tischler, Schuhmacher, Saffianleder-Appreteure, Möbeltischler, Schiffbauer, Säger, Schneider, Wollkämmer, Hutmacher, Gerber, Weber, Töpfer und Bergleute am Streikfonds von Bradford (o. A. 1825b). Außerdem trugen die Unterstützungskassen in einem gewissen Sinne dazu bei, die Freude an Zeremonien und das ausgeprägte Standesbewusstsein der Handwerkergilden aufzugreifen und in die Gewerkschaftsbewegung hineinzutragen. Diese

Traditionen besaßen im frühen 19. Jahrhundert noch eine bemerkenswerte Lebendigkeit in manchen der alten privilegierten Zünfte oder Gilden der Unternehmer und Handwerksmeister; ihre regelmäßig durchgeführten Zeremonien waren Ausdruck des Stolzes der Meister wie auch der Gesellen eines »Gewerbes«. 1802 fand z. B. eine große Jubiläumsfeier der Zünfte von Preston statt. Eine Woche lang gab es Umzüge und Ausstellungen, an denen der Adel, die Landbesitzer, Kaufleute, Händler und Manufakturbesitzer teilnahmen[5] und bei denen den Gesellen ein bevorzugter Platz eingeräumt wurde:

> »Den Wollkämmern und Baumwollarbeitern […] gingen zweiundvierzig junge, blühende und hübsche Frauen voran, von denen jede einen Baumwollzweig trug, dann folgte eine Spinnmaschine, die von Männern auf Schultern getragen wurde, und ein Webstuhl auf einem Schlitten; an beiden saßen emsig beschäftigte Arbeiter.«

In Bradford wurde am Vorabend des Streiks von 1825 das Fest der Wollkämmer für Bischof Blasius besonders glanzvoll gefeiert:

> Ein Herold, der eine Fahne trägt.
> Vierundzwanzig Wollgroßhändler zu Pferde, jedes Pferd
> mit einem Fließ geschmückt.
> Achtunddreißig Kammgarnspinner und Manufakturbesitzer zu Pferde in weißen Wollwesten, jeder mit einem Kammzug aus Wolle über der Schulter und einer weißen Wollschärpe; der Hals der Pferde mit einem Netz aus dickem Garn bedeckt.

Und so weiter, bis zu:

> BISCHOF BLASIUS
> Schäfer und Schäferin
> Schäferburschen
> Einhundertsechzig Wollsortierer zu Pferde mit verzierten Kappen und Wollkammzügen in verschiedenen Farben
> Dreißig Kammacher
> Köhler
> Fahnen der Kämmer
> *Musikzug*
> Vierhundertsiebzig Wollkämmer mit Wollperücken etc.
> *Musikzug*
> Vierzig Färber mit roten Kokarden, blauen Schürzen und gekreuzten Wollkammzügen in Rot und Blau.
> (Burnley o. J., 165–175; James 1866, 164–167)

---

5   Vertreten waren Gerber, Kürschner, Handschuhmacher, Schuhmacher, Zimmerleute, Metzger, Weinhändler, Schneider, Schmiede, Stoff- und Tuchhändler (vgl. o. A. 1802).

Nach dem großen Streik konnte eine derartige Feier nicht wieder stattfinden.

Dieser Übergang von der alten Auffassung »des Gewerbes« zu seiner Zweiteilung in Unternehmerorganisationen einerseits und Gewerkschaften andererseits führt uns zur zentralen Erfahrung der Industriellen Revolution.[6] Die Unterstützungskassen und Gewerkschaften versuchten jedoch nicht weniger als die Unternehmerorganisationen die Zeremonien und den Stolz der älteren Tradition aufrechtzuerhalten; im Gegenteil: Da sich die Handwerker (oder wie sie immer noch genannt wurden, die Gewerbeleute) als die *Produzenten* betrachteten, an deren Fähigkeiten die Unternehmer schmarotzten, betonten sie die Tradition umso stärker. Nach der Aufhebung der Koalitionsgesetze wehten ihre Banner wieder offen in den Straßen. In London stellte 1825 die (1794 gegründete) Gewerkschaft der Themseschiff-Kalfaterer ihre Wahlsprüche »Main et Cœur«, »Vigueur, Vérité, Concorde, Dépêche« zur Schau, die den Stolz des mittelalterlichen Handwerks zeigen. Die Gewerkschaft der Seiler marschierte mit einem weißen Banner, das einen Bienenschwarm mit einem Bienenstock und den Wahlspruch »Söhne des Fleißes! Einigkeit macht stark« zeigte. […]

Eine einzelne Erklärung genügt nicht, diese augenfällige Veränderung in der Verhaltensweise der arbeitenden Bevölkerung zu begreifen. Wir sollten auch den Grad der Veränderung nicht übertreiben. Trunkenheit und Tumult brandeten noch oft durch die Straßen. Es stimmt allerdings, dass die arbeitenden Menschen in den zwanzig Jahren nach dem Krieg oft dann sehr nüchtern und diszipliniert auftraten, wenn sie besonders ernsthaft ihre Rechte geltend machten. Deshalb können wir die Behauptung nicht akzeptieren, dass Nüchternheit nur oder hauptsächlich eine Folge der evangelischen Propaganda gewesen sei. Das wird auch deutlich, wenn wir die andere Seite der Medaille betrachten. Um 1830 stieß nicht nur die Staatskirche, sondern auch die methodistische Erweckungsbewegung in den meisten Arbeiterzentren auf den starken Widerstand von Freidenkern, Oweniten und nichtkonfessionellen Christen. In London, Birmingham, Südost-Lancashire, Newcastle, Leeds und anderen Städten hatten die deistischen Anhänger von Carlile oder Owen eine enorme Gefolgschaft. Die Methodisten hatten ihre Stellung konsolidiert, aber sie tendierten immer mehr dazu, Kaufleute und privilegierte Arbeitergruppen zu repräsentieren und sich moralisch vom Gemeinschaftsleben der Arbeiterklasse zu isolieren. Einige alte Zentren der Erweckungsbewegung waren ins »Heidentum« zurückgefallen. Im Sandgate-Viertel von Newcastle, einst »ebenso bekannt fürs Beten wie fürs Zechen, fürs Psalmen-Singen wie fürs Fluchen«, hatten die Methodisten in den vierziger Jahren jegliche Gefolgschaft unter den Armen verloren. In Teilen von Lancashire lösten sich Webergemeinden wie auch Fabrikarbeiter weitgehend von den Gotteshäusern und wurden vom Strom des Owenismus und des Freidenkertums mitgerissen:

---

6 Zur Entstehung des bürgerlichen Bewusstseins zwischen 1780 u. 1846 siehe Briggs (1956).

»Wenn es nicht die Sonntagsschulen gegeben hätte, so wäre die Gesellschaft vor dieser Zeit in einem furchtbaren Zustand gewesen. [...] Der Unglaube wächst in verblüffender Weise. [...] Die Schriften von Carlile und Taylor und anderen Ungläubigen werden mehr gelesen als die Bibel oder irgendein anderes Buch. [...] Ich habe Woche um Woche gesehen, wie die Weber sich in einem wohl 400 Personen fassenden Raum versammelten, um Leuten Beifall zu spenden, die behaupteten und zu beweisen versuchten, dass es keinen Gott gäbe. [...] Ich bin in die Hütten gegangen, die um die Kapelle liegen, wo ich zum Gottesdienst gehe, und habe gesehen, wie sich 20 Männer zur Lektüre von gottlosen Schriften versammelten.« (Select Committee 1834, 419)

Owenitische und weltliche Bewegungen verbreiteten sich oft so rasch »wie Ginster auf der Allmende« – ganz wie zuvor die Erweckungsbewegung.

Engels, der ab 1844 über seine Erfahrungen in Lancashire schrieb, behauptete, dass »die Arbeiter keine Religion haben und die Kirche nicht besuchen. Allenfalls die Iren sind auszunehmen, einige ältere Leute, dann die Halbbourgeois, die Aufseher, Werkmeister und dergleichen. [...] Aber unter der Masse findet man fast überall eine gänzliche Indifferenz gegenüber der Religion und höchstens ein bisschen Deismus«, Engels schwächte sein Argument, indem er es überzog; Dodd dagegen erwähnte eine Fabrik in Stockport, wo neun von zehn Arbeitern überhaupt keinen Gottesdienst besuchten, und Cooke Taylor wunderte sich 1842 über die ausgeprägten Kenntnisse der Heiligen Schrift, wie sie christliche Orthodoxien ablehnende Arbeiter aus Lancashire an den Tag legten. »Wenn ich denken müsste, dass Gott die Ursache all des Elends ist, das ich um mich herum sehe«, erzählte ein solcher Mann einem methodistischen Priester, »dann würde ich ihm den Dienst aufkündigen und sagen, dass er nicht der Gott ist, für den ich ihn gehalten habe.« Ähnlich waren in Newcastle während der Jahre des Chartismus Tausende von Handwerkern und Maschinisten überzeugte Freidenker. In einer Fabrik mit 200 Arbeitern »gibt es nicht mehr als sechs oder sieben, die einen Ort der Andacht aufsuchen.« »Die arbeitenden Klassen«, sagte ein Arbeiter,

»eignen sich Wissen an, und je mehr sie sich aneignen, umso tiefer wird der Bruch zwischen ihnen und den verschiedenen Sekten. Nicht weil sie die Bibel nicht kennen. Ich selbst verehre die Bibel [...], und wenn ich hineinschaue [...], finde ich, dass die Propheten zwischen dem Unterdrücker und den Unterdrückten standen, und den Übeltäter anklagten, gleich wie reich und mächtig er auch war. [...] Wenn die Prediger zum Alten Testament zurückkehren, dann will auch ich zurückkehren, um sie anzuhören, aber nur dann.«

So trugen die Sonntagsschulen unerwartete Früchte (siehe auch Dodd 1842, 181, 186; Engels 1845, 352; Newcastle Chronicle 1850, 32, 56; Taylor 1842, 153–155).

Der schwächer werdende Einfluss der Kirchen war aber keinesfalls ein Anzeichen zerfallender Selbstachtung oder Klassendisziplin. Im Gegenteil: In den Jahren des Chartismus waren Manchester und Newcastle mit ihren alten Traditionen industrieller und politischer Organisation bekannt für die Disziplin ihrer Massendemonstrationen. Wo die Bürger und Ladenbesitzer einst in Alarm versetzt worden waren, wenn die »schrecklichen und wilden Grubenarbeiter« in beliebiger Stärke nach Newcastle kamen, mussten nun die Grubenbesitzer die Elendsviertel nach »*candymen*« oder Lumpensammlern durchsuchen, um die streikenden Bergarbeiter zu vertreiben. In den Jahren 1838 und 1839 marschierten Zehntausende von Handwerkern, Bergleuten und Arbeitern Woche um Woche wohlgeordnet durch die Straßen, wobei sie oft unmittelbar am Militär vorüberzogen und jegliche Provokation vermieden. »Unsere Leute sind wohl belehrt worden«, erinnerte sich einer ihrer Führer, »dass wir keinen Aufstand wollen, sondern eine Revolution.« (Burt 1924, 34; Devyr 1882, 184f.; Fynes 1923, 19)

Literatur

Benevolent Society, 1816: *A Short Account of the Benevolent Society ...* at Messrs Angus Manufactory, Newcastle

Briggs, A., 1956: *Middle-Class Consciousness between 1780 and 1846*, in: *Past and Present*, (April)

Brotherhood of Mallsters, 1796: *Rules and Orders of the Brotherhood of Mallsters*, Newcastle

Burnley, J., o. J.: *Yorkshire Stories Re-Told*, Leeds

Burt, Thomas, 1924: *Autobiography*

Chaloner, Thomas, 1947: Reminiscences of Thomas Dunning, in: *Trans*, Lancs. & Cheshire Antiq. Soc., LIX

Dahrendorf, Ralf, 1957: *Soziale Klassen und Klassenkonflikt in der industriellen Gesellschaft*, Stuttgart

Davies, C. S., 1961: *History of Macclesfield*, Manchester

Devyr, T. A., 1882: *The Old Book of the Nineteenth Century*, New York

Dodd, W., 1842: *The Factory System Illustrated*

Engels, Friedrich, 1845: *Die Lage der arbeitenden Klasse in England. Nach eigner Anschauung und authentischen Quellen*, in: MEW, Bd. 2. Berlin, 225–506

Friendly Society, 1795: *Laws and Orders of the Friendly Society who met at the House of Mr. Wm Forster*, N. Shields

Friendly Society at West Bolton, 1811: *Articles of the Friendly Society at West Bolton*, Sunderland

Friendly Society of All Trades, 1804: *Articles of the Friendly Society of All Trades*, Newcastle

Friendly Society of Watermen, 1804: *Articles of the Friendly Society of Watermen*, Newcastle

Fynes, R., 1923: *The Miners of Northumberland and Durham*

Glass-makers Friendly Society, 1800: *Articles, Laws and Rules of the Glass-makers Friendly Society*, Newcastle

Good Intent Society, 1815: *Rules of the Good Intent Society*, Newcastle

Gosden, P. H. J., 1961: *The Friendly Societies in England*, Manchester

Holland, G. C., 1843: *The Vital Statistics of Sheffield*

James, J., 1866: *History of Bradford*

Maltby, H. J., 1933: Early Bradford Friendly Societies, in: *Bradford Antiquary*, VII

Miners Society, 1817: *Articles of the Miners Society*, Newcastle

Newcastle Chronicle, 1850: *Inquiry into the Condition of the Poor*, Newcastle

o. A., 1802: in: *Leeds Mercury*, 4. September 1802

o. A., 1825a: in: *Trades Newspaper*, 14. August 1825

o. A., 1825b: in: *Trades Newspaper*, 11. September 1825

Philanthropic Society of House-Carpenters and Joiners, 1812: *Rules of the Philanthropic Society of House-Carpenters and Joiners*, Newcastle

Priestley, J. H., 1943: *Ripponden Female Society*, in: *Trans*, Halifax Antiq. Soc.

Select Committee, 1834: *On Hand-loom Weavers' Petitions*

Smelser, Neil J., 1959: *Social Change in the Industrial Revolution*, Chicago

Sociable Society, 1812: *Rules of the Sociable Society*, Newcastle

Society of Cordwainers, 1806: *Articles of the Society of Cordwainers*, Hexham

Taylor, J. E., 1820: *Notes and Observations Critical and Explanatory on the Papers relative to the Internal State of the Country*

Taylor, W. C., 1842: *Notes of a Tour in the Manufacturing Districts of Lancashire*

The Surprising, o. J.: *History of General Ludd*, Nottingham

Tufnell, E. C., 1834: *The Character, Objects and Effects of Trades' Unions*

Unanimous Society, 1804: *Articles of the Unanimous Society*, Newcastle

Wadsworth, Alfred P., u. Julia De Lacy Mann, 1931: *The Cotton Trade and Industrial Lancashire, 1600–1780*, Manchester

Wallas, Graham, 1918: *The Life of Francis Place*

Ward, T. A., 1909: *Peeps into the Past*

Williams, Raymond, 1972: *Gesellschaftstheorie als Begriffsgeschichte. Studien zur historischen Semantik von Kultur*, München

aus: ders., Die Entstehung der englischen Arbeiterklasse, Frankfurt/M 1987, 7–12 und 447–58, mit freundlicher Genehmigung des Suhrkamp Verlages

2.4. Massenstreik, Partei und Gewerkschaften

Rosa Luxemburg

VI

Im Zusammenhang damit bekommt auch die Frage von der Organisation in ihrem Verhältnis zum Problem des Massenstreiks in Deutschland ein wesentlich anderes Gesicht.

Die Stellung mancher Gewerkschaftsführer zu der Frage erschöpft sich gewöhnlich in der Behauptung: »Wir sind noch nicht stark genug, um eine so gewagte Kraftprobe wie einen Massenstreik zu riskieren.« Nun ist dieser Standpunkt insofern ein unhaltbarer, weil es eine unlösbare Aufgabe ist, auf dem Wege einer ruhigen, zahlenmäßigen Berechnung festzustellen, wann das Proletariat zu irgendeinem Kampfe »stark genug sei«. Vor 30 Jahren zählten die deutschen Gewerkschaften 50 000 Mitglieder. Das war offenbar eine Zahl, bei der, nach dem obigen Maßstab, an einen Massenstreik nicht zu denken war. Nach weiteren 15 Jahren waren die Gewerkschaften viermal so stark und zählten 237 000 Mitglieder. Wenn man jedoch damals die heutigen Gewerkschaftsführer gefragt hätte, ob nun die Organisation des Proletariats zu einem Massenstreik reif wäre, so hätten sie sicher geantwortet, dass dies bei weitem nicht der Fall sei und dass die gewerkschaftlich Organisierten erst nach Millionen zählen müssten. Heute gehen die organisierten Gewerkschaftsmitglieder bereits in die zweite Million, aber die Ansicht ihrer Führer ist genau dieselbe, was offenbar so ins Unendliche gehen kann. Stillschweigend wird dabei vorausgesetzt, dass überhaupt die gesamte Arbeiterklasse Deutschlands bis auf den letzten Mann und die letzte Frau in die Organisation aufgenommen werden müsse, bevor man »stark genug sei«, eine Massenaktion zu wagen, die alsdann, nach der alten Formel, sich auch noch wahrscheinlich als »überflüssig« herausstellen würde. Diese Theorie ist jedoch aus dem einfachen Grunde völlig utopisch, weil sie an einem inneren Widerspruch leidet, sich im schlimmen Zirkel dreht. Die Arbeiter sollen, bevor sie irgendeinen direkten Klassenkampf vornehmen können, sämtlich organisiert sein. Die Verhältnisse, die Bedingungen der kapitalistischen Entwicklung und des bürgerlichen Staates bringen es aber mit sich, dass bei dem »normalen« Verlauf der Dinge, ohne stürmische Klassenkämpfe, bestimmte Schichten – und zwar gerade das Gros, die wichtigsten, die tiefststehenden, die vom Kapital und vom Staate am meisten gedrückten Schichten des Proletariats – eben gar nicht organisiert werden können. Sehen wir doch selbst in England, dass ein ganzes Jahrhundert unermüdlicher Gewerkschaftsarbeit ohne alle »Störungen« – ausgenommen im Anfange die Periode der Chartistenbewegung –, ohne alle »revolutionsromantischen« Verirrungen und Lockungen es nicht weiter gebracht haben als dahin, eine *Minderheit* der besser situierten Schichten des Proletariats zu organisieren.

Anderseits aber können die Gewerkschaften, wie alle Kampforganisationen des Proletariats, sich selbst nicht auf die Dauer anders erhalten als gerade im Kampf, und zwar nicht im Sinne allein des Froschmäusekrieges in den stehenden Gewässern der bürgerlich-parlamentarischen Periode, sondern im Sinne heftiger, revolutionärer Perioden des Massenkampfes. Die steife, mechanisch-bürokratische Auffassung will den Kampf nur als Produkt der Organisation auf einer gewissen Höhe ihrer Stärke gelten lassen. Die lebendige dialektische Entwicklung lässt umgekehrt die Organisation als ein Produkt des Kampfes entstehen. Wir haben bereits ein grandioses Beispiel dieser Erscheinung in Russland gesehen, wo ein so gut wie gar nicht organisiertes Proletariat sich in anderthalb Jahren stürmischen Revolutionskampfes ein umfassendes Netz von Organisationsansätzen geschaffen hat. Ein anderes Beispiel dieser Art zeigt die eigene Geschichte der deutschen Gewerkschaften. Im Jahre 1878 betrug die Zahl der Gewerkschaftsmitglieder 50 000. Nach der Theorie der heutigen Gewerkschaftsführer war diese Organisation, wie gesagt, bei weitem nicht »stark genug«, um einen heftigen politischen Kampf aufzunehmen. Die deutschen Gewerkschaften *haben* aber, so schwach sie damals waren, den Kampf aufgenommen – nämlich den Kampf mit dem Sozialistengesetz[1] –, und sie erwiesen sich nicht nur »stark genug«, aus dem Kampfe als Sieger hervorzugehen, sondern sie haben in diesem Kampfe ihre Kraft verfünffacht; sie umfassten nach dem Fall des Sozialistengesetzes im Jahre 1891 277 659 Mitglieder. Allerdings entspricht die Methode, nach der die Gewerkschaften im Kampfe mit dem Sozialistengesetz gesiegt haben, nicht dem Ideal eines friedlichen, bienenartigen ununterbrochenen Ausbaus; sie gingen erst im Kampfe sämtlich in Trümmer, um sich dann aus der nächsten Welle emporzuschwingen und neu geboren zu werden. Dies ist aber eben die den proletarischen Klassenorganisationen entsprechende spezifische Methode des Wachstums: im Kampfe sich zu erproben und aus dem Kampfe wieder reproduziert hervorzugehen.

Nach näherer Prüfung der deutschen Verhältnisse und der Lage der verschiedenen Schichten der Arbeiter ist es klar, dass auch die kommende Periode stürmischer politischer Massenkämpfe für die deutschen Gewerkschaften nicht den befürchteten drohenden Untergang, sondern umgekehrt neue ungeahnte Perspektiven einer rapiden sprungweisen Erweiterung ihrer Machtsphäre mit sich bringen würde. Allein, die Frage hat noch eine andere Seite. Der Plan, Massenstreiks als ernste politische Klassenaktion bloß mit Organisierten zu unternehmen, ist überhaupt ein gänzlich hoffnungsloser. Soll der Massenstreik oder vielmehr sollen die Massenstreiks,

---

[1] Das Ausnahmegesetz gegen die Sozialisten, kurz *Sozialistengesetz* genannt, wurde 1878 in Deutschland erlassen. Gemäß diesem Gesetz wurden alle Organisationen der Sozialdemokratischen Partei, alle Massenorganisationen der Arbeiter und die Arbeiterpresse verboten, die sozialistische Literatur beschlagnahmt und gegen Sozialdemokraten Repressalien eingeleitet. Unter dem Druck der Massenbewegung der Arbeiter wurde das Gesetz aufgehoben.

soll der Massenkampf einen Erfolg haben, so muss er zu einer wirklichen *Volksbewegung* werden, d. h. die breitesten Schichten des Proletariats mit in den Kampf ziehen. – Schon bei der parlamentarischen Form beruht die Macht des proletarischen Klassenkampfes nicht auf dem kleinen organisierten Kern, sondern auf der breiten, umliegenden Peripherie des revolutionär gesinnten Proletariats. Wollte die Sozialdemokratie bloß mit ihren paar hunderttausend Organisierten Wahlschlachten schlagen, dann würde sie sich selbst zur Nullität verurteilen. Und ist es auch eine Tendenz der Sozialdemokratie, womöglich fast den gesamten großen Heerbann ihrer Wähler in die Parteiorganisationen aufzunehmen, so wird doch nach 30-jähriger Erfahrung der Sozialdemokratie nicht ihre Wählermasse durch das Wachstum der Parteiorganisation erweitert, sondern umgekehrt die durch den Wahlkampf jeweilig eroberten frischen Schichten der Arbeiterschaft bilden das Ackerfeld für die darauffolgende Organisationsaussaat. Auch hier liefert nicht nur die Organisation die Kampftruppen, sondern der Kampf liefert in noch größerem Maße die Rekrutiertruppen für die Organisation. In viel höherem Grade als auf den parlamentarischen Kampf bezieht sich dasselbe offenbar auf die direkte politische Massenaktion. Ist auch die Sozialdemokratie als organisierter Kern der Arbeiterklasse die führende Vordertruppe des gesamten arbeitenden Volkes und fließt auch die politische Klarheit, die Kraft, die Einheit der Arbeiterbewegung gerade aus dieser Organisation, so darf doch die Klassenbewegung des Proletariats niemals als Bewegung der organisierten Minderheit aufgefasst werden. Jeder wirklich große Klassenkampf muss auf der Unterstützung und Mitwirkung der breitesten Massen beruhen, und eine Strategie des Klassenkampfes, die nicht mit dieser Mitwirkung rechnete, die bloß auf die hübsch ausgeführten Märsche des kasernierten kleinen Teils des Proletariats zugeschnitten wäre, ist im Voraus zum kläglichen Fiasko verurteilt.

Die Massenstreiks, die politischen Massenkämpfe können also unmöglich in Deutschland von den Organisierten allein getragen und auf eine regelrechte »Leitung« aus einer Parteizentrale berechnet werden. In diesem Falle kommt es aber wieder – ganz wie in Russland – nicht sowohl auf »Disziplin«, »Schulung« und auf möglichst sorgfältige Vorausbestimmung der Unterstützungs- und der Kostenfrage an als vielmehr auf eine wirklich revolutionäre, entschlossene Klassenaktion, die imstande wäre, die breitesten Kreise der nichtorganisierten, aber ihrer Stimmung und ihrer Lage nach revolutionären Proletariermassen zu gewinnen und mitzureißen.

Die Überschätzung und die falsche Einschätzung der Rolle der Organisation im Klassenkampf des Proletariats wird gewöhnlich ergänzt durch die Geringschätzung der unorganisierten Proletariermasse und ihrer politischen Reife. In einer revolutionären Periode, im Sturme großer, aufrüttelnder Klassenkämpfe zeigt sich erst die ganze erzieherische Wirkung der raschen kapitalistischen Entwicklung und der sozialdemokratischen Einflüsse auf die breitesten Volksschichten, wovon in ruhigen Zeiten die Tabellen der Organisationen und selbst die Wahlstatistiken nur einen ganz schwachen Begriff geben.

Wir haben gesehen, dass in Russland seit zirka zwei Jahren aus dem geringsten partiellen Konflikt der Arbeiter mit dem Unternehmertum, aus der geringsten lokalen Brutalität der Regierungsorgane sofort eine große, allgemeine Aktion des Proletariats entstehen kann. Jedermann sieht und findet es natürlich, weil in Russland eben »die Revolution« da ist. Was bedeutet aber dies? Es bedeutet, dass das Klassengefühl, der Klasseninstinkt bei dem russischen Proletariat in höchstem Maße lebendig ist, so dass es jede partielle Sache irgendeiner kleinen Arbeitergruppe unmittelbar als allgemeine Sache, als Klassenangelegenheit empfindet und blitzartig darauf als Ganzes reagiert. Während in Deutschland, in Frankreich, in Italien, in Holland die heftigsten gewerkschaftlichen Konflikte gar keine allgemeine Aktion der Arbeiterklasse – und sei es auch nur des organisierten Teils – hervorrufen, entfacht in Russland der geringste Anlass einen ganzen Sturm. Das will aber nichts anderes besagen, als dass – so paradox es klingen mag – gegenwärtig der Klasseninstinkt bei dem jungen, umgeschulten, schwach aufgeklärten und noch schwächer organisierten russischen Proletariat ein unendlich stärkerer ist als bei der organisierten, geschulten und aufgeklärten Arbeiterschaft Deutschlands oder eines anderen westeuropäischen Landes. Und das ist nicht etwa eine besondere Tugend des »jungen, unverbrauchten Ostens« im Vergleich mit dem »faulen Westen«, sondern es ist ein einfaches Resultat der unmittelbaren revolutionären Massenaktion. Bei dem deutschen aufgeklärten Arbeiter ist das von der Sozialdemokratie gepflanzte Klassenbewusstsein ein *theoretisches, latentes:* In der Periode der Herrschaft des bürgerlichen Parlamentarismus kann es sich als direkte Massenaktion in der Regel nicht betätigen; es ist hier die ideelle Summe der vierhundert Parallelaktionen der Wahlkreise während des Wahlkampfes, der vielen ökonomischen partiellen Kämpfe und dergleichen. In der Revolution, wo die Masse selbst auf dem politischen Schauplatz erscheint, wird das Klassenbewusstsein ein *praktisches, aktives.* Dem russischen Proletariat hat deshalb ein Jahr der Revolution jene »Schulung« gegeben, welche dem deutschen Proletariat 30 Jahre parlamentarischen und gewerkschaftlichen Kampfes nicht künstlich geben können. Freilich wird dieses lebendige, aktive Klassengefühl des Proletariats auch in Russland nach dem Abschluss der Revolutionsperiode und nach der Herstellung eines bürgerlich-parlamentarischen Rechtsstaates bedeutend schwinden oder vielmehr in ein verborgenes, latentes umschlagen. Ebenso sicher wird aber umgekehrt in Deutschland in einer Periode kräftiger politischer Aktionen das lebendige, aktionsfähige revolutionäre Klassengefühl die breitesten und tiefsten Schichten des Proletariats ergreifen, und zwar umso rascher und umso mächtiger, je gewaltiger das bis dahin geleistete Erziehungswerk der Sozialdemokratie ist. Dieses Erziehungswerk sowie die aufreizende und revolutionierende Wirkung der gesamten gegenwärtigen deutschen Politik werden sich darin äußern, dass der Fahne der

Sozialdemokratie in einer ernsten revolutionären Periode alle jene Scharen plötzlich Folge leisten werden, die jetzt in scheinbarer politischer Stupidität gegen alle Organisierungsversuche der Sozialdemokratie und der Gewerkschaften unempfindlich sind. Sechs Monate einer revolutionären Periode werden an der Schulung dieser jetzt unorganisierten Massen das Werk vollenden, das zehn Jahre Volksversammlungen und Flugblattverteilungen nicht fertigzubringen vermögen. Und wenn die Verhältnisse in Deutschland für eine solche Periode den Reifegrad erreicht haben, werden im Kampfe die heute unorganisierten, zurückgebliebensten Schichten naturgemäß das radikalste, das ungestümste, nicht das mitgeschleppte Element bilden. Wird es in Deutschland zu Massenstreiks kommen, so werden fast sicher nicht die Bestorganisierten – gewiss nicht die Buchdrucker –, sondern die schlechter oder gar nicht Organisierten, die Bergarbeiter, die Textilarbeiter, vielleicht gar die Landarbeiter, die größte Aktionsfähigkeit entwickeln.

Auf diese Weise gelangen wir aber auch in Deutschland zu denselben Schlüssen in Bezug auf die eigentlichen Aufgaben der *Leitung*, auf die Rolle der Sozialdemokratie gegenüber den Massenstreiks, wie bei der Analyse der russischen Vorgänge. Verlassen wir nämlich das pedantische Schema eines künstlich von Partei und Gewerkschafts wegen kommandierten demonstrativen Massenstreiks der organisierten Minderheit und wenden wir uns dem lebendigen Bilde einer aus äußerster Zuspitzung der Klassengegensätze und der politischen Situation mit elementarer Kraft entstehenden wirklichen Volksbewegung zu, die sich sowohl in politischen wie in ökonomischen stürmischen Massenkämpfen, Massenstreiks entladet, so muss offenbar die Aufgabe der Sozialdemokratie nicht in der technischen Vorbereitung und Leitung des Massenstreiks, sondern vor allem in der *politischen Führung* der ganzen Bewegung bestehen.

Die Sozialdemokratie ist die aufgeklärteste, klassenbewussteste Vorhut des Proletariats. Sie kann und darf nicht mit verschränkten Armen fatalistisch auf den Eintritt der »revolutionären Situation« warten, darauf warten, dass jene spontane Volksbewegung vom Himmel fällt. Im Gegenteil, sie muss, wie immer, der Entwicklung der Dinge *vorauseilen,* sie zu *beschleunigen* suchen. Dies vermag sie aber nicht dadurch, dass sie zur rechten und unrechten Zeit ins Blaue hinein plötzlich die »Losung« zu einem Massenstreik ausgibt, sondern vor allem dadurch, dass sie den breitesten proletarischen Schichten den unvermeidlichen *Eintritt* dieser revolutionären Periode, die dazu führenden inneren *sozialen Momente* und die *politischen Konsequenzen* klarmacht. Sollen breiteste proletarische Schichten für eine politische Massenaktion der Sozialdemokratie gewonnen werden und soll umgekehrt die Sozialdemokratie bei einer Massenbewegung die wirkliche Leitung ergreifen und behalten, der ganzen Bewegung *im politischen Sinne* Herr werden, dann muss sie mit voller Klarheit, Konsequenz und Entschlossenheit die *Taktik,* die *Ziele* dem deutschen Proletariat in der Periode der kommenden Kämpfe zu stecken wissen. [...]

VIII

Das wichtigste Erfordernis in der früher oder später kommenden Periode der großen Kämpfe, die der deutschen Arbeiterklasse harren, ist neben der vollen Entschlossenheit und Konsequenz der Taktik die möglichste Aktionsfähigkeit, also möglichste Einheit des führenden sozialdemokratischen Teils der proletarischen Masse. Indes bereits die ersten schwachen Versuche zur Vorbereitung einer größeren Massenaktion haben sofort einen wichtigen Übelstand in dieser Hinsicht aufgedeckt: die völlige Trennung und Verselbständigung der beiden Organisationen der Arbeiterbewegung, der Sozialdemokratie und der Gewerkschaften.

Es ist klar aus der näheren Betrachtung der Massenstreiks in Russland sowie aus den Verhältnissen in Deutschland selbst, dass irgendeine größere Massenaktion, wenn sie sich nicht bloß auf eine einmalige Demonstration beschränken, sondern zu einer wirklichen Kampfaktion werden soll, unmöglich als ein sogenannter politischer Massenstreik gedacht werden kann. Die Gewerkschaften würden an einer solchen Aktion in Deutschland genauso beteiligt sein wie die Sozialdemokratie. Nicht aus dem Grunde, weil, wie die Gewerkschaftsführer sich einbilden, die Sozialdemokratie angesichts ihrer viel geringeren Organisation auf die Mitwirkung der 1¼ Million Gewerkschaftler angewiesen wäre und »ohne sie« nichts zustande bringen könnte, sondern aus einem viel tiefer liegenden Grunde: weil jede direkte Massenaktion oder Periode offener Klassenkämpfe zugleich eine politische und ökonomische sein würde. Wird es in Deutschland aus irgendeinem Anlass und in irgendeinem Zeitpunkt zu großen politischen Kämpfen, zu Massenstreiks kommen, so wird das zugleich eine Ära gewaltiger gewerkschaftlicher Kämpfe in Deutschland eröffnen, wobei die Ereignisse nicht im mindesten danach fragen werden, ob die Gewerkschaftsführer zu der Bewegung ihre Zustimmung gegeben haben oder nicht. Stehen sie auf der Seite oder suchen sich gar der Bewegung zu widersetzen, so wird der Erfolg dieses Verhaltens nur der sein, dass die Gewerkschaftsführer, genau wie die Parteiführer im analogen Fall, von der Welle der Ereignisse einfach auf die Seite geschoben und die ökonomischen wie die politischen Kämpfe der Masse ohne sie ausgekämpft werden.

In der Tat. Die Trennung zwischen dem politischen und dem ökonomischen Kampf und die Verselbständigung beider ist nichts als ein künstliches, wenn auch geschichtlich bedingtes Produkt der parlamentarischen Periode. Einerseits wird hier, bei dem ruhigen, »normalen« Gang der bürgerlichen Gesellschaft, der ökonomische Kampf zersplittert, in eine Vielheit einzelner Kämpfe in jeder Unternehmung, in jedem Produktionszweige aufgelöst. Anderseits wird der politische Kampf nicht durch die Masse selbst in einer direkten Aktion geführt, sondern, den Formen des bürgerlichen Staates entsprechend, auf repräsentativem Wege, durch den Druck auf die gesetzgebenden Vertretungen. Sobald eine Periode revolutionärer Kämpfe eintritt, d. h., sobald die Masse auf dem Kampfplatz erscheint, fallen sowohl die Zersplitterung des ökonomischen Kampfes wie die indirekte parlamentarische Form des politischen Kampfes weg; in einer revolutionären Massenaktion sind politischer und ökonomischer Kampf eins, und die künstliche Schranke zwischen Gewerkschaft und Sozialdemokratie als zwei getrennten, ganz selbständigen Formen der Arbeiterbewegung wird einfach weggeschwemmt. Was aber in der revolutionären Massenbewegung augenfällig zum Ausdruck kommt, trifft auch für die parlamentarische Periode als wirkliche Sachlage zu. Es gibt nicht zwei verschiedene Klassenkämpfe der Arbeiterklasse, einen ökonomischen und einen politischen, sondern es gibt nur einen Klassenkampf, der gleichzeitig auf die Einschränkung der kapitalistischen Ausbeutung innerhalb der bürgerlichen Gesellschaft und auf die Abschaffung der Ausbeutung mitsamt der bürgerlichen Gesellschaft gerichtet ist.

Wenn sich diese zwei Seiten des Klassenkampfes auch aus technischen Gründen in der parlamentarischen Periode voneinander trennen, so stellen sie doch nicht etwa zwei parallel verlaufende Aktionen, sondern bloß zwei Phasen, zwei Stufen des Emanzipationskampfes der Arbeiterklasse dar. Der gewerkschaftliche Kampf umfasst die Gegenwartsinteressen, der sozialdemokratische Kampf die Zukunftsinteressen der Arbeiterbewegung. Die Kommunisten, sagt das Kommunistische Manifest, vertreten gegenüber verschiedenen Gruppeninteressen (nationalen, lokalen Interessen) der Proletarier die gemeinsamen Interessen des gesamten Proletariats und in den verschiedenen Entwicklungsstufen des Klassenkampfes das Interesse der Gesamtbewegung, d. h. die Endziele der Befreiung des Proletariats. Die Gewerkschaften vertreten nun die Gruppeninteressen und eine Entwicklungsstufe der Arbeiterbewegung. Die Sozialdemokratie vertritt die Arbeiterklasse und ihre Befreiungsinteressen im Ganzen. Das Verhältnis der Gewerkschaften zur Sozialdemokratie ist demnach das eines Teiles zum Ganzen, und wenn unter den Gewerkschaftsführern die Theorie von der »Gleichberechtigung« der Gewerkschaften und der Sozialdemokratie so viel Anklang findet, so beruht das auf einer gründlichen Verkennung des Wesens selbst der Gewerkschaften und ihrer Rolle im allgemeinen Befreiungskampfe der Arbeiterklasse.

Diese Theorie von der parallelen Aktion der Sozialdemokratie und der Gewerkschaften und von ihrer »Gleichberechtigung« ist jedoch nicht völlig aus der Luft gegriffen, sondern hat ihre geschichtlichen Wurzeln. Sie beruht nämlich auf einer Illusion der ruhigen, »normalen« Periode der bürgerlichen Gesellschaft, in der der politische Kampf der Sozialdemokratie in dem parlamentarischen Kampf aufzugehen scheint. Der parlamentarische Kampf aber, das ergänzende Gegenstück zum Gewerkschaftskampf, ist ebenso wie dieser ein Kampf ausschließlich auf dem Boden der bürgerlichen Gesellschaftsordnung. Er ist seiner Natur nach politische Reformarbeit, wie die Gewerkschaften ökonomische Reformarbeit sind. Er stellt politische

Gegenwartsarbeit dar, wie die Gewerkschaften ökonomische Gegenwartsarbeit darstellen. Er ist, wie sie, auch bloß eine Phase, eine Entwicklungsstufe im Ganzen des proletarischen Klassenkampfes, dessen Endziele über den parlamentarischen Kampf wie über den gewerkschaftlichen Kampf in gleichem Maße hinausgehen. Der parlamentarische Kampf verhält sich zur sozialdemokratischen Politik denn auch wie ein Teil zum Ganzen, genauso wie die gewerkschaftliche Arbeit. Die Sozialdemokratie ist eben heute die Zusammenfassung sowohl des parlamentarischen wie des gewerkschaftlichen Kampfes in einem auf die Abschaffung der bürgerlichen Gesellschaftsordnung gerichteten Klassenkampf.

Die Theorie von der »Gleichberechtigung« der Gewerkschaften mit der Sozialdemokratie ist also kein bloßes theoretisches Missverständnis, keine bloße Verwechslung, sondern sie ist ein Ausdruck der bekannten Tendenz jenes opportunistischen Flügels der Sozialdemokratie, der den politischen Kampf der Arbeiterklasse auch tatsächlich auf den parlamentarischen Kampf reduzieren und die Sozialdemokratie aus einer revolutionären proletarischen in eine kleinbürgerliche Reformpartei umwandeln will. [...]

Der wichtigste Schluss aus den angeführten Tatsachen ist der, dass die für die kommenden Massenkämpfe in Deutschland unbedingt notwendige völlige Einheit der gewerkschaftlichen und der sozialdemokratischen Arbeiterbewegung tatsächlich vorhanden ist, und zwar ist sie verkörpert in der breiten Masse, die gleichzeitig die Basis der Sozialdemokratie wie der Gewerkschaften bildet und in deren Bewusstsein beide Seiten der Bewegung zu einer geistigen Einheit verschmolzen sind. Der angebliche Gegensatz zwischen Sozialdemokratie und Gewerkschaften schrumpft bei dieser Sachlage zu einem Gegensatz zwischen der Sozialdemokratie und einem gewissen Teil der Gewerkschaftsbeamten zusammen, der aber zugleich ein Gegensatz innerhalb der Gewerkschaften zwischen diesem Teil der Gewerkschaftsführer und der gewerkschaftlich organisierten proletarischen Masse ist.

Das starke Wachstum der Gewerkschaftsbewegung in Deutschland im Laufe der letzten 15 Jahre, besonders in der Periode der wirtschaftlichen Hochkonjunktur 1895–1900, hat von selbst eine große Verselbständigung der Gewerkschaften, eine Spezialisierung ihrer Kampfmethoden und ihrer Leitung und endlich das Aufkommen eines regelrechten gewerkschaftlichen Beamtenstandes mit sich gebracht. All diese Erscheinungen sind ein vollkommen erklärliches und natürliches geschichtliches Produkt des fünfzehnjährigen Wachstums der Gewerkschaften, ein Produkt der wirtschaftlichen Prosperität und der politischen Windstille in Deutschland. Sie sind, wenn auch von gewissen Übelständen unzertrennlich, doch zweifellos ein historisch notwendiges Übel. Allein die Dialektik der Entwicklung bringt es eben mit sich, dass diese notwendigen Förderungsmittel des gewerkschaftlichen Wachstums auf einer gewissen Höhe der Organisation und bei einem gewissen Reifegrad der Verhältnisse in ihr Gegenteil, in Hemmnisse des weiteren Wachstums umschlagen.

Die Spezialisierung ihrer Berufstätigkeit als gewerkschaftlicher Leiter sowie der naturgemäß enge Gesichtskreis, der mit den zersplitterten ökonomischen Kämpfen in einer ruhigen Periode verbunden ist, führen bei den Gewerkschaftsbeamten nur zu leicht zum Bürokratismus und zu einer gewissen Enge der Auffassung. Beides äußert sich aber in einer ganzen Reihe von Tendenzen, die für die Zukunft der gewerkschaftlichen Bewegung selbst höchst verhängnisvoll werden könnten. Dahin gehört vor allem die Überschätzung der Organisation, die aus einem Mittel zum Zweck allmählich in einen Selbstzweck, in ein höchstes Gut verwandelt wird, dem die Interessen des Kampfes untergeordnet werden sollen. Daraus erklärt sich auch jenes offen zugestandene Ruhebedürfnis, das vor einem größeren Risiko und vor vermeintlichen Gefahren für den Bestand der Gewerkschaften, vor der Ungewissheit größerer Massenaktionen zurückschreckt, ferner die Überschätzung der gewerkschaftlichen Kampfesweise selbst, ihrer Aussichten und ihrer Erfolge. Die beständig von dem ökonomischen Kleinkrieg absorbierten Gewerkschaftsleiter, die es zur Aufgabe haben, den Arbeitermassen den hohen Wert jeder noch so geringen ökonomischen Errungenschaft, jeder Lohnerhöhung oder Verkürzung der Arbeitszeit plausibel zu machen, kommen allmählich dahin, dass sie selbst die größeren Zusammenhänge und den Überblick über die Gesamtlage verlieren. [...]

Und schließlich wird aus dem Verschweigen der dem gewerkschaftlichen Kampfe gezogenen objektiven Schranken der bürgerlichen Gesellschaftsordnung eine direkte Feindseligkeit gegen jede theoretische Kritik, die auf diese Schranken im Zusammenhang mit den Endzielen der Arbeiterbewegung hinweist. [...]

Durch die Konzentrierung der Fäden der Bewegung in den Händen des Gewerkschaftsbeamten wird auch die Urteilsfähigkeit in gewerkschaftlichen Dingen zu seiner Berufsspezialisierung. Die Masse der Genossen wird zur urteilsunfähigen Masse degradiert, der hauptsächlich die Tugend der »Disziplin«, d. h. des passiven Gehorsams, zur Pflicht gemacht wird. [...]

Nicht oben, in den Spitzen der Organisationsleitungen und ihrem föderativen Bündnis, sondern unten, in der organisierten proletarischen Masse, liegt die Gewähr für die wirkliche Einheit der Arbeiterbewegung. Im Bewusstsein der Million Gewerkschaftsmitglieder sind Partei und Gewerkschaft tatsächlich eins, sie sind nämlich der sozialdemokratische Emanzipationskampf des Proletariats in verschiedenen Formen. Und daraus ergibt sich auch von selbst die Notwendigkeit zur Beseitigung jener Reibungen, die sich zwischen der Sozialdemokratie und einem Teil der Gewerkschaften ergeben haben [...]

aus: Massenstreik, Partei und Gewerkschaften, Hamburg 1906, in: Gesammelte Werke, Bd. 2, Berlin 1974, 91–170

2.5. Einheit und Spaltung als Konstitutionsproblem der Arbeiterklasse

Frank Deppe

Einheit und Spaltung der Arbeiterbewegung werden in der Regel als politisches Problem definiert. Meist wird die Entwicklung der deutschen Arbeiterbewegung zwischen 1918/19 und 1933 als besonders anschauliches Material für die Realität von Spaltung und Konfrontation der Arbeiterbewegung herangezogen. Schnell gelangt man zur emphatischen Beteuerung der politischen Lehre, die aus dieser Erfahrung und der mit ihr verbundenen Niederlage des Jahres 1933 gewonnen wurde: Die Überwindung/Aufhebung der Spaltung ist wesentliche Voraussetzung für die Entwicklung einer Politik, die gegenrevolutionäre und antidemokratische Bewegungen abzuwehren vermag, die jedoch zugleich in diesem Kampf und vermittels der Einheit jene Kraftentfaltung und Bewusstseinsentwicklung ermöglicht, ohne die demokratische und sozialistische Veränderungen des bestehenden Gesellschaftssystems und seiner Herrschaftsordnung nicht zu erreichen sind.

Aus der Periode zwischen 1934 und 1946/47 sind daher verschiedene Formen der Überwindung der Spaltung in der Arbeiterbewegung überliefert: die Form der Aktionseinheit aller an der Verhinderung des Faschismus beziehungsweise am antifaschistischen Kampf interessierten Kräfte oder eine auf die Gewinnung der politischen Macht zielende Bündnisstrategie. Außerdem haben sich in dieser Periode einheitliche Organisationen der Arbeiterbewegung entwickelt: So wurde gegen Ende des Zweiten Weltkrieges – getragen von den Widerstandsbewegungen – das Ziel der Schaffung von »Einheitsgewerkschaften« oder auch einer sozialistischen »Einheitspartei« diskutiert und zum Teil realisiert. Pietro Nenni, lange Jahre Vorsitzender der Sozialistischen Partei Italiens (PSI), hat – für Italien – diese Bewegung folgendermaßen charakterisiert: »Der Geist war zutiefst einheitlich. Das erste Manifest [des PSI, F. D.] begann mit den Worten ›Eine Klasse, ein Ziel, eine Partei‹. Es war unsere Absicht, die Spaltungen aus der ›schmerzlichen Epoche‹ der Jahre 1921/22 zwischen Kommunisten und Reformisten zu überwinden.« (Nenni 1977, 60f.)

Diese geschichtlichen Erfahrungen haben gewiss bis in die Gegenwart ihre Bedeutung nicht verloren. Gleichwohl birgt die Reduktion des Problems auf diese Erfahrungen die Gefahr in sich, wesentliche Dimensionen der Erforschung der Geschichte der Arbeiterbewegung gleichsam abzuschneiden. Das Phänomen Einheit und Spaltung würde so in der Tat auf der Ebene der Politik und Strategie von Führungsgruppen nebeneinander bestehender und konkurrierender Organisationen der Arbeiterbewegung abgekapselt. Historisch-materialistische Analyse und Kritik muss sich jedoch der Frage stellen, welche Beziehungen zwischen den materiellen Existenz- und Reproduktionsbedingungen der Arbeiterklasse, ihrer inneren Differenzierung (als der sozialökonomischen Spaltung und Segmentierung) und den politisch-ideologischen Verarbeitungs- und Erscheinungsformen dieser Bedingungen bestehen. Sie muss außerdem der Frage nachgehen, welche dieser Bedingungen (in welcher Weise) die Handlungsbedingungen der Arbeiterbewegung beeinflussen.

Diese Problemformulierung führt natürlich direkt ins Zentrum der methodologischen Auseinandersetzungen zwischen bürgerlicher und marxistischer, aber auch zwischen verschiedenen Richtungen der marxistischen Gesellschafts- und Geschichtswissenschaft. Letztlich konzentriert sich diese Debatte (die sprachlich die Nuancierung zwischen »Arbeiterschaft« und »Arbeiterklasse«, »Arbeitergeschichte« und »Geschichte der Arbeiterbewegung« hervorgebracht hat) auf die wissenschaftliche und politische Relevanz des Klassenbegriffs für die Erforschung der Geschichte der Arbeiterbewegung – insbesondere jedoch ihrer Einheit und Spaltung.

Der traditionelle Ansatz der Sozialgeschichte – exemplarisch in Conzes Studie »Vom ›Pöbel‹ zum ›Proletariat‹« (Conze 1966, 111ff.) – richtete sich in doppelter Weise gegen den marxistischen Klassenbegriff. Zum einen sollte mit dem empirischen Nachweis der sozialen »Heterogenität« der »Unterschichten« die in der marxistischen Klassenanalyse begriffene Struktur der kapitalistischen Produktionsverhältnisse, des grundlegenden sozialökonomischen Zusammenhangs in der Herausbildung und Entwicklung der antagonistischen Hauptklassen der bürgerlichen Gesellschaft, von Bourgeoisie und Proletariat, falsifiziert werden. Zum anderen sollten die politischen Dimensionen des Klassenkampfs, der Zusammenhang von Klassenlage, Klassenkampf, Klassenbewusstsein und Klassenorganisation eliminiert werden. Mit der Infragestellung des marxistischen Klassenbegriffs wurde so zugleich die gesamte materialistische Geschichtsauffassung negiert.

Die neuere sozialgeschichtliche Forschung und Diskussion hat solche Vereinfachungen, die recht unkritisch den soziologischen Schichtbegriff übernahmen (Deppe 1971, Kap. 1), inzwischen hinter sich gelassen. So wird z. B. in dem von H. U. Wehler herausgegebenen Band *Klassen in der europäischen Sozialgeschichte* (1979, 23ff.) in verschiedenen Einzelanalysen der Klassenbegriff als Mittel der historischen Analyse der Ungleichheit anerkannt. Indem freilich mit Max Weber »Klassenlage [...] letztlich [als] Marktlage« bestimmt wird (13), erfolgt schon eine Ablösung des Klassenbegriffs von den Produktionsverhältnissen. Webers Bemerkungen über Klasse, Status und die Partei bewegen sich im Rahmen einer »Typologie von Machtsubjekten«, die gesellschaftliche Machtverteilung ist schon vorausgesetzt, ihre Konstitution nicht selbst mehr Gegenstand der Untersuchung (Therborn 1978, 138ff.; ausführlich ders. 1976). Gleichwohl formuliert Wehler in dem einführenden Beitrag zu diesem Sammelband zahlreiche Fragen, deren Erforschung in der Tat zu einem besseren Verständnis der Geschichte der modernen Klassengesellschaften beitragen kann.

Hartmut Zwahr hebt jedoch mit Recht hervor, dass »für das historisch-materialistische Verständnis des Themas [...] die formationstheoretische Einbettung der Klassenentwicklung von zentraler methodologischer Bedeutung [ist], die Existenz der sozialen Klassen doch an bestimmte historische Entwicklungsphasen der Produktion gebunden [ist].« In der »realen Klassendialektik« der Antipoden Bourgeoisie und Proletariat drücke sich daher zugleich »der allgemeine Struktur-, Bewegungs- und Entwicklungszusammenhang der Formation« aus (Zwahr 1980, 2; Hahn 1974).

In der Tradition der marxistischen Theorieentwicklung gibt es jedoch zweifellos eine Tendenz zur Vernachlässigung der konkreten Erforschung der inneren Struktur der Klasse. Dieser Tendenz zur Mystifizierung des Klassenbegriffs korrespondiert die quasi naturgesetzliche Fassung der Entwicklung von der »Klasse an sich« zur »Klasse für sich« oder auch die ahistorische Hypostasierung der »historischen Mission« der Arbeiterklasse. Manche positivistische Gegenreaktion wurde so verstärkt. Erinnert sei nur an Georg Lukács' *Geschichte und Klassenbewusstsein*. Obwohl er Gesellschaft als »konkrete Totalität« bestimmt, verzichtet er nahezu vollständig auf die konkrete sozialwissenschaftliche und historische Analyse der inneren Struktur der Klasse, der Bewusstseinsformen sowie ihrer objektiven und subjektiven Handlungsbedingungen.[1]

Wir wissen heute sehr viel mehr über die Entwicklung der inneren Gliederung der Arbeiterklasse, über die Basisprozesse der Kapitalbewegung sowie über die Relevanz solcher Prozesse für das gesellschaftliche Bewusstsein und auch die politische Entwicklung der Arbeiterorganisationen. Dennoch öffnet dieses erweiterte Wissen keineswegs einen direkten Zugang zum Verständnis der politischen Prozesse, in die die Geschichte der Arbeiterbewegung eingebunden ist, die durch ihre Aktivität entfaltet werden und die ihre innere Struktur – eben auch u. a. in der Form der Einheit und Spaltung – ausmachen. Hier besteht nach wie vor jene Schwierigkeit, die E. J. Hobsbawm für den Zusammenhang von Klassen- und Gesellschaftsgeschichte erwähnt: »Die ernsthafteste Schwierigkeit mag wohl die sein, die uns direkt zur Geschichte der Gesellschaft als Ganzem führt. Sie ergibt sich aus der Tatsache, dass Klasse keine isolierte Gruppe von Menschen definiert, sondern ein System von vertikalen sowie horizontalen Beziehungen: So ist es eine Beziehung der Verschiedenheit (oder Ähnlichkeit) und der Distanz,

---

1 Lukács (1923); zur Kritik vgl. G. Ahrweiler (1978), dort bes. die einleitende Diskussion zwischen Abendroth, Kammler und De la Vega. In einer »kritischen Diskussion der politischen Theorie von Karl Marx« hat jüngst V. M. Perez-Diaz (1978) nicht nur die »Mythologie« der »Fusion von Klasse und Partei« bei Lukács kritisiert (vgl. 133, Anm. 13), sondern überhaupt die Begriffe »Klasse an sich« und »für sich« zurückgewiesen (107, Anm. 48). Seine Analyse reduziert jedoch (am Beispiel des *18. Brumaire*) die Politik auf einen »Austauschprozess zwischen Staat und bürgerlicher Gesellschaft« (55ff.), wobei die »Neustrukturierung und Umverteilung von Macht« (41) im Mittelpunkt steht. Dieser »actor-approach« vermag letztlich die Klassen und die Klassenbeziehungen nur noch empirisch deskriptiv zu erfassen.

aber auch eine qualitativ andere Beziehung der sozialen Funktion, der Ausbeutung, der Herrschaft/Unterwerfung. Forschung über Klassen muss deshalb den Rest der Gesellschaft mit einbeziehen, von der sie einen Teil bildet […] Deswegen sind Studien über Klassen, wenn sie nicht auf einen bewusst begrenzten Teilaspekt beschränkt werden, Analysen der Gesellschaft.« (Hobsbawm 1976, 346)

Formulieren wir zunächst noch einmal das Problem. Einheit und Spaltung der Arbeiterbewegung bezeichnen nicht nur Aspekte der politischen Entwicklung und der jeweiligen politischen Kräftekonstellationen in der Arbeiterbewegung. Vielmehr wird dabei auch – um es zunächst auf eine allgemeine Formel zu bringen – die Frage nach dem Verhältnis von »Klasse an sich« und »Klasse für sich« thematisiert (Marx, MEW 4, 180f.).

Die intensive, sozialgeschichtliche Beschäftigung mit der »Konstituierung des Proletariats als Klasse« hat auf jeden Fall schon zu dem Ergebnis geführt, die Klasse als eine »lebendige Struktur« zu begreifen und zu untersuchen. Hartmut Zwahr, der die »drei sich durchdringenden und beeinflussenden Komponenten, [die] drei großen Bereiche der Klassenentwicklung: die ökonomische, die soziale und die politisch-ideologische Konstituierung« am Beispiel des Leipziger Proletariats analysiert hat, will daher »unter der Struktur des sich als Klasse konstituierenden Proletariats […] die Gesamtheit jener Beziehungen und Wechselbeziehungen [verstehen], die die Arbeiterklasse sozialökonomisch und politisch konstituieren. Die Definition umfasst nicht nur den zwischen Bourgeoisie und Proletariat bestehenden grundlegenden ökonomischen Zusammenhang, sondern auch die klasseninternen Beziehungen.« (Zwahr 1978, 17)

Die Veränderung dieser klasseninternen Beziehungen, in denen gerade die innere soziale und politische Konstituierung, auch die Segmentierung und Partikularisierung von sozialer Erfahrung mit reflektiert wird, in Richtung auf eine Vereinheitlichung und Verallgemeinerung der Klassenerfahrung wird sowohl durch objektive, materiell-technische Prozesse (Kapitalakkumulation, Produktivkraftentwicklung) als auch durch Kampferfahrung sowie durch theoretische Lern- und Organisierungsprozesse, die ein wesentliches Moment der Kämpfe selbst bilden, bewirkt. Sie vollzieht sich demzufolge in der Einheit von unmittelbarer Erfahrung, der Aneignung von theoretischem, allgemeinem Wissen und der Konstitution der Organisationen der Arbeiterbewegung.

Edward P. Thompson hingegen lehnt einen solchen Zusammenhang ab. Mit der originellen Formulierung »class itself is not a thing, but a happening« (Thompson 1968, 939) will er die Bestimmung der Klasse als eines Handlungszusammenhanges betonen:

> »Ich sehe Klasse nicht als eine ›Struktur‹ oder gar einen ›Begriff‹, sondern als etwas, was in menschlichen Beziehungen tatsächlich geschieht […] Und Klasse geschieht, wenn einige Menschen infolge gemeinsamer (überlieferter oder

geteilter) Erfahrungen die Identität der Interessen von ihren eigenen verschieden (und ihnen gewöhnlich entgegengesetzt) sind, fühlen und artikulieren. Die Klassenerfahrung ist weithin bestimmt durch die Produktionsverhältnisse, in die die Menschen hineingeboren sind – oder unfreiwillig eintreten. Klassenbewusstsein ist die Weise, in der diese Erfahrungen kulturell gehandhabt, d. h. in Traditionen, Wertsystem, Ideen und institutionellen Formen verkörpert werden.« (9f.)

Obwohl er an anderer Stelle sagt, dass Klasse nur im »Verhältnis zu anderen Klassen« begriffen werden kann, bestimmt Thompson den »Überbau« der Klassenerfahrung (Normen, Ideen, Institutionen) doch als ein mehr oder weniger passives Element. Gleichwohl charakterisiert er die »Konstitution« (the making) der Arbeiterklasse als die Herausbildung eines Klassenbewusstseins, das sich namentlich durch zwei allgemeine Bestimmungen auszeichnet: 1. das Bewusstsein der Identität der Interessen zwischen Arbeitern der verschiedensten Berufs- und Qualifikationsgruppen – eine Identität, die sich in zahlreichen institutionellen Formen verkörpert (besonders in der Gewerkschaftsbewegung 1830 bis 1834); und 2. das Bewusstsein der Identität der Interessen der Arbeiterklasse gegenüber denen der anderen Klassen und, darin eingeschlossen, die wachsende Forderung nach einem alternativen System (887f.).

Nicos Poulantzas beschreibt die Funktion, die Marx und Lenin der politischen Partei zusprechen, wie folgt: »die revolutionäre *politische Einheit* dieser Klasse herzustellen, die permanent im ›individuellen‹, ›lokalen‹, ›partiellen‹ und ›vereinzelten‹ ökonomischen Kampf befangen ist« (1975, 275f.). Lenin wiederholt diese Notwendigkeit immer wieder, z. B. in dem Aufsatz »Über die Arbeitereinheit« (1913, 266):

> »Die Arbeiterklasse braucht die Einheit. Die Einheit kann nur durch eine einheitliche Organisation verwirklicht werden, deren Beschlüsse von allen klassenbewussten Arbeitern nach bestem Wissen und Gewissen durchgeführt werden. Eine Frage beraten, die verschiedenen Meinungen äußern und anhören, die Ansicht der Mehrheit der organisierten Marxisten ermitteln, diese Ansicht in einem Beschluss zum Ausdruck bringen, diesen Beschluss gewissenhaft durchführen – das bezeichnet man überall in der Welt, das bezeichnen alle vernünftigen Menschen als Einheit. Und eine solche Einheit ist der Arbeiterklasse unendlich teuer, unendlich wichtig. Zersplittert sind die Arbeiter nichts. Vereint sind die Arbeiter alles.«

Betrachtet man diese Aussagen genauer, so lässt sich leicht erkennen, dass der Begriff der Einheit auf die Organisation, die revolutionäre Klassenpartei, jedoch keineswegs auf die Klasse bezogen ist, von der lediglich gesagt wird, dass sie diese einheitliche Organisation braucht. Natürlich wusste Lenin, dass unter den Bedingungen kapitalistischer Rückständigkeit und Zersplitterung (wie z. B. in Russland) die Werktätigen voneinander isoliert und daran gehindert werden, »sich ihrer Klassensolidarität bewusst zu werden«, daran gehindert werden, »sich zu vereinigen«[2]. Außerdem war er sich darüber im Klaren, dass – aufgrund des Verhältnisses von Kapitalismus und Kleinproduktion – »die kleinbürgerliche Weltanschauung in den großen Arbeiterparteien immer wieder zum Durchbruch kommt« (1908, 246). Schließlich konnte er die Existenz von »Reformisten […] in allen Ländern« feststellen; »denn überall ist die Bourgeoisie darauf bedacht, die Arbeiter auf die eine oder andere Art zu demoralisieren und zu zufriedenen Sklaven zu machen, die den Gedanken an die Beseitigung der Sklaverei fallenlassen« (254).[3] Aufgrund dieser Differenzierungen und Spaltungen der Arbeiterklasse bestimmt Lenin die Partei als die »bewusste, fortgeschrittenste Schicht der Klassen, ihre Vorhut« (1913, 261). Erfolgreich kann diese Partei nur handeln, wenn sie es lernt, »sich mit den proletarischen, aber auch mit den nichtproletarischen, werktätigen Massen zu verbinden« – und wenn die Bedingung erfüllt ist, »dass sich die breitesten Massen *durch eigene Erfahrung* von […] der Richtigkeit ihrer politischen Strategie und Taktik […] überzeugen« (1920, 308). Auf diesem Wege braucht die »Arbeitersache« die Einheit, d. h.: »die Einheit unter den Marxisten, nicht aber die Einheit der Marxisten mit den Gegnern und Verfälschern des Marxismus« (1914, 271).

Wir wollen nun untersuchen, welche die genaueren Bestimmungen dieser – von den Theoretikern des Marxismus immer wieder thematisierten – Dialektik von Spaltung und Einheit der Arbeiterklasse sind. Wenn es die Aufgabe der politischen Organisation ist, einen einheitlichen und allgemeinen Willen (als Form der objektiv allgemeinen Interessen der Klasse) zu bilden und in diesem Sinne die Klasse zu führen, so muss die Bestimmung dieser Aufgabe offensichtlich nicht »von oben« (d. h. von der Ebene der politisch organisierten bzw. postulierten Einheit), sondern »von unten«, vom Sachverhalt der »Spaltung«, oder genauer: vom Vorhandensein verschiedener Erfahrungsbereiche, Lebensweisen, Bewusstseinsformen in der Arbeiterklasse ausgehen und auch zur Kenntnis nehmen, dass diese Verschiedenheit zugleich unterschiedene Formen des politisch-ideologischen Ausdrucks finden. Die Bildung eines einheitlichen Klassenwillens und einer entsprechenden Klassenpraxis zu untersuchen, bedeutet demzufolge, der Frage nachzugehen, welche Bildungselemente diese Aufspaltung der Klassenerfahrung sowie die Vielfalt der Bewusstseinsformen überwinden, was – mit anderen Worten – diese disparaten Elemente im Feld der Klassenpraxis »zusammenschweißt« und dem gemeinsamen Willen letztlich unterordnet.

---

2   W. I. Lenin, Was sind die »Volksfreunde«, in: ebd., 125 ff., hier 131. Später schreibt er: »Kein vernünftiger Sozialdemokrat hat je daran gezweifelt, dass unter dem Kapitalismus selbst die Gewerkschaftsorganisation (die primitiver, dem Bewusstsein der unentwickelten Schichten zugänglicher ist) außerstande ist, fast die gesamte Arbeiterklasse zu erfassen.« (Ein Schritt vorwärts, zwei Schritt zurück (1904), in: ebd., 177 ff., hier 183)

3   Später fügt er hinzu: »Die ungeheure Kraft der Opportunisten und Chauvinisten entspringt ihrem Bündnis mit der Bourgeoisie, den Regierungen und Generalstäben« (Der Zusammenbruch der II. Internationale, in: ebd., 274).

Die Diskussion dieser Fragen soll zunächst durch die folgenden Thesen eingeleitet werden:

1. Der *politische* »Normalzustand« der Arbeiterklasse ist nicht der der Einheit, sondern der der »Spaltung«. Als Spaltung bezeichnen wir vorerst die Vielfalt der nebeneinander bestehenden politisch-ideologischen Formen, in denen sich die Verschiedenheit der Erfahrungen von Klassenpraxis bzw. ihrer ideologischen und politischen Interpretation – individuell und kollektiv – artikuliert.

2. Die Überwindung dieser »Spaltung« hat einerseits den Vergesellschaftungsprozess des Kapitals zur Voraussetzung (soweit dieser die Klassenstruktur und die Klassenpraxis determiniert). Als politische Einheit, die sich selbst in der Praxis der gesellschaftlichen Transformation realisiert, hat sie freilich darüber hinaus eine politische Krise der alten, herrschenden Ordnung zur Voraussetzung. Diese bedeutet – sehr allgemein formuliert – eine Krise des alten Typs der Klassenhegemonie, die sich stets auch dadurch charakterisiert, dass sie die Spaltung in den beherrschten Klassen reproduziert.

3. In den politischen Organisationen der Arbeiterbewegung oder: in ihrem politisch-ideologischen »Überbau« – werden und müssen diese Segmentierungsformen immer in der Existenz verschiedener Strömungen und Richtungen vorhanden sein. Darin reflektiert sich einmal die zuvor erwähnte objektive »Spaltung« der Klassenpraxis. Zum anderen schließt die Praxis der politischen Organisationen immer auch die Möglichkeit der nichtidentischen Deutungsmöglichkeit der konkreten politischen Situation sowie der – darauf bezogenen – konkreten, politischen Entscheidungsalternativen ein.

Die sozialgeschichtliche Analyse im engeren Sinn wird sich zunächst einmal der genaueren Erforschung der inneren Struktur der Klasse, ihrer Bewegung und Veränderung widmen. Für die Konstitutionsperiode des Proletariats lassen sich dabei die folgenden Fraktionierungen bzw. Rand- und Übergangsschichten der Arbeiterklasse, die ihrerseits zur Masse der »Subalternen« gehören, benennen: das Industrieproletariat, die Arbeiter der Heimindustrie, der Manufakturen und des Handwerks, das Landproletariat sowie die Masse der im klassischen Sinne unproduktiven Arbeiter, das zumeist weibliche Dienstpersonal. Unterhalb dieser Schichten existiert noch das sogenannte »Lumpenproletariat«. Gemeinhin wird darunter die Masse derer verstanden, die durch die Gesetze der Kapitalakkumulation, durch die Auflösung traditionaler Lebensverhältnisse, durch absolute Verelendung, Arbeitsunfähigkeit, Krankheit etc. marginalisiert werden.

Gleichwohl sind dies nicht die einzigen Segmentierungsformen der »Subalternen« im Kapitalismus. Innerhalb dieser Fraktionierungen bestehen vertikale Schichtungen nach Qualifikation, Bildungsstand und Einkommen, nach Arbeits- und Lebensbedingungen etc. Mit der Mobilität der Arbeitskraft, die die Kapitalbewegung hervorbringt, vermischen sich lokale und regionale, ethnische und nationale Bestimmungsfaktoren mit den sozial-ökonomischen Kriterien. Oftmals rekrutieren sich die Unterschichten der Arbeiterklasse sowie Teile des »Lumpenproletariats« aus den ausländischen Arbeitsimmigranten.

Die Beziehungen zwischen diesen Schichten – in sozialer wie in politischer Hinsicht – sind keineswegs statisch fixiert. Sie verändern sich vielmehr im Konstitutions- und Entwicklungsprozess der Klasse, dessen objektiv materielle Determination der Entwicklungs- und Verallgemeinerungsprozess des Kapitals selbst bildet. Hartmut Zwahr beschreibt diesen Zusammenhang für die Entstehung des deutschen Industrieproletariats:

> »Das Industrieproletariat entstand in Deutschland in Fortführung von Entwicklungstendenzen der feudalen sowie kapitalistischen Manufaktur aus einer breiten Schicht von gewerblich ungelernten Arbeitern, aus den unter den Bedingungen einer großen Überschussbevölkerung vom Lande abwandernden Teilen des Gesindeproletariats und anderen Gruppen landwirtschaftlicher Arbeiter, aus gescheiterten Zunftgesellen und Zunftmeistern sowie ›Gesellen‹ und deklassierten ›Meistern‹ des nichtzünftigen Handwerks in Stadt und Land [...] Gleichzeitig entstand eine zunächst noch kleine Schicht von gelernten, dem Handwerk oder der Manufaktur nahestehenden Arbeitern, hervorgegangen aus solchen Handwerkern, deren Berufs- und Produktionserfahrungen in der kapitalistischen Fabrikproduktion verwertbar waren.« (Zwahr 1980, 39)

Die »Vereinfachung« (Engels) in den Klassenverhältnissen, auch in der klasseninternen Struktur des Proletariats, vollzieht sich mit dem Wachstum des Industrieproletariats, der Absorption von Fraktionen, deren soziale Existenz und Lebensweise wesentlich mit vor- bzw. frühkapitalistischen Produktionsverhältnissen verbunden und durch feudale »Überbauelemente« bestimmt ist.

> »Die der kapitalistischen Produktion entstehenden Arbeitergruppen waren zunächst, jede für sich genommen, den Elementen der zerfallenden spätfeudalen Gesellschaft, aus denen sie hervorgingen, enger verbunden als jenen proletarischen Elementen, mit denen sie gemeinsam in die Klassenkonstituierung eintraten. Hier bestanden überkommene persönliche, aber auch politische Beziehungen und Abhängigkeiten fort, wenn die ursprünglich engen ständischen Grenzen auch fließend geworden waren und in immer schnellere Bewegung gerieten.« (ebd., 40)

Eric J. Hobsbawm hat diesen Vereinheitlichungsprozess für England wie folgt charakterisiert: »So bahnte sich im Vierteljahrhundert vor 1914 eine wachsende Vereinheitlichung der Arbeiter zu einer von Bürgertum und dem neuen Stehkragenkleinbürgertum scharf getrennten Klasse, was sie allerdings nicht zur homogenen Masse werden ließ. Getrennt nicht so sehr durch wirtschaftliche Ungleichheit als vielmehr durch Ungleichheit der Lebenschancen und Lebenserwartungen und des Lebensstils, zu denen nicht zuletzt das proletarische Klassenbewusstsein gehört.« (1972, 62f.) Allerdings entwickeln sich nunmehr unter der Dominanz der großbetrieblichen, kapitalistischen Produktion neue Differenzierungskriterien. Die wichtigsten erscheinen in der Scheidung von Facharbeitern und der Masse der an- bzw. ungelernten Arbeiter auf der einen, von Industriearbeitern und der neuen Sozialgruppe der Angestellten auf der anderen Seite (Deppe 1979, 112ff.).

Welche Beziehungen bestehen nun zwischen den besonderen Segmentierungsformen und Differenzierungen in der Klasse und der Entwicklung des gesellschaftlichen und politischen Bewusstseins? Diese Frage ist gewiss für die Untersuchung von Einheit und Spaltung der Arbeiterbewegung von großer Bedeutung. Wenn nämlich nachzuweisen ist, dass die Formen des gesellschaftlichen und politischen Bewusstseins selbst nur die spezifischen Erfahrungen von Sozialgruppen innerhalb der Klasse artikulieren, dann müsste nicht nur der Klassenbegriff, sondern – mehr noch – der politische Begriff der Klasseneinheit grundsätzlich modifiziert oder schlicht aufgegeben werden. Aus der Geschichte der Arbeiterbewegung, ihren Analysen und strategisch-politischen Debatten, sind zahlreiche Versuche bekannt, Fraktionen bzw. Schichten der Klasse – aufgrund ihrer besonderen sozialökonomischen Existenzbedingungen, aber auch aufgrund ihrer Funktion in der Organisation der kapitalistischen Produktion als Personifikationen bzw. Träger von Bewusstseinsformen und politischen Verhaltensmustern in der Arbeiterbewegung – zu identifizieren.

Wenngleich die vorschnelle Identifikation von Klassenfraktionen und politischen Spaltungslinien in der Arbeiterbewegung nicht akzeptiert werden kann, so ist doch andererseits nicht zu übersehen, dass in jeder Entwicklungsperiode des Kapitalismus der Umfang und die innere Struktur der Arbeiterklasse, ihr Verhältnis zu den Mittelschichten sowie zu anderen »subalternen« Sozialkräften nicht nur die jeweiligen Handlungsbedingungen der Arbeiterbewegung, sondern auch die Rolle bestimmter Klassenfraktionen in ihr objektiv determinieren (und zwar auch in den politischen Spaltungs- und Vereinheitlichungsprozessen).[4] In diesem Sinne wird in der Klassen- und Sozialstruktur-Analyse des Instituts für Marxistische Studien und Forschung (IMSF) die Arbeiterschaft der Großbetriebe als der »Kern der Arbeiterklasse« im heutigen, staatsmonopolistischen Kapitalismus bestimmt; denn

> »damit [wird] der Antipode des Monopolkapitals sichtbar [...], der die Interessen der gesamten Arbeiterklasse am deutlichsten zum Ausdruck bringen kann, aufgrund seiner objektiven Lage am kompromisslosesten zu kämpfen gezwun-

---

4   In der neueren französischen Industriesoziologie ist dieser Zusammenhang im sogenannten »Drei-Phasen-Schema« der industriellen Entwicklung reflektiert. Dabei wird eine Abhängigkeit der inneren Struktur der Klasse, der Arbeitsbedingungen, des Arbeiterbewusstseins und der Klassenaktion vom jeweiligen – technisch determinierten – Entwicklungsstand der Produktivkräfte unterstellt. Vgl. als Darstellung und Kritik (v. a. der Konzeption von Alain Touraine) F. Deppe, *Das Bewusstsein der Arbeiter*, a. a. O., 90ff.

gen ist und somit in den Klassenkämpfen die aktivste Kraft der Arbeiterklasse darstellt [...] Entscheidend ist: sie ist in der Produktion von der Gegenklasse völlig differenziert, ihre Stellung in der Produktion ist die Grundlage ihrer hohen Organisiertheit, sie ist der Ausbeutung in der materiellen Produktion unterworfen und steht dem Monopolkapitel bzw. dem kapitalistischen Staat unmittelbar gegenüber.«

Allerdings wird auch hier auf eine direkte Ableitung des politischen Bewusstseins und Verhaltens dieses »Kerns der Arbeiterklasse« verzichtet: »Die Bestimmung von der objektiven sozialökonomischen Grundlage her vermag [...] immer nur die objektive Basis zu umreißen.« (IMSF 1972, 128)

Die Gewerkschaften mit der Vielfalt ihrer professionellen Differenzierungen (Berufsgewerkschaften) und weltanschaulich-politischen Strömungen (Richtungsgewerkschaften) gelten gemeinhin – zumal im Blick auf ihre Konstitutionsperiode – als diejenige Form, in der sich die beruflichen Sonderinteressen – zunächst meist in ihrer betrieblichen und lokalen Besonderheit – eine organisatorische Gestalt geben. Hier reflektiert sich also die Parzellierung von berufsständischen bzw. korporativistischen Sonderinteressen in der Klasse; denn zum einen beschränkt sich die klassische gewerkschaftliche Interessenvertretung auf die Verteidigung der sozialökonomischen Existenzbedingungen der Lohnarbeiter, zum anderen leitet sich das Organisationsprinzip aus der besonderen beruflichen Tätigkeit ab. Schließlich wurde in zahlreichen der frühen Gewerkschaften das ständische Abgrenzungsprinzip noch durch den Ausschluss der unqualifizierten »Massenarbeiter« unterstrichen.

Es ist zunächst einmal richtig, dass sich über diese gewerkschaftliche Organisierung und Interessenvertretung nicht umstandslos die Einheit des ökonomischen, politischen und ideologischen Handelns der Arbeiterklasse herstellt – zumal in der Konstitutionsperiode des Proletariats, in der der »Durchbruch zur Massenorganisation« (Ritter/Tenfelde 1975, 61ff.) noch längst nicht erreicht ist. Gleichwohl bilden diese ersten Formen der Organisierung eines »kollektiven Willens« schon eine »große Abstraktionsleistung« (Lukács 1976, 254). Diese liegt vorab in der Überwindung der individuellen Konkurrenz der Lohnarbeiter untereinander wie gegenüber dem Kapital. Die Interessen werden in allgemeiner Form gefasst und zwar nicht als die Summe der je besonderen Einzelinteressen. Diese werden vielmehr »aufgehoben« durch die Vertretung der gemeinsamen, allgemeinen Interessen, deren Artikulation und Bestimmung keine intellektuelle Abstraktionsleistung ist, sondern sich aus den objektiven Bestimmungen des Warencharakters der Arbeitskraft, des Gegensatzes von Kapital und Arbeit, der sozialen und politischen Erfahrung, hier besonders der Klassenkampferfahrung, herleitet.

Schon in den ersten Formen proletarischer Organisation wirkt demnach das Spannungsverhältnis von Einzelinteressen, professionellen Gruppeninteressen und allgemeinem Klasseninteresse. Die Organisation hebt diese einzelnen und besonderen Interessen nicht auf. Als Instrument kollektiver und kommunikativer Handlungsorientierung (Hartmann 1977, 2) wirkt sie für die Entwicklung einer Klassensolidarität, eines Bewusstseins, das die Verwirklichung des konkreten Einzelinteresses (Verbesserung der Arbeits- und Lebensbedingungen, Befreiung von Abhängigkeit und Unterdrückung) mit dem allgemeinen Klasseninteresse zu verknüpfen weiß. Mit anderen Worten: Erst die kollektive Organisation stellt eine gesellschaftliche und politische Macht dar, die im Kampf Veränderungen auch des individuellen Schicksals herbeizuführen vermag. Diese Vermittlungsarbeit ist – oberflächlich betrachtet – schon in der Programmatik dieser frühen Organisationsformen der Arbeiterbewegung zu entdecken. Während sie auf der einen Seite ihren Mitgliedern einen gewissen sozialen Schutz anbieten, so postulieren sie doch immer auch allgemeine Ziele, die über den professionell begrenzten Organisationszusammenhang hinausweisen: von allgemeinen sozialpolitischen Forderungen (gesetzliche Begrenzung des Arbeitstages, Arbeitsschutzmaßregeln) über allgemein politische Forderungen (Anerkennung der Koalitionsfreiheit, Gewerkschaftsrechte und politische Gleichheit) bis hin zur Einordnung in die allgemeinen »Emanzipationsbestrebungen« der Arbeiterbewegung.

Gleichwohl vollzog sich »die Konstitution einer relativ homogenen industriellen Arbeiterschaft [...] nicht in einem kontinuierlichen Prozess, sondern verlief über viele, zum größeren Teil erhebliche Opfer verlangende Zwischenstationen, deren jede eine neue Stufe der Erfahrung der eigenen Wirklichkeit bedeutete« (Ritter/Tenfelde 1975, 61). Vereinheitlichung, Organisierung und Politisierung der Arbeiterklasse sind vielmehr eingebunden in den Prozess der kapitalistischen Industrialisierung. Klaus Tenfelde hat in seiner großartigen *Sozialgeschichte der Bergarbeiterschaft an der Ruhr im 19. Jahrhundert* den »frappierenden Zusammenhang von jeweiliger Struktur, Lage und Verhalten der Bergarbeiterschaft« in jeder Entwicklungsphase der Kapitalisierung des Bergbaus, der Ausweitung der Produktion, der Anwendung neuer Technologien, der konjunkturellen Schwankungen und der damit verbundenen Veränderungen im Umfang und der inneren Zusammensetzung des Bergbauproletariats, seiner materiellen Lebensbedingungen und seiner Lebensweise, seiner Kampfbereitschaft und -erfahrung bis ins Einzelne verdeutlicht (Tenfelde 1977a, 573ff.). An anderer Stelle schreibt er:

> »Die Industrialisierung hatte die alten Daseinszusammenhänge, die um Arbeitsplatz, Familie und Kommune gegliederten Netze kommunikativer Beziehungen innerhalb weniger Jahrzehnte wenn nicht gesprengt und radikal neu geordnet, so doch in Bewegung versetzt, neuen Konfliktlagen und einer neuen Sinndeutung zugeführt. Die Zäsuren in der Entfaltung des Industriekapitalismus bestimmen daher auch die wesentlichen Phasen im Wandel der

Arbeits- und Lebensbedingungen, und die Geschichte der Kommunikations- und Artikulationsformen der neu entstandenen handwerklich-industriellen Arbeiterschaft, die Geschichte der Arbeitskämpfe und der frühen Formen der organisierten Arbeiterbewegung in Deutschland wie auch in anderen, nach englischem Vorbild industrialisierenden Ländern schließt sich diesen durch Wachstum und Rhythmus der Industrieproduktion ausgelösten Einschnitten eng an.« (Tenfelde 1977b, 246)

Die strukturellen Voraussetzungen, die erst noch durch die nivellierenden und vereinheitlichenden Tendenzen der kapitalistischen Industrialisierung aufgelöst werden mussten, werden von Tenfelde folgendermaßen beschrieben:

»Noch war die Schicht der potenziell Unzufriedenen in sich nach Regionen und Gewerben scheinbar unüberwindlich zergliedert, so dass Unterschiede der Herkunft und des Berufs, Bildungsmängel und Qualifikationsunterschiede und ständisches Denken zwischen Handwerkern, Tagelöhnern und Fabrikarbeitern und dem allseits verachteten ›Lumpenproletariat‹ weiter auch konfessionelle Gegensätze und Verhaltensgewohnheiten, die sich aus dem überkommenen Stadt-Land-Gegensatz herleiteten, die nivellierenden Folgen des Übergangs zum Fabriksystem, der einsetzenden Urbanisierung und Entstehung sichtlich gleichgearteter Erwerbs- und Daseinsverhältnisse bei weitem überwogen.« (248; vgl. auch Schröder 1978, 148f.)

Wichtig ist hier vor allem der Hinweis, dass die Herstellung der politischen Klasseneinheit nicht einfach als eine politische Übersetzung bzw. als bloß mechanischer Reflex dieses objektiven, sozialökonomischen Klassenbildungs- und Homogenisierungsprozesses begriffen werden kann. Relevante Teile der Arbeiterschaft erfahren jetzt ihre soziale Lage als »Gruppenschicksal«. Sie setzen das »Gruppeninteresse in Kampfaktionen und Vertretungskörperschaften« (Tenfelde 1977a, 338f.) erst unter der Voraussetzung um, dass sich mit dem Großbetrieb und mit dem Wachstum der Industrieorte zu Großstädten eine spezifisch proletarische Lebensweise herausbildet, die ihrerseits die Erfahrung der gesellschaftlichen Klassenspaltung verdoppelt und intensiviert. Damit konstituiert sich jedoch auch ein materiell gesellschaftlicher Raum der sozialen Kommunikation, der zu einer wesentlichen Determinante proletarischer Solidarität wird (331ff.; ders. 1977b, 250f.). W. H. Schröder beantwortet die Frage, warum die Arbeiterbewegung die Grundlagen für ihre gewerkschaftliche und politische Agitation zunächst vorrangig in den Großstädten vorfand, wie folgt:

»Der Klassengegensatz zwischen Kapital und Arbeit und zahlreiche Gegensätze (Arm : Reich; Arbeitende : Arbeitslose; Einheimische : Fremde; Arbeitszeit : Freizeit; etc.) traten […] innerhalb des großstädtischen Agglomerationsbereiches […] schärfer hervor als in den Kleinstädten und auf dem Lande, wo zahlreiche soziale Mechanismen wirksam waren, die diese Gegensätze – soweit sie überhaupt bestanden – verschleierten. Die Agitation der Arbeiterbewegung aktualisierte permanent diesen Klassengegensatz im Bewusstsein der Arbeiter, vertrat die den Interessen der Arbeiter adäquaten Forderungen und bot sich damit als organisatorische Manifestation der Arbeiterinteressen an.« (1978, 50)

Ohne diese sozialen und kulturellen Momente von Klassenerfahrung, der Konstitution eines spezifischen »Klassenmilieus« wäre weder die proletarische Lebensweise noch die Alltagserfahrung der Lohnarbeiter und ihrer Familien angemessen zu begreifen. Dabei ist schon deutlich geworden, dass diese Sphäre der materiellen und kulturellen Reproduktion einen relativ selbständigen Bereich der praktischen Lebensbewältigung sowie der sozialen und politischen Erfahrung neben dem Arbeitsprozess darstellt. Ebenso eindringlich haben jedoch verschiedene sozial- und kulturhistorische Analysen dieses Milieus, das sich um die Pole Familie, Reproduktion, Gemeinde gruppiert, dessen objektive Determiniertheit durch die kapitalistischen Produktions- und Austauschverhältnisse, das Niveau der Produktivkraftentwicklung, die Schwankungen der Konjunktur etc. nachgewiesen. Das schließt einen Dualismus der sozialen und kulturellen Normen, die hier in hohem Maße bewusstseins- und verhaltensorientierend wirken, nicht aus. Tenfelde hat diese »Bipolarität« von vorkapitalistischen, ständischen Traditionen und von kollektiver, klassenbestimmter Interessenartikulation nicht nur für die Alltagskultur der Bergarbeiter, sondern auch für deren Kämpfe – bis hin zum großen Massenstreik der Bergarbeiter im Jahre 1889 – konkret herausgearbeitet.

Die relative Homogenität dieses Industriearbeitermilieus, die Formen der Bewältigung des proletarischen Alltags können jedoch – gleichsam als notwendige Ergänzung der unmittelbaren Klassenerfahrung im Produktionsprozess – die politische Einheit bzw. Vereinheitlichung des Klassenhandelns nicht vollständig erklären. Sie wirken – wie noch zu zeigen sein wird – oftmals als strukturelle Schranke dieser Vereinheitlichung. Obgleich der »Zusammenhang von Kampf und Organisation im früh- und hochindustriellen Arbeitskonflikt«, die »Interessenfindung und -artikulation« sich nur auf der Grundlage »eines Geflechtes kommunikativer Beziehungen der Arbeiter untereinander« (Tenfelde 1977, 509) herstellt, so bedarf es doch der Erfahrung allgemeiner gesellschaftlicher und politischer Widersprüche, damit sich der Übergang vom »Standesbewusstsein zum Klassenbewusstsein« (334ff.), der einhergeht mit der Schaffung von Klassenorganisationen, wirklich durchsetzt. Der wichtigste Filter, durch den diese Erfahrung konkret wird, sind zweifellos die Kämpfe der Arbeiter selbst. In ihnen – vor allem vermittels der planmäßigen und koordinierten Gegengewalt der Unternehmer und des Staates – manifestiert sich der Gegensatz von Kapital und Arbeit »in seiner grundsätzlichen Allgemeinheit« (Hartmann 1977, 41). Die Erfahrung der Proletarisierung als Statusverlust, als materielle Deprivation, vor allem aber die Erfahrung der betrieblichen und gesellschaftlichen

Herrschaft und Unterdrückung (Tenfelde 1977b, 339) wirkt so als sozialer »Resonanzboden« für die Tätigkeit der proletarischen Organisationen, die planmäßiges, organisiertes Handeln und die Klasseneinheit als wesentliche Bedingungen für den Erfolg des Klassenkampfes, die Verwirklichung der allgemeinen Emanzipationsziele der Arbeiterbewegung propagieren.

> »Der innerbetriebliche bzw. der industrielle Konflikt zwischen Kapital und Arbeit erweiterte sich durch die bestehenden Macht- und Herrschaftsverhältnisse zu einem gesamtgesellschaftlichen Konflikt. Die ständig aktualisierte Erfahrung einer Dichotomie von ›oben‹ und ›unten‹ geriet zu einem festen Bestandteil des Arbeiterbewusstseins.« (Schröder 1978, 220)

Insofern bildeten die großen Kampfaktionen oftmals Höhe- und Wendepunkte in der Entwicklung der Organisation, des Bewusstseins, des theoretischen Selbstverständnisses; denn in ihnen erschienen die Probleme der gewerkschaftlichen und politischen Interessenvertretung »wie in einem Brennglas gebündelt und diskussionsnotwendig gemacht« (Hartmann 1977, 212).

So weit sollte deutlich geworden sein, dass der Konstitutionsprozess des Proletariats zur selbständigen sozialen, politischen und ideologischen Kraft, der Übergang von der »elementaren zur organisierten Arbeiterbewegung« (137f.)[5] doppelt bestimmt ist. Auf der einen Seite hat er den kapitalistischen Vergesellschaftungsprozess zur Voraussetzung. Auf der anderen Seite begegnen wir in der Organisation einer Form der bewussten Vergesellschaftung, der Organisierung eines kollektiven Willens, der Schaffung eines Kampfinstruments, der Aneignung von Wissen über den historischen Charakter der kapitalistischen Gesellschaft wie über die Ziele des Klassenkampfes. Diese beiden Seiten stehen einander nicht unvermittelt gegenüber. Ihr Zusammenhang stellt sich über die verschiedenen Formen der proletarischen Erfahrung der eigenen Klassenlage wie der gesellschaftlichen Klassenspaltung und des Klassenkampfes her. Dabei konnte gezeigt werden, dass die Klassenerfahrung nicht ausschließlich in der Erfahrung des kapitalistischen Arbeits- und Ausbeutungsprozesses aufgeht. Vielmehr entwickelt sich die Klassensolidarität auch in einem Netzwerk kommunikativer Beziehungen und in Sphären der Lebensbewältigung außerhalb des Produktionsprozesses, d. h. in Familie, Kommune sowie in anderen Formen der proletarischen Vergemeinschaftung, die keine unmittelbar politische Zielsetzung haben, sondern deren Zweck durch die Alltäglichkeit der konkreten Lebensbewältigung und -gestaltung definiert wird. Dennoch weist die Organisations- und Kampfgeschichte über diesen alltäglichen Konkretismus hinaus. Sie zeigt, in welch hohem Maße – auch in der Erfahrung und im Bewusstsein der einzelnen Lohnarbeiter – die Alltagserfahrung ebenso wie die klassenintranen Differenzierungs- und Segmentierungsprozesse

---

5   Vgl. den Begriff »elementare Arbeiterbewegung« auch bei Zwahr (1978).

beständig durch die ökonomischen, politischen und ideologischen Manifestationen des gesellschaftlichen Hauptklassengegensatzes gefiltert werden. Wenn es das charakteristische Merkmal der proletarischen Organisation ist, Formen der bewussten, politischen Vergesellschaftung als Konkretisationen eines kollektiven Willens (auch die frühen Gewerkschaften gehören dazu, vgl. Engelhard 1977, 538ff.) zu schaffen, die proletarischen Interessen in »allgemeiner Form« darzustellen und zu repräsentieren, so kann diese ohne die Verallgemeinerung von Klassenerfahrung über die Grenzen der individuellen und professionellen Sonderinteressen hinaus letztlich nicht auf der geschichtlichen Bühne erscheinen. Erfahrung und organisatorische »Abstraktionsleistung« bilden mithin keinen Gegensatz. Ebenso wenig stirbt die elementare, spontane Bewegung in der Arbeiterklasse mit der Konstitution der gewerkschaftlichen und politischen Massenorganisationen ab. Allerdings signalisiert der Gegensatz von elementarer und organisierter Arbeiterbewegung immer schon ein Moment der Spaltung in der Arbeiterbewegung. Zugleich erscheint hierin aber auch das unauflösliche Spannungsverhältnis zwischen dem Konkretismus der proletarischen Erfahrung und der »Abstraktionsleistung«, die sich in der proletarischen Organisation verkörpert.

Gleichwohl wird man die Konstitution der ersten gewerkschaftlichen Manifestationen eines »kollektiven Willens«, die im vorangehenden Abschnitt vor allem betrachtet wurden, nicht umstandslos mit der Herstellung von Klasseneinheit identifizieren können. Gerade in der deutschen, sozialdemokratischen Arbeiterbewegung reflektieren sich in der Periode des Durchbruchs zur Massenorganisation zwischen 1890 und 1914 besonders scharf klasseninterne Segmentierungsprozesse. Freie Gewerkschaften und Sozialdemokratie repräsentierten wesentlich die Facharbeiter, während die Masse der Un- und Angelernten, deren Zahl sich in dieser Periode des Durchbruchs zur »großen Industrie« überdurchschnittlich erhöhte (quantitativ dazu Schröder 1978, 68f.), weitgehend außerhalb des sozialdemokratischen Organisationszusammenhanges blieb (Brockhaus 1975, 67ff.; für England Hobsbawm 1964, 179ff.). Hier war also nur eine Minderheit der Klasse präsent. Greift man das Jahr 1907 heraus, in dem die Anzahl der Unselbständigen im produzierenden Gewerbe, in Handel und Verkehr (11,3 Mio.) und in der Landwirtschaft (3,4 Mio.) zusammen 14,7 Mio. erreichte, so betrug der Anteil der Stimmen, den die SPD bei den Reichstagswahlen dieses Jahres erreichte (ca. 3,25 Mio.) 22,1 Prozent, der Anteil der freigewerkschaftlichen Mitglieder (1,6 Mio.) 10,8 Prozent sowie der Anteil der Parteimitglieder (ca. 530 000) 3,6 Prozent (Deppe 1979, 133ff.). Erst am Ende des Ersten Weltkrieges, im historischen Zusammenhang des Zusammenbruchs der Monarchie und der Novemberrevolution, signalisierte das sprunghafte Ansteigen der Mitgliederzahl der sozialistischen Gewerkschaften (von 1,7 Mio., 1918, auf 5,4 Mio., 1919) den Zustrom von bis dahin unorganisierten Schichten der Arbeiterklasse.

Die Kluft zwischen Organisationen und Klasse, die durch diese Daten erhellt wird,[6] zwingt zunächst zu einer Reformulierung der Spaltungsproblematik. Ganz im Unterschied zur vordergründigen Lokalisierung dieser Spaltung *in* der sozialistischen Arbeiterbewegung selbst – z. B. als Konfrontation von Reformisten und Revolutionären – muss bei nüchterner Betrachtung die Linie der Spaltung zwischen dem organisierten Kern der Arbeiterbewegung und seinem politischen Umfeld auf der einen und der Masse der Unorganisierten, nicht unmittelbar durch die gewerkschaftliche und politische Arbeiterbewegung Repräsentierten gezogen werden. Dabei kann es im Rahmen dieses Beitrages nicht darum gehen, die Forderung einzulösen, die Geschichte der »vergessenen« Arbeiterbewegungen aufzuarbeiten oder auch die Formen der nicht-sozialistischen Arbeiterbewegung genauer zu analysieren. Wir müssen uns vielmehr darauf beschränken, einige sehr vorläufige und allgemeine Überlegungen zu dieser Dimension des Spaltungsproblems zu formulieren.

Offenkundig verlangt eine Analyse dieser Spaltung zunächst eine Analyse der spezifischen Möglichkeiten der Lebensbewältigung, ihrer subjektiven Interpretation, der Konfliktbewältigung und der Identitätsbildung. Das heißt: Wir müssen von der Ebene der »abstrakten Allgemeinheit«, auf die wir uns mit den ersten Bestimmungen des Charakters der proletarischen Organisation begeben hatten, wieder herabsteigen ins Milieu des »Klassenindividuums«, wobei davon ausgegangen wird, dass »der Unterschied des persönlichen Individuums gegen das Klassenindividuum, die Zufälligkeit der Lebensbedingungen für das Individuum […] erst mit dem Auftreten der Klasse ein[tritt], die selbst ein Produkt der Bourgeoisie ist« (MEW 3, 76). Im Zentrum der Spaltung findet sich daher die Dichotomie von individueller und kollektiver Lebensbewältigung sowie der korrespondierenden, subjektiven Deutung der Lebensperspektive. Idealtypisch wären

---

6 In einer Schrift aus dem Jahre 1913 hat Lenin dieses Problem aufgegriffen und zugleich die Organisation als Element der Überwindung dieser Kluft bezeichnet: »In Deutschland gibt es jetzt etwa 1 Million Parteimitglieder. Für die Sozialdemokratie werden dort etwa 4 ¼ Millionen Stimmen abgegeben, während es etwa 15 Millionen Proletarier gibt … Eine Million, das ist die Partei … 4 ¼ Millionen – das ist die ›breite Schicht‹. Sie ist in Wirklichkeit noch viel breiter, denn die Frauen haben kein Wahlrecht, desgleichen viele Arbeiter, die aufgrund des Ansässigkeitszensus, des Alterszensus usw. usf. des Wahlrechts beraubt sind. Diese ›breite Schicht‹ – das sind fast alles Sozialdemokraten, und ohne sie wäre die Partei machtlos. Diese breite Schicht erweitert sich bei jeder Aktion noch auf das 2-3-Fache, weil dann eine Masse von Nichtsozialdemokraten folgt […] Die Bewusstheit des Vortrupps [i. e. die Partei, FD] offenbart sich unter anderem gerade darin, dass er sich zu organisieren versteht. Und indem er sich organisiert, erhält er einen einheitlichen Willen, und dieser einheitliche Wille der fortschrittlichen Tausend, Hunderttausend, Million wird zum Willen der Klasse. Der Mittler zwischen Partei und Klasse ist die ›breite Schicht‹ (breiter als die Partei, aber enger als die Klasse), die Schicht derer, die für die Sozialdemokraten stimmen, die Schicht der Helfenden, die Schicht der Sympathisierenden usw.« (ders., Wie V. Sassulitsch das Liquidatorentum erledigt, 1913, 261f.)

daher zwei Typen von Lohnarbeitern zu konfrontieren: am einen Pol derjenige Lohnarbeiter, der die Perspektive der Lebensbewältigung für sich und seine Familie wesentlich mit seiner »eigenen Kraft« und Qualifikation verbindet und hiervon ausgehend die vorgefundenen Bedingungen der Reproduktion und des Herrschaftssystems zu akzeptieren tendiert; am anderen Pol derjenige Lohnarbeiter, der die Perspektive der Lebensbewältigung und -gestaltung mit der kollektiven Kraft der organisierten Interessenvertretung und mit der Perspektive einer qualitativen Veränderung der sozialen und politischen Lebensumstände verknüpft. Man weiß, dass diese »Idealtypen« die Wirklichkeit nicht adäquat wiederzugeben vermögen. Tatsächlich existieren diese Grundorientierungen in vielfältigen Mischformen. Erinnert sei nur an den Typus der »instrumentellen Orientierung«, für die die Zugehörigkeit zur gewerkschaftlichen und politischen Organisation vorrangig auf die Verbesserung der individuellen Lebenssituation bezogen ist (vgl. Deppe 1971, 83ff.).[7] Außerdem überlagern und verschieben sich diese Orientierungen auch in der Entwicklung des individuellen Bewusstseins – entsprechend dem Wechsel in der alltäglichen Lebenserfahrung, der durch die Schwankungen von Konjunktur und Krise, durch Arbeitslosigkeit, Alter und Krankheit, aber auch z. B. durch Heirat und die Familiensituation herbeigeführt wird.

Die individuelle Lebensbewältigung hat ihre materielle Grundlage im individuellen Lohn sowie in der Individualitätsform der Konsumtion, der Wohnung, des Lebensraumes der Familie. Gleichzeitig belegen die Ergebnisse sozialhistorischer Forschung, die im vorangehenden Abschnitt resümiert und interpretiert wurden, die Existenz eines Klassenmilieus, in dem Kollektivität und Solidarität nicht »von außen« an die alltägliche Lebenserfahrung herangetragen werden, sondern als Formen kapitalistischer Vergesellschaftung (Produktion, Arbeiterwohnviertel etc.), als Formen kollektiver Erfahrung (materielle Deprivation, Krisenerfahrung, Unterdrückung etc.), aber auch als Formen kollektiver Lebensbewältigung und Kommunikation einen festen Bestandteil des Klassenalltags wie des gesellschaftlichen Bewusstseins der Lohnarbeiter bilden. Mit anderen Worten: Die proletarische Lebensweise ist stets schon »Leben-über-die-Privatformen-hinaus«.[8] Das Spannungsverhältnis zwischen privater und kollektiver Lebensbewältigung ist daher strukturell in die proletarische Klassenexistenz und -erfahrung »eingeschrieben«.

7   Als »Instrumentalverhältnisse« bestimmt Klaus Holzkamp »interpersonale Verhältnisse, soweit in ihnen durch Befangenheit ›in‹ den bürgerlichen Privatformen Subjektbeziehungen nicht verwirklicht sind. Das Grundmerkmal solcher interpersonaler Verhältnisse liegt darin, dass sie als ›Privatverhältnisse‹ keine allgemeingesellschaftlichen Ziele [...] kennen, sondern nur Partialinteressen« (1979, 14f.).
8   Holzkamp verwendet die Formulierung »Denken-über-die-Privatformen-hinaus«, um die Bedeutung des wissenschaftlichen Sozialismus für die Bestimmung eines positiven Zusammenhangs zwischen Subjektivität und Gesellschaftlichkeit zu charakterisieren (vgl. dazu 1979, 36).

Dabei spielen einerseits die kapitalistischen Vergesellschaftungsprozesse, die die Gesamtheit des Lebensprozesses »in letzter Instanz« determinieren, eine entscheidende Rolle. Andererseits vollzieht sich der Austrag dieses Spannungsverhältnisses selbst schon im politischen Raum, genauer: im jeweils konkret-historischen, politisch-ideologischen Kräftefeld. Insofern bildet die politische Organisation der Arbeiterbewegung einen Faktor, der auf diesen Prozess ein- und zurückwirkt. Kollektive Klassenerfahrung setzt sich jedoch nicht notwendig in kollektives Verhalten und Handeln um, das auf eine organisierte Veränderung der Lebensumstände zielt, dessen Träger »gesellschaftliche Subjekte mit historisch bestimmendem Einfluss« sind, die »im Beitrag zur bewussten gesellschaftlichen Realitätskontrolle auch die Kontrolle über ihre eigenen Daseinsumstände erhöhen« (Holzkamp 1979, 11f.). Dieser Sachverhalt ist selbst wiederum aufs Engste damit verbunden, wie die herrschenden politischen und ideologischen Verhältnisse die proletarischen Interessen und Bedürfnisse zu kanalisieren, letztlich zu atomisieren vermögen. Damit berühren wir das Problem der Hegemonie der herrschenden Klasse. Ihre Führungs- und Integrationsfähigkeit – über ihre unmittelbar ökonomische und politische Herrschaft hinaus – muss daher als ein Faktor begriffen werden, der die Spaltungsprozesse in der Arbeiterklasse und der Arbeiterbewegung maßgeblich beeinflusst. Umgekehrt steht die Krise eines jeden historisch-politischen Hegemonietyps im direkten Zusammenhang mit Prozessen, in denen die Spaltungskräfte an Wirksamkeit verlieren und Tendenzen der Vereinheitlichung von sozialökonomischer und politischer Klassenerfahrung sich auch in qualitativen Verschiebungen des politischen Kräftefeldes Geltung verschaffen.

Die Politisierung des Spannungsverhältnisses von privater und kollektiver Lebensbewältigung und -deutung erweist sich mithin selbst noch als ein Moment des politisch-ideologischen Reproduktionsprozesses der bürgerlich-kapitalistischen Gesellschaft. Die formale Verselbständigung und Trennung von Öffentlichkeit (dem politischen Raum) und »Privatsphäre«, die ihrerseits in Produktions- und Reproduktionsbereich geschieden ist, charakterisiert die Grundstruktur bürgerlicher Herrschaft ebenso wie den Inhalt des bürgerlichen Politikverständnisses (zumindest bis zur Konstitution der Arbeiterbewegung als Massenbewegung). Mehr noch: Die beständige Reproduktion dieser Trennung wird zu einer wesentlichen Bedingung bürgerlicher Hegemonie. Diese Erkenntnis ist nicht nur von theoretischer Relevanz. Sie reflektiert vielmehr die institutionelle, rechtliche und ideologische Struktur des politischen Systems der bürgerlichen Gesellschaft. Die Besitzbürger, deren Eigentum und seine Akkumulation durch Staat und Recht gesichert sind, wollen die Sphäre ihrer individuellen Selbstbetätigung (im Geschäft und »Haus«) als einen staats- und politikfreien Raum möglichst geschützt wissen.[9] Zugleich erwarten sie vom Staat und seinen Insti-

---

9 Einer der bedeutendsten frühbürgerlichen Staatstheoretiker, J. Bodin, hat diesen Gedanken sehr prägnant formuliert: »Wenn das Familienoberhaupt die Familie und die häuslichen Angelegenheiten hinter sich lässt, um auf den Markt hinauszutreten und

tutionen, deren Verwaltung der »politischen Klasse« übertragen ist, dass deren »Technologie« dem Prinzip der formalen Rationalität entspricht. Gesetz, Bürokratie und Parlamentarismus sind diese spezifischen »Technologien« des bürgerlichen Rechtsstaates (Therborn 1976, 51). Dabei wird ein doppelter Zweck verfolgt: Auf der einen Seite muss die institutionelle Struktur des politischen Willensbildungsprozesses der politischen Kontrolle der Besitzbürger unterliegen sowie die Konkurrenz fraktioneller bürgerlicher Interessen ermöglichen (bürgerliche Öffentlichkeit). Auf der anderen Seite müssen die Volksmassen von der Politik ferngehalten, aus dem politischen Raum ausgeschaltet werden. Als »Passivbürger« – so die Formulierung der französischen Verfassung von 1791 – sind sie durch das Zensuswahlrecht von der politischen Willensbildung ausgeschlossen. Darüber hinaus muss ihnen durch Koalitionsverbote der Zugang zur Bildung politischer Machtinstrumente verwehrt sein. Schließlich muss der Staat stark genug sein, um innere und äußere Bedrohungen des Gemeinwesens abzuwehren. Im Innern haben die staatlichen Zwangsapparate (Polizei, Militär, Justiz) gegebenenfalls spontane Einbrüche der Volksbewegungen in den politischen Raum, in denen sich lang aufgestaute Entbehrung und Unterdrückung entladen, zu unterdrücken. Franz Neumann hat in der Kritik der Metapher vom liberalen »Nachtwächter-Staat« diesen Interessenzusammenhang von Bürgern und Staat unterstrichen: »Der liberale Staat war immer so stark, wie die politische und soziale Situation und die bürgerlichen Interessen es erforderten. Er führte Kriege und schlug Streiks nieder, er schützte seine Investitionen mit starken Flotten, er verteidigte und erweiterte seine Grenzen mit starken Heeren, er stellte mit der Polizei ›Ruhe und Ordnung‹ her. Er war stark genau in den Sphären, in denen er stark sein musste und wollte« (Neumann 1967, 31).

Im politischen Alltag einer jeden historischen Periode gehören jedoch Streiks, Rebellionen, Massenbewegungen und Revolutionen, die stets Zäsuren zwischen Epochen bilden, eher zur Ausnahme (Kuczynski 1980, 149ff.). Zumal in den »normalen Ruhelagen« tritt die Ausübung direkter, außerökonomischer Gewalt durch den Staat – auch aus der unmittelbaren Lebenserfahrung – zurück. Die Trennung des Politischen und der alltäglichen Gesellschaftlichkeit (Arbeit, Familie, Wohnen, Konsumtion, Kommunikation, Alltagskultur) wird unter diesen Voraussetzungen auch zur vorherrschenden, durchschnittlichen Erfahrung (Ottomeyer 1977). Die Formen bürgerlicher Politik bleiben den »Passivbürgern« weitgehend äußerlich. Die Politisierung der Praxisformen des Alltags, von denen wir wissen, dass sie immer auch Klassenerfahrung implizieren, erfolgt im Wesentlichen »von oben«, durch die ideologischen Instanzen und Apparate der herrschenden Ordnung. Als politisch-ideologische Sozialisationsinstanzen vermitteln sie Normen des Verhaltens wie der Sinndeutung im Alltag. Die herrschen-

---

öffentliche Belange zu erörtern, so ist es nicht mehr Herr, sondern nennt sich Bürger.« (1583 bzw. 1976, 14f.).

den Moralvorstellungen sollen so zum Kitt disparater Alltagserfahrungen werden. Elemente der gegenwärtigen Klassenerfahrung werden überlagert durch zukünftige, außerweltlich-religiöse Heilserwartungen. Die Erfahrung von Abhängigkeit und Unterordnung wird gedämpft durch die Identifikation mit der »Größe« der Nation und ihrer politischen Führung (Blessing 1979, 185ff.).[10] Diese Aufgaben werden von den herrschenden ideologischen Apparaten wahrgenommen, zu denen in der von uns betrachteten Epoche vor allem die Kirche, die Schule und das Militär, aber auch die Fabrik mit ihrer Disziplin und Hierarchie, die Familie als Sozialisationsagentur sowie andere sinnvermittelnde Institutionen (z. B. die Massenliteratur) gehören.

Ihre Tätigkeit zielt auf die beständige Isolierung der Klassenerfahrung von der kollektiven Klassenpraxis. Als ideologische Staatsapparate verfügen sie dabei über ein System von materiellen und immateriellen Sanktionen und Gratifikationen. Wer sich anpasst, dem wird nicht nur sozialer Aufstieg als reale Utopie verhießen, er braucht auch keine Angst davor zu haben, mit den staatlichen Sanktionen und ihrem Zwangscharakter Bekanntschaft zu machen oder Gottes Zorn gegen die Sünder zu erfahren. Im Kern handelt es sich dabei um den Versuch der Partikularisierung und Atomisierung von Klassenerfahrung, die in neue Formen der klassenneutralen »illusorischen Gemeinschaftlichkeit« (die Nation, die Volksgemeinschaft, die christliche Gemeinschaft etc.) überführt wird. Erst in dem Maße, wie diese ideologischen Vermittlungen als Stabilisierung bürgerlicher Hegemonie wirken, gewinnen sie auch im wirklichen Leben konkrete Gewalt – eben in jenen politischen Organisationen, die sich der »sozialen Frage« oder der »Arbeiterschaft« annehmen, um diese vor den Klassenorganisationen und besonders vor dem Klassenkampf zu schützen. Die Perspektive individueller Lebensbewältigung, abgeschnitten von kollektiver Praxis der Veränderung der obwaltenden Lebensbedingungen, wird hier demzufolge zum Feld von Klassenpraxis – und zwar: der bewussten Integration »von oben«. Soweit die Trennung des Politischen von der alltäglichen Lebenspraxis also diese Trennung von Klassenerfahrung und kollektiver Klassenpraxis korrespondiert, wirkt sie innerhalb der Arbeiterklasse als ein enormes Spaltungs- und Differenzierungspotenzial, dessen Ursprung weniger auf die klasseninternen, sozialökonomischen Differenzierungen als vielmehr auf die innere Struktur und Wirksamkeit des politischen Systems der bürgerlichen Gesellschaft, seiner hegemonialen Struktur, zurückzuführen ist.

In der klassengespaltenen Gesellschaft vollziehen sich diese Prozesse freilich nie in reiner Form, sondern stets im Medium eines bestimmten Kräfteverhältnisses der Klassen und des Klassenkampfes. Das Politikverständnis der sozialistischen Arbeiterbewegung ist – auch als theoretische und prakti-

---

10 Bei Blessing wird am Beispiel des Königreichs Bayern der »monarchische Kult« als »symbolische Verdichtung« des offiziellen politischen Ordnungsbildes charakterisiert, gleichzeitig aber nachgewiesen, dass dieser »Loyalitätsappell« offenkundig in der Arbeiterbewegung auf eine nur geringe Resonanz stieß.

sche Kritik der herrschenden Ordnung – dem bürgerlichen Politikverständnis radikal entgegengesetzt. Dies resultiert nicht nur aus dem Bestreben, die diskriminierenden Maßregeln, die die Arbeiterklasse und ihre Organisationen aus der Politik fernhalten sollen, aufzuheben und formale politische Gleichheit durchzusetzen (allgemeines Wahlrecht, Koalitionsfreiheit). Vielmehr konstituiert sich mit der Arbeiterbewegung – und insbesondere mit den politischen Parteien der Arbeiterbewegung – ein neuer Typus von Politik, der seinerseits nachhaltige Veränderungen im politischen System der bürgerlichen Gesellschaft hervorruft, die Bedingungen der Ausübung bürgerlicher Hegemonie verändert und die herrschenden Klassen bzw. Klassenfraktionen zu neuen Strategien der Anpassung wie zu neuen Techniken der politisch-ideologischen Machtausübung zwingt (vgl. Asseln/Deppe 1977, 110ff.). »Die Partei im modernen Sinn [...] entsteht mit der Arbeiterbewegung.« (Gruppi, 1980, 16) Nach ihrem Selbstverständnis ist sie Instrument der Mobilisierung von Klassenbewegung, in der sich die Verteidigung unmittelbarer Interessen mit der Perspektive einer revolutionären Umwälzung der bestehenden gesellschaftlichen und politischen Verhältnisse verbindet. Ihr Bestreben ist es, Massenbewegungen zu organisieren und zu führen. Für die hier zu diskutierenden Fragen ist es nun entscheidend, dass dieses Politikkonzept auf die Überwindung jener bürgerlichen Trennung von Ökonomie und Politik, von privater und öffentlicher Sphäre zielt. Sozialistische Politik ist Auflösung dieses realen »Scheins«, d.h. Politisierung der sozialen und der ökonomischen Frage und der in sie eingeschlossenen Widersprüche. Was auf der theoretisch-programmatischen Ebene sich als das Ziel der »Zurücknahme des Staates in die Gesellschaft« artikuliert, transformiert sich in der konkreten politischen Auseinandersetzung von Anfang an in die Politisierung des Privaten,[11] damit auch der alltäglichen Klassenerfahrung.

Aus dem bisher Entwickelten ergibt sich schon, dass eine solche Politik mit mannigfachen Widerständen konfrontiert wird, dass der politische Prozess selbst sich im Austrag dieser Widerspruchskonstellationen vollzieht. Die verschiedenen Sphären der Lebensbewältigung und -gestaltung – von der alltäglichen Reproduktion über den Produktionsprozess bis hin zur allgemeinen, politischen Artikulation von Interessen »in der Öffentlichkeit« – sind nicht nur formal und illusorisch voneinander getrennt. Natürlich gehen sie – als Formen von Klassenerfahrung und -praxis – im wirklichen Leben vielfältige Verbindungen ein. Dennoch besitzen sie eine materiale Wirklichkeit und eine relative Selbständigkeit. Die innere Organisationsstruktur der

---

11 Therborn (1976, 69) sieht darin ein wesentliches Merkmal sozialistischer Gesellschaften: »In a socialist society, private life is made public by a number of proletarian and popular mass organizations apart from the state apparatus itself. In this way, the sharp delimitation of the state as an apparatus with special tasks and personnel tends to be eroded – which is essentially what is involved in the notion of the withering away of the state.«

Arbeiterbewegung selbst, die oftmals im Bilde von den »drei Säulen« gefasst wird, ist dafür ein Beleg. Die Vielzahl der genossenschaftlichen Organisationen und Vereine umspannen gleich einem Netzwerk den konkreten proletarischen Lebenszusammenhang. Sie dienen der materiellen und kulturellen Bedürfnisbefriedigung und fungieren zugleich als politische Sozialisationsinstanzen, d. h. in ihnen artikuliert sich proletarisches Solidaritätsbewusstsein und die Fähigkeit der Lebensbewältigung.

Auch die Gewerkschaftsbewegung – als die zweite Säule – entwickelt sich zunächst als genossenschaftliche Solidargemeinschaft, zentriert um das Arbeitsverhältnis und den Arbeitsplatz. Mit dem Wachstum der Mitgliederzahlen, der allmählichen Überwindung des Lokalismus, der Schaffung nationaler Berufsverbände und einer »Generalkommission«, mit den ersten Ansätzen von Industrieverbänden verallgemeinert und vereinheitlicht sich die gewerkschaftliche Arbeit der Organisation (vgl. Deppe 1979b). In seiner berühmten Rede vor dem Kieler Parteitag der SPD (1927) hat Rudolf Hilferding die These von der »Politisierung« der Gewerkschaften als Element der Konzeption vom »organisierten Kapitalismus« vorgetragen: »In der Gesellschaft der freien Konkurrenz konnten sie nur den unmittelbaren Klassenkampf zwischen Unternehmern und Arbeitern führen um die Länge der Arbeitszeit und die Höhe des Lohns. Jetzt stellen sich die Gewerkschaften selbst immer mehr andere Aufgaben, nicht mehr nur Beeinflussung des Staates auf sozialpolitischem Gebiet, sondern jetzt sind die beherrschenden Prinzipien in der gewerkschaftlichen Bewegung der Kampf um die Betriebsdemokratie und der Kampf um die Wirtschaftsdemokratie.« (Sozialdemokratischer Parteitag, 1927, 171)

Diese Bemerkung enthält gravierende Fehlurteile. So waren – wie zuvor gezeigt werden konnte – auch die frühen Gewerkschaften politische Organisationen, die sich nicht nur um Lohn und Arbeitszeit kümmerten. Ebenso falsch ist die zugrunde gelegte These vom »politischen Lohn«, die gleichsam die Abkoppelung der Gewerkschaften von ihrer fundamentalen Aufgabe beinhaltet. Allerdings illustriert die Konzeption Hilferdings ein Problem, mit dem die Gewerkschaften seit dem Durchbruch zur Massenorganisation sowie mit der politischen Anerkennung ihrer Wirkungsmöglichkeiten konfrontiert sind. Sie müssen in ihrer praktischen Arbeit eine ständige Vermittlung zwischen der konkreten sozialökonomischen Interessenvertretung und ihren politischen Aufgaben und Möglichkeiten herstellen. Damit ergibt sich gleichzeitig die Aufgabe, den Stellenwert des gewerkschaftlichen Kampfes im Gesamtzusammenhang des Kampfes der Arbeiterbewegung zu definieren. Dabei gilt: Ihre Fähigkeit zur Durchsetzung allgemein politischer Ziele hängt direkt von der Kraft der gewerkschaftlichen Interessenvertretung an der »Basis«, am Arbeitsplatz, im Betrieb, in der Branche ab. Wann immer diese Basis ihrer allgemeinen Macht zugunsten einer Inkorporierung in den Staat, zugunsten einer Lösung »von oben« (und das ist der Kerngedanke der Hilferding'schen Argumentation) vernachlässigt oder sogar bewusst gebändigt wurde, mussten die Gewerkschaften dies in Perioden ökonomischer und politischer Krisen des kapitalistischen Systems mit Orientierungsverlust und Handlungsunfähigkeit bezahlen (vgl. Deppe 1980, 152ff.).

Noch schärfer stellt sich dieses Problem der Vermittlungsarbeit für die politische Partei. Ihre Politik ist – wie W. Streek in Bezug auf die moderne Industriegewerkschaft formuliert –»das Resultat der Aggregation unterschiedlicher Teilinteressen und ihrer Transformation in ein einheitliches Gesamtinteresse, das gegenüber den in es eingegangenen Partikularinteressen in spezifischer Weise abgehoben ist« (Streek 1979, 723).

Dabei wird die proletarische Klassenerfahrung in doppelter Weise organisiert: Auf der einen Seite ist die Partei Ausdruck dieser Erfahrung, politisches Instrument, um die Massenerfahrung in die politische Auseinandersetzung zu übersetzen, um das politische Kräfteverhältnis zugunsten der Arbeiterklasse zu verändern, kurzum: um Veränderungen bzw. die Aufhebung dieser Klassenerfahrung im Kampf um politische Macht herbeizuführen. Auf der anderen Seite wirkt die Partei durch ihre Propaganda, ihre Erziehungsarbeit, vor allem aber durch den politischen Kampf selbst (in dem der politisch-ideologische Apparat der herrschenden Klasse sie als den Hauptgegner identifiziert) auf diesen Erfahrungszusammenhang beständig zurück. Sie wird zu einem konstitutiven Element der Bewusstseinsentwicklung der Arbeiterklasse, ihrer Handlungsfähigkeit; durch ihre Presse, ihre Versammlungen, ihre Kampagnen der Massenmobilisierung vermittelt sie zugleich allgemeines Wissen über den Charakter der herrschenden Gesellschaftsordnung und ihres Staates, der bürgerlichen Hegemonie, der Bedingungen und Ziele des Klassenkampfes. Ohne diese Fähigkeit, sich in den breitesten Massen zu verankern, sich mit den wirklichen Bewegungen der Arbeiterklasse zu verbinden, und: ohne die Fähigkeit zu führen, d. h. diese Komplexität der Erfahrungen und der Kampffelder im Hinblick auf die Veränderung des politischen Kräftefeldes, der politischen Machtverhältnisse zu strukturieren, ohne diese Fähigkeit zu entwickeln, bleibt die Partei eine bedeutungslose Sekte.

Allerdings wäre es eine reichlich idealistische Vorstellung, die Herstellung von Klasseneinheit als direktes Resultat der Konstitution der revolutionären Partei und der – über sie vermittelten – Anwendung der »richtigen« Weltanschauung und Theorie auf die Praxis des Klassenkampfes anzusehen. Die Organisationen der Arbeiterbewegung wirken in einem fundamental fremdbestimmten Raum, in ihrem sozialökonomischen wie in ihrem politischen und ideologischen Kampf, in der Bewältigung des Lebensalltages ebenso wie im politischen Kampf, der auf die Eroberung der Staatsmacht zielt. Die Grenzen ihres Einflusses, die Widerstände gegen ihn, werden durch das System bürgerlicher Hegemonie und seine Funktionsweise bestimmt. Der »Prozess der individuellen Durchsetzung […] bürgerlicher Hegemonie« umschließt daher nicht nur die Markierung »der von den Herrschenden zugestandenen Handlungsspielräume«, sondern zugleich – durch psychische Konfliktabwehr und -verarbeitung – deren Umformung in »negative Emotionen und Angst«. »Bei der psychischen Konfliktabwehr gewinnt die Angst vor der realen oder antizipierten Existenzgefährdung die Oberhand und führt zunächst zur Handlungsunfähigkeit.« Soziale Integration, »individueller Opportunismus« als Aufstiegsorientierung, Rückzug in die »Freizeit« sind diejenigen Formen des Bewusstseins und Verhaltens, vermittels derer verhindert wird, »dass die Konfliktangst und Konfliktscheu durch eingehende kognitive und emotionale Durcharbeitung sowohl der objektiven gesellschaftlichen Voraussetzungen als auch der subjektiven Möglichkeiten insgesamt überwunden wird und somit eine positive emotionale Gesamtstimmung, also eine Handlungsbereitschaft zur Verwirklichung der erkannten Ziele entsteht« (Braun 1980, 448ff.).

Auf der anderen Seite reproduziert sich die bürgerliche Hegemonie eben durch den Staat, der innerhalb einer Struktur mit verschiedenen Ebenen ungleichzeitigen Entwicklungsstandes die besondere Funktion hat, Kohäsionsfaktor der verschiedenen Ebenen einer Gesellschaftsformation zu sein [...] In der Tat hat die politische Praxis entweder die Aufrechterhaltung der Einheit einer Gesellschaftsformation in einem ihrer Stadien oder einer ihrer Phasen zum Ergebnis [...] oder die politische Praxis erzeugt Veränderungen, wobei sie sich den Staat als Ansatzpunkt zum Aufbrechen dieser Einheit zum Ziel nimmt, eben weil er deren Kohäsionsfaktor ist: in diesem Sinn kann der Staat auch anvisiert werden als Faktor, der eine neue Einheit und neue Produktionsverhältnisse herbeiführt (Poulantzas 1975, 43). Die organisierte Präsenz der Klassenbewegung in diesem politischen Raum, der »Verarbeitung« und Synthetisierung partikularer Erfahrungen zu einem allgemeinen, politischen Willen, zu einer realen Kraft, ist daher ebenso notwendig wie ihre Verwurzelung in der Klasse und ihren alltäglichen Praxisformen. In dem um den Staat zentrierten politischen Feld kann sich die Partei jedoch nicht darauf beschränken, »Basisinteressen« gleichsam von unten nach oben zu leiten. Da der bürgerliche Staat, seine Institutionen und Apparate, die Parteien etc. ihrerseits Formen darstellen, in denen konkurrierende bürgerliche Interessen synthetisiert und verallgemeinert werden, da auf dieser Ebene nicht nur die Zentren politischer Macht, sondern auch die Zentralen der ideologisch-politischen »Hegemonieapparate« lokalisiert sind, wäre es – wie P. Togliatti (1962, 25) einmal formuliert hat – ein schwerer Fehler, wenn sich die Politik der Partei darauf beschränken würde, die »Klassengegensätze starr und schematisch als politische Gegensätze« aufzufassen. Sie hat sich vielmehr mit Klassenstrategien auseinanderzusetzen, die keineswegs in reiner Form sozialökonomische »Basisinteressen« des Kapitals widerspiegeln. Deren endgültige Formulierung und Präsentation wird vielmehr durch einen Block fraktioneller Bündniskonstellationen (sei's innerhalb der Bourgeoisie, sei's zwischen Resten der Feudalklasse, der Bourgeoisie und dem Kleinbürgertum) gefiltert und durch die ideologischen Hegemonieapparate gleichsam »modelliert«. Erinnert sei nur an das Gebiet der Außenpolitik, auf dem diese Mechanismen besonders deutlich zur Geltung kommen. Im Konzept der Strategien der herrschenden Klassen wird sie oftmals zum zentralen Feld einer ideologisch-politischen Gegenmobilisierung gegen die Arbeiterbewegung.

In der Verknüpfung dieser beiden Pole des politischen Praxisfeldes, der individuellen wie der allgemein politischen Ebene des Kampfes um Hegemonie, liegt eben die Kunst oder die Wissenschaft der Führung, die sich die Arbeiterbewegung aneignen muss. Man findet diesen Gedanken durchgängig bei Lenin, für den das revolutionäre Wissen aus dem Gebiet der »Beziehungen aller Klassen und Schichten zum Staat und zur Regierung«, den »Wechselbeziehungen zwischen sämtlichen Klassen« geschöpft werden muss (*Was tun?*, 1902, 211). Schärfer noch hat A. Gramsci die »Organizität« in der Verbindung von Massen und Intellektuellen, von Alltagskultur, Leidenschaften und theoretischem Wissen als den Inhalt der Bildung eines »geschichtlichen Blocks« hervorgehoben. Dabei begreift er die Partei, den »kollektiven Intellektuellen« und »neuen Fürsten« (moderno Principe), als die Mittlerin dieses Prozesses. So wird die Politik zu einer »autonomen Wissenschaft«, zu Führungswissen im Kampf um die Begründung eines neuen »kollektiven Willens«, der Hegemonie des Proletariats und der Schaffung eines neuen Staates (ausführlich Togliatti 1980, 71ff.).

Die relative Selbständigkeit der Partei ergibt sich aus diesen ihren Wirkungsbedingungen. Sie kann niemals allein Instrument der Widerspiegelung und Verlängerung des Komplexes spontaner, proletarischer Basisinteressen sein. Da sie unabdingbares Instrument der Synthetisierung dieser Interessen im Felde des politischen Systems der bürgerlichen Gesellschaft, in der Auseinandersetzung mit der bürgerlichen Hegemonie ist und da sie zugleich die proletarische Klassenpolitik nicht nur aus der direkten Klassenerfahrung, sondern aus der Gesamtheit der Wechselbeziehungen und Kampffronten der Klassen ableitet, kann nur über diese Organisation die Aneignung des notwendigen Wissens sowie dessen Verbindung mit der Klassenpraxis erfolgen. Dass ein solches politisches Konzept – wie Alf Lüdtke unterstellt – dazu führe, die »Interessen der Betroffenen […] durch abstrakte Zugriffe [zu] enteignen« (Lüdtke 1979, 500), erscheint kaum überzeugend; denn strategisches Handeln, einfacher gesagt: politisches Handeln ist stets nur in allgemeiner, gesellschaftlicher Form möglich und kann sich zugleich dem Determinationszusammenhang durch die materiellen und politisch-ideologischen Vergesellschaftungsformen der herrschenden Ordnung nicht entziehen. Strategisches Handeln als organisierte Kollektivität wird niemals – im Sinne einer rigiden stellvertretenden Repräsentanz – das Element der Alltagserfahrung der Spontaneität, auch des kollektiven Handelns und der Aktion, ersetzen können.¹² Der wesentliche Gesichtspunkt für die Herstellung der Einheit der Arbeiterklasse ist daher die Überwindung der Trennung, der Verselbständigung dieser Felder und Ebenen der Klassenwirklichkeit, die – wie wir gezeigt haben – eine relativ eigenständige und materiale Realität aufweisen und deshalb auch relativ selbständige Segmente proletarischer Klassenerfahrung konstituieren.

Betrachtet man die langen Kampfzyklen in der Geschichte der Klassenkämpfe (und die Konstitutionsperiode bildet zweifellos einen der ersten dieser Zyklen), so ist relativ leicht auszumachen, dass – wie der sowjetische Sozialpsychologie G. G. Diligenski formuliert – »die Fähigkeit einer Klasse, ihre Bedürfnisse in zielgerichtetem bewusstem Handeln auszudrücken, […] größtenteils von dem Maß der Entsprechungen zwischen ihrer spontan-psychologischen Entwicklung, in der sich die neuen Erfahrungen der Klasse widerspiegeln, und der Entwicklung der diese Erfahrungen verallgemeinernden Klassenideologie« abhängt (Diligenski 1976, 21).¹³

Diese Entsprechungen werden zunächst objektiv determiniert: durch Kapitalakkumulation und Produktivkraftentwicklung, ihre regionale und sektorale Gliederung, durch Wachstum und innere Strukturveränderungen der Arbeiterklasse sowie durch die zyklische Bewegung der kapitalistischen Produktion (Erfahrung von Konjunktur und Krise). Außerdem werden sie durch das politisch-ideologische Herrschaftssystem beeinflusst: die Form des Staates, die herrschenden Ideologien, die hegemonialen Apparate, der Grad der politischen Organisierung der Interessen der herrschenden Klassen, die Hegemonie als Konstellation des Bündnisses von Kräften unter der Führung einer Klasse bzw. Klassenfraktion, die Rolle der Intellektuellen. Diese objektiven Bedingungen sind jedoch keineswegs statisch. Die Veränderung dieser »Entsprechungen« hängt vor allem von der Entwicklung des Widerspruchscharakters der kapitalistischen Produktion, von Krisen, der erweiterten Reproduktion des Gegensatzes von Armut und Reichtum ab. Indem sich diese Gegensätze politisieren, d. h. Konflikte und Kämpfe an die Oberfläche treten, verändern sich zugleich die Klassenstrategien und damit die politisch-ideologische Kräftekonstellation.

Es muss die Aufgabe konkret historischer Forschungen bleiben, diese Zyklen sowie die sich verändernde Dynamik in ihnen genau zu analysieren. Wir beschränken uns daher auf einige sehr vorläufige und allgemeine Bestimmungen.

---

12 Hobsbawm (1964, 146) sieht die Bedeutung von »bodies of agitators, propagandists and organizers« für die spontanen, sozialen Arbeiterbewegungen seit 1800 in Folgendem: »The new leadership helped to give the ›explosions‹ […] a historic individuality […], they helped to weld a mass of discrete local, regional and sectoral movements into a larger whole […], they provided the larger unifying force of common aims and slogans.«

13 Die Kategorie »Klassenpsychologie« scheint nicht ganz eindeutig. Diligenski will darunter die »gesellschaftlichen Erfahrungen« verstanden wissen, »die von der Klasse gesammt und in ihrer Psychologie widergespiegelt werden« (16).

- In der Konstitutionsperiode des Kapitalismus sind die Lohnarbeiter den Wirkungen der Kapitalakkumulation und der Ausbeutung unmittelbar und schutzlos ausgeliefert. Ihr Lebensschicksal – beginnend mit der »Entwurzelung« aus dem vorkapitalistischen Sozialmilieu, das noch weitgehend ihre Sozialorientierungen bestimmt – reflektiert direkt die Schwankungen der Produktion, die Mobilität des Kapitals, die Unterordnung der Arbeitskraft unter das Diktat der Maschine. Elend, Krankheit, miserable Wohnverhältnisse, geringe Bildung etc. bestimmen ihre alltägliche Klassenerfahrung. Dazu kommt, dass ihnen jedweder politische Einfluss verwehrt bleibt. Wann immer sie ihre Interessen offen artikulieren, sehen sie sich nicht nur mit der gesellschaftlichen Macht des Kapitals, sondern auch mit der außerökonomischen Gewalt der repressiven Staatsapparate konfrontiert. Schließlich lassen Umfang und innere Struktur der Klasse ein hohes Maß an sozialer Fragmentierung (der eine geringe Dichte der Kommunikation entspricht) erkennen. Der Grad an lokaler und regionaler Zersplitterung ist hoch und prägt zugleich die Netze der Kommunikation und die Wahrnehmung der gesellschaftlichen und politischen Realität.

Spontaneität ist unter diesen Voraussetzungen die dominante Triebkraft der Interessenartikulation. Wo der Druck der täglichen Lebensbewältigung als ausweglloses Schicksal erscheint, wo in der alltäglichen Klassenerfahrung überhaupt keine Kraft wahrnehmbar wird, die ihrerseits als Potenzial einer Veränderung wirken könnte und zugleich die Möglichkeit eigener Aktivität aufzeigt, da wird Apathie und Resignation (verbunden mit kompensatorischen Formen der »Flucht« und des individuellen Aufstiegs, von Alkohol- und Drogenkonsum bis zur religiösen Unterwerfung) weit verbreitet sein. Die Unerträglichkeit dieser Lebensweise, das Aufstauen von Verzweiflung, Wut und Aggressivität – der, wie Labrousse formuliert, »Massenfaktor der Leidens- und Elendserfahrung der Vielen« (Labrousse 1979, 78) – schlägt in die spontane Aktion, den Aufruhr, die Rebellion um, die sich mit Gewalt unmittelbar gegen jene Instanzen gesellschaftlicher Macht richtet, die als die Quelle des eigenen Elends wahrgenommen werden (der Fabrikant oder Verleger, der Wucherer, Steuereintreiber oder Polizist, oder schließlich: die Maschine selbst). Der Übergang von der Vereinzelung zur sozialen Identifikation, zur Herausbildung eines Gruppenbewusstseins und zur Solidarität (die schon gemeinsames Handeln im Namen von Gruppenzielen und Gruppeninteressen einschließt; Diligenski 1976, 26) vollzieht sich weitgehend unorganisiert. Die Explosivität der Aktion, ihrer Formen, ihrer emotionalen Triebkräfte widerspiegelt so selbst noch die Dominanz einer höchst partikularisierten Klassenerfahrung. Das utopisch-eschatologische Moment, das diesen Bewegungen oftmals eignet, erscheint hier zunächst als die unmittelbare Befreiung von dieser unerträglichen Lebenserfahrung. Darüber hinaus verkörpert es in der Regel die durchweg widersprüchliche Kombination des Einflusses traditionaler Wertorientierungen mit der sozialistischen

Programmatik von Führerpersönlichkeiten oder von Organisationen, die diese Bewegungen nicht »machen«, sondern in sie eintreten, um die Programmatik und die Ziele der Emanzipation der Arbeiterklasse gleichsam »von außen« in sie hineinzutragen. Die Spaltung erscheint also hier vorab in der Besonderung von Organisationen und Klasse. Ihre Verbindung erfolgt meist im Klima der »direkten Aktion« und unterliegt daher in hohem Maße den Schwankungen des spontanen Aktionismus. Damit diese Verbindung (sowohl der Einzelaktionen als auch der von Aktion und Programmatik) freilich eine gesamtgesellschaftliche, politisch: eine nationale Dimension erreicht, dazu bedarf es in dieser Periode – wie E. Labrousse formuliert – der allgemeinen, außerökonomischen Gewalterfahrung:

»Damit der Zündstoff, aus dem die Revolution hervorgeht, sich bilde, müssen andere Momente [als die Wirtschaftskrise] hinzutreten, vor allem muss die wirtschaftliche mit der politischen Krise zusammenfallen, einer politischen Krise, die sich in der Auflösung der Regierungsmacht, dem Zerfall der militärischen Macht, aber auch in der Erosion der parlamentarischen und Verwaltungsstruktur ausdrückt.« (Labrousse 1979, 78)

- Für den Übergang zum nächsten Kampfzyklus bedeuten diese Kämpfe, die Erfahrungen, die Teilsiege oder Niederlagen vermitteln, oftmals wichtige Weichenstellungen, die ihrerseits die Verarbeitung der neuen Stufe in der Entwicklung der Akkumulation und der Produktivkräfte, des Umfangs und der inneren Struktur der Klasse sowie der Entwicklung der Arbeits- und Lebensbedingungen beeinflussen. Die Kämpfe selbst setzen die Einsicht in die Notwendigkeit der Organisation frei. In ihnen und in ihrer Deutung verdichtet sich gleichsam das Wissen wie die Handlungsorientierung der Organisation. An den großen Kämpfen jeder Epoche kristallisieren sich daher die früheren Erfahrungen einer Klasse und ihr ideologischer Traditionsbestand.

Der »Durchbruch zur Massenorganisation« vollzieht sich – wie wir gesehen haben – in der Folge sozialökonomischer und politisch-ideologischer Veränderungen im Kapitalismus, die in die Periode des Übergangs zum Imperialismus fallen. Die tendenzielle Vereinheitlichung der Klasse durch die Wirkungen des kapitalistischen Vergesellschaftungsprozesses vermittelt sich nicht nur über die großindustrielle Produktion, sondern auch über ein soziales und politisches Klassenmilieu, dessen Erfahrungsstruktur, Kommunikationsnetze und Identifikationsmöglichkeiten die Verarbeitung gesellschaftlicher Widersprüche und Konflikte prägen und daher wesentlich auf den Inhalt des proletarischen Klassenbewusstseins einwirken. Die proletarischen Organisationen und ihre Programmatik verstärken diese Vereinheitlichung insofern, als sie als Instanzen der allgemeinen Interessenwahrnehmung, aber auch vermittels der Interpretation von Klassenerfahrung, der Verknüpfung mit den Zielen der sozialen

Emanzipation, fungieren. Der Kampf, der diesen »Durchbruch« herbeiführt, steht jedoch selbst noch im Zusammenhang von Veränderungen des politisch-ideologischen Herrschaftssystems, des bürgerlichen Hegemonietyps. Reformen, die zumindest einem Teil der Arbeiterklasse das Wahlrecht zugestehen, erste soziale Reformen auf dem Gebiet der Sozial- und Bildungspolitik, aber auch veränderte Strategien der herrschenden Klasse, die sich selbst Organisationen für die Wahrnehmung ihrer ökonomischen, politischen und ideologischen Interessen schafft, Konstellationen der Machtbildung, in denen die Monopolbourgeoisie eine hegemoniale Position einzunehmen und diese für die unmittelbare Beeinflussung des staatlichen Handelns zu nutzen beginnt, Strategien mit dem Ziel der Einbindung des Kleinbürgertums oder auch von Teilen der Arbeiterklasse in den »Block an der Macht« – alle diese Elemente charakterisieren Veränderungen im Herrschaftssystem, die den »Durchbruch« zur Massenorganisation begleiten und zugleich die Wechselwirkung zwischen dem Klassenkampf und der Entwicklung der Kräftekonstellationen, der politischen Strategien und des Hegemonietyps veranschaulichen.

Literatur

Ahrweiler, Georg (Hg.), 1978: *Betr.: Lukács, Dialektik zwischen Idealismus und Proletariat,* Köln

Asseln, Heiko, u. Frank Deppe, 1977: Die »Staatsfrage« und die Strategie der Arbeiterbewegung, in: ders. u.a. (Hg.), *Probleme der materialistischen Staatstheorie. Staat und Monopole* (11), Argument-Sonderband 16, Westberlin

Blessing, Werner K., 1979: Der monarchische Kult, politische Loyalität und die Arbeiterbewegung im deutschen Kaiserreich, in: G. Ritter (Hg.), *Arbeiterkultur,* Königstein-Ts., 185ff.

Bodin, Jean, 1583: *Über den Staat,* Stuttgart 1976

Braun, Karl-Heinz, 1980: Subjektive Bedingungen politischen Handelns in der Bundesrepublik, in: *Blätter für deutsche und internationale Politik* 4, 443ff.

Brockhaus, Eckhard, 1975: *Zusammensetzung und Neustrukturierung der Arbeiterklasse vor dem ersten Weltkrieg,* München

Conze, Werner, 1966: Vom »Pöbel« zum »Proletariat«, in: H. U. Wehler (Hg.), *Moderne deutsche Sozialgeschichte,* Köln-Berlin, 111ff.

ders., u. Ulrich Engelhardt (Hg.) 1979: *Arbeiter im Industrialisierungsprozeß,* Stuttgart

Deppe, Frank, 1971: *Das Bewusstsein der Arbeiter,* Köln

ders., 1979a: *Autonomie und Integration. Materialien zur Gewerkschaftsanalyse,* Marburg

ders., 1979b: Elemente eines theoretischen Bezugsrahmens zur Analyse der Gewerkschaftsgeschichte, in: *Internationale Tagung der Historiker der Arbeiterbewegung,* XII. Linzer Konferenz 1976, Wien

ders., 1980: Hätten die Gewerkschaften die Weimarer Republik retten können?, in: H.O. Vetter (Hg.), *Aus der Geschichte lernen – die Zukunft gestalten,* Köln, 152ff.

Diligenski, German G., 1976: *Sozialpsychologie und Klassenbewußtsein der Arbeiterklasse im heutigen Kapitalismus,* Frankfurt/M

Engelhard, Ulrich, 1977: Gewerkschaftliche Interessenvertretung als »Menschenrecht«, in: ders. u. a. (Hg.), *Soziale Bewegung und politische Verfassung*, Stuttgart, 538ff.

Groh, Dieter, 1976: »Basisprozesse und Organisationsproblem. *Skizze eines sozialgeschichtlichen Forschungsprojekts*«, in: U. Engelhardt, V. Sellin, H. Stuke (Hg.), *Soziale Bewegung und politische Verfassung*, Werner Conze zum 65. Geburtstag, Stuttgart

Gruppi, Luciano, 1980: *La teoria dei partito rivoluzionario*, Rom

Hahn, Erich, 1974: *Materialistische Dialektik und Klassenbewußtsein*, Frankfurt/M

Hartmann, Knut, 1977: *Der Weg zur gewerkschaftlichen Organisation. Bergarbeiterbewegung und kapitalistischer Bergbau im Ruhrgebiet, 1851–1889*, München

Hobsbawm, Eric J., 1964: *Labouring Men*, London

ders., 1972: Soziale Ungleichheit und Klassenstrukturen in England, in: H. U. Wehler (Hg.), *Klassen in der europäischen Sozialgeschichte*, Göttingen, 53–65

ders., 1976: Von der Sozialgeschichte zur Geschichte der Gesellschaft, in: H. U. Wehler (Hg.), *Geschichte und Soziologie*, Köln, 331ff.

IMSF, 1972: *Klassen- und Sozialstruktur der BRD, 1950–1970*, Teil 1, Frankfurt/M

Holzkamp, Klaus, 1979: Zur kritisch-psychologischen Theorie der Subjektivität (1), in: *Forum Kritische Psychologie*, 4, Argument-Sonderband 34, Westberlin, 10ff.

ders., 1979: Zur kritisch-psychologischen Theorie der Subjektivität (2), in: *Forum Kritische Psychologie* 5, Argument-Sonderband 41, Westberlin, 7ff.

Kuczynski, Jürgen, 1980: *Prolegomena zu einer Geschichte des Alltags des deutschen Volkes*, Berlin (DDR)

Labrousse, Ernest, 1979: 1848, 1830, 1789. Wie Revolutionen entstehen, in: I. A. Hartig (Hg.), *Geburt der bürgerlichen Gesellschaft: 1789*, Frankfurt/M, 67ff.

Lenin, Wladimir I., 1894: Was sind die »Volksfreunde« und wie kämpfen sie gegen die Sozialdemokraten, in: *Ausgewählte Werke*, Bd. 1, 85–151

ders., 1902: Was tun?, in: *Werke*, Bd. 5, 355–549

ders., 1908: Marxismus und Revisionismus, in: *Werke*, Bd. 15, 17–28

ders., 1913: Wie V. Sassulitsch das Liquidatorentum erledigt, in: *Werke*, Bd. 19, 385–407

ders., 1914: Einheit, in: *Werke*, Bd. 20, 228–29

ders., 1920: Der »Linke Radikalismus«, die Kinderkrankheit im Kommunismus, in: *Werke*, Bd. 31, 1–105

Lukács, Georg, 1923: *Geschichte und Klassenbewusstsein*, Berlin

Lukas, Erhard, 1976: *Zwei Formen des Arbeiterradikalismus in der deutschen Arbeiterbewegung*, Frankfurt/M

Lüdtke, Alf, 1978: Alltagswirklichkeit, Lebensweise und Bedürfnisartikulation, in: *Gesellschaft. Beiträge zur Marxschen Theorie*, 11, Frankfurt/M, 311ff.

ders., 1979: Erfahrung von Industriearbeitern – Thesen zu einer vernachlässigten Dimension der Arbeitergeschichte, in: W. Conze u. U. Engelhardt (Hg.), *Arbeiter im Industrialisierungsprozeß*, Stuttgart, 494ff.

Maase, Kaspar, 1980: Zwischen »Verbürgerlichung« und »Klasse für sich«, in: *Marxistische Studien*, Jahrbuch des IMSF 3, 149ff.

Nenni, Pietro, 1977: *Intervista sul socialismo italiano, a cura die G. Tamburrano*, Roma-Bari

Neumann, Franz, 1967: Der Funktionswandel des Gesetzes im Recht der bürgerlichen Gesellschaft, in: ders., *Demokratischer und autoritärer Staat*, Frankfurt/M-Wien, 31ff.

Ottomeyer, Klaus, 1977: *Ökonomische Zwänge und menschliche Beziehungen*, Reinbek bei Hamburg

Perez-Diaz, Victor M., 1978: *State, Bureaucracy and Civil Society*, London-Basingstoke

Poulantzas, Nicos, 1975: *Politische Macht und gesellschaftliche Klassen*, Frankfurt/M

Ritter, Gerhard A., u. Klaus Tenfelde, 1975: Der Durchbruch der Freien Gewerkschaften Deutschlands zur Massenbewegung im letzten Viertel des 19. Jahrhunderts, in: H. O. Vetter (Hg.), *Vom Sozialistengesetz zur Mitbestimmung*, Köln, 61ff.

Schröder, Wilhelm H., 1978: *Arbeitergeschichte und Arbeiterbewegung*, Frankfurt/M-New York

Sozialdemokratischer Parteitag, 1927, Kiel, Protokoll, Berlin

Streek, Wolfgang, 1979: Gewerkschaftsorganisation und industrielle Beziehungen, in: *Gewerkschaftliche Monatshefte*, 11, 721ff.

Tenfelde, Klaus, 1977a: *Sozialgeschichte der Bergarbeiterschaft an der Ruhr im 19. Jahrhundert*, Bonn-Bad Godesberg, 573ff.

ders., 1977b: Strukturelle Bedingungen für Solidarität, in: *Gewerkschaftliche Monatshefte*, 4, 245ff.

Therborn, Göran, 1976: What does the ruling class when it rules? in: ders., *Science, Class and Society*, London

Thompson, Edward P., 1968: *The Making of the English Working Class*, Harmondsworth

Vester, Michael, 1970: *Die Entstehung des Proletariats als Lernprozeß*, Frankfurt/M

Togliatti, Palmiro, 1977: Die Bildung der führenden Gruppe der IKP in den Jahren 1923/1924 (1962), in: ders., *Ausgewählte Reden und Aufsätze*, Frankfurt/M, 17ff.

ders., 1980: Der Leninismus im Denken und Handeln von Antonio Gramsci, in: H. H. Holz u. H. J. Sandkühler (Hg.), *Betr: Gramsci*, Köln, 71ff.

Wehler, Hans-Ulrich (Hg.), 1979: *Klassen in der europäischen Sozialgeschichte*, Göttingen

Zwahr, Hartmut, 1978: *Die Konstituierung des Proletariats als Klasse*, Berlin (DDR)

ders., 1980: *Soziale Prozesse der Entwicklung der Arbeiterklasse im 19. Jahrhundert: Bibliographie, Historiographie, Methodologie*, (vervielf. Man.)

ders., 1980: *Bourgeoisie und Proletariat*, Köln

aus: Entstehung der Arbeiterbewegung, Argument-Sonderband AS 63, Berlin 1981, 70–104, online: www.zeitschrift-luxemburg.de/einheit-und-spaltung/

3. »Rasse« und Klasse

3.1. ›Rasse‹, Artikulation und Gesellschaften mit struktureller Dominante

Stuart Hall

Ziel dieses Aufsatzes ist es, eine Reihe von Fragen und Problemen genauer zu bestimmen, die beim Studium rassistisch strukturierter Gesellschaftsformationen auftauchen, und auf neue wichtige Forschungsansätze hinzuweisen. Dafür ist es wichtig, die Brüche zu markieren, die diese neuen Studien im etablierten Forschungsfeld darstellen. Was das Feld angeht, so lässt es sich in zwei große Strömungen unterteilen, die beide eine breite Vielfalt verschiedener Studien und Ansätze hervorgebracht haben. Beide Strömungen können als einander entgegengesetzt oder auch, wie dies bei solchen theoretischen Gegensätzen häufig der Fall ist, als umgekehrte Spiegelbilder voneinander verstanden werden. Denn jede Strömung versucht, die Schwäche des gegnerischen Paradigmas durch Betonung des ›vernachlässigten Elements‹ zu überwinden. Dadurch machen beide auf reale Schwächen in der Konzeptualisierung aufmerksam und weisen, wenn auch nur anhand von Symptomen, auf wichtige Ausgangspunkte für adäquatere Theoretisierungen hin. Sie sind jedoch beide, wie ich behaupten möchte, innerhalb des operativen Rahmens ihrer gegenwärtigen Theoretisierung dem Gegenstand nicht angemessen. Der Bruch mit ihnen stellt daher einen – teilweise oder vollständigen – theoretischen Bruch mit jeder der beiden dominanten Tendenzen und den Versuch einer Neustrukturierung des theoretischen Feldes dar, der zum Ausgangspunkt völlig neuartiger Forschungsarbeiten werden könnte.

Die beiden Strömungen möchte ich – grob vereinfachend – die ökonomische und die soziologische nennen. In der ökonomischen Tendenz fasse ich für die Zwecke dieser Studie zusammen: 1. Ansätze der Dualismustheorie (kapitalistischer und Subsistenzsektor), die durch die Klammer einer neoklassischen Ökonomie der ›Entwicklung‹ miteinander verbunden sind, 2. Analysen auf der Basis von Rostows Theorie der ›Stufen des Wachstums‹, die mit einem Modernisierungs- oder Industrialisierungsmodell arbeiten, 3. die Dependenz-Theoretiker der CEPAL-Schule mit ihrer radikalen Theorie einer globalen Unterentwicklung, 4. schließlich Baran und André Gunder Frank, die – wie klassisch auch immer, dies ist Gegenstand einer noch unabgeschlossenen theoretischen Kontroverse – eine marxistische Orientierung entwickelten. Alle diese Ansätze können deshalb als Teil einer einzigen Tendenz gelten, weil sie den ökonomischen Beziehungen eine fast vollständig determinierende Wirkung auf die sozialen Strukturen der

Gesellschaftsformationen zuschreiben. Auch solche sozialen Spaltungen, die einen klar erkennbaren ›rassischen‹ oder ethnischen Charakter für sich beanspruchen, könnten danach grundsätzlich unter Bezugnahme auf ökonomische Strukturen und Prozesse beschrieben und erklärt werden. Auch der zweiten – soziologischen – Strömung wird hier der Einfachheit halber eine große Vielfalt von Ansätzen subsumiert: Einige konzentrieren sich auf soziale Beziehungen zwischen verschiedenen ›rassischen‹ oder ethnischen Schichten, andere behandeln ausschließlich kulturelle Differenzen (Ethnizität), von denen ›Rasse‹ nur einen Extremfall darstellt, wieder andere arbeiten mit der von Furnivall, M. G. Smith und anderen dieser Schule abgeleiteten streng pluralen Theorie. Manche sind ausschließlich mit Formen politischer Herrschaft und Diskriminierung befasst, die auf der Ausbeutung von ›Rasse‹-Merkmalen beruhen. In der großen Mehrheit dieser Studien wird ›Rasse‹ als soziale Kategorie behandelt. Demgegenüber haben biologische Rassekonzeptionen an Wichtigkeit deutlich verloren, obwohl sie in keiner Weise vollständig verschwunden sind, wie die Wiederkehr der Soziobiologie und des genetischen Prinzips bei den biologisch geprägten Theorien im neueren Werk von Jensen und Eysenck zeigen. In dieser zweiten Tendenz liegt der Hauptakzent auf ›Rasse‹ oder Ethnizität als spezifischen sozialen und kulturellen Merkmalen der diskutierten Gesellschaftsformationen. Das gemeinsame Kennzeichen aller – allein für den Zweck dieser Studie – unter der soziologischen Schule zusammengefassten Ansätze besteht darin, dass sie, sosehr sie sich auch intern unterscheiden, in der Frage der Autonomie und Nicht-Reduzierbarkeit von ›Rasse‹ und Ethnizität als sozialen Merkmalen übereinstimmen. Für sie weisen ›Rasse‹ und Ethnizität spezifische Formen der Strukturierung und Effekte auf, die weder als bloße Oberflächenformen der Erscheinung ökonomischer Beziehungen wegerklärt, noch durch ihre Reduktion auf die ökonomische Determinationsebene theoretisch adäquat erfasst werden könnten.

Hier zeigt sich, dass beide Paradigmen einander entgegengesetzt sind und doch jeweils die Schwächen ihres Gegenübers korrigieren. Die erste Tendenz, ob marxistisch oder nicht, spricht der ökonomischen Ebene eine umfassende Determinationskraft zu. Sie verleiht damit der zu schwachen Zentrierung der ethnischen Studien einen harten Kern. Auf diese erste Akzentuierung antwortet die zweite Strömung direkt mit der Betonung soziologischer Aspekte. Sie zielt darauf, eine problemadäquate Komplexität in die simplifizierenden Schemata der ökonomischen Erklärung einzuführen und ein Abgleiten in ökonomischen Reduktionismus zu verhindern. Gesellschaftsformationen seien komplexe, aus mehreren verschiedenen, nicht aufeinander reduzierbaren Strukturen zusammengesetzte Ensembles. Erstere tendiert also zur Monokausalität in der Form, während Letztere betont pluralistisch, wenn nicht sogar explizit plural im theoretischen Sinne ist.

Diese Debatte reproduziert im Kleinen die größeren strategischen Auseinandersetzungen, die die Sozialwissenschaften in den letzten Jahren insgesamt kennzeichneten. Entwicklungen in diesem Feld – ob nun rassistisch strukturierte Gesellschaftsformationen ihr spezifischer Untersuchungsgegenstand sind oder nicht – haben daher theoretische Effekte auf den spezielleren Forschungsbereich und führen zu Brüchen in den Paradigmen der ›soziologischen Rassetheorien‹. Die Debatte ist allerdings nicht ausschließlich eine theoretische. Unterschiede in der theoretischen Analyse und im Ansatz wirken sich auch auf die Strategien der politischen Umgestaltung in solchen Gesellschaften aus. Gibt man der ersten Tendenz weitgehend recht, dann ist das, was oft als ethnische oder ›Rassen‹-Konflikte erfahren und interpretiert wird, nur die Manifestation grundlegender ökonomischer Widersprüche, auf die sich die Politik der Transformation im Wesentlichen beziehen muss. Die zweite Tendenz lenkt dagegen die Aufmerksamkeit auf die aktuellen Formen und die Dynamik politischer Konflikte und sozialer Spannungen in solchen Gesellschaften – mit einem häufig ›rassischen‹ oder ethnischen Charakter. Sie zeigt die empirischen Schwierigkeiten auf, diese den klassischeren ökonomischen Konflikten zu subsumieren. Wenn aber ethnische Beziehungen nicht auf ökonomische reduzierbar sind, werden sie sich nicht notwendigerweise mit den ökonomischen ändern. Sie müssen daher im politischen Kampf in ihrer Spezifik und ihrem eigenen Gewicht als autonome Faktoren berücksichtigt werden.

Obwohl sie für eine Erklärung des spezifischen Werts dieser Theorien nicht ausreichen, stellen politische Verhältnisse eine Existenzbedingung für Theorie dar und wirken sich auf ihre Aneignung und Anwendung aus. Dies lässt sich für Lateinamerika und die Karibik deutlich zeigen: Das Zwei-Sektoren-Modell – basierend auf einem exportorientierten, importsubstituierenden und durch ausländische Investitionen gestützten Typ ökonomischer Entwicklung – stand Pate für eine lange und verheerende Periode nationaler ökonomischer Entwicklung, die in der Region die ökonomische Stellung eines Landes nach dem anderen untergrub. Die Modernisierungstheorie war lange die entwickeltste Konzeption von Strategien eines ›Bündnisses für den Fortschritt‹ auf dem Kontinent. Versionen der Dependenz-Schule förderten unter wieder anderen Bedingungen eine antiimperialistische, national-kapitalistische Entwicklung radikalen Typs. Die Theorien des Gegensatzes von Metropole und Peripherie von Gunder Frank und anderen wurden vor allem im Kontext der kubanischen Revolution und den Strategien der lateinamerikanischen Revolution entwickelt, wie sie von der Organisation Lateinamerikanischer Staaten erarbeitet und z. B. in den Resolutionen der ›Zweiten Erklärung von Havanna‹ (1962) vertreten wurden. Das ganze Feld liefert tatsächlich eine exzellente Fallstudie für die notwendigen Zusammenhänge zwischen Theorie, Politik und Ideologie in den Sozialwissenschaften.

Jede Strömung hat ihren rationalen Kern: Zwar dürfte es nicht möglich sein, ›Rasse‹ allein unter Bezug auf ökonomische Beziehungen zu erklären. Doch hat die erste Tendenz recht, wenn sie darauf insistiert, dass rassistische Strukturen außerhalb des Rahmens eines spezifischen Ensembles ökonomischer Beziehungen nicht adäquat verstanden werden können. Soll ›Rasse‹ nicht wie in einer allgemeinen Theorie des Vorurteils in der menschlichen Natur als einzigartig, einheitlich und transhistorisch verstanden werden, so dass sie, wo und wann auch immer sie erscheint, dieselben autonomen Merkmale aufweist – ein essenzialistisches Argument klassischen Typs –, dann muss ihre Spezifik in der Geschichte der modernen Welt richtig begriffen werden: Es zeigt sich, dass ›Rassen‹-Beziehungen (*race relations*) direkt mit ökonomischen Prozessen zusammenhängen: historisch mit den Epochen der Eroberung, der Kolonisierung und der merkantilistischen Beherrschung, aktuell mit den Beziehungen eines ›ungleichen Tauschs‹ zwischen den entwickelten Metropolen und den Satelliten-Regionen der Weltwirtschaft. Das Problem hier ist aber nicht, *ob* die ökonomischen Strukturen für ›rassische‹ Spaltungen relevant sind, sondern *wie* beide theoretisch verknüpft werden. Kann die ökonomische Ebene für die rassistischen Merkmale dieser Gesellschaftsformationen eine angemessene und ausreichende Erklärung liefern?

Hier meldet die zweite Tendenz ihren Vorbehalt an. Sie hat recht, wenn sie die Aufmerksamkeit auf solche Gesellschaftsformationen lenkt, die distinktive ›rassische‹ oder ethnische Charakteristika aufweisen. Das Problem hierbei ist, wie die Entstehung des ›Anderen‹ – die außerökonomischen Faktoren und ihre Stellung in der dynamischen Reproduktion der Gesellschaftsformationen – erklärt wird. Anhand dieser Probleme können wir die Schwächen genauer bestimmen, die durch die Umkehrungen, die jedes Paradigma gegenüber dem anderen vornimmt, verdunkelt werden. Während Ersteres dazu tendiert, alle Differenzen und Besonderheiten im Rahmen einer vereinfachenden ökonomischen Logik beherrschen zu wollen, so bleibt das zweite bei einem Ensemble pluraler Erklärungen stehen, die nicht adäquat theoretisiert, am Ende eher deskriptiv als analytisch sind. Dies ist natürlich eine sehr zugespitzte, vereinfachte Art, die Unterschiede festzuhalten. Es ist daher sinnvoll, das komplexe Terrain und die in diesem einfachen binären Modell eingeschlossenen Argumente genauer zu untersuchen.

Wir können den ersten Aspekt anhand der jüngeren Kontroversen um die Analyse der südafrikanischen Gesellschaftsformation verdeutlichen. Südafrika ist zweifellos ein ›Grenzfall‹ im theoretischen und ein ›Testfall‹ im politischen Sinne. Es ist vielleicht die Gesellschaftsformation, bei der die Bedeutung ›rassischer‹ Merkmale am wenigsten geleugnet werden kann. Ihre rassistischen Strukturen können nicht allein kulturellen oder ethnischen Differenzen zugeschrieben werden: Sie sind fest mit den Formen der politischen und ökonomischen Herrschaft, die sie strukturieren, verwoben. Auch kann es wenig Streit darüber geben, dass in dieser Gesellschaftsformation die kapitalistische Produktionsweise dominant ist: Südafrika ist der Sonderfall einer industriekapitalistischen Gesellschaftsformation, in der ›Rasse‹ ein artikulierendes Prinzip sozialer, politischer und ideologischer Strukturen darstellt und die durch das gleichzeitige Heranziehen von ›freier‹ und ›Zwangsarbeit‹ gestützt wird.

Daher behandelt ein wichtiger Teil der Literatur die rassistischen Aspekte der Gesellschaftsformation Südafrikas als im Wesentlichen durch die herrschenden ökonomischen Verhältnisse verursacht. Diese werden als Klassenverhältnisse im klassischen Sinn charakterisiert. Die Strukturierung der südafrikanischen Arbeiterschaft in schwarze und weiße Schichten wird analog zur ›Fraktionierung‹ der Arbeiterklasse, die man in allen kapitalistischen Gesellschaftsformationen findet, verstanden – mit dem einzigen Unterschied, dass hier ›Rasse‹ der Mechanismus ist, durch den die Stratifizierung der Klasse hervorgebracht wird. Es wird, wie Wolpe beobachtet hat, angenommen, dass die weiße und die schwarze Arbeiterklasse in einer im Wesentlichen identischen Beziehung zum Kapital stehen.

Daher folge die Dynamik der sozialen Beziehungen der Grundlogik des Klassenkampfs, die kapitalistische Produktionsverhältnisse in klassischer Form annehmen. Die ›rassischen‹ Spaltungen laufen auf »nichts anderes [hinaus] als die spezifische Form, die die allen kapitalistischen Produktionsweisen gemeinsame Fraktionierung der Arbeiterklasse in den südafrikanischen Gesellschaftsformationen angenommen hat« (Wolpe 1976, 198).

Solche Analysen – Wolpe bezieht sich auf verschiedene Quellen – gehören tendenziell zu unserem ersten Paradigma. Mit einem solchen Ansatz lässt sich leicht eine unmittelbar entgegengesetzte ›soziologische‹ Analyse konfrontieren: Diese begreift ökonomische Klassenformationen als für die Analyse solcher sozialer und politischer Strukturen weitgehend irrelevant, in denen mehr als die Klasse die ›Rasse‹ den grundlegenden Faktor darstellt, der die Gesellschaft strukturiert und an dem sich soziale Konflikte entzünden (Kuper 1974, Van den Berghe 1965).

Viel bedeutender und auch viel schwerer in einen der beiden Ansätze einzuordnen ist das Werk von John Rex, der selbst Südafrikaner und ausgewiesener Soziologie ist. Rex hat nicht ausführlich an südafrikanischem Material gearbeitet. Aber seine, wenn auch notwendigerweise oft nur programmatischen Schriften repräsentieren den ›soziologischen‹ Ansatz auf besonders reichhaltige und komplexe Weise. Rex' erster Aufsatz zum Thema »South African Society in Comparative Perspective« (1973) kritisiert gleich zu Beginn den Mangel sowohl einer strukturell-funktionalistischen als auch einer marxistischen Perspektive bei der Behandlung von ›Rasse‹ und Ethnizität in Südafrika. Ebenso kritisch verfährt er mit der ›pluralen‹ Theorie von Furnivall und Smith, auch wenn er ihr mehr Aufmerksamkeit schenkt. Nach Smith seien die verschiedenen ethnischen Segmente in der karibischen Gesellschaft ›vielfach‹ voneinander getrennt, sie würden nur dadurch zusammengehalten, dass eines der kulturellen Segmente die politische Macht monopolisiere: Dieses Machtmonopol sei die wesentliche Vorbedingung für die Erhaltung der gesamten Gesellschaft in ihrer gegenwärtigen Form. Dagegen argumentiert Rex korrekt, dass »die Dynamik der Gesellschaft darauf beruht, dass Menschen unterschiedlicher ethnischer Herkunft in dieselben gesellschaftlichen Institutionen, wie z. B. die Plantagenwirtschaft mit Sklaven, einbezogen werden« (Rex 1973, 261).

Dasselbe lässt sich über Versuche sagen, die das Paradigma der ›pluralen Gesellschaft‹ auf Südafrika übertragen wollen, ihre größte Aufmerksamkeit auf die kulturelle Segmentierung richten und allein in der Instanz des politischen Monopols einen Kohäsionsfaktor sehen.

Rex gründet seinen eigenen Ansatz auf dem signifikanten historischen Faktum der *Differenz*. Während der Kapitalismus im ›klassischen‹ Sinn durch die Ausdehnung von Marktbeziehungen auf der Grundlage einer Produktion durch ›freie Arbeit‹ errichtet wurde, wuchs er in Südafrika auf der Basis der Eroberung der Bantu-Völker und ihrer ökonomischen Eingliederung in Form ›unfreier Arbeit‹ »als Teil eines effizienten kapitalistischen Produktionssystems«. Die kapitalistische Produktionsweise sei hier unter sehr verschiedenen historischen ›Voraussetzungen‹ gegenüber denen entstanden, die aus einer allgemeinen, Marx nachgesagten Erklärung abgeleitet worden sind: Die typischen Voraussetzungen für ›koloniale‹ Formationen seien Eroberung und Kolonisierung als zentrale Merkmale, in diesen Gesellschaften werde »nicht einfach ein Klassenkampf durch die kapitalistische Entwicklung, sondern ein ›Rassenkrieg‹ durch die koloniale Eroberung ausgelöst« (Rex 1973, 262).

Rex legt viel Wert auf diese Unterscheidungsmerkmale, nämlich die »Fähigkeit der Arbeitgeber, während und nach der kolonialen Periode Zwangsgewalt zu kommandieren und zu nutzen«, und die Tatsache, dass die »zentrale Institution der Arbeit« nicht klassische freie Arbeit, sondern »Wanderarbeit in ihrer unfreien Form« sei.

Indem Rex diese recht untypische ›zentrale Institution der Arbeit‹ zum Hauptelement seiner Analyse macht, gelingt es ihm, präziser die spezifischen ökonomischen Mechanismen zu umreißen, die der ›Eingliederung‹ der afrikanischen Arbeiterklasse in das kapitalistische System dienten, und zwar in Formen, die ihren segmentären ›rassischen‹ Charakter eher *aufrechterhalten*, als dass sie ihn vernichten. Die rassistische Struktur der südafrikanischen Gesellschaftsformation erhält dadurch konkrete ökonomische Existenzbedingungen – die Verbindung wird gerade durch ihre ›Eigentümlichkeit‹, ihre Abweichung vom klassischen kapitalistischen Weg nachweisbar. Rex verfolgt historisch die vielfältigen ökonomischen Formen dieser ›Unfreiheit‹: die ländlichen Reservate, das Arbeitslager, die Entstehung des dritten Elements eines Wanderarbeitssystems, die »städtische Ansiedlung der Eingeborenen«.

»Beinahe jede Form der afrikanischen Arbeit weist in gewissem Grad Gemeinsamkeiten mit dem Status des Lagerarbeiters und des Heimarbeiters auf. Alle unterliegen einer Herren-und-Diener-Gesetzgebung, keine ist wirklich frei, obwohl die Entwicklung eines verarbeitenden sekundären Sektors zu größerer Flexibilität der Löhne, längerfristiger Anstellung und daher stärkerer Berücksichtigung der Bedürfnisse des Arbeiters nach Verwandtschaft und Gemeinschaft führen dürfte.« (Rex 1973, 278)

Rex sieht in diesen spezifischen Unterschieden bei der Rekrutierung und im Status der Arbeit der Schwarzen die wesentlichen Operatoren, durch die der Arbeitskräftebedarf für die kapitalistische Industrie gesichert wird. Die ökonomischen Beziehungen seien damit eine notwendige, aber noch keine hinreichende Bedingung für die rassistische Struktur der südafrikanischen Gesellschaftsformation. Diese werde auch durch ein ›nicht-normatives‹ Element – zum Beispiel politische und legale Faktoren – aufrechterhalten, das aus der politischen Herrschaft der weißen kapitalistischen Siedlerklasse und einem tragfähigen Kompromiss zwischen ihr und der weißen Arbeiterklasse herrühre, was dazu führe, dass beide von den Vorteilen profitierten, die eine Beschränkung der Eingeborenen auf einen untergeordneten Status auf dem Arbeitsmarkt mit sich bringt. Ein Kapitalismus, der solche irrationalen Merkmale, anstatt sie abzuschaffen, aufrechterhalte, könne im Kontext der klassischen kapitalistischen Entwicklungslinie nur als ›abweichender Fall‹ gelten.

Hier werden ›soziale‹ Faktoren nicht einfach gegen ›ökonomische‹ gesetzt. Rex ist nicht vorzuwerfen, dass er die Ebene der ökonomischen Beziehungen vernachlässigt habe, wie es viele ›Kulturalisten‹ tun. Gerade sein Interesse an der Formspezifik der ökonomischen Beziehungen im spezifischen Fall Südafrikas ermöglicht es ihm, einige grundlegende Merkmale dieser Gesellschaftsformation zu begreifen, die gleichzeitig klar als ›kapitalistisch‹ identifiziert werden kann und sich dennoch in ihrer Struktur vom ›kapitalistischen Typ‹ der sozialen Entwicklung – wie sie sich mancher Leser der marxistischen Literatur ableitete – deutlich unterscheidet. Sein Interesse an der ›zentralen Einrichtung der Arbeit‹ lässt ihn in den Vordergrund stellen, was Marx in einem anderen Kontext die *differentia specifica* genannt hat – als Basis für eine, wie er es nannte, ›verständige‹ historisch-spezifische Abstraktion: »Gerade das, was ihre Entwicklung ausmacht, [ist] der Unterschied von diesem Allgemeinen und Gemeinsamen. Die Bestimmungen, die für die Produktion überhaupt gelten, müssen gesondert werden, damit über der Einheit […] ihre wesentliche Verschiedenheit nicht vergessen wird.« (MEW 13, 617)

Auch die Klassenbeziehungen und den Klassenkampf vernachlässigt Rex nicht. Er weist den segmentären Zugang des ›Pluralismus‹ besonders deutlich zurück: »Wenn es Spaltungen gibt, so sind diese funktional in das übergreifende Modell des politischen Konflikts integriert, der durch die kapitalistische Entwicklung des Landes seit den Minenfunden von 1867 und 1886 ausgelöst wurde.« (Rex 1973, 282)

Die ›Revision‹ besteht bei Rex eher in der Weigerung, die Klassenkonflikte unter die universelle und einheitliche Form ›kapitalistischer Klassenverhältnisse‹ im Allgemeinen zu subsumieren: »Was hier vorliegt, kann in Begriffen eines universellen marxistischen Gesetzes von Klassenkampf nicht adäquat interpretiert werden; eine spezifische Art des Klassenkampfs gibt es dort jedoch zweifellos. Als Klassen können Gruppen mit unterschiedlichen Rechten bzw. Graden der Rechtlosigkeit gefasst werden, die ihnen früher durch die Eroberung und die Unfreiheit aufgezwungen wurden. Wie im Fall der anderen ehemaligen Kolonialgesellschaften sind in Südafrika Geschichte, Struktur und Formen der sozialen Differenzierung [d. h. ihr rassistischer Charakter, S. H.] das Resultat einer solchen Eroberung und Unfreiheit.« (Rex 1973, 282)

Als die beiden entscheidenden begrifflichen Instrumentarien organisieren ›Eroberung‹ und ›unfreie Arbeit‹ Rex' Analyse. Der Ursprung der kapitalistischen Produktionsweise in Bedingungen der Eroberung, gepaart mit den ›eigentümlichen Institutionen‹ der unfreien Arbeit, erhält so, auf der ökonomischen Ebene, die ›rassisch‹ zuschreibbaren Merkmale und verleiht ihnen Dauer. Dies ist ein sehr spezifischer und unterscheidbarer Kapitalismus: »Es gibt eine Reihe verschiedener Beziehungen zu den Produktionsmitteln, die subtiler ist, als sie in Begriffen einer Unterscheidung zwischen Eigentümern und Nicht-Eigentümern verstanden werden könnte« (Rex 1973, 264), jede von ihnen »bringt spezifische Klassensituationen hervor«, »ein ganzes Spektrum von Klassensituationen«. Die Analyse beginnt daher mit der ökonomischen Ebene, aber sie weicht vom klassischen Typus ab.

Daneben gibt es jedoch andere Verhältnisse, die nicht den ›sozialen Produktionsverhältnissen‹ zugeordnet werden können und Unterscheidungen auf der Ebene von Kulturen und Werten einschließen: Diese werden durch die Trennung der ökonomischen von der politischen Macht, die allein die Weißen kontrollieren, hergestellt und durch institutionelle Strukturen wie z. B. das Erziehungssystem und die politischen Strukturen der Bantus aufrechterhalten. Die hieraus resultierenden Gruppenkonflikte unterscheiden sich von Konflikten um ›die Kontrolle über die Produktionsmittel‹. Rex analysiert daher nun die Position verschiedener sozialer Gruppen – der afrikanischen ›Mittelklasse‹, der *Cape Coloured,* der indischen Händler –, die nicht einfach der vorhergehenden ökonomischen Analyse zugeordnet werden können. Viele Merkmale einer Südafrika zugeschriebenen ›geschlossenen‹ Struktur der sozialen Beziehungen ergeben sich hieraus.

Rex' Skizze über ethnische Beziehungen in Lateinamerika und der Karibik (1978) beginnt mit einem ähnlichen Abriss »der Grundformen der ökonomischen Ausbeutung, die unter kolonialen Bedingungen« unter Einschluss »anderer möglicher Typen kapitalistischer und nicht kapitalistischer Ausbeutung und Akkumulation« entstehen können. In diesem Beispiel reicht das Spektrum der Formen ›unfreier‹ oder ›halbfreier‹ Arbeit von der *encomienda*[1]-Sklaverei und dem Plantagensystem bis zur Herausbildung einer Schicht ›abhängiger Bauern‹. Ihr entspricht eine vergleichbare Bandbreite der sozialen Schichten – ›Siedler‹, Gruppen von Händlern mit Paria-Status,

---

[1] Die *encomienda* bedeutete ursprünglich die Übertragung der Tributzahlungen, die die Indianer einer bestimmten Gegend zu leisten hatten, an einen Angehörigen des spanischen Militärs. Hieraus entwickelten sich vielfältige Formen der direkten persönlichen Herrschaft und der Ausbeutung der indianischen Arbeitskraft (Konetzke 1965, 158, 190ff.).

Zwischenhändler, Kaziken, Missionare und Verwaltungsbeamte. In ihrer allgemeinen Form ähnelt die Argumentation der des südafrikanischen Falls:

> »Einige dieser Gruppen stehen einander als Klassen im marxschen Sinne gegenüber. Jede bildet jedoch eine relativ geschlossene Gruppe mit ihren eigenen spezifischen kulturellen Merkmalen und sozialen Organisationsformen. Insgesamt erscheint die Überschneidung und wechselseitige Durchdringung der sozialen Gruppen als so groß, dass es nicht gerechtfertigt ist, von einem Kastensystem zu sprechen, gleichzeitig ist aber die soziale Mobilität so stark eingeschränkt, dass wir es auch kein System sozialer Stratifikation nennen können. Das System ist viel zu komplex und schließt einander überlagernde Produktionsweisen ein, als dass es als eine Situation des Klassenkampfs im marxschen Sinne beschreibbar wäre. Alle diese Aspekte müssen uns bewusst sein, wenn wir von einem kolonialen System sozialer Stratifikation sprechen.« (Rex 1978, 30)

Wenn wir dieses Modell auf einer allgemeinen theoretischen Ebene untersuchen, können wir als seine Basis eine sehr spezifische theoretische Revision erkennen. Ohne unzulässig zu vereinfachen, verbindet es Elemente eines marxistischen und eines weberianischen Ansatzes. Das Terrain der Synthese ist jedoch überwiegend durch Weber bestimmt. Dies nicht deshalb, weil Rex seinen eigenen Ansatz permanent von einer Position abgrenzt, die er als eine inadäquate und vereinfachende Anwendung des ›marxistischen Gesetzes des Klassenkampfes‹ ansieht. Vielmehr möchte ich damit die begriffliche Struktur der Revisionen von Rex charakterisieren. Seine Analyse vollzieht sich theoretisch in zwei verschiedenen, einander ergänzenden Schritten.

Zuerst distanziert er sich von dem, was er als ›klassischen‹ marxistischen Ansatz definiert: Dieses Erklärungsmodell postuliere, dass alle verschiedenen Konfliktfälle unter den Klassenkampf subsumierbar sind und von ihm dominiert werden. Klassen würden durch ihre ökonomische Stellung nach der Unterscheidung zwischen ›Eigentümern und Nicht-Eigentümern‹ der Produktionsmittel recht ungenau definiert. Es seien ökonomische Gruppen ›an sich‹, die zunächst ihre speziellen Klasseninteressen in Situationen des Wettbewerbs auf einem Markt verfolgten, aber mit Hilfe des Klassenkampfs zu ›Klassen für sich‹ organisiert werden könnten. Der marxistische Ansatz wird hier mit einem ganzen Ensemble von Aussagen über die Form, den Weg und die Logik der kapitalistischen Entwicklung gleichgesetzt. In der klassischen Form trete der freie Arbeiter dem Kapitalisten auf dem Arbeitsmarkt gegenüber: »[Kapital] entsteht nur, wo der Besitzer von Produktions- und Lebensmitteln den freien Arbeiter als Verkäufer seiner Arbeitskraft auf dem Markt vorfindet, und diese eine historische Bedingung umschließt eine Weltgeschichte.« (MEW 23, 184)

Nach dem klassischen Gang der Entwicklung werde dieser Kampf zwischen Besitzern und Nicht-Besitzern zum typischen, dominierenden und determinierenden Beziehungsgefüge in allen kapitalistisch dominierten Gesellschaftsformationen. In der klassischen Logik gewinne schließlich die ›ökonomische Rationalität‹ der kapitalistischen Marktverhältnisse früher oder später über alle Verhältnisse aus früheren und jetzt verdrängten Produktionsweisen die Oberhand und transformiere sie so, dass sie sich in der Macht kapitalistischer Verhältnisse verfangen. Von dieser klassischen Erklärung distanziert sich Rex: Für die entscheidenden Unterschiede in gegenwärtigen Gesellschaftsformationen gebe dieses Modell gerade keine Erklärung. Zwar räumt Rex ein, dass es dort, wo Kapitalismus dominiert, auch ökonomische Kämpfe kapitalistischen Typs – Klassenkämpfe – gibt. Gesellschaftsformationen kolonialen Typs wiesen jedoch andersartige Formen auf, schlügen einen anderen Entwicklungsweg ein und gehorchten einer anderen Logik. Außerdem gebe es in solchen Gesellschaften andere strukturelle Beziehungen, die sich nicht mit den Klassenbeziehungen klassischen kapitalistischen Typs deckten.

Der zweite Schritt besteht in der Wiedereingliederung dieser Probleme im Rahmen eines ›klassischen‹ Weberianismus. Allerdings unterscheidet sich Rex hier unserer Ansicht nach von denen, die Webers Methode nur deshalb gegen Marx reklamieren, um den Blick statt auf ökonomisch-strukturelle Merkmale auf ›Überbau‹-Phänomene richten zu können. Rex geht dagegen von der oft vergessenen Seite in Webers Werk aus, in der ausführlich ökonomische Beziehungen und natürlich – als ein möglicher Typ in diesem Spektrum – der kapitalistische Rassenkonflikt behandelt werden. Diese Akzentuierung ist entscheidend, weil sie Rex erlaubt, die marxsche Analyse der Klassenbeziehungen als einen begrenzten Fall unter ein umfassenderes Spektrum ökonomischer Beziehungen, die als Ensemble von ›Idealtypen‹ definiert werden, zu subsumieren. Um die eigentümlichen Merkmale von Gesellschaftsformationen zu erklären, in denen die von Marx unterstellte klassische kapitalistische Struktur nicht klar hervortritt, lassen sich mit diesem Ansatz auch andere ökonomische Beziehungen begrifflich fassen: Weber beschrieb ökonomische Klassenkonflikte als einen Typus innerhalb eines Spektrums möglicher Marktbeziehungen, die dadurch gekennzeichnet sind, dass verschiedenartig zusammengesetzte Gruppen miteinander konkurrieren. Für Weber überlagern sich diese verschiedenen Marktbeziehungen jedoch nicht in einer Weise, die es erlauben würde, von einer allgemeinen Form des Klassenkampfs zu sprechen. Gruppen, die im Kampf um Prestige und Status konkurrieren, müssen nicht mit denen identisch sein, die um Macht oder knappe Ressourcen wetteifern. In seiner Arbeit über Einwanderung und Wohnverhältnisse unterscheidet Rex zwischen und innerhalb von Gruppen in Begriffen der Stratifizierung des Wohnungsmarkts; dieser dient ihm als Kriterium zur Bestimmung eines Ensembles verschiedener ›Klassen im Bereich des Wohnens‹ (*housing classes*). Hieraus folgt, dass die jeweils in einer bestimmten Marktsituation dominierenden Gruppen keinerlei kohärenten Zusammenhang bilden, der mit dem Phänomen einer einzigen herrschenden Klasse im marxschen Sinne vergleichbar wäre. So ergibt sich, ausgehend vom jeweiligen empirischen Fall, ein ganzes Spektrum idealtypischer Marktsituationen, deren Summe die Gesellschaftsformation konstituiert. Dies bedeutet nicht, dass die Analyse die Frage der Ausbeutung ausschließt. Sie ist aber kein allgemeines Merkmal, sondern muss in jedem einzelnen Fall spezifiziert werden. Dieser mit Marx ›korrigierte‹ Weber bildet die theoretische Basis der von Rex vorgeschlagenen Synthese.

Dieser einflussreiche spezifische ›linke Weberianismus‹ wird von vielen als Lösung für die begrenzte und einseitige Form der marxschen Erklärung angesehen. Er beschränkt sich jedoch nicht ausschließlich auf jene, die sich gegen den ›Totalismus‹ der marxschen Erklärungsmodelle wandten. Selbst marxistische Theoretiker greifen auf einen gewissermaßen theoretisch unreflektierten Weberianismus zurück, wenn sie politische und ideologische Strukturen in eine ökonomische Analyse marxistischer Art integrieren (vgl. McLennan 1976 und Schwarz 1978). Dies ist manchmal sogar im Werk eines so eindeutig als Marxist ausgewiesenen Wirtschaftshistorikers wie Maurice Dobb der Fall. Eine solche ›theoretische Konvergenz‹ resultiert aus Argumentationen, deren Ausgangspunkt manchmal der marxsche, manchmal der webersche Pol der Debatte ist.

Bezeichnenderweise stellt Rex an einer Stelle sowohl Marx als auch Weber infrage – dort, wo beide scheinbar zufällig darin übereinstimmen, dass »freie Arbeit die einzige Form von Arbeit war, die auf lange Sicht mit der Logik des rationalen Kapitalismus vereinbar war« (Rex 1973, 273).

Rex greift dieses Argument, das in seiner spezifisch idealtypischen Definition der ›kapitalistischen Rationalität‹ auf Weber und in seiner historischen Analyse eines ›typischen‹ Wegs der kapitalistischen Entwicklung auf Marx rekurriert, an beiden Fronten an. In Gesellschaftsformationen ›spezifisch kolonialen Typs‹ ließen sich oft historische Abweichungen von diesem Formtyp finden. Hier erwiesen sich die Eroberung und eine Vielfalt von Formen unfreier Arbeit (die auf offensichtlich irrationalen Formen wie denen von zugeschriebenen Rassenunterschieden beruhen) als mögliche Existenzbedingungen für die Entstehung und Entwicklung einer ›effizienten‹ kapitalistischen Produktionsweise. Dieser analytischen Unterscheidung liegt zweifellos ein Stück Theoriepolitik zugrunde: die Zurückweisung des Eurozentrismus im Marxismus, der für Westeuropa spezifische Entwicklungsformen, -wege und -logiken (besonders natürlich den englischen Fall, der die Grundlage für die Analyse des *Kapitals* bildet) in illegitimer Weise verallgemeinerte und auf andere Gesellschaftsformationen übertrug.

Mit dieser wichtigen Charakterisierung können wir jetzt die dominante Tendenz dieser Synthese bestimmen:

> »Ein Problem bei der Übernahme von Ausdrücken wie ›Kaste‹ und ›Stand‹ [...] ist natürlich, dass bei allen diesen Begriffen scheinbar weggelassen wird, was für die marxistische Definition der Klasse wesentlich ist, nämlich die Beziehungen zu den Produktionsmitteln. Das hier vorgeschlagene Modell entfernt sich jedoch vom einfachen Marxismus in einem doppelten Sinn: Erstens erkennt

es an, dass es auf der Ebene der Beziehungen zu den Produktionsmitteln eine größere Zahl möglicher Positionen und Potenziale für eine Klassenbildung gibt, als es der einfache europäische Marxismus zu erlauben scheint; zweitens geht es davon aus, dass oberhalb der gegenwärtig vorhandenen Produktionsmittel und über sie hinaus eine Reihe sozialer Funktionen und Positionen existieren, die durch geschlossene Gruppen angeeignet werden, welche dann eigene Interessen und eine eigene Machtposition gegenüber der Gesellschaft insgesamt entwickeln. Wird diese theoretische Position nach dem Muster ›Marx plus Weber‹ auf die Politik übertragen, ergibt sich ein Argument von der Art ›Marx plus Fanon‹.« (Rex 1978, 23f., 45)

Die hier umrissene Position ist in ihrer Anwendung auf Südafrika kritisiert worden. Wolpe zum Beispiel hebt hervor, dass die Unterscheidung zwischen ›freier‹ und ›Zwangsarbeit‹ keine angemessene Form ist, die Produktionsverhältnisse einer kapitalistischen Gesellschaftsformation begrifflich zu fassen. Schon für Marx sei ›freie Arbeit‹ sogar in ihrer klassischen Form nur in einem sehr speziellen und formalen Sinne frei; sie unterliege dem ökonomischen Zwang, die Arbeitskraft als Ware zu verkaufen. Das Begriffspaar frei/unfrei sei zwar im südafrikanischen Fall ein wirkungsvolles Mittel, um zwischen den verschiedenen Zwängen zu unterscheiden, die die Verfügbarkeit weißer und schwarzer Arbeit auf dem Markt strukturieren, aber theoretisch nicht stark genug, die Beziehung der schwarzen Arbeit zur kapitalistischen Produktion mit einem eigenen Begriff zu fassen: »Jede Arbeitskraft ist in gewisser Weise und in gewissem Grad unfrei, wobei der Typ, die Abstufung oder das Kontinuum der Grade der Unfreiheit ›nur‹ die Intensität der Ausbeutung, aber nicht ihren Modus berühren.« (Wolpe 1976, 203)

Zweitens enthalte diese Unterscheidung nicht mehr das, was für Marx zentral zu den ›Produktionsverhältnissen‹ gehört, nämlich die Art der Aneignung von Mehrarbeit. Drittens trenne ein solcher Zugang den Arbeitsmarkt und seine Zwänge vom System der eigentlichen Produktionsbeziehungen ab, die bei einer marxistischen Analyse im Zentrum der Aufmerksamkeit stehen müssten. Da viertens eine angemessene Theoretisierung auf der Ebene der Produktionsweise fehle, lasse uns Rex mit einer politischen und ideologischen Klassendefinition zurück, die zu schnell zu einer Gleichsetzung mit den wichtigsten ›rassischen‹ Gruppierungen führe. Eine genaue Analyse der Position der weißen und der schwarzen Arbeiterklasse in Südafrika erlaube es uns nicht, »rassische Gruppen« als »in ihrer Klassenzusammensetzung homogen zu behandeln«, weder hinsichtlich ihrer komplexen Beziehungen zur kapitalistischen Produktion noch in ihren internen Stratifizierungen. Wolpe greift hier auf Carchedis jüngere Arbeit über die Identifizierung der sozialen Klassen zurück, um sogar die ›Funktionen‹ der weißen Arbeiterklasse gegenüber dem Kapital als nicht homogen zu beschreiben. Fünftens könnten politische und ideologische Positionen nicht *en bloc* den auf der ökonomischen Ebene definierten Klassen zugeschrieben werden: »Eine soziale Klasse, eine Fraktion oder das Stratum einer Klasse können eine Klassenposition einnehmen, die nicht ihren Klasseninteressen entspricht, so wie diese durch ihre Klassenbestimmung und den durch sie abgesteckten Horizont des Klassenkampfes definiert werden.« (Carchedi 1975, 15)

Hieraus entwickelt Wolpe das allgemeinere Argument, dass die Analyse der Klassen und des Klassenkampfs statt von politischen und ideologischen Kriterien von der Ebene der Produktionsverhältnisse ausgehen müsste, auch wenn Politik und Ideologie ihre spezifischen Formen ›relativer Autonomie‹ hätten, die nicht der Stellung einer Klasse oder Klassenfraktion in den Produktionsverhältnissen zugeschrieben werden könnten.

Ich möchte die Verdienste dieser Argumente für den südafrikanischen Fall nicht im Detail beurteilen, sondern anhand dieser Debatte die Grundlage für ein allgemeineres Argument legen. Auch wenn Rex' Argumente nicht vollständig befriedigen können, sind sie dem, was er ›simplen Marxismus‹ nennt, klar überlegen; dies muss auch Wolpe ihm zugestehen. Gegenüber manchen Schwächen und Lücken in der herrschenden Anwendungsweise des klassischen marxistischen Paradigmas stellen sie wirkliche theoretische Gewinne dar. Diese Gewinne sind auch dann nicht hinfällig, wenn mit Recht darauf hingewiesen wird, dass Rex Marx manchmal falsch und seine tatsächliche theoretische Leistungsfähigkeit mangelhaft darstellt. Zweitens zeigt Wolpes Antwort, dass diese Schwächen nur ›korrigiert‹ werden können, indem die große Linie des marxistischen Ansatzes zwar beibehalten, aber ihre herrschende Anwendungsweise signifikant modifiziert wird: durch einen exakteren und strengeren Rekurs auf die marxsche Methode (die im Lauf der Zeit einer starken theoretischen Vereinfachung und Verarmung unterlag) und unter Einbeziehung von Aspekten und Argumenten, die nicht im Widerspruch zu Marx stehen, aber bei der bisherigen Anwendung seiner Methode auf die eigentümlichen Merkmale von kolonialen und postkolonialen Gesellschaftsformationen kaum berücksichtigt wurden. Genau um eine solche substanziell neue Anwendung der marxistischen Analyseverfahren geht es in diesem Aufsatz. – Wolpe erkennt zumindest an, dass Rex »recht hatte, auf der Notwendigkeit einer umfassenderen und verfeinerten Konzeptualisierung der Klasse zu beharren, als durch den bloßen Hinweis auf Eigentumsverhältnisse erreicht wurde« (1976, 201).

Dann müsse aber auch die Aufmerksamkeit von den »Marktbeziehungen und den Zwängen des Arbeitsangebots« weg und auf eine vollere Analyse der Produktionsverhältnisse und der ›Produktionsweise‹ gerichtet werden. Er erkennt an, dass sich Rex zu Recht auf die einschlägigen Unterschiede in den Bedingungen konzentrierte, die sich auf das Eintreten der ›schwarzen‹ und der ›weißen‹ Arbeit in den Arbeitsmarkt auswirken. Nur werde die Unterscheidung von freier und unfreier Arbeit zu scharf und einfach angewandt. Er gibt auch zu, dass Rex mit seinem Hinweis auf die Form des »politischen Kompromisses« zwischen weißer Kapitalisten- und weißen Arbeiterklassen und die daraus folgenden »überwachenden und polizeilichen« Funktionen der weißen gegenüber der schwarzen Arbeit einen Aspekt von großem theoretischem Interesse herausgestellt hat. Hieraus folgt, dass einfache politische Rezepte, wie der Appell an die ›weiße‹ und ›schwarze‹ Arbeit, ihre Differenzen ruhen zu lassen und einen gemeinsamen und allgemeinen Klassenkampf gegen das Kapital zu führen, jener berühmte Appell ›zur Einheit und zum Kampf‹, abstrakte politische Forderungen und außerdem theoretisch nicht solide begründet sind, weil sie nicht in angemessener Weise die strukturell verschiedenen Beziehungen begreifen, in denen ›weiße‹ und ›schwarze‹ Arbeit zum Kapital stehen.

Dennoch ist Wolpe wohl nicht weit genug gegangen. Dies führt uns, wenn auch nur implizit, zu einem weiterreichenden Argument: Für Rex zeigt das südafrikanische Gesellschaftssystem keine starken oder ›unausweichlichen‹ Tendenzen in Richtung auf eine Anpassung an die ›rationaleren‹ Formen der ›freien‹ Arbeit, was nach Marx eine notwendige Vorbedingung für die Errichtung und Reproduktion der kapitalistischen Produktionsweise ist. Die ›rassische‹ Fraktionierung der südafrikanischen Arbeiterklassen habe eine wirkliche und substanzielle Grundlage mit entsprechenden Wirkungen auf der ökonomischen, politischen und ideologischen Ebene. Rex weist damit auf die Notwendigkeit hin, die ›kapitalistische Produktionsweise‹ so zu definieren, dass mit ihr auch »andere Typen kapitalistischer und nicht-kapitalistischer Ausbeutung und Akkumulation« adäquat gefasst werden können – ein ›kapitalistisches‹ System also, das recht stabil auf anderen Formen als denen der traditionell freien und mobilen Arbeit gegründet ist. Diese Formulierung mag am Ende als zu deskriptiv kritisiert werden. Sie weicht einer notwendigen genaueren Bestimmung der Artikulationsmechanismen und der Dominanzformen zwischen diesen verschiedenen ›Typen‹ aus. Doch ist es Rex wieder einmal deutlich gelungen, eine Analyse infrage zu stellen, die einen unbezweifelbaren, allgemeinen und notwendigen klassischen Weg kapitalistischer Entwicklung mit einer klassischen und irreversiblen Abfolge von Entwicklungsschritten behauptete. Damit stellt er eine teleologische und evolutionäre Interpretation infrage, die die Lektüre von Marx' Arbeiten über die notwendigen Vorbedingungen für eine optimale Entwicklungslinie der kapitalistischen Produktionsweise bestimmte – beginnend mit der berühmten Formulierung des *Kommunistischen Manifests*, dass »die Bourgeoisie [...] alle Nationen bei Strafe des Untergangs zwingt, die bürgerliche Produktionsweise zu übernehmen [...] sie erschafft sich eine Welt nach ihrem eigenen Bilde« (MEW 4, 466), bis zur legendären Diskussion über die ›Stufenfolge‹, die oft aus dem Abschnitt über die ›vorkapitalistischen sogenannten *Formen*‹ (i. O. deutsch) in den *Grundrissen* abgeleitet wurde. Aufgrund dieser teleologischen Form der Ableitung spielten in den Versionen der marxistischen Theorie, die auf nach-koloniale Gesellschaften angewandt werden, weder das Faktum der Eroberung noch die sehr verschiedenen Bedingungen, in denen soziale Schichten aus der Zeit vor der Eroberung in die kapitalistische Produktionsweise eingegliedert wurden, eine zentrale Rolle.

So viel zu den Gewinnen, die die Kritik von Rex an einem allzu vereinfachten Marxismus darstellt. Ich möchte jetzt zeigen, wie gegenwärtige marxistische Theorieansätze durch ihre eigene Kritik an dem, was früher als ›klassischer‹ oder orthodoxer Marxismus galt, einige der Schwächen zu korrigieren begannen, auf die die Kritiker des Reduktionismus zu Recht hinwiesen. Wir beginnen mit den Arbeiten von André Gunder Frank über Lateinamerika und neueren Kritiken an diesen Arbeiten aus einer transformierten marxistischen Perspektive.

[...] André Gunder Frank wandte sich gegen die dominante und prägende Schule der ›Dependenz‹-Theoretiker, die sich um die 1948 gegründete UN-Wirtschaftskommission für Lateinamerika (CEPAL) gruppiert hatte. Diese Schule beharrte im Gegensatz zu früheren entwicklungsorientierten Modellen darauf, dass Entwicklung und Unterentwicklung innerhalb eines einzigen Rahmens, nämlich dem des Weltwirtschaftssystems, behandelt werden müssten. Die ›unterentwickelten‹ Länder seien die abhängigen Sektoren einer solchen Weltwirtschaft; die Theorie der Unterentwicklung erweise sich im Wesentlichen als eine Theorie der Abhängigkeit (Furtado 1971). Diesen weltwirtschaftlichen Rahmen als Ausgangspunkt hatten sie mit den Autoren gemeinsam, die moderne Aspekte der kapitalistischen Entwicklung im Weltmaßstab in Begriffen einer ›Imperialismustheorie‹ behandelten (Lenin, Luxemburg, Hilferding und Bucharin). Die CEPAL-Theoretiker schenkten jedoch den Wirkungen dieses Weltsystems auf die Peripherie größere Aufmerksamkeit als die ›Klassiker‹. Sie waren nicht notwendigerweise in irgendeinem anderen Sinn marxistisch. Sie argumentierten, dass durch diese allgemeinen Abhängigkeitsverhältnisse interne Strukturen entstanden seien, die eine, wie sie es nannten, ›abhängige kapitalistische Entwicklung‹ und die Entstehung von Klassen in den Sektoren förderten, die in enger Beziehung zur imperialistischen Kette standen, während sie andere Sektoren, unter ihnen die große Masse der Bevölkerung und besonders die Bauern, marginalisierten. Zur Überwindung dieses von außen eingeführten Ungleichgewichts der Sektoren propagierte die ›Schule‹ allerdings eine Vielfalt verschiedener Strategien – oft eher technisch-ökonomischer als politischer Art.

Frank sieht mit den Dependenztheoretikern die Notwendigkeit, von einem kapitalistischen Weltsystem auszugehen, in dem Entwicklung und Unterentwicklung in einer strukturellen Beziehung stehen. Er argumentiert jedoch explizit gegen ein genuines, endogenes, sozusagen national-bürgerliches Programm ökonomischer Entwicklung als möglichen Weg für Lateinamerika, das Stadium der ökonomischen Abhängigkeit zu überwinden. Er stützt dieses Argument durch eine Ausgangsthese, die uns auf die zuvor gestellten Probleme zurückführt: Lateinamerika sei seit der Periode der Eroberung durch die europäischen Mächte im sechzehnten Jahrhundert vollständig in die kapitalistischen Weltmarktbeziehungen eingegliedert gewesen. Seine Unterentwicklung rühre gerade von dieser abhängigen Form seiner frühen Eingliederung in den kapitalistischen Weltmarkt her. Implizit ist in dieser These die Ansicht enthalten, dass es zwischen den mehr oder weniger entwickelten Sektoren dieser abhängigen Gesellschaftsformationen keine strukturellen Differenzen mehr gibt. ›Abhängigkeit‹ sei in dieser Region kein neueres Phänomen, sondern nur die letzte Form eines langwierigen Prozesses der ›Satellitenbildung‹ der lateinamerikanischen Ökonomien im Rahmen der imperialistischen Wirtschaftsbeziehungen. Diese jahrhundertelange Expansion des kapitalistischen Systems habe sogar die abgelegensten Teile der unterentwickelten Welt wirksam und vollständig durchdrungen (Frank 1969).

Entscheidend für das Verständnis dieses kapitalistischen Prozesses der Durchdringung und Untergrabung, der zur strukturellen Koppelung von Entwicklung und Unterentwicklung geführt hatte, war die Vorstellung eines einzigen Kontinuums – der »Polarisierung von Metropole und Satelliten«: »ein und derselbe Prozess der Ausdehnung und Entwicklung des Kapitalismus«, der weiterhin »sowohl wirtschaftliche Entwicklung und strukturelle Unterentwicklung« (Frank 1969, 28) hervorbringe:

> »Gerade diese ausbeuterische Struktur ist es, die kettengleich den kapitalistischen Konnex zwischen der kapitalistischen Welt und den nationalen Metropolen bis zu den regionalen Zentren […] ausdehnt, und von diesen weiter bis zu den lokalen Zentren, und so fort bis zu den Großgrundbesitzern oder Kaufleuten, die das Mehrprodukt von den kleinen Bauern und Pächtern abpressen, und manchmal sogar bis hin zu den landlosen Arbeitern, die wiederum von Letzteren ausgebeutet werden.« (Frank 1969, 26)

Die stärkste Kritik an Franks Arbeit leistet Ernesto Laclau in *Feudalismus und Kapitalismus in Lateinamerika* (1981). Er wendet sich gegen Franks Behauptung, Lateinamerika sei »von Anfang an kapitalistisch gewesen« – ein einziger Prozess, der für Frank »in allen seinen Aspekten vom sechzehnten bis zum zwanzigsten Jahrhundert identisch« gewesen sei. Laclau kritisiert zunächst Franks Vorstellung von ›Kapitalismus‹. Frank definiere diesen als System der Produktion für einen Markt, dessen treibende Kraft der Profit bilde. Dies weiche fundamental von Marx' Konzept der Produktionsweise ab, insoweit es mit Marx' grundsätzlichen Kriterien für die Definition einer Produktionsweise breche – den Produktionsverhältnissen. Dieser ›Irrtum‹ führe Frank zu der Auffassung, dass überall, wo Kapitalakkumulation stattfinde, Marx' ›Gesetz‹ – die schnelle und unausweichliche Transformation der Gesellschaftsformation durch kapitalistische Beziehungen – folgen müsse. Laclau zeigt jedoch, dass für Marx die Akkumulation des Handelskapitals mit den verschiedenartigsten Produktionsweisen völlig vereinbar ist und dass es in keiner Weise die Existenz einer kapitalistischen Produktionsweise voraussetzt: »Nicht nur der Handel, sondern auch das Handelskapital ist aber älter als die kapitalistische Produktionsweise, ist in der Tat die historisch älteste freie Existenzweise des Kapitals.« (MEW 25, 337)

Dies führt Laclau zu einer weiteren Kritik in Bezug auf Franks Mangel an historischer Spezifik – wenn so verschiedene Ausbeutungsverhältnisse wie die chilenischen *inquilinos*, die ecuadorianischen *huasipungeros*,[2] karibische Plantagensklaven und Textilarbeiter in Manchester für alle praktischen Absichten unter einer Beziehung zusammengefasst und zu ›kapitalistischen‹ erklärt werden.

Dasselbe lässt sich über den verwickelten Fall der Plantagensklaverei in der Neuen Welt sagen. Diese Debatte zieht sich schon eine Weile hin und ist immer noch ungelöst. Philipps (1969) – der trotz seines offensiven Anti-Sklaven-Standpunkts Genovese zu Recht für seine richtungweisende Analyse der politischen Ökonomie der Sklaverei lobte – argumentierte vor längerer Zeit, dass die Plantagensklaverei eine Form des Kapitalismus gewesen sei. Hiergegen wandte sich Genovese (1977) mit der These, dass die Sklaverei ein charakteristisches eigenes Ensemble von Ausbeutungsbeziehungen bilde – eine »herrschaftliche Gesellschaft«, die »eine einzigartige Gesellschaft, weder feudal […] noch kapitalistisch«, hervorbrachte. Hindess und Hirst (1977) bestimmten die Plantagensklaverei anhand vor allem formaler Kriterien als eine eigene ›Produktionsweise‹. Dagegen konzentrierten sich zuerst Williams (1966), dann neben anderen Genovese (1971) und Banaji (1977) auf die Beziehung zwischen der Plantagensklaverei – was auch immer ihre charakteristische ›Produktionsweise‹ war – und der kapitalistischen Weltwirtschaft. Fogel und Engerman (1974) beschrieben schließlich die Sklaverei als eine profitable Form der »kapitalistischen Landwirtschaft«.

Frank zitiert eine Beobachtung von Marx aus den *Theorien über den Mehrwert*, in der er die Plantagen als »spekulative Handelsgeschäfte, Zentren der Produktion für den Weltmarkt« beschreibt – als Beweis dafür, dass Marx sie ebenfalls als ›kapitalistisch‹ ansah. Laclau erinnert uns jedoch daran, dass Marx treffend hinzufügte: »wenn auch nur in formeller Weise«. Tatsächlich argumentiert nämlich Marx genau entgegengesetzt zu Frank: Er besteht darauf, dass die Plantagensklaverei nur ›formell‹ kapitalistisch sein konnte, »da die Negersklaverei freie Lohnarbeit, also die Grundlage der kapitalistischen Produktion, ausschließt. Es sind aber Kapitalisten, die das Geschäft mit Negersklaven treiben.« (MEW 26.2, 299)

Wie Beechey (1978) kürzlich argumentierte, setzte Sklaverei gewiss Privateigentum voraus, eine Klasse von Eigentümern und eine besitzlose Klasse. Während aber im Kapitalismus der Arbeiter seine eigene Arbeitskraft besitzt, die er als Ware an den Kapitalisten verkauft, waren die Sklavenhalter gleichzeitig Eigentümer von Arbeitskräften und von Sklaven.

> »Ganz so erscheint einem Sklavenhalter, der einen Neger gekauft hat, sein Eigentum an dem Neger nicht durch die Institution der Sklaverei als solche, sondern durch Kauf und Verkauf von Ware erworben.« (Marx 25, 784)

---

2 Es handelte sich um Formen der Teilpacht, die mit Arbeitsleistungen auf den Gütern des Grundherrn verbunden waren und so – nach deren formeller Abschaffung infolge der Unabhängigkeit der lateinamerikanischen Staaten – eine indirekte Form der Zwangsarbeit darstellten (vgl. Beyhaut 1965, 120).

Der Sklavenhandel wurde jedoch ebenso wie die Produktion der durch ihn hergestellten Waren durch das Handelskapital finanziert, sie zirkulierten innerhalb der globalen Kreisläufe des Kapitals. Oder wie Beechey mit großer Klarheit sagt: »Die Sklavenhalter waren gleichzeitig Kaufleute, die mit Kauf und Verkauf von Waren auf dem Weltmarkt handelten, und Sklavenhalter, die ihre Sklaven innerhalb des Plantagensystems ausbeuteten, das sich in der Art einer inneren Kolonie im expandierenden Weltmarkt als spezialisierte landwirtschaftliche Region herausbildete.« (Beechey 1978)

Marx beschreibt also, und unterscheidet sich hierin radikal von Franks Interpretation, eine Artikulation von zwei Produktionsweisen, die eine im vollen Wortsinn, die andere nur ›formell‹ kapitalistisch: Beide werden durch ein artikulierendes Prinzip, einen Mechanismus oder eine Konfiguration von Beziehungen verbunden, weil, wie Marx beobachtete, »ihre Nutznießer an einem Weltmarkt beteiligt sind, in dem die dominanten Sektoren bereits kapitalistisch sind«. Der Untersuchungsgegenstand muss also als eine komplex artikulierte Struktur begriffen werden, die selbst »durch eine Dominante strukturiert ist«. Die Eigentümer der Sklavenplantagen hatten Anteil an einer allgemeinen Bewegung des kapitalistischen Weltsystems, aber auf der Basis einer internen Produktionsweise – Sklaverei in ihrer modernen Plantagenform –, die selbst in ihrem Charakter nicht ›kapitalistisch‹ war. Dies ist eine im theoretischen Sinne revolutionäre Aussage, weil sie sich von der teleologischen Marx-Lektüre löst, die bei Frank zu der unhaltbaren These führte, dass Lateinamerika seit der Eroberung ›kapitalistisch‹ gewesen sei. Im Gegensatz zur These von der ›unaufhaltsamen Transformation‹ vorkapitalistischer Gesellschaften und ihrer Auflösung durch kapitalistische Beziehungen zeichnet sich jetzt die neue theoretische Problematik einer Artikulation zwischen verschiedenen Produktionsweisen ab, die in einer Dominanzbeziehung strukturiert sind (vgl. Althusser und Balibar 1972; Hindess und Hirst 1981; Poulantzas 1974). Sie bildete die Basis für eine reichhaltige und prägende Arbeit vor allem über ›vorkapitalistische Produktionsweisen‹ und richtete sich mit aller Strenge gegen die genau an diesem Punkt auch von Rex zu Recht kritisierte Lesart von Marx, ohne gleichzeitig die systematischen Begriffe der marxistischen Analyse aufzugeben.[3] Sie wirkt sich zum Beispiel entscheidend auf jede Analyse aus, die die Frage behandelt, wie in einer artikulierten Verbindung von Produktionsweisen ökonomische Agenten aus verschiedenen ethnischen Gruppen in bestimmte Gefüge ökonomischer Beziehungen eingeordnet werden. Obwohl diese Gruppen

---

3 Anm. d. Ü.: Hall erwähnt neben den englischen Arbeiten in diesem Zusammenhang auch die Vertreter der neueren französischen ›ökonomischen Anthropologie‹ (Meillassoux 1972, 1974; Rey 1971, 1973, 1975; Rey und Dupré 1973, sowie Godelier und Terray; eine Auswahl von Texten dieser Autoren in englischer Übersetzung bei Seddon 1978), die vor allem die agrarischen Abstammungsgesellschaften des subsaharischen Afrika und deren Transformation im Zuge der kapitalistischen Durchdringung und Unterwerfung untersuchten. Unter den Kritikern der Konzeption Reys erwähnt er Clammer 1975, Foster-Carter 1978, Terray 1972 und Bradby 1975.

nämlich zu einer komplexen Einheit artikuliert werden, dürfen sie weder als notwendig dieselben begriffen werden noch als solche, die unausweichlich dazu bestimmt sind, einander gleich zu werden.

Es handelt sich bei dieser neuen Problematik vielleicht um die fruchtbarste theoretische Neuentwicklung, die die Analyse von rassistisch strukturierten Gesellschaften betrifft. Ihre Vertreter begründen sie durch eine ›Relektüre‹ der klassischen marxistischen Literatur. Sie ist ein Teil der gewaltigen theoretischen Revolution, jener verfeinerten und differenzierten Rückkehr zum ›Lesen‹ des *Kapitals*, die in den letzten zehn Jahren einen so prägenden intellektuellen Impuls darstellte. In Laclaus folgender Formulierung wird die Stärke des zentralen Arguments deutlich: »Nun war dieser vorkapitalistische Charakter der herrschenden Produktionsverhältnisse in Lateinamerika nicht nur nicht unvereinbar mit der Produktion für den Weltmarkt, sondern wurde vielmehr durch deren Ausdehnung intensiviert.« (Laclau 1981, 29f.)

In einer im Vergleich mit dem Szenario des *Kommunistischen Manifests* weniger bekannten Passage schrieb Marx:

»Innerhalb seines Zirkulationsprozesses […] durchkreuzt sich der Kreislauf des industriellen Kapitals […] mit der Warenzirkulation der verschiedensten sozialen Produktionsweisen […] Ob die Ware das Produkt der auf Sklaverei gegründeten Produktion, oder von Bauern […] oder der Staatsproduktion […] oder halbwilder Jägervölker ist, […] sie treten dem Geld und den Waren [gegenüber], worin sich das industrielle Kapital darstellt […] Der Charakter des Produktionsprozesses, aus dem sie herkommen, ist gleichgültig […] zu ihrem Ersatz [ist] ihre Reproduktion nötig, und insofern ist die kapitalistische Produktionsweise bedingt durch außerhalb ihrer Entwicklungsstufe liegende Produktionsweisen.« (MEW 24, 114)

Für Bettelheim, der ansonsten einen eher ›klassischen‹ Standpunkt einnimmt, ist die Tendenz zur Auflösung anderer Produktionsweisen durch die kapitalistische zwar *dominant,* aber oft mit der sekundären Tendenz einer ›Bewahrung-Auflösung‹ verbunden, bei der »nicht-kapitalistische Produktionsweisen vor ihrem Verschwinden ›restrukturiert‹ (teilweise aufgelöst) sowie den vorherrschenden kapitalistischen Verhältnissen untergeordnet (und so bewahrt) werden.« (1972, 297)[4]

Gewisse Probleme der südafrikanischen Gesellschaftsformation konnten, wie Rex neben anderen zu Recht kritisiert hatte, mit der früheren Lesart nicht zufriedenstellend erklärt werden. Wolpe zeigt, dass sie mit diesen neuen theoretischen Instrumenten einer Klärung zumindest nähergebracht werden können. Die ›rassische‹ Fraktionierung der Klassenbeziehungen in Südafrika erscheint dabei in einem neuen Licht. Dadurch, dass sich der kapitalistische Sektor in Südafrika auf die nicht-kapitalistischen Sektoren in den afrikanischen Regionen stützt, könne die Arbeitskraft unter-

---

4   Die zitierte Passage ist in der ersten, französischen Ausgabe nicht enthalten (vgl. Bettelheim 1969, 323).

halb ihrer Reproduktionskosten bezahlt werden; das Kapital verfüge über ein reichliches Angebot von Arbeitskräften, ohne deren Subsistenzkosten vollständig tragen zu müssen (Wolpe 1972). Wolpe greift sowohl auf die ›Artikulations‹- wie auf die ›Auflösung-Konservierungs‹-Variante der These zurück: In Südafrika werde die Tendenz der Kapitalakkumulation, andere Produktionsweisen aufzulösen, durch entgegenwirkende Tendenzen zur Bewahrung der nicht-kapitalistischen Ökonomien durchkreuzt und blockiert, Voraussetzung hierfür sei ihre Artikulation mit der kapitalistischen Produktionsweise in einer untergeordneten Position. Unter solchen Bedingungen »nehmen die Form der politischen Herrschaft und der Inhalt der legitimierenden Ideologien rassistische, ethnische und kulturelle Züge an, und aus denselben Gründen wie im Falle des Imperialismus [...] erscheint die politische Herrschaft in kolonialer Form [...] Die Bewahrung nicht-kapitalistischer Produktionsweisen *erfordert* notwendigerweise die Entwicklung von Ideologien und Politiken, die um die Abtrennung, Bewahrung und Kontrolle der afrikanischen ›Stammes‹-Gesellschaften kreisen.« (Wolpe 1975, 249; Herv. UM)

Die entstehende Theorie der Artikulation verschiedener Produktionsweisen hat also einschlägige theoretische Effekte für eine Analyse des Rassismus auf der sozialen, politischen und ideologischen Ebene. Sie erreicht dies – und das ist der springende Punkt –, ohne die Analyse ökonomischer Verhältnisse (d.h. der Produktionsweise) aufzugeben. Vielmehr stellt sie diese in ihrer korrekten, komplexen Form dar. Dies ist ein notwendiger, wenn auch kein hinreichender Ausgangspunkt. Insofern dürfte Wolpes Ausdruck ›erfordert‹ zu weit gehen, da er eine notwendige und damit zu funktionalistische Entsprechung zwischen der Struktur der Produktionsweise und den spezifischen Formen der politischen Herrschaft und der ideologischen Legitimation suggeriert. Die Ebene der so neudefinierten ökonomischen Analyse dürfte aus sich heraus keine hinreichenden Bedingungen für eine Erklärung der Entstehung und Funktionsweise des Rassismus geben. Aber sie liefert zumindest einen geeigneteren Ausgangspunkt als solche Ansätze, die die ökonomische Ebene ganz aufgeben und ›zusätzliche Faktoren‹ einführen müssen, um den Ursprung und das Zustandekommen rassistischer Strukturen auf anderen Ebenen der Gesellschaftsformation zu erklären. In dieser Hinsicht zumindest haben die hier kurz skizzierten theoretischen Fortschritte das Verdienst, zwei grundlegende Prinzipien der marxschen Methode zu respektieren: das materialistische – dass die Analyse politischer und ideologischer Strukturen von ihren materiellen Existenzbedingungen ausgehen muss – und das historische – dass die spezifischen Formen dieser Verhältnisse nicht *a priori* aus der ökonomischen Ebene abgeleitet werden können; dass vielmehr ihre Rekonstruktion durch weitere, ihre *differentiae specificae* erklärenden Bestimmungen ergänzt und in ihrer historischen Spezifik gefasst werden muss. Beide Prinzipien werden in einer zu Recht berühmten Passage des *Kapitals* dargestellt:

»Die spezifische ökonomische Form, in der unbezahlte Mehrarbeit aus den unmittelbaren Produzenten ausgepumpt wird, bestimmt das Herrschafts- und Knechtschaftsverhältnis, wie es unmittelbar aus der Produktion selbst hervorwächst und seinerseits bestimmend auf sie zurückwirkt. Hierauf aber gründet sich die ganze Gestaltung des ökonomischen, aus den Produktionsverhältnissen selbst hervorwachsenden Gemeinwesens und damit zugleich seine spezifische politische Gestalt [das materialistische Prinzip, S. H.].«

»Dies hindert nicht, dass dieselbe ökonomische Basis – dieselbe den Hauptbedingungen nach – durch zahllos verschiedne empirische Umstände, Naturbedingungen, Racenverhältnisse, von außen wirkende geschichtliche Einflüsse usw., unendliche Variationen und Abstufungen in der Erscheinung zeigen kann, die nur durch Analyse dieser empirisch gegebnen Umstände zu begreifen sind [das historische Prinzip, S. H.].« (MEW 25, 799f.)

Um die Bedingungen theoretischer Exaktheit zu erfüllen, sind beide Prinzipien erforderlich, jedes für sich allein ist ungenügend: Das erste würde uns direkt in die Sackgasse des ökonomischen Reduktionismus zurückführen; das zweite ließe uns in die Falle des historischen Relativismus tappen. So gibt uns Marx' Methode, richtig verstanden und angewandt, die Bedingungen – wenn auch nicht die Garantien – für eine theoretische Exaktheit, die beides vermeidet (Johnson et al. 1978; zu einer verdichteten Version der Argumentation Wolpes anhand lateinamerikanischer und karibischer Gesellschaftsformationen vgl. Hall 1977i).

Der Begriff der Artikulation ist komplex, er wird in der hier vorgestellten Literatur unterschiedlich verwendet und definiert. Bisher hat sich noch kein Konsens über seine Definition herausgebildet. Aber er stellt aufgrund seiner Intervention das Feld eines bedeutenden theoretischen Einschnitts (*coupure*) dar. Diese Intervention ist eng mit dem Werk Althussers und der ›Schule‹ des strukturalistischen Marxismus verbunden. Der Begriff wird in einer ganzen Palette von Kontexten verwendet, in *Für Marx* (1968) und dem mit Balibar gemeinsam verfassten *Das Kapital lesen* (1972), obwohl er in dem von Ben Brewster verfassten und von Althusser bestätigten Glossar, das in der englischen Ausgabe beider Bücher enthalten ist, nicht definiert wird. Der Begriff hat über die beiden für diese Studie besonders wichtigen Verwendungsweisen hinaus einen umfassenden theoretischen und methodologischen Bezugsrahmen.

Nach Foster-Carter stellt er eine Metapher dar, »um für alle möglichen Sachverhalte Beziehungen der Verbindung und Wirksamkeit zwischen verschiedenen Ebenen anzuzeigen«. Dem wäre hinzuzufügen, dass diese Sachverhalte deshalb verbunden werden müssen, weil sie, obwohl miteinander zusammenhängend, nicht dieselben sind. Die Einheit, die sie bilden, ist also nicht eine der Identität, in der eine Struktur eine andere perfekt wiederholt, reproduziert oder sogar ›ausdrückt‹, bei der jede auf die andere reduziert werden kann, durch dieselben Bestimmungen definiert wird oder dieselben

Existenzbedingungen hat, schließlich jede sich entsprechend der Wirksamkeit derselben Existenzbedingungen bzw. desselben Widerspruchs entwickelt (wie z. B. der bei ›orthodoxen‹ Marxisten als letzte Garantie aller Argumente so beliebte ›Hauptwiderspruch‹). Die bei dieser Kombination oder Artikulation gebildete Einheit ist notwendigerweise immer eine ›komplexe Struktur‹: eine Struktur, bei der die Sachverhalte genauso sehr durch ihre Unterschiede wie durch ihre Ähnlichkeiten in Beziehung zueinander stehen. Da keine ›notwendige Korrespondenz‹ oder expressive Homologie als gegeben vorausgesetzt werden kann, müssen die Mechanismen, die unterschiedliche Phänomene verbinden, gezeigt werden. Da weiterhin die Kombination eine Struktur, d. h. eine artikulierte und keine zufällige Kombination ist, muss von strukturierten Beziehungen der Dominanz und der Unterordnung zwischen ihren Teilen ausgegangen werden. Sie ist also in Althussers kryptischer Formulierung »eine komplexe, in Dominanz strukturierte Einheit«.

Die verschiedenen Verwendungsweisen des Ausdrucks führen viele klassische Themen der Althusser'schen Intervention zusammen: z. B. sein Argument, dass Marx – im Unterschied zur ›expressiven Einheit‹ bei Hegel – keinen essenzialistischen Begriff der ›Einheit‹ hat und seine Dialektik deshalb keine bloße Umkehrung, sondern einen theoretischen Fortschritt gegenüber Hegel darstellt. Diese Kritik an der Auffassung der marxschen Totalität als einer ›expressiven Totalität‹ ist in Althussers früherer Kritik an den Versuchen begründet, Marx' Werk über den Umweg des Hegelianismus vor dem ›Vulgärmaterialismus‹ zu retten (vgl. den Aufsatz »Über die Dialektik bei Marx« in Althusser 1968). Sie liegt auch Althussers Kritik an dem Versuch zugrunde, Marx so zu lesen, als ob alle Strukturen der Gesellschaftsformation auf einen ›Ausdruck‹ ihrer ökonomischen Basis reduziert werden könnten bzw. alle Instanzen einer historischen Konjunktur in eine Beziehung direkter Korrespondenz mit den Begriffen des ›Hauptwiderspruchs‹ (der ›Basis‹, zwischen Produktivkräften und Produktionsverhältnissen) treten würden – diese Kritik am ›ökonomischen Reduktionismus‹ verhält sich zu seiner früheren Kritik am hegelschen Idealismus genau entgegengesetzt. In Marx' Begriff der ›komplexen Einheit‹ lasse sich nach Althusser weder alles durch etwas anderes ausdrücken, noch korrespondiere es perfekt mit ihm, noch könne alles auf einen Ausdruck des Ökonomischen reduziert werden. Vielmehr operiere der Begriff auf dem Terrain der Artikulation. Was wir in spezifischen historischen Konjunkturen (sein Beispiel in *Widerspruch und Überdeterminierung* ist Russland 1917) finden, ist nicht die Entfaltung des ›Hauptwiderspruchs‹ auf allen Ebenen der Gesellschaftsformation, sondern der ›Aufbruch‹, der ›Riss‹, die Verdichtung verschiedener Widersprüche, die alle ihre eigene Geschichte und Periodisierung haben, wobei sich, in den Worten Lenins, »völlig verschiedene Ströme, völlig ungleichartige Klasseninteressen, völlig entgegengesetzte politische und soziale Bestrebungen vereinigten, und zwar bemerkenswert ›einmütig‹ vereinigten« (W. I. Lenin, Briefe aus der Ferne, Nr. 1, *Werke*, Bd. 23, 326).

Solche Konjunkturen sind nicht so sehr ›determiniert‹ als vielmehr überdeterminiert, das heißt, sie sind das Resultat einer Artikulation nicht direkt aufeinander reduzierbarer Widersprüche.

Althusser und Balibar wenden dieses allgemeine theoretische Konzept in einer Vielfalt unterschiedlicher Kontexte an. So ist für sie eine Gesellschaftsformation aus einer Reihe von jeweils gegenüber den anderen ›relativ autonomen‹ Instanzen zusammengesetzt, zu einer (widersprüchlichen) Einheit artikuliert. Die ökonomische Instanz oder Ebene ist selbst das Resultat einer solchen ›Verbindung‹: der Artikulation von Produktivkräften und Produktionsverhältnissen. Vor allem in Perioden des Übergangs können bestimmte Gesellschaftsformationen eine ›artikulierte Verbindung‹ verschiedener Produktionsweisen sein, deren Spezifik sich aus den Verschiebungen in der hierarchischen Anordnung dieser Produktionsweisen ergibt.

Der Ausdruck taucht auch in der Althusser'schen Epistemologie auf: Dort wird betont, dass das Wissen und die Produktion von Wissen nicht als eine empiristische direkte Widerspiegelung des Realen ›im Gedanken‹ produziert wird, sondern eine eigene Spezifik und Autonomie hat – obwohl es auf der wirklichen Welt einer gegebenen historischen Gesellschaft aufbaut und mit ihr artikuliert ist (Althusser und Balibar 1972, 52f.). Die wissenschaftliche Analyse jeder besonderen Gesellschaftsformation hängt vom korrekten Begreifen ihres Artikulationsprinzips ab, den ›Verbindungsstücken‹ zwischen verschiedenen Instanzen, Perioden und Epochen, von den Periodisierungen, das heißt von Zeiten und Geschichten. Dasselbe Prinzip wird, nicht nur synchron zwischen Instanzen und Periodisierungen innerhalb eines ›Moments‹ der Struktur, sondern auch diachron, zwischen verschiedenen ›Momenten‹ angewendet. Dies hängt mit Althussers Ablehnung der Vorstellung einer gegebenen und notwendigen Abfolge von Stufen und eines in diese eingebauten notwendigen Fortschritts zusammen. Mit dem Ausdruck einer »diskontinuierlichen Abfolge von Produktionsweisen« (ebd. 273), deren kombinierte Abfolge – d.h. Artikulation in der Zeit – erst gezeigt werden müsse, betont er eine nicht-teleologische Marx-Lektüre. In jeder sozialen Struktur sei Wissenschaftlichkeit selbst mit »dem Problem der Variations- und Artikulationsformen« der Instanzen verknüpft (ebd. 276).

Dasselbe gilt für ihre ökonomischen, politischen und ideologischen Erscheinungsformen. Auch diese werden in Analogie zu einer Artikulation von Strukturen gedacht, die sich weder direkt ausdrücken noch widerspiegeln. Das klassische Problem des Marxismus, das ihn von anderen sozialwissenschaftlichen Erklärungsmodellen unterscheidet – nämlich das der »Determinierung in letzter Instanz durch das Ökonomische« –, wird also selbst als eines der ›Artikulation‹ neu definiert. ›Determiniert‹ sind mithin nicht die innere Form und Erscheinung jeder Instanz, sondern die Art und Weise ihrer Verbindung und Positionierung in einer artikulierten Beziehung zu anderen Instanzen. Diese Artikulation der Struktur ist ein Gesamteffekt der Struktur selbst – der Matrix-Effekt der Produktionsweise –, der das Althusser'sche Konzept der Determination als eine strukturelle Kausalität definiert (ebd. 251).

Balibar behandelt die Beziehung zwischen feudaler Grundrente und feudalem Herrschafts- und Knechtschaftsverhältnis als vereinfachten Fall der Artikulation *zweier* Instanzen, einer ›ökonomischen‹ und einer ›politischen‹. Ebenso definiert Balibar die Produktionsweise selbst als Resultat einer Kombination von Elementen (Arbeitsgegenstand, Arbeitsmittel, Arbeitskraft). Was sich in jeder Epoche ändere, seien nicht diese Elemente, die im definierten Sinne invariant sind, sondern die Art und Weise ihrer Kombination: ihrer Artikulation. Auch wenn es nicht möglich ist, die Intervention Althussers in ihrer Gesamtheit über einen Begriff wie den der Artikulation zu vermitteln, so ist doch schon jetzt klar geworden, wie weit der Bezugsrahmen des Begriffs in den Arbeiten der strukturalistischen Marxisten gespannt ist.

Ich möchte wenigstens kurz auf zwei wichtige Quellen für die Entstehung des Begriffs hinweisen. Die erste ist die strukturalistische Linguistik, ein Hauptmodell für wesentliche Teile des strukturalistischen Unternehmens. Ihrem Begründer Saussure zufolge sei die Sprache keine Widerspiegelung der Welt, sondern produziere Bedeutung durch die Artikulation linguistischer Systeme auf der Grundlage realer Beziehungen; er insistiert darauf, die Bedeutung »nicht mehr als Korrelation eines Signifikanten und eines Signifikats, sondern vielleicht wesentlicher *als einen Akt der simultanen Zerlegung* zweier gestaltloser Massen, zweier *verschwommener Gebiete* [zu konzipieren; UM] [...] die Sprache ist der Bereich der Gliederungen (*articulations*).« (Barthes 1983, 48)

Noch einschlägiger ist vielleicht der Bezugspunkt, den Althusser und andere in der *Einleitung zu den Grundrissen* von 1857 fanden, Marx' ausführlichstem methodologischem Text für eine Theorie der Gesellschaftsformation, die er selbst eine ›artikulierte Hierarchie‹ (*Gliederung*) genannt hat oder, wie Althusser ihn übersetzt, ein »organisches, hierarchisch gegliedertes Ganzes«: »In allen Gesellschaftsformen ist es eine bestimmte Produktion, die allen übrigen, und deren Verhältnisse daher auch allen übrigen Rang und Einfluss anweist.« (MEW 13, 637)

Auch wenn dieser Anhaltspunkt für die Konstruktion des gesamten strukturalistischen Gebäudes etwas dürftig ist, wird doch klar, dass Marx in diesem Text selbst entschieden gegen jede Vorstellung einer einfachen Einheit zwischen verschiedenen Kapitalbeziehungen (Produktion, Zirkulation, Austausch, Konsumtion) Stellung bezieht. Er beschrieb ausführlich die Komplexität der Bestimmungen zwischen diesen Verhältnissen, die ihm dennoch in der Summe ihrer Artikulation ein theoretisch adäquat konstruiertes Untersuchungsobjekt lieferten. Im *Kapital* gaben sie ihm den Schlüssel zur Aufgliederung der komplexen Natur der Beziehungen zwischen den verschiedenen Kapitalkreisläufen (vgl. Hall 1974a). Der Leitgedanke dieser ausführlichen Kritiken in der Einleitung von 1857 richtet sich gegen ein Vorgehen, das die verschiedenen die kapitalistische Produktionsweise determinierenden Verhältnisse als einen ›regelmäßigen Syllogismus‹ – eine ›unmittelbare Identität‹ – behandelt: »Die Gesellschaft als ein einziges Objekt betrachten, ist, sie überdem falsch betrachten – spekulativ.« (MEW 13, 625)

> »Das Resultat, wozu wir gelangen, ist nicht, dass Produktion, Distribution, Austausch und Konsumtion identisch sind, sondern dass sie alle Glieder einer Totalität bilden, Unterschiede innerhalb einer Einheit.« (Ebd. 630)

Ebenso wird hier deutlich vor jeder einfachen Vorstellung einer evolutionären Folge oder Reihe in dieser Entwicklung gewarnt: »Vielmehr ist ihre Reihenfolge bestimmt durch die Beziehung, die sie in der modernen bürgerlichen Gesellschaft aufeinander haben, und die genau das umgekehrte von dem ist, was als ihre naturgemäße erscheint oder der Reihe der historischen Entwicklung entspricht. Es handelt sich nicht um das Verhältnis, das die ökonomischen Verhältnisse in der Aufeinanderfolge verschiedener Gesellschaftsformen historisch einnehmen.« (Ebd. 638)

Dieser letzte Punkt zeigt an, was wir das dritte, strukturelle Prinzip der marxschen Methode nennen möchten. Es waren vor allem die Anwendung dieses Prinzips in Marx' späterem, reifem Werk sowie seine Aneignung und Weiterentwicklung durch Althusser und die Strukturalisten, die als theoretisches Resultat das extensiv-intensive Konzept der Artikulation hervorbrachten.

Der Begriff selbst ist keineswegs unproblematisch, denn er gibt nur einen Ansatzpunkt und eine Liste der Probleme, ohne selbst deren theoretische Lösung zu liefern. Er wurde einer weiter forschenden Kritik unterzogen. Der Ausdruck ist ambivalent, er kann ›sich gliedern‹ (wie in den Gliedern des Körpers oder als anatomische Struktur) oder ›ausdrücken‹ bedeuten (vgl. Foster-Carter 1978). Bei Althusser ist vor allem Ersteres gemeint. Zwar kommt auch bei ihm die Vorstellung einer Ausdrucks-Beziehung z. B. zwischen ökonomischen und politischen Strukturen einer Gesellschaft vor, diese wird aber durch andere Ausdrücke wiedergegeben, die mit jeder Restbedeutung einer vollkommenen und notwendigen ›Entsprechung‹ brechen. So gebraucht Althusser, um die Spezifik, die Nicht-Reduzierbarkeit, die ›relative Autonomie‹ jeder Ebene der Gesellschaft zu betonen, auch solche Termini wie ›Verschiebung‹, ›Verrückung‹ und ›Verdichtung‹. Er zeigt damit, dass die Einheit, die diese verschiedenen Beziehungen formen, nicht eindeutig, sondern durch ›Überdeterminierung‹ fehlgeleitet ist.

Einer weiteren Kritik zufolge füge das Konzept der Artikulation zwei Dinge in einer bloß äußerlichen und willkürlichen Zusammenfügung einfach aneinander, was Marx unabhängige, autonome, in ihrer Einheit nicht begriffene Nachbarn nannte. Althusser versucht aber, diese Vorstellung eines bloßen Nebeneinanderstellens dadurch zu überwinden, dass er den Begriff der Überdeterminierung einführt und von hierarchischen und parallelen Beziehungen der Dominanz und Unterordnung spricht (vgl. Marx' Diskussion des Geldes in verschiedenen historischen Epochen,

»keineswegs alle ökonomischen Verhältnisse durchwatend« [MEW 13, 634], sondern danach definiert, wo es eine ›dominante‹ oder ›untergeordnete‹ Rolle spielt).

Das um die Artikulation konstruierte Schema wurde oft und zu Recht als zu formalistisch beschrieben. So determiniert in der voll entfalteten ›strukturalen Kausalität‹ von *Das Kapital lesen* das ›Ökonomische‹ ›in letzter Instanz‹ nicht substanziell, sondern prinzipiell, indem es der einen oder anderen Instanz den Index der Wirksamkeit in der Struktur zuweist: d.h. in formaler Weise. (Später hat Althusser einige dieser formalistischen Übertreibungen zurückgenommen, vgl. Althusser 1975). Laut dieser Kritik fördere das Modell eine Konzeption von Struktur, die in sich alle Bedingungen für ihr eigenes Funktionieren enthalte und damit selbst eine ›expressive Totalität‹ darstelle, also genau das, was Althusser vermeiden wollte und mit dessen Kritik er seinen nicht-reduktionistischen Ansatz begründet hatte (vgl. Hindess und Hirst 1981; Hirst 1976).

Schließlich wird der theoretische Rahmen deshalb kritisiert, weil er die internen Elemente jeder ›strukturellen Verbindung‹ unverändert lasse, Veränderung und Übergang auf die Variationen (verschiedene Artikulationen) begrenzt seien, durch die ansonsten ›invariante Elemente‹ kombiniert würden. Dadurch werde die Geschichtlichkeit dieses Ansatzes geschwächt und gegen das historische Prinzip des marxschen Werks verstoßen (vgl. Althusser 1975). Die Vorstellung einer Variation zwischen invarianten Elementen resultiert aus einer sehr formalistischen Definition von ›Produktionsweise‹ (besonders bei Balibar). Einige der realen Fortschritte, die bei dem Versuch erzielt wurden, die Analyse in einem entwickelteren und differenzierteren Verständnis von Produktionsweisen und ihrer Kombination zu verankern, könnten so durch eine formalistische Jagd auf eine separate ›Produktionsweise‹ nach der anderen wieder zunichtegemacht werden. Dennoch möchten wir den potenziell schöpferischen Wert des Ausdrucks und seiner verwandten Begriffe hervorheben: Sie geben uns einen Ausgangspunkt, um die komplexe Einheit und die *differentiae specificae* der Gesellschaftsformationen zu denken, ohne in einen naiven oder ›vulgärmaterialistischen‹ Reduktionismus oder eine Form des soziologischen Pluralismus zurückzufallen.

Bis jetzt habe ich ausschließlich über die Anwendung des Begriffs der Artikulation auf die ökonomische Struktur komplexer Gesellschaftsformationen gesprochen. Die Gesellschaftsformation mit ihren verschiedenen Instanzen kann aber auch selbst als eine ›artikulierte Hierarchie‹ analysiert werden. Wir müssen zwar keine ›notwendige Korrespondenz‹ – keine perfekte Wiederholung oder Homologie der Strukturen, keine ausdrucksförmige Verknüpfung – zwischen diesen verschiedenen Ebenen mehr unterstellen. Dennoch sind wir verpflichtet, die Beziehungen zwischen ihnen als ein ›Ensemble von Beziehungen‹ zu denken, die durch das ›Gesetz der ungleichen Entwicklung‹, wie es aufgrund von Marx' Ausführungen in der Einleitung zu den *Grundrissen* definiert wurde, geprägt sind. Wieder müssen wir uns der besonderen Natur ihrer Artikulationen zuwenden. Die detaillierte und analytisch schärfere Aufmerksamkeit für die Natur der Produktionsweisen hilft uns, die anderen Aspekte der Gesellschaftsformation besser auf der Ebene der ökonomischen Strukturen zu verankern (das materialistische Prinzip). Wir können die Verhältnisse und Mechanismen der politischen und ideologischen Strukturen, in denen Phänomene wie Rassismus eine entscheidende Rolle spielen, aber nicht *a priori* und ausschließlich von der ökonomischen Ebene aus ableiten (Prinzip der Nicht-Reduzierbarkeit). Wir können keine ausdrückliche und notwendige Korrespondenzbeziehung zwischen ihnen annehmen (Prinzip der historischen Spezifik). Sie sind vielmehr, wie Marx es nannte, »ein Produkt historischer Verhältnisse [...] und [besitzen] ihre Vollgültigkeit nur für und innerhalb dieser Verhältnisse« (MEW 13, 636).

Diese wichtige, ja kritische Beurteilung verlangt von uns zu zeigen – statt *a priori* anzunehmen –, welches die Art und der Grad der Korrespondenz in jedem spezifischen historischen Fall sind. Im Rahmen einer solchen theoretischen Revision können wir den zuvor erwähnten Kritiken aus der Perspektive der ›soziologischen‹ Erklärungen wirkungsvoll entgegnen.

Innerhalb der allgemeinen Problematik der ›Artikulation‹ sind in dieser Frage jedoch verschiedene Positionen zu unterscheiden. Nach Auffassung einiger Theoretiker können wir jede Ebene und die ›Existenzbedingungen‹, die für ihr Funktionieren erfüllt sein müssen, nur einzeln in ihrer eigenen Spezifik behandeln: So erfordern die ökonomischen Verhältnisse der kapitalistischen Produktionsweise ein gewisses außerökonomisches, juristisches Rahmenwerk als Existenzbedingung, das den ›Vertrag‹ zwischen Käufer und Verkäufer der Arbeitskraft sichert. Die internen Formen und Spezifika der außerökonomischen Ebenen könnten aber weder von der ökonomischen Ebene aus vorgeschrieben, noch aufgrund ihrer formalen Notwendigkeit für das Funktionieren der Ökonomie genau bestimmt werden. Dieses ist eine Theorie der ›Autonomie‹ der verschiedenen Ebenen, nicht der ›relativen Autonomie‹ (Hirst 1976; Cutler et al. 1977). Sie behandelt die Gesellschaftsformation nicht mehr als komplexe Einheit (Marx' Einheit vieler Bestimmungen).

In anderen Ansätzen gibt es ›tendenzielle Kombinationen‹, die zwar nicht vollständig determiniert sind, aber dennoch durch den realhistorischen Prozess ›bevorzugt‹ und im Lauf der Zeit abgelagert und verfestigt wurden. Der Fall Lateinamerikas zum Beispiel zeigt, dass es keine notwendige Entsprechung zwischen der Entwicklung von Kapitalismus und den politischen Formen parlamentarischer Demokratie gibt. Der Kapitalismus kann aus sehr verschiedenen politischen Grundlagen hervorgehen. Wie Engels zeigte, kann er sehr unterschiedliche juristische Systeme seinen Funktionen anpassen und nutzbar machen. Dies spricht jedoch nicht dagegen, dass die Entstehung des Kapitalismus oft mit der Bildung bürgerlicher und demokratisch-parlamentarischer Regimes einherging, und auch nicht gegen Lenins klarsichtige Beobachtung, dass die parlamentarische Demokratie den bestmöglichen politischen Rahmen für den Kapitalismus liefert. Wir müssen diese Kombinationen jedoch in ihrer historischen Spezifik und nicht als *von vornherein* determiniert ansehen: als ›Tendenzgesetze‹, die durch ›entgegenwirkende Tendenzen‹ außer Kraft gesetzt werden können. Um ein schlagendes Beispiel zu nehmen: In Europa folgt der Kapitalismus auf die Zerstörung der feudalen Bindungen und die Herausbildung der ›freien Arbeit‹ – der ›Arbeitskraft‹ als einer Ware. Eine kapitalistische Formation, in der keine Arbeitskräfte in der Form ›freier Arbeit‹ für das Kapital verfügbar sind, ist nur schwer vorstellbar. Umgekehrt bedeutet dies: Wie auch immer die besondere juristische Form beschaffen sein mag, die der kapitalistischen Entwicklung ›entspricht‹, entscheidend ist, dass in dieser auch das juristische Konzept des ›Vertrags‹ zwischen ›freien Personen‹ entstehen muss, das auf legale Weise die für die ›freie Arbeit‹ erforderlichen Vertragsformen regulieren kann. Dieses ›Erfordernis‹ ist mehr als eine bloße leere oder formale ›Existenzbedingung‹. Es bedeutet aber nicht, dass die Tendenz zur Kombination des Kapitalismus mit freier Arbeit nicht unter besonderen historischen Bedingungen überlagert oder durch eine entgegenwirkende Tendenz außer Kraft gesetzt werden kann: Der Kapitalismus kann auch durch die Verbindung von freier und unfreier Arbeit oder Zwangsarbeit aufrechterhalten werden. Wenn wir uns von Europa weg und kolonialen oder postkolonialen Gesellschaften zuwenden, wird diese Kombination – freie und unfreie Arbeit auf der Basis einer Kombination verschiedener Produktionsweisen – mehr und mehr der paradigmatische Fall. Damit ist allerdings nur ein erster Schritt getan, um ein besseres Verständnis der ›Bewegungsgesetze‹ dieser kapitalistischen Formationen zu entwickeln.

Natürlich hat dies auch für politische und ideologische Strukturen Konsequenzen. In solchen vom europäischen Paradigma ›abweichenden‹ Gesellschaftsformationen wird es politische Strukturen geben, die Formen der parlamentarischen Demokratie mit anderen Formen der politischen Repräsentation kombinieren oder kombinieren können – und juristische Strukturen, die mehr als eine Form des Staatsbürger-Statuts entwickeln. Die ›Artikulation‹ freier mit unfreier Arbeit, die Kombination ›gleicher‹ und ›beschränkter‹ Bürgerrechte, die Position der Häuptlinge und der ›inneren Kolonien‹ der Bantustans, der unterschiedliche rechtliche Status von ›weißen‹ und ›schwarzen‹ Bürgern, dies alles stellt in der südafrikanischen Gesellschaftsformation in vollkommener Weise die Elemente eines solchen ›variierenden‹ Falles dar, der in keinem Sinne ›nicht-kapitalistisch‹ ist.

Um die Beziehungen zwischen den verschiedenen Ebenen der Gesellschaftsformation zu analysieren, reichen jedoch die für die ökonomische Analyse der Produktionsweise entwickelten Konzepte nicht aus. Die Arbeiten Althussers und der ›Althusserianer‹ – wie z. B. die von Poulantzas über ›den Staat‹ (1974) – müssen hier durch Gramscis wichtigen Beitrag für die Entwicklung eines streng nicht-reduktionistischen Marxismus ergänzt werden (Hall et al. 1977b; Anderson 1977; Mouffe 1979). Dieses Werk liegt nur fragmentarisch vor (vieles wurde in den Gefängnissen Mussolinis unter dem wachsamen Auge des Zensors geschrieben) und ist weit weniger ›theorisiert‹ als das Althussers. Gramsci prägte die Entwicklung der Althusser'schen Problematik, auch wenn die Beziehung zwischen Althusser und Gramsci, der in gewisser Hinsicht ›Historizist‹ blieb, komplex ist (Hall et al. 1977b).

Der zentrale Begriff seines Werks ist der der Hegemonie. Hegemonie ist ein Zustand ›völliger sozialer Autorität‹, die ein bestimmtes Klassenbündnis in einer bestimmten Konstellation durch eine Verbindung von ›Zwang‹ und ›Zustimmung‹ über die gesamte Gesellschaftsformation und die beherrschten Klassen erringt: nicht nur durch ökonomische, sondern auch politische und ideologische Führung, nicht nur im materiellen, sondern auch im zivilen, geistigen und moralischen Leben; nicht nur in und durch die verdichteten Verhältnisse des Staates, sondern auch auf dem Terrain der Zivilgesellschaft. Diese ›Autorität und Führung‹ ist für Gramsci nicht *a priori* gegeben, sondern ein spezifischer historischer ›Moment‹ außergewöhnlicher sozialer Autorität. Die Hegemonie resultiert aus einer gewissen Überlegenheit im Klassenkampf, aber sie bleibt ihm und den Beziehungen zwischen den gesellschaftlichen Kräften, deren ›instabiles Gleichgewicht‹ nur ein vorläufiges Resultat ist, weiterhin unterworfen. Hegemonie ist ein Stadium des Klassenkampfs, das nur aufrechterhalten werden kann, wenn sie kontinuierlich weiter ausgearbeitet und rekonstruiert wird; sie bleibt eine widersprüchliche Konjunktur. Der entscheidende Punkt für Gramsci ist, dass unter hegemonialen Bedingungen die Organisation der Zustimmung (der beherrschten Klassen zur Führung des herrschenden Klassenbündnisses) gegenüber der Herrschaftsausübung durch Zwang den Vorrang gewinnt, auch wenn dieser nicht beseitigt ist. Klassenkampf nimmt unter solchen Bedingungen nicht die Form eines ›Frontalangriffs‹ auf die Festungen des Staates (›Bewegungskrieg‹), sondern die eines sich hinziehenden, strategischen und taktischen Ringens an, die an einer Vielzahl verschiedener Widersprüche arbeitet und sie ausbeutet (Gramscis ›Stellungskrieg‹). Im Zustand der Hegemonie gelingt es dem herrschenden Klassenbündnis, eine gewaltige Aufgabe zu vollbringen: Es muss die ›Superstruktur‹ der Gesellschaft in Übereinstimmung mit den langfristigen Erfordernissen für die Entwicklung der Produktionsweise, nämlich der Kapitalakkumulation auf erweiterter Stufenleiter modifizieren, nutzbar machen, sichern und ausarbeiten. Dies beinhaltet auch erzieherische und bildende Aufgaben, die zur Hebung der gesamten Gesellschaftsformation auf eine, wie er es nennt, »neue Stufe der Zivilisation« führen soll, die das erweiterte Regime des Kapitals begünstigt. Die unmittelbare und direkte Aufzwingung von engen, kurzfristigen, ›korporativen‹ Interessen einer einzigen Klasse der Gesellschaft ist dagegen ausgeschlossen. Vielmehr schmiedet sie jene Einheit zwischen ökonomischen, politischen und ideologischen Zielen, »indem sie alle Fragen, um die der Kampf entbrannt ist, auf einer ›universellen‹ und nicht korporativen Ebene stellt und dadurch die Hegemonie einer grundlegenden gesellschaftlichen Gruppe über eine Reihe untergeordneter Gruppen errichtet« (Q 1584, R 329f.).

Dies nennt Gramsci die Bildung eines ›national-populären Willens‹, der auf einer besonderen Verbindung zwischen herrschenden und beherrschten Klassen beruht. Dieser ist nicht von einer vorausgesetzten, notwendigen oder *a priori* bestehenden Entsprechung zwischen (ökonomischer) Basis und (politischen und ideologischen) Superstrukturen abhängig, sondern von genau den historischen Mechanismen und der konkreten Analyse jener historischen ›Momente‹, durch die eine solche Beziehung zwischen Struktur und Superstrukturen geschaffen wird.

Es ist immer diese Spezifik des ›Basis-Überbau‹-Komplexes als eine historisch konkrete Artikulation, die Gramscis Forschungsobjekt bildet: »Das Problem der Beziehungen von Struktur und Superstrukturen muss exakt gestellt und gelöst werden, um die in einer bestimmten Geschichtsperiode wirksamen Kräfte richtig zu analysieren und ihr Verhältnis zueinander zu bestimmen.« (Q 1578f., R 323)

Dies ist eine rigoros nicht-reduktionistische Konzeption: »[Wie] kann also das gesamte System der Superstrukturen als Unterschiede der Politik begriffen werden, und ist die Einführung des Begriffs des Unterschieds in die Philosophie der Praxis demnach gerechtfertigt? Aber kann man von einer Dialektik der Unterschiede sprechen, und wie kann man den Begriff des Zirkels zwischen den Stufen der Superstruktur verstehen? Konzept des ›historischen Blocks‹, d.h. [...] Einheit der Gegensätze und Unterschiede. Kann das Kriterium der Unterscheidung auch für die Struktur eingeführt werden?« (Q 1569, R 291)

Gramsci bejaht diese Fragen eindeutig. Er spricht sich besonders scharf gegen jede Form des Vulgärökonomismus aus: »Man muss deshalb nicht allein den Ökonomismus in der Theorie der Historiografie, sondern auch und vor allem in der politischen Theorie und Praxis bekämpfen. Auf diesem Feld kann und muss der Kampf geführt werden, indem man den Hegemoniebegriff entwickelt.« (Q 1595f., R 316)

Gramscis theoretischer Beitrag wurde erst in letzter Zeit entdeckt, obwohl seine Rolle als hervorragender Kämpfer in der italienischen Politik der zwanziger und dreißiger Jahre seit langem anerkannt ist. Er analysiert in einer besonders fruchtbaren und produktiven Weise die großen bürgerlichen Gesellschaftsformationen entwickelten kapitalistischen Typs in Westeuropa, deren tiefgreifende Umwälzungen durch eine reduktionistische ökonomische Analyse natürlich nicht ausreichend erklärt werden können. Vielleicht galt er deshalb als der typische marxistische Theoretiker des ›westlichen Kapitalismus‹. Sein Werk wurde daher kaum auf außereuropäische Formationen angewendet oder bezogen. Es gibt jedoch drei sehr starke Argumente dafür, dass es auch für die Analyse nicht-europäischer Gesellschaftsformationen von Bedeutung sein könnte: Erstens könnte Gramsci dabei helfen, dem überwältigenden Gewicht des (marxistischen und nicht marxistischen) Ökonomismus, der die Analyse der kolonialen und postkolonialen Gesellschaften prägte, etwas entgegenzusetzen. Weil das Gewicht der imperialistischen Wirtschaftsbeziehungen so deutlich sichtbar war, schien für ein Begreifen dieser Gesellschaften ein auf den ökonomischen Prozess beschränkter Imperialismusbegriff ausreichend. Zweitens stellen diese Gesellschaften Probleme in Bezug auf den ›Basis-Überbau-Komplex‹, die an Komplexität den von Gramsci untersuchten Gesellschaften gleichkommen. Allerdings ist hier keine einfache Übertragung der Begriffe empfehlenswert: Gramsci würde als Erster auf historischer Spezifik und Unterschieden bestehen. Drittens untersuchte Gramsci das Problem der Hegemonie am Beispiel der spezifischen Geschichte der italienischen Gesellschaftsformation. Gerade in Italien kam über einen langen Zeitraum hinweg keine Hegemonie zustande: Das an der Macht befindliche Klassenbündnis herrschte eher durch Zwang als durch eine hegemoniale Führung der Klassen. Daher ist sein Werk für Gesellschaften relevant, in denen es, aufgrund des Rhythmus und der Zäsuren des Klassenkampfs, in gleicher Weise eine schwankende Bewegung zwischen Phasen der Zwangsherrschaft und ›hegemonialer Führung der Klassen‹ gegeben hat. Darüber hinaus war Italien eine vom Gesetz der ungleichen Entwicklung brutal gezeichnete Gesellschaft. Dies wirft die Frage auf, wie die Widersprüche der italienischen Gesellschaftsformation durch verschiedene Produktionsweisen (kapitalistisch und feudal) und Klassenallianzen, die Elemente verschiedener sozialer Ordnungen verbanden, artikuliert waren. Das Problem des Staates und die Frage nach strategischen Bündnissen zwischen Proletariat und Bauernschaft, das ›Spiel‹ traditioneller und fortschrittlicher Ideologien und die Schwierigkeiten, die diese bei der Schaffung eines ›national-populären Willens‹ darstellen – all dies verleiht seinen Analysen Italiens auch für koloniale Gesellschaften besondere Bedeutung.

Althusser entwickelt Gramsci in *Ideologie und ideologische Staatsapparate* (1977) in strukturalistischer Weise weiter. Er unterscheidet sich von Gramsci, insofern er das Problem in Begriffen der Reproduktion stellt. Dennoch liegt beiden Ansätzen ein gemeinsames Interesse zugrunde: Die ökonomischen Produktionsverhältnisse müssen selbst nicht nur ökonomisch, sondern auch sozial, technisch und vor allem ideologisch reproduziert werden. Dies ist nur eine andere Fassung der Beobachtung Gramscis, wonach die sozialen Verhältnisse im Kapitalismus zu ihrer vollständigen Entwicklung darauf angewiesen sind, dass eine moralische, intellektuelle und ideologische Führung sie auf den nicht-ökonomischen Ebenen der Politik, der Zivilgesellschaft und der Kultur ausarbeitet und mit ihnen verbindet. Weiterhin teilt Althusser mit Gramsci das klassische Interesse daran, wie sich die Hegemonie der herrschenden Klasse auf diesen anderen Ebenen herstellt: durch eine bildende und erzieherische Führung der Klassen und die Autorität über die Gesellschaftsformation insgesamt. Diese erweiterte und ausgedehnte Hegemonie ist nach Auffassung beider für die Institutionen, Apparate und

Verhältnisse der sogenannten ›Überbauten‹ von Staat und Zivilgesellschaft spezifisch. Beide insistieren darauf, dass die Ideologie als zugleich widersprüchliches Kampffeld und Einsatz des Klassenkampfs eine spezifische Funktion bei der Sicherung der erweiterten Reproduktionsbedingungen des Kapitals hat. Es ist von daher eine fortdauernde und deutlich von anderen unterschiedene Ebene des Kampfes, wobei die Mechanismen und Felder dieses Kampfes ›relativ autonom‹ sind. Beide sehen in der Ideologie kein falsches Bewusstsein, das durch ein Ensemble von Mythen und bloß falschen Vorstellungen in den Köpfen erklärt werden kann. Vielmehr benötigten alle Gesellschaften besondere Ideologien mit ihren Bedeutungs-, Kategorien- und Vorstellungssystemen, die der Welt einen Sinn geben und durch die die Menschen (wenn auch unbewusst und über eine Reihe von ›Verkennungen‹) ihre Beziehung zu ihren wirklichen, materiellen Existenzbedingungen, die für sie nur über Bewusstseinsformen in und durch Ideologie erfahrbar sind, auf imaginäre Weise ›leben‹ können. Während Althusser manchmal zu der zu funktionalistischen Vorstellung neigt, dass Ideologie nur die Herrschaft der herrschenden Klasse sichert, als ob *per definitionem* jede Ideologie im Horizont der ›herrschenden Ideen‹ der herrschenden Klasse wirke, denkt Gramsci Ideologien auf widersprüchlichere Weise – als Schauplätze und Einsätze des Klassenkampfs. Gramsci interessiert, wie die vorhandenen Ideologien – der ›Alltagsverstand‹ der Hauptklassen –, die selbst das komplexe Resultat früherer Momente und Lösungen im ideologischen Klassenkampf sind, so *bearbeitet* werden können, dass sie zur Basis eines bewussteren Kampfes und Eingreifens in den historischen Prozess transformiert werden. Beide betonen jedoch, dass Ideologien nicht einfach ›im Kopf‹ sind, sondern materielle Verhältnisse – was Lenin ideologische soziale Verhältnisse nannte –, die sozialen Handlungen ihre Form geben, über konkrete Institutionen und Apparate funktionieren und in Praktiken materialisiert sind. Gramsci hebt den Prozess hervor, der diese großen ›praktischen Ideologien‹ der sozialen Hauptklassen transformiert. Althusser seinerseits fügt hinzu, dass die Ideologien dadurch wirken, dass sie konkrete Individuen als soziale Subjekte ideologischer Diskurse konstituieren – ein Prozess, den er die Anrufung der Subjekte nennt.

Diese Themen wurden kürzlich in Laclaus Aufsätzen über Populismus und Faschismus weiterentwickelt (1981). Laclau argumentiert, dass die einzelnen Elemente dieser Ideologien (z. B. Nationalismus, Militarismus, Rassismus, das Volk etc.) in sich keine notwendige Klassenzugehörigkeit oder ›Klassen-Konnotation‹ haben. Wir können nicht *a priori* annehmen, dass diese Elemente zu einer bestimmten Klasse ›gehören‹ oder dass eine Klasse als homogene Einheit eine einzige einheitliche und unwidersprüchliche Weltanschauung hat, die sie, wie Poulantzas sagt, »wie ein Nummernschild auf ihrem Rücken« mit sich durch die Geschichte trägt (1974). Als konkrete Diskursformationen stellen Ideologien eine spezifische, ihnen eigene ›Einheit‹ dar. Diese Einheit resultiert aus einem Prozess, den Laclau ›Verdichtung‹ nennt und bei dem jedes Element fähig ist, »Verdichtungen mit den anderen Elementen herzustellen. Wenn eine familiale Anrufung zum Beispiel eine politische Anrufung oder eine ästhetische Anrufung auslöst und wenn jede dieser isolierten Anrufungen als ein Symbol der anderen wirkt, dann haben wir einen relativ einheitlichen ideologischen Diskurs.« (Laclau 1981, 90)

O'Shea definierte dies als eine durch den Prozess der konnotativen Verdichtung hergestellte »ideologische Einheit« (1978). Zweitens wird die Einheit durch »die spezifische Anrufung gebildet [...], die die Achse und das organisierende Prinzip jeder Ideologie darstellt [...] Wenn wir versuchen, die ideologische Ebene einer bestimmten Gesellschaftsform zu analysieren, muss unsere erste Aufgabe sein, die sie konstituierenden Anrufungsstrukturen zu rekonstruieren.« (Laclau 1981, 89)

Wenn getrennte ideologische Elemente keine notwendige Klassenzugehörigkeit und Klassen keine paradigmatischen Ideologien haben, die ihnen zugewiesen oder zugeschrieben werden können, welches ist dann die Beziehung zwischen Klassen und Ideologien? Diese Beziehung könnte in der Weise verstanden werden, dass der Klassenkampf die verschiedenen ideologischen Diskurse artikuliert. »Artikulation setzt die Existenz klassenunspezifischer Inhalte (Anrufungen und Widersprüche) voraus, die das Rohmaterial abgeben, mit dem die ideologischen Klassenpraktiken operieren [...] Die Ideologie der herrschenden Klasse ruft, *gerade weil sie herrschend ist,* nicht nur die Mitglieder ihrer eigenen, sondern auch die der beherrschten Klassen an.« (Ebd. 140)

Sie ist erfolgreich in dem Maß, wie sie »verschiedene Ideologien durch die Eliminierung ihres antagonistischen Charakters mit ihrem hegemonialen Projekt [artikuliert]« (Laclau 1981, 141; Laclau 1977, 161f.; eig. Übers.).

Ideologien werden daher »durch den Klassenkampf, der durch die Produktion von Subjekten und die Artikulation/Desartikulation von Diskursen bewerkstelligt wird« (Laclau 1981, 95), transformiert. Dies folgt Gramscis Generallinie, für den Ideologien nicht auf durchsichtige, kohärente ›Klasseninteressen‹ ihrer Klassen-Subjekte reduziert und nicht dadurch transformiert werden können, dass eine Klasse ihre Weltsicht allen anderen Klassen aufzwingt, sondern durch einen »Prozess der Unterscheidung und der Veränderung im relativen Gewicht, das die Elemente in der alten Ideologie besaßen [...]. Was zweitrangig und untergeordnet war, erhält erste Wichtigkeit, es wird zum Kern eines neuen doktrinären und ideologischen Ensembles.« (Mouffe 1979, 191f.)

Es gibt Probleme mit Laclaus tastenden Formulierungen: Was sind zum Beispiel ›Klassenpraktiken‹, die Ideologien transformieren können, ohne selbst spezifische ideologische Elemente zu enthalten, die ihnen ›gehören‹? Trotz dieser Schwierigkeiten geben uns diese Theoretiker Anhaltspunkte, mit deren Hilfe wir eine nicht-reduktionistische Theorie der superstrukturellen und außer-ökonomischen Aspekte der Gesellschaftsformationen konstruieren können – wieder unterstützt durch den Begriff der Artikulation. Es ist noch kaum damit begonnen worden, diese Problematik auf rassistisch strukturierte Gesellschaftsformationen anzuwenden. Ich möchte daher mit der kurzen Skizze wenigstens einiger der theoretischen Verfahren schließen, die eine derartige Forschung meiner Ansicht nach notwendigerweise leiten müssten.

Diese müsste von einer strengen Anwendung des Prinzips der historischen Spezifik ausgehen. Es gibt keinen Rassismus als allgemeines Merkmal menschlicher Gesellschaften, nur historisch-spezifische Rassismen. Wir unterstellen daher zunächst Differenz und Spezifik, keine einheitliche, transhistorische oder universale ›Struktur‹. Damit leugnen wir nicht, dass dennoch einige Merkmale herausgefunden werden können, die allen als ›rassistisch strukturiert‹ bezeichneten Gesellschaftssystemen gemeinsam sind. Doch eine solche allgemeine Definition des Rassismus ist, da sie ausschließlich von der Ebene des Allgemeinen ausgeht, deren Abstraktionen nach Marx »chaotische Vorstellungen« (MEW 13, 631) sind, nicht die geeignetste Quelle für theoretische Entwicklung und Forschung: »[…] allein, wenn die entwickeltsten Sprachen Gesetze und Bestimmungen mit den unentwickeltsten gemeinsam haben, so ist gerade das, was ihre Entwicklung ausmacht, der Unterschied von diesem Allgemeinen und Gemeinsamen. Die Bestimmungen […] müssen gerade gesondert werden […] damit über der Einheit […] die wesentliche Verschiedenheit nicht vergessen wird.« (MEW 13, 617)

Rassismus im Allgemeinen ist eine »verständige Abstraktion, sofern sie wirklich das Gemeinsame hervorhebt, fixiert und uns daher die Wiederholung erspart« (ebd.).

Sie mag dabei helfen, diejenigen sozialen Phänomene, die auf der Basis rassistischer (biologischer oder sozialer) Zuschreibungen verschiedene soziale Gruppen und Klassen positionieren, von anderen Systemen mit ähnlicher sozialer Funktion zu unterscheiden. Doch: »Einiges davon gehört allen Epochen; anderes einigen gemeinsam. Einige Bestimmungen werden der modernsten Epoche mit der Ältesten gemeinsam sein.« (Ebd.)

Diese Warnung richtet sich gegen jede Übertragung einer gemeinsamen und universellen Struktur auf den Rassismus, die unterstellt, dass er außerhalb einer spezifisch historischen Lokalisierung wesentlich derselbe bleibe. Nur dadurch, dass die verschiedenen Rassismen historisch in ihrer Differenz spezifiziert werden, können sie richtig als »ein Produkt historischer Verhältnisse« verstanden werden, die »ihre Vollgültigkeit nur für und innerhalb dieser Verhältnisse besitzen« (MEW 13, 636). Einiges könnte aus der Unterscheidung dessen, was im Alltagsverstand nur als Varianten ein und derselben Sache erscheint, gelernt werden: Z. B. wäre der Rassismus der Sklaverei in den Südstaaten von dem Rassismus zu unterscheiden, der nach dem Bürgerkrieg in den Nordstaaten mit der Eingliederung der Schwarzen in die Formen ›freier Arbeit‹ einherging; oder der Rassismus der karibischen Sklavenhaltergesellschaften von dem Rassismus metropolitaner Gesellschaften wie Britannien, die gezwungen waren, schwarze Arbeiter/innen in die industrielle Produktion des 20. Jahrhunderts zu integrieren.

Dies ist teilweise deshalb nötig, weil der Rassismus nicht unter Abstraktion von anderen sozialen Verhältnissen erklärbar ist – selbst wenn er, umgekehrt, auch nicht auf diese Verhältnisse reduziert werden kann. In vorkapitalistischen Gesellschaftsformationen soll es voll entfaltete Rassismen gegeben haben. Bei der Behandlung neuerer Gesellschaftsformationen muss daher gezeigt werden, wie der Rassismus umfassend reorganisiert und mit den Verhältnissen neuer Produktionsweisen artikuliert wurde. Die spezifische Wirksamkeit von Stellung, Funktion, Mittel und Mechanismen des Rassismus in der Sklaverei der Plantagenwirtschaft während der merkantilistischen Entwicklungsphase des Weltkapitalismus kann nur oberflächlich erklärt werden, wenn der Begriff aus diesem spezifischen historischen Kontext in andere, hiervon völlig verschiedene übertragen wird. Nach Finley (1969), Davis (1969, 1970) und anderen wurde die Sklaverei im Altertum mit herabwürdigenden Klassifizierungen zwischen versklavten und versklavenden Völkern artikuliert. Sie führte nicht notwendigerweise zum Gebrauch speziell rassistischer Kategorien, wie dies die Plantagensklaverei beinahe überall tat. Es kann daher kein unterstelltes und notwendiges Zusammentreffen zwischen Rassismus und Sklaverei als solcher geben. Gerade die Unterschiede in der Rolle, die die Sklaverei in diesen sehr verschiedenen Epochen und Gesellschaftsformen spielte, zwingen uns, die Grundlage genauer zu bestimmen, auf der dieses spezielle Zusammentreffen von Rassismus und Sklaverei hergestellt wurde. Wo beides zusammen auftritt, müssen Mechanismus und Wirksamkeit ihres Funktionierens sowie ihrer Artikulation mit anderen Verhältnissen erst gezeigt und dürfen nicht unterstellt werden.

Auch dass es Einstellungen rassischer Überlegenheit gewesen seien, die die Einführung der Plantagensklaverei angetrieben hätten, ist zu bestreiten. Stattdessen wäre genau am entgegengesetzten Ende mit einer Untersuchung darüber zu beginnen, inwiefern die Sklaverei als Resultat des Arbeitskräftemangels und der Organisation der Plantagenwirtschaft – zunächst nicht mit Hilfe von schwarzen, sondern von eingeborenen und danach von weißen per Vertrag angeheuerten Arbeitskräften – jene Formen des juristischen Rassismus erst hervorbrachte, die die Epoche der Plantagensklaverei auszeichnen. Für die Ausarbeitung der Rechts- und Eigentumsform der Sklaverei als eines Ensembles von Enklaven innerhalb einer Gesellschaft, die auf anderen Rechts- und Eigentumsformen beruhte, war eine besondere und differenzierte ideologische Arbeit nötig – wovon die Geschichte der Sklaverei ebenso wie die ihrer Abschaffung beredt Zeugnis ablegt.

Dasselbe Argument gilt für all jene Erklärungen, die den Rassismus im Allgemeinen auf eine universelle Funktionsweise der individuellen Psychologie als ›rassistisches Gelüst‹ oder ›Rasse-Instinkt‹ zurückführen oder die seine Entstehung in Begriffen einer allgemeinen Psychologie des Vorurteils erklären. Die Frage ist nicht, ob Menschen im Allgemeinen Unterschiede in der Wahrnehmung zwischen Gruppen mit verschiedenen ›rassischen‹ oder ethnischen Charakteristika machen, sondern, welches die spezifischen Bedingungen sind, die dieser Form der Unterscheidung soziale Bedeutung und historische Wirksamkeit verleihen. Was gibt der abstrakten menschlichen Möglichkeit ihre Wirksamkeit, ihre materielle Gewalt? Aus Britanniens langfristiger imperialer Hegemonie und der engen Verbindung zwischen kapitalistischer Entwicklung zu Hause und kolonialen Eroberungen in Übersee ließen sich leicht die Züge eines aktiven Rassismus im britischen Volksbewusstsein entwickeln. Dennoch erklärt dies allein weder die Form und Funktion, die der Rassismus in der Periode des populären Imperialismus auf dem Höhepunkt der imperialistischen Rivalität gegen Ende des 19. Jahrhunderts annahm, noch die davon sehr verschiedenen Formen eines endogenen Rassismus, der tief in die Arbeiterklasse selbst eindrang und unter den Bedingungen der Nachkriegsmigration im Zuge des Kontakts zwischen schwarzen und weißen Arbeiter/innen in Erscheinung trat. Die Geschichten all dieser verschiedenen Rassismen können nicht als eine ›allgemeine Geschichte‹ geschrieben werden (Hall et al. 1978b). Appelle an die ›menschliche Natur‹ sind keine Erklärungen, sondern ein Alibi.

Daher muss zunächst die konkrete historische Arbeit‹ untersucht werden, die der Rassismus – als ein Ensemble klar unterschiedener ökonomischer, politischer und ideologischer Praktiken, die konkret mit anderen Praktiken in einer Gesellschaftsformation artikuliert sind – unter spezifischen historischen Bedingungen leistet. Durch diese Praktiken werden verschiedene soziale Gruppen in Beziehung zueinander und in Bezug auf die elementaren Strukturen der Gesellschaft positioniert und fixiert; diese Positionierungen werden in weitergehenden sozialen Praktiken festgeschrieben und schließlich legitimiert. Es sind Praktiken, die die Hegemonie einer dominanten Gruppe über eine Reihe von untergeordneten Gruppen in einer für die langfristige Entwicklung der produktiven Grundlage der gesamten Gesellschaftsformation günstigen Weise sichern. Obwohl die ökonomischen Aspekte als ein Ansatzpunkt entscheidend sind, lässt sich diese Form der Hegemonie nicht aus dem bloßen Wirken des ökonomischen Zwangs heraus begreifen. Ein auf dieser Ebene – ›dem ökonomischen Kern‹, wo nach Gramsci die Hegemonie zuerst gesichert werden muss – bereits wirksamer Rassismus wird ausgearbeitete Verhältnisse in den anderen – politischen, kulturellen und ideologischen – Instanzen haben oder nach sich ziehen. Doch auch in dieser, wenngleich korrekten Formulierung ist die Behauptung immer noch zu apriorisch formuliert. Wie genau arbeiten diese Mechanismen? Welche weiteren Bestimmungen müssen hinzugefügt werden? Rassismus ist nicht in derselben Form und in demselben Ausmaß in allen kapitalistischen Formationen präsent: Er ist nicht notwendig für das konkrete Funktionieren aller Kapitalismen. Es muss gezeigt werden, wie und warum Rassismus speziell mit gewissen Kapitalismen an bestimmten Stufen ihrer Entwicklung artikuliert und durch sie überdeterminiert wurde. Es ist auch nicht davon auszugehen, dass diese Entwicklung eine einzige Form annehmen, einer notwendigen Reihe oder Entwicklungslogik folgen muss.

Wir müssen vielmehr umgekehrt die Artikulation des Rassismus mit den verschiedenen Strukturen der Gesellschaftsformation zeigen. So wurde zum Beispiel der Sklave in der Plantagen-Gesellschaft vor der Emanzipation nicht ausschließlich durch die ›Rasse‹ in seiner Position festgehalten, vielmehr leisteten dies die spezifischen und unterscheidbaren Produktionsverhältnisse der auf Sklaverei basierenden Landwirtschaft, der Eigentumsstatus des Sklaven (als einer Ware) und der Arbeitskraft des Sklaven (die er zwar verausgabte, die aber nicht sein ›Eigentum‹ war), gekoppelt mit rechtlichen, politischen und ideologischen Systemen, die dieses Verhältnis durch eine rassistische Zuschreibung verankerten. Diese Koppelung mag die gebrauchsfertige Erklärung und den Rahmen für jene Strukturen eines ›informellen Rassismus‹ geliefert haben, der wirksam wurde, als die ›befreite‹ schwarze Arbeit in den Norden der Vereinigten Staaten wanderte oder, nach der Emanzipation in der Karibik, in das ›freie‹ Dorf. Aber diese Koppelung funktionierte auf neue Weise, und sie verlangte nach einer eigenen ideologischen Arbeit – wie z. B. in der ›Jim Crow‹-Gesetzgebung der 1880er und 1890er Jahre (Vann Woodward 1957). Der niedere und spezifische Status der schwarzen Arbeit als einer Fraktion der ›freien arbeitenden‹ Klassen des Industriekapitalismus wurde zwar mit Hilfe eines transformierten Rassismus reproduziert, aber auch durch andere Mechanismen, die die Schwarzen auf neue Weise und in Bezug auf neue Formen des Kapitals strukturell positionierten. Daraus entwickelten sich spezifische Kämpfe, die die Lücken zwischen rassistischer Zuschreibung und den offiziellen Ideologien der ›gleichen Chancen‹ ausbeuteten oder direkt an deren Widersprüchen ansetzten, wie sie für schwarze Sklaven in einem Plantagensystem einfach nicht vorstellbar waren (Myrdal 1962).

Wir behandeln diese Unterschiede zu unserem eigenen Schaden als ›im Wesentlichen dasselbe‹. Wir können aber auch nicht, weil der entwickelte Kapitalismus überwiegend auf ›freier Arbeit‹ beruht, die ›rassischen‹ Aspekte der sozialen Verhältnisse immer und für alle praktischen Zwecke mit ihren typischen Klassenverhältnissen gleichsetzen, wie es Cox (1970) tat. Die ›Rasse‹ differenziert weiter zwischen den verschiedenen Fraktionen der Arbeiterklassen im Verhältnis zum Kapital, sie schafft spezifische Formen der Spaltung und Fraktionierung, die für die Art, wie diese Formen die Klassenverhältnisse durchschneiden, ebenso wichtig sind, da sie so den Klassenkampf intern aufspalten, wie sie bloßer Ausdruck‹ einer allgemeinen Form ebendieses Klassenkampfs sind. Es ist historisch zutreffender, die Beziehungen zwischen Klasse und ›Rasse‹ im Politischen und Kulturellen als ungleich und kombiniert statt als eine einfache Entsprechung aufzufassen.

Auf der ökonomischen Ebene muss der ›Rasse‹ als besonderem Merkmal eine spezifische und ›relativ autonome‹ Wirksamkeit zugestanden werden.

Deshalb ist aber das Ökonomische für eine Erklärung dessen, wie diese Verhältnisse konkret funktionieren, nicht ausreichend. Wir müssen wissen, wie verschiedene ›rassische‹ und ethnische Gruppen historisch eingegliedert wurden, wie die ursprünglichen Verhältnisse allmählich erodierten und sich transformierten bzw. wie sie diese Unterscheidung über lange Zeit hinweg am Leben erhielten – nicht einfach als Rückstände und Spuren vergangener Produktionsweisen, sondern als aktiv strukturierende Prinzipien der gegenwärtigen Gesellschaftsorganisation. ›Rassische‹ Kategorien allein reichen dafür nicht: Welches sind die verschiedenen Formen und Verhältnisse, in denen diese ›rassischen‹ Fraktionierungen unter dem Kapital kombiniert wurden? Nehmen sie in signifikanter Weise unterschiedliche Positionen zum Kapital ein? Treten sie innerhalb einer Artikulation verschiedener Produktionsweisen auf? Wie funktioniert die ›Rasse‹ bei der Erhaltung und Entwicklung dieser Artikulationen? Welche Funktionen erfüllen die dominierten Produktionsweisen für die Reproduktion der dominanten? Sind sie mit ihr über die häusliche Reproduktion der Arbeitskraft ›unter ihrem Wert‹, die Versorgung mit billiger Arbeit oder die Regulierung der ›industriellen Reservearmee‹, über die Rohstoffzufuhr, die ländliche Subsistenzwirtschaft oder die verborgenen Kosten der sozialen Reproduktion verbunden? Die einheimischen ›Naturökonomien‹ Lateinamerikas und die für die karibischen Gesellschaften charakteristischen Formen der halb-häuslichen Produktion unterscheiden sich in dieser Hinsicht signifikant voneinander. Dasselbe gilt sogar dort, wo verschiedene ethnische Fraktionen in denselben Beziehungen zum Kapital stehen. Die Position der schwarzen Arbeit im industrialisierten Norden der USA und die schwarze Einwanderung im Nachkriegsbritannien zeigen zum Beispiel höchst verschiedene Modellierungen entlang ›rassischer‹ Linien, auch wenn beide Konstellationen ohne das Konzept der industriellen Reservearmee nicht erklärbar sind. Allerdings stellen die Schwarzen nicht die einzige Spaltung innerhalb der Reservearmee dar: Ihre Größe und Zusammensetzung wird nicht allein durch den Mechanismus der ›Rasse‹ reguliert. In den USA stellten Weiße, und zwar vor allem europäische und mexikanische Einwanderer, sowie Frauen ein weiteres bedeutsames Element dar, in Britannien waren dies sowohl Frauen als auch Iren (vgl. Braverman 1975; Castles und Kosack 1973).

Die Alternativen eines Entweder/Oder, die im Einleitungsteil dieses Papiers vorgestellt wurden, sind für diese Fragen als theoretische Modelle äußerst ungeeignet, unabhängig davon, ob es sich bei der Analyse um ›metropolitane‹ oder ›periphere‹ Formationen, um historische oder zeitgenössische Formen handelt. Die Strukturen, durch die die schwarze Arbeit reproduziert wird – die für das Kapital auf einer bestimmten Entwicklungsstufe allgemein gelten können, wie auch immer die ›rassische‹ Zusammensetzung der Arbeit ist –, sind nicht einfach durch die Rasse ›gefärbt‹: sie werden erst über die ›Rasse‹ ins Werk gesetzt (Hall et al. 1978b). Die kapitalistischen Verhältnisse können als eine – für jede Ebene oder Instanz der Gesellschaftsformation jeweils unterschiedliche – Artikulation von Klassen begriffen werden: ökonomisch, politisch und ideologisch. Aufgrund der zwischen diesen Ebenen wirksamen relativen Autonomie sind in ihnen die jeweiligen ›Effekte‹ der Strukturen der modernen kapitalistischen Produktion notwendigerweise verschoben. Denn jede Ebene verlangt nach ihren eigenen unabhängigen ›Repräsentationsmitteln‹ – durch die die klassenförmig strukturierte Gesellschaftsformation erscheint und im ökonomischen, politischen und ideologischen Klassenkampf wirksam wird. ›Rasse‹ ist untrennbar mit der Art und Weise verbunden, wie die schwarze Arbeiterklasse auf jeder dieser Ebenen komplex konstituiert wird: Sie wirkt sich auf die Art der Verteilung der schwarzen Arbeiter/innen als ökonomische Akteure auf die ökonomischen Tätigkeiten und die daraus resultierenden Klassenkämpfe aus; und auf die Art und Weise, wie die Fraktionen der schwarzen Arbeiterklasse durch die Mittel der politischen Vertretung (Parteien, Organisationen, kommunale Aktionszentren, Publikationen und Kampagnen) als Kräfte auf der ›politischen Bühne‹ rekonstituiert werden – und auf die politischen Kämpfe, die daraus hervorgehen; schließlich auf die Art und Weise, in der die Mitglieder der Klasse als kollektive und individuelle ›Subjekte‹ von sich herausbildenden Ideologien artikuliert werden – und auf die Kämpfe um Ideologie, Kultur und Bewusstsein, die daraus hervorgehen.

Dadurch erhalten Thema und Dimension der ›Rasse‹ – und damit der Rassismus – eine praktisch wie theoretisch zentrale Stellung bei all den Verhältnissen, die die schwarze Arbeit betreffen. Die Konstituierung dieser Fraktion als einer Klasse, und die Klassenverhältnisse, die ihr zugeschrieben werden, funktionieren als *race relations*. ›Rasse‹ ist also die Modalität, in der Klasse ›gelebt‹ wird, das Medium, in dem Klassenverhältnisse erfahren, die Form, in der sie angeeignet und ›durchgekämpft‹ werden. Dies hat Konsequenzen für die Klasse insgesamt, nicht nur für ihr ›rassistisch definiertes‹ Segment – Konsequenzen im Sinne einer inneren Fraktionierung und Spaltung der Arbeiterklasse, die unter anderem auch durch die ›Rasse‹ artikuliert ist.

Dies ist keine bloße rassistische Verschwörung von oben. Denn Rassismus ist auch eines der dominanten Medien, durch das die weißen Fraktionen der Klasse ihre Beziehungen zu anderen Fraktionen und damit zum Kapital selbst ›leben‹. Bei der Desartikulation einiger der noch existierenden (wenn auch korporatistischen und sozial-reformerischen) syntaktischen Formen des Klassenkampfs kommt den Kräften eine Schlüsselstellung zu, die die Klassenerfahrung durch die verdichteten Anrufungen einer rassistischen ideologischen Syntax reartikulieren. Der ideologische Klassenkampf ist gerade dort am wirkungsvollsten, wo er die internen Widersprüche der Klassenerfahrung mit dem Rassismus artikuliert und so die beherrschten Klassen für das Kapital nutzbar macht. In Britannien hat dieser Prozess Ende der siebziger Jahre einen seltenen Höhepunkt erreicht. Diese Kräfte sind aber nicht erfolgreich, weil sie geschickt die Dämonen beschwören, Hakenkreuzfahnen schwenken oder *Mein Kampf* lesen, sondern in dem Maße, wie sie reale Widersprüche zwischen und innerhalb der Klasse behandeln und damit an wirklichen Effekten der Struktur arbeiten, auch wenn diese durch den Rassismus ›verkannt‹ werden.

Rassismus ist daher nicht nur das Problem der Schwarzen, die seine Opfer sind. Er ist schon gar nicht nur ein Problem für die Teile der weißen Arbeiterklasse und Organisationen, die sein Schandmal tragen. Noch kann er, wie ein allgemeiner Virus im Gesellschaftskörper, durch eine starke Dosis Liberalismus unschädlich gemacht werden. Das Kapital reproduziert die Klasse mit ihren internen Widersprüchen, die als ganze durch die ›Rasse‹ strukturiert ist. Es dominiert die geteilte Klasse teilweise durch jene internen Spaltungen, die Rassismus als einen ihrer Effekte haben. Es begrenzt und schwächt repräsentative Klasseninstitutionen, indem es sie neutralisiert – sie auf Strategien und Kämpfe einengt, die ›rassen‹spezifisch sind und deren Grenzen und Schranken nicht übersteigen. Mit Hilfe des Rassismus kann es alle die Versuche niederschlagen, alternative Repräsentationsformen zu schaffen, die die Klasse insgesamt besser repräsentieren könnten oder als deren Resultat die Einheit der Klasse entstehen könnte – gegen den Kapitalismus und den Rassismus. Die durch die ›Rasse‹ artikulierten Fraktionskämpfe scheinen dagegen weiterhin als Defensivstrategien einer in sich gespaltenen Klasse notwendig, die direkt mit dem Kapital konfrontiert ist. Sie sind so der Schauplatz der fortwirkenden Hegemonie des Kapitals über sie. Aber der Rassismus ist eben nicht auf irgendeine simple Weise als Produkt eines ideologischen Tricks zu verstehen.

Eine solche Analyse müsste durch die der spezifischen Formen, die der Rassismus in seiner ideologischen Funktionsweise annimmt, ergänzt werden. Hier müssten wir zunächst erforschen, auf welche Weise rassistische Ideologien konstruiert und unter welchen historischen Bedingungen sie eingesetzt wurden: die Rassismen der merkantilistischen Theorie und der Sklaverei der ›beweglichen Habe‹; die der Eroberung und des Kolonialismus; des Handels und des ›Hochimperialismus‹; die des ›populären Imperialismus‹ und des sogenannten ›Post-Imperialismus‹. In jedem Fall wurde der Rassismus als eine ideologische Konfiguration in jeweils bestimmten Gesellschaftsformationen und dominanten Klassenverhältnissen rekonstruiert und umfassend umgearbeitet. Ob er für die gesamte Gesellschaftsformation die Funktion einer zementierenden Ideologie unter einer herrschenden Klasse übernahm oder in Differenz zu anderen hegemonialen Ideologien stand, muss in allen Details festgestellt werden.

Der Rassismus ist besonders mächtig und seine Wirkung auf das Alltagsbewusstsein besonders prägend, weil er in solchen ›Rasse‹-Merkmalen wie Hautfarbe, ethnische Herkunft, geografische Position etc. etwas entdeckt, was andere Ideologien erst aufbauen müssen: eine offenbar ›natürliche‹ oder universelle Basis in der Natur selbst. Aber trotz dieser offensichtlichen Begründung in biologischen Gegebenheiten hat der Rassismus, der als eine Ideologie außerhalb der Geschichte erscheint, eine Wirkung auf andere ideologische Formationen innerhalb derselben Gesellschaft, und sein Auftreten ruft eine Veränderung des gesamten ideologischen Feldes hervor, in dem er wirksam geworden ist. Er kann in dieser Weise – durch den zuvor diskutierten Mechanismus der konnotativen Verdichtung – andere ideologische Diskurse für sich nutzbar machen: so artikuliert er sich fest mit der Wir/Sie-Struktur des korporativen Klassenbewusstseins. Seine Wirkungen sind denen anderer Ideologien ähnlich: Rassismen enthistorisieren – sie übersetzen historisch spezifische Strukturen in die zeitlose Sprache der Natur; sie zerlegen die Klassen in Individuen und setzen diese disaggregierten Individuen wieder zu rekonstruierten Einheiten zusammen, großen kohärenten Gebilden, neuen ideologischen ›Subjekten‹: sie übersetzen ›Klassen‹ in ›Schwarze‹ und ›Weiße‹, ökonomische Gruppen in ›Völker‹, feste Kräfte in ›Rassen‹. Diesen Prozess der Bildung neuer ›historischer Subjekte‹ für ideologische Diskurse haben wir vorher als die Bildung neuer Anrufungsstrukturen kennengelernt. Er produziert das naturalisierte ›rassistische Subjekt‹ als den natürlichen und gegebenen Autor einer spontanen Form der rassistischen Wahrnehmung.

Der Rassismus ist nicht nur ›von außen‹ gegen die gerichtet, die er disponiert und desartikuliert (zum Schweigen bringt). Er ist auch innerhalb der dominierten Subjekte wirksam – jenen untergeordneten ethnischen Gruppen oder ›Rassen‹, die ihre Beziehung zu ihren realen Existenzbedingungen und ihr Beherrschtsein durch die herrschenden Klassen in und durch die imaginären Vorstellungen der rassistischen Anrufung erleben und die dazu gebracht werden, sich selbst als ›die Minderwertigen‹, *les autres*, zu erfahren. Und doch sind diese Prozesse selbst nie vom ideologischen Klassenkampf ausgenommen. Die rassistischen Anrufungen können selbst zu Orten und Einsätzen im ideologischen Kampf, als elementare Formen einer oppositionellen Formierung besetzt und umdefiniert werden – dort zum Beispiel, wo weißer Rassismus durch die symbolische Umkehrung der *black power* angegriffen wird. Die Ideologien des Rassismus bleiben widersprüchliche Strukturen, die zugleich als Vehikel für die Durchsetzung dominanter Ideologien und als elementare Formen von Kulturen des Widerstands dienen können. Jeder Versuch zur Beschreibung der Politiken und Ideologien des Rassismus, der diese konstanten Merkmale des Kampfs und Widerspruchs weglässt, fällt bei seinem Erklärungsversuch auf einen untauglichen Reduktionismus zurück.

Literatur

Althusser, Louis, 1968: *Für Marx*, Frankfurt/M
ders., u. Étienne Balibar, 1972: *Das Kapital lesen*, 2 Bde., München
Anderson, Perry, 1977: The antinomies of Antonio Gramsci, in: *New Left Review* 100, 5–78
Banaji, Jairus, 1977: Modes of Production in a Materialist Conception of Society, in: *Capital and Class*, 3, 1–44

Barthes, Roland, 1983: *Elemente der Semiologie*, Frankfurt/M
Beechey, Veronica, 1978: *The Ideology of Racism*, PhD thesis, Oxford, unveröff. Ms.
Bettelheim, Charles, 1969: Remarques théoriques, in: A. Emmanuel: *L'échange inégal*, Paris, 297–341
Beyhaut, Gustavo, 1965: *Süd- und Mittelamerika II. Von der Unabhängigkeit bis zur Krise der Gegenwart*, Frankfurt/M
Bradby, Barbara, 1975: The Destruction of Natural Economy, in: *Economy & Society*, Vol. 4, 127–61
Braverman, Harry, 1975: *Labour and Monopoly Capital*, New York
Carchedi, Guglielmo, 1975: On the Economic Identification of the New Middle Class, in: *Economy and Society*, 4, 1–86
Castles, Stephen, u. Godula Kosak, 1973: *Immigrant Workers and Class Structure in Western Europe*, London
Clammer, John, 1975: Economic Anthropology and the Sociology of Development, in: I. Oxaal, T. Barnett u. D. Booth (Hg.): *Beyond the Sociology of Development*, London, 208–28
Cox, Oliver C., 1970: *Caste, Class and Race*, New York
Cutler, Anthony, u. a., 1977: *Marx's Capital and Capitalism Today*, London
Davis, David B., 1969: Comparative Approach to American History: Slavery, in: E. Genovese u. L. Foner (Hg.): *Slavery in the New World. A reader in comparative history*, N. J., Prentice Hall, 60–68
ders., 1970: *The Problem of Slavery in Western Culture*, Ithaca, NY
Finley, Moses, 1969: The Idea of Slavery, in: R. Genovese u. L. Foner (Hg.): *Slavery in the New World. A reader in comparative history*. N. J., Prentice Hall, 256–61
Fogel, Robert W., u. Stanley L. Engerman, 1974: *Time on the Cross: The Economics of American Negro Slavery*, Boston-Toronto
Foster-Carter, Aidan, 1978: The Modes of Production Controversy, in: *New Left Review* 107, 47–77
Frank, André G., 1969: *Kapitalismus und Unterentwicklung in Lateinamerika*, Frankfurt/M
Furtado, Celso, 1971: Dependencia externa y teoría económica, in: *El Trimestre Económico* 38, 335–49
Genovese, Eugene, 1971: *In Red and Black*, New York
ders., 1977: Reply to Criticism, in: *Medical History Review*, Winter, New York
Gramsci, Antonio, 1975: *Quaderni del carcere*, Edizione Critica a cura di V. Gerratana, Turin
Hall, Stuart, 1974a: Marx's Notes on Method: A Reading of the ›1857 Introduction‹, *Working Papers in Cultural Studies*, Nr. 6, 132–71
ders., 1977i: Pluralism, Race, and Class in Caribbean Society, in: *Race and Class in Post-colonial Society*, hg. v. d. UNESCO, Paris, 150–82
ders., Robert Lumley u. Gregor McLennan 1977b: Politics and Ideology: Gramsci, *Working Papers in Cultural Studies*, Nr. 10, 45–76
ders., Chas Critcher, Tony Jefferson, John Clarke u. Brian Roberts, 1978b: *Policing the Crisis: ›Mugging‹, the State and Law and Order*, London
Hindess, Barry, u. Paul Hirst, 1977: *Modes of Production and Social Formation*, London
dies., 1981: *Vorkapitalistische Produktionsweisen*, Frankfurt/M-Wien (engl. 1975)
Hirst, Paul, 1976: Althusser and the Theory of Ideology, in: *Economy & Society*, Vol. 5, 385–412
Johnson, R., u. a., 1978: *a) The Problem of ›A-priorism‹, b) ›The Histories‹ in Marx*, unveröff. Ms.
Konetzke, Richard, 1965: *Süd- und Mittelamerika I. Die Indianerkulturen Altamerikas und die spanisch-portugiesische Kolonialherrschaft*, Frankfurt/M
Kuper, Leo, 1974: *Race, Class and Power*, London

Laclau, Ernest, 1977: *Politics and Ideology in Marxist Theory*, London
ders., 1981: *Politik und Ideologie im Marxismus*, West-Berlin
Lenin, Wladimir I., 1961ff: Briefe aus der Ferne, Nr. 1, in: *Werke*, Bd. 23, Berlin/DDR
McLennan, Gregor, 1976: *Some Problems In British Marxist Historiography*, CCCS, Birmingham
Meillassoux, Claude, 1972: From Production to Reproduction, in: *Economy & Society*, Vol. 1, 93–105
ders., 1974: *Imperialism as a Mode of Reproduction of Labour Power*, unveröff. Ms.
Mouffe, Chantal, 1979: Hegemony and Ideology in Gramsci, in: dies. (Hg.): *Gramsci and Marxist Theory*, London, 168–204
Myrdal, Gunnar, 1962: *An American Dilemma. The Negro Problem and Modern Democracy*, New York
O'Shea, Alan, 1978: *A Critique of Laclau's Theory of Interpellation*, CCCS, Birmingham, unveröff. Ms.
Philipps, Ulrich B., 1918: *American Negro Slavery. A Survey of Supply, Employment, and Control of Negro Labor as Determined by the Plantation Regime*, New York-London, Reprint 1969
Poulantzas, Nicos, 1974: *Politische Macht und gesellschaftliche Klassen*, Frankfurt/M
Rex, John, 1973: *Race, Colonialism and the City*, London
ders., 1978: New Nations and Ethnic Minorities, in: UNESCO: *Race and Class in Post-colonial Societies*, Paris, 11–50
Rey, Pierre-Philippe, 1971: *Colonialisme, neo-colonialisme et transition au capitalisme*, Paris
ders., 1973: *Les alliances des classes*, Paris
ders., 1975: Reflections on the Lineage Mode of Production, in: *Critique of Anthropology*, 3, 27–29
ders., u. Georges Dupré, 1973: Reflections on the Pertinence of a Theory of Exchange, in: *Economy & Society*, Vol. 2, 131–163
Schwarz, Bill, 1978: On Maurice Dobb, in: R. Johnson, G. McLennan u. B. Schwarz (Hg.), *Economy, History, Concept*, CCCS, Birmingham
Seddon, David (Hg.), 1978: *Relations of Production*, London
Terray, Emmanuel, 1972: *Marxism and Primitive Societies*, New York
Van den Berghe, Pierre L., 1965: *South Africa: A Study in Conflict*, Middletown, CT
Vann Woodward, Comer, 1957: *The Strange Career of Jim Crow*, London
Williams, Eric E., 1966: *Capitalism and Slavery*, Chapel Hill
Wolpe, Harold, 1972: Capitalism and Cheap Labour in South Africa, in: *Economy & Society*, Vol. 1, 425–56
ders., 1975: The Theory of Internal Colonialism, in: I. Oxaal, T. Barnett u. D. Booth (Hg.): *Beyond the Sociology of Development. Economy and Society in Latin America and Africa*, London, 229–52
ders., 1976: The White Working Class in South Africa, in: *Economy & Society*, Vol. 5, 197–240

aus: ders., *Rassismus und kulturelle Identität*, Schriften, Bd. 2, Argument, Hamburg 1994, online unter: www.zeitschrift-luxemburg.de/rasse-artikulation-und-gesellschaften-mit-struktureller-dominante/

3.2. Der »Klassen-Rassismus«

Étienne Balibar

Auch wenn die wissenschaftlichen Analysen des Rassismus vorzugsweise die rassistischen *Theorien* untersuchen, gehen sie doch davon aus, dass der »soziologische« Rassismus ein *populäres* Phänomen ist. Die Entwicklung des Rassismus in der Arbeiterklasse (die den sozialistischen und kommunistischen Aktivisten als etwas Widernatürliches erscheint) wird auf eine den Massen innewohnende Tendenz zurückgeführt und der institutionelle Rassismus in die Konstruktion ebendieser psychosoziologischen Kategorie »Masse« projiziert. Zu untersuchen wäre also der Prozess der Verschiebung von den Klassen zu den Massen, der diese zugleich als bevorzugtes *Subjekt* und *Objekt* erscheinen lässt.

Kann man sagen, dass eine soziale Klasse durch ihre Lage und ihre Ideologie (um nicht zu sagen ihre Identität) für rassistische Denk- und Verhaltensweisen prädestiniert ist? Diese Frage ist vor allem im Zusammenhang mit dem Aufstieg des Nazismus gestellt worden, und zwar zunächst spekulativ, dann anhand von diversen empirischen Indikatoren (Aycoberry 1979). Das Ergebnis ist völlig paradox, denn es gibt praktisch keine Klasse, die von dem Verdacht ausgenommen wird, wobei allerdings eine besondere Vorliebe für das »Kleinbürgertum« festzustellen ist. Aber dieser Begriff ist bekanntlich mehrdeutig, da er eher die Aporien einer Klassenanalyse zum Ausdruck bringt, die eine Unterteilung der Gesellschaft in sich gegenseitig ausschließende Bevölkerungsschichten annimmt. Wie bei jeder Frage, die eine politische Schuldzuweisung impliziert, möchten wir die Fragestellung umkehren: Es geht nicht darum, die Grundlage des Rassismus, der das tägliche Leben überflutet (oder der ihn tragenden Bewegung) in der Natur des Kleinbürgertums zu suchen, sondern zu verstehen, wie die Entwicklung des Rassismus auf der Basis unterschiedlicher materieller Situationen eine »kleinbürgerliche« Masse entstehen lässt. Die falsche Fragestellung der klassenmäßigen Basis des Rassismus werden wir folglich durch eine entscheidendere und komplexere Frage ersetzen, die durch die erste teilweise zugedeckt werden soll: Welches Verhältnis besteht zwischen dem Rassismus als zusätzlichem Element des Nationalismus und dem irreduktiblen Klassenkonflikt in der Gesellschaft? Wir werden uns zu fragen haben, auf welche Weise die Entwicklung des Rassismus eine Verschiebung des Rassenkonflikts bewirkt, bzw. inwiefern dieser immer schon durch ein tendenziell rassistisches gesellschaftliches Verhältnis transformiert wird; und umgekehrt, inwiefern die Tatsache, dass die nationalistische Alternative zum Klassenkampf die spezifische Form des Rassismus annimmt, als ein Indiz für ihren unversöhnlichen Charakter betrachtet werden kann. Das soll selbstverständlich nicht heißen, dass es nicht wichtig ist, in einer gegebenen Situation zu untersuchen, wie die Klassenlage (die aus den materiellen Existenz- und Arbeitsbedingungen, aber auch aus ideologischen Traditionen und praktisch-politischen Einbindungen gebildet wird) die Auswirkungen des Rassismus in der Gesellschaft determiniert: wie häufig er »in Aktion tritt«, welche Formen dies annimmt, wie die entsprechenden Diskurse geartet sind und wie groß die Anhängerschaft des militanten Rassismus ist.

Die Spuren einer konstanten Überdetermination des Rassismus durch den Klassenkampf sind in seiner Geschichte ebenso universell erkennbar wie die nationalistische Determination, und sie sind überall an die Bedeutungsinhalte seiner Phantasmen und seiner Praktiken gebunden. Das zeigt schon, dass hier eine Determination vorliegt, die konkreter und entscheidender ist als die von den Soziologen der »Modernität« so gern angeführten generellen Merkmale. Es ist sehr unzureichend, im Rassismus (oder im Begriffspaar Nationalismus-Rassismus) entweder eine paradoxe Ausdrucksform des Individualismus oder Egalitarismus zu sehen, die für die modernen Gesellschaften angeblich charakteristisch sind (nach der alten Dichotomie von »geschlossenen«, »hierarchisierten« und »offenen«, »mobilen« Gesellschaften), oder eine Abwehrreaktion gegen diesen Individualismus, die die Sehnsucht nach einer »gemeinschaftlichen« Gesellschaftsordnung zum Ausdruck bringt (vgl. Popper 1958 u. Dumont 1983). Der Individualismus existiert nur in den konkreten Formen der Warenkonkurrenz (einschließlich der Konkurrenz zwischen den Arbeitskräften), befindet sich in einem labilen Gleichgewicht mit der Assoziation der Individuen und unterliegt den Zwängen der Klassenkämpfe. Der Egalitarismus existiert nur in den widersprüchlichen Formen der politischen Demokratie (soweit sie vorhanden ist) des Wohlfahrtsstaats, der Polarisierung der Existenzbedingungen, der kulturellen Segregation, der reformistischen oder revolutionären Utopie. Es sind diese Determinationen, und nicht einfache anthropologische Strukturen, die dem Rassismus eine »ökonomische« Dimension verleihen.

Problematisch ist auf jeden Fall die *Heterogenität* der historischen Formen, die das Verhältnis von Rassismus und Klassenkampf angenommen hat. Sie reicht von der Art, wie sich der Antisemitismus zu einem verlogenen »Antikapitalismus« entwickelt hat, indem er das »jüdische Geld« zum zentralen Thema gemacht hat, bis zu der Weise, wie heute in der Kategorie Immigration das rassische Stigma mit dem Klassenhass zusammenfällt. Jede dieser Konfigurationen ist nicht weiter reduzierbar (wie die ihnen entsprechenden äußeren Bedingungen), wodurch es sich verbietet, zwischen dem Rassismus und dem Klassenkampf ein wie auch immer geartetes einfaches »Ausdrucks«-Verhältnis anzunehmen.

Die manipulative Umfunktionierung des Antisemitismus zum antikapitalistischen Köder, die im Wesentlichen zwischen 1870 und 1945 (d.h. in der wichtigsten Periode des Zusammenstoßes zwischen den europäischen bürgerlichen Staaten und dem proletarischen Internationalismus) stattfand, dient nicht nur dazu, der Revolte der Proletarier einen Sündenbock zu liefern und ihre Spaltungen auszunutzen; sie ist auch nicht nur die projektive Darstellung der Gebrechen eines abstrakten Gesellschaftssystems durch die imaginäre Personifizierung der Verantwortlichen (obwohl dieser Mechanismus für das Funktionieren des Rassismus eine wesentliche Rolle spielt).[1] Wir haben es hier mit der Verschmelzung von zwei historischen Vorstellungen zu tun, die geeignet sind, sich wechselseitig als Metapher zu dienen: einerseits die Vorstellung von der Bildung der Nationen auf Kosten der verlorenen Einheit des »christlichen Europa«, andererseits die Vorstellung von dem Konflikt zwischen der nationalen Unabhängigkeit und der Internationalisierung der kapitalistischen Wirtschaftsbeziehungen, der möglicherweise die Gefahr einer Internationalisierung der Klassenkämpfe entspricht. Daher kann der Jude, der innerhalb jeder Nation ein Ausgeschlossener ist, aber durch den Hass der Theologen ein Negativ-Zeuge für die Liebe ist, die angeblich die christlichen Völker miteinander verbindet, imaginär mit dem »kosmopolitischen Kapital« identifiziert werden, das jede nationale Unabhängigkeit bedroht, während es gleichzeitig die Spur der verlorenen Einheit reaktiviert.[2]

Ganz anders liegen die Dinge, wenn der gegen die Immigranten gerichtete Rassismus die maximale Gleichsetzung von Klassensituation und ethnischer Herkunft vornimmt (deren reale Grundlage immer die interregionale, internationale oder interkontinentale Mobilität der Arbeiterklasse gewesen ist. Bald stark, bald schwach ausgeprägt, aber stets vorhanden, ist gerade sie eines der spezifischen Merkmale der proletarischen Existenz). Er kombiniert sie mit dem Amalgam antagonistischer sozialer Funktionen: so werden die Themen der »Überschwemmung« der französischen Gesellschaft durch die Maghrebiner und der für die Arbeitslosigkeit verantwortlichen Einwanderer mit dem des Geldes der Ölscheichs verquickt, die »unsere« Unternehmen, »unsere« Miethäuser und »unsere« Sommervillen aufkaufen. Was teilweise erklärt, warum die Algerier, Tunesier oder Marokkaner generisch als »Araber« bezeichnet werden müssen (wobei nicht vergessen werden darf, dass dieser Signifikant, fürwahr ein diskursives Versatzstück, diese Themen mit denen des Terrorismus, des Islam usw. verknüpft). Aber auch andere Kon-

---

[1] Die Personifizierung des Kapitals, eines gesellschaftlichen Verhältnisses, beginnt mit der Gestalt des *Kapitalisten*. Aber diese reicht niemals aus, um den Affekt zu mobilisieren. Darum werden ihm entsprechend der Logik des »Überschusses« andere real-imaginäre Züge zugeschrieben: Umgangsformen, Vorfahren (die »zweihundert Familien«), ausländische Herkunft, geheime Strategien, rassische Verschwörung (das jüdische Projekt der »Weltherrschaft«) usw. Dass diese Personifizierung vor allem im Fall der Juden im Zusammenhang mit der Ausarbeitung des Geldfetischismus geschieht, ist offensichtlich kein Zufall.

[2] Die Dinge werden dadurch noch komplizierter, dass die verlorene Einheit des »christlichen« Europa, die mythische Vorstellung von den »Ursprüngen der Zivilisation«, in dem Augenblick in das rassistische Register aufgenommen wird, als sich genau dieses Europa anschickt, die »Welt zu zivilisieren«, d. h. sie durch eine zügellose Konkurrenz zwischen den Nationen seiner Herrschaft zu unterwerfen.

figurationen dürfen nicht vergessen werden, einschließlich derer, die sich aus einer Umwertung der Begriffe ergeben: beispielsweise das Thema der »proletarischen Nation«, das möglicherweise in den zwanziger Jahren vom japanischen Nationalismus erfunden wurde (Anderson 1983, 92f.), aber auf jeden Fall bei der Herausbildung des Nazismus eine entscheidende Rolle spielte; man kann darüber nicht einfach hinweggehen, wenn man seine heutigen Spielarten betrachtet.

Die Komplexität dieser Konfigurationen erklärt auch, warum die schlichte Idee nicht haltbar ist, dass der Rassismus gegen das »Klassenbewusstsein« *eingesetzt* wird (als müsste sich dieses naturwüchsig aus der Klassenlage ergeben, wenn es nicht durch den Rassismus erstickt, verbogen, entstellt wird); dennoch stellen wir die unerlässliche Arbeitshypothese auf, dass »Klasse« und »Rasse« die beiden antinomischen Pole einer permanenten Dialektik sind, die im Mittelpunkt der modernen Geschichtsauffassungen steht. Im Übrigen haben wir den Verdacht, dass die instrumentalistischen, konspirativen Auffassungen vom Rassismus in der Arbeiterbewegung oder bei ihren Theoretikern (man weiß, welch hoher Preis für sie gezahlt worden ist: es ist der immense Verdienst von W. Reich, dies als einer der Ersten vorausgesehen zu haben) sowie die mechanistischen Visionen, die im Rassismus die »Widerspiegelung« einer bestimmten Klassenlage sehen, auch weitgehend die Funktion haben, das Vorhandensein des Nationalismus in der Arbeiterklasse und in ihren Organisationen zu leugnen; anders ausgedrückt, den inneren Konflikt zwischen dem Nationalismus und der Klassenideologie, von der der Massenkampf gegen den Rassismus abhängt (sowie der revolutionäre Kampf gegen den Kapitalismus). Die Entwicklung dieses inneren Konflikts möchte ich kurz darstellen, indem ich einige Aspekte des »Klassen-Rassismus« beleuchte.

Mehrere Historiker, die sich mit dem Rassismus befasst haben (Poliakov, Michèle Duchet, Madeleine Rebérioux, Colette Guillaumin, E. Williams im Hinblick auf die moderne Sklaverei), haben unterstrichen, dass der moderne Rassenbegriff, soweit er in einen Diskurs der Verachtung und Diskriminierung eingebettet ist und dazu dient, die Menschheit in »Übermenschen« und »Untermenschen« zu spalten, anfangs keine nationale (oder ethnische) Bedeutung hatte, sondern eine klassenmäßige oder vielmehr (weil es darum geht, die Ungleichheit der sozialen Klassen als eine naturgegebene Ungleichheit darzustellen) eine kastenmäßige.[3] So betrachtet, hat er einen zweifachen Ursprung: einerseits die aristokratische Darstellung des Erbadels als eine

---

[3] Poliakov 1977ff.; M. Duchet, M. Rebérioux, Pré-histoire et histoire du racisme, in: *Racisme et société*, unter der Leitung von P. de Comarmond und C. Duchet, Maspéro, Paris 1969; C. Guillaumin, *L'idéologie raciste. Genèse et langage actuel*, Mouton, Paris-La Haye 1972; Caractères spécifiques de l'idéologie raciste, in: *Cahiers internationaux de sociologie*, Bd. LIII, 1972; Les ambiguités de la catégorie taxinomique ›race‹, in: L. Poliakov (Hg.), *Hommes et bêtes*. Entretiens sur le racisme (I), Mouton, Paris-La Haye 1975; E. Williams, *Capitalism and Slavery*, Chapel Hill 1944.

höhere »Rasse« (d. h. die mythische Version, durch die sich eine schon in ihrer Herrschaft bedrohte Aristokratie der Legitimität ihrer politischen Privilegien versichert und die zweifelhafte Kontinuität ihrer Genealogie idealisiert); andererseits die sklavenhafte Darstellung der Bevölkerungsschichten, die als niedere »Rassen« ins Joch gespannt werden, zur Knechtschaft geboren und keiner eigenen Kultur fähig sind.

Daher das ganze Gerede über Blut, Hautfarbe, rassische Vermischung. Erst später wurde der Rassenbegriff »ethnisiert« und fand dann Eingang in den nationalistischen Komplex, Ausgangspunkt seiner sukzessiven Metamorphosen. Daran zeigt sich deutlich, dass die rassistischen Darstellungen der Geschichte *von Anfang an* mit dem Klassenkampf verknüpft sind. Aber diese Tatsache gewinnt erst dann ihre volle Bedeutung, wenn wir untersuchen, wie sich der Rassenbegriff und der Nationalismus seit den ersten Ausformungen des »Klassen-Rassismus« entwickelt haben, wenn wir also, mit anderen Worten, seine politische Determination untersuchen.

Die Aristokratie hat sich nicht sofort in der Kategorie der »Rasse« gedacht und dargestellt: Dies ist ein Diskurs, der erst später aufkommt und, in Frankreich zum Beispiel (mit dem Mythos des »blauen Bluts« und der »fränkischen« oder »germanischen« Herkunft), eine eindeutig defensive Funktion hat; er entwickelt sich, als die absolute Monarchie den Staat auf Kosten der Feudalherren zentralisiert und damit beginnt, eine neue Verwaltungs- und Finanzaristokratie bürgerlichen Ursprungs zu »schaffen«, womit sie einen entscheidenden Schritt auf dem Weg zum Nationalstaat gemacht hat. Noch interessanter ist der Fall des klassischen Spanien, so wie er von Poliakov analysiert wird: Die Verfolgung der Juden nach der Reconquista, ein unerlässlicher Hebel für die Erhebung des Katholizismus zur Staatsreligion, ist auch ein Hinweis auf die »multinationale« Kultur, gegen die sich die Hispanisierung (oder besser: Kastilianisierung) richtet. Sie ist also eng mit diesem Prototyp des europäischen Nationalismus verbunden. Aber sie erhält eine noch ambivalentere Bedeutung, wenn sie zur Aufstellung des Kriteriums der »Reinheit des Blutes« führt (*limpieza de sangre*), das der gesamte rassistische Diskurs in Europa und den USA übernommen hat: der Verleugnung der ursprünglichen Vermischung mit Mauren und Juden entsprungen, dient die erbmäßige Definition der *raza* (Rasse) – und die Überprüfung der entsprechenden Nachweise – einem *zweifachen* Zweck: sie grenzt eine innere Aristokratie ein und verleiht dem ganzen »spanischen Volk« eine fiktive Noblesse, macht aus ihm ein »Volk von Herren« in dem Augenblick, da es durch Terror, Völkermord, Sklaverei und Zwangschristianisierung das größte aller Kolonialreiche erobert und beherrscht. Auf dieser exemplarischen Bahn verwandelt sich der Klassen-Rassismus in einen nationalistischen Rassismus, ohne deswegen zu verschwinden (Poliakov 1977, 95ff.).

Für unsere Frage aber noch entscheidender ist die Umkehrung der Werte, die in der ersten Hälfte des neunzehnten Jahrhunderts stattfindet. Der aristokratische Rassismus ist der Prototyp dessen, was die Wissenschaftler heute den »selbstbezogenen« Rassismus nennen. Er beginnt damit, dass er den Beherrscher des Diskurses selbst zu einer Rasse macht; daher die Bedeutung seiner imperialistischen Nachkommenschaft im kolonialen Kontext: Die Engländer und Franzosen begreifen sich in Indien und in Afrika als eine moderne Aristokratie, wie schäbig ihre Ausbeutungsmethoden, Interessen und Verhaltensweisen auch sein mögen. Dieser Rassismus ist indirekt bereits mit der ursprünglichen Akkumulation des Kapitals verknüpft, und wäre es auch nur durch seine Funktion in den kolonisierenden Nationen. Während die industrielle Revolution die eigentlich kapitalistischen Klassenverhältnisse schafft, bringt sie den *neuen Rassismus* der bürgerlichen Epoche hervor (der erste »Neo-Rassismus«, geschichtlich betrachtet): Dieser sieht das *Proletariat* in seinem Doppelstatus als ausgebeutete (vor den Anfängen des Sozialstaats sogar überausgebeutete) und als politisch bedrohliche Bevölkerungsschicht.

Namentlich Louis Chevalier (1984) hat das Bedeutungsnetz dieses Rassismus detailliert beschrieben. Danach würde sich der Rassenbegriff im Zusammenhang mit der »Rasse der Arbeiter« von seinen historisch-theologischen Konnotationen lösen, um in den Bereich der Äquivalenzen zwischen Soziologie, Psychologie, imaginärer Biologie und Pathologie des »gesellschaftlichen Körpers« einzugehen. Hier erkennt man die obsessiven Themen der Kriminalromane, der medizinischen und philanthropischen Literatur, der Literatur überhaupt (sie sind ein grundlegendes dramatisches Gestaltungsmittel und einer der politischen Schlüssel des sozialen »Realismus«). Zum ersten Mal verdichten sich alle typischen Aspekte der Rassisierung einer sozialen Gruppe in ein und demselben Diskurs: das materielle und geistige Elend, die Kriminalität, das Laster (Alkohol und Drogen), körperliche und moralische Merkmale, Ungepflegtheit und sexuelle Zügellosigkeit, spezifische Krankheiten, die die Menschheit mit »Entartung« bedrohen – wobei eine typische Schwankung vorhanden ist: Entweder stellen die Arbeiter selbst eine entartete Rasse dar oder ihre Präsenz, der Kontakt mit ihnen, das Arbeiterdasein sind ein Entartungsferment für die »Rasse« der Bürger, der Staatsbürger. Anhand dieser Themen baut sich die phantasmatische Gleichsetzung der »arbeitenden Klassen« und der »gefährlichen Klassen« auf. Es kommt zur Verschmelzung einer sozioökonomischen und einer anthropologisch-moralischen Kategorie, die der Untermauerung aller Varianten des soziobiologischen (und psychiatrischen) Determinismus dient, indem sie dem darwinistischen Evolutionismus, der vergleichenden Anatomie und der Massenpsychologie pseudowissenschaftliche Garantien entnimmt; aber vor allem, indem sie ihren Niederschlag in einem engmaschigen Netz von polizeilichen und anderen Einrichtungen sozialer Kontrolle findet (Netchine 1978; Murard u. Zylberman 1976).

Dieser Klassen-Rassismus ist untrennbar mit grundlegenden historischen Prozessen verbunden, die bis in unsere Tage hinein eine ungleichmäßige Entwicklung durchgemacht haben. Ich werde sie nur kurz umreißen.

Zunächst ist er mit einem für die Bildung des Nationalstaats entscheidenden politischen Problem verbunden. Die »bürgerlichen Revolutionen«, insbesondere die französische, hatten durch ihren radikalen rechtlichen Egalitarismus die Frage der *politischen Rechte der Masse* in unumkehrbarer Weise auf die Tagesordnung gesetzt. Sie bildeten den Gegenstand von eineinhalb Jahrhunderten sozialer Kämpfe. Die Idee eines *natürlichen Unterschieds* zwischen den Menschen war juristisch und moralisch widersprüchlich, wenn nicht gar undenkbar geworden. Dennoch war sie politisch so lange unerlässlich, wie die (für die bestehende soziale Ordnung, das Eigentum, die Macht der »Eliten«) »gefährlichen Klassen« durch Gewalt und Recht von der politischen »Befähigung« ausgeschlossen und in die Randbereiche des Gemeinwesens abgedrängt werden mussten: so lange also, wie es darauf ankam, ihnen die *Staatsbürgerschaft zu verweigern*, indem man zeigte (und sich selbst davon überzeugte), dass es ihnen von ihrer Veranlagung her an den Qualitäten des vollendeten bzw. des normalen Menschseins fehlte. Damit stehen sich zwei Anthropologien gegenüber (ich habe von zwei »Humanismen« gesprochen): die der Gleichheit von Geburt an und die der erblichen Ungleichheit, die es erlaubt, die sozialen Antagonismen zu renaturalisieren.

Dieser Vorgang war von Anfang an durch die nationale Ideologie überdeterminiert. Disraeli[4] (ein erstaunlicher imperialistischer Theoretiker, der die »Überlegenheit der Juden« sogar über die »höhere Rasse« der Angelsachsen postulierte) hatte das Problem in bewundernswerter Weise dahingehend zusammengefasst, dass die Staaten seiner Zeit der tendenziellen Spaltung ein und derselben Gesellschaftsformation in »zwei Nationen« ausgesetzt waren. Damit wies er den Weg, den die herrschenden Klassen gehen konnten, die mit der zunehmenden Organisiertheit der Klassenkämpfe konfrontiert waren: Zunächst galt es, die Masse der »Elenden« zu spalten (indem insbesondere der Bauernschaft und den »traditionellen« Handwerkern die Qualität der nationalen Authentizität, der Gesundheit, der Moral, der rassischen Integrität zugesprochen wurde, die genau im Widerspruch zur Pathologie der Industriearbeiter stand); sodann waren die Merkmale der »arbeitenden Klassen« insgesamt, also die Gefährlichkeit und die Erblichkeit, auf die Fremden zu übertragen, insbesondere auf die Einwanderer und die Kolonisierten; gleichzeitig verlagerte die Einführung des allgemeinen Wahlrechts die Trennung zwischen den »Bürgern« und den »Untertanen« an die Grenzen der Nationalität. Aber an diesem Prozess war immer eines festzustellen (sogar in Ländern wie Frankreich, wo es in der nationalen Bevölkerung keine institutionelle Segregation, keine ursprüngliche *Apartheid* gibt, außer wenn man den gesamten imperialen Raum betrachtet): ein charakteristisches Zurückbleiben der faktischen hinter den rechtlichen Verhältnissen, d. h. ein Weiterbestehen des »Klassen-Rassismus« gegenüber den

---

4   H. Arendt, Antisemitismus, erster Teil von *Die Ursprünge des Totalitarismus*; Poliakov 1977ff., Bd. II, 176ff.; Polanyi 1977.

unteren Klassen (und gleichzeitig eine besondere Empfindlichkeit dieser Klassen gegenüber der rassischen Stigmatisierung sowie eine extrem ambivalente Haltung gegenüber dem Rassismus). Womit wir bei einem anderen permanenten Aspekt des Klassen-Rassismus wären.

Ich meine damit etwas, was man die *institutionelle Rassisierung der manuellen Arbeit* nennen könnte. Hier ließen sich mühelos Ursprünge ausmachen, die so alt sind wie die Klassengesellschaften selbst. In dieser Hinsicht gibt es keinen nennenswerten Unterschied zwischen der Verachtung der Arbeit und des Arbeiters, wie sie von den philosophischen Eliten der griechischen Sklavenhaltergesellschaft und von einem Taylor zum Ausdruck gebracht wurde, der 1909 die natürliche Veranlagung gewisser Menschen für die ermüdenden, schmutzigen, monotonen Arbeiten beschrieb, die zwar körperliche Kraft, aber weder Intelligenz noch Initiative erfordern (der in seinem Buch *Principles of Scientific Management* dargestellte hirnlose Mensch hat paradoxerweise auch einen tief verwurzelten Hang zur »systematischen Faulenzerei«: darum braucht er einen Meister, der ihn dazu anhält, gemäß seiner Natur zu arbeiten).[5] Dennoch kommt es durch die industrielle Revolution und die Entwicklung des kapitalistischen Lohnarbeiters zu einer Verschiebung. Der Gegenstand von Verachtung und Auslöser von Angst ist nicht mehr die bloße manuelle Arbeit (bei den patriarchalischen, archaisierenden Ideologien findet im Gegenteil eine Idealisierung dieser Arbeit in Gestalt des »Handwerks« statt): es ist die *körperliche,* genauer gesagt, die *mechanisierte körperliche Arbeit,* die zu einem »Anhängsel der Maschine« geworden, also einer fast beispiellosen physischen und symbolischen Gewalt ausgesetzt ist (die bekanntlich mit den neuen Etappen der industriellen Revolution nicht verschwindet, sondern sich in »modernisierten«, »intellektualisierten« und »archaischen« Formen in zahlreichen Produktionsbereichen perpetuiert).

Dieser Prozess modifiziert den Status des menschlichen Körpers (den menschlichen Status des Körpers): Er schafft *Körper-Menschen,* deren Körper eine körperliche Maschine ist, zerstückelt und dominiert, für einzelne isolierbare Funktionen oder Gesten benutzt, in seiner Ganzheit zerstört *und* fetischisiert, in seinen »nützlichen« Organen unterentwickelt *und* überentwickelt. Aber wie jede Gewalt ist auch diese untrennbar mit Widerstand und auch mit Schuld verbunden. Die »normale« Arbeitsmenge kann erst festgestellt und dem Körper des Arbeiters abgerungen werden, wenn der Kampf ihre Grenzen festgelegt hat: die Regel ist die Überausbeutung, die tendenzielle Zerstörung des Organismus (die als »Entartung« beschrieben wird) und in jedem Fall die übermäßige Unterdrückung der geistigen Funk-

---

5   Frederic W. Taylor, *La Direction scientifique des entreprises,* Übers., Éditions Marabout; siehe die Kommentare von Robert Linhart, *Lénine, les paysans, Taylor,* Le Seuil, Paris 1976, und von Benjamin Coriat, *L'Atelier et le chronomètre,* Christian Bourgois, Paris 1979. Vgl. auch meine Untersuchung »Sur le concept de la division du travail manuel et intellectuel«, in: Jean Belkhir u. a., *L'intellectuel, l'intelligentsia et les manuels,* Anthropos, Paris 1983.

tionen der Arbeit. Ein für den Arbeiter unerträglicher Prozess, der ohne die ideologische und phantasmatische Aufbereitung durch die Herren des Arbeiters nicht »akzeptiert« wird: Dass es Körper-Menschen gibt, bedeutet, dass es auch *Menschen ohne Körper* gibt; dass die Körper-Menschen Menschen mit einem verstümmelten und zerstückelten Körper sind (und sei es auch nur durch die »Trennung« von der Intelligenz), bedeutet, dass man die Individuen beider Kategorien mit einem *Über-Körper* ausstatten muss. Sie müssen Sport treiben und eine ostentative Männlichkeit entwickeln, um der über der menschlichen Gattung schwebenden Bedrohung entgegentreten zu können.[6]

Allein diese historische Situation, diese spezifischen gesellschaftlichen Verhältnisse ermöglichen es, den Prozess der Ästhetisierung (und damit der fetischhaften Sexualisierung) des Körpers vollständig zu begreifen, die alle Varianten des modernen Rassismus charakterisiert: bald werden die »physischen Merkmale« der rassischen Unterlegenheit stigmatisiert, bald wird der »menschliche Typus« der überlegenen Rasse idealisiert. Sie beleuchten die wirkliche Bedeutung des Rückgriffs auf die Biologie, der zur Geschichte der rassistischen Theorien gehört. Dieser hat im Grunde genommen nichts mit dem Einfluss der wissenschaftlichen Entdeckungen zu tun, sondern stellt eine Metapher und eine Idealisierung des somatischen Phantasmas dar. Neben der wissenschaftlichen Biologie können auch andere theoretische Diskurse diese Funktion erfüllen, sofern sie sich mit dem sichtbaren menschlichen Körper, seiner Beschaffenheit, seinem Funktionieren, seinen Gliedern und seinen versinnbildlichten Organen befassen. Entsprechend den an anderer Stelle formulierten Hypothesen über den Neo-Rassismus und seinen Zusammenhang mit den neuen Formen der Parzellierung der geistigen Arbeit müsste das Forschungsfeld erweitert werden; zu beschreiben wäre die »Somatisierung«, also die Rassisierung der intellektuellen Fähigkeiten, der man heute von der Handhabung des IQ bis hin zur Ästhetisierung des entschlussfreudigen, intellektuellen und sportlichen »Kaders« begegnet (Balibar/Wallerstein 1990, Kap. I u. III).

Aber die Herausbildung des Klassen-Rassismus hat noch einen weiteren wichtigen Aspekt. Die Arbeiterklasse ist eine zugleich heterogene und fluktuierende Population, deren »Grenzen« per definitionem fließend sind, da

---

6 Offenbar war die »Animalität« des Sklaven ständig ein Problem, von Aristoteles und seinen Zeitgenossen bis zum modernen Menschenhandel (das bezeugt schon ihre Übersexualisierung); aber die industrielle Revolution setzt ein neues Paradoxon frei: der »tierhafte« Körper des Arbeiters ist immer weniger ein animalischer und immer mehr ein technisierter, mithin humanisierter. In den Phantasmen der Animalität kommt eher die Angst vor einer Überhumanisierung des Menschen (sie betrifft seinen Körper und seine durch die kognitiven Wissenschaften und die entsprechenden Selektions- und Ausbildungstechniken »objektivierte« Intelligenz) als vor einer Unterhumanisierung zum Ausdruck (sie sind auf jeden Fall umkehrbar). Diese Phantasmen werden mit Vorliebe auf den Arbeiter projiziert, dem sein Status als »Fremder« gleichzeitig die Attribute eines »anderen Mannes«, eines »Konkurrenten« verleiht.

sie von den fortwährenden Veränderungen des Arbeitsprozesses und des Kapitalverkehrs abhängen. Im Unterschied zu den aristokratischen Kasten oder den führenden Fraktionen der Bourgeoisie ist sie keine gesellschaftliche Kaste. Dennoch hat der Klassen-Rassismus (und erst recht der nationalistische Klassen-Rassismus, wie im Fall der Immigranten) die Tendenz, zumindest für einen Teil der Arbeiterklasse so etwas wie eine kastenmäßige Geschlossenheit zu erzeugen. Besser gesagt (oder schlimmer noch): die größtmögliche Geschlossenheit im Rahmen der »sozialen Mobilität« kombiniert mit der größtmöglichen Offenheit gegenüber dem Strom der Proletarisierung.

Drücken wir es anders aus. Die Logik der kapitalistischen Akkumulation weist in dieser Hinsicht *zwei* widersprüchliche Aspekte auf: einerseits werden die Lebens- und Arbeitsbedingungen ständig mobil gehalten und destabilisiert, um die Konkurrenz auf dem Arbeitsmarkt zu sichern, fortwährend neue Kräfte aus der »industriellen Reservearmee« zu schöpfen und eine relative Überbevölkerung aufrechtzuerhalten; andererseits werden Arbeiterkollektive über lange Zeiträume (über mehrere Generationen) stabilisiert, um sie zur Arbeit zu »erziehen« und an das Unternehmen zu »binden« (und um den Mechanismus der Entsprechung zwischen der »paternalistischen« politischen Hegemonie und dem Familienleben des Arbeiters wirksam werden zu lassen). Einerseits hat die Klassenlage, die nur an das Lohnverhältnis gebunden ist, nichts mit den früheren oder späteren Generationen zu tun; im äußersten Fall hat selbst der Begriff der »Klassenzugehörigkeit« keine praktische Bedeutung, da allein die Klassensituation *hic et nunc* zählt. Andererseits müssen die Arbeiter zu einem bestimmten Teil Arbeitersöhne sein, muss es eine gewisse *soziale Erblichkeit* geben.[7] Aber damit wächst in der Praxis auch die Widerstands- und Organisationsfähigkeit.

Aus diesen widersprüchlichen Erfordernissen sind die Bevölkerungspolitik, die Einwanderungspolitik und die Politik der städtischen Segregation hervorgegangen – allgemeiner ausgedrückt, die *anthroponomischen* Praxisformen, um einen Ausdruck von D. Bertaux (1977) zu verwenden – die vom Staat und den Unternehmern seit der Mitte des neunzehnten Jahrhunderts praktiziert worden sind. Diese haben einen paternalistischen (eng an die nationalistische Propaganda gebundenen) und einen disziplinarischen Aspekt, führen sie doch einerseits einen »sozialen Krieg« gegen die »wilden Massen« und »zivilisieren« sie andererseits genau diese Massen in jedem Sinn des Wortes, wofür der Umgang der Sozialbehörden und der Polizei mit den »Ghettos« und »Slums« die perfekte Illustration bietet. Es ist

---

7 Nicht nur im Sinne einer individuellen Verwandtschaftsreihe, sondern im Sinne einer »Bevölkerung«, die praktisch zur Endogamie neigt; nicht nur im Sinne einer Übertragung von Fertigkeiten (vermittelt durch die Lehre, die Schule, die industrielle Disziplin), sondern im Sinne einer »kollektiven Ethik«, die durch die Institutionen und die subjektiven Identifikationen geschaffen wurde. Außer den bereits angegebenen Werken vgl. de Gaudemar 1979.

kein Zufall, wenn sich der gegenwärtige rassistische Komplex am »Bevölkerungsproblem« festmacht (mit den folgenden Konnotationen: Geburtenrate, Entvölkerung und Überbevölkerung, Rassenmischung, Urbanisierung, sozialer Wohnungsbau, öffentliche Gesundheit, Arbeitslosigkeit) und sich mit Vorliebe auf die Frage der *zweiten Generation* der sogenannten unechten Einwanderer konzentriert. Bei ihr stellt sich die Frage, ob sie in die Fußstapfen der vorausgehenden Generation tritt (die eigentlichen »Arbeitsimmigranten«) – wobei das Risiko besteht, dass sie einen noch stärkeren sozialen Kampfgeist entwickelt, bei dem sich klassengebundene mit kulturellen Forderungen verbinden – oder ob sie das Heer der »Deklassierten« vergrößert, die zwischen dem Lumpenproletariat und dem »Ausstieg« aus der Arbeiterexistenz schwanken. Der herrschenden Klasse und den unteren Klassen selbst geht es darum, dass der Klassen-Rassismus dies leistet: Er hat den Bevölkerungsgruppen generische Merkmale anzuheften, die kollektiv für die kapitalistische Ausbeutung vorgesehen sind oder für sie in Reserve gehalten werden, wenn der Wirtschaftsprozess sie der direkten Kontrolle des Systems entreißt (oder durch die Massenarbeitslosigkeit die früheren Kontrollmechanismen schlicht unwirksam macht). Von Generation zu Generation muss er diejenigen »an ihrem Platz« halten, die keinen festen Platz haben und eben darum eine Genealogie brauchen. Er hat die widersprüchlichen Erfordernisse des Nomadentums und der sozialen Erblichkeit, der Domestizierung der Generationen und der Abwertung des Widerstands imaginär zu verknüpfen.

Wenn diese Feststellungen richtig sind, können sie einiges Licht auf die widersprüchlichen Aspekte dessen werfen, was ich ohne Zögern die »Selbst-Rassisierung« der Arbeiterklasse nennen werde. Hier wäre ein ganzes Spektrum von sozialen Erfahrungen und ideologischen Formen zu beleuchten, von der Organisation der Arbeiterkollektive um Symbole ethnischen oder nationalen Ursprungs bis hin zu der Art und Weise, wie ein bestimmter, an den Kriterien der *Klassenherkunft* (und folglich an der Institution der Arbeiterfamilie, die allein das »Individuum« mit seiner »Klasse« verbinden kann) und der *Überbewertung der Arbeit* (und folglich an der Männlichkeit, die nur sie verleiht) orientierter Ouvrierismus ein »Klassenbewusstsein« hervorbringt, das einen Teil der Darstellungen der »Arbeiter-Rasse« reproduziert (Noiriel 1985; Frementier 1980; Duroux 1982).

Zwar ist es richtig, dass die radikalen Formen des Ouvrierismus, zumindest in Frankreich, mehr bei den Intellektuellen und politischen Apparaten anzutreffen sind, die die Arbeiterklasse »repräsentieren« wollen (von Proudhon bis zur kommunistischen Partei) als bei den Arbeitern selbst. Dennoch entsprechen sie einer Tendenz, sich zu einem geschlossenen »Block« zu formieren, um errungene Positionen zu halten, Kampftraditionen zu wahren und die Signifikanten des Klassen-Rassismus gegen die bürgerliche Gesellschaft zu kehren. Aus diesem reaktiven Ursprung ergibt sich die Ambivalenz des Ouvrierismus: der Wunsch, der Ausbeutungssituation zu entrinnen, und die Zurückweisung der ihr entgegengebrachten Verachtung. Nirgends wird diese Ambivalenz so deutlich wie in seinem Verhältnis zum Nationalismus, zur Fremdenfeindlichkeit. In dem Maße, wie die Arbeiter den offiziellen Nationalismus praktisch zurückweisen (wenn sie es tun), deuten sie eine politische Alternative zur Pervertierung der Klassenkämpfe an. Aber in dem Maße, wie sie ihre Ängste und Ressentiments, ihre Verzweiflung und ihren Trotz auf die Fremden projizieren, bekämpfen sie nicht nur die *Konkurrenz*, wie es heißt, sondern versuchen sie, sich von ihrem eigenen ›Ausgebeutet-sein‹ zu distanzieren. Sie hassen *sich selbst* als Proletarier oder als Menschen, die in die Mühle der Proletarisierung zu geraten drohen.

So wie es eine ständige wechselseitige Determination des Nationalismus und des Rassismus gibt, gibt es eine wechselseitige Determination des »Klassen-Rassismus« und des »ethnischen Rassismus«, und *diese beiden Determinationen sind nicht unabhängig voneinander*. Jede produziert ihre Auswirkungen gewissermaßen auf dem Feld und unter dem Zwang der anderen. Haben wir unsere Anfangsfragen beantwortet, wenn wir diese Überdetermination in ihren großen Linien nachzeichnen (und wenn wir zu zeigen versuchen, wie sie die konkreten Erscheinungsformen des Rassismus und die Bildung seines theoretischen Diskurses erklärt)? Wir haben sie eher neu formuliert. Was an anderer Stelle der konstitutive Überschuss des Rassismus über den Nationalismus genannt wurde, erweist sich zugleich als das Symptom eines Mangels im Bereich des Klassenkampfes. Aber obwohl dieser Überschuss an die Tatsache gebunden ist, dass sich der Nationalismus gegen den Klassenkampf konstituiert (während er dessen Dynamik benutzt), und dieser Mangel an die Tatsache gebunden ist, dass der Klassenkampf durch den Nationalismus zurückgedrängt wird, *heben sie sich nicht auf*: sie haben vielmehr die Tendenz, sich zu ergänzen. Es macht keinen wesentlichen Unterschied, ob man annimmt, dass der Nationalismus zunächst dazu gedient hat, die Einheit des Staates und der Gesellschaft als Vorstellung zu entwickeln und praktisch zu realisieren, die dann auf die Widersprüche des Klassenkampfes stößt, oder ob er zunächst eine Reaktion auf die Hindernisse ist, die der Klassenkampf der nationalen Einheit entgegenstellt. Entscheidend ist dagegen die Feststellung, dass der Nationalismus dort zwangsläufig die Form des Rassismus annimmt, wo historisch eine irreduktible Kluft zwischen Staat und Nation besteht und wo *zugleich* fortwährend die Klassenantagonismen reaktiviert werden. Manchmal in Konkurrenz zu anderen Formen (sprachlicher Nationalismus), manchmal in Kombination mit ihnen, befindet er sich so ständig auf der Flucht nach vorn. Während der Rassismus im Bewusstsein der Menschen latent bleibt oder eine untergeordnete Rolle spielt, ist er bereits der innere Überschuss des Nationalismus, der im doppelten Sinn des Wortes seine Verknüpfung mit dem Klassenkampf verrät. Daher sein endlos reproduziertes Paradoxon: Er entwickelt eine regressive Vorstellung von einem Nationalstaat, in dem die Menschen von Natur aus »zu Hause« sind, weil sie »unter sich« sind (unter ihresgleichen), und er macht diesen

Staat unbewohnbar; er versucht, eine gegen die »äußeren« Feinde vereinte Gemeinschaft zu produzieren, indem er unablässig entdeckt, dass sich der Feind »im Inneren« befindet, indem er ihm Zeichen zuschreibt, die nur das wahnhafte Produkt der *von ihm* erzeugten Spaltungen sind. Eine solche Gesellschaft ist eine politisch entfremdete Gesellschaft im eigentlichen Sinn. Aber ringen nicht alle heutigen Gesellschaften bis zu einem gewissen Grad mit ihrer eigenen politischen Entfremdung?

Literatur

Anderson, Benedict, 1983: *Imagined Communities*, London
Aycoberry, Pierre, 1979: *La question nazie. Essai sur les interprétations du national-socialisme*, Paris
Balibar, Étienne, u. Immanuel Wallerstein, 1990: *Rasse, Klasse, Nation*, Berlin-Hamburg
Bertaux, Daniel, 1977: *Destins personnels et structures de classe*, PUF
Chevalier, Louis, 1984: *Classes laborieuses et classes dangereuses à Paris pendant la première moitié du XIXe siècle*, Le Livre de poche Pluriel, Paris
Dumont, Louis, 1983: *Essais sur l'individu. Une perspective anthropologique sur l'idéologie moderne*, Seuil
Duroux, Françoise, 1982: *La Famille des ouvriers: mythe ou politique?*, Habilitationsschrift, Universität Paris-VII
Frementier, J., 1980: *La Vie en bleu. Voyage en culture ouvrière*, Fayard
Gaudemar, Jean-Pierre de, 1979: *La Mobilisation générale*, Editions du Champ urbain, Paris
Murard, L., u. P. Zylberman, 1976: *Le Petit Travailleur infatigable ou le prolétaire régénéré. Villes-usines, habitat et intimités au XIXe siècle*, Éditions Recherches, Fontenay-sous-Bois
Netchine, G., 1978: L'individuel et le collectif dans les représentations psychologiques de la diversité des êtres humains au XIXe siècle, in: L. Poliakov, *Ni juif ni grec. Entretiens sur le racisme* (II), Mouton, Paris-La Haye
Noiriel, G., 1985: *Longwy. Immigrés et prolétaires, 1880–1980*, PUF
Polanyi, Karl, 1977: *The Great Transformation: Politische und ökonomische Ursprünge von Gesellschaften und Wirtschaftssystemen*, Frankfurt/M
Poliakov, Léon, 1977ff.: *Histoire de l'antisémitisme*, Neuauflage, Le Livre de poche Pluriel (dt.: *Geschichte des Antisemitismus*, 8 Bde., Worms)
Popper, Karl, 1958: *Die offene Gesellschaft und ihre Feinde*, 2 Bde., Bern

aus: *Étienne Balibar u. Immanuel Wallerstein, Rasse, Klasse, Nation*, Kap. 12, Argument, Berlin-Hamburg 1990, online unter: www.zeitschrift-luxemburg.de/wiedergelesen-der-klassen-rassismus/

4. Struktur, Reproduktion, Widerstand

4.1. Nicos Poulantzas: Staat als materielle Verdichtung eines Kräfteverhältnisses – die Staatsapparate

Alex Demirović

In den vorangehenden Kapiteln wurde die zentrale politische Funktion dargestellt, die nach Poulantzas der kapitalistische Staat hat: als Faktor auf die Einheit der kapitalistischen Gesellschaftsformation, auf Synchronie und homogene Räumlichkeit hinzuwirken. Diese Funktion erfüllt er gegenüber den herrschenden Klassen, indem er sie in einem Machtblock organisiert, dessen Interessen er repräsentiert; gegenüber den unterdrückten Klassen, indem er sie als Klassen desorganisiert. Alle werden in einem Volksstaat als Volk-als-Nation zusammenfasst, der damit die Einheit von staatlicher und Volkssouveränität verkörpert. Die Kompromissformeln, die gegenüber den verschiedenen Interessen, einerseits denen des Blocks an der Macht, andererseits denen der Volksklassen, gefunden werden müssen, um eine einheitliche institutionalisierte politische Herrschaft zu etablieren, konstituieren die relative Autonomie der Staatsapparate. Faktisch beruht die staatlich organisierte politische Herrschaft der Bourgeoisie und der anderen zum Machtblock gehörigen Klassen auf einem instabilen Kompromissgleichgewicht.

Der ›Staat als Kohäsionsfaktor‹ ist ein Strukturbegriff, der den Staat nicht als ein gesellschaftliches Verhältnis bestimmen kann, obwohl er wie auch der des instabilen Kompromissgleichgewichts das im Rahmen des Strukturmodells eingeschränkt leistet. In seinen Arbeiten nach *Politische Macht und gesellschaftliche Klassen* wird die Bestimmung des Staates als *gesellschaftliches* Verhältnis ausdrücklich eine der zentralen Aufgaben von Poulantzas Theoriebildung. Wie auch in den vorangegangenen Abschnitten soll in einer Art symptomalen Analyse gezeigt werden, dass ihm das trotz des expliziteren und höheren Argumentationsniveaus nur teilweise gelingt und seine Konzeption bei allen Korrekturen immer noch etatistische Implikationen hat. In der symptomalen Lektüre geht es um eine Art ›rettende Kritik‹, also die Begriffe in den verschiedenen Bedeutungsschichten so freizulegen, dass ihr ungleichzeitiger, verschiedenen Problematiken angehörender, teils begrenzter, teils weiterführender Charakter deutlich wird. Mit zahlreichen Aspekten seiner Konzeption hat Poulantzas der materialistisch-kritischen staatstheoretischen Diskussion fruchtbare Anregungen gegeben. Betont er doch, dass die Geschichte des Staates und die Geschichte der Klassenkämpfe nicht zweierlei sind, sondern eine Geschichte (2002, 154). Das Auseinanderfallen der konkreten Analyse in einerseits Strukturanalyse und andererseits Analyse der sozialen Kämpfe war und ist in der marxistischen Diskussion ein grundlegendes Problem, die doch häufig dazu neigt, die Ökonomie als eine Struktur zu begreifen, der Dauer zukommt und die Handeln, Erkenntnis und Normen determiniert. Poulantzas hat mit seiner Insistenz auf dem Problem und seiner (in dieser Hinsicht durchaus selbstkritischen) Auffassung des Staates als gesellschaftlichem Verhältnis einen wichtigen Beitrag zur Lösung dieses Dilemmas geleistet, weil damit eine ›Struktur‹ selbst als eine bestimmte Form des Klassenkampfs verstanden werden kann, also als eine soziale Beziehung, die in den sozialen Auseinandersetzungen durch das Handeln der Akteure reproduziert werden muss.

Der kapitalistische Staat ist die institutionalisierte Staatsmacht der herrschenden Klassen. Um seine globale Funktion als Kohäsions*faktor* ausüben zu können, ist er relativ autonom und fähig, die fraktionellen Gegensätze im Machtblock und Klassengegensätze gegeneinander auszuspielen und mit diversen Volksklassen oder Teilen von ihnen Kompromisse einzugehen. Der Staat ist der Staat der herrschenden Klassen, der unter ihm durch die Kämpfe des Volkes aufgezwungenen Umständen diesem gegenüber zu Kompromissen bereit ist, die seine Struktur allerdings nicht verändern. Diese ›Dialektik‹ von Struktur und Kompromiss soll im Folgenden dargestellt werden.

Den Begriff des ›instabilen Kompromissgleichgewichts‹ übernimmt Poulantzas von Gramsci, der ausführt, dass das Staatsleben selbst ein Prozess von instabilen Gleichgewichtsverhältnissen sei, die durch Kompromisse der verschiedenen Klassen, der herrschenden Gruppe (gruppo dominante oder gruppo fondamentale) und den untergeordneten, subalternen Gruppen, zustande kommen (vgl. 1974a, 188). Poulantzas radikalisiert diese Vorstellung, wenn er den Staat als gesellschaftliches Verhältnis fasst: »Wenn wir die Trennung des Politischen und Ökonomischen im Kapitalismus auch in seiner gegenwärtigen Phase als Ausgangspunkt nehmen, sollte der Staat (wie nach Marx das Kapital) als ein Verhältnis gesehen werden, oder genauer als Verdichtung eines Machtverhältnisses zwischen Klassen im Kampf.« (1976a, 97; vgl. Jessop 1985, 337f.)

Nicht nur die herrschenden Klassen stehen nicht in einem äußerlichen Verhältnis zum Staat (einem Staat als Instrument oder Subjekt), sondern auch die unterdrückten Klassen sind Bestandteil des jeweiligen Kräfteverhältnisses, das sich im oder zum Staat verdichtet. Im Weitern wird es genau auf diese beiden Wörter *im* oder *zu* ankommen, denn mit ihnen wird darüber entschieden, in welcher Weise der Staat eine Verdichtung von Kräfteverhältnissen ist. So oder so aber gilt, dass der ›Staat‹ als ein konjunkturell spezifisches Kräftegleichgewicht begriffen wird, das sich durch alle sozialen Praxen hindurchzieht und in den Oszillationen jeweils spezifischer Kämpfe transformiert und reproduziert wird. ›Staat‹ kennzeichnet also weniger eine Sache oder einen Apparat (Behörde, Parlament, Regierung etc.), als vielmehr ein spezifisch strukturiertes, materiell organisiertes Kräfteverhältnis.

Doch gibt es eine erhebliche Differenz zwischen Gramsci und Poulantzas. Eine herrschende Klasse wird für Gramsci zur herrschenden, politisch-ethischen Klasse dadurch, dass sie auf die Durchsetzung ihrer unmittelbaren, korporativen Interessen verzichtet und sich über Kompromisse zur nationalen und ›universellen‹ Klasse erhebt, die den ›nationalen Energien‹ einen politischen, staatlichen Willen gibt. Poulantzas zitiert diese Ausführungen in dem Zusammenhang, wo es um die strukturellen Kompromissmöglichkeiten des kapitalistischen Staates geht. Das Wesentliche aber, so Gramsci, sei von diesen Kompromissen nicht berührt. Poulantzas (1974a, 188ff.) versteht das so, dass die Bestandsgrenzen der politischen Macht und des Staates von den Kompromissen nicht berührt sind. Bei Gramsci hingegen ist gemeint, dass die Klasse, welche die politisch-ethische Hegemonie innehat, sie auch ökonomisch haben muss, weil sie die *Führungsgruppe* im entscheidenden Bereich der ökonomischen Tätigkeit ist. Nur als eine Führungsgruppe im ökonomischen Bereich kann die Bourgeoisie zur nationalen und staatlichen Klasse werden (vgl. Gramsci 1967, 311; Gramsci 1996, 1566f.). Doch besteht ihre Führungsfähigkeit auch in diesem Bereich gerade darin, dass sie Kompromisse eingehen und organisieren kann. Das bedeutet, dass auch die Ökonomie Teil der bürgerlichen Hegemonie ist, die in den sozialen Kämpfen reproduziert werden muss. Przeworski hat im Anschluss an Gramsci darauf hingewiesen, dass die Bourgeoisie tatsächlich die universelle Klasse der kapitalistischen Produktionsweise ist, weil ihre Entscheidungen die Bedingungen der *zukünftigen* Reproduktion des gesellschaftlichen Lebens bestimmen, sie also die Klasse ist, die durch ihr kollektives Verhalten die Zukunft und den historischen Horizont der gesellschaftlichen Entwicklung definiert (Przeworski 1980).

Die These Gramscis von der zum Staat werdenden, sich zum Staat hinaufarbeitenden Klasse führt zu der Auffassung, dass der nationale Volksstaat als solcher der Kompromiss der sozialen Kräfte einer Gesellschaftsformation ist. Zwar schreibt Poulantzas in ebendiesem Sinn: »Auch der Staat ist in seinem institutionellen Aufbau das Ergebnis des nationalen Klassenkampfprozesses, d.h. des Kampfes der Bourgeoisie gegen die Arbeiterklasse, aber auch des Kampfes der Arbeiterklasse gegen die Bourgeoisie.« (2002, 152) Doch gleich im nächsten Satz setzt er den Akzent schon wieder auf die den Kämpfen vorausgesetzte, materielle Struktur des Staates: »Der Staat ist [...] ein strategisches Feld, das durch und durch von dem darin, wenn auch deformiert eingeschriebenen Kampf und Widerstand der Arbeiter und des Volkes zerfurcht ist.« Also ein strategisches Feld, in das sich die Kämpfe einschreiben; ein institutionelles Gerüst, in das sich die Kämpfe einschreiben, weil es vor diesen existiert: »Der Staat stellt ein materielles Gerüst dar, das in keiner Weise auf die politische Herrschaft reduziert werden kann. Der Staatsapparat, dieses besondere und furchterregende Etwas, erschöpft sich nicht in der Staatsmacht. Die politische Herrschaft schreibt sich selbst noch in die institutionelle Materialität des Staates ein.« (2002, 42) Mit diesen Überlegungen will Poulantzas darauf hinweisen, dass der Staatsapparat nicht einfach ein

Instrument derer ist, die die politische Macht haben. Doch um den Instrumentalismus zu vermeiden, vertritt Poulantzas die Position, dass es einen Kernbereich des Staates gibt, der mit den sozialen Kämpfen selbst gar nicht direkt etwas zu tun hat: Der Staat ist als solcher ein strategisches Feld und ein strategischer Prozess, weil er den gesellschaftlichen Gegensätzen und Konflikten einen Ort, eine Bewegungsform für die Austragung der gesellschaftlichen Konflikte schafft. Er ist ein einheitlicher Apparat, ein hierarchisch bürokratisiertes Gerüst des kapitalistisches Staates, in das sich die Konflikte einschreiben (vgl. 2002, 168). Mit solchen Formulierungen wird ein Unterschied von Struktur und Handlung innerhalb des Staates selbst nahegelegt. Der Staat ist durch einen mehr oder weniger von den Kämpfen unberührten Kernbereich gekennzeichnet, der aus der Trennung von Ökonomie und Staat resultiert. Einmal entstanden und deswegen entstanden, stellt der Staat ein strategisches Feld für die Austragung von Klassenkämpfen und ein materielles Gerüst für die Organisation des Blocks an der Macht und seiner Kompromisse dar, bleibt aber davon selbst in seinem Kern unberührt.

Hebt Gramsci die soziale Basis des ›Staates‹ hervor, die Tatsache, dass die Bourgeoisie als gesellschaftliche Klasse bereits eine relevante Macht und nicht eine amorphe Ansammlung miteinander rivalisierender Kapitalisten ist, so betont Poulantzas hingegen die Struktur des Staates, seine Einheit und relative Autonomie gegenüber den Klassen. Er scheint zu befürchten, dass, geht man von der Konzeption des Kompromisses aus, man das Kräfteverhältnis der Klassen als ein ›Spiel‹ neutraler und frei konkurrierender Kräfte missverstehen könnte, dessen Resultante der gleichsam neutrale Staat wäre. Dass die herrschenden den ausgebeuteten Klassen ›immer schon‹ voraus sind und ihnen die Bedingungen des Kampfes diktieren können – ihnen, wie Althusser schreibt, den Klassenkampf aufzwingen –, ist Poulantzas zufolge der Tatsache geschuldet, dass die Herrschaft der Bourgeoisie aufgrund der Trennung von Ökonomie und Staat immer schon staatlich verfasst ist. Dies strukturiert die Klassenkämpfe in den kapitalistischen Gesellschaftsformationen. Aufgrund dieses strukturellen Merkmals der kapitalistischen Produktionsweise können sich die Kräfteverhältnisse von vornherein nur in den von dieser Struktur festgelegten Grenzen artikulieren. Wenn er also schreibt: »All dies bedeutet, dass die relative Autonomie des kapitalistischen Staats genau aus den widersprüchlichen Machtbeziehungen zwischen den verschiedenen gesellschaftlichen Klassen erwächst; dass sie in letzter Analyse eine ›Resultante‹ der Machtbeziehungen zwischen Klassen innerhalb einer kapitalistischen Formation ist« (1976a, 96), dann muss daran erinnert werden, dass die relative Autonomie des Staates gegenüber den Klassenkämpfen immer schon die Trennung von Staat und Ökonomie voraussetzt und sich die Kämpfe nur auf den *Grad* der relativen Autonomie auswirken. Die Frage, die sich im Anschluss an Poulantzas stellt, lautet, wie weit man theoretisch mit einer relationalen Auffassung des Staates gehen will, wenn er als gesellschaftliches Verhältnis bestimmt werden soll. Es spricht viel dafür, den Relationismus bis an den Punkt zu radikalisieren, wo der Staat insgesamt, also auch in seinem Kernbereich, als ein gesellschaftliches Verhältnis zu begreifen ist. »Das Staatsleben ist aufzufassen als ein ständiges sich Bilden und Überwinden von unstabilen Gleichgewichtszuständen.« Poulantzas (1974a, 188) zitiert diesen Satz von Gramsci (vgl. Gramsci 1967, 338; Gramsci 1996, 1561), aber er zieht nicht die entsprechenden Schlussfolgerungen, die darin bestünden, den Staat insgesamt als ein jeweiliges instabiles Kompromissgleichgewicht zu verstehen. Das hat schließlich auch für die Auffassung des Staates als materielle Verdichtung von Kräfteverhältnissen Folgen.

Um den Begriff des Staates als gesellschaftliches Verhältnis entwickeln zu können, verschiebt sich in Poulantzas' Konzeption die Bedeutung des Staatsbegriffs. Wird er in dem früheren Strukturmodell als Kohäsionsfaktor bestimmt, so in den späteren Arbeiten als materielle Verdichtung (condensation). Einerseits soll in der Folge der Selbstkritik an den etatistischen und funktionalistischen Konsequenzen des ›Staates als Kohäsionsfaktor‹ der Staat konsequenter als gesellschaftliches Verhältnis aufgefasst werden. Da die ökonomischen, politischen und ideologischen, die sozialen Kämpfe in der erweiterten Reproduktion und Transformation der Gesellschaftsformation das Primat haben (vgl. 2002, 56), dürfen sie nicht auf staatliche Politikformen reduziert und auf staatliche Macht zentriert werden (vgl. auch Buci-Glucksmann 1982, 39ff.). Die Kämpfe sind die soziale Basis des kapitalistischen Staates, der in ihnen als eine der Formen von Herrschaft, Konflikt und Kompromiss reproduziert wird und sich mit ihren Formen gleichfalls verändert. »So entsteht das Problem, eine Theorie des kapitalistischen Staates zu entwickeln, die von den Produktionsverhältnissen ausgehend durch die Struktur ihres Gegenstandes selbst seine differenzierte, vom Klassenkampf abhängige Reproduktion aufdecken kann.« (2002, 155)

Andererseits aber wendet sich Poulantzas gegen einen nominalistischen Staatsbegriff, mit dem etwa Foucault liebäugelt und aus dem zu folgen scheint, dass der ›Staat‹ eine unsinnige Abstraktion ist, der in der Realität wenig oder nichts entspricht (vgl. Veyne 1981, 20f., 29; Foucault selbst bezeichnet in seiner Vorlesung vom 1.2.1978 den Staat als eine mythifizierte Abstraktion, vgl. Foucault 2004, 163, hält aber am Begriff des Staates fest; vgl. im Anhang das Kapitel über Verdichtung und Staat). ›Staat‹ soll nach Poulantzas demgegenüber nicht als beliebige Resultante der konjunkturellen Schwankungen von Kräfteverhältnissen aufgefasst werden, da auch das Beharrungsvermögen, die Kontinuität staatlicher Institutionen und die spezifische Form der staatlichen Auswirkung auf gesellschaftliche Kämpfe analysiert werden können müssen.

> »Der Staat hat eine eigene Dichte und Widerstandskraft und reduziert sich nicht auf ein Kräfteverhältnis. Eine Veränderung des Kräfteverhältnisses zwischen Klassen hat sicherlich immer Auswirkungen innerhalb des Staates, sie überträgt sich jedoch nicht direkt und unmittelbar. Sie passt sich der Materialität der verschiedenen Apparate an und kristallisiert sich im Staat nur in gebrochener und differenzierter, den Apparaten entsprechender Form.« (2002, 162)

Beiden Aspekten des Staates, den Klassen- und sozialen Kämpfen und der materiellen Struktur, hat Poulantzas mit der schon mehrfach angesprochenen Definition des Staates zu entsprechen versucht: Der kapitalistische Staat dürfe nicht als ein in sich abgeschlossenes Wesen begriffen werden, sondern »als ein Verhältnis, genauer als die materielle Verdichtung eines Kräfteverhältnisses zwischen Klassen und Klassenfraktionen, das sich im Staat immer in spezifischer Form ausdrückt« (2002, 159).

Der Staat ist den Klassenkämpfen und sozialen Kräfteverhältnissen nicht äußerlich. Die gesellschaftliche Arbeitsteilung mit den objektiven Stellungen der Klassen und der entsprechenden spezifischen Verteilung der Agenten ist konstituiert durch die Anwesenheit der politischen Beziehungen in ihnen. Die ökonomischen Verhältnisse der gesellschaftlichen (und nicht der technischen) Arbeitsteilung sind bereits Machtbeziehungen der Klassen und stellen ein bestimmtes Kräfteverhältnis dar: »Weil die politisch-ideologischen Beziehungen von Anfang an in der Konstitution der Produktionsverhältnisse präsent sind, spielen sie bei deren Reproduktion eine wesentliche Rolle, ist der Produktions- und Ausbeutungsprozess zugleich Reproduktionsprozess der politischen und ideologischen Herrschafts- und Unterwerfungsbeziehungen.« (2002, 56)

Es handelt sich hier aber lediglich um die Verdichtung und Materialisierung der politisch-ideologischen Beziehungen in den Produktionsverhältnissen – die methodische Anforderung von Marx, die Poulantzas ja teilt, nämlich nicht die ökonomische Rolle der Überbauten zu identifizieren, sondern aus den Lebensverhältnissen deren Autonomie und Funktionsweise zu entwickeln. Das theoretisch entscheidende Problem ist demnach, den Staat selbst als *strategisches Feld* und *Verdichtung eines Kräfteverhältnisses* zu konzipieren, so dass bis ins Innerste des Aufbaus und der Entscheidungsprozeduren das Moment der Reproduktion von Klassenherrschaft und Kompromiss kenntlich wird. »Es ist also theoretisch zu erklären, wie der Klassenkampf, spezieller der politische Kampf und die politische Herrschaft, im institutionellen Gerüst des Staates eingeschrieben sind (im vorliegenden Fall die der Bourgeoisie im materiellen Gerüst des kapitalistischen Staates), und zwar so, dass die unterschiedlichen Formen und historischen Transformationen dieses Staates erklärt werden können.« (2002, 157) Hier wird ein plausibler methodischer Anspruch erhoben, der der Behauptung widerspricht, das materielle Gerüst könne nicht relational als Ergebnis von Klassenkämpfen verstanden werden. Um dem methodischen Anspruch zu entsprechen, wählt Poulantzas den Weg, den Staat im Rahmen der gesellschaftlichen Arbeitsteilung zu bestimmen und zu analysieren; doch setzt diese selbst schon die politisch-ideologischen Beziehungen voraus. Den daraus folgenden Zirkel durchbricht Poulantzas, indem er das gesamte Feld der gesellschaftlichen Arbeitsteilung als ein staatlich-politisch organisiertes Netz von Klassenkämpfen auffasst.

»Der Staat steckt von Anfang an das Kampffeld ab, das Feld der Produktionsverhältnisse mit inbegriffen, er organisiert den Markt und die Eigentumsverhältnisse, etabliert die politische Herrschaft und die politisch herrschende Klasse, er markiert und codifiziert alle Formen der gesellschaftlichen Arbeitsteilung, die gesamte gesellschaftliche Realität im Bezugsrahmen einer Klassengesellschaft.« (2002, 68) Der Staat durchdringt die gesellschaftlichen Kämpfe und Machtbeziehungen und kann, gerade weil er selbst ein strategischer Einsatz in diesen Kämpfen ist, versuchen, diesen eine spezifische Lage und ein spezifisches Gewicht zu geben. So modalisiert er die Machtbeziehungen. »Der Staat greift durch seine Aktion und seine Wirkungen in alle Machtbeziehungen ein und weist ihnen damit ihren Stellenwert in den Klassenbeziehungen zu. Der Staat konzentriert auf diese Weise heterogene Machtbeziehungen, die sich zu Relaisstationen und Stützen der (ökonomischen, politischen und ideologischen) Macht der herrschenden Klasse entwickeln.« (2002, 73)

Auch wenn der Staat den gesellschaftlichen Kämpfen immer einen bestimmten Charakter, eine bestimmte Form gibt, haben sie doch grundsätzlich das Primat, weil sie über den Staat hinausgehen. Er umfasst sie nicht, vielmehr treibt er auf dem Strom dieser Kämpfe, er ist ein Teil von ihnen, ein Einsatz, und er versucht, ihnen eine bestimmte Form, einen bestimmten Verlauf zu geben: sie sollen sich nicht gegen die Produktionsverhältnisse richten; er wirkt als träge Kraft, als Reibung, als Grenze in ihnen, er versucht darauf hinzuwirken, wann, wogegen, wie sie ausgetragen werden. »Die Volkskämpfe sind in den Staat eingeschrieben, nicht weil sie sich in ihrer Eingliederung in einen allumfassenden Moloch-Staat erschöpfen, sondern weil der Staat innerhalb der Kämpfe steht, die ihn ununterbrochen überfluten.« (2002, 172)

Für die Bewertung der sozialen Bewegungen weist dieser Gesichtspunkt auf einen wichtigen Unterschied zu anderen marxistischen Positionen hin, die die Ansicht vertreten, dass die Kämpfe, sofern sie im Staat stattfinden, schon integriert, ›kleingearbeitet‹ und durch staatliche Filtermechanismen ihrer zentralen Anliegen beraubt sind. Poulantzas zufolge – und hierin an Gramsci anschließend – gibt es keine autonomen sozialen Kämpfe vor und außerhalb des Staates. Vielmehr kann aufgrund seiner Überlegung zur grundsätzlichen Anwesenheit des Staates in den Kämpfen angenommen werden, dass sie erst durch Widersprüche und Konflikte im Machtblock freigesetzt werden und in Prozessen der Polarisierung und Abspaltung entstehen, die zur Formierung autonomer Gruppen – unter anderem mit der Identität als soziale Klasse – und Kämpfe führen, die dann auch im staatlichen Feld Transformationen bewirken können (vgl. dazu Buci-Glucksmann 1982; Hirsch, Roth 1986).

Selbstkritisch betont Poulantzas, dass seine These, der Staat und sein materielles Gerüst haben ihre Grundlage in den Produktionsverhältnissen, methodisch und sachlich noch unzureichend sei. Die entscheidende Frage, um weder in Instrumentalismus noch in Institutionalismus zu verfallen, ist für ihn: »Warum verfügt die Bourgeoisie in ihrer politischen Herrschaft über diesen sehr spezifischen Staatsapparat, den kapitalistischen Staat, den modernen Repräsentativ-Staat, diesen nationalen Volksstaat mit Klassencharakter? Woher stammt das materielle Gerüst dieses Staates?« (2002, 76; ebenso 80) In *Klassen im Kapitalismus – heute* habe er versucht zu zeigen, wie die Klassen in der kapitalistischen gesellschaftlichen Arbeitsteilung konstituiert werden. Dieses Verfahren will er auf den Gegenstandsbereich des Staates erweitern und an vier typischen Fällen veranschaulichen, wie Staat »in seiner Materialität als Apparat« sich in der kapitalistischen Arbeitsteilung konstituiert. Diese vier Beispiele sollen im Folgenden nicht im Detail dargestellt, sondern es soll nur deren Kerngedanke betont werden, dem zufolge der Staat die gesellschaftliche Arbeitsteilung zwischen den Klassen verdichtet und als ein Netz aufzufassen ist, dessen Konfigurationen die Formen und Raster der spezifischen Machtbeziehungen sind. Es kommt Poulantzas also darauf an zu betonen, dass die Struktur des Staates und die Materialität seiner Machtausübung (Monopolisierung intellektueller Arbeit, Raum, Zeit, Individuum, Körper) wesensgleich sind (vgl. 2002, 97). Für die weitere Argumentation ist das entscheidend, denn dies deutet noch einmal nachdrücklich darauf hin, dass auch das materielle Gerüst als Kernbereich in Begriffen der Machtausübung verstanden werden sollte. Allein, indem jede Vorstellung vom Staat als einer Struktur, die irgendwie unabhängig von den Kämpfen sei, zurückgewiesen wird, wird dem methodischen Desiderat entsprochen, das Spezifische des kapitalistischen Staates zu bestimmen.

a) Geistige und körperliche Arbeit

Die Grundlage für die gesellschaftliche Arbeitsteilung ist die Zusammenführung von Eigentum und Besitz auf der Seite des Kapitals, also die vollständige Besitzlosigkeit der unmittelbaren Produzenten, sowie die daraus hervorgehende Trennung der Ökonomie von spezialisierten Apparaten der Politik. Mit der Enteignung des Besitzes werden die unmittelbaren Produzenten auch ihrer intellektuellen Kompetenzen beraubt. Das Wissen steht in einer organischen Beziehung zur Macht in der Fabrik, aber mehr noch zur politischen Macht des Staates. »Der Staat verkörpert in der Gesamtheit seiner Apparate, d. h. nicht nur in seinen ideologischen, sondern auch in seinen repressiven und ökonomischen Apparaten, die geistige Arbeit in ihrer Trennung von der manuellen Arbeit.« (2002, 83) Der organisatorische Aufbau des Staates impliziert die Monopolisierung des Wissens, von dem die Volksmassen ausgeschlossen sind, seine Machtausübung wird als Resultat technisch-wissenschaftlichen Wissens verstanden. Der Staat organisiert den spezifischen Typ der modernen Wissenschaften, das Modell der apodiktischen Episteme und des Intellektuellen als Träger des Wissens. Das Wissen wird aber nicht durch Verknappung monopolisiert, sondern, wie das Beispiel der Schrift zeigt, durch die Form der Ausarbeitung, Systematisierung, Standardisierung und Verbreitung: »Der Staat verdoppelt dabei die Schrift, u. a. weil der Diskurs/die Rede des Staates verstanden und gehört werden muss. Alles geschieht so, als ob bei offener Rede und vereinheitlichter Nationalsprache das Geheimnis gegenüber den Massen und die Kristallisation der Beziehung Wissen/Macht in die Staatsschrift verlegt wird, deren Abgeschlossenheit gegenüber den Massen, die zu dieser Schrift keinen Zugang haben, genau bekannt ist. Nicht umsonst sind die Grammatik und die Orthografie vom Staat systematisiert, wenn nicht gar entdeckt, und dann zu einem Netz von Machtbeziehungen ausgebaut worden.« (2002, 87)

Zusammengefasst heißt das: Ein spezifischer Typ des die Gesellschaft durchdringenden Wissens, die Wissenschaften, die Nationalsprache, die Intellektuellen, das global den Lebensrhythmus bestimmende Muster schulisch fortschreitender Qualifikation, ist ein, wenn nicht sogar der wichtigste Aspekt des kapitalistischen Staates. Poulantzas bewegt sich hier in einer Tradition, die sowohl Webers These von der Herrschaft kraft Wissen als auch Gramscis Überlegung zu geistiger und körperlicher Arbeit, programmatische Überlegungen der III. Internationale wie maoistische Überlegungen umfasst. Bei Gramsci und Foucault findet sich aber noch ein weiterer Aspekt: Staat wird als eine reflektierte Praxis, als eine kollektive Wissenspraxis verstanden. Es sind gesellschaftliche Akteure, die in ihren alltäglichen Praktiken mit einem bestimmten Wissen den Staat organisieren oder ihn nutzen. Dieser Aspekt fehlt bei Poulantzas, weil er die Trennung von körperlicher und geistiger Arbeit nicht aus dem Blickwinkel zivilgesellschaftlicher Erzeugungsprozesse dieser Trennung, sondern aus einem Blickwinkel analysiert, aus dem der Staat schon besteht und diese Herrschaftspraxis vollzieht.

b) Individualisierung

»Dieser Staat setzt eine besondere Organisation des politischen Raums voraus, in dem sich die Ausübung der politischen Macht vollzieht. Der (zentralisierte bürokratisierte etc.) Staat etabliert diese Atomisierung und repräsentiert (der Repräsentativstaat) die Einheit dieses Körpers (die Nation/das Volk), der in formell gleichberechtigte Monaden unterteilt ist.« (2002, 90) Die kapitalistischen Produktionsverhältnisse konstituieren den formalen Rahmen räumlicher und zeitlicher Matrices mit einer »kontinuierlichen, homogenen, parzellierten Raum-Zeit«: homogene Parzellen, denen jeweils ein individualisierter Körper entspricht und eine »lineare, aufeinanderfolgende, sich wiederholende und kumulative Zeit« (2002, 91). Mit spezifischen Techniken produziert und unterwirft er sich den individualisierten Körper. Der Staat reproduziert diese Raum-Zeit-Matrix, wenn er sich als die Einheit des Volkes-als-Nation darstellt.

c) Gesetz

Das kapitalistische Recht stellt ein axiomatisiertes System abstrakter, allgemeiner und formeller Gesetze dar, die die verschiedenen Funktionen des kapitalistischen Staates verknüpfen. Gegen die geläufige These, dass das Rechtssystem die faktischen Ungleichheiten der Individuen mittels formal-abstrakter Gleichheitsprinzipien verschleiert, behauptet Poulantzas, dass es vielmehr diese Unterschiede in einer Einheit organisiert. Es zeichnet den Code vor, »in dem diese Differenzierungen eingeschrieben werden und von dem ausgehend sie existieren, ohne die politische Einheit der Gesellschaftsformation in Frage zu stellen« (2002, 116). Als formaler Kohäsionsrahmen der Agenten stellt das Gesetz ihre Einheit dar (vgl. 2002, 116, 117f.). Im Anschluss an Weber hält Poulantzas die Legalität für die entscheidende Form der Legitimität: die absolutistische Herrschaftsbeziehung Untertan–Souverän verschiebt sich zu der des Staatsbürgers, der abstrakten Regeln Folge leistet. Denn selbst der Charakter des kapitalistischen Staates ist bestimmt von dem System formaler Normen. Staat und Gesetz sind wesensgleich (vgl. 2002, 115); das kapitalistische, formalisierte Gesetz ist die notwendige Form eines gegenüber den einzelnen Fraktionen des Machtblocks autonomen Staates (vgl. 2002, 121), doch hat der Staat das Primat, da er selber die Recht setzende Instanz ist: »Illegalität und Legalität sind Bestandteil ein und derselben institutionellen Struktur« (2002, 114). Poulantzas folgt bei diesen Überlegungen durchaus einer juridischen Logik, wonach die staatlichen Macht- und Herrschaftsprozesse rechtlich verfasst und codiert sind. Allerdings wurde gerade dies von Foucault mit seinen Analysen der Machttechnologien der Disziplinarmacht und gouvernementalen Macht infrage gestellt. Die Souveränität des Staates erscheint ihm lediglich als ein Aspekt, der sich mit den beiden anderen Formen verschränkt. Die Ausübung staatlicher Macht durch Recht, aber auch die Einschränkung und Kontrolle dieser Macht mit rechtlichen Mitteln verschwindet historisch nicht, sondern verbindet sich mit den beiden anderen Machttechnologien. Das Recht kann zu einer taktisch einsetzbaren Führungstechnik werden. Solche Überlegungen finden sich auch bei Poulantzas, denn die Rolle des Gesetzes ist nur eine Form der Verdichtung und die Funktion und Stellung des Staates reicht weit über das Gesetz hinaus. Der Staat sei kein von oben nach unten einheitlich organisiertes Dispositiv mit einer gleichförmigen Verteilung der Machtzentren. Gleichwohl sei er durch ein bürokratisches Raster und einen charakteristischen Zentralismus gekennzeichnet (2002, 165). Ein weiterer Vorbehalt gegenüber den Argumenten von Foucault ist, dass dieser die Rolle des Gesetzes und des Staates unterschätze, der die legitime physische Gewalt monopolisiere (2002, 105, 109). Repression wirke nie nur negativ – wie Foucault nahelege –, sondern durch materielle Mechanismen der Angst.

d) Nation

Die mit den Produktionsverhältnissen gesetzten Raum- und Zeitmatrices sind gleichermaßen wie die Organisation des Wissens, die Individuen und das formalisierte Gesetz Elemente des staatlichen Gerüsts. Raum und Zeit werden vom Staat in der Modalität der Nation zusammengeführt: Der kapitalistische Staat konstituiert sich als undurchdringlicher, territorial genau begrenzter Nationalstaat mit homogenem Raum und vereinheitlichter Zeit, den Traditionen, dem gemeinsamen ›Schicksal eines Volkes‹: »So erscheint auch die moderne Nation als ein Produkt des Staates, denn die konstitutiven Elemente der Nation (ökonomische Einheit, Territorium und Tradition) werden durch das direkte Eingreifen des Staates in die materielle Organisation von Raum und Zeit modifiziert. Die moderne Nation fällt tendenziell mit dem Staat zusammen in dem Sinne, dass der Staat sich die Nation einverleibt und die Nation in den Staatsapparaten Gestalt annimmt, denn sie wird zur Verankerung seiner Macht in der Gesellschaft und umreißt ihre Grenzen. Der kapitalistische Staat funktioniert auf der Grundlage der Nation.« (2002, 130)

Raum: »Die Grenzen und das nationale Territorium gehen der Einigung dessen, was sie umschließen, nicht voraus, denn es gibt nicht zuerst etwas, das innen ist und danach geeint werden muss. Der kapitalistische Staat beschränkt sich nicht darauf, die nationale Einheit zu vollenden, er konstituiert sich vielmehr bei der Herstellung dieser Einheit, d. h. der Nation im modernen Sinn.« (2002, 137)

Zeit: »Der Staat einigt die Sektoren der kapitalistischen Formation auch in dem Sinne, dass er den Kode für ihre *ungleichzeitige* Entwicklung bildet.« (2002, 145; Herv. AD)

Indem der Staat Raum und Zeit usurpiert, konstituiert er sich auch als spezifische Historizität. Sie konstruiert eine Identität mit Zuschreibungen von Merkmalen der eigenen und Abgrenzungen von anderen Nationen, die nationalstaatliche Zugehörigkeit wird als Staatsbürgerschaft und mit der Unterscheidung von In- und Ausländern, mit einem Identitätsnachweis, einer amtlichen Biografie und bestimmten Rechten und Pflichten (Spracherwerb, Kleiderordnung, ein Verhaltenskodex für Religionsgruppen, Wohnverhalten) fixiert. Die nationale historische Tradition ist die Geschichte der Sieger, die die Traditionen der Volksklassen absorbiert und vereinheitlicht, ihre Kämpfe verdrängt und vergisst sowie die regionalen Lebensformen und Unterschiede einebnet oder neu produziert. »Dieser Staat verwirklicht Individualisierungs- und Einigungsmaßnahmen und konstituiert Volk und Nation auch in dem Sinne, dass er ihre historische Orientierung repräsentiert, ihm sein Ziel zuweist und das vorzeichnet, was zu einem Weg wird. In dieser gerichteten Historizität ohne Ende repräsentiert der Staat eine Ewigkeit, die er durch Selbstzeugung produziert.« (2002, 145f.) Setzt der Staat also eine historische Zeit mit einem Ursprung des Volkes, der Gründung des Staates und einer gemeinsamen Zukunft, so organisiert er auch den Alltag von Raum und Zeit, die Gliederung, Homogenisierung und Durchdringung des gesamten staatlichen Raums, die Vereinheitlichung der Zeit im Sinne einer standardisierten täglichen Zeiteinteilung (Uhrzeit, Sommer- und Winterzeit, Wochenablauf mit Arbeits- und Ruhetagen). Mit diesen Überlegungen macht Poulantzas einmal mehr deutlich, dass er den Staat als Nationalstaat für den Ort der Verdichtung von gesellschaftlichen Kräfteverhältnissen hält. Doch es wird auch deutlich, dass das Nationale ein Element, eine Modalität des kapitalistischen Staates ist. Das ist bedeutsam, weil damit angedeutet wird, dass der kapitalistische Staat nicht gleichzusetzen ist mit dem Nationalstaat, sondern darüber hinausgeht und selbst das Nationale eines seiner Elemente ist, das von strategischen Kräfteverhältnissen in der Entwicklung des kapitalistischen Staates abhängt.

Diese kurze Darstellung der vier Fälle von materieller Verdichtung zeigt, dass Poulantzas den Staatsbegriff gegenüber der traditionellen marxistischen Vorstellung vom Staat (von Gramsci einmal abgesehen) sehr weit ausdehnt. Mit einer solchen Ausdehnung erweitert sich allein auf der konzeptuellen Ebene bereits der Bereich der staatlichen Souveränität und Definitionsgewalt des Staates. Der frühere Begriff des Staates als Strukturebene der kapitalistischen Produktionsweise wird in der Weise modifiziert, dass der Staat jetzt aus einer Reihe von gesellschaftlichen Verhältnissen besteht: Wissen, Individualität, Gesetz, Geschichte, Zeit, Territorium, Sprache – all das sind staatlich konstituierte Formen des gesellschaftlichen Lebens. Zugespitzt ließe sich sagen, dass der Staat ein gesellschaftliches Verhältnis ist, weil alle (viele) gesellschaftlichen Verhältnisse ihrerseits schon Staat sind, sie also, auf einer nationalstaatlichen Matrix aufruhend und von der staatlichen Macht codiert, eine staatliche Form haben. Der Staat ist in einem gewissen Maß koextensiv mit der gesellschaftlichen Arbeitsteilung und den Produktionsverhältnissen, gleichzeitig aber insofern autonom, als er jeweils die von den Produktionsverhältnissen freigesetzten gesellschaftlichen Momente konzentriert und verkörpert.

Wenn die kapitalistischen Produktionsverhältnisse mit der ihnen eigenen gesellschaftlichen Arbeitsteilung, in die der Staat konstitutiv involviert ist, den Staat als gesellschaftliches Verhältnis ›frei‹setzen und die Verhältnisse der bürgerlichen Gesellschaft direkt staatliche Verhältnisse sind, dann betrifft die Frage, wie der Staat als materielle Verdichtung von Kräfteverhältnissen aufzufassen sei, eigentlich nur Kräfteverhältnisse, die eben immer schon eine staatliche Form haben. Poulantzas müsste dann nur noch klären, wie sich die immer schon politisch-staatlichen Verhältnisse in den Staatsapparaten verdichten. Alle Widersprüche, sofern sie nicht unmittelbar ökonomischer Natur sind und die Produktionsverhältnisse betreffen, wären demnach staatsinterne Widersprüche. Der Staat wäre ein gesellschaftliches Verhältnis insofern, als er die Individualisierung, die räumliche und zeitliche Strukturierung, die Organisation des Wissens, die Befriedung im Rahmen einer spezifischen Gewaltförmigkeit und die regelnde Funktion der Gesetze umfasst. Die staatlichen Verhältnisse stellen immer ein Kräfteverhältnis dar, weil sie sich auf der Basis des Ausschlusses der Volksklassen etablieren. Diese Kräfteverhältnisse materialisieren sich in den Staatsapparaten, weil, so eine zentrale These von Poulantzas im Anschluss an Althusser, jede gesellschaftliche Macht nur materialisiert in Apparaten (und nicht nur in Staatsapparaten) existiert, dementsprechend politische Macht also nur im Staat, dem »zentralen Ort der Ausübung der politischen Macht« (2002, 74; vgl. auch 1973a, 329). Die Staatsapparate sind also mit den gesellschaftlich-politischen Verhältnissen wesensgleich – sie sind die materielle Form dieser staatlichen Doppelbewegung von Organisation der Herrschenden und Ausschluss der Massen sowie deren Zusammenfassung als nationalstaatlich verfasstes Volk.

Die Beziehung zwischen Machtblock und Staatsapparaten hatte Poulantzas in seinen früheren Arbeiten als Entsprechung bestimmt. Es hieß dort, dass sich die Machtbeziehungen und Kräfteverhältnisse in diesen Apparaten materialisieren, kristallisieren und konzentrieren. Dabei wurde nicht klar, wie der kapitalistische Staat – außer in sehr allgemeinen Begriffen der Organisation des Machtblocks und der Vereinzelung – überhaupt zu den Politiken kommt, die den jeweiligen Interessen der Bourgeoisie entsprechen. Wie soll es zu dieser Entsprechung kommen? Dies führt zu der Frage, in welcher Weise auch die Staatsapparate in ihrer Materialität konjunkturell als gesellschaftliches Verhältnis bestimmt sind, in dem die Bourgeoisie ihre Interessen als herrschende Klasse organisiert. Mit seinen Überlegungen zur Einbindung des Staates in die gesellschaftliche Arbeitsteilung hat Poulantzas ein gesellschaftliches Immanenzfeld konstruiert, in dem Staat und Kräfteverhältnisse sich nicht mehr äußerlich sind. Der Machtblock und die politischen Klassenverhältnisse existieren nur in den Staatsapparaten – sie sind in den Apparaten unmittelbar präsent und führen nicht irgendwo eine selbständige, ›metaphysische‹ Existenz (vgl. 2002, 162, 165). Und dennoch gehen sie nicht in ihnen auf, weil unter gesellschaftlichen Bedingungen der Ausbeutung immer Kämpfe gegen diese stattfinden. Aber auch diese Kämpfe sind ein Machtverhältnis und existieren nur in Apparaten, den ökonomischen Apparaten der Betriebe.

Die paradoxe Figur, dass die Machtbeziehungen nur in Apparaten existieren und doch gleichzeitig nicht in ihnen aufgehen können sollen, hat Poulantzas mit dem Modell der strukturalen Kausalität und den mit ihm zusammenhängenden Begriffen der *Verdichtung* und *Verschiebung* zu lösen versucht. Der Begriff der materiellen Verdichtung gibt eine immanenztheoretische Erklärung dafür, wie der Staat zu konkreten Politiken zugunsten der Bourgeoisie kommt. Dieses Begriffspaar ist aus der Psychoanalyse übernommen, vor allem in der Version, wie sie von Lacan ausgearbeitet wurde (vgl. Althusser 1968, 58f.; Laclau 1981, 83; vgl. auch unten Kap. III). Ausgangspunkt zur Bestimmung der Verschiebung ist die »ökonomische Hypothese einer Besetzungsenergie, die sich von den Vorstellungen lösen und den Assoziationswegen entlang gleiten kann« (Laplanche, Pontalis 1975, 603). Diese Energie kann in dieser Assoziationskette eine andere, ursprünglich wenig intensive Vorstellung aufladen. Die Verdichtung bezeichnet eine Vorstellung, die »für sich allein mehrere Assoziationsketten, an deren Kreuzungspunkten sie sich befindet, [vertritt; A.D.]. Ökonomisch gesehen ist sie also mit Energien besetzt, die, an diese verschiedenen Ketten gebunden, sich in ihr anhäufen […] Die Verdichtung darf jedoch nicht mit einer Zusammenfassung gleichgestellt werden: Wenn jedes manifeste Element durch mehrere latente Bedeutungen determiniert ist, so kann umgekehrt jede dieser Bedeutungen sich in mehreren Elementen wiederfinden; andererseits gibt es keinen gemeinsamen Bezugspunkt für das manifeste Element und jede seiner Bedeutungen, die es repräsentiert: es fasst sie folglich nicht zusammen, wie das ein Begriff tun würde.« (Ebd., 580f.; vgl. ausführlich auch den Aufsatz über Verdichtung im Anhang)

In den Kontext der Staatstheorie von Poulantzas übertragen bedeutet das, dass die Kräfteverhältnisse, die sich auf dem Terrain des Staates befinden und in den Staatsapparaten materialisiert sind, sich fortwährend verschieben und in immer neuen Konstellationen verdichten. Damit verschiebt sich gleichzeitig die ›energetische‹, politische Aufladung einzelner Staatsapparate und verändert sich augenblicklich deren Status in der Gesamtkonstellation der Staatsapparate. Es ›repräsentiert‹ also nicht jeder einzelne Staatsapparat eine bestimmte Fraktion des Machtblocks, sondern ist immer der Kreuzungspunkt des Verhältnisses mehrerer Fraktionen und verdichtet es in seiner Struktur, Organisation und in seinen Politiken. (Wobei Verdichtung, das muss noch einmal betont werden, nicht etwa eine Zusammenfassung, Konzentration etc. bedeutet, sondern die Aufladung eines einzelnen sozialen Interesses mit anderen, so dass es als einzelnes umfassender wird als die anderen zusammengenommen und sie repräsentiert: der Teil wird größer als das Ganze.) Entscheidend für eine spezifische Konjunktur ist also die Konstellation der Staatsapparate zueinander oder genauer, ihre Artikulation. Zwar macht der Begriff der Artikulation deutlich, dass die Staatsapparate und ihre jeweilige Funktionsweise nicht auf die Interessen einer Klasse reduziert werden dürfen, sondern vielmehr erst die Entfaltung von Interessen und Kompromissen organisieren. Aber er hat auch zu der missverständlichen Annahme geführt, dass die Elemente jeweils linear, wie auf einer Schnur, miteinander verknüpft würden und nur nach jeweils verschiedener Organisation auch jeweils andere Effekte produzierten (ein solches Missverständnis findet sich vor allem bei Laclau 1981, 149ff.). In der Logik von Verschiebung und Verdichtung liegt es, dass die Apparate ineinander übergehen, sektoral verschmelzen, sich überlagern, sich auflösen oder ganz bedeutungslos weiterexistieren. Konflikte dieser Art werden nicht nur informell, sondern auch ganz offiziell ausgetragen: Zuschnitt der Kompetenzen zwischen zentraler Regierung, föderalen Einheiten, Kommunen und politisch-rechtlich nicht verfassten regionalen Wachstumszonen; Festlegung von Ministerien und deren Kompetenzbereichen sowie die Zuordnung von Abteilungen und Referaten; Schaffung neuer staatlicher Einrichtungen wie Bundesämter oder Polizeieinheiten.

Der Staat, der sich nach ›außen‹ – und dieses Außen befindet sich in der Gestalt der Staatsbürger immer auf dem Terrain des Staates – als Ausschluss der Volksklassen konstituiert, kristallisiert die Machtverhältnisse des Machtblocks nach ›innen‹ durch »die konkrete Artikulation der Organe des repressiven Staatsapparats und der ideologischen Staatsapparate in den speziellen Beziehungen, die sie mit den verschiedenen herrschenden Klassen und Fraktionen unterhalten« (1975, 86f.; korr. Übers.). Die Unterscheidung der Staatsapparate in einen repressiven (RSA) und in ideologische (ISA) ist wichtig für die Form, in der die antagonistischen und widersprüchlichen Klassen im gesellschaftlichen Verhältnis Staat organisiert sind und sich die Kräfteverhältnisse in verdichteter Form materialisieren.

Poulantzas hat diese auf Althusser (1977) zurückgehende Unterscheidung (die vage assoziiert werden kann mit Gramscis Unterscheidung von società politica und società civile) immer eher vorsichtig und skeptisch verwandt. Die theoretisch entscheidende Intuition, die sich mit dieser Unterscheidung verbindet, ist, dass zur staatlichen Sphäre auch Hegemonieapparate gehören, die aufgrund der Definitionsgewalt des Staates normalerweise als ›private‹ gelten: also Familie, Medien, Kirchen, Bildungsinstitutionen, Kultur, Verbände, Gewerkschaften, Parteien (vgl. dazu Althusser 1977, 119f.). Der bürgerliche Staat reduziert sich nicht auf Gewalt, sondern materialisiert in speziellen Apparaten auch die herrschenden Ideologien. Dabei dürfen die Apparate nicht, so Poulantzas' Kritik an Althusser, wesenslogisch auf die Funktion von Repression oder Ideologie festgeschrieben werden. Alle Staatsapparate beinhalten in ihrer Funktionsweise repressive und ideologische Elemente, und insgesamt ist der repressive Aspekt in allen Apparaten sogar »determinierend« (2002, 109). Bei der Unterscheidung von repressiver und ideologischer Funktion geht es aber vor allem um den Hauptaspekt, auf dessen Grundlage die Staatsapparate tätig sind; dieser kann sich nämlich so weit verschieben, dass z. B. das Militär zum ISA wird (vgl. 2002, 63). Gleichfalls für falsch hält Poulantzas die Begrenzung der Staatsfunktionen auf repressive und ideologische. Schon in *Politische Macht und gesellschaftliche Klassen* hat er ausgeführt, dass die *politische* Funktion die zentrale Bestimmung des kapitalistischen Staates sei, also die Organisation realer Kompromisse zwischen den Klassen, dass er zu diesem Zweck aber auch ökonomische Funktionen zu erfüllen habe. Wie diese nun in der Unterscheidung von RSA und ISA unterzubringen sind, scheint ihm wohl selbst eher unklar zu sein (vgl. 1975, 87f.). Einerseits nehmen RSA und ISA die staatlich-ökonomischen Aufgaben wahr; andererseits ist die Bezeichnung ökonomischer Apparat ausdrücklich den Produktionseinheiten, den ›Betrieben‹, vorbehalten, in denen sich »die Beziehung zwischen den gesellschaftlichen Produktionsverhältnissen und den gesellschaftlichen politischen und den gesellschaftlichen ideologischen Verhältnissen kristallisiert« (1973a, 325).

Da aber, wie oben gezeigt wurde, Poulantzas davon ausgeht, dass der Staat in der Konstitution der kapitalistischen Produktionsverhältnisse präsent ist, er »in den Kern der Reproduktion des Kapitals interveniert« und selbst direkt Reales »schafft, verändert, produziert« (2002, 60), kann er doch schlussfolgern, dass die ökonomischen Funktionen von einem besonderen »ökonomischen Staatsapparat« (2002, 63) ausgeübt werden. Mit diesem Begriff verbindet sich auch eine veränderte Einschätzung der Machtverhältnisse im Innern des Staates. Der ökonomische Staatsapparat ist »jenes staatliche Netz, in dem sich die Macht der hegemonialen Fraktion der Bourgeoisie par excellence konzentriert« (2002, 63). In früheren Analysen bildete hingegen der repressive Staatsapparat den Kern des Staates und besaß »im Allgemeinen die hegemoniale Klasse oder Klassenfraktion die Macht in diesem Apparat« (1973a, 330).

Eine Zwischenbemerkung zum Begriff des ›ökonomischen Staatsapparats‹ (auf den auch in Kap. 5 noch zurückzukommen sein wird): Er kann als eine Konsequenz des ISA-Ansatzes betrachtet werden, die Kritiker dieser Konzeption für unvermeidlich gehalten haben. Verblüffend ist, dass gerade Poulantzas trotz seiner in immer stärkerem Maße ablehnenden Kritik am Modell des ISA diese Konsequenz zog. Der entscheidende Einwand der Kritiker richtet sich gegen die Einebnung des Unterschieds von Staat und Gesellschaft durch die Annahme Althussers, die binäre Opposition von ›privat‹ und ›öffentlich‹ sei selbst vom Staat gesetzt (so auch Poulantzas 2002, 99f.), weil damit alle gesellschaftlichen Verhältnisse auf Staatsapparate reduziert werden. In der Logik des Arguments läge es, so Anderson, dass auch die ökonomischen Verhältnisse für staatliche gehalten werden. Es könnten auf diese Weise die Formen der Diktatur nicht von parlamentarisch-demokratischen Formen bürgerlicher Herrschaft unterschieden werden, weil Letztere bereits unter quasi totalitaristischen Gesichtspunkten analysiert würden (vgl. Anderson 1979, 49ff.; Priester 1981, 60f. und die Diskussion über die Bedeutung von Althussers Begriff des ISA für eine Konzeption des erweiterten Staates in der italienischen Linken in Altvater/Kallscheuer 1979). Gegen die Kritik kann wiederum eingewendet werden, dass sie das Problem umgeht, das Poulantzas wichtig ist. Es ist ein Aspekt der Konstitution des kapitalistischen Staates, dass eine Grenze zwischen ›privat‹ und ›öffentlich‹ vom Staat festgelegt wird, der im Prinzip keine grundsätzliche Schranke für seine Tätigkeit kennt (vgl. 2002, 98f.). Zudem macht sich die staatliche Wirksamkeit in der inneren Ambivalenz des Privaten selbst bemerkbar: einerseits ist es repressiv und isolierend; andererseits entlastet es von gesellschaftlichen Verpflichtungen und sichert individuelle ›Spielräume‹. Gerade damit entstehen um die Grenzlinie zwischen Privatem und Öffentlichem und die Vieldeutigkeiten der dadurch abgegrenzten gesellschaftlichen Bereiche ständig soziale Konflikte. So werden Fragen danach gestellt, ob die Gewalt gegenüber Frauen in der Familie, das Kommando über die Arbeit, die Entscheidungen über Produktions-, Energie- oder Verkehrstechnologien nur Privatangelegenheit der Unternehmen sind oder nicht auch von öffentlichem Interesse? Doch stellt sich auch die Frage, ob es nicht einen Schutz des Privaten vor öffentlicher Neugierde geben muss und wer wann ein solches Recht auf Privatheit hat. Gegenüber dem Privaten, das mit staatlicher Definitionsgewalt als bloß partikular abgewertet werden kann, kann sich der Staat als Vertreter des Allgemeinen darstellen. Aus dem Blickwinkel einer emanzipatorischen Politik beinhalten aber die gesellschaftlichen Verhältnisse selbst verschiedene Tendenzen der Allgemeinheit: Allgemeinheit wird in allererster Linie durch die gesellschaftliche Arbeitsteilung selbst geschaffen, nämlich die Verteilung von kooperativen Aufgaben auf viele Gruppen und Individuen zur Erzeugung des gemeinsamen Lebens, bestimmte Technologien, Wissen oder geschlechtliche Muster. In emanzipatorischer Hinsicht kann der Staat selbst auch als partikularistisch verstanden werden, denn er ist ja nicht dezisionistisch aus dem Nichts begründet, wie z. B. Carl Schmitt (1934) behauptet, sondern ist ein gesellschaftlicher Kompromiss, der auch intern von dem Widerspruch zwischen Partikularismus und Allgemeinheit gezeichnet ist. Den konkreten sozialen Konflikten um diese Grenzlinie von öffentlich und privat, von allgemein und partikular widmet Poulantzas keine Aufmerksamkeit, obwohl sie für seine weitere Frage nach der Entwicklung der Demokratie von großer Bedeutung wären. Dies mag tatsächlich damit zu tun haben, dass er soziale Bewegungen auf Klassen reduziert. Doch finden auch die konkreten Infragestellungen der Grenzlinie zwischen der wirtschaftlichen Privatsphäre der Unternehmen und dem Staat, wie sie mit Betriebsbesetzungen, Selbstverwaltungsprojekten und Formen der Unternehmensdemokratie in den 1970er Jahren vielfach zu beobachten waren, allenfalls Erwähnung, werden jedoch nicht systematisch einbezogen.

Der RSA ist, obwohl funktional aufgegliedert in Polizei, Armee, Verwaltung und Justiz, nur ein einziger Apparat, weil er sehr stark vereinheitlicht ist; er ist der Kern des Staates, in dem die hegemoniale Klasse ihren Sitz hat, und garantiert deswegen die Einheit des Staates insgesamt. Die ISA hingegen haben eine relative Autonomie, die die Einheit des Staates nicht bedroht, gleichzeitig aber die staatliche Organisation der widersprüchlichen Interessen der verschiedenen nicht-hegemonialen Klassen und Klassenfraktionen erlaubt oder es möglich macht, die Unterstützung von Klassen zu gewinnen und Widersprüche der Volksklassen aufzufangen. Die ISA »stellen in der Tat die Apparate dar, in denen sich am ehesten in durchaus wirksamer Weise die Macht von Klassen und Klassenfraktionen konzentrieren kann, die in keiner Weise die Hegemonie innehaben. Sie sind somit das bevorzugte Refugium und die Beute par excellence dieser Klassen und Klassenfraktionen. Die Macht in diesen Apparaten kann sogar bei Klassen und Klassenfraktionen liegen, die mit der hegemonialen Klasse nicht einmal verbündet sind, sondern in radikalem Kampf gegen sie stehen [...] Schließlich – und vor allem – betrifft der Kampf der Volksmassen diese ideologischen Apparate nicht nur unmittelbar, was ganz evident ist, sondern beeinflusst häufig in ganz entschiedener Weise bestimmte dieser Apparate, vor allem diejenigen, die speziell für die Volksmassen bestimmt sind: Gewerkschaften, Parteien sozialdemokratischen Typs usw.« (1973a, 330)

Der Staat ist »Kristallisationspunkt eines Kräfteverhältnisses« (1977a, 83) und »strategisches Feld und strategischer Prozess« (2002, 167). Er ist konstitutiv gespalten. Seine Apparate sind jeweils, als überdeterminierte Sitze einzelner Fraktionen, deren Parteien: »Sämtliche Zweige oder Apparate bzw.

Teilbereiche des Staates (denn unter ihrer zentralisierten Einheit sind sie oft gespalten und skotomisiert) sind zumeist Sitz der Macht und spezielle Vertretung irgendeiner Fraktion des Blocks an der Macht oder eines konfliktuellen Bündnisses dieser Fraktionen gegen andere. Sie konzentrieren oder kristallisieren also in sich dieses oder jenes Interesse oder den Zusammenschluss von Sonderinteressen.« (2002, 164)

Wenn der Staat derart von Widersprüchen durchzogen ist, sich aus einer Vielzahl von Apparaten zusammensetzt, in denen jeweils besondere Kräftekonstellationen organisiert sind und Konflikte zwischen verschiedenen Fraktionen des Machtblocks ausgetragen werden, dann stellt sich die Frage nach der Einheit des Staates und der Einheit seiner Politik. Mit dem Begriff der Verdichtung wurde erklärt, wie der Staat ein Immanenzfeld von Kräfteverhältnissen in der gesellschaftlichen Arbeitsteilung konstituiert, auf dem die Interessen zugunsten der Bourgeoisie materiell in den Apparaten verdichtet werden. Die Einheit des Staates stellt ein prekäres Gleichgewicht dar, das sich nur in einem Prozess von Widersprüchen herstellen kann. Die Einheit der Staatsmacht konstituiert sich nämlich, »den Klassenwidersprüchen entsprechend, auf komplexe Weise und durch eine ganze Kette von Unterordnungen bestimmter Apparate unter andere, die par excellence die Macht der hegemonialen Fraktion verdichten; durch Unterdeterminierungen, Kurzschließungen und Verdoppelungen gewisser Apparate durch andere: durch Verschiebungen von ›Funktionen‹ der Apparate untereinander und Versetzungen zwischen realer Macht und formaler Macht; durch wechselseitige Übergänge von Apparaten des Bereichs der ideologischen Apparate in den Bereich des repressiven Apparats und umgekehrt, schließlich durch Risse im Inneren jedes Apparates« (1975, 144f.).

Eine globale staatliche Politik bildet sich nur in den widersprüchlichen innerstaatlichen Aushandlungsprozessen, in denen die verschiedenen Staatsapparate als Parteiungen gewonnen und koordiniert sowie die Risse im Machtblock gekittet oder strategisch ausgenutzt werden müssen. Im Strukturmodell des Staates ergab sich die Einheit des Staates aus der Pluralität der herrschenden Klassen und Fraktionen, die den Staat als relativ autonomen Ordnungsfaktor ihrer politischen Einheit benötigen. Die Einheit, unter der Schirmherrschaft der hegemonialen Klassen hergestellt, entspricht dann auch genau den spezifischen Interessen dieser Klassen (vgl. 1974a, 300). Aber der Staat ist hier als strukturierende Ebene der Einheitsbildung vorausgesetzt. Im verdichtungstheoretischen Ansatz der Staatstheorie wird der Prozess im Prinzip offener begriffen, der Staat ist die materielle Verdichtung der Kräfteverhältnisse. Also müsste sich die Einheit aus den Konflikten im Machtblock und aus den Verdichtungen ergeben. Doch Poulantzas schränkt das ein: Die Staatsmacht drücke sich in der globalen Politik des Staates zugunsten der hegemonialen Klassenfraktion aus. Diese globale Politik »entsteht jedoch nicht aus dem kohärenten Willen der Träger« einer solchen Fraktion und ihrem Zugriff auf den Staat, vielmehr ist die zentralisierte Einheit in das »hierarchisch bürokratisierte Gerüst des kapitalistischen Staates eingeschrieben« (2002, 168). Poulantzas spricht weiterhin von der Struktur des Staates, konkreter von dem materiellen Gerüst dieser Staatsapparate. Dieses Gerüst folgt aus der Trennung von der Ökonomie und sichert diese Einheit der Politik. »Die Etablierung der staatlichen Politik muss als Resultante der in die Struktur des Staates (Staat als Verhältnis) selbst eingeschriebenen Klassenwidersprüche verstanden werden […] Die Klassenwidersprüche konstituieren den Staat: Sie liegen in seinem materiellen Gerüst und bauen so seine Organisation auf.« (2002, 163f.) Das Spiel der Widersprüche findet innerhalb der Materialität des Staates statt. Als konkrete Mechanismen der Politikbildung, die sich aus den Kräfteverhältnissen der Fraktionen in den jeweiligen Staatsapparaten und ihrem Verhältnis zueinander, ihrer Artikulation ergeben, zählt Poulantzas auf: die in der Materialität eines Apparats eingelassene strukturelle Selektivität von politischen Maßnahmen; Prozesse systematischer Nichtentscheidung, Prioritätenmuster, die entsprechend der Materialität eines Staatsapparat in seinen organisatorischen Aufbau eingelassen sind; die besonderen Muster der Auswahl von Maßnahmen oder Modalitäten der Ausführung; schließlich ein systemischer Opportunismus, der sich in punktuellen oder kompensatorischen bemerkbar macht (vgl. 2002, 165f.).

Die internen Widersprüche des Machtblocks, die Verschiebungen und Verdichtungen der Staatsapparate aber hängen nicht nur von den Widersprüchen der einzelnen (und nicht immer kapitalistischen) Klassen und Klassenfraktionen des Machtblocks zu den von ihnen ausgebeuteten Klassen ab, sondern weiter davon, in welcher Form diese Widersprüche von dem Hauptwiderspruch zwischen Bourgeoisie und Arbeiterklasse überdeterminiert werden. Die Artikulation der Staatsapparate markiert die konkrete Konjunktur der Klassenkämpfe, da sich in der Artikulation der Staatsapparate die spezifischen Formen des Ausschlusses der Organisation der Volksklassen verdichten. Die Volkskämpfe sind in den Staatsapparaten also immer abwesend, weil strukturell ausgeschlossen; sie manifestieren »sich im bürgerlichen Staat nur ›aus der Distanz‹« (1977a, 94). Gleichzeitig aber sind sie durch den Prozess der Verschiebungen und Verdichtungen in der konkreten Artikulation der Staatsapparate anwesend. »Der Klassenfeind steht immer im Staat«, hat aber in ihm aufgrund des materiellen Gerüsts keine eigene Macht; die beherrschten Klassen sind in ihm eben nur als beherrschte Klassen präsent und können allenfalls »Oppositionszentren« bilden (2002, 174). Nur durch die Verschärfung der Widersprüche in den Auseinandersetzungen des Machtblocks über die einzuschlagende Strategie gegenüber den Volksklassen macht sich ihr Widerstand im Staat bemerkbar. Poulantzas' Lieblingsbeispiel für diesen Vorgang: die Versuche einzelner Fraktionen der Bourgeoisie, die Auswirkungen des tendenziellen Falls der Profitrate, Resultat der Kämpfe gegen die Ausbeutung, auf jeweils andere Fraktionen des Machtblocks abzuwälzen (vgl. 2002, 175; zur Erläuterung vgl. 1973a, 41f.).

Es erscheint plausibel, wenn Poulantzas versucht, den Staat als ein Immanenzfeld, als ein strategisches Feld aufzufassen, auf dem sich die machtblockinternen Widersprüche und die Klassenkämpfe entsprechend seinen eigenen Bedingungen in seinem »materiellen Gerüst«, seiner »Dichte« und »Widerstandskraft« auswirken können: »Eine Veränderung des Kräfteverhältnisses zwischen Klassen hat sicherlich immer Auswirkungen innerhalb des Staates, sie überträgt sich jedoch nicht direkt und unmittelbar. Sie passt sich der Materialität der verschiedenen Apparate an und kristallisiert sich im Staat nur in gebrochener und differenzierter, den Apparaten entsprechender Form. Eine Veränderung der Staatsmacht allein transformiert die Materialität des Staatsapparates nicht.« (2002, 162)

Doch ist diese interne Auswirkung zwangsläufig, weil alle ›Parteien‹ des Kampfes immer schon im Staat sind; es gibt keine dem Staat äußerliche Beziehung der Klassen, weil ja auch die Klassen durch den Staat konstituiert sind. Der Staat hat keine ökonomische und politische Grundlage, die den Staat reproduzieren würde, weil der Staat immer schon in die Reproduktion seiner sozialen Grundlage und in die gesellschaftlichen Kämpfe einbezogen ist.

Die Gefahr ist groß, dass mit solchen Überlegungen der Funktionalismus, der mit der Bestimmung des Staates als globalem Kohäsionsfaktor verbunden war, noch gesteigert wird, wenn Poulantzas den Staat zum alles umfassenden gesellschaftlichen Verhältnis ausdehnt (vgl. Jessop 1982). Denn damit soll eine Antwort auf die Frage gegeben werden, wie es kommt, dass der kapitalistische Staat den Interessen der herrschenden Klassen und Fraktionen, also allen voran der Bourgeoisie, bis hinein ins materielle Gerüst der Apparate entspricht, dass er diese Interessen noch vor jeder konkreten Politik zugunsten der herrschenden Klassen und Fraktionen repräsentiert. Der Begriff eines Staates als materielle Verdichtung eines Kräfteverhältnisses richtet sich gegen die Vorstellungen vom Staat als Instrument der herrschenden Klasse, vom Staat als Subjekt oder als Funktion der Kapitalreproduktion, also gegen ein instrumentalistisches, etatistisches oder kapitallogisches Verständnis des Staates. Der Staat wird in seinem Verhältnis zu den sozialen Klassen und Klassenkämpfen, also Herrschaft und Kompromiss zwischen den herrschenden Klassen und Fraktionen auf der einen Seite und den beherrschten Klassen, den Volksklassen, auf der anderen Seite, bestimmt. In den Blickpunkt rücken die Praktiken, die sich im Staat und mit dem Staat vollziehen. Der Staat wird als ein Ensemble gesellschaftlicher Verhältnisse begriffen, mit dem sich in der gesellschaftlichen Arbeitsteilung eigenartige Verkehrungen vollziehen. Er organisiert zunächst die herrschenden Klassen und Kompromisse, die er den Fraktionen des Machtblocks in ihrem Verhältnis untereinander und im Verhältnis zu den beherrschten Klassen auferlegt. Dadurch gewinnt er eine relative Autonomie und erscheint als Instanz des Volkes-als-Nation, die die allgemeinen Interessen wahrnimmt. Es wurde oben gezeigt, dass Poulantzas in der ersten Phase seiner staatstheoretischen Arbeit die Interessen der herrschenden Klassen in die Struktur des Staates hineinverlagert. Dieser bietet das Terrain, auf dem sie ihren Kompromiss ausarbeiten können. Aber warum der Staat dafür mehr als zufällig ein günstiges Terrain ist, warum er diesen herrschenden Interessen entspricht, konnte Poulantzas nicht plausibel machen. Wenn aber der Grundlage nach nicht klar ist, warum der kapitalistische Staat in besonderer Weise ein Staat der bürgerlichen Klasse ist – ohne deswegen ihr Instrument zu sein, weil er dann wiederum seine Funktionen der Organisation, Einheits- und Kompromissbildung nicht vollziehen könnte –, dann ist auch der Vorgang der Verkehrung nicht plausibel, der aus einem Klassen- einen Volksstaat macht. Die Frage nach den in die Struktur des Staates eingelassenen Interessen der herrschenden Klassen beschäftigt Poulantzas auch in seinen folgenden Texten. Er arbeitet die Begriffe der Verdichtung und der gesellschaftlichen Arbeitsteilung aus. Diese Begriffe erweisen sich als fruchtbar. Doch bleiben sie zweideutig und können sich von der früheren, immer noch funktionalistischen und etatistischen Problematik nicht völlig lösen. Dies soll an den Begriffen des materiellen Gerüsts des Staates und der Verdichtung gezeigt werden.

Der Staat soll die materielle Verdichtung eines Kräfteverhältnisses sein. Doch dieses Kräfteverhältnis soll das materielle Gerüst des Staates nicht direkt berühren. Es gibt, so Poulantzas, »eine spezifische materielle Existenzweise (Materialität) des Staatsapparats (disziplinierend autoritäre Strukturen, Bürokratisierung, etc.), die nicht auf die eine oder andere Form von Klassenverhältnissen reduzierbar ist« (1983a, 101). Poulantzas legt nahe, dass es sich bei diesem harten Kern in den Staatsapparaten, der nicht unmittelbar in einem Kräfteverhältnis aufgeht, um die Verwaltung handelt. Die Verwaltung will Poulantzas offenkundig nicht als gesellschaftliches Verhältnis verstanden wissen: sie stelle »immer eine spezifische Materialität des Apparats [dar], die nicht radikal dadurch geändert wird, dass man einfach das Kräfteverhältnis ändert« (1980, 174; vgl. 2002, 42, 162). Im Kernbereich entzieht sich der Staat der Dynamik von Kräftekonstellationen und Kompromissen. Hervorgegangen aus der Trennung des Staates von der Ökonomie, ist in dieses Gerüst das bürgerliche Interesse als solches, nämlich als Klasse in der Form des Staates organisiert zu sein, eingelassen. Das materielle Gerüst scheint demnach keine Verdichtung von Kräftekonstellationen, kein Effekt der sozialen Auseinandersetzungen zu sein, ein Effekt, der jeweils in den Klassenkämpfen produziert wird. Vielmehr wird dieser Kernbereich unterstellt als Terrain für die Verdichtung, für die Einschreibung von Kräfteverhältnissen. Das Problem wiederholt sich, wie das bürgerliche Klasseninteresse dieses materielle Gerüst bestimmt. Poulantzas' wiederholte Hinweise darauf, dass die hegemonialen und langfristigen Interessen der Bourgeoisie sich ständig in machtblockinternen und -externen Streitigkeiten herausbilden, wären in gewisser Weise tautologisch, weil diese langfristigen Interessen in der Struktur des Staatsapparats bereits verkörpert sind. Jessop plädiert, wie oben schon angesprochen, deswegen dafür, den Begriff der relativen

Autonomie des Staates aufzugeben und durch Begriffe der Strategie zu ersetzen (vgl. Jessop 1982, 183f.; Jessop 1985, 131ff.). Der Fortschritt besteht darin, dass von einer abstrakten Struktur zu einem konkreten materiellen Gerüst übergegangen wurde, das selbst Ergebnis gesellschaftlicher Entwicklung ist, der Herausbildung einer neuen Form gesellschaftlicher Arbeitsteilung, die die Form der getrennten Sphären von Ökonomie und Staat annimmt. Aber die Überlegungen von Poulantzas und der Begriff der relativen Autonomie können durchaus verteidigt werden, wenn sie etwas umformuliert werden. Es geht nicht um eine ursprüngliche und erste Trennung, sondern darum, wie sich diese Trennung im Weiteren reproduziert und kapitalistische Interessen sichert. Dass dies geschieht, wird von Poulantzas unterstellt. Das materielle Gerüst wird von ihm erstaunlicherweise nicht näher bestimmt oder analysiert. Ist das materielle Gerüst die Verwaltung, ein bürokratisch-hierarchisches Gerüst, das alle Staatsapparate durchzieht? Handelt es sich dabei um die Verwaltung des jeweiligen Staatsapparats oder stellt die Verwaltung eine eigenständige Sphäre des Staates dar? Ich meine, dass Poulantzas ohne weiteres auch das materielle Gerüst, die Verwaltung, die den Staatsapparaten ihre Dichte und Widerstandskraft gegen Veränderungen der Kräfteverhältnisse verleiht, als eine Verdichtung von Kräfteverhältnissen hätte analysieren können. Dichte und Widerstandskraft ebenso wie das materielle bürokratische Gerüst können aufgefasst werden als die Macht einer Klasse oder Fraktion, sich und ihrer Macht eine relative Dauer zu geben. Dafür müssen Ressourcen wie Geld, Gebäude, Kommunikationsmittel, Archive, Ausbildungseinrichtungen oder Personal zur Verfügung stehen. Die Dauer von Einrichtungen, der Beschäftigung von Staatspersonal, die Qualifikation sind selbst das Ergebnis von Kräfteverhältnissen. So müssen Militär- oder Polizeieinheiten trainiert, ihre Kampf- und Ordnungsfähigkeit muss erhalten werden, sie bedürfen der Trainer, der Logistik, der Mittel der Gewaltanwendung. Dazu muss es einen für notwendig gehaltenen Bedarf ebenso wie die finanziellen Mittel geben. Für die staatliche Verwaltung ist von besonderer Bedeutung die Amtshierarchie, also die Anweisungs- und Ausführungskette von oben nach unten, die Informations- und Sachbearbeitungskette von unten nach oben. Tatsächlich wirkt diese Hierarchie strukturbildend auf die um Staatsmacht streitenden Fraktionen, denn es sind Positionen vorab definiert, um die der Machtkampf überhaupt ausgetragen wird. Doch selbst diese Struktur administrativer und politischer Ämter und Hierarchien kann als Kräfteverhältnis betrachtet werden. Poulantzas spricht an einer Stelle davon, dass es sich um eine »strategische Organisation« des Staates handelt (2002, 168). Jessop (1985, 344f.) hat vorgeschlagen, anstatt von struktureller von strategischer Selektivität zu sprechen). Auch die Verwaltung in einem etwas konkreteren Sinn stellt ein Kräfteverhältnis dar: also Besetzung der Ämter, Amtswissen und Entscheidungen nach Akten- und Gesetzeslage, Juristenmonopol für den höheren Beamtendienst und damit ein bestimmtes Wissen und professionelles Verhaltensmuster. Mit dem Berufsbeamtentum kommt in dieses Kräfteverhältnis tatsächlich ein starkes zeitliches Verzögerungsmoment, denn Beamte sind nicht kündbar, sie können kaum für weniger qualifizierte Tätigkeiten eingesetzt werden, ihre Versetzung ist zwar möglich, schafft aber Reibungen. Innerhalb einer Amtshierarchie können einzelne Beamte in entsprechenden Positionen über Jahre, wenn nicht Jahrzehnte, bestimmte Entscheidungsrichtungen bremsen, blockieren oder fördern. Es handelt sich dabei nicht um eine Sachrationalität, sondern um ein gesellschaftliches Kräfteverhältnis, in dem solche dauerhaften Dispositive geschaffen und erhalten werden, in dem aber, wenn sie geschaffen und erhalten werden, sie auf das Kräfteverhältnis selbst spezifische Effekte haben: die gesetzesförmige, allgemeinheitsorientierte Ausübung von Herrschaft. Dichte und Widerstandskraft eines Apparats bestehen nicht darin, dass der Staatsapparat vor den Konflikten und Kompromissen geschützt ist. Politische Macht besteht nicht allein darin, den langfristigen Erfolg eines Interesses zu sichern, sondern die Langfristigkeit einer bestimmten Kräftekonstellation herzustellen, die die geregelte Lösung von ›Konflikten‹ der Kompromissparteien ermöglicht, die Bedingungen möglicher Polarisierungen determiniert und die Definitionsgewalt über das, was sich als Gegnerschaft und Feindschaft gegenüber dem Kompromissgleichgewicht herausbilden kann, monopolisiert; sie besteht darüber hinaus in der Fähigkeit, geregelte Veränderungen vornehmen zu können, um neu entstehende gesellschaftliche Probleme zu lösen. Dass das materielle Gerüst des Staates ein Kräfteverhältnis darstellt, wird an den Dynamiken im Fall von Veränderungen selbst deutlich: die Schaffung oder Abschaffung von Ministerien, der neue Zuschnitt von Ministerien, die Verlagerung von Abteilungen an andere Ministerien, das Verhältnis von Zentralregierung und Regionen, die Schaffung von neuen Polizeieinheiten, die Restrukturierung des Militärs, der Streit um das Juristenmonopol und die Ausbildung von JuristInnen, die Privatisierung staatlicher Aufgabenbereiche wie Bahn oder Telekommunikation, die Einführung von Managementmethoden in der staatlichen Verwaltung und eines leistungsorientierten Dienstrechts, das den Mechanismus der Beförderung nach Dienstjahren beseitigt, die Ausgliederung von Bediensteten aus dem Beamtenverhältnis. Die herrschenden Kräfte, die im Staat organisiert sind, können also auch dessen Kernbereich reorganisieren, den Ressourcenbedarf überprüfen, die Art der Aufgaben und den Umfang des Personals. Wenn etwas aufrechterhalten wird, dann nur, weil es dafür entsprechende Entscheidungen und entsprechende politische Diskussionen und Strategien an den Schaltstellen staatlicher Macht und im Umfeld des Staates gibt. Dies gilt grundsätzlich sogar für die Existenz von ›Staat‹ selbst, denn es gibt durchaus liberale bürgerliche Kräfte, die die Ansicht vertreten, dass der Staat eine moderne Form von Wegelagerei darstellt und beseitigt gehört. Der Staat sichert also durchaus das langfristige Interesse der Bourgeoisie – und auch gegen Tagesinteressen –, aber diese Langfristigkeit ist selbst in einer bestimmten Machtkonstellation gewollt oder zumindest geduldet und wird immer wieder geprüft sowie durch Berücksichtigung von Interessen, durch Maßnahmen, Ersetzung von Amtsträgern, Politikwechsel ausbalanciert und korrigiert. Die Langfristigkeit ist eher eine Art idealer Durchschnitt, der sich in den mehr oder weniger stark ausschlagenden Oszillationen durchsetzt. Gut funktionierende Demokratien sind Staatsformen, die derart reguliert werden, dass sie sich stabil über längere Zeit relativ nahe an diesem idealen Durchschnitt bewegen.

Staatliche Kräfteverhältnisse werden also in Konstellationen ausgearbeitet, die sich auf dem Terrain des Staates befinden, in der politischen Gesellschaft, den Staatsapparaten, und in der Zivilgesellschaft. Gerade für letzteren Bereich hat Poulantzas keine eigenen Begriffe, da er den Begriff der Hegemonie auf den Wirkungsbereich des Machtblocks beschränkt. Die Auffassung, der Staat sei ein gesellschaftliches Verhältnis, ist nicht völlig neu. Ausdrücklich findet sie sich schon bei Gramsci formuliert, der den Staat als eine Verbindung von politischer Gesellschaft und ziviler Gesellschaft begreift. Trotz vieler Anleihen bei Gramsci weist Poulantzas aber gerade diesen Begriff der Zivilgesellschaft zurück. Seine theoretische Entscheidung, den Staat selbst als gesellschaftliches Verhältnis zu begreifen, veranlasst ihn dazu, den Begriff der bürgerlichen Gesellschaft zu verwerfen (vgl. 1974a, 122f.). Das wendet sich gegen die hegelsche Problematik, der zufolge es einen ökonomisch-sozialen Bereich gibt, in dem sich Interessen formieren, die in Formen eines Kampfes um die kulturelle Hegemonie dann verallgemeinert werden, sich allmählich in Politik übersetzen, also die soziale Basis der Staatsmacht schaffen oder unterminieren können (vgl. die Kritik an Gramsci in 1974a, 203). Aus Poulantzas' Sicht ist dieses Modell problematisch, denn an der Basis soll es die dauerhaften, sich selbst reproduzierenden Strukturen der Kapitalakkumulation geben, aus denen die Interessen hervorgehen, die das Handeln in der Politik determinieren. Somit wäre die Politik des Staates durch die Logik des Kapitals bestimmt, die Praxis der Arbeiterklasse dadurch, dass sie ausgebeutet ist. Doch dieses Modell, in starkem Maße von bewusstseinsphilosophischen Annahmen geprägt, kann viele Aspekte der kapitalistischen Reproduktion nicht erklären: die Kämpfe auf der Ebene der Ökonomie, die Tatsache, dass die Praxis der LohnarbeiterInnen so oft anders aussieht, als sie entsprechend ökonomistischen Erwartungen hinsichtlich ihrer Interessen aussehen müsste, die realen Kompromisse der herrschenden und beherrschten Klassen, das Maß an wohlfahrtsstaatlicher Sicherheit und demokratischen Freiheitsrechten. Indem er Gesellschaft in drei Bereiche einteilt: Ökonomie und Staat, die getrennt voneinander sind, und Ideologie, die ein Bereich staatlicher Herrschaft ist und nicht als ein Bereich kollektiver Willensbildung und Ausarbeitung von Konsens und Kompromiss verstanden wird, hat Poulantzas keine Möglichkeit, Prozesse zwischen Ökonomie und Staat näher zu bestimmen. Um dies zu leisten, erweist sich in Verbindung mit dem Konzept der Zivilgesellschaft der Begriff der Verdichtung als fruchtbar.

Es gibt bei Poulantzas keinen Übergang von der Basis zum Überbau, der Gegenstand einer bestimmten Art und Weise des Kampfes ist. Poulantzas konzipiert eine Trennung von Ökonomie und Politik, doch der Prozess der Trennung selbst wird nicht näher analysiert. Dabei besteht ein großer Teil zivilgesellschaftlicher Aktivität in der »Kunst der Trennung« (Michael Walzer) – also in der Unterscheidung zwischen den jeweiligen partikularen Interessenlagen und Sichtweisen der besonderen Lebensweise einer sozialen Gruppe und Klasse und den allgemeinen Aspekten, die auch Konsens bei den alliierten sozialen Klassen und den Beherrschten finden könnten. Gerade diese Prozesse verdichten sich in den Staatsapparaten und staatlichen Politiken. Der Begriff der Verdichtung erscheint geeignet, weil er zweierlei berücksichtigt, das charakteristisch für die Politik ist.

Erstens der Übersprung, der sich bei politischen Themen und in der politischen Praxis beobachten lässt. So ändern Ziele im politischen Prozess ihre Richtung, verbinden sich mit anderen Zielen oder verlieren bestimmte Bedeutungsakzente, durch die sie aber zunächst auf die Agenda gesetzt wurden. In diesem Prozess geraten die ursprünglichen Konflikte, Akteure und Ziele aus dem Blick. Es kommt zu offiziellen, durch die Macht lizenzierten Allgemeinheitsbildungen, die ökonomische oder zivilgesellschaftliche Kräfteverhältnisse verschieben, überlagern, verbergen, unzugänglich machen. Es kommt aufgrund der Verdichtung zu politischen Repräsentationsbeziehungen, die aufgrund eines alchemistischen Vorgangs dazu führen, dass in den Repräsentanten keine einzelne Klasse oder Fraktion mehr eindeutig identifiziert werden kann. Auch sie sind den politischen Konsensformeln, die wie Zement wirken, unterworfen. Diesen Gesichtspunkt versucht Poulantzas mit dem Begriff der relativen Autonomie zur Geltung zu bringen und verweist an den entsprechenden Stellen auf Marx' Analysen des Bonapartismus. Charakteristisch für Louis Bonapartes Regierung, die für Marx hinsichtlich der Autonomie der Politik ein Modell darstellt, ist, dass sich in ihr ganz verschiedene Klassen wiedererkennen und in ihr repräsentiert sehen: »So geschah es, […] dass der einfältigste Mann Frankreichs die vielfältigste Bedeutung erhielt. Eben weil er nichts war, konnte er alles bedeuten, nur nicht sich selbst.« (MEW 7, 45) Aufgrund der spezifischen Logik der Repräsentation kommt es ab einem gewissen Punkt zu einem Umschlag, der den Staat und die von ihm verfolgte Politik relativ autonom gegenüber den Interessenlagen der Fraktionen des Machtblocks macht. Diese Art ›illusorische‹ Allgemeinheit hält nicht lange vor, im idealen Durchschnitt setzen sich die hegemonialen Kräfte wieder durch, doch diese relative Autonomie ist selbst ein fester Bestandteil des politischen Prozesses, der den Gegnern einer Politik oder von politischen Verantwortlichen viel Mühe bereitet, bis sie mit beharrlicher Kritik so viel Zweifel genährt haben, dass der Konsens bröckelt.

Zweitens: Aufgrund dieser Überlegungen zum materiellen Gerüst kann der Staat also auch im Kernbereich als materielle Verdichtung von Kräfteverhältnissen betrachtet werden. Allerdings ändert sich der Sinn dieser Definition. Einige Überlegungen von Poulantzas legen nahe, dass der Staat ein gesellschaftliches Verhältnis deswegen ist, weil er in allen gesellschaftlichen Verhältnissen präsent ist. Aber dies heißt, vom Staat her zu denken, der bereits als getrennte Sphäre vorausgesetzt ist und in dessen Innern sich die widersprüchlichen Verhältnisse verknoten (2002, 164f.). Das Kräfteverhältnis kommt im Staat zum Ausdruck, weil es sich in dessen bereits vorhandener materieller Struktur materiell verdichtet (vgl. 2002, 119). Poulantzas will damit betonen, dass sich Veränderungen in der Staatsmacht nicht automatisch in einem Staatsapparat niederschlagen, sondern es Verzögerungen entsprechend seiner eigenen Materialität gibt (vgl. 2002, 201). Von einer Automatik kann aber schon deswegen keine Rede sein, weil es sich um einen Kompromiss handelt, der sich niederschlägt. Dieser Kompromiss wird eben vielfach auch die Übereinstimmungen über die Erhaltung von Amtshierarchien, von Gesetzen und Politiken beinhalten. Poulantzas' Definition lässt sich deswegen radikalisieren, und zwar so, dass der Staat das Ergebnis des Prozesses der Verdichtung von Kräfteverhältnissen ist: Der »Staat als materielle Verdichtung eines widersprüchlichen Verhältnisses« ist die Form der Organisation des Blocks an der Macht und löst »mittels seiner bloßen Existenz« die Klassenwidersprüche (2002, 165). Anders gesagt: das ist Staat, was als materielle Verdichtung von Kräfteverhältnissen gelten kann. In diesem Fall ist die Definition, im Sinne Foucaults, ›nominalistisch‹ zu deuten: Der Staat ist der globale Effekt von Verdichtungsprozessen, die von vielen Orten der Gesellschaft ausgehen. Der Staat ist das kontingente Ergebnis von sozialen Kämpfen und immer instabil bleibenden Kompromissen. Entsprechend versteht es sich keineswegs von selbst, dass der Staat, also diese in Apparaten und Bürokratien gesonderte Instanz erzeugt und reproduziert wird. Den existierenden Apparaten und Dispositiven des Staates kommt eine strategische und taktische Rolle zu – und zwar nicht deswegen, weil es ein Eigeninteresse des Staates gibt, sondern weil der Staat bereits ein verdichtetes Kräfteverhältnis ist, durch das die hier organisierten Akteure die staatliche Macht und die entsprechenden Ressourcen haben, Dauer und Langfristigkeit ihrer Interessenlagen herzustellen und aufrechtzuerhalten. Diese Ziele können sie in die stattfindende Verdichtungsarbeit einbringen, doch können sie nicht linear kontrollieren, was mit ihnen in den sich überdeterminierenden sozialen Kämpfen geschieht. Der Prozess der Verdichtung führt zur Bildung von Zivilgesellschaft und politischer Gesellschaft, die Verdichtungsarbeit zieht Trennungslinien gegenüber der Ökonomie, in den komplexen Bereichen vollziehen sich in Prozessen der Gewalt, der Diskurse, der materiellen Zugeständnisse weitere Verdichtungen. Zu den Kräfteverhältnissen gehört unter anderem, aber durchaus in privilegierter Weise, dass es soziale Akteure gibt, die für die Trennung aktiv eintreten, ökonomische Partikularinteressen mit sozialreformerischen oder sonstigen Konzessionen bekämpfen, die den Staat wollen, sich als Staat organisieren, die staatliche

Allgemeinheit ist eine für sie charakteristische gesellschaftliche Praktik, eine bestimmte Form, mit der sie ihre Macht auf Dauer zu stellen und für ihre Lebensweise günstige Verhältnisse herzustellen wissen. Damit staatliche Politiken nicht auf partikulare Interessen einer Klasse oder Fraktion zurückfallen, müssen alle diejenigen, die den Anspruch erheben, an Herrschaft teilzuhaben, angesichts der enormen Macht des Staates selbst um Staatsmacht konkurrieren, also das Terrain einer politischen Allgemeinheit hinnehmen oder, noch weitergehend, ihrerseits ihre Interessenlage und Lebensform als allgemeingültige behaupten. Der Begriff Verdichtung hat demnach eine zentrale Bedeutung, um diesen Prozess der materiellen Herausbildung einer materialen Form von Allgemeinheit, des Staates, verständlich zu machen.

Jessop (1985, 134ff.) hat zu Recht argumentiert, dass Poulantzas in seinem frühen staatstheoretischen Ansatz das Problem nicht lösen konnte, wie aus einer mikropolitischen Vielfalt bürgerlicher Interessen eine langfristig angelegte staatliche Makropolitik hervorgeht, die das Allgemeininteresse der Bourgeoisie verfolgt. Er beobachtet, dass Poulantzas kurz hintereinander verschiedene Antworten versucht: Die erste Antwort ist von Althusser geprägt und begreift den Staat strukturalistisch als einen globalen Kohäsionsfaktor – die Kontingenz des Klassenkampfs kann damit nicht angemessen berücksichtigt werden; die zweite, auf Offe gestützte Antwort bestünde darin, im institutionellen Gerüst des Staates, in dessen struktureller Selektivität, das bürgerliche Allgemeininteresse zu situieren. Die dritte Antwort sei stark von Foucaults Mikropolitik der Macht beeinflusst. Danach kommt es von unten her, von den Taktiken und Strategien der verschiedenen Akteure, zu Verdichtungen im Staat als einem globalen Effekt und zu einer relativen Autonomie des Staates. Jessop ist skeptisch. Der Begriff der Verdichtung löse das Mikro-Makro-Problem nicht; und es darf auch nicht derart gelöst werden, dass die relative Autonomie die bürgerliche Herrschaft sichere, weil es dann keine politischen Krisen mehr geben könne. Demgegenüber ist die hier vertretene These, dass Poulantzas mit dem Begriff der Verdichtung einen Hinweis auf die Lösung gibt, die sowohl das vom Staat garantierte relativ langfristige Gesamtinteresse als auch die Kontingenz berücksichtigt. Verdichtung ist demnach der Schlüsselbegriff in Poulantzas' Argumentation, der genaugenommen drei anderen Begriffen – Repräsentation, relative Autonomie, Staat– ihre spezifische Position anweist: Im und durch den Verdichtungsprozess kommt es zu Repräsentationsbeziehungen einzelner herrschender Klassen und Fraktionen im Verhältnis zu anderen; im Verdichtungsprozess bildet sich ein Konsens unter den Fraktionen des Machtblocks, sich unter der Führung einer hegemonialen Fraktion zu organisieren und ein relativ dauerhaftes Dispositiv zu schaffen oder ›vorzuhalten‹, das ihre Interessen vertritt und ausarbeitet; durch Verdichtung und Repräsentation bildet sich jeweils situativ die relative Autonomie des Staates, seiner Apparate und Politiken gegenüber den Fraktionen des Machtblocks. Verdichtung schließt ein, dass die kapitalistischen Produktionsverhältnisse und

Konflikte im Prozess der offiziellen Repräsentation nur in verdichteter Weise anwesend sind, als solche also ausgeschlossen sind; und der Prozess ist kontingent, weil die Verdichtung keiner linearen Logik folgt. Der Prozess der Verdichtung trägt eine enorme theoretische Last – und umso bedauerlicher ist, dass Poulantzas diesen Begriff nicht genauer expliziert und zum Gegenstand konkreter Analysen gemacht hat.

Wie sollen die Akteure charakterisiert werden, deren Kräfteverhältnis verdichtet wird? Poulantzas spricht von ihnen als den herrschenden Klassen und Fraktionen, von der Bourgeoisie und Einzelnen ihrer Fraktionen, die die Führung im Machtblock innehaben. Der Staat wird als materielle Verdichtung eines Kräfteverhältnisses zwischen Klassen und Klassenfraktionen bestimmt. Gegen diese Definition lässt sich einwenden, dass es umfassendere Kräfteverhältnisse gibt als nur die zwischen den sozialen Klassen. Der Staat organisiert mittels seiner Souveränität auch eine Vielzahl anderer Machtverhältnisse und greift in diese ein: die heterosexistische Geschlechterdichotomisierung, eine dominante sexuelle Orientierung, technokratische Naturverfügung, Rassifizierung von Individuen, Gesellschaften und Kulturen. Alle diese Herrschaftsverhältnisse gehen in das sich im Staat verdichtende Kräfteverhältnis und Kompromissgleichgewicht ein. Deswegen gibt es auch immer wieder soziale Kämpfe gegen diese Kompromissgleichgewichte, entsprechende rechtliche Regelungen und staatliche Politiken. Die sozialen Bewegungen der 1970er Jahre, die in der Folge der Studentenbewegung entstanden, wurden als neue soziale Bewegungen bezeichnet: Frauen-, Bürgerinitiativen-, Anti-AKW-, Friedensbewegung. Diese Bewegungen ließen sich nicht bestimmten Klassen zurechnen, ihre Ziele waren ebenso wie ihre Aktionsformen entsprechend einer Logik des Klassenkampfs bestimmbar. Einzelne AutorInnen – wie Alain Touraine, Ernesto Laclau oder Chantal Mouffe – vertraten die Ansicht, dass diese Entwicklung von neuen sozialen Bewegungen auf eine Veränderung der modernen Gesellschaften insgesamt hinwies. Diese würden in einem zunehmenden Ausmaß jeweils durch soziale Bewegungen konstituiert; nicht die Gesellschaft oder gesellschaftliche Strukturen determinierten solche Bewegungen, ihre Entstehung, ihre Ziele und Praktiken, sondern umgekehrt müsse die Gesellschaft als das kontingente Ergebnis sozialer Bewegungen begriffen werden. Die eine jeweilige Gesellschaft charakterisierenden Identitäten wären jeweils das Ergebnis dieser Kämpfe. Für den demokratischen Prozess sei entscheidend, dass sich diese Identitäten nicht fixieren ließen, sondern immer wieder zu neuen Antagonismen, neuen strukturbildenden sozialen Auseinandersetzungen führen würden. Solche Konflikte und Akteure ließen sich nicht länger in Begriffen der Klasse und des Klassenkampfs begreifen, also weder darauf zurückführen noch als eine kurzfristige Abweichung vom eigentlichen Klasseninteresse betrachten, das sich irgendwann einmal in einer letzten Stunde des Klassenkampfs behaupten würde. Aufgrund solcher Überlegungen sollte der Staat nicht darauf reduziert werden, allein Kräfteverhältnisse zwischen Klassen zu verdichten (vgl. Buckel 2005, 139f.). Die Gefahr besteht allerdings, sich mit dem Einwand gegen den Klassenreduktionismus von der Klassenanalyse insgesamt zu verabschieden. Die Folge davon wäre das begriffliche Problem, ob und wie der Staat überhaupt noch als eine Form bürgerlich-kapitalistischer Herrschaft gekennzeichnet werden könnte und nicht einfach als Arena für die möglichst pluralistische Austragung verschiedener Interessen – auch in diesem Fall könnte immerzu davon gesprochen werden, dass der Staat von Widersprüchen durchzogen und ein Ort von Kämpfen sei, aber das würde ihn noch nicht zu einem spezifisch kapitalistischen Staat machen, sondern zu einer neutralen, über den sozialen Klassen stehenden Arena. Von den verschiedenen sozialen Bewegungen her lässt sich das nicht ohne weiteres denken, denn jede soziale Bewegung nimmt eine ihr spezifische Reduktion vor: die Frauenbewegung auf das Patriarchat und einen entsprechenden Vater- und Männer-Staat; die Ökologiebewegung auf den Industrialismus und den Atom- und Sicherheitsstaat; die anti-rassistische Bewegung auf den Rassismus und den national-sozialen Staat. Soll ein Zusammenhang gedacht werden, so kann dies neopluralistisch getan werden, wie Laclau und Mouffe dies vorschlagen, als eine Vielzahl von Identitäten, die in keinem inneren Zusammenhang stehen. Im Prinzip ist der Staat dann eine leere Stelle der Macht, um deren kurzzeitige Besetzung durch eine hegemoniale Kraft es jeweils geht, die aber alsbald von einer anderen abgelöst werden wird. Die Alternative ist eine anspruchsvolle Gesellschafts- und Staatstheorie, deren Grundlage eine Klassentheorie ist, die jedoch nicht jede Praxis aus der Stellung von sozialen Akteuren in den Produktionsverhältnissen ableitet, sondern Klassen als komplexe Praktiken begreift und der Vielzahl und Irreduzibilität von sozialen Widerstandsformen und Emanzipationsperspektiven entspricht. Poulantzas trägt dem Rechnung mit Begriffen wie gesellschaftliche Arbeitsteilung, Trennung von Staat und Ökonomie, relative Autonomie des Staates und schließlich mit dem Begriff des Klassenkampfs und einem relationalen Begriff von Klassen. Auch wenn er diesen Gesichtspunkt nicht immer ganz konsequent durchhält, so beinhaltet der Begriff des Klassenkampfs, dass die sozialen Klassen in den sozialen Auseinandersetzungen sich und das Ensemble ihrer Lebensverhältnisse reproduzieren. Klasse ist demnach ein Begriff, der die kontingente Dynamik eines komplexen Verhältnisses zu bestimmen versucht, in dem die Akteure durch ihren aus ihrer Abhängigkeit voneinander entstehenden Gegensatz überhaupt erst Klassen bilden und – indem sie sich in Auseinandersetzungen miteinander reproduzieren – weite, wenn nicht alle Bereiche ihres Lebens in diese Auseinandersetzungen hineinziehen. Gesellschaftliche Entwicklungen in den Begriffen von Klassenkampf zu begreifen, impliziert auch den Anspruch, an der Homogenität kollektiver Identitäten zu zweifeln und zu erklären, warum soziale Kämpfe verschiedene kollektive Akteure und Identitäten hervorbringen und wie sie zusammenhängen. Es ist ein Zweifel am Pluralismus der sozialen Bewegungen, so als entstünden sie unverbunden jeweils für sich; und ein Zweifel daran, dass es unter bürgerlichen Verhältnissen beliebig viele Themen gibt, um die herum sich soziale Bewegungen bilden. In der Entwicklung kapitalistischer Gesellschaften wiederholen sich die Protestkonstellationen: Verteidigung der Natur, ArbeiterInnenkämpfe, Frauenbewegung, Politik der Lebensführung, Friedensbewegung, Kampf gegen Kolonialismus und Imperialismus. Zyklisch haben diese Bewegungen eine größere oder kleinere Bedeutung, nehmen die Konjunkturen der offenen Kämpfe zu oder ab, gewinnen einzelne an Bedeutung vor den anderen. Im idealen Durchschnitt erzeugt die kapitalistische Produktionsweise bestimmte Probleme und Problembereiche, die immer wiederkehren und in neuen Konstellationen zu Kämpfen, zu neuen Bearbeitungen und Lösungen führen. Beide Seiten wirken auf Verdichtungen und Verschiebungen in den Konstellationen hin: die Subalternen suchen nach neuen Bündnissen; den Herrschenden ist jeder Zeitaufschub willkommen, den sie mit jeweils neuen Spaltungslinien erzeugen. Doch die Bewegungen und diese Konstellationen der Kräfte weisen selbst eine gewisse Streuung auf, die um einen idealen Durchschnitt oszilliert. So reproduzieren sich durch die Kämpfe hindurch die Probleme auf einem höheren Niveau: Ausbeutung der menschlichen Arbeitskraft und Ungleichverteilung des gesellschaftlichen Reichtums, Umweltzerstörung, Gewalt und Kriege, Rassismus und Sexismus, imperialistische Abhängigkeit und Aneignung von Ressourcen. Da die Subalternen kaum über Archive des Wissens und der vergangenen Erfahrungen ihrer Kämpfe verfügen, weil dieses Wissen kaum bewahrt und überliefert, kaum systematisiert und verbreitet werden kann, entdecken die Generationen diese Kämpfe immer wieder neu und tendieren oftmals dazu, sie gegeneinander auszuspielen.

Poulantzas hat diese Fragen nicht systematisch verfolgt, aber aufmerksam die sozialen Kämpfe seit Ende der 1960er Jahre registriert, die teilweise in Begriffen der Klasse, teilweise in klassenunspezifischen Bewegungsbegriffen geführt wurden. Er spricht deswegen von Volkskämpfen oder von Volksmassen. Es findet sich die These angedeutet (2002, 73), dass es eine Vielzahl von Machtverhältnissen gibt, die über Klassenbeziehungen hinausgehen, Macht sich also nicht auf die Aufteilung in Klassen beschränken lässt. Entsprechend gibt es vielfältige soziale Kämpfe und nicht nur Klassenkämpfe. Allerdings habe in der Klassengesellschaft jede Macht einen Klassencharakter. Das besagt, dass Machtbeziehungen in irgendeiner Weise mit der Dynamik von Macht der Klassen verknüpft sind und eine Auswirkung auf sie haben. Entsprechend spricht er davon, dass die Machtbeziehungen, die über Klassenbeziehungen hinausgehen, mit Staatsapparaten verknüpft sind, so die Familie beispielsweise, und der Staat in alle Machtbeziehungen eingreift. Aufgrund dieser zweifachen Verknüpfung kann Poulantzas so verstanden werden, dass Auseinandersetzungen in nicht-klassenbasierten Machtbeziehungen nur dann zu einer emanzipatorischen Lösung führen, wenn sie sich mit Aspekten des Kampfs gegen Klassenherrschaft verbinden. Dieser Vorschlag vermeidet es, Machtverhältnisse auf Klassenverhältnisse zu reduzieren, im Gegenteil werden klassenspezifische Machtverhältnisse durch andere Machtverhältnisse, die ihre Grundlage ausdrücklich nicht in Klassenbeziehungen haben, überdeterminiert. Es handelt sich um einen Vorschlag mit schwachem theoretischem Anspruch, der dem Artikulations- und Überdeterminierungsmodell des gesellschaftlichen Ganzen entspricht. Allerdings hat er das zweifache Defizit, dass nicht-klassenbasierte Widersprüche innerhalb einer Theorie des gesellschaftlichen Ganzen, das die kapitalistischen Produktionsverhältnisse zur Grundlage hat, nicht erklärt werden können; und es kann nicht erklärt werden, in welcher Weise diese sozialen Kämpfe im instabilen Kompromissgleichgewicht des Staates verdichtet werden, der als Klassenstaat verstanden wird. Werden stärkere theoretische Ansprüche erhoben, dann müsste theoretisch deutlich gemacht werden, dass das Geschlechterverhältnis, der Rassismus, der Nationalismus, die Naturverhältnisse auf spezifisch historische Weise mit der kapitalistischen Produktionsweise verbunden sind, mit ihr entstehen und in ihr auf eine neuartige Weise reproduziert und reorganisiert werden. Auch eine solche Argumentation kann sich auf Poulantzas beziehen. Denn an ihn anschließend kann vertreten werden, dass der kapitalistische Staat sich konstituiert in der Verknüpfung von Positionen der Kontrolle über die menschliche Arbeitskraft mit heterosexistischer Männlichkeit, der Inanspruchnahme einer national-rassischen Überlegenheit des weißen Mannes und der Herausbildung einer apodiktischen Episteme, die technokratisch über Natur verfügt. Die durch gesellschaftliche Arbeitsteilung bestimmte herrschende Klasse besteht aus einem Bündel von sozialen Verhältnissen. Es wäre also eine zu einfache Vorstellung, die Klassen über Produktionsverhältnisse zu definieren. Vielmehr sind die Klassen durch komplexe Identitäten und Arbeitsteilungen bestimmt, die Poulantzas allerdings in seine Überlegungen nicht ausdrücklich einbezieht: So sind die herrschende Klasse und der Staat männerbündisch; diejenigen, die der Lohnform unterworfen sind, sind vielfach Frauen, Kinder und Jugendliche, MigrantInnen und imperialistisch ausgebeutete LohnarbeiterInnen. Sie sollten also nicht mit einem bestimmten Typus des weißen, männlichen, qualifizierten Facharbeiters in Normalarbeitsverhältnissen identifiziert werden (vgl. Sauer 2001; Kreisky, Lang, Sauer 2001; Koch 1998, 137). Wie der Staat die Volksklassen vereinzelt und als Volk-als-Nation zusammenfasst, so kann er die Volksklassen auch nach Inländern und Ausländern, nach Männern und Frauen, nach rassisch Überlegenen und ›Untermenschen‹ vereinzeln, klassifikatorisch nach äußeren Merkmalen aufteilen, Identitäten definieren, den gesellschaftlichen Gruppen aufzwingen und sie in Kämpfe gegeneinander bringen, die er gleichzeitig wieder zusammenfasst. In diesem Sinne wäre der kapitalistische Staat ein Knoten, ein Dispositiv, in dem die herrschenden Klassen alle diese verschiedenen Formen der Herrschaft organisieren: eine bestimmte Arbeitsteilung zwischen Männern und Frauen, zwischen Inländern und Ausländern, zwischen Regierenden und Regierten, zwischen zwischenmenschlicher Kommunikation und instrumentalistischer Naturbeherrschung. Soziale Bewegungen greifen einzelne Herrschaftsaspekte auf und verselbständigen sie zu einem Antagonismus, durch den sie besondere Bündnisse schaffen, die quer zu der komplexen Identität der Klassenexistenz liegen und diese reduzieren. Wohl treten die sozialen Bewegungen für emanzipatorische Praktiken in den jeweiligen Bereichen ein. Aber die verschiedenen Herrschafts- und Gewaltverhältnisse lassen sich nur überwinden, wenn sie sich nicht mehr im Staat verdichten können, wenn der Knoten selbst aufgelöst wird. In dieser Weise zu argumentieren, bedeutet also gerade nicht, alle Widersprüche in die Einheit eines Widerspruchs und einer Auseinandersetzung zwischen den Klassen aufzulösen. ›Klasse‹ ist keine letzte Identität, sie ergibt sich ihrerseits als Effekt ökonomischer, staatlicher und ideologischer Herrschaftsverhältnisse – auch diese Identität als Klasse ist Gegenstand der Auseinandersetzung. Doch wie die anderen Identitäten verschwindet sie im Prozess staatlicher Verdichtung: Der Staat kennt nur gleiche Bürger und, auf der Grundlage der Menschenrechte, gleiche Menschen – was es wiederum den Vertretern des Staates ermöglicht, gegenüber den Einzelnen oder Gruppen in hohem Maße willkürlich zu handeln, so dass auch in diesem Fall der Staat so etwas wie der ideale Durchschnitt dieser Herrschaftspraktiken ist. Deswegen kann es eine wichtige Auseinandersetzung sein, Identitäten zur Geltung zu bringen. Das führt aber zu einer eigenen Dialektik, zu Ambivalenzen und internen Konflikten unter denen, die jeweils von einer solchen Identität betroffen sind: Es kann in konkreten Auseinandersetzungen richtig sein, sich als Arbeiter, als Frau oder Mann, als hetero- oder homosexuelle Person, als Farbige, als gebildet oder ungebildet zu definieren, doch kann dies in Proletkult, in die Festlegung auf die Identität als Frau oder die Zugehörigkeit zu einer ethnischen Gruppe führen. Aufgrund solcher Dynamiken, durch die emanzipatorische Selbstdefinitionen zu autoritären Unterordnungen unter ein Kollektiv führen, kann es in anderen Konstellationen richtig sein, diese Identitäten zurückzuweisen. Dass sich alle diese Identitäten zu einem Zeitpunkt in einer einzigen Identität artikulieren, so dass die Emanzipation von einer Identität auch gleichzeitig die von den anderen darstellt, ist kontingent. Poulantzas könnte so gelesen werden, dass auf dem Weg ihrer jeweiligen Emanzipation die Akteure die Auseinandersetzungen in Begriffen der Klasse führen sollten, weil allein damit das kapitalistische Produktionsverhältnis, die Trennung von Ökonomie und Staat sowie der Zwang zu bestimmten Identitäten in den Blick geraten und sich die Antagonismen auf eine bestimmte Weise, nämlich zu deren Überwindung, bündeln und verdichten – was notwendig ist, um alle Emanzipationsbestrebungen aus dem Knoten des verdichteten Kräfteverhältnisses zu befreien, ihnen den Weg frei zu machen, wenn sie nicht die jeweiligen erreichten Fortschritte in der Erlangung der Freiheit immer wieder gefährdet sehen wollen.

Literatur

Althusser, Louis, 1968: *Für Marx*, Frankfurt/M
Altvater, Elmar, u. Otto Kallscheuer (Hg.), 1979: *Den Staat diskutieren*, Berlin
Anderson, Perry, 1979: *Antonio Gramsci. Eine kritische Würdigung*, Berlin
Buci-Glucksmann, Christine, 1982: Formen der Politik und Konzeptionen der Macht, in: W. F. Haug u. W. Elfferding (Hg.): *Neue soziale Bewegungen und Marxismus*, Berlin
Buckel, Sonja, 2005: *Subjektivierung & Kohäsion. Zur Rekonstruktion einer materialistischen Theorie des Rechts*, Dissertation am FB Gesellschaftswissenschaften der Goethe-Universität, Frankfurt/M
Foucault, Michel, 2004: *Sicherheit, Territorium, Bevölkerung. Geschichte der Gouvernementalität I*, Frankfurt/M
Gramsci, Antonio, 1967: *Philosophie der Praxis*, Frankfurt/M
ders., 1996: *Gefängnishefte*, Bd. 7, Hamburg
Hirsch, Joachim, u. Roland Roth, 1986: *Das neue Gesicht des Kapitalismus. Vom Fordismus zum Post-Fordismus*, Hamburg
Jessop, Bob, 1982: *The Capitalist State*, Oxford
ders., 1985: *Nicos Poulantzas. Marxist theory and political strategy*, London
Koch, Max, 1998: *Vom Strukturwandel einer Klassengesellschaft*, Münster
Kreisky, Eva, Sabine Lang u. Birgit Sauer (Hg.), 2001: *EU. Geschlecht. Staat*, Wien
Laclau, Ernesto, 1981: *Politik und Ideologie im Marxismus*, Berlin
Laplanche, J., u. J.-B. Pontalis, 1975: *Das Vokabular der Psychoanalyse*, Frankfurt/M
Marx, Karl, u. Friedrich Engels, 1990: *Werke August 1849 bis Juni 1851*, MEW 7, Berlin
Poulantzas, Nicos, 2002: *Staatstheorie. Politischer Überbau, Ideologie, Autoritärer Etatismus* (1978). Mit einer Einleitung von Alex Demirović, Joachim Hirsch und Bob Jessop, Hamburg (2. Aufl.)
ders., 1983: Forschungsnotiz über Staat und Gesellschaft, in: *Widerspruch* 5/83
ders., 1980: Marxismus zwischen Sozialdemokratie und ›realem Sozialismus‹, in: J. Bischoff u. J. Kreimer (Hg.): *Annäherungen an den Sozialismus. Strategien eines dritten Wegs*, Hamburg
ders., 1976a: *Poulantzas/Miliband. Kontroverse über den kapitalistischen Staat*, Berlin. Darin enthalten: The Problem of the Capitalist State, in: *New Left Review*, H. 58, 1969; The Capitalist State: a Reply to Miliband and Laclau, in: *New Left Review*, H. 95, 1976
ders., 1975: *Klassen im Kapitalismus – heute*, Berlin
ders., 1974a: *Politische Macht und gesellschaftliche Klassen*, Frankfurt/M
ders., 1973a: *Faschismus und Diktatur*, München
Priester, Karin, 1981: *Studien zur Staatstheorie des italienischen Marxismus: Gramsci und Della Volpe*, Frankfurt/M-New York
Przeworski, Adam, 1980: Material Bases of Consent: Economics and Politic in a Hegemonic System, in: *Political Power and Social Theory*, Vol. 1
Sauer, Birgit, 2001: *Die Asche des Souveräns. Staat und Demokratie in der Geschlechterdebatte*, Frankfurt/M-New York
Schmidt, Carl, 1934: *Politische Theologie*, München-Leipzig
Veyne, Paul, 1981: *Der Eisberg der Geschichte*, Berlin

aus: Nicos Poulantzas – Aktualität und Probleme materialistischer Staatstheorie, Münster 2007, erweiterte und aktualisierte Fassung von: Nicos Poulantzas – eine kritische Auseinandersetzung, Hamburg-Berlin 1987

4.2. Erziehung zwischen Reproduktion und kultureller Produktion

Paul Willis

In diesem Beitrag[1] nutze ich die Gelegenheit, meinem Buch *Learning to Labour* (1977; dt. 1979)[2] einen erneuten Besuch abzustatten. Ich werde im Folgenden einige Argumente jenes Buchs im Lichte neuerer theoretischer Entwicklungen überprüfen und meine Argumente einordnen und weiterentwickeln. Ich will dabei versuchen, das Buch vor einem zwiespältigen und widersprüchlichen Schicksal zu bewahren: nämlich einerseits davor, dass es zu einem schlichten Widerstands-Paradigma aufgedonnert und entwertet wird, zu einem Buch, das den Oppositionsgeist oder die Klassengesinnung der Arbeiter feiert, sie romantisiert und sich unkritisch damit identifiziert;[3] andererseits davor, dass das Buch einem tiefsitzenden Pessimismus zugeordnet wird (wie er in den meisten aus den USA kommenden Reaktionen auf das Buch zu erkennen ist) – ein Pessimismus, der die Möglichkeit von Kampf und Veränderung ausschließt. Zugleich mache ich mich an eine Kritik der neueren Theorien über Erziehung und will dabei *Learning to Labour* und ähnliche Arbeiten in meine Variante der Cultural Studies-Tradition einordnen und einige ihrer anhaltenden Stärken aufzeigen. […]

Was folgt, ist von zwei entscheidenden Absichten bestimmt. Erstens will ich den »links-funktionalistischen« Aspekt meiner früheren Arbeit eingestehen und zugleich abschwächen: die überentwickelte Symmetrie und Ironie von *Learning to Labour*, wo das, was ich »Durchdringungen« (penetrations) genannt habe, allzu ordentlich ummantelt ist von dem, was ich als »Begrenzungen« (limitations) bezeichnet habe – so als ob sich Anpassung und Widerstand in untergeordneten Gruppen genau im Gleichgewicht befinden könnten und als ob eine spontane Konstruktionszeichnung des Kapitalismus »von unten« möglich wäre. Zweitens will ich eine komplexere, durchdachtere und angemessenere Version eines anderen Aspekts meiner Arbeit propagieren – desjenigen Aspekts, der immer der wichtigste war und den ich heute als den Aspekt der *kulturellen Produktion* bezeichnen möchte: Es geht dabei um die Bedeutungsprozesse, das »Machen«, das alternative Wissen, die Aktivität und Kreativität untergeordneter Gruppen, um die

---

[1] Zuerst erschienen 1983 unter dem Titel »Cultural Production and Theories of Reproduction«, in dem Band *Gender, Class and Education*, hg. von Stephen Walker u. Len Barton bei Falmer Press, Barcomb, Lewis, Sussex.

[2] Ich habe mich an anderer Stelle näher mit den Kritiken an diesem Buch auseinandergesetzt. Vgl. meine Einleitung zur amerikanischen Ausgabe und meinen Artikel in *Interchange*, 1:4, Toronto, 1981.

[3] Anm. d. Ü.: Da der deutsche Titel *Spaß am Widerstand* die romantisierende Lesart stark unterstützt, verwende ich im Folgenden durchweg den englischen Titel.

gesellschaftlichen Erwartungen, die sie erwecken – aber jetzt in einem mehr *internen* und *dialektischeren* Verhältnis zu den Strukturen einer kapitalistischen und patriarchalischen Gesellschaft.

Das Scheitern der sozialdemokratischen Bildungsoffensive und die Reproduktions-Theorie

Die Widersprüche und Illusionen der sozialdemokratischen »Landnahme« im Bildungswesen, der »Bildungsoffensive« (educational settlement), wie sie für die entwickeltsten westlichen Gesellschaften nach dem Kriege charakteristisch waren, sind in neueren europäischen und amerikanischen Arbeiten gründlich analysiert worden. In England ging diese »Bildungsoffensive« davon aus, dass es sich bei der expandierenden kapitalistischen Nachkriegswirtschaft um eine im Grundsätzlichen günstige Erscheinung handle, die den meisten Leuten einen wohlhabenden, mittelschichtorientierten Lebensstil ermöglichen würde. Es gab zwar noch Probleme: Nischen der Armut, der Ungleichheit und des Scheiterns, doch diese galten als Überreste des primitiven präkeynesianischen kapitalistischen Systems. Solche Anachronismen würde man beseitigen können, ohne das Wesen des Kapitalismus grundsätzlich infrage zu stellen. Höhere Besteuerung und die Expansion des Staates würden das gewiss erledigen. Das bevorzugte Instrument dieser Reformen war die staatliche Erziehung. Selbst potenziell oppositionelle Gruppen, etwa in der Arbeiterbewegung, waren sich darin einig, dass keine eigenständige, außerstaatliche Aktivität dazu notwendig sein würde (vgl. CCCS 1981).

Erziehung schien die Aussicht auf individuelle menschliche Entwicklung und gleichzeitig auf größere soziale Gleichheit zu eröffnen. Glücklicherweise waren beide Ziele miteinander vereinbar, denn sie würden das Wirtschaftssystem effektiver machen: schließlich gab es in einer expandierenden und hoch technisierten Gesellschaft einen Bedarf an hochqualifizierten Arbeitern. Es war also notwendig, »die Begabungsreserven auszuschöpfen«. Überdies würde man damit dem alles überragenden Ziel der sozialen Integration näherkommen, denn die Nachfrage der Individuen und die Nachfrage einer gesunden Wirtschaft würden so gleichzeitig befriedigt werden können.

Die scheinbare Kohärenz dieser Ziele war so groß, dass jedes Versagen von Bildungsmaßnahmen immer wieder als Fehler derjenigen angesehen wurde, an die sich diese Maßnahmen richteten.[4] Das Versagen war der Fehler der Bildungsempfänger – ihrer Umwelt, ihres Hintergrunds, ihrer frühen Kindheitserfahrungen oder der sie umgebenden Kultur. Die »kompensatorische Erziehung« und das Interesse an »kultureller Deprivation« hatten beide das Ziel, die Fähigkeiten und Qualifikationen der ärmeren Kinder anzuheben, damit die »Benachteiligten« den allgemein üblichen Startplatz im Rennen des

---

4 Vgl. für England die Serie der offiziellen Bildungsberichte, vom frühen Bericht »Early Leaving« aus dem Jahr 1954 bis zum Plowden-Report von 1967.

Lebens einnehmen könnten. Die Soziologie der Erziehung grub sich immer tiefere Gruben, indem sie ihre Tunnel immer weiter zurücktrieb in Familie, Kindheit, Individualpsychologie und isolierte Kultureffekte, um so die Quelle des »Versagens« zu identifizieren. Klassen und Klassenanalysen fanden nur Eingang, um eine gigantische Tautologie zu formulieren: Leute aus der Arbeiterklasse leiden unter Benachteiligungen im Hinblick auf Bildung und Kultur; Leute, die unter solchen Benachteiligungen leiden, gehören zur Arbeiterklasse. Es gab keine *Erklärung* dieser Vorgänge, auch keine Idee, wie sie mit der Ungleichheit der Klassenverhältnisse zusammenhängen könnten.

Wirtschaftskrise, reale Dequalifizierung in der Wirtschaft, Arbeitslosigkeit, Bildungs-»Realismus« und Rechtsruck haben die sozialdemokratische Bildungsoffensive ernsthaft infrage gestellt (vgl. CCCS 1981). Etwas mehr kritisches Denken hätte aber auch so gezeigt, dass es keine Hoffnung auf die Vereinbarkeit von persönlicher Entwicklung und Gleichheit geben kann. Denn es ist ohne weiteres erkennbar, dass »persönliche Entwicklung« für einige nirgendwohin führt und für andere zu hoch privilegierten Positionen, während noch andere diese Positionen durch nichts anderes erreichen als durch die Mühe der Geburt. Zwischen wirklicher Gleichheit im Leben – Gleichheit der Äußerungen und Möglichkeiten aller Menschen – und der bloßen Gleichheit der Chancen, diesem Banner der Bildungsreform, liegt eine ganze Welt.

Von den »Reproduktions«-Theoretikern ist behauptet worden, dass die sozialdemokratischen Ziele nicht aufgrund von Mängeln der Klientel verfehlt worden seien, sondern weil die Kinder aus der Arbeiterklasse scheitern *sollten*. In der Bildung gehe es nicht um Gleichheit, sondern um Ungleichheit. Der Hauptzweck der Erziehung, nämlich die soziale Integration in die Klassengesellschaft, könne nur erreicht werden, indem die meisten Kinder auf eine *ungleiche* Zukunft vorbereitet werden und indem die *Unter*entwicklung ihrer Persönlichkeiten gesichert wird. In der »Reproduktions«-Perspektive gibt es in der Wirtschaft nicht einfach Produktions-Rollen, die nur darauf warten, von den Erziehungsprodukten anständig ausgefüllt zu werden, in dieser Perspektive ist es umgekehrt: hier wird behauptet, dass die kapitalistische Produktion und die damit zusammenhängenden Rollen ganz bestimmte Bildungsergebnisse *erfordern*.

Learning to Labour lässt sich in diese allgemeine Perspektive einordnen (aber gleichzeitig – und das ist entscheidend – in die Perspektive der Cultural Studies; ich komme darauf zurück). In der Schule geht es zwar um vieles, was mit »Reproduktion« nichts zu tun hat, und der ethnografische Ansatz zeugt davon. Aber solange in einer von Ungleichheit geprägten Klassengesellschaft auf dem Schulwesen die Bürde von Auslese, Einordnung und Prüfung lastet, ist die Reproduktions-Perspektive relevant. Zur Entlarvung des sozialdemokratischen Programms hat mein Buch die qualitative Dimension hinzugefügt. Die Statistiken zeigen deutlich, in welch ungeheurem Ausmaß Bildungsleistungen und Bildungsergebnisse zwischen den Klassen ungleich verteilt sind, aber das lässt sich auf eine Weise erklären, welche die Logik des ursprünglichen Ansatzes intakt lässt: Es handelt sich dann um das Versagen der Kinder aus der Arbeiterklasse samt ihrer Familien. In *Learning to Labour* werden zwei Dinge hinzugefügt: Erstens, dass diejenige Gruppe der Jugendlichen, die am meisten für die neuen Chancen mobilisiert werden müsste, Bildung am aktivsten zurückweist. Zweitens trägt das Buch dazu bei, klarzumachen, dass solche kulturellen Reaktionen alles andere als »ignorant«, »anachronistisch«, »pathologisch« und ausrottungsbedürftig sind, dass solche Kulturen vielmehr in manch wichtiger Hinsicht *überlegen* sind, wenn es darum geht, die liberalen Wirkungsmechanismen zu begreifen. Die Kultur der »lads« beispielsweise, die ich in meinem Buch untersucht habe, enthält den Versuch, realistische Vorstellungen über die günstigsten Chancen dieser Gruppe in einer Klassengesellschaft zu entwickeln, während ihre Ratgeber sich längst im Knäuel der humanistischen Entwicklung verheddert haben.

Aber ich glaube, größere Bedeutung hatte das Buch dadurch, dass es den nächsten größeren Schritt im »Reproduktions«-Argument spezifiziert hat – nämlich wie Erziehung *konkret daran beteiligt ist*, das Gegenteil der sozialdemokratischen Hoffnung hervorzurufen, nämlich *Ungleichheit*. Die Skepsis gegenüber sozialdemokratischen Bildungszielen mag berechtigt sein, aber die Reproduktions-Perspektive bewegt sich zu schnell in Richtung auf eine einfache Umkehrung ins Gegenteil. Scheinbar gehorcht Erziehung einfach nur den Imperativen der kapitalistischen Wirtschaft; Hauptziel der Erziehung ist dann die permanente Einpassung von Mitgliedern der Arbeiterklasse in eine Zukunft, die von Ungleichheit geprägt ist. Erfahrungen und Tätigkeiten von Schülern werden hier zu einem bloßen Reflex der strukturellen Determiniertheit. Das Kapital verlangt es – also werden die Schulen es tun! Menschen werden zu Marionetten, zu Tölpeln, zu Zombies, in den tiefsten Empfindungen nach Belieben verführbar. Die Schule ist sogar das Hauptfeld dieses kosmischen Entwurfs. Aber nach allem, was man uns darüber berichtet, wie das konkret vor sich gehen soll, könnte die Schule genauso gut eine *black box* sein (vgl. Apple 1979).

Um aus dieser Sackgasse herauszufinden, um für eine Kritik der Reproduktionstheorie festeren Boden zu gewinnen, ist es nützlich, die Erziehungstheorie vorübergehend beiseite zu lassen und sich dem Ansatz und den allgemeinen Grundlagen der »Cultural Studies« zuzuwenden.

Die Perspektive der Cultural Studies

Die Flexibilität und die Reichweite der Cultural Studies beruht teilweise auf einem Eklektizismus und einer Vieldeutigkeit, die von einer Definition unvermeidlich eingeschränkt werden. Da ich jedoch ein Konzept von »Kultur« benötige, um den Boden für meine allgemeine Kritik der Reproduktionstheorien vorzubereiten, ist ein gewisses Maß an Definition erforderlich (dazu ausführlich Johnson 1982).

Ganz allgemein gesprochen, begreife ich das Projekt der Cultural Studies als ein spezifisches Interesse an einem bestimmten Moment der allgemeinsten gesellschaftlichen Prozesse, nämlich an denjenigen Vorgängen, in denen Menschen sich in der Produktion ihres gesellschaftlichen und materiellen Lebens *kollektiv selbst produzieren*. Diese Produktion steht immer im Verhältnis zu einer dominanten, in sich strukturierten Produktionsweise und vollzieht sich in antagonistischen und strukturierten gesellschaftlichen Verhältnissen – nicht zuletzt vollzieht sie sich für die Arbeiterklasse in einem antagonistischen, wenn auch zugleich reproduktiven Verhältnis zu den herrschenden Kulturen und dominanten ideologischen Praxen. Das kulturelle Moment daran betrifft, kurz gesagt, die spezifisch menschliche, kollektive Aktivität der *Bedeutungsgebung* (meaning making) – der *Sinngebung*, wenn man so will, und zwar in Bezug auf eine strukturelle Verortung (location), nämlich in Bezug auf die Position in einem sozialen Verhältnis und in einer Produktionsweise.[5]

Vielleicht ist es hilfreich, wenn man sich das Interesse an Kultur vorstellt als Konzentration auf eine der vielen Formen, in denen die gesellschaftlich Handelnden mit den sozialen Strukturen »verbunden« sind. Ich möchte hier drei Grundformen dieser Verbindung herausstellen. Im orthodox-marxistischen und ganz allgemein im strukturalistischen Denken besteht die erste und grundlegende »Verbindung« in der strukturellen und historischen *Determinierung* von Subjektivität und Kultur – plump gesagt besteht sie darin, dass man als Mitglied eines bestimmten sozialen Geschlechts, einer bestimmten Klasse, einer bestimmten Region geboren wird, dass man geformt und entwickelt wird zu einem gesellschaftlichen Subjekt im Rahmen eines bestimmten kulturellen und ideologischen Netzes und einer bestimmten Sprachgemeinschaft, womit man eine Reihe von zukünftigen Möglichkeiten »ererbt«. Das ist mehr oder weniger fixiert. Wir können beispielsweise nicht *beschließen*, reich und männlichen Geschlechts und mit einem bestimmten »kulturellen Kapital« ausgestattet zu sein.

Die zweite übliche Verbindung ist zur ersten komplementär: Sie besteht darin, dass solche Akteure, nachdem sie einmal auf bestimmte Weise geformt worden sind, sich einrichten und sich angemessen verhalten – indem sie vorgegebene Klassen-Rollen in der Produktion beziehen, heiraten, als verantwortliche »Staatsbürger« des bürgerlichen Staates wählen und auf bestimmte Weise handeln, wie um die Strukturen, in die sie hineingeboren wurden, aufrechtzuerhalten und sie für die nächste Generation zu reproduzieren.

Was ich diesen beiden »Verbindungen« hinzufügen möchte, ist ein entscheidendes Moment – ein Moment, das sozusagen zwischen ihnen liegt, das aber zugleich unsere Vorstellung von den beiden Verbindungen verändern sollte. Dieses Moment ist das spezifische Interpretationsobjekt der Cultural Studies. Es besteht darin, dass die übermittelten symbolischen, ideologi-

---

5 Damit will ich nicht sagen, dass ein solcher Sinn kognitiv oder rational wäre oder in den Individuen angesiedelt. Er kann in den Strukturen angesiedelt sein, in den impliziten und gelebten Bedeutungen kultureller Formen (vgl. Willis 1981).

schen und kulturellen Ressourcen aktiv und kollektiv verwendet und erkundet werden, um so die »ererbten« strukturellen und materiellen Existenzbedingungen zu untersuchen, ihnen einen Sinn zu geben und positiv auf sie zu antworten. Einmal in eine bestimmte strukturelle Position und in eine bestimmte symbolische Gemeinschaft hineingeboren und davon geprägt – Vorgänge, in Bezug auf die man keine Wahl hat –, versuchen die Menschen auch, ebendiese Vorgänge zu verstehen, sie zu untersuchen und auf sie zu antworten, insbesondere in der Kollektivität ihrer teilweise unbewussten kulturellen Formen. In der ersten hier dargestellten Verbindung geht es eben nicht nur um »Determinationen«, sondern auch um Vorgänge, die *verstanden* werden müssen. Damit wird beispielsweise das traditionelle marxistische Konzept von Basis und Überbau und von den Determinationen, die von »der Ökonomie« ausgehend »nach oben« wirken, nahezu umgestülpt. Behauptet wird eine aktive menschliche Fähigkeit, die in entgegengesetzter Richtung verläuft. Behauptet wird eine aktive und kreative Antwort der Menschen auf das, was sie geformt hat und was sie formt – eine Antwort, die niemals im Voraus spezifizierbar ist. In den Cultural Studies wird versucht, diese Bedeutungsgebung, diese Sinngebung darzustellen und zu analysieren, den Vorgang des Konstruierens und den des Konstruiertseins, die Produktion von Bewusstsein und Gefühl und die umfassenderen, einordnenden kulturellen Formen. Natürlich können solche »Kreativität« und »Erfindungskraft« nicht die Gegebenheit und die strukturierende Macht der Geschichte, der sozialen Verortung und der ererbten und tradierten ideologischen und kulturellen Diskurse transzendieren. Und sie können »zu normalen Zeiten« auch nicht verhindern, dass es Aktionen und Verhaltensweisen gibt, durch welche die tradierten gesellschaftlichen Strukturen und Verhältnisse aufrechterhalten und reproduziert werden. Ja es kann sogar sein, dass durch einige dieser Absichten, dieser psychischen und kollektiven kulturellen Prozesse, durch das Gespür für Kontrolle und Identitätsbildung und durch die damit verbundenen vielfältigen und vielförmigen alltäglichen Entscheidungen und Kompromisse – dass hierdurch etwas von dem, was wir »Struktur« nennen, überhaupt erst produziert und reproduziert wird. Das ist der Grund, warum die Perspektive der Cultural Studies so leicht in eine Reproduktions-Perspektive umkippt und in deren Enge und Pessimismus hineingezogen wird.

Im Rahmen dieser Definition lassen sich detailliertere und konkretere Aspekte der »kulturellen Ebene« angeben.[6] Die »kulturelle Ebene« enthält relativ kohärente Systeme materieller Praxen und ineinandergreifende Sym-

---

6   Ich verwende den allgemeinen Ausdruck »kulturelle Ebene« und beziehe mich damit sowohl auf spezifische kulturelle Formen als auch auf Sprache, praktisches Bewusstsein und individuellere Formen der Sinngebung. »Kulturelle Formen« bezeichnet entweder Texte irgendwelcher Art oder eine relativ abgeschlossene Menge von Symbolen, Diskursen und Texten, die in Beziehung stehen zu den Routinetätigkeiten und zur Praxis einer bestimmten Menge von Akteuren an einem bestimmten sozialen Ort – z. B. Gegenschulkulturen, Betriebskulturen.

bolsysteme, die ihre bereichsspezifischen Besonderheiten und Ziele haben. Sie bilden das gewöhnliche Milieu der alltäglichen Existenz, das alltägliche Spektrum der gemeinsamen Betroffenheiten, Aktivitäten und Kämpfe; durch sie kommen die gesellschaftlichen Akteure zu einer kollektiven, vermittelten, gelebten Bewusstheit in Bezug auf ihre Existenzbedingungen und ihr Verhältnis zu anderen Klassen.

Zu den charakteristischen Zügen dieses Milieus gehören: die »gelebte kollektive Bewusstheit« als konkrete Form des Widerstands; relativ rationale kollektive Antworten auf die jeweils gegebenen Dilemmata und Möglichkeiten; unbewusste und kollektive kulturelle Bedeutungen, die in ihrer Immanenz dennoch dazu beitragen, Handlungen zu orientieren und Subjektivität zu konstituieren; kollektive »Interpunktionen« der regulierenden Ideologien und der einengenden Kontroll- und Herrschaftstechniken; widersprüchliche und komplex artikulierte Diskurse und tradierte symbolische Formen und Praxen; komplexe ideologische Effekte, durch welche Bedeutungen reguliert werden – sowohl als Inputs als auch als Outputs von kulturellen Formen.

Im Rahmen der Cultural-Studies-Perspektive möchte ich hier jedoch am meisten den Begriff der *kulturellen Produktion* hervorheben.[7] Dies ist das aktive Prinzip der »kulturellen Ebene«; das damit verbundene Konzept von sozialen Akteuren steht im Gegensatz zu deren Auffassung als passiven Trägern und Übermittlern von Strukturen und Ideologien. Die sozialen Akteure werden vielmehr als aktiv Aneignende begriffen; sie produzieren Bedeutungen und kulturelle Formen, indem sie mit Hilfe von Werkzeugen bestimmte Materialien in Produkte verwandeln. Dies geht ganz ähnlich vonstatten wie die materielle Produktion. Kulturelle Produktion ist der *Prozess* des kollektiven, kreativen Gebrauchs von Diskursen, Bedeutungen, Materialien, Praxen und Gruppenprozessen, wodurch bestimmte Positionen, Verhältnisse und materielle Möglichkeiten erkundet, verstanden und kreativ besetzt werden. Bei unterdrückten Gruppen gehören dazu aller Wahrscheinlichkeit nach Formen der Opposition und, wie ich es in *Learning to Labour* genannt habe, die kulturelle »Durchdringung« von konkreten Orten (sites), Ideologien oder Regionen. Am Rande sei vermerkt, dass die Entdeckung dieser unterdrückten, informellen Formen zum Spezialgebiet einer qualitativen, ethnografischen, angemessenen, »lebendigen« Methode wird – über solche Vorgänge wird von der bürgerlichen Buchhaltung eben kein offizieller Bericht erstattet.

Der Begriff *kulturelle Produktion* insistiert also auf den aktiven, verändernden Aspekten von Kulturen und auf den kollektiven Fähigkeiten sozialer Akteure, nicht nur wie Theoretiker zu denken, sondern auch wie Aktivisten zu handeln. Lebenserfahrungen; individuelle Projekte und Gruppenpro-

---

7   Vgl. auch Williams 1977. Die allgemeinen Ausdrücke können sich hier gleichermaßen auf die Kultur der Mittelschichten wie auf die der Arbeiterklasse beziehen. Die kulturelle Produktion der Arbeiterklasse ist jedoch wahrscheinlich von der Mittelschicht-Produktion qualitativ verschieden und erzeugt andere Arten von kulturellen Formen und andere Arten von Wissen. Zur Diskussion dieser Fragen vgl. Willis 1982.

jekte; verborgenes, verbotenes und informelles Wissen; private Ängste und Phantasien; die bedrohliche, anarchische Macht, die von Zusammenschlüssen ausgeht, die keinerlei Ehrfurcht kennen; die schmutzige, materielle Produktion all dieser Dinge – das sind nicht bloß interessante Zusätze, auch nicht die Resultate einer »strukturellen Verortung« mit offenem Ausgang und nicht einmal die private Erkenntnis der Strukturen, wie in Wrights »Private Troubles«. Diese Dinge sind vielmehr zentral; sie sind determiniert, aber auch selbst determinierend. [...]

Wir sind damit an einem Punkt angelangt, von dem aus wir zur Betrachtung der Hauptbeiträge zur Reproduktionstheorie zurückkehren können.

Das Bildungswesen als ideologischer Staatsapparat: Althusser

Es war Althusser, der in seinem Aufsatz über die Ideologischen Staatsapparate (1977) Erziehung und Bildung die entscheidende Rolle in der gesellschaftlichen Reproduktion zuschreibt. Das Bildungswesen erzeuge die notwendigen Qualifikationen für die Produktion, die notwendig abgestuften Ideologien für die gesellschaftliche Arbeitsteilung, und es sorge für die Bildung von Subjektivität vermittels des berühmten »imaginären Verhältnisses der Individuen zu ihren realen Existenzbedingungen« (Althusser 1977, 133). Es wird darauf hingewiesen, dass im Bildungsbereich trotz der verwirrenden Bestrebungen, das Gegenteil durchzusetzen, fortwährend ein bestimmtes gesellschaftliches Verhältnis hergestellt wird – zum Zwecke der Fortdauer der kapitalistischen Gesellschaftsformation. Aber das ist in gewisser Weise eine Tautologie. Der bloße Augenschein lehrt bereits, dass der Kapitalismus fortbesteht und dass die meisten Kinder zur Schule gehen. Ergo sind Schulen an der Schaffung desjenigen gesellschaftlichen Verhältnisses beteiligt, das Bedingung ist für das Funktionieren des Kapitalismus. Für eine erklärende Darstellung, die solchen Formalismus und Rationalismus vermeidet, braucht man einen Begriff von der tatsächlichen Bildung von Klassen – sicherlich im Verhältnis zueinander; aber nichtsdestoweniger hat jede ihre eigene profane materielle Existenz. In Althussers impliziter Vorstellung, wie dieses Verhältnis vonseiten der Arbeiterklasse praktiziert wird, figuriert die Arbeiterklasse als völlig beherrscht und als bloße Trägerin der Strukturen des Kapitalismus. Die Arbeiterklasse wird bei Althusser geformt, ohne dass er ein Wort über deren eigene kulturelle Produktion verliert.

Teil des Problems ist hier die strukturalistische Vorstellung, die Ökonomie bestehe aus vorgegebenen leeren Stellen oder Plätzen (vgl. Althusser/Balibar 1972, Bd. 2, 242; Anm. d. Übers.), die einfach ausgefüllt werden – von Akteuren, die mit der richtigen Ideologie und Subjektivität ausgestattet sind. Die Struktur erscheint hier keineswegs als das Ergebnis von Auseinandersetzungen und Kämpfen um Bedeutungen und Definitionen – und aufseiten der Arbeiterklasse ist eine Quelle dieser Kämpfe das, was ich »kulturelle Produktion« nenne; die Struktur ist hier vielmehr eine hypostasierte Gegebenheit in einer gänzlich ungesellschaftlichen Welt. Die absolut vorgegebenen Umrisse dieser »Plätze« müssen von Akteuren ausgefüllt werden, die über keine gemeinsamen kollektiven Prinzipien von Veränderung und Kontinuität verfügen. Ohne eine Vorstellung davon, dass Strukturen sowohl ein umkämpftes Medium wie ein Ergebnis des sozialen Prozesses sind, wird Reproduktion zu einer mechanischen Unvermeidlichkeit. Eine *vorgegebene* und *vorbestimmte* Struktur von Klassenverhältnissen und eine entsprechende Produktionsstruktur werden dann einfach ersetzt. Tätigkeit (agency), Kampf, Veränderung – all das, was zumindest teilweise dazu beiträgt, dass gewissermaßen eine »Ausgangs-Struktur« geschaffen wird – werden in die je schon existierende Vorgegebenheit der leeren Plätze verbannt.

Die Korrespondenz zwischen Ökonomie und Erziehung: Bowles und Gintis

Bowles und Gintis bewegen sich im Rahmen eines ähnlichen Paradigmas. Wir werden hier jedoch nicht mit der ideologischen Arbeitsweise der Ideologischen Staatsapparate konfrontiert, sondern mit dem strukturalistischen Prinzip der »Entsprechung« oder »Korrespondenz« zwischen Erziehungswesen und Ökonomie (Bowles/Gintis 1978). Selbst die Rhetorik einer Autonomie des Reichs der Bildung wird aufgegeben. Unumschränkt herrscht ihre Majestät, die Ökonomie – und dies im eigenen Gewand. Die »Gewöhnung« an den Erziehungsprozess ist genau dieselbe wie die »Gewöhnung« an die Produktion – das eine Verhältnis bereitet direkt das darauf folgende vor. Das Prüfungswesen fügt solcher Sozialisation zur Ungleichheit die Legitimation hinzu. Wir haben hier die Ontologie von der ausgelieferten Klasse in ihrer ausgeprägtesten Form; kulturelle Formen und materielle Erfahrungen werden hier in Kategorien der unmittelbaren Manipulation dargestellt, als vom Kapital angerufen und begründet. Man fragt sich, wo die Individuen, Klassen oder Gruppen herkommen sollen, die dem schönen Aufruf zu einer sozialistischen pädagogischen Praxis, mit dem Bowles und Gintis ihr Buch abschließen, auch nur zuhören, geschweige denn ihn verstehen. Aus der Welt der »Korrespondenz« können sie bestimmt nicht kommen. Die beiden Hälften der Analyse passen nicht zusammen.

Der Begriff der »Korrespondenz« übergeht die Möglichkeit des Widerstands und verfehlt damit die Konstituierung der Arbeiterklassenidentitäten, welche – zumindest teilweise – von ihrem ideellen Ausdruck in der bürgerlichen Vorstellung getrennt sind. Der Begriff der »Korrespondenz« übergeht, dass die Arbeiterklasse auf ihr Verhältnis zur herrschenden Klasse unabhängig einwirkt; er übersieht so Bewusstsein und Kultur als konstitutive Momente des gesellschaftlichen Prozesses. Menschliches Handeln wird hier als Ergebnis ganz unmenschlicher und abgetrennter Strukturen aufgefasst. Die Untersuchung ist deshalb nicht in der Lage, das massive und gegenwärtig ganz offensichtliche Nichtzusammenpassen von Ökonomie und Bildung zu begreifen; und so wird es überflüssig, sich mit einer Realanalyse dessen zu befassen, was in Schulen vor sich geht.

Eine Untersuchung wie die von Bowles und Gintis kann leicht eine Menge konventioneller statistischer Arbeiten und bürgerlicher Apologien zu diesem Gebiet übernehmen, denn die Untersuchung bekräftigt in gewisser Weise das, woran diese Leute glauben: dass es nämlich möglich ist, gesellschaftliche Anforderungen korrekt zu identifizieren und ihnen effektiv nachzukommen. Dagegen muss man die offenkundige Tatsache halten, dass die verschiedenen Fraktionen der herrschenden Gruppe untereinander uneins sind, sowohl bezogen auf industriell-instrumentelle Ziele als auch auf humanistische Entwicklungsziele für die Gesellschaft, und dass die »Autonomie«, der »Professionalismus« und die Beteiligung der Universität an der Formulierung von »Bildungsinteressen« alternative Einschätzungsgrundlagen liefern können. Überdies sind die »Bedürfnisse des Kapitals« meist sowieso widersprüchlich.

Ich behaupte, dass die kulturelle Produktion der verschiedenen beherrschten Gruppen dafür sorgt, dass eine direkte Prägung der Schüler durch gesellschaftliche Anforderungen auch dann unmöglich wäre, wenn die Anforderungen konsistent definiert würden. Dies verweist darauf, dass selbst eine minimale Gewöhnung an Arbeit tatsächlich erst durch das Zusammenspiel vieler Vorgänge an vielen sozialen Orten (sites) erreicht wird – dazu gehört nicht zuletzt die Bildung des sozialen Geschlechts in der Familie und die Produktionserfahrung selbst. Dies verweist auch darauf, dass die Schule nur ein Ort in einer Kette von weiteren Orten ist, die alle in viele verschiedene Formen von »Reproduktions«-Kämpfen verwickelt sind – dazu gehören nicht zuletzt die Bildung des sozialen Geschlechts und der nachfolgenden Generation. Wir dürfen niemals zu früh den Schluss ziehen, die Schule sei der Hauptort für die Zurichtung all dieser warmen, konkreten, mit einem sozialen Geschlecht ausgestatteten Körper, die dann tatsächlich in die Produktion eintreten, und noch weniger dürfen wir den vollzogenen Übergang in die Produktion rückwärts lesen als Ergebnis einer in den Schulen sich vollziehenden *Klassen*-Logik.

Das Bildungswesen als Ort kultureller Willkür und symbolischer Gewalt: Bourdieu

Unter diesem Gesichtspunkt stellt Bourdieus Untersuchung in Teilen einen echten Fortschritt dar (vgl. Bourdieu/Passeron 1971 u. 1973). Wir werden hier mit einer »kulturellen Ebene« bekannt gemacht – zumindest in Hinsicht auf die herrschende Klasse –, und es wird gezeigt, dass sich diese Ebene tatsächlich von der Ökonomie unterscheidet und ihr gegenüber eine gewisse Autonomie hat. Das, was man sich letztlich als Scheinautonomie vorstellen kann, ist in Wirklichkeit das zentrale Merkmal der Erziehung. Durch ein kohärentes Feld von Regeln und durch eine Reihe von Verhältnissen, die sich selbst als eigenständig und objektiv darstellen, wird genau diejenige Kultur verherrlicht und »offizialisiert«, die in Wirklichkeit das Eigentum der herrschenden Klasse ist. Je höher man im Bildungssystem kommt, umso mehr wird diese Kultur deshalb zur selbstverständlichen Voraussetzung. Sie ist Bedingung für den Erfolg. Darüber hinaus wird ebendiese Kultur als legitime und objektive Kultur proklamiert. Schüler aus der Arbeiterklasse scheitern nicht, weil sie zur Arbeiterklasse gehören, sondern weil sie nicht über die »objektiven« Qualifikationen und über die »objektive« Sprache verfügen, die für den Erfolg notwendig sind. Sie werden nicht »ausgekühlt«,[8] sie werden »aus-codiert«! Das kulturelle Kapital ist zum wirklichen Kapital geworden; Mangel an Kapital – wenn man nämlich nur die eigene Arbeitskraft besitzt und sonst nichts – wird zum Mangel an *kulturellem* Kapital. Während die Produktionsbeziehungen schnell den gesellschaftlichen Ausschluss, die Ungleichheit und die Erblichkeit zeigen, die mit dem wirklichen Kapital verbunden sind, garantiert die Erziehung die scheinbare Gleichwertigkeit, Unabhängigkeit und frei geborene Gleichheit des symbolischen Kapitals. Die Erziehung mystifiziert sich selbst, indem sie verschleiert, wie sie die gesellschaftlichen Kräfteverhältnisse zur Grundlage hat und sie zugleich reproduziert. Ihre Majestät, die Ökonomie, steht gern beiseite, solange die Erziehung ihr diesen Dienst erweist.

Wir haben hier einleuchtende Elemente einer wirklich autonomen Konzeption der Funktionsweise von Prüfungen und Legitimationsprozessen. Wir erhalten überdies eine detaillierte und plausible Darstellung, wie entscheidende ideologische Verkehrungen und Mystifikationen bewirkt werden, ohne dass Bourdieu dabei implizit auf eine Theorie des falschen Bewusstseins zurückkommt.

Natürlich basiert diese Bildungstheorie auf den Grundlagen von Bourdieus umfassenderem System: Die Machtgruppe übt (offenbar in jeder Gesellschaft) ihre Macht aus, um – mittels »kultureller Willkür«, verstärkt durch »symbolische Gewalt« – Bedeutungen aufzuzwingen, und sie tut dies auf eine Weise, durch welche das zugrunde liegende Machtverhältnis verschleiert wird. Dies konstituiert eine doppelte Gewalt: die des Aufzwingens und die des Verschleierns. Und dies ist eine wichtige Grundlage für die Erzeugung des »Habitus«, eines dauerhaft installierten Erzeugungsprinzips regulierter Improvisationen (vgl. Bourdieu 1979); der Habitus liefert Dispositionen für Handlungen, die letztlich diejenigen Ausgangsstrukturen und die Machtverhältnisse reproduzieren, welche die Grundlage der ursprünglichen symbolischen Gewalt sind.

Aber wenn man diese allgemeine Theorie näher überdenkt, lassen sich einige Fehler erkennen, die den Wert der Bereichstheorie über Erziehung einschränken. Seltsamerweise sieht man das Problem der Analysen von Althusser und von Bowles und Gintis wiederkehren wie ein Gespenst – nämlich dass der Kultur ein fast völlig abgesonderter Bereich zugewiesen wird; und da die Erziehung eine Komplizenrolle bei der Aufrechterhaltung

---

8   Anm. d. Ü.: Anspielung auf Clarks klassischen Aufsatz zur technologisch-funktionalistischen Bildungssoziologie (Clark 1960).

der Kultur spielt, erscheint die Ökonomie – wenn auch hinter der Szene – als das grundlegende, festliegende Universum und die Kultur als eine Hinzufügung. »Die Ökonomie« tritt hier nicht auf als eine bestimmte Produktionsweise voller Widersprüche, sondern als eine abstrakte Menge von Machtverhältnissen, die zu jeder Art von Gesellschaft scheinbar gleichermaßen passen. Diese Macht wird als etwas Gegebenes genommen, und Kultur wird dann sehr überzeugend hinzugefügt, um die Reproduktion der Macht zu demonstrieren. Aber die ursprüngliche Produktion der Macht ist mythisch; letztlich handelt es sich um eine Voraussetzung, die es dem Spiegelkabinett der Kultur ermöglicht, überhaupt zu existieren und zu reflektieren. Wir haben es hier mit einer vorgegebenen Machtstruktur zu tun, die dann kulturell reproduziert wird. Was aber ist mit der *Herausbildung* der Machtstruktur, mit der das Ganze gewissermaßen »anfängt«? Welche Rolle spielt Tätigkeit in dieser »Reproduktion«, wenn die Machtfrage bereits erledigt ist, ehe wir mit der Analyse überhaupt begonnen haben?

Ich behaupte, dass wir einen Begriff von strukturierten und dauerhaften Machtverhältnissen überhaupt nur dann gewinnen können, wenn wir über einen materialen Begriff der kulturellen Produktion verfügen, die in den Widersprüchen einer herrschenden Produktionsweise am Werk ist und diese Widersprüche bearbeitet. Bei allem Reichtum des Bourdieu'schen Systems – Widerstand, Tätigkeit, Kampf, Differenzen sind aus der Geschichte verbannt. Kapital wird, selbst für die Mächtigsten, zum trägen Besitz – zu formeller Macht, zu Geld und zu symbolischem Reichtum – statt zu einem Gesamt von umkämpften gesellschaftlichen Verhältnissen, das in der gesamten Produktionsweise am Werk ist.

Der Kern von Bourdieus Bildungstheorie betrifft natürlich die bürgerliche Kultur, und hier gibt es, wie gesagt, Fortschritte. Aber selbst hier, an seinem stärksten Punkt, leidet das System daran, dass jeder Begriff von kultureller Produktion (in meinem Sinne) fehlt. Unter dem massiven Gewicht von homogener symbolischer Gewalt und kultureller Willkür ist das Problem der Unterschiede zwischen Bürgerkindern und der Widerstände von Bürgerkindern unzugänglich. Genauso wenig sind die Stadien der »Akkulturation«, ihre charakteristischen Motive, ihre subjektiven und inneren Widersprüche mit dem allgemeinen Begriff des »Habitus« erfassbar.

Diese Schwierigkeiten und Unangemessenheiten werden sehr viel klarer, wenn wir Bourdieus Schema nicht auf die herrschende Übertragung und Kultur, sondern auf die untergeordnete Kultur und Übertragung beziehen. Die Argumente zur kulturellen *Legitimation* der herrschenden Kultur sind vielleicht hinreichend klar. Aber selbst wenn die Beherrschten akzeptieren, dass sie kein Recht auf *kulturelle* Privilegien haben, ist dies immer noch keine ausreichende Argumentation dafür, dass sie zugleich ihre *gesellschaftliche* Unterprivilegierung und ihre *ökonomische* Ausbeutung akzeptieren. Warum sollten sie die Dominanz des kulturellen Kapitals überhaupt eher akzeptieren als die Herrschaft des realen Kapitals? Man könnte genauso gut sagen, dass sie auch kein reales Kapital haben, oder dass eine Ideologie zur Verfügung steht, die die freien Kapazitäten zur Akkumulation sowohl von realem Kapital als auch von symbolischem Kapital betrifft und an der alle Gefallen haben. Aber dies hindert die Beherrschten nicht daran, gegen die Macht des realen Kapitals Widerstand zu leisten. Wir suchen immer noch nach einer Erklärung, warum die »Machtlosen« ihr ungleiches Schicksal offenbar überwiegend akzeptieren. Platt gesagt: Dass die Beherrschten ihre kulturelle Minderwertigkeit akzeptieren, kann niemals die geeignete Grundlage für ihre allgemeine Unterwerfung unter die Ausbeutung sein, auch wenn es eine mögliche Bedingung dafür sein könnte. Wie verstehen und akzeptieren die »Machtlosen« dann überhaupt ihre Position? Welche Rolle spielen sie in der »Reproduktion«?

Unglücklicherweise hat Bourdieus Reich der Kultur für die Beherrschten nicht dieselbe Erklärungskraft wie für die Herrschenden. Die Beherrschten werden bei ihm tatsächlich zu den Enteigneten. Nach allem, was mit »Kultur« als einem abgetrennten und unabhängigen Bereich bezeichnet wird, bedeutet der Begriff hier in Wirklichkeit bürgerliche Kultur. Die Beherrschten haben demnach keine Kultur. Ihre »Kultur« ist anscheinend ein bloßes Übertragungsmedium, das hinter dem Rücken ihrer »objektiven« Lebenschancen wirksam ist. Die Beherrschten disqualifizieren sich selbst, weil sie niemals eine Chance gehabt haben. Wo bleibt hier die Autonomie der Kultur? Für die bürgerliche kulturelle Produktion war es – auf ihrer spezifischen Ebene – kein Hindernis, dass die Mitglieder des Bürgertums *jede* Lebenschance hatten! Ihre Majestät, die Ökonomie, betritt wieder energisch die Szene: Die Kultur der Unterdrückten ist identisch mit deren struktureller Verortung in der Gesellschaft. Wir haben hier nicht einmal den Rahmen einer »Korrespondenz«. Weil weder die kulturelle Produktion und die kulturelle Übertragung der Herrschenden noch die der Beherrschten in der Produktionsweise, im Klassenkampf und in den Klassenauseinandersetzungen verwurzelt werden, und weil keine griffigen, allgemein akzeptierten Elemente zur Verfügung stehen, die sich selbst mittels einer Ästhetik als »Kultur« der beherrschten Klasse darstellen würden, haben die Beherrschten eben auch keine relativ unabhängige Kultur und kein relativ unabhängiges Bewusstsein. Sie erkennen ihre Chancen, das ist alles. Für die Bourgeoisie ist Kultur etwa das Theater, aber für die Proletarier besteht Kultur darin, Wetten abzuschließen – in einem manipulierten Pferderennen, in dem sie selbst die Pferde sind. In der proletarischen Kultur müssen sämtliche Rollen vom Wirtschaftsleben gespielt werden! Bourdieu fehlt jeder Begriff von einer spezifischen und relativ unabhängigen kulturellen Produktion des Proletariats im Verhältnis zum materiellen Leben; angesichts dieser Tatsache ist es nicht überraschend, dass sein System zu einer radikalen Bildungspolitik nichts zu sagen hat. Es präsentiert letztlich eine düstere, geschlossene weberianische Welt, aus der es kein Entrinnen gibt. Es gibt bei ihm keine theoretische Grundlage für eine Politik der Veränderung, für die Erzeugung von alternativem oder radikalem Bewusstsein.

Klassifikation und Rahmung pädagogisch vermittelten Wissens: Bernstein

In Bernsteins Äußerungen über Erziehungscodes und deren Verhältnis zur Produktion gibt es hierzu eine Reihe von deutlichen Hinweisen. Bernstein befasst sich in dem Aufsatz »Zu einigen Aspekten der Beziehung zwischen Erziehung und Produktion« (1977) zwar nur mit dem Aspekt der »Korrespondenz« und nicht mit Legitimationsfragen (ganz zu schweigen von dem, was ich kulturelle Produktion nenne); wir werden hier jedoch zum ersten Mal mit der Möglichkeit von radikalen Brüchen zwischen Erziehung und Produktionssystem konfrontiert. Der Erziehungscode hat eine Tendenz zur Verbindung von schwacher »Klassifikation«[9] mit schwacher »Rahmung«,[10] er tendiert also in Richtung auf einen »integrierten Code«;[11] er speist jedoch ein Industriesystem, das zu starker Klassifikation und starker Rahmung tendiert, also in Richtung auf einen »Sammlungscode«[12] geht – insbesondere unter den Bedingungen von Thatcherismus und Reaganismus. Dieses Auseinandertreten widerspricht allem, was wir von der Korrespondenztheorie her hätten erwarten können; am ausgeprägtesten findet man es auf den »unteren« Ebenen der Erziehung (deren Entwicklung am stärksten in Richtung auf einen integrierten Code geht) sowie auf den »unteren« Ebenen der Industrie (die traditionell und bis heute durch starke Klassifikation und starke Rahmung gekennzeichnet sind): kurz, am ausgeprägtesten ist das Auseinandertreten von Erziehung und Produktion bei der Arbeiterklasse und dort vor allem im unteren Bereich – also genau für diejenigen, die das Hauptgebiet der Korrespondenz-Theorien darstellen.

Bernstein entwickelt diesen Gedanken nicht weiter, aber wenn Aspekte der Erziehung für das Produktionssystem dysfunktional sind, wenn sie also

---

9   Anm. d. Ü.: Klassifikation bezieht sich bei Bernstein (1976, 128ff.) auf die Binnen-Abgrenzungen zwischen den verschiedenen Bereichen pädagogisch vermittelten Wissens. Bei starker Klassifikation sind die verschiedenen Unterrichtsinhalte durch starke Grenzen voneinander getrennt, bei schwacher Klassifikation nur durch schwache Grenzen.

10 Anm. d. Ü.: Mit Rahmung (framing) bezeichnet Bernstein die Außen-Abgrenzungen zwischen pädagogisch vermitteltem Wissen und dem sonstigen Wissen; insbesondere geht es um die Abgrenzung zwischen schulischem Wissen und dem gemeinsamen Alltagswissen von Schülern und Lehrern. »Rahmung« verweist damit auf den Entscheidungsspielraum, der Lehrern und Schülern darüber zur Verfügung steht, was im pädagogischen Verhältnis übermittelt und rezipiert wird. Bei starker Rahmung besteht eine scharfe Abgrenzung, bei schwacher Rahmung eine unklare Abgrenzung zwischen dem, was übermittelt werden kann, und dem, was nicht übermittelt werden kann (vgl. Bernstein 1976, 128ff.). »Starke Rahmung« entspricht in der Curriculumtheorie ungefähr dem Begriff des »geschlossenen Curriculums«, »schwache Rahmung« ungefähr dem »offenen Curriculum«

11 Anm. d. Ü.: Unter einem integrierten Code versteht Bernstein jede Organisation pädagogisch vermittelten Wissens, die durch ein deutliches Bemühen um Verringerung der Klassifikationsstärke gekennzeichnet ist (vgl. 1976, 131).

12 Anm. d. Ü.: Sammlungscode ist Bernsteins Begriff für Curricula mit klarer Abgrenzung der Inhalte: in der Sprache der Curriculumtheorie entspricht das in etwa dem »additiven Curriculum«.

nicht von sich aus das gesellschaftliche Verhältnis hervorbringen, die für den Kapitalismus so wichtige Teilung von geistiger und körperlicher Arbeit – welche in der Tat ein Eckstein der Klassengesellschaft ist, aber eben nicht einfach durch Unterdrückung oder durch Teilnahme am Arbeitsprozess hervorgerufen wird. Die Gegenschulkultur hat überdies den Effekt, dass theoretische »Leistungsschwäche« assoziiert wird mit »weltlicher« Frühreife. Diese »Weltlichkeit« zieht die »lads« an und setzt sie in Bewegung – aber zugleich in Richtung auf die Ausbeutungsverhältnisse der Erwachsenen. Sie wollen den Erwachsenen-Konsum und das Erwachsenen-Verhalten, und sie kriegen Jobs. Sie wollen gewissermaßen »die Welt« – auch wenn der Preis dafür ist, dass man sie verliert.

Learning to Labour umreißt auch, wie von der Gegenschulkultur einige unbemerkte, aber grundlegende Themen der Männlichkeit in das Selbstgefühl und in die experimentellen Formen und den körperlichen Ausdruck der Arbeitskraft aufgenommen werden. Es ist die Männlichkeit, die dem Widerstand in der Schule seine Schärfe gibt; durch sie wird die Identität abgerundet und ausgefüllt – eine Identität, die in einer sozialen Position angesiedelt ist, die von allen sonstigen Werten entleert ist. Die Männlichkeit ist es aber auch, die dazu beiträgt, dass geistiges Leben diskreditiert und Schwerarbeit akzeptiert wird, indem die Männlichkeit ihr eine verschobene Bedeutung und Würde verleiht. Diese Männlichkeit kann Frauen unterdrücken und zur Reproduktion der konventionellen Geschlechterrollen in der Familie führen. Kreative Kulturen findet man da, wo Stile der Anpassung gelernt werden, wo sie Halt und Form geben. Die Zukunft kann genau da liegen, wo diese Kulturen binden und fesseln.

Unter dem Gesichtspunkt der Cultural Studies ist die »Internalität« festzuhalten, in der einige Strukturen und einige wesentliche ideologische Architekturen des patriarchalen Kapitalismus erlebt und reproduziert werden. Reproduktionsprozesse und Widersprüche sind keine abstrakten Kräfte. Sie sind in das wirkliche Leben der Menschen dynamisch eingebettet; sie sind nicht einfach die Entsprechung oder der Reflex tieferliegender Strukturen.

Nebenbei sei festgehalten, dass die meisten Aktivitäten trotz all ihrer oppositionellen oder reproduktiven Konsequenzen zugleich als Spaß und als spannend erlebt werden. Angesichts unserer Unfähigkeit, die Umrisse einer sozialistisch gelebten Kultur zu liefern, einer vibrierenden, lustigen, unterhaltsamen Kultur, sollten wir mit unseren Einschätzungen vorsichtig sein. Wir sollten dieser kulturellen Produktion keine undialektische Rationalität aufzwingen, die zum sozialistischen Grabstein für all das wird, was Spaß macht. Wir sollten aus unserer Begegnung mit kultureller Produktion keinen verregneten Beerdigungs-Nachmittag machen, auf dem die Betroffenen sich mit entfernten Verwandten herumschlagen, die hinter dem Geld her sind – hinter dem Klassen-Erbe.[13]

---

13 Bei der allgemeinen Betonung der kulturellen Produktion als Ausgangspunkt in *Learning*

Einige neue Begriffe

Es ist vielleicht lohnend, einige Verbindungen zwischen kultureller Produktion und Reproduktion zu systematisieren und zu verallgemeinern. Ich schlage vor, diese Prozesse in vier Kategorien aufzuteilen, die alle wesentlich aufeinander bezogen sind und sich gegenseitig verstärken: *Abschließung* (locking), *Entwichtigung* (destressing), *Transformation* und *Isomorphie*.

Den Ausdruck *Abschließung* könnte man verwenden, um damit auf die überraschenden Prozesse aufmerksam zu machen, in welchen Bedeutungen, Haltungen, Symbole und damit verbundene Verhaltensweisen, die sich auf die umgebenden systematisch betriebenen Praxen oder auf die positionszuweisenden Institutionen beziehen, fixiert werden – und zwar so, dass dies für andere Bereiche und Prozesse Konsequenzen hat, vielleicht sogar für solche, die erst noch in der Zukunft liegen. Eine kulturell erzeugte Konfiguration, die in ihrer Logik auf einen bestimmten sozialen Ort bezogen ist, wird dann in »abgeschlossener« Form auf andere soziale Orte übertragen – auf Orte, für die eine andere Konfiguration jedoch eher passend gewesen wäre. Die *abgeschlossene* Kultur organisiert für den neuen sozialen Ort ein ähnliches Verhalten wie für den Ausgangsort, so als ob er im Wesentlichen mit ihm identisch wäre. Dies ermöglicht die verschiedensten reproduktiven Effekte. Ich denke in unserem konkreten Fall an die *Schule*, an die Anti-Haltung dort gegenüber geistiger Tätigkeit (anti-mentalism), an die Männlichkeit, daran, wie ein Bewusstsein von kultureller Identität durch eine spezifische Verbindung der Spaltung von geistiger und körperlicher Arbeit mit dem Geschlechterverhältnis zustande kommt; ich denke daran, wie all dies dazu beiträgt, auf körperliche Arbeit und Familie zu orientieren – Orientierungen, die in der Ausgangslogik nicht unmittelbar enthalten sind.

Mit *Entwichtigung* meine ich einen damit zusammenhängenden Effekt, nämlich wie der mehr oder weniger selbstbewusste Kampf gegen eine bestimmte Ordnung oder Institution und wie die spezifische Eigenart der in einem solchen Kontext geschaffenen kulturellen Formen dazu führen, dass zwar bestimmte Unterdrückungen identifiziert werden, vor denen man dann auf der Hut ist, dass aber möglicherweise zugleich andere Unterdrückungen und damit zusammenhängende Schicksale im Vergleich hierzu abgewertet werden – entwichtigt werden –, die letztlich gravierender sein können und überhaupt erst die entscheidende Falle darstellen. Plump gesagt: Wenn man

---

to Labour handelt es sich um einen theoretischen Ansatz von allgemeinerer Relevanz. Obwohl das Buch konformistischen Gruppen, ethnischen Gruppen oder Mädchen keine besondere Aufmerksamkeit schenkt, lassen sich die Unterscheidungen, die ich umrissen habe, auf all diese Gruppen und ihre verschiedenen Kulturen anwenden: Sie verweisen, an einem konkreten Beispiel, auf ein allgemeines Merkmal, nämlich auf den durchgängig umkämpften Charakter der kulturellen und sozialen Reproduktion. Obwohl ich hierfür keine Daten geliefert habe – der Ansatz, den ich skizziert habe, blockiert eine solche Untersuchung nicht, er ermöglicht sie.

gegen einige Dinge opponiert und erfolgreich Widerstand leistet, kann das heißen, andere Dinge zu akzeptieren – was genauso unterdrückerisch ist.

Beispielsweise identifizieren die »lads« mit ihrer erfolgreichen kulturellen Produktion die Spannungen und Probleme der Schule, nicht aber die Unterdrückungen durch die soziale und geschlechtliche Arbeitsteilung. Viele Jugendliche konzentrieren sich darauf, den Druck der Staatsschule kulturell zu erwidern – es ist durchaus möglich, dass sie dies dazu bringt, genau das zu entwichtigen, was sie vielleicht am meisten beschäftigen sollte, nämlich ihre gesamte Zukunft in einer Klassengesellschaft!

Damit direkt verbunden ist das, was ich *Transformation* nenne. Das ist die Verwandlung ganz bestimmter – möglicherweise zukünftiger – Formen von Unterdrückung und Ausbeutung in die verschiedenen Kategorien einer unmittelbaren, lokalen und sinnlichen Kultur. Das ist, wenn man so will, eine Konsequenz der *Abschließung* dagegen, *entwichtigte* soziale Fragen wahrzunehmen und zu begreifen. Beispielsweise behandeln und begreifen die »lads« ihre Zukunft in der Klassenunterdrückung mit Hilfe von Strukturen, die bestimmt sind durch das Geschlechterverhältnis, durch die Betonung informeller Beziehungen (informality) und durch die Anti-Haltung gegenüber geistiger Tätigkeit. Dies sind Kategorien, die ihrem Leben Würde verleihen, Bausteine eines lebensfähigen Lebensentwurfs, die für das Kapital jedoch kaum irgendwelche Bedeutung haben, von ihm sogar begrüßt werden oder ihm zumindest keinerlei Schaden zufügen. Die grundlegenden, entscheidenden Anforderungen des Kapitals werden erfüllt, wie auch immer die Kategorien aussehen mögen, in denen die Menschen dieses »notwendige« Verhalten begreifen. So ist es auch möglich, dass viele Mädchen sich ihre Zukunft – die häusliche Unterdrückung – in Kategorien des Liebesromans zurechtlegen und interpretieren und teilweise dann sogar so leben (vgl. CCCS 1978). Es ist möglich, dass sie eine Zukunft, die im Wesentlichen eine Klassen-Zukunft ist, in der Hoffnung auf eine »angenehme Büroarbeit« und eine »gute Ehe« akzeptieren – eine Zukunft, die solchermaßen durch das soziale Geschlechterverhältnis und durch Sexualität vermittelt ist.

Die so hergestellte Verbindung zwischen Gegenwart und Zukunft könne als eine Art von kultureller Strukturgleichheit oder *Isomorphie* begriffen werden. Damit meine ich die erlebnismäßige und reale Verbindung zwischen kulturellen Formen, eine Verbindung, die einen humanen Übergang zwischen den sozialen Orten, in die man eingegliedert ist, ermöglicht. Einige grundlegende »Entscheidungen« in untergeordneten Gruppen, die selbstbeschränkend zu sein scheinen, ohne »Aspirationen«, sind keineswegs ein Votum für die gesellschaftliche Ordnung. Es sind Voten dafür, mit derselben Art von Leuten zusammen zu sein, Voten für eine bestimmte Art von kultureller Solidarität. Es sind zum Teil Voten für eine Zukunft, die *familiär* und vertraut ist – und die »zufällig« unterdrückend ist. Arbeiterjugendliche beispielsweise wollen nicht so sehr die Jobs der Arbeiterklasse, sie wollen vielmehr mit den Leuten zusammen sein, die diese Jobs haben; sie wollen da sein, wo die Arbeiterklasse ist.

Diese Aufschlüsselung der kulturellen Produktion soll sie nicht wieder gänzlich in die Reproduktions-Perspektive rücken, und sie soll nicht in der konsequenten Wiederholung der Spaltung zwischen Pessimismus und Optimismus, Determinismus und Voluntarismus münden. Um es deutlich zu sagen: Mein Argument ist nicht, dass *Abschließung, Entwichtigung, Transformation* oder *Isomorphie* die Bedeutung von *Kämpfen* – und damit auch mögliche Veränderung und Entwicklung – aufheben, negieren oder total ironisieren. Ganz im Gegenteil. Es geht mir vielmehr darum, dass Kämpfe nur möglich sind in und mit den profanen und komplexen Materialien der Geschichte und der präexistierenden sozialen Verhältnisse und Diskurse. Es geht mir darum, dass soziale Kategorien und Diskurse nur durch Kämpfe leben und bestehen, nur durch die sozialen Verhältnisse, in denen und durch die es sie überhaupt erst gibt. Das »Schlimmste« an meiner Argumentation ist vielleicht, dass sie mit der notwendigen und einschneidenden Implikation verbunden ist, dass es keinen *reinen* Kampf der Unterdrückten gibt, keinen reinen Widerstand, dass es keinen Utopismus gibt, der nicht durch die Widersprüche und die gegensätzlichen Effekte seiner eigenen Produktion hindurch wirksam ist.

Schlussfolgerungen

Die Spezifizierungen und Ausarbeitungen, die ich um die Begriffe des Kampfes und der kulturellen Produktion herum vorgenommen habe, sind letztlich Aspekte einer allgemeineren Auffassung über den grundlegenden Kampf in unserer Gesellschaft, den Klassenkampf, und über dessen Verhältnis zu einigen fundamentalen sozialen Kategorien und zur ideologischen Architektur einer kapitalistischen Gesellschaft.

Für mich ist heute entscheidend, dass einige wesentliche Strukturen des Kapitalismus nicht *gegeben* sind, und nicht einfach *von außen* aufgezwungen sind, möglicherweise gegen einen gewissen marginalen Widerstand. Diese Strukturen werden vielmehr in Kämpfen erzeugt und in der kollektiven Identitätsbildung der Subjekte und der Arbeiterklasse. Das heißt, dass die Struktur des Kapitals dem Alltagsleben einer Gesellschaft nicht äußerlich ist, dass sie nicht davon getrennt ist. Die Kämpfe finden nicht woanders statt, jenseits der Struktur.

Und genauso ist die Arbeiterklasse nichts, was vom kapitalistischen System getrennt und abgesondert wäre. Sie steht nicht auf heiligem Grund, der Unterdrückung und Ausbeutung durch das kapitalistische System gegenwärtig unterworfen und darauf wartend, erlöst zu werden und freigesetzt zu werden für seine Zerstörung. Die Arbeiterklasse ist in und durch die Strukturen einer kapitalistischen Gesellschaft geformt, und sie trägt durch ihre Kämpfe Wesentliches zur Erzeugung dieser Strukturen und Formen bei. Vielleicht gegen ihren Willen: Damit will ich sagen, dass die Arbeiterklasse notwendigerweise zumindest mit einem Fuß im System steht – sie kennt kein anderes – und dass sie sich durch die Widersprüche des Systems und ihre eigene Selbstveränderung durcharbeiten muss, um eine Zukunft zu erreichen, die Punkt für Punkt aus der Erfahrung des Kapitalismus hervorgegangen sein wird.

Die Kultur der »lads« beispielsweise ist eine Form des Klassenkampfs, vermittelt durch die Ausgleichsprozesse in der Schule und durch deren Erziehungsparadigma, und dennoch trägt diese Kultur durch die Anti-Haltung gegen geistige Tätigkeit dazu bei, die Teilung zwischen geistiger und körperlicher Arbeit hervorzurufen. Die subjektive Abkapselung der »lads« gegenüber der Arbeitswelt; ihre zynische Manipulation der Arbeitswelt, um möglichst viel Geld rauszuholen; ihre Hingabe an Konsum und Vergnügen, und später an die Gemütlichkeit im Allerheiligsten des proletarischen Heims – und zwar *mit Hilfe des Lohns*, aber möglichst weit entfernt von dem Ort, wo er verdient wird: all das sind auf ihre Weise energische und selbstbewusste Kämpfe für das Recht des »freien Arbeiters«, vom Kapital so unabhängig wie möglich zu sein. Aber zugleich macht dies eine Lohnarbeitszukunft subjektiv überhaupt erst möglich; und es trägt direkt bei zu den grundlegenden Teilungen zwischen Arbeit und Vergnügen, zwischen Arbeit und Zuhause, die für den Kapitalismus so charakteristisch sind und durch die hindurch das Patriarchat seine materiellen Formen annimmt.

Es geht mir unter anderem darum, dass unsere theoretische Perspektive nicht darin bestehen sollte, authentische »Klassensubjekte« gegen feindliche, sie umgebende, aber von ihnen getrennte symbolische und materielle Strukturen zu setzen – »Subjekte«, die sich entweder zu Helden der Arbeiterklasse aufwerten oder zu strukturabhängigen Arbeiterattrappen abwerten lassen, je nachdem ob man sie nun als diejenigen betrachtet, die von diesen Strukturen zerschlagen werden, oder als diejenigen, die selber diese Strukturen zerschlagen. In Wirklichkeit sind weder Struktur noch Täterschaft für sich begreifbar – sie bedürfen einander. Meines Erachtens muss es hier so etwas wie ein dialektisches Verhältnis geben – nicht zwischen freien (wissenden und zentrierten) Subjekten und determinierenden (äußerlichen und objektiven) Strukturen, sondern zwischen *Subjekten, die sich in Kämpfen und im Widerstand gegen die herrschenden Strukturen herausgebildet haben*, und *Strukturen, die in Kämpfen und im Widerstand gegen Herrschaft geformt und reproduziert worden sind*. Die entscheidende Verbindung und die gemeinsame Grundlage zwischen den beiden Kategorien, zwischen »Subjekten« und »Strukturen«, ist der Kampf. Gerade weil einige subjektive und kulturelle Elemente »unsichtbar« zu sein scheinen – insbesondere für die herrschende Sichtweise – und zu reproduktiven Effekten führen können, sollte dies kein Grund sein, das spezifische Feld menschlicher Kämpfe zusammenzuwerfen mit dem abstrakten Funktionieren von Strukturen, die sich irgendwie selber denken und die verschiedenartigen Widerstände im Rahmen der Struktur zu funktionalen Positionen absorbieren.

Gerade weil strukturale Kausalität und Formierung abstrakt und entlegen zu sein scheinen, weil in solchen Analysen »Subjekte« zuweilen wie Marionetten auf der Bühne der Theorie behandelt werden, sollte dies nicht dazu führen, dass die menschlichen Kämpfe und die sozialen Verhältnisse, die Materialien und die Geschichte, durch die hindurch der Kampf gelebt wird, mit autonomen, kreativen, humanen Individuen zusammengeworfen werden.

Und obwohl die Hauptachse meiner Analyse die Klasse ist, verweist der Begriff der kulturellen Produktion auf die Komplexität, in der viele Unterdrückungsstrukturen in Erfahrung und Kultur miteinander verbunden sind. Kulturelle Produktion bezeichnet nicht die Umrisse formaler Kategorien, wie sie von Theoretikern entworfen worden sind, nicht »Rasse, Klasse, Geschlecht« und deren trockene, man könnte sagen, vegetative Fortpflanzung, sondern die profane, lebendige, eigentümlich fruchtbare, oftmals unkontrollierbare Verbindung dieser Elemente in realen Kulturen, in tatsächlichen kollektiven Lebensentwürfen, Entscheidungen und Veränderungen. Ein charakteristisches Merkmal dafür ist vielleicht, dass die Unterordnung unter eine Art der Herrschaft eine andere Art der Herrschaft aufdecken oder bekämpfen kann, und dass die dominante Platzierung in einer Art von »Diskursen« sowohl andere Arten von Unterordnung aufdecken als auch zugleich die ursprüngliche Unterdrückung oder noch weitere reproduzieren kann. Dies ist der eigentliche Stoff, aus dem das materielle und gesellschaftliche Leben immer wieder von neuem geschaffen wird, und erst danach kann er von den Theoretikern als »Rasse, Klasse, Geschlecht« klassifiziert werden. Nur wenn man diese engen kulturellen Verbindungen in verschiedenen Gruppen versteht, kann man tatsächlich herausfinden, was den verschiedenen Gruppen und Interessen gemeinsam ist (und wie es ihnen gemeinsam ist) und wie sie an gemeinsamen Fronten und in gemeinsamen Bündnissen mobilisiert werden könnten.

Wir sollten uns natürlich mit spezifischen Formen der Unterdrückung und mit den damit zusammenhängenden besonderen Kampf- und Solidaritätsformen befassen. Aber wir sollten uns auch mit der *Vielzahl von Beziehungen* zwischen den verschiedenen Unterdrückungsformen beschäftigen, nicht einfach als Herrschaftskategorien gefasst, sondern als Kategorien, von denen aus – alle zusammengenommen – Unterdrückung umkämpft ist. Ihre Verbindung trägt zur Gestaltung konkreter Subjekte und kultureller Formen bei, sie liefert den Spielraum für das Handeln, für Veränderung und für die Erkundung von Widersprüchen und Spannungen zwischen verschiedenen Arten der Unterdrückung. Dies ist gewissermaßen die andere Seite von *Abschließung* und *Transformation*. Es ist nämlich die Verbindung von ganz unwahrscheinlichen Elementen, wodurch so etwas wie Ausdruckskraft zustande kommt: durch den Gebrauch von beliebigen Diskursen und Materialien – derjenigen, die gerade erreichbar sind, um zu kämpfen, zu handeln und Bedeutungen irgendwelcher Art zu erzeugen. Es kann eine Solidarität geben, die teilweise der kulturellen *Isomorphie* entspringt: Isomorphie kann dazu führen, dass einiges an gesellschaftlicher Macht, an Ausdruck und Aufklärung – in welcher überraschenden Konfiguration auch immer – solchen Punkten zugewendet wird, die zuvor entwichtigt wurden. Beispielsweise ist es möglich, dass die Klassenunterdrückungen in der Schule und in der Fabrik durch die Strukturen der Männlichkeit hindurch bekämpft werden. Berufstätige Frauen können sich in ihre Weiblichkeit hüllen, um qualitative Forderungen in Bezug auf die Arbeit zu stellen, für bessere Arbeitsbedingungen, für Produktsicherheit und Kinderbetreuung. Rasse ist eine eigenständige Unterdrückungskategorie; sie kann aber auch ein Prisma sein, durch das hindurch das Klassenverhältnis erfahren wird und »neue« Aspekte der Kapitalstruktur ans Licht gebracht werden – etwa die Versuche des Kapitals, eine internationale Arbeitsteilung zu schaffen, oder die Tendenz des Kapitals, die Arbeitskraft in den Metropolen zu spalten und in verschiedene soziale Schichten aufzuteilen, um in deren unterem Bereich fast so etwas wie eine Kaste zu schaffen. Schwarze leben eine Klassenerfahrung, die teilweise durch die Rasse organisiert ist; aber genau dies kann die Klassenstruktur zu Tage fördern und zugleich ein Reservoir von Bildern, Bedeutungen, Ressourcen und Kulturen liefern, um gegen die Klassenstruktur Widerstand zu leisten. Gegenwärtig sehen wir in der massiven Jugendarbeitslosigkeit eine spezifische Organisierung der Altersstrukturen durch den Kapitalismus, aber wir sehen durch sie auch einiges ans Licht gebracht: die Tendenz des Kapitalismus zur Überproduktion und zur Produktion einer »Reservearmee«. Und wahrscheinlich werden diese Dinge durch die Ressourcen der Jugendlichen, durch ihre kulturellen Formen weiter erkundet, offengelegt und bekämpft werden. […]

Kämpfe und Auseinandersetzungen sind eine Existenzweise des »demokratischen« Kapitalismus. Gewiss gelingt es vielen Widerständen ganz und gar nicht, die grundlegenden sozialen Strukturen infrage zu stellen – aber ihren Erfolg zu verlangen bedeutet, jeden Sonntagnachmittag eine epochale Wende zu fordern. Wir haben die Möglichkeiten einer mittleren Linie erkundet und zu sagen vermieden, dass Widerstandsaktionen, die nicht das herrschende System umstürzen, deswegen in der Stützung des Systems aufgehen. Widerstand kann eng zusammenhängen mit Anpassung, aber dies vollzieht sich *nicht* in einer Form, die unvermeidlich wäre, die geplant und gänzlich programmiert wäre als präexistierende Funktion der herrschenden Institutionen und der herrschenden Ideologie. Widerstand ist Teil des weiten Feldes einer allgemeinen menschlichen Praxis, wo Menschen geschaffen werden, indem sie kollektiv ihre Lebensbedingungen schaffen, wobei es *immer* etwas Unpassendes gibt, immer ausgefranste Ränder und immer die Unvorhersagbarkeit des Verhältnisses zwischen dem, was an diesen Aktivitäten die Verhältnisse reproduziert und befestigt, und dem, was daran unzufrieden ist, widerständig und herausfordernd. Hier ist der Spielraum für Veränderung, für Politik, für das *Werden* – und nicht für Utopismus oder Verzweiflung.

Literatur

Althusser, Louis, 1977: *Ideologie und Ideologische Staatsapparate*, Hamburg

ders., u. Étienne Balibar, 1972: *Das Kapital lesen*, Reinbek

Apple, Michael, 1979: What Correspondence Theories of the Hidden Curriculum Miss, in: *The Review of Education*, 5, Nr. 2

Bernstein, Basil, 1977: *Beiträge zu einer Theorie des pädagogischen Prozesses*, Frankfurt/M

Bourdieu, Pierre, 1979: *Entwurf einer Theorie der Praxis*, Frankfurt/M

ders., u. Jean-Claude Passeron, 1971: *Die Illusion der Chancengleichheit. Untersuchungen zur Soziologie des Bildungswesens am Beispiel Frankreichs*, Stuttgart

dies., 1973: *Grundlagen einer Theorie der symbolischen Gewalt*, Frankfurt/M

Bowles, Samuel, u. Herbert Gintis, 1978: *Pädagogik und die Widersprüche der Ökonomie. Das Beispiel USA*, Frankfurt/M

CCCS (= Centre for Contemporary Cultural Studies), 1978: Working Class Girls and the Culture of Feminity, in: CCCS Women's Studies Group, *Women Take Issue*, London

CCCS Education Group, 1981: *Unpopular Education. Schooling and Social Democracy in England since 1944*, London

Clark, Burton R., 1960: The »Cooling-Out« Function in Higher Education, in: *American Journal of Sociology* 65 (Mai 1960), 569–76

Williams, Raymond, 1977: *Marxism and Literature*, Oxford

Willis, Paul, 1979: *Spaß am Widerstand. Gegenkultur in der Arbeiterschule*, Übers. v. Nils Thomas Lindquist, Frankfurt/M (engl.: *Learning to Labour. How Working Class Kids Get Working Class Jobs*, London 1977)

ders., 1981: *Profane Culture. Rocker, Hippies: Subversive Stile der Jugendkultur*, Frankfurt/M

ders., 1982: Orders of Experience: the Differences of Working Class Cultural Forms, in: *Social Text*, 4

aus: Das Argument 179, 32. Jg., 1990, 9–28, übersetzt von Rolf Nemitz, online unter: www.zeitschrift-luxemburg.de/wiedergelesen-erziehung-im-spannungsfeld-zwischen-reproduktion-und-kultureller-produktion/

4.3. Die feinen Unterschiede (Auszüge)

Pierre Bourdieu

Der Habitus und der Raum der Lebensstile

Wie durch seine schematische Form bereits hinlänglich belegt, handelt es sich bei dem hier beschriebenen sozialen Raum um eine abstrakte Darstellung, ein Konstrukt, das analog einer Landkarte einen Überblick bietet, einen Standpunkt oberhalb der Standpunkte, von denen aus die Akteure in ihrem Alltagsverhalten (darunter Soziologe wie Leser) ihren Blick auf die soziale Welt richten. Der hier konstruierte Raum, der auf einen Blick und simultan die Totalität von Positionen sichtbar macht – worin genau sein heuristischer Wert liegt –, die von den Akteuren selbst weder in ihrer Gesamtheit noch in ihren vielfältigen Wechselbeziehungen jemals wahrnehmbar sind, verhält sich zum praktischen Raum der Alltagsexistenz mit seinen Abständen, die man einhält oder markiert, und seinen Nächsten, die ferner sein können als jeder Fremde, wie der geometrische Raum zum hodologischen Raum der Alltagsexistenz mit seinen Leerstellen und Diskontinuitäten. Am wichtigsten ist aber sicher wohl die Tatsache, dass die Problematik dieses Raums in ihm selbst thematisch wird, dass die Akteure ihm, dessen objektiver Charakter schwerlich zu leugnen ist, gegenüber Standpunkte einnehmen, die – häufig Ausdruck ihres Willens zu seiner Veränderung oder seinem ursprünglichen Erhalt – von den Positionen abhängen, die sie darin einnehmen. So sind zahlreiche Begriffe, welche die Wissenschaft zur Bezeichnung der von ihr konstruierten Klassen verwendet, der Umgangssprache entlehnt, in der sie, meistens in polemischer Absicht, die wechselseitige Sicht der Gruppen wiedergeben. Als würden sie förmlich vom Drang nach mehr Objektivität fortgetragen, vergessen die Soziologen allzu oft, dass die von ihnen klassifizierten »Objekte« ihrerseits objektiv klassifizierbare Praxisformen hervorbringen, wie auch nicht minder objektive und selbst wieder klassifizierbare Klassifikationsverfahren. Die wissenschaftliche Einteilung in Klassen führt zur gemeinsamen Wurzel der von den Akteuren geschaffenen klassifizierbaren Praxisformen und ihren klassifizierenden Urteilen über die eigene Praxis so gut wie die der anderen: der Habitus ist *Erzeugungsprinzip* objektiv klassifizierbarer Formen von Praxis und *Klassifikationssystem* (principium divisionis) dieser Formen. In der Beziehung dieser beiden den Habitus definierenden Leistungen: der Hervorbringung klassifizierbarer Praxisformen und Werke zum einen, der Unterscheidung und Bewertung der Formen und Produkte (Geschmack) zum anderen, konstituiert sich die *repräsentierte soziale Welt*, mit anderen Worten der *Raum der Lebensstile*.

Zu einer intelligiblen wird die Beziehung zwischen den relevanten Merkmalen der sozioökonomischen Lage (Umfang und Struktur des Kapitals jeweils in synchronischer wie diachronischer Dimension) und den mit der entsprechenden Position im Raum der Lebensstile verbundenen Unterscheidungsmerkmalen allein durch die Konstruktion des Habitus im Sinne einer Erzeugungsformel, mit der sich zugleich die klassifizierbaren Formen der Praxis und Produkte wie die diese Formen und Produkte zu einem System *distinktiver Zeichen* konstituierenden Urteile und Bewertungen erklären lassen. Wenn hier vom »aristokratischen« Ästhetizismus der höheren Lehrer und Professoren oder von der »Prätention« des Kleinbürgers die Rede ist, dann sollen damit der Professor und der Kleinbürger nicht nur durch diese oder jene Eigenschaft, wie relevant auch immer, beschrieben werden; vielmehr wird auf diese Art versucht, das Erzeugungsprinzip aller ihrer Eigenschaften wie ihrer Werturteile über die eigenen so gut wie die Eigenschaften der anderen begrifflich zu fassen. Mit dem Habitus als inkorporierter Notwendigkeit, verwandelt in eine allgemeine und transponierbare, sinnvolle Praxis und sinnstiftende Wahrnehmung hervorbringende Disposition, erfährt die den jeweiligen Lernsituationen immanente Notwendigkeit über die Grenzen des direkt Gelernten hinaus systematische Anwendung: Der Habitus bewirkt, dass die Gesamtheit der Praxisformen eines Akteurs (oder einer Gruppe von aus ähnlichen Soziallagen hervorgegangenen Akteuren) als Produkt der Anwendung identischer (oder wechselseitig austauschbarer) Schemata zugleich systematischen Charakter tragen und systematisch unterschieden sind von den konstitutiven Praxisformen eines anderen Lebensstils.

Insofern unterschiedliche Existenzbedingungen unterschiedliche Formen des Habitus hervorbringen. d. h. Systeme von Erzeugungsmustern, die kraft einfacher Übertragungen auf die unterschiedlichsten Bereiche der Praxis anwendbar sind, erweisen sich die von den jeweiligen Habitus erzeugten Praxisformen als systematische Konfigurationen von Eigenschaften und Merkmalen und darin als Ausdruck der Unterschiede, die, den Existenzbedingungen in Form von Systemen differenzieller Abstände eingegraben und von den Akteuren mit den erforderlichen Wahrnehmungs- und Beurteilungsschemata zum Erkennen, Interpretieren und Bewerten der relevanten Merkmale *wahrgenommen*, als Lebensstile fungieren.

Der Habitus ist nicht nur strukturierende, die Praxis wie deren Wahrnehmung organisierende Struktur, sondern auch strukturierte Struktur: Das Prinzip der Teilung in logische Klassen, das der Wahrnehmung der sozialen Welt zugrunde liegt, ist seinerseits Produkt der Verinnerlichung der Teilung in soziale Klassen. Jede spezifische soziale Lage ist gleichermaßen definiert durch ihre inneren Eigenschaften oder Merkmale wie ihre relationalen, die sich aus ihrer spezifischen Stellung im System der Existenzbedingungen herleiten, das zugleich ein *System von Differenzen*, von unterschiedlichen Positionen darstellt. Eine jede soziale Lage ist mithin bestimmt durch die Gesamtheit dessen, was sie nicht ist, insbesondere jedoch durch das ihr Gegensätzliche: soziale Identität gewinnt Kontur und bestätigt sich in der

Differenz. In den Dispositionen des Habitus ist somit die gesamte Struktur des Systems der Existenzbedingungen angelegt, so wie diese sich in der Erfahrung einer besonderen sozialen Lage mit einer bestimmten Position innerhalb dieser Struktur niederschlägt. Die fundamentalen Gegensatzpaare der Struktur der Existenzbedingungen (oben/unten, reich/arm etc.) setzen sich tendenziell als grundlegende Strukturierungsprinzipien der Praxisformen wie deren Wahrnehmung durch. Als System generativer Schemata von Praxis, das auf systematische Weise die einer Klassenlage inhärenten Zwänge und Freiräume wie auch die konstitutive Differenz der Position wiedergibt, erfasst der Habitus die lagespezifischen Differenzen in Gestalt von Unterschieden zwischen klassifizierten und klassifizierenden Praxisformen (als Produkte des Habitus), unter Zugrundelegung von Unterscheidungsprinzipien, die ihrerseits Produkt jener Differenzen diesen objektiv angeglichen sind und sie deshalb auch tendenziell als natürliche auffassen. Muss gegenüber jeder Form mechanistischen Denkens erneut darauf insistiert werden, dass die Alltagserfahrung von sozialer Welt durchaus Erkennen darstellt, so ist gegen die Illusion spontaner Erzeugung durch das Bewusstsein, der nicht wenige Theorien der »Bewusstwerdung« aufsitzen, im Blick zu behalten, dass es sich beim primären Erkennen um Verkennen wie Anerkennen einer auch in den Köpfen festsitzenden Ordnung handelt. Die Lebensstile bilden also systematische Produkte des Habitus, die, in ihren Wechselbeziehungen entsprechend den Schemata des Habitus wahrgenommen, Systeme gesellschaftlich qualifizierter Merkmale (wie »distinguiert«, »vulgär« etc.) konstituieren. Grundlage jenes alchemistischen Prozesses, worin die Verteilungsstruktur des Kapitals, Bilanz eines Kräfteverhältnisses, in ein System wahrgenommener Differenzen, distinktiver Eigenschaften, anders gesagt, in die Verteilungsstruktur des in seiner objektiven Wahrheit verkannten symbolischen und legitimen Kapitals verwandelt wird, ist die Dialektik von sozialer Lage und Habitus.

Da strukturierte Produkte (opus operatum) derselben strukturierenden Struktur (modus operandi), von dieser hervorgebracht durch *Rückübersetzungen* entsprechend der spezifischen Logik eines Feldes, sind die Praxisformen und Werke eines Akteurs fern jedes absichtlichen Bemühens um Kohärenz in objektivem Einklang miteinander und fern jeder bewussten Abstimmung auch auf die Praxisformen aller übrigen Angehörigen derselben Klasse objektiv abgestimmt. Der Habitus erzeugt fortwährend praktische Metaphern, bzw., in einer anderen Sprache, Übertragungen (worunter die Übertragung motorischer Gewohnheiten nur einen Sonderfall darstellt) oder besser, durch die spezifischen Bedingungen seiner praktischen Umsetzung erzwungene systematische Transpositionen – so kann sich etwa der asketische Ethos, von dem zu erwarten wäre, dass er sich immer im Sparverhalten äußert, durchaus einmal unter veränderten Umständen in der Aufnahme von Kredit zeigen. Die *stilistische Affinität* der Praxisformen eines Akteurs oder aller Akteure einer Klasse, die jede Einzelpraxis zu einer

»Metapher« einer beliebig anderen werden lässt, leitet sich daraus ab, dass sie alle aus Übertragungen derselben Handlungsschemata auf die verschiedenen Felder hervorgehen. Ein vertrautes Paradigma für diesen Analogie stiftenden und auf Analogien basierenden Operator, eben den Habitus, liegt im »Schreiben« vor: Kraft dieser Disposition, d. h. dieser besonderen Art und Weise des Zeichnens von Buchstaben, wird stets die gleiche Schrift erzeugt, d. h. grafische Linien, die ungeachtet aller Unterschiede in Größe, Stoff und Farbe der Schreibunterlage (Blatt Papier oder Schiefertafel) oder des Schreibmaterials (Füller oder Kreide), ungeachtet also der Unterschiede des jeweils aufgewendeten motorischen Gesamtkomplexes, auf Anhieb eine Art Familienähnlichkeit sichtbar werden lassen, ähnlich wie die stilistischen Merkmale oder die Manier, an denen man einen Maler oder Schriftsteller ebenso unfehlbar erkennt wie einen Menschen an seiner Gangart.

Das opus operatum weist systematischen Charakter auf, weil dieser bereits im modus operandi steckt: In den »Eigenschaften« (und Objektivationen von »Eigentum«), mit denen sich die Einzelnen wie die Gruppen umgeben – Häuser, Möbel, Gemälde, Bücher, Autos, Spirituosen, Zigaretten, Parfums, Kleidung –, und in den Praktiken, mit denen sie ihr Anderssein dokumentieren – in sportlichen Betätigungen, den Spielen, den kulturellen Ablenkungen –, ist Systematik nur, weil sie in der ursprünglichen synthetischen Einheit des Habitus vorliegt, dem einheitsstiftenden Erzeugungsprinzip aller Formen von Praxis. Der Geschmack, die Neigung und Fähigkeit zur (materiellen und/oder symbolischen) Aneignung einer bestimmten Klasse klassifizierter und klassifizierender Gegenstände und Praktiken, ist die Erzeugungsformel, die dem Lebensstil zugrunde liegt, anders gesagt, dem einheitlichen Gesamtkomplex distinktiver Präferenzen, in dem sich in der jeweiligen Logik eines spezifischen symbolischen Teil-Raums – des Mobiliars und der Kleidung so gut wie der Sprache oder der körperlichen Hexis – ein und dieselbe Ausdrucksintention niederschlägt. Die Dimensionen eines Lebensstils »bilden mit« den anderen, wie Leibniz sagt, »ein Sinnbild« und versinnbildlichen sie. In der Arbeitsmoral des alten Kunsttischlers, dem skrupulöse und einwandfreie Arbeit, Gepflegtes, Ausgefeiltes und Feines alles ist, nicht minder wie in seiner Ästhetik der Arbeit um ihrer selbst willen, die ihn Schönheit an der aufgewendeten Pflege und Geduld messen lässt, steckt alles: sein Weltbild wie seine Art und Weise, mit seinen Finanzen, seiner Zeit und seinem Körper zu wirtschaften, seine Verwendung der Sprache wie seine Kleidervorliebe.

Das System der *aufeinander abgestimmten* Eigenschaften, darunter auch Personen – sagen Freunde doch gerne von sich, denselben Geschmack zu besitzen –, gründet im Geschmack, in jenem System von Klassifikationsschemata, die nur höchst bruchstückhaft dem Bewusstsein zugänglich sind, obwohl der Lebensstil mit steigender sozialer Stufenleiter immer entschiedener durch die von Max Weber so genannte »Stilisierung« des Lebens charakterisiert wird. Auch jene wechselseitige Angleichung aller Merkmalszüge einer Person, die die traditionelle Ästhetik der dabei erfolgten *wechselseitigen Verstärkung* wegen anempfahl, leistet der Geschmack: Indem die von einem Individuum bewusst oder unbewusst gelieferten mannigfachen Informationen sich ins Endlose hinein bestätigen und verstärken, spenden sie dem erfahrenen Beobachter jenes Vergnügen, wie es auch dem Kunstliebhaber durch die Symmetrie und Entsprechung, d. h. die in sich stimmige Verteilung der Redundanzen, gewährt wird. Der durch die Redundanzen verursachte Überdeterminierungseffekt ist umso spürbarer, je stärker die verschiedenen Merkmale, die bei der Beobachtung oder Messung zu isolieren sind, sich der Alltagswahrnehmung als ineinander verschränkt zeigen, jedes einzelne aus der Praxis gewonnene Informationselement (z. B. ein Urteil über Malerei) durch die Gesamtheit der vorher oder gleichzeitig wahrgenommenen Merkmale geprägt – und bei Abweichung gegenüber dem wahrscheinlichen Merkmal *korrigiert* – wird. Von daher tendiert jede Untersuchung, die die Merkmale zu isolieren trachtet z. B. durch Trennung von Aussagegehalt und Aussageweise –, die sie aus dem System der mit ihnen in Wechselbeziehung stehenden Merkmale herauszuschälen sucht, an jedem Punkt zu einer Bagatellisierung der Abstände zwischen den Klassen, nicht zuletzt zwischen Klein- und Großbürgertum. Noch in den alltäglichen Situationen des bürgerlichen Daseins werden die Trivialitäten über Kunst, Literatur oder Film mit ernster, wohlgesetzter Stimme vorgetragen, in bedächtiger und zwangloser Diktion, mit distanziertem oder selbstsicherem Lächeln, maßvoller Gestik, in maßgeschneidertem Anzug und im bürgerlichen Salon dessen, der sie von sich gibt.

Der Geschmack bildet mithin den praktischen Operator für die Umwandlung der Dinge in distinkte und distinktive Zeichen, der kontinuierlichen Verteilungen in diskontinuierliche Gegensätze: durch ihn geraten die Unterschiede aus der *physischen Ordnung* der Dinge in die *symbolische Ordnung* signifikanter Unterscheidungen. Er verwandelt objektiv klassifizierte Praxisformen, worin eine soziale Lage sich (über seine Vermittlung) selbst Bedeutung gibt, in klassifizierende, d. h. in einen symbolischen Ausdruck der Klassenstellung dadurch, dass er sie in ihren wechselseitigen Beziehungen und unter sozialen Klassifikationsschemata sieht. Somit liegt er dem System der Unterscheidungsmerkmale zugrunde, das zwangsläufig als ein systematischer Ausdruck einer besonderen Klasse von sozialen Lagen, d. h. als ein klar abgehobener Lebensstil von jedem wahrgenommen werden muss, der über die Beziehung zwischen den Unterscheidungszeichen und den Positionen innerhalb der Verteilungen, zwischen dem Raum der objektiven Eigenschaften, der in der wissenschaftlichen Konstruktion zum Vorschein tritt, und dem gleichermaßen objektiven Raum der Lebensstile, der als solcher für und durch die Alltagserfahrung besteht, praktisch Bescheid weiß. Resultat der Inkorporierung der Struktur des sozialen Raumes in der Gestalt, in der diese sich vermittels der Erfahrung einer bestimmten Position innerhalb dieses Raumes aufdrängt, stellt dieses Klassifikationssystem in den Grenzen des ökonomisch Möglichen und des Unmöglichen (deren Logik es tendenziell reproduziert) die Grundlage der den immanenten Regelmäßigkeiten einer Soziallage angepassten Praxisformen dar. Auf dieses System geht die fortlaufende Umwandlung der Notwendigkeit in Strategien, der Zwänge in Präferenzen zurück wie auch die von mechanischer Determinierung freie Erzeugung aller für die klassifizierenden und klassifizierten *Lebensstile* konstitutiven »Entscheidungen«, deren Sinn bzw. Wert sich aus ihrer spezifischen Position im Rahmen eines Systems von Gegensätzen und Wechselbeziehungen herleitet. Da selbst nur zur Tugend erhobene Not, will es fortwährend aus der Not eine Tugend machen und drängt zu »Entscheidungen«, die der gegebenen sozialen Lage, aus der es hervorgegangen ist, im Vorhinein angepasst sind. Wie in all den Fällen hinlänglich sichtbar wird, wo es in der Folge einer veränderten gesellschaftlichen Position auch zu einem grundlegenden Wandel in den Lebensverhältnissen kommt, die, aus denen der Habitus erwachsen ist, sich mit denjenigen nicht mehr decken, innerhalb deren er funktioniert und seine eigentümliche Wirksamkeit gesondert aufgewiesen werden kann, ist es der Geschmack – der »Luxusgeschmack« so gut wie der »Notwendigkeitsgeschmack« oder die Entscheidung für das Unvermeidliche, und kein üppiges oder mäßiges Einkommen –, der die objektiv an diese Finanzmittel angepassten Praktiken bestimmt. Der Geschmack bewirkt, dass man hat, was man mag, weil man mag, was man hat, nämlich die Eigenschaften und Merkmale, die einem de facto zugeteilt und durch Klassifikation de jure zugewiesen werden. [...]

Die symbolischen Auseinandersetzungen

Wenn wir der subjektivistischen Selbsttäuschung entgehen wollen, die den sozialen Raum zum Ort punktueller Interaktionen macht, d.h. in eine diskontinuierliche Folge abstrakter Situationen auflöst, dann haben wir, wie hier geschehen, den sozialen als *objektiven Raum* zu konstruieren, als eine Struktur objektiver Relationen, *die die mögliche Form der Interaktionen wie die Vorstellungen der Interagierenden determiniert*; wir haben weiter jedoch auch diesen *provisorischen* Objektivismus hinter uns zu lassen, der soziale Tatsachen wie Dinge behandelt und das verdinglicht, was er beschreibt: Die als nebeneinander, *statisch angeordnete* Stellen (partes extra partes) beobachtbaren sozialen Positionen, die die völlig theoretische Frage nach den Grenzen zwischen den einzelnen Gruppen aufwerfen, sind zugleich strategische Positionen, im Kampf der Klassen und Fraktionen zu behauptende und zu erobernde Stellungen.

Man muss sich vor der objektivistischen Tendenz hüten (die im Raumschema sich niederschlägt und verstärkt), innerhalb dieses Raums ein für alle Mal und unter einem einzigen Aspekt definierte, durch eindeutige Grenzen markierte Regionen herauszupräparieren. Wie bereits am Beispiel der Industrieunternehmer belegt wurde und wie am exemplarischen Fall der neuen Mittelklassenfraktionen, dieser innerhalb der Sphäre genereller Unbestimmtheit, dem Kleinbürgertum, besonders unbestimmten Zone, noch eingehender zu erkennen sein wird, kann jede der Positionsklassen, zu deren Konstruktion die herkömmlichen statistischen Klassifikationen nötigen, für sich als ein relativ autonomes Feld funktionieren; im Übrigen müssen nur die vergleichsweise abstrakten, durch die Notwendigkeiten der statistischen Häufung bedingten Kategorien durch strikter definierte Posten ersetzt werden, damit sich jenes Netz von Konkurrenzbeziehungen abzeichnet, innerhalb dessen sich z. B. auch die Kompetenzstreitigkeiten – darüber, welche Schul- und Hochschulabschlüsse zur legitimen Ausübung eines Berufs berechtigen und welche Ausbildung dazu legitimieren soll – zwischen Berufsgruppen mit unterschiedlichen Legitimationen entwickeln, etwa zwischen Ärzten, Anästhesisten, Krankenpflegern, Heilgymnastikern und Heilpraktikern (wobei jedes dieser Berufsfelder selbst wieder Schauplatz interner Kämpfe ist) oder zwischen jenen Berufssparten zumeist jüngeren Datums, deren Angebote von sozialfürsorgerischen Dienstleistungen (Sozialarbeiter, Familienberater, Vormundschaftsbevollmächtigte etc.) bis zu Dienstleistungen im Erziehungssektor (Fach- und Sonderschulerzieher etc.), im kulturellen (Animatoren, in der Erwachsenenbildung Tätige etc.) und psychologisch-medizinischen Bereich reicht (Eheberater, in der Säuglings- und Kinderfürsorge Beschäftigte, Heilgymnastiker etc.), und denen gemeinsam ist, sich nur innerhalb der und durch die Konkurrenzsituation, der sie wechselseitig ausgesetzt sind, sowie im Zusammenhang der gegensätzlichen Strategien definieren zu können, mittels deren sie die herrschende Ordnung zwecks Sicherung einer anerkannten Stelle zu verändern suchen.

Die Grenzen des hier vorgelegten Raum-Modells gehen folglich nicht allein auf Natur und Beschaffenheit des verwendeten (und überhaupt verwendbaren) Datenmaterials und insbesondere auf die praktische Unmöglichkeit zurück, in die Untersuchung strukturelle Fakten wie die Verfügungsgewalt von Einzelnen oder Gruppen über den Wirtschaftsbereich oder auch die damit gegebenen vielfältigen Vorteile und Gewinne indirekter Art mit einzubeziehen. Sind die meisten empirischen Sozialforscher häufig explizit oder implizit bereit, eine Theorie zu akzeptieren, in der die Klassen auf bloß hierarchisch gestaffelte, nicht aber antagonistische »Schichten« reduziert sind, so deshalb, weil primär die Logik des praktischen Vorgehens selbst sie zur Ignorierung der Tatsache verleitet, die einer jeden Verteilung objektiv immanent ist: Als eine Art Bilanz zu einem gegebenen Zeitpunkt des in den vorausgehenden Kämpfen Erworbenen und damit in den künftigen Auseinandersetzungen auch wieder Investierbaren, gibt die Verteilung im statistischen, die Distribution im polit-ökonomischen Wortsinn den jeweiligen Stand des Kräfteverhältnisses zwischen den Klassen wieder, oder präziser, den jeweiligen Stand der Auseinandersetzung um die Aneignung der knappen Güter und um die genuin politische Verfügungsgewalt über die Distribution oder Redistribution der Profite. Was besagt, dass der Gegensatz zwischen den Theorien, die Gesellschaft als Schichtsystem, und denen, die sie in der Sprache des Klassenkampfes beschreiben, zwei Auffassungsweisen entspricht, die obwohl praktisch kaum miteinander versöhnbar, sich prinzipiell keineswegs ausschließen: Dass offensichtlich die »Empiriker« der ersteren Methode verfallen sind, während die letztere Sache der »Theoretiker« ist, kann beider Gemeinsames nicht verdecken, nämlich die Tatsache, dass die deskriptive wie die explikative Untersuchung dadurch, dass sie die Klassen und Klassenfraktionen nur als *punktuelles* Ensemble von auf Individuen verteilten Merkmalen darzustellen vermag, immer einen Standort *nach (oder vor) der Schlacht* einnimmt, der Kampf selbst aber, aus dem sich die spezifische Verteilung ergibt, ausgespart bleibt. Weil der Statistiker vergisst, dass alle Merkmale – die von ihm klassifizierten und gemessenen so gut wie die bei Klassifizierung und Messung herangezogenen – Waffen und Ziele im Kampf zwischen den Klassen darstellen, kommt es zu derartigen abstrahierenden Klassenbeschreibungen, in denen nicht nur die Oppositionsbeziehungen zwischen den Klassen gekappt sind, also jene, die den Merkmalen doch allererst ihren Unterscheidungswert verleihen, sondern auch die Machtbeziehungen einschließlich des Kampfes um die Macht, die den Verteilungen zugrunde liegen. Der fotografischen Aufnahme einer Billard- oder Pokerpartie ähnlich, die den jeweiligen *Stand der Aktiva* – Billardkugel oder Chips – festhält, fixiert die Erhebung einen Moment innerhalb eines Kampfes, in dem die Akteure das in früheren Phasen des Kampfes erworbene, potenziell Macht über das Kampfgeschehen selbst implizierende Kapital – und damit über das Kapital der anderen – stets wieder aufs Neue als Waffe und Einsatz ins Spiel bringen. Die Struktur der Klassenbeziehungen erhält man, indem man durch synchronen Schnitt den – wie immer stabilen – Zustand des Kräftefeldes der Klassenkämpfe fixiert. Ihre nähere Bestimmung gewinnt diese Struktur anhand der den Akteuren in diesem Kampf jeweils verfügbaren Stärke, oder mit anderen Worten, durch die im fraglichen Zeitpunkt gegebene Verteilung der verschiedenen Kapitalarten; daneben aber hängt die Stärke der Akteure selbst wieder vom Stand des Kampfes um die Definition des Kampfeinsatzes ab: In der Tat gehört die Definition der legitimen Mittel und Einsätze des Kampfes zu den Zielen des Kampfes selbst, ist die jeweilige Wirksamkeit der Ressourcen, die das Spiel zu beherrschen erlauben (das Kapital in seinen diversen Ausprägungen), mit im Spiel und folglich je nach Verlauf und Stand des Spiels Schwankungen unterworfen. Wie unablässig betont (sei es auch nur durch Anführungszeichen), bleibt der Begriff »Gesamtvolumen des Kapitals«, der zur Erklärung bestimmter Aspekte der Praxis notwendig ist, ein *bloß theoretisches Konstrukt* mit der potenziell durchaus gefährlichen Tendenz, all das vergessen zu lassen, wovon bei seiner Konstruktion abstrahiert werden musste – angefangen damit, dass der »Umrechnungssatz« einer Kapitalart in eine andere zu jedem Zeitpunkt Gegenstand von Auseinandersetzungen und daher unaufhörlichen Veränderungen unterworfen ist.

Die Dispositionen entsprechen einer je spezifischen Klassenlage als einem Ensemble von Möglichkeiten und Unmöglichkeiten, zugleich auch einer relational definierten Position, einem Rang innerhalb der Klassenstruktur und sind mithin immer, zumindest objektiv, auf die an andere Positionen gebundenen Dispositionen bezogen. Das bedeutet, dass »Moral« und »Ästhetik« einer bestimmten Klasse, da jeweils einer besonderen Klasse von Existenzbedingungen »angepasst«, die sich durch eine bestimmte Nähe oder Ferne zur Zwangssphäre der ökonomischen Notwendigkeiten auszeichnen, entsprechend ihrem »Banalitäts- oder Distinktionsgrad« auf die der anderen Klassen bezogen, ihre Optionen daher *automatisch* mit einer klar bestimmten Position assoziiert und mit einem kennzeichnenden Wert versehen sind, *und zwar unabhängig von jedweder Distinktionsabsicht*, von jedwedem Streben nach Differenz. Bewusst eingeschlagene Strategien – in deren Verfolgung man sich zum einen von der (tatsächlich oder vermeintlich) niedrigeren Gruppe als einer Art Kontrastfolie absetzt und sich gleichzeitig mit der (tatsächlich oder vermeintlich) ranghöheren Gruppe identifiziert, die auf diese Weise zum Besitzwahrer des legitimen Lebensstils aufsteigt – tragen lediglich dazu bei, dass die automatische und unbewusste Dialektik von Seltenem und Gewöhnlichem, Neuem und Altem – eine Dialektik, die der objektiven Unterschiedenheit der Soziallagen und Dispositionen immanent ist – ihre volle Wirksamkeit erreicht, weil sie, was ohnehin geschieht, *intentional verdoppelt*. Tatsächlich beinhaltet jedes Bekenntnis des Kleinbürgers zu Rigorismus, sein Loblied auf Sauberkeit, Mäßigung und Sorgfalt einen stillschweigenden Bezug aufs Unsaubere, auf Maßlosigkeit und Sorglosigkeit, auch dann, wenn dahinter kein bewusstes Streben nach Absetzung vom laxen Verhalten der unteren Klassen steht. Ähnlich braucht auch der großbürgerliche Anspruch auf Ungezwungenheit und Diskretion, Distanziertheit und Interesselosigkeit durchaus keinem bewussten Streben nach Auszeichnung zu gehorchen, um eine implizite Bloßstellung der immer entweder hochstaplerischen oder tiefstapelnden »Ansprüche« des Kleinbürgers einzuschließen – der ist dem Großbürger allemal zu »beschränkt« oder zu »angeberisch«, zu »arrogant« oder zu »servil«, zu »ungebildet« oder zu »schulmeisterhaft«. Nicht zufällig trachtet jede Gruppe ihre ureigensten Werte in dem wiederzuerkennen, was – im Saussure'schen Sinn – ihren »Wert« ausmacht, d. h. in der letzten *Differenz*, die häufig genug auch die letzte Eroberung ist, in der sie spezifisch definierenden strukturellen und genetischen Abweichung. Da, wo die unteren Klassen, auf die »nötigsten« Güter und Tugenden verwiesen, Sauberkeit und Bequemlichkeit fordern, wünschen sich die Mittelklassen, mit dem Dringendsten bereits mehr oder minder eingedeckt, eine warme, intime, komfortable oder gepflegte Einrichtung, modische und originelle Kleidung. Diese Werte sind nun aber für die privilegiertesten Klassen bereits wieder zweitrangig geworden, da ja bereits seit längerem die ihren und zu Selbstverständlichkeiten geronnen. Gesellschaftlich als ästhetisch geltende Interessen verfolgend, wie die Suche nach

Harmonie und Ausgewogenheit, vermögen sie ihre Vornehmheit nicht mehr in Merkmalen, Handlungsweisen und »Tugenden« wiederzufinden, die sie für sich gar nicht mehr zu beanspruchen brauchen, nicht einmal mehr beanspruchen dürfen, weil sie Allgemeingut geworden sind und damit zwar ihren Gebrauchswert, nicht aber ihren Distinktionswert bewahrt haben.

Wie die Reihe der Diagramme zeigt, mit denen die je nach Klassenfraktion spezifische Variante von Adjektiven zur Charakterisierung der idealen Inneneinrichtung festgehalten wurde (mit Ausnahme von »klassisch«, »gepflegt« und »nüchtern«, deren Sinn sich als zweideutig erwies), wächst der Anteil der Optionen, die genuin ästhetische Eigenschaften herausheben (kunstvoll gestaltet, phantasievoll, harmonisch), mit steigendem Sozialstatus, während in gleicher Richtung der Anteil der Optionen, die man »funktionalistisch« nennen könnte, abnimmt (sauber, praktisch und pflegeleicht). Die zu beobachtende stete Deformation des Diagramms verläuft in Richtung auf drei relativ unvereinbare Endpunkte: die Kleinhändler führen zu den Industriellen und Großhändlern, die Volksschullehrer zu den Gymnasiallehrern und die Kulturvermittler zu den Kunstproduzenten.

Der Geschmack gehorcht mithin einer Art verallgemeinertem Engelsehen Gesetz: Auf jeder Verteilungsebene wird, was für die auf einem niedrigeren Niveau Stehenden rar, unerschwinglicher Luxus oder absurde Laune ist, zum banalen Gemeingut und vom Auftreten noch seltenerer und distinktiverer Konsummöglichkeiten zum Selbstverständlichen degradiert – und dies, es sei nochmals betont, unabhängig von allem absichtsvollen Streben nach vornehmen und Vornehmheit verleihenden Objekten und Praktiken. Das Gespür für die richtige Investition – jener Drang, aus der Mode gekommene oder einfach an Geltung gesunkene Objekte und Praktiken zugunsten stets neuerer fallenzulassen, in einer Art avantgardistischer Flucht nach vorn, Inbegriff des Snobismus überhaupt – lässt sich leiten von unzähligen Anzeichen und Hinweisen expliziter wie impliziter Natur, die – wie die Erfahrung von Popularisierung und Vermassung der gemein gewordenen Praktiken – zu schleichendem Horror oder Ekel vor ihnen führen (nicht zufällig reproduzieren Neigungen zu einer bestimmten Malerei oder Musik bis hin zu Neuentdeckungen und Neubewertungen Entwicklungslinien der persönlichen Biografie). Hinter all dem muss also kein expliziter Drang nach Absetzung stecken; in der Regel genügt eine in bürgerlicher Erziehung erworbene Gestimmtheit, Unverträglichkeit gegenüber Lärm oder zu nahem Körperkontakt, damit sich im Arbeits- oder Freizeitbereich ein Wechsel vollzieht und man sich den im fraglichen Moment gerade selteneren Objekten und Aktivitäten zuwendet. Die, welche für »distinguiert«, für »besonders« gelten, besitzen das Privileg, sich um ihr Anderssein keine Gedanken und keine Sorgen zu machen brauchen – in diesem Punkt ist auf die objektiven Mechanismen, Garanten ihrer Unterscheidungsmerkmale, nicht minder Verlass wie auf ihr »Gespür für Distinktion«, das sie allem »Gemeinen« aus dem Wege gehen lässt. Da, wo der Kleinbürger oder der unlängst erst in die Ränge der Bourgeoisie aufgerückte »Parvenu« übertreibt, zeichnet sich die »Distinktion« des echten Bourgeois durch betonte Diskretion, Schlichtheit und *understatement* aus, durch Verschmähung alles »Übertriebenen«, »Angeberischen«, »Prätentiösen«, das gerade *durch seine Distinktionsabsicht* sich dequalifiziert als eine der verabscheuungswürdigsten Formen des »Vulgären« und damit als Gegenteil schlechthin von »natürlicher« Eleganz und Distinktion: der Eleganz ohne Streben nach Eleganz und der Distinktion ohne Absicht zur Distinktion.

Die Auseinandersetzungen um die Aneignung der ökonomischen und kulturellen Güter stellen zugleich symbolische Auseinandersetzungen um jene *Distinktionsmerkmale* dar, die den wertvollen und Wert verleihenden Gütern und Praktiken innewohnen, wie auch um die Bewahrung oder Vernichtung der Prinzipien, nach denen diese Merkmale distinguieren. Demzufolge stellt der Raum der Lebensstile, d.h. das Universum der Eigenschaften, anhand deren sich – mit oder ohne Wille zur Distinktion – die Inhaber der verschiedenen Positionen im sozialen Raum unterscheiden, nichts anderes dar als eine zu einem bestimmten Zeitpunkt erstellte Bilanz der symbolischen Auseinandersetzungen, die um die Durchsetzung des legitimen Lebensstils geführt werden und ihre exemplarische Verwirklichung in den Kämpfen um das Monopol über die Embleme von Klasse – Luxusgüter, legitime Kulturgüter und deren legitime Aneignungsweise – finden. Basis der Dynamik des Feldes, in dem die Kulturgüter produziert, reproduziert und über ihre Zirkulation Distinktionsgewinne verschaffen, sind die Strategien, die gerade durch ihre gegenseitige Konkurrenz zu diesen objektiven Ergebnissen, der Seltenheit und dem Glauben an den Wert jener Güter, beitragen: »Distinktion« oder besser »Klasse« – legitimer, d.h. verklärter und als solcher unkenntlich gemachter Ausdruck von »sozialer Klasse« – gibt es nur aufgrund der Auseinandersetzungen um exklusive Aneignung der Merkmale, die »natürliche Distinktion« ausmachen.

Kultur und Bildung setzt, wie alles, worum es in der Gesellschaft geht, zwingend voraus, dass man sich auf das Spiel ernsthaft einlässt; und das Interesse an Kultur, ohne das es hier weder Wettbewerb noch (überhaupt) Konkurrenz gäbe, ist selbst wieder auch Produkt dieser Konkurrenzsituation. Der Wert der Kultur als allerhöchstem Fetisch erwächst aus der mit Eintritt in das Spiel gegebenen ursprünglichen Investition und aus dem kollektiven Glauben an den Wert des Spiels, der dem Spiel zugrunde liegt und den die Konkurrenz auch ständig wieder neu schafft. Hinter dem Gegensatz zwischen »Echtem« und »Imitiertem«, zwischen »wahrer« Kultur und »Massenkultur«, der das Spiel selber zugleich mit dem Glauben an den absoluten Wert dessen, was auf dem Spiel steht, begründet, versteckt sich eine zur Produktion und Reproduktion der *illusio* – der grundsätzlichen Anerkennung des Kulturspiels und seiner Objekte – nicht weniger unerlässliche *Komplizenschaft*: Distinktion und Prätention, hohe Kultur und Durchschnittskultur haben – wie übrigens auch Haute Couture und Konfektionsmode, Haute

Coiffure und Standardfrisur, und so fort – nur wechselseitig Bestand: es ist ihre *Wechselbeziehung* oder, besser, die objektive *Zusammenarbeit* ihrer Produktionsapparate und ihrer jeweiligen Klientel, die den Wert der Kultur erzeugt wie das Bedürfnis nach ihrer Aneignung. In Auseinandersetzungen zwischen Kontrahenten, die objektiv Komplizen sind, konstituiert sich der Wert der Kultur oder, was letzten Endes dasselbe ist, der Glaube an den Wert der Kultur, *das Interesse für und das Interessante an Kultur* – was keine Tatsache sui generis ist, wenn auch eine der Wirkungen des Spiels darin besteht, den Glauben an die Angeborenheit des Wunsches nach und des Vergnügens am Spielen zu erzeugen. Barbarei ist, nach der Funktion von Kultur zu fragen; Barbarei ist die Unterstellung, dass Kultur nicht an sich schon von Interesse sei noch das Interesse an Kultur eine Natureigenschaft – übrigens ungleich verteilt, um gewissermaßen die Barbaren von den Auserwählten zu scheiden –, sondern ein bloßes gesellschaftliches Artefakt, eine besondere und besonders verbindliche Form von *Fetischismus*; Barbarei ist endlich, nach dem Interessanten an solchen Aktivitäten zu fragen, die man »interesselos« nennt, weil sie kein eigenes Interesse (kein sinnliches Vergnügen etwa) bieten, und derart die Frage nach dem *Interesse am Interesselosen* aufzuwerfen.

Die Auseinandersetzung selbst produziert mithin die Effekte ihrer eigenen Verschleierung. Kann das spezifische Verhältnis der gesellschaftlichen Klassen zur Kultur unterschiedslos in der Sprache eines Maurice Halbwachs als »Nähe oder Ferne zum Zentrum der kulturellen Werte« wie auch in Konfliktbegriffen formuliert werden, so deshalb, weil die symbolischen Auseinandersetzungen sich selbst nicht bewusst werden und als solche organisieren können, vielmehr zwangsläufig die Gestalt von Konkurrenzkämpfen annehmen, die zur Reproduktion der *Abstände*, Grundlage des Wettlaufs, noch beitragen. Es ist kein Zufall, dass – mit Ausnahme eben Proudhons, der aus seinem kleinbürgerlichen Abscheu gegenüber dem ausschweifend-lockeren Lebensstil der Künstler und aus dem, was Marx seine »irae hominis probi« nennt, die Kühnheit schöpft, die verdeckte und verdrängte Seite der widersprüchlichen oder, besser, der *ambivalenten* Vorstellung der Kleinbürger von Kunst ans Licht zu ziehen – praktisch keine radikale Kritik von Kultur und Kunst existiert, die zu einer wirklichen Objektivierung des Kultur-Spiels führte: so stark zwingt sich selbst noch den Angehörigen der unteren Klassen und deren Wortführern das Gefühl kultureller Unwürdigkeit auf.

In den symbolischen Auseinandersetzungen um die Aneignung der distinktiven Eigenschaften, die den verschiedenen Lebensstilen ihr spezifisches Profil verleihen, insbesondere aber in den Auseinandersetzungen um die Definition der Eigenschaften, deren Aneignung als wertvoll erachtet wird, wie auch der legitimen Weise ihrer Aneignung sind die beherrschten Klassen lediglich passiv, als Gegen- und *Kontrastbild* vertreten. Die Natur, gegen die sich hier Kultur konstituiert, stellt nichts anderes dar als alles, was »Pöbel«, »populär«, »vulgär« und »gewöhnlich« ist. Folglich muss, wer »hochkommen« will, seinen Zutritt zur Sphäre alles dessen, was den »Menschen als wahren Menschen« auszeichnet, mit einem wahrhaften Wandel seiner Natur bezahlen (mehr denn je könnte man hier von *metabasis eis allo genos* sprechen) und seinen gesellschaftlichen Aufstieg wie eine ontologische Erhöhung empfinden oder, wenn man möchte, wie ein Fortschreiten der *Zivilisation* (Hugo spricht einmal von der »zivilisatorischen Macht der Kunst«), wie einen Sprung von der Natur in die Kultur, von der Animalität in die Humanität – doch jetzt, da er sich selbst zum Schauplatz des aller Kultur immanenten Klassenkampfes gemacht hat, wird er von Schmach, Entsetzen, ja Hass gegenüber dem »alten Adam« heimgesucht, gegenüber dessen Sprache, Körper, Geschmack und Neigungen, gegenüber allem, dem er einst solidarisch war, dem *genos*, dem Ursprung, dem Vater, gegenüber Seinesgleichen und manchmal sogar gegenüber seiner eigenen Muttersprache – von alledem ist er nun durch eine Grenzlinie geschieden, die totaler ist als alle Verbote.

Die Kämpfe, bei denen es um das geht, was innerhalb der sozialen Welt zu Glauben, Kredit und Misskredit, zu Wahrnehmung und Wertung, Erkennen und Anerkennen gehört – Name, Ruf, Prestige, Ehre, Ruhm, Autorität –, um das, was symbolische zu verbindlicher Macht werden lässt, betreffen stets nur die bereits »Distinguierten« und die »Aspiranten« auf Distinktion. Prätention, die Anerkennung der Distinktion, die sich als solche zu erkennen gibt im Versuch, diese sich zu eigen zu machen – und wäre es auch nur unter den trügerischen Formen des Bluffs oder der Imitate –, und darin, gegenüber den davon Ausgeschlossenen sich demonstrativ abzusetzen, bildet die Triebfeder für den – an sich banalisierenden – Erwerb der bislang am stärksten Unterschiede setzenden Merkmale, wertet sie damit ab und trägt dadurch zur Aufrechterhaltung der Spannung auf dem Markt der symbolischen Güter bei, dass sie die Inhaber der von Verbreitung und Vermassung bedrohten distinktiven Merkmale zwingt, die Bestätigung ihrer Exklusivität in immer neuen Merkmalen zu suchen. Die aus dieser Dialektik hervorgehende Nachfrage ist *per definitionem* unerschöpflich, weil die abhängigen Bedürfnisse sich stets neu an einer Distinktion orientieren müssen, die sich ihrerseits an ihnen negativ definiert.

Fundament der symbolischen Auseinandersetzungen um Sein und Schein, um die symbolische Manifestation, die der Sinn für das Schickliche und das Unschickliche (nicht minder streng als die einstigen Regeln des demonstrativen Konsums) den unterschiedlichen Soziallagen zubilligt (»Für wen hält der sich eigentlich?«) und dabei z. B. säuberlich trennt zwischen »echtem« Schick, dem alles Schwerfällige und Zwanghafte abgeht, und bloß angeberisch Aufgesetztem, das durch den bloßen Verdacht, beabsichtigt und einstudiert zu sein und also angemaßt, bereits an Geltung verliert, bildet das durch die Logik der symbolischen Äußerung vermittelte Moment an Freiheit gegenüber der jeweiligen Soziallage. Die gesellschaftlichen Bestimmungen sind Legion, mit denen die Beziehungen zwischen Sein und Schein geregelt werden sollen – angefangen mit den einschlägigen Vorschriften über das legale Tragen von Uniformen und Auszeichnungen, das widerrechtliche Führen von Titeln bis hin zu den milderen Formen von Sanktionierung, deren Ziel es ist, jene an die Realität und damit an Grenzen zu erinnern, die damit, dass sie sich mit äußeren, in mehr oder minder krassem Missverhältnis zu ihren eigenen sozialen und materiellen Verhältnissen stehenden Insignien des Reichtums behängen, demonstrieren, dass sie sich als »etwas anderes« dünken, als sie in Wirklichkeit sind – nämlich ehrgeizige Prätendenten, die durch ihr Gehabe, ihre Mimik, ihre generelle »Selbstdarstellung« verraten, dass ihr Selbstbild, das sie auch den anderen vermitteln möchten, erheblich abweicht vom Bild der anderen von ihnen und sie denn auch, wollten sie sich an ihm orientieren, unweigerlich »zurückstecken« müssten. Damit ist keineswegs gesagt, dass derartige Strategien der Anmaßung vorab zum Scheitern verurteilt wären. Da der zuverlässigste Beweis von Legitimität im sicheren Auftreten liegt, das, wie es so schön heißt, »Eindruck schindet«, bildet der (zunächst einmal den Bluffer selbst täuschende) gelungene Bluff eines der wenigen Mittel, den Zwängen einer bestimmten sozialen Lage im Spiel mit der relativen Autonomie des Symbolischen zu entkommen (d. h. mittels der Fähigkeit, sich in Szene zu setzen und für Vorstellungen empfänglich zu sein), um derart eine normalerweise mit einer höheren sozialen Lage assoziierte Selbst-Darstellung den anderen nicht nur aufzudrängen, sondern ihr auch deren Zustimmung und Anerkennung zu sichern, welche sie allererst zu einer objektiven und legitimen machen. Zwar sollte man sich hüten, sich blind dem – typisch kleinbürgerlichen – idealistischen Interaktionismus zu verschreiben, der die (soziale) Welt als Wille und Vorstellung begreift, doch wäre es absurd, wollte man aus der gesellschaftlichen Wirklichkeit die Vorstellungen eskamotieren, die sich die Akteure von ihr machen: In der Tat ist in den Kämpfen, die die Akteure untereinander um die Repräsentation ihrer sozialen Position innerhalb der Sozialwelt und damit um diese Welt austragen, immer auch partiell die Wirklichkeit der Sozialwelt mit im Spiel.

Wie die Umkehrung der jeweiligen Rolle von Nahrung und Kleidung, und allgemeiner, von Substanz und Schein beim Übergang von der Arbeiterklasse zum Kleinbürgertum bezeugt, stehen die Mittelklassen in enger Verbindung zur Sphäre des Symbolischen. Ihr Bemühen um den Schein, das, als unglückliches Bewusstsein empfunden, manchmal auch sich in Arroganz kleiden kann (»Das reicht«, »So gefällt's mir« liest man zuweilen auf kleinbürgerlichen Villen), liegt ebenfalls ihrer *Prätention* zugrunde, jener unausgesetzten Bereitschaft zum Bluff oder zum Usurpieren sozialer Identität im Versuch, das Sein durch den Schein zu überholen; sich der Wirklichkeit durch den Schein, des Realen durch das Nominale zu bemächtigen; die Positionen in den objektiven Klassifikationssystemen zu verändern, indem die Vorstellungen vom Rang in der Hierarchie oder sogar deren Prinzipien verändert werden. Der Kleinbürger, ausgesetzt den Widersprüchen zwischen objektiv dominierter Soziallage und der Aspiration auf Teilnahme und Teilhabe an den dominanten Werten, ist besessen vom Gedanken daran, welches Bild wohl die Anderen von ihm haben mögen und wie sie es beurteilen. Aus Angst, nicht genug zu tun, dazu verführt, des Guten immer zu viel tun, im Bemühen, zu zeigen oder den *Eindruck zu vermitteln*, er »gehöre dazu«, seine Unsicherheit verratend und seine Mühe, »dazuzugehören«, muss er zwangsläufig den Angehörigen der breiten Schichten der Bevölkerung, die sich wenig um ihr Sein-für-Andere scheren, als auch den privilegierten Kreisen, die ihres Seins sicher, sich um das Scheinen nicht weiter zu bekümmern brauchen, als der Mensch des Scheins vorkommen, der unablässig vom *Blick der Anderen* sich beobachtet fühlt und zugleich auch sich fortwährend *in den Augen der Anderen* zur Geltung bringen, »sich zeigen« will. Verwiesen auf den Schein, den er zur Erfüllung seiner Funktion vermitteln muss, d. h. um seine *Rolle spielen* zu können – den Anderen glauben zu machen, etwas vorzutäuschen, Vertrauen und Respekt einzuflößen und seine soziale Persönlichkeit, seine »Darstellung« und Vorstellung als persönliche Bürgschaft für die von ihm offerierten Waren oder Dienste einzusetzen (so die Verkäufer, Handelsvertreter, Hostessen etc.) –, aber auch, um seine Prätentionen und Ansprüche geltend zu machen, seine Interessen und Aufstiegsprojekte weiter zu befördern, tendiert er zu einem Berkeley'schen Weltbild, worin Gesellschaft bloßes Theater, Sein immer nur wahrgenommenes Sein, oder besser, (geistige) Vergegenwärtigung einer (Theater-)Vorstellung ist. Seine prekäre Stellung innerhalb der Sozialstruktur, noch verdoppelt manchmal durch die Ambiguität einer jeden zwischen Klassen vermittelnden Funktion, der Rolle eines manipulierten Manipulators, eines betrogenen Betrügers, und häufig auch sein Werdegang selbst, der ihn, auf Zweitposten, Nebengleise führend, zur grauen Eminenz, zum Komparsen, Gehilfen, Ersatzmann, bloßen Prokuristen und Funktionsträger werden lässt, ohne ihm den symbolischen Gewinn des anerkannten Status oder des offiziellen Auftrags einzutragen, der erst den legitimen Schwindel ausmacht (aber wohl in der Lage, dessen wirkliche Grundlage zu erahnen): dies alles prädisponiert den Kleinbürger zu einem Weltbild in Kategorien von Wirklichkeit und Schein, und er ist umso geneigter, den Manipulationen und Betrugsmanövern den geschärften Argwohn seines *Ressentiments* entgegenzubringen, je stärker er selbst in seinem Ehrgeiz zurückstecken musste.

Der eigentliche Schauplatz der symbolischen Kämpfe ist freilich die herrschende Klasse selbst. Dabei bilden die Auseinandersetzungen unter den Intellektuellen und Künstlern um das, was als legitime Kunst zu gelten habe, nur einen Aspekt der fortwährenden Fraktionskämpfe innerhalb der herrschenden Klasse um die Durchsetzung einer jeweiligen Definition der legitimen Einsätze und Waffen im Rahmen sozialer Auseinandersetzungen, oder, wenn man will, um die Bestimmung der Basis von legitimer Herrschaft – nämlich Wirtschafts-, Bildungs- oder Sozialkapital, alle drei soziale Machtinstanzen, deren spezifische Effizienz noch gesteigert werden kann durch die des Symbolischen, d. h. durch die Autorität, deren Verbindlichkeit aus kollektiver Anerkennung und kollektiver Mandatsträgerschaft hervorgeht. Der Kampf zwischen den dominanten und den dominierten Fraktionen (Letztere wiederum durch Auseinandersetzungen, die sich strukturell homolog in der gesamten herrschenden Klasse abspielen, in verschiedene Kräftefelder gespalten) folgt auf der ideologischen Ebene, wo eher die dominierten Fraktionen die Initiative und das Sagen haben, dem Muster von Gegensätzen, das sich im großen Ganzen mit der herrschenden Sicht vom Verhältnis zwischen herrschender und beherrschter Klasse deckt: Freiheit, Uneigennützigkeit, »Reinheit« des verfeinerten Geschmacks und Heil im »Jenseits« etc. auf der einen – Notwendigkeit, Interesse, Niedrigkeit der materiellen Bedürfnisbefriedigungen und irdisches Wohlergehen auf der anderen Seite. Die Folge ist, dass alle gegen die »Bourgeois« aufgewendeten Strategien der Intellektuellen und Künstler unweigerlich und ohne ausdrückliche Absicht, allein durch die strukturelle Anordnung des Raums, in dem sie entstehen, eine doppelte Stoßrichtung aufweisen und *unterschiedslos* sich gegen jede Form der Unterwerfung unter materielle Interessen richten, sei es die der Bourgeois oder die der Minderbemittelten aus den unteren Klassen: »Bourgeois nenne ich jeden, der gewöhnlich denkt« (Flaubert). Diese wesentliche Überdeterminierung ist die Ursache dafür, dass die »Bourgeois« die vom Künstler ursprünglich gegen sie produzierte Kunst so leicht als Zeugnis ihres eigenen Ranges verwerten können: Verstehen sie sich im Verhältnis zu den unterdrückten Klassen als Vertreter der »Uneigennützigkeit«, »Freiheit«, »Reinheit« und »Seele«, kehren sie damit gegen die anderen Klassen nur jene Waffen, die gegen sie selbst geschmiedet worden sind.

Dominierende Kunst und dominierende Lebensart stimmen, wie wir gesehen haben, in ihren grundlegenden Unterscheidungen nicht zufällig überein. Ihnen allen liegt der Gegensatz zugrunde zwischen dem rohen und brutalen Zwang der Verhältnisse, denen der »kleine Mann« unterliegt, und Luxus als Demonstration der Distanz zur Sphäre des Notwendigen, oder auch Askese als bewusst selbstauferlegte Einschränkung – zwei komplementäre Formen der Verneinung von Natur, Bedürfnis, Begierde und Verlangen; zwischen der zügellosen, negativ die Entbehrungen alltäglicher Existenz zu Bewusstsein bringenden Verschwendung und der ostentativen Ungebundenheit zweckfreier Ausgabe oder Askese als frei gewählter Selbstbeschränkung; zwischen der Auslieferung an unmittelbare, oberflächliche Formen der Befriedigung und jenem sparsamen Einsatz der Mittel, der demonstriert, dass Besitztitel und effektiver Besitz sich entsprechen. Ungezwungenem Verhalten gilt deshalb so allgemeine Anerkennung, weil es die sichtbarste Bestätigung der Ungebundenheit gegenüber sozialen Zwängen ist, denen die »einfachen Leute« stets noch unterworfen sind, und das unbezweifelbarste Zeugnis für den Besitz von Kapital, und damit sowohl der Befähigung, den Anforderungen der biologischen und gesellschaftlichen

Natur nachzukommen, als auch der Autorität, diese zu ignorieren: Sprachliche Gewandtheit z. B. mag durch Übererfüllen der rein grammatischen und pragmatischen Gebote glänzen, etwa im Substituieren gebräuchlicher Worte und Wendungen durch erlesenere Ausdrucksformen, oder sich auch in Eigenwilligkeit und Regelverstoß gegenüber sprachlichen und situativen Zwängen offenbaren. Obwohl gegensätzlich, schließen sich diese Strategien, in deren Verfolgung man sich über die Regeln und Normen des gewöhnlichen Sprechens hinwegsetzt, nicht aus: Beide Formen der Demonstration von Ungebundenheit – die Übererfüllung von Normen wie deren bewusste Übertretung – können in verschiedenen Momenten und auf verschiedenen Ebenen des Sprechens vorkommen; die »Lockerung« etwa auf der Ebene des Wortschatzes kann durch verstärkte Rigidität im Syntaktischen oder in der Diktion (wie auch umgekehrt) wettgemacht werden (klar zeigt sich das in den *Strategien der Herablassung*, wo der zwischen den Sprech-Ebenen aufrechterhaltene Abstand selbst das auf die symbolische Ebene transponierte Doppelspiel der im Akt ihrer scheinbaren Verneinung gerade bekräftigten Distanz wiedergibt). Solche Strategien – die völlig unbewusst ablaufen können und dann nur desto wirksamer sind – bilden die unangreifbarste Replik auf die grundsätzliche Überkorrektheit der prätentiösen Prätendenten, die – dazu verurteilt, stets zu viel oder zu wenig zu tun – sich auf ängstliche Rückfragen nach der Regel und danach, wie ihr auf legitime Weise Folge zu leisten sei, verwiesen finden und, gelähmt durch diese Rückversicherung – das glatte Gegenteil von Ungezwungenheit –, erst recht nicht mehr wissen, wo ihnen der Kopf steht. Wer, wie es so schön heißt, »sich erlauben kann«, sich über die Regeln hinwegzusetzen, die im Grunde ja nur für Grammatiker und Pedanten da sind – verständlicherweise neigen diese kaum dazu, diese Spiele mit der Regel in ihre einschlägigen Kodifizierungen des Sprachspiels aufzunehmen –, der gibt vor, selber die Regeln vorzugeben, d. h. *taste maker* zu sein, Schiedsrichter über die Formen des guten Geschmacks, deren Übertretungen nicht etwa Fehler, Verstöße darstellen, sondern Ansatz oder Ankündigung selbst wieder einer neuen Mode, eines neuen Ausdrucks- und Verhaltensmodus, der zwangsläufig Modell, also modal, normal werden, in Norm sich umsetzen muss, um damit seinerseits Übertretungen von Seiten derer auf den Plan zu rufen, die sich weigern, sich dem neuen Modus zu unterwerfen, und sich sträuben, in der am wenigsten profilierten, gemeinsten, am wenigsten distinguierten und selber Distinktion und »Klasse« zuteilenden Klasse aufzugehen. Das heißt, beiläufig, auch – wider alle naiv darwinistischen Überzeugungen –, dass die (gesellschaftlich fundierte) Illusion eines »natürlichen Unterschieds« wesentlich auf der Macht der Herrschenden beruht, kraft ihrer bloßen Existenz eine Definition des Vollkommenen durchzusetzen, die letzten Endes nichts anderes darstellt als ihre eigene Lebensform, und damit als distinktiv, different, folglich (da eine unter anderen) beliebig und zugleich als vollkommen notwendig, absolut und natürlich erscheinen muss.

4.3. Pierre Bourdieu, Die feinen Unterschiede

Zwanglosigkeit im Sinne »natürlicher Ungezwungenheit« heißt nichts als Unbelastetheit im Sinne »materieller Wohlhabenheit«: dieser Satz negierte seine eigene Wahrheit, schlösse er nicht offenbar ein zusätzliches Moment ein. Der Objektivismus irrt, wenn er in die umfassende Bestimmung seines Gegenstandes nicht auch dessen geistige Vorstellung einbezieht, die er allerdings eskamotieren musste, um zu seiner »objektiven« Bestimmung zu gelangen, und wenn er die Reduktion, die zur Erfassung der objektiven Wahrheit der sozialen Tatsachen unerlässlich war – dieser Gegebenheiten, deren Wesen eben auch im Wahrgenommenwerden besteht –, nicht noch einer weiteren, letzten Reduktion unterzieht. Was wir ausgelassen haben, als wir sagten, dass »natürliche Ungezwungenheit« Wohlstand voraussetzt (ganz wie, umgekehrt, gezwungenes Verhalten materiellen Zwang, und wie bei Aristoteles Tugend die äußere Voraussetzung dazu), das müssen wir wieder einführen, um zu einer umfassenden Bestimmung zu kommen: dass nämlich diejenigen, die einfach aufgrund ihrer Existenz Einfluss ausüben, nur zu sein brauchen, was sie sind, um das zu sein, was man zu sein hat. Diese perfekte Koinzidenz ist die eigentliche Bestimmung von Zwanglosigkeit und Unbelastetheit und bestätigt ihrerseits die Koinzidenz von Sein und Sein-Sollen und die ihr immanente Kraft zur Selbstaffirmation.

Der hohe Wert, der Zwanglosigkeit und allen Formen der Distanz zu sich selbst eingeräumt wird, rührt daher, dass diese – ganz im Gegensatz zur verkrampften Ängstlichkeit des Prätendenten, der, fortwährend infrage gestellt durch den anderen wie durch sich selbst, an seinem Besitz klebt – gerade in ihrer Arroganz den Besitz eines hohen – sprachlichen oder anderen – Kapitals anzeigen; zugleich jedoch auch Ungebundenheit gegenüber diesem Besitz – womit nur einmal mehr die Macht über alle denkbaren Zwangslagen bekräftigt wird. Die Wortakrobatik wie die zweckfreie Verausgabung von Zeit und Geld, welche der materielle wie der symbolische Konsum des Kunstwerks voraussetzt, oder selbst, auf einer noch höheren Stufe, die bewusst auf sich genommenen Einschränkungen und Verzichtsleistungen des Asketismus, auch die Verschmähung alles Oberflächlichen, die einer jeden »reinen« Ästhetik zugrunde liegt: Sie alle sind noch Wiederholungen jener Variante der Dialektik von Herr und Knecht, worin die Besitzenden ihren Besitz bestätigen – und damit ihre Distanz zu den Besitzlosen noch verstärken, wenn diese, nicht zufrieden damit, dem Zwang der sozialen und ökonomischen Notwendigkeit unterworfen zu sein, sich auch noch dem Verdacht aussetzen, von Besitzgier beherrscht, potenziell also von dem Besitz besessen zu sein, über den sie nicht oder noch nicht verfügen.

aus: Die feinen Unterschiede, Frankfurt/M 1987, mit freundlicher Genehmigung des Suhrkamp Verlages

4.4. Wer hört die Subalterne? Rück- und Ausblick

Gayatri Chakravorty Spivak

Kann die Subalterne sprechen? geht auf einen Vortrag von mir mit dem Titel »Macht und Begehren« (Power and Desire) vom Sommer 1983 zurück. Ich versuchte gerade, mich aus dem Bann von Foucault und Deleuze zu befreien. Zugleich war dies wohl der Zeitpunkt, an dem sich Derrida der Politik zuzuwenden begann. Im Zentrum meines Schaffens stand damals die französische Theorie, standen Yeats und Marx – ich war auf Europa konzentriert. Aber ich spürte, dass die Zeit reif war für eine Veränderung. In meiner anfänglichen Euphorie wandte ich mich dahin, woher ich gekommen war, ich besann mich auf die (soziale) Klasse, aus der ich stammte.

Im Jahr 1981 war ich gebeten worden, etwas über den französischen Feminismus zu schreiben, das Journal *Critical Inquiry* hatte einen Beitrag zum Dekonstruktivismus angefragt. Das unmittelbare Ergebnis war mein Aufsatz »French Feminism in an International Frame«. Zudem übersetzte und veröffentlichte ich die Kurzgeschichte »Draupadi« von Mahasweta Devi.[1] Meine Beschäftigung mit dem Werk von Mahasweta Devi, aber auch mit Bhubaneswari Bhaduri,[2] der Schwester meiner Großmutter, war Ausdruck meiner bewussten Hinwendung zur bengalischen Mittelschicht. Am Anfang stand also ein Akt der persönlichen Ehrerbietung.

Die Frau, an die Bhubaneswari den Brief schrieb, der dann vergessen wurde, war die Mutter meiner Mutter. Die Frau, die mir die Geschichte erzählte, war meine Mutter. Die Frau, die sich weigerte, das, was diese gesagt hatte, zu verstehen, war meine Cousine Lata. Ich studierte englische Literatur an der Universität von Kalkutta, sie studierte Philosophie. Obwohl sie also einen ähnlichen Bildungshintergrund besaß, hatte sie keinen Zugang zu dieser Frau, die während ihrer monatlichen Regelblutung Selbstmord begangen und mit diesem kleinen schmutzigen Geheimnis gegen die Grundsätze von *sati*, der Tradition der Witwenselbstverbrennung, verstoßen hatte. *Sati*

---

1 Anm. d. Übers.: Die 1926 in Bangladesch geborene Schriftstellerin, deren Erzählungen sich häufig mit sozial benachteiligten Bevölkerungsgruppen in Indien beschäftigen, gilt als die bedeutendste zeitgenössische Autorin, die in bengalischer Sprache schreibt.
2 Anm. d. Übers.: Spivak erzählt am Ende ihres Essays *Kann die Subalterne sprechen?* folgende Geschichte: »Als junge Frau von 16 oder 17 Jahren erhängte sich Bhubaneswari Bhaduri im Jahre 1926 in der bescheidenen Wohnung ihres Vaters im Norden Kalkuttas. Der Selbstmord gab Rätsel auf, handelte es sich doch, zumal Bhubaneswari zu dieser Zeit menstruierte, offenkundig nicht um einen Fall von unerlaubter Schwangerschaft. Fast ein Jahrzehnt später fand man heraus, dass sie Mitglied einer der vielen Gruppen war, die in den bewaffneten Kampf für die indische Unabhängigkeit involviert waren. Schlussendlich war sie mit der Durchführung eines politischen Mordes betraut worden. Da sie sich nicht in der Lage sah, die Aufgabe zu übernehmen, und sich doch über das praktische Vertrauenserfordernis im Klaren war, tötete sie sich selbst.« (Spivak 2007, 104)

wurde im Text nicht als Beispiel dafür herangezogen, dass die Subalternen nicht sprechen (können) – sondern dafür, dass sie ohne Erfolg versuchen, sich Gehör zu verschaffen. Lata hatte mich falsch verstanden. Es war Bhubaneswari, die nicht gehört werden konnte, noch nicht einmal von ihr.

Fehlende Referenzen

Worauf ich hinauswollte, war Folgendes: Da es keinen gültigen kulturellen Rahmen für ihren Widerstand gab, konnte dieser nicht begriffen werden. Bhubaneswaris Widerstand gegen die Grundsätze, die *sati* am Leben erhielten, konnte nicht anerkannt werden. Sie konnte nicht sprechen. Leider besaß dagegen *sati* als Ritual bestimmter hinduistischer Kasten institutionelle Geltung, die ich so weit, wie es mir möglich war, aufzudecken versuchte. Es ging mir nicht darum, dass sie nicht sprechen konnten, sondern darum, dass, wenn versucht wurde, diese Praxis umzuschreiben, diese nicht erkannt werden konnte, weil sie nicht der institutionellen Form entsprach. Es ging nicht darum zu behaupten, *satis* sprächen nicht.

Ich verharrte nicht bei Devi und den nationalistisch gesinnten Frauen. Ich erkannte bald, dass ich damit nicht weiterkommen würde. Diese Frauen eröffneten mir jedoch neue Perspektiven. Ich wandte mich anderen Dingen zu, die ich als Subalternität denken konnte. Mit ihrer Anstrengung, ihren Körper selbst noch im Tod zum Sprechen zu bringen, hatte Bhubaneswari Bhaduri ihre Subalternität in eine Krise versetzt. Ich las ihre Geschichte vor dem Hintergrund der Lektüre des *Achtzehnten Brumaire* von Marx und las sie unter dem Einfluss der Subaltern Studies Group noch einmal.[3] Doch dann erhielt ich Zugang zu Kreisen, in denen Subalternität, selbst Unterdrückung, als Normalität der armen bengalischen Bevölkerung auf dem Land galt. Ich weiß kaum mehr, wie dies passierte, aber ich begann, in diesem subalternen Raum viel Zeit zu verbringen, und versuchte, während ich dort war, es für eine normale Lehrsituation zu halten. In diesem Bemühen lernte ich etwas über das Unterrichten. Unterrichten zielt immer auf Veränderung, muss allerdings von einem gemeinsamen Ort ausgehen.

---

3   Anm. d. Übers.: Die South Asian Subaltern Studies Group gründete sich in den 1980er Jahren als Ansatz und dekonstruktivistische Strategie, die offizielle indische Geschichtsschreibung ›gegen den Strich‹ oder ›von unten‹ zu lesen (vgl. do Mar Castro Varela/Dhawan 2005, 57f). Spivak bezog sich mitunter auch kritisch auf diese Gruppe, deren Mitbegründer Ranajit Guha den von Gramsci geprägten Begriff der Subalternen in das postkoloniale, poststrukturalistische Projekt der Gruppe einbrachte. Ging es darum, die Subalternen als potenziell revolutionäre Kraft anzuerkennen, stand demgegenüber die Kritik, dass die Befreiungsbewegung die Subalternen systematisch ausgegrenzt hatte. Spivak greift diesen Widerspruch auf und argumentiert, dass durch die Fortführung dieser Ignoranz der Imperialismus gestärkt würde. Gleichzeitig stellt sie infrage, wie weit ein klassisch marxistisches Modell sinnvoll sein kann, kritisiert ein romantisierendes Verständnis von Subalternität als rein subversiver und widerständiger Subjektivität und warnt davor, für die Subalternen zu sprechen.

In der Zeit, die ich dort verbrachte, entstand dank meines Dollar-Gehalts eine Reihe von Schulen. Diese sind fragil und Teil eines Bildungssystems, das sicherstellt, dass die Subalternen niemals anders gehört werden denn als Bettlerinnen und Bettler. Wie sehr sich diese Szene von der Unabhängigkeitsbewegung unterscheidet, von Madan Mitra Lane, dem Viertel Bhubaneswaris im alten Kalkutta. In dem Jahr, in dem *Kann die Subalterne sprechen?* zum ersten Mal erschien, wurden in zwei der rückständigsten Distrikte von Westbengalen, Purulia und Birbhum, ganze elf Schulen aufgebaut. Inzwischen hat der lokale Großgrundbesitzer die ersten wieder schließen lassen, was auf das feudale System verweist, von dem Mahasweta Devi schreibt.

Begehren neu ordnen

Es genügte mir aber nicht, mich von der Klasse, aus der ich stamme, entfernt zu haben. Ich bin vergleichende Literaturwissenschaftlerin; ich musste mich erst von meiner Muttersprache lösen, um auf die Subalternen zu stoßen. Von 1989 bis 1994 lernte ich mit Hilfe von Handbüchern des Friedenskorps und lokalen Lehrerinnen marokkanisches Arabisch und näherte mich, unterstützt von sozialistischen Frauen, immer mehr dem urbanen Subproletariat in Algerien an. Ich fuhr jedes Jahr dorthin, manchmal zweimal. Ich fragte die Frauen in den alten, von Ben Bella gegründeten sozialistischen Dörfern: »Was bedeutet es zu wählen?« Ich saß schweigend in Marabouts,[4] in Frauenkliniken. Ich führte zusammen mit sozialistischen Frauen Wahlschulungen in Armensiedlungen in Oran durch. Ich war Wahlbeobachterin, als die Islamische Heilsfront zum ersten Mal gewann. 1994 musste ich wegen eines Ausgangsverbots abreisen. Die Frage, die sich während meines Aufenthalts in Algerien herauszukristallisieren begann, schien folgende zu sein: Wer hört die Subalterne? Diese Frage hat mich seitdem nicht mehr losgelassen.

Wenn ich in diesen Schulen bin, so höre ich mich häufig sagen, fällt mir die Armut gar nicht mehr auf, vergleichbar vielleicht mit dem Überfluss in New York. Wenn du unterrichtest, unterrichtest du. Mit den Jahren habe ich eingesehen, dass meine Aufgabe nicht darin besteht, Menschen Zuflucht zu gewähren oder Kollektive des Widerstands aufzubauen. Meine Arbeit besteht darin, ohne Zwang Begehren neu zu ordnen und ein Gespür für die öffentliche Sphäre zu nähren – eine für Lehrerinnen und Lehrer typische Aufgabe. In den 1980er Jahren war ich in Bangladesch auf dem Land mit Sanitätern unterwegs, um in das Verständnis der Subalternen von Normalität einzugreifen und präventive Verhaltensweisen und gesunde Ernährungsgewohnheiten zu verbreiten; auch dies die Arbeit einer Lehrenden. Auch dies kann Subalternität in die Krise führen. Dieses Intervenieren in die Normalität hat mich – ein Kind der Großstadt – dazu gebracht, die Familien meiner Schüler und Studentinnen und ihr Umfeld beim ökologischen

---

4   Anm. d. Ü.: Marabouts bezeichnen sowohl islamische Heilige als auch deren Grabstätten.

Landbau zu unterstützen. Auch hier muss eine Differenz zu *Kann die Subalterne sprechen?* erwähnt werden. Nicht nur war Bhubaneswari ebenfalls ein Mädchen aus der Stadt und hatte den gleichen Klassenhintergrund wie ich. Sie hatte auch ihre Subalternität bereits hinterfragt; mich brauchte sie nur, um sie zu lesen, sie zu hören, sie in Ermangelung anderer Alternativen zum Sprechen zu bringen.

Wir leben heute in einer Zeit umfassender Weltverbesserungsprojekte: Es geht um die Ausrottung von Armut, von Krankheiten, um den Export der Demokratie sowie der Informations- und Kommunikationstechnologie. Nehmen wir an, diese Vorhaben seien zu begrüßen. Selbst wenn dem so wäre, müssten sie, um ohne hierarchische Kontrolle tragfähig und nachhaltig zu sein, durch wenig glamouröse, geduldige, praktische Arbeiten ergänzt werden. Generell wissen wir, dass jede Generation ausgebildet werden muss. Wenn es jedoch um die Subalternen geht, vergessen wir das schnell. Zwei Generationen nach ihr, so begriff ich, hatten die Frauen in meiner Familie verlernt, wie sie Bhubaneswari lesen mussten. Dies war eine persönliche Erfahrung damit, wie Bildung scheitern kann. Als ich mich immer weiter auf das Terrain einer allgemeineren subalternen Normalität vorwagte, nahm ich dies immer mehr als eine öffentliche Geschichte wahr. Ich fing an zu begreifen, dass nicht nur Klassenzimmer, Lehrer, Schulbücher und die Erlaubnis, zur Schule zu gehen, zählen, so wichtig dies alles auch sein mag. Solange wir nicht dafür sorgen, dass die Subalternen, einmal hegemonial geworden, nicht selbst »zu Sub-Unterdrückern werden« (Freire 1970, 29ff.), und solange wir Gefahr laufen, sie abzufeiern, nur weil sie der Subalternität entronnen sind, solange sind die anderen Momente gesellschaftlich nicht wirksam.

An diesen Punkt also hatte mich meine Hinwendung zur bengalischen Mittelschicht geführt. Ich möchte hier noch etwas anderes hervorheben: Nach Raji gibt es nach dem Verschwinden des Kolonialismus die Erlaubnis zu sprechen. Die Subalterne verschwindet jedoch nicht mit dem Ende des territorialen Imperialismus. Ich finde meine Überlegungen, die an die zentralen Argumentationen von *Kann die Subalterne sprechen?* anknüpfen, auch heute noch wertvoll, weil der Kolonialismus überhaupt nicht am Ende ist. Eine Version des territorialen Imperialismus und Staatsterrorismus alter Prägung gibt es heute noch in Palästina. Mein Bedürfnis zu verstehen, was Generationen von Kindern zu Selbstmordattentätern macht, hat denselben Ursprung wie mein Akt persönlicher Ehrerbietung gegenüber der Schwester meiner Großmutter und das Bedürfnis, die Normalität kollektiv zu verändern. Ihr Selbstmord war auch eine Botschaft, die nicht aufgegriffen wurde. Sie war eine Einzeltäterin. Auf die eine oder andere Weise wird das Begehren der heutigen Selbstmordattentäter über die Bildung neu geordnet. Ich habe an anderer Stelle darüber geschrieben (vgl. Spivak 2008). Wir, die wir in den Geisteswissenschaften tätig sind und lehren, dürfen deshalb unsere Verantwortung nicht unterschätzen.

Wir sollten Bhubaneswari nicht allzu schnell als jugendliche Version der faschistischen Großmutter in Amitav Ghoshs *Shadow Lines* (1989) abtun. Die Figur in Ghoshs Roman war ein Groupie ›der Terroristen‹. Bhubaneswari hatte sich ihnen angeschlossen, fand aber, dass sie nicht Teil der Gruppe bleiben konnte. Die Lektion, die sie mich lehrte, war antinationalistisch.

Die Klassenverhältnisse herausfordern

Wie ich oben mit meinem Verweis auf die ›Weltverbesserung‹ angedeutet habe, hat sich der Imperialismus wohl über die ganze Welt verbreitet. David Harvey (2003) äußert sich hierzu recht klar:

> »Ich teile mit Marx die Ansicht, dass der Imperialismus wie der Kapitalismus die Grundlage für menschliche Emanzipation von Entbehrungen schaffen kann. […] Das Problem liegt darin, dass die herrschenden Klassenverhältnisse und die institutionellen Gefüge und Wissensstrukturen, die daraus hervorgehen, normalerweise verhindern, dass dieses Potenzial auch genutzt wird. Überdies schaffen diese Klassenverhältnisse und institutionellen Arrangements imperialistische Formen ihrer eigenen Reproduktion, was zu immer größerer sozialer Ungleichheit und zu immer räuberischeren Praktiken gegenüber dem Großteil der Erdbevölkerung führt (ich nenne dies ›Akkumulation durch Enteignung‹).
> Meine These lautet, dass die USA derzeit keine andere Option haben, als sich solcher Praktiken zu bedienen, solange es im Innern keine Klassenbewegung gibt, die die vorhandenen Klassenbeziehungen […] herausfordert. Damit bleiben dem Rest der Welt zwei Optionen: entweder dem US-Imperialismus direkt Widerstand zu leisten […] oder diesen umzulenken, wahlweise mit ihm Kompromisse zu schließen, indem sich zum Beispiel Sub-Imperialismen unter der Ägide der US-Macht herausbilden. Die Gefahr ist, dass antiimperialistische Bewegungen zu antimodernistischen Bewegungen werden, statt nach einer alternativen Globalisierung und einer alternativen Modernität zu suchen, die umfassenden Gebrauch von dem Potenzial macht, das der Kapitalismus hervorgebracht hat.«

Harvey beschreibt einen späten Imperialismus, der von einer Vielzahl unterschiedlicher Sub-Imperialismen charakterisiert ist. Lenins Behauptung, der Kommunismus müsse sich den fortschrittlichen Kräften der Bourgeoisie anschließen, die auf nationale Befreiung setzen, ist seinem Argument vorausgesetzt, weil er stillschweigend davon ausgeht, dass das Subjekt antikolonialer Befreiung vom Imperialismus bereits ›befreit‹ worden ist. Harvey erwähnt diese früheren nationalen Befreiungsbewegungen nicht, zu denen Bhubaneswari wahrscheinlich gehört hätte.

Mir fällt es schwer, Harveys Einschätzung von der Bürde der USA zu teilen. Aus meiner Sicht besteht die Alternative aber nicht in einem altmodischen Nationalismus. Um mich selbst zu zitieren: »In der globalisierten postkolonialen Welt können wir den Befreiungsnationalismus musealisieren, das ist gut für Ausstellungsprojekte; wir können den Befreiungsnationalismus in unsere Curricula aufnehmen, das ist gut für die Geschichtsdisziplin. Die Herausforderung an unsere Vorstellungskraft besteht jedoch darin, weder die Museen noch die Curricula als Alibis für neue zivilisierende Missionen durchgehen zu lassen und deshalb unsere Verbündeten falsch auszuwählen.« (Spivak 2009)

Ich würde mich eher auf Harveys Formulierung, »solange es im Innern [der USA] keine Klassenbewegung gibt, die die Klassenverhältnisse herausfordert«, beziehen. Schöne Worte. Gramscis Position war, dass Klasse allein nicht die Grundlage von Befreiung aus der Subalternität sein kann. Das ist auch die Position, die die VertreterInnen der Subaltern Studies in ihrer Anfangsphase einnahmen. Das Problem ist vielmehr, dass die Subaltern Studies sich heute überhaupt nicht mehr für Klasse als analytischer Kategorie zu interessieren scheinen. Mein nach unten orientierendes Denken changiert zwischen Harveys Scylla und der subalternistischen Charybdis. Ich verstehe Bildung als Ergänzung – und als solche kann sie Anstöße für Alternativen geben.

Joseph Stiglitz stellt in gewisser Weise ein Korrektiv zu David Harvey und seiner Vorstellung von der Mission der Vereinigten Staaten dar. In seinem Buch *Globalization and its Discontents* (Die Schatten der Globalisierung) führt er immer wieder an, dass es den Entwicklungsländern gestattet sein muss, ihre eigene Agenda über die Interessen der transnationalen Institutionen zu stellen (2002, 236ff.). In einem Vortrag sah er sich kürzlich jedoch genötigt, so etwas wie einen guten Imperialismus in Aussicht zu stellen, nämlich die Rekonstruktion der Welt durch Amerika, als Ersatz für einen bösen Imperialismus – den Krieg im Irak, den er selbstverständlich ablehnt. Um herauszufiltern, wonach sein Text zu fragen scheint, müssten wir den Subalternen zuhören, mit viel Geduld und Sorgfalt, so dass wir als Intellektuelle, die auf Bildung setzen, ein Gespür für das Öffentliche der Subalternität entwickeln können – das ist die Aufgabe von Lehrenden. Wenn sich niemand dieser Aufgabe widmet, werden die Subalternen in der Subalternität verharren und unfähig sein, sich selbst zu repräsentieren, weshalb sie repräsentiert werden müssen. Die »Bewegungskriege«, auf die Gramsci verweist, können dann gar nicht ohne Führung von oben stattfinden.

Sich kollektiv repräsentieren

Sich – als Einzelne/r – kollektiv zu repräsentieren, heißt, sich in die öffentliche Sphäre zu begeben. Marx hat dies in *Der achtzehnte Brumaire des Louis Bonaparte* als Klassenfrage gefasst. Gramsci hat die Kategorie der Hegemonie eingeführt, als einen Zustand, in den die Subalternen hineinwachsen, größtenteils durch Überzeugung, aber unweigerlich auch durch Momente von Zwang der organischen Intellektuellen und des Staates. Ich erwähne dies, weil ich zu dem Zeitpunkt, als ich den Vortrag »Macht und Begehren«

hielt – die erste Version von *Kann die Subalterne sprechen?* –, gerade einige Aspekte der süditalienischen Frage von Gramsci gelesen hatte. Nur ein Jahr später las ich »Über einige Aspekte der Historiografie des kolonialen Indien« (1982) von Ranajit Guha.

Nach der Lektüre von Guhas Essay war ich so überwältigt von den Arbeiten der von ihm geleiteten Subaltern Studies Group, dass ich meinen Akt der Ehrerbietung, den ich unternommen hatte, um mich aus dem eurozentrischen Gefängnis zu befreien, zurücknahm und meinen Text in die subalterne Enklave schob. Ich schrieb die Geschichte um.

Ich lernte Sätze zu sagen wie »Die Subalterne befindet sich im Raum der Differenz«, nach einer wunderbaren Passage bei Guha. (Damals verstand ich noch nicht, dass Guha Gramscis Idee viel breiter interpretierte, da die Subalterne ihm zufolge mit einer kollektiven Stimme sprechen würde [Guha 1997, 134]. Ich bin diesem Ansatz nie gefolgt.) Als ich die erste Fassung des Textes vortrug, hatte ich Sorge, keine institutionellen Belege anführen zu können. Und tatsächlich waren selbst die ›Subalternisten‹ der Ansicht, dass es mein Material aus dem *Achtzehnten Brumaire* von Marx über unterschiedliche Arten der Repräsentation war – nämlich Vertretung oder Bevollmächtigung und Darstellung oder Bildnis und ebenso Repräsentation –, das eine neue Wendung in das Verständnis davon brachte, wie die Subalternen repräsentiert werden.

Genau vor der berühmten Passage »sie können sich nicht selbst vertreten, sie müssen vertreten werden«, steht in der englischen Übersetzung von Marx: »they are therefore incapable of asserting their class interest in their own name whether through a parliament or through a convention«.[5] Und obwohl das keine falsche Übersetzung ist, bedeutet das Deutsche »geltend machen« wörtlich »to make it count«, »make it hold«. Die französischen Bauern mit eigener Scholle, die während des schleichenden Übergangs vom Feudalismus zum Kapitalismus komplett enteignet wurden, konnten ihre Beschwerden nicht anbringen. Sie hatten keinen Vertrag, keine Institutionen, durch die sie, was auch immer sie sagen wollten, hätten »geltend machen« können.

Es ist einer von Marx' großartigen journalistischen Texten. Er zeugt von der klaren Einsicht, dass es nicht so einfach ist, eine Befreiungstheologie zu entwerfen, in der die Vernunft Gott ist. Stellt er hier den üblichen Gebrauch von Vernunft auf den Kopf, um die Proletarier zum Subjekt zu machen, erweist er sich andernorts, im ersten Band des *Kapitals*, als Pädagoge: Er versucht, Einfluss auf die Gefühle der Arbeiter zu nehmen, damit sie sich selbst als Agenten der Produktion begreifen können. Doch diese journalistische Beschreibung der einzigen Revolution, die er jemals erlebt hat, gerichtet an Leser seiner eigenen Klasse, enthält einen langen, wundervoll rhetorischen Absatz, der allen Literaturkritikern gefallen hätte. Darin ist das ›Subjekt‹ die

---

5   Anm. d. Ü.: »Sie sind daher unfähig, ihr Klasseninteresse im eigenen Namen, sei es durch ein Parlament, sei es durch einen Konvent geltend zu machen.« (MEW, Bd. 8, 198)

proletarische Revolution, hervorgebracht durch die herrschenden sozialen Verhältnisse, die die proletarische Revolution am Ende des Absatzes anweisen: Warte nicht auf den richtigen Moment, schlage sofort zu. Der Aufklärer Marx fordert hier einen eingeschränkten Gebrauch der Vernunft ein.

Als ich über Bhubaneswari Bhaduri nachdachte, stand ich maßgeblich unter dem Eindruck der Lektüre des *Achtzehnten Brumaire*. Heute kommt es mir so vor, als hätte ich den außerordentlichen Selbstmord meiner Vorfahrin einzuordnen versucht in diese Kluft zwischen der Plausibilität von Theorie und der Dringlichkeit des revolutionären Moments. Ich sah es als meine Aufgabe an, sie im umfassenden marxschen Sinne zu repräsentieren. Aber die Geste und die Aufgabe mündeten noch nicht in Überlegungen zu Kollektivität und Öffentlichkeit.

Kollektives Begehren organisieren?

Das war im Grunde das, was zu Beginn meines Aufsatzes stand. Nicht das Verständnis von Subalternität als einem Zustand der Differenz wie bei Guha. Und so zog sich die Spur der Subalternen durch mein Werk. Ich dachte über die Möglichkeiten einer Infrastruktur nach, die es hier wie dort den Subalternen erlauben würde, ihre Subalternität nicht als Normalität zu akzeptieren. Ich war der Auffassung, dass Bhubaneswari (sozusagen) als revolutionäres Subjekt zwar die Grundannahmen von *sati* hinterfragt hatte, aber sich kein Gehör hatte verschaffen können. Sie blieb allein. Damit konnte ich ihre Erfahrungen nicht verallgemeinern. Allerdings habe ich *sati* niemals als eine Form des antikolonialen Widerstands bezeichnet. Ich ging davon aus, dass die Kriminalisierung von *sati* durch die Briten nichts mit der Subjektbildung von Frauen zu tun hatte. Die koloniale Bildung blieb klassengebunden. Ich versuchte zu verstehen, wie es dazu hatte kommen können, dass Frauen, vielleicht zwei oder drei Generationen vor mir mit einer ähnlichen Ausbildung, *sati* in seiner traditionellen Bedeutung noch respektiert hatten. Zu unterstellen, ich selbst sei eine Anhängerin von *sati*, ist infam. Doch ich musste aus mir heraustreten und diese Frage stellen.

Als Rup Kanwar 1986 *sati* beging, hat ihre Mutter dies mit einem Lächeln begleitet. Es war dieses Lächeln, das ich erwartet hatte – das war der Text, den ich im Kopf hatte, als ich die Schriften las – das Dharmaśāstra.[6] Denn dieses Lächeln bejahte die Schrift. Dieses Begehren musste neu arrangiert werden. Ich spürte, dass Bhubaneswari, gezwungen von situationsbezogenen Imperativen, dieses Begehren hatte umdeuten müssen.

Sie lehrte mich noch eine andere Lektion: Tod als Text. Sie half mir, Situationen zu lesen, auf die es keinerlei Reaktionen gibt. Wenn ein Friedensprozess völlig unglaubwürdig wird, wenn ein ganzes Land immer mehr einer

---

6 In Sanskrit verfasste, umfangreiche Manuskriptsammlung, der hinduistischen Tradition zugehörig (vgl. Kane 1963).

gated community gleicht, mögen junge Menschen, die das Leben noch nicht zu schätzen gelernt haben – und Bhubaneswari war gerade einmal 17 Jahre alt –, den Eindruck bekommen, eine Antwort könnte darin bestehen, dass du mit mir für dieselbe Sache stirbst. SelbstmordattentäterInnen bilden eine Gemeinschaft, deren Begehren neu ausgerichtet wurde. Das trifft in gewisser Weise auch auf Bhubaneswari und ihre Entscheidung zu sterben zu. Es war das Geschlechtsspezifische dieser zweiten Entscheidung, den Tod zu verschieben, die sie außergewöhnlich machte. Die Vorstellung, für dieselbe Sache zu sterben, weil mir nicht zugehört wird, weil ich nicht zu den anderen sprechen kann, setzt ein gemeinsames Übereinkommen voraus – ist eine extreme Handlung. Inwiefern verhandeln religiöse Schriften Begehren? Hier kommen der Koran oder das Dharmaśāstra ins Spiel.

Der Denkprozess, der mit *Kann die Subalterne sprechen?* begonnen hat, ist für mich noch nicht beendet. Zum einen gibt es dort die Schulen, hier die Welt der geisteswissenschaftlichen Bildung. Zum anderen ist die Suche nach einem Säkularismus als einem gültigen Instrument für mehr soziale Gerechtigkeit, von dem auch die Subalternen profitieren können, ein Anliegen von solch enormer Bedeutung, dass es hier noch einmal erwähnt werden muss.

Literatur

Devi, Mahasweta, 1981: Draupadi, in: *Critical Inquiry*, 7(2), 381–402
do Mar Castro Varela, María, und Nikata Dhawan, 2005: *Postkoloniale Theorie. Eine kritische Einführung*, Bielefeld
Freire, Paolo, 1970: *The Pedagogy of the Oppressed*, New York
Ghosh, Amitav, 1989: *Shadow Lines*, New York
Guha, Ranajit, 1982: On Some Aspects of the Historiography of Colonial India, in: ders. (Hg.), *Subaltern Studies* No. 1, Delhi, 37–43
ders., 1997: *Domination Without Hegemony: History and Power in Colonial India*, Cambridge
Harvey, David, 2003: Questions about ›The New Imperialism‹. Interview mit Nader Vossoughian, www.agglunations.com
Kane, Pandurang Vaman, 1963: *History of the Dharmaśāstra*, Poona/Indien
Spivak, Gayatri Chakravorty, 1981: French Feminism in an International Frame, in: *Yale French Studies* 62, 154–184
dies., 2007: *Can the Subaltern Speak? Postkolonialität und subalterne Artikulation*, Wien
dies., 2008: *Chapter One, Other Asias*, Oxford
dies., 2009: Nationalism and Imagination, in: *Lectora* 15, 75–98
Stiglitz, Joseph, 2002: *Die Schatten der Globalisierung*, München

aus: LuXemburg, H.3/2014, online unter: www.zeitschrift-luxemburg.de/wer-hoert-die-subalterne-rueck-und-ausblick/. Aus dem Englischen von Anna Richter und Corinna Trogisch. Der Beitrag ist eine gekürzte Fassung des Aufsatzes in response: looking back, looking forward, zuerst erschienen in: Morris, Rosalind, 2010 (Hg.): Can the Subaltern Speak? Reflections on the History of An Idea, New York.

4.5. Negris Klassenanalyse. Die autonomistische italienische Theorie in den 1970er Jahren

Steve Wright

>»Ich glaube nicht, dass ich irgendetwas sage, was nicht orthodoxer Marxismus ist. Aber auch wenn es nicht orthodox wäre, ist es jedenfalls die Wahrheit; die Orthodoxie bedeutet mir sehr wenig ...«
>(Negri 1980, 136)

Die einflussreichste Strömung in der italienischen Ultralinken in der zweiten Hälfte der 1970er Jahre war jene um die Klassen- und Staatsanalyse herum, die Antonio Negri entwickelt hatte. Sie löste auch die größten theoretischen Kontroversen aus. Negris umstrittenster Beitrag zur Untersuchung der Klassenzusammensetzung war die Hypothese von einem neuen, quer durch die Gesellschaft verstreuten Proletariat sowohl in der Produktions- als auch in der Reproduktionssphäre, eines »gesellschaftlichen Arbeiters«, neben dem der Massenarbeiter des fordistischen Fließbandes wie ein armseliger Prototyp wirke.

Seit damals hat es eine Reihe von Drehungen und Wendungen in Negris Auffassung vom gesellschaftlichen Konflikt gegeben. In letzter Zeit betonen seine Arbeiten besonders die Zunahme der »immateriellen Arbeit« im Rahmen der anhaltenden Krise des für so viele westliche Gesellschaften nach dem 2. Weltkrieg typischen keynesianischen Sozialpakts. Durchgängig findet sich bei ihm aber die Auffassung, dass zentral für die heutige Klassenzusammensetzung der »gesellschaftliche Arbeiter« sei. »Einer multinationalen und finanzkapitalistischen Bourgeoisie (die keinen Grund sieht, warum sie die Last eines nationalen Wohlfahrtssystems tragen sollte) steht ein vergesellschaftetes, intellektuelles Proletariat gegenüber, das einerseits einen Reichtum von neuen Bedürfnissen besitzt und andererseits nicht in der Lage ist, den fordistischen Kompromiss weiter aufrechtzuerhalten.«

Diese Beschreibung der gegenwärtigen gesellschaftlichen Dynamiken ist in der italienischen Linken nach wie vor umstritten. Im Folgenden will ich allerdings auf etwas ganz anderes hinaus, nämlich auf die besonderen Umstände, die Negris These vom »gesellschaftlichen Arbeiter« ursprünglich inspiriert hatten, um einschätzen zu können, inwieweit diese je dazu taugte, den Klassenkampf zu verstehen.

Letzter Tango bei Mirafiori

Die Entwicklung von Negris Thesen über den »gesellschaftlichen Arbeiter« hing schon von Anfang an untrennbar mit der Entwicklung einer neuen politischen Tendenz, der *Autonomia Operaia* zusammen. Die Autonomia lässt sich nicht leicht als ganze auf einen Begriff bringen. Sie war ideologisch heterogen, räumlich verstreut, organisatorisch im Fluss und politisch marginalisiert: Giorgio Bocca hat sie treffend mit einem Archipel verglichen. Die »Area« [Gebiet, Bereich, »Szene«; Anm. d. Ü.] der autonomen Organisationen und Kollektive war nie eine einheitliche nationale Organisation und schon gar nicht der Massenflügel der bewaffneten Gruppen, und kaum dass sie die Hegemonie in der italienischen radikalen Linken erreicht hatte, begann sie auch schon zu zerfallen (Bocca 1979, Kap. 5).

Als klar umrissene politische Formation hatte sich die Autonomia erstmals im März 1973 herauskristallisiert. Damals trafen sich ein paar hundert Militante aus dem ganzen Land in Bologna, um die Gründung einer neuen nationalen Organisation der revolutionären Linken vorzubereiten. Eine Reihe von ihnen gehörten wie Negri selbst zum Veneto-Flügel von *Potere Operaio* (PotOp); die Mehrheit hatte die linksradikalen Gruppen aber aus Wut über deren zunehmendes Engagement in den Gewerkschaften und in der institutionellen Politik schon verlassen. Die gemeinsame strategische Orientierung der Anwesenden wurde im Einleitungsbericht gut zusammengefasst. Dort hieß es, dass in der heutigen Krisensituation »der einzig mögliche Weg der des Angriffs« sei. Und diese Offensive könne nur auf den – von den künstlichen ideologischen Trennungen der traditionellen wie der neuen Linken tendenziell verdeckten – Bedürfnissen der Klasse beruhen. Um diese Bedürfnisse zu artikulieren, müsse die Organisierung direkt in Fabriken und Stadtteilen verankert werden, in Strukturen, die von der Klasse selbst direkt geführte Kämpfe vorantreiben und dieser gleichzeitig »das von den traditionellen Organisationen zerstörte Bewusstsein der proletarischen Macht« zurückgeben könnten.[1]

Das Programm der Autonomia stieß im Laufe der nächsten 18 Monate bei einer kleinen, aber wachsenden Zahl von italienischen Linken auf offene Ohren. Ende 1973 beschloss die Mehrheit der Mitglieder von *Potere Operaio*, sich in die Area »aufzulösen«, und einige kleinere Gruppen folgten diesem Beispiel bald. Die wichtigste davon war die *Gruppo Gramsci*, eine kleine Organisation mit einer gewissen Präsenz in der Mailänder Gewerkschaftslinken. Nach ihrer Neukonstituierung als *Collettivi Politici Operai* betrieb diese Gruppe gründlicher Selbstkritik als alle anderen leninistischen Strömungen, die in die Autonomia eintraten. Im Dezember 1973 schrieben sie in ihrer Zeitung *Rosso*, nötig sei eine ganz neue Form politischer Praxis und ein Bruch mit der »Logik« der linksradikalen Gruppen und »der engstirnigen Sprache der politischen ›Experten‹, die das ABC – und sogar das L und das M – des Marxismus-Leninismus kennen, aber nicht in der Lage sind, konkret über uns selbst und unsere Erfahrungen zu sprechen«. Statt politisch an einem abstrakten Arbeiter anzusetzen (»männlich, erwachsen, normal,

---

1 »Dalla relazione introduttiva«, in: Autonomia Operaia 1979, 40, 43, Einblicke in die ersten autonomen Fabrik-Kollektive und in die frühe italienische Frauenbewegung finden sich bei Cantarow 1972/73.

unbelastet von Gefühlen, rational, ein Demokrat oder Revolutionär und immer bereit, auf Treffen über die Geschichte und Tendenzen des Kapitalismus herumzusitzen«), suchte *Rosso* nach einer neuen Perspektive, um Fragen wie sexuelle und emotionale Herrschaft, das Wesen der Familie und die Ausgrenzung der sogenannten »Unnormalen«, »durch die sich die Sklaverei der Fabrik und des vom Kapital aufgezwungenen Lebens manifestieren«, zu untersuchen. Dieser Tendenz, der libertärsten der großen Tendenzen in der Area, schlossen sich Negri und seine engsten Mitstreiter im folgenden Jahr an und trugen dazu bei, sie zur stärksten autonomen Formation im Norden zu machen (Negri u. a. 1973).

Anders als *Rosso* aber richteten die meisten autonomen Kollektive 1973 und 1974 ihren Blick weiterhin fest auf die Bewegungen der Industriearbeiterschaft. Auch Negri selbst konzentrierte sich in seinem wichtigsten Aufsatz dieser Zeit auf die Fabrik als »privilegierten Ort, sowohl was die Verweigerung der Arbeit als auch was den Angriff auf die Profitrate angeht« (Negri 1974, 126). Das interessanteste an seinem Aufsatz war dabei der Versuch, den vom Operaismus oft behaupteten Zusammenhang zwischen Klassenkampf und Akkumulationsprozess zu klären. Während PotOp den Zusammenhang zwischen Klassenzusammensetzung und Wirtschaftskrise als simples, mechanisches Nullsummenspiel zwischen Löhnen und Profiten verstanden hatte, versuchte Negri in »Partito operaio contro il lavoro«, detailliert die »lange«, aber »qualitativ einheitliche« Entwicklung des Zusammenhangs zwischen Auseinandersetzungen im Produktionsbereich und Problemen bei der Kapitalreproduktion zu beschreiben (Negri 1972).

Im Rahmen des Operaismus hatte erstmals Negri in »Zyklus und Krise bei Marx« versucht, den Stellenwert des Klassenkampfs im möglichen Zusammenbruch des Kapitalismus systematisch zu bestimmen. Dieser Aufsatz war zwar schon vor dem »Heißen Herbst« der Fabrikkämpfe 1969 geschrieben worden, aber er deutete eine Reihe der später für die Tendenz zentralen Themen an. Damit stellte er den ersten operaistischen Versuch dar, den für den Objektivismusvorwurf anfälligsten Teil der marxschen Kritik der politischen Ökonomie politisch zu lesen. Am interessantesten an dem Text aber war, dass er sich mit den Versuchen von John Maynard Keynes und Joseph Schumpeter beschäftigte, die Probleme des Kapitals bei der Sicherung seiner Reproduktion als gesellschaftliches Verhältnis zu lösen. Mit Mario Tronti gegen Lukács glaubte Negri nicht, dass es dem »kritischen Bewusstsein« des Kapitals unmöglich sei, so etwas zu versuchen; im Gegenteil hätten sowohl Schumpeter als auch Keynes begriffen, dass die kapitalistische Entwicklung ein dem Wesen nach offener, von inneren Widersprüchen durchzogener Prozess sei (57). Negris besondere Bewunderung galt Schumpeter, weil dieser anerkannt habe, dass die kapitalistische Wirtschaft keine innere Gleichgewichtstendenz besitze. Indem Schumpeter auch begriffen habe, dass das Krisenmoment nicht nur unvermeidlich, sondern auch »ein fundamentaler Anreiz im System« sei, der »Profit produziert«, habe er erkannt, dass hinter der scheinbar selbständigen Bewegung der ökonomischen Kategorien die Kräfteverhältnisse zwischen den Klassen liegen (54).

In »Partito operaio contro il lavoro« erweiterte Negri sein Herangehen an das Problem der Krise. Hier betonte er, wie tiefgreifend die Durchsetzung der reellen Subsumtion der Arbeit unter das Kapital die Akkumulation und den Klassenkampf verändert hätte. Unter Bezug auf die *Grundrisse* und die *Resultate des unmittelbaren Produktionsprozesses* ging Negri auf die zentrale Tendenz in der kapitalistischen Entwicklung ein, nämlich »die Verkürzung jenes Teils des Arbeitstages, der notwendig ist, um den Wert der Arbeitskraft zu reproduzieren« (1974, 109). Die Aufteilung des Arbeitstages in notwendige Arbeit und Mehrarbeit sei zu einem Kampf zwischen zwei unabhängigen Variablen geworden: Nicht nur funktioniere der traditionelle Disziplinierungsmechanismus der industriellen Reservearmee nicht mehr, da immer mehr junge Leute die Fabrikarbeit verweigerten; die Lohnentwicklung habe sich auch immer mehr von den Erfordernissen der Akkumulation abgekoppelt (123f.).

Wie so viele operaistische Thesen hatte diese These wenig mit konventionellen marxistischen Schemata zu tun. Andererseits stand Negris Vorstellung von der Arbeit als unabhängiger Variable im Klassenverhältnis zwar klar im Widerspruch zu den Formulierungen im ersten Band des *Kapital*, konnte sich aber durchaus auf den dritten Band berufen.[2] Wichtiger als die Bestätigung durch die heiligen Schriften waren allerdings die wachsenden Probleme der italienischen Wirtschaft mit der Produktivität und der Profitentwicklung, die Negri recht gaben. Später, in *Marx oltre Marx*, klärte Negri den Zusammenhang zwischen notwendiger Arbeit und Mehrarbeit im Klassenkampf mit der These, dass die Arbeiterklasse durch ihre Rigidität im Arbeitsprozess den potenziellen Profit des Kapitals beschneiden könne (Negri 1979, 109f.). In »Partito operaio contro il lavoro« stand diese Tendenz nur zwischen den Zeilen in der Darstellung des Arbeitstags als Schauplatz eines permanenten Bürgerkriegs zwischen den beiden großen Klassen (Negri 1974, 114f.). Statt diesen Punkt auszuarbeiten, baute der Aufsatz auf der Analyse von Negris Buch *Krise des Planstaats* von 1971 auf und behauptete, dass das Kapital zwar an der Firma als Herz des Verwertungsprozesses festhalte, aber kontinuierlich zu einer größeren Vergesellschaftung der Arbeit dränge und dabei über die einfache Ausweitung des unmittelbaren Produktionsprozesses hinausgehe und sich auf eine vollständige Neudefinition der Kategorie der produktiven Arbeit zubewege. Die Größenordnung dieser Kategorie, schloss der Text, lasse sich nur in einem historisch spezifischen Sinn verstehen, nämlich »im Verhältnis zum Entwicklungsniveau des Prozesses der Subsumtion der Arbeit unter das Kapital […] Heute können wir sagen, dass der Begriff des Lohnarbeiters und der Begriff des produktiven Arbeiters tendenziell dasselbe bedeuten«, dass sich mithin »die neue

---

2   Vgl. K. Marx, *Kapital I*, MEW 23,647f. mit *Kapital III*, MEW 25, 377.

gesellschaftliche Figur eines vereinten Proletariats« konstituiere (ebd., 126f., 129).

Insofern war »Partito operaio contro il lavoro« ganz klar ein Übergangstext für Negris Kapital- und Klassenbegriff: Indem er mit traditionellen operaistischen Formulierungen die in den *Grundrissen* umrissene Tendenz beschrieb, bereitete er schon die Hypothese vom »gesellschaftlichen Arbeiter« (*operaio sociale*) vor. Wie bei den meisten Übergangstexten scheinen dem Autor aber die im Text enthaltenen Widersprüche überhaupt nicht bewusst gewesen zu sein. Zum Beispiel gab Negri sich kaum Mühe, seine historisch dynamische Definition der produktiven Arbeit zu belegen; ihm ging es eher um die These, dass die Angriffe des Massenarbeiters auf die Profitrate in der gegenwärtigen Konjunktur weiterhin der Bezugspunkt des Gesamtproletariats blieben. Da Fabrik und Gesellschaft, Produktion und Reproduktion noch nicht identisch seien, sondern weiterhin in einem »dialektischen« Verhältnis zueinander stünden – einem Verhältnis, das das Kapital selbst aufrechtzuerhalten versuche, indem es versuche, »den Fall der Profitrate in der Fabrik (und ihren Agenten) vom sich in der ganzen Gesellschaft entfaltenden Prozess der Vergesellschaftung der produktiven Arbeit zu isolieren« –, genügte Negri also die Schlussfolgerung, dass die ArbeiterInnen der Großfabriken als »privilegiertes Ausbeutungssubjekt« politisch und theoretisch »absolut hegemonial« gegenüber dem Rest der Klasse blieben (126, 128).

Der Massen-Besetzungsstreik im Mirafiori-Werk von Fiat im März 1973 bestätigte Negris Sicht. Gleichzeitig ließ seine Darstellung der »Partei von Mirafiori« erkennen, was Negri mit der These von einem gesellschaftlich homogenen Proletariat meinte, von der *Potere Operaio* am Ende Abstand genommen hatte, die bei Negri selbst aber bald wieder im Vordergrund stehen sollte. Wenn die in den Jahren seit dem Heißen Herbst entstandene Massenavantgarde irgendeine Begrenzung hatte, so lag sie seiner Meinung nach im Zögern, über die Fabriktore hinauszugehen und sich mit dem Aneignungskampf in der gesellschaftlichen Sphäre zu vereinigen. Im Versuch, diese Schwäche zu überwinden, griff Negri dann zu einer drastischen Form des Wert-Reduktionismus, die alle Unterscheidungen unter denen, die nur ihre Arbeitskraft zu verkaufen haben, zuschüttete. Negri übernahm PotOps These von der Krise des Wertgesetzes als Krise des Kommandos über die Arbeit und behauptete, dass die gemeinsame Grundlage für die Neuzusammensetzung der Klasse in einer »Einheit der abstrakten gesellschaftlichen Arbeit« liege, die schwerer wiege als »die ›besonderen‹ Probleme der verschiedenen Sektoren der gesellschaftlichen Sphäre (Jugendliche, Frauen, marginalisierte Elemente usw.)« und der Fabrik (Negri 1979, 64). Da es auf dem Gebiet des Werts, wie schon *Krise des Planstaats* behauptet hatte, nur noch um Macht gehe, ließen sich die Besonderheiten der Orte, an denen solche Organisierung entstehe, und der Inhalt der Bedürfnisse, deren Nichterfüllung zu ihrer Gründung führe, nur einem Projekt der »Gegenmacht«

gegen den Staat subsumieren. Der gordische Knoten der Klasseneinheit, der sich eigentlich nur langsam und sorgfältig lösen ließ, indem man die Gemeinsamkeiten der oft sehr verschiedenen kämpfenden Sektoren ausfindig machte, sollte also mit der Waffe des massenhaften bewaffneten Kampfs zerschlagen werden. In einem Aufsatz von 1974 zur Klassenstrategie im weltweiten Zusammenhang versicherte Negri seinen LeserInnen also, dass der bewaffnete Kampf »das einzige grundlegende strategische Moment darstellt, d. h. die einzige Möglichkeit, eine Neuzusammensetzung des Proletariats und eine Konsolidierung der Kämpfe zu erreichen und damit gleichzeitig dem Kapital die Waffen der Provokation, der Repression und der Eindämmung, die die verschiedenen Klassenteile isolieren und neu spalten sollen, aus der Hand zu schlagen« (Negri 1979c, 53).

Und doch verfolgte Negri manchmal, wenn er die Kompliziertheiten des gesellschaftlichen Konflikts nicht zu einer eindimensionalen Machtfrage schrumpfen ließ, Untersuchungslinien, die den materiellen Inhalt der Kämpfe betonten. In »Partito operaio contro il lavoro« behauptete er zum Beispiel, dass die Befreiung der individuellen Bedürfnisse heute als integraler Teil des Klassenkampfs zu betrachten sei:

> »Vielleicht enthält das Ziel, das sich die Klasse in ihrer Intensität, in ihrer Totalität setzt, heute, abgesehen von Utopien oder von Aufständen, diesen großartigen Momenten der Begeisterung, zum ersten Mal die Bedürfnisse der Individuen. Die Befreiung lässt sich nicht auf den Kommunismus verschieben […] Die neuen Bedürfnisse, die die jüngsten Generationen der Arbeiterklasse angemeldet haben, sind Bedürfnisse nach Befreiung. Nichts ist reicher oder feiner als die Fähigkeit, die unmittelbaren Bedürfnisse der Individuen mit den politischen Bedürfnissen der Klasse zu verbinden.« (Negri 1974, 159)

Negris Position hier ist weit von seinen Ansichten von 1971 entfernt, als er getönt hatte, dass »die einzige Freude der Klasse heute in ihrem Verhältnis zur Klassenorganisation und in der Konfrontation mit dem verhassten kapitalistischen Machtapparat liegt«. Andererseits blieb Negris neue Einsicht in sein altes theoretisches Gepäck eingeschnürt, und er versuchte weiterhin, die ganze Thematik der Bedürfnisse in das Paradigma des Lohns zu quetschen, indem er schrieb, »die historische Struktur des Lohns« sei der wichtigste Ausdruck des »objektiven Niveaus der Bedürfnisse«, durch die der Kampf innerhalb und außerhalb der Fabrik gefiltert werden müsse (Negri 1974, 143).

»Wir zahlen nur so viel wie Agnelli«

1974, als die Energiekrise des Westens die Inlandsinflation verschärfte, ließen neue Kämpfe die italienische Gesellschaft explodieren, und bei Negri schon angelegte »vergesellschaftete« Tendenzen rückten ins Zentrum seines

Bewusstseins. In all den neuen Unruhen ging es um die Praxis der »eigenmächtigen Herabsetzung« (*autoriduzione*), mit der sich ArbeiterInnen gegen die Erhöhung der Strom-, Wasser- und Telefongebühren durch die Rumour-Regierung organisierten. Ausgehend von Turin, wo Fiat-ArbeiterInnen aus dem Rivalta-Werk sich weigerten, höhere Busfahrpreise zu zahlen, verbreitete sich die Praxis der eigenmächtigen Herabsetzung bald in den Städten des Nordens und in Rom, wo sie besonders als Kampfmittel gegen die Erhöhung der Strom- und Telefongebühren beliebt war.

Da diese Aktivitäten schnell zu einer Massenbewegung anwuchsen, an der sich allein im Piemont 180 000 Familien beteiligten, kam es in der Arbeiterbewegung zur Spaltung über diese Frage. Während viele kommunistische Gewerkschaftsfunktionäre (aus dem PCI) die Effektivität und den Wert dieser neuen Kampfform infrage stellten, meinten andere, sie müssten sie befürworten, um ihre eigene Legitimation zu retten. »In den letzten Monaten hat die Glaubwürdigkeit der Gewerkschaften einen Tiefstand erreicht«, meinte der Sekretär des Turiner Arbeiterrates. »Hier steht unser Verhältnis zu den Menschen auf dem Spiel; hier wird unsere Fähigkeit zur Formulierung einer Alternative infrage gestellt.« Die Praxis der *autoriduzione* war auch ein fruchtbarer Boden für die autonomen Kollektive. Da die allgemein als »Volsci« bekannten römischen *Comitati Operai Autonomi* genügend Mitglieder beim staatlichen Stromversorgungsunternehmen ENEL hatte, um Leuten, denen der Strom abstellt worden war, weil sie die neuen Gebühren nicht zahlen wollten, den Strom wieder anzustellen, konnten sie mühelos viele EinwohnerInnen überzeugen, den Industrietarif (etwa 25 Prozent vom Privatverbrauchertarif) statt der von den Gewerkschaften vorgeschlagenen 50 Prozent zu zahlen. Die autonomen Gruppen im Veneto und anderswo hatten zwar nicht solche Trumpfkarten, spielten aber trotzdem eine große Rolle im Kampf, wenn auch vorsichtiger als die Gruppen in Rom (Ramirez 1988).

Dies waren nicht die einzigen Kämpfe außerhalb der Fabrik. Eine neue Schülerbewegung antwortete mit Demonstrationen und Besetzungen auf drohende Kürzungen bei Bildungsausgaben und Lehrern. In Turin organisierten StudentInnen einen Marsch zu Mirafiori, um an der ersten offenen Versammlung im Werk teilzunehmen. Anfang des Jahres begann auch eine neue Welle von Hausbesetzungen in Rom, die sich bis Oktober bis Turin ausgeweitet hatte. Die Hausbesetzungen in Rom wurden von Mitgliedern der Gruppe *Lotta Continua* dominiert, aber auch die römischen Autonomen waren dabei, und einer von ihnen wurde im September als Erster aus der Area bei Zusammenstößen mit der Polizei getötet. In Turin wiederum zeichneten sich die Besetzungen, an denen sich früher hauptsächlich die in der Produktion Marginalisierten und die »Armen« beteiligt hatten, durch die zahlenmäßig große Beteiligung von FabrikarbeiterInnen aus. Schließlich stürmten am 12. Oktober bei einem der ersten organisierten »politischen Einkäufe« DemonstrantInnen in Mailand einen Supermarkt und zwangen den Geschäftsführer, Waren billiger zu verkaufen (Controinformazione 1974).

Auch in der Autonomia selbst gab es Veränderungen. Mitte 1974 traten bei einer Diskussion über den garantierten Lohn sehr unterschiedliche Einschätzungen zutage. Der zentrale Bruch lief zwischen denjenigen, die die Verweigerung der Arbeit als die wesentliche Grundlage der revolutionären Strategie sahen, und der *Assemblea Autonoma dell'Alfa Romeo*, für die die Entwicklung des Klassenbewusstseins – und der menschlichen Fähigkeiten – untrennbar mit der Erfahrung der Arbeit verbunden war.

»Die Genossen von Marghera sagen: Wenn die Menschen [italienisch: uomini = Männer; Anm. d. Ü.] (sic!) von der Notwendigkeit der Arbeit befreit werden, weil sie nicht mehr arbeiten müssen, um zu essen oder sich anzuziehen oder ihre Wünsche zu befriedigen, dann werden wir die wahre Freiheit haben! Darauf antworten wir, dass wir nicht gegen die Arbeit sind, sondern gegen die kapitalistische Organisation der Arbeit, der es nicht um den gesellschaftlichen Fortschritt, sondern um den Profit geht [... Im Süden] wollen die proletarischen Massen Arbeitsplätze zur Lösung ihrer Probleme.« (A. A. Alfa Romeo 1974)

Da die Militanten von Alfa in dieser Frage allein blieben, verließen sie ein paar Monate später die Autonomia. Mit ihrem Austritt waren die Unterschiede innerhalb der Area aber nicht beseitigt. Andere TeilnehmerInnen der Debatte sympathisierten zwar mit der Vorstellung vom Kommunismus als Befreiung von der Arbeit, aber sie machten sich zunehmend Sorgen um das politische Gewicht der Operaisten und ihrer Verbündeten. Besonders die Römer meinten, dass weder die ehemaligen Mitglieder von *Potere Operaio* noch die ehemaligen Mitglieder des *Gruppo Gramsci* es in irgendeiner Weise geschafft hätten, »ein neues Verhältnis zur Bewegung« herzustellen. Vielmehr seien diese Militanten besonders anfällig für die »Versuchung«, die Autonomia entlang der überholten und bürokratischen Linien der aus der Studentenbewegung Ende der 60er Jahre entstandenen Gruppen zu rekonstruieren (Comitato Pol. 1974, 11, u. Comitato Autonomi 1976a, 71ff.).

Diese Befürchtungen sollten sich bald als berechtigt erweisen. Schon seit 1975 verwandelten sich die »organisierten« Bestandteile der Autonomia, von der Gruppe um Negri und die Überreste von Oreste Scalzones PotOp-Minderheitsflügel bis hin zu einer Reihe von marxistisch-leninistischen Organisationen und den Römern selbst, langsam in einen Zusammenhang von politischen »Mikrofraktionen« (Scalzone/Vignale 1978). Ihr Hass auf die institutionelle Politik führte zwar dazu, dass sie auf einem anderen Gebiet arbeiteten als die großen Gruppen außerhalb des PCI (Lotta Continua, Avanguardia Operaia und PdUP), aber die Autonomen hatten bald einen ebenso unbeholfenen politischen Stil wie sie, was dazu beitrug, viele schon von den »großen Drei« (triplice) der italienischen radikalen Linken enttäuschte potenzielle SympathisantInnen abzuschrecken.³

Im Rückblick könnte man diesen Prozess leicht für unausweichlich halten, da bestimmte Fehler schon in der »antirevisionistischen« Kultur angelegt waren, zu der die Autonomen genauso gehörten wie die meisten anderen Marxisten links vom PCI: vor allem die Regelmäßigkeit, mit der neue Einsichten dem bestehenden marxistisch-leninistischen Dogma einverleibt wurden, statt mit ihnen den nach wie vor bestehenden Anspruch dieses Dogmas auf die revolutionäre Wahrheit infrage zu stellen. Aber es wäre falsch, den ganz besonderen Beitrag der Autonomia zur Kultur der italienischen radikalen Linken, gerade in ihrer Anfangszeit, zu bestreiten. Mit ihrer Weigerung, die politische und die ökonomische Sphäre des Kampfes voneinander zu trennen, und ihrer Entscheidung, die traditionelle, seit den Tagen der Zweiten Internationalen in der Linken übliche Dichotomie von Partei- und Gewerkschaftsorganisation zu überwinden, ging die Area in ihrem Bruch mit dem traditionellen kommunistischen praktischen Politikverständnis viel weiter als jeder ihrer großen Konkurrenten in Italien. Als in ihren Anfängen überwiegend in den Fabriken verankertes Netzwerk hatte die Autonomia ein kleines, aber wichtiges Experiment in revolutionärer Politik dargestellt, das auf der Selbstorganisation der von den Kämpfen der 60er Jahre hochgespülten Generation von Fabrikaktivisten beruhte. Das schnelle Scheitern dieses Projekts innerhalb der Area selbst beweist sowohl das tote Gewicht der Ideologien der Vergangenheit als auch die zunehmende Verschiebung der von der Fahne der Autonomia angezogenen gesellschaftlichen Kräfte. So übten anfänglich zwar ganz unterschiedliche autonome Formationen Kritik an den konventionellen leninistischen Dogmen, aber keine versuchte eine so grundlegende Kritik wie bestimmte feministische Kreise. Im Gegenteil formulierten die meisten Tendenzen in der Autonomia gegen die immer zahmere Politik des Triplice eine Art von Leninismus, die zwar oft die taktischen Vorstellungen der bewaffneten Gruppen kritisierte, aber trotzdem den bewaffneten Kampf als Gipfel des Klassenkampfs sanktionierte. Da der italienischen Staat offensichtlich entschlossen war, den gesellschaftlichen Protest zu kriminalisieren, und da Faschisten und Polizei Mitte 1975 in sechs Wochen sechs linke DemonstrantInnen getötet hatten, gewann dieser »bewaffnete Leninismus« für viele junge SchulaktivistInnen aus den neuen *autoriduzione*-Kämpfen und Straßenschlachten eine gewisse praktische Bedeutung. Nachdem die Autonomia aufgrund von politischer

---

3   Ein frühes Beispiel für das schwierige Verhältnis der Autonomia zu anderen vom Triplice enttäuschten AktivistInnen war die Beteiligung einiger ihrer römischen Exponenten am Versuch von männlichen Lotta-Continua-Militanten, sich im Dezember 1975 mit Gewalt in eine nationale Frauendemonstration einzureihen. Franco Berardis Bericht über den Vorfall, der dazu führte, dass seine Bologneser Gruppe die formellen Beziehungen mit dem »organisierten« Flügel der Autonomia abbrach, finden sich in Soulier 1977, 93.

Enttäuschung und Entlassungen einen Großteil ihrer Basis in den italienischen Großfabriken zu verlieren begann, rekrutierte die Area am stärksten in dieser neuen Generation, die beeindruckt von der Bereitschaft der Autonomen war, sich mit physischer Gewalt den Angriffen von Carabinieri und Faschisten entgegenzustellen (vgl. Lombardo u. a. 1979).

In einem Text von Anfang 1976 machte Negri als einen Grundwiderspruch der Area und der gesellschaftlichen Kräfte, die sie zu organisieren versuchte, den Widerspruch zwischen den BefürworterInnen der »Bewegung« und den VertreterInnen »eines ›leninistischen‹ Organisationskonzepts« aus (Documento Politico 1976/77, 229). Sein Optimismus, dass die Autonomia in der Lage sei, dieses Problem zu überwinden, stellte sich aber leider bald als verfehlt heraus. Die dominierenden Kräfte in der Autonomia entschieden sich vielmehr dafür, »als Partei aufzutreten«, und verurteilten sich damit unbewusst dazu, den Weg der Gruppen, deren Versagen sie einst so vehement kritisiert hatten, zu wiederholen.«

Abschied vom Massenarbeiter

> »Gasparazzo ist nicht ewig ...«[4]
> (Longo 1975, 30)

Vor diesem Hintergrund erschien Mitte 1975 Negris Buch *Proletari e Stato*. Diese kurze Broschüre war vollgepackt mit Hypothesen über die sich verändernde Natur des Klassenkampfs. Sie ließ endgültig alles Zögern, von einer neuen Klassenzusammensetzung zu reden, fallen und hob durchgängig darauf ab, dass es in der Krise eine Erneuerung und im Bruch eine Kontinuität gebe, sowohl für die Kritik der politischen Ökonomie als auch für den Prozess des gesellschaftlichen Antagonismus. Negri meinte, die Versuche des Kapitals, die Klasse nach dem Heißen Herbst durch eine Veränderung ihrer technischen Zusammensetzung und durch die weitere Vergesellschaftung des Lohnverhältnisses zu spalten, seien nach hinten losgegangen. Wie ein moderner Zauberlehrling habe das Kapital mit seinen Versuchen, die Kontrolle zurückzugewinnen, nur seine Probleme vervielfacht, denn obwohl die Offensive des Massenarbeiters zum Stillstand gebracht worden sei, seien statt ihm neue proletarische Schichten – ja eine neue Klassenfigur – in die Schlacht eingetreten. Wenn diese neue Klassenfigur das Kind der vorhergehenden Runde von Kämpfen sei, dann habe die Krise der kapitalistischen Entwicklung dabei die Hebamme gespielt. Wie in »Partito operaio contro il lavoro« versuchte Negri in *Proletari e Stato*, seine Analyse der Klassenzusammensetzung am tendenziellen Fall der Profitrate festzumachen. In Anlehnung an eine Argumentation der operaistischen Zeitschrift *Primo*

---

4   Gasparazzo war eine Comicfigur der Zeitung *Lotta Continua*, die die im Heißen Herbst in Bewegung geratenen männlichen »Massenarbeiter« karikierte.

Maggio forderte Negri aber nun, dass die Krisentheorie wesentlich modifiziert werden müsse. Natürlich sei es richtig, dass die »marxsche Tendenz« in Aktualität umgeschlagen sei und die mit der Profitrate verbundenen Probleme durch den Klassenkampf verschärft worden seien. Genau deshalb aber seien die traditionellen entgegenwirkenden Tendenzen des Kapitals bislang erfolglos geblieben:

> »Trotz des Zwangs zu größerer Flexibilität der Arbeitskraft, trotz Versuchen, die Produktion räumlich zu zergliedern (auf allen Ebenen: lokal, regional, national, multinational), trotz der neuen weltweiten Mobilität des Kapitals, trotz der beunruhigenden Auswirkungen des Inflationsprozesses: trotz alledem und noch vieler anderer Versuche ist daher die Rigidität des Verhältnisses zwischen Mehrwert und Gesamtkapital insgesamt – d. h. die Profitrate – nicht aufgelöst worden […] Der Profit ›stagniert‹ […] trotz der Inflation und allen anderen Gegenmaßnahmen.« (Negri 1976a, 12f.)

Vielmehr sei das Kapital zunehmend gezwungen, sich die besonderen Eigenschaften der Geldform zunutze zu machen, um Profitmasse und Profitrate wieder in ein korrektes Verhältnis zueinander zu bringen. Folglich müsse jetzt die Kritik der politischen Ökonomie erweitert werden und die neue Funktion des Geldes als Kommando miteinbeziehen. Gleichzeitig sei es dem Kapital trotz seiner Probleme gelungen, seine organische Zusammensetzung und damit die technische Zusammensetzung der Arbeiterklasse zu reorganisieren. Aber trotz ihrer verheerenden Auswirkungen auf den Massenarbeiter habe die Umstrukturierung auch zu einer größeren Vergesellschaftung des Kapitals und damit zu einer »weiteren Vermassung der abstrakten Arbeit und somit der zum Kampf bereiten gesellschaftlich verstreuten Arbeit« geführt. »Die Kategorie ›Arbeiterklasse‹« sei zwar »in die Krise geraten«, aber, so Negri, »als Proletariat wirkt sie sich weiterhin auf dem gesamten gesellschaftlichen Terrain aus« (ebd., 14f.).[5]

Den Ausdruck »gesellschaftlicher Arbeiter« hatte erstmals ein Jahr vorher der parteilose Operaist Romano Alquati geprägt. Er hatte darunter ein neues politisches Subjekt verstanden, das den Massenarbeiter überholte und als solches mit der Proletarisierung und Vermassung der intellektuellen Arbeit zusammenhing (Alquati u. a. o. J., 90ff.). Negris Definition dagegen enthielt diese Schicht und ging gleichzeitig weit über sie hinaus. Für ihn beruhte »die Theorie des Operaismus genau auf der grundlegenden These, dass die Arbeit immer abstrakter und gleichzeitig immer stärker

---

5 Außer in seinen eigenen Werken wie *Krise des Planstaats* lässt sich eine Vorwegnahme von Negris These in den Überlegungen eines anderen ehemaligen Mitglieds von POTOP, Franco »Bifo« Berardi, finden. Dieser Bologneser Militante schrieb im April 1973, die Fiat-Besetzung signalisiere die Krise sowohl des Leninismus als auch des Massenarbeiters, der jetzt von einer neuen Klassenzusammensetzung überholt werde, in der die »intellektuelle und technische Arbeit, die produktive Intelligenz (wissenschaftlich-technische Intelligenz)« tendenziell bestimmend werde (1974, 8).

vergesellschaftet wird« (Negri 1979, 11), wie er es 1978 ausdrückte. Der Massenarbeiter war zwar die »erste vermasste Konkretisierung« dieser These (1976a, 15), aber als Figur war er immer noch an bestimmte Sektoren der Klasse gebunden, vor allem an die konsumgüterproduzierenden Sektoren der Metallindustrie. Er war nicht die Arbeiterklasse, sondern ihre Avantgarde: »Der Massenarbeiter und davor schon der Facharbeiter gegenüber den Bauern«, sagte Alquati später, »haben uns gelehrt, dass Hegemonie nicht auf Zahlen beruht, sondern auf der Qualität des Verhältnisses in der Akkumulation.« (Alquati 1977, 75f.) Als logische Schlussfolgerung aus dem Ansatz, den Negri erstmals mit *Krise des Planstaats* aufgestellt hatte, stellte der gesellschaftliche Arbeiter für ihn also einen radikalen Bruch in der Genealogie der Klassenfiguren dar, die der italienische Operaismus klassifiziert hatte, insofern er nämlich die erste Klassenfigur sei, die nicht in der qualitativen Umgestaltung des unmittelbaren Produktionsprozesses geschmiedet worden sei. Erst recht nicht sei der *operaio sociale* an eine besondere Branche gebunden: vielmehr sei er das ganze Proletariat, das durch den gesamten Verwertungsprozess konstituierte Subjekt qua abstrakte Arbeit. Zum ersten Mal, behauptete Negri, sei eine neue Klassenzusammensetzung nicht von einer technologischen Niederlage geschaffen worden, sondern habe sich die Kontinuität und Verallgemeinerung des Kampfs Hand in Hand mit der Vergesellschaftung des Kapitalverhältnisses entwickelt (Negri 1976a, 36).

Proletari e Stato kam sehr allgemein, ja mit Allgemeinplätzen daher; der Text verkündete zwar, die neue Klassenfigur sei zutiefst gesellschaftlich, aber er sagte sehr wenig über die Veränderungen in der Physiognomie des Massenarbeiters. Die wichtigsten Fragen drehten sich für Negri vielmehr um das »massive revolutionäre Potenzial« des gesellschaftlichen Arbeiters und einen sich entfaltenden Neuzusammensetzungsprozess »von außerordentlicher Breite und Intensität«. Das Umstrukturierungsprojekt des Kapitals habe die politische Zusammensetzung des Proletariats nicht zerstört, sondern noch stärker gemacht, indem es die verschiedenen Schichten, die es zu spalten versucht habe, vereinigt habe. Laut *Proletari e Stato* herrschte nun »im gesamten Planungsprozess der kapitalistischen Gesellschaft ein einziges Ausbeutungsgesetz«, so dass man zwangsläufig »die Umstrukturierung als Herausbildung eines immer breiteren einheitlichen Potenzials von Kämpfen verstehen« müsse (ebd., 36f.).

Eher als aus *Proletari e Stato* selbst kann man sich aus *Rosso* ein Bild von den konstituierenden Elementen der neuen Klassenfigur machen. 1975 hatte ein neuer Zyklus von Tarifauseinandersetzungen begonnen; wie 1972/73 betonten die Autonomen, dass die ArbeiterInnen am Preis der Arbeitskraft in die Offensive gehen müssten. Damit, so hofften sie, würde der Klassenkampf die völlig außer Kontrolle geratenen Löhne, die viele Führer in Wirtschaft und Politik als Hauptproblem der italienischen Ökonomie sahen, weiter hochtreiben. Auf dem elementaren Terrain der Trennung zwischen notwendiger Arbeit und Mehrarbeit, behauptete das Papier, könne die Arbeiterklasse nur mit einer Kampagne zur weiteren Verkürzung des Arbeitstages bei vollem Lohnausgleich antworten. Diese Forderung vertrat Negris Organisation dann auch unter den Mailänder AutomobilarbeiterInnen.[6]

Die Großfabriken stellten zwar weiterhin die Spitze der industriellen Pyramide dar, aber die breite räumliche Zerstreuung vieler Arbeitsprozesse, verbunden mit der traditionellen Bedeutung vieler kleinerer teileproduzierender Firmen, gab den ArbeiterInnen in kleineren Betrieben immer mehr Gewicht. Dementsprechend begann *Rosso* auch, die ersten Selbstorganisationsversuche junger ArbeiterInnen in den Kleinbetrieben von Mailand und Turin zu dokumentieren. Diese als »proletarische Jugendzirkel« bekannten lokalen Gruppierungen versuchten Auseinandersetzungen in verschiedenen Firmen zu koordinieren und betrieben gleichzeitig neue Formen von *autoriduzione* wie die Besetzung von Kinos für Konzerte und andere kulturelle Aktivitäten.

Die Zeitung ging über die Betriebe hinaus und verfolgte auch die Bewegung der »organisierten Arbeitslosen« in Neapel. Die Bewegung in Neapel verband direkte Aktion und Lobbyarbeit in einer für miese Wohnverhältnisse ebenso wie für eine korrupte Verwaltung bekannten Stadt und mobilisierte binnen Kurzem tausende von arbeitslosen ArbeiterInnen und wurde zum zentralen Bezugspunkt für militante Aktivitäten in der Region (Autonomia op. 1979, 156ff.). Anderswo beschäftigte sich die immer stärkere Frauenbewegung nicht nur mit dem Problem der Ehescheidung, mit der sie 1974 die Regierung zu Fall gebracht hatte, sondern stellte zunehmend alle Aspekte gesellschaftlicher Herrschaft infrage. Wie die Arbeitslosen sah *Rosso* auch die Feministinnen als integralen Bestandteil des neuen gesellschaftlichen Subjekts, und die Zeitung begann jetzt von der Entstehung eines »neuen weiblichen Proletariats« zu sprechen.[7] Als weiteren roten Faden, der diese Schichten in einen Vereinigungsprozess von Neuzusammensetzung verband, sah Negris Organisation schließlich die fortdauernde Praxis der *autoriduzione* und besonders die zunehmenden Fälle von organisierten Plünderungen (ebd., 246ff., 364f.).

Negri vertrat die These, dass es in all diesen Kämpfen den Leuten darum ginge, ihre Bedürfnisse außerhalb der Logik der kapitalistischen Gesellschaftsverhältnisse zu erfüllen. Da Bedürfnisse immer historisch bestimmt seien, könnten sich die Bedürfnisse des gesellschaftlichen Arbeiters nur im Universum des Kapitals konstituieren. Wie man sich denken kann, war seine Interpretation hier wiederum von den *Grundrissen* geprägt. Den Teufelskreis der Kapitalreproduktion könne nur der Gebrauchswert – die lebendige Arbeit – durchbrechen. Da die Reproduktion des Kapitals von

---

6 »Alfa Romeo 35x40« und »La proposta operaia«, in: *Rosso* III/1, 9. Oktober 1975.
7 »Un diverso 8 marzo« und »Note del sesto anno«, in: *Rosso* III/8, 24. April 1976.

der lebendigen Arbeit lebe, könne diese das Klassenverhältnis sprengen, wenn sie sich in Verweigerung der Arbeit verwandle, in eine Kreativität, die sich auf die Reproduktion des Proletariats als antagonistisches Subjekt richte. Daher sei es dringend nötig, das bestehende System von Bedürfnissen durch ein »System von Kämpfen« zu ersetzen, in deren Förderung nach wie vor die Hauptberechtigung einer revolutionären Partei liege (Negri 1976a, 45f.). Im Sinne der *Grundrisse* bezog Negri diese Diskussion wiederum auf die Dialektik zwischen Produktivkräften und Produktionsverhältnissen. Genau in dem Moment, wo es so aussehe, als sei »der alte Widerspruch« überwunden und die lebendige Arbeit dem Kapital subsumiert, »gerinnt die gesamte Kraft der Aufsässigkeit in jener letzten Front, nämlich im antagonistischen und allgemeinen Fortbestand der gesellschaftlichen Arbeit. Von hier aus stellt sich die Produktivkraft – die einzige Produktivkraft, d.h. die gesellschaftliche lebendige Arbeit – als Kampf den ›Produktionsbedingungen‹ und den in diesen verkörperten ›Produktivkräften‹ entgegen.«

Marx' traditionelle Formel wurde also neu gefasst als direkter Antagonismus zwischen Proletariern und Staat (ebd., 45, 37, 32, 31, 6). Hier gab *Proletari e Stato* zwar einfach einem marxschen Schema eine typisch »negrianische« Wendung, aber zugleich stellte der Aufsatz eine der zentralen operaistischen Kategorien infrage, nämlich den Lohn, der lange als wichtigstes Moment der Klassenneuzusammensetzung gegolten hatte, während Negri jetzt die offizielle Arbeiterbewegung dafür kritisierte, dass sie die Klassenverhältnisse nur in diesem Sinne verstehe. Er vertrat die These, dass der Lohn im unmittelbaren Produktionsprozess und die Aneignung in der gesellschaftlichen Sphäre lange Zeit getrennt marschiert seien, aber vereint geschlagen hätten; heute aber würde aus dem Ersteren tendenziell die Letztere, denn die Arbeiterklasse versuche sich »die Produktivkräfte des gesellschaftlichen Reichtums direkt wiederanzueignen«. Tatsächlich sah Negri die direkte Wiederaneignung nicht mehr nur »als vages Anhängsel des kommunistischen Programms, sondern als seinen wesentlichen Gehalt«. Früher habe der Lohnkampf alle anderen Kämpfe seiner Logik untergeordnet; jetzt habe er nur noch als Teil eines gesamtgesellschaftlichen Angriffs auf den Staat Bedeutung. Neben den Kampf um das Verhältnis zwischen notwendiger Arbeit und Mehrarbeit sei der Kampf um die Reduzierung der notwendigen Arbeit selbst getreten, da das Proletariat danach strebe, die Tendenz des Kapitals zu beschleunigen und damit den Sturz der Tyrannei der Ökonomie voranzutreiben (ebd., 51, 47f.).

Laut *Proletari e Stato* stand und fiel die Hypothese vom gesellschaftlichen Arbeiter mit ihrer Gültigkeit in der Praxis. Inwieweit also entsprach die in ihr enthaltene Behauptung, dass es einen massenhaften Neuzusammensetzungsprozess – einen qualitativen Sprung in der Klasseneinheit – gebe, der damaligen Realität in Italien? Das Problem der »marginalen Zergliederung«, womit die eigentümlichen Verhaltensweisen der neuen gesellschaftlich »marginalisierten« Schichten gemeint waren, tippte Negri in der Broschüre selbst nur ganz kurz an. Selbst hier schienen die Bedürfnisse von Subjekten wie Frauen und Arbeitslosen nur insoweit politische Bedeutung zu haben, wie sie sich nicht auf »die Forderung nach Lohnarbeit« reduzieren ließen (ebd., 9, 64). Aber so leicht sich eine zeitliche Kontinuität zwischen den Kämpfen des Massenarbeiters im Heißen Herbst und den Kämpfen der neuen gesellschaftlichen Subjekte Mitte der siebziger Jahre zeigen lässt, so schwer ist es, Spuren jener konkreten Vereinigung zwischen Sektoren zu entdecken, auf der Negris ganze These beruhte. Zum größten Teil erfüllte sich diese Möglichkeit leider überhaupt nicht, und die Front, an der die Betriebskämpfe am heftigsten waren – die Kleinfabriken im Norden –, blieb hermetisch von den anderen Sektoren der Klasse abgeschnitten. Auch wenn man später – 1977 – behaupten konnte, dass die Universität die Rolle eines solchen vereinigenden Moments spielte, gelang es 1975/76 nur der Praxis der *autoriduzione* – die vor allem die »proletarischen Jugendzirkel« betrieben – die auseinanderdriftenden Schichten der italienischen Arbeiterklasse ein Stück weit miteinander zu verbinden.[8]

In Negris Klassenfigur stand zusammen, was in Wirklichkeit getrennt war: die ArbeiterInnen in den Großfabriken im Norden bildeten keine gemeinsame Front mit den übrigen Subjekten; die Risse im Massenarbeiter selbst waren unübersehbar. Nach den Kämpfen eines halben Jahrzehnts steckten die wichtigsten Protagonisten des Heißen Herbsts im besten Fall in einem »produktiven Waffenstillstand« in der Fabrik fest, im schlimmsten Fall waren sie in defensiv ausgerichtete und in die institutionellen Ambitionen der offiziellen Arbeiterbewegung eingebundene betriebliche Auseinandersetzungen verstrickt. Die Gewerkschaftsverbände hatten nach 1973 einen Großteil der Fabrikräte auf ihre Seite ziehen und dabei bürokratisieren können – vor allem weil sie in der zunehmend zentralisierten Tariflandschaft die Rigidität der Arbeitskraft gewährleisten konnten.

Praktisch hatte das zweierlei bedeutet: Erstens fingen die Gewerkschaften in neuem Gewand wieder an, wie früher über Lohnhierarchien unter den ArbeiterInnen auf Grundlage von Qualifikationen zu reden, was in krassem Widerspruch zum egalitären Geist der Jahre davor stand; zweitens versuchten die Gewerkschaften ausdrücklich, die Arbeiterforderungen den Anforderungen der Akkumulation anzupassen (vgl. Lange u. a. 1982, 155; Graziosi 1979, Kap. 1; Regini 1980; De Masi u. a. 1978). Nach Ablösung der Mitte-Links-Regierung der 60er Jahre durch immer autoritärere Regierungen und mit den Ereignissen in Chile im Kopf schlug die PCI-Führung nun

---

8   Die Kämpfe in den Kleinfabriken 1975 sind gut in der Zeitung *Lotta Continua* dokumentiert. Laut einem Bericht auf der Arbeiterkonferenz der Organisation im Juli 1975 war allein in Mailand in 116 Fabriken für 3000 bis 5000 ArbeiterInnen Cassa Integrazione eingeführt worden. Im September 1975 sollten noch einmal 7000 dazukommen (allein 1500 bei Innocenti). 50 bis 60 dieser Betriebe waren von ihren Beschäftigten besetzt worden. »La lotta delle piccole fabbriche«, in: *Lotta Continua*, 24. Juli 1975, 3.

den Weg eines »historischen Kompromisses« mit den regierenden Christdemokraten ein – und dieses Ziel schien mit den PCI-Erfolgen bei den Regionalwahlen 1975 näher zu rücken. Mit Hilfe des linken Gewerkschaftsverbands CGIL gewann die kommunistische Partei zwar einen Teil ihrer in den Jahren zuvor verlorenen Präsenz in den Betrieben zurück, aber ihre politischen Ambitionen ließen ihre traditionelle Feindseligkeit gegenüber Kämpfen noch stärker hervortreten, die sich ihrer Meinung nach gegen die notwendige Umstrukturierung der Wirtschaft richteten und »korporatistisch« waren (vgl. Hellmann 1980; Redazione 1976).

An der Betriebsfront selbst gab es Anzeichen, dass viele Arbeitgeber von den Kämpfen des Massenarbeiters überhaupt nicht in die Knie gezwungen worden waren, sondern ihre Anstrengungen zur Unterwerfung des »Arbeitsfaktors« nur noch verstärkt hatten. Bei Fiat zum Beispiel hatte das Management einen komplizierten Manöverkrieg begonnen, um die Macht über die Produktion, die die Arbeiter in den Kämpfen des Heißen Herbsts gewonnen hatten, zu untergraben. Mit Hilfe des staatlichen Kurzarbeitsfonds Cassa Integrazione reorganisierte das Management den gesamten Produktionszyklus und fuhr die Produktion in einigen Bereichen herunter, während sie gleichzeitig in anderen durch haufenweise Überstunden kloppen ließ. Gleichzeitig wurde die Teilefertigung zunehmend in kleinere – zum Teil erst kürzlich im Ausland eröffnete – Werke des Konzerns verlagert. Diese Zergliederung des Produktionszyklus schränkte die in den Jahren zuvor viel genutzten Möglichkeiten der militanteren Bereiche bei Mirafiori, den Betrieb zu stören und miteinander zu kommunizieren, stark ein und machte es dem Management gleichzeitig möglich, mit neuen robotergestützten Produktionsprozessen zu experimentieren. Nach Reduzierung der Fiat-Gesamtbelegschaft um 13 Prozent durch natürliche Fluktuation und Entlassungen wegen Absentismus in den zwei Jahren bis September 1975 wurden immer mehr Fiat-Beschäftigte durch die steigende Inflation zu Überstunden gezwungen, was die Ausbreitung der Militanz erst recht blockierte. Und als ob all das nicht genügt hätte, bestätigte die Gewerkschaft dem Fiat-Management im Juli 1975 das Recht, die Mobilität innerhalb des Betriebs zu kontrollieren. Nach diesem Sieg wurden massenweise Leute zwischen den verschiedenen Werken versetzt, was die Rigidität der Beschäftigten noch weiter schwächte. Marco Revelli schrieb später:

> »Die Arbeitgeber benutzten Fiat damals eher zur erweiterten Reproduktion der politischen Vermittlung (und des gesellschaftlichen Konsenses) als zur Produktion von Waren, und es wurde deutlich, dass die Gewerkschaft als Schatten, als fetischistische Form einer personifizierten ›Arbeitermacht‹ überleben konnte. Es wurde aber auch deutlich, dass mit dem Zerbrechen der Klassenzusammensetzung, auf der dieses Modell von Gewerkschaft materiell und gesellschaftlich beruht hatte, der Moment kam, wo der Chef versuchte, ein paar Rechnungen zu begleichen.« (Revelli 1982, 99)

Trotz all ihrer anderen Probleme blieb der bei Fiat entstandene Kern von Massenarbeitern in jenen Jahren stark genug, um ihre Arbeitsplätze zu behalten. Anderswo waren die IndustriearbeiterInnen aber nicht so sicher. In der Lombardei zum Beispiel fingen jetzt hunderte von Firmen an, ihre Produktionsprozesse zu dezentralisieren und zu rationalisieren. Der symbolträchtigste Fall – das zu British Leyland gehörende Innocenti-Werk – macht auch die Spaltungen deutlich, die die Fabrikarbeiterklasse selbst durchzogen. Die erste Runde der Auseinandersetzungen bei Innocenti hatte im April 1975 begonnen, als das Management einige Arbeiter in die Cassa Integrazione und die restlichen zu höheren Bandgeschwindigkeiten zwang. Ende August verschlechterte sich die Situation noch mehr: Nun wurden die Beschäftigten mit der Aussicht auf die Entlassung eines Drittels der Belegschaft und auf dauerhaft längere Arbeitszeiten und kürzere Takte für den Rest konfrontiert. Der hartnäckigste Widerstand gegen diese Angriffe kam von einer kleinen Zahl von Militanten, die sich zunächst von den linksradikalen Gruppen distanziert und dann eine Basisorganisation gebildet hatten, die einen gewissen Rückhalt in Schlüsselabteilungen im Werk hatte. Das Coordinamento Operai Innocenti, dem die Mehrheit des PCI-dominierten Fabrikrats feindselig gegenüberstand und das mit der Verlagerung des Kampfs aus den Abteilungen in die Verhandlungen zwischen Gewerkschaft und Firma immer mehr ins Abseits geriet, musste bald feststellen, dass es sich »im Auge des Zyklons« befand, wie ein ehemaliges Mitglied später sagte. Ende Oktober kam es zu heftigen Zusammenstößen zwischen Gruppenmitgliedern und -unterstützern einerseits und PCI- und CGIL-Funktionären andererseits. Am Tag darauf wurden sechs Mitglieder der Gruppe gefeuert, womit das Coordinamento als Kraft im Betrieb praktisch erledigt war, und damit auch die Möglichkeit eines Kampfs außerhalb der Verpflichtung der historischen Linken auf das »Management« der nationalen Wirtschaftsprobleme (Primo Maggio).

Obwohl *Proletari e Stato* in gewissen Kreisen als neues Autonomia-Programm gefeiert wurde, stieß es bei anderen wegen seines Desinteresses an diesen Rückschlägen für den Massenarbeiter auf wütende Reaktionen. Während einige frühere Gegner von Negri vielen Thesen des Buches begeistert zustimmten, waren langjährige Mitstreiter, die außerhalb des »organisierten Flügels« der Autonomia geblieben waren, nicht sehr erfreut. Besonders enttäuscht war Sergio Bologna, Redakteur von *Primo Maggio*, der mit Negri weiterhin an einer Reihe von Forschungsprojekten zusammengearbeitet hatte. Bologna schrieb, Negri habe mit *Proletari e Stato* einige »objektive Mechanismen der politischen Zusammensetzung« erfasst, die in der italienischen Gesellschaft abliefen, dabei aber die mindestens ebenso wesentlichen Gegentendenzen völlig außer Acht gelassen:

> »Wie viele Arbeiter, wie viele Fabriken sind in den letzten beiden Jahren mit dem Problem der Betriebsschließung konfrontiert gewesen, und wie viele Kämpfe sind in der Alternative zwischen der Verteidigung des Lohns unabhän-

gig vom Austausch der Arbeitskraft und Produktionsgenossenschaften ausgebrannt? Zwischen garantiertem Lohn und Selbstverwaltung, Fabrikschließung und Hinnahme der Umstrukturierung? In dieser Situation hat die revolutionäre Linke entweder keine anderen Alternativen anbieten können oder sich im besten Fall auf die Aussage beschränkt, dass die Frage falsch gestellt sei und als solche zurückgewiesen werden müsse. Die zusammenhängendste Position der revolutionären Linken war die Aussage, dass die Zerstörung des Arbeiters als Arbeitskraft gut sei und die Rekrutierung und Auswahl der Avantgarde nur voranbringen könne. Es hat viele kleine (oder große) Schlachten gegeben, aber im Laufe dieser Schlachten hat sich die politische Zusammensetzung der Klasse in den Fabriken wesentlich verändert, und zwar mit Sicherheit nicht in die Richtung, die Negri andeutet. Vielmehr hat das Gegenteil von der Tendenz zu größerer Einheit, von der er redet, stattgefunden, nämlich eine tiefere Spaltung: nicht zwischen Fabrik und Gesellschaft, sondern innerhalb der Fabrik selbst, zwischen der Rechten und der Linken in der Arbeiterklasse. Zusammengefasst lässt sich sagen, dass die Reformisten die Hegemonie über die Fabriken wiedergewonnen haben und brutal und rücksichtslos versuchen, die Klassenlinke zu enthaupten und aus der Fabrik zu vertreiben.« (Bologna 1976, 27)

Statt zu versuchen, diese Verwirrung zu begreifen, habe Negri lieber das Metier des Theoretikers betrieben, der im Besitz irgendeiner großartigen Synthese sei. Durch die Erfindung »einer anderen gesellschaftlichen Figur, der er den Befreiungsprozess auftragen kann«, habe Negri nämlich hinsichtlich der Schwierigkeiten des Massenarbeiters und der Unfähigkeit von Negris eigener Organisation, unter den ArbeiterInnen irgendwie vorwärtszukommen, einfach seine Hände in Unschuld gewaschen. Vom Anbruch eines neuen Zeitalters könne also überhaupt keine Rede sein:

> »Wir befinden uns nicht im Jahre Eins, wir sind nicht wieder zur Geburt der ›neuen Linken‹ der 60er Jahre zurückgekehrt; wir sind noch nicht mal bei der Neudefinition einer anderen Figur als dem Massenarbeiter. Selbst wenn das Verhältnis zwischen gesellschaftlichem Arbeiter und Partei sich wirklich verändert hätte, die Zivilgesellschaft nicht mehr existierte und sich auch die Theorie des Klassenbewusstseins verändert hätte, was würde es bringen, weiter das vollendete Handwerk des Theoretikers und Ideologen zu betreiben? Die Form des politischen Diskurses ist überholt, die millenaristische Sprache kann einem nur auf den Sack gehen, und diese Form der Theorie hat es, wie jede andere ›allgemeine Theorie‹, nur verdient, dass man sie negiert ...« (Bologna 1976, 28)

Die Kritik des römischen Flügels der Autonomia war ebenso ätzend. Nachdem sich die Comitati Autonomi Operai ein Jahr lang an der Produktion von *Rosso* beteiligt hatten, hatten sie Ende 1976 schließlich genug. Wie Bologna meinten die Römer, dass Negris Abschied von der Sphäre der direkten Produktion als zentralem Terrain des Klassenkampfs nur »katastrophale« Folgen haben könne, und glaubten, dass diese Differenzen auf einer tiefergehenden Differenz in der Frage der Methode beruhten. Sie beklagten sich, dass die Mailänder Beiträge zur Klassenanalyse der Autonomia »so emphatisch wie wenig überzeugend« seien, und stellten fest:

> »Wir haben Dein Interesse an den ›neuen Schichten‹ (proletarischen Jugendlichen, Feministinnen, Schwulen) und an neuen und begrifflich neu gefassten politischen Subjekten (dem ›gesellschaftlichen Arbeiter‹) immer geteilt und tun es immer noch. Aber gerade weil diese Phänomene unbestreitbar politisch wichtig sind, sind äußerste analytische Strenge, große Vorsicht bei Untersuchungen und ein stark empirischer Ansatz nötig (Fakten, Daten und Beobachtungen und nochmals Beobachtungen, Daten und Fakten) …« (Lettera aperta 1979)

Negri ignorierte diese Ratschläge und widmete einen Großteil seiner Energie fortan der Entwicklung einer neuen, dem gesellschaftlichen Arbeiter angemessenen »Untersuchungsweise«.

Negri jenseits von Marx

Während Negri Ende der 60er Jahre wie andere Operaisten jener Zeit das Risiko eingegangen war, die Besonderheiten verschiedener Schichten der Arbeiterklasse unter den Massenarbeiter zu subsumieren, neigte er in der zweiten Hälfte der 70er Jahre dazu, selbst dieses teilweise konkrete Verständnis von Klasse in ein Proletariat aufzulösen, das nur noch aus Allgemeinplätzen bestand. Je mehr sich die Debatte um den gesellschaftlichen Arbeiter entfaltete, desto klarer wurde, wie unbestimmt Negris Abstraktion war. Sein sanftester Kritiker war vielleicht Alquati, der den gesellschaftlichen Arbeiter nach wie vor für eine »suggestive« Kategorie hielt; selbst er aber warnte davor, eine Ideologie um eine Klassenfigur herum zu konstruieren, die als reifes politisches Subjekt erst noch auf der Bildfläche erscheinen musste (Alquati 1977, 90f.). Für Roberto Battaggia in *Primo Maggio* war Negris neues Subjekt eine nur durch Analogie aus dem Massenarbeiter abgeleitete Kategorie, der allerdings der »charakteristischste« Aspekt des Massenarbeiters fehle, nämlich eine enge Verbindung zwischen »materiellen Ausbeutungsbedingungen« und »politischen Verhaltensweisen«. In der Realität stelle sich der gesellschaftliche Arbeiter daher als Potpourri verschiedener Subjekte »mit völlig autonomen unmittelbaren Motivationen« von begrenztem Erkenntniswert dar (Battaggia 1997, 122). So argumentierte auch Vittorio Dini, der vor allem kritisierte, dass Negri seinen Begriffsapparat seines Inhalts entleert habe. Früher habe Negri überzeugend geschrieben, dass diese Kategorie historisch bestimmt sei; jetzt wolle er das vom Operaismus lange beschriebene Spannungsverhältnis zwischen Fabrik und Gesellschaft mit einem theoretischen Trick lösen, indem er einfach behaupte, dass alle Momente des Zirkulationsprozesses gleichermaßen wertproduktiv seien. Ähnlich habe er kurzerhand eine neue Klassenfigur umrissen, indem er Tendenz und Aktualität gleichgesetzt habe, obwohl ein solches Projekt eigentlich viel Zeit und Sorgfalt erfordere (Deni 1978, 7, 5; vgl. Negri 1979a, 149).

Auch der Teil von Negris neuer Analyse der Klassenzusammensetzung, der den PCI behandelte, war enttäuschend. Er betonte zwar zu Recht, dass die Versuche der kommunistischen Partei, die Schlacht um Herzen und Köpfe im Betrieb zu gewinnen, meist auf Strafmaßnahmen hinausliefen, ging dann aber nicht weiter darauf ein, dass die von Lapo Berti später so genannten »Verhaltensweisen im Kampf und politischen ›Einstellungen‹« vieler vom Heißen Herbst geprägter ArbeiterInnen immer weiter auseinanderklafften: die weiterhin in vielen Fabriken betriebene praktische Kritik der Arbeitsorganisation einerseits und die Unterstützung einer Parteiführung, die die bestehenden Produktionsverhältnisse als Teil der natürlichen Ordnung sah, durch die Arbeiterklasse andererseits. Da Negri aber darauf beharrte, dass das reformistische Projekt in Zeiten kapitalistischer Krise keine materielle Grundlage habe, reichte es ihm, das Verhältnis zwischen ArbeiterInnen und PCI als reines Repressionsverhältnis darzustellen oder im Übrigen dunkle Anspielungen zu machen, dass die Belegschaften der Großfabriken irgendwie parasitär seien (1979d). Da kam ein Beitrag zur PCI-Sondernummer von *Rosso* im Juni 1976 der Wahrheit schon näher. Ausgangspunkt dieses Beitrags war die These des kommunistischen Intellektuellen Badaloni, seine Partei sei die Vertretung einer Facette des Daseins der Arbeiterklasse, nämlich als »organisierte Ware« Arbeitskraft, die ihren untergeordneten Platz in der Gesellschaft akzeptiere. Selbst hier aber wiesen die Römer von den *Comitati Autonomi Operai* später darauf hin, dass ihre Beiträge zur selben Sondernummer als einzige die praktische Diskussion der kommunistischen Politik und ihrer Umsetzung vorangebracht hatten, vor allem dort, wo der PCI schon als Regierungspartei auftrat – in der Stadtverwaltung einiger italienischer Großstädte (Comitati 1979b; Lettera aperta 1976/79, 137).

So schritt trotz der zunehmenden Kompliziertheit der italienischen Klassenpolitik Ende der 70er Jahre die Vereinfachung von Negris Schema zügig voran. Obwohl er die traditionellen marxistischen Krisentheorien ablehnte, nahm sein eigener Bezugsrahmen mindestens genauso katastrophische Züge an: »Das Machtgleichgewicht ist jetzt umgedreht«, schrieb er 1977 in einer Broschüre, von der schließlich 20 000 Exemplare verkauft wurden:

> »Die Arbeiterklasse und ihre Sabotage sind die stärkere Macht – vor allem sind sie die einzige Quelle der Vernunft und des Werts. Von nun an lässt sich dieses von den Kämpfen hervorgebrachte Paradox nicht mehr vergessen, nicht einmal in der Theorie; je perfekter die Form der Herrschaft wird, desto leerer wird

sie; je stärker die Verweigerung der Arbeiterklasse anwächst, desto mehr ist sie voller Vernunft und Wert [...] Wir sind hier; uns kann man nicht zerschlagen; und wir sind die Mehrheit.« (Negri 1979d)

Dieser Millenarismus führte dazu, dass die kreativsten Aspekte von Negris subjektivistischer Marx-Interpretation verkümmerten. Die vielversprechende – wiederum von Alquati geborgte – Vorstellung einer Arbeiterklasse, die ihre eigenen Bedürfnisse innerhalb des Kapitalverhältnisses und gegen es »selbstverwertet«, verlor jede Substanz, da ihr die widersprüchlichen Bestimmungen der Realität in Italien fehlten. Ähnlich war es mit Negris Verurteilung des Staatskapitalismus im Ostblock, seiner Suche nach einem neuen Maß der Produktion jenseits des Werts und seiner klaren Darstellung des revolutionären Prozesses als einem Prozess, der auf dem Pluralismus von Massenorganen proletarischer Selbstverwaltung beruht, die immer wieder hinter einem theoretischen Rahmen verschwanden, der den Klassenkampf als tödliches Gefecht zweier Titanen darstellte (ebd.).[9] Obwohl Negri auch die Idee akzeptierte, dass die Differenz etwas Positives in sozialen Veränderungsbewegungen darstellte, filterte sein eigenes Konzept des ›gesellschaftlichen Arbeiters‹ weiterhin alle besonderen und widersprüchlichen Merkmale aus ihm heraus und ließ nur ihre gemeinsame Bestimmung als Verkörperungen abstrakter Arbeit übrig. Da er Letztere wiederum nur als eine Form reinen Kommandos verstand, wurde das Problem der politischen Neuzusammensetzung bei ihm immer stärker überdeterminiert durch eine Betonung der Gewalt, die, wie die Praxis eines Großteils der Autonomia zeigte, nicht weniger verarmt war als die der Roten Brigaden (auch wenn sie sich in Kultur und Form zutiefst von dieser unterschied).[10]

Man hätte eigentlich meinen sollen, dass die relative Leichtigkeit, mit der die Autonomia durch die Massenverhaftungen 1979/80 zerschlagen wurde, für eine derart mit Triumphalismus aufgeladene Perspektive einen fürchterlichen Schock bedeuten würde. Die politische Niederlage der Area machte Negri aber nicht etwa wieder ein bisschen vorsichtiger, sondern sein begrifflicher Rahmen verflachte einfach noch mehr. 1981 brach er mit der tonangebenden Gruppe in der nordostitalienischen Autonomia und beschuldigte ihre Exponenten, nicht nur an einem »bolschewistischen Organisationsmodell außerhalb von Raum und Zeit«, sondern mit dem Massenarbeiter auch an einem Subjekt festzuhalten, das »wenn nicht anachronistisch, so doch zuallermindest partiell und korporativ« sei. Damit hätten sie bewusst »eine neue politische Generation (nicht nur Kinder)« ignoriert, »die sich

---

9 Die Darstellung von Negris Auffassung des Klassenkampfs als Schlacht zwischen »zwei Titanen« stammt von Lipietz (zit. n. Boismenu 1980, 192).

10 Um eine Passage von vielen aus *Sabotage* zu nehmen: »Wir können uns nichts vollständiger bestimmtes und inhaltsgeladeneres vorstellen als die Gewalt der Arbeiterklasse.« (1979d)

selbst in die großen Kämpfe für die Gemeinschaft, für den Frieden, für eine neue Art, glücklich zu sein, stellt. Eine Generation ohne Gedächtnis, die deshalb revolutionärer ist.« (Negri 1981a, 8)

Diese Argumentationslinie baute er im gleichen Jahr in der Zeitschrift *Metropoli* noch aus und behauptete schließlich, Erinnerung könne nur als integrales Moment in der Logik der kapitalistischen Herrschaft verstanden werden:

> »Die Klassenzusammensetzung des heutigen metropolitanen Subjekts hat keine Erinnerungen, weil das Proletariat nur durch Arbeit ein Verhältnis mit der Geschichte der Vergangenheit herstellen kann […] Proletarische Erinnerungen sind nur Erinnerungen an vergangene Entfremdung […] Die bestehenden Erinnerungen an 1968 und an die zehn Jahre danach sind heute nur noch die Erinnerungen des Totengräbers […] Die Jugendlichen von Zürich, die Proletarier von Neapel und die Arbeiter von Danzig brauchen keine Erinnerungen […] Der kommunistische Übergang bedeutet, dass es keine Erinnerungen gibt.« (1981b)

»Eure Erinnerungen sind euer Gefängnis geworden«, hatte Negri seinen ehemaligen GenossInnen vorgeworfen (1981a). Bei ihm selbst bedeutete diese Hinwendung zu einer ewigen Gegenwart allerdings nur, dass er sich einfach den Verantwortlichkeiten der Vergangenheit entzog. Angesichts der Niederlage der operaistischen Tendenz – nach der Negri und tausende anderer AktivistInnen als »Terroristen« im Knast saßen – erkannte Sergio Bologna damals sehr klar, worin dieses Problem bestand:

> »Ich habe Angst, und es geht mir sehr gegen den Strich, wenn ich Genossen sehe, die ihre Vergangenheit hassen oder, schlimmer noch, mystifizieren. Ich leugne meine Vergangenheit nicht, zum Beispiel meine operaistische Vergangenheit; im Gegenteil: ich erhebe Anspruch auf sie. Wenn wir alles wegwerfen, leben wir in einem Zustand permanenter Schizophrenie.« (Bologna 1981)

Es ist deprimierend, Negris Entwicklung an diesen traurigen Punkt jenseits von Operaismus und Marxismus zu verfolgen. Für die offensichtliche Hast, mit der er die meisten seiner Texte geschrieben hatte, war, wie er später selbst zugab, »diese fürchterliche Verstellung in allem, was wir geschrieben haben« verantwortlich: »Es ist die Sprache der marxistischen Tradition, aber sie enthält einen Rest von Simulation, der sie verzerrt und weitschweifig macht.« (Zit. n. Portelli 1985, 12)

Dieser Fehler rührte von der besonderen Denkweise her, die Negri von Mario Tronti, dem Vater des italienischen Operaismus, geerbt und vervollkommnet hatte. Diese Denkweise ging von realen gesellschaftlichen Prozessen aus, bezog sich aber schnell nur noch auf sich selbst. Eben um das zu vermeiden, hatte Marx die schwindelerregenden begrifflichen Höhenflüge der Grundrisse aufgegeben und sich den nüchternen, aber historisch spezifischen Passagen des Kapital zugewandt. Negri überzeugte das nicht, aber er hätte wenigstens auf Tronti selbst hören können, dessen Arbeiten zur Klassenzusammensetzung ebenso wie Negris zeigen, wie berechtigt die Warnung von *Operai e capitale* war, dass »ein Diskurs, der sich aus sich selbst heraus entwickelt, das tödliche Risiko eingeht, sich immer und ausschließlich durch den Fortgang seiner eigenen formalen Logik zu bestätigen« (Tronti 1971, 16).

Literatur

A. A. Alfa Romeo, 1974: Rivoluzione e lavoro, in: *Rosso*, Nr. 11, Juni, 15

Alquati, Romano, 1974: *Klassenanalyse als Klassenkampf*, Frankfurt/M

ders., 1977: Università, formazione della forza lavoro intellettuale, terziarizzazione, in: Tomassini 1975, 75f.

ders., A. Negri u. A. Sormano, o. J.: *Università di ceto medio e proletariato intellectuale*, Turin

Autonomia Operaria, La storia e i documenti, hg. v. L. Castellano, Mailand

Balestrini, Nanni, 1987: *Die Unsichtbaren*, München

Battaggia, R., 1997: Massenarbeiter und gesellschaftlicher Arbeiter – einige Bemerkungen über die ›neue Klassenzusammensetzung‹, in: Wildcat-Zirkular, Nr. 36/37, April

Berardi, Franco ›Bifo‹, 1973: Miafiori è rossa, wiederveröff. in: *Scrittura e Movimiento*, Venedig 1974

Bermani, C., u. B. Cartosio, 1983/4: Dieci anni di ›Primo Maggio‹, in: *Primo Maggio*, 19–20, Winter

Berti, Lapo, 1976: Tra crisi e compromesso storico, in: *Primo Maggio*, Nr. 7

Bocca, G., 1980: *Il caso 7 aprile – Toni Negri e la grande inquisizione*, Mailand

Boismenu, G., 1980: Rez. v. Negris ›La classe ouvrière contre l'Etat‹, Paris, in: *Canadian Journal of Political Science*, 13/1, März

Bologna, Sergio, 1976: ›Proletari e Stato‹ di Antonio Negri: una recensione, in: *Primo Maggio*, Nr. 7

ders., P. Carpignano u. A. Negri, 1974: *Crisi e organizzazione operaia*, Mailand

Cantarow, E., 1972/73; Women's Liberation and Workers' Autonomy in Turin and Milan, in: *Liberation*, Oktober 1972 u. Juni 1973

Comitati Autonomi Operai (Hg.), 1976a: *Autonomia Operaia*, Rom

dies., 1976b: Il partito della merce organizzata per una nuova etica del lavoro und Inchiesta sul P. C. I., in: *Rosso*, III/10–11

Comitato Politico ENEL & Collettivo Policlinico, 1974: Centralizzazione e responsabilitá delle avanguardie, in: *Rosso*, Nr. 11

Controinformazione, 1974: Milano: la spesa politica, Nr. 5–6, 12f.

De Masi, G., u. a., 1978: *Consigli operai e consigli di fabbrica: L'esperienza consiliare dalle origini a oggi*, Rom

Dini, V., 1978: A proposito di Toni Negri: note sull' ›operaio sociale‹, in: *Ombre Rosse*, Nr. 24, März

Documento Politico della Segretaria dei Collettivi politici di Milano, 1976, in: *Rosso*, Nr. 7, 13.3., wiederveröff. in: Martignoni/Morandilli 1977

Graziosi, A., 1979: *La ristrutturazione nelle grande fabbriche 1973–1976*, Mailand

Hellman, 1980: Il Pci e l'ambigua eredità dell'autunno caldo, in: *il Mulino*, Nr. 268, März/April

Lange, P., G. Ross u. M. Vannicelli, 1982: *Unions, Change and Crisis: French and Italian Union Strategy and the Political Economy, 1945-1980*, London

Lettera aperta alla redazione milanese di ›Rosso‹, in: *Rivolta di classe*, Nr. 1, Okt. 1976; wiederveröff. in: *Autonomia Op.* 1979, 135f.

Lipietz, Alain, o. J. : Crise et inflation: Pourquoi?, in: *Communisme*, Nr. 2

Lombardo-Radice, M., u. M. Sinibaldi, 1979: ›C'e un clima di guerra ...‹ – Intervista sul terrorismo diffuso, in: L. Manconi (Hg.), *La violenza e la politica*, Rom

Longo, B., 1975: Meno salario, più reddito: la Cassa integrazione, in: *Primo Maggio*, Nr. 5, Frühjahr

Lumley, B., 1980/81: Review Article: Working Class Autonomy and the Crisis: Italian Texts of the Theory and Practice of a Class Movement. 1964-79, in: *Capital & Class*, Nr. 12, Winter

Mariolti, C., 1979: Caso Negri, Scalzone, Piperno, in: *L'Espresso*, 22.4, 11

Martignoni, G., u. S. Morandilli (Hg.), 1977: *Il diritto all'odio: dentro/fuori/ai bordi dell' area dell'autonomia*, Verona

Melotti, Marco, 1996: Al tramonto del secolo, in: *Vis-à-Vis*, Nr. 4, Winter

Midnight Notes (Hg.), 1992: *Midnight Oil*, New York

Negri, Antonio, 1972: Zyklus und Krise bei Marx. Zwei Aufsätze, Berlin (darin 11ff.: Die kapitalistische Theorie des Staats seit 1929: John M. Keynes), engl.: Marx on Cycle and Crisis, in: *Revolution Retrieved*, London 1988

ders., 1973: *Krise des Planstaats, Kommunismus und revolutionäre Organisation*, Berlin/W

ders., 1974: Partito operaio contro il lavoro, in: Bologna u. a. (PL)

ders., 1976a: *Proletari e Stato: Per una discussione su autonomia operaia e compromesso storico*, Mailand

ders., 1976b: Dopo il 20 giugno autonomia per il partito. Spariamo sui corvi, in: *Rosso*, III/10-11, 2 (Editorial)

ders., 1979a: *Dall'operaio massa all'operaio sociale: Intervista sull'operaismo*, Mailand

ders., 1979b: The Party of Mirafiori, in: *Red Notes*

ders., 1979c: Theses on the Crisis, in: *Red Notes*

ders., 1979d: *Sabotage*, Berlin

ders., 1979e: *Marx oltre Marx. Quaderno di lavoro sui Grundrisse*, Mailand

ders., 1980: Interview (v. H. Partridge), in: *Capital & Class*, Nr. 13, Frühjahr 1981, 136

ders., 1981a: Cari compagni di Autonomia, in: *Autonomia*, Nr. 26, November

ders., 1981b: Elogia dell'assenza di memoria, in: *Metropoli*, Nr. 5

ders., 1994: Constituent Republic, in: *Common Sense*, Nr. 16, Dezember (dt.: Repubblica costituente: Umrisse einer konstituierenden Macht, in: Negri u. a. 1998, 67-81)

ders., u. a., 1973: Una proposta per un diverso modo di fare politica, in: *Rosso*, Nr. 7, Dezember; wiederveröff. in *Autonomia Operaia* 1979

ders., M. Lazzarato u. P. Virno, 1998: *Umherschweifende Produzenten. Immaterielle Arbeit und Subversion*, Berlin

Portelli, A., 1985: Oral Testimony, the Law and the Making of History: the April 7 Murder Trial, in: *History Workshop Journal*, Nr. 20, Herbst

Primo Maggio, Nr. 7, o. J.: Lotta all' Innocenti

Ramirez, B., 1988: Der Kampf der Arbeiterklasse gegen die Krise. Die eigenmächtige Herabsetzung der Preise in Italien, in: Zerowork, TheKla, Nr. 10, Berlin

Redazione romana di Rosso (Hg.), 1976: *Compromesso senza operai*, Mailand

Red Notes (Hg.), 1979: *Working Class Autonomy and the Crisis: Italian Texts of the Theory and Practice of a Class Movement. 1964-79*, London

Regini, M., 1980: Labour Unions, Industrial Action and Politics, in: P. Lange u. S. Tarrow (Hg.), *Italy in Transition: Conflict and Consensus*, London

Revelli, Marco, 1982: Defeat at Fiat, in: *Capital & Class*, Nr. 16, Frühjahr

Scalzone, O., u. G. Vignale, 1978: La congiuntura del movimento e i malanni della soggettività, in: *Preprint*, Nr. 1, Dezember

Soulier, G., 1977: AUTONOMIE-AUTONOMIES, in: *Recherches*, Nr. 30, November, 88

Tomassini, R. (Hg.), 1977: *Studenti e composizione di classe*, Mailand

Tronti, Mario, 1971: *Operai e capitale*, Turin

Wright, Steve, 1995/96: Confronting the Crisis of Fordism: The Italian Debates, in: *Reconstruction*, Nr. 6, Sommer

aus: Das Argument 235, »Immaterielle Arbeit«, 42. Jg., H. 2/2000, 161–81, gekürzte Fassung von: Wildcat-Zirkular Nr. 40/41, Dezember 1997, 120–147, kein/e Übersetzer/in ausgewiesen.

5. Geschlecht und Klasse

5.1. Die Frauen und der Umsturz der Gesellschaft

Mariarosa Dalla Costa

Diese Bemerkungen sind ein Versuch, die »Frauenfrage« im Gesamtzusammenhang der »Rolle der Frau«, wie sie durch die kapitalistische Arbeitsteilung geschaffen wurde, zu definieren und zu analysieren.

Im Folgenden setzen wir die Hausfrau als die zentrale Gestalt dieser Rolle der Frau an erste Stelle. Wir gehen davon aus, dass alle Frauen Hausfrauen sind; sogar diejenigen, die außerhalb des Hauses arbeiten, bleiben Hausfrauen. Im Weltmaßstab wird die Lage der Frau, wo immer sie ist und zu welcher Klasse auch immer sie gehört, genau durch das bestimmt, was typisch ist für die Hausarbeit, nämlich nicht nur die Anzahl der Stunden und die Art der Arbeit, sondern die Qualität des Lebens und die Qualität der Beziehungen, die durch die Hausarbeit geschaffen werden. Wir konzentrieren uns hier auf die Stellung der Frau in der Arbeiterklasse, aber das besagt nicht, dass nur Frauen der Arbeiterklasse ausgebeutet werden. Wir wollen vielmehr unterstreichen, dass die Rolle der Arbeiterfrau, die unserer Meinung nach unerlässlich ist für die kapitalistische Produktion, entscheidend ist für die Stellung aller anderen Frauen. Jede Analyse der Frauen als Kaste muss also ausgehen von der Analyse der Stellung der Hausfrau in der Arbeiterklasse.

Um zu erkennen, dass die Hausfrau die zentrale Gestalt ist, ist es zunächst notwendig, kurz zu analysieren, wie der Kapitalismus die moderne Familie und die Rolle der Hausfrau in ihr geschaffen und wie er die vorangegangenen Formen der Großfamilie und des Lebenszusammenhangs zerstört hat. […]

Der tagtägliche Kampf, den die Frauen seit dem Zweiten Weltkrieg entwickelt haben, richtet sich direkt gegen die Organisation der Fabrik und des Haushalts. Die »Unzuverlässigkeit« der Frauen außerhalb und innerhalb des Hauses, über die die Bosse so sehr klagen, ist seit dem Ende des Krieges rapide angewachsen. Sie richtet sich direkt gegen die Fabrik als zeitlich-räumliche Einheit der Disziplinierung und gegen die gesellschaftliche Fabrik als Stätte der Reproduktion der Arbeitskraft. Dieser Trend zu häufigerer Abwesenheit, zu immer geringerem Einhalten der Arbeitszeiten, zu öfteren Arbeitsplatzwechsel, ist den jungen Männern und Frauen der Arbeiterklasse gemeinsam. Aber während der Mann in den entscheidenden Lebensabschnitten alleiniger Ernährer einer jungen Familie ist, sind die Frauen, die nicht in gleicher Weise in das Arbeitsverhältnis eingespannt sind und der Hausarbeit immer den Vorrang geben müssen, auch unweigerlich weniger gefügig gegenüber der Arbeitsdisziplin und verursachen dadurch Störungen des Produktionsablaufs und damit höhere Kosten für das Kapital. Das ist die Entschuldigung für die diskriminierenden Löhne, die den Verlust des Kapitals mehrfach wettmachen. Es ist ebendiese Tendenz zur Verweigerung (die sich auch darin ausdrückt, dass ganze Gruppen von Hausfrauen ihre Kinder den Männern am Arbeitsplatz überlassen), die in zunehmendem Maße eine der entscheidenden Kräfte ist und sein wird, die die Krise des Systems der Fabrik und des Systems der gesellschaftlichen Fabrik bestimmen.

Die Ursprünge der kapitalistischen Familie

In der vorkapitalistischen patriarchalischen Gesellschaft waren *Haus und Familie* Mittelpunkt einer landwirtschaftlichen und handwerklichen Produktion. Mit dem Aufkommen des Kapitalismus organisierte sich die Vergesellschaftung der Produktion mit der Fabrik als Mittelpunkt. Diejenigen, die in den neuen Produktionszentren, eben in der Fabrik, arbeiteten, erhielten einen Lohn; die ausgeschlossen waren, erhielten keinen. Frauen, Kinder und Alte verloren ihre beschränkte Macht, die sie aufgrund der Abhängigkeit der Familie von ihrer Arbeit, *die als gesellschaftlich und notwendig betrachtet wurde*, besaßen. Das Kapital, das die Familie und den Lebenszusammenhang als Produktionseinheit zerstörte, hat auf der einen Seite die grundlegende gesellschaftliche Produktion in der Fabrik und im Büro konzentriert und auf der anderen Seite den Mann im Wesentlichen von der Familie entfernt, indem es ihn zum *Lohnarbeiter* gemacht hat. Es hat dem Mann die Last der finanziellen Verantwortung für Frauen, Kinder, Alte und Kranke, mit einem Wort all diejenigen, die keinen Lohn erhalten, aufgebürdet. Zu dieser Zeit begann die Ausschließung all derer aus dem Haus, die *nicht gebären und denen Dienstleistungen erbringen, die für Lohn arbeiten*. Die Ersten, die nach den Männern aus dem Haus ausgeschlossen wurden, waren die Kinder, die zur Schule geschickt wurden. Die Familie hörte nicht nur auf, Zentrum der Produktion, sondern auch, Ort der Erziehung zu sein.

In dem Maß, in dem die Männer die despotischen Häupter der patriarchalischen, auf einer strengen Arbeitsteilung basierenden Familie waren und noch sind, war die Erfahrung der Frauen, Kinder und Männer eine widersprüchliche Erfahrung, die noch unser Erbe ist. Aber in der vorkapitalistischen Gesellschaft hatte die Arbeit eines jeden Mitglieds im Lebenszusammenhang der Leibeigenen einen ersichtlichen Zweck: entweder die Wohlhabenheit des Feudalherrn oder das eigene Überleben. In diesem Sinne war die ganze Gemeinschaft der Leibeigenen gezwungen, in einer Gleichheit der Unfreiheit zusammenzuarbeiten, die in gleichem Ausmaß Frauen, Kinder und Männer betraf und die der Kapitalismus notwendig zerbrechen musste. In diesem Sinne begann die Krise des »unfreie[n] Mensch[en]«, der »Demokratie der Unfreiheit«. Der Übergang von der Leibeigenschaft zur freien Lohnarbeit trennte den männlichen vom weiblichen Proletarier und beide von ihren Kindern. Aus dem unfreien Patriarchen wurde der »freie« Lohnarbeiter, und aufgrund der widersprüchlichen Erfahrungen der beiden Geschlechter und der Generationen bildete sich eine noch tiefere Entfremdung und damit ein noch explosiveres Verhältnis heraus.

Wir betonen, dass man die Bedeutung der Trennung der Kinder von den Erwachsenen verstanden haben muss, um die ganze Tragweite der Trennung der Frauen von den Männern zu verstehen. Dann erst können wir vollständig begreifen, dass die Organisation des Kampfes seitens der Frauenbewegung – selbst wenn sie jede Möglichkeit von Beziehungen zu Männern entschieden ablehnt – nur das Ziel haben kann, diese Trennung zu überwinden, die auf der »Freiheit« der Lohnarbeit beruht. […]

Die Ausbeutung der Proletarier ohne Lohn

[…] In dem Maß, in dem das Kapital den Mann sich untergeordnet und zum Lohnarbeiter gemacht hat, hat es eine Kluft zwischen ihm und allen anderen Proletariern, die keinen Lohn empfangen, geschaffen, die, weil sie nicht direkt an der gesellschaftlichen Produktion teilnehmen, für unfähig gehalten wurden, Subjekte der gesellschaftlichen Revolte zu sein.

Seit Marx ist es klar, dass das Kapital durch den Lohn herrscht und sich entwickelt, d. h., dass die Grundlage der kapitalistischen Gesellschaft der Lohnarbeiter ist und seine direkte Ausbeutung. Von den Organisationen der Arbeiterbewegung ist niemals erkannt, noch jemals in ihre Überlegungen einbezogen worden, dass gerade durch den Lohn die Ausbeutung der Nicht-Lohnarbeiter organisiert wird. Diese Form der Ausbeutung war noch effektiver, weil das Fehlen eines Lohns sie verschleierte, mystifizierte. Das heißt, der Lohn kommandiert mehr Arbeitsleistungen, als die Tarifverträge in der Fabrik erkennen lassen. *Die Frauenarbeit erscheint daher als persönliche Dienstleistung außerhalb des Kapitals.* Die Frauen schienen nur unter dem Chauvinismus der Männer zu leiden, herumgestoßen zu werden, weil Kapitalismus allgemein »Ungerechtigkeit« und »böses und unvernünftiges Verhalten« bedeutet; die wenigen Männer, die es zur Kenntnis nahmen, überzeugten uns zudem, dass dies »Unterdrückung», nicht aber Ausbeutung sei. Aber das Wort »Unterdrückung« verbarg einen anderen, noch wesentlicheren Aspekt der kapitalistischen Gesellschaft. Das Kapital schloss die Kinder aus dem Haus aus und schickte sie zur Schule, nicht nur, weil sie andere bei »produktiver« Arbeit stören, oder bloß, um sie zu indoktrinieren. Die Herrschaft des Kapitals durch den Lohn zwingt jede arbeitsfähige Person, nach dem Gesetz der Arbeitsteilung so zu funktionieren, wie es unmittelbar oder mittelbar für die zeitliche und räumliche Ausweitung der Herrschaft des Kapitals profitabel ist. Das ist im Grunde die Bedeutung der Schule. *Was Kinder anbetrifft, so scheint ihre Arbeit das Lernen zu ihrem eigenen Wohl zu sein.*

Proletarische Kinder wurden alle der gleichen Ausbildung in der Schule unterworfen: das ist kapitalistische Gleichmacherei gegenüber den unbegrenzten Möglichkeiten des Lernens. Die Frau wurde andererseits im Haushalt isoliert und gezwungen, Arbeit auszuführen, die als ungelernte gilt: die Arbeit, die Arbeitskraft für die Produktion zu gebären, aufzuziehen, zu disziplinieren und zu bedienen. Ihre Rolle im Zyklus der gesellschaftlichen Produktion blieb unsichtbar, weil nur das Produkt ihrer Arbeit – *der Arbeiter* – sichtbar war. Sie selbst war dadurch an vorkapitalistische Arbeitsbedingungen gefesselt, und ihr wurde niemals ein Lohn gezahlt. [...]

Die Hausarbeit ist nicht nur quantitativ, sondern auch qualitativ verschieden von anderer Arbeit, und der qualitative Unterschied liegt gerade in der Art der Ware – nämlich der Arbeitskraft –, die diese Arbeit produzieren soll. Innerhalb des kapitalistischen Systems ist die Zunahme der Arbeitsproduktivität generell nicht von dem Zusammenstoß zwischen Kapital und Arbeit zu trennen. Technologische Innovationen und die Kooperation sind gleichzeitig Momente des Angriffs der Arbeiterklasse und der Antwort des Kapitals. Wenn dies auch für die Produktion von *Waren im Allgemeinen* zutrifft, so trifft es doch nicht zu für die Produktion *dieser besonderen Ware, die die Arbeitskraft darstellt*. Technologische Innovationen können die Grenze der notwendigen Arbeit herabdrücken, und der Kampf der Arbeiterklasse in der Fabrik kann die technologischen Innovationen benutzen, um die Arbeitszeit zu verkürzen; aber von der Hausarbeit kann das nicht in gleicher Weise gesagt werden: Eine stärkere Mechanisierung der Hausarbeiten gewährt der Frau insoweit nicht mehr »freie« Stunden, als sie in einer Situation der Isolierung gebären, aufziehen und für die Kinder verantwortlich sein muss. Sie ist immer im Dienst, weil es Maschinen, die Kinder machen und sich um sie kümmern, nicht gibt. Eine höhere Produktivität der Hausarbeit durch Mechanisierung kann sich also nur auf einzelne Dienstleistungen, z. B. Kochen, Waschen, Saubermachen beziehen. Der Arbeitstag der Frau ist unbegrenzt, nicht weil sie keine Maschinen hat, sondern weil sie isoliert ist. [...]

Durch ihre Isolierung im Haus ist die Frau von der wichtigen Erfahrung der kollektiven Organisation und Planung der Fabrikkämpfe und der Massenkämpfe allgemein ausgeschlossen worden. Ihr ist damit die wesentliche Quelle gesellschaftlicher Erziehung verschlossen worden – die Erfahrung der gesellschaftlichen Revolte, die die wichtigste Erfahrung ist, um die eigenen Fähigkeiten, d.h. die eigene Macht, und die Fähigkeiten und damit die Macht der eigenen Klasse zu erkennen. Aber durch die Isolierung, die den Frauen aufgezwungen worden ist, hat sich in der Gesellschaft und unter den Frauen selbst der Mythos von der Unfähigkeit der Frauen festgesetzt.

Vor allem dieser Mythos hat die Tatsache verschleiert, dass die informelle, nie abreißende Organisierung der Frauen die notwendige Vorbedingung dafür war, dass die Fabrikarbeiter Massenkämpfe auf gesellschaftlicher Ebene – Mietstreiks, Kämpfe gegen Preiserhöhungen im Allgemeinen –

organisieren konnten und dass daher in den Kämpfen innerhalb des Zyklus der direkten Produktion die Unterstützung und die formelle und informelle Organisierung der Frauen entscheidend gewesen sind. In den kritischen Augenblicken wird dieses kontinuierliche, weit verzweigte Netz sichtbar, das sich gerade durch das Talent, die Energie und die Stärke der »unfähigen Frauen« organisiert. Aber der Mythos stirbt nicht. Wo die Frauen zusammen mit den Männern einen »Sieg« beanspruchen könnten – nämlich, wenn sie während der Arbeitslosigkeit überleben oder während des Streiks überleben und siegen –, gehören die Eroberungen immer der Klasse »im Allgemeinen«. Selten, wenn überhaupt, erhalten die Frauen etwas für sich, hat der Kampf ein Ziel, das in irgendeiner Weise die Machtstruktur des Haushalts und seine Beziehungen zur Fabrik verändert: egal, ob Streik oder Arbeitslosigkeit – die Hausarbeit hört nie auf. [...]

Mehrwert und gesellschaftliche Fabrik

[...] Bezüglich der Bestimmung der Lohnarbeit ist immer wieder behauptet worden, dass die Frau bei der Hausarbeit nicht produktiv sei. Tatsächlich trifft genau das Gegenteil zu, wenn man an die enorme Menge gesellschaftlicher Dienstleistungen denkt, die die kapitalistische Organisation in private Tätigkeit umwandelt, indem sie sie der Hausfrau aufbürdet. Die Hausarbeit ist keineswegs spezifische Frauenarbeit. Keine Frau verwirklicht sich mehr oder ermüdet weniger als ein Mann beim Waschen oder Saubermachen. Dies sind gesellschaftliche Dienstleistungen, insofern sie der Reproduktion der Arbeitskraft dienen. Und das Kapital hat eben durch die ihm eigentümliche Familienstruktur den Mann von solchen Funktionen »befreit«, um ihn vollständig »frei« zu machen für die *direkte* Ausbeutung – nämlich frei, genug zu verdienen, damit die Frau ihn als Arbeitskraft reproduzieren kann.

Das Kapital hat Lohnarbeiter in dem Maß geschaffen, in dem es ihm gelungen ist, diese Dienstleistungen der Frau im Haushalt aufzuladen, und durch diesen Prozess kontrolliert es, wie viele weibliche Arbeitskräfte dem Arbeitsmarkt einverleibt werden. In Italien sind die Frauen immer noch im Haushalt unentbehrlich, und das Kapital ist auf diesen Typus von Familie noch angewiesen. Auf dem gegenwärtigen Entwicklungsstand in Europa allgemein und in Italien im Besonderen bevorzugt das Kapital noch immer, Millionen von Männern aus den unterentwickelten Gebieten zu importieren, die Frauen aber im Haushalt zu belassen. Und die Frauen sind im Haushalt nützlich, nicht nur weil sie die Hausarbeiten *ohne Lohn und ohne zu streiken* verrichten, sondern weil sie die Familienmitglieder, die durch die Wirtschaftskrisen periodisch arbeitslos werden, immer wieder im Haushalt aufnehmen. Die Familie, dieser mütterliche Schoß, immer bereit zu helfen und zu schützen im Augenblick der Not, war für lange Zeit die beste Garantie, dass die Arbeitslosen sich nicht unmittelbar in Millionen rebellischer outsiders verwandelten. [...]

Niemand von uns glaubt daran, dass sich die Emanzipation, die Befreiung, durch die Arbeit vollzieht. Arbeit bleibt immer Arbeit – sei es im Haus oder außerhalb. Die Autonomie des Lohnarbeiters besteht darin, ein »freies Individuum« für das Kapital zu sein; dies gilt für die Frauen nicht weniger als für die Männer. Wer behauptet, dass die Befreiung der Frau der Arbeiterklasse darin liegt, eine Arbeit außerhalb des Hauses zu finden, erfasst nur einen Teil des Problems, aber nicht seine Lösung. Die Sklaverei des Fließbands ist keine Befreiung von der Sklaverei des Spülbeckens. Wer dies leugnet, leugnet auch die Sklaverei des Fließbands und beweist damit noch einmal, dass man, wenn man die Ausbeutung der Frauen nicht begreift, auch die Ausbeutung des Mannes nicht wirklich begreifen kann. Aber diese Frage ist so entscheidend für die Frauenbewegung, dass wir sie noch getrennt behandeln. An dieser Stelle müssen wir zunächst festhalten, dass – weil innerhalb einer kapitalistisch organisierten Welt den produzierenden Frauen kein Lohn gezahlt wird – die Gestalt des Kapitalisten hinter der des Ehemannes verschwindet. Dieser erscheint als der ausschließliche Adressat der häuslichen Dienstleistungen, und dies gibt der Hausarbeit einen doppeldeutigen, sklavenhaften Charakter. Der Ehemann und die Kinder werden durch ihre Liebesbeziehung, durch ihre Liebeserpressung, die ersten kleinen Vorgesetzten, die unmittelbaren Kontrolleure dieser Arbeit.

Der Ehemann liest gewöhnlich die Zeitung und wartet, dass das Essen fertig sei, auch wenn seine Frau wie er zur Arbeit geht und mit ihm nach Hause kommt. Es ist klar, dass die besondere Form der Ausbeutung, die die Hausarbeit darstellt, eine besondere Form des Kampfes erfordert, nämlich des Frauenkampfes, *innerhalb der Familie*.

Wenn wir uns im Übrigen nicht vollständig klarmachen, dass genau diese Familie die hauptsächliche Stütze der kapitalistischen Organisation der Arbeit ist, wenn wir den Fehler begehen, sie als ein Überbauphänomen zu betrachten, das sich entsprechend den verschiedenen Phasen des Fabrikkampfes verändert, dann hinkt die Revolution auch in Zukunft auf einem Bein weiter und verewigt und verschärft einen grundlegenden Widerspruch innerhalb des Klassenkampfs, einen Widerspruch, der funktional zur kapitalistischen Entwicklung ist! Wir würden den Irrtum verewigen, uns in unserer Eigenschaft als Hausfrauen als Produzenten von Gebrauchswerten zu betrachten, uns in unserer Eigenschaft als Hausfrauen außerhalb der Arbeiterklasse zu sehen. Solange die Hausfrauen als außerhalb der Arbeiterklasse stehend gesehen werden, ist der Klassenkampf in jedem Augenblick und in jedem Punkt blockiert, zum Scheitern verurteilt und unfähig, den ganzen Reichtum seiner praktischen Ziele zu entfalten. Wir können diesen Punkt hier nicht weiter verfolgen. Die Hausarbeit als verschleierte Form der produktiven Arbeit aufzuzeigen und zu verurteilen, wirft indes bezüglich der Kampfziele und der Kampfformen eine Reihe von Fragen auf.

Die Vergesellschaftung des Kampfes der isolierten Arbeiter

Die Forderung, die sich daraus unmittelbar ergäbe, nämlich: »Zahlt uns einen Lohn«,[1] liefe in Italien – angesichts der gegebenen Kräfteverhältnisse – tatsächlich Gefahr, so ausgelegt zu werden, als ob wir die Situation der Hausfrau institutionalisieren und damit verfestigen wollten, und könnte damit kaum als mobilisierendes Ziel wirken.

Das Problem bleibt also, Kampfformen zu erproben, die die Hausfrauen nicht friedlich zu Hause lassen, allenfalls bereit, an einer Demonstration teilzunehmen in Erwartung eines Lohns, der doch nicht reichen würde; sondern vielmehr solche Kampfformen, die sofort die gesamte Struktur der Hausarbeit infrage stellen, durch die wir diese Arbeit unmittelbar verweigern, uns als Hausfrauen verweigern und das Haus als Ghetto unserer Existenz verweigern; denn das Problem ist nicht so sehr und nicht ausschließlich, diese ganze Arbeit hinzuschmeißen, sondern die gesamte Hausfrauenrolle zu zerstören. Der Ausgangspunkt ist nicht, wie sich *die Hausarbeit effizienter gestalten* lässt, sondern wie wir zu Trägern des Kampfes werden können; also nicht eine höhere Produktivität der Hausarbeit, *sondern Verstärkung der umstürzlerischen Kraft des Kampfes.*

Das Verhältnis von Zeit-für-Hausarbeit und Zeit-frei-von-Hausarbeit muss sofort umgestürzt werden: Es ist nicht nötig, Betttücher und Gardinen zu bügeln, glänzende Fußböden zu haben, jeden Tag Staub zu wischen. Und doch tun das noch sehr viele Frauen. Offensichtlich nicht, weil sie dumm sind, sondern weil sie nur in jenen Arbeiten ihre Identität verwirklichen können, seit die kapitalistische Produktion sie faktisch vom Prozess der gesellschaftlich organisierten Produktion abgeschnitten hat.

Aber der Ausschluss aus diesem Prozess bedeutet noch nicht automatisch den Ausschluss aus dem gesellschaftlich organisierten Kampf – einem Kampf, der Verkürzung der Zeit für die Hausarbeit erfordert, der aber gleichzeitig der Frau eine Alternative zu der Identität bietet, die sie vorher nur auf der Ebene des häuslichen Ghettos gefunden hat. Im gesellschaftlich geführten Kampf entdeckt und übt die Frau eine Macht aus, die ihr tatsächlich eine neue Identität gibt – *eine Identität, die nur in einer neuen Stufe gesellschaftlicher Macht bestehen kann.*

Diese Möglichkeit eines Kampfes auf gesellschaftlicher Ebene entsteht eben aus dem gesellschaftlich produktiven Charakter der Tätigkeit der Frau im Haus. Und es sind nicht nur oder nicht in erster Linie die Dienstleistungen im Hause, die die Rolle der Frau gesellschaftlich produktiv machen, obwohl gegenwärtig diese Leistungen faktisch mit der Frauenrolle gleichgesetzt werden. Das Kapital kann technologisch die Bedingungen dieser Arbeit verbessern. Aber das Kapital ist gegenwärtig – zumindest in Italien – nicht

---

[1] Anm. d. Hg.: vgl. das Stichwort »Hausarbeitsdebatte« im *Historisch-kritischen Wörterbuch des Marxismus* von Lise Vogel, Bd. 5, hg. v. W. F. Haug u. a., Hamburg 2001, 1186–1195, www.inkrit.de/e_inkritpedia/e_maincode/doku.php?id=h:hausarbeitsdebatte

bereit, die Stellung der Hausfrau als Dreh- und Angelpunkt der Kleinfamilie aufzugeben. Deshalb sollten wir nicht auf die Automatisierung der Hausarbeit warten, weil sie nie eintreten wird; weil die Erhaltung der Kleinfamilie mit der Automatisierung dieser Dienstleistungen unvereinbar ist. Um sie wirklich zu automatisieren, muss das Kapital die Familie in ihrer heutigen Form zerstören, d. h., es muss vergesellschaften, um automatisieren zu können. […]

Ein neuer Sprung in der kapitalistischen Organisation, wie wir ihn bereits in den USA oder allgemein in den kapitalistisch fortgeschrittenen Ländern beobachten können, würde folgende Entwicklung nehmen: Zerstörung der vorkapitalistischen Isolierung der Produktion im Haushalt, indem an deren Stelle eine Familie gesetzt wird, die unmittelbarer die kapitalistische Gleichheit und die Herrschaft des Kapitals durch die kooperative Arbeit widerspiegelt; Überwindung also der »Unvollkommenheit« der kapitalistischen Entwicklung des Haushalts, der noch die vorkapitalistische »unfreie« Frau zum Dreh- und Angelpunkt hat, und Errichtung einer neuen Familienstruktur, die besser ihrer Funktion der Reproduktion der Arbeitskraft entspricht.

Um zu dem zurückzukehren, was wir oben gesagt haben: Die Frauen, die Hausfrauen, die sich mit ihrem Haushalt identifizieren, neigen zu einer Art Perfektionierung ihrer Arbeit. Wir alle kennen den Spruch nur zu gut: In einem Haushalt gibt's, wenn man will, immer was zu tun.

Sie sehen nicht über ihre eigenen vier Wände hinaus, weil die Lage der Hausfrauen als vorkapitalistische Arbeitsweise und folglich die »Weiblichkeit« selbst, die man ihnen übergestülpt hat, ihnen die Welt, die andern, die ganze Arbeitsorganisation, als etwas Verschwommenes und im Grunde Unbekanntes und nicht Erlebtes erscheinen lässt, das ihnen nur wie ein Schatten hinter dem Rücken des Ehemanns erscheint, der jeden Tag das Haus verlässt und mit diesem Etwas zusammentrifft.

Wenn wir sagen, die Frauen müssen dieses Verhältnis von Zeit-für-Hausarbeit und Zeit-frei-von-Hausarbeit umstürzen und anfangen, das Haus zu verlassen, meinen wir damit, dass ihr Ausgangspunkt die Entschlossenheit, die Hausfrauenrolle zu zerstören, sein muss, damit sie anfangen, mit anderen Frauen zusammenzukommen – nicht als Nachbarinnen und Freundinnen, sondern als Arbeitsgenossinnen und vereint im Kampf gegen die Arbeit, indem sie diese Art von privatistischer Frauenrivalität zerstören und die Solidarität der Frauen aufbauen: keine Solidarität zur Verteidigung des Status quo, sondern Solidarität für den Angriff, für die Organisation des Kampfes.

Gemeinsame Solidarität gegen die gemeinsame Arbeit. Ebenso müssen die Frauen aufhören, ihren Männern und Kindern als Hausfrau und Mutter zu begegnen, d. h., wenn diese zum Mittag- und Abendessen nach Hause kommen.

Jeder Kampfplatz außerhalb des Hauses bietet der Frau eine Chance zum Angriff, eben weil die gesamte kapitalistische Organisation den Haushalt voraussetzt: Fabrikversammlungen, Zusammenkünfte im Stadtviertel und Schülerversammlungen sind alle in gleicher Weise geeignet für den Kampf der Frauen: Zusammentreffen und Zusammenstoß – wenn man will – von Frauen und Männern, aber als Individuen und nicht als Mutter und Vater, Sohn und Tochter, mit allen Möglichkeiten, die Widersprüche, die Unterdrückungen und die Frustrationen, die das Kapital innerhalb der Familie aufgehäuft hat, zur Entladung zu bringen.

Neue Ziele des Klassenkampfs

Wenn die Frauen in einer Fabrikversammlung die Abschaffung der Nachtschicht fordern, weil man nachts außer schlafen auch lieben will – und es ist nicht dasselbe, tagsüber zu lieben, wenn die Frauen arbeiten müssen –, so heißt das, dass sie ihr eigenes, autonomes, subjektives Fraueninteresse gegen die Organisation der Arbeit setzen und sich weigern, die unbefriedigten Mütter für ihre Männer und Kinder zu sein.

Aber bei einem solchen Zusammentreffen oder Zusammenstoß, bei dem die Frauen ihr spezifisches Fraueninteresse zum Ausdruck bringen, ist dieses Interesse, nicht wie man behauptet hat, von dem Klasseninteresse getrennt und diesem fremd. Zu lange haben die politischen Parteien, besonders der Linken, und die Gewerkschaften den Bereich des Klassenkampfs bestimmt und eingeengt. Lieben und die Nachtarbeit verweigern, um die Möglichkeit zu haben, sich zu lieben, ist ein *Klasseninteresse*. Überhaupt einmal zu untersuchen, warum gerade die Frauen und nicht die Männer diese Frage aufwerfen, bedeutet, neues Licht auf die ganze Geschichte der Arbeiterklasse zu werfen. [...]

Zusammenfassend lässt sich sagen, dass gerade diese Explosion der Frauenbewegung als spezifischer Ausdruck der Fraueninteressen wesentlich ist; Interessen, die bisher durch die kapitalistische Organisation der Familie kastriert wurden und die bis in jeden Winkel der Gesellschaft, der auf der Unterdrückung dieser Interessen beruht, getragen werden müssen, eben weil die Klassenausbeutung insgesamt die Ausbeutung der Frau als spezifische Vermittlungsinstanz zur Voraussetzung hat.

Und als Frauenbewegung müssen wir jeden einzelnen Bereich, wo diese besondere Ausbeutung stattfindet, ausfindig machen, d. h., wir müssen die ganze Besonderheit des Fraueninteresses in den Kampf hineintragen.

Jede Gelegenheit ist dafür gut: Hausfrauen von Familien, die aus ihrer Wohnung rausgeschmissen werden sollen, können geltend machen, dass ihre Hausarbeit die nicht bezahlten Monatsmieten mehr als wettgemacht hat. (Am Stadtrand von Mailand haben schon viele Familien diese Kampfform ausprobiert.)

Elektrische Haushaltsgeräte sind eine prima Sache; aber so viele von ihnen herzustellen, kostet die Arbeiter Zeit und Anstrengung. Dass von jedem einzelnen Lohn sie alle gekauft werden müssen, ist eine Belastung und setzt voraus, dass jede Hausfrau für sich allein diese Geräte bedienen muss. Dies bedeutet, dass sie auf einer höheren Ebene der Mechanisierung ans Haus gekettet ist. Glück für beide, den Arbeiter und seine Frau!

Es geht nicht darum, Kantinen zu haben. Erinnern wir uns, dass das Kapital erst FIAT und dann die Kantinen macht. Deshalb läuft die Forderung nach einer Kantine für jeden Stadtteil – losgelöst von einem umfassenden Kampf gegen die Organisation der Arbeit, gegen die Arbeitszeit – Gefahr, den Anstoß zu einem neuen Sprung zu geben, der auf der Ebene des Stadtteils gerade die Frauen irgendeiner verlockenden Arbeit unterwirft mit der Aussicht, mittags in der Kantine ein Scheißessen zu bekommen.

Es sei klargestellt, dass wir weder diese Kantine noch derartige Spielplätze und Kindergärten wollen. Wir wollen zwar auch Kantinen, Kindergärten, Waschmaschinen und automatische Geschirrspüler; aber wir wollen auch zu wenigen essen können, wenn wir dazu Lust haben, und wir wollen Zeit haben, mit den Kindern, Alten und Kranken zusammen sein zu können, wann und wo wir wollen. »Zeit zu haben« bedeutet, weniger zu arbeiten, und Zeit zu haben, um mit den Männern mehr zusammen zu sein, bedeutet, dass auch sie weniger arbeiten müssen. Und Zeit zu haben, um mit den Kindern, Alten und Kranken zusammen zu sein, heißt nicht, einen kurzen Besuch in den Garagen machen zu können, wo man Kinder, Kranke oder Alte abstellt und die sich Kindergärten, Pflegestätten oder Altersheime nennen; sondern dies heißt, dass wir, die wir als Erste ausgeschlossen wurden, die Initiative zum Kampf ergreifen, damit alle diese ebenso Ausgeschlossenen – Kinder, Alte und Kranke – an dem gesellschaftlichen Reichtum teilhaben und wieder mit uns und wir alle zusammen wieder mit den Männern zusammen sind und zwar auf selbständige, unabhängige Weise, wie wir es für uns selbst wollen; denn ihr Ausschluss vom Prozess der gesellschaftlichen, direkt produktiven Arbeit, vom gesellschaftlichen Leben, ist ebenso wie der unsrige ein Ergebnis der kapitalistischen Organisation. [...]

Wir müssen das Haus verlassen; wir müssen den Haushalt verweigern, weil wir uns mit den anderen Frauen vereinigen wollen, um gegen alles anzukämpfen, was die Anwesenheit der Frauen im Hause zur Voraussetzung hat, um uns selbst mit den Kämpfen all derer, die in Ghettos sind, zusammenzuschließen, sei es nun das Ghetto eines Kindergartens, einer Schule, eines Krankenhauses, eines Altersheims oder eines Slums. Bereits das Verlassen des Hauses ist eine Form des Kampfes, weil die gesellschaftlichen Dienstleistungen, die wir erbringen, nicht länger unter diesen Bedingungen ausgeführt und folglich alle die, die außer Haus arbeiten, fordern würden, dass die Last, die bis jetzt von uns getragen wird, genau dahin geworfen wird, wo sie hingehört – auf die Schultern des Kapitals. Diese Veränderung der Kampfbedingungen wird umso heftiger sein, je heftiger, entschlossener und massenhafter diese Verweigerung der Hausarbeit seitens der Frauen ist.

Die Arbeiterfamilie ist am schwierigsten aufzubrechen, da sie die Stütze des Arbeiters als Arbeiter und deshalb die Stütze des Kapitals ist. Von dieser Familie hängt die Versorgung der Arbeiterklasse ab, das Überleben der Arbeiterklasse – *aber auf Kosten der Frau, gegen die Klasse selbst*. Die Frau ist innerhalb dieser Familie die Sklavin eines Lohnsklaven und ihre Versklavung sichert die Sklaverei des von ihr abhängigen Mannes. Wie die Gewerkschaft schützt die Familie den Arbeiter, aber gewährleistet gleichzeitig, dass *weder er noch sie* jemals etwas anderes als Arbeiter sein werden. Und das ist der Grund, warum der Kampf der Frauen der Arbeiterklasse gegen die Familie entscheidend ist.

Das Haus zu verlassen, ist, wie wir gesagt haben, eine Form des Kampfes. Sich mit anderen Frauen, die im Haushalt arbeiten, inner- und außerhalb des Hauses zu treffen, gibt uns die Möglichkeit, andere Kampfgelegenheiten zu erobern. In dem Maß, in dem unser Kampf ein Kampf gegen die Arbeit wird, ist er Teil des Kampfes, den die Arbeiterklasse gegen die kapitalistische Arbeit führt. Aber in dem Maß, in dem die Ausbeutung der Frauen durch die Hausarbeit ihre eigene besondere Geschichte – eine Geschichte, die an das Überleben der Kleinfamilie gebunden ist – gehabt hat und hat, fügt die besondere Richtung dieses Kampfes, der über die Vernichtung der Kleinfamilie, wie sie von der kapitalistischen Gesellschaftsordnung eingeführt worden ist, führen muss, dem Klassenkampf eine neue Dimension hinzu. […]

Frauen und der Kampf gegen die Arbeit

Fassen wir zusammen: Die Rolle der Hausfrau, hinter deren Isolierung sich gesellschaftliche Arbeit verbirgt, muss zerstört werden. Aber unsere Alternativen sind streng begrenzt. Bisher ist der Mythos von der Unfähigkeit der Frau, der seinen Ursprung in der im Haushalt isolierten Frau hat, die von dem Lohn eines andern abhängig und deshalb nach dem Bewusstsein eines andern geformt ist, nur durch eine Alternative aufgebrochen worden: die Frau, die sich einen eigenen Lohn verschafft und damit die ökonomische Abhängigkeit durchbricht und eigene, unabhängige Erfahrungen mit der äußeren Welt macht, indem sie gesellschaftliche Arbeit unter vergesellschafteten Bedingungen leistet, sei es in der Fabrik oder im Büro; und hier begann sie mit ihren eigenen Formen gesellschaftlichen Protests neben den traditionellen Formen des Klassenkampfs. *Das Aufkommen der Frauenbewegung ist eine Ablehnung dieser Alternative.*

Das Kapital bemächtigt sich des gleichen Drucks, der die Frauenbewegung geschaffen hat – die Ablehnung ihrer traditionellen Stellung durch Millionen von Frauen –, um die Arbeitskraft mit einer zunehmenden Zahl von Frauen neu zusammenzusetzen. Die Frauenbewegung kann sich nur in Opposition zu dieser Alternative entwickeln. Schon durch ihre bloße Existenz bringt die Frauenbewegung zum Ausdruck – und sie muss dies in immer differenzierteren Aktionen –, dass die Frauen den Mythos der Befreiung durch die Arbeit ablehnen.

Denn wir haben schon genug gearbeitet. Wir haben Millionen Tonnen von Baumwolle geerntet, Millionen von Tellern abgewaschen, Millionen von Fußböden geschrubbt, Millionen von Schreibmaschinenseiten getippt, Millionen von Radiodrähten montiert, Millionen von Windeln mit der Hand oder der Maschine gewaschen. Jedes Mal, wenn man uns den Zugang zu einer traditionellen Hochburg der Männer »geöffnet« hat, hat man uns eine neue Ebene der Ausbeutung eröffnet. Wir müssen noch einmal – so groß die Unterschiede auch sind – die Parallele zwischen der Unterentwicklung der Dritten Welt und der Unterentwicklung in der Metropole, richtiger: den Küchen der Metropole, ziehen.

Die kapitalistische Planung bietet der Dritten Welt an, »sich zu entwickeln«; was bedeutet, neben der gegenwärtigen Hölle auch noch die Hölle der industriellen Konterrevolution zu erleiden. Den Frauen in der Metropole ist dieselbe »Hilfe« angeboten worden. Aber alle von uns, die aus der Notwendigkeit zu überleben oder für die sogenannten persönlichen Ausgaben oder für ökonomische Unabhängigkeit das Haus verlassen haben, um zu arbeiten, haben die Übrigen gewarnt: Die Inflation hat uns an diese elenden Schreibmaschinensilos oder an das Fließband angekettet, und in all dem gibt es keine Rettung. Wir müssen die Entwicklung ablehnen, die sie uns bieten. Aber der Kampf der Frau, die außerhalb arbeitet, wird nicht in die Isolierung des Hauses zurückführen, so verlockend das Haus an manchem Montagmorgen auch erscheinen mag. Ebenso wenig wird der Kampf der Hausfrau darauf abzielen, dass sie das häusliche Gefängnis damit vertauscht, an den Schreibmaschinentisch oder ans Fließband gefesselt zu werden, wie verlockend die Arbeit außerhalb des Haushalts gegenüber der Einsamkeit in den eigenen vier Wänden auch erscheinen mag.

Die Frauen müssen ihre eigenen Möglichkeiten vollständig entdecken, die weder darin bestehen, Strümpfe zu stopfen, noch Kapitän von Ozeandampfern zu werden. Oder richtiger: Wir können diese Dinge auch machen, aber ihre heutige Funktion unterliegt ganz und gar den Bedingungen des Kapitals.

Die Herausforderung der Frauenbewegung liegt darin, Kampfformen zu finden, die, während sie die Frau vom Haus befreien, auf der einen Seite eine doppelte Knechtschaft der Frau vermeiden und auf der anderen Seite eine weitere Stufe der Kontrolle und Disziplinierung durch das Kapital verhindern. Dies ist für die Frauenbewegung letztlich die Trennungslinie zwischen Reformismus und revolutionärer Politik.

1973, aus dem Italienischen übersetzt von »Genossinnen aus dem Frauenzentrum Berlin«, mit freundlicher Genehmigung des Berliner Merve-Verlages

5.2. Hausarbeit neu gedacht

Lise Vogel

Von den späten 1960er Jahren bis in die 1970er hinein versuchten sozialistische Feministinnen, unbezahlte Familienarbeit von Frauen innerhalb eines Rahmens marxistischer politischer Ökonomie zu analysieren.[1] Sie hofften, dass eine solche Analyse als Grundlage für ein Verständnis der unterschiedlichen Stellungen von Frauen als Mütter, Familienmitglieder und Arbeiterinnen und damit für eine materialistische Analyse der Frauenunterdrückung dienen könne. Damals schien das Interesse an der Haltung marxistischer Theorie zur Frauenbefreiung völlig normal – nicht nur unter sozialistischen Feministinnen. Auch linke Feministinnen übernahmen und passten an, was sie als marxistische Konzepte verstanden.

Aus diesen Bemühungen ging eine umfangreiche Literatur hervor. Aktivistinnen der Frauenbewegung studierten marxistische Texte, rangen mit marxistischen Konzepten und schufen zahlreiche originelle Fassungen, die Marxismus und Feminismus miteinander verbanden oder irgendwie vermischten. Es ist schwierig, heute den Enthusiasmus zu erklären, den diese Frauen ihrer Arbeit gegenüber an den Tag legten. Doch wie sich schnell zeigte, hielt er ohnehin nicht lange an. Ende der 1970er Jahre war das Interesse an der Theoretisierung von Hausarbeit fast völlig erloschen. In den Vereinigten Staaten war die Abkehr von der ›Hausarbeitsdebatte‹ besonders massiv.

In diesem Text stelle ich mich erneut der Herausforderung, unbezahlte Hausarbeit, das Gebären von Kindern und ihre Erziehung zu theoretisieren. Ich zeige, dass das Forschungsprogramm der Literatur der frühen Hausarbeitsdebatte missverstanden wurde, und reflektiere in diesem Zusammenhang auch meine eigenen Beiträge. Danach betrachte ich die Rezeption solcher Bemühungen durch ihre Leserschaft und plädiere dafür, dem unabgeschlossenen Vorhaben der frühen Theoretikerinnen der Hausarbeit die Aufmerksamkeit zu schenken, die es verdient.

---

[1] Da es unmöglich ist, einen sozialistischen von einem marxistischen Feminismus zu unterscheiden, jedenfalls so wie er in den 1970er Jahren gelebt wurde, benutze ich den Begriff sozialistischer Feminismus für beide. In diesem Artikel folge ich in der Regel der zeitgenössischen amerikanischen Verwendung von Begriffen. So war Ende der 1960er bis Mitte der 1970er Jahre der Begriff ›Frauenbefreiung‹ geläufig, mit dem sich die jüngeren, vorgeblich linkeren Zweige der Frauenbewegung vom sogenannten bürgerlichen Feminismus der National Organization for Women abgrenzen wollten. Innerhalb der Frauenbefreiungsbewegung bildeten sozialistische Feministinnen eine eigene Strömung. Ende der 1970er Jahre wurde ›Frauenbefreiung‹ vom Begriff ›Feminismus‹ abgelöst. Dass Feminismus nun ein umfassenderer Begriff war als zuvor, spiegelt vielleicht die schwindende Bedeutung sich unterscheidender Strömungen innerhalb der Frauenbewegung wider.

Theorien und theoretisieren

Der Impuls, die sogenannte ›Hausarbeit‹ zu theoretisieren, kam von nordamerikanischen Theoretikerinnen der Frauenbefreiung in den späten 1960er Jahren. Schnell wurde er auch andernorts aufgenommen, insbesondere in Großbritannien. Obwohl die unbezahlte Arbeit und die Pflichten des Familienlebens im Leben von Frauen eine wesentliche Rolle spielen, hatte ihnen weder die linke Theorie noch die sozialistische Praxis bis dahin viel Aufmerksamkeit geschenkt.

Die Aktivistinnen der Frauenbewegung, die ihr eigenes Engagement durch eine angemessenere Theorie untermauern wollten, begannen, den theoretischen Stellenwert der in den Familienhaushalten normalerweise von Frauen verrichteten Hausarbeit und Kindererziehung zu hinterfragen. In den folgenden Jahren widmete sich eine Vielzahl von Texten dem, was als Hausarbeitsdebatte bekannt wurde (vgl. Vogel 2001).

Die Literatur zur Hausarbeit betrachtete Familienhaushalte als Stätten der Produktion. So konnten häusliche Tätigkeiten und Kindererziehung, neu gefasst unter dem Begriff Hausarbeit, als Arbeitsprozesse analysiert werden. Aus diesem Ansatz ergab sich eine Reihe von Fragen. Wenn Hausarbeit ein Arbeitsprozess ist, was ist dann ihr Produkt? Menschen, Waren, Arbeitskraft? Und hat das Produkt einen Wert? Wenn ja, wie wird dieser Wert bestimmt? Wie und durch wen oder was wird das Produkt konsumiert? Was sind die Umstände, Bedingungen und Begrenzungen häuslicher Arbeit? Was ist ihr Beitrag zur Reproduktion der Arbeitskraft? Zur allgemeinen gesellschaftlichen Reproduktion oder zur kapitalistischen Akkumulation? Kann von einer Reproduktionsweise der Menschen gesprochen werden, die zwar vergleichbar mit, aber getrennt von der Produktionsweise ist? Können Antworten auf all diese Fragen die Ursprünge der Frauenunterdrückung erklären?

Zunächst schien die aufkeimende Literatur zur Hausarbeit die doppelte Verpflichtung der sozialistischen Feministinnen zur Frauenbefreiung und zum Sozialismus zu bekräftigen, ja sogar zu legitimieren. Doch schon bald zeigte sich eine Reihe von Problemen; Konzepte und Kategorien, die zuvor selbstverständlich schienen, gerieten ins Wanken. So erwies sich beispielsweise der Begriff der Reproduktion der Arbeitskraft als überraschend dehnbar und reichte von biologischer Fortpflanzung bis hin zu jeder Art von Arbeit, die zum täglichen Erhalt der Menschen beitrug – ob bezahlt oder unbezahlt, in Privathaushalten, auf dem Markt oder am Arbeitsplatz. Auch die Bedeutung der Kategorie Hausarbeit war unklar. Bezog sie sich schlicht auf die Arbeiten im Haushalt? Oder schloss sie auch das Gebären und die Versorgung von Kindern ein?

Zirkelschlüsse waren weit verbreitet. So wurde beispielsweise Hausarbeit regelmäßig mit der Arbeit von Frauen gleichgesetzt und umgekehrt, was die geschlechtliche Arbeitsteilung bereits voraussetzte, die es erst zu erklären galt. Dass sich die Debatte fast ausschließlich um unbezahlte häusliche Arbeit drehte, führte außerdem zu einer Geringschätzung der Bedeutung bezahlter Arbeit von Frauen, sei es als Hausangestellte oder als Lohnarbeiterinnen. Und die Konzentration auf ökonomische Aspekte ließ drängende Fragen zu Politik, Ideologie, Psychologie und Sexualität außen vor.

Die Aktivistinnen der Frauenbewegung empfanden auch den hohen Abstraktionsgrad der Literatur zur Hausarbeit als frustrierend. Die Debatte entwickelte sich auf eine Art und Weise, der nicht nur schwer zu folgen war, sondern die kaum noch etwas mit den Fragestellungen der Aktivistinnen zu tun hatte. Die Konzepte schienen sich aufeinander zu beziehen, hatten jedoch keine Verbindung zur wirklichen Welt. Die Diskussion war nicht nur abstrakt, sondern mutete auch unhistorisch an. Den wohl größten Schaden hat der funktionalistische Deutungsrahmen vieler Texte zur Hausarbeit angerichtet. So wurde beispielsweise unterstellt, dass der Bedarf eines Gesellschaftssystems an häuslicher Arbeit unweigerlich auch befriedigt würde. Viele fragten sich, ob die menschliche Handlungsfähigkeit in dieser Debatte überhaupt noch eine Rolle spielt.

Bald standen sowieso ganz andere Fragen auf der Agenda der Feministinnen, sowohl in der Theorie als auch in der Praxis. Anfang der 1980er Jahre hatten sich die meisten sozialistischen Feministinnen entschieden, die »Hausarbeitsdebatte hinter sich [zu] lassen«. Zurück blieben die Mehrdeutigkeit, die konzeptionelle Unklarheit, die Zirkularität und die vielen offenen Fragen eines unvollendeten Projekts (Molyneux 1979).

Es schien sinnvoll, dass viele Aktivistinnen der Frauenbewegung den Versuch aufgaben, Hausarbeit innerhalb des Rahmens der marxistischen politischen Ökonomie zu theoretisieren. Die meisten von ihnen waren der Ansicht, dass eine Theorie sich unmittelbar auf die tagtäglichen Tätigkeiten beziehen und eindeutige politische und strategische Konsequenzen haben sollte. Sie hielten eher empirische Darstellungen der Geschichte und der gegenwärtigen Bedingungen für die angemessene Grundlage einer Theorie. Die abstrakten Überlegungen der frühen Hausarbeitsliteratur lehnten sie ab und suchten stattdessen nach einem begrifflichen Ansatz, mit dem sich die Sachverhalte im Leben von Frauen einordnen und auswerten ließen.

Dieser Ansatz spiegelte eine bestimmte epistemologische Richtung wider, die Theorie in eine Art Eins-zu-eins-Beziehung mit dem Empirischen setzt und davon ausgeht, dass sie von gleicher Gestalt ist wie das, was als Wirklichkeit verstanden wird. Als solche könne sie erfahrungsbasierte Verallgemeinerungen, Aussagen über Regelmäßigkeiten und Modelle liefern. Damit wären Erklärungen und Vorhersagen von der Herleitung aus vermeintlich präzisen Darstellungen abhängig. In dieser Betrachtungsweise, die man aus der sozialwissenschaftlichen Literatur kennt, ist Theorie eine breit gefächerte intellektuelle Tätigkeit, die im Empirischen verwurzelt ist und die Fähigkeit besitzt, Beschreibungen, Erklärungen und Vorhersagen – genauso gut wie politische Richtlinien oder Strategien – zu liefern.

Dies ist aber nicht die einzige Art und Weise, wie Theorie betrachtet werden kann. Ein Großteil der frühen Literatur zur Hausarbeit nahm indirekt eine andere Perspektive ein, die auf bestimmten Lesarten der marxistischen Theorie der 1960er und 1970er Jahre beruhte. Diese andere Perspektive, die vor allem mit dem französischen Philosophen Louis Althusser in Verbindung gebracht wird, weist Theorie eine epistemologische Genauigkeit und einen engen Rahmen zu. Theorie ist aus dieser Sicht ein mächtiges, aber höchst abstraktes Unterfangen, das sich stark von der Geschichte unterscheidet. Oder wie Althusser (1971) es ausdrückte, als er über Marx' *Kapital* sprach:

»In der Tat und wider allem Anschein analysiert Marx keine ›konkrete Gesellschaft‹, auch nicht die englische, von welcher im Ersten Band ständig die Rede ist, sondern die *kapitalistische Produktionsweise* und nichts anderes. Dieses Objekt ist abstrakt: Das heißt, dass es schrecklich real ist und dass es niemals in reinem Zustand *existiert*, da es ja nur in kapitalistischen Gesellschaften vorkommt. Einfach gesagt: Um diese konkreten kapitalistischen Gesellschaften analysieren zu können (England, Frankreich, Russland usf.), muss man wissen, dass sie von jener schrecklich konkreten und dem bloßen Auge ›unsichtbaren‹ Realität beherrscht sind, welche die kapitalistische Produktionsweise darstellt.«

Aus dieser Perspektive ist Theorie notwendigerweise sowohl abstrakt als auch in ihren Auswirkungen stark eingeschränkt. Sie kann auf zentrale Bestandteile und Entwicklungen hinweisen, jedoch keine detailreiche Darstellung des gesellschaftlichen Lebens liefern. Noch weniger kann sie konkrete Ereignisse unmittelbar erklären, Strategien vorschlagen oder die Erfolgsaussichten politischer Aktionen bewerten. All das sind Fragen einer qualitativ anderen Form von Untersuchung – einer, der es um die Besonderheiten bestimmter historischer Umstände in bestehenden gesellschaftlichen Formierungen geht.

Man kann auch sagen, dass dieser andere Ansatz Theorie als eine Art Linse begreift. Für sich genommen kann uns eine Linse nur wenig über die Besonderheiten einer bestimmten Gesellschaft in einem bestimmten Moment sagen. Erst durch ihren Gebrauch können die Beobachter solche Besonderheiten bewerten und Strategien für die Zukunft entwickeln. Im Vergleich zum Theoretisieren – der Herstellung der Linse – stellen diese Aufgaben empirischer Untersuchung und politischer Analyse eine intellektuelle Arbeit anderer und, so würde ich behaupten, herausfordernderen Art dar.

Ein anderer Ausgangspunkt

Ich wende mich jetzt meinem eigenen Werk zur Hausarbeit zu. Damit möchte ich ein Beispiel für Theoriebildung im Sinne der Frauenbefreiung innerhalb des gerade beschriebenen, absichtlich abstrakten Rahmens liefern. Aus dieser Perspektive war die Hausarbeitsdebatte eher ein theoretisches als ein geschichtliches oder soziologisches Projekt, das am Ende eine Reihe abstrakter Konzepte, möglicher Wirkungsweisen und Entwicklungen erwarten ließe. Diese könnten, für sich genommen, nichts Konkretes ›erklären‹ – weder den vielfältigen, eigenwilligen und konstruierten Charakter von Erfahrung, noch die besondere Natur und Richtung einer Massenbewegung oder gesellschaftlichen Veränderung. Noch weniger könnten sie politische Strategien ableiten. Solche Fragen wären Gegenstand empirischer Untersuchung und politischer Analyse durch die beteiligten Akteure.

Die Herausforderung bestand also darin, Kategorien zur Theoretisierung unbezahlter Familienarbeit von Frauen zu finden oder zu entwickeln. Aktivistinnen der Frauenbefreiung, darunter ich selbst, untersuchten die klassischen Texte von Marx, Engels, Bebel und anderen und fanden im besten Fall ein lückenhaftes theoretisches Erbe vor. In meinem Fall führte diese Entdeckung zu einer ausführlichen und kritischen Lektüre von Marx. Dabei folgte ich, was ich als Althussers (1971, 78) Rat verstand:

> »In *Das Kapital* weder ein Buch der ›konkreten Geschichte‹ noch auch eines der ›empirischen‹ politischen Ökonomie zu suchen, in dem Sinne wie Historiker und Ökonomen diese ihre Begriffe verstehen. Sondern darin eben ein Buch der Theorie zu finden, in welchem die *kapitalistische Produktionsweise* analysiert wird. Die (konkrete) Geschichtsschreibung und die (empirische) Ökonomie haben ein anderes Objekt.«

Ich hoffte, durch diese Herangehensweise zur Entwicklung einer befriedigenderen theoretischen Linse für die Analyse der Frauenunterdrückung beitragen zu können.

Mein Ausgangspunkt waren zwei Begriffe, die in Marx' Werk von grundlegender Bedeutung sind: Arbeitskraft und die Reproduktion der Arbeitskraft. Arbeitskraft bedeutet für Marx eine dem Menschen innewohnende Fähigkeit, die von seiner körperlichen und gesellschaftlichen Existenz zu unterscheiden ist. Das Potenzial der Arbeitskraft wird ausgeschöpft, wenn sein Träger etwas Nützliches – einen Gebrauchswert – hervorbringt, der getauscht werden kann oder auch nicht. Doch die Träger der Arbeitskraft sind sterblich und unterliegen der Abnutzung; jedes Individuum stirbt irgendwann. Gesellschaftliche Reproduktion setzt daher Verfahren voraus, die einerseits die persönlichen Bedürfnisse der Träger der Arbeitskraft befriedigen und andererseits diese Träger mit der Zeit ersetzen. Diese Abläufe des täglichen Erhalts und der langfristigen Erneuerung werden unter dem Begriff Reproduktion der Arbeitskraft zusammengefasst.

In Klassengesellschaften machen sich herrschende Klassen die Fähigkeit der Arbeitskraft, Gebrauchswerte zu produzieren, auf die eine oder andere Art und Weise zu ihrem eigenen Vorteil zunutze. Der Klarheit halber habe ich das Konzept der Reproduktion der Arbeitskraft auf solche Vorgänge beschränkt, die jene Arbeitskraft erhalten und ersetzen, die in der Lage ist, einen Mehrwert für eine aneignende Klasse zu produzieren.[2]

Zunächst möchte ich ganz kurz auf einige Merkmale der Reproduktion dieser Arbeitskraft eingehen: die damit verbundenen Abläufe, die Rolle der biologischen Fortpflanzung und bestimmte inhärente Widersprüche. Das bereitet den Weg für den nächsten Abschnitt, in dem schließlich die Reproduktion der Arbeitskraft in kapitalistischen Gesellschaften diskutiert wird.

Für Marx war die Reproduktion der Arbeitskraft ein zentrales Element der gesellschaftlichen Reproduktion, doch er hat nie gründlich erklärt, was genau sie beinhaltet. Bisweilen konzentrierte er sich auf die Erneuerung des individuellen Arbeiters; anderswo unterstrich er die Bedeutung des Erhalts und Ersatzes der nicht-arbeitenden Mitglieder der Arbeiterklasse. Ich habe daher, erneut im Sinne der Klarheit, drei Arten von Prozessen unterschieden, die die Reproduktion der Arbeitskraft in Klassengesellschaften ausmachen.

Erstens stellt eine ganze Reihe alltäglicher Tätigkeiten die Energie der direkten Produzenten wieder her, so dass sie zur Arbeit zurückkehren können. Zweitens erhalten ähnliche Tätigkeiten nicht-arbeitende Mitglieder untergeordneter Klassen – diejenigen, die zu jung, zu alt oder krank sind, die selbst in die erhaltenden Tätigkeiten eingebunden oder die aus anderen Gründen nicht Teil der Arbeiterschaft sind. Und drittens sorgen Prozesse der Erneuerung der Arbeiterschaft für die Ersetzung derjenigen Mitglieder der untergeordneten Klassen, die verstorben sind oder nicht länger arbeiten.

Indem diese drei Arten von Prozessen entflochten werden, lässt sich das Konzept der Reproduktion der Arbeitskraft von normativen Annahmen über biologische Fortpflanzung in heterosexuellen Familienumfeldern befreien. Auch wenn die Reproduktion von Arbeitskraft in bisherigen Gesellschaften für gewöhnlich Kindererziehung innerhalb verwandtschaftsbasierter Umfelder – die wir Familien nennen – meinte, kann sie prinzipiell anders organisiert werden, zumindest für eine gewisse Zeit. Die gegenwärtigen Arbeiter könnten in Lagern untergebracht, kollektiv versorgt und zu Tode gearbeitet werden, um dann durch neue Arbeiter von außerhalb ersetzt zu werden. Einem solch harten Regime war die Geschichte schon oft nahe. Man denke nur an die Goldminen im römischen Ägypten, an die Gummiplantagen in Französisch-Indochina oder an die Arbeitslager der Nazis.

Üblicherweise jedoch wird die bestehende Arbeiterschaft auf zwei Wegen wieder aufgestockt: erstens durch Prozesse, die ich ›generationelle Erneuerung‹ nenne, in denen Arbeiterinnen Kinder bekommen, die aufwachsen, um selbst Arbeiter zu werden. Und zweitens, indem neue Arbeiter Teil der Arbeiterschaft werden. Beispielsweise können zuvor nicht eingebundene

---

2   Strenggenommen ist das Konzept der Reproduktion der Arbeitskraft daher nur für die untergeordneten Klassen von Bedeutung. Das heißt nicht, dass die Frauen der herrschenden Klasse keine geschlechtsspezifische Unterdrückung erfahren. Doch ihre Lage ist mit ihrer Rolle beim Erhalt und der Ersetzung der besitzenden Klassen verknüpft und erfordert eine eigene Analyse.

Individuen beginnen, an Lohnarbeit teilzunehmen. Dies geschah zum Beispiel in den 1950er Jahren, als Ehefrauen in den US-amerikanischen Arbeitsmarkt eintraten. Andere können nur vorübergehend der Arbeiterschaft beitreten, während der Ernte zum Beispiel oder in wirtschaftlichen Krisen. Migranten können nationale Grenzen überschreiten, um Teil der Arbeiterschaft einer Gesellschaft zu werden. Auch können Menschen gewaltsam entführt, verschleppt und gezwungen werden, Teil neuer Arbeitskräfte zu werden, so wie es auf den Sklavenplantagen der Neuen Welt war.

Aus theoretischer Sicht ist die Reproduktion der Arbeitskraft also keinesfalls an private verwandtschaftsbasierte Haushalte gebunden, wie die Hausarbeitsdebatte gemeinhin annahm. Insbesondere umfasst sie nicht zwangsläufig irgendeine oder alle der folgenden Komponenten: Heterosexualität, biologische Fortpflanzung, Familienformen oder generationelle Erneuerung.

Nichtsdestotrotz haben die meisten Klassengesellschaften Prozesse des täglichen Erhalts und der generationellen Erneuerung in einem System heterosexueller Familienformen institutionalisiert. Dass solche Arrangements empirisch so geläufig sind, spiegelt vermutlich ihre Vorteile – umkämpft und ständig neu ausgehandelt – gegenüber den Alternativen wider.

Klassengesellschaften, die für die Reproduktion der Arbeitskraft auf biologische Fortpflanzung angewiesen sind, sehen sich mehreren Widersprüchen ausgesetzt. Während der Schwangerschaft und einige Zeit danach sind Frauen der untergeordneten Klassen nur eingeschränkt arbeitsfähig und in der Lage, sich an der alltäglichen Versorgung zu beteiligen. Die Frauen müssen in diesen Phasen geringeren Tätigseins sogar selbst unterstützt werden. Auf diese Weise kann das Kindergebären den Anteil verringern, den Frauen der untergeordneten Klassen als direkte Produzentinnen und als Teilnehmerinnen an Versorgungstätigkeiten leisten. Aus der Perspektive der herrschenden Klassen ist das Gebären von Kindern daher möglicherweise kostspielig, da die Arbeit der schwangeren Frauen und derjenigen, die für sie sorgen, ansonsten Teil der Mehrarbeit sein könnte. Andererseits erneuert das Kindergebären in untergeordneten Klassen die Arbeitskräfte und ist daher für die herrschenden Klassen von Vorteil. Insofern besteht ein latenter Widerspruch zwischen dem Bedürfnis der herrschenden Klassen, sich Mehrarbeit anzueignen, und ihrem Bedarf an frischen Arbeitskräften.

Aus der Perspektive der untergeordneten Klassen können andere Widersprüche auftreten. Die meisten Formen, in denen die Reproduktion der Arbeitskraft organisiert wird, machen sich auf Sexualität und Verwandtschaft basierende Beziehungen zwischen Frauen und Männern zunutze. Andere Individuen, häufig der biologische Vater oder seine Verwandten oder die der schwangeren Frau selbst, tragen die Verantwortung dafür, dass die Frauen während der Phase ihrer eingeschränkten Arbeitsfähigkeit, die mit der Schwangerschaft einhergeht, versorgt werden. Im Prinzip bräuchten die unterschiedlichen Rollen von Frauen und Männern nur während dieser Monate der Schwangerschaft und Geburt zu bestehen. Die meisten

Gesellschaften übertragen sie jedoch auf die vielfältigen sozialen Strukturen, die wir Familien nennen und die zum Ort der Tätigkeiten des täglichen Lebenserhalts und der generationellen Erneuerung werden. Solche Arrangements werden in der Regel durch männliche Vorherrschaft legitimiert und durch institutionelle Strukturen der Frauenunterdrückung untermauert.

Auf derart allgemeiner Ebene kann von der bloßen Existenz dieser Widersprüche nicht darauf geschlossen werden, wie sie sich manifestieren und wie ihnen in konkreten Klassengesellschaften begegnet wird. Diese Überlegungen zeigen lediglich, dass ihre Gebärfähigkeit die Frauen der unterdrückten Klassen in ein Verhältnis zur Mehrwertaneignung und Reproduktion der Arbeitskraft setzt, das sich von dem der Männer unterscheidet. Wenngleich sie auch Arbeiterinnen sein können, ist es die spezifische Rolle von Frauen der beherrschten Klassen beim Erhalt und der Erneuerung von Arbeitskraft, die ihre besondere Situation ausmacht.[3]

Kapitalismus und Hausarbeit

Im vorherigen Abschnitt ging es eher allgemein um Elemente der Reproduktion der Arbeitskraft in Klassengesellschaften. In diesem Abschnitt untersuche ich die Reproduktion der Arbeitskraft in der besonderen Klassengesellschaft, die man Kapitalismus nennt. Marx hatte zwar zu diesem Thema einiges zu sagen, doch, wie die Literatur zur Hausarbeit zeigte, war das offenbar zu wenig.[4]

Marx zufolge nimmt Arbeitskraft in kapitalistischen Gesellschaften die spezifische Form einer Ware an, das heißt eines Dings, das nicht nur Gebrauchswert, sondern auch Tauschwert hat. Mit Personen als ihren Trägern hat diese Ware einige Besonderheiten. Ihr Gebrauchswert ist ihre Fähigkeit, Quelle von mehr Wert zu sein, als sie selbst wert ist, wenn sie in einem kapitalistischen Produktionsprozess eingesetzt wird. Ihr Tauschwert – die Kosten, um die Arbeitskraft auf dem Markt kaufen zu können – ist gleich »de[m] Wert der zur Erhaltung ihres Besitzers notwendigen Lebensmittel« (MEW 32, 185). Die Menge dieser Lebensmittel wird historisch und moralisch von Moment zu Moment festgelegt.

Um das Verhältnis zwischen dem Wert der Arbeitskraft und dem Interesse des Kapitals an Mehrwertaneignung zu untersuchen, bediente sich Marx einer Abstraktion: dem Arbeitstag eines einzelnen Arbeiters, ausgedrückt in Stunden. (Für Marx war der Arbeiter natürlich immer männlich.) Er definierte »notwendige Arbeit« als den Teil des Arbeitstages, der es dem Arbeiter ermöglicht, Subsistenzmittel zu kaufen. Und er definierte den rest-

---

[3] Gleichermaßen haben die Frauen der herrschenden Klasse eine besondere, jedoch gänzlich andere Rolle beim Erhalt und der Erneuerung ihrer Klasse.
[4] In den folgenden drei Absätzen werden Marx' Erörterungen von Aspekten der Reproduktion der Arbeitskraft stark verdichtet. Marx selbst diskutierte das Material sehr ausführlich, auch mittels umfangreicher empirischer Darstellungen.

5.2. Lise Vogel, Hausarbeit neu gedacht

lichen Arbeitstag als »Mehrarbeit«, die sich der Kapitalist aneignet.[5] Anders ausgedrückt arbeitet der Arbeiter einen Teil der Zeit für sich selbst und den restlichen Tag für seinen Chef. Der erste Teil, die notwendige Arbeit des Arbeiters, deckt sich mit seinem Lohn; der zweite Teil, die Mehrarbeit, stellt den Mehrwert dar, den sich der Chef aneignet.

Marx zufolge erzeugt die kapitalistische Akkumulation ein sich ständig veränderndes, von Profit angetriebenes System. Da Kapitalisten nach immer mehr Profit streben, ist es auch in ihrem Interesse, die notwendige Arbeit immer weiter zu reduzieren. Marx zeigte Methoden auf (abgesehen von Betrug), mit denen sie eine solche Reduktion erreichen können. Einerseits können sie die Arbeitsstunden verlängern oder die Arbeitsintensität erhöhen, ohne den Wert der Arbeitskraft selbst zu verändern. Mehr Stunden oder intensivere Arbeit bedeuten, dass der Arbeiter mehr Arbeitskraft für den gleichen Lohn aufwendet. Das heißt, die Arbeitskraft sinkt in ihrem Wert. Marx nannte diese Art der Reduktion notwendiger Arbeit »absoluten Mehrwert«. Andererseits können Kapitalisten die notwendige Arbeit reduzieren, indem sie den Produktionsprozess produktiver machen. Höhere Produktivität bedeutet, dass der Arbeiter weniger Stunden für die Verrichtung der notwendigen Arbeit benötigt und dem Chef dadurch ein größerer Mehrwert zukommt. Innerhalb bestimmter Grenzen könnte sogar eine Lohnerhöhung zugestanden werden. Marx nannte diese Reduktion der notwendigen Arbeit »relativen Mehrwert«.

Marx' Erörterung des Verhältnisses zwischen notwendiger Arbeit und Mehrarbeit innerhalb des Arbeitstages ist wunderbar klar. Allerdings schließt der Fokus auf den einzelnen Arbeiter unweigerlich die Berücksichtigung all der zusätzlichen Arbeit aus, die nicht nur den Erhalt und die Erneuerung des einzelnen Arbeiters sichert, sondern auch die seiner Verwandtschaft, seiner Gemeinschaft und der gesamten Arbeiterschaft.[6] Dass diese verschiedenen Prozesse in Marx' Darstellung ausgelassen werden können, zumindest hier an dieser Stelle, hat mit der spezifischen sozialen Organisation des Kapitalismus zu tun. Wie in keiner anderen Produktionsweise sind die Aufgaben des täglichen Erhalts und der generationellen Erneuerung hier räumlich, zeitlich und institutionell von der Sphäre der Produktion getrennt.

Marx' Begriff der »individuellen Konsumtion« enthält die Erkenntnis, dass der Kapitalismus dem Leben abseits des Jobs einen grundlegend anderen Charakter verleiht. Individuelle Konsumtion findet statt, wenn »der Arbeiter das für den Kauf der Arbeitskraft gezahlte Geld in Lebensmittel« eintauscht (MEW 32, 596). Marx' geht es hier vor allem darum, die individuelle Konsumtion von Subsistenzmitteln durch den Arbeiter von seiner »produktiven Konsumtion« von Produktionsmitteln während der Arbeits-

---

5 Streng genommen wird ein Teil des Wertes, der sich aus der Arbeit des Arbeiters ergibt, zur Erneuerung des konstanten Kapitals eingesetzt.
6 An anderer Stelle erkennt Marx an, dass solche Arbeit die Bedingung für die allgemeine gesellschaftliche Reproduktion ist.

zeit zu unterscheiden. Über die tatsächliche Arbeit, die im Vollzug der individuellen Konsumtion geleistet wird, äußerte er sich jedoch kaum, so dass in seiner Darlegung eine Form von ökonomischer Tätigkeit fehlt, die für die kapitalistische Produktion wesentlich ist.

Die Literatur zur Hausarbeit versuchte auf unterschiedliche Arten und Weisen, die Funktionsweise der Reproduktion der Arbeitskraft in kapitalistischen Gesellschaften sichtbar zu machen. Mir selbst geht es vor allem darum, den Begriff der notwendigen Arbeit dahingehend neu zu fassen, dass ihm die Prozesse der Reproduktion der Arbeitskraft zugeordnet werden können. Ich behaupte, dass die notwendige Arbeit zwei Komponenten hat. Die erste ist, wie von Marx dargelegt, die notwendige Arbeit, die den Löhnen äquivalente Werte schafft. Die zweite, die ich die soziale Komponente der notwendigen Arbeit nannte, ist aber ebenfalls unauflöslich mit der Mehrarbeit im kapitalistischen Produktionsprozess verbunden. Die zweite Komponente der notwendigen Arbeit ist die in Marx' Darstellung stark verschleierte unbezahlte Arbeit, die zur täglichen und langfristigen Erneuerung von Trägern der Ware Arbeitskraft und der Arbeiterklasse als ganzer beiträgt.[7] Ich hatte dies die häusliche Komponente der notwendigen Arbeit genannt oder kurz Hausarbeit.

So verstanden ist Hausarbeit ein für den Kapitalismus spezifisches Konzept, ohne festgelegte Geschlechterzuteilung und befreit von verschiedenen Annahmen, die sich in der Hausarbeitsdebatte breitgemacht hatten, insbesondere die Vorstellung, Hausarbeit sei universell und notwendigerweise Frauenarbeit.

Die soziale und die häusliche Komponente der notwendigen Arbeit sind nicht direkt miteinander vergleichbar, da Letztere keinen Wert hat. Das bedeutet, dass die höchst sichtbare und sehr wertvolle soziale Komponente der notwendigen Arbeit mit einer schattenhaften, unquantifizierbaren und (rein technisch gesehen) wertlosen häuslichen Komponente einhergeht. Auch wenn nur eine dieser Komponenten auf dem Markt erscheint und öffentlich sichtbar ist, erfordert die Reproduktion der Arbeitskraft dennoch beide. Löhne mögen den Arbeitern erlauben, Waren zu kaufen, doch in der Regel muss darüber hinaus noch zusätzliche Arbeit – Hausarbeit – verrichtet werden. Gekaufte Lebensmittel müssen zubereitet, Kleidung gewaschen und gepflegt werden. Kindern werden nicht nur versorgt, sondern ihnen muss auch beigebracht werden, was sie als fähige erwachsene Arbeiter brauchen werden. Kranke, arbeitsunfähige oder entkräftete Mitglieder der Arbeiterklasse müssen gepflegt werden. Diese verschiedenen Aufgaben werden, zumindest teilweise, durch Hausarbeit erledigt.

---

7   Auf dieser Abstraktionsebene benutze ich den Begriff Arbeiterklasse zur Beschreibung derjenigen, die in dem Sinne kein Eigentum besitzen, als sie nicht über Produktionsmittel verfügen. So betrachtet gehört die Mehrheit der Bevölkerung der USA, wie auch andernorts, heute der Arbeiterklasse an. In weniger abstrakten Kontexten muss deshalb die Stratifizierung der Haushalte entlang von Beschäftigung, Ausbildung, Einkommen usw. in die Betrachtung einbezogen werden.

»Notwendige Arbeit« ist also ein komplizierterer Begriff als ursprünglich angenommen. Sie hat zwei Komponenten, eine mit, die andere ohne Wert. Hausarbeit, die zuvor fehlende zweite Komponente, unterscheidet sich deutlich von der sozialen Komponente und ist dennoch für die gesellschaftliche Reproduktion im Kapitalismus unerlässlich. Sie hat keinen Wert, spielt im Prozess der Mehrwertaneignung nichtsdestotrotz eine zentrale Rolle. In der notwendigen Arbeit miteinander verbunden, bilden die soziale Arbeit und ihre neue Gefährtin, die Hausarbeit, ein seltsames Paar, wie man es in der marxistischen Theorie zuvor nicht kannte.[8]

Das Interesse der Kapitalisten, die notwendige Arbeit zu reduzieren, kann sich sowohl auf die soziale als auch auf die häusliche Komponente erstrecken. Wenn einige Menschen einen Großteil ihrer Energien auf Hausarbeit verwenden – Wasser aus Brunnen holen, an einer Feuerstelle kochen, Kleider waschen, Kindern die Grundlagen des Lesens, Schreibens und Rechnens beibringen usw. –, stehen sie für Arbeit in der Produktion kaum zu Verfügung. Die Reduzierung der Hausarbeit bringt hingegen zusätzliche Arbeitskraft auf den Markt.

Schon im 19. und 20. Jahrhundert wurde Hausarbeit ständig eingespart. In den frühen 1900er Jahren war die Zubereitung von Essen bereits weniger zeitintensiv, das Wäschewaschen weniger belastend und die Ausbildung fand nun zu einem großen Teil in Schulen statt. Unlängst hat die häusliche Arbeit durch Mikrowellen und tiefgekühltes Essen, Waschsalons und die zunehmende Verfügbarkeit von Kinderbetreuung, Kindergärten, Vorschulen und Kitas noch weiter abgenommen.[9] Die Reduzierung häuslicher Arbeit durch technologische und nicht-technologische Mittel führt nicht unweigerlich dazu, dass Haushalte dem Markt mehr Arbeitskraft zur Verfügung stellen. Aber sie erhöht die Wahrscheinlichkeit, dass sie dies tun.

Kapitalisten sind als Klasse einer Reihe sich widersprechender Zwänge unterworfen. Dazu gehören ihr langfristiger Bedarf an einer Arbeiterschaft, ihre unmittelbaren Bedürfnisse nach verschiedenen Kategorien von Arbeitern und Konsumenten, ihre Streben nach Profit und nach Aufrechterhaltung der Hegemonie über eine gespaltene Arbeiterklasse. Diese sich widersprechenden Zwänge geben natürlich nur Richtungen vor, keine vor-

---

8   Diese Erläuterung, die mein früheres Argument (Vogel 1983) präzisiert, aber nicht verändert, erscheint mir heute weniger überzeugend. Doch es muss ein Weg gefunden werden, Hausarbeit innerhalb der marxistischen politischen Ökonomie zu theoretisieren, sei es nun als Komponente der notwendigen Arbeit oder nicht.

9   Nona Glazer (1987) betrachtet den ›Arbeits-Transfer‹ als eine wirkmächtige Gegenbewegung des 20. Jahrhunderts zur Reduzierung von Hausarbeit. Arbeits-Transfer findet dann statt, wenn vormals von Angestellten verrichtete Arbeit jetzt auf sich selbst bedienende Käufer verlagert wird, wodurch häusliche Arbeit zunimmt. Martha Gimenez (1990) bindet Glazers Arbeits-Transfer in ihre Erörterung vier verschiedener Formen der Hausarbeit ein. Wenngleich verschiedene Mechanismen des Arbeits-Transfers von Bedeutung sind, bezweifle ich, dass sie dem langfristigen Streben nach Reduktion der absoluten Menge an Hausarbeit widersprechen.

hersehbaren Unausweichlichkeiten. Anders als es funktionalistische Auslegungen gerne behaupten, führen solche Tendenzen nicht unbedingt zu vorteilhaften Bedingungen für die herrschenden Klassen. Vielmehr sind die Prozesse der Reproduktion der Arbeitskraft ein umkämpftes Terrain. In konkreten Gesellschaften wenden Kapitalisten verschiedene Strategien an, von denen einige Hausarbeit auf eine Art und Weise beeinflussen, die analytisch als Erzeugung von absolutem oder relativem Mehrwert betrachtet werden können. Gleichzeitig streben arbeitende Menschen nach den bestmöglichen Bedingungen für ihre eigene Erneuerung, wozu auch ein bestimmtes Maß oder eine bestimmte Form häuslicher Arbeit zählen kann. Da sowohl das Kapital als auch die Arbeiterklasse in der Regel in verschiedene Schichten zersplittert ist, kommt es nicht auf allen Ebenen zu denselben Ergebnissen.

Es zieht sich also eine widersprüchliche Dynamik durch die geschichtlichen Kämpfe um die Bedingungen der Reproduktion der Ware Arbeitskraft, die ebenso den Mindestlohn für bestimmte Gruppen oder Schutzgesetze für Frauen- und Kinderarbeit in der Industrie hervorgebracht haben wie die geschlechtsspezifische und rassistische Teilung des Arbeitsmarktes oder in Lagern untergebrachte migrantische Arbeiter.

Bis hierher habe ich die Reproduktion der Ware Arbeitskraft lediglich als einen ökonomischen Sachverhalt beschrieben.[10] Doch durch ihr Streben nach Gleichheit hat sie auch eine politische Dimension. Marx sagt, dass der Grund für diese maßgebliche politische Eigenschaft kapitalistischer Gesellschaften in der Verschränkung von Produktion und Zirkulation liegt. In der Produktion lässt sich ein großer Teil der konkreten nützlichen Arbeit durch Abstraktion bzw. den Wert bemessen. In der Zirkulation werden Waren auf dem Markt getauscht, wenn sie vergleichbare Mengen von Wert verkörpern. Auch Arbeitskraft ist eine Ware, die auf dem Markt gekauft und verkauft wird. Auf dem Markt treffen sich Arbeiter und Kapitalisten daher als Besitzer, die ihre Waren tauschen wollen. Damit das Geschäft zustande kommt, müssen Kapitalisten Löhne anbieten, die dem Wert der Arbeitskraft der Arbeiter entsprechen. Entgegen einer Vorstellung vom Kapitalismus als betrügerischem System handelt es sich dabei tatsächlich um einen gleichwertigen Tausch. Die Gleichheit auf dem Markt geht Hand in Hand mit der Ausbeutung in der Produktion.

Die Gleichheit von Personen ist also kein abstraktes Prinzip oder eine falsche Ideologie, sondern eine vielschichtige Entwicklung, die in der Verschränkung der Produktions- und Zirkulationssphären wurzelt. Das Feh-

---

10 Ich stimme mit Nancy Fraser (1998) darin überein, dass der Großteil dessen, was man grob als Geschlechterverhältnisse bezeichnen kann, nicht in der ökonomischen Sphäre zu finden ist. Ich will hier zum Ausdruck bringen, dass es nichtsdestotrotz einen Teil gibt, der ökonomisch *ist*, der eine Rolle in den Dynamiken der kapitalistischen Akkumulation spielt, und dass dessen Theoretisierung zur politischen Ökonomie gehört. Dieser wichtige, wenn auch begrenzte ökonomische Aspekt der Frauenunterdrückung im Kapitalismus ist sicherlich einer der Gründe, der ihre Spezifität gegenüber rassistischer Unterdrückung, Klassenherrschaft oder Ähnlichem ausmacht.

len von Gleichheit ist, so mein Argument, eine spezifische Eigenschaft der Unterdrückung von Frauen (und anderen Gruppen) in kapitalistischen Gesellschaften. Wie oben bereits gesagt, verrichten nur Frauen der untergeordneten Klassen häusliche Arbeit, aber alle Frauen sind in kapitalistischen Gesellschaften von Ungleichheit betroffen.

Die angestrebte Erweiterung der Gleichstellung führt in mindestens zweierlei Hinsicht zu grundsätzlichen Veränderungen. Zum einen verringert sie tendenziell den Spalt innerhalb und zwischen untergeordneten Schichten und Bereichen, indem sie alle Personen gleichberechtigt auf eine Ebene stellt. Und zum anderen ist sie in der Lage, das zutiefst ausbeuterische Wesen des Kapitalismus zu enthüllen, da sein ökonomischer und sozialer Charakter umso deutlicher zum Vorschein kommt, je mehr Rechte hinzukommen. Weit davon entfernt, lediglich Übungsaufgaben eines aussichtslosen Reformismus oder der angeblich spaltenden Identitätspolitik zu sein, können Gleichstellungskämpfe zum Aufbau strategischer Bündnisse beitragen und vielleicht sogar über den Kapitalismus hinausreichen.

Um mein theoretisches Szenario in all seiner Abstraktheit zusammenzufassen: In der kapitalistischen Produktionsweise prägen die Logik der Akkumulation und die Verschränkung von Produktions- und Zirkulationssphäre die Stellung der Frauen auf zweifache Weise. Zum einen sind Frauen und Männer der untergeordneten Klassen in Bezug auf wichtige ökonomische Aspekte der gesellschaftlichen Reproduktion anders aufgestellt. Und zum anderen wird allen Frauen die Gleichberechtigung verwehrt. In konkreten Gesellschaften reagiert die Dynamik der Frauenunterdrückung unter anderem auf diese doppelte Verankerung.

Zielgruppen und Paradigmen

Dem Versuch, Hausarbeit zu theoretisieren, wandten sich in den 1970er Jahren zwei unterschiedlichen Gruppen zu: Feministinnen, insbesondere sozialistische Feministinnen, und Linke. Die meisten Feministinnen verwarfen am Ende die Hausarbeitsliteratur als erfolglosen Versuch, unpassende marxistische Kategorien anzuwenden. Die meisten Marxisten ignorierten die Debatte einfach, sie verfolgten sie nicht und nahmen auch nicht an ihr teil. Nicht einmal die Fachwelt verstand die Vorschläge wirklich, die sozialistische Feministinnen implizit oder explizit zur Überarbeitung der marxistischen Theorie machten.

Ein entscheidender Grund für die begrenzte Erreichbarkeit eines feministischen Publikums war der theoretische Ansatz der Hausarbeitsdebatte. Wie bereits erwähnt, hatten viele Feministinnen Schwierigkeiten mit der epistemologischen Perspektive, die einem Großteil der Literatur zur Hausarbeit zugrunde lag. Diese war nicht nur extrem abstrakt, sondern verstand den Geltungsanspruch von Theorie auch als äußerst begrenzt. Insbesondere Fragen der Subjektivität und der Handlungsmacht lagen außerhalb des

Bereiches dieser Art von Theorie, die derlei Aspekte in das komplizierte und chaotische Reich konkreter historischer Untersuchung und Analyse verwies.

Deshalb wandten sich die meisten Feministinnen davon ab und versuchten stattdessen eine Theoriebildung aufgrund detaillierter empirischer Beschreibungen. Ein folgenreicher, aber kaum beachteter Unterschied im theoretischen Ansatz trennte fortan die beiden Herangehensweisen. Wie mir heute viel bewusster ist als noch vor ein paar Jahren, konnten Vertreterinnen der einen Perspektive nicht wirksam mit denen der anderen Perspektive kommunizieren. Selbst die Lektüre der Arbeiten der jeweils anderen – von konstruktiver Kritik ganz zu schweigen – stieß auf das Hindernis unvereinbarer Paradigmen.

Während der 1970er Jahre stand die Linke der Idee eines feministischen Sozialismus größtenteils ablehnend gegenüber. Das galt umso mehr für die Überarbeitung marxistischer Theorie. In vielen Lagern galt der Feminismus als von Grund auf bürgerlich und eine Bedrohung für die Einheit der Klasse. In der Regel ignorierten marxistische Theoretiker in den USA, die meisten von ihnen männlich, die Literatur zur Hausarbeit. Teilweise bestand das Problem auch hier in der Unvereinbarkeit von Erklärungsmodellen, dieses Mal allerdings anderer Art. Aus einer traditionell-marxistischen Perspektive hatten die Dynamiken des Kapitalismus am Ende immer mit der Klassenausbeutung zu tun. Andere Themen – beispielsweise geschlechtsspezifische, rassistische oder nationale Unterdrückung – mochten für Sozialisten durchaus wichtig sein, lagen aber außerhalb dessen, was als Gebiet der marxistischen Theorie verstanden wurde.

In den 1980er Jahren schrumpfte das Interesse an einer Theoretisierung der Hausarbeit enorm. Das zunehmend konservative politische Klima und der Niedergang oder die Zerstörung vieler linker sozialer Bewegungen hatten hieran sicherlich einen Anteil. Feministische intellektuelle Arbeit blühte zwar weiter, doch sie hatte weitaus weniger Verbindung zur aktiven Frauenbewegung als vorher und war in ihrem Fortbestehen an Hochschulen und Universitäten einer Reihe disziplinärer Einschränkungen und beruflicher Zwänge unterworfen. Mehr noch hatten jüngere Generationen feministischer Wissenschaftlerinnen die Chance verpasst, an der aus den Umbrüchen der 1960er Jahre hervorgegangenen linken Frauenbewegung teilzunehmen. Es verwundert kaum, dass das Vertrauen in die Bedeutung sozialistischen Denkens für die feministische Theorie nachließ.

Dennoch kam es – für einige überraschend – in den 1980er und 1990er Jahren nicht zum endgültigen Niedergang theoretischer Auseinandersetzung mit Hausarbeit. Vielmehr blieb ein gewisses Maß an Interesse erhalten. Dort, wo es aus unterschiedlichen Gründen eine relativ starke Tradition marxistischer Theorie gibt, wie in England oder Kanada, arbeiten kleinere Zusammenschlüsse männlicher wie weiblicher Ökonomen, Soziologen und Historiker weiterhin an den von der frühen Hausarbeitsliteratur aufgeworfenen Fragen.

In den USA hingegen beschäftigten sich in diesen Jahren nur recht wenige Wissenschaftlerinnen mit den Problemen der Hausarbeitsdebatte. Feministinnen, die weiterhin deren Terminologie verwenden, tun dies oft in eher metaphorischer als analytischer Weise. Es wird zum Beispiel immer noch so getan, als sei es offensichtlich, wer wo Hausarbeit verrichtet (Frauen in privaten Haushalten) und was sie beinhaltet (üblicherweise Arbeit zu Hause oder Arbeit zu Hause plus Kinderbetreuung).

Inzwischen wird der Begriff Reproduktion in einem allgemeineren Sinn verwendet. Zusammen mit dem neuen Ausdruck »reproduktive Arbeit« umfasst er jetzt ein breites Spektrum an Tätigkeiten, die zur Erneuerung von Menschen beitragen. Diese schließt emotionale und intellektuelle, aber auch manuelle Arbeit ein, sowohl unbezahlte als auch bezahlte.

Bei der Durchsicht der Literatur stellt Evelyn Nakano Glenn (1992) fest:

»Der Begriff *soziale Reproduktion* wird inzwischen weiter gefasst [...] und bezieht sich auf die Erzeugung und Erneuerung von Menschen als kulturelle und soziale sowie als physische Wesen. Deshalb schließt sie mentale, emotionale und manuelle Arbeit ein. Diese Arbeit kann auf unzählige Arten organisiert werden – innerhalb und außerhalb des Haushalts, als bezahlte und unbezahlte Arbeit, als Tauschwerte oder nur Gebrauchswerte schaffend ... [Die Lebensmittelproduktion beispielsweise] kann von einem Familienmitglied als unbezahlte Arbeit im Haushalt verrichtet werden, von einem Bediensteten als bezahlte Arbeit im Haushalt oder von einem Koch in einem Fast-Food-Restaurant als Lohnarbeit, die Profit generiert.«

US-amerikanische marxistische Theoretiker waren auch in den 1980er und 1990er Jahren mehrheitlich männlich und schenkten der mehrere Jahrzehnte alten sozialistisch-feministischen Forschung und Auslegung im Allgemeinen keine Aufmerksamkeit. Viele betrachten Feminismus lediglich als ein Beispiel für die sogenannte Identitätspolitik, die nur zu einer Fragmentierung der Linken führen könne. Auch um die Einheit der marxistischen Theorie sorgen sie sich. Gleichzeitig scheinen sie sich der Bandbreite gegenwärtiger Debatten und Diskussionen, die genau diese Probleme ansprechen, nicht bewusst zu sein.

Doch eine Handvoll von ihnen hat begonnen, sich in das Gespräch einzuschalten. Einige andere behandeln Fragen, die innerhalb der Hausarbeitsdebatte schon längst beantwortet sind, erfinden sogar Analysen neu, die Feministinnen bereits in den 1970er Jahren entwickelt hatten. Wieder andere deuten die Problematik der Frauenunterdrückung als eine Frage der Sprache, der Psychologie oder der Sexualität. Auf diese Weise wird die Unterordnung der Frauen als völlig unabhängig von den Prozessen der Mehrwertaneignung sowie der kapitalistischen gesellschaftlichen Reproduktion behandelt und somit auch nicht als Gegenstand der marxistischen politischen Ökonomie in Betracht gezogen.

Frühere Theoretikerinnen der Hausarbeit versuchten, das Leben von Frauen in den Mittelpunkt der kapitalistischen Funktionsweise zu rücken. Sie gehörten zu den Ersten, die die kommende Krise des Marxismus voraussahen und damit begannen, die Grenzen der marxistischen Theorie auszuloten. Ihre Auseinandersetzung mit der feministischen Theorie und der Tradition der marxistischen politischen Ökonomie ist meines Erachtens ein unvollendetes Projekt.

Hausarbeit im 21. Jahrhundert

Die Literatur zur Hausarbeit hatte darauf bestanden, dass Frauenunterdrückung von zentraler Bedeutung für die allgemeine gesellschaftliche Reproduktion ist. Trotz aller Schwierigkeiten der Debatte behält diese Erkenntnis ihre Gültigkeit. Das Kapital braucht noch immer zuverlässige Quellen ausbeutbarer Arbeitskraft und zahlungsfähiger Konsumenten – Bedürfnisse, die fortwährend bekämpft und nicht immer erfüllt werden.

Durch die globale Umstrukturierung sind die Prozesse des Erhalts und der Erneuerung von Arbeitskraft radikalen Veränderungen unterworfen, in denen die Hausarbeit von zentraler Bedeutung bleibt. Die Formen der häuslichen Arbeit werden vielfältiger und entfernen sich immer weiter von der normativen Kernfamilie mit männlichem Ernährer und abhängiger Frau. Die meisten Haushalte tragen immer mehr Zeit zur Lohnarbeit bei, wodurch die Menge und Qualität der Hausarbeit ihrer Mitglieder im Allgemeinen abnimmt. Andere Haushalte sind von anhaltender Arbeitslosigkeit betroffen, von zunehmender Ausgrenzung und einer häuslichen Arbeit auf niedrigem Niveau. Hier, könnte man behaupten, ist die Reproduktion eines Teils der Arbeitskräfte ohnehin fraglich.[11] Auch geografisch laufen Prozesse der Erneuerung von Arbeitskraft auseinander, immer häufiger über nationale Grenzen hinweg. Migrationsbewegungen nehmen zu, trennen Familien und schaffen neue Orte, an denen Hausarbeit verrichtet wird, sowohl in nicht-verwandtschaftsbasierten als auch in verwandtschaftsbasierten Zusammenhängen. Derweil birgt die Ausweitung rechtlicher Gleichstellung auf traditionell benachteiligte Gruppen, wenngleich sie in vielerlei Hinsicht von Vorteil ist, unvorhersehbare Risiken (vgl. Vogel 1995).

Obwohl unbestreitbar ermächtigende Veränderungen zu erkennen sind, tragen Frauen zu Beginn des 21. Jahrhunderts immer noch schwere Bürden. Dazu gehören beispielsweise die Doppelbelastung, fehlende Ehemänner, die Abwesenheit von Verwandten und alleinerziehende Mutterschaft ohne angemessene soziale Unterstützung. Kurz gesagt: Die Erfahrung von Frauen zeigt noch immer die Notwendigkeit, Hausarbeit und ihre Rolle in der kapitalistischen gesellschaftlichen Reproduktion zu theoretisieren.

---

11 Gimenez (1990, 37) schreibt, dass solche Haushalte »schlicht Menschen reproduzieren; und [die Arbeitskraft von] Menschen [...] ohne vermarktbare Fähigkeiten unter kapitalistischen Bedingungen keinen Wert [hat]«.

Literatur

Althusser, Louis, 1971: Preface to Capital Vol. 1, in: ders., *Lenin and Philosophy and Other Essays*, New York, 3–31

Fraser, Nancy, 1998: Heterosexism, Misrecognition and Capitalism: A Response to Judith Butler, in: *New Left Review* 228, 140–9

Gimenez, Marta, 1990: The Dialectics of Waged and Unwaged Work, in: J. L. Collins u. M. Gimenez (Hg.), *Work Without Wages: Domestic Labor and Self-Employment in Capitalism*, Albany

Glazer, Nona, 1987: Servants to Capital: Unpaid Domestic Labor and Paid Work, in: N. Gerstel u. H. E. Gross (Hg.), *Families and Work*, Philadelphia

Glenn, Evelyn Nakano, 1992: From Servicetude to Service Work: Historical Continuities in the Racial Division of Paid Reproductive Labor, in: *Signs*, No. 19, 1–43

Molyneux, Maxine, 1979: Beyond The Domestic Labour Debate, in: *New Left Review* 116, Juli–August, https://newleftreview.org/issues/I116/articles/maxine-molyneux-beyond-the-domestic-labour-debate

Vogel, Lise, 2001: Hausarbeitsdebatte, in: *Historisch-kritisches Wörterbuch des Marxismus*, Bd. 5, hg. v. W. F. u. F. Haug, Hamburg, 1186–1195

dies., 1995: Beyond Equality: Some Feminist Questions, in: dies. (Hg.), *Woman Questions Essays for a Materialist Feminism*, New York

Erschienen im August 2019 bei der Zeitschrift Luxemburg, unter: www.zeitschrift-luxemburg.de/wiedergelesen-hausarbeit-neu-gedacht/. Aus: »Marxismus und Frauenunterdrückung« von Lise Vogel, englisch aus dem Jahr 1983, mit freundlicher Genehmigung des UNRAST Verlages. Aus dem Englischen von Rhonda Koch, Johannes Liess und Jasper Stange. Vogel schrieb diesen Nachtrag im Jahr 2000 als Erweiterung und Überarbeitung ihrer Theoretisierung der Reproduktionsarbeit.

5.3. Ein marginales Zentrum. Geschlechterverhältnisse sind Produktionsverhältnisse

Frigga Haug

Will man eine Theorie der Geschlechterverhältnisse erarbeiten, welche die Gesellschaftsverhältnisse und ihre Regulierung nicht aus den Augen verliert, gilt es, den Begriff der Produktionsverhältnisse kritisch zu reformulieren. Dies klingt zunächst anmaßend, soweit wir gewohnt sind, diese als Ökonomie und Politik aufzufassen, also als die Weise, wie in Gesamtgesellschaft Waren produziert werden und wie diese Produktionsweise politisch reguliert wird. Schließt diese Bestimmung die Frage nach den Praxen der Geschlechter aus? So gefragt wird sicher Konsens sein, dass dies nicht der Fall sein kann, sofern man nicht versucht ist, Gesellschaft als eine Veranstaltung nur eines Geschlechts aufzufassen. Andererseits sind wir gewohnt, Produktionsverhältnisse als die Organisation der Produktion von Lebensmitteln zu denken, kapitalistische Produktionsverhältnisse etwa begreifen wir als die Organisation profitlicher Produktion für den Markt. Zentrale Begriffe zur Analyse solcher Produktionsverhältnisse sind etwa Doppelcharakter der Arbeit, entfremdete oder Lohnarbeit, Wert, Produktivkräfte. Aus dieser Konfiguration scheint sich zu ergeben, dass alle diese Bestimmungen nicht nur geschlechtsneutral sind, sondern auch, dass die Praxen, die die Geschlechter als Geschlechter auszeichnen, etwas sind, das zunächst in keinem Verhältnis zu den Produktionsverhältnissen gedacht werden sollte, allenfalls peripher davon berührt oder betroffen ist.

Produktionsverhältnisse in den Feminismus holen

Innerhalb des Marxismus und der durch ihn bestimmten Denkweisen gibt es dafür topografische Begriffe, wie Basis und Überbau, die empfehlen, wenn überhaupt, einen Ableitungszusammenhang herzustellen, also etwa zu fragen: Gibt es Auswirkungen der Produktionsverhältnisse auf die Beziehungen der Geschlechter untereinander? Diese Frage können wir sofort mit ja beantworten: Es gibt den männlichen Ernährerlohn, die Gestalt der Hausfrau, die den Lohnarbeiter fit hält, und schließlich gibt es die Frau als Konsumentin, die einen Teil der produzierten Waren kauft und dem Verbrauch zuführt. Obwohl schon diese Erwähnungen uns misstrauisch machen sollten in Bezug auf die Nebensächlichkeit der Geschlechterverhältnisse für den Zusammenhang der Produktionsverhältnisse, möchte der Versuch, Geschlechterverhältnisse in die Produktionsverhältnisse einzutragen, zugleich mehr. Er unterstellt nämlich, dass alle Praxen in der Gesellschaft durch Geschlechterverhältnisse bestimmt sind, einen Geschlechtersubtext haben, auch in dieser Weise herrschaftlich kodiert sind, und dass wir zum

Begreifen von Gesellschaft genötigt sind, dies grundlegend zu untersuchen. Die Begründung dafür ist die Doppeltheit der gesellschaftlichen Produktion, nämlich einerseits Leben zu produzieren, andererseits Lebensmittel. Wir wissen schon, dass die Produktion des Lebens sich auf neues Leben, also Fortpflanzung, bezieht sowie auf eigenes und seine Erhaltung – diese beiden Produktionen nennen wir landläufig Reproduktion, obwohl das missverständlich ist, da natürlich auch die Produktion von Lebensmitteln – also die gesamte gesellschaftliche Anordnung – eine Reproduktion braucht, eine Wiederbeschaffung von Kapital, was den Verkauf des Produzierten voraussetzt, die Instandsetzung des Bereichs und seine Regulierung. Die Unterscheidung kann also nicht die zwischen Produktion und Reproduktion sein, sondern die zwischen Leben und Lebensmitteln, und entsprechend sollte man statt Reproduktion vielleicht von lebenserhaltenden und -entwickelnden Tätigkeiten sprechen.

Es bleibt als zentrale Frage, wie die beiden Bereiche von Leben und Lebensmitteln zueinander geordnet sind, wie sich die Geschlechter darin bewegen, woher Herrschaft in diesen Bereichen kommt und wodurch sie sich hält. Wir können davon ausgehen, dass sich die Entwicklung der Produktivkräfte ebenso wie die Frage, was als Fortschritt gilt, und auch die Anhäufung von Reichtum allesamt auf den Lebensmittelproduktionsbereich beziehen, der darum der relevantere scheint und der sich also den der Produktion des Lebens als Voraussetzung und Resultat unterworfen hat.

Wir verdanken es wesentlich Antonio Gramsci und Louis Althusser, auch Nicos Poulantzas, dass wir das Begreifen von Gesellschaft nicht mehr so ökonomistisch von oben nach unten denken, Herrschaft nicht bloß einseitig als Tat der Oberen, und Beherrschtwerden nicht bloß als Passivität. Bei Gramsci etwa finden wir eine exemplarische Analyse von Geschlechterverhältnissen als Produktionsverhältnisse in seinen Notizen zum Fordismus. Sein Ausgangspunkt ist die Änderung der Produktionsweise (Massenproduktion am Fließband), die dazugehörige Schaffung »eines neuen Menschentyps« Arbeiter und die politischen Kräfteverhältnisse, die dieses regulieren. Gramsci denkt nicht einfach Ökonomie als Basis und Staat als Überbau – eine mechanistische Denkweise, die entscheidende Bewegungen und Kräfte verpasst, so die Geschlechterverhältnisse –, sondern er legt den Überbau auseinander in ein Nebeneinander konkurrierend zusammenwirkender Superstrukturen, was Bewegung, Veränderung, Strategien und Taktiken zu fassen erlaubt. Quer dazu schlägt er zwei Ebenen vor: die Zivilgesellschaft und die politische Gesellschaft.

Diese Unterscheidung ist eine methodische, eine im Denken, die also verschiedene Dimensionen zu betrachten erlaubt, in der Wirklichkeit, »im konkreten historischen Leben sind politische und Zivilgesellschaft ein und dasselbe« (*Gef* 3, 498). Gramscis Vorschlag beinhaltet, genau zu unterscheiden zwischen Zwang und Konsens, Autorität und Hegemonie, Gewalt und Kultur (*Gef* 7, 1553f.). Ziel ist, herauszuarbeiten, wie auf der Ebene der

Zivilgesellschaft – also auf der Ebene, auf der die Menschen in Gesellschaft sich beteiligen – sich die für Hegemoniebildung relevanten gesellschaftlichen Zusammenschlüsse, Diskurse, Medien betätigen. Wir könnten auch sagen, wie Zustimmung organisiert wird bzw. wie die Einzelnen zustimmen und aus welchen Motiven und Interessen. Gramsci führt außer dem Begriff Hegemonie den des geschichtlichen Blocks ein. Darunter versteht er die Zusammenbindung der Kräfte an der Macht. So etwa das Zusammenwirken von Massenproduktionsweise (Fließband) und staatlicher Kampagne um Moral – Puritanismus/Lebenswandel – in der Herausbildung des benötigten neuen Menschentyps. In diesem Kontext werden Geschlechterverhältnisse sichtbar als besondere Unterwerfung von Männern unter die Erwerbsarbeit am Fließband mit mechanischer Kräfteverausgabung bei höherer Bezahlung, die mehr Konsum, das Halten einer Familie und Freizeit erlaubt, die wiederum notwendig werden für die Aufrechterhaltung des männlichen Arbeitssubjekts.

Seine Verausgabung bedingt spezifische Moral und Lebensführung, Monogamie als nicht zeitvergeudender ausschweifender Sex, Enthaltsamkeit auch im Alkoholkonsum, die Einsetzung von Hausfrauen, die über Disziplin, Lebensführung, Gesundheit, Ernährung der Familie, also über das Wie des Konsums wachen. Man sieht den Einsatz der Geschlechter, ihre Konstruktion, ihre subjektive Tat, die Regulierung durch Moralkampagnen und Gesundheitspolitik, dies auf der Grundlage einer veränderten Produktionsweise. Es ist offensichtlich, dass sich das Zueinander der Geschlechter verändern muss, sobald die Produktionsweise eine andere ist, etwa eine, deren Produktivkräfte hochtechnologisch sind, die das Verhältnis von körperlicher zu geistiger Arbeit umstürzt, weniger Arbeitskräfte anderen Typs braucht und entsprechend anders hegemonial durchgesetzt wird, anderen staatlichen Eingriff benötigt, eine andere Wirkung auf der Ebene der Zivilgesellschaft hervorbringt. Die Frage nach den neuen Arbeitssubjekten muss die Neubestimmung der Geschlechterverhältnisse einschließen, eben weil es immer um Leben, Lebensführung, -erhaltung und -entwicklung geht, die gewissermaßen so etwas wie ein ›marginales Zentrum‹ gesellschaftlicher Verhältnisse sind.

Die Produktion des Lebens als doppeltes Verhältnis

Noch einmal: zurück zu den Klassikern. Zu Marx, der die ausgearbeitete Theorie der Produktionsverhältnisse hinterlässt. Zu Engels, der im Marxismus, welcher als Verbindung von marxscher Theorie mit Arbeiterbewegung zu begreifen ist, wegen seiner Stellung in der Bewegung besondere Bedeutung hat und über den der Begriff tradiert ist. Mit beiden haben wir es je unterschiedlich zu tun, wenn wir zugunsten einer lebendigen Theorie der Befreiung Marxismus und Feminismus füreinander fruchtbar zu machen suchen.

In seiner frühesten ökonomischen Schrift spricht Marx von den »beiden Geschlechtern in ihren sozialen Verhältnissen« (1844a, 479), eine Formulierung, die für eine Theorie der Geschlechterverhältnisse tragfähig ist; Engels äußert sich auch zum Verhältnis der Geschlechter, meint aber wesentlich die Beziehung von Männern und Frauen zueinander. Diese interessiert Marx und Engels in den frühen Schriften, in denen eine herrschaftsfreie Mann-Frau-Beziehung in der Perspektive des Befreiungsprojekts skizziert wird. Der – Fourier aufnehmend – berühmt gewordene Satz, dass der »Grad der weiblichen Emanzipation [...] das natürliche Maß der allgemeinen Emanzipation« (ebd., 208) ist, wird eingeführt mit Worten, die an der Entwicklung der Geschlechterbeziehung die Entwicklung der Menschen ablesen wollen, »weil hier im Verhältnis des Weibes zum Mann, des Schwachen zum Starken, der Sieg der menschlichen Natur über die Brutalität am evidentesten erscheint« (ebd.); zuvor hatte Marx »das Verhältnis des Mannes zum Weibe« als das natürlichste bezeichnet, in dem sich zeige, »inwieweit das Bedürfnis des Menschen zum menschlichen Bedürfnis, inwieweit ihm also der andere Mensch als Mensch zum Bedürfnis geworden ist, inwieweit er in seinem individuellsten Dasein zugleich Gemeinwesen ist« (1844b, 535).

In der *Deutschen Ideologie* entwerfen Marx und Engels ein Szenario, das die Problematik der Geschlechter über die individuelle Beziehung hinaustreibt und ins Zentrum weiterer Forschung rückt. Unter den »›Momenten‹, die vom Anbeginn der Geschichte an [...] zugleich existiert haben«, fungiert, dass

> »die Menschen, die ihr eignes Leben täglich neu machen, anfangen, andre Menschen zu machen, sich fortzupflanzen [...] Diese Familie, die im Anfange das einzige soziale Verhältnis ist, wird späterhin, wo die vermehrten Bedürfnisse neue gesellschaftliche Verhältnisse, und die vermehrte Menschenzahl neue Bedürfnisse erzeugen, zu einem untergeordneten« (1846, 29f.).

Und von Anfang an gilt:

> »Die Produktion des Lebens, sowohl des eignen in der Arbeit wie des fremden in der Zeugung, erscheint nun schon sogleich als ein doppeltes Verhältnis – einerseits als natürliches, andrerseits als gesellschaftliches Verhältnis –, gesellschaftlich in dem Sinne, als hierunter das Zusammenwirken mehrerer Individuen [...] verstanden wird. Hieraus geht hervor, dass eine bestimmte Produktionsweise oder industrielle Stufe stets mit einer bestimmten Weise des Zusammenwirkens oder gesellschaftlichen Stufe vereinigt ist, [...] also die ›Geschichte der Menschheit‹ stets im Zusammenhange mit der Geschichte der Industrie und des Austausches studiert und bearbeitet werden muss.« (Ebd.)

Als ich diesen Satz vor mehr als vier Jahrzehnten zum ersten Mal las, schien er mir für mich selbst unwesentlich und im Allgemeinen eine beiläufige Anweisung mit dem verhassten »muss« darin, wie sie in Lehrbüchern von der Schule bis zur Universität gang und gäbe waren, bevor eine neoliberale

Reform solche Befehlsworte zugunsten von Freiheit und Selbstbestimmung getilgt hatte, ohne beides einzuräumen, den Protest so erstickend, bevor er sich regen konnte. Als ich die Sätze jetzt wiederlas, leuchteten sie taghell wie ein Blitz im Dunklen des Maulwurfstastens. Genau dies war die Lösung: Wir mussten von der »Produktion des Lebens« ausgehen, darin sogleich zwei Produktionen erkennen, die der Mittel zum Leben und die des Lebens selbst, welch Letztere zunächst als natürlich gefasst ist, aber sogleich auch ein soziales Verhältnis ist, den Menschen als gesellschaftliches Wesen meint, während die Produktion der Mittel zum Leben ebenfalls soziales Zusammenwirken begreift, aber eines, welches gewissermaßen die Mittel zum Zweck Leben herbeischafft.

In der tastenden Formulierung will die gesamte Geschichte neu geschrieben werden als eine, in der sich die Produktion der Lebensmittel – fortan verkürzt Arbeit geheißen – von vornherein unter dialektischem Entwicklungsdruck findet, in ihr also Arbeit eingespart werden muss; in den Anfängen, um überhaupt genug Lebensmittel zu gewinnen, später, um Reichtümer aufzuhäufen, und in den letzten 200 Jahren der Geschichte des Kapitalismus vor allem, um Profite zu machen. So wird das Treiben in diesem Sektor von Herrschaft durchdrungen, mit Erfindungen begeistet, mit Unterwerfung vorangetrieben. Eine Ökonomie der Zeit wird zum Kerngeschäft – rationeller, schneller, automatisch, bis der Gesellschaft »die Arbeit ausgeht«, wie das in der Soziologie dann heißt. Aber die Hauptsache, das Leben selbst, für dessen Erhaltung dies veranstaltet wurde, wird mehr und mehr an den Rand gedrängt, vom Zweck zum Mittel, in dem gleichwohl Frauen für das Leben sorgen müssen, selbst randständig werden. […] Das Neuartige, Erhellende jetzt ist, dass Marx an dieser zitierten Stelle sagt, dass die ›Geschichte der Menschheit‹ als natürlich-soziale stets im Zusammenhang mit der Geschichte der Industrie und des Austausches studiert und bearbeitet werden muss. Dass ich hier nicht eine Forschungsanleitung für die Frage der Geschlechterverhältnisse erkannte, gibt weitere Lehren für die Frage begreifenden Erkennens und seiner Verbreitung. Ich hatte nämlich zur Zeit der ersten und zweiten Lektüre der *Deutschen Ideologie* gar nicht vor, die »Geschichte der Industrie und des Austausches« zu studieren, und schon gar nicht, bei meinen ersten Schritten in der Aneignung der Kritik der politischen Ökonomie, also des *Kapital* von Marx, mich durch Fragen nach der Menschheitsgeschichte ablenken zu lassen, die ich in die arbeitsteilige Disziplin der Anthropologie verwies. So blieb, zumindest in den ersten Durchgängen, mein *Kapital*-Studium und die entsprechende Lehre weitgehend leblos und blieben vor allem meine Fragen nach Frauenunterdrückung von der Kritik der politischen Ökonomie unbeeindruckt. Es folgt daraus, dass Bewegungsgeschichte und die der Erkenntnis in einem eigenartigen dialektischen Spannungsverhältnis stehen. Es braucht Unruhe und Bewegung, um eine Auftreffstruktur zu finden, die Erkenntnis einschlagen lässt wie einen Blitz. Es braucht konjunkturelles Glück.

Die Geschichte der Industrie und die Organisation der Fortpflanzung

Sogleich hätte ich den Weg einschlagen müssen und können, die Umkehrung seines Satzes als Forschungsauftrag einzufordern, dass nämlich die Geschichte der Industrie und des Austausches immer mit der Geschichte des natürlich-gesellschaftlichen Verhältnisses, der Organisation der Fortpflanzung, studiert werden muss. Der Hinweis, dass diese »Familie« genannte Organisation zu einem »untergeordneten Verhältnis« wird, legt zudem nahe, diesen Prozess der Unterordnung eigens zu untersuchen. Es gibt in der *Deutschen Ideologie* eine Reihe von Hinweisen, wie die Entwicklung in diesem Bereich vorangeht, die aufzuheben und zu unterstreichen sind: Elementar wird die

> »ungleiche, sowohl quantitative wie qualitative Verteilung der Arbeit und ihrer Produkte [...], also das Eigentum, das in der Familie, wo die Frau und die Kinder die Sklaven des Mannes sind, schon seinen Keim, seine erste Form hat. Die freilich noch sehr rohe, latente Sklaverei in der Familie ist das erste Eigentum, das übrigens hier schon vollkommen der Definition der modernen Ökonomen entspricht, nach der es die Verfügung über fremde Arbeitskraft ist.« (Ebd., 32)

Hier liegt ein weiterer Schlüssel zu einem durch die Ökonomie der Zeit regierten Zusammenwirken der Geschlechter, liefert also weitere wesentliche Bausteine für die Notwendigkeit eines feministischen Marxismus und zeigt zugleich die historische Ungleichzeitigkeit der Entwicklung innerhalb der Gattung. Die Teilung der Arbeit erfolgt auf der Grundlage von Überschüssen und bringt sie hervor, wie zuvor die selbständige Produktion der Lebensmittel ein Ergebnis der »Vermehrung der Bevölkerung« ist und sie befördert (ebd., 21). Arbeitsteilung ist die Möglichkeit, dass »der Genuss und die Arbeit, Produktion und Konsumtion, verschiedenen Individuen zufallen« (ebd., 31), sie ist damit widersprüchliche Voraussetzung von Herrschaft und von Entwicklung. Zwei einander überlagernde Herrschaftsarten bestimmen den Fortgang der Geschichte, die der Verfügung über Arbeitskraft in der Lebensmittelproduktion und die der Männer über die weibliche Arbeitskraft, die Gebärfähigkeit und den sexuellen Körper der Frauen in der »Familie«. Das Ineinander macht, dass die Entwicklung der Menschen zugleich mit der Zerstörung ihrer Grundlagen voranschreitet, gestützt und getragen durch Geschlechterverhältnisse, in denen aus Herrschaftsgründen das sozial Überformte als Natur behauptet und gerade dadurch die sinnlich-körperliche Substanz verleugnet wird.

Bei aller Problematik, die Engels dem forschenden feministischen Blick dadurch beschert, dass er die Familie ohne Arbeit konzipiert, also Befreiung einfach durch Vergesellschaftung der Familienfunktionen in die Perspektive der sozialistischen Arbeiterbewegung einschreibt, bringt er dennoch einige aufzuhebende Einsichten in eine Theorie der Geschlechterverhältnisse. Er kommt nach Auswertung einer Vielzahl von Statistiken zur Entwicklung der Industrie in England zu dem Ergebnis, dass in den englischen Fabrikindustrien (1839) zwei Drittel der Arbeitenden weiblich waren. Er nennt dies eine »Verdrängung männlicher Arbeiter« und eine »Umkehrung der sozialen Ordnung«, die zur Auflösung der Familie führe, zur Verwahrlosung der Kinder. Dabei reflektiert er zunächst die geschlechtliche Arbeitsteilung nicht weiter, die ihn dazu führte, die Arbeiterschaft als genuin männlich zu denken (Engels 1845, 367f., 465). Wenig später entdeckt er die Arbeitsteilung zwischen gesellschaftlicher und häuslicher Arbeit nicht nur als historisch besonders, sondern darin auch, dass der jeweilige Akteur häuslicher Arbeit von dem Akteur außerhäuslicher Arbeit beherrscht wird, und damit, dass diese Trennung Grundlage herrschaftlicher Geschlechterverhältnisse ist. Aber er gibt die Empörung über die Lage der Fabrikarbeiterinnen wesentlich mit Kategorien der Moral (Sittenverderb) wieder. Dies erschwert es, den Zusammenhang als Effekt kapitalistisch ausgebeuteter, spezifischer Geschlechterverhältnisse zu sehen. Er erkennt schließlich, »dass die Geschlechter von Anfang an falsch gegeneinandergestellt worden sind. Ist die Herrschaft der Frau über den Mann, wie sie durch das Fabriksystem [in dem die Männer arbeitslos werden, weil die Unternehmer die billigeren Frauen und Kinder einstellen, FH] notwendig hervorgerufen wird, unmenschlich, so muss auch die ursprüngliche Herrschaft des Mannes über die Frau unmenschlich sein« (ebd., 371). Das Problem verortet er in der Gütergemeinschaft mit ungleichen Beiträgen. Er schlussfolgert, dass es das Privateigentum sei, das die Beziehungen der Geschlechter zersetze, daher denkt er die eigentumslose proletarische Familie als herrschaftsfrei.

> »Wirkliche Regel im Verhältnis zur Frau wird die Geschlechtsliebe und kann es nur werden unter den unterdrückten Klassen, also heutzutage im Proletariat [...] Hier fehlt alles Eigentum, zu dessen Bewahrung und Vererbung ja gerade die Monogamie und die Männerherrschaft geschaffen wurden« (Engels 1884, 73).

Der Gedanke wurde als Ethik in die Arbeiterbewegung aufgenommen, ist aber als Aussage über ein tatsächliches Hier und Jetzt praktisch unzutreffend und verfehlt theoretisch die Funktion der Arbeitsteilung zwischen Haus und Fabrik und damit die Rolle der Geschlechterverhältnisse für die Reproduktion der kapitalistischen Gesellschaft.

Reproduktion der Arbeitenden als Privatsache

Im *Kapital* notiert Marx, dass Erhaltung und Reproduktion der Arbeiterklasse Bedingung für die Reproduktion des Kapitals bleibt, deren Erfüllung der Kapitalist »getrost dem Selbsterhaltungs- und Fortpflanzungstrieb der Arbeiter überlassen« kann (Marx 1867, 597f.). Die für die kapitalistische Produktionsweise notwendige Basis einer sich vermehrenden Arbeiterbevölkerung ist so zugleich als Privatsache aus dem Brennpunkt und

Bewusstsein gerückt, erscheint wiederum als bloße Gabe der Natur. Die herrschaftliche Anordnung, die Verfügung der Männer über die Frauen in der Familie macht die Organisation der Geschlechterverhältnisse wenig sichtbar. Ein Effekt ist, dass die Arbeit der Frauen weniger gilt als die der Männer, ein Umstand, der sie für die kapitalistische Ausbeutung besonders geeignet macht. Dass Frauenarbeit ebenso wie Kinderarbeit billiger ist als Männerarbeit, ist ebenso historisches Resultat wie ökonomische Voraussetzung.

Marx wertet Berichte von Gesundheitsbehörden und Fabrikinspektoren aus, in denen zunächst Arbeiter als Männer vorkommen, sobald es Frauen und Kinder sind, diese extra und als Besonderheit genannt werden. So kommt in die Diktion eine selbstverständliche Männlichkeit, etwa wenn notiert wird, dass die Rekruten wegen der Fabrikzustände nicht mehr die erforderliche Größe aufweisen; aber zugleich ist offensichtlich, dass die *männlichen* Arbeiter vom Kapital durch Frauen und Kinder ersetzt werden. Unter gleichbleibenden Geschlechterverhältnissen hat diese Praxis die Zerstörung der natürlichen Grundlagen der Arbeiterklasse zur Folge. Weil die Annahme der Männlichkeit des Proletariats sich eher unter der Hand in die Texte mischt, wird nicht wirklich expliziert, dass die Form der Lohnarbeit tatsächlich den männlichen Lohnarbeiter bedingt bzw. Geschlechterverhältnisse, in denen die Arbeit der Lebensmittelproduktion, soweit sie warenförmig geschieht, eine gesellschaftliche Angelegenheit in privatem Nutzen ist, die Reproduktion der Arbeitenden (Marx 1867, 186) aber den einzelnen Familien privat überantwortet ist, also keine gesellschaftliche Angelegenheit zu sein scheint.

Das Ineinander von kapitalistischer Ausbeutung und einer Arbeitsteilung in bestimmten tradierten Geschlechterverhältnissen zeigt, dass kapitalistische Produktion unter anderem auf Frauenunterdrückung und -ausbeutung basiert. Mitten in der Konzentration auf Kapitalismus blitzt Erkenntnis auf: »Doch bleibt es dabei, dass zu ihrem Ersatz ihre Reproduktion nötig, und insofern ist die kapitalistische Produktionsweise bedingt durch außerhalb ihrer Entwicklungsstufe liegende Produktionsweisen.« (Marx 1885, 114) Dies wird von Rosa Luxemburg in ihrem Imperialismusbuch weiter ausgearbeitet.

Der kritische Durchgang durch Marx und Engels soll die These begründen: Geschlechterverhältnisse sind als Produktionsverhältnisse zu fassen. Das ist zunächst die Absage an die sich immer wieder einstellende Neigung, bei Geschlechterverhältnissen an Beziehungen zwischen Männern und Frauen zu denken oder an Proporze. Umgekehrt geht es darum, die unterschiedlichen Produktionsweisen in der Geschichte immer auch als Geschlechterverhältnisse zu untersuchen, um die Frage also, wie die Produktion des Lebens im Gesamt der Produktionsverhältnisse geregelt wird und in welchem Verhältnis sie zur Produktion der Lebensmittel steht. Das schließt die Etablierung der Geschlechter selbst, die jeweiligen Konstruktionen von Weiblichkeit und Männlichkeit ebenso ein wie Fragen von Arbeitsteilung und von Herrschaft – und darin die ideologischen Legitimationen, Politik um Sexualität ebenso wie die Naturalisierung des Marktes. Damit ist zugleich eine Kritik an der im Marxismus üblichen Verwendung des Begriffs Produktionsverhältnisse und seiner Reichweite artikuliert.

Der Weg des Maulwurfs: Durchquerungen

Für die neue Aufgabe, Geschlechterverhältnisse als Produktionsverhältnisse zu fassen, […] bedeutet dies etwa, dass wir in der spezifischen neoliberalen Konfiguration Brüche und Ungleichzeitigkeiten in den Geschlechterverhältnissen entdecken können, den fordistischen Menschentyp zugleich mit dem ›neuen Unternehmer‹, hegemoniale Diskurse um Selbstverantwortung und einen geschichtlichen Block aus Sozialdemokraten und neoliberal-globaler Wirtschaft, repräsentiert in den Medien und anderswo, der zugleich eine neue Lebensweise von Fitness, Jugend, Gesundheit, Sexualpolitik für die einen propagiert und eine Stützung der anderen durch konservative Moral, die zusammen im Diskurs um Selbstverantwortung kohärent gehalten werden. Darin kann durch verschärfte Individualisierung auf herrschaftliche Geschlechterverhältnisse – also Unterwerfung der Frauen – in der neuen Lebensweise teilweise verzichtet werden; ungleichzeitig existiert sie fort als bestimmbare Rückständigkeit in neuen Verhältnissen.

Nicos Poulantzas versucht, die in der Vorstellung von einer Abhängigkeit des Politischen von der Produktionsweise immer noch liegende Mechanik dadurch aufzulockern, dass er das Politische kritisch zu fassen vorschlägt, also auch als Kampfplatz für Widersprüche. Diese wären in unserem Fall zu studieren einerseits als die im Selbstverantwortungsdiskurs des Staates angebotene Kohäsion, die auf die Ungleichzeitigkeiten der neuen Menschen beiderlei Geschlechts stößt, die je individuell ihre Leben ›managen‹, andererseits als die alten Fürsorgeideale der fordistischen Geschlechterverhältnisse, die immerhin im hegemonialen Block von Kirche, Parteien, Staat und entsprechender Bevölkerung getragen werden. Das bedeutet unter anderem, dass wir im Politischen so flexibel sein müssen, wie es die Verhältnisse sind, also etwa, wie Brecht vorschlägt, Argumente nicht religiös als Glaubenssätze zu benutzen, sondern wie Schneebälle zu verwenden, hart und treffend, aber mit der Option, sie je nach Konfiguration einzuschmelzen und neu zu formen.

Für unsere Frage nach den Geschlechterverhältnissen als Produktionsverhältnisse schlage ich nach diesen Maulwurfs-Denkübungen vor, den Begriff der gesellschaftlichen Produktionsverhältnisse von ihrer Beschränkung auf die Praxen in der Lebensmittelproduktion zu befreien bzw. diese selbst als etwas zu denken, das mit Politik und Ideologie verbunden, juristisch verfasst, moralisch formiert und auf allen diesen Ebenen in Geschlechterverhältnissen konfiguriert ist. Man kann also auf mehrfache Weise von Geschlechterverhältnissen als Produktionsverhältnissen sprechen:

Geschlechterverhältnisse als Ebene, auf der die ihr Leben produzierenden und organisierenden Subjekte historisch spezifisch zueinander positioniert sind; Geschlechterverhältnisse als wesentliches Bestimmungsmoment in der Produktion von Lebensmitteln sowie ihres Verhältnisses zur Produktion und Erhaltung von Leben; Geschlechterverhältnisse als Austragungsform für Widersprüche in und zwischen den Produktionsweisen. Geschlechterverhältnisse als Produktionsverhältnisse zu bestimmen ist mithin eine Kritik an der bisherigen Fassung von Produktionsverhältnissen und Produktionsweise.

Nach dem langjährigen Durchgang durch feministische Studien zu Geschlechterverhältnissen notiere ich für den Stichwortartikel »Geschlechterverhältnisse« im *Historisch-kritischen Wörterbuch des Marxismus* das Resultat als Forschungsskizze – in der Hoffnung, dass es von den vielen, die dafür gebraucht werden, eines Tages aufgenommen werde:

Geschlechterverhältnisse werden als »fundamentale Regelungsverhältnisse in allen Gesellschaftsformationen« begreiflich: »Sie durchqueren (bzw. sind wiederum zentral für) Fragen von Arbeitsteilung, Herrschaft, Ausbeutung, Ideologie, Politik, Recht, Religion, Moral, Sexualität, Körper und Sinnen, Sprache, ja im Grunde kann kein Bereich sinnvoll untersucht werden, ohne die Weise, wie Geschlechterverhältnisse formieren und geformt werden, mit zu erforschen.« (Haug 2001, 493)

Literatur

Engels, Friedrich, 1845: *Die Lage der arbeitenden Klasse in England*, in: MEW 2, Berlin
ders., 1884: *Der Ursprung der Familie, des Privateigentums und des Staats*, MEW 21, Berlin
Gramsci, Antonio, 1995: *Gefängnishefte*, hg. v. Klaus Bochmann, Wolfgang Fritz Haug u. a., Hamburg
Marx, Karl, 1844a: *Ökonomisch-philosophische Manuskripte*, in: MEW 40, Berlin
ders., 1844b: *Ökonomisch-philosophische Manuskripte*, in: MEW EB I, Berlin
ders., 1867: *Das Kapital*, Band I, in: MEW 23, Berlin
ders., 1885: *Das Kapital*, Band II, in: MEW 24, Berlin
ders., u. Friedrich Engels, 1844: *Die heilige Familie*, in: MEW 2, Berlin
dies., 1846: *Die deutsche Ideologie*, in: MEW 3, Berlin

aus: Luxemburg, 2–3/2017, online unter: www.zeitschrift-luxemburg.de/ein-marginales-zentrum-geschlechterverhaeltnisse-sind-produktionsverhaeltnisse/

6. ReMaking: Transnationalisierung und Prekarisierung der Klasse

6.1. Widersprüche der Automationsarbeit – Widerspruchsanalyse

Projekt Automation und Qualifikation (PAQ)[1]

1. Logik der Krisen und Brüche

Die westdeutsche Industriesoziologie ist ebenso wenig einheitlich wie irgendeine andere Disziplin. Gleichwohl ist den unterschiedlichen Richtungen gemeinsam, dass sie sich – wenn auch zumeist implizit – in irgendeiner Weise auf Ausführungen von Marx (im *Kapital*) beziehen. Sei es, dass seine Begriffe und Theoreme übernommen, sei es, dass Verelendungs- und Entfremdungstendenzen aufgespürt werden, der Fortschritt durch die Produktivkräfte behauptet wird oder das Verhältnis von Arbeiterklasse zum Kapital den Rahmen einer Untersuchung bestimmt. Unsere Frage bei unseren Untersuchungen war nicht, *ob* wir mit Marx arbeiten wollten, sondern *wie* an ihn *anzuknüpfen* wäre. Über die Folgen der *Mechanisierung* des Arbeitsprozesses für die Arbeiter schrieb Marx:

> »Die wesentliche Scheidung ist die von Arbeitern, die wirklich an den Werkzeugmaschinen beschäftigt sind (es kommen hinzu einige Arbeiter zur Bewachung, resp. Fütterung der Bewegungsmaschine) und von bloßen Handlangern (fast ausschließlich Kinder) dieser Maschinenarbeiter. Zu den bloßen Handlangern zählen mehr oder minder alle ›Feeders‹ (die den Maschinen bloß Arbeitsstoff darreichen). Neben diese Hauptklassen tritt ein numerisch unbedeutendes Personal, das mit der Kontrolle der gesamten Maschinerie und ihrer beständigen Reparatur beschäftigt ist, wie Ingenieure, Mechaniker, Schreiner usw. Es ist eine höhere, teils wissenschaftlich gebildete, teils handwerksmäßige Arbeiterklasse, außerhalb des Kreises der Fabrikarbeiter und ihnen nur aggregiert. Diese Teilung der Arbeit ist rein technisch.« (MEW 23, 443)

Das Polarisierungstheorem

Ohne Zweifel beschreibt Marx hier eine *Polarisierung* der Arbeiterklasse, wie wir sie fast gleichlautend mehr als hundert Jahre später als Folge von

---

[1] Das PAQ war ein interdisziplinäres Projekt am Psychologischen Institut der freien Universität Berlin und an der Hochschule für Wirtschaft und Politik in Hamburg. Mitglieder: Frigga Haug (Leitung), Helga Karl, Rolf Nemitz, Christof Ohm, Nora Räthzel, Werner van Treeck, Thomas Waldhubel und Gerhard Zimmer.

Automatisierung behauptet finden (vgl. etwa im Anschluss an Touraine 1955, Kern und Schumann 1970, Bd. 1, 178); bei Marx betrifft sie allerdings bereits die *Entstehung* der Arbeiterklasse. Seine Polarisierungsbehauptung wurde ebenso wie die Beschreibungen über das Elend der Handlanger, »Feeders«, Überwacher weitgehend von Kritikern des kapitalistischen Industrialisierungsprozesses übernommen, speiste die Debatte um Dequalifizierung, Entwertung, Verelendung der Arbeiterklasse und bestimmt bis heute weitgehend das Alltagsdenken über Automation (vgl. insbesondere Braverman 1977). Mit dem Erfolg, den das neuere Buch von Kern und Schumann (1984) hat, setzt sich hier allerdings eine Änderung durch (kritisch dazu F. Haug 1985).

Die marxsche Diagnose gründet sich auf eine technisch bedingte Arbeitsteilung. Es ist die Maschinerie, die eine Teilung der Arbeit in qualifiziertere und in bloße Handlangertätigkeiten verlangt. Wir haben dieser Beschreibung von Marx den Vorschlag entnommen, bei einer Untersuchung der *sozialen* Folgen von Automation im Kapitalismus die *technischen* Bedingungen des Handelns als eigenen Faktor zu beachten – diesen Aspekt fassten wir mit der analytischen Kategorie der *Produktivkraftanforderungen* im Unterschied zu dem, was Unternehmer verlangen und Arbeiter tatsächlich tun.

Wir halten es allerdings für fragwürdig, wenn bei sich revolutionierenden Technologien stets gleiche »Polarisierungen« diagnostiziert werden. Kann die weitere Maschinisierung der Bedien- und Handlangertätigkeiten, der Werkzeugführung und Maschinensteuerung zu einer neuerlichen Spaltung der Fabrikarbeiter führen? Die Frage ist drängend. In ihre theoretische Beantwortung gehen Vorannahmen über eine »Einheit« ein, die zu spalten wäre.

Das imaginäre Handwerksideal

Viele industriesoziologische Forschungen entlehnten ihre beschreibenden Kategorien den marxschen Darstellungen über die Maschinerie in der »Großen Industrie«: Der »tote Mechanismus«, dem die Arbeiter als »lebendige Anhängsel« einverleibt wurden; das »konfiszierte Spiel der Muskeln«; die »Unterdrückung der Vielseitigkeit« – solche Verdichtungen haben einen einleuchtenden kritischen Sinn. Sie können vor allem eine Perspektive skizzieren, in deren Richtung Aufbruchskräfte zu mobilisieren wären. Unmittelbar empirisch angewandt erweisen sich solche anthropologischen Annahmen als geradezu hinderliche Abstraktionen. Konkrete Veränderungen erscheinen als das immer Gleiche, als Aufforderung müsste folgen, entweder das Veränderungshandeln oder aber die Arbeit ganz und gar zu lassen. Denn eine solche Menschheitsperspektive der allseitig, schöpferisch, spielerisch Arbeitenden erhält empirisch angewandt ihren historischen Fluchtpunkt in einem mythischen mittelalterlichen Handwerker, der zum Maßstab herhalten muss für die Beurteilung der Automationsarbeit. Verglichen mit einem solchen gedachten individuellen Handwerker ist alle »unmittelbar vergesellschaftete« Arbeit (MEW 25, 99)[2] in den Fabriken und Büros einseitig, verkümmert, mehr tot als lebendig und vor allem bewegungsarm und von oben kontrolliert.

In seinen Ausführungen über die Maschinerie (MEW 23, insbes. Kap. 13) legt Marx eine solche Anlehnung an ein *imaginäres Handwerksideal* nahe (zur Kritik vgl. Popitz u. a. 1957). Unsere Kritik an einem solchen »Handwerksideal« (vgl. PAQ 1978, Teil I und II, 2) richtet sich auf die umstandslose Anwendung solcher menschheitsgeschichtlich orientierten Begriffe auf die Empirie. Wir schlugen stattdessen den Weg ein, die Entwicklung der Arbeitstätigkeiten historisch zu rekonstruieren, um aus der Entwicklung unseres Gegenstandes selbst neue Begriffe zu gewinnen, eine Theorie der Arbeitstätigkeiten, die wiederum erst in der empirischen Vielfalt der beginnenden Automatisierung aktualisiert und kritisiert werden sollte. Dabei verwerfen wir die allgemeinen Kategorien aus der Anthropologie nicht. Aber wir rücken sie an den Ort, der unseren Frageraum umgibt und eröffnet (wir fragen z. B., *ob* neuere Arbeitsentwicklungen im Spannungsrahmen von Einseitigkeit gegen Vielseitigkeit oder Selbstbestimmung gegen Fremdbestimmung in Bewegung sind und welcher Art diese ist), und benutzen diese Kategorien nicht selbst zur Erfassung und Beschreibung empirischer Tatsachen.

Die Metapher von den zwei Reichen

Industriesoziologisch sehr einflussreich ist bis heute eine weitere marxsche Arbeitsvorstellung: die Verknüpfung von Arbeit mit dem »Reich der Notwendigkeit«, im Gegensatz zum »Reich der Freiheit«, in dem Selbstentwicklung, Zwecklosigkeit und Sinnengenuss vorherrschen (mit dieser Konstruktion arbeiten u. a. Gorz 1980, Dahrendorf 1982, Offe 1984 – kritisch dazu F. Haug 1983). Die genannten Autoren berufen sich zu Recht auf Marx, wenn sie den Bereich der gesellschaftlichen Arbeit zugunsten eines frei verfügbaren Zeitraums einzuschränken empfehlen. Allerdings setzte Marx für das Leben und den Genuss im Reich der Freiheit die gemeinschaftliche Regelung der gesellschaftlichen Arbeit durch die assoziierten Produzenten voraus (MEW 25, u. a. 828). Tut man dies nicht, so verkommt das Reich der Freiheit zum Reich der Freizeit und des Konsums und entgeht den Zwängen der fremdbestimmten Produktion nicht.

---

2 Marx benutzt diesen Begriff der »unmittelbar vergesellschafteten« Arbeit übrigens, um hiermit auf den äußerst sparsamen Umgang aufmerksam zu machen, den die Gesellschaftsformation, die der »bewussten Rekonstitution der menschlichen Gesellschaft unmittelbar vorausgeht« (MEW 25, 99), bereits mit der Arbeit pflegt, zu unterscheiden von ihrem Umgang mit den Menschen, die sie aufs Äußerste vergeudet.

Die Widerspruchslogik

Es hilft wenig, der Gegensätzlichkeit und den Problemen der verschiedenartigen theoretischen Zugriffe dadurch zu entgehen, dass man sich ohne weitere Umstände in die Empirie begibt. Der *anschauende* Blick gewinnt keine Klarheit in der bunten Vielfalt eines Durcheinanders verschiedener Produktivkraftstufen in den konkreten Betrieben. *Hört* man »einfach« hin, was die Arbeitenden selber zu sagen haben, so wird man zunächst tiefer ins Dickicht des Unbegriffenen geführt.

Die Arbeitenden äußern sich in erster Linie *widersprüchlich*. Sie beschreiben eine Feindseligkeit gegen die neuen Automaten in liebenden Worten und kritisieren den Abbau von Herrschaft als bedrohlich (»Und trotzdem sind die Dinger eine unheimliche Versuchung«, PAQ 1983, 18; »Du hast Angst [...] dass dich keiner lobt [...] der Chef hat keine Ahnung [...] kontrolliert nicht«, PAQ 1983, 13, 29, 43; vgl. auch das Kapitel 2 »Arbeit und Privatleben«, ebd.).

Um sich in einem solchen Durcheinander zurechtzufinden, empfehlen wir eine andere Anknüpfung an Marx: die *Logik der Krisen und Brüche*. Damit wollen wir auf eine Problemanordnung aufmerksam machen, die sich durch sein gesamtes Werk zieht. Er betrachtet die Dinge nicht nur als in Bewegung befindlich und auch nicht einfach als widersprüchlich. Er untersucht vielmehr die Formen, in denen die Menschen ihr Leben widersprüchlich organisieren, zugleich als Fesseln und Schranken gegen Entwicklung und Befreiung wie auch als schützendes Gehäuse, welches die existierenden Widersprüche lebbar macht. Die handelnden Menschen sind verstrickt in die Reproduktion ihrer eigenen Unterdrückung, behindert, an ihre Befreiung zu schreiten, und gezwungen, schließlich neue Lösungen zu suchen. Marx baut an allen strategischen Stellen seine Sätze so, dass die in einen negativen Kontext gestellten Worte zugleich positive Gefühle mobilisieren (etwa das Hemmnis der Familienbande, das bornierte Geheimnis des Zunftwissens u. v. a. m.). Das Zerreißen der Fesseln, die die Menschheit gefangen halten, wird so zugleich ein Zerreißen ihrer Persönlichkeiten, ihrer Lebensgewohnheiten, ihrer Hoffnungen, ihrer Versuche, sich einzurichten. Schon im *Kommunistischen Manifest* finden wir Bilder des Zusammenbruchs gepaart mit der Behauptung einer endlich möglichen Neukonstruktion:

> »Alle festen eingerosteten Verhältnisse mit ihrem Gefolge von altehrwürdiger Vorstellungen und Anschauungen werden aufgelöst, alle neugebildeten veralten, ehe sie verknöchern können. Alles Ständische und Stehende verdampft, alles Heilige wird entweiht, und die Menschen sind endlich gezwungen, ihre Lebensstellung, ihre gegenseitigen Beziehungen mit nüchternen Augen anzusehen.« (MEW 4, 465)

Hier wird nicht der Verlust von alten Arbeits- und Lebensgewohnheiten beklagt, im Gegenteil scheint die Bewegung als solche, noch ohne genaue Vorstellung von der möglichen Perspektive, gepriesen zu werden. Die Lust gilt der Demontage, soweit sie Fesseln, Schranken, »Festgerittensein« in alten Formen betrifft.[3] Ähnliche Anordnungen finden wir für die Arbeit, die Familie, die Wissenschaft in der Produktion. Bei der Charakterisierung der Arbeit bringt Marx ihre »Gleichgültigkeit« (eine Metapher, die in der westdeutschen Industriesoziologie weitgehend zur Kritik an den kapitalistischen Produktionsverhältnissen aufgenommen worden ist) in Zusammenhang mit ihrer »Allgemeinheit«, mit konkretem Reichtum: »wo eines vielen gemeinsam erscheint, allen gemein« (Metaphern für den Kommunismus), und mit dem Verschwinden von Über- und Unterordnungen, von Herrschaft unter den Arbeitsarten (vgl. MEW 13, 635 u. MEW 23,74). »Die Auflösung des alten Familienwesens« durch das kapitalistische System beschreibt er als »furchtbar« und »ekelhaft«, und als »neue ökonomische Grundlage für eine höhere Form der Familie und des Verhältnisses beider Geschlechter« sieht er ebendie Triebkräfte, die die Auflösung erzwingen (MEW 23, 514).

Von besonderem Interesse für die Automationsforschung ist in diesem Zusammenhang der Vorschlag von Marx, wie der Einzug der Wissenschaft in die Produktion zu begreifen ist. Bekannt und auf die Automatisierung übertragen wurden seine Beschreibungen des Schicksals der Arbeiter bei der Verwissenschaftlichung der Produktion:

> »Das Detailgeschick des individuellen, entleerten Maschinenarbeiters verschwindet als ein winzig Nebending vor der Wissenschaft, den ungeheuren Naturkräften und der gesellschaftlichen Massenarbeit, die im Maschinensystem verkörpert sind und mit ihm die Macht des ›Meisters‹ (master) bilden.« (MEW 23, 446)

Solche Beschreibungen kennen wir fast wortgleich aus der Automationsforschung. Die Begeisterung, mit der Marx ebendiesen Vorgang des Einzugs der Wissenschaft schilderte, wurde vergessen. Dabei benennt er sorgfältig die Schranken, die er fallen sieht, die Fesseln, die gesprengt werden, sobald die Produktion wissenschaftlich wird:

---

3   Die eigentümliche Dynamik in den marxschen Problemanordnungen hat Marshall Berman (1983) in seinem Buch *All that is Solid Melts into Air* dazu geführt, in ihm einen Theoretiker der Moderne zu sehen. Er arbeitet heraus, dass Marx nicht einfach ein Kritiker des Bürgertums war, sondern sein größter Verehrer; dass er es lobpries und ein Buch seiner Heldentaten schrieb, wie kein Bürger dies jemals tat. Faust und Frankenstein als die Dimensionen der Bourgeoisie, eine Rationalität, die auf der Irrationalität der Ökonomie beruhte – dies, so Berman, treibt das Bürgertum ebenso über seine eigenen Grenzen hinaus, wie die Irrationalität in der Ökonomie mit ihren schrecklichen Folgen von ihm geleugnet werden müssen. – Eine Kritik zu Bermans Auffassung schrieb Perry Anderson in *New Left Review* Nr. 144, 1984.

> »Die erfahrungsmäßig entsprechende Form einmal gewonnen, verknöchert auch es [das Arbeitsinstrument], wie sein oft jahrtausendlanger Übergang aus der Hand einer Generation in die der andren beweist. Es ist charakteristisch, dass bis ins 18. Jahrhundert hinein die besondren Gewerke mysteries (mystères) hießen, in deren Dunkel nur der empirisch und professionell Eingeweihte eindringen konnte. Die große Industrie zerriss den Schleier, der den Menschen ihren eignen gesellschaftlichen Produktionsprozess versteckte und die verschiednen naturwüchsig besonderten Produktionszweige gegeneinander und sogar dem in jedem Zweig Eingeweihten zu Rätseln machte. Ihr Prinzip, jeden Produktionsprozess, an und für sich und zunächst ohne alle Rücksicht auf die menschliche Hand, in seine konstituierenden Elemente aufzulösen, schuf die ganz moderne Wissenschaft der Technologie. Die buntscheckigen, scheinbar zusammenhanglosen und verknöcherten Gestalten des gesellschaftlichen Produktionsprozesses lösten sich auf in bewusst planmäßige und je nach dem bezweckten Nutzeffekt systematisch besonderte Anwendungen der Naturwissenschaft. Die Technologie entdeckte ebenso die wenigen großen Grundformen der Bewegung, worin alles produktive Tun des menschlichen Körpers, trotz aller Mannigfaltigkeit der angewandten Instrumente, notwendig vorgeht, ganz so wie die Mechanik durch die größte Komplikation der Maschinerie sich über die beständige Wiederholung der einfachen mechanischen Potenzen nicht täuschen lässt.« (MEW 23, 510)

Als Schranken und Verknöcherungen treten auf: das *Geheimnis*, welches eine Arbeitsteilung befestigt, die auf der Unterscheidung von Eingeweihten und Ungeweihten beruht und damit die herrschaftsbegründende Trennung der Kopf- von der Handarbeit bedient; ferner das *Erfahrungswissen*, welches die Profession mit ihren Abgrenzungen gegen Nicht-Professionelle erlaubt. Beide verhindern die *bewusste Planung* des gesellschaftlichen Arbeitsprozesses und eine *Aufsprengung der Arbeitsteilung*, die Herrschaft begründet. Die *Wissenschaft* als allgemeine Arbeit dagegen macht den Arbeitsprozess für alle verstehbar und durchsichtig und ermöglicht von daher nicht nur die Kontrolle der Arbeiter, sondern auch umgekehrt deren *Kontrolle* des Produktionsprozesses.

Marx ordnet die Kategorien durchweg so, dass unsere spontane Parteinahme für die alten Formen deutlich wird. »Persönliche Kraft«, »persönliches Geschick«, »Muskelentwicklung«, die »Schärfe des Blicks«, die »Virtuosität der Hand« – mit solchen Attributen werden von Marx nicht Helden der Arbeit beschrieben, sondern Schranken, die der gesellschaftlich allgemeinen Arbeit entgegenstehen. Die Aufforderung zur Negation des »Besonderen«, »Eigenen«, »Konkreten« zielt dabei nicht bloß auf eine theoretische Operation, sondern auch auf praktische Politik. Sie wird durch die Produktivkraftentwicklung und in ihr in Gang gesetzt.

Die Arbeitenden erleben die Sprengung der Fesseln negativ als Abschied von Liebgewordenem, von Traditionen, von sich selbst. Die Folge ist die Verunsicherung ihrer bisherigen Handlungsfähigkeit, die Auslieferung an eine unbegriffene Zukunft und die Zumutung an ein Lernverhalten, für das es keine Formen gibt.

Die Wissenschaftler hätten hier die Krisenanordnung der Probleme zu begreifen und in dem allgemeinen Durcheinander die Vergänglichkeit einzelner Phänomene als Ausgangspunkt neuer Bewegung und praktischen Eingreifens herauszuarbeiten. Mögliche Fragen für eine Automationsforschung wären:
- Welche Schranken, die einer horizontalen Form von Arbeitsteilung entgegenstehen, werden niedergerissen?
- Werden Formen aufgelöst, in denen sich alte Herrschaftstrennungen, wie die der Kopf- von der Handarbeit, der Männer- von der Frauenarbeit, stabilisieren?
- Wo wird die Verknöcherung von horizontal gegeneinander verselbständigten Arbeiten aufgelöst?
- Wo werden Formen vertikaler Arbeitsteilung aufgelöst?
- Werden Hierarchien angegriffen und damit Klassenherrschaft und Kontrolle von oben?
- Wird bloßes Erfahrungswissen durch Wissenschaft und theoriegeleitete Beobachtung ersetzt?
- Werden Ausbildungsformen, in denen Privilegien und Abschottungen gegen Unausgebildete befestigt sind, zersetzt?
- Wo und wie gerät die alte Ordnung in die Krise?

Wir erwarten, dass die Hüter der alten Ordnung eine neue Ordnung zu ihren Gunsten zu strukturieren versuchen. Dabei kommt ihnen zugute, dass die Sprengung alter Fesseln von den Arbeitenden nicht gleich als Befreiung erlebt wird in den alten Verhältnissen. Umgekehrt meinen wir, dass die Umwälzung der Produktivkräfte in Richtung Automatisierung über die Arbeitenden als eine Katastrophe hereinbricht, so dass sie die Möglichkeiten der Auflösung erstarrter Formen nicht ohne weiteres leben können. Hierzu bedürfte es umfassender kollektiver Anstrengung in allen Bereichen des Lebens. Die besondere Aufgabe der Wissenschaft besteht im Herausarbeiten der strategischen Eingriffspunkte.

2. Arbeitsanalyse – ein Modell

Für unsere empirischen Untersuchungen im umstrittenen Feld der automatisierten Arbeit haben wir ein mehrstufiges Modell entwickelt, das wir zunächst *negativ* bestimmen wollen:

Wir wollten vermeiden, der Technologie ein so starkes Gewicht einzuräumen, dass sie selbst wie ein Subjekt im Arbeitsprozess erscheint; zugleich sollte allerdings der technischen Ausstattung eines Arbeitsplatzes der notwendige Rang einer *Bedingung* des Arbeitshandelns eingeräumt werden. Wir wollten also der Gefahr der bloßen Technikdeterminierung ebenso entgehen wie der, die technologischen Bedingungen als vernachlässigenswerte Randgröße zu betrachten.

Wir wollten ebenso vermeiden, den Unternehmern entweder eine schrankenlose Verfügungsmacht zuzuschreiben oder sie umgekehrt ganz aus den Augen zu verlieren.

Und wir wollten schließlich vermeiden, die Arbeitenden selbst als bloße Objekte von Handlungsbedingungen zu betrachten wie umgekehrt ihre »Spielräume« als beliebig dehnbare Größe zu fassen.

Inzwischen herrscht in den Sozialwissenschaften ein relativer Konsens, dass die Technologie selbst weder neutral ist, noch in ihrer je konkreten Gestalt eine historisch zufällige Größe darstellt, ja dass in ihre Konstruktion Herrschaftsansprüche, Kontrollverlangen und der Wunsch, die Arbeit menschengerechter zu gestalten, nur so weit eingingen, wie der Arm und die Kraft gewerkschaftlicher Organisationen reichte, wofern nicht diese Art der Arbeitsgestaltung selbst wiederum eine Quelle des Profits darstellt. Der frühzeitige Eingriff, die alternative Technikgestaltung machen die Zusammenarbeit von Gewerkschaften und Konstruktionsingenieuren notwendig.

Aber auch unter den gegebenen Verhältnissen gilt es, die veränderten Handlungsbedingungen in der automatisierten Produktion und Verwaltung in der Perspektive der Erweiterung der Handlungsmöglichkeiten der Arbeitenden – also industriekritisch – zu untersuchen. *Positiv* schlagen wir vor, den empirischen Zugriff auf drei analytisch getrennten Ebenen vorzunehmen:

Anforderungen

Um in der empirischen Vielfalt der zufälligen Arbeitsplatzorganisationen, Technologien, Unternehmerlösungen und subjektiven Aneignungen durch die Arbeitenden selber nicht unterzugehen, bedarf es der Einnahme eines methodischen Fluchtpunktes. Nur so kann das noch nicht und das schon Mögliche in der Perspektive kollektiver Handlungsfähigkeit begriffen und angeordnet werden. Von diesem Standpunkt aus verfahren wir kritisch mit dem Vorfindlichen und bewegen uns damit zum einen *in* den Verhältnissen; wir nehmen das Vorhandene an Wissen im Umgang mit der Natur zum Ausgangspunkt und beziehen es zum anderen auf ein *Perspektive* der gemeinschaftlich organisierten Produktion. Wir tun dies, indem wir theoretisch konstruieren, was in der Arbeit möglich wäre, wenn sie mit dem heutigen Stand an verfügbarem Wissen menschlich gestaltet würde. Unter diesem analytischen Zugriff »Anforderungen« rekonstruieren wir also ein Verhältnis von Menschen und Maschinen, welches die Ziele der Produktion verschiebt. Nicht Gewinn soll treibendes Motiv sein, sondern die Entwicklung der Arbeitenden ebenso wie der schonende Umgang mit Ressourcen und eine hohe Qualität der Produkte. Wir setzen also ein Stück utopischer Gebrauchswertproduktion in die kapitalistisch betriebene Arbeitsentwicklung und machen damit den theoretischen Satz, dass die Produktivkräfte mit den Produktionsverhältnissen unvereinbar werden können, streng genommen zum methodischen Prinzip. Wir haben dieses methodische Prinzip auf allen Ebenen für die Fragen der Kooperation, des Lernens, des Denkens und der Motivation zu entfalten versucht.

Aufgaben

Während die Anforderungen gewissermaßen nur in der Möglichkeitsform existieren, eine aktualisierbare Handlungsalternative auf gesellschaftlichem Maßstab darstellen, begegnen uns empirisch vielfältige Arbeitsaufgaben. Sie sind leicht ermittelbar als Arbeitsplatzbeschreibungen, schriftliche und mündliche Arbeitsanweisungen. Analytisch gesprochen stellen sie die Umarbeitung der Produktivkraftanforderungen durch die Unternehmer dar. Insofern enthalten sie auch die historischen Arbeitskämpfe – sie sind Kompromisse mit den Arbeiterorganisationen –, spezifische Vorstellungen, wie am besten Gewinne zu erzielen sind und Arbeiter kontrolliert werden können, und die subjektiven Erkenntnisse/Verkennungen über die Produktivkraftanforderungen. (In anderen Untersuchungen wird statt von Aufgaben auch von Arbeitsaufträgen gesprochen, um eine Verwechslung mit selbstgestellten Aufgaben durch die Arbeiter zu vermeiden (vgl. Hacker u. Richter 1980, 16 u. 46f.).

Tätigkeiten

Die Analyse der Aufgaben zeigt uns allerdings noch keineswegs, was die Arbeitenden wirklich tun. Sie übersetzen beides: die Anforderungen (wie sie diese erkennen) und die Aufgaben (soweit sie müssen und soweit diese nicht völlig inadäquat formuliert sind) in Tätigkeiten. Man findet oft Unterschiede zwischen der Art und Weise, wie gearbeitet werden soll und wie tatsächlich gearbeitet wird. Für das Entstehen dieser Unterschiede spielen die Anforderungen eine große Rolle, insofern sie durchaus im Gegensatz zu den offiziellen Aufgabendefinitionen stehen können. In ihren Tätigkeiten müssen sich die Arbeitenden mit den Anforderungen und Aufgabenstellungen aktiv auseinandersetzen, als Bedingungen, nicht Ursachen, ihres Handelns. In diesem Umarbeiten werden Aufgaben nicht einfach erledigt, sondern können während des gesamten Prozesses, entsprechend den möglicherweise auftretenden veränderten Bedingungen, redefiniert werden – im Rahmen kapitalistischer Produktionsverhältnisse, und damit partialisiert, eingeschränkt, zersplittert. Fehlende oder eingeschränkte Möglichkeiten der Qualifizierung hindern die Arbeitenden daran, die Anforderungen herauszufinden und zu realisieren.

Für arbeitsorientierte Forschung ist dieser Bereich, die Verarbeitung der widersprüchlichen Arbeits*bedingungen* durch die Arbeitenden selber, das eigentliche Untersuchungsfeld. Es kann ohne die Mitwirkung der Arbeitenden nicht erforscht werden und es setzt die theoretische und empirische Erarbeitung der ersten beiden Schritte voraus.

Widersprüche

Mit der Unterscheidung von Anforderungen, Aufgaben und Tätigkeiten haben wir versucht, die klassische Formel von den Widersprüchen zwischen Produktivkräften und Produktionsverhältnissen in eine Sprache zu übersetzen, die empirischen Forschungen Raum gibt und welche die falsche Alternative von Produktionslogik und Subsumtionslogik unterläuft. Bei Umbrüchen in der Arbeitsweise – wie sie die Automatisierung von Produktion und Verwaltung darstellt – können wir davon ausgehen, dass Unvereinbarkeiten und Unbestimmtheiten zwischen den drei genannten Ebenen besonders hoch sind. Insgesamt konnten wir feststellen, dass die Grauzonen der Informalität von Arbeitshandlungen stark gewachsen sind. Dies ist eine Entwicklung, die ausgreifendes Arbeiterhandeln ebenso ermöglicht, wie sie – insbesondere unter den Bedingungen wachsender Arbeitslosigkeit – private Lösungen, Vereinzelung und Unsicherheit begünstigt. In jedem Fall ist hier ein wichtiges Feld gewerkschaftlichen Handelns.

Man kann sich dieses Zusammenwirken und Auseinanderstreben der drei Ebenen und die Nützlichkeit analytischer Trennung bei der empirischen Erhebung an einem Beispiel verdeutlichen: Eine empirisch häufig anzutreffende Tatsache besteht darin, dass Arbeitsaufgaben falsch formuliert sind. Zum Beispiel kann die Anweisung »Im Störungsfall ist der Vorgesetzte sofort zu benachrichtigen; Eingriffe dürfen nur nach seiner Anweisung erfolgen!« unangemessen sein vom Standpunkt des Produktionsprozesses, wenn der Vorgesetzte schwer zu erreichen ist, aber schnelles Eingreifen einen Zusammenbruch des Systems verhindern kann.

Diskrepanzen zwischen Anforderungen und Aufgaben können verschiedene Ursachen haben. Eine banale ist das Verkennen von Anforderungen durch das Management, vor allem durch seine Entfernung von dem unmittelbaren Arbeitsprozess. Dieser Fehlertyp gewinnt bei automatisierter Produktion und Verwaltung an Bedeutung, da die notwendigen Eingriffe in den Prozess sich mehr und mehr auf unvorhergesehene Situationen beschränken; es ist logisch, dass es besonders schwer – wenn nicht unmöglich – ist, Arbeitsaufgaben für unvorhergesehene Situationen genau festzulegen. Neben dem »Verkennen« spielt das »Entnennen« eine wichtige Rolle: Aufgabendefinitionen können mit Lohnansprüchen verbunden sein; offizielle Aufgabenbeschreibungen sind deshalb immer auch Entnennungen von Tätigkeiten. Schließlich wird Kontrolle durch Aufgabenzuschnitt ausgeübt: Viele Manager schrecken auch dann davor zurück, den Arbeitenden einen großen Handlungsspielraum zu gewähren, wenn dies vom Standpunkt eines reibungslosen Produktionsablaufs aus sinnvoll wäre. Auf jeden Fall sollten

Arbeitsanalysen so angelegt sein, dass sie Management-Kritik zu einem systematischen Bestandteil machen.

Da die Anforderungen nicht unmittelbar empirisch gegeben sind, sondern theoretisch rekonstruiert werden, ist eine historische Betrachtung der Entwicklung der Produktivkräfte zwingend. (Wir haben für unsere Untersuchung eine eigene Geschichte der Arbeitstätigkeiten – mit dem Schwerpunkt der Textilarbeiten – rekonstruiert, um überhaupt in der Lage zu sein, einen begreifenden Leitfaden für unsere empirische Untersuchung zu erstellen; vgl. PAQ ^{2}1979.) Man entwickelt so auch einen schärferen Blick für das, was an Arbeitstätigkeiten neu, was obsolet ist. Dabei kam es uns darauf an, die Entwicklung der Widersprüche zwischen den Anforderungen, den Aufgaben und den Tätigkeiten herauszuarbeiten.

Da die Akteure der Umformulierung von Aufgaben nicht so sehr vereinzelte Individuen, sondern Gruppen sind – in denen es unterschiedliche Interessen und Linien geben kann –, schlagen wir vor, Arbeitsanalysen kooperationsorientiert anzulegen, d.h. auszugehen von der arbeitenden Gruppe in der Perspektive kollektiver Handlungsfähigkeit, nicht vom arbeitenden Individuum.

In der arbeitspsychologischen und arbeitswissenschaftlichen Literatur wird die Redefinition von Aufgaben unter dem Stichwort »subjektive Arbeitsanalyse« abgehandelt (vgl. Hackman 1969; Udris 1981). Damit wird hervorgehoben, dass die Redefinitionen am ehesten durch sogenannte »subjektive Erhebungsmethoden« zugänglich sind, vor allem durch Befragung von Arbeitern. Zur Verdeutlichung unseres eigenen Konzepts mag es nützlich sein, dieses noch einmal von der »subjektiven Arbeitsanalyse« zusammenfassend abzugrenzen:

Wir betrachten die »Aufgaben« nicht als letztgegebene Größe; besonders bei qualifizierter Automationsarbeit ist die mögliche Unangemessenheit von Aufgaben und ihre Umkämpftheit von großer Bedeutung. Wir gehen davon aus, dass die Gesamtanforderungen an Arbeitende – Produktivkraftanforderungen und Aufgaben – nicht eindeutig und nicht einheitlich sind. Wir plädieren dafür, der Analyse widersprüchlicher Arbeitsbedingungen besondere Aufmerksamkeit zu schenken, insbesondere Widersprüchen zwischen Produktivkraftanforderungen und Aufgaben ins Zentrum der Forschung zu rücken. Wir beschränken den Vorgang der Redefinition von Aufgaben und die Interpretation von Anforderungen nicht auf etwas, was sich ausschließlich im »Inneren« von Individuen abspielt. Wir denken zudem, wie gesagt, dass die Analyseeinheit in vielen Fällen die kooperierende Gruppe sein sollte.

Um es in eine Formel zu pressen: Die Analyse von Arbeitshandlungen sollte managementkritisch, widerspruchsinteressiert und kooperationsorientiert sein. Hierfür soll das Modell »Anforderungen/Aufgaben/Tätigkeiten« ein theoretisches Raster liefern.

Literatur

Berman, Marshall, 1983: *All that is Solid Melts into Air*, London
Braverman, Henry, 1977: *Die Arbeit im modernen Produktionsprozeß*, Frankfurt/M-New York
Dahrendorf, Ralf, 1983: Wenn der Arbeitsgesellschaft die Arbeit ausgeht, in: J. Matthes (Hg.), *Krise der Arbeitsgesellschaft?*, Verhandlungen des 21. deutschen Soziologentages in Bamberg, Frankfurt/M-New York, 25–37
Gorz, André, 1980: *Abschied vom Proletariat. Jenseits des Sozialismus*, Frankfurt/M
Hacker, Winfried, u. Peter Richter, 1980: *Psychische Fehlbeanspruchung: Psychische Ermüdung, Monotonie, Sättigung und Stress*, Berlin/DDR
Hackman, J. Richard, 1969: Natur of the Task as a Determiner of Job Behavior, in: *Personnel Psychology*, 22. Jg., 435–444
Haug, Frigga, 1983a: Die Moral ist zweigeschlechtlich wie der Mensch, in: *Das Argument* 141, 25. Jg., 653–73
dies., 1983b: Verelendungsdiskurs oder Logik der Krisen und Brüche, in: *Aktualisierung Marx'*. Argument-Sonderband 100, West-Berlin
dies., 1985: Automationsarbeit und Politik bei Kern/Schumann, in: *Das Argument* 154, 27. Jg., 813–31
Kern, Horst, u. Michael Schumann, 1970: *Industriearbeit und Arbeiterbewusstsein*, 2 Bde., Frankfurt/M
dies., 1984: *Das Ende der Arbeitsteilung?*, München
Offe, Claus, 1984: *»Arbeitsgesellschaft«. Strukturprobleme und Zukunftsperspektiven*, Frankfurt/M
PAQ, 1978: *Theorien über Automationsarbeit*, Argument-Sonderband 31, West-Berlin
PAQ, ³1979 (= Projekt Automation und Qualifikation): *Automation in der BRD*. Argument-Sonderband 7, West-Berlin
PAQ, ²1979: *Entwicklung der Arbeitstätigkeiten und die Methode ihrer Erfassung*, Argument-Sonderband 19, West-Berlin
PAQ, 1983: *Zerreißproben – Automation im Arbeitsleben. Empirische Untersuchungen*. Teil 4, Argument-Sonderband 79, West-Berlin
Popitz, Heinrich, Hans P. Bahrdt, Ernst A. Jüres u. Hanno Kesting, 1957: *Technik und Industriearbeit. Soziologische Untersuchungen in der Hüttenindustrie*, Tübingen
Touraine, Alain, 1955: *L'évolution du travail ouvrier aux Usines Renault*, Paris
Udris, Ivars, 1981: Redefinition als Problem der Arbeitsanalyse, in: F. Frei u. E. Ulich (Hg.), *Beiträge zur psychologischen Arbeitsanalyse*, Bern-Stuttgart-Wien, 283–302

aus: PAQ, *Widersprüche der Automationsarbeit*, Argument, Berlin-Hamburg 1987, 11–23

6.2. Die Produktion eines Kybertariats.
Die Wirklichkeit virtueller Arbeit

Ursula Huws

Der Standpunkt, dass als Nachwirkung von 1989 eine globale Ökonomie entsteht, lässt sich rechtfertigen. Die WTO demontiert alle verbleibenden Hemmnisse der zwischenstaatlichen Bewegung von Kapital, Gütern, Dienstleistungen und intellektuellem Eigentum, was zur Folge hat, dass transnationale Konzerne freie Bahn haben. Da die Arbeitsbedingungen eines immer größer werdenden Anteils der Weltbevölkerung direkt oder indirekt von diesen Konzernen abhängen, scheinen schließlich die Umstände einzutreten, die den Vollzug von Marx' Verfügung am Ende des *Kommunistischen Manifests* möglich werden lassen: »Proletarier aller Länder, vereinigt euch!« Aber gibt es tatsächlich irgendwelche Anzeichen dafür, dass ein globales Proletariat mit einem gemeinsamen Bewusstsein im Entstehen begriffen ist?

Diese Studie geht von einer Dynamik des Kapitalismus aus, die aus den miteinander verknüpften Prozessen der Inwertsetzung (commodification) und Akkumulation resultiert. Einerseits ist er unersättlich auf neue Waren aus, durch deren Produktion Mehrwert gewonnen werden kann, andererseits auf neue Märkte, die seine unerschöpfliche Expansion antreiben. Neue Waren entstehen entweder durch die Einbeziehung von vormals unbezahlter Arbeit in die Geldwirtschaft oder durch die Weiterentwicklung bestehender Waren. Am Anfang und Ende des Prozesses stehen folglich menschliche Tätigkeiten und Bedürfnisse: Produktion und Konsumtion. Der Impetus läuft auf eine vollständige Industrialisierung des Globus zu, die die gesamte Weltbevölkerung in die Produktion und Zirkulation von Waren einbezieht und somit immer abhängiger von den Produkten des Akkumulationsprozesses macht.

Der Inwertsetzungsprozess bringt kontinuierliche seismische Verschiebungen in der gesellschaftlichen Arbeitsteilung mit sich. An dieser Stelle kann nicht detailliert beschrieben werden, wie die Subsistenzwirtschaft vor einer marktabhängigen Landwirtschaft zurückweicht oder wie in diesem Prozess neue gesellschaftliche Kategorien entstehen, etwa die des landlosen, lohnabhängigen Agrararbeiters oder die des Plantagenverwalters. Ebenso wenig kann ausgeführt werden, wie aus den Veränderungen in der Landwirtschaft der Zwang resultiert, dass Bauern ihre Kinder zur Lohnarbeit in die Städte schicken, oder wie die Automation von Fabriken zu einer steigenden Komplexität der Arbeitsteilung führt, durch die neue Gruppen zwischen Proletariat und Bourgeoisie entstehen: beispielsweise die der Vorarbeiter, die der Produktionsplaner und der Einkaufsmanager. An dieser Stelle genügt es zu betonen, dass das Entstehen und Vergehen solcher Gruppen nicht nur die Zusammensetzung der Arbeiterschaft, sondern auch die Struktur des Markts und die Organisation der Konsumption modifiziert, da jede von ihnen ebenso Waren kauft, wie sie die Ware Arbeitskraft verkauft.

Dieser Zusammenhang wird insbesondere dann relevant, wenn wir uns mit der augenblicklichen Welle technologischer Veränderungen, der Ausbreitung des Gebrauchs von Informations- und Kommunikationstechnologien befassen, weil diese sowohl Produktions- als auch Konsumptionstechnologien sind – was ungewöhnlich für die bisherige Geschichte der Automation ist. Der Besitz oder Nichtbesitz dieser Technologien erzeugt wahrscheinlich eine neue Trennlinie, die sich durch ganze Bevölkerungen zieht. ›Digital divide‹ ist der modische Ausdruck dafür. Vor der detaillierten Untersuchung dieser neuen Demografie ist es jedoch notwendig, einen Schritt zurückzutreten und zu definieren, worüber wir reden.

I

Während ich über diesen Aufsatz nachdachte, schrieb ich in einem Newsletter:

»Aktuelle Arbeiten haben in einer sehr scharfsinnigen Form die Fragestellung aufgebracht, wie die neuen Formen der Arbeit zu benennen sind, die Telematik einbeziehen. Die traditionellen Ausdrücke sind unzureichend. ›White Collar‹ assoziiert man mit einem bestimmten Typ des männlichen Büroangestellten, der spätestens irgendwann in den 50ern nicht mehr typisch war (wenn er es denn je gewesen ist). Das Attribut ›nicht-körperlich‹ verdeckt, dass das Einhämmern auf eine Tastatur während des ganzen Tages eine physische Dimension hat. Der Ausdruck ›Büroarbeit‹ bindet die mit ihm bezeichneten Tätigkeiten an einen spezifischen Ort, obwohl doch die Pointe der aktuellen Entwicklungen ist, dass diese überall ausgeführt werden können. Und die meisten der neueren Ausdrücke sind noch schlechter. [...] Manche Kommentatoren haben Kategorien wie ›Digitalanalyst‹ oder ›Wissensarbeiter‹ eingeführt, die jedoch – außer dass sie einigermaßen hochgestochen klingen – eine Unterkategorie der Arbeit am oberen Ende der Qualifikationsskala beschreiben. Andererseits tappt ein Ausdruck wie Informationserfasser in die entgegengesetzte Falle, weil er sich nur auf Routinearbeiten wie Dateneingabe anwenden lässt. Ich habe festgestellt, dass das ›New Ways to Work‹-Gremium der Europäischen Kommission in letzter Zeit von ›E-Arbeit‹ und ›E-Arbeitern‹ gesprochen hat. [...] Vielleicht ist ›E-Arbeit‹ noch die am wenigsten schlechte Variante.«

Folgende Antwort von Alice de Wolff, einer Forscherin aus Toronto, fand ich interessant:

»Ich hatte Spaß an Ihrer Erörterung darüber, wie man ›sie‹ bezeichnen soll. Bei uns gab es eine dauerhafte, sehr ähnliche Diskussion über ›den‹ Ausdruck. Unserer Erfahrung nach geht es um zweierlei: erstens darum, eine angemessene Beschreibung zu finden, und zweitens darum, eine zu finden, mit der die infrage stehenden Arbeiter etwas anfangen können. Wir haben es nicht geschafft, beidem zugleich in befriedigender Weise gerecht zu werden. Wenn wir andere Ausdrücke als ›Büroangestellte‹, ›Verwaltungsberufe‹ [...] oder ›Verwaltungsmitarbeiter‹ benutzen, dann glauben die Leute, die die Arbeit machen, nicht, dass es um sie geht. Mir scheint ›Informationsarbeiter‹ am passendsten zu sein, weil ich glaube, dass damit ein Großteil der Arbeit angemessen beschrieben und eine zentrale Platzierung in der ›Informationsökonomie‹ angedeutet wird. Ich benutze den Ausdruck (ebenso wie ›front-line-Informationsarbeiter‹), wenn ich mit Gruppen von Büroangestellten spreche, und bin der Auffassung, dass das gut funktioniert, wenn man es in einen Zusammenhang stellt. Aber wenn man ihn im Titel eines Textes oder einer Veranstaltung verwendet, können damit nur sehr wenige Leute etwas anfangen.«

Hierin verpuppt sich sehr schön die Spannung zwischen Klasse als einem analytischen Terminus (objektive Klassenlage) und Klasse als einem Aspekt personaler Identität. Ich möchte nicht die Schwierigkeiten unterschätzen, die diese Spannung in der Analyse der ›Bauernschaft‹ oder ›Arbeiterklasse‹ aufwirft. Dennoch glaube ich, dass die Akutheit des Problems in Bezug auf die Klasse, die mein Gegenstand ist, auf eine spezifische Lücke im marxistischen Denken hinweist: Die ›Büroarbeiter‹ (wie ich sie mangels eines besseren Begriffs nennen werde) wurden seit Marx selbst klassentheoretisch kontinuierlich vernachlässigt.

II

Fangen wir mit einer Skizze einiger der Dimension der Problematik an. Büroarbeiter können auf sechs verschiedene Weisen bestimmt werden: im Hinblick auf die Funktionsbeziehung ihrer Arbeit zum Kapital, auf die Tätigkeiten, die sie ausüben (ihre Platzierung in der technischen Arbeitsteilung), auf ihre soziale Beziehung zur Produktion (Besitz oder Nicht-Besitz der Produktionsmittel), auf ihren Platz in der gesellschaftlichen Arbeitsteilung (inklusive der geschlechtsspezifischen Arbeitsteilung im Haushalt), auf die relative Höhe ihres Einkommens und auf ihren gesellschaftlichen ›Status‹. Bestimmungen, die derart konstruiert werden, ergänzen einander nicht notwendig und produzieren sich verschiebende und sich überlappende Gruppen, die von inneren Widersprüchen durchzogen sind. Und natürlich dürften die auf dieser Grundlage entwickelten Kategorien von den Arbeitern selbst als irrelevant angesehen werden, da sie sich lieber anhand anderer Kriterien voneinander absetzen, beispielsweise ihrer Qualifikation, ihrer Konsumgewohnheiten, ihres Wohnorts oder ihrer Kleidung.

Jede Analyse wird durch die Tatsache weiter kompliziert, dass offizielle Statistiken anhand von Klassifizierungssystemen aufgebaut werden, die mit keiner dieser analytischen Kategorien exakt zusammenpassen. Schauen wir uns nichtsdestotrotz an, wie sich das verfügbare empirische Material aus jeder dieser Perspektiven darstellt.

Die Beziehung der Büroarbeit zum Kapital drückt sich in folgenden Funktionskategorien aus: a) der Planung oder Ausarbeitung des ›Inhalts‹ von Produkten und Dienstleistungen – darunter Softwareentwicklung, Webseitendesign, Produktplanung usw.; b) dem Ankauf von Produktionsmaterialien sowie dem Verkauf der Produkte und Dienstleistungen – hieraus resultiert die Armee der kaufmännischen Angestellten, deren Anzahl sich nach Braverman exponentiell zur Zunahme der Transaktionen erhöht, da in einem System, das »die Unehrlichkeit, Illoyalität und Nachlässigkeit jedes menschlichen Akteurs unterstellt, den es beschäftigt« (1974, 303), der Wert jeder Transaktion durch einen anderen kontrolliert werden muss; c) dem Management des Produktions- und Distributionsprozesses und der Leitung der Arbeiter – als Nachkommen der Aufseher des 18. Jahrhunderts übernehmen die Mitglieder dieser Klasse das Management der ›Humanressourcen‹, Aufsichtsfunktionen und logistische Aufgaben; d) der Zirkulation – viele der Bank- und Finanzdienstleistungen fallen hierunter, genauso wie einige kaufmännische und Einzelhandelstätigkeiten; e) der Reproduktion der Arbeiterschaft – Aktivitäten, die mit Unterricht, Kinderbetreuung, Gesundheitsversorgung, Sozialarbeit usw. zu tun haben; f) Regierungsaufgaben, die mit Infrastruktur, Marktregulierung und der polizeilichen Kontrolle der Bevölkerung in Zusammenhang stehen.

Eine solche Typologie hätte zu jedem Zeitpunkt in den letzten zweihundert Jahren entworfen werden können. Sie jedoch auf spezifische Fälle anzuwenden ist im Lauf der Zeit sehr viel schwieriger geworden. Die Komplexität der Arbeitsteilung ist gestiegen. Die vielleicht wichtigste Veränderung, die stattgefunden hat, ist die zunehmende Inwertsetzung von ›Diensten‹. Angesichts der relativ einfachen Marktverhältnisse, die Marx und Engels untersucht haben, war es möglich, als archetypische kapitalistische Ware einen physischen Gegenstand zu betrachten, der in einer Fabrik hergestellt wurde, um entweder an einen Kapitalisten (als Mittel zur Produktion weiterer physischer Gegenstände) oder an einen Groß- oder Einzelhändler (der ihn den Konsumenten zugänglich machte) verkauft zu werden. Seitdem haben enorme Weiterentwicklungen stattgefunden, da mit der anscheinend unermüdlichen Erfindungsgabe des Kapitals jeder Bereich menschlicher Tätigkeit zur Grundlage für profitable neue Waren wird – von Softwareverpackungen und Psychopharmaka über elektronische Überwachungssysteme und Kreditkarten bis hin zu Lern-CD-ROMs und Babyfon. Im Produktionsprozess jeder Ware, selbst wenn er innerhalb einer Mutterorganisation als untergeordnete Schleife des Produktionsprozesses einer weiteren Ware vollzogen wird, wird die ganze Spannbreite der beschriebenen Tätigkeiten (Planung, Management, Ausführung, Lieferung an den Kunden) in Miniaturform reproduziert.

Die Analyse wird zudem durch die Veränderungen in der Besitzstruktur der Unternehmen kompliziert. Die ineinandergreifenden Auswirkungen von Privatisierung, der Aufspaltung großer Organisationen in ihre Bestandteile, der Konvergenz zwischen Sektoren, von Über-Kreuz-Besitz und ›vertikaler Integration‹ haben die traditionelle saubere Aufteilung zwischen primärem, sekundärem und tertiärem Sektor sowie zwischen dem öffentlichen und dem privaten Sektor wie auch die von offiziellen Statistikern verwendeten subsektoralen Kategorien unsinnig gemacht. Der neue Multimedia-Sektor beispielsweise umfasst Organisationen, die zuvor sehr verschieden verortet wurden – im öffentlichen Sektor (staatliche Rundfunkanstalten), in der metallverarbeitenden Branche (Elektronikhersteller), im Bereich von Geschäfts- und Finanzdienstleistungen (unabhängige Softwarefirmen, die nicht zu Hardwareherstellern gehören), in der Spielzeugherstellung (die Vorläufer mancher Computerspielfirmen), in der Verlagsbranche, in der Plattenindustrie, im Filmverleih und im Bereich der Telekommunikation. Konvergenzeffekte finden in vielen anderen Bereichen der Wirtschaft statt, z.B. zwischen Bankwesen und Einzelhandel und (dank der Biotechnologie) zwischen Pharmaindustrie und Landwirtschaft.

Es ist nicht nur so, dass alte Sektoren sich auflösen und neue sich formieren, sondern es bilden sich auch komplexe Beziehungen zwischen den Unternehmen heraus. Manche gehen wechselnde Allianzen ein, um bestimmte Märkte zu erobern oder in der Entwicklung neuer Produkte zusammenzuarbeiten; bei anderen kommt es durch Aktienkauf zu Überkreuzbeteiligungen (das betrifft durchaus auch Firmen, die in der öffentlichen Wahrnehmung als Konkurrenten angesehen werden). Unternehmensfusionen, -aufspaltungen und -übernahmen werden ständig bekannt gegeben. Neben diesen externen Veränderungen unterliegen die meisten Unternehmen einem stetigen Prozess der internen Neuorganisation; die anstehenden Aufgaben werden getrennten ›Profitzentren‹ oder ausgegründeten Unternehmen zugeordnet. Hinzu kommt die Auslagerung bestimmter Unternehmensfunktionen, die von Fremdfirmen übernommen werden. All das mündet in einer Konstellation, in der Unternehmen nicht mehr als stabil und homogen betrachtet werden können. Eher müssen sie als sich gegenseitig durchdringende Einheiten in stetiger Fluktuation betrachtet werden, die durch ein kunstvolles Netz von stetig neu zu verhandelnden Verträgen zusammengehalten werden. Die sektorale Klassifikation der Arbeitenden nach einem ›Arbeitgeber‹ ist ein fast zufälliges Nebenprodukt dieses Wirbels. Daher ist es unmöglich, die offiziellen Statistiken in ihrer gegebenen Form zur Grundlage einer ernsthaften Analyse zu machen.

Eine weitere Methode zur Bestimmung von Büroangestellten ist, sie anhand ihrer Tätigkeiten zu unterteilen, der Aufgaben, die sie im Arbeitsprozess ausführen. Wo immer Arbeiter in der Lage waren, sich zu organisieren, und insbesondere dort, wo sie durchsetzen konnten, dass auf der Grundlage anerkannter Qualifikationen Zugangsbeschränkungen zu bestimmten Berufen entstehen, können diese Berufe als größtenteils gesellschaftlich bestimmt angesehen werden; ihre Abgrenzung kommt in den Verhandlungen ausdrücklich zur Sprache, und ihre Praktiken werden durch die Gewohnheiten und die Wachsamkeit der Akteure bestimmt, die von dieser Form der Einschließung (so der weberianische Begriff von Parkin 1978) profitieren. In den meisten Fällen jedoch sind die Aufgaben, die von einer Gruppe von Arbeitern ausgeführt werden, zum großen Teil durch die technische Arbeitsteilung bestimmt, womit die entsprechenden Arbeitsprozesse vor allem durch die Gestalt der vorherrschenden Technologie geformt werden (die ihrerseits durch die Interessen und Vorstellungen derer geprägt ist, die sie wirtschaftlich einsetzen).

Selbst den Berufsgruppen, die ihre ererbten Arbeitspraktiken am stärksten gegen die Angriffe des letzten Vierteljahrhunderts verteidigt haben, ist es unmöglich gewesen, sich den Auswirkungen von Informations- und Kommunikationstechnologien vollständig zu widersetzen. Ärzte und Anwälte, und nicht zu vergessen Telefoningenieure, überprüfen im Allgemeinen von Zeit zu Zeit ihre E-Mails. Die Erwartung, über eine persönliche Sekretärin verfügen zu können, ist beim Führungspersonal unter 45 mit Ausnahme der allerhöchsten Positionen fast verschwunden. Währenddessen hat innerhalb der restlichen Belegschaften eine außergewöhnliche, nie gekannte Annäherung stattgefunden. Ein großer und wachsender Anteil der täglichen Arbeitszeit von so unterschiedlichen Berufsgruppen wie Angestellten im Bereich des Teleshopping, von Schriftsetzern, Versicherungsangestellten, Bibliothekaren, Buchhaltern, Bauprüfern und Musterschneidern wird auf die gleiche Art und Weise verbracht, nämlich vor einer Tastatur sitzend, über der die eine Hand im Gleichgewicht gehalten wird, während die andere sich von ihr zur Maus und zurück bewegt. Vor sich sehen diese Arbeiter auf dem Bildschirm hässliche graue Rechtecke in Pseudo-Flachrelief, die in der jeweiligen Landessprache mit ›Datei‹, ›Bearbeiten‹, ›Ansicht‹, ›Format‹, ›Extras‹, ›Fenster‹ oder ›Hilfe‹ bezeichnet sind; eine grausige Hinterlassenschaft eines Microsoft-Angestellten der späten 80er Jahre, der sich ästhetisch herausgefordert fühlte. Verschwunden sind die Linotype, die Rotationskartei, der Zettelkatalog, die Bündel mit Rechenpapier, der Mimeograf, das Reißbrett, der Schneidetisch, das Telex und all die anderen unzähligen Apparate aus der Mitte des 20. Jahrhunderts. Die Beherrschung ihrer Bedienung berechtigte zu einem spezifischen Titel, der die stolze Verfügung über eine einzigartige Fähigkeit zum Ausdruck brachte. Verschwunden ist damit auch die kollektive Identität derjenigen, die dieselbe Fähigkeit besaßen. Wir müssen jedoch daran erinnern, dass die Sicherheit, die aus der Beherrschung dieser Fähigkeiten resultierte, oft der einer Zwangsjacke gleichkam. Die eingeschränkte Übertragbarkeit solcher Kenntnisse ging mit steigender Verwundbarkeit bei jeder Welle technologischer Innovation einher. Andererseits gab sie eine Grundlage für Organisation ab und spielte eine gewisse Rolle bei den Verhandlungen über die Bedingungen, unter denen neuere Technologien eingeführt werden sollten.

Die Fähigkeiten, die das Bedienen eines Computers erfordert, können natürlich nicht als Gesamtheit der Anforderungen für jede beliebige Arbeit angesehen werden. Sie ergänzen oft die Kernqualifikationen, die für die Ausführung der jeweiligen Arbeit erforderlich sind. Jedoch unterliegen auch Letztere einem Veränderungsprozess. Sozialarbeiter beispielsweise erleben, dass sie standardisierte Formulare auf dem Bildschirm ausfüllen müssen statt differenzierte, qualitative Berichte über ihre Klienten vorzutragen oder zu schreiben; Lehrer, dass sie standardisierte Tests abnehmen müssen; Beschäftigte, die in einer Versicherung Ersatzleistungen festsetzen, dass sie die Entscheidungsfreiheit darüber verloren haben, welche Kompensation ein Anspruchsberechtigter empfangen soll; Internet-Journalisten, dass ihre Texte sehr eng definierten Standardformaten gehorchen müssen, Architekten, dass sich ihre Aufgabe auf das Zusammensetzen von Standardkomponenten reduziert. Oft werden diese Transformationen durch eine Veränderung in der Arbeitsteilung verdeckt. Die Arbeitsinhalte eines Ausgebildeten werden auf bestimmte Kerntätigkeiten beschränkt und die Anzahl ausgebildeter Angestellter reduziert, während die Bereiche der Arbeit, die standardisiert werden können, in den Aufgabenbereich niedriger qualifizierter Arbeiter übertragen werden. Beispielsweise können Routineanfragen an einen Computerkundenservice durch automatisierte E-Mail-Antworten oder niedriger qualifizierte Angestellte bearbeitet werden, während nur die wirklich schwierig zu lösenden Probleme an den höher bezahlten Experten weitergeleitet werden. Kranke können dazu aufgefordert werden, ein Call-Center anzurufen, in dem Krankenschwestern arbeiten, bevor sie einen Termin beim Arzt machen. Das sieht beispielsweise das ›NHS [National Health Service] Direct‹-Programm in Großbritannien vor.

Im Allgemeinen kann festgehalten werden, dass die Zahl der Berufe, die standardisierte, typisch computerbezogene Fähigkeiten voraussetzen, schnell steigt, ob das nun anhand der Anzahl der Menschen gemessen wird, deren Arbeit sich auf die Anwendung dieser Fähigkeiten beschränkt, oder anhand ihres Anteils an der Arbeitszeit von Kräften, deren Berufe weitere Qualifikationen erfordern. Diese Entwicklung hat merkwürdige und widersprüchliche Konsequenzen. Die Tatsache, dass die Computerqualifikationen inzwischen typisch sind, erleichtert den Wechsel des Arbeitsplatzes, des Unternehmens und der Branche, in der man arbeitet. Durch dieselbe Entwicklung jedoch wird jeder einzelne Arbeiter entbehrlicher und leichter austauschbar; die neuen Möglichkeiten gehen also mit neuen Gefahren einher. Die Kombination dieser neuen beruflichen Mobilität mit der immensen Erweiterung der Menge potenzieller Arbeitskräfte hat zur Folge, dass sich stabile Gruppenidentitäten auf der Grundlage gemeinsamer Fähigkeiten wesentlich schwieriger herausbilden. Versuche, Gruppen mit spezifischen Fähigkeiten abzuschirmen, werden durch die Geschwindigkeit der Veränderung durchkreuzt. Jede Investition von Zeit und Energie in das Erlernen der Handhabung einer neuen Software kann sich, wenn ein das alte ersetzendes Produkt auf den Markt gebracht wird, innerhalb von ein paar Monaten als Verschwendung herausstellen. Bestehende Hierarchien werden infrage gestellt, während gleichzeitig neue Spaltungslinien entstehen. Im Hauptbüro bringt das E-Mailen niedriger und höher gestellte Mitglieder der Belegschaft in direkten Kontakt, wobei das mittlere Management außen vor gelassen wird. Eine seltsame Kameraderie zwischen Kollegen mit unterschiedlicher Stellung entsteht, da der eine dem anderen zeigt, wie man einen Virus löscht oder wie man ein Attachment entpackt. Gleichzeitig kann eine unüberbrückbare Distanz zwischen den Angestellten im Hauptbüro und ihren Mitarbeitern in andernorts gelegenen Call-Centern oder Datenverarbeitungsabteilungen entstehen.

Wenn das Einzige, was mit Sicherheit vorausgesagt werden kann, weitere Veränderung ist, wird es schwierig, Aussagen über verallgemeinerbare Trends in der Berufswelt zu machen: Während manche Arbeitsprozesse taylorisiert und entqualifiziert werden, werden andere komplexer und erfordern eine Vielzahl an Qualifikationen; während manche Gruppen ausgeschlossen werden, eröffnen sich für andere neue Möglichkeiten. Eine interessante empirische Studie von Marie Lavoie und Pierre Therrien hat die Beziehung zwischen Computerisierung und Beschäftigungsstruktur untersucht. Im Anschluss an Wolff und Baumol unterscheiden sie folgende Kategorien von Berufen: ›Wissensarbeiter‹, ›Management‹, ›Datenarbeiter‹, ›Dienstleitungsarbeiter‹ und ›güterproduzierende Arbeiter‹. Sie haben auf dieser Grundlage festgestellt, dass diejenige Kategorie von Arbeitern, die sich durch die Computerisierung am stärksten vermehrt hat, nicht, wie in der Alltagsmythologie behauptet, die der Wissensarbeiter ist, sondern die der Datenarbeiter, also derjenigen, die »die von den Wissensarbeitern entwickelten Informationen bearbeiten und anwenden« (Lavoie/Therrien 1999). Damit wird die Annahme gestützt, dass der Trend zur Standardisierung in numerischen Größen die Tendenz übertrifft, dass die Arbeit kreativer und vielseitiger wird.

Die offiziellen Statistiken enthalten keine Kategorien mit Bezeichnungen wie ›Websitedesigner‹, ›Call Center Agent‹ oder irgendeines anderen neuen, im Entstehen begriffenen Berufs, obwohl diese Berufsbezeichnungen in Stellenangeboten auftauchen und auf dem Arbeitsmarkt einsetzbar sind. Die Frage ist, wie lange sie relevant bleiben und ob sie eine Grundlage für neue Gruppenidentitäten abgeben. Oder werden sich die Arbeiter anhand anderer Variablen gruppieren, zum Beispiel anhand des gemeinsamen Arbeitgebers oder des Orts ihrer Arbeit? Die Antwort auf diese Frage ist zentral für die Bestimmung der Unabhängigkeit neuer Klassenidentitäten von geografischen Faktoren und des Potenzials, sich transnational zu organisieren.

Einen dritten Zugang zur Charakterisierung der Büroarbeiter gewährt die Analyse ihres Verhältnisses zu den Produktionsmitteln. Grob und in der Sprache des klassischen Marxismus gesprochen: Wenn die Arbeiter Produktionsmittel besitzen, gehören sie zur Bourgeoisie; wenn ein Besitzer von Produktionsmitteln sie für Lohn beschäftigt (und sie daher zur Erwirtschaftung von Mehrwert beitragen), zählen sie zum Proletariat. Selbständige Arbeiter und Besitzer kleiner Firmen gehören in diesem Schema zum Kleinbürgertum, das im Verlauf der Kämpfe zwischen Kapital und Arbeit aufgerieben wird, so dass die meisten von ihnen ins Proletariat absinken, während wenige Glückliche selbst zu Kapitalisten werden.

Aber dieses Modell lässt sich immer schwerer auf Büroarbeiter anwenden. Zum einen will sich die Tendenz der Selbständigkeit zum Aussterben nicht recht realisieren. Wenngleich nicht in dem Maß ausgeweitet, wie es die Neoliberalen der 1980er Jahre gehofft hatten, ist der Anteil der Selbständigen an der Erwerbsbevölkerung einigermaßen konstant geblieben, zumindest in den entwickelten Ländern. In der EU z. B. hat er sich in den zwei Dekaden zwischen 1975 und 1996 auf kaum schwankenden 15 % gehalten (Angabe nach Eurostat). Freilich deckt diese große statistische Kategorie eine Vielfalt von Klassenlagen ab. Auf der einen Seite stehen die klassischen Selbständigen mit einigen Angestellten, die man vielleicht am ehesten mit dem alten Kleinbürgertum vergleichen kann; dann folgen die genuinen Freelancer und schließlich, am anderen Ende, Arbeiter, deren Selbständigenstatus einem gespannten Arbeitsmarkt geschuldet ist und die nicht die Verhandlungsmacht haben, einen ordentlichen Arbeitsvertrag zu bekommen, selbst wenn sie faktisch nur für einen einzigen Arbeitgeber tätig sind. Daten aus Großbritannien sprechen dafür, dass sich diese interne Zusammensetzung verschoben hat. Während eine Studie aus den frühen 90ern herausgebracht hat, dass der Anteil der Selbständigen mit Angestellten zwischen 1981 und 1991 von 39 auf 31 % gefallen ist (Campbell/Daley 1992), stellte eine andere fest, dass neue Selbständige inzwischen häufiger Frauen, jung und mit bescheidenen Servicearbeiten beschäftigt sind (Meager/Moralee 1996). Die Analyse der britischen Haushaltsstatistik zeigte, dass Selbständige dreimal größere Chancen haben als Angestellte, in der niedrigsten Verdienstkategorie ihrer Sparte zu landen. Und selbst wenn man die tendenziell zu niedrigen Einkommensangaben der Selbständigen in Betracht zog, waren die Chancen immer noch zweimal so hoch (ebd.).

Selbständigkeit muss freilich nicht von Dauer sein; eine weitere Arbeit von Meager und Moralee (1996), die sich auf Eurostat-Daten stützt, verzeichnet eine hohe Fluktuation. Das erschwert es, die Quote der Selbständigen zur Analyse von Klassenverhältnissen zu nutzen – für viele mag sie einfach eine Durchlaufstation zwischen zwei anderen Jobs darstellen. Eine weitere Schwierigkeit dabei, Selbständigkeit als eigene Kategorie zu nutzen, resultiert aus der Neigung vieler Arbeitgeber, ihre Beschäftigten als Scheinselbständige zu behandeln. Ergebnisorientiertes Management und leistungsorientierte Bezahlung ohne feste Arbeitszeiten produzieren zusammen mit verstärktem Arbeitsaufkommen und der Furcht, überflüssig zu werden, eine Situation, in der der Druck des Aufsehers internalisiert ist. Die Geschwindigkeit der Arbeit wird daher eher durch innere Zwänge bestimmt als durch die Autorität des Chefs. Näher am Akkordlohn als am Zeitlohn der Fabrikarbeit, tendiert dieses Beschäftigungssystem dazu, die Verhältnisse zwischen

Arbeitgeber und Beschäftigten zu verwischen, besonders dann, wenn auch noch ihre räumliche Trennung hinzukommt. Einer von zwanzig britischen Berufstätigen und ein etwas größerer Anteil in Nordamerika, Skandinavien und den Niederlanden (allerdings ein geringerer in den anderen europäischen Ländern) arbeitet inzwischen mindestens einen Tag in der Woche zu Hause und nutzt den vernetzten Computer, um seine Ergebnisse abzuliefern. Beinahe die Hälfte dieser Arbeiter sind selbständig. Da viele von ihnen ihren eigenen Computer nutzen, liegt es nahe, sie mit den Baumwollwebern im Verlagswesen[1] der Frühmoderne zu vergleichen – aber kann man Computer wirklich als Produktionsmittel begreifen? Ein Webstuhl kann unabhängig von anderen genutzt werden, während der Computer an einem Netzwerk hängt, das nicht dem Arbeiter gehört.

Dieser strittige Punkt kann hier nicht weiter untersucht werden. Er steht jedoch in interessanter Beziehung zu einem anderen hartnäckigen Problem. Zumindest in einer hochgradig warenförmigen Ökonomie ist es sinnvoll, das Verhältnis der Individuen zum Kapital (und damit ihre Klassenlage) nicht allein durch ihre Stellung zu den Produktionsmitteln, sondern auch durch die zu den »Konsumtionsmitteln« oder »Reproduktionsmitteln« zu bestimmen (vgl. dazu ausführlicher Huws 1985).

Der unaufhaltsame Prozess der Inwertsetzung hat u.a. zum Niedergang der traditionellen Dienstbotenindustrie und ihrer Ersetzung durch Konsumgüter geführt. Um sich selbst und ihre Familie zu versorgen, ordentlich zur Arbeit zu kommen und auch sonst zu funktionieren, sind Arbeiter mehr und mehr darauf angewiesen, in solche Güter von der Waschmaschine bis zum Auto zu investieren. Zudem besteht in den angelsächsischen Ländern ihre einzige Chance auf erträgliche Wohnverhältnisse darin, sich ein Eigenheim zu kaufen. Die Notwendigkeit, all diese Güter zu bezahlen, schließt sie noch fester ins Marktsystem ein. Wie Andrew Carnegie schon vor mehr als hundert Jahren schlau bemerkte, ist Wohneigentum der Arbeiterklasse der beste Schutz gegen Streik und Aufruhr. Es ist daher zumindest vertretbar anzunehmen, dass das Maß, in dem sie diese Dinge erworben haben, die subjektive Sicht der Arbeiter auf ihre Klassenlage verändert. Ob es einen objektiven Unterschied ausmacht, ist eine Frage für weitere Untersuchungen. Es mag eine Analogie zwischen der Beziehung zu den Produktionsmitteln und der zu den ›Reproduktionsmitteln‹ bestehen, der gemäß der Heimeigentümer eine analoge Position zum unabhängigen Handwerker oder zum Einmannbetrieb hat. Die Analogie lässt sich fortspinnen: Die Arbeitsteilung in der Reproduktionsarbeit muss sich nicht auf die Haushalte selbst beschränken. Sie können Wäscherinnen, Babysitter und andere Bedienstete

---

1 Das Verlagssystem ist eine früh-kapitalistische Organisationsform, die sich durch dezentrale Produktion auszeichnet. Meist sind es Textilien, die dabei von den sogenannten Verlegten in Heimarbeit hergestellt und vom Verleger zentral vermarktet werden. Das Wort Verlag leitet sich von Vorlage ab. Der Verleger tritt mit Geld (Finanzierung) und/oder Rohstoffen in Vorlage.

einstellen und so mit einem kleinen Arbeitgeber in der Produktion vergleichbar werden. Diese Überlegung ist insbesondere für Informationsarbeiter in Entwicklungs- oder neu industrialisierten Ländern wichtig, wo die Beschäftigung von Dienstboten noch sehr üblich ist. In Hongkong etwa beschäftigen Facharbeiter (wie etwa Automechaniker) und schlecht bezahlte (etwa in Call-Centern tätige) Büroarbeiter, die in Billigunterkünften wohnen, gewöhnlich eine bei ihnen untergebrachte ›Haushaltshilfe‹. »Auch Arbeiterfamilien, die sich keine Helfer leisten können, stellen sie ein und üben dann einen extremen Druck auf sie aus, Kosten zu senken, damit sie ›bekommen, was ihr Geld wert ist‹. […] Interessant ist, dass nach der Asienkrise die Regierung Hongkongs dadurch die Nöte der durchschnittlichen Familien linderte, dass sie die Löhne der Haushaltshilfen einfror!« (E-Mail von Gerard Greenfield, Globalisation Monitor, Hongkong 2000)

Die Verwendung nicht berufsbezogener Kriterien zur Bestimmung der Klassenlage von Arbeitern ist meines Wissens nicht erprobt. Sie wäre allerdings gerade im Fall der Heimarbeiter sehr interessant, da diese einen großen Teil der Produktionsmittel stellen, für die gewöhnlich der Arbeitgeber sorgt: Arbeitsraum, Lagerraum, Beleuchtung, Heizung, Versicherung, Vorbereitungs- und Aufräumzeit, Überwachung (sowohl in der Form von Selbstkontrolle als auch im Ausfüllen von Arbeitsberichten etc.). Der Computer spielt dabei eine besonders ambivalente Rolle, da er gleichzeitig der Produktion und der Reproduktion dient, ebenso für den Einkauf und die Schulaufgaben der Kinder wie für die Arbeit selbst genutzt wird.

Informations- und Kommunikationstechnologien verwischen die Grenzen zwischen Produktion und Konsumtion weiter, indem sie eine bewegliche Kontaktfläche zwischen Dienstleistern und Dienstempfängern herstellen. Die Buchung eines Fluges z. B. kann entweder per Telefon an den Angestellten eines Call-Centers aufgegeben werden, oder man kann die fraglichen Daten direkt auf der Website des Anbieters eingeben, so dass die Erfassungsarbeit sowohl bezahlt wie unbezahlt erfolgen kann. Es ist daher schwer, eine Diskussion der Arbeitsteilung im bezahlten Sektor von derjenigen über die Arbeitsteilung zwischen ›Produktions-‹ und ›Reproduktionsbereich‹ abzukoppeln, eine Diskussion, die (geschlechtsspezifisch aufgeladen) auf das allgemeinere Thema der gesellschaftlichen Teilung der Arbeit überhaupt führt – der vierte Punkt unserer Liste, viel zu komplex, um hier auch nur in Umrissen behandelt zu werden.

Unsere fünfte Kategorie war die schlicht empirische des relativen Einkommens. Sie hat allerdings denjenigen, die die Gesellschaft als eine saubere hierarchische Pyramide abbilden wollen, seit Jahrhunderten Probleme bereitet. Der arme, aber kultivierte Büroangestellte, der weniger verdient als der ungehobelte Seemann, wandert durch die Romane des 19. Jahrhunderts von Dickens bis Gissing und hat auch im 20. seine Auftritte, etwa in Forsters *Howard's End*. Die Differenz zwischen Status und Einkommen wird in den meisten Schichtungsschemata berücksichtigt, selbst in den empiristischsten und untheoretischsten. Sie schlägt sich z.B. in den Kategorien des Generalregisters nieder, das die Grundlage der Klassenanalyse in den offiziellen britischen Statistiken bildet. Ein älterer leitender Angestellter des Registers argumentierte 1928 gegen eine Klassifizierung anhand des Einkommens, weil »jedes Schema sozialer Klassifikation der Kultur Rechnung tragen sollte, [... wie sie] durch eine berufsorientierte Einordnung in gesunder Weise hervorgehoben wird«. Seiner Ansicht nach sollte das Kriterium der »allgemeine Rang innerhalb der Gemeinschaft der betreffenden Berufe« sein (zit. n. Nichols 1979, 159).

Rosemary Crompton und Gareth Jones (1984) halten fest, dass von 1918 bis 1936 zwischen den Einkommen männlicher Büroarbeiter und Facharbeiter Parität herrschte. Während der nächsten vier Jahrzehnte fiel das relative Einkommen der Ersteren, so dass sie schließlich um 1978 im Schnitt weniger verdienten als der Durchschnitt aller manuellen Arbeiter; sogar halbgelernte Arbeiter bekamen zumeist mehr. Die Einkünfte der weiblichen Büroangestellten waren selbstverständlich noch niedriger: Sie stiegen von 42 % des männlichen Durchschnittseinkommens (1913) über 57 % in den Mitt-50ern auf 74 % gegen Ende der 70er, zum Ende der 1990er waren dann EU-weit 80 % erreicht. Die Kaufkraft der Büroarbeiter liegt also deutlich unter der der manuellen Arbeiter.

Da inzwischen einiges an informationsprozessierender Arbeit zwischen den Ländern hin- und hergeschoben werden kann, ist es zudem auch notwendig, auf internationale Einkommensrelationen zu achten. Solche Vergleiche sind aufgrund der Differenzen in den jeweiligen Steuer- und Vergünstigungssystemen schwer anzustellen; die Kalkulationen der Firmen, die über die Verteilung ihrer Funktionen entscheiden müssen, bieten jedoch Schätzungen der ›totalen Arbeitskosten‹. Und hier bestehen selbstverständlich große Unterschiede. Nach Zahlen des UNCTAD beliefen sich 1994 die durchschnittlichen Kosten für einen Softwareprogrammierer in Indien auf 3975 US-Dollars, verglichen mit 14 000 in Malaysia, 34 615 in Hongkong, 31 247 in Großbritannien, 45 552 in Frankreich, 46 600 in den USA und 54 075 in Deutschland (vgl. für die Daten Mitter/Efendioglu 1997). Solche Differenzen können allerdings flüchtig sein. Eben der Erfolg der Softwareindustrie in Bangalore hat dort zu einer Inflation der Löhne geführt, die nun wesentlich höher liegen als im restlichen Indien oder auch in Russland, wo inzwischen von Indien aus über Subunternehmer routinemäßige Softwarearbeiten eingekauft werden. Die transnationalen Konzerne »haben die Einkommensstruktur der indischen Berufswelt verwandelt. Sie können Indern von Ende zwanzig Einkommen bieten, die man in Indiens öffentlichen Unternehmen noch nicht einmal kurz vor dem Ruhestand erreicht.« (Khilnani 1998, 148)

Möglicherweise signalisieren derartige Entwicklungen die weltweite Konvergenz der Löhne von IT-Arbeitern mit genau definierten Fähigkeiten, die ortsunabhängig zur Anwendung kommen können. Eine solche Konvergenz (zu deren Substanziierung noch wesentlich mehr Datenmaterial gesammelt werden müsste), würde einen spürbaren Zuwachs in den Einkommen der IT-Arbeiter in Entwicklungsländern bedeuten, während die ihrer Kollegen in den hochentwickelten Ländern stagnieren (und ihre Reallöhne vielleicht sogar sinken) würden. Dass solche Zuwächse gleichmäßig in die lokalen Wirtschaften der Entwicklungsländer herabsickern würden, kann allerdings nicht sicher angenommen werden. Es mag auch zu neuen Polarisierungen zwischen den Inhabern entorteter Arbeiten und den geografisch fixierten Arbeitern kommen. Das Ausmaß, in dem entortete Arbeiten in einer bestimmten Region Fuß fassen, ist zudem von einer Reihe von Variablen abhängig. Wenn allein Arbeit unter Vertrag genommen wird, ist ihre Verankerung hochkontingent. In diesem Fall bleibt dem Arbeitgeber die Entscheidung überlassen, ob er die Jobs zu den Leuten oder die Leute zum Job transportieren will; das Letztere ist in der Software-Industrie als Body-Shopping bekannt. Während der letzten beiden Jahrzehnte war es hier eine übliche Praxis, Flugzeugladungen von Programmierern von Indien nach London, Frankfurt oder Los Angeles zu schaffen. In den 1980ern und frühen 1990ern waren sie dabei typischerweise durch Subunternehmer beschäftigt. 1992 wurde der Export von Software aus Indien liberalisiert, mit der Folge, dass in Bangalore (später auch in anderen Zentren wie Hyderabad, Poona und Chennai) eine große Software-Exportindustrie entstand. Nichtsdestotrotz können die Unternehmer weiterhin wählen, und sowohl die USA als auch die meisten europäischen Staaten haben in den letzten Jahren ihre Einwanderungsverfahren gelockert, indem sie Green Cards für Softwarearbeiter vorsehen. Wo es einen globalen Markt für bestimmte Fähigkeiten gibt, wird mithin die Entscheidung des Unternehmens durch diejenige des Arbeiters gespiegelt, auszuwandern oder in seinem Land zu bleiben.

Nicht alle entortete Arbeit beinhaltet Programmierfähigkeiten. In vielen Entwicklungsländern haben auch die untergeordneten Bürotätigkeiten zugenommen, etwa die der Datenerfassung und der Call-Center-Arbeit. Die Einkünfte sehen hier im Vergleich zur gut organisierten Industriearbeit oft unvorteilhaft aus. Sujata Gotoshkar beschreibt, dass »im indischen Kontext das Lohnniveau junger Call-Center-Arbeiter weit unter dem von Blue-Collar-Arbeitern in den mittleren Jahren liegt«. Sie weist jedoch darauf hin, dass die Einkommensunterschiede noch nichts Gültiges über die jeweilige Klassenlage aussagen: »Die Kriterien für die Rekrutierung dieser Leute sehen aber momentan so aus, dass sie aus einer Familie mit Doppeleinkommen stammen, zumeist mit Eltern aus dem White-Collar-Bereich, Englisch gelernt haben usw. Das schließt zumindest Menschen aus den niederen Kasten, aus den ländlichen Regionen und mit Eltern aus der ›Arbeiterklasse‹ aus.« (E-Mail an Ursula Huws, 2002)

Das bringt uns zur sechsten Kategorie, einer Klassendefinition nach Maßgabe des sozialen Status. Dieser Begriff kann (in seinem weberianischen Sinn) eine ganze Reihe von Faktoren einschließen, etwa ethnische Zugehörigkeit, Sprache, Religion, Hautfarbe, Kaste und sogar die Sklaverei. Die

Geschichte der meisten Arbeitsmärkte (und der meisten Arbeiterorganisationen) zeigt, dass all dies bedeutende Anhaltspunkte für Einschluss und Ausschluss, Privilegien und Benachteiligung sind. In Nordamerika, Europa, Japan und Australien sind Arbeitsmärkte ebenso sehr (wenn auch vielleicht etwas verdeckter) von Rassentrennungen durchzogen wie in vielen Entwicklungsländern. Die Trennlinien können aber auch anders verlaufen. Ein wichtiger Faktor ist Sprache. Der Eintritt in die neue Welt der Information ist an die Fähigkeit geknüpft, Englisch zu sprechen und zu schreiben, in manchen Teilen der Welt auch Französisch, Spanisch, Deutsch, Japanisch oder Arabisch. Wo dies jeweils nicht die Landessprache darstellt, wird die Arbeit zum Vorrecht der Gebildeten. Natürlich spielen dabei Unterschiede in Angebot und Nachfrage eine Rolle. Es ist nicht ungewöhnlich, dass Beschäftigungen, die man in den USA mit Schul- oder Collegeabschluss ausübt, in Entwicklungsländern für Universitätsabsolventen reserviert sind. Dies ist etwa bei medizinischen Transkriptionen der Fall, für die in Indien ein Magister notwendig ist, während sie in den USA als stückweise bezahlte, unqualifizierte Heimarbeit geleistet werden. Zwar ist bei alledem der »erfahrene indische Umschreiber etwa achtmal billiger als der US-amerikanische« (Sinclair Jones 1999). Dennoch dürfte er einen wesentlich anderen Status in der lokalen Ökonomie haben.

Diese Unterschiede haben Konsequenzen für die Weise, in der Arbeiter ihre Interessen identifizieren und ihre Möglichkeiten einschätzen, mit denen gemeinsame Sache zu machen, die in anderen Ländern dieselbe Tätigkeit verrichten. Ein weiterer komplizierender Sachverhalt besteht darin, dass Arbeiter, die von Firmen aus anderen Nationen beschäftigt werden, ihre Ausbeutung weniger als kapitalistische denn als koloniale begreifen (vgl. Lloyd 1982). Anstatt eine Verbindung ihres Interesses mit den Arbeitern zu sehen, die von denselben transnationalen Konzernen beschäftigt werden, können sie es als nationales definieren und sich mit den einheimischen Kapitalisten gegen die imperialistischen Fremdlinge zusammenschließen. Verstärkt wird eine solche Wahrnehmung, wann immer sie rassistischen Haltungen bei den Arbeitern der entwickelten Welt begegnen. Wir müssen daher schließen, dass trotz des großen Potenzials für die Entstehung eines gemeinsamen Klassenbewusstseins der Informationsarbeiter, die gleiche Tätigkeiten, gleiche Arbeitgeber und ein gleiches Verhältnis zum Kapital haben, machtvolle Gegenkräfte bestehen, die diesen Prozess vermutlich aufhalten können; die wichtigste darunter ist vielleicht der Rassismus.

Es gibt beachtliche Beispiele für die erfolgreiche Organisierung von ›E-Arbeitern‹ bestimmter Länder, etwa den Streik der Call-Center-Arbeiter bei der britischen Telekom oder die Bildung von Gewerkschaften für Datenerfasser auf den Karibischen Inseln (vgl. Pearson 1991) und in Brasilien (Soares 1991). Es finden sich auch einige Belege dafür, dass Konzerne bei ihrer Standortwahl bewusst Regionen meiden, in denen eine Organisierung wahrscheinlich ist. In ihrer Studie über das indische Zentrum für medizinische Transkription berichtet Sinclair Jones (1990): »Mein Informant merkte an, dass sie zuvor eine Ansiedlung in Kerala erwogen hatten, weil dort die Alphabetisierungsrate besonders hoch ist. Allerdings besteht in Kerala auch ein hohes Niveau von Organisation unter den Fabrikarbeitern, und die Firma ging das Risiko nicht ein. Diese Sorte Dienstleistung ist durch Unterbrechungen extrem verwundbar [...], und das Konzernmanagement bemüht sich aktiv, sich keinen Versuchen zur Organisation der Beschäftigten auszusetzen.«

Trotzdem sind Versuche einer grenzüberschreitenden Organisation rar. Eine bemerkenswerte Ausnahme ist das Abkommen über Call-Center-Arbeit, das zwischen Air Canada und der kanadischen Autogewerkschaft sowie ihren Tochtergewerkschaften in den USA und Großbritannien geschlossen wurde. Allgemein finden sich Anzeichen gemeinsamen Widerstandes unter solchen Arbeitern in sporadischerer und anarchischerer Form, etwa in der von Computerviren und anderer Sabotage.

Ein Faktor, der die Bereitschaft der Arbeiter zur Organisation vergrößern wird, besteht darin, dass dies mit deutlicher Wahrscheinlichkeit in ihrem besten ökonomischen Interesse liegt. Wenn niedere Büroarbeiten die unterste Stufe einer Leiter darstellen, die man am besten erklimmt, indem man sich auf der rechten Seite des Chefs hält, wird der sicherste Weg zum Erfolg in harter Arbeit, einer sauberen Weste und Speichelleckerei bestehen. Wenn sich andererseits keine Aufstiegsperspektiven zeigen, weil die nächste Etage auf der anderen Seite des Globus liegt oder nur Männer, Weiße oder Angehörige einer bestimmten Nation oder Kaste befördert werden, könnte die beste Methode zur Einkommensaufbesserung darin bestehen, sich mit anderen Arbeitern zusammenzuschließen. Wieder sehen wir, dass Geschlecht und Rasse eine entscheidende Rolle bei der Ausbildung von Klassenidentitäten spielen.

Dass ein neues Kybertariat im Entstehen begriffen ist, liegt auf der Hand. Eine andere Frage ist, ob es sich auch als solches verstehen wird.

Literatur

Braverman, Harry, 1974: *Labor and Monopoly Capital: The Degradation of Work in the Twentieth Century*, New York

Campbell, M., u. M. Daley, 1992: »Self-Employment: into the 1990s«, in: *Employment Gazette*, Juni 1992

Crompton, Rosemary, u. Gareth Jones, 1984: *White-Collar Proletariat: Deskilling and Gender in Clerical Work*, London-Basingstoke

Huws, Ursula, 1985: Terminal Isolation: The Atomisation of Work and Leisure in the Wired Society, in: Radical Science Collective (Hg.), *Making Waves: the Politics of Communications*, London

Khilnani, Sunil, 1998: *The Idea of India*, Delhi

Lavoie, Marie, u. Pierre Therrien, 1999: *Employment Effects of Computerisation*, Ottawa

Lloyd, Peter, 1982: *A Third World Proletariat*, London

Meager, Nigel, u. Janet Moralee, 1996: Self-employment and the distribution of income, in: J. Hill (Hg.), *New Inequalities*, Cambridge

Mitter, Swasti, u. Umit Efendioglu, 1997: *Relocation of Information Processing Work: Implications for Trade between Asia and the European Union*, unveröff. Manuskript (UN University Institute of Technology, Maastricht)

Nichols, Theo, 1979: Social Class: Official, Sociological and Marxist, in: J. Irvine, I. Miles, u. J. Evans (Hg.), *Demystifying Social Statistics*, London

Parkin, Frank, 1979: *Marxism and Class Theory*, London

Pearson, Ruth, 1991: Gender and New Technology in the Caribbean: New Work for Women?, in: J. Momsen (Hg.), *Gender Analysis in Development*, Norwich

Sinclair Jones, Jan, 1999: *First you see it, Now you don't: Home Based Telework in the Global Context*, Arbeitspapier für den Kongress der Australian Sociology Association, Melbourne, 5.–7. Dezember 1999

Soares, Antonio, 1991: The Hard Life of the Unskilled Workers in New Technologies: Data Entry Clerks in Brazil, in: H. J. Bullinger (Hg.), *Human Aspects in Computing*, Amsterdam

Aus dem Englischen von Alexander Gallas und Tilman Reitz. Erstveröffentlichung in: Das Argument 248, 44. Jg., 2002, 763–76

6.3. Das »unmögliche« Prekariat.
Unmaking and Remaking of Class

Mario Candeias

»Das Prekariat ist eine Art unmöglicher Gruppe, deren Geburt notwendigerweise unvollendet bleibt«, es »verharrt im Zustand eines einfachen zusammengesetzten Konglomerats«, so eine Schlussfolgerung Loïc Wacquants. Inzwischen sind die damit angesprochenen Desintegrationsprozesse und sozialen Spaltungen, vorwiegend unter dem Stichwort ›Unterschicht‹, nach der französischen auch in der deutschen politischen und wissenschaftlichen Debatte angekommen: »Die Gesellschaft zerfällt« in Lebenslagen, die von den Einzelnen »als so instabil erlebt werden, dass keine dauerhafte Identifikation mit einer Rolle und Gruppe mehr gelingt.« (Lessenich/Nullmeier 2006, 18). Hier sieht Franz Schultheis das »radikal Neue« der sich zuspitzenden sozialen Frage: »Der schrittweise Abbau sozialer Sicherung […] trifft nunmehr hochgradig individualisierte Individuen, die dem kalten Wind einer radikalen Marktvergesellschaftung schutzlos ausgeliefert sind, weil ihr Habitus […] an ein Mindestmaß an Schutz […] gewöhnt ist« (2005, 583).

Im Folgenden soll anhand einiger Arbeiten von Loïc Wacquant, Pierre Bourdieu und Robert Castel, auf die sich soziologische Analysen der Prekarität in Deutschland in der Regel berufen, die Kritik an einem Blick auf das Prekariat entwickelt werden, der in den Umbrüchen nur Verelendung und Zersetzung sieht und dadurch blind wird für die Entstehung von Neuem und Widerständigem z. B. in den Pariser Banlieues. Dieser Blick ist einem analytischen Standpunkt geschuldet, der von ›außen‹ und von ›oben‹ mit Maßstäben der Vergangenheit misst und so die Neuzusammensetzung der Klassen verfehlt.

Dekonstruktion ohne Rekonstruktion?

So treffend diese Arbeiten Prozesse der Zersetzung fordistischer Vergesellschaftungsformen beschreiben, so berücksichtigen sie doch nicht die Neukonstitution der gesellschaftlichen Verhältnisse. Die fordistische Integrationsweise bleibt der Maßstab, die Abweichung wird als Verelendung begriffen (vgl. Haug 2003, 143; Candeias 2006, 11). Die enge Kohärenz zwischen Kapitalverwertung und Reproduktion der Arbeiterklasse, zwischen Produktivitätsfortschritten und Lohnsteigerungen, wie sie im Fordismus teilweise zu finden war, ist eine in der historischen Entwicklung des Kapitalismus seltene Konstellation – und doch bildet sie die Folie, vor der das Neue bislang kategorisiert wurde. Festgehalten wird an »integrierter Gesellschaftlichkeit«, wie sie sich – blutige Auseinandersetzungen und Faschismus vergessend – seit dem 19. Jh. entwickelte und ihren Höhepunkt in der »nivellierten Mittelschichtsgesellschaft« (Schelsky) der Nachkriegszeit fand. Natürlich weiß ein informierter linker Diskurs, dass auch dieser Kapitalismus ein in Klassengegensätze gespaltener war, doch waren diese Gegensätze durch historische Kompromisse entschärft und in institutionalisierte Bahnen der Konfliktaustragung gelenkt worden. Klassen sind in dieser Perspektive einheitliche Subjekte, heute abgelöst durch eine Vielfalt von Ungleichheitslinien. Es gibt kein »eindeutig-eindimensionales Muster« gesellschaftlicher Ungleichheiten mehr; »Konzepte wie ›Klassen‹ [...] wirken heute hohl« (Schultheis 2005, 576). Vor dem Hintergrund dieser Konstruktion einer hübsch geordneten Vergangenheit wird das Neue nur als beliebige und unübersichtliche Pluralität von Differenzen (vgl. Lessenich/Nullmeier 2006, 15) sichtbar. Unbegriffen bleibt, wie Klasse, Rasse, Geschlecht, Alter, Qualifikation usw. in einer transnationalen kapitalistischen Produktions- und Lebensweise unter neoliberaler Hegemonie auf neue Art und Weise verwoben werden.

Auch bei Wacquant geht es um die Auflösung von Klassen als Gegenbewegung zur »proletarischen Vereinheitlichung«, die in der alten Form auch nicht mehr erstrebenswert sein kann. Vielfältige Ungleichheiten stehen bei ihm nicht nebeneinander, sondern verdichten sich im Prekariat bzw. in den Banlieues zu einer unentrinnbaren Zwangsjacke (Wacquant 2004). Verfehlt wird in dieser Neuauflage des Verelendungsdiskurses, wie die Zersetzung der Klassen zugleich mit ihrer Neuzusammensetzung einhergeht. Es besteht nur eine Ahnung von der »Vereinheitlichung von Konfliktlinien«: alle, »auch tiefgreifende kulturelle Differenzen« oder Altersunterschiede, werden »in ökonomische Verteilungsprobleme übersetzt«. Ergebnis ist die »Zersplitterung einer von Konkurrenzen durchzogenen Gesellschaft«, ein »Zerfalls- und Spaltprodukt der Krise« (Lessenich/Nullmeier 2006, 17 bzw. 21), wobei übersehen wird, wie seit 30 Jahren wirkende neoliberale Integrationsmodi den transnationalen Umbau der Gesellschaft forcieren (Candeias 2004b).

Tatsächlich kommt es vermehrt zu Unsicherheiten und Unzufriedenheit, die im Zuge einer Repräsentationskrise und mangelnder Artikulationsmöglichkeiten (vgl. Candeias 2004b, 334ff.) zu Autoritarismus und Entsolidarisierung führen: Die Bedrohung der gesellschaftlichen Positionen und das Schwinden von Perspektiven bis tief in die sog. Mittelklasse der ehemals gut abgesicherten Facharbeiter und der urbanen bürgerlichen Angestelltenheere verstärken die Abgrenzungen nach ›unten‹ (vgl. auch Wacquant 2004, 164). Es kommt zu Distinktions- und Anerkennungskämpfen, zu Trennlinien der ›Respektabilität‹, die Vertrauen, Kommunikation und übergreifende oder auch nur lokale Solidarität erschweren. Die individuelle Bearbeitung der Widersprüche überwiegt, die Benachteiligten scheinen unfähig, die »kollektive Natur des Dilemmas anzuerkennen« (165). Sicher: In der Bewegungsphase »wird tendenziell Desolidarisierung überwiegen« (W. F. Haug 2003, 172). Doch bleibt die Analyse dort stehen, führt das zur Blockierung von Handlungsfähigkeit: Wo wäre dann noch anzusetzen?

Subjektivierung vom Standpunkt der Reproduktion

Für Robert Castel, wie nun auch für Wacquant, ist das Prekariat gesellschaftlich atomisiert, anomisch und resigniert – kurz: nicht organisierbar. Castel sieht eine Tendenz zum »Sich-Einrichten in der Prekarität«, gekennzeichnet durch die habitualisierte Mobilität eines »provisorischen Durchwursteln[s]« und der Entwicklung eines »Realismus der Hoffnungslosigkeit«, der von Reintegrationsversuchen Abschied nimmt und zu Resignation sowie sporadischen Gewaltausbrüchen mit selbstzerstörerischen Merkmalen führt (2000, 357f.). Für Castel sind diese Überzähligen »nicht integriert und zweifelsohne auch nicht integrierbar«, da ihnen das Hauptmoment gesellschaftlicher Integration, eine positive Identität durch Arbeit, verloren gegangen sei (359). Sie sind für ihn keine sozialen Akteure, sondern »soziale Nicht-Kräfte« (ebd.), eine Nichtklasse der Marginalisierten, die sich resignativ ihrem Schicksal unterwirft, oder, wie Wacquant es ausdrückt, »abgekoppelt« von den etablierten Gruppen und »entsprechend einer Sprache, einem Repertoire gemeinsamer Bilder und Zeichen zum Entwurf eines kollektiven Schicksals« beraubt.

Erstaunen wird formuliert angesichts des dennoch vorhandenen »Selbstbewusstseins der Abgehängten, das sich gegen eine völlige Marginalisierung sperrt und zur Ausbildung eigener Subkulturen und Taktiken des Durchhaltens und Durchkommens« (Lessenich/Nullmeier 2006, 20), also eigener Praxen und Sprache führt, auch zum Aufbau »reziproker Netzwerke« und ethno-nationale Grenzen überschreitender, funktionierender »communities« (Wacquant 2004, 171 u. 193); dies selbst in den amerikanischen Großstadt-Ghettos, in denen ein unvergleichbar höherer Grad an physischer Unsicherheit herrscht (176). Woher diese Phänomene kommen, bleibt unerklärt. Die aufkeimenden Organisationen der »Habenichtse«, wie die Arbeitsloseninitiativen, die Organisationen gegen Obdachlosigkeit oder gegen Illegalisierung von Migranten (Sans-Papiers), seien »sehr fragil« – damit hat Wacquant wohl recht, und doch erklärt es nicht ihr Zustandekommen.

Castel wie Lessenich/Nullmeier reproduzieren den Blick auf die Betroffenen von ›oben‹, neigen dabei zur Entsubjektivierung bzw. verbleiben auf der Ebene der Analyse sozialstaatlicher Institutionen. Wacquant hingegen widmet sich den subjektiven Verarbeitungsformen und zeigt, wie die Einzelnen sich selbst in die prekären Verhältnisse einbauen. Subjektivität wird hier jedoch nur vom Standpunkt der Reproduktion herrschender Verhältnisse betrachtet, quasi als affekthafter Reaktionismus. Das Problem dabei ist, dass den Subjekten zwar Eigenaktivität zugestanden, jedoch die Kompetenz oder Fähigkeit abgesprochen wird, die Verhältnisse zu verändern (vgl. auch Dörre 2005). Dieses Verfangen in einer Art reproduktiver Schleife (auch bei Castel) ist dem Bourdieu'schen Erbe eines latenten Strukturalismus geschuldet (kritisch dazu Willis 1990, 13).

Mit seinem Konzept des Habitus liefert Bourdieu ein konkret-geschichtliches Vermittlungsverhältnis von gesellschaftlicher und individueller Reproduktion. Kern des ursprünglichen Entwurfs ist eine »allgemeine Theorie der Ökonomie von Handlungen«, die in einer Art »verallgemeinertem Materialismus« (Bourdieu 1987, 173) das »ökonomische Kalkül« auf alle sozialen Äußerungen anwendet. Er reduziert Handeln damit auf Nutzenerwägungen der Akteure (dem *rational choice*-Ansatz nicht unähnlich) (vgl. Mahnkopf 1988, 13). Die funktionale *Übereinstimmung* von Habitus und Struktur drängt sich auf. Der Habitus bilde, so Bourdieu, ein System relativ »dauerhafter und übertragbarer Dispositionen« (Bourdieu 1987, 98), in welchem »Praktiken und Vorstellungen« der handelnden Akteure »objektiv an ihr Ziel angepasst sein können, ohne jedoch bewusstes Anstreben von Zwecken und ausdrückliche Beherrschung der zu deren Erreichung erforderlichen Operationen vorauszusetzen, die objektiv ›geregelt‹ und ›regelmäßig‹ sind, ohne irgendwie das Ergebnis der Einhaltung von Regeln zu sein, und genau deswegen kollektiv aufeinander abgestimmt sind, ohne aus dem ordnenden Handeln eines Dirigenten hervorgegangen zu sein« (88f.).

Allerdings weist Bourdieu frühzeitig darauf hin, dass die Angepasstheit des Habitus an die objektiven Bedingungen nicht zirkulär als vollkommene Reproduktion zu interpretieren sei (1987, 117; vgl. 1976). Der Begriff diene in seiner entwickelten Form vielmehr dazu, »Dauerhaftigkeit im Wandel« zu gewährleisten und die »Praktiken *relativ unabhängig* von den äußeren Determiniertheiten der unmittelbaren Gegenwart zu machen« (105): Der Habitus ist dann »ein Produkt der Konditionierungen, das die objektive Logik der Konditionierung tendenziell reproduziert, sie dabei aber einer Veränderung unterwirft; er ist eine Art Transformationsmaschine, die dafür sorgt, dass wir die sozialen Bedingungen unserer eigenen Produktion ›reproduzieren‹, aber auf eine relativ unvorhersehbare Art, auf eine Art, dass man nicht mechanisch von der Kenntnis der Produktionsbedingungen zur Kenntnis der Produkte gelangt« (1993, 128). Er steht zu den ihn erzeugenden Bedingungen im Verhältnis der Entsprechung. Zwischen Handeln und Struktur besteht quasi Homologie zumindest so lange, wie der Habitus »mit Verhältnissen konfrontiert ist, die den Verhältnissen, deren Produkt er ist, objektiv gleich oder ähnlich sind«, dann kann man durchaus sagen, »dass der Effekt des Habitus und der Effekt des Feldes [der Struktur] in gewisser Weise redundant sind« (Bourdieu/Wacquant 1996, 163). Das relational-redundante Verhältnis schließt konzeptionell einen mechanischen Determinismus aus, ohne die historisch-gesellschaftliche Vor-Strukturiertheit des Handelns der gesellschaftlichen Akteure infrage zu stellen. Doch es bedarf großer Anstrengungen, aus der Homologie nicht in die strukturelle Determinierung zurückzufallen. Beispielhaft für einen Rückfall in einen hermetischen Determinismus steht Castel, wenn er zustimmend Bourdieu in einer Weise interpretiert, »dass am Anfang der Zwang steht, dass die Gesellschaft aus einem Zwang hervorgegangen ist und sie zuallererst aus Zwängen besteht« (2003, 348). Doch auch ein weniger deterministisches Verständnis der Habitus-Theorie sagt noch nichts über die Ursachen ›abweichenden Verhaltens‹ oder verändernder Praxis.[1]

Widerspruchskonstellationen als ›Transformationsmaschinen‹

Versuchen wir uns an einer Entlastung des Habitus-Konzepts von seiner strukturalistischen Verengung, durchaus im Sinne einer Bourdieu'schen Praxeologie (dem des marxschen Praxisverständnis nicht fern): Der Habitus im Sinne einer gesellschaftlichen Individualitätsform (Sève) determiniert das Subjekt nicht. Diese Sicht wendet sich gegen eine verbreitete sozialisationstheoretische Annahme, dass »die Menschen bloß Vollstrecker von Rollen, Erfüller von Normen und Erwartungen seien« (F. Haug 1983, 16). Den komplexen Prozess, indem mehrere Habitus (je nach ›Feld‹), die sich durchaus widersprechen können, kohärent gemacht werden müssen, um sie lebbar zu gestalten, bezeichne ich im Anschluss an Gramsci und Foucault als Subjektivation, als Produktionsprozess des Subjekts sowie seine Unterwerfung in und durch das Ensemble der gesellschaftlichen Verhältnisse. Die freiwillige Unterstellung unter eine bestimmte Form der Herrschaft ist in widersprüchlicher Weise mit den Bedürfnissen und der Handlungsfähigkeit der gesellschaftlichen Individuen in ihrem Alltag verknüpft. Dass die Individuen das »gesellschaftlich Gewünschte jeden Tag auch von sich aus wollen, ist Gegenstand einer nie abreißenden Bearbeitung durch die ideologischen Mächte« (HKWM I, 148). Dabei meint Unterwerfung nicht einfach Unterordnung, sondern zugleich eine Sicherstellung und Verortung des Subjekts (Butler 2001, 87). Es ist ein dialektischer Prozess des ›Erschaffenwerdens‹ und des ›Sich-selbst-Erschaffens‹ innerhalb gegebener Formen (oder im Widerstreit damit). Diese Hervorbringung des Subjekts vollzieht sich unter gesellschaftlichem Zwang, trifft dabei aber auf eine gewisse Bereitschaft oder das Begehren der Gesellschaftlichkeit der Individuen. Es handelt sich nicht um gesellschaftliche Zwänge, die einseitig beherrschend auf ein gegebenes Individuum einwirken. Der Prozess der Subjektivation wird von gesellschaftlichen Individuen aktiv betrieben – die Frage ist, »wie die Einzelnen sich einbauen in die vorhandenen Strukturen und dabei sich selber formen« (F. Haug 1983, 16) Der Habitus bildet dabei die Vermittlungskategorie zwischen individueller und verallgemeinerter Subjektivität. Er stellt die »notwendigen Formen« (Sève 1986, 24) bereit, in denen die gesellschaftlichen

---

1 Auch Schultheis (2005, 580f.) manövriert sich in eine Sackgasse: Den Wandel individueller (?) Habitus fasst er als Quasi-Reaktion auf die veränderten Anforderungen in der Arbeitsgesellschaft, die wiederum mit Boltanski und Chiapello aus der Analyse von Managementdiskursen gewonnen werden, also von ›oben‹, ohne Bezug auf gesellschaftliche Auseinandersetzungen oder die Eigenaktivität der Subalternen bei der Herausbildung eines neuen Habitus (im Bourdieu'schen Sinne). Subjekte werden hier zu passiven Trägern gesellschaftlicher Formen und ihrer Reproduktion.

Individuen ihre Tätigkeiten realisieren, und trägt so zur gesellschaftlichen Regularisierung von Handlungen, d. h. der Ausbildung von Handlungsmustern bei. Die Subjekte müssen dabei als »aktiv Aneignende«, kreative kollektive Produzenten ihrer Lebensweise begriffen werden (Willis 1990, 13f.). Damit unterliegen Subjektivierungsprozesse immer dem Doppelcharakter von Unterwerfung und Selbstkonstitution, bilden spezifische Verhältnisse von Heteronomie und Autonomie heraus. Das Subjekt ist niemals vollständig konstituiert, sondern wird immer wieder neu unterworfen und produziert und eröffnet somit die Möglichkeit seiner Reartikulation. Doch für Bourdieu (1998a, 21) und seine Nachfolger stellt sich der Habitus als für das Handeln der Subjekte funktional dar – diese Funktionalität ist aber keineswegs voraussetzbar, ist vielmehr einem Prozess gesellschaftlicher Auseinandersetzungen unterworfen.

Dem Effekt des Habitus, der gesellschaftlichen Regulation des Subjekts – Foucault nennt dies »Normalisierung« – wird von Letzterem psychischer und physischer Widerstand entgegengesetzt. Doch woher kommt die Widerständigkeit? Da jedes Individuum differenziell artikuliert ist, auf unterschiedlichen ›Feldern‹ bzw. gesellschaftlichen Verhältnissen agiert, vereint es mehrere Habitusformen in sich, die durchaus widersprüchlich zueinander stehen können: Widersprüche, die keineswegs »nur im Denken vorkommen«, die dann auf individuell psychischer Ebene gelöst werden könnten, sondern »reale Widersprüche« sind (Holzkamp 1987, 14). Die Widersprüchlichkeit der gesellschaftlichen Verhältnisse selbst verhindert die Vereinheitlichung der unterschiedlichen Habitus im Prozess der Subjektivation.[2] Individuelle Lebensführung heißt dann aktive Realisierung der im Ensemble der gesellschaftlichen Verhältnisse gegebenen widersprüchlichen Handlungsmöglichkeiten. Die Unmöglichkeit einer substanziellen Einheit, einer inneren Kohärenz, erzeugt dabei alltäglichen Widerstand und Eigensinn. Dieser »macht jeden Versuch unvollständig, ein Subjekt mit Mitteln gesellschaftlicher Disziplinierung hervorzubringen« (Butler 2001, 86), und eröffnet Wege zur Autonomie. Das Ergebnis ist immer ein dissoziiertes Selbst, eine mehrfach artikulierte Identität der Individuen (Gramsci). Erreichbar ist immer nur ein relatives Gleichgewicht im Ungleichgewicht. Die individuelle Bearbeitung dieser Widersprüche ist allerdings hegemonial bestimmt, indem die Richtung der Handlungsmöglichkeiten innerhalb eines engen Korridors von Handlungsbehinderungen vorgegeben wird.[3]

Insofern ist Widerstand (in welcher Form auch immer) ein Effekt gesellschaftlicher Widersprüche. Dabei ist er nicht nur reaktiv, sondern ein Mit-

---

2   Wenn die These vom »Bruch zwischen den von Menschen internalisierten bzw. sprichwörtlich ›einverleibten‹ gesellschaftlichen Strukturen« (als Habitus) und den veränderten gesellschaftlichen Verhältnissen zutrifft (Schultheis 2005, 580), ist der Kampf um die Rekonstruktion neuer Habitus notwendig längst im Gange.

3   Ausführlich zum Verhältnis von Struktur und Handlung, Subjekt, Habitus und Regulation vgl. Candeias 2004, 32ff.

tel zu einem zukünftigen Zweck, der Herstellung eines einheitlichen Selbst, eine Praxis, die sich selbst begründet. Diese kann zum Teil durch den Normalisierungsdruck und gesellschaftliche Repression unterdrückt oder sozial, ideologisch oder religiös sublimiert werden, z. B. durch den Versuch der Konstruktion identitärer Selbstkohärenz. Es gibt »keinen reinen Kampf der Unterdrückten, keinen reinen Widerstand«, die Art der Widerständigkeit ist selbst hoch widersprüchlich in die Reproduktion der Verhältnisse eingebunden und zugleich veränderndes Element (Willis 1990, 23). Wo Widerstand der Normalisierung bewusst widersteht, gelingt es, den alten Habitus zu durchbrechen; zugleich wird dadurch ein neuer Habitus geformt, z. B. der des Schwulen, der Alleinerziehenden, des Neonazis, der Revolutionärin, des Ökos, der Nonkonformistin oder des rebellierenden Überflüssigen etc., der oft jene gegensätzlichen Effekte produziert, gegen die sich der Widerstand richtete. Die Möglichkeiten der Normalisierung und Regulation durch die Produktion eines neuen Habitus sind allerdings begrenzt. Die Gewalt der Verhältnisse produziert immer neue Widersprüche und das Aufbrechen der alten, die eine letztendliche Festigung der dissoziierten Subjekte verhindert. Insofern wirken der Prozess der Subjektivation, seine permanente Reartikulation sowie die Konstruktion und Dekonstruktion von Habitus auch als – wie Bourdieu es, wenn auch ohne weitere Begründung nennt – gesellschaftliche ›Transformationsmaschine‹: eine fortwährende Simultanität von Unterwerfung und Widerstand, immer aufs Neue und immer unter veränderten Bedingungen. Freilich ist eine Erweiterung von Handlungsfähigkeit keine individuelle Möglichkeit, sondern vielmehr die Entwicklung der »Fähigkeit, im Zusammenschluss mit anderen Verfügung über meine jeweiligen individuell relevanten Lebensbedingungen zu erlangen« (Holzkamp 1987, 14).

Von restriktiver zu erweiterter Handlungsfähigkeit

Auch wenn Castel oder z. B. Loïc Wacquant (2007 u. 2004) keine Soziologie der Reproduktion entwerfen, vielmehr die Transformation innerhalb der reproduktiven Schleifen betonen wollen, gerät ihnen die Betonung von Zwängen, Einschränkungen und letztlich individualisierten (Distinktions- und Respektabilitäts-)Kämpfen unfreiwillig zu einer »konservativen Weltanschauung«, die ihren »Ursprung zweifelsohne im Durkheim'schen Begriff der Anomie hat«, so Fabien Jobard (2004, 321). Insbesondere Castel fällt in einen hermetischen Determinismus zurück, wenn er Bourdieu in einer Weise interpretiert, »dass am Anfang der Zwang steht, dass die Gesellschaft aus einem Zwang hervorgegangen ist und sie zuallererst aus Zwängen besteht« (2003, 348). Prekarisierung wirkt dann als Zersetzung des sozialen Gewebes und führt zur Konzentration der individualisierten Überflüssigen in Räumen des Ausschlusses (z. B. den Banlieues) – eine paradoxe kollektive Exklusion bzw. Ausgliederung als individueller Prozess: Eine solche Soziologie trägt unweigerlich zur Konstitution einer solchen ›Zone‹ der Ausgrenzung in ihrem sozialen wie räumlichen Sinne im gesellschaftlichen Bewusstsein bei: »Dort beruhen die gesellschaftlichen Beziehungen auf einer tiefen Anomie« ohne Kollektivität oder gemeinsame Erfahrung, »die folglich nur zu Einzelereignissen führt; dort wirkt dann die [physische wie symbolische] Gewalt immer individuell und wenn in irgendeiner Weise kollektiv, dann auf der Basis kleinkrimineller Erscheinungsformen; dort werden die üblichen gesellschaftlichen Verhältnisse außer Kraft gesetzt« (Jobard 2004, 321). Dies geht einher mit einer Reihe von begrifflichen Dichotomien: Gewalt/ Sprache, Anomie/Mobilisierung, atomisierte Individuen/konstituierte Gesellschaftlichkeit; Bann-Ort/Öffentlichkeit etc. Das Prekariat erscheint als Ansammlung zielloser Existenzen: apathisch, anomisch, latent gewalttätig, depriviert – Opfer gesellschaftlicher Gewalt und Diskriminierung. Die Analyse beschränkt sich auf die Erklärung, warum sich an solchen Orten oder in solchen Gruppen nichts Politisches formieren kann. Wacquant kritisiert zwar Debatten um die sogenannte Unterklasse in den USA, in denen das schwarze, städtische Subproletariat »symbolisch von der ›würdigen‹ Arbeiterklasse« unterschieden wird (2004, 159), spiegelt dies jedoch von links, wenn er das Prekariat als »unmögliche Klasse« von der alten und neuen Arbeiterklasse trennt.

Organisierung scheint nicht mehr vorstellbar in diesem ›Regime der Angst‹: Menschen, »die sich in prekärer Lage befinden, lassen sich kaum mobilisieren, da sie in ihrer Fähigkeit, Zukunftsprojekte zu entwerfen, beeinträchtigt sind« (Bourdieu 1998, 98). Unweigerlich fragt man sich, wie es zur Entstehung der Arbeiterbewegung kommen konnte (vgl. Thompson 1987). Die Entstehung einer Arbeitslosenbewegung erscheint Bourdieu denn auch als unwahrscheinliches »gesellschaftliches Wunder« (103). Eigentlich plädieren Bourdieu, Wacquant und Castel angesichts der Unmöglichkeit, das Prekariat zu organisieren, für die »Macht der Repräsentation«, dem, »was praktisch, stillschweigend oder implizit existiert, die volle, d. h. objektivierte, unmittelbar für alle sichtbare öffentliche, offizielle und damit autorisierte Existenz zu verschaffen« (Bourdieu 2001b, 82). Da das Prekariat aber als ›unmögliche‹ Klasse mit heterogener Positionierung in der gesellschaftlichen Arbeitsteilung entlang geschlechtlicher, nationaler oder ethnischer Zuschreibungen keine Repräsentanz in den tradierten politischen Institutionen findet, bedarf es des Eingreifens von Intellektuellen als »kritische Instanz« (65), um den Staat wieder an seine soziale Verantwortung zu erinnern und wieder in den Stand zu versetzen, gegen einen entfesselten Markt regulierend einzugreifen.[4] In den Banlieues handelt es sich jedoch nicht in

---

4   Unter Ablehnung des gramscianischen Begriffs des organischen Intellektuellen hält Bourdieu an einer substanzialistischen Vorstellung von Intellektuellen als ›Gelehrten‹ fest, die von ›außen‹ und ›oben‹ aufklärend tätig werden. Die starke Betonung ihrer Autonomie, die Intellektuelle quasi von ›außen‹ als Experten oder Berater auftreten lässt, lässt sie als Unbeteiligte bei der Organisation politischer und sozialer Bewegungen

erster Linie um ein Problem von zu wenig Sozialstaat, im Gegenteil wirkt die Dichte sozialstaatlicher und polizeilicher Einrichtungen massiv als Element der Disziplinierung und Kontrolle bis tief in die Lebensweise der abhängigen ›Klienten‹.

Wacquant stellt zumindest die Frage, wie man das »Gefühl einer geteilten Lage« schmiedet und »gemeinsame Handlungsziele« formuliert, »wenn der wirtschaftliche Druck und die soziale Not so disparat konfiguriert sind«. Eine widerständige Praxis zur Erweiterung von Handlungsfähigkeit muss dabei nicht neu erfunden werden, sie findet sich bereits in der Alltagspraxis wie im bizarr zusammengesetzten Alltagsverstand (Gramsci). Handlungsfähigkeit ist geprägt durch ein widersprüchliches Ensemble von Handlungsmöglichkeiten und -behinderungen. Diese Widersprüchlichkeit und ihre unentwegte Bewegung verlangt vom Subjekt *Orientierungshandlungen* (Markard 2001, 1176). Das Subjekt kann dabei sein Handeln sowohl anpassend als auch widerständig orientieren bzw. muss beides in je spezifischer Weise leisten, um in den Widersprüchen nicht zerrissen zu werden. Bewusste wie unbewusste Momente gehen dabei in den Habitus ein. In jedem Fall nimmt das Subjekt damit aktiv Einfluss auf seine Handlungsmöglichkeiten, an den angeknüpft werden kann (Candeias 2004, 33).

Ein Habitus ist nicht durch die (objektiven) Bedingungen determiniert, sondern wird von den Subjekten durch Erfahrungen im Handlungsprozess gebildet. *Erfahrungen* sind »gelebte Praxen mit der Erinnerung an eine selbstgebaute Identität«; sie sind strukturiert durch Erwartungen«, Normen, Werte, Zwänge, »kurz: durch die herrschende Kultur, aber sie enthalten ebenso das widerständige Moment gegenkultureller Aktivität. Dieses Ineinander von Vollzug und Selbstverwirklichung macht einen Teil der Festigkeit« etwa von Moralvorstellungen in den Köpfen oder eines Habitus aus (F. Haug 1991, 16). Auch hier lässt sich jedoch an die gegenkulturellen Momente anknüpfen. Dies ist vermittelt mit einer spezifischen Emotionalität. Eine *Emotionalität*, die, entgegen bürgerlichen Vorstellungen einer von Erkenntnissen und Handlungen abgekoppelten Innerlichkeit, »Voraussetzung ist für eine adäquate kognitive Abbildung der Welt« (Holzkamp 1987, 16) – gemeinsames Erleben und auch Erleiden als eine der wesentlichen Grundlagen für Prozesse kollektiver Widerständigkeit, dann, wenn es gelingt, Orientierungshandeln, Erfahrung, Reflexion und Gefühl kohärent zu arbeiten. Als weiteres wichtigstes Moment der Anknüpfung an Elemente widerständiger Praxen tritt die *Motivation* hinzu. Mangelnde Motivation und Bewusstsein der Prekären wird (auch von links) häufig als wesentliches Hindernis betrachtet, um die eigene Lage selbstverantwortlich zu verbes-

---

erscheinen. Sind sie jedoch beteiligt – wovon etwa Bourdieus eigene Praxis beredtes Zeugnis gibt –, wie ist dann das Verhältnis von Intellektuellen und Bewegung zu begreifen? Gerade diese Fragestellung hatte Gramsci überwunden, indem er die organischen Intellektuellen als Teil der Bewegung fasste. Insofern bewegen sich Bourdieu, Wacquant oder Castel innerhalb einer überholten Problemstellung.

sern bzw. den strukturellen Zwängen organisierten Widerstand entgegenzubringen. Doch ist eine solche Motivation keineswegs eine bloß individuell psychische Angelegenheit. Ein Ziel kann nur dann motiviert verfolgt werden, »wenn ich vorwegnehmen kann, dass in der Realisierung des Ziels ich selber ein Stück Erweiterung meiner Lebensmöglichkeiten, also Verbesserung meiner Lebensqualität erreiche« (ebd.) - die Organisation in den alten Formen politischer Repräsentation, die Teilnahme an Wahlen etc. werden offenbar oft nicht mehr als ein solcher Weg betrachtet.

Die Erweiterung der eigenen Bedingungsverfügung ist mit dem Risiko verbunden, mit den Herrschaftsinstanzen in Konflikt zu geraten. Insofern muss sich jeder individuell immer in einem Widerspruch bewegen, »zwischen der Erweiterung der Lebensmöglichkeiten und der Vorwegnahme des Risikos des Verlusts der Handlungsfähigkeit durch die Herrschenden« (Holzkamp 1987, 16f.) - durch Arbeits- und Sozialverwaltungen, Schulbehörden, alltägliche Kontrolle und polizeiliche Überwachung sowie die ›kleinen Unteroffiziere‹ des Kapitals in Person oftmals nicht gerade üppig entlohnter Abteilungsleiter und Vorarbeiter mit ihren kruden Management- und Gängelmethoden im Niedriglohn- oder im informellen Sektor. Insofern liegt es nahe, sich mit einer beschränkten Handlungsfähigkeit im Rahmen der bestehenden Verhältnisse zufriedenzugeben, »also quasi eine Art von Arrangement mit den jeweils Herrschenden in einer Weise zu treffen, dass man an deren Macht so weit teilhat, oder zumindest deren Bedrohung so weit neutralisiert, dass man in diesem Rahmen noch einen bestimmten Bereich an freiem Raum« hat (ebd., 17). Zur Erlangung einer solchen restriktiven Handlungsfähigkeit innerhalb der gegebenen Formen bedarf es nicht nur einer unmittelbar einsichtigen Ausstattung mit Kapital bzw. Geld, beruflicher Qualifikation und Bildung, gesellschaftlichen Status, sozialer Beziehungen und Gesundheit, sondern auch des besagten Orientierungshandelns und entsprechender Erkenntnismittel: Die Beherrschten zollen den sie benachteiligenden Machtverhältnissen dabei eine »abgepresste Anerkennung«, weil und indem sie nur über die Erkenntnismittel verfügen, die sie mit den Herrschenden teilen und die »nichts anderes als die inkorporierte Form des Herrschaftsverhältnisses sind« (Bourdieu 1997, 164). Wir würden allerdings erneut im Strukturalismus einer selbsttätigen Reproduktion der Verhältnisse landen, wenn es dabei bliebe. Von besonderer Bedeutung ist dabei der Erwerb spezifischer Fähigkeiten, vor allem der Sprache, in Schule und anderen Institutionen des Bildungssystems. Die Schule oder die Universität z.B. lehrt Fähigkeiten des *savoir-faire*, »aber in Formen, die die Unterwerfung«, das Sich-Einrichten »unter die herrschende Ideologie *oder* die Beherrschung ihrer ›Praxis‹ sichern« (Althusser 1977, 112). Das ›oder‹ markiert dabei eine entscheidende Differenz. Je mehr spezifische Fähigkeiten entwickelt werden, desto vollständiger die Subjektivation, desto mehr wird aus der einfachen (von außen aufgezwungenen) Unterordnung eine Beherrschung der Praxis als aktive Zustimmung zum hegemonialen Konsens.

Doch was ist mit all jenen, die eben nicht an jener Macht zur Beherrschung der Verhältnisse teilhaben, deren prekäre alltägliche Situation die Bedrohung durch die Verhältnisse in keiner Weise neutralisiert, sondern verschärft – hier wirkt die Zersetzung selbst dieser restriktiven Handlungsfähigkeit. Die Auflösung kann in anomische Zustände überführen, Verdrängung und psychische und physische Krankheiten hervorrufen; aber auch das widersprüchliche Verhältnis von Risiko des Verlusts von Handlungsfähigkeit und der subjektiven Notwendigkeit zur aktiven kollektiven Erweiterung der Handlungs- und Lebensmöglichkeiten zugunsten der Letzteren verschieben. Bourdieu selbst legte dafür eine Grundlage mit seiner Art kritischer Interventionen: Seine Untersuchungen machen das Unbehagen und das Leiden an den Verhältnissen im Prekariat sichtbar und bieten somit eine für die Betreffenden wichtige Möglichkeit zur Einsicht in überindividuelle Zusammenhänge, auf die sie ihre Situation zurückführen können. Nun heißt es den Blick von der Reproduktion der gesellschaftlichen Verhältnisse auf ihre Widersprüche zu lenken (ausführlich dazu Candeias 2006).

Banlieues – unwahrscheinliche Orte der Mobilisierung

Für Wacquant (2004, 161) ist der praktische Verstoß gegen die Idee des französischen Staates als egalitärer Gemeinschaft aller Bürger durch alltägliche Diskriminierung der *Kristallisationspunkt* der zyklischen Straßenproteste und Aufstände in den Vororten der urbanen Zentren. Die Banlieue-Revolten sind eine Antwort auf die alltägliche strukturelle Gewalt, die Diskriminierung bei gleichzeitiger Entnennung der Ungleichheit, des ›Andersseins‹. Zugleich ist dies verwoben mit einem tiefen Misstrauen, gefördert durch despotische Sozialämter und verschärfte Kriminalisierung, gegen staatliche Institutionen und alte Formen politischer Organisation und Repräsentation. Es geht darum, »das ganze Ding zu zerstören«, also um die Abkehr von jeglicher Integration. Alternativ werden subkulturelle und deviante, individuelle und kollektive Überlebensstrategien entwickelt. Dabei wird die von außen kommende, abwertende Zuschreibung der Banlieues und ihrer Bewohner zunächst reproduziert, wird Teil der Identität, verfestigt Minderwertigkeitsgefühle, die sich v. a. bei jungen Männern in affektiven Reaktionen, brutaler Sprache usw. zeitweise entladen – eine Gegenkultur, die Widerständigkeit artikuliert und zugleich Diskriminierung reproduziert (vgl. Willis 1979). Der Alltag scheint geprägt von Kriminalität, Gewalt und Misstrauen. Die Banlieues sind jedoch auch Orte des gegenseitigen Vertrauens, des Austausches und der Hilfe (Wacquant 2004, 193).

Aber genau diese Kränkung – als Teil der egalitären französischen Tradition angerufen zu werden und alltäglich das Gegenteil zu erfahren – sowie das grundsätzliche Misstrauen gegenüber staatlichen Institutionen ergaben Anknüpfungspunkte für die Organisierung im Mouvement de l'immigration et des banlieues (MIB). Anstoß waren zunächst wiederholt von der

Polizei verschuldete Tötungen eines oder mehrerer Jugendlicher, 1993, 1997, 2002 (vgl. Jobard 2004), zuletzt 2005 und 2009. Die Bewohner der Banlieues wiesen die offizielle Darstellung der Vorfälle immer wieder zurück, und zwar zunächst nur im Sinne einer einfachen Negation, ohne ihr ein alternatives Erklärungsmodell entgegenzustellen: »Alles, was sicher ist, ist, dass Mohamed tot ist; wie genau es dazu kam, wissen wir nicht, wir wollen es wissen und dafür kämpfen wir – politisch« (zit. n. Jobard 2004, 322). Verbunden mit einem tief verankerten Gefühl der Ungerechtigkeit wird so die Deutungshoheit von Staat und Medien infrage gestellt.

Soziales Zentrum des MIB und damit Ort der Diskussion und Infragestellung der offiziellen Versionen und der kollektiven Reorientierung und Deutung der Situation war ein lokaler Verein.[5] Wie diese Alltagsstrukturen Teil der Sphäre der Politik sind, kann mit einem verengten Politikbegriff, der sich nur auf Repräsentationsverhältnisse im parlamentarischen System und ihre mediale Vermittlung bezieht, nicht erfasst werden. Die Motivation, sich auf die Spielregeln der repräsentativen Demokratie und etablierte politische Organisationen einzulassen, ist verständlicherweise bei den Bewohnern kaum vorhanden, da sie von diesen keine Veränderung erwarten. Entsprechend wurden Vereinnahmungsversuche durch hohe Repräsentanten der Muslime in Frankreich als Entpolitisierungsstrategie und Passivierung scharf zurückgewiesen. Stattdessen wurde mit Aufsehen erregenden Aktionen wie Blockaden von Autobahnen und Gemeinderatssitzungen Autonomie demonstriert. Diese symbolischen Attacken zielen auf die Regeln und Grenzen des Politischen, darauf, »die Praktiken zu verändern durch Regelverstöße, die mit den traditionellen demokratischen Ausdrucksmitteln (Diskussion, Stimmabgabe, Demonstration) brechen« (Bourdieu 2001b, 18).

Damit verbunden war der Versuch, die Banlieues vom Rand wieder ins Zentrum der Öffentlichkeit zu rücken: mit politischen Aufrufen gegen eine blinde Justiz und brennende Autos. Auch die Willkür der Polizei oder der Ämter ist nur möglich, weil die Verhältnisse nicht in die Öffentlichkeit gelangen.[6] Die gewaltsamen zyklischen Ausschreitungen werden dabei nicht als Gegensatz zur Organisierung verstanden, auch wenn dies innerhalb der Bewegung umkämpft, ihr Für und Wider umstritten ist. Sie haben vielmehr zwei Funktionen: Zunächst lenken sie den Blick auf die unsichtbaren Orte prekärer Inklusion im neoliberalen Gesellschaftsumbau; weiterhin wirken sie als Ventil zur Entladung angestauter Frustrationen und Aggressionen, die sich so, statt gegen sich selbst, vor allem gegen Artefakte der Konsumgesellschaft (Einkaufszentren, Autos) wie gegen Symbole und Einrichtungen

---

5 Unterhalb dessen finden sich weitere »informelle« Formen der Politisierung in Form der Vermittlung von Erfahrungen mit Gerichten, Polizei und Ämtern und wechselseitiger Unterstützung bei entsprechenden Auseinandersetzungen (Jobard 2007, 12f.).

6 Ebenso gilt es, allgemein prekäre Arbeits- und Lebensverhältnisse immer wieder in die Öffentlichkeit zu rücken (mit Montagsdemonstrationen, Mindestlohnkampagnen in den USA oder dem Euromayday usw.).

des Staates (Polizeistationen, Schulen) richten. Die Strategie hat wiederum widersprüchliche Effekte, denn durch die Form der Darstellung der Gewalt in den Medien wird die Organisierung unsichtbar und stattdessen das Bild der unzugänglichen ›Brennpunkte‹ verfestigt.

Um der scheinbar sinnlosen Gewalt eine Bedeutung zu verleihen, wird im Anschluss an die Unruhen immer wieder versucht, über die Bewohner der Banlieues hinaus die Realisierung des Egalitarismus einzuklagen, im Sinne einer Umdeutung dieses Grundpfeilers der französischen Republik, als Entideologisierung und Aneignung von ›unten‹. Auch hier gilt die Gewalt als Mittel zur Sichtbarmachung einer entnannten Differenz, von der aus sich überhaupt die universalistische Forderung aufstellen lässt. Der konkrete Anlass wird zudem genutzt, die in den improvisierten Sozialen Zentren stattfindenden Diskussionen über polizeiliche Gewalt auf die eigene Gewalt untereinander, auf das verbreitete Misstrauen im Viertel zu lenken, Ursachen zu benennen, eigene Alltagspraxen infrage zu stellen, individuelle Lösungsversuche in kollektive Bahnen zu lenken und langfristige Politisierungsprozesse anzustoßen. Der Versuch zielt darauf, Banlieues als öffentliche Räume zu konstituieren, statt die ideologische Konstitution sozialer Brennpunkte zu übernehmen. Denn die skandalisierende Stigmatisierung diente gesellschaftlich zugleich der Entdramatisierung des Problems durch Einschließung in Orte aktiver Ausgrenzung. So konnten die Probleme als die einer verwahrlosten Unterschicht bzw. einer nicht-integrierten zweiten Generation von Migranten dargestellt werden. Dies entlastet zugleich die Mehrheitsgesellschaft von ihrer Verantwortung und rechtfertigt das harte Vorgehen gegen die »gefährlichen Klassen« (Buret 1840).

Die Banlieues sind gegenüber den amerikanischen Ghettos ein heterogenes »Gemisch«. Es sind eben keine rassisch segregierten Räume der Ausgrenzung (Wacquant 2004, 194) oder ›Parallelgesellschaften‹; die soziale Lage, so Wacquant, ist eher das »Resultat der spezifischen Klassenzusammensetzung«, der Konzentration von armen Arbeiterfamilien, zu denen sich Immigrantenfamilien gesellten, die vergleichbare Positionen in der französischen Klassenstruktur einnehmen, was eine Grundlage für gemeinsame Erfahrungen unabhängig von der Herkunft bietet (195). Tatsächlich, so berichten Aktivisten des MIB, wird die Verbindung von ›Rasse‹ und ›Klasse‹ im Prozess der Organisierung vom Element der Spaltung zum Element der notwendigen Formulierung übergreifender politisch-ethischer Positionen. Prekarisierung rückt als allgemeiner gesellschaftlicher Prozess in den Blickpunkt und manifestiert sich in Forderungen und Bündnissen, die über die engen Grenzen der jungen, arabischen Jugendlichen und ihrer Familien, über die Banlieues als immer noch mehrheitliche Arbeiterwohnstätten mit wachsendem Migrantenanteil hinausgehen – zumindest wird dies versucht. Die Aktivisten assoziieren sich mit den Kämpfen gegen die Privatisierung des sozialen Wohnungsbaus oder der Wasserversorgung, mit den Bewegungen zum Erhalt und zur Demokratisierung sozialer Dienstleistungen – von denen die Bewohner der Banlieues in besonderer Weise abhängig sind –, mit der erstarkten Bewegung für die Legalisierung der Sans-Papiers usw.; ebenso mit den gewerkschaftlichen Forderungen nach sinnvoller Arbeit und Entprekarisierung für alle, auch für ›weiße‹ Franzosen, die von Arbeitslosigkeit und Prekarisierung in wachsendem Maße betroffen sind. Um Spaltungen zwischen »working poor« und »Unterklasse« zu verhindern, werden Forderungen nach einer Erhöhung des Mindestlohns und stabiler Beschäftigungsverhältnisse mit der Forderung nach einem bedingungslosen Grundeinkommen verbunden (vgl. Scharenberg 2007). Dass viele »Langzeitnutzer« staatlicher Hilfen die Einstellung entwickelt haben, dass ihnen diese Leistungen auch zustehen, begreift Wacquant nur als Moment der Passivierung, ist aber eines der stärksten Mobilisierungsmomente. Soziale Rechte werden hier nicht als passiv empfangene, juristisch vom Staat gewährte, sondern als demokratisch immer wieder aktiv zu realisierende Rechte thematisiert, als Verteidigung und Fortentwicklung einst erkämpfter Errungenschaften. Im Kleinen wird damit die z. T. gewaltsame Zuspitzung der Auseinandersetzung zu dem Versuch aktiver Selbstintegration in die französische Gesellschaft, aber nicht unter allein fremdbestimmten Bedingungen, sondern als Erweiterung der Verfügung über die Bedingungen zur Integration und selbstbestimmten Lebensführung.

Wacquant, Castel und andere beschreiben den dominanten Trend gesellschaftlicher Desintegration, Spaltungen und individualisierter neoliberaler Reintegration. Wird jedoch die Analyse des hier angedeuteten Subtrends vernachlässigt, werden mögliche Ansätze von Widerstand zur Verallgemeinerung kollektiver Handlungsfähigkeit blockiert.[7] Ein Blick auf die wechselvolle Geschichte der Subalternen (Gramsci), auf die Entstehungs- und Niedergangsbedingungen von sozialen Bewegungen kann hier helfen – und gehört übrigens auch zum Programm z. B. des MIB. Die Berücksichtigung der vielfältigen erfolgreichen Organisierungen in den unterschiedlichsten Bereichen der Prekarität zeigt ebenfalls die Möglichkeiten einer (Selbst-)Organisierung der ›Unorganisierbaren‹ (vgl. Candeias 2004a). Um nur eine zu nennen: Die schon fast totgesagten *living-wage*-Kampagnen in den USA seit Beginn der 1990er Jahre haben 2006 unter dem Motto »Let Justice Roll« eine Mobilisierung erreicht, die lokale Zusammenhänge wirksam überschreitet – mehr als 80 Arbeiter- und Community-Organisationen schlossen sich zusammen und konnten während der Wahlen zum Kongress 2006 Referenden für Mindestlöhne in sechs Bundesstaaten starten (in Arizona, Colorado, Missouri, Montana, Nevada, Ohio). Kurz zuvor hatten die illegalisierten Migranten in den USA, v. a. in Kalifornien, Millionen zu Demonstrationen auf die Straße gebracht und damit eine zumindest begrenzte Verschiebung in der Wahrnehmung ihres Beitrags zur US-Ökonomie erreicht. Zusammen

---

7 Kritische Wissenschaftler*innen haben »genau Rechenschaft abzulegen über die Strikes, Koalitionen und die anderen Formen, unter welchen die Proletarier vor unseren Augen ihre Organisation als Klasse vollziehen« (MEW 4, 181).

mit den Organizing-Kampagnen von Gewerkschaften und Gemeinden und ihrer zunehmend antagonistischen Positionierung gegenüber verschärfter kapitalistischer Ausbeutung von Arbeitskräften und Natur zeichnet sich ein neuer Zyklus gesellschaftlicher Kämpfe ab. Angesichts der ›Großen Krise‹ deutet sich eine Zuspitzung und Verdichtung der Widersprüche an, die potenziell einen Bruch in der Repräsentation, ungerichtete Revolten, aber auch eine Klassenformierung befördern.

Das Prekariat als Klassenfraktion im Werden

Trotz hoher Arbeitslosigkeit ist die Figur des doppelt freien Lohnarbeiters in der informationstechnologischen Produktionsweise verbreiteter als je zuvor. Die feuilletonistische Rede vom ›Ende der (Lohn-)Arbeitsgesellschaft‹ erweist sich angesichts einer nie dagewesenen globalen Expansion von Lohnarbeitsverhältnissen als borniert Unsinn. Auch in den sogenannten Industriestaaten sind die Erwerbsquoten überall gestiegen, insbesondere durch Einbeziehung der weiblichen Arbeitskraft. Die Grundlage von Klassenbildungsprozessen, der antagonistische Gegensatz zwischen Kapital und Arbeit, ist nach wie vor vorhanden. Dies sagt jedoch noch nichts über die konkrete Zusammensetzung der Klassen aus. Es ginge also darum, das ›re-making of the working class‹ herauszuarbeiten.

Das Proletariat hatte zu Zeiten des Fordismus partiell einen Status von Normalarbeitsverhältnissen erkämpft, die sich durch hohe Standardisierung, dauerhafte Vollzeitbeschäftigung, kollektive Verträge und umfangreiche soziale Rechte auszeichneten. Diese Bedingungen haben sich in der Tat aufgelöst. Unter dem Druck der Massenarbeitslosigkeit konnten in den vergangenen 25 Jahren Löhne beschnitten und die institutionelle Stellung der Gewerkschaften zurückgedrängt werden. Die strukturelle Gewalt der Arbeitslosigkeit, die sich keineswegs nur auf die unteren Qualifikationsniveaus beschränkt, untergräbt die kollektive Verhandlungsmacht. Allgemein kommt es zur Entstandardisierung, Deformalisierung und Individualisierung von Arbeitsverhältnissen. Die Flexibilisierung betrifft alle Lohnabhängigen, allerdings in unterschiedlicher Weise und auf unterschiedlichem Niveau. Die Konkurrenz um Arbeit entsolidarisiert und führt zur Spaltung zwischen jenen, die noch über einen sicheren Arbeitsplatz verfügen, und einem unsicher, unter- oder unbeschäftigten Prekariat. Letzteres ist zusätzlich fragmentiert je nach Positionierung innerhalb des Produktionsprozesses sowie entlang geschlechtlicher, ethno-nationaler, qualifikatorischer oder generationaler Zuschreibungen. Doch ist diese Stratifikation der Klasse keine Besonderheit, vielmehr ist der »›Normalzustand‹ der Arbeiterklasse nicht der der Einheit, sondern der der Spaltung« (Deppe 1981, 76).

Der Wert der Arbeitskraft ist dabei von jeher bestimmt durch die zu ihrer Reproduktion notwendigen Werte an Lebensmitteln, abhängig von der Entwicklung, den kulturellen Lebensansprüchen und den politisch-ökonomischen Kräfteverhältnissen (MEW 23, 184f.). Dies schließt nicht nur die individuelle Arbeitskraft, sondern auch »die Erhaltung der Arbeiterfamilie« (417) und somit die Produktion der nächsten Generation von Arbeitskräften ein (186). Ebenjene individuelle und familiale Reproduktion wird für einen wachsenden Teil der Lohnabhängigen wieder prekär.[8] Die »Minimalgrenze des Werts der Arbeitskraft wird gebildet durch den Wert der Waren, ohne deren tägliche Zufuhr der Träger der Arbeitskraft, der Mensch, seinen Lebensprozess nicht erneuern kann« – »sinkt der Preis der Arbeitskraft auf dieses Minimum, so sinkt er unter ihren Wert, denn sie kann sich nur noch in verkümmerter Form erhalten und entwickeln« (187). Tatsächlich arbeiten zusammengenommen bereits fast 40 % der Arbeitskräfte in Deutschland unter Verhältnissen, die zumindest einige Dimensionen von Prekarität in sich vereinen, also Verhältnisse, die keine dauerhaft existenzsichernden Einkommen hervorbringen, mit Dequalifizierung und Überarbeit verbunden, aus den üblichen betrieblichen Abläufen und Kooperationsbeziehungen ausgegliedert sind, die notwendige Weiterbildung verunmöglichen, die Aufrechterhaltung von Sozialkontakten unterminieren, kaum Ansprüche auf Sozialversicherungsleistungen mit sich bringen etc. (ausführlich dazu Candeias 2004b, Brinkmann u. a. 2006). Das psycho-physische Gleichgewicht dieser Arbeitskräfte wird gestört, Zukunft unkalkulierbar, Familien- und Partnerschaftsbeziehungen werden auseinandergerissen, psychische und physische Leiden stellen sich ein, Handlungsfähigkeit wird zersetzt. Eine zwangsförmige Flexibilität bedingt »Wechsel der Arbeit, Fluss der Funktionen, allseitige Beweglichkeit des Arbeiters« und hebt »alle Ruhe, Festigkeit, Sicherheit der Lebenslage des Arbeiters auf« (511). Die Lebenslage dieser Arbeitskräfte in »unregelmäßiger Beschäftigung« sinkt »unter das durchschnittliche Normalniveau der arbeitenden Klasse und gerade dies macht sie zur breiten Grundlage eigener Exploitationszweige des Kapitals« (672), insbesondere in den Bereichen des modernen Niedriglohnsektors.[9]

Insofern ist dieses Prekariat Teil der Klasse der Lohnabhängigen, unterscheidet sich aber wiederum durch die mangelnden Bedingungen ihrer Reproduktion der Arbeitskraft. Sie bilden eine Klassenfraktion mit gemein-

---

[8] Insofern handelt es sich keineswegs um ein neuartiges Phänomen, prekäre Verhältnisse begleiten die Geschichte kapitalistischer Produktionsweise, sind gegenwärtig, gewinnen periodisch an Bedeutung und werden nach harten Auseinandersetzungen und Kämpfen der Subalternen wieder zurückgedrängt. Auch in Perioden relativer Sicherheit durch die erkämpfte Absicherung sozialer Rechte galt die Errungenschaft kollektiv ausgehandelter ›Normalarbeitsverhältnisse‹ immer nur für einen mehr oder minder großen Teil der Arbeiterklassen, weniger für bestimmte Berufsgruppen, für Migranten oder Frauen und national bzw. regional unterschiedlich je nach Niveau gesellschaftlicher Entwicklung und Integration.

[9] Karl-Heinz Roth spricht mit Blick auf diese Entwicklung von einer Rückkehr der Proletarität als einer Art Rückkehr zur kapitalistischen Normalität. Doch es handelt sich nicht um schlichte Pendelbewegungen, sondern vielmehr um eine höchst widersprüchliche Fortentwicklung kapitalistischer Produktionsweise mit all ihren Produktiv- und Destruktivkräften, neuen Freiheiten und Zwängen.

samer, empirisch fassbarer Kollektivlage, die aus spezifischen, verschärften und zugleich flexibilisierten Ausbeutungsverhältnissen sowie entsicherten Lebensverhältnissen durch Einschränkung sozialer Leistungen resultiert und in einem untergeordneten Verhältnis gegenüber anderen Klassen und Klassenfraktionen steht. – Marx schrieb das *Kapital* »zu einer Zeit, als der Anteil der in der Industrie Beschäftigten (einschließlich Kapitalisten) an der Bevölkerung in England und Wales ca. 8 % ausmachte (berechnet nach MEW 23, 469f.), nur wenig mehr als der Anteil der Dienstboten. Ein Jahr nach der Entstehung des *Manifests* betrug der Anteil der Arbeiter in Preußen sogar nur zwischen 2 und 3 %« (HKWM 3, 317). Der Anteil des Prekariats liegt bereits deutlich darüber, Tendenz steigend.

Castel (2000, 358) zieht einen Vergleich mit dem Pauperismus. Dieser ist Ausdruck des »ruinierten Proletariats, die letzte Stufe [...], auf die der gegen den Druck der Bourgeoisie widerstandslos gewordene Proletarier versinkt, und nur der aller Energie beraubte Proletarier ein Pauper ist« (MEW 3, 183). Allerdings wendet sich Marx gegen diejenigen, die »im Elend nur das Elend« zu sehen vermögen, »ohne die revolutionäre umstürzende Seite darin zu erblicken« (MEW 4, 143): das Proletariat »sinkt immer tiefer unter die Bedingungen« der eigenen Klasse (473), zugleich rekrutiert es sich »aus allen Klassen der Bevölkerung« (469): ein diffuses Milieu abhängiger, freigesetzter, überflüssiger Menschen ohne Eigentum außer dem Eigentum an ihrer Arbeitskraft, aber mit enormem Wissens- und Erfahrungsreichtum. Das ›Prekariat‹ in seinem doppelten Sinne als Klassenfraktion und universelle gesellschaftliche Figur der neuen Produktions- und Lebensweise tritt heute tendenziell diese Position an – Unsicherheit, Deklassierung und Überausbeutung dringen ins gesellschaftliche Zentrum. Wenn das Prekariat sich auf diese Weise tatsächlich zur Klasse entwickelt, fällt es mit dem Proletariat zusammen; bislang bleibt es eine Klassenfraktion im Werden, aber doch mehr als eine Ansammlung zielloser Existenzen.

Freilich ist eine geteilte ›objektive‹ Lage keineswegs automatisch verbunden mit einem entwickelten gemeinsamen politischen Bewusstsein. Im *18. Brumaire* (MEW 8, 155ff.) zeigt Marx am Beispiel der französischen Parzellenbauern, dass objektive Klassenlagen entstehen können, die aufgrund fehlender sozialer Verkehrsformen und politischer Organisation bewusste Klassenbildung ausschließen. Tatsächlich hat die Verschiedenheit der Gruppen des Prekariats und das enorme Tempo ihrer Entstehung noch gar nicht zu einer Festigung der Klassenpositionen führen können. Die vielfachen Spaltungen quer zu den Klassenlagen – von den prekären Teilen des Kybertariats über die Leiharbeiter in der Industrie bis zu den migrantischen Arbeiterinnen in privaten Haushalten – und die Unstetigkeit und hohe Mobilität in der Prekarität machen Kommunikations-, geschweige denn Organisationsversuche schwierig. Zudem wird im öffentlichen Diskurs die Lage in Einzelschicksale aufgespalten, jeweils begründet durch individuelles Fehlverhalten und Selbstverschulden. Laclau fasst Klassen in diesem Sinne

»als die Pole antagonistischer Produktionsverhältnisse, die auf der ideologischen und politischen Ebene keine *notwendige* Existenzform haben« (1981, 139). Das Prekariat ist im Fluss.

Der Übergang zu einem gemeinsamen Bewusstsein der Klassenlage ist also kein naturwüchsiger Prozess, sondern muss politisch hergestellt werden, ist »unermesslich« mühsam (Wacquant), behindert bzw. blockiert durch vielerlei Spaltungen und Kooptation. Doch Klassen bildeten noch nie ein homogenes Subjekt (Hall 1989, 38). Auch die alte Arbeiterbewegung war von allerlei beruflichen, geschlechtlichen, ethno-nationalen und politischen Differenzen geprägt und umfasste nicht die gesamte Arbeiterklasse. Einheit und Spaltung bilden dabei keine entgegengesetzten Pole, sie beziehen sich vielmehr in einem untrennbaren dialektischen Verhältnis aufeinander, da auch bei Erreichung relativer Einheit die Spaltungen nicht aufgehoben werden und umgekehrt bei verschärfter Spaltung (Fraktionierung, Differenzierung, Individualisierung etc.) Klassen nicht verschwinden. Ohnehin ist eine Klasse keine isoliert zu definierende Gruppe von Menschen, sondern ein antagonistisches soziales Verhältnis zwischen Arbeitskraftverkäufer und -käufer sowie ein kooperatives Verhältnis zwischen den Arbeitskräften (im Produktions- wie im Reproduktionsprozess). Die Konstitutionsbedingungen der Arbeiterklasse unterliegen dabei dynamischen Veränderungen und inneren Spaltungen entlang der Positionierung in der gesellschaftlichen, geschlechtlichen, ethnischen und internationalen Arbeitsteilung, entlang gesellschaftlichen und politisch-ideologischen Bearbeitungsformen von Widersprüchen sowie kollektiven und individuellen Reproduktionsbedingungen und Lebensweisen. Insofern ist der Klassenbildungsprozess nie abgeschlossen (Hobsbawm 1984, 204).

Formieren können sich Klassen oder Klassenfraktionen nur in der Auseinandersetzung mit anderen gesellschaftlichen Kräften oder Klassen, in diesem Fall also sowohl mit dem nun transnationalen Kapital und seinen politischen Repräsentanten wie mit den Fraktionen und Repräsentanten der alten Arbeiterbewegung. Gemeinsame Interessen innerhalb einer Klasse oder Klassenfraktion sind dabei nicht ›objektiv‹ gegeben, sondern müssen in den Kämpfen erst systematisch erarbeitet werden. Und das Prekariat kämpft, spontan oder organisiert, alltäglich und politisch, wenn auch nicht gemeinsam, sondern zumeist entlang beruflicher, ethnischer, geschlechtlicher oder politischer Segmente.

Für die Gewinnung von Handlungsfähigkeit ist es notwendig, aus Widerspruchskonstellationen, in denen sich alle bewegen müssen, eine Verallgemeinerung von Interessen zu erarbeiten, die Differenzen respektiert. Die Markierung von Differenzen, sowohl diskursiv als auch organisatorisch, ist dabei Voraussetzung. Verallgemeinerung meint neben dem Entwickeln gemeinsamer Interessen auch Verallgemeinerung von Erfahrungen und Anerkennung (und Unterstützung) nicht gemeinsamer Forderungen, etwa nach Legalisierung von Migranten. Es gilt also, produktiv mit den Gefahren von Zersplitterung wie falscher, weil Differenzen negierender Vereinheitlichung umzugehen – das Bild der Assoziation in einer Bewegung der Bewegungen ist dabei sicher tragfähiger als das der ›großen‹ einheitlichen Kraft.

Jenseits der formalen Kriterien von Einkommen und Beschäftigungssicherheit geht es in den konkreten Arbeitsbedingungen um Sinnhaftigkeit der Arbeit, Selbstwertgefühl, Produktivität, Aneignung von Qualifikationen usw. (Candeias 2006, 19f.). Ein verallgemeinerbares Problem, das der Softwareprogrammiererin ebenso bekannt ist wie dem Putzmann, wenn auch in unterschiedlicher Weise. Prekäre artikulieren in Interviews genau an diesem Punkt häufig Verletzungen und aufgestaute Wut, die, anders als die individuell erlebte Einkommenssituation, in Auseinandersetzung mit ›Arbeit-‹ oder Auftraggebern nicht selten zu widerständigen Haltungen führt. Ein erstes verallgemeinerbares Moment ist also der Wunsch nach sinngebenden Arbeitsbedingungen und Anerkennung der eigenen Arbeit als qualitativ gute und gesellschaftlich nützliche.

Ein weiterer Punkt ist der Widerspruch zwischen erweiterten Spielräumen bei der flexibleren Einteilung der Arbeitszeit und der realen Unflexibilität durch Entgrenzung der Arbeitszeit, die zu Arbeitssucht, Überausbeutung und Burn-out-Syndromen führt – Probleme, wie sie aus den Sphären des hochqualifizierten, abhängig beschäftigten Kybertariats mit Vertrauensarbeitszeit bekannt sind, aus dem Alltag der Neuen Selbständigen ebenso wie in den Sphären des Niedriglohns, in denen oft mehrere (Mini-)Jobs kombiniert werden müssen, um über die Runden zu kommen. Ein zweites verallgemeinerbares Moment ist also das Interesse an einer Gewährleistung der Reproduktion (und Entwicklung) der eigenen Arbeitskraft.

Ein großer Unsicherheitsfaktor sind z. B. im Kultur- und Medienbereich die schwer zu kalkulierenden Einkommen aus selbständiger bzw. freiberuflicher Arbeit. Zwar sind die Einkommen in Stundenlöhne umgerechnet häufig um ein Vielfaches höher als bei den Lohnabhängigen, doch nehmen die bezahlten im Verhältnis zu den unbezahlten Stunden z. T. den kleineren Teil selbständiger Arbeit ein. Unklar ist, wie die Existenz bei Krankheit oder ausbleibenden Aufträgen bestritten werden soll. Unter solchen Bedingungen sind langfristige Perspektiven oder Familienplanung kaum zu entwickeln. Auch hochqualifizierte abhängige, aber kurzfristig beschäftigte Projektarbeiter verdienen z. T. (sehr) gut, doch eben auch unregelmäßig. Ohne ausgewiesene Spezialkenntnisse oder angesichts schnell veraltender Wissensbestände verfügen sie ebenfalls nicht über ein kalkulierbares, regelmäßiges Einkommen – der Absturz droht. Bei den prekären Niedriglöhnern und *working poor* ist ohnehin nicht von armutsfesten Einkommen auszugehen. Ein drittes verallgemeinerbares Moment ist also das geteilte Interesse an existenzsichernden Einkommen, an der Absicherung diskontinuierlicher Erwerbsverläufe und der Planbarkeit des eigenen Lebensentwurfs.

Es geht dabei auch um die Reintegration von Prekariern und prekären Selbständigen in erneuerte Sozialsysteme sowie – als viertes verallgemeinerbares Moment – um die notwendige Neudefinition des Sozialen, d. h. ganz unmittelbar um bezahlbare Krankenkassenbeiträge, Zugang zur Arbeitslosen- bzw. ›Auftragslosen‹-Versicherung, zu allgemeiner Rentenversicherung, öffentlichen Mikrokrediten usw. Um keine Spaltungen zwischen ›Unterklasse‹, *working poor*, Kybertariern, Festangestellten und Selbständigen aufkommen zu lassen, kann die Erhöhung von Mindestlöhnen und stabiler Beschäftigung mit der Forderung nach vertraglichen und tariflichen Mindeststandards für selbständige Arbeit und einem bedingungslosen Grundeinkommen für alle verbunden werden; überdies die Umschichtung der Steuerlast von den niedrigen Einkommen der kleinen Selbständigen und der Lohnarbeiter zulasten der großen Vermögen.

Hinzu kommen zunehmende Schwierigkeiten, die zeitlich entgrenzte und flexible Lohnarbeit, die gerade im Dienstleistungsbereich häufig außerhalb der Kernarbeitszeiten liegt, mit den notwendigen Reproduktionsarbeiten im Haushalt und in der Kindererziehung zu vereinbaren. Dies ist für viele abhängig Beschäftigte, v. a. für Prekäre, die mehrere Jobs haben oder nachts arbeiten müssen, insbesondere für Frauen, schon lange ein Problem, das sich ausdehnt in die Sphären hochqualifizierter Arbeit. Ein fünftes verallgemeinerbares Moment ist damit schließlich das gemeinsame Interesse an einer ›Vereinbarkeit‹ von Erwerbs- und Reproduktionsarbeit, das auszuweiten wäre in einer Neuauflage der Debatte über die Zuständigkeit für Hausarbeit, Kindererziehung, Sorge und Pflege bis hin zu sozialer, ökologischer, kultureller und politischer Arbeit. Letztlich geht es um die Neuverteilung der gesellschaftlich notwendigen Arbeit nicht durch immer weitere Ausdehnung warenförmiger Lohnarbeit, sondern durch Ausdehnung kollektiver, öffentlich finanzierter Arbeit, orientiert an der Effizienz zum Beitrag menschlicher Entwicklung, nicht an der Produktion von Mehrwert.

Das größte Hindernis für eine alltagsnahe Zusammenarbeit sind weniger die fehlenden gemeinsamen Interessen, die durchaus auf einer (unterschiedlich erlebten, aber doch) gemeinsamen Klassenerfahrung gründen, als vielmehr kulturelle und organisatorische Schranken sowie ungleiche Machtverhältnisse in der Hierarchie der Lohnabhängigen. Sie erschweren eine Zusammenarbeit von etwa Erwerbsloseninitiativen und Kulturschaffenden, von Gewerkschaften und migrantischen Gruppen, von Männern, Frauen und allen, die sich *queer* dazu definieren, auch zwischen linken Parteien und außerparlamentarischen Bewegungen. Dafür braucht es Zeit, unendliche Diskussion, Reflexionsräume. Die (Selbst-)Organisierung eines vielfältigen, in sich gespaltenen Prekariats als Klassenfraktion im Werden wird zur vordringlichen gesellschaftlichen Aufgabe unserer Zeit.

>»*Wenn wir uns nicht selbst befreien, bleibt es für uns ohne Folgen.*
> (Peter Weiss)

Literatur

Bourdieu, Pierre, 1986: *Sozialer Sinn. Kritik der theoretischen Vernunft* (1980), Frankfurt/M
ders, 1993: *Soziologische Fragen* (1980), Frankfurt/M
ders., 1997: Die männliche Herrschaft, in: I. Dölling u. B. Krais (Hg.), *Ein alltägliches Spiel. Geschlechterkonstruktion in der sozialen Praxis*, Frankfurt/M, 153–217
ders., 1998: *Gegenfeuer. Wortmeldungen im Dienst des Widerstandes gegen die neoliberale Invasion*, Konstanz
ders., 2001a: *Gegenfeuer II*, Konstanz
ders., 2001b: *Das politische Feld. Zur Kritik der politischen Vernunft*, Konstanz
ders., u. Loïc Wacquant, 1996: *Reflexive Anthropologie* (1992), Frankfurt/M
Brinkmann, Ulrich, Klaus Dörre u. Silke Röbenack, 2006: *Prekäre Arbeit. Ursachen, Ausmaß, soziale Folgen und subjektive Verarbeitungsformen unsicherer Beschäftigungsverhältnisse*, Friedrich-Ebert-Stiftung, Bonn
Buret, E., 1840: De la Misère des Classes labourieuses en Angleterre et en France, zit. n. HKWM 1, 452
Butler, Judith, 2001: *Psyche der Macht. Das Subjekt der Unterwerfung*, Frankfurt/M
Candeias, Mario, 2004: *Neoliberalismus – Hochtechnologie – Hegemonie. Grundrisse einer transnationalen kapitalistischen Produktions- und Lebensweise*, Hamburg
ders., 2004a: Prekarisierung und Handlungsfähigkeit, in: *Das Argument* 256, 46. Jg., 398–413
ders., 2006: Handlungsfähigkeit durch Widerspruchsorientierung. Kritik der Analysen von und Politiken gegen Prekarisierung«, in: *Z. Zeitschrift marxistische Erneuerung*, H. 68, Dezember, 8–23
Castel, Robert, 2000: *Die Metamorphosen der sozialen Frage. Eine Chronik der Lohnarbeit*, Konstanz
Deppe, Frank, 1981: Einheit und Spaltung als Konstitutionsproblem der Arbeiterklasse«, in: *Entstehung der Arbeiterbewegung*, Argument-Sonderband 63, hg. v. L. Lambrecht, Berlin
Dörre, Klaus, 2005: *Prekarität – Eine arbeitspolitische Herausforderung*, WSI-Mitteilungen
Hall, Stuart, 1989: *Ideologie, Kultur, Rassismus*, Ausgewählte Schriften 1, Berlin-Hamburg
Haug, Wolfgang-Fritz, 2003: Die Produktionsweise denken, in: ders., *High-Tech-Kapitalismus*, Hamburg, 27–42
HKWM – *Historisch-kritisches Wörterbuch des Marxismus*, 1991ff., Bd. 1–9/I; hg. v. W. F. Haug u. a., Hamburg
Hobsbawm, Eric, 1984: The Making of the Working Class, in: ders., *Worlds of Labour*, London
Holzkamp, Klaus, 1987: Grundkonzepte der Kritischen Psychologie, in: AG Gewerkschaftliche Schulung und Lehrerfortbildung (Hg.), *Wi(e)der die Anpassung*, 13–19
Jobard, Fabien, 2004: Der Ort der Politik, in: *Berliner Journal für Soziologie*, 14. Jg., H. 3, 319–38
ders., 2007: *Politische Soziologie des Gesindels. Über die Versuche der ›üblichen Verdächtigen‹, sich politisch zu mobilisieren*, Manuskript, Paris
Lessenich, Stephan, u. Frank Nullmeier, 2006: Deutschland zwischen Einheit und Spaltung, in: dies. (Hg.), *Deutschland – eine gespaltene Gesellschaft*, Frankfurt/M, 7–27
Mahnkopf, Birgit, 1988: *Der gewendete Kapitalismus. Kritische Beiträge zur Theorie der Regulation*, Münster
Marx-Engels-Werke, 1958ff.: Berlin/DDR (zit. MEW)
Scharenberg, Albert, 2007: Kampfschauplatz Armut. Der Unterschichtendiskurs in den USA, in: *Blätter für deutsche und internationale Politik*, H. 2, 183–92

Schultheis, Franz, 2005: Gesellschaft ohne Eigenschaften, in: ders. u. K. Schulz (Hg.), *Gesellschaft mit begrenzter Haftung. Zumutungen und Leiden im deutschen Alltag*, Konstanz, 575–83

Sève, Lucien, 1986: Historische Individualitätsform und Persönlichkeit, in: Institut für Marxistische Studien und Forschungen (Hg.), *Jahrbuch des IMSF*, Bd. 10, Frankfurt/M, 17–41

Thompson, E. P., 1987: *Die Entstehung der englischen Arbeiterklasse*, 2 Bde., Frankfurt/M

Wacquant, Loïc, 2004: Roter Gürtel, Schwarzer Gürtel. Rassentrennung, Klassenungleichheit und der Staat in der französischen städtischen Peripherie und im amerikanischen Ghetto, in: H. Häußermann, M. Kronauer u. W. Siebel (Hg.), *An den Rändern der Städte*, Frankfurt/M, 148–201

ders., 2007: Territoriale Stigmatisierung im Zeitalter fortgeschrittener Marginalität, in: *Das Argument* 271, 49. Jg., 399–409

Willis, Paul, 1979: *Spaß am Widerstand. Gegenkultur in der Arbeiterschule*, Frankfurt/M

aus: LuXemburg-online, Mai 2018, www.zeitschrift-luxemburg.de/wiedergelesen-das-unmoegliche-prekariat-wie-klasse-neu-gedacht-und-gemacht-werden-kann/

6.4. Wie aus Linken Rechte werden. Auszüge aus Rückkehr nach Reims (Teil 1)

Didier Eribon

In meiner Kindheit ist meine gesamte Familie »kommunistisch« gewesen, und zwar in dem Sinn, dass die Bindung an die Kommunistische Partei als eine Art politisches Ordnungsprinzip den Horizont des Verhältnisses zur Politik überhaupt bestimmte. Wie aber konnte es dazu kommen, dass man in derselben Familie wenig später rechte oder rechtsextreme Parteien wählte und dies sogar manchmal als die »natürliche« Wahl empfand? Was war geschehen, dass nun so viele den Front National wählten, die ihn zuvor intuitiv als Klassenfeind betrachtet und seine Vertreter genüsslich beleidigt hatten, sobald sie auf dem Fernsehschirm auftauchten (eine seltsame und doch wirksame Art, sich in dem zu bestätigen, was man ist und woran man glaubt)? Und wie kam es dazu, dass ein erheblicher Teil dieser Wähler im zweiten Wahlgang einem Kandidaten der zuvor geächteten bürgerlichen Rechten seine Stimme gab oder sogar schon im ersten Wahlgang jenen Hampelmann der Business-Bourgeoisie unterstützte, der schließlich ins Präsidentenamt aufstieg? Und vor allem: Welch riesigen Anteil an dieser Entwicklung hatte die offizielle Linke – und all jene, die ihr politisches Engagement der 1960er und 70er Jahre gar nicht schnell genug als Jugendsünde abtun und in Ämter und Machtpositionen aufsteigen konnten, wo sie rechtem Denken Vorschub leisteten mit ihrem Versuch, das Wesens- und sogar Gründungsmerkmal der Linken vergessen zu machen, das seit dem 19. Jahrhundert darin besteht, soziale Antagonismen und Unterdrückungsmechanismen zu thematisieren oder ganz einfach den Beherrschten eine politische Stimme zu geben?

Was aus der politischen Repräsentation und den kritischen Diskursen verschwand, war nicht nur die Arbeiterbewegung mit ihren Kämpfen und Traditionen, es waren die Arbeiter selbst, ihre Kultur, ihre spezifischen Lebensbedingungen, ihre Hoffnungen und Wünsche.[1]

Als ich aufs Gymnasium ging und ein trotzkistischer Linker war, wurde mein Vater nicht müde, gegen »die Studenten« zu wettern, »die alles besser wissen« und die »schon in zehn Jahren zurückkommen« würden, »um uns zu regieren«. Für mich stand seine Meinung, emotional und übertrieben, wie sie war, im Widerspruch zu den historischen Interessen der Arbeiterklasse. Sie ließ sich dem Einfluss einer alten, ungenügend entstalinisierten kommunistischen Partei zuschreiben, der es in erster Linie darum ging, den Marsch der Revolution aufzuhalten. Wenn ich aber sehe, was aus denen geworden ist, die sich damals am Mythos des proletarischen Aufstands

---
1 Vgl. Stéphane Beaud und Michel Pialoux (1999).

berauschten und den Bürgerkrieg predigten, wie könnte ich da behaupten, dass mein Vater falsch lag? Sie sind genauso selbstsicher und vehement wie früher, verurteilen heute jedoch (mit wenigen Ausnahmen) all das, was auch nur von Weitem nach einem Protest der »populären Klassen« aussieht.

Diese Leute haben erreicht, was ihnen gesellschaftlich versprochen war. Sie sind geworden, was sie werden sollten, und haben sich dabei von der selbsterklärten Avantgarde der Arbeiter (die sie für zu schüchtern, zu »verbürgerlicht« hielten) in deren Feinde verwandelt. »Geht nach Hause, in zehn Jahren seid ihr Notare!«, soll Marcel Jouhandeau im Mai 1968 demonstrierenden Studenten zugerufen haben. Mein Vater dürfte mehr oder weniger dasselbe gespürt oder gedacht haben, wenn auch aus diametral entgegengesetzten Gründen. Und so ist es schließlich auch gekommen. Notare vielleicht nicht, aber »Notabeln« sind sie geworden, nach oftmals verblüffenden Karrieren sind sie politisch, intellektuell und persönlich in der Komfortzone der sozialen Ordnung angekommen und verteidigen nunmehr den Status quo einer Welt, die ganz und gar dem entspricht, was sie selbst geworden sind.

Die große Metamorphose unter François Mitterrand

Als François Mitterrand 1981 die Hoffnung auf einen linken Wahlsieg einlöste, gelang es ihm, etwa ein Viertel der kommunistischen Stammwähler auf seine Seite zu ziehen, während der kommunistische Kandidat im ersten Wahlgang nur noch auf 15 Prozent der Stimmen kam (nach 20 im Jahr 1977). Diese Erosion, in der sich der kommende Zusammenbruch bereits ankündigte, lässt sich zu großen Teilen mit der Entwicklungsunfähigkeit einer »Partei der Arbeiterklasse« erklären, die nicht mit der Sowjetunion brechen wollte (von der sie allerdings auch großzügig finanziert wurde) und die nicht in der Lage war, neue, seit dem Mai 1968 entstandene gesellschaftliche Strömungen in sich aufzunehmen. Sie schaffte es nicht, dem Willen zur politischen Erneuerung und sozialen Transformation Rechnung zu tragen, der die 1960er und 70er Jahre geprägt hatte und der 1981 gewissermaßen an sein Ziel kam.

Doch nach dem Sieg der Linken und angesichts der Regierungsbeteiligung der Kommunisten setzten im Volk bald Ernüchterung und Verdrossenheit gegenüber der politischen Klasse ein. Man fühlte sich von den Gewählten vernachlässigt oder gar verraten. »Die Politiker sind alle gleich. Ob links oder rechts, die Rechnung zahlen immer dieselben« – solche Sätze begann man damals zu hören (auch meine Mutter sagte sie jedes Mal, wenn ich mit ihr sprach). Und in der Tat: Die sozialistische Linke unterzog sich einer radikalen, von Jahr zu Jahr deutlicher werdenden Verwandlung und ließ sich mit fragwürdiger Begeisterung auf neokonservative Intellektuelle ein, die sich unter dem Vorwand der geistigen Erneuerung daranmachten, den Wesenskern der Linken zu entleeren. Es kam zu einer regelrechten Metamorphose des Ethos und der intellektuellen Koordinaten. Nicht mehr von Ausbeutung und Widerstand war die Rede, sondern von »notwendigen Reformen« und einer »Umgestaltung« der Gesellschaft. Nicht mehr von Klassenverhältnissen oder sozialem Schicksal, sondern von »Zusammenleben« und »Eigenverantwortung«. Die Idee der Unterdrückung, einer strukturierenden Polarität zwischen Herrschenden und Beherrschten, verschwand aus dem Diskurs der offiziellen Linken und wurde durch die neutralisierende Vorstellung des »Gesellschaftsvertrags« ersetzt, in dessen Rahmen »gleichberechtigte« Individuen (gleich? was für ein obszöner Witz) auf die Artikulation von Partikularinteressen zu verzichten (das heißt zu schweigen und sich von den Regierenden nach deren Gusto regieren zu lassen) hätten.

Das Projekt des Sozialabbaus und die Hegemonie der Neokonservativen

Welche ideologischen Ziele verfolgte diese diffuse »politische Philosophie«, die links wie rechts, an beiden Enden des medialen und politischen Spektrums, gefeiert wurde? (Praktischerweise erklärten ihre Verfechter die Grenze zwischen rechts und links für aufgehoben und drängten so die Linke, mit deren Einvernehmen, nach rechts.) Die Absichten wurden kaum verschleiert: Das Beschwören des »autonomen Subjekts« und die damit einhergehende Verabschiedung aller Überlegungen, die von der determinierenden Kraft historischer und sozialer Gegebenheiten ausgehen, zielten darauf, die Idee, es gäbe so etwas wie soziale Gruppen (»Klassen«), ein für alle Mal zu entsorgen. Im Namen einer vermeintlich notwendigen »Individualisierung« (oder Entkollektivierung, Entsozialisierung), die das Arbeitsrecht, die sozialen Sicherungssysteme und allgemeiner die Mechanismen der gesellschaftlichen Solidarität und Umverteilung betraf, wurde im gleichen Zug der Rückbau des Wohlfahrtsstaats legitimiert.

Ein Gutteil der Linken schrieb sich nun plötzlich das alte Projekt des Sozialabbaus auf die Fahnen, das zuvor ausschließlich von rechten Parteien vertreten und zwanghaft wiederholt worden war (»Eigenverantwortung« vs. »Kollektivismus« usw.). Man könnte es auch so zusammenfassen: Die linken Parteien mit ihren Partei- und Staatsintellektuellen dachten und sprachen fortan nicht mehr die Sprache der Regierten, sondern jene der Regierenden, sie sprachen nicht mehr im Namen von und gemeinsam mit den Regierten, sondern mit und für die Regierenden, sie nahmen gegenüber der Welt nunmehr einen Regierungsstandpunkt ein und wiesen den Standpunkt der Regierten verächtlich von sich, und zwar mit einer verbalen Gewalt, die von den Betroffenen durchaus als solche erkannt wurde. In den christsozialen oder philanthropischen Ausprägungen dieses neokonservativen Diskurses ließ man sich bestenfalls dazu herab, diejenigen, die gestern noch »unterdrückt« oder »beherrscht« gewesen waren und politisch »gekämpft« hatten, als »Ausgeschlossene« darzustellen, als »Opfer« von »Armut, Prekarisierung und Ausgrenzung« und somit als passive und stumme potenzielle Empfänger technokratischer Hilfsmaßnahmen. Das war nur eine weitere scheinheilige und hinterhältige Strategie, alle Ansätze ins Abseits zu drängen, die argumentativ auf gesellschaftliche Unterdrückung und sozialen Kampf, auf die Reproduktion und Transformation sozialer Strukturen, auf die Trägheit und die Dynamik klassenbedingter Konflikte abhoben.[2] Die Mutation des politischen Diskurses verwandelte die Wahrnehmung der sozialen Welt und damit auch die soziale Welt selbst, die zu großen Teilen das performative Produkt der Begriffe ist, durch die wir auf sie blicken.

Wenn man »Klassen« und Klassenverhältnisse einfach aus den Kategorien des Denkens und Begreifens und damit aus dem politischen Diskurs entfernt, verhindert man aber noch lange nicht, dass sich all jene kollektiv im Stich gelassen fühlen, die mit den Verhältnissen hinter diesen Wörtern objektiv zu tun haben. Im Gegenteil: Von den Verfechtern des »Zusammenhalts«, der »notwendigen« Deregulierung und des »notwendigen« Rückbaus sozialer Sicherungssysteme fühlen sie sich nicht länger repräsentiert.[3]

Die Wahl von Le Pen: Ein Akt der Notwehr

Das war der Grund, weshalb sich im Rahmen einer wie von selbst ablaufenden Neuverteilung der politischen Karten große Teile der Unterprivilegierten jener Partei zuwandten, die sich nunmehr als einzige um sie zu kümmern schien und die zumindest einen Diskurs anbot, der versuchte, ihrer Lebensrealität wieder einen Sinn zu verleihen (und das, obwohl die Anführer dieser Partei mitnichten aus der Arbeiterklasse stammten – im Gegensatz zur Kommunistischen Partei, die stets darauf bedacht gewesen war, ihre Kader aus benachteiligten Milieus zu rekrutieren, damit die Menschen sich in ihnen wiedererkennen konnten). Meine Mutter gab schließlich, nachdem sie es lange verleugnet hatte, zu, schon einmal den Front National gewählt zu haben (»Ein einziges Mal«, stellte sie klar, wobei ich mir nicht sicher bin, ob man ihr in dieser Hinsicht glauben kann). »Das war als Warnschuss gedacht, weil es so nicht weitergehen konnte«, sagte sie zu ihrer Verteidigung, nachdem sie die Scham des Geständnisses überwunden hatte. Und erstaunlicherweise fügte sie hinzu: »Die Leute, die Le Pen gewählt haben, wollten ihn gar nicht. Im zweiten Wahlgang wurde wieder normal gewählt.«[4]

---

2   Die Tatsache, dass einige Soziologen zur Analyse der »Prekarisierung« des Arbeitsmarktes und der »neuen Gegebenheiten« in der »sozialen Frage« den so dummen wie reaktionären Begriff des »Massenindividualismus« erfunden haben, sagt schon einiges aus über ihren traurigen Weg von der kritischen Linken in die Zirkel des technokratischen Neokonservativismus.

3   Vgl. zur Wandlung ökonomischer Diskurse und Politiken Frédéric Lebaron (2003).

4   Mit dieser eigenartigen Formulierung bedeutete sie mir, dass sie im ersten Wahlgang der Präsidentschaftswahl 2002 für Jean-Marie Le Pen gestimmt hatte, im zweiten dann aber für Chirac und gegen Le Pen. 2007 wählte sie in beiden Wahlgängen Sarkozy.

Im Gegensatz zur Stimme für die Kommunisten, die man selbstbewusst, demonstrativ und öffentlich abgab, wurde die Wahlentscheidung für die Rechtsextremen gegenüber dem Urteil von außen (und zu diesem »Außen« gehörte in den Augen meiner Verwandten auch ich) abgeschirmt, ja geleugnet. Das heißt aber nicht, dass diese Entscheidung nicht nach reiflicher Überlegung oder mit weniger Überzeugung getroffen worden wäre. Mit der Wahl der Kommunisten versicherte man sich stolz seiner Klassenidentität, man stellte diese Klassenidentität durch die politische Unterstützungsgeste für die »Arbeiterpartei« gewissermaßen erst richtig her. Mit der Wahl des Front National verteidigte man hingegen still und heimlich, was von dieser Identität noch geblieben war, welche die Machtpolitiker der institutionellen Linken, sprich: die Absolventen der ENA oder anderer technokratischer Eliteschulen, in denen eine dominante, mittlerweile transpolitisch funktionierende Ideologie fabriziert und gelehrt wurde, ignorierten oder sogar verachteten.[5]

So widersprüchlich es klingen mag, bin ich mir doch sicher, dass man die Zustimmung zum Front National zumindest teilweise als eine Art politische Notwehr der unteren Schichten interpretieren muss. Sie versuchten, ihre kollektive Identität zu verteidigen, oder jedenfalls eine Würde, die seit je mit Füßen getreten worden ist und nun sogar von denen missachtet wurde, die sie zuvor repräsentiert und verteidigt hatten. Würde, dieses zerbrechliche und sich selbst nicht sichere Gefühl. Sie verlangt nach Gesten der Bestätigung. Entwürdigt fühlen sich die Menschen vor allem dann, wenn sie sich als *quantité négligeable*, als bloßes Element politischer Buchführung und damit als ein stummer Gegenstand politischer Verfügungen vorkommen. Wenn die, denen man sein Vertrauen einmal gegeben hat, dieses nicht mehr verdienen, überträgt man es eben anderen. Man wendet sich, und sei es temporär oder in punktuellen Fragen, neuen Repräsentanten zu.[6]

Verurteilt zur Ohnmacht durch den Verlust des Kollektivs

Wessen Fehler ist es also, wenn die anscheinend letzte politische Rettung ein solches Gesicht trägt? Wenn die überlebende oder wiederhergestellte Bedeutung des »Wir« sich dermaßen gewandelt hat, dass nun nicht länger die »Arbeiter« den »Bourgeois« gegenüberstehen, sondern die »Franzosen« den »Ausländern«? Oder genauer: Wenn der Gegensatz zwischen »uns

---

5   Der Beitrag »reformorientierter« und oft auch »christlicher« Linker zur Herstellung dieser dominanten rechten Ideologie ist kaum zu überschätzen. Wenig verwunderlich, dass ein ehemaliger sozialistischer Spitzenpolitiker – aus dem französischen Norden, versteht sich, mit einer anderen sozialen Herkunft und politischen Kultur – seine Parteifreunde im Wahlkampf 2002 daran erinnern musste, dass »Arbeiter« kein Schimpfwort ist.

6   Zum Vorangehenden verweise ich auf mein Buch *D'une révolution conservatrice et de ses effets sur la gauche française* (2007).

hier unten« und »denen da oben«[7] plötzlich eine nationale und ethnische Komponente bekommt, weil »die da oben« als Befürworter einer Immigration wahrgenommen werden, deren Folgen »die da unten« angeblich jeden Tag zu ertragen haben, nämlich einer Einwanderung, die plötzlich für alle möglichen Übel verantwortlich gemacht wird? Man könnte sagen, dass die Stimme für die Kommunisten eine positive Selbstaffirmation darstellt, die für den Front National eine negative. Der Bezug zu parteilichen Strukturen und Wortführern, zu einem kohärenten Parteiprogramm und zu dessen Übereinstimmung mit der eigenen Klassenidentität ist im ersten Fall sehr stark und sogar maßgeblich, im zweiten zweitrangig oder inexistent. In beiden Fällen aber manifestiert sich im Wahlergebnis – ob von den Wählern so gewollt oder nicht – eine Gruppe, die sich durch ihre zugleich individuelle und kollektive politische Stimmabgabe als Gruppe mobilisiert.

Für die Kommunistische Partei formte sich der kollektive Wahlentscheid als Wahlentscheid einer selbstbewussten, in politischen Traditionen und objektiven Lebensbedingungen verankerten Gruppe. Zu ihr gesellten sich andere soziale Gruppen, deren Wahrnehmungen oder Forderungen dauerhaft oder vorübergehend mit den Forderungen der sich als Klassensubjekt manifestierenden Arbeiterklasse übereinstimmten.

Indem man jedoch die Vorstellung konfligierender sozialer Gruppen aus dem politischen Vokabular der Linken tilgte, glaubte man, den Wählern damit auch die Möglichkeit einer von gemeinsamen Sorgen, Interessen und politischen Zielen bestimmten Gruppenidentifikation zu nehmen. Man hat die Wähler auf die Individualität ihrer jeweiligen Standpunkte verwiesen und diese Standpunkte von ihrem kollektiven Machtpotenzial abgekoppelt. Man hat diese Wähler zur Ohnmacht verurteilt, indem man die strukturierende Annahme eines sozialen Konflikts, in dem die Linke die Forderungen der Arbeiter vertritt, fallen ließ und jede soziale Bewegung mitsamt ihrer verbliebenen Anhängerschaft als archaischen Rest einer überwundenen Vergangenheit darstellte, als Symptom einer Auflösung der sozialen Bande, gegen die die Regierenden nun angeblich ankämpfen mussten.

Wie aus Ohnmacht Wut wird oder: »Jeder weist die Wahl des anderen zurück«

Aber aus dieser Ohnmacht ist Wut geworden. Und das Ergebnis hat nicht lange auf sich warten lassen. Die Gruppe hat sich neu formiert. Um ihrem Standpunkt Gehör zu verschaffen, organisierte sich jene soziale Klasse, die der neokonservative Diskurs der Linken dekonstruiert hatte, auf eine andere Weise. Sartres kluge Analyse der individualisierenden und mithin depoliti-

---

[7] In diesen hat sich der zwischen Arbeitern und Bourgeois verwandelt (was schon nicht mehr dasselbe ist und jeweils unterschiedliche politische Schlussfolgerungen impliziert).

sierenden Wirkung von Wahl- und Wahlkampfprozessen[8] stößt hier an ihre Grenzen.[9] Sein Analysebeispiel ist zwar eindrücklich: Die Arbeiter, die sich im Mai '68 den Streiks angeschlossen hatten, retteten einen Monat später mit ihren Wählerstimmen das De-Gaulle-Regime. Aber Sartre unterschlägt, dass auch eine Wahlentscheidung im Modus kollektiver Mobilisierung und als Gruppenhandlung erlebt werden kann. Ein solcher Modus der Stimmabgabe widerspricht der prinzipiellen Idee einer »allgemeinen Wahl«, in der individuelle Wählerstimmen sich zu einem alle partiellen Standpunkte transzendierenden »Gemeinwillen« aggregieren.

Im Fall, der mich hier interessiert (das Votum für die Kommunisten oder den Front National), können wir jedoch das Gegenteil beobachten: einen Krieg der Klassen, der mit dem Wahlzettel ausgefochten wird, eine in jedem Wahlgang neu ausgetragene Konfrontation, bei der eine gesellschaftliche Klasse (oder zumindest ein Teil von ihr) versucht, der Gesellschaft ihre Präsenz aufzuzwingen und ein Kräftemessen herbeizuführen. Merleau-Ponty unterstreicht zwar ebenfalls, dass die Wahl die Menschen gewissermaßen in ihrer Freizeit befragt, »außerhalb der Berufstätigkeit und außerhalb des Lebens«, und deshalb gemäß einer individualisierenden und abstrakten Logik funktioniert. Dennoch besteht er auf dem »gewaltsamen« Charakter dieses Wahlvorgangs: »Jeder weist die Wahl des anderen zurück.«[10]

Die kollaborative Bestimmung eines »Gemeinwillens« aller durch alle, die Herausbildung einer Mehrheit, in deren Wunsch die Minderheit sich akzeptierend fügt, oder die Erarbeitung eines Konsenses sind nicht das, worauf die Arbeiterklasse (oder ein Teil von ihr) in Wahlen aus ist. Sie will stattdessen den Anspruch der Mehrheit auf die Repräsentation eines »allgemeinen« Standpunkts infrage stellen. Sie erinnert daran, dass dieser »Mehrheits«-Standpunkt der Standpunkt einer gegnerischen, entgegengesetzte Interessen verfolgenden Gruppe ist.[11]

Das Verschwinden der Arbeiterklasse und der Aufstieg Le Pens

Bei den Wahlerfolgen des Front National vollzog sich dieser Prozess der politischen Selbstkonstruktion mittels einer – zumindest im Moment der Wahl entstehenden – Allianz sozialer Schichten, die sich zuvor feindlich gegenüberstanden. Die gewichtigste Folge des Verschwindens der Arbeiterklasse und der Arbeiter, ja des Klassenbegriffs überhaupt aus dem politischen Diskurs war die Aufkündigung der alten Allianz zwischen Arbeitern und

---

8   Im Gegensatz zur kollektivierend-politisierenden Wirkung politischer Bewegungen: Erstere erzeugten in der öffentlichen Meinung eine Situation der »Serialität«, Letztere führten zur Formation von »Gruppen«.
9   Jean-Paul Sartre (1976).
10 Maurice Merleau-Ponty (1960, 472).
11 Gleiches gilt natürlich auch für jede andere Klasse, wie man an den Reaktionen des Bürgertums auf jeden Wahlsieg der Linken erkennt.

anderen gesellschaftlichen Gruppen (Beamte, Angehörige des öffentlichen Dienstes, Lehrer ...) innerhalb des linken Lagers, die den Weg freimachte zu einem neuen, größtenteils rechts verankerten oder sogar rechtsextremen »historischen Block« (Gramsci).

Dieser verbindet heute große Teile der prekarisierten und verwundbaren Unterschicht mit Leuten aus Handelsberufen, mit wohlhabenden, in Südfrankreich lebenden Rentnern, ja sogar mit faschistischen Exmilitärs und traditionalistischen Katholiken.[12] Wahrscheinlich war das zu einem bestimmten Zeitpunkt die Voraussetzung, um überhaupt wieder politisches Gewicht zu erlangen (umso mehr, als man dieses Gewicht gegen die regierende Linke oder genauer gegen die Macht, wie sie die linken Parteien verkörperten, erringen musste). Ja dieser Ausweg wurde als der einzig verbleibende wahrgenommen. Aber durch die neue politische Konfiguration und ihre neuen politischen Allianzen veränderte sich diese Gruppe, die nur einen Teil der ehemals kommunistischen Wählerschaft ausmachte, in ihrem Wesen. Ihre Mitglieder begriffen sich selbst, ihre Interessen, ihren Bezug zu Gesellschaft und Politik fortan auf eine ganz andere Weise.

Die Wahl Le Pens als die Summe der spontanen Vorurteile

In der Unterstützung für die Kommunistische Partei hatten die Wähler ihre separate, serielle Identität transzendiert. Das entstehende Meinungskollektiv, ausgebildet und ausgedrückt im Medium der Partei, war mehr gewesen als der bloße Spiegel der disparaten Einzelmeinungen. In der Wahl für den Front National blieben die Einzelnen, wer sie waren. Man dachte von Wahl zu Wahl, empfand weniger Loyalität gegenüber der Partei, übertrug seine Stimme mit weniger Festigkeit und Überzeugung den Wortführern und Repräsentanten. Die produzierte Meinung ist nur die von einem Parteidiskurs eingefangene und geformte (und das heißt hier: in ein kohärentes politisches Programm gepresste) Summe ihrer spontanen Vorurteile. Doch selbst wenn die Wähler das Parteiprogramm nicht in seiner Gesamtheit unterschreiben, kann die durch das Wahlergebnis gestärkte Partei behaupten, ihr gesamter Diskurs würde von allen ihren Wählern unterstützt.

Die Annahme ist verlockend, es handele sich dabei nur um ein inhärent »serielles« Kollektiv, in dem unmittelbare, zwar manchmal geteilte, größtenteils aber zugeteilte Impulse und Meinungen vorherrschen, aber keine gemeinsam durchdachten oder aus einer gemeinsamen Praxis entwickelten Standpunkte und Interessen. Die entfremdete Weltanschauung (den Ausländern die Schuld geben) verdrängt den politischen Begriff (gegen die Herrschaft ankämpfen). Aber durch die Wahl dieser Partei, die das Wahlergebnis anschließend instrumentalisiert, konstituiert sich dieses neuartige

---

12 Vgl. zu analog verlaufenden sozialen, politischen und ideologischen Prozessen in Großbritannien, die ebenfalls zur Herausbildung historischer Blöcke aus Bürgertum und Arbeiterschicht bei der Wahl rechter Parteien geführt haben, Stuart Hall (1988).

Kollektiv trotz allem als Gruppe. Die Wähler nehmen hin, dass ihre Stimme »instrumentalisiert« wird. Denn sie selbst haben das Mittel der politischen Wahl instrumentalisiert, um ihrer Stimme Gehör zu verschaffen.[13]

Halten wir also fest, dass eine politische Wahl häufig – und das betrifft alle Wähler – nur eine partielle oder indirekte Zustimmung zur Programmatik der gewählten Partei oder des gewählten Kandidaten ausdrückt. Als ich meine Mutter darauf ansprach, dass sie mit ihrer Stimme eine Partei unterstützte, die gegen das Recht auf Abtreibung kämpfte (obwohl sie, wie ich wusste, schon einmal abgetrieben hatte), antwortete sie mir nur: »Das ist was anderes, dafür hab ich die doch nicht gewählt.«

Von links nach rechts – und wieder retour?

Wie aber unterscheidet man in solchen Fällen die für die individuelle Wahl relevanten Faktoren von den nebensächlichen? Das Wichtigste ist wohl, dass man sich, und sei es auf unvollständige oder unvollkommene Weise, als Individuum und Kollektiv repräsentiert fühlt, und das heißt unterstützt von denen, die man durch seine Wahlstimme unterstützt. Dass man den Eindruck hat, durch eine überlegte Wahlentscheidung politisch zu existieren und einen Unterschied machen zu können.

Die antagonistischen Vorstellungen von Politik, die sowohl in der Wahl des Front National als auch in der des Parti Communiste zum Ausdruck kommen, diese gegensätzlichen Modi der Konstitution als politisches Subjekt, stützen sich auf unterschiedliche Weisen, die soziale Welt wahrzunehmen und einzuordnen – die aber, je nach Ort und Zeitpunkt, im selben Individuum koexistieren können. Es kommt ganz darauf an, wie die jeweilige Alltagserfahrung strukturiert ist, ob zum Beispiel am Arbeitsplatz die praktische Solidarität überwiegt oder die Angst vor der Konkurrenz um den eigenen Job, ob man sich dem informellen Elternnetzwerk einer Schule zugehörig fühlt oder an den alltäglichen Schwierigkeiten in einem »Problemviertel« verzweifelt usw. Es handelt sich dabei um gegensätzliche oder jedenfalls verschiedene Weisen, die soziale Realität zu ordnen und auf die politische Ausrichtung der Regierenden einzuwirken, und beide schließen einander nicht immer aus.

Deshalb ist es auch alles andere als unmöglich, dass sich trotz der dauerhaften, verstörenden Allianzen innerhalb der Wählerschaft des Front National ein Teil dieser Wähler in nicht ganz ferner Zukunft der extremen Linken zuwendet. Das heißt natürlich nicht, dass man die Linksextremen auf eine Ebene mit den Rechtsextremen stellt – wie es all jene reflexartig tun, die glauben, ihre Definitionshoheit über die legitime Politik durch den Vorwurf des »Populismus« sichern zu können, den sie jeder abweichenden

---

13 Vgl. zur Wahlentscheidung für den Front National auch den Aufsatz von Patrick Lehingue (2003).

Meinung entgegenschleudern. Dieser Vorwurf bezeugt nichts anderes als ihr klassenbedingtes Unverständnis für die »Irrationalität« eines Volkes, das sich ihrer »Vernunft« und »Weisheit« nicht fügen will. Es heißt einfach, dass sich, sobald die globale (nationale und internationale) Lage eine andere ist, die Position einer Gruppe – des Arbeitermilieus und der populären Klassen – im politischen Koordinatensystem so sehr verändern kann, dass diese zusammen mit anderen gesellschaftlichen Segmenten einen neuen historischen Block bildet.

Sicher wären zu einer solchen Neuordnung einige einschneidende Ereignisse nötig (Streiks, Demonstrationen usw.), denn so leicht löst man sich nicht von einem politischen Lager, in dem man sich mit der Zeit, und sei es voller Zweifel und Unsicherheiten, eingerichtet hat. Man wechselt nicht einfach so die politischen Seiten. Dazu bedarf es veränderter Selbst- und Fremdbezüge, sprich: neuer Sichtweisen auf die Welt und die Dinge des Lebens.

Wie aus Linken Rechte werden.
Auszüge aus Rückkehr nach Reims (Teil 2)

Mir ist durchaus bewusst, dass das Programm und der Erfolg des Front National in vielerlei Hinsicht von den Gefühlslagen der Arbeiterklasse in den 1960er und 70er Jahren geprägt bzw. hervorgerufen wurden. Hätte man aus dem, was tagtäglich in meiner Familie gesprochen wurde, ein politisches Programm stricken wollen, es wäre, obwohl man hier links wählte, dem der Rechtsextremen wohl ziemlich nahegekommen: Forderungen, Einwanderer wieder abzuschieben; »nationales Vorrecht« auf Arbeitsplätze und Sozialleistungen; Verschärfung des Strafrechts und der Strafverfolgung; Beibehaltung und Ausweitung der Todesstrafe; die Möglichkeit, die Schule bereits mit vierzehn Jahren zu verlassen, usw. Ein tiefsitzender Rassismus, der eines der dominanten Merkmale der weißen Arbeitermilieus und Unterschichten ausmachte, hat die Eroberung einer ehemals kommunistischen Wählerschaft durch den Front National vielleicht erst ermöglicht oder jedenfalls erheblich begünstigt. Das sieht man auch bei jungen Wählern, die gleich für den FN stimmten – offenbar fiel es Arbeiterkindern deutlich leichter, systematisch die Rechten zu wählen.[14]

»Sie übernehmen das Land«, »Sie verdrängen uns«, »Sie kriegen Sozialhilfe und Kindergeld, und für uns bleibt nichts«, solche Äußerungen über maghrebinische Familien wurden zwar erst in den 1980ern salonfähig, hatten aber in der Feindseligkeit, die den Migranten aus der französischen

---

14 Vgl. zum generationellen Wandel des politischen Rechts/links-Bezugs in den populären Klassen den bereits zitierten Artikel von Patrick Lehingue.

Arbeiterklasse entgegenschlug, einen mindestens dreißigjährigen Vorlauf.[15] Was sich schon während des Algerienkrieges (»Wenn sie ihre Unabhängigkeit wollen, dann sollen sie doch, bitte schön, auch dort bleiben«) und dann nach der Unabhängigkeit (»Jetzt haben sie ihr eigenes Land, dann können sie ja dahin zurückgehen«) abgezeichnet hatte, sollte in den 1960er und 70er Jahren voll durchschlagen. Von Einwanderern redete man eigentlich nur als »bicots« (Hammel), »ratons« (Ratten) oder mit anderen Schimpfwörtern. Nicht zuletzt im »Du«, mit dem man sie jederzeit paternalistisch ansprach, kam die Verachtung zum Ausdruck. In der ersten Phase immigrierten hauptsächlich Männer, die in Wohnheimen oder schäbigen Hotels von schamlosen Mietwucherern ausgenutzt wurden. Die Ankunft einer großen Welle weiterer Einwanderer, Familienzusammenführungen und Geburten veränderten die Situation. Eine ganze ausländische »Population« bezog nun die relativ neuen Sozialwohnungsblöcke, die bis dahin Franzosen und den wenigen europäischen Einwanderern vorbehalten gewesen waren.

Als meine Eltern Mitte der 1960er Jahre ihre Sozialwohnung am Stadtrand erhielten, in der auch ich zwischen meinem 13. und 20. Lebensjahr wohnen sollte, gab es dort nur Weiße. Erst Ende der 70er, lange nach meinem Auszug, kamen maghrebinische Familien und sie waren in der Wohngegend schnell in der Mehrheit. Rassistische Reflexe, die in Alltagsgesprächen schon immer zu hören gewesen waren, erfuhren dadurch eine spektakuläre Verschärfung.

Doch weil es sich dabei um zwei Wahrnehmungsebenen handelte, die sich kaum überschnitten, hatte dies politisch zunächst keine großen Auswirkungen: Man wählte eine Partei (»die Partei«), die sich gegen den Algerienkrieg ausgesprochen hatte, man schloss sich einer Gewerkschaft an (der CGT[16]), die offiziell den Rassismus anprangerte, kurzum: Man fühlte sich politisch als linker Arbeiter.[17] Mit der Entscheidung für linke Parteien wählte man gewissermaßen gegen seinen unmittelbaren rassistischen Reflex an, ja gegen einen Teil des eigenen Selbst, so stark waren diese rassistischen Empfindungen (die aus niederträchtigem Opportunismus bisweilen auch die Kommunistische Partei bediente, allerdings ohne sie je zum Brennpunkt des politischen Interesses werden zu lassen). Außerhalb des engsten Familienkreises fühlte man sich verpflichtet, rassistische Äußerungen zurückzunehmen oder sich für sie zu entschuldigen. Nicht selten begannen oder endeten Sätze mit der Formel »aber ich bin kein Rassist«, oder man hob demonstrativ her-

---

15 Eine realistische Beschreibung dieses Rassismus und der Lebensumstände der eingewanderten Arbeiter in den 1950er Jahren findet sich in Claire Etcherellis Roman *Elise oder das wahre Leben* von 1967.

16 Die Confédération générale du travail (Allgemeiner Gewerkschaftsbund) stand traditionell der Kommunistischen Partei nahe und ist heute mit etwa 700 000 Mitgliedern noch immer der zweitgrößte Gewerkschaftsdachverband Frankreichs (Anm. d. Ü.).

17 In *Elise oder das wahre Leben* sieht man eine partei- und gewerkschaftstreue Arbeiterklasse, die ihrem Rassismus in der Fabrik freien Lauf lässt. Manche Arbeiter rechtfertigen ihre Ablehnung von Algeriern und Tunesiern mit deren Nichtteilnahme an Streiks für Lohnerhöhungen.

vor, dass es »bei denen« auch »normale Leute« gebe, um dann das Beispiel von diesem oder jenem »Kerl« aus der Fabrik zu bringen, der sich so und so verhalten habe. Es dauerte, bis dieser Alltagsrassismus, unterstützt und allmählich ideologisch angereichert von einem organisierten Diskurs, der ihm Sichtbarkeit und politische Bedeutung verlieh, zum dominierenden Modus der Wahrnehmung der sozialen Welt wurde.

Weil sie das veränderte Umfeld in ihrem Viertel irgendwann nicht mehr ertrugen, zogen meine Eltern aus ihrer Wohnung aus und in ein Reihenhäuschen in Muizon, einer kleinen Gemeinde mit rund 2000 Einwohnern im Département Marne in der Region Champagne-Ardenne. Sie glaubten, vor einer Bedrohung fliehen zu müssen, vor einer Gruppe, die in ihre Welt eingebrochen war und ihnen nach und nach all das wegzunehmen begann, was ihnen gehörte. Zuerst hatte sich meine Mutter über die »Kinderhorden« der Neuankömmlinge beschwert, die in die Treppenhäuser urinierten und defäkierten, später dann darüber, dass die Jugendlichen in der ganzen Siedlung ein Klima der Angst und Kriminalität verbreiteten. Sie empörte sich über Verschandlungen des Treppenhauses, der Kellertüren und der Briefkästen, die, kaum repariert, schon wieder kaputt waren, während Zeitungen und Briefe verschwanden. Von Attacken auf parkende Autos, abgebrochenen Seitenspiegeln, verkratzten Türen usw. ganz zu schweigen. Sie ertrug den andauernden Lärm nicht mehr, nicht den Geruch, der aus anderen Küchen strömte, und auch nicht die Schreie des Lamms, das im Bad der Nachbarwohnung geschächtet wurde, als das islamische Opferfest vor der Tür stand.

Entsprachen ihre Beschreibungen der Wirklichkeit? Oder entsprangen sie ihrer Phantasie? Wahrscheinlich beides. Da ich nicht mehr dort wohnte und sie nie besuchen fuhr, kann ich es kaum beurteilen. Als ich ihr am Telefon sagte, sie übertreibe (sie sprach kaum noch von etwas anderem), hielt sie mir entgegen: »Man merkt schon, wo du wohnst. In deinen Vierteln gibt's so was nicht.« Was hätte ich antworten können?

Vom Kommunismus zum Rassismus

Ich frage mich allerdings, wo die Diskurse hergekommen sind, die diese nachbarschaftlichen Probleme (die nervtötend sein können, das will ich gerne glauben) in eine Weltanschauung, in ein System des politischen Denkens verwandelt haben. Welche Geschichte haben diese Diskurse? Aus welchen Untiefen der Gesellschaft stammen sie? Was bedeutet es für die Konstitution als politisches Subjekt, wenn Leute plötzlich eine rechtsextreme Partei und einen Spitzenkandidaten unterstützten, denen sie bis dahin mit geradezu aggressiver Ablehnung begegnet sind?

Nachdem die spontane Wahrnehmung der Welt als Gegensatz zwischen »den Franzosen« und »den Ausländern« erst einmal in der politisch-medialen Sphäre angekommen war, konnten diese Kategorien mit umso größerer Selbstverständlichkeit in Gespräche im Familienkreis eindringen, in banalste Wortwechsel beim Einkaufen, auf der Straße, in der Fabrik ... Man spürte förmlich, wie sich in ehemals kommunistisch dominierten Räumen der Geselligkeit und des Politischen eine rassistische Stimmung breitmachte, wie sich die Menschen allmählich einem politischen Angebot zuwandten, das vorgab, lediglich die Stimme des Volkes oder die Stimmung der Nation wiederzugeben, das eine solche Stimmung in Wahrheit aber erst herstellte, weil es Ressentiments und Affekte mit einem stabilen diskursiven Rahmen und gesellschaftlicher Legitimität versah. Der von den »französischen« populären Klassen geteilte »Gemeinschaftssinn« wandelte sich von Grund auf. Die Eigenschaft, Franzose zu sein, wurde zu seinem zentralen Element und löste als solches das Arbeitersein oder Linkssein ab.

Meine Familie lieferte ein Paradebeispiel für den volkstümlichen Alltagsrassismus der 60er Jahre – und dafür, wie dieser sich in den folgenden Jahrzehnten verhärtete. Von Arbeitern, die aus Nordafrika kamen, wurde nur (und wird von meiner Mutter bis heute) in herabsetzenden und beleidigenden Begriffen gesprochen, genau wie von deren nachziehenden oder hier gegründeten Familien, von in Frankreich geborenen und also französischen Kindern. Sie wurden, wie ihre Eltern, als »Eingewanderte« oder bestenfalls »Fremde« wahrgenommen. Beleidigungen konnten jederzeit fallen und waren stets so akzentuiert, dass sich ihre beißende Gehässigkeit noch potenzierte.[18]

Wir Franzosen gegen die Fremden

Kürzlich habe ich meine Mutter für ein Wochenende nach Paris eingeladen. Im Gespräch verfiel sie immer wieder auf dieses abschätzige Vokabular, das mir völlig fremd ist: »bougnoules«, »négros«, »chinetoques« ... Als wir von dem Viertel Barbès sprachen, in dem schon ihre Mutter gelebt hatte und das seit Langem fast ausschließlich von Menschen afrikanischer oder maghrebinischer Abstammung bewohnt wird, sagte sie, dort wollte sie nicht leben, weil es »bei denen anders ist als bei uns«. Meinen Ärger unterdrückend, versuchte ich kurz zu argumentieren: »Aber, Mutter, Barbès ist doch auch ›bei uns‹, das ist ein Viertel von Paris!« Sie antwortete nur: »Mag sein, aber ich weiß schon, was ich meine«, worauf ich nur ein »Ich nicht« ausstoßen konnte.

Mit etwas Abstand frage ich mich, ob der Rassismus meiner Mutter – der Tochter eines Immigranten! – und ihre ungehemmte Verachtung für eingewanderte Arbeiter (insbesondere »Araber«) nicht Mittel waren und bis heute sind, um sich gegenüber noch ärmeren und ohnmächtigeren Menschen in Überlegenheit zu wiegen. Sie gehörte von jeher einer sozialen Gruppe an, die permanent mit ihrer eigenen Unterlegenheit konfrontiert war. Vielleicht

---

18 Weil ich ein relativ dunkler Hauttyp bin, sagte mir meine Mutter als Jugendlicher öfter, ich sähe wie eine »crouille« aus oder von Weitem habe sie mich für einen »bougnoule« gehalten. Es liegt auf der Hand, dass meine Abscheu gegen mein Herkunftsmilieu damals auch von dem Entsetzen und dem Ekel herrührte, mir tagtäglich solche Äußerungen anhören zu müssen.

erfuhr sie in der Abwertung der anderen eine Aufwertung ihres Selbstbilds, vielleicht sah sie darin einen Weg, die eigene Existenz zu verteidigen.

Schon in den 1960er und 70er Jahren hatten sich im Denken meiner Eltern und speziell meiner Mutter zwei Arten der Differenzierung zwischen »ihnen« und »uns« vermischt: die Unterscheidung von Klassen (Reiche vs. Arme) und von Ethnien (Franzosen vs. Ausländer). Bestimmte politische Umstände konnten den Akzent radikal verschieben.

Im Mai '68 vereinten die großen Streiks die Arbeiter gleich welcher Herkunft im Kampf gegen »die Bosse«. Ein schöner Slogan machte die Runde: »Französische Arbeiter, eingewanderte Arbeiter: gleicher Boss, gleicher Kampf«. Auch bei kleineren, lokalen Streiks überwog diese Wahrnehmungsweise. In solchen Situationen verläuft die Grenze zwischen Streikenden auf der einen und Streikbrechern und »Bossen« auf der anderen Seite. Da hatte Sartre schon recht: Vor dem Streik ist der französische Arbeiter spontan rassistisch und traut Einwanderern nicht über den Weg, während des Streiks aber verschwinden diese niedrigen Empfindungen. Dann herrscht Solidarität, und sei es nur eine partielle oder vorübergehende. Die fehlende Mobilisierung als Gruppe bzw. die fehlende Selbstwahrnehmung als solidarisch-mobilisierbare Gruppe (sobald sie um ihre Mobilisierbarkeit weiß, ist eine Gruppe geistig schon mobilisiert) führt dazu, dass rassistische Kategorien die sozialen ersetzen.

Wenn die Linke die Mobilisierbarkeit aus dem Selbstwahrnehmungshorizont der Gruppe löscht, dann rekonstituiert diese sich anhand eines anderen, diesmal nationalen Prinzips, anhand der Selbstwahrnehmung als »legitime« Population eines Territoriums, das einem anscheinend weggenommen wird und von dem man sich vertrieben fühlt: Das Viertel, in dem man lebt, ist für das Selbstverständnis und die Sicht auf die Welt nun wichtiger als der Arbeitsplatz und die Position im sozialen Gefüge. Ganz allgemein speist sich die kollektive Selbstbehauptung nun aus der Zugehörigkeit zu einem Land, als dessen natürlicher Herr und Besitzer man sich fühlt und das seinen Bewohnern staatsbürgerliche Rechte oder Anrechte garantiert, auf die man einen exklusiven Anspruch zu haben meint. Die Vorstellung, »andere« könnten von diesen Anrechten – oder dem, was noch davon übrig ist – ebenfalls profitieren, wird unerträglich, da man glaubt, der eigene Anteil an ihnen werde dann kleiner. Diese Form der Selbstbehauptung richtet sich gegen die, deren legitime Teilhabe an der »Nation« man bestreitet und denen man jene Rechte nicht gönnt, um deren Geltung für sich selbst man kämpft, weil sie von der Macht und den Mächtigen infrage gestellt werden.

Der Niedergang der Linken

Bei dem Versuch zu analysieren, warum die unteren Schichten manchmal die Rechten wählen, sollte man allerdings auch der Frage nicht ausweichen, ob die Annahme, dass diese Wählerschichten naturgemäß links wählen müssten, nicht falsch ist – schließlich haben die Arbeiter niemals geschlossen, und oft nicht einmal mehrheitlich, linke Parteien gewählt. Selbst zu ihren Hochzeiten als Arbeiterpartei hat die Kommunistische Partei nie mehr als dreißig Prozent der Arbeiterstimmen auf sich vereint. Tatsächlich erreichen die Kandidaten der Rechten in diesem Milieu damals genauso große oder sogar größere Stimmanteile als die der linken Parteien zusammen. Und dieses Phänomen betrifft nicht nur das Wahlverhalten. Historisch betrachtet, haben sich das Volk und die Arbeiter immer wieder zu kollektiven Handlungen mobilisieren lassen, die sich eher aus rechten Positionen speisten und mit den Werten der Linken nicht viel zu tun hatten. Man denke etwa an die »gelben« Gewerkschaften zu Beginn des 20. Jahrhunderts, an die rassistischen Ausschreitungen, zu denen es in dieser Zeit in Südfrankreich kam, oder an die späteren Streiks gegen die Einstellung ausländischer Arbeiter.[19]

Viele linke Theoretiker haben diese Phänomene zu entschlüsseln versucht: Gramsci stellt sich in den *Gefängnisheften* die Frage, warum gegen Ende des Ersten Weltkrieges – in einem Moment, in dem alle Bedingungen erfüllt zu sein schienen – die proletarisch-sozialistische Revolution scheiterte bzw. warum sie faschistische Züge annahm; Wilhelm Reich dachte 1933 in seiner *Massenpsychologie des Faschismus* über die Prozesse nach, die dazu führen, dass das Proletariat den Faschismus herbeisehnte. Kurzum: Vielleicht ist das Band zwischen der »Arbeiterklasse« und der Linken gar nicht so natürlich, wie man gerne glaubt. Vielleicht handelt es sich dabei einfach um das Konstrukt einer bestimmten Theorie (des Marxismus), die alle anderen Theorien ausgestochen hat und bis heute unsere Wahrnehmung der sozialen Welt sowie unsere politischen Kategorien bestimmt.[20]

Dafür spricht das Beispiel meiner Familie. Wie alle anderen Familienmitglieder aus ihrer Generation bezeichneten meine Eltern sich selbst als links. »Wir sind die Linke«, hörte ich oft im Familienkreis, als sei alles andere völlig undenkbar. Dann aber begannen sie, wenn auch unregelmäßig, rechts oder rechtsextrem zu wählen. Meine Brüder, die ohnehin bereits seit Jahren rechtsextrem gewählt hatten, bekannten sich ab einem bestimmten Moment ganz offen zur Rechten (wie auch manch andere Familienmitglieder in ihrem Alter). Sie verstehen gar nicht, wie man sich darüber wundern kann. Sobald sie die Möglichkeit hatten, stimmten sie gegen die Linke.

Ganze Regionen, die früher Bastionen der Linken, insbesondere der Kommunisten waren, garantieren den Rechtsextremen seit Langem solide Wahlergebnisse. Und ich fürchte, dass sich manche Intellektuelle, die noch

---

19 Vgl. zum Rassismus und Antisemitismus der populären (und insbesondere linken) französischen Schichten Zeev Sternhell (2000a; 2000b).
20 Vgl. für Ansätze, die versuchen, die Lebensumstände der Arbeiter, ihren Platz und ihre Rolle in der Gesellschaft in einem nichtmarxistischen oder nicht explizit linken Rahmen zu denken, Zeev Sternhell (2000a, insb. Kap. 9, À la recherche d'une assise populaire: l'Action française et le prolétariat.

immer auf das »spontane Wissen« der volkstümlichen Klassen setzen, auf bittere Enttäuschungen und die krachende Widerlegung ihrer Thesen einstellen müssen. Was sie damit eigentlich demonstrieren, ist eine bestimmte Art des Klassenethnozentrismus: Sie projizieren ihre eigene Denkweise auf die, deren Stimme zu hören und in deren Namen zu sprechen sie vorgeben – und zwar umso enthusiastischer, als sie Angehörigen dieser Klassen noch nie begegnet sind, außer vielleicht in Texten aus dem 19. Jahrhundert.

Machen wir den Mystifizierungen ein Ende!

Wie aber wäre diesem fatalen Prozess wirksam zu begegnen? Wenn die Linke ihren eigenen Niedergang verstehen und aufhalten will, muss sie sich nicht nur von ihren neoliberalen Auswüchsen, sondern auch und gerade von den Mythologisierungen und Mystifizierungen lösen, für deren Aufrechterhaltung sich manche als Verfechter einer neuen Radikalität feiern lassen. Die Beherrschten haben kein »spontanes Wissen«, oder, genauer, ihr spontanes Wissen hat keine stabile Bedeutung oder politische Bindung. Die Stellung innerhalb des sozialen Gefüges und der Arbeitswelt bestimmt noch kein »Klasseninteresse« und sorgt auch nicht automatisch dafür, dass die Menschen dieses als das ihre wahrnehmen. Dazu bedarf es vermittelnder Theorien, mit denen Parteien und soziale Bewegungen eine bestimmte Sichtweise auf die Welt anbieten. Solche Theorien verleihen den gelebten Erfahrungen zu einem bestimmten Zeitpunkt eine Form und einen Sinn, und dieselben Erfahrungen können ganz unterschiedlich interpretiert werden, je nachdem, welcher Theorie oder welchem Diskurs man sich gerade zuwendet, um in ihnen einen Halt zu finden.[21]

Aus diesem Grund ist eine Philosophie der »Demokratie«, die sich damit begnügt, die grundsätzliche »Gleichheit« aller Menschen zu feiern und immer wieder zu betonen, dass alle Individuen über die gleichen »Kompetenzen« verfügen, letztlich alles andere als emanzipatorisch. Sie fragt nämlich gar nicht danach, wie sich Meinungen herausbilden oder wie es sein kann, dass die Ansichten und Haltungen, die aus dieser »Kompetenz« resultieren, bei ein und derselben Person oder in ein und derselben sozialen Gruppe jederzeit umschlagen können – zum Besseren oder zum Schlechteren, je nachdem, in welchem Kontext sich die Person oder die Gruppe gerade befindet, wie die politische Konjunktur aussieht und welche diskursiven Konfigurationen vorherrschen. Ein gegebenes Vorurteil kann zum Beispiel die gesamte politische Wahrnehmung bestimmen; es ist aber auch möglich, dass ihm eine politische Bedeutung gar nicht erst beigemessen wird.[22]

---

21 Vgl. zur Kritik der vermeintlich unmittelbaren »Evidenz« von Erfahrungen und zum Einfluss politischer Diskurse und Theorien auf die Selektion von Wahrnehmungen, Praktiken und Bedeutungen Joan W. Scott (1991).
22 Zu diesem Punkt verweise ich auf die wichtigen Bemerkungen Stuart Halls (1988).

Wie kann man andererseits die praktische Existenz sozialer Klassen und gesellschaftlicher Konflikte berücksichtigen, ohne erneut bei der mystischen Beschwörungsformel vom »Klassenkampf« zu landen, den jene Autoren, die heute eine »Rückkehr zum Marxismus« fordern, auch weiterhin verherrlichen? Als folgten aus sozialen Positionen auf notwendige und eindeutige Weise politische und aus diesen die unweigerliche Konfrontation einer organisierten, selbstbewussten Arbeiterklasse, die ihre »Entfremdung« hinter sich gelassen hat und die von der Sehnsucht nach dem Sozialismus beseelt ist, mit der »bürgerlichen Klasse«. Wie kann man die blinden Flecken vermeiden, die solche verdinglichenden Ideen und phantasmagorischen Repräsentationen stets mit sich bringen – und damit auch den Gefahren entgehen, die mit ihnen verbunden sind?

Zunächst einmal müssen wir zu verstehen versuchen, wie und warum es dazu kommt, dass die populären Klassen aus ihren Lebensumständen manchmal den Schluss ziehen, dass sie notwendigerweise der politischen Linken angehören, und manchmal, dass sie selbstverständlich zur politischen Rechten gehören. Hier spielen mehrere Faktoren eine Rolle: die wirtschaftliche Situation (global und lokal), der Wandel der Arbeitswelt und der sozialen Beziehungen, die sich aus der Arbeit ergeben, aber auch – und ich bin geneigt zu sagen: vor allem – die Art und Weise, wie politische Diskurse und diskursive Kategorien die Konstituierung als politisches Subjekt beeinflussen. Die Parteien spielen dabei eine wichtige, fundamentale Rolle, denn jene, die keine Stimme haben, können nur sprechen, wenn sie von jemandem vertreten werden, wenn jemand für sie, in ihrem Namen und in ihrem Interesse, spricht.[23] Die Rolle der Parteien ist auch deshalb fundamental, weil es die organisierten Diskurse sind, die die Wahrnehmungskategorien, die Wege hervorbringen, sich selbst als politisches Subjekt zu denken – und auch die Begriffe, die man sich von seinen »Eigeninteressen« und wahltaktischen Optionen macht.[24] Man muss also permanent über den Widerspruch nachdenken, der darin besteht, dass die populären Klassen einerseits unausweichlich darauf angewiesen sind, die Wahrnehmung ihrer Interessen zu delegieren (außer in den raren Momenten, wo sie unmittelbar an politischen Kämpfen beteiligt sind), dass sie sich jedoch andererseits weigern, von Repräsentanten entmündigt zu werden, in denen sie sich irgendwann nicht mehr wiedererkennen – bis zu dem Punkt, wo sie sich neue Fürsprecher suchen.

Auch deshalb ist es so wichtig, den Parteien und ihren Führern zu misstrauen, da diese stets die Tendenz haben, die Hegemonie über das politische Leben und über die Entscheidung, wo die Grenzen des legitimen politischen Feldes zu ziehen sind, an sich zu reißen.

---

23 Das entscheidende Element der Vermittlung durch eine Partei fehlt bei Sartre (der, als er seinen Text über die Wahlen schrieb, dem linken Spontaneismus zuneigte). Bourdieu (2001) hingegen unterstreicht seine Bedeutung.
24 Hier stimme ich mit den Analysen überein, die Stuart Hall in »Gramsci and us« vorgelegt hat (in: The Hard Road to Renewal, 1988, 163–173).

Wir stehen damit vor der Frage, wer das Recht hat, das Wort zu ergreifen, und wer auf welche Weise an welchen politischen Entscheidungsprozessen teilnimmt – und zwar nicht nur am Erarbeiten von Lösungen, sondern bereits an der kollektiven Diskussion darüber, welche Themen überhaupt legitim und wichtig sind und daher in Angriff genommen werden sollten. Wenn die Linke sich als unfähig erweist, einen Resonanzraum zu organisieren, wo solche Fragen diskutiert und wo Sehnsüchte und Energien investiert werden können, dann ziehen Rechte und Rechtsradikale diese Sehnsüchte und Energien auf sich.

Das also ist die Aufgabe, vor der kritische Intellektuelle und soziale Bewegungen heute stehen: Es gilt, einen theoretischen Rahmen und eine politische Sichtweise auf die Realität zu konstruieren, die es erlauben, jene negativen Leidenschaften, die in der Gesellschaft insgesamt und insbesondere in den populären Klassen zirkulieren, zwar nicht auszumerzen – denn das wäre unmöglich –, aber doch weitgehend zu neutralisieren. Worauf es ankommt, sind Theorien und Sichtweisen, die neue Perspektiven erschließen und der Linken einen Weg in die Zukunft weisen, in der sie ihren Namen wieder verdient.

Literatur

Beaud, Stéphane, u. Michel Pialoux, 1999: *Retour sur la condition ouvrière. Enquête aux usines Peugeot de Sochaux-Montbéliard*, Paris

Bourdieu, Pierre, 2001: Le mystère du ministère. Des volontés particulières à la ›volonté générale‹, in: *Actes de la recherche en sciences sociales*, 140, 7–13

Eribon, Didier, 2007: *D'une révolution conservatrice et de ses effets sur la gauche française*, Paris

Etcherelli, Claire, 1972: *Elise oder das wahre Leben* (1967), dt. von Erika Wolber, Berlin

Hall, Stuart, 1988: *The Hard Road to Renewal. Thatcherism and the Crisis of the Left*, London

ders., 1988: Gramsci and us, in: ders.: *The Hard Road to Renewal*, a. a. O., 163–73

Lebaron, Frédéric, 2003: *Le Savant, la politique et la mondialisation*, Bellecombe-en-Bauge

Lehingue, Patrick, 2003: L'Objectivation statistique des électorats: que savons-nous des électeurs du FN?, in: Jacques Lagroye, *La Politisation*, Paris, 247–78

Merleau-Ponty, Maurice, 2007: Über die Enthaltung [1960], in: ders.: *Zeichen*, dt. von B. Schmitz, H. W. Arndt u. B. Waldenfels, Hamburg, 471–6

Sartre, Jean-Paul, 1976: Élections, piège à cons, in: *Situations*, X, Paris, 75–87

Scott, Joan W., 1991: The evidence of experience, in: *Critical Inquiry*, 17/4, 773–97

Sternhell, Zeev, 2000a: *La Droite révolutionnaire: 1885–1914. Les origines françaises du fascisme*, Paris

ders., 2000b: *Ni droite ni gauche. L'idéologie fasciste en France* (1983), Paris

aus: Rückkehr nach Reims, mit freundlicher Genehmigung des Suhrkamp Verlages, Frankfurt/M 2016

7. Verbindende Klassenpolitik

7.1. Auf dem Dachboden der Geschichte kramen. Wie wir unsere Kämpfe neu erinnern sollten

Tithi Bhattacharya

Klassengedächtnis, Klassenkampf und die Archivar*innen der Zukunft

Im Jahr 1990 sah ich den Film *Der Zufall möglicherweise* des polnischen Regisseurs Krzysztof Kieślowski, ohne damals das lähmende Moment einer bestimmten Szene zu erkennen. Durch Zufall lernt der Protagonist Witek einen alten Kommunisten kennen und entschließt sich in die Kommunistische Partei einzutreten. Später läuft er seiner ersten großen Liebe über den Weg. Nach einer wunderschönen und intensiven Sexszene folgt ein Moment der Ruhe, in dem Witek wie abwesend die Internationale pfeift. Seine Gefährtin murmelt zustimmend, worauf Witek fragt: »Wie würdest du es finden, wenn ich das immer sänge?« Die junge Frau weicht zurück; sie weiß, dass er in »der Partei« ist. Dann verlässt sie den Raum und sein Leben.

Jahrelang verfolgte mich diese Szene. Erst seit Kurzem verstehe ich, was mich daran verstört und fasziniert hat: Die Frau hat nichts gegen die Internationale, doch sie distanziert sich von der Organisation, die deren Geist verkörpern will: von *der* Partei. Dem liegt ein traumatisierender Bruch zugrunde zwischen der Geschichte, sprich: dem Gedächtnis der Arbeiterklasse und der Organisation der Arbeiterklasse, die eigentlich Wächterin dieser Geschichte sein soll.

Natürlich ist mir klar, dass Partei und bürgerlicher Staat in Kieślowskis Heimatland Polen damals auf eine Weise eng verflochten waren, die es heute nicht mehr gibt. Dennoch sind wir aufgefordert, zwei historische Konzepte neu zu überdenken: Erstens, was heißt Klassengedächtnis? Damit stellt sich auch die Frage nach dem Klassenkampf erneut, und danach, wie unser kollektives Erinnern früherer Kämpfe unsere Kämpfe heute prägt. Und zweitens: Wer archiviert eigentlich diese heutigen Kämpfe? Und – das ist eine Frage der Organisationsform – welche Form kann aus solchen Kämpfen hervorgehen und diese gestalten – erfolgreich oder auch nicht?

Was heißt Klassengedächtnis?

Welche Ereignisse ließen uns in letzter Zeit an den Begriff »Klasse« denken? Zweifelsohne die Bewegungen hinter Bernie Sanders und Jeremy Corbyn, die Wahl Trumps, das Brexit-Votum und zuletzt die wachsende Popularität von Le Pen sowie die von Mélenchon in Frankreich. In diesen Beispielen spiegelt sich, was die Linke lange Zeit als »Klassenpolarisierung« bezeichnete: Die Arbeiterklasse demonstriert ihre politische Nonkonformität, indem sie radikal andere Vorstellungen der Zukunft entwirft. Warum aber sind das Momente eines Klassendaseins? Welche politische Rhetorik und welche historischen Gemeinsamkeiten lassen sie als Momente von »Klasse« erscheinen?

Zunächst die Rhetorik der Protagonisten selbst: Ob explizit oder implizit, Sanders, Corbyn und Mélenchon erweisen dem lange geächteten Sozialismus ihre Reverenz. Was ließe eher an Klasse denken als ebendieses Wort? Doch wir müssen über diese einfache Übereinstimmung hinausdenken. Der augenscheinliche »Klassencharakter« umfasst offenkundig beide Pole der politischen Mobilisierung: von Trump bis Sanders und von Mélenchon bis Le Pen. Tatsächlich erklärte ein französischer Arbeiter in einem Interview mit der BBC vor Kurzem, er sei hin- und hergerissen, ob er für Mélenchon oder für Le Pen stimmen solle.

Was diesen Momenten ihren Klassencharakter verleiht, ist ihre *implizite* Identifizierung mit ökonomischen Themen. In erster Linie die offensichtliche Wendung gegen die Austeritätspolitik: Sowohl Trump (zumindest in der Wahlkampfrhetorik) als auch Marine Le Pen wandten sich heftig gegen »die Globalisierung«, gegen internationale Handelsabkommen und thematisierten die materielle Not der einheimischen Arbeiterklasse. Arbeitsplätze, Arbeitsbedingungen, Arbeitslosigkeit und Arbeitswelt sind die Themen der Bewegungen an beiden Polen des politischen Spektrums – ergänzt um traditionell »sozialdemokratische« Forderungen nach Gesundheitsversorgung (Corbyns Eintreten für das öffentliche Gesundheitswesen NHS), Bildung (Bernies »Free College«-Plan zur Abschaffung von Studiengebühren) und Re-Industrialisierung (Marine Le Pen bezeichnete den EU-Austritt und Brexit als Voraussetzung dafür).

Nichtsdestotrotz ist der Bezug auf Klasse stets implizit. Dieser intensive und besorgte ökonomischen Diskurs hat die Kategorie »Arbeiterklasse«, oder auch nur »Klasse«, weder von links noch von rechts zum analytischen oder pragmatischen Dreh- und Angelpunkt. Stattdessen steht der Begriff der »Nation« im Zentrum und ist ähnlich wirkmächtig wie »Klasse«– von Trumps »Make America Great Again« bis hin zu Mélenchons »La France insoumise«. Nur vor dem Hintergrund unseres historischen Wissens als marxistische Linken können wir diese rhetorischen und politischen Schachzüge richtigerweise als Klassendiskurs identifizieren.

Kehren wir zurück zu unserem anfänglichen Gedächtnisspiel und suchen diesmal nach linken Bewegungen der jüngeren Zeit, bei denen wir *nicht* an »Klasse« oder an Klasse als Sinnbild für das Ökonomische denken. Hier kommen uns unterschiedlichste Bewegungen in den Sinn: Zu nennen wären *Black Lives Matter* unter dem Label »Antirassismus«, die LGBT-Bewegung und der Kampf für reproduktive Rechte unter »Feminismus«, die BDS-Kampagne unter »Antiimperialismus« und so weiter. Diesen Bewegungen verweigern wir nicht nur den Titel »Klasse« oder »Klassenkampf« – bisweilen stellen wir sie analytisch (im Unterschied zu: politisch) als »Identitätspolitiken« sogar in einen politischen Gegensatz zum Klassenkampf.

Die Kraft zur Befreiung

Genau diese gewohnten Zuordnungen müssen wir jedoch angesichts der aktuellen Rahmenbedingungen überdenken, da sie uns weder nützlich noch marxistisch sind. Vier Jahrzehnte des Neoliberalismus haben die kollektiven Strukturen am Arbeitsplatz und die Gewerkschaften entweder zerschlagen oder geschwächt – als Linke hätten wir damit rechnen müssen, dass die Kämpfe nun außerhalb der Produktionssphäre ausbrechen. Dass sie sich nicht unmittelbar um Löhne oder Arbeit drehen, entwertet sie nicht als Klassenkämpfe im marxistischen Sinne. Vielmehr behaupte ich, dass genau diese Kämpfe in der aktuellen Lage die *Kraft zur Befreiung* in sich tragen – im Gegensatz zum dem oben besprochenen Diskurs der ökonomischen Deprivation. Warum ist das so?

Wenn wir uns zum einen die sogenannte »ökonomische« Rhetorik derer anschauen, die als populistische Rechte oder als neue sozialdemokratische Linke bezeichnet werden, so stellen wir wie gesagt fest, dass diese Rhetorik eng verknüpft ist mit dem Konzept der Nation. Dass »Rasse« und/oder Einwanderung als Angriffspunkte der neuen Rechten dienen, ist keine große Überraschung. Für die neue Sozialdemokratie aber sind diese Fragen nach wie vor offene Wunden: Mélenchon hält entschieden an der strikten Trennung von Kirche und Staat (Laizismus) fest und damit implizit auch an der Islamophobie als deren Begleiterin. Bernie lag konsequent falsch in Bezug auf die Palästina-Frage und andere imperialistische Politikfelder. Selbst Corbyn – der Beste unter ihnen – fordert nicht die vollständige Abschaffung von Grenzen. Ohne die Vielschichtigkeit und die Widersprüche dieser Strömungen zu leugnen: Im Großen und Ganzen gründen sie auf einer Anti-Austeritätspolitik gepaart mit einer nationalen Anti-Establishment-Politik. *Ihre Potenziale liegen immer noch an der Kette nationaler Grenzen.*

Hätten die Massenparteien in den 1980er Jahren eine solche politische Linie ausgegeben, hätte die radikale Linke mit Sicherheit aufgebährt. Heute besteht erstmals seit Jahrzehnten wieder eine rechtsradikale Option des Widerstands gegen Austeritätspolitik und die herrschenden Eliten. Sofern die sozialdemokratische Linke also ihren Diskurs von der »Wirtschafts- als Klassenpolitik« einzig um den Nationalstaat herum konstruiert, ist klar, dass die Rechte diesen Job mit weit mehr Leidenschaft und Überzeugungskraft, das heißt: sehr viel erfolgreicher erledigen kann.

Die radikale und insbesondere die marxistische Linke kann also Fragen der Unterdrückung aufgrund von »Rasse« oder Geschlecht, Fragen der Migration und des Internationalismus nicht als Beiwerk zum Klassenkampf behandeln. Sie müssen vielmehr ein Hebel zur Befreiung sein, ein Hebel, mit dem sich zwei politische Komplexe aufbrechen lassen: erstens den Wirtschaftsnationalismus, den die extreme Rechte und die sozialdemokratische Linke im Angebot haben, und zweitens die Unterdrückungspolitik des einen Prozents, die in den letzten Jahrzehnten von den politisch zentristischen Neoliberalen ausging – eine Politik, die auf der Idee fußt, dass die *Beteiligung an* und nicht die *Ablehnung von* kapitalistischen Strukturen das beste Vehikel zur Befreiung sei (also: mehr weibliche Staatschefs und mehr Veganer*innen in der Armee).

Da der gewerkschaftliche Organisationsgrad heute einen historischen Tiefpunkt erreicht hat, muss die fast religiöse Obsession, mit der nach Arbeitskämpfen gesucht wird, die allein unsere Aufmerksamkeit wert wären, scheitern. Zudem kann dieser Ansatz weder vor der marxistischen Theorie noch vor der realen Geschichte der Arbeiterbewegung bestehen. Selbst in Bezug auf Arbeitskämpfe ist unsere Vorstellungskraft und Theorie allzu oft verengt auf das, was unsere frühmarxistischen Vorgänger*innen wohl als »ökonomistisches« Denken bezeichnet hätten. Der überwältigende Erfolg der Gewerkschaft CIO[1] und die Kampfkraft der US-Arbeiterklasse basierten nicht nur auf Themen wie Lohnerhöhungen oder Zuschlagszahlungen, sondern auf Fragen der konkreten *Arbeitsbedingungen*. Rückblickend schrieb der radikale schwarze Organizer James Boggs (1963) in den 1960er Jahren: »Die CIO-Bewegung vermittelte der amerikanischen Öffentlichkeit die erste echte Vorstellung von Klassenbewusstsein und sozialem Denken, sie etablierte […] als Erste den Gedanken der Demokratie am Arbeitsplatz: in den Fabriken, den Büros und überall, wo Menschen arbeiten. [… Die CIO] bildete einen Rahmen, in dem Schwarze *im Werk* für Gleichheit kämpfen konnten. Dasselbe leistete sie für Arbeiterinnen.«

Wollte man Boggs' *Notes from a Negro Worker's Notebook* auf einen kurzen Slogan bringen, würde der lauten: Gewerkschaften müssen *soziale* Macht aufbauen. Oder: Gewerkschaften müssen am Arbeitsplatz und *in der Gesellschaft* aktiv werden. Diese Vorstellung ist zentral, wenn wir versuchen, die Definition von Klassenkampf auszudehnen und das Verständnis von »Ökonomie« zu erweitern.

Die Theorie der sozialen Reproduktion will unsere Aufmerksamkeit nicht vom Ort der Produktion *weglenken*, auch wenn viele Kritiker*innen das behaupten. Ihr Nutzen besteht vielmehr darin, die enge Verzahnung zwi-

---

1 Der 1935 gegründete *Congress of Industrial Organizations* (CIO) organisierte nicht nur Facharbeiter*innen und errang durch sogenannte »Sitzstreiks« bedeutende Erfolge in der Automobilindustrie; 1955 kam es zur Vereinigung als AFL-CIO (Anm. d. Ü.).

schen den Orten der Warenproduktion und Orten der Produktion von Arbeitskraft (also Leben) aufzuzeigen. Sie ist äußerst nützlich, um die gegenwärtige Relationalität des Kapitals zu verstehen und wirksame Gegenstrategien zu entwickeln.

Wendet man die Theorie der sozialen Reproduktion auf James Boggs' obige Beobachtungen an, ließe sich sagen: Als die Organisationsmacht der Arbeiter*innen in der Produktionssphäre schwach oder nicht existent war, entstanden kreative Organisierungsprozesse außerhalb der Arbeit, in den *communities*, den Nachbarschaften und Kirchen. Sie schufen aufständische Traditionen der Organisierung, die den Arbeiter*innen Selbstvertrauen und Kraft verliehen – und letztlich auch den Kampf am Arbeitsplatz unterstützten. Die Theorie der sozialen Reproduktion ist getragen von einer Politik, die die alltäglich gelebte Erfahrung und die Gesamtheit der sozialen Beziehungen innerhalb der kapitalistischen Gesellschaft umgestalten will. Diese Relationalität des Kapitals, die Tatsache, dass es alle sozialen Beziehungen durchdringt, ist in dieser Perspektive zentral und ein wichtiges Argument, um den Begriff des Klassenkampfs zu erweitern. Um dauerhaft Waren produzieren zu können, muss der Kapitalismus auch kapitalistische Gesellschaftsverhältnisse reproduzieren. Doch jeder Ort der Reproduktion ist ambivalent und birgt prinzipiell zwei Möglichkeiten: die Reproduktion der herrschenden Verhältnisse oder ihre Störung. Darum birgt jeder Kampf, der die Reproduktion der Gesellschaftsverhältnisse infrage stellt – ob er die Entwaffnung der Polizei oder die Öffnung der Grenzen fordert – das Potenzial, eine allgemeine Form anzunehmen, ungeachtet dessen, ob er nun am Arbeitsplatz beginnt oder außerhalb.

In einem wütenden Brief an Paul Lafargue und Laura Marx wendet sich Karl Marx 1870 gegen Bakunin. Dieser hatte behauptet: »Die Arbeiterklasse darf sich nicht mit *Politik* beschäftigen. Sie darf sich nur in Trade-Unions organisieren. [...] Ihr seht, was für eine Karikatur er aus meinen Lehren gemacht hat! [...] Der Esel hat nicht einmal begriffen, dass jede Klassenbewegung *als* Klassenbewegung notwendigerweise immer eine *politische* Bewegung ist und war.« (Marx 1870, 675)

Von dem Eselsvergleich einmal abgesehen – was meinte Marx hier mit Klassenbewegung als politische Bewegung? Ein Jahr später arbeitete er den Begriff in einem Brief an Friedrich Bolte weiter aus: »[...] jede Bewegung, worin die Arbeiterklasse als *Klasse* den herrschenden Klassen gegenübertritt und sie durch pressure from without zu zwingen sucht, [ist] ein political movement. Z. B. der Versuch, in einer einzelnen Fabrik oder auch in einem einzelnen Gewerk durch strikes etc. von den Kapitalisten eine Beschränkung der Arbeitszeit zu erzwingen, ist eine rein ökonomische Bewegung; dagegen die Bewegung, ein Achtstunden- etc. *Gesetz* zu erzwingen, ist eine *politische* Bewegung.« (Marx 1871, 332)

Wenn wir die Geschichte des Klassenkampfes unserer Zeit schreiben, sollen wir den Kampf um Palästina, die vielen antirassistischen und feministischen Kämpfe in die Randspalten verbannen und ausharren, bis sich aus dem luftleerem Raum ganz fabelhafte Arbeitskämpfe entwickeln? Oder sollen wir stattdessen Marx neu lesen und über die Relationalität der Kämpfe nachdenken? Wenn wir uns für Letzteres entscheiden, dann brauchen wir für diese Chronik geeignete Archivare und wir brauchen Organisationsformen, die die Zukunft nicht als eine endlose Wiederholung der Vergangenheit sehen oder versuchen, die Wirklichkeit in ein Marx- oder Lenin-Zitat zu pressen.

Marx betont, dass im Zuge sozialer Bewegungen auch neue Organisationsformen entstehen. »Wenn diese Bewegungen«, schreibt er in dem Brief an Bolte, »eine gewisse previous [vorherige] Organisation unterstellen [d. h. voraussetzen], sind sie ihrerseits ebenso sehr Mittel der Entwicklung dieser Organisation.« (ebd. 333) Organisationen, die bloß die Erben oder Wächter der Vergangenheit sind, können nicht unsere Archivare sein, denn die Vergangenheit ist heute von der Gegenwart zutiefst gespalten. Wir brauchen neue Organisationsformen, die einen machtvollen Vorgriff auf die Zukunft durchsetzen. Vielleicht werden sie wie erste Maroon-Hütten[2] sein, in denen ein neuer Erwartungshorizont aufgeht.

Literatur

Boggs, James, 1963: *The American Revolution: Pages from a Negro Worker's Notebook*, New York 2009

Marx, Karl, 1870: Marx an Paul und Laura Lafargue in Paris, 19. April 1870, in: *MEW* 32, Berlin 1965, 637–78

ders., 1871: Marx an Friedrich Bolte in New York, 23. November 1871, in: *MEW* 33, Berlin 1966, 327–33

aus: LuXemburg, 2–3/2017, online unter: www.zeitschrift-luxemburg.de/auf-dem-dachboden-der-geschichte-kramen/

---

2 »Maroons« nannte man in der Neuen Welt die Sklaven (bzw. deren Nachkommen), die aus den Plantagen ausgebrochen waren und »illegal« in eigenständigen, wehrhaften Siedlungen lebten (Anm. d. Ü.)

7.2. Eine Frage der Klasse. Neue Klassenpolitik als verbindender Antagonismus

Mario Candeias

Nicht dass die Klassenfrage je ganz verdrängt werden konnte. Sie fristete ein marxistisches Schattendasein. Doch manchmal brach sie überraschend an die Oberfläche der Feuilletons, um kurz darauf wieder zu verschwinden. Inzwischen wird kaum noch bestritten: Wir leben (wieder) in einer Klassengesellschaft. Ungleichheiten nehmen zu, soziale Spaltungen verfestigen sich, selbstverständliche soziale Sicherheiten sind einer verallgemeinerten Kultur der Unsicherheit und der Angst vor Abstieg gewichen. Selbst die vermeintlich gesicherte Mitte muss immer mehr Anstrengungen unternehmen, um ihren Status zu halten. Oliver Nachtwey (2016) fand dafür das Bild der Rolltreppe, die nach unten fährt: Man darf nicht stehen bleiben, will man nicht abgleiten, und man muss sich ganz schön anstrengen, will man sogar gegen die Fahrtrichtung ein bisschen nach oben gelangen. Oben ankommen tun die wenigsten. Der Eintritt in die oberen Klassen ist versperrt, die Vermögenden schotten sich ab.

Einst war es die LINKE, die dem Protest des Prekariats einen Ausdruck gab. Eine Klassenfraktion, die so schwer zu fassen war, weil sie sich vor allem negativ definierte: Niemand will zu den Prekären gehören. Dabei ist Prekarisierung längst kein Problem einiger weniger. Sie betrifft illegalisierte migrantische Putzfrauen, Sicherheitskräfte oder Kassiererinnen ebenso wie den gut ausgebildeten ostdeutschen Leiharbeiter im Ruhrgebiet oder den (schein-)selbständigen Fernfahrer oder das Computer-Proletariat in den Call-Centern. Sie betrifft ebenso (zwangs-)mobile Kurzzeit-Projektarbeiter in der IT-Industrie, freie Journalistinnen, solo-selbständige Kulturschaffende oder Wissenschaftlerinnen. Sie alle unterliegen verschiedenen Formen der Flexploitation (Bourdieu), der flexiblen Ausbeutung. Im Zuge transnationaler Verlagerungen und neuer Entlassungswellen sind selbst die Stammbelegschaften nicht mehr sicher. Der Druck – auch durch die Prekären – ist allgegenwärtig. Dabei geht es nicht nur um unsichere Arbeitsverhältnisse, sondern auch um Lebensbedingungen, um mangelnde Anerkennung und Perspektive, Abbau sozialer Infrastrukturen, Verdrängung durch explodierende Mieten oder die mangelnde Planungssicherheit für den eigenen Lebensentwurf. Was trennt diese Gruppen, was eint sie vielleicht auch? Es geht also darum das »re-making of the working class« (Candeias 2009) herauszuarbeiten.

Klassenfrage von rechts

Heute wird die Klassenfrage nicht mehr mit linkem, sondern mit rechtem Protest assoziiert. Obwohl Parteien wie die AfD oder der Front National und Bewegungen wie Pegida oder »Manif pour tous« (gegen die »Homo-Ehe« in Frankreich) mehrheitlich von Gruppen aus der etablierten Mitte oder dem Kleinbürgertum – überwiegend Männern – getragen werden, sprechen sie mittlerweile auch einen relevanten Teil von Arbeitern und Arbeitslosen an. Didier Eribon (2016) nennt deren Wahlentscheidung für die radikale Rechte einen »Akt politischer Notwehr«, um überhaupt noch irgendwie im politischen Diskurs vorzukommen, wenn auch nur als »negative Selbstaffirmation«. Sein autobiografischer Selbstversuch der »Rückkehr nach Reims« war sicher der politische Überraschungsbestseller des letzten Jahres. Ein Buch über die Rückkehr in sein Elternhaus, das er als »Klassenflüchtling« verlassen hatte, um seine schwule Sexualität leben zu können und Soziologieprofessor zu werden – und über Jahrzehnte nicht zurückzukehren. Das vielfältige Buch, das über Scham, das Leben und den Alb der Arbeiterklasse und insbesondere auch der Frauen erzählt, versucht eben Momente der Erklärung zu liefern, warum eine Arbeiterklasse, die einst – zumindest relevant – links wählte, heute teilweise rechts wählt. Verkauft von der Sozialdemokratie, enttäuscht von der Wirkungslosigkeit der KP, wenden sie sich einer machtvollen neuen Erzählung zu: der Verteidigung hart arbeitender Menschen, der Nation, der Kultur gegen andere, ›den Islam‹, ›die Migranten‹, die Globalisierung, die Schwulen und LGBTs, die ›moralisierenden 68er‹ an der Macht etc. Eribon trifft einen Nerv.

Auch zur Erklärung des Wahlverhaltens beim Brexit wurde die Klassenfrage herangezogen: Das Votum für den Brexit, so Owen Jones (2016) in der Zeitschrift *LuXemburg*, sei »eine Revolte der Arbeiterklasse. Vielleicht ist es nicht die Art von Revolte gegen das politische Establishment, die viele von uns sich gewünscht hätten. Zweifelsohne ist dieses Ergebnis aber den Stimmen einer wütenden und politisch entfremdeten«, weißen, vorwiegend männlichen Arbeiterklasse zu verdanken. Diese Entwicklung zeigt sich in vielen Ländern Europas (am wenigsten noch in Griechenland, Spanien und Portugal).

Bei der Wahl von Donald Trump zum Präsidenten der USA war es nicht mehrheitlich die Arbeiterklasse, die ihn unterstützte. Doch markierte der Wechsel von relevanten Teilen der weißen, männlichen Arbeiter zu Trump in ausgewählten Bundesstaaten den entscheidenden Unterschied für seinen Sieg. Noch bedeutender war vielleicht die Entfremdung großer Teile der Arbeiterklasse von Hilary Clinton, der Repräsentantin des Establishments schlechthin. Sie wählten nicht rechts, sondern gar nicht mehr (vgl. auch Russell Hochschild 2016).

Wie soll auf eine solche Entwicklung von links reagiert werden? Jan Korte, Vorstandsmitglied der RLS, plädiert in einem Strategiepapier von Eribon ausgehend für mehr Klassenanalyse und ihre praktische Wendung.

Dritter Pol: Mitte-Unten-Bündnis ohne ›Unten‹?

Die radikale Rechte artikuliert den Gegenpol zum autoritär regierenden Neoliberalismus von Merkel und Schäuble bis Macron. Kurzzeitig konnte die SPD mit Martin Schulz diese Polarisierung zwischen einem neoliberalem Weiter-so und dem rechtsautoritären Versprechen, allen »Deutschen« Schutz in der nationalen Wettbewerbsgemeinschaft zu gewähren, durchbrechen. Die Hoffnung vieler war groß, die SPD würde nun endlich von links um Mehrheiten kämpfen. Dazu ist sie aber offensichtlich nicht bereit. Der kurze Moment von Aufbruchstimmung ist vorbei, die Blase geplatzt. Die Sozialdemokratie bleibt in einer Existenzkrise. Sie will sich nicht daran beteiligen, dem »großen Lager der Solidarität« (Kipping/Riexinger) – also allen, die eine demokratische, soziale und ökologische Lebensweise anstreben – eine Stimme zu geben. Doch ohne eine echte Linkswende kann die neue Rechte nicht wirksam bekämpft werden. Das zeigt der Ausgang zahlreicher Wahlen. Mélenchon konnte diesem »Dritten Pol« bei der ersten Runde der Präsidentschaftswahlen in Frankreich kurz zur Sichtbarkeit verhelfen, so wie zuvor Bernie Sanders im US-Wahlkampf. Die LINKE muss sich dieser Aufgabe nun vorläufig ohne die Unterstützung anderer Parteien stellen.

Es braucht gegen den Autoritarismus von oben und rechts eine Verteidigung einer demokratischen und solidarischen Lebensweise, weit über die Elemente eines linken Mosaiks hinaus, tief bis in bürgerliche Kreise hinein. Ein solcher Dritter Pol existiert schon »an sich«, am sichtbarsten ist er sicherlich in den unzähligen Willkommens- und Bürgerinitiativen und in den sozialen Bewegungen. Er hat aber noch keinen politischen Ausdruck (es ist fraglich, ob man dabei an einen im engen Sinne parteipolitischen Ausdruck denken sollte). Daran gilt es zu arbeiten, um die Voraussetzungen für einen Richtungswechsel in der Gesellschaft – und in der Regierung – zu schaffen. Die LINKE ist unverzichtbarer Teil und Motor eines solchen Vorhabens. Und sie hat viel für eine offene und solidarische Gesellschaft getan, als Teile der Gesellschaft sich gegen Geflüchtete und Migrant*innen richteten, die Unsicherheit wuchs. Wie die Wahlen in anderen Ländern zeigen, sind die Chancen gestiegen, auch wahlarithmetisch über die ›Zehn-Prozent-Nische‹ hinauszukommen. Die LINKE ist in der Pflicht, den parteipolitischen Raum, den SPD und Grüne offen lassen, offensiv zu besetzen.

Der Dritte Pol manifestiert sich bisher jedoch vor allem in der »solidarischen Mitte«, bei den formal höher Qualifizierten, in den städtischen Milieus und Klassenfraktionen – kaum verankert ist er dagegen bei den sogenannten popularen Klassen, in der »bedrohten Mitte« und unter den Prekarisierten. Das »dissidente Drittel« (Thomas Seibert) ist zu klein – sich darauf zu konzentrieren, ist zu wenig. Diese Schieflage in der gesellschaftlichen Zusammensetzung gilt auch für die Partei die LINKE, die mittlerweile stark akademisch geprägt ist – trotz teilweise besserer Verankerung bei sogenannten Abgehängten. Für ein unverzichtbares Mitte-Unten-Bündnis (Michael Brie) fehlt weitgehend das ›Unten‹. Die Partei erreicht große Teile der popularen Klassen nicht (mehr), verliert sie an die Rechten. Noch häufiger ziehen sich diese zurück. Diese klassenspezifische Entmutigung ist ein existenzielles Problem für die LINKE – egal wie viele werteorientierte Menschen sie wählen würden, käme dies einer inneren Aushöhlung gleich. Ändert sich nichts an dieser Situation, bleibt ihr im besten Fall nur eine imaginierte Stellvertreterpolitik.

Neue Klassenpolitik

Daher ist ein Perspektivenwechsel erforderlich: eine neue Klassenpolitik, die die Vielfältigkeit von Interessen des linken Mosaiks nicht negiert. Ein bloßes Zurück zum alten Klassenkampf kann es nicht sein. Rassismus, Geschlechterverhältnisse und soziale Fragen, Ökologie und Frieden etwa sind untrennbar verwoben. Es gibt einen Zusammenhang zwischen den unterschiedlichen Ausbeutungs- und Unterdrückungsverhältnissen. Schließlich heißt es nicht umsonst »alle Verhältnisse umzuwerfen, in denen der Mensch ein erniedrigtes, ein geknechtetes, ein verlassenes […] Wesen ist« (MEW 1, 385).

Autoritarismus und Rechtspopulismus haben emanzipative Kräfte in die Defensive gedrängt. Zu viel »Genderwahn«, »Frühsexualisierung«, »Quote«, »rosa Gedöns«, »grüne Bevormundung« habe auch die gesellschaftliche Linke von den »normalen« Leuten und Arbeitern entfremdet. Feminismus, LGBTIQ-Rechte und Ökologie seien Elitenprojekte. Nun hat ein linker Feminismus oder eine kritische politische Ökologie selbst immer die Formen eines Feminismus von »oben« oder eines »ökologischen Lebensstils« für Besserverdiener kritisiert, die Anerkennung oder ein ökologisches »gutes Gewissen« ohne Umverteilung von Reichtum und Macht (Fraser) ermöglichen, unfähig, Geschlechter- und gesellschaftliche Naturverhältnisse als (gesamt-)gesellschaftliche, gar als Produktionsverhältnisse zu denken. Mit der Kritik an der einseitigen Orientierung auf Anerkennung dürfen aber nicht die Errungenschaften emanzipativer Anerkennungskämpfe über Bord gehen: Was an Gleichstellung von Frauen, Anerkennung von schwulen oder lesbischen Lebensweisen, Diversität sexueller Orientierung, an kultureller Offenheit, an kleinen Schritten einer ökologischeren Lebensweise etc. erstritten wurde, gilt es zu verteidigen. Es braucht eher mehr als weniger.

Differenzen sollten also nicht als Nebenwiderspruch behandelt, hierarchisiert werden. Auch lassen sich die unterschiedlichen Anliegen und Interessen nicht einfach addieren – sie müssen aktiv verbunden werden. Das geht nur, wenn man es mit den Leuten selbst macht, präsent ist, in ihrem Lebensalltag gemeinsam organisiert, in den Vierteln und im Betrieb, Menschen zur Selbstermächtigung befähigt. Auf dieser Basis kann auch die Glaubwürdigkeit der LINKEN zurückgewonnen werden, auf die eine funktionierende parlamentarische Vertretung aufsetzen kann und die eine Anziehung entwickelt auch für die vielen, die nicht politisch aktiv werden wollen oder können.

Es bedarf einer Stärkung der sozial-ökonomischen Themen. Aber wer ist die Klasse? Wer steht für die Klasse: der Kohlekumpel in der Lausitz, der von Digitalisierung bedrohte Industriearbeiter, der DHL-Bote am Ende einer informatisierten Logistikkette oder doch die Krankenschwester in den modernen Krankenhauskonzernen? Die Klasse ist in permanenter Veränderung.

Sie sollte nicht verwechselt werden mit der alten, weißen, männlichen Arbeiterklasse benachteiligter alt-industrieller Regionen. Dies ist der Teil der Arbeiterklasse, der so gern angerufen wird, wenn vom Brexit, von Trump, Le Pen, AfD etc. gesprochen wird. Natürlich hat auch diese Klassenfraktion legitime Interessen. Aber die Klasse insgesamt ist vielfältiger, immer schon, heute erst recht: Wir haben ein riesiges Prekariat, ein Teil davon gehört zum akademisch ausgebildeten, kosmopolitisch urbanen Prekariat, welches relativ offen ist für emanzipative Positionen und wesentlicher Teil jener Protestbewegungen der letzten Jahrzehnte, von denen viele von uns selbst Teil sind. Und dann ist da ein formal weniger gut ausgebildetes, meist in anderen, benachteiligten urbanen Vierteln wohnendes Prekariat, das meist nicht organisiert ist, seltener wählen geht, wenn überhaupt, aber dennoch ansprechbar für linke Politiken, wenn nur jemand sie fragen würde.

Nicht zuletzt ist die Klasse heute eine viel weiblichere, migrantischere, vielfarbigere, mit unterschiedlichster sexueller Orientierung und Identität. Auch der allergrößte Teil der ins Land kommenden Migrant_innen und Geflüchteten ist selbst Teil der Arbeiterklasse. Und längst ist die Arbeiterklasse in globalen Produktionsketten grenzüberschreitend in der Arbeit verbunden, zumindest grenzüberschreitend ausgebeutet, die transnationale Organisierung hingegen steht noch am Anfang. Die soziale Frage muss also (immer schon) auch aus der Sicht der Migration gestellt werden, denn die Einwanderungsgesellschaft ist längst Realität (vgl. Kron 2017). Wenn wir also von einer notwendigen Rückkehr zur Klassenfrage sprechen, reden wir nicht über eine Rückkehr zu einem reduktionistischen Konzept von Klasse oder zum vermeintlichen Hauptwiderspruch, sondern eben über eine neue Klassenpolitik, die ohne belehrende Political Correctness von Beginn an die Verwobenheit der Unterdrückungsverhältnisse – neudeutsch: intersektional – denkt, so etwa Lia Becker auf der BdWi-/RLS-Herbstakademie 2016 »Europe what's next?«.

Das heißt, die Klasse in ihrer Vielfältigkeit erst einmal sichtbar werden zu lassen. Was denken, fühlen und wollen die Kohlearbeiter in der Lausitz, der prekär Beschäftigte bei Amazon, die Krankenschwester in der Gesundheitsfabrik, die junge Studentin, die einfachen Leute aus den Willkommensinitiativen oder der seit 40 Jahren hier lebende Migrant, der sich zunehmendem Anti-Islamismus und Gewalt gegenübersieht? Diesen unterschiedlichen Lagen, Sorgen und Nöten ist erst einmal mit Empathie zu begegnen.

Klassenpolitik konkret und vor Ort

Klassenpolitik heißt auch, rausgehen, reale Verbindungen mit den populären Klassen aufbauen, besonders in benachteiligten Gebieten, jenseits der üblichen Verdächtigen. Solidarstrukturen, rebellische Nachbarschaften und rebellische Städte schaffen, mehr werden, eine stärkere soziale Basis organisieren, all dies ist unverzichtbar, um als Linke wirksam zu werden (Candeias/Brie 2016). Einiges ist in dieser Hinsicht bereits auf den Weg gebracht. Die LINKE hat hier eine Verantwortung, der sich SPD und Grüne (bisher) nicht stellen wollen: Sie muss eine Alternative verkörpern, die mit dem Weiter-so bricht.

Das heißt konkret, auch einfach Dinge zu tun, die so schwer erscheinen: etwa die Leute aufzusuchen, an den Türen zu klingeln, vor allem in bestehenden oder ehemaligen Hochburgen der LINKEN, insbesondere in benachteiligten Vierteln, bundesweit (vgl. Steckner 2017). Und zwar ganz gleich ob es sich um Bio-Deutsche, Migrant*innen jedweder Generation mit oder ohne Wahlrecht oder neuangekommene Geflüchtete handelt: Verbindungen knüpfen. Das braucht einen langen Atem. Zuhören, diskutieren, zu lokalen Treffen einladen, die sich um lokale Alltagsprobleme drehen, etwa rund ums Thema Wohnen. Wiederkommen, noch einmal versuchen. Für beide Seiten eine überraschende Erfahrung, überhaupt mal gefragt zu werden und persönlich in ein Gespräch über Alltagsprobleme und Politik zu kommen. Dabei kann es nicht einfach nur instrumentell darum gehen, Mitglieder für die eigene Organisation oder Wählerstimmen zu gewinnen. Es geht darum, lokale Knoten des Widerstands und des Aufbruchs zu etablieren.

Die Aktivist*innen an den Haustüren sind auch »immer wieder auf vorurteilsbeladene Ressentiments, Alltagsrassismus und sprachliche Gewalt gestoßen, auch bei der LINKEN gegenüber aufgeschlossenen Personen. Aber: Die wenigsten verfügten über ein geschlossenes Weltbild oder sind mit Argumenten völlig unerreichbar – anders als die gegenwärtige Debatte um postfaktisches Denken vermuten ließe. Vielmehr bestand die Herausforderung darin, über kluge Nachfragen oder knapp gehaltene Vorschläge gemeinsame Interessen – da wo vorhanden – zur Sprache zu bringen und dabei weder die eigenen Positionen zu schleifen, noch den Leuten ihre Erfahrungen abzusprechen«, meint Anne Steckner bei einer ersten Auswertung der Haustürbefragungen. Genau hinschauen und die Erreichbaren unter den Befragten ernst nehmen, Gemeinsamkeiten so weit ausloten, wie es möglich ist, ohne sich zu verbiegen. Und Ansichten so zu hinterfragen, dass man das Gegenüber nicht ganz verliert: »Meine Erfahrung von heute sagt mir, dass es nicht nur falsch, sondern auch gar nicht nötig ist, unseren Antirassismus zu verstecken oder gar abzulegen, um (wieder?) mit Menschen ins Gespräch zu kommen, deren Alltagsverstand zumindest von rassistischen Versatzstücken gespickt ist. Ich habe rassistische Äußerungen hinterfragt oder ihnen offen widersprochen und konnte dennoch mit den Leuten über zu niedrige Renten und zu teure Kitas sprechen«, so Felix Pithan, Landessprecher der LINKEN Bremen.

»Der größte Effekt geht nicht in Richtung der Leute, bei denen man klingelt, sondern in Richtung derer, die an den Haustüren unterwegs sind. Das ist aus meiner Sicht eine ›heilsame‹ und produktive Erfahrung, weil man sich nicht in dem linken Geschwurbel in seinem linken Freundeskreis über die Welt aufregen kann, sondern die eigene Politik sprechbar machen muss, so dass man in einfacher Sprache innerhalb weniger Sätze erklären können muss, was das Problem ist und warum linke Politik darauf eine richtige Antwort ist«, sagt Moritz Warnke bei einem Treffen des Berliner Parteivorstandes der LINKEN.

Von dort geht es weiter mit konkreter Organisierung in benachteiligten Wohnvierteln, sogenannten sozialen Brennpunkten, in Mieterinitiativen, mit Hartz-IV-Beratung, systematischer Unterstützung von Arbeitskämpfen der Beschäftigten, ob bei Amazon oder an den Krankenhäusern, mit Willkommensinitiativen etc. – kurz mit dem Aufbau solidarischer Strukturen im Alltag als Ort wechselseitiger Hilfe und politischer Organisierung.

Wie das geht, kann gelernt werden. Daher braucht es neben dem Training für eine aufsuchende Praxis auch Schulungen für *transformative organizing*. Im Organisierungsprozess, der nicht im Lokalismus stecken bleiben will, kommt rasch wieder die Frage nach dem Zusammenhang und der Verbindung der unterschiedlichen Ebenen von Politik auf. Also neu starten von der lokalen Ebene, aus den Nachbarschaften heraus, durchaus inspiriert von den Rebel Cities, aber integriert in landesweite und auch europäische Perspektiven und Praxen. Auch das Nachdenken über die Adaption des Modells von Solidarity4all[1] lohnt, damit ausreichend Personal und Ressourcen vorhanden sind, um zu unterstützen und zu befördern, was Menschen in solchen Organisierungsprozessen – ob innerhalb oder außerhalb der LINKEN – beginnen.

Dies ist bisher auch der einzige Weg, verlorene Teile der popularen Klassen zurückzugewinnen. Dabei geht es um zum Teil berechtigte Ängste und

---

1 Das Netzwerk Solidarity4all dient in Griechenland dazu, landesweit Solidarstrukturen zu vernetzen und zu stärken; jeder Parlamentsabgeordnete von Syriza führt einen wesentlichen Teil seiner Bezüge an den Solidaritätsfonds von Solidarity4all ab, von den Mitarbeiter*innen der Abgeordneten wurde jeweils mindestens eine*r für die Arbeit in den sozialen Bewegungen freigestellt. Dabei agiert Solidarity4all unabhängig von Syriza. Doch Syriza war als Infrastruktur für den Aufbau der Solidarbewegungen enorm bedeutsam. Syriza war dabei selbst von Bewegungen durchdrungen. Viele der einfachen Mitglieder, aber auch Funktionäre der Partei, Parlamentsabgeordnete oder eben Mitarbeiter*innen der Abgeordneten sind nicht nur in Syriza, sondern seit Jahren auch in außerparlamentarischen Initiativen und Kämpfen aktiv. Syriza war in den Bewegungen präsent, aber hat nie versucht, sie zu kontrollieren. Die Partei steht damit für einen neuen Typus von Partei, der am ehesten durch Mimmo Porcaros Begriff einer »verbindenden Partei« charakterisiert werden kann. Dieser konkrete Versuch einer verbindenden Partei ist gescheitert. Dafür gibt es viele Gründe, auf die ich hier nicht eingehen kann (vgl. Candeias 2016).

Probleme der bedrohten Mitte und der Prekären, die sich eben nicht mehr repräsentiert, aus dem politischen Diskurs gedrängt sehen. Das bedeutet im Umkehrschluss nicht, an allen Interessen dieser Gruppen von links anzuschließen: Gegenüber gruppenbezogenen Abwertungsdiskursen und antiemanzipatorischen, Herrschaft reproduzierenden Positionen muss eine Grenze gezogen werden. Schließlich kann es nicht darum gehen, auf demselben Terrain wie die Rechte zu agieren. Sinnvoll wäre es, »andere Themen, Perspektiven und Werte« zu (wahl-)entscheidenden Punkten zu machen, so Horst Kahrs (2015a) in einer seiner Analysen zu Rechtsentwicklung und Klassenfrage. Denn gern werden etwa jene 8 Millionen Menschen vergessen, die sich aktiv in der Arbeit mit Geflüchteten einsetzen. Ihre Interessen und ihr stiller politischer Einsatz für eine solidarische und demokratische Lebensweise werden in der öffentlichen Debatte weit weniger diskutiert als der Protest der radikalen Rechten.

Doch es kommt ganz darauf an, wovon die jeweilige Alltagserfahrung geprägt ist, von praktischer Solidarität in der Nachbarschaft und am Arbeitsplatz oder von Konkurrenz und Vereinzelung. Deshalb ist es auch alles andere als unmöglich, dass eine gelingende solidarische Praxis anziehender ist als ein rechtes Projekt, welches nur eine imaginierte Selbstermächtigung mit sich bringt. Allerdings darf man zwei Dinge nicht unterschätzen: a) die »imaginierten Gemeinschaften« (Anderson) wie die »Nation« sind seit jeher enorm mobilisierende Anrufungen, während linke Organisierung viel Geduld und Mut erfordert, sich den wirklichen Mächten entgegenzustellen; b) die Einordnung in ein rechtes Projekt verändert jene Teile der popularen Klassen. Sie zurückzugewinnen ist sicher schwerer, als sie einst zu gewinnen.

Von der Solidarität zum Sozialismus

Die Rechten arbeiten mit Angst, Ressentiment und Hass. Wir müssen dagegen die Solidarität und die Hoffnung setzen, nicht als Appell, sondern als konkrete Praxis. Bernie Sanders' politische Revolution oder auch die Rebellischen Städte im spanischen Staat stehen paradigmatisch für eine solche Perspektive. Es ist gut und es tut gut, solidarisch zu sein. Eine solidarische Praxis, die sich sowohl an Geflüchtete und Minderheiten richtet als auch an die sozial Deklassierten und die verunsicherte Mitte: Hartz-IV-Bezieher*innen, Arbeitslose und Niedriglöhner*innen, an jene, die im Hamsterrad rennend versuchen, ein »gutes Leben« zu verdienen, und vielleicht manchmal sauer sind über die vermeintlich weniger Leistungsfähigen. Die Menschen müssen das Gefühl haben, dass nicht nur ihre Interessen wahrgenommen werden, sondern ihrer Lage und ihrer Existenz Empathie entgegengebracht wird. Auf dieser Basis der Anerkennung von Bedürfnissen lassen sich verbindende und solidarische Praxen entwickeln. Die Frage einer neuen Klassenpolitik muss jeweils konkret entwickelt werden, also auch als inklusive feministische/intersektionale Klassenpolitik (Fried in diesem Band), als ökologische Klassenpolitik (Röttger/Wissen in diesem Band), als internationalistische, antirassistische/postmigrantische Klassenpolitik (Fried 2017b), bei sozial-ökonomischen Themen in der Bundesrepublik oder in Europa, bei der Frage sozialer Infrastrukturen von Gesundheit bis Wohnen für alle, ob Geflüchtete oder Hart-IV-Empfänger*innen. Aber auch bei der Arbeit 4.0, bei der Frage der Konversion von Kohleregionen, bei Fragen der Einwanderung und dem Kampf gegen Rechts, in der Gewerkschaftsarbeit, bei Schulpolitik, bei der Demokratiefrage, bei Fragen der Organisierung des Mosaiks und der Parteientwicklung etc.

Die Problematik auf Klassenpolitik auszurichten dient zwei Zielen:

1.) soll sie linke Thematisierungsweisen und Perspektiven im Feminismus, in der Ökologie, im Antirassismus oder bei LGBTIQ-Themen stärken, eine stärkere Unterscheidung von beschränkten liberalen Ansätzen der Gleichstellung, ökologischen Modernisierung etc. ermöglichen, die positiven Seiten darin aufnehmen und radikalisieren – in einer »feministischen« (Fried 2017a) und »queeren« Klassenpolitik (Woltersdorf 2017), einer »ökologischen Klassenpolitik« (Röttger/Wissen 2017), einer »antirassistischen und postmigrantischen« Klassenpolitik. Letztere müssen jeweils ausbuchstabiert werden. Denn die Behauptung der Intersektionalität/Verwobenheit reicht nicht aus. In praktischen Projekten ist es schon schwierig, zwei Widersprüche, etwa Klasse und Rassismus, produktiv in Bewegung zu bringen. Und es müssen Projekte und Praxen entwickelt werden, die über die üblichen Verdächtigen hinaus in die Vielfältigkeit der populären Klassen hineinreichen, von diesen selbst auch getragen werden.

2.) Soziale Gerechtigkeit war schon immer »Markenkern« der Linken. Mit einer neuen Klassenpolitik kann sie dies prononcierter, mit klarem Bezug auf und Verbindung mit der Klasse »unten« und deutlichem Gegnerbezug zu den führenden Klasse »oben« und »rechts« (vgl. Candeias 2015). Eine solche neue Klassenpolitik könnte eine Art *verbindender Antagonismus* werden.

Die LINKE kann als Partei diese verkörpern und zugleich den falschen Gegensatz zu den vermeintlich ›weichen lila, rosa, grünen‹ Themen überwinden. Feminismus und Ökologie sind nicht nur für die Elite – es sind Klassenfragen. Immer wieder werden beide vielleicht nicht als Nebenwidersprüche, aber doch nur als eine Art weiterer Themen behandelt, neben den ›harten Feldern‹ wie Ökonomie und Soziales. Mit der neuen Klassenpolitik sollen diese Themen wieder stärker ins Zentrum gerückt, untrennbar verwoben werden. Nebenbei wird damit die traditionelle Klassenpolitik aus den angestaubten Nischen des Hauptwiderspruchs herausgeholt und breiter und inklusiver gedacht. Nur zusammengedacht lässt sich der »Knoten« der unterschiedlichen Herrschaftsverhältnisse durchtrennen (Frigga Haug).

Darüber hinaus lässt sich eine neue Klassenpolitik im nationalstaatlichen Rahmen nicht verwirklichen. Sie muss internationalistisch für globale soziale Rechte eintreten, wenn sie nicht neue Ausschlüsse produzieren soll. Ein Ansatz, der die sozialen, kulturellen und politischen Rechte ernst nimmt, ergänzt dabei einen klassenbasierten, beide zielen auf Organisierung und gemeinsame Aneignung von gesellschaftlichen Lebensbedingungen. Wenn wir also von einer notwendigen Rückkehr zur Klassenfrage als einer sozial-ökonomischen, feministischen, inklusiven, intersektionalen, sozial-ökologischen, antirassistischen/postmigrantischen und internationalen Klassenpolitik sprechen, reden wir über etwas, das es noch zu entwickeln gilt, wofür es bisher keine Blaupause gibt.

Die Klasse ist vielfältig gespalten, entlang beruflicher und generationeller Linien, formaler Bildung, entlang geschlechtlicher, ethno-nationaler und anderer (Selbst-)Zuschreibungen, entlang ihrer Stellung im gesellschaftlichen (Re-)Produktionsprozess. Das war nie anders. Insofern geht es immer um ein *making* und *re-making of class*. Und immer auch im Verhältnis zu anderen – vor allem subalternen – Klassen (nicht zuletzt im Verhältnis zur Klasse der [Klein- und Subsistenz-]Bauern), insbesondere in Zeiten der Transnationalisierung. Dabei geht es nicht um vermeintlich ›objektive‹, sondern vielmehr um vielfältige Interessen zwischen unterschiedlichen Gruppen und Klassenfraktionen, die nicht gegeben sind, sondern sich erst in der Auseinandersetzung mit anderen formieren. Hier entstehen Widersprüche, in denen wir uns bewegen müssen. Und viele dieser Widersprüche durchziehen die Einzelnen selbst, weil jede*r Einzelne (und ihre [Wahl-]Familien) eben auch vielfältige Interessen verbinden muss: das Streben nach Arbeit, möglichst guter Arbeit, aber auch nach Zeit – für die Sorge um andere und sich selbst, für politisches oder kulturelles Engagement –, das Interesse an einer gesunden Umwelt, einer lebenswerten Perspektive für die eigenen Kinder, einer reichen öffentlichen sozialen Infrastruktur.

Es geht um die solidarische Bearbeitung von Widersprüchen, um eine neue Klassenpolitik, die sich mit einer demokratischen Lebensweise verbindet. Und dies ist ohne die Perspektive einer grundlegenden Transformation unmöglich.

In der notwendigen Radikalität gerät Die LINKE und die neue Klassenpolitik in eine Spannung zum Dritten Pol, der sich nicht primär als ›links‹ verstehen lässt und die Verteidigung einer solidarischen und demokratischen Lebensweise in den Vordergrund rückt. Doch unsere Vorstellungen von einer solidarischen, demokratischen, feministischen, antirassistischen Post-Wachstums-Gesellschaft gilt es bei einem neuen alten, bei einem unabgegoltenen Namen zu nennen: Sozialismus. Wir müssen darüber streiten, was dieser Sozialismus im 21. Jahrhundert bedeuten soll – eine gute, eine solidarische, eine gerechte Gesellschaft, das Einfache, das so schwer zu machen scheint. Nicht alle werden dies unterschreiben, aber es sollte als selbstverständlich akzeptiert sein, dass eine Transformationslinke innerhalb des Mosaiks oder des Dritten Pols für Sozialismus steht.

Warum ist das alles wichtig? Einmal mehr droht die gesellschaftliche Linke an inneren Spaltungen zu scheitern. Es geht um schwierige Widersprüche und notwendige Auseinandersetzungen: Wie positioniert sich die

Linke einerseits in Bezug auf Fluchtbewegungen und Einwanderung und andererseits wachsenden und sich radikalisierenden Rechtspopulismus sowie eine autoritäre Sicherheitspolitik der Regierung und des europäischen Grenzregimes. Wieder einmal ist die Debatte hoch emotionalisiert, über soziale Medien verstärkt. Das Trennende wird betont. Zuschreibungen, Unterstellungen und übertriebene Vereinfachungen, aus dem Kontext gerissene Halbsätze – alles wird eingesetzt und überhöht. Überlagert wird die Debatte von vielen kleinen Distinktionskämpfen und großen politischen Profilierungsneurosen. Perspektiven werden gegeneinandergestellt, statt gemeinsam nach Möglichkeiten der Perspektivverschränkung zu suchen. Gern wird die Zuspitzung gesucht, vermeintlich um die Debatte zu beflügeln – tatsächlich ist meist das Gegenteil der Fall: Die Debatte wird verstellt, im besten Fall wird sie durch Formelkompromisse zeitweilig überdeckt. Die etablierten Medien tun ihr Übriges dazu, die Spaltungen innerhalb der Linken zu vertiefen, falsche Gegensätze zu produzieren. In dieser Gemengelage wird es schwierig, anderes überhaupt zu sprechen, ohne sofort in ein Lager, eine Schublade gesteckt zu werden. Die Sprache ist vermint, das Denken wird blockiert. Es mangelt ganz massiv an verbindenden Perspektiven und Praxen. Ein Luxus der Selbstfragmentierung, den wir uns in der dramatischen Situation einer Polarisierung des Politischen zwischen neoliberalem Autoritarismus und radikaler Rechter nicht leisten können. Es wäre eine vorrangige Arbeit der Organisierung, daran zu arbeiten. Aber das wäre tatsächlich eine kulturelle Revolution in der Linken. Denn wir lieben unsere Spaltungen. Zu viel »grün-rosa« Themen, LGBTIQ- und Gender-»Kram«, Political Correctness heißt es von der einen Seite, »AfD-Versteher« von der anderen.

Vermittlungsintellektuelle sind gefragt, mehr denn je. Aber sie haben einen schweren Stand. Eigentlich sollte das ja auch eine Aufgabe aller sein.

Literatur

Candeias, Mario, 2009: Unmaking and Remaking of Class. The »impossible« Precariat between fragmentation and movement, *RLS policy paper* 3/2009, www.rosalux.de/cms/fileadmin/rls_uploads/pdfs/pp-3-09_Candeias.pdf

ders., 2015: Gegenmittel gegen autoritären Neoliberalismus und Rechtspopulismus – Perspektiven einer verbindenden linken Partei, in: *Rechtspopulismus in Europa*, RLS Materialien 12, www.rosalux.de/publikation/id/8340/rechtspopulismus-in-europa/

ders., 2016: Die verbindende Partei im Praxis-Test, in: *Prokla* 182, 153–66

Eribon, Didier, 2017: *Rückkehr nach Reims*, Frankfurt/M

Fried, Barbara, 2017a: Feminism is for Everyone, Perspektiven feministischer Klassenpolitik, in: *LuXemburg-Online-Ausgabe*, www.zeitschrift-luxemburg.de/feminism-is-for-everyone/

dies., 2017b: Die Linke im Einwanderungschland. Emanzipatorische Klassenpolitik für eine solidarische Einwanderungsgesellschaft, in: *LuXemburg*, H. 1, www.zeitschrift-luxemburg.de/die-linke-im-einwanderungschland/

Haug, Frigga, 2013: Herrschaft als Knoten denken, in: *LuXemburg* 2/2013, www.zeitschrift-luxemburg.de/herrschaft-als-knoten-denken/

Kahrs, Horst, 2015a: *Zerfall des Mythos von der »Mitte« – Ausbreitung eines »sozialen Nationalismus«*, hg. v. d. Rosa-Luxemburg-Stiftung, Berlin, www.rosalux.de/publication/41034/zerfall-des-mythos-von-der-mitte-ausbreitung-eines-sozialen-nationalismus.html

ders., 2015b: *Wahlenthaltung als Klassenwahlverhalten*, RLS, Berlin, www.rosalux.de/fileadmin/rls_uploads/pdfs/Themen/Klassen_und_Sozialstruktur/2015-03-01_Ka_Arbeitspapier_Wahlenthaltung.pdf

Kron, Stefanie, 2017: Move it! Für die Kanakisierung linker Politik, in: *LuXemburg* 1/2017, 60–65, www.zeitschrift-luxemburg.de/move-it-fuer-die-kanakisierung-linker-politik/

Nachtwey, Oliver, 2017: *Die Abstiegsgesellschaft*, Frankfurt/M

Röttger, Bernd, u. Markus Wissen, 2017: Ökologische Klassenpolitik, in: *LuXemburg*, Sonderausgabe »Neue Klassenpolitik«, www.zeitschrift-luxemburg.de/oekologische-klassenpolitik/

Russell Hochschild, Arlie, 2016: Ausgehöhlt. Die Tea Party, ein Erdsturz in Louisiana und die Abgründe amerikanischer Politik, in: *LuXemburg* 3/2016, 12–21, www.zeitschrift-luxemburg.de/ausgehoehlt-die-tea-party-ein-erdsturz-in-louisiana-und-die-abgruende-amerikanischer-politik/

Steckner, Anne, 2017: »Die Asys müssen weg!« Warum die Linke mit den Leuten reden sollte statt über sie, in: *LuXemburg* 1/2017, 74–81, www.zeitschrift-luxemburg.de/kommunikationsstrategien-gegen-rechts/

Woltersdorf, Volker, 2017: *Für eine queerfeministische Klassenpolitik der Scham*, in: *LuXemburg-Online-Ausgabe*, www.zeitschrift-luxemburg.de/fuer-eine-queerfeministische-klassenpolitik-der-scham/

aus: LuXemburg, Sonderheft »Neue Klassenpolitik«, August 2017, www.zeitschrift-luxemburg.de/eine-frage-der-klasse-neue-klassenpolitik-als-verbindender-antagonismus/

7.3. Ökologische Klassenpolitik

Bernd Röttger und Markus Wissen

Der historische Widerspruch zwischen Ökologie und Emanzipation

Ökologie und die Emanzipation der Arbeiterklasse sind historisch betrachtet ein Widerspruch. Dies gilt zumindest für den globalen Norden. Die hiesigen Kämpfe für soziale und politische Rechte, so zeigt Timothy Mitchell (2011) in seinem Buch *Carbon Democracy*, profitierten wesentlich davon, dass im späten 19. und frühen 20. Jahrhundert die Kohle als Energieträger eine ökonomisch herausragende Rolle zu spielen begann. Kohle wurde aus zentralen Lagerstätten extrahiert und über Infrastrukturen wie Eisenbahnen und Kanäle zu ihren Bestimmungsorten transportiert. Sowohl die Lagerstätten als auch die Infrastrukturen waren mit Arbeitskämpfen einfach anzugreifen. Streiks einer in großen Betrieben zusammengepferchten und dadurch leicht organisierbaren Arbeiterschaft konnten ein ganzes Energiesystem lahmlegen. Der Energieträger Kohle, dessen Verbrennung, wie wir heute wissen, wesentlich für den Klimawandel verantwortlich ist, bildete zugleich die materielle Basis für eine Steigerung der Organisations- und der strukturellen Macht der Arbeiterklasse.[1]

Die Arbeiter*innen nutzten ihren Machtzuwachs, um politische und soziale Rechte in einem zuvor nicht gekannten Ausmaß zu erkämpfen. Der historische Kompromiss zwischen Arbeit und Kapital im globalen Norden – die prinzipielle Akzeptanz der kapitalistischen Produktionsweise durch die Arbeiterklasse unter der Voraussetzung, an den Wohlstandszuwächsen, die diese Produktionsweise ermöglichte, also am »gesellschaftlichen Reichtum« (Marx) teilhaben und im Rahmen der liberalen Demokratie politisch stärker partizipieren zu können – hat insofern eine sozial-ökologische Kehrseite. Er beruht auf einer Zerstörung von Natur sowie auf einer Externalisierung der Folgen dieser Zerstörung im Raum und in der Zeit: im Raum, weil die Senken, die das bei der Verbrennung von fossilen Energieträgern im globalen Norden freigesetzte CO_2 absorbieren, vor allem im globalen Süden zu finden sind (etwa in Gestalt der großen Regenwälder); in der Zeit, weil die CO_2-Emissionen aufgrund ihrer schieren Menge die Absorptionsfähigkeit der irdischen Senken überfordern, so dass sie sich in der Atmosphäre konzentrieren und den bereits heute spürbaren Klimawandel verursachen.

Mit dem Bedeutungsgewinn des Erdöls für die fortgeschrittene kapitalistische Akkumulation schwächte sich der enge Zusammenhang zwischen fossilen Energieträgern und sozialen und politischen Rechten einerseits ab.

---

[1] Wir danken den Mitgliedern des Gesprächskreises »Zukunft.Auto.Umwelt.Mobilität« der Rosa-Luxemburg-Stiftung für Hinweise und Kritik zu diesem Beitrag.

Die Extraktion und der Transport sind beim Öl kapitalintensiver als bei der Kohle und erfolgen zudem über ein Netzwerk aus Standorten, Pipelines und Tankerflotten, das gegenüber gezielten Arbeitskämpfen weit weniger anfällig ist als die zentralisierte Infrastruktur der Kohleförderung und -distribution. Andererseits stieg die Automobilindustrie in vielen Staaten des globalen Nordens zum Schlüsselsektor auf. Das erdölgetriebene Auto wurde vom Luxus- zum Massenprodukt. Es revolutionierte die Lebensweise der Lohnabhängigen, wurde zu dem Symbol für Wohlstand schlechthin, stiftete (männliche) Identitäten und bescherte der Arbeiterklasse in der zunächst vertikal stark integrierten Fabrikation neue Machtressourcen. Die ökologische Problematik blieb im Kern dieselbe. Die fossilistische Automobilität ist ähnlich wie die kohlebasierte Erzeugung von Strom und Wärme ein wesentlicher Treiber des Klimawandels. Die strukturelle und Organisationsmacht der Arbeiterklasse, die sich aus der Automobilisierung der entwickelten Gesellschaft im Fordismus ergab, beruhte auf ökologischer Zerstörung ebenso wie auf der Unterdrückung demokratischer Bewegungen (in den Ölförderländern etwa durch ein Bündnis von politischem Islam und US-Imperialismus).

In weiten Teilen des globalen Nordens hat der Kohlebergbau heute an Bedeutung verloren, die auf ihn zugeschnittenen Infrastrukturen sind teilweise entwertet worden. Die Automobilindustrie schlittert derzeit immer tiefer in die Krise. Die mit der Kohle und später mit dem Erdöl sowie dem Auto verbundenen Vorstellungen eines attraktiven Lebens und die sozialen Kompromisse, die deren Realisierung für viele ermöglichten, wirken jedoch fort. Sie sind tief in den Alltagswahrnehmungen und -praxen, in den gesellschaftlichen Kräfteverhältnissen sowie in den staatlichen Institutionen und Apparaten verankert. Das zeigt sich in Deutschland nicht zuletzt an der Art und Weise, wie die IG Bergbau, Chemie, Energie in enger Kooperation mit den Wirtschaftsministerien der beteiligten Bundesländer die noch existierenden Braunkohletagebaue gegen eine aus sozial-ökologischen Gründen dringend notwendige Schließung verteidigt. Und es zeigt sich in der gegenwärtigen Krise der Automobilindustrie, in der sich Konzerne, Staat und tendenziell auch Gewerkschaften gemeinsam gegen die grundlegende Transformation einer letztlich imperialen – da auf der überproportionalen Aneignung von Natur und Arbeitskraft (andernorts) beruhenden – Form der Fortbewegung stemmen, wenn inzwischen auch zunehmend elektromobilisiert.

Die Verbindung zwischen der ökologischen Frage und der Klassenfrage scheint sich also derart zu gestalten, dass die eine nur auf Kosten der anderen zu lösen ist. Und historisch betrachtet war es die Ökologie, die dabei unter die Räder geriet, insofern sich die soziale und politische Emanzipation der Arbeiterklasse auch vermittelt über eine intensivierte Naturbeherrschung – einen gesteigerten Ressourcenverbrauch und eine Überbeanspruchung von Senken – vollzog. Heute aber drohen beide unter die Räder zu kommen.

Die kapitalistische Produktion macht sich auf, wie Marx im *Kapital* notierte, »die Springquellen alles Reichtums« zu untergraben: »die Erde und den Arbeiter« (MEW 23, 530).

Dem *historischen* Widerspruch von Ökologie und Emanzipation der Subalternen liegt deshalb nicht notwendigerweise auch ein *systematischer* zugrunde. So stellt sich etwa die Situation in vielen Teilen des globalen Südens von jeher anders dar. Hier dient die ökologische Zerstörung oft gerade nicht der sozialen und politischen Emanzipation, sondern verhindert diese und verschärft Asymmetrien im Klassen- und Geschlechterverhältnis. Umgekehrt stellen soziale Rechte, die den Zugang zu und die Kontrolle über Land und Ressourcen gleicher gestalten, nicht nur einen emanzipatorischen Selbstzweck, sondern auch den Schlüssel zu einem reflexiveren Umgang mit der Natur dar. Ökologie und Emanzipation können also durchaus in einem ko-konstitutiven statt in einem widersprüchlichen Verhältnis zueinander stehen.

Aus einer linken Perspektive ist es angesichts der zerstörerischen Konsequenzen einer »imperialen Lebensweise« (Brand/Wissen 2017) unabdingbar, die Berührungspunkte von Ökologie und Emanzipation zu identifizieren und die Konturen einer *ökologischen Klassenpolitik* näher zu bestimmen (die wir als konstitutiven Bestandteil einer »neuen Klassenpolitik« begreifen; vgl. Brie/Candeias 2016). Dies setzt voraus, die Klassenfrage aus ihrer sozialdemokratischen Engführung auf die Beteiligung der Lohnabhängigen an den Früchten des Wirtschaftswachstums zu lösen, ohne dabei das im globalen Norden erreichte Niveau an sozialen und politischen Rechten aufzugeben.

Zur »Familienähnlichkeit« sozialer und ökologischer Bewegungen

Die gesellschaftlichen Voraussetzungen hierfür scheinen insofern gegeben zu sein, als die von Alain Lipietz (1998) diagnostizierte »Familienähnlichkeit« sozialer und ökologischer Bewegungen heute wieder stärker in den Vordergrund tritt.[2] So profitiert die Reproduktion der Arbeiterklasse im globalen Norden zwar nach wie vor von dem herrschaftsförmigen Zugriff auf billige Natur und Arbeitskraft weltweit. Und die sozial und ökologisch destruktiven Versprechungen der imperialen Lebensweise entfalten noch immer eine starke Anziehungskraft. Jedoch wird ihre Einlösbarkeit für viele zunehmend fraglich.

Das ist der Unterschied zwischen der fordistischen und der heutigen gesellschaftlichen Konstellation, der mit Konzepten wie dem der »Abstiegsgesellschaft« (Nachtwey 2016) zu begreifen versucht wird: Nicht nur die Erwartung wachsenden Wohlstands und der Ausdehnung von Beteiligungsrechten erweist sich als zunehmend trügerisch, selbst der *Erhalt* des gege-

---

2   Die ökologische Frage war schon im 19. und frühen 20. Jahrhundert insofern eine Klassenfrage, als die Arbeiter*innen die ökologischen und gesundheitlichen Folgen der Industrialisierung am Arbeitsplatz und in ihren Wohnquartieren viel stärker zu spüren bekamen als die Angehörigen der Mittel- und Oberklassen.

benen Wohlstands- und Partizipationsniveaus ist alles andere als garantiert. Je mehr sich Länder wie China oder Indien ökonomisch entwickeln, desto stärker konkurrieren sie auch in sozialer und ökologischer Hinsicht mit den früh industrialisierten Ländern des globalen Nordens um die Ressourcen, Arbeitskräfte und Senken, deren Nutzung und Ausbeutung Wohlstand erst möglich macht – und dies in einer Zeit, in der die natürlichen Voraussetzungen dieses Wohlstands in einem nie gekannten Ausmaß erodieren. Je mehr zudem die imperiale Lebensweise die Lebensbedingungen in großen Teilen des globalen Südens zerstört, desto eher wächst hier die Bereitschaft, sich dem durch Flucht zu entziehen, um selbst an den Segnungen von Konsum- und Produktionsmustern teilhaben zu können, deren Kosten bisher vor allem die im globalen Süden Lebenden zu tragen hatten.

Die gegenwärtige Popularität rechter Bewegungen und Parteien im globalen Norden, der Ausbau von Sicherheits- und Militärapparaten und die permanenten Angriffe auf zentrale Institutionen der liberalen Demokratie können als politische Erscheinungsformen dieser veränderten Konstellation begriffen werden. Der »Externalisierungsgesellschaft« (Lessenich 2016) droht das Außen verloren zu gehen, und mit diesem eine wichtige Grundlage der Bearbeitung ihrer internen Widersprüche. Die vorherrschende Reaktion darauf besteht darin, das bedrohte Außen und damit die für die imperiale Lebensweise unabdingbare Exklusivität autoritär zu verteidigen beziehungsweise wiederherzustellen: durch Abschottungspolitik gegenüber Geflüchteten und durch das Bestreben, die geopolitischen und -ökonomischen Aufsteiger handelspolitisch oder gar militärisch kleinzuhalten. Gesellschaftlich findet diese Politik einer autoritären Stabilisierung ihren Widerpart in den Anpassungsstrategien der oberen Mittelschicht und der Oberklasse, bei denen das Auto und die Automobilitätspolitik eine zentrale Rolle spielen. So kann der SUV-Boom – zwischen 2008 und 2015 hat sich der Anteil der Geländewagen am bundesdeutschen Pkw-Bestand mehr als verdoppelt (BMVI 2015, 135 ff.) – als symbolischer Ausdruck des Bemühens verstanden werden, sich gegen die zunehmenden sozialen und ökologischen Widrigkeiten zu wappnen. Mit dem SUV vergewissere ich mich meiner sozialen Position, ich stehe bzw. sitze im wahrsten Sinne des Wortes über den anderen (sofern diese nicht ein noch größeres Exemplar steuern). SUV-Fahren ist eine Überlegenheitsgeste. Es untermauert den Anspruch, überproportional auf Natur und Arbeitskraft im globalen Maßstab zugreifen zu können. Und schon die Panzerförmigkeit des Autos unterstreicht den Willen seines Besitzers (bzw. der sozialen Klasse, der er angehört), die Exklusivität der imperialen Lebensweise mit allen Mitteln zu verteidigen.

Das Paradoxe daran ist, dass die Phänomene, an deren Folgen man sich bestmöglich anzupassen versucht, also die ökologische Krise, die zunehmende gesellschaftliche Konkurrenz und die sich verschärfenden internationalen Spannungen, durch die Form der Anpassung erst hervorgebracht und verstärkt werden. Überhaupt kann die Automobilindustrie als eine durchweg

»paradoxe Industrie« (Nieuwenhuis/Wells 2003, 15) verstanden werden: Auf der einen Seite ist sie durch die fast permanente Umwälzung von Managementkonzepten, Produktionsmodellen und Produktpaletten charakterisiert; auf der anderen Seite ist ihre dominante Stellung in den ökonomischen Entwicklungsmodellen des globalen Nordens genauso stabil, wie die in ihr entwickelten Systeme der industriellen Beziehungen (und damit der Partizipation der Arbeitenden) gegen Veränderung resistent zu sein scheinen.

Der SUV-Boom, der die Automobilindustrie 2009 aus ihrer tiefen ökonomischen Krise holte, weil der SUV-Verkauf überproportionale Profite ermöglichte, ist insofern ein Sinnbild für die Gleichzeitigkeit von Krise und Persistenz der imperialen Lebensweise. Er steht zudem für eine Konstellation, in der der Klassencharakter dieser Lebensweise gerade durch den Versuch ihrer autoritär-exklusiven Stabilisierung wieder deutlicher zutage tritt. Der überproportionale Zugriff auf Ressourcen, Senken und Arbeitskraft weltweit dient heute nur noch bedingt einer Bearbeitung des Klassengegensatzes im globalen Norden. Allen Äußerungen von rechten, konservativen, neoliberalen oder fossilistisch-sozialdemokratischen Wiederentdeckern von »sozialen Schieflagen« und Gerechtigkeitsfragen zum Trotz ist die Verteidigung »unserer Art zu leben« zu einem Klassenprojekt geworden. Sie verschärft perspektivisch nicht mehr nur die ökologische Krise und die imperialistische Konkurrenz, sondern auch die soziale und politische Ungleichheit im globalen Norden selbst, indem sie wenigen die Möglichkeit verschafft, sich zulasten vieler an das zunehmend raue Klima anzupassen. Die vergegenständlichte Rücksichtslosigkeit des SUV, mit dem der Klassenkonflikt auf der Straße nach Jahrzehnten der Massenautomobilisierung wieder angeheizt wird, ist ein Ausdruck dieser Konstellation. An ihr zeigt sich, dass der Wohlstand und die Rechte vieler nicht mehr von der Perpetuierung, sondern von der Überwindung der imperialen Lebens- und Produktionsweise und ihren sozial-ökologisch destruktiven Folgen abhängen.

Seit den 1990er Jahren hat der Klassenkompromiss in der Automobilindustrie seine tarifpolitisch flächendeckende Lokomotivfunktion verloren. Beschäftigungs- und Standortsicherungsvereinbarungen waren nicht mehr stilbildend für gradualistischen Fortschritt und die beständige Ausweitung von Klassenkompromissen, sondern boten für andere Branchen das Signal für die Durchsetzung interessenpolitischer Rückschritte (vgl. Jürgens/Krzywdzinski 2006). – »Dass es ›so weiter‹ geht, *ist* die Katastrophe«, notierte Walter Benjamin in seinem *Passagen-Werk* (V/1, 592). Die Katastrophe ist der Stillstand, die »Kontinuität der Geschichte«, die scheinbare Stabilität bestehender Kompromisse der gesellschaftlichen Klassen, von denen aber nur noch die Hülle existiert und die in ihrem Gehalt von den Verwertungsinteressen des Kapitals geschleift wurden.

Mit Marx müssen zyklische ökonomische Krisen als notwendiger Ausdruck der Widersprüche der kapitalistischen Produktionsweise begriffen werden, die sie immer wieder in Sackgassen treibt. Ebenfalls mit Marx muss aber auch davon ausgegangen werden, dass »die kapitalistische Produktion« beständig danach strebt, »diese ihr immanenten Schranken zu überwinden, aber sie überwindet sie nur durch Mittel, die ihr diese Schranken aufs Neue und auf gewaltigerem Maßstab entgegenstellen« (MEW 25, 260). Neu ist, dass sich die Schranke des Kapitals mit der Naturschranke zu einer Barrikade verknüpft, die durch keine »Weiter-so«-Lösung mehr zu überwinden ist. Deshalb gilt: »Rot geht nur noch Grün, Gerechtigkeit nur mit Ökologie« (Thie 2013, 12). Dies ist der historisch-gesellschaftliche Kontext, in dem eine ökologische Klassenpolitik dringlich und gleichzeitig möglich und der historische Widerspruch zwischen Ökologie und Emanzipation aufhebbar wird.

Ansatzpunkte einer ökologischen Klassenpolitik

Eine ökologische Klassenpolitik ist gleichwohl keineswegs ein Selbstläufer. Noch erscheint es viel näherliegend und zudem mit weniger Ungewissheiten verbunden, das Bestehende zu verteidigen. Dass dabei dessen Voraussetzungen umso schneller erodieren und letztlich nur noch einer Minderheit Begüterter zur Verfügung stehen werden, die sich gegen die zu erwartenden sozial-ökologischen Verwerfungen wappnen bzw. sich ihnen entziehen kann, ist eine Einsicht, die sich nur langsam durchsetzt. Ökologische Klassenpolitik ist deshalb in der gegenwärtigen Situation vor allem eine *strategische Herausforderung*, die sich der gesellschaftlichen und politischen Linken in sozialen Bewegungen, Gewerkschaften und Parteien stellt, um die »robuste Kette von Festungen und Kasematten« (Gramsci), die um das vorherrschende Entwicklungsmodell gelegt sind, zu überwinden.

Schon Marx identifizierte im Prinzip solche strategischen Herausforderungen für eine sozialistische Klassenpolitik. Im *18. Brumaire des Louis Bonaparte* notierte er, dass »die Menschen […] ihre eigene Geschichte« machen, konstatierte aber zugleich, dass sie dies »nicht aus freien Stücken unter selbstgewählten, sondern unter unmittelbar vorhandenen, gegebenen und überlieferten Umständen« praktizieren müssen (MEW 8, 115). Das heißt, der Weg in eine bessere Zukunft muss »freigekämpft« werden (Abendroth 1982, 28). Er ist selbst noch nicht die Überwindung der vorherrschenden Produktions- und Lebensweise, ebnet aber ihr Terrain. Es geht darum, an Ungleichheitserfahrungen anzusetzen und diese so zu politisieren, dass sowohl konkrete Verbesserungen in der Arbeits- und Lebenssituation von Menschen als auch strukturelle Veränderungen und Brüche ermöglicht werden. In diesem Sinne kann von einer »doppelten Transformation« (Klein 2013) bzw. einer »offensiven Doppelstrategie« (Brie/Candeias 2016) gesprochen werden.

Wir sehen zwei Gründe, warum diese Herausforderung in der gegenwärtigen historischen Konfiguration annehmbar ist, sie keine »individuelle Schrulle« (Gramsci) darstellt, sondern in den von der alten Gesellschaft gelegten »Minen« wurzelt, ohne die – Marx zufolge – keine emanzipatorische Perspektive sie zu sprengen vermag. Wenn sich nicht in der Gesellschaft, »wie sie ist, die materiellen Produktionsbedingungen und ihnen entsprechende Verkehrsverhältnisse für eine klassenlose Gesellschaft verhüllt vorfänden, wären alle Sprengversuche Donquichoterie« (MEW 42, 93). So auch die Überwindung des historischen Gegensatzes von Ökologie und Emanzipation.

1. »Umwälzungen finden in Sackgassen statt« (Brecht, GW 12, 515). – Regulationstheoretisch kann zwischen einer Krise *innerhalb* einer sozioökonomischen Entwicklungsweise und einer Krise *der* Entwicklungsweise, die mit eingeschliffenen Praxen nicht zu überwinden ist, unterschieden werden. In der Krise der Automobilindustrie drückt sich Letztere aus. Die um E-Mobilität kreisenden Strategien der Krisenüberwindung manövrieren lediglich in eine neue Sackgasse und hebeln zudem die Fundamente, in denen die Restbestände von Klassenkompromissen im globalen Norden noch verankert waren, aus. Die angestoßene *kapitalimmanente Konversion* weg vom Verbrennungs- und hin zum Elektromotor bewirkt eine dramatische Verschiebung in den bestehenden Verflechtungs- und Hierarchiestrukturen der automobilen Wertschöpfungskette. Mit der sukzessiven Umstellung der Antriebstechnologie fallen zum Teil zentrale Kompetenzfelder nicht nur der Endhersteller, sondern auch der zentralen Zulieferer weg: keine Motoren, kein Getriebe, keine Ventile, keine Kurbelwellen, keine Lichtmaschinen, keine Turbolader usw. Die mit der E-Mobilität verknüpfte Dematerialisierung der Produktion im globalen Norden bedroht schon heute Standorte von Zulieferern für Verbrennungsmotoren. Gleichzeitig entstehen neue strategische Akteure im bisher um die Konzerne der Automobilindustrie konzentrierten »industriellen Komplex« und in seinen Kompromissstrukturen: neue Anbieter, Konkurrenten und neue Zulieferer vor allem in der Speicher- und digitalen Technologie mit deutlich unterschiedlichen Kapital-Arbeits-Beziehungen und Arbeitsverhältnissen. Auch die Interessenpolitik bei den Endherstellern gerät an Grenzen: Der »Zukunftspakt 2025« bei Volkswagen sieht zwar für die einzelnen Standorte spezifische Centers of Excellence für die neue Antriebstechnologie vor; gepaart mit einer geplanten Produktivitätssteigerung um 25 Prozent sollen jedoch bereits bis 2020 um die 14 000 Arbeitsplätze in Deutschland wegfallen (vgl. MITBESTIMMEN! Zeitung des Volkswagen-Betriebsrates, November 2016). Selbst Beschäftigungssicherung scheint innerhalb der eingeschliffenen Praxen betrieblicher Klassen- und Interessenpolitik nicht mehr möglich. Noch bestehende Macht von Betriebsräten und Gewerkschaftsgliederungen kann natürlich dafür genutzt werden, den sich abzeichnenden radikalen Strukturwandel bei den Endherstellern wie bisher korporativ mitzugestalten, eigene Vorschläge einzubringen – dies aber nur um den Preis der Unterordnung unter Unternehmensziele, die in der subalternen Stellung der »Juniorpartnerschaft als Mitfahrer auf dem Rücksitz, fernab vom Steuerrad« (Streeck 2016, 58) nicht zur Disposition gestellt werden können. Die Erfahrung zeigt, dass die immer rigoroseren Zugeständnisse, die den Belegschaften abgetrotzt

werden, sich auf die gewohnte (betriebs-)korporatistische Weise nicht mehr abwenden lassen. Möglich ist aber auch, dass die sich abzeichnende Verengung betrieblicher Kompromissräume genutzt wird, um das Konzept einer *demokratischen Konversion* wiederzubeleben. Ökologische Klassenpolitik kann so neue Formen der Klassensolidarität jenseits einer Tendenz zu »fraktaler Gewerkschaftspolitik« (Dörre 2011), die sich an einer kaum mehr gelingenden Bestandssicherung orientiert, generieren und Machtressourcen erschließen, die im alten Entwicklungsmodell zunehmend verschüttet wurden. »Die Gewerkschaften müssen sich als soziale Bewegungen neu erfinden und sich nicht mehr nur allein für die Arbeitsbedingungen ihrer Mitglieder verantwortlich fühlen, sondern für die allgemeinen Lebensbedingungen.« (Räthzel/Uzzel 2011, 1221; Übers. d. Red.)

2. »Die wahre Schranke der kapitalistischen Produktion ist das Kapital selbst« (Marx, MEW 25, 260). – Verwertungs- und Profitinteressen in der Automobilität geraten heute in krassen Widerspruch zu den materiellen und ökologischen Interessen der Menschen. Marx sprach vom »Doppelcharakter« der Arbeit als konkrete, gebrauchswertproduzierende und abstrakte, tauschwertproduzierende Arbeit, wobei in der kapitalistisch formbestimmten Produktionsweise der konkrete Nutzen der Produkte lediglich notwendiger Appendix seines mehrwertproduzierenden Teils ist. Heute scheint eine Gebrauchswertorientierung der verausgabten lebendigen Arbeit dringender denn je. Erstmals fand in den 1970/80er Jahren diese Orientierung Eingang in klassenpolitische Auseinandersetzungen. Als Pläne zum Beschäftigungsabbau im hochgradig von Rüstungsaufträgen abhängigen britischen Unternehmen Lucas Aerospace bekannt wurden, bildeten die (verschiedenen) Gewerkschaften im Unternehmen ein gemeinsames Shop Stewards Combine Committee, das 1976 einen Plan zum Umbau der Produktion – den *corporate plan* – entwickelte (Wärmepumpen, Ultraschallgeräte, Hybridmotoren). Er verstand sich als Element eines Kampfes »für das Recht auf Arbeit an vernünftigen Produkten […], um die wirklichen Probleme der Menschen zu beseitigen, statt sie zu erzeugen«. Erstmals wurde ein gewerkschaftlicher Kampf um den Erhalt von Arbeitsplätzen mit einem Kampf um die Entwicklung einer neuen Produktpalette verknüpft. In der Krise der bundesdeutschen Schiffbauindustrie gründete sich im Herbst 1981 der erste Arbeitskreis Alternative Produktion bei der Blohm und Voss AG in Hamburg. Bis Mitte der 1980er Jahre entstanden in der BRD über 40 solcher betrieblichen Arbeitskreise – nicht nur in Bremen, Hamburg, Emden oder Kiel, sondern auch in Nürnberg bei AEG. Sie folgten dem Muster der britischen Praxis: Vertrauenskörper und Betriebsräte aktivierten alle Teile der Belegschaften und arbeiteten dann zusammen an alternativen Produktionskonzepten. Alle Arbeitskreise stießen an eine strukturelle Schranke: die aus den Eigentumsverhältnissen resultierenden Verfügungsrechte der Kapitalbesitzer an den Produktionsmitteln, die sich die Hoheit über die Produk-

tionskonzepte nicht aus der Hand nehmen lassen wollten. Auch eine ökologische Klassenpolitik muss die Frage nach einer demokratischen Kontrolle der Produktionspolitik neu aufrollen. Sie kann das Signal geben, die Kämpfe um Verbesserungen im Lohnarbeitsverhältnis (wieder) mit Strategien zur Überwindung fremdbestimmter Arbeit zu verknüpfen. Und sie kann die Weichen für einen Richtungswechsel nicht nur in der Automobilpolitik stellen, sondern auch die Pfade ebnen, die zu einer anderen Produktions- und Lebensweise führen.

Literatur

Abendroth, Wolfgang, 1982: Die Bedeutung von Otto Bauer und Antonio Gramsci für die Diskussion der Eurolinken, in: Detlev Albers (Hg.), *Kapitalistische Krise und Strategien der Eurolinken. Fragen einer sozialistischen Politik in Westeuropa*, Berlin, 25–33

BMVI, 2015: *Verkehr in Zahlen 2015/16*, Bundesministerium für Verkehr und digitale Infrastruktur, Hamburg, www.bmvi.de

Brand, Ulrich, u. Markus Wissen, 2017: *Imperiale Lebensweise. Zur Ausbeutung von Mensch und Natur im globalen Kapitalismus*, München

Brie, Michael, u. Mario Candeias, 2016: Rückkehr der Hoffnung: Für eine offensive Doppelstrategie, in: *LuXemburg-Online*, November 2016, www.zeitschrift-luxemburg.de

Dörre, Klaus, 2011: Funktionswandel der Gewerkschaften. Von der intermediären zur fraktalen Organisation, in: Th. Haipeter u. K. Dörre (Hg.), *Gewerkschaftliche Modernisierung*, Wiesbaden, 267–301

Jürgens, Ulrich, u. Martin Krzywdzinski, 2006: *Globalisierungsdruck und Beschäftigungssicherung. Standortsicherungsvereinbarungen in der deutschen Automobilindustrie zwischen 1993 und 2006*, WZB Discussion Paper SP III 2006-303, Berlin

Klein, Dieter, 2013: *Das Morgen tanzt im Heute. Transformation im Kapitalismus und über ihn hinaus*, Hamburg

Lessenich, Stephan, 2016: *Neben uns die Sintflut: Die Externalisierungsgesellschaft und ihr Preis*, Berlin

Lipietz, Alain, 1998: Die politische Ökologie und die Zukunft des Marxismus, in: ders., *Nach dem Ende des »Goldenen Zeitalters«. Regulation und Transformation kapitalistischer Gesellschaften*, hg. v. Hans-Peter Krebs, Hamburg, 59–76

Mitchell, Timothy, 2011: *Carbon Democracy. Political Power in the Age of Oil*, London-New York

Nachtwey, Oliver, 2016: *Die Abstiegsgesellschaft. Über das Aufbegehren in der regressiven Moderne*, Berlin

Nieuwenhuis, Paul, u. Peter Wells, 2003: *The Automotive Industry and the Environment*, Cambridge

Räthzel, Nora, u. David Uzzel, 2011: Trade unions and climate change: the jobs versus environment dilemma, in: *Global Environmental Change*, 21(4), 1215–23

Streeck, Wolfgang, 2016: Von Konflikt ohne Partnerschaft zu Partnerschaft ohne Konflikt: Industrielle Beziehungen in Deutschland, in: *Industrielle Beziehungen* 1/2016, 47–60

Thie, Hans, 2013: *Rotes Grün. Pioniere und Prinzipien einer ökologischen Gesellschaft*, Hamburg

aus: LuXemburg, Sonderheft »Neue Klassenpolitik«, August 2017, www.zeitschrift-luxemburg. de/eine-frage-der-klasse-neue-klassenpolitik-als-verbindender-antagonismus/

7.4. »Feminism is for Everyone« – Perspektiven einer feministischen Klassenpolitik

Barbara Fried

Das Jahr 2017 hat weltweit mit feministischen Protesten begonnen: Der Einspruch gegen die Wahl Donald Trumps zum 45. Präsidenten der Vereinigten Staaten wurde am sichtbarsten von den *women's marches* artikuliert – und zwar nicht nur in den USA. In Polen konnte der Widerstand gegen die Einschränkung reproduktiver Rechte vonseiten der rechtsnationalen Regierung weitergetragen werden, und von Buenos Aires über Istanbul bis New Delhi brachte der 8. März Hunderttausende auf die Straße. Auch hierzulande hatte es jahrzehntelang keine vergleichbaren Demonstrationen anlässlich des Internationalen Frauentags gegeben.

Gleichzeitig gelingt es rechten Parteien und Bewegungen, in der fortdauernden organischen Krise des Neoliberalismus einen verbreiteten und zum Teil berechtigten Unmut aufzunehmen, zu artikulieren und mobilisierungsfähig zu machen: Unmut über eine Gesellschaft, die die Anliegen der vielen mit Füßen tritt und in der obszöner Reichtum einhergeht mit wachsenden Existenznöten und sozialen Ungleichheiten; Unmut über eine Gesellschaft, in der demokratische Strukturen und Verfahren ausgehöhlt wurden und in der anhaltender Flexibilitäts- und Marktdruck für die allermeisten Dauerstress bedeutet, es praktisch unmöglich macht, Lohnarbeit, Reproduktionsnotwendigkeiten und sonstige Ansprüche ans Leben ins Lot zu bringen. Diese »Bruchstellen des Neoliberalismus« (Goes 2017) werden von der Rechten wirkungsvoll aufgenommen, so dass sie zuweilen den sichtbarsten Pol des ›Widerstands‹ gegen den Status quo zu bilden scheint. Mit ihrer Mobilisierung gegen »Genderwahn«, »Frühsexualisierung« und »Ehe für alle« organisiert sie Angriffe auf Errungenschaften der Frauenbewegung und von LGBTIQs sowie auf all jene, die dem Bild heterosexueller, weißer ›Normalbürger‹ nicht entsprechen wollen oder können. Indem sie national-soziale, scheinbar einfache Lösungen anbietet, die auf ein vermeintlich homogenes und harmonisches Kollektiv rekurrieren, drängt sie emanzipatorische Kräfte in die Defensive.

Innerhalb der gesellschaftlichen Linken hat diese Konstellation ein verstärktes Nachdenken auch über die eigenen Praxen angeregt und vorhandenen Ansätzen alltagsorientierter, verbindender und organisierender Politiken breitere Aufmerksamkeit beschert. Außerdem hat sie – auf verquere Art und Weise – die Frage nach der Bedeutung von Klassenverhältnissen prominent und neu auf eine linke Agenda gesetzt. Das geballte Nacheinander des Aufstiegs der AfD in Deutschland, des BREXIT in Großbritannien und schließlich des Sieges von Donald Trump in den USA hat die Diskussion aufgedrängt, warum auch Teile der Arbeiterklasse ihre Frustration mit den uneingelösten Versprechen des Neoliberalismus am besten durch rechte Parteien und Bewegungen ausgedrückt sahen (vgl. u. a. Candeias 2017 und Debatte zu Eribon auf *LuXemburg Online* 2016).

Wieso gelingt ausgerechnet der Rechten die Artikulation eines Anti-Neoliberalismus? Was hat dies mit den linken Politiken der letzten Jahrzehnte zu tun? Und vor allem: Wieso lassen sich Feminismus und Frauenbewegung – aka ›Genderwahn‹ – so problemlos als Teil des verachteten Establishments angreifen? Was bedeutet all das für künftige feministische Antworten, wie könnte ein Feminismus aussehen, der sich diesen Fragen stellt, gar eine feministische Klassenpolitik formuliert?

Die Linke: Zu Wenig Klasse, zu viel ›Gedöns‹?

Die gesellschaftliche Linke habe die soziale Frage vernachlässigt und sich stattdessen mit ›Identitätspolitiken‹ beschäftigt, lautet eine in den letzten Monaten oft formulierte Kritik. Sie habe zu sehr auf Feminismus und andere vermeintliche Randgruppenthemen orientiert und sogar dazu beigetragen, dem Erfolg der Rechten den Weg zu bereiten. Beides ist so sicherlich nicht haltbar. Dass die Linke jedoch den Zugang zu großen Teilen der arbeitenden Klassen wie der Erwerbslosen verloren hat, ist eine Tatsache. Dies gilt speziell für soziale Bewegungen und die sogenannte Emanzipationslinke, aber in der Tendenz auch für die partei- und gewerkschaftsorientierte Soziallinke. Auch sie bewegt sich oft in akademisierten und tendenziell professionalisierten Zusammenhängen, schafft es noch zu wenig, die alltägliche Bedrängnis vieler Menschen so aufzunehmen, dass sich diese angesprochen fühlen. Und dies trifft keinesfalls nur für überwiegend männliche Beschäftigte in den ehemaligen Industriezentren zu, sondern für migrantische Servicekräfte genauso wie für prekär beschäftigte Wissensarbeiter*innen. Auch für sie sind linke Praxen überwiegend kein Bezugspunkt.

Falsch ist jedoch, dass diese ›Entfremdung‹ einem *zu viel* an rosa-lila-grünen Themen geschuldet sei. Im Gegenteil: Bis heute haben es feministische und migrantische Perspektiven genauso wie ökologische Fragen kaum in den Kanon der politischen Linken (und nur zum Teil in den der Bewegungslinken) geschafft. Sie werden teils wohlwollend, aber oft abgrenzend und abschätzig als »Gedöns« verhandelt. Eine systematische Verschränkung linker ›Kernthemen‹ mit feministischen Anliegen steht aus, so dass ›Frauenpolitik‹ weiterhin als Spartenproblem verhandelt wird, die mit der Kritik an Arbeitsverhältnissen, Umverteilungsfragen und Finanzkrise nichts zu tun hat. Diese Trennung gilt es zu überwinden und entsprechende Ansätze in der Entwicklung einer feministischen Klassenpolitik nach vorn zu stellen.

Feminismus auf dem Prüfstand

Wiederum richtig ist, dass innerhalb feministischer Kämpfe – auch in denen, die über einen bürgerlichen Feminismus hinausgehen – die Anliegen sowohl vieler ›nicht-weißer‹ Frauen*, aber eben auch vieler Frauen* aus sozial marginalisierten Verhältnissen kaum vorkommen. Die Themen der Frauen- und Umweltbewegung, die Kämpfe um gesellschaftliche Akzeptanz und Gleichberechtigung unterschiedlicher Lebensweisen, ob nun von LGBTIQs oder von Migrant*innen, haben sich von den Belangen und Lebensrealitäten vieler Leute entfernt. Zum Teil wurden sie ›enteignet‹, selektiv in hegemoniale Projekte eingebunden – wie beispielsweise Forderungen nach einer Frauenquote in Dax30-Unternehmen, Diversity-Programme für Führungspersonal, aber auch das Elterngeld, von dem Besserverdienende überdurchschnittlich profitieren. So erscheinen sie eher als Versuche, Karrierezugänge für hochqualifizierte, flexible und leistungsbereite Individuen zu schaffen, wurden faktisch zu Eliteprojekten. Im Zuge dessen haben sich Teile der oben genannten Bewegungen auf das Feld von Anerkennungspolitiken drängen lassen und es vernachlässigt, ihre Anliegen systematisch als Fragen sozialer Gerechtigkeit aufzuwerfen, Armut, Ausgrenzung und Marginalisierung als zentrale Momente von Sexismus und Rassismus zu thematisieren und Geschlechterverhältnisse als (gesamt-)gesellschaftliche – auch ökonomische – Strukturkategorie zu analysieren.

Auch deshalb konnten Emanzipations- und Freiheitsgewinne verschiedener sozialer Bewegungen relativ unkompliziert ins neoliberale Projekt integrieren werden, weil der Eindruck entstehen konnte, sie ließen sich innerhalb des Kapitalismus voll realisieren. ›Diversität‹ ist zu einer ausgeklügelten Machttechnik neoliberaler Hegemonie geworden. Genau deshalb scheint es vielen so plausibel, eine Rebellion gegen den Status quo als Kampf gegen die »versifften 68er« und ihre vermeintliche politische Korrektheit zu führen.

Feminismus als Komplizin des Neoliberalismus?

Nancy Faser ist die wohl prominenteste Vertreterin dieser (Selbst-)Kritik, die sie in Grundzügen bereits seit der Jahrtausendwende formuliert (2001; vgl. auch Haug 1998). Angesichts des Trump-Schocks hat sie ihre Thesen zugespitzt, spricht von einer »Komplizenschaft«, die der Feminismus mit dem »progressiven Neoliberalismus« (2017, 72) eingegangen sei. Er habe sich ohne Widerstand vereinnahmen lassen und damit soziale Gerechtigkeit von Vielfalt getrennt, Letztere neoliberal und individualisiert verkürzt. Es bedürfe einer grundlegenden Erneuerung. Auch Sarah Leonard, Redakteurin von *The Nation* und feministische Aktivistin in den USA, sieht in der gegenwärtigen Krise und für die US-amerikanische Situation die Notwendigkeit, aber auch die Chance, feministische Politiken neu aufzustellen – einen »Feminismus der 99 Prozent« zu entwickeln (2017).

Auf diesem Weg des Auslotens von Perspektiven eines inklusiven Feminismus gilt es, die skizzierten Mechanismen passiver Revolution und neoliberaler Einbindung (selbst-)kritisch zu reflektieren, jedoch bisherige feministische Praxen nicht mit allzu großer Geste vom Tisch zu wischen – wie es die Diagnose von Fraser teils nahelegt. Nicht nur gab es wichtige Fortschritte, die zu verteidigen sind. Es gab immer und gibt nach wie vor auch andere, subalterne Formen feministischer Kämpfe, die in der Ära eines von Hilary Clinton bis Christina Schröder verkörperten *business feminism* irgendwie spielverderberisch daherkamen und deshalb ein Schattendasein gefristet haben. In vielen auch hierzulande geführten Auseinandersetzungen sind soziale Fragen mit rassistischer Diskriminierung und geschlechtlicher Benachteiligung untrennbar verquickt: seien es autonome Frauen*häuser und Projekte gegen sexualisierte Gewalt, antirassistisch-feministische Organisierungen wie das Respect-Netzwerk, die Selbstorganisierung von geflüchteten Frauen*, Gruppierungen, die sich als Alternativen zum Mainstream der schwul-lesbischen Bewegung verstehen, aber auch in zahlreichen Auseinandersetzungen um prekäre Arbeit, schlechte Löhne und Altersarmut in sogenannten ›Frauenberufen‹. An all diese Praxen gilt es anzuschließen, in einen ernsthaften Dialog zu treten und auch die jeweils eigenen Politiken weiterzuentwickeln, statt Gefahr zu laufen, sie in der Kritik erneut unsichtbar zu machen.

Warum Anti-Feminismus die Unzufriedenheit bündelt

Mindestens so wichtig ist jedoch die Frage, warum es für viele so plausibel ist, die Übel des autoritären Neoliberalismus mit Anti-Feminismus zu bekämpfen. Warum kann sich der Frust mit dem System so gut an »Gendermainstreaming« und »Ehe für alle« heften und wird dann gegen jene gewendet, die davon tatsächlich oder meist nur vermeintlich profitiert haben? Welche Bedürfnisse von Teilen der subalternen Klassen werden hier aufgenommen? Und inwiefern kommt darin auch ein Moment der Rebellion gegen die Momente selektiver Integration des Neoliberalismus zum Ausdruck?

Arlie Russell Hochschild geht in ihrem letzten Buch *Fremd im eigenen Land* diesen Fragen nach. Anhand von Gesprächen mit Trump-Wähler*innen im Mississippi-Delta schildert sie deren Wahrnehmung, jemand habe ihnen »am Tor zur Mittelschicht ins Gesicht geschlagen« (2016). Gesellschaftlicher Aufstieg gleicht in dieser Weltsicht einer Art Warteschlange, in die man sich jahrelang geduldig einreiht, während sich dauernd jemand vordrängelt. Ständig sind es andere, denen der Neoliberalismus im entscheidenden Moment den Vortritt lässt – so die Empfindung. Die nachvollziehbare Wut darüber, nach unzähligen leeren Versprechungen immer noch nicht ›dran‹ zu sein, wendet sich in einer konformistischen Revolte gegen jene, die tatsächlich oder in den allermeisten Fällen eben nur imaginiert und wenn, dann häufig nur auf symbolischer Ebene vom Neoliberalismus profitiert haben.

Anfang der 1980er Jahre veröffentlichte das Projekt Sozialistischer Feminismus einen Text über Geschlechterverhältnisse und sozialistische Frauenpolitik, dem zufolge »die Siege die Male der Herrschaft [tragen], unter denen sie erstritten wurden«. Mit Blick auf die damals diskutierte proletarische Verteidigung kleinfamiliärer Lebensverhältnisse heißt es dort weiter: »Jedes Stück Privatheit ist auch eine Flucht vor kapitalistischen Produktionsverhältnissen [...] Die Verteidigung der Frauenunterdrückung [als Hausfrauen] wäre damit ein Element der spezifischen Form, in der die Arbeiterklasse gegen das Kapital antritt.« (PSF 1984, 83)

Blicken wir vor dem Hintergrund dieser Überlegung auf die heutige Situation, wäre das leicht modernisierte Festhalten an oder das ›Zurückfordern‹ der heterosexuellen Kleinfamilie vonseiten der Rechten (auch) als ein solches widerständiges Moment gegen eine durchökonomisierte Lebensweise zu lesen oder als solches zu entziffern. In der tendenziellen Aufhebung oder Infragestellung der starren Kleinfamilie, wie sie für den Fordismus charakteristisch war, sind offensichtlich verschiedene Emanzipationsgewinne eingeschrieben: sowohl die ökonomische Unabhängigkeit von Frauen*, aber auch die rechtliche Anerkennung gleichgeschlechtlicher Partnerschaften, also eine gewisse Entheterosexualisierung und Wahlfreiheit dieses Arrangements sowie implizit die These einer sozialen Konstruktion von Geschlecht. Gleichzeitig gehen damit aber verschärfte Formen des Verwertungsdrucks einher und eine häufig auf Erschöpfung hinauslaufende Doppelbelastung, wenn im sogenannten Adult-worker-Modell alle Erwachsenen erwerbstätig sein sollen und es auch müssen. Außerdem bedeutet dies Privatisierung und Individualisierung, denn die Kleinfamilie wurde ja nicht gegen plurale und vergesellschaftete Sorgearrangements getauscht, sondern gegen nicht mehr zwangsläufig abstammungsmäßig begründete Haftungsgemeinschaften. Eine ›Verteidigung‹ des familialen Schutzraums und darin auch traditioneller Weiblichkeitsideale ist also ein widerständiges Moment gegen neoliberale Durchdringung, unbedingte Flexibilisierung und fortschreitende Verabschiedung der Gesellschaft aus der Verantwortung für die Bedingungen sozialer Reproduktion. Aus (queer-)feministischer Perspektive kann das natürlich keinesfalls bedeuten, den »Schutz der Familie« zu propagieren, aber doch das Widerständige daran ernst zu nehmen. Anders versteht man nicht, warum rechte oder auch christlich-konservative Angebote so attraktiv sind (vgl. Hajek 2017).

Diese Betrachtung ermöglicht einen anderen Blick auf die zunächst plausibel erscheinende These, die (Queer-)Feministinnen hätten mit ihren Forderungen zum Erfolg der Rechten beigetragen. Denn weder stimmt es, dass Feministinnen an deren Aufwind schuld sind, noch trifft es zu, dass dieser mit den – auch durch die Frauenbewegung erkämpften – veränderten Lebensweisen nichts zu tun hätte. Die von Feministinnen erstrittene Gleichberechtigung hat im Neoliberalismus die alleskönnende, rund um die Uhr aktive Familienmanagerin an die Stelle der ›unemanzipierten Hausfrau‹

gesetzt. Es ist aber Erstere, die heute vielen zur Belastung wird, und zwar auf eine verquere Art sowohl Frauen als auch Männern, die diesen Funktionswandel jenseits des ökonomischen Drucks auch als Abwertung ehemaliger Rollenvorstellungen und Qualifikationen, als Erschütterung ihres Selbstbewusstseins und emotionaler Sicherheiten erleben. Rechte Familienideologie lässt sich vor diesem Hintergrund *auch* als eine Reaktion auf diese als ›feministisch‹ und eben nicht als ›neoliberal‹ wahrgenommenen Veränderungen verstehen. Dass es der Rechten gelingt, für ›antifeministische‹ Positionen über das im engen Sinne rechte und reaktionär-rassistische Milieu hinaus Zustimmung zu erzielen, hat damit zu tun (vgl. u. a. Dück 2017).

Wo Feminismus im Alltag (anders) ansetzen könnte

Auf der Suche nach neuen feministischen Praxen und Politiken stellt sich also die Frage, an welche Erfahrungen und Momente des Alltagsverstands ein klassenpolitisch orientierter Feminismus anknüpfen kann. Nur so lässt sich der Blick auf gemeinsame Veränderungsperspektiven richten. Die zentrale Frage lautet dann: Welche Bedürfnisse werden im rechten Diskus aufgegriffen und wie könnten sie auch anders zur Kenntnis genommen, umgearbeitet und emanzipatorisch gewendet werden?

Ein Beispiel: Im Rahmen eines von der Rosa-Luxemburg-Stiftung unterstützten Kiez-Organisierungs-Projekts (vgl. Pieschke 2017) fand in diesem Sommer eine Bürger*innenversammlung unter der Überschrift statt: »Was wollen und können wir in unserem Wohnbezirk gemeinsam verändern? Was treibt uns am meisten um?« Nachdem unterschiedliche Themen gestreift worden waren, kam (unvermeidlich?!) die gerade fertiggestellte angrenzende Flüchtlingsunterkunft zur Sprache: »Die haben einen nagelneuen Spielplatz und einen riesigen hohen Zaun um ihr Haus«, platzte es aus einer alleinerziehenden jungen Mutter heraus. Erst nach und nach gelang es herauszuarbeiten, worin der neidvolle Blick eigentlich gründet sowie die Vorstellung, es handle sich um ein unzulässiges Privileg der dort ansässigen Flüchtlinge, ›eingesperrt sein‹ zu dürfen. Für diese alleinerziehende, voll berufstätige Mutter scheint eine Situation, in der Kinder gefahrlos, gar unter Aufsicht von Wachpersonal spielen können, paradiesisch gegenüber der gelebten Realität, in der man entweder permanent präsent ist – was angesichts des übervollen Alltags Stress bedeutet – oder ständig bangen muss, die fünfjährige Tochter könnte aus dem offenen Innenhof des Wohnblocks ›wegkommen‹ – eine durch die aktuellen Sicherheitsdiskurse massiv geschürte Angst vieler Eltern. Ein selbständiges, aber abgesichertes Spielen scheint in der Flüchtlingsunterkunft – anders als im eigenen Wohnblock – sorglos möglich. Hier bricht sich ein nachvollziehbarer Wunsch in der Form rassistisch geprägten Konkurrenzdenkens Bahn: »Warum kriegen ›die‹ das und ›wir‹ nicht?« Es entwickelte sich ein Gespräch über die Frage, wie sich ›Sicherheit‹ im Wohnumfeld ›herstellen‹ lässt – jenseits meterhoher Zäune.

Wer hat ähnliche Ängste und Bedürfnisse? Wie könnten sich Mütter in dem Block zusammentun? Wer könnte noch einen Blick auf die im eigentlich schönen grünen, aber eben offenen Innenhof spielenden Kinder haben?

Kämpfe gegen (sexuelle) Gewalt und darum, sich gefahrlos ohne Belästigung im öffentlichen Raum bewegen und aufhalten zu können, sind originär feministische Anliegen. Dass die Karte des Kinderschutzes immer schon von rechts gespielt wurde, ermäßigt das Anliegen im Kern nicht. Wieso also nicht darüber nachdenken, wie feministische Debatten um »selbstorganisierte Sicherheit« (vgl. Brazzell 2017) so geführt werden können, dass sie aus linken Szenezirkeln heraustreten, die Anliegen von Menschen wie dieser Mutter, aber natürlich auch von geflüchteten Frauen* aufnehmen und vielleicht irgendwann auch für sie anschlussfähig werden? Von einem Kieztreffen wie diesem bis zu einem Ende der Angst ist ein weiter Weg. Was es zeigt, ist aber, dass wir uns als Linke zunächst die Mühe machen müssen herauszufinden, welche Ansprüche und Bedürfnisse es im Einzelnen sind, die sich im rechten Sprechen so gut artikulieren lassen. Nicht immer ist dies schon klar. Es gilt Formen zu finden, diese zunächst wahrzunehmen und dann idealerweise anders zu artikulieren *und* zu bearbeiten. Hier ist viel Übersetzungsarbeit zu leisten (vgl. Steckner 2017).

Feminismus für alle – Feminismus erneuern

Für die Frage nach einer feministischen Klassenpolitik stellt sich die Frage: Welche unserer bisherigen Forderungen nehmen eigentlich wessen Anliegen auf? Und gelingt es uns, das, was wir erreichen wollen, so zu kommunizieren, dass es überhaupt ›gehört‹ werden kann? Wie können wir unsere Projekte so anlegen, dass sie die Anliegen der vielen repräsentieren?

Hier sind nicht zuletzt Erkenntnisse der frühen Intersektionalitäts-Debatten zentral. Audre Lorde, schwarze Poetin und feministische, lesbische Aktivistin, wies wie viele andere darauf hin, dass »Gleichstellung« für schwarze Frauen noch nie ein überzeugendes feministisches Narrativ war, schon wegen der schlagenden Offensichtlichkeit der Unterschiede *zwischen* Frauen* (1984). Davon lässt sich für eine Debatte um feministische Klassenpolitik lernen, denn es ist diese Erfahrung, die Frauen* auch hierzulande machen: »Diese Debatten haben mit meinem Leben nichts zu tun.« Sie konstruieren ein Kollektiv Frau, das als Erfahrungsraum keine Bedeutung und vor allem keine handlungsermächtigende Form hat. Wenn als feministisch vor allem Quoten für Führungspositionen und belehrende Sprachregeln wahrgenommen werden, Kämpfe gegen prekarisierte Arbeit oder für einen erweiterten Unterhaltsvorschuss für Alleinerziehende aber nicht, dann ist es kein Wunder, dass der Feminismus als Eliteprojekt erscheint.

Die Kritik an Aspekten feministischer Kämpfe lässt sich vor diesem Hintergrund etwas anders formulieren, nämlich weniger: Die Feministinnen haben das und das nicht berücksichtigt, sondern: Welche Alltagserfahrungen von Frauen* (nicht-weißen, sozial marginalisierten, Trans-Frauen u. a.) sind darin nicht abgebildet? Und vor allem durch welche Praxen, veränderte Diskussionsräume und Bündnisse lässt sich das ändern?

Wer ist die Arbeiterklasse? Intersektionale Klassenanalyse

Nehmen wir diese Perspektive ein, wird deutlich, dass die in der gegenwärtigen Debatte verbreitete These, es gehe um einen Widerspruch zwischen Identitäts- auf der einen und Sozial- oder Klassenpolitik auf der anderen Seite, nirgends hinführt und doppelt schief ist. Es handelt sich nicht um zwei unterschiedliche und unterschiedlich zu bearbeitende Probleme: die Anliegen von sozial marginalisierten Menschen hier und von Frauen*/LGBTIQ/Migrant*innen dort. Dieser vermeintliche Gegensatz ist vielmehr selbst Ausdruck des Problems, Ausdruck sowohl einer Klassenanalyse, die zu kurz springt, als auch einer verkürzten Analyse von Geschlechterverhältnissen (und von Rassismus). In der Auffassung davon, was Klassenverhältnisse ausmacht, dominiert die Vorstellung, Klasse stelle sich allein in der Produktionssphäre im engen Sinne her. Meist geht der Blick über die Lohnarbeit nicht hinaus. Gleichzeitig gibt es in der Sprache der Klassenanalyse keine Begriffe, mit denen sich Diskriminierungserfahrungen, die sich nicht (allein) aus der Stellung im Gesamt der Produktionsverhältnisse ergeben, überhaupt formulieren ließen: alltägliche rassistische Erniedrigung und sexistische Abwertung.

Betrachten wir Heteronormativität und Geschlechterverhältnisse als »Produktionsverhältnisse« und von Beginn an als »fundamentale Regelungsverhältnisse« (Haug) in allen Lebensbereichen, wird deutlich, dass Geschlecht nicht ein *weiteres*, wenn auch *gleichgewichtiges* Unterdrückungsverhältnis ist – so die Tendenz in vielen Debatten um *race, class and gender* –, sondern ein Moment von Klassenverhältnissen selbst, ein Arrangement, die gesellschaftliche Arbeitsteilung und damit Herrschaft zu organisieren. Dazu gehört auch die innere *Spaltung* der Klasse, für die die Ordnung der Geschlechter eine zentrale Rolle spielt. Die Spaltung beispielsweise in diejenigen, die unbezahlte Sorgearbeit leisten, und jene, für die dies überwiegend miterledigt wird, oder in diejenigen, die sich in ihren Bildungsbiografien für einen Facharbeiterberuf entscheiden, und jene, die – für die Hälfte des Gehalts – in den sozialen Diensten tätig werden, und folglich in diejenigen, die auch nach dem Ende ihrer Erwerbstätigkeit noch gut leben können, und jene, die keine existenzsichernde Rente beziehen werden. All das sind Fragen der Geschlechterverhältnisse und entsprechend keine den Klassenverhältnissen äußerliche Formen der Herrschaft, die es in der Analyse zu verschränken gilt, sondern deren integraler Teil.

Ähnlich steht es um den Rassismus, den Stuart Hall als ein Medium bezeichnet, »durch das die weißen Fraktionen der Klasse ihre Beziehungen zu anderen Fraktionen und damit zum Kapital selbst leben« (1994, 133). Er analysiert ihn als eine Form, mit der diese ins Herrschaftsprojekt eingebunden werden und mit der ihre Zustimmung zu diesem Projekt organisiert wird. In diesem Arrangement tauscht sich die Einbindung bzw. Zustimmung gegen Privilegien und Freiheiten, bestimmte Handlungsoptionen, die anderen nicht zugänglich sind – dieses Arrangement stellt die ›Eingebundenen‹ somit gegen die anderen Teile der Klasse. Nur wenn diese Differenzen und unterschiedlichen Erfahrungen explizit benannt werden, lassen sie sich perspektivisch bearbeiten.

Die Durchzogenheit der Klassenverhältnisse durch Einbindung und Spaltungen entlang von Kategorien wie Hautfarbe oder Geschlecht legt die Latte für solidarisches Handeln hoch. Dies ist es jedoch, worauf eine feministische oder intersektionale Klassenpolitik zielt: Es gilt danach zu fragen, welche Politiken es ermöglichen, diese Verhältnisse zu überwinden; und zwar »alle Verhältnisse, in denen der Mensch ein geknechtetes […] Wesen ist« (Marx), und auf dem Weg dahin, nicht Teile der Klasse auf Kosten anderer zu ermächtigen.

Zur Klasse werden? Den Widerspruch strategisch bearbeiten

Eine präzise und aktuelle Klassenanalyse ist für dieses Unterfangen zentral, aber nur die halbe Miete. Entscheidend ist nicht nur, wie sich die Klasse angesichts von Digitalisierung, Hightech-Kapitalismus, Prekarisierung und Flexploitation verändert und ausdifferenziert, sondern wie sie unter diesen veränderten Verhältnissen (auch veränderten Einbindungsformen) überhaupt zur Klasse wird. Unter Bezug auf Gramsci betont Hall (1989, 70), dass »die sogenannte Einheit der Klasse nie a priori unterstellt« werden kann, sondern »Klassen, obwohl ihnen bestimmte, ähnliche Existenzbedingungen gemeinsam sind, gleichzeitig durch gegensätzliche Interessen gespalten sind und im Zuge ihrer historischen Formierung segmentiert und fragmentiert wurden. Die Einheit der Klasse schließt also notwendigerweise Vielfalt ein und muss auch erst produziert werden.«

Die Frage nach diesem »making of class« (E. P. Thompson) öffnet für heutige Debatten den Blick: Wenn der Klassenkampf der Klasse notwendigerweise vorausgeht, wie kann es dann gelingen, dass die Klasse in tatsächlichen Kämpfen zusammenfindet, um Unterdrückung zu beenden, und damit überhaupt erst zur Klasse wird – zur »Klasse für sich selbst« (Marx)? Welche Praxen und Politiken können das leisten? Wie müssen sie beschaffen sein, insbesondere unter Bedingungen, unter denen es den Subalternen an einer gemeinsamen Sprache und überwiegend auch an Verständnis hinsichtlich gemeinsamer Interessen fehlt und unter denen es in ihrem Alltagsleben kaum Orte der Begegnung, der gemeinsamen Lebensgestaltung gibt, in denen solche gemeinsamen Anliegen zu erfahren und zu entwickeln wären? Was könnte in solch einer Situation Bezugspunkt kollektiven Handelns sein?

Die Politiken oder Praxen, in denen sich alle Herrschaftsverhältnisse bündeln und in einem Schwung aufheben lassen, gibt es nicht. Es ist offen, was in einer gegebenen Situation das jeweils handlungsleitende Gemeinsame sein kann, wie es zusammen zu formulieren ist und vor allem wie es so zu formulieren ist, dass nicht exklusive Solidarität dabei herausspringt, sondern Einheit in Differenz.

Die Frage, wie sich in je unterschiedlichen Kontexten gemeinsame Interessen so herstellen lassen, dass sie zum kollektiven Handeln befähigen, war immer schon eine zentrale Frage der Arbeiterbewegung. Gayatri Chakravorty Spivak hat sie in den 1980er Jahren aus feministisch-postkolonialer Perspektive und in Kritik am Klassenreduktionismus wie am westlichen Feminismus reformuliert und dafür den Begriff »strategischer Essenzialismus« geprägt. Spivak ging von dem Dilemma aus, dass politische (Selbst-)Repräsentation ohne die Formulierung von Kollektivsubjekten nicht auskommt, da ein Handeln ›in Einheit‹ notwendig ist, um bestehende Machtverhältnisse erschüttern zu können. Solche Kollektivsubjekte wiederum gehen mit Essenzialisierungen einher. In dem Maße, wie entlang bestimmter Erfahrungen Gemeinsamkeiten herausgearbeitet werden, wächst die Gefahr, dass andere Erfahrungen, insbesondere Differenzen innerhalb von Gruppen, dethematisiert werden und so potenziell (neue) Ausschlüsse entstehen. Das betrifft ›die Klasse‹ ebenso wie ›die Frauen‹. Um überhaupt handlungsmächtig zu werden, kommen wir aber um eine temporäre – eben strategische – Essenzialisierung nicht herum (Spivak 1990; vgl. auch Bringmann 2017).

Verbindende Perspektiven und populare Praxen

Die Entwicklung einer feministischen Klassenpolitik muss mit diesem doppelten Problem umgehen. Für hiesige Debatten heißt dies zunächst, den Blick für innere Differenzen überhaupt zu schärfen. Hier haben nicht nur die marxistische Klassentheorie, sondern auch große Teile des Feminismus Leerstellen. Es bedeutet außerdem, sich des selbstverständlichen Umgangs mit den eigenen Privilegien gewahr zu werden und diese in einem schmerzhaften Prozess perspektivisch zu »verlernen« (Spivak), um zu wirklich Verbindendem kommen zu können. Dazu gehört es auch, die entsprechenden Debatten eines postkolonialen und Queer-Feminismus überhaupt fundiert zur Kenntnis zu nehmen (vgl. Becker 2017). Schließlich gilt es über Formen und Bedingungen nachzudenken, unter denen jeweils unterschiedliche Erfahrungen von Abwertung und Marginalisierung überhaupt kollektiv sprechbar werden, und zwar so, dass sie nicht zu erneuter Erniedrigung und Ohnmacht, sondern zu gemeinsamem Handeln befähigen könnten. Das Sprechen über »Scham« könnte hier eine »Triebfeder für eine intersektionale Klassenpolitik« darstellen, wie Volker Woltersdorff (2017) es vorschlägt.

Dennoch: die verschiedenen Dimensionen der Produktion- und Reproduktion von Herrschaft lassen sich niemals ›in Gänze‹ bearbeiten. Im Gegenteil, der (oben formulierte) Anspruch, Herrschaft intersektional zu erfassen und so zu bearbeiten, dass nicht neue Ausschlüsse produziert werden, läuft auch Gefahr, lähmend zu sein, da keine politische Praxis diesem Anspruch voll genügen kann. Populare Politiken lassen sich so kaum entwickeln.

Wie kann es also gehen? Transformationsstrategien lassen sich ohnehin nicht am grünen Tisch entwerfen, sondern müssen an bestehende Kämpfe, Auseinandersetzungen und Sammlungsbewegungen anschließen, müssen in diese intervenieren. Unterschiedliche bereits bestehende feministische Praxen und Forderungen wären also daraufhin zu befragen, wessen Anliegen darin bereits aufgehoben sind, wo sie gegebenenfalls um eine klassenpolitische Perspektive ›angereichert‹ werden können, aber eben auch, wie systematische Ausschlüsse zu vermeiden sind. Nicht die Gesamtheit der unterschiedlichen Erfahrungen müsste zu jeder Zeit in allen Forderungen und Politiken abgebildet sein, sondern im Fluchtpunkt des gemeinsamen Handelns, in den zu gestaltenden gesellschaftlichen Bedingungen eines demokratischen Allgemeinen, wären die Anliegen der vielen aufzunehmen (vgl. Demirović 2017). Eine solche geteilte Perspektive besteht heute bestenfalls in Ansätzen, es gilt sie konkret zu entwickeln und im gemeinsamen Ringen darum Raum für die Befriedigung ganz unterschiedlicher Bedürfnisse zu schaffen.

In Debatten um feministische Organisierungsperspektiven in Care-Kämpfen wird seit einiger Zeit in diese Richtung diskutiert. So wird beispielsweise die Forderung nach einer kostenfreien und demokratisch organisierten sozialen Infrastruktur in allen Care-Bereichen als gemeinsame Perspektive gesetzt und entwickelt (vgl. z. B. Winker 2015, Fried/Schurian 2017, u.v.a.). Hier bestehen vorsichtige Ansätze für eine feministische Klassenpolitik – auch wenn mit diesem Begriff bisher nicht gearbeitet wurde. So wurde in Diskussionen und Politiken rund um das Netzwerk Care Revolution beispielsweise die strategische Entscheidung getroffen, einen Schwerpunkt feministischer Organisierung in einem Feld auszumachen, das mit den Auseinandersetzungen um Haus- und Sorgearbeit ein zentrales Aktionsfeld feministischer Bewegungen ist, in dem außerdem Privatisierung und Marktdruck in der alltäglichen Lebensführung krisenhaft erfahrbar werden, in dem angesichts internationaler Arbeitsteilung und »global care chains« (Russell Hochschild) rassistische Spaltung und Diskriminierung eine zentrale Rolle spielen und in dem schließlich ein Schwerpunkt auch gewerkschaftlicher Kämpfe der letzten Jahre lag – diese strategischen Überlegungen hatten genau das Ziel: Ansätze popularer feministischer Politik zu entwickeln, die Alltagssorgen aufnehmen, um konkrete Verbesserungen ringen und gleichzeitig eine grundlegende Umordnung von Geschlechterarrangements wie Produktions- und Lebensweisen verfolgen. Solche konkreten verbindenden Politiken sind sehr voraussetzungsvoll, aber einige Hürden wurden bereits genommen (vgl. Fried/Schurian 2016 und Hajek 2017).

Wie ein solcher popularer, klassenpolitischer (und postkolonial-antirassistischer) Feminismus aussehen könnte, lässt sich auch anhand einer Debatte weiterentwickeln, die seit einigen Jahren in den USA geführt wird. Die Bewegung für »Reproductive Justice« (reproduktive Gerechtigkeit) kritisiert die gängigen feministischen Praxen rund um das Thema sexuelle Selbstbestimmung – ebenfalls ein zentrales Feld feministischer Kämpfe – als verkürzt. Aus der Perspektive von ›nicht-weißen‹ Frauen* formulieren sie unter anderem die Notwendigkeit und Möglichkeit, nicht allein auf das uneingeschränkte Recht auf Schwangerschaftsabbruch zu fokussieren. Für viele – insbesondere indigene und schwarze Frauen* – sei angesichts von Rassismus und eugenischen Bevölkerungspolitiken das Recht, Kinder zu bekommen, ähnlich prekär wie das Recht, ungewollte Schwangerschaften zu beenden (vgl. Roig 2017, Hentschel 2017). Insofern müsse reproduktive Gerechtigkeit auch das Recht aufs Kinderkriegen einschließen.

Im Sinne einer feministischen Klassenpolitik wäre dieser Gedanke aufzunehmen und für hiesige wie US-amerikanische Verhältnisse eine weitere Perspektive stark zu machen: Dort wie hier müsste es in Kämpfen um sexuelle Selbstbestimmung nicht nur für indigene und schwarze, sondern auch für viele sozial marginalisierte ›weiße‹ Frauen* darum gehen, um Bedingungen zu ringen, unter denen es tatsächlich für alle möglich wird, Kinder zu bekommen, so sie es denn wollen. Das bedeutet, nicht nur deren Geburt, sondern auch deren Großwerden sozial und gesellschaftlich mit allem abzusichern, was dazugehört: angemessene Arbeitsverhältnisse sowie Wohn- und Lebensformen, Entprekarisierung, Beratung, Kinderbetreuung, Bildungsangebote und vieles mehr als Fluchtpunkte feministischer Kämpfe um sexuelle Selbstbestimmung. Denn nur wenn diese Angebote ausreichend für alle zur Verfügung stehen, lässt sich im Zusammenhang mit der Wahl zwischen Schwangerschaftsabbruch und Kinderkriegen überhaupt von wirklicher Entscheidungsfreiheit sprechen.[1]

Trotz allem: Klasse als strategischer Kristallisationspunkt

In den genannten und weiteren feministischen Kämpfen gilt es also, eine klassenpolitische Perspektive explizit einzuziehen oder herauszuarbeiten, ohne dass diese dominiert oder ohne in einem traditionalistischen Sinne Klassenfragen als übergeordnet zu begreifen oder prioritär zu behandeln – was in Debatten um feministische Klassenpolitik nachvollziehbar immer

---

[1] In ähnlicher Hinsicht ließen sich behinderungspolitische Perspektiven ergänzen: Auch hier gilt, dass einem bestehenden gesellschaftlichen Druck, Föten, bei denen genetische ›Anomalien‹ oder andere Behinderungen absehbar erscheinen, abzutreiben, nur dann wirksam entgegengetreten werden kann, wenn die sozialen und gesellschaftlichen Bedingungen eines Lebens mit behinderten Kindern/Menschen ein solches auch absichern. Nur dann kann auch in dieser Frage von echter Entscheidungsfreiheit gesprochen werden.

wieder als Sorge geäußert wird. Die Aufgabe eines klassenpolitischen Feminismus (oder einer Linken, die diesen entwickeln will) müsste also darin bestehen, zunächst existierende Kämpfe und Forderungen daraufhin abzuklopfen, wo implizite oder explizite Ausschlüsse produziert werden bzw. an welchen Stellen sich klassenpolitische Perspektiven im Feminismus stärken ließen.

Dazu gehört die wichtige Frage, wie sich die unterschiedlichen Teile der Klasse, die sich daran beteiligen sollten, gewinnen lassen – insbesondere jene, die es angesichts der bisherigen feministischen wie sonstigen politischen Debatte nicht gewöhnt sind, ihre Probleme auch als Klassenprobleme wahrzunehmen, bzw. jene, die es angesichts der bisherigen Debatte um soziale Fragen nicht gewöhnt sind, ihre Probleme auch als Geschlechterfragen zu denken. Hier gilt es Formen zu entwickeln, mit denen unterschiedliche Anliegen aufgegriffen und *auch* als Klassen- und Geschlechterfragen und in diesem Sinne als gemeinsame Identität reformuliert werden können.

Statt Klassen- *oder* Identitätspolitik brauchen wir also eine Klassen- *als* Identitätspolitik – eine Politik, in der die Aufhebung der Klassenverhältnisse in einem nicht-reduktionistischen Sinne zum gemeinsamen Bezugspunkt wird und an unterschiedlichen Orten und in unterschiedlichen Feldern jeweils unterschiedlich bearbeitet werden kann, aber eben doch mit einem gemeinsamen Ziel, die dabei entstehenden Bedingungen gemeinsam und demokratisch für alle zu gestalten – und mit einem deutlichen Antagonismus gegen herrschende Politiken und Spaltungsversuche (vgl. Demirović 2017).

Politisch ließen sich so über den Feminismus hinaus unterschiedliche Bewegungen in einer neuen Klassenpolitik aufeinander beziehen, um in dieser Vielheit einen »verbindenden Antagonismus« (Candeias 2017) zum Neoliberalismus zu bilden, der auch der Rechten das Feld streitig macht. In der gegenwärtigen gesellschaftlichen Situation erscheint ein inklusiver Feminismus oder eine feministische Klassenpolitik als mobilisierungsfähiger Gegenpol nicht nur zu einem aggressiven Anti-Feminismus, sondern auch zu einem autoritären Projekt von ›oben‹ und ›rechts‹ insgesamt. Ein vielversprechender Anfang ist, dass sich in einer solchen Bewegung, die sich auch gegen einen liberalen Feminismus à la Clinton wendet, der Protest gegen die Regierung von Donald Trump bündeln konnte und bisher am deutlichsten sichtbar wurde. Ganz nach der Losung der Intersektionalitäts-Theoretikerinnen gilt es deshalb auch hierzulande, leidenschaftlicher als bisher für die Perspektive »Feminism is for everyone« zu werben.

In diesen Text sind viele Diskussionen eingeflossen, die rund um die Gründung des Gesprächskreises Feminismus der Rosa-Luxemburg-Stiftung geführt wurden, u. a. mit Lia Becker, Alex Wischnewski, Kerstin Wolter, Mario Candeias, Katharina Pühl, Silke Veth, Melanie Stitz, Hannah Schurian und Susanne Hentschel.

Literatur

Becker, Lia, 2017: *Klasse mit Differenz und verbindender Antagonismus. Herausforderungen und offene Fragen einer feministisch-intersektionalen Klassenpolitik*, unveröff. Manuskript eines Vortrags bei der SDS-Herbstakademie

Brazzell, Melanie, 2017: Sicherheit von Links?, in: *LuXemburg Online*, September 2017

Bringmann, Julia, 2017: Strategischer Essentialismus, in: ABC der Transformation, *LuXemburg* 2–3/2017, www.zeitschrift-luxemburg.de/strategischer-essenzialismus/

Candeias, Mario, 2017: Eine Frage der Klasse. Neue Klassenpolitik als verbindender Antagonismus, in: *Weltklasse*, LuXemburg Online-Sonderausgabe, August 2017, www.zeitschrift-luxemburg.de/eine-frage-der-klasse/

Demirović, Alex: Die Zumutungen der Klasse. Vielfältige Identitäten und sozialistische Klassenpolitik, in: *Klasse neu denken*, Debattenheft der Sozialistischen Linken, 7/2017

Dück, Julia, 2017: Kämpfe um Reproduktion in der Krise? Zu den Begriffen »Reproduktion« und »Krise der sozialen Reproduktion«, in: Katharina Pühl und Birgit Sauer (Hg.), *Kapitalismuskritische Gesellschaftsanalyse: queer-feministische Positionen*, Münster 139–58

Fraser, Nancy, 2001: Recognition without ethics?, in: *Theory, Culture & Society*, 18 (2–3), 21–42

dies., 2017: Für eine neue Linke oder: Das Ende des progressiven Neoliberalismus, in: *Blätter für deutsche und internationale Politik* 2/2017, www.blaetter.de/archiv/jahrgaenge/2017/februar/fuer-eine-neue-linke-oder-das-ende-des-progressiven-neoliberalismus

Fried, Barbara, 2017: Die Linke im Einwanderungsschland. Emanzipatorische Klassenpolitik für eine solidarische Einwanderungsgesellschaft, in: *LuXemburg*, H. 1, www.zeitschrift-luxemburg.de/die-linke-im-einwanderungsschland/

dies., u. Hannah Schurian, 2016: Nicht im Gleichschritt, aber Hand in Hand, in: *LuXemburg*, 1/2016, www.zeitschrift-luxemburg.de/nicht-im-gleichschritt-aber-hand-in-hand-verbindende-care-politiken-in-pflege-und-gesundheit/

dies. (Hg.), 2017: *UmCare. Gesundheit und Pflege neu organisieren*, 2. überarb. Auflage, Rosa-Luxemburg-Stiftung, Reihe Materialien, Berlin, www.rosalux.de/publikation/id/8432/um-care/

Hall, Stuart, 1994: ›Rasse‹, Artikulation und Gesellschaften mit struktureller Dominante, in: ders., *Rassismus und kulturelle Identität. Ausgewählte Schriften 2*, hg. v. Ulrich Mehlem, Hamburg, 89–136

ders., 1989a: Gramscis Erneuerung des Marxismus und ihre Bedeutung für die Erforschung von »Rasse« und Ethnizität, in: ders., *Ideologie, Kultur, Rassismus. Ausgewählte Schriften 1*, hg. v. Nora Räthzel, Hamburg, 56–91

Hajek, Katharina, 2017: Die Reproduktionskrise feministisch politisieren, in: *Weltklasse*, LuXemburg Online-Sonderausgabe, August 2017, www.zeitschrift-luxemburg.de/die-reproduktionskrise-feministisch-politisieren-zwischen-neoliberaler-humankapitalproduktion-und-rechter-refamilialisierung/

Haug, Frigga, 2002: Zur Theorie der Geschlechterverhältnisse, in: *Das Argument* 243, www.linksnet.de/artikel/18052

dies., 1998: Gramsci und die Produktion des Begehrens, in: *Psychologie und Gesellschaftskritik* 86–87/1998, 75–92

Hentschel, Susanne, 2017: Linker Feminismus gegen rechte Bevölkerungspolitik, in: *Weltklasse*, LuXemburg Online-Sonderausgabe, August 2017, www.zeitschrift-luxemburg.de/linker-feminismus-gegen-rechte-bevoelkerungspolitik/

hooks, bell, 2000: *Feminism is for everybody: Passionate Politics*, New York

Leonard, Sarah, 2017: Housekeepers versus Harvard: Feminism for the Age of Trump, in: *The Nation*, März 2017, www.thenation.com/article/housekeepers-versus-harvard-feminism-for-the-age-of-trump/

Lorde, Audre, 1984: *Sister Outsider*, Berkeley

Pieschke, Miriam, 2017: »… aber nicht ohne uns.« Vom Hundekot zum Infrastruktursozialismus, in: *LuXemburg* 2–3/2017

PSF – Projekt Sozialistischer Feminismus (1984): *Geschlechterverhältnisse und Frauenpolitik*, Berlin

Russell Hochschild, Arlie, 2016: Ausgehöhlt. Was ein Erdsturz in Louisiana mit Donald Trump zu tun hat, in: *LuXemburg* 3/2016, www.zeitschrift-luxemburg.de/ausgehoehlt-die-tea-party-ein-erdsturz-in-louisiana-und-die-abgruende-amerikanischer-politik/

Spivak, Gayatri Chakravorty, 1990: *The Post-Colonial Critic*, New York

UmCare, 2017: UmCare. Auf der Suche nach neuen Strategien in Pflege und Gesundheit, Dossier der Zeitschrift *LuXemburg*, April 2016, www.zeitschrift-luxemburg.de/umcare-auf-der-suche-nach-neuen-strategien-in-pflege-und-gesundheit/

Winker, Gabriele, 2015: *Care Revolution: Schritte in eine solidarische Gesellschaft*, Bielefeld

Woltersdorff, Volker, 2017: Für eine queer-feministische Klassenpolitik der Scham, in: *Weltklasse*, LuXemburg Online-Sonderausgabe, August 2017, www.zeitschrift-luxemburg.de/fuer-eine-queerfeministische-klassenpolitik-der-scham/

aus: LuXemburg, September 2017, online unter: www.zeitschrift-luxemburg.de/feminism-is-for-everyone-perspektiven-einer-feministischen-klassenpolitik/

7.5. Kein Wesenskern – nirgendwo. Klassen und Identität

Alex Demirović

Ambivalente Identitäten

In der linken Diskussion der jüngst vergangenen Jahre wurde immer wieder Klassenpolitik und Identitätspolitik gegeneinandergestellt. Mit Identitätspolitik wird ein ganzes Feld von Aktivitäten bezeichnet, in denen es um Fragen des Geschlechts, des Nationalismus oder des Rassismus geht. Damit sind Bemühungen angesprochen, die sich gegen die Ausrichtung von Lebensgewohnheiten oder Körperpraktiken an gängigen Mustern wenden. Der biologische Körper, Penis oder Vulva, soll nicht die gesellschaftliche Identität einer Person festlegen; das Begehren und die Lust sollen getrennt sein von den familialen Lebensformen und Reproduktionsprozessen. Es war ein langer Kampf um die offizielle Durchsetzung des Wissens, dass es neben – in sich differenzierten – heterosexuellen auch lesbische oder schwule, bisexuelle, transsexuelle, inter- oder asexuelle Orientierungen gibt. Alle diese Begehrensformen stellen keine Abweichungen, keine Krankheiten von einer unterstellten Norm dar, die therapiert, moralisch sanktioniert, gesetzlich normiert und polizeilich verfolgt werden müssten. Eine Begehrenspraktik, ein Selbstverhältnis als allgemeines zu setzen ist Usurpation und verursacht vielfältiges Leiden. Dagegen finden Emanzipationskämpfe statt, die nicht erst nach 1968 begonnen haben, sondern offen seit dem späten 19. Jahrhundert geführt werden, deren Spuren sich aber über die Jahrhunderte finden lassen. Diese Kämpfe wurden nicht nur allgemein gegen heterosexistische Normen geführt, sondern gegen eine Vielzahl von Institutionen und Praktiken. Sie zielten auf die Machtdispositive des Rechts und der Gerichte, der Medizin, der Psychiatrie, Kirchen oder bürgerschaftlichen Vereinigungen. Menschen wurden wegen ihrer sexuellen Orientierung als Kriminelle verfolgt, eingesperrt und ermordet, der psychiatrischen Tortur zum Zweck angeblicher Behandlung und Heilung ausgesetzt oder medizinisch verstümmelt, um sie der körperlichen Norm eines Geschlechts anzupassen. Es geht also um eine Kritik an den Gesetzen, an der Organisation der Familie, an medizinischen Normalitätserwartungen an Körper und Gesundheit, um eine Skandalisierung und Bekämpfung des sexuellen Missbrauchs, der sozial akzeptierten Vergewaltigungen oder Gewalt, die bis zum Mord reicht. Da mit solchen Herrschaftspraktiken der Verfügung über die Körper anderer Berufsausbildungen, Forschungen oder journalistische Tätigkeit und somit auch Einkommen, Karrieren oder Ansehen einhergehen, sind die Interessenbindungen und damit die Widerstände groß, Veränderungen zu akzeptieren. Auch diejenigen, die diese Veränderungen fordern, müssen sich überwinden. Es kann die Scham sein, die sie hindert, sich öffentlich zu ›outen‹, die Angst vor dem Verlust von Familienangehörigen oder Freunden, vor Stigmatisierung, Diskriminierung oder gar Verfolgung.

Es liegt auf der Hand, dass das Bewusstsein und das Wissen über alle diese Macht- und Unterdrückungspraktiken dazu geführt haben, die historischen Praktiken selbst zum Gegenstand der Analyse zu machen: Wer waren die Handelnden? Wie haben sie gehandelt? Was waren ihre Motive? Welche Institutionen haben die Praktiken ermöglicht? Welche Politik wurde betrieben? Wie wurde der Sexismus im gesellschaftlichen Alltag verankert und organisiert? Wer sich heute über Identitätspolitik beklagt, über die Sensibilität, über das Wissen, die Einsichten in die feinen und tief die Gesellschaft durchdringenden Machtpraktiken, fordert am Ende nicht mehr als schlicht die Fortsetzung der eben bestehenden, konventionellen Identitätspolitik: also zugunsten männlicher Männer mit heterosexistischen Normen und fügsamen Frauen in konventionellen Lebens-, Familien- und Karriereverhältnissen. Es ist jedoch nur zu verständlich, dass alle die, die unmittelbar betroffen sind oder die nicht in einer Gesellschaft leben wollen, in der diese Formen der Macht, Herrschaft und Gewalt über das Begehren, den Körper oder die Lebensformen ausgeübt werden, aufmerksam und misstrauisch gegenüber all denjenigen sind, die unkritisch und selbstaffirmativ zur Reproduktion gerade dieser Verhältnisse beitragen.

Vieles, was für den Bereich des Sexismus gesagt werden kann, lässt sich in gewisser Weise auch für den Rassismus sagen. Auch im Fall dieser Ideologie gibt es jahrhundertelange, tief verwurzelte Praktiken. Sie im Alltag, in den Institutionen aufzuspüren, ist eine lange, oftmals schmerzvolle Arbeit, die von vielen Ambivalenzen gekennzeichnet ist. Denn plötzlich müssen diejenigen, die sich für egalitär, tolerant und weltoffen halten, feststellen, dass sie Vorurteile pflegen, dass sie von tiefsitzenden rassistischen oder antisemitischen Einstellungen und Gewohnheiten geprägt sind. Eine Welt ohne Rassismus ist möglich, aber dazu bedarf es der tiefgreifenden Veränderung der Verhältnisse, sie lässt sich nicht in Reinheit und in kurzer Zeit, durch gute Absichten oder eine Sprachregelung erlangen. Gleichwohl sind die Gewohnheiten zu befragen, die institutionellen Prozeduren und Regeln zu ändern, ist den Wörtern und Bildern ihre Selbstverständlichkeit zu nehmen. Wer das nicht will, wen das kränkt, die oder der plädiert direkt oder indirekt für eine Fortsetzung des Rassismus, verweigert sich der Einsicht in dessen Praktiken und Folgen – und zwar nicht nur mit Folgen für die vom Rassismus Betroffenen, sondern auch für die Gesellschaft, die sich im Rassismus selbst affirmiert und ihn praktiziert – die Menschen zu Anderen macht, sie fürchtet oder hasst, bereit ist, sie auszunutzen, auszugrenzen, zu verfolgen oder gegen sie gewalttätig vorzugehen. Der Rassismus wendet sich immer auch nach innen, er schafft ein aggressives, ressentimentgeladenes Verhältnis zum Eigenen und formiert die Individuen, die rassistisch Macht über andere ausüben.

Konservative Medien wie NZZ oder FAZ sind sehr aktiv in der Konstruktion einer Identitätspolitik, die angeblich von anderen verfolgt werde: die sog. Genderideologie der Feministinnen, der Antirassismus, der Antifaschismus oder der Postkolonialismus. Der Kampf gegen sie ist seit längerem Gegenstand einer larmoyanten, hämischen, boshaften, verleumderischen, böse-gewaltausstrahlenden Art der Kritik. Für die Rechte und den Nationalkonservatismus geht es bei der Auseinandersetzung mit den kulturrevolutionären Kritiken an identitären Praktiken nicht um Erkenntnis, sondern um die Verteidigung einer autoritären Haltung. Taktisch und instrumentell werden die Ziele und kritischen Maßstäbe der sozialen Bewegungen gegen diese selbst gewendet: Hatten diese die Freiheit in den Wissenschaften für neue Themen wie Kolonialismus und Rassismus, für Feminismus oder Queer Studies, für den Marxismus und Kritische Theorie gefordert, hatten sie sich für eine freie Sexualität ausgesprochen oder die manipulierte Öffentlichkeit kritisiert, so kommen nun die Journalisten der Prestigepresse und wenden diese kritischen Normen schlaumeierisch gegen die dissidenten Wissenspraktiken und ihre vermeintlichen Erfolge an den Hochschulen und in den Medien – beklagt wird Ideologie, Heuchelei, Prüderie, Zensur und moralische Korrektheit.

Aber auch in der Linken finden sich deutliche Vorbehalte gegen die sog. Identitätspolitik – und dies ist verstärkt der Fall, nachdem in den vergangenen Jahren rechte und autoritär-populistische Parteien erhebliche Wahlerfolge verzeichnen konnten und sogar in die Lage kamen, sich an Regierungen beteiligen zu können. Der Identitätspolitik wird vorgeworfen, dass sie eine falsche politische Orientierung gibt und dazu beiträgt, dass wichtige soziale Fragen, Fragen der prekären Beschäftigung, der niedrigen, nicht-existenzsichernden Einkommen, der Kinder- und Altenarmut, des mangelnden Zugangs zur medizinischen Versorgung oder der Bildungsbenachteiligung in der Linken an den Rand gedrängt oder vergessen werden. Es wird nahegelegt, Identitätspolitik sei eine Angelegenheit von gut ausgebildeten, urbanen Angehörigen des Kleinbürgertums und des Bürgertums, die mit ihrer Gesellschaftskritik nur Themen der Mittelklasse im Blick hätten. Hingegen würden die soziale Ungleichheit, die Prekarität, die Tendenz der sozialen Polarisierung von Arm und Reich nicht wahrgenommen. Es wird der Eindruck vermittelt, als seien die Erfolge der Rechten vor allem auf das Wahlverhalten und die politischen Orientierungen der unteren Klassen oder der Prekarisierten zurückzuführen, während die Bereitschaft des Bürgertums, sich autoritär und rassistisch zu orientieren und das einkommensstarke Führungspersonal rechter Parteien zu unterstützen, wenig thematisiert wird. Den sozialen Bewegungen und der urbanen Linken, die als globalisiert und universalistisch von einer kommunitaristischen Linken unterschieden wird, wird vorgeworfen, dass sie letztlich die eigene Bevölkerung und die Probleme des eigenen Landes nicht mehr kennten. Eher bewegte sie sich zwischen Berlin, London, Paris oder New York und sei mit den jeweiligen

Clubs, Cafés, Restaurants und Szenen vertrauter als mit den sozialen Verwerfungen in einzelnen Regionen oder kleinen Kommunen Deutschlands. Die Abwendung der Linken und der sozialen Bewegungen von den Arbeiter*innen, von den Einfachen, den Prekären, den Abhängten habe diese mit ihren Problemen allein gelassen. Die Kritik der urbanen, gut ausgebildeten, universalistischen, mit ihren Identitätsproblemen beschäftigten Individuen an den Verhältnissen sei nicht mehr auf die Interessen der Lohnabhängigen, der Arbeitslosen, der atypisch Beschäftigten bezogen. Es sei durchaus auch eine Form von Sozialrassismus zu beobachten, eine Abwehr und Abwertung der Menschen unten. Eine klassenpolitische Neuorientierung der linken und kritischen Kräfte wird für notwendig gehalten. Aber dieser Appell an Klassenpolitik wirkt oftmals nostalgisch und ruft ein – auch für frühere Phasen der Arbeiter*innenklasse zweifelhaftes – Bild auf: männlich, deutsch, Tätigkeiten in Branchen, deren Zukunft heute in Frage steht, weil sie ökologisch bedenklich sind, weil die Produktivität zu niedrig ist, weil die Unternehmen sich aus der Produktion wegen der geringen Profite zurückziehen oder an Standorte wechseln, wo sich aufgrund niedriger Lohnkosten noch Gewinne erzielen lassen (Eiden-Offe 2019). Hier soll etwas verteidigt werden, anstatt für neue soziale Verhältnisse, Perspektiven, gestaltende Allianzen zu kämpfen.

Es stimmt wohl, schon in den 1990er Jahren wurde im Rahmen der Intersektionalitätsdiskussion beklagt, dass unter den drei Identitäten ›Rasse‹, ›Geschlecht‹ und ›Klasse‹ gerade Letztere wenig Aufmerksamkeit genieße. Dennoch ist an jener Polarisierung vieles schief. Die Kritik sollte nicht mit einer Gegenüberstellung und Abwertung bestimmter emanzipatorischer Kämpfe, also der Kämpfe um die Rechte von Schwulen, Lesben, Transsexuelle oder People of Colour einhergehen. Vielmehr geht es darum, den inneren Zusammenhang der verschiedenen Herrschaftspraktiken und ihre Dialektik sowie die historische Berechtigung der Kämpfe zu begreifen (vgl. Demirović 2018). Die Erfolge in jenen Kämpfen sind begrenzt: weiterhin gibt es Homophobie, Gewalt gegen Frauen, Rassismus, Sklavenarbeit. Dort, wo die Emanzipationskämpfe etwas bewirkt haben, wird deutlich, dass auch Schwule oder Lesben menschliche Arbeitskraft ausbeuten und sich bereichern können, rassifizierte Menschen können ihrerseits rassistisch oder sexistisch sein. Nach all dem, was Menschen durch Sexismus und Heteronormativismus, durch Rassismus oder Kolonialismus erfahren haben, ist es nicht so einfach und selbstverständlich, die widersprüchlichen Erfahrungen mit den Praktiken derer, die gestern selbst noch unterdrückt waren und heute zu den Privilegierten gehören, auszusprechen und sie zum Thema der sozialen Kritik zu machen. Das sollte aber ohne Doppelmoral möglich sein. Es kann nicht darum gehen, von denjenigen, die selbst sexistische, rassistische oder klassistische Ausbeutung, Unterdrückung und Unterwerfung erfahren haben, allein deswegen zu erwarten, sie würden sich selbst nicht an Formen der Ausbeutung oder Herrschaft beteiligen. Das wäre der Sache nach zwar wünschenswert, aber eine solche Erwartung liefe auch Gefahr, die Verhältnisse zu personalisieren und die Praktiken zu moralisieren. Gerade in dieser Hinsicht ist es gut, wenn es zu einem transnationalen Engagement kommt, denn dieses kann dazu beitragen, in einer engen Verbindung mit rassifizierten, illegalisierten und vergeschlechtlichten, dem Neokolonialismus und der Degradation ihrer Umwelt unterworfenen Subjekten zu einer breiten Allianz und einer Transformation der Verhältnisse mit langfristiger Perspektive zu gelangen.

Zweitens sind unter denjenigen, die sich angeblich allein auf ihre identitätspolitischen Ziele konzentrieren – und die es sicherlich auch gibt – und die so viel Wert auf politische Korrektheit legen würden, viele zu finden, die sich an sozialen Kämpfen beteiligen. Dabei geht es um Menschen- und globale soziale Rechte, Postwachstum, Care, Klimagerechtigkeit und *just transition*, also um Fragen nicht oder nicht nur identitätspolitischer Art wie: Ernährung, Massentierhaltung und landwirtschaftlich bedingte Wasserkontamination; Zerstörung der Biodiversität, Versäumnisse bei der Einlösung der Klimaziele – nicht zuletzt durch die weitere Nutzung von fossiler Energie oder die Abholzung von Wäldern oder Zerstörung von Dörfern –, Umbau der Industriestruktur, Spekulation im Immobilienbereich und damit verbunden die Wohnungsknappheit und die Mietenerhöhungen oder Menschenrechtsverletzungen. Viele engagieren sich in der Unterstützung der Landarbeiter*innen, der Bäuer*innen oder der Arbeiter*innen im globalen Süden oder im Bereich der Sorge-Arbeit, also in der Unterstützung der Pflegekräfte, ihrer Qualifikation und Entlohnung, der besseren Ausstattung der Krankenhäuser und der Pflege- und Altenheime; dabei unterstützen sie die Arbeit der Gewerkschaften. Dies sind keine zufälligen Engagements, denn es besteht bei vielen der Engagierten ein Bewusstsein darüber und Wissen davon, dass es einen inneren Zusammenhang all der Reproduktionskreisläufe gibt. Die Kritik an den universalistischen Milieus mit ihren kritischen Potenzialen ist falsch. Denn hier finden sich diejenigen, die sich zwischen unterschiedlichen Regionen der Erde bewegen, die lokale Kämpfe und Akteure kennen, zum Austausch von Erfahrungen und Wissen beitragen, selbst zu organisierenden Personen werden und verschiedene Kämpfe miteinander verbinden können. Die Kritik an diesen Personen und ihre Abwertung führt zu Spaltungen und blockiert die neu entstehenden Möglichkeiten.

Es muss, drittens, vermieden werden, Klischees über Arbeiter*innen zu vertreten, wie das manchmal in der kritischen Forderung nach einer Rückbesinnung auf den Klassenbegriff aufscheint, wenn von ›Abgehängten‹ und ›Prekarisierten‹ gesprochen wird. Hier bedarf es umfangreicher politisch-aktiver, ›partei‹-bildender Forschung. Die Existenz der Arbeiter*innen ist von vielfältigen Widersprüchen durchzogen. Verschiedene sexuelle Orientierungen finden sich nicht nur unter Individuen der Bourgeoisie oder des gebildeten Kleinbürgertums, auch Arbeiter*innen sind schwul, lesbisch, queer und benötigen die Unterstützung durch entgegenkommende Milieus und Gesetzgebung, so dass Diskriminierung am Arbeitsplatz, unter Kolleg*innen oder in der Nachbarschaft keine Resonanz findet. Viele der Lohnabhängigen kommen aus Familien, die eine Migrationsgeschichte haben, sei es die Zuwanderung aus Osteuropa, aus den Mittelmeerstaaten wie Spanien oder Türkei oder aus Ländern Afrikas, Asiens oder Lateinamerikas. Sie alle können zu verschiedenen Zeitpunkten und in unterschiedlichem Maße von Rassismus betroffen sein – der Rassismus ist (eher: rassistische Politiken sind) dynamisch und passt sich der öffentlichen Meinung und Politik an: Er zieht und sperrt Grenzen, bildet Lager, behindert Bewegungen, drückt die Einkommen, verunmöglicht Lebensperspektiven. Auch von einem dritten, ökologischen Widerspruch sind die Lohnabhängigen betroffen. Dies betrifft ihre beruflichen Qualifikationen, die Arbeitsprozesse (welches Mehl, welche Kosmetika, welche Putzmittel werden verwendet, wie wird der Strom erzeugt, die werden Vorprodukte transportiert, wie die Rohstoffe erzeugt oder abgebaut?), die Produkte und deren Qualität. Aufgrund ihres Einkommens sind sie damit konfrontiert, dass ihre Nahrungsmittel häufiger von minderer Qualität sind (billiges Fleisch mit Antibiotika, Geschmacksverstärker wie Zucker), dass sie stärker von Umweltbelastungen, Giften oder Lärm betroffen sind, mit überfüllten und unzuverlässigen öffentlichen Verkehrsmitteln zu tun haben oder medizinisch schlechter versorgt sind. Es wäre ganz falsch, im Namen einer Klassenpolitik für Prekarisierte das Bild eines national einheitlichen, heterosexuellen und natürlichen Arbeiterkörpers zu pflegen.

Viertens ist es falsch, die Arbeiter*innen zu provinzialisieren. Viele leben universalistisch. Die Lohnabhängigen wissen, dass sie internationalisiert und globalisiert sind: dass sie für den Weltmarkt produzieren; ihre eigenen Arbeitsprozesse davon abhängen, was in Betrieben in der Türkei, Polen oder China hergestellt wird; ihre hohen Löhne davon abhängen, dass Zuliefererbetriebe unter Druck gesetzt und ihre Kolleg*innen ausgepresst werden; sie hinsichtlich Arbeitsplätzen oder Löhnen von den Unternehmensleitungen gegeneinander ausgespielt werden. Die Lohnarbeitenden werden aus betrieblichen Gründen auf Montage, zur Einweisung oder zur Reparatur ins Ausland geschickt, Betriebsräte haben Kontakt mit Betriebsräten in Tochterfirmen des Konzerns. Die Kenntnis von Städten, Restaurants und Essgewohnheiten rund um den Globus ist kein Privileg von Angehörigen des urbanen Kleinbürgertums, denn zur Existenz vieler Lohnarbeiter*innen gehört heute, dass sie als Touristen im Urlaub, wegen Kultur- oder Sportereignissen oder Messen vielfach weit reisen.

Es gibt also diese inneren Zusammenhänge der vielfältigen Arbeiter*innenexistenzen, aber es charakterisiert gerade kapitalistische Verhältnisse, dass alle Tätigkeiten und sonstigen Aktivitäten des gesellschaftlichen Gesamtarbeiters sich als private vollziehen, insofern auseinandertreten und die Form eines Widerspruchs annehmen. Diese Einsicht ist wesentlich für den kritischen Materialismus. Die Forderungen von Frauen nach Selbstbestimmung über den eigenen Körper und ihre Sexualität, nach der Freiheit, sich ohne Diskriminierung oder Anmache im öffentlich Raum zu bewegen, sowie nach gleichem Lohn bei gleicher Arbeit hängen eng zusammen und können doch auseinandertreten, weil die einen Frauen bereits genießen, was den anderen immer noch vorenthalten ist. Arbeitsplätze im Braunkohlebergbau, in der Automobilindustrie oder Rüstungsindustrie ernähren diejenigen, die dort lohnabhängig – und oftmals gut bezahlt und bei hohen Sozialstandards – arbeiten. Die Folgen wie Verkehrsaufkommen, Flächenzerstörung, Lärm, CO_2-Emissionen, Feinstaubbelastung, dadurch bedingte Erkrankungen und Tote können und müssen Individuen abspalten und abwehrend-realistische Gefühlskälte entwickeln, auch wenn sie selbst von jenen Folgen betroffen sind. Die Landwirtschaft beruht auf hochproduktiver Erzeugung, die viele Bauern verarmen lässt und viele Konsument*innen ebenso ernährt wie gleichzeitig krank macht. Es kommt also zu tiefen Interessenspaltungen in den Einzelnen selbst, weil der Zusammenhang der Kreisläufe künstlich zerlegt wird. Wenn man mit Lohnabhängigen, mit Betriebsräten oder Vertrauensleuten spricht, so wissen viele um diesen Widerspruch, der für sie als Individuen unlösbar ist. Die Arbeiter*innen wissen in den entsprechenden Fällen, dass die von ihnen hergestellten Waren problematisch sind, aber ihr Arbeitsplatz ist die Grundlage ihrer Selbsterhaltung. Sie erfahren als Individuen oder als Familien den Gegensatz von Tauschwert und Gebrauchswert am eigenen Leib. Dieser Widerspruch lässt sich nicht einfach auflösen, er bildet das Zentrum der die Verhältnisse beherrschenden kapitalistischen Produktionsweise. Ein Problem stellen die Intellektuellen in Politik, Kultur oder Wissenschaft dar, die die Arbeiter*innen darin bestätigen, ihr partikularistisches Arbeitsplatzinteresse zu vertreten, und dabei suggerieren, der Gegensatz sei bewältigbar, indem das legitime Interesse der Arbeitsplatzbesitzer gegen die vermeintlich identitätspolitischen Ziele von Mittelklasseangehörigen verteidigt wird. Auch wenn die Subsistenz der Lohnabhängigen in einer bestimmten Industrie genauso gesichert sein muss wie das Leben aller anderen, so trifft doch auch zu, dass es aus einer gesamtgesellschaftlichen Perspektive kein Recht auf einen bestimmten Arbeitsplatz gibt. Im Prinzip kann der Gegensatz zwischen einzelnem und Gesamtinteresse nur gelöst werden, indem andere, vergesellschaftende Produktionsverhältnisse hergestellt werden, unter denen die Folgen von freien Entwicklungsentscheidungen nicht auf die Einzelnen oder die Natur abgewälzt werden können. Unter kapitalistischen Bedingungen herrscht das Prinzip der privatisierten Freiheit – und diese verkehrt sich mit Notwendigkeit in Zwang: Sie geht zwangsläufig zulasten der Natur und der anderen Menschen, weil Investitionen nicht nach stofflichen Gesichtspunkten oder solchen der gesellschaftlichen Gesamtarbeit, sondern nach denen des Tauschwerts und des Gewinns vorgenommen werden.

Erzwungene Identitäten

Es handelt sich also bei der Frage Klasse und Identität um einen falschen Gegensatz, der jedoch nicht logisch aufzulösen ist. Es handelt sich nicht um einen Denkfehler, um einen Fehler in den Begriffen, sondern um die Widersprüchlichkeit der Verhältnisse. Dennoch kann eine weitere begriffliche Klärung zwar nicht den Gegensatz beseitigen, ihn aber derart reformulieren, dass vielleicht irrationelle Formen der Gegenüberstellung, Vereinseitigung und Austragung vermieden werden können – irrationell, weil es sich um Herrschaftsformen handelt. Kritische Theorie und emanzipatorische Praxis zielt auf den Gesamtzusammenhang und seine Veränderung. Mein Argument ist deswegen, dass auch diejenigen, die sogenannte identitätspolitische Ziele verfolgen, damit sehr vielfältige materiale Aspekte in ihrem Leben verfolgen, die weitreichende Folgen für die gesellschaftliche Organisationsweise, die gesellschaftliche Arbeitsteilung und mithin für die gesellschaftliche Gesamtarbeiter*in und die Zusammensetzung der Klassen und ihre Praktiken haben.

Aus der umgekehrten Perspektive gilt: Klasse ist Identität; bei Klasse handelt es sich gleichfalls um eine Identität von Individuen und Gruppen – und diese Identitäten sind ambivalent, in sich widersprüchlich. Zunächst eine Überlegung dazu mit Blick auf Arbeiter*innen. Interessanterweise vermittelt die Diskussion oft den Eindruck, als sei ›Klasse‹ nur ein Merkmal der Lohnarbeitenden. Doch Klasse ist eine Relation, eine Klasse existiert niemals allein, für sich. Klassen sind das Ergebnis von Herrschafts- und Ausbeutungsverhältnissen, die über die Jahrhunderte und Jahrtausende immer neue Formen angenommen haben. Hinsichtlich ihrer Klassenexistenz sind die Individuen kausalen Gesetzmäßigkeiten unterworfen: Die einen verfügen über Gewalt- und Produktionsmittel und das gesellschaftliche Mehrprodukt, weil und insofern die anderen nicht darüber verfügen. Letztere werden von Ersteren stetig enteignet, was diesen gleichzeitig die Möglichkeit gewährt, die Enteignungspraxis auf immer höherem Niveau fortzusetzen; und sie müssen sie gezwungenermaßen fortsetzen, da sie andernfalls erwarten müssen, erlangte eigene Vorteile zu verlieren.

Das Bürgertum ist in sich vielfältig gegliedert: nach Berufszweigen (Industrielle, Handel, Banken, Grundbesitz), nach Vermögensgröße und Art der Vermögen, nach Regionen und Städten oder Staaten. Es muss besondere Fähigkeiten ausbilden. Denn die Individuen leben aufgrund ihrer Stellung in der sozialen Hierarchie in einem gewissen Umfang sozial isoliert: Ihre Fabriken und Wohnorte liegen oftmals entfernt von urbanen Zentren, an den Wohnorten leben sie isoliert in Villen, im familiären Kontext ist Dienstpersonal anwesend, in den Firmen können sie mit den Untergebenen keine freundschaftlichen Beziehungen pflegen. Sie müssen also befähigt sein, in einer unter Umständen auch feindseligen betrieblichen oder lokalen Umgebung ihre Lebensweise zu führen, das Kommando an der Spitze von Unternehmen auszuüben, über Menschen zu entscheiden und gegebenenfalls mit deren Unterwürfigkeit, Wut oder Verzweiflung umzugehen. Dies bedeutet bürgerliche Kälte, elitäres Bewusstsein, die selbstaffirmative, schamlose Gewissheit, bevorrechtet zu sein, Dispositionsmacht und -wissen, Befehls- und Entscheidungswissen, soziale Distanz gegenüber Abhängigen und Untergebenen oder der körperlichen Arbeit sowie Distinktion bei allen Spielarten des Geschmacks: Benehmen, Kleidung, Wohnen, Essen, Kunst, Musik, Literatur (vgl. Bourdieu 1982). Solche Eigenschaften müssen durch eine Reihe von Sozialisationsagenturen vermittelt werden: Eltern, Privatlehrer, Internate, Praktika, Universitäten, Burschenschaften, Vereine – viele Geschichten einzelner Unternehmer weisen darauf hin. Zu den Fähigkeiten des Bürgertums gehört auch, Personal auszuwählen, an das sie Aufgaben der Gewaltausübung und Sicherheitsgewährleistung, der operativen Unternehmensleitung, Arbeitsorganisation und der Überwachung der Abläufe, der Vermarktung oder Vermögensverwaltung delegieren können. Dabei muss es gleichzeitig durch eine Anordnung der Positionen dieses Personals – also Überwachung, Konkurrenz, Käuflichkeit – sicherstellen, dass diese Abhängigen auch abhängig und untergeordnet bleiben und sich nicht selbst Herrschaftsfunktionen und Reichtum aneignen. Trotz seiner ökonomischen Konkurrenz und Privatheit ist demnach das Bürgertum aus vielerlei Gründen dazu veranlasst, eigene Formen der Kohäsion und der Solidarpraktiken zu entwickeln, um für seine Form der Reichtumserzeugung und -aneignung geeignete, berechenbare und erwartungssichere Verhältnisse zu schaffen, also Herstellung gemeinsamer Strategien für den Machterhalt, Nachrichten- und Erfahrungsaustausch, Absprachen, Koordination, Endogamie, gemeinsames kulturelles Laben, in dem der Konsens bestätigt wird. Dies geschieht in einer Vielzahl von privaten Gesprächen oder Diskussionen bei halbformellen oder öffentlichen zivilgesellschaftlichen Treffen, in Clubs, Vereinigungen, Stiftungen, Verbänden und Parteien, in denen ein geteilter Lebensstil (Unterhaltung, Sport, Vergnügen), gemeinsame Ziele der Machterhaltung und der Interessenentwicklung ausgearbeitet, verhandelt und schließlich verfolgt werden.

Lohnarbeiter*innen werden auf komplexe Weise einer Identität unterworfen, genauer: einem Prozess der permanenten Identitätsproduktion und -reproduktion, an der auch sie selbst teilnehmen (müssen). Dabei unterscheiden Marx und Engels schon in der *Deutschen Ideologie* zwei Aspekte: »Diese Weise der Produktion ist nicht bloß nach der Seite hin zu betrachten, dass sie die Reproduktion der physischen Existenz der Individuen ist. Sie ist vielmehr schon eine bestimmte Art der Tätigkeit dieser Individuen, eine bestimmte Art, ihr Leben zu äußern, eine bestimmte Lebensweise derselben. Wie die Individuen ihr Leben äußern, so sind sie. Was sie sind, fällt also zusammen mit ihrer Produktion, sowohl damit, was sie produzieren, als auch damit, wie sie produzieren.« (MEW 3, 21) Es handelt sich also um zwei Arten von Identität, die sich ineinanderschieben und überdeterminieren. Zunächst geht es um die konkreten, nützlichen Arbeiten und eine Formierung des Arbeitsvermögens, also die Fähigkeit, tagtäglich bestimmte Tätigkeiten auszuüben. Aber dies durchkreuzt sich mit dem Wie. Denn das Arbeitsvermögen wird in einer Weise formiert, dass es in den Arbeitsprozessen auf berechenbare Weise im Durchschnitt profitabel anwendbar ist. Es geht deswegen nicht allein um die konkrete Nützlichkeit des Arbeitsvermögens, sondern um eine durch spezifische, mit staatlichen Mitteln auf die betriebliche Arbeitsteilung zugeschnittene Qualifikation durchschnittlich zusammengesetzter Arbeitskraft – und um die identitäre Bindung der Individuen an diese besondere Form des Arbeitsvermögens (vgl. Atzmüller 2019, 239ff.). Sie besteht aus Kompetenzen, die für einfache oder komplex zusammengesetzte Arbeitsvorgänge geeignet sind. Die Arbeitskraft stellt eine spezifische Kombination von körperlichen, intellektuellen und emotional-psychischen Fähigkeiten dar. Dazu kann auch die Reduktion auf die Fähigkeit gehören, eine körperliche anstrengende, ermüdende, anspruchslose, langweilig-sinnleere Arbeit über viele Stunden durchzuhalten und auf geistige Anregungen zu verzichten, sich also als Person zu reduzieren; oder Fähigkeiten in der geschickten Nutzung von Werkzeugen oder Materialien oder ein stillschweigendes Wissen davon, wie ein Arbeitsprozess vollzogen werden muss, um zu guten Resultaten zu gelangen, ohne dass diese Kompetenzen in den formellen Hierarchien eines Betriebes oder Unternehmens jemals zur Geltung kommen. Dieses Arbeitsvermögen muss sich in den vom Kapital bestimmten gesellschaftlichen Gesamtarbeiter einfügen – also sich organisch mit einer sehr großen Zahl von anderen Arbeitsvollzügen ergänzen, die alle an der Erzeugung eines organisch zusammengesetzten Gesamtprodukts beteiligt sind, das die Erwartung auf einen bestimmten Gewinn befriedigen soll.

Arbeiter*innen wird durch die schulische und die berufliche Qualifikation, durch die körperliche Aktivität, durch die Ausbildung, durch die Höhe der Einkommen, die Enge der Wohnung und minderwertige Konsumgüter, durch den geringen Zugang zu Wissen, zu politischen und gesellschaftlichen Entscheidungen, durch ein spezifisches Kulturangebot, durch erwartbar höheres Krankheitsrisiko und geringere Lebenserwartung ein Verhältnis zu sich, eine eigene Sicht der Dinge, eine körperliche Haltung vermittelt. Sie erlangen eine Klassenidentität, die mehr oder weniger ihr gesamtes Leben bestimmt, weil sie als »strukturierende Struktur« (Bourdieu) wirkt, also dazu beiträgt, die sozialen Situationen zu suchen und zu bevorzugen, die wiederum die klassenspezifische Identität bestätigen. Aber nicht allein die Tatsache, dass ihr Arbeitsvermögen für besondere Arbeiten formiert wird, ist ein Problem. Denn die einzelnen Individuen finden die gesellschaftliche Arbeitsteilung vor und können sich nur einfügen. An der Gestaltung der organischen Arbeitsteilung und der Zusammensetzung der einzelnen Funktionen und damit am konkreten Gebrauch ihres Arbeitsvermögens sind sie nicht beteiligt. Mehr noch, die Formierung des Arbeitsvermögens wird zum Schicksal für die Individuen, da die Einzelnen von dieser Identität im Durchschnitt der Klasse nicht mehr loskommen. Denn die gesellschaftliche Arbeitsteilung und die konkrete Zusammensetzung der jeweiligen arbeitsteiligen Funktionen unterliegen der Entscheidungsgewalt der Kapitaleigentümer. Für die abhängigen Individuen bedeutet dies, dass nicht nur ihr Arbeitsvermögen konkret nach dem Willen der Kapitaleigner geformt wird, sondern sie sich davon auch kaum ablösen können. Nur mit großen Anstrengungen könnten sie ihre Lebensweise und ihre Arbeitskompetenzen ändern. Doch zur Existenz als Lohnarbeitende gehört ja gerade, dass sie die dafür erforderlichen materiellen Ressourcen nicht haben – also die Wunschvorstellung, den Willen, die Zeit und den Zugang zu Erfahrung und Wissen, um andere Praktiken zu erlernen. Selbst wenn ihnen das gelingen sollte, bedeutet dies nicht, dass sie im Durchschnitt die Lebensweise selbst ändern können. Vielmehr bleiben sie aller Wahrscheinlichkeit nach abhängig für Lohn Arbeitende und insofern der Lohnform unterworfen.

Denn auch wenn es ihnen gelingen sollte, ihr Arbeitsvermögen neu zu formieren, müssen sie es zumeist wieder auf dem Arbeitsmarkt als Ware anbieten und verkaufen. Lohnarbeiter*innen sind ihrer logischen Bestimmung nach in einem zweifachen Sinn frei. Diese Freiheit bedeutet erstens, dass sie über sich, ihren Körper und ihre Arbeitskraft frei disponieren können. Sie tragen das Risiko für die Art und Weise der Formierung ihres Arbeitsvermögens. Zwar gibt es eine Vielzahl von staatlichen und gewerblichen Steuerungsformen, das Arbeitsvermögen auf eine spezifische Weise zu formieren – dazu gehören die Schulen, die Berufsberatungen und Empfehlungen der Arbeitsämter, die ›Influencer‹ aus Freundes- und Familienkreis, staatliche Kampagnen und Anreize, die Medien, Gegebenheiten des lokalen, nationalen oder gar globalen Arbeitsmarkts. Aber aus diesen Steuerungsformen ergeben sich nur Wahrscheinlichkeiten, die die Einzelnen individuell kalkulieren können und müssen. Unter den gegebenen kapitalistischen Verhältnissen können sie niemals sicher sein, ob ihre Fähigkeiten und die konkrete Ausbildung ihres Arbeitsvermögens gerade in dieser Art und in diesem Umfang benötigt werden. Entsprechend arbeiten auch viele Lohnabhängige nicht in den qualifizierten Facharbeiterberufen, die sie einmal erlernt haben, sondern unterhalb dieses Niveaus. Dies ergibt sich aus ihrer zweiten Freiheit, der Tatsache nämlich, dass sie über keine eigenen Produktionsmittel verfügen, mit denen sie ihre eigene und die Subsistenz ihrer Angehörigen sichern können. Sie sind deswegen von denen abhängig, die über die Produktionsmittel verfügen und über die Produkte, die konkrete Arbeits- und Organisationsweise, die Dienstleistungen nach Gesichtspunkten der Rentabilität entscheiden. An diese Kapitaleigentümer sind sie gezwungen ihre Arbeitskraft zu verkaufen. Die Freiheit der einzelnen Lohnarbeitenden verkehrt sich selbst unter günstigen Bedingungen in eine Unfreiheit. Diese Unfreiheit wird durch die Lohnform selbst noch weiter gesteigert. Marx zufolge bildet sich die Klassenidentität aus dem Doppelcharakter der Arbeit: ihrer konkret-nützlichen Funktion und ihrer formellen Seite der freien Lohnarbeit. Für die einzelnen Lohnarbeitenden muss unklar bleiben, dass das konkrete Arbeitsvermögen und die Bindung des Individuums an dieses überlagert wird durch die Form der Lohnarbeit, die dem Individuum die Freiheit nimmt, das konkrete, nützliche Arbeitsvermögen nach Bedarf und Freiheit zu verändern oder zu erweitern. Lohnarbeit ist ein sinnloser Kreislauf als Lebensschicksal: arbeiten, um zu essen, schlafen, um zu arbeiten. Umgekehrt werden die Lohnarbeitenden genötigt, unter dem Druck des Arbeitsmarkts und politisch-staatlicher Initiative die innere Zusammensetzung ihres Arbeitsvermögens und dessen Verhältnis zum Gesamtarbeiter zu verändern. Aus diesem Verhältnis der Lohnform entstehen Mystifikationen. Viele Lohnarbeitende erlangen die doppelte Freiheit nicht: weil sie ihr Arbeitsvermögen nicht frei qualifizieren oder weil sie über seinen Verkauf nicht frei entscheiden können und sich in sklavenähnlichen Verhältnissen befinden (Linden 2018). In diesem Sinn besteht unter der Macht der Verhältnisse die Notwendigkeit, für die Rechte der freien Lohnarbeit zu kämpfen. Umgekehrt können diejenigen, die ihr abstraktes, durchschnittliches Arbeitsvermögen verkaufen müssen, den Eindruck haben, dass ihre Identität allein von ihrer konkreten Tätigkeit oder ihrem Beruf bestimmt ist, so dass sie sich nicht als Mitglieder einer Klasse begreifen. Marx erwartete, dass dieses Hindernis durch den industriellen Produktionsprozess selbst beseitigt wird. Er sprach von den Arbeiter*innen als einem »buntscheckigen Haufen« aller möglichen Professionen, Alter und Geschlechter (*K I*, MEW 23, 268, 510; vgl. Eiden-Offe 2018). Die große Industrie würde den ständischen Charakter der berufsbezogenen Arbeit aufheben und die Individuen die Seite des Tauschwerts der abstrakten Arbeit und damit den inneren, gesellschaftlichen Zusammenhang ihrer konkret nützlichen Arbeiten in der gesellschaftlichen Gesamtarbeit erfahren lassen. Da jedoch das Arbeitsvermögen konkret formiert wird, verschwindet dieser Identitätsaspekt nicht, auch wenn er seine ständisch-zünftigen Aspekte verliert. Die Arbeiter*innen sind an zwei problematische Identitäten gebunden, von denen die Klassenidentität die dominante und die Beruflichkeit bestimmende ist. Damit die konkrete nützliche Arbeit ihren freien, gestaltenden, kooperativen Charakter gewinnen kann, muss das Klassenverhältnis überwunden werden. Entsprechend formuliert Marx mit Blick auf den Begriff der Klasse als Selbstverständnis seiner Theorie: Soweit eine Kritik der bürgerlichen Ökonomie »überhaupt eine Klasse vertritt, kann sie nur die Klasse vertreten, deren geschichtlicher Beruf die Umwälzung der kapitalistischen Produktionsweise und die schließliche Abschaffung der Klassen ist – das Proletariat.« (MEW 23, 22)

Aufgrund der eigentümlich bürgerlichen Freiheit der Lohnarbeitenden in der Verfügung über ihre Arbeitskraft handelt es sich bei der Formierung der Klasse um einen statistischen Prozess. Die Unterwerfung unter die Lohnform kann den Einzelnen als vielleicht etwas Wahrscheinliches, aber doch auch als etwas ihnen gegenüber Zufälliges und Äußerliches erscheinen: als Ergebnis von individueller Unzulänglichkeit, biografischen Fehlentscheidungen, Faulheit in der Schule, der Geburt in die falsche Familie, der falschen Freunde. Die Klassenformierung erscheint als ein statistisch vermittelter Prozess. Einzelne können ihre soziale Lage und Positionen aus vielfältigen Gründen verändern: durch besondere Fähigkeiten, durch Veränderung in der Bevölkerungszusammensetzung, durch ihr gewerkschaftliches und politisches Engagement oder durch Bildungsehrgeiz. Aber es bilden sich Regelmäßigkeiten durch die statistischen Verteilungen hindurch. Die Klasse wirkt für die meisten ihrer Mitglieder wie ein soziales Naturgesetz: Die zahlreich auftretenden Fälle, in denen »es jemandem gelingt, seinem statistischen Schicksal zu entkommen und die erschreckende Logik der Zahlen außer Kraft zu setzen«, hebt die soziologische Wahrheit dieses Schicksals nicht auf (Eribon 2016, 110). Das Gesetz der sozialen Gravitation, das im Durchschnitt wirkt, ist bestimmt davon, dass viele Individuen nicht über Produktionsmittel verfügen und diese zum Eigentum einer kleinen Gruppe von Menschen erklärt und als solches vom Staat garantiert werden. Diese Enteignung geschieht nicht einmalig. Denn dann könnte sie zu jedem Zeitpunkt bekämpft und rückgängig gemacht werden. Sie muss durch eine Vielzahl von Praktiken gleichsam jeden Tag erneuert werden. Die Klasse der Lohnarbeitenden ist deswegen auch nicht ein für alle Mal da, sondern sie existiert nur als Tendenz. Sie wird permanent von neuem und in veränderter Gestalt in den sozialen Auseinandersetzungen hergestellt – und es müssen gegen die Tendenz wirkende Verhältnisse geschaffen werden, in denen antizipiert ist, dass Menschen sich der Zurichtung auf ein zu verkaufendes Arbeitsvermögen ständig entziehen. Die geschieht erst einmal durch den »stummen Zwang der ökonomischen Verhältnisse« (MEW 23, 765) selbst. Wenn Marx formuliert, dass außerökonomische Gewalt neben dem »stummen Zwang« zwar immer noch angewandt werde, aber nur ausnahmsweise, dann ist dies ungenau oder unzutreffend. Es stimmt im Durchschnitt des Aneignungsprozesses, dass die Lohnarbeitenden nicht jeden Tag mit körperlicher Gewalt gezwungen werden, an ihrem Arbeitsplatz zu erscheinen und dort für viele Stunden zu arbeiten. Die Notwendigkeit, Geld für den eigenen Lebensunterhalt oder den der Familie zu verdienen, stellt tatsächlich ein Druckmittel dar. Aber gegen diesen stummen Zwang wehren sich die der gesellschaftlichen Produktionsmittel enteigneten Arbeiter*innen mehr oder weniger stark ausgeprägt jeden Tag, sie versuchen auszuweichen, sich zu entziehen, sabotieren die Arbeitsprozesse, akzeptieren das Privateigentum nicht oder werden revolutionär.

Die bürgerliche Klasse ist deswegen bemüht, im Verhältnis zu den Ungewissheiten, die ihre von Konkurrenz und Kämpfen bestimmten sozialen Verhältnisse mit sich bringen, sich vermittels einer Vielzahl von spezialisierten Intellektuellen in einer unendlichen Zahl von Diskursen ihr eigenes Handeln zu erklären und es ausarbeiten zu lassen: Lenkung der Ökonomie,

Beobachtung der Konkurrenz, Kontrolle der Massen, Gestaltung der eigenen Lebensweise. Die Subalternen werden von einem riesigen kulturindustriellen, zivilgesellschaftlichen Apparat mit seinen Intellektuellen in Schulen und Fortbildungseinrichtungen, Kirchen, Parteien, Vereinen und Gesellschaften, Verlagen, Zeitungen, Zeitschriften, Kino, Radio und Fernsehen, Stiftungen, Think-Tanks erfasst und beherrscht. Diese überwachen die Arbeiter*innen feingliedrig, reden auf sie ein, setzen ihnen tausend Vorstellungen über sich und die Welt ›in den Kopf‹, erziehen sie, tragen zur Organisation ihres Alltags bei oder entmutigen sie. Auf diese Weise fügt sich das Denken und Handeln der Subalternen den berechenbaren Wahrscheinlichkeiten; sie bleiben uneinheitlich, ihnen werden die Ziele genommen, so dass sie sich selbst und anderen nicht zutrauen, den gesellschaftlichen Produktionsapparat demokratisch zu verwalten und nach den Prinzipien der freien, von ihnen selbst zu gestaltenden Kooperation zu transformieren. Bürgerliche Intellektuelle organisieren den passiven und aktiven Konsens der Subalternen und damit ihre Lebensorientierungen und Identität, während diese weder ihr eigenes Denken auf ein anspruchsvolles gesamtgesellschaftliches Niveau fortentwickeln, noch sich organisch mit denen verbinden, die die kritische Tradition verkörpern (eher sind sie mit den Namen und dem Leben von Talkshowmastern, Fußballspielern, Rennfahrern, Schlagersänger*innen und Schauspielern vertraut als mit denen, die in den letzten Jahrzehnten für ihre Emanzipation eingetreten sind).

Wenn es Einzelne oder Gruppen der Subalternen gibt, die wiederum auch diesen Erziehungsprozess zurückweisen oder den ihnen zugemuteten Konsens bestreiten und für andere Lebensweisen eintreten, wird Gewalt aufgeboten. Diese umfasst ein breites Spektrum. Zunächst einmal die verschiedenen formellen Polizeien, Geheimdienste, Gerichtsinstanzen und Gefängnisse, Psychiatrie, Sozialverwaltung und umfassende Stäbe zur Analyse und Beratung; die Gewalt der Korruption und des Betrugs; die Gewalt von kriminellen Banden, religiös-fundamentalistischen Gruppen oder rechten Organisationen. Zu den bürgerlichen Illegalismen gehört auch die symbolische Gewalt, die in Action- oder Kriminalfilmen tausendfach eingesetzt wird gegen Abweichung und Kritik, um zu zeigen, was möglich ist.

Es wurde deutlich, dass Marx in zweifacher Hinsicht die Form der Klasse als eine Identität charakterisiert und beide Aspekte kritisch beurteilt. Es gibt einen weiteren Aspekt, der ausgehend von Louis Althussers Überlegungen zum Subjekt entwickelt wurde. Demnach wirkt die staatlich ausgearbeitete verbreitete Ideologie durch die Konstitution von subjektiver Identität. Seiner These zufolge organisieren die ideologischen Staatsapparate Praktiken und Rituale, die das Individuum in einem Akt als Subjekt anrufen und unterwerfen. Erst durch diese Anrufung wird es zum Subjekt: Es sieht sich erkannt und anerkannt; es wiedererkennt sich in dieser Anrufung und gleichzeitig verkennt es sich. Aus diesem Verhältnis von Wiedererkennung/Verkennung resultiert ein Verhältnis zu sich selbst als Individuum, das sich als Subjekt begreift: Es imaginiert sich als ein Subjekt, das aus freiem Willen und mit eigener Initiative handelt und die Verhältnisse, unter denen es lebt, als von ihm gewollt betrachtet und so genau dieses Verhältnis zu sich selbst eingeht. Die ideologischen Staatsapparate organisieren unterschiedliche Repräsentationen dieses imaginären Verhältnisses zu den materiellen Verhältnissen, unter denen das Individuum lebt. Mit der Konstitution eines Subjekts geht eine identitätsbildende Unterwerfung unter ein großes Subjekt einher: Gott, schöne Kunst, Gerechtigkeit, Ordnung. Die Identität des Subjekts wird als freiwilliges Verhältnis gelebt. Das Individuum geht dem durch die Staatsapparate erfolgenden ideologischen Anrufungsmechanismus der Subjektivierung Althussers Überlegung zufolge nicht voraus – es ist das Ergebnis des Subjekteffekts: »Die Individuen sind immer-schon Subjekte. Also sind die Individuen ›abstrakt‹ in Bezug auf die Subjekte, die sie immer-schon sind.« (Althusser 1977, 144) Er erläutert dies mit der Individualisierung, die durch familiäre Namensgebung erfolgt. Dies könnte noch vertieft werden, denn über die Namen wachen staatliche Behörden, die Individuen erhalten eine Identitätskarte und eine individualisierende Sozialversicherungs- oder allgemeine Identitätsnummer. Die Familiengeschichte bestimmt den Individualisierungsprozess des Subjekts durch zahlreiche Erzählungen und Fotografien aus dem Familienalbum.

Die staatliche Anrufungspraxis hat eine doppelte Wirkung: In einem einzigen Vorgang trennt sie die Individuen und individualisiert sie, atomisiert sie und greift mittels besonderer politischer Technologien auf ihre Körper zu (vgl. Poulantzas 1978, 55ff.). Gleichzeitig totalisiert und homogenisiert sie die Individuen als »Volk-Nation«, also als Angehörige eines Staates, einer Nation, eines Wohnorts, eines Berufs, einer Familie, eines Sportvereins und erzeugt damit spezifische Identitäten, die sich dadurch auszeichnen, dass sich die Individuen nicht auf der Grundlage ihrer materiellen Existenz als Mitglieder der gesellschaftlichen Gesamtarbeiter*in und somit als der Zusammenhang konstituieren, der das gemeinsame Leben erzeugt und reproduziert. Indem der Staat individualisiert und gleichzeitig totalisiert, erzeugt oder verstärkt er spezifische Vergesellschaftungsmuster, während er andere Praktiken der Vergesellschaftung benachteiligt oder verhindert. So werden kleinfamiliäre Wohnformen oder eheliche Beziehungspraktiken durch eine Vielzahl von Gesetzen und politisch-ökonomische Regularien reproduziert. In ähnlicher Weise kann gesagt werden, dass die Art und Weise, wie die schulische und berufliche Qualifikation organisiert, wie Selbstverwaltung von Arbeitsprozessen verhindert, das Wissen um Genossenschaften und Selbstverwaltung nicht in staatlichen Einrichtungen gelehrt und nicht weitervermittelt wird, wie große, global operierende Unternehmen durch eine Vielzahl von Wettbewerbsfaktoren begünstigt werden, dazu beiträgt, die Existenz der Arbeiter*innen als Klasse nicht nur zu beschönigen oder zu leugnen, sondern ganz reale Effekte der Desartikulation der Klasse hervorbringt und die Individuen durch staatliche Menschenverwaltung zu spezifischen Gruppen zusammenfasst, sie kontrolliert und führt. Die Praxis der Herrschaft besteht demnach nicht nur in der Spaltung, sondern auch in der Art der staatlichen Zusammenfassung der Individuen, der Erzeugung von positiven Identitäten, Differenzierungslinien und Spaltungen.

Mit der doppelten staatlichen Unterwerfung kommt es zu einer doppelten falschen Versöhnung: a) Individuen (miss)verstehen das Verhältnis, unter dem sie leben, als Ergebnis ihres Willens und ihrer Freiheit. b) Die Individuen deuten ihre vielfältigen Praktiken nicht als Praktiken einer Klasse, sondern in anderen Kollektivausdrücken. Angehörige(r) einer Klasse zu sein bedeutet, die Gesellschaft nach Begriffen der Ausbeutung und Herrschaft, des Klassenkampfs und der Spaltung zu begreifen. Dies stellt immer auch eine Kränkung für die Individuen dar, da sie sich eingestehen müssen, abhängig und weisungsgebunden und unfrei zu leben. Eine solche Einsicht ist folgenreich, weil sie beinhaltet, für Freiheit und für Verhältnisse einzutreten, unter denen jene Formen von Ausbeutung und Herrschaft nicht mehr möglich sind. In ähnlicher Weise verweigern sich Menschen auch der Einsicht, aufgrund einer Identität als Frau oder wegen ihrer Hautfarbe benachteiligt oder unterdrückt zu werden. Sie leben im Widerspruch, dass sie unter bürgerlichen Bedingungen frei, gleich und souverän und gleichzeitig machtunterworfen und abhängig sind. Die Freiheit, die sie genießen, ist deutlich geringer als diejenige anderer, die über Produktionsmittel verfügen und sich damit auch den gesellschaftlichen Reichtum aneignen können oder die Definitionsgewalt über die Normen und die Formen der Normalität innehaben.

Die Kritik an der Subjektivierung, die Individuen vereinzelt und unter einer Identität zusammenfasst – als Deutsche oder Italiener, Frauen und Männer, Schwule oder Lesben, Afroamerikaner oder türkischstämmige Migranten –, hat zu einer eigenen kulturrevolutionären Praxis emanzipatorischer Kämpfe geführt, die ihrerseits von einer widersprüchlichen Bewegung bestimmt sind: einerseits gegen die Totalisierung einer Identität die Betonung von Individualität. »Andererseits wenden sich [die Kämpfe] gegen alles, was das Individuum zu isolieren und von den anderen abzuschneiden vermag, was die Gemeinschaft spaltet, was den Einzelnen zwingt, sich in sich selbst zurückzuziehen, und was ihn an seine eigene Identität bindet.« (Foucault 1982, 244?)

Klassenbildung und Intellektuelle

Die bisherigen Überlegungen führen zu der These, dass Klasse und Identität kein Gegensatz sind, aber in besonderen Konstellationen zu einem Gegensatz werden können. Das Ziel emanzipatorischer Praxis ist es, sowohl ›Klasse‹ als auch spezifische, herrschaftliche Identitätsformen, wenn nicht sogar die Form der ›Identität‹ zu überwinden. Diese emanzipatorischen Praktiken sind also mit einem Widerspruch konfrontiert. Erst einmal nämlich müssen sie sich gegen herrschende Muster der Identität auf andere Identitäten und Subjektivierungsformen berufen, um innerhalb der einen, vereinheitlichenden Wirklichkeit eine andere Wirklichkeit, die immer schon vorhanden ist, aber als solche nicht offen gelebt wird, wirksam werden zu lassen. Doch gleichzeitig wenden sich die Emanzipationskämpfe in einer weiteren reflexiven und politischen Drehung auch noch gegen jene emanzipatorischen Identitäten, die ihrerseits ambivalent, weil eben Ergebnis von Herrschaft sind: die ambivalente Identität von ›Klasse‹, ›Rasse‹ oder ›Geschlecht‹. Immer besteht ein maßgebliches Moment der emanzipatorischen Praxis darin, dass die Individuen, die die Erfahrung dieser identitätsbildenden Unterwerfung und Konstitution als Subjekt, der Individualisierung-Totalisierung machen und sich dieses Macht- und Herrschaftsverhältnis auch aneignen müssen, sich in ein bewusstes, kritisches Verhältnis dazu setzen, bevor sie sie überwinden können. Es ist eine wesentliche Einsicht von Marx' Thesen über Feuerbach, dass der kritische Materialismus Herrschaft über Menschen immer auch als subjektives Verhältnis begreift, aber das bedeutet nicht eine Reduktion auf das abstrakte, isolierte Individuum. Vielmehr stützt sich die emanzipatorische Praxis auf die »innere«, »stumme«, die Individuen verbindende Allgemeinheit.

In den Sozialwissenschaften wird seit Jahrzehnten über die Frage diskutiert, ob es überhaupt noch Klassen gibt. Vielfach wird dies bestritten. Aber allein die Tatsache, dass die Frage eben immer wieder aufkommt, legt den Schluss nahe, dass das Problem objektiv fortbesteht und immer neue Generationen von Soziolog*innen aus der These, es gebe keine Klassen mehr, ein Geschäftsmodell machen können, mit dem sie die herrschende Politik unterstützen und von dieser unterstützt werden. Theodor W. Adorno hat in einer früheren Runde dieser Diskussion sehr entschieden die These von der Fortexistenz von Klassen vertreten. »Der Antagonismus, der die Arbeiter zur Organisation verhielt und insofern bereits ›integrierte‹, hat sie anwachsend mit dem verbunden, wogegen ihre Cadres in den frühen und wildwüchsigen Zeiten des beginnenden Hochkapitalismus stritten. Nicht bloß gelangten sie materiell in eine Lage, in der sie mehr zu verlieren hatten als ihre Ketten. Sondern komplementär dazu hat die Tendenz des Kapitals, sich in die Bereiche von Geist und öffentlicher Meinung hinein zu expandieren, auch das Bewusstsein und Unbewusstsein des vierten Standes von ehedem okkupiert. [...] Aber durch die Integration [der Arbeiter; AD] ist der objektive Antagonismus nicht verschwunden. Nur seine Manifestation im Kampf ist neutralisiert. Die ökonomischen Grundprozesse der Gesellschaft, die Klassen hervorbringen, haben aller Integration der Subjekte zum Trotz sich nicht geändert.« (Adorno u. Jaerisch 1968, 183f.) Adorno argumentiert mit Marx, dass die Existenz von Klassen nicht vom Bewusstsein oder Selbstverständnis der Akteure abhängig ist: »Dass von einem proletarischen Klassenbewusstsein in den maßgebenden kapitalistischen Ländern nicht kann gesprochen werden, widerlegt nicht an sich [...] die Existenz von Klassen: Klasse war durch die Stellung zu den Produktionsmitteln bestimmt, nicht durchs Bewusstsein ihrer Angehörigen.« (Adorno 1968, 358). Sie können sich täuschen; und sie täuschen sich umso mehr, als sie kein Interesse haben, das Arrangement des Klassenkompromisses infrage zu stellen. Dies gilt für die Arbeiter*innen, weil sie mehr als nur ihre Ketten zu verlieren haben oder die Veränderungsversuche enttäuschend ausgefallen sind. Adorno verengt hier die Frage auf das Verhältnis von Klassenstellung und Klassenbewusstsein. In der weiteren Diskussion wurde Bewusstsein in gewisser Weise materialistischer und breiter zu ständischen oder identitären Lebensformen erweitert (vgl. Thien 2018, 59ff.). Dabei handelt es sich um das sozialmoralische Milieu, in dem die Arbeiter*innen leben und dabei besonderen sozial-kulturellen Gewohnheiten nachgehen. Es handelt sich dann nicht allein um ein bestimmtes Bewusstsein oder eine Mentalität, sondern um Proletarität in einem weiten Sinn: Wohn-, Nachbarschafts- oder Freundschaftsverhältnisse, Vergnügungspraktiken, Essgewohnheiten oder Heiratsverhalten und Familienleben. Hier wird von unterschiedlichen Autoren seit den 1960er Jahren ein Ende der Proletarität vermutet. Der Befund ist also ähnlich wie im Fall des Klassenbewusstseins. Entsprechend meinen obigen Überlegungen vertrete ich die Ansicht, dass unterschieden werden sollte zwischen der Stellung in den Produktionsverhältnissen, der damit verbundenen Formierung des Arbeitsvermögens und einer entsprechenden Identität, den politisch-kulturellen Gewohnheiten von jeweiligen Kollektiven und ihren Praktiken, die vielfach nicht kohärent sind, sowie schließlich dem Bewusstsein (worunter ich die diskursiven Praktiken und die phantasmatischen, vor- und unbewussten Bereiche der Individuen verstehe, die ihrerseits auch intern miteinander verbunden sind).

Trotz der Schwierigkeiten des Bewusstseinsbegriffs ist Adornos Überlegung richtig, dass Klassenbewusstsein nicht mechanisch mit der Existenz von Klassen verbunden, sondern »herzustellen« ist (Adorno u. Jaerisch 1968, 184). In diese Richtung eines aktiv hergestellten Klassenbewusstseins argumentiert auch Nicos Poulantzas. Aber er geht in mehrfacher Hinsicht weiter als Adorno. Denn erstens existieren Poulantzas zufolge die gesellschaftlichen Klassen nicht als solche, um »anschließend in den Klassenkampf einzutreten, was die Annahme zuließe, es existierten Klassen ohne Klassenkampf. Die gesellschaftlichen Klassen umgreifen Klassenpraktiken, d. h. den Klassenkampf, und sind nur in ihrem Gegensatz fassbar.« (Poulantzas 1975, 14) Zweitens werden seinem Verständnis nach soziale Klassen immer durch ihre ökonomische, politische und ideologische Stellung in Relation zu anderen Klassen konstituiert. Drittens bestimmen die spezifischen Positionen der Klassen im Verhältnis zueinander jeweils die konkrete Konjunktur der Klassenkämpfe. Was Adorno als Integration der Arbeiterklasse begreift: stetige Lohnerhöhungen, wohlfahrtsstaatliche Soziallöhne, Konsumismus und damit einhergehend eine Veränderung des Verwertungsprozesses und eine »Neutralisierung« des Klassenkampfs, stellt sich für Poulantzas anders dar. Sein Argument ist, dass die ökonomischen Relationen der Klassen durch politische und ideologische Klassenkämpfe überdeterminiert sind, oder anders gesagt: Auch die ökonomische Bestimmung der Klassen ist einem Wandel unterworfen, der sich aus den Klassenkämpfen selbst ergibt. Klassenkämpfe werden demnach nicht »neutralisiert«, weiterhin gibt es die Praktiken des Klassenkampfs: die Organisation und Konzentration von Lohnabhängigen in Fabriken und Büros, die betriebliche Arbeitsteilung, die Überwachung durch Vorarbeiter und Werkschutz, die Kontrollen der Leistungsabgabe und die Disziplin von Arbeitsabläufen und Pausen, die Löhne und Arbeitszeiten, die Vertragsverhältnisse. Auch die Form dessen, was Adorno als Vergessen des Klassenbewusstseins begreift, ist aus Poulantzas' Sicht nur eine spezifische Konjunktur des Klassenkampfs – denn es gibt nicht zunächst eine Phase der klassenbewussten und kämpferischen Arbeiter und dann eine Phase, in der aufgrund einer konsumistischen Lebensweise alles vergessen wird, sondern historisch sehr spezifische Phasen. Die Klassen verändern sich ständig durch die Kämpfe, in denen sie sich bewegen. Klassenkampf ist eine Tendenz, also eine Gesetzmäßigkeit, die die Klassenindividuen zu unterschiedlichen Praktiken zwingt – auch Praktiken der Antizipation, um einen offenen Ausbruch der sozialen Auseinandersetzungen zu vermeiden oder sie stellvertretend durch andere Kräfte und in Begriffen führen zu lassen, die weitab des Begriffs der Klasse liegen. Dabei kann es zu langen historischen Phasen kommen, in denen die Kämpfe zu ruhen scheinen, in anderen Phasen können sie plötzlich zu offenen, militanten Konflikten ausbrechen.

Obwohl Poulantzas ein konstruktivistisches Verständnis von ›Klasse‹ hat, geht es ihm nicht darum, Klassenbewusstsein »herzustellen«, sondern die vielfach widersprüchlichen, inhomogenen Praktiken der Arbeiter*innen zu kennen und dazu beizutragen, dass sie sie (selbst-)kritisch und emanzipatorisch re-artikulieren: also ökonomische Praktiken ausgehend vom gesellschaftlichen Arbeitsvermögen, der Organisation des gesellschaftlichen Produktionsapparats und der Arbeitsteilung mit politischen Orientierungen und Prozessen sowie kulturellen Gewohnheiten, psychischen Mustern und rationalen Einsichten neu verknüpfen. Poulantzas teilt die Einschätzung von Gramsci, dass der Alltagsverstand der Lohnabhängigen, das Verhältnis von Fühlen und Denken bizarr zusammengesetzt ist. Gramsci zufolge sind Menschen jeweils ein Ensemble von Verhältnissen und haben Anteil an verschiedenen Konformismen. Die Auseinandersetzungen gehen deswegen darum, zu einer Neuzusammensetzung des Alltagsverstands beizutragen, so dass die Lohnabhängigen ihre eigenen Überzeugungen, ihre Erfahrungen und ihr Wissen zu einer kohärenten Einheit bringen können. Wie das im Einzelnen aussehen würde, lässt sich nicht vorschreiben, nur dem Prinzip nach lässt sich sagen, dass es um die Überwindung der Ausbeutung des Arbeitsvermögens von Menschen durch andere und die Möglichkeit geht, die Trennung von Kopf- und Handarbeit zu überwinden sowie dass Menschen rassifiziert und vergeschlechtlicht werden.

Die Überlegungen von Gramsci und Poulantzas sind folgenreich für das Verständnis der Klassen. Die Klassen ändern sich durch die von ihnen geführten Kämpfe; es gibt demnach keinen Wesenskern der Arbeiter*innenklasse, keine ein für alle Mal feststehende Identität – die Klasse wird in ihrer Zusammensetzung, in ihrer Identität, in ihren gewerkschaftlichen und politischen Organisationen und in ihren Ideologien ständig verändert. Die Bourgeoisie will nicht, dass es ein Proletariat gibt; sie bekämpft diejenigen, die behaupten, es gebe ›Klassen‹. Aber auch die Arbeiter*innen wollen nicht ›Klasse‹ sein, obwohl sie doch immer wieder in diese Form der Lebensweise hineingedrängt werden. Zu Kämpfen um die ›Klasse‹ gehören auch die zivilgesellschaftlich-intellektuellen, ideologischen Prozesse, in denen die Arbeiter*innen jeweils eine historisch dominante Identität ausbilden. An den Repräsentationen dieser Identität arbeitet eine Vielzahl von Intellektuellen mit, nicht nur, indem sie ein bestimmtes Bild von den Arbeitern erzeugen (durch Berichte und Analysen, durch Bilder, Filme, Literatur), sondern indem sie die Lebenslage dieser Arbeiter*innen in der Öffentlichkeit skandalisieren, über sie und mit ihnen sprechen und zu ihrer Organisation beitragen. Die bürgerlich gebildeten Intellektuellen, aber auch die Intellektuellen, die die Arbeiter*innen selbst hervorbringen, bilden insofern ein wichtiges katalytisches Moment in der sozialen Praxis der Herausbildung von immer neuen Formen der Klasse. Ich möchte das kurz historisch veranschaulichen.

In seiner großen Studie zur Entstehung der englischen Arbeiterklasse zeichnet E. P. Thomson eindrucksvoll und dennoch selektiv ein bestimmtes Bild der Arbeiterklasse. Er führt für die Zeit nach 1790 eine Vielzahl von Berufsgruppen an: Die größte Gruppe war die der Landarbeiter, gefolgt von den Dienstboten (1831 sind für Großbritannien 610 491 weibliche Dienstboten verzeichnet). Beide Gruppen spielen für das historische Verständnis der Arbeiterbewegung keine Rolle; das gilt auch für die ca. 350 000 Beschäftigten im Baugewerbe. Eher ist das Bild geprägt von Handwerkern, die sich in Lesegesellschaften vereinigen oder in Kaffeehäusern treffen, in denen sie lesen, diskutieren, schreiben und ein gemeinsames Verständnis der Situation entwickeln; die frühe Formen von Gewerkschaften bilden, um sich wechselseitig abzusichern; oder die sich für das Wahlrecht engagieren und revolutionäre Ziele verfolgen. Es handelt sich um Arbeiter im Schuhmacher- und Schneiderhandwerk mit insgesamt 210 000 männlichen Arbeitern, um Goldschläger, Drucker, Bäcker, Möbeltischler, Uhrmacher, Hutmacher, Gerber, Steinmetze, Schiffszimmerleute, Fellhändler, Drahtzieher, Seiler, Messinggießer. Der Lohn dieser Berufsgruppen war, wie Thompson festhält, weniger von der Nachfrage bestimmt als vielmehr von Brauch und Sozialprestige (vgl. Thompson 1987, 256). Einige von ihnen, wie Polsterer oder Schriftsetzer, erzielten hohe Einkommen, so dass sie an die Grenze der Privilegierten heranrückten und als niedere Aristokratie gesehen wurden. »Sowohl in London wie in den übrigen größeren Städten bildeten solche Leute den festen Kern einer Handwerkerkultur und politischen Bewegung in diesem Jahr [1825].« (260) Diese Handwerker erfuhren in jenen Jahren die Konkurrenz durch einen Überfluss von billigen Arbeitskräften, Unterbezahlung, Mehrarbeit und Arbeitslosigkeit, einen Verlust an Prestige und zudem die staatlichen Praktiken der Zerschlagung der Gewerkschaften, die dazu beitrugen, dass sie ihren Status nicht erhalten konnten (284). Phasen mit guten Einkommen in einigen Berufszweigen und Regionen wechselten sich mit solchen der Lohnsenkung und Unterbeschäftigung ab. Die Erinnerung an ihr ›goldenes Zeitalter‹ und der Statusverlust als qualifizierte Handwerker konnten zu Radikalismus und Aufruhr führen und Arbeiterführer hervorbringen (320).

Thompson spricht von Prozessen der »Selbsterziehung« der Arbeiterklasse (167). Aber der Prozess des »Making« der englischen Arbeiterklasse war seit den späten 1780er Jahren von einem intensiven Austausch- und Willensbildungsprozess mit mehreren Generationen von Intellektuellen begleitet, die kontinuierlich, wenn auch unterschiedlich intensiv über Jahrzehnte am Prozess der Formierung der Klasse mitwirkten. Um nur einige der Namen zu nennen: der in Arbeiterkreisen über Jahrzehnte viel gelesene Thomas Paine, John Thelwall, Francis Place, Thomas Hardy, Thomas Spence, Richard Carlile, William Cobbett, Robert Owen oder Thomas Hodgskin. Dabei handelte es sich zum einen um traditionelle Intellektuelle, die sich mit den Arbeitern verbanden – und das bedeutet vor allem auch: mit der zweiten Gruppe der aus der Arbeiter*innenklasse hervorgehenden organischen Intellektuellen, handwerklich qualifizierten Autodidakten, die für sich und in den (von der Regierung immer wieder verbotenen) Lese- und Korrespondenzgesellschaften Zeitschriften und Bücher, die hohe Auflagen von mehreren zehntausend Exemplaren erzielen konnten, lasen und diskutierten, sich bildeten, selbst schrieben. Diese Gruppe von Intellektuellen berichtete, analysierte, skandalisierte über Jahrzehnte hinweg die Lage der Arbeiterschaft, trat für ihre Rechte ein, engagierte sich praktisch in Agitation, Organisation, Protest; viele von ihnen argumentierten für eine Revolution und waren bereit, im Kampf für die Freiheitsrechte große persönliche Risiken einzugehen. Thompsons ausführliche Analysen des »Making« der englischen Arbeiterklasse rückt einige wenige handwerkliche Industriezweige in den Vordergrund, unterstützt also selbst ein bestimmtes Bild von »Arbeiterbewegung«. Er selbst weist darauf hin, dass über die ungelernten Arbeiter, die wandernden Gelegenheitsarbeiter und Tagelöhner (Straßenkehrer, Hafenarbeiter, Bauhilfsarbeiter, Fuhrleute) in den ersten Jahrzehnten des 19. Jahrhunderts wenig bekannt sei, »denn sie hatten keine Gewerkschaften, sie hatten selten Führer, die ihre Forderungen artikulieren konnten, und parlamentarische Komitees beschäftigten sich mit ihnen nur als Problem des Gesundheitswesens oder der Wohnverhältnisse« (287). Die Ambivalenz, die sich in der Untersuchung Thompsons findet, kann man auch in den Schriften und der Praxis von Marx und Engels beobachten. Liest man das *Kapital* von Marx oder Engels' frühe Schrift über die Lage der arbeitenden Klasse, dann bekommt man das Bild einer verelendeten Gruppe von Lohnabhängigen vermittelt, die durch Fabrikarbeit körperlich extrem ausgezehrt sind, einen sehr geringen Lohn und keine oder denkbar schlechte Schulbildung erhalten, unter unhygienischen Verhältnissen zu leben gezwungen sind und aus materiellen Gründen sich kaum in der Lage befinden, eine Familie zu bilden. Wenn Marx dann von den Parlamentsuntersuchungen zur Lage der Arbeiter*innen berichtet, wird deutlich, dass vor der Parlamentskommission Arbeiter auftreten, die ihrerseits eine Fachausbildung genossen haben, die gewohnt sind, öffentlich zu sprechen, und die offensichtlich auch höhere Löhne erzielen. Die Mitglieder des Bundes der Gerechten, des Bundes der Kommunisten oder der Internationalen Arbeiterassoziation sind eher gebildete Handwerker und entsprechen weitgehend nicht dem Bild, das Marx im *Kapital* vom englischen Proletariat zeichnet.

Eine neue Klassenpolitik

Die Klassen verändern sich dynamisch in ihren Kämpfen, die Arbeiter*innenklasse ist eine Tendenz: Unterwerfung unter die Lohnform. Aber Thompsons Analyse weist auf etwas Weiteres hin. In bestimmten historischen Konjunkturen schieben sich besondere Kategorien der Arbeiter*innen nach vorne und prägen mit den für sie bestimmenden Lebenslagen und Arbeitsprozessen, ihren Kampferfahrungen und ihrem Selbstverständnis, ihren Organisationsformen und ihren Intellektuellen besondere Vorstellungen von der Arbeiter*innenklasse. Sie bilden ein konkret Allgemeines der Klasse in all ihrer Vielfalt. Das »Making« vollzieht sich demnach nicht nur einmal, sondern immer wieder und auf je andere Weise. Offensichtlich handelt es sich um bestimmte Kategorien, die selbst sprechfähig sind, sich organisch mit traditionellen Intellektuellen verbinden können, sich zu organisieren vermögen und in der Organisation der Kämpfe führend werden. Die breite Varianz der Kategorien von Lohnabhängigen tritt demgegenüber zurück.

In den durch die fordistische Regulationsweise bestimmten kapitalistischen Zentren wie USA, Großbritannien, Deutschland, Italien oder Frankreich waren dies in den 1920er und dann vor allem seit den 1950er Jahren vielfach die Fabrikarbeiter, die ein bestimmtes Reproduktionsmuster von Arbeiterklasse zur Geltung gebracht und ein bestimmtes Bild geprägt haben: gewerkschaftlich organisiert, eher in Großbetrieben und in der Fließfertigung und häufig unter ihrem Qualifikationsniveau beschäftigt, noch lose mit einem sozialdemokratischen oder kommunistischen Milieu verbunden (vgl. Eribon 2016; Eiden-Offe 2018). Die Alltagskultur war eher konsumistisch und nicht in der Lage, die Tradition einer kämpferischen Arbeiterbewegung zu reproduzieren. Die Existenz der Arbeiterklasse in ihren Abhängigkeiten und stummen Kämpfen (gegen die Lohnarbeit, um Löhne, Arbeitszeiten, gegen Schikanen) kam in der öffentlichen Wahrnehmung wenig vor. Die

Organisationen der Arbeiterbewegung oder ihr nahestehende Intellektuelle wurden im ›Kalten Krieg‹ häufig als Instrumente der Sowjetunion betrachtet, so dass die innere Rationalität dieser Organisationen diskreditiert wurde, sie ihre Funktion als kollektive Intellektuelle aber auch von sich aus immer nur phasenweise und selektiv wahrnahmen, wenn sie von den kämpfenden Arbeiter*innen gedrängt wurden. Wenig beachtet war die vielfältige Realität der Lohnabhängigen, also die Bindung an die Größe der Betriebe und ihre Funktion in der Arbeitsteilung (Massenfertigung oder hochqualifizierte Tätigkeiten etwa im Maschinen- oder Anlagenbau), die Kampftraditionen der Belegschaften, die anderen Subsistenzpraktiken (z. B. Schwarzarbeit, Nebenerwerbstätigkeit in der Landwirtschaft), die Praktiken der Gewerkschaften oder der politischen Organisationen für das Selbstverständnis der Arbeiter*innen selbst. Die Bedeutung der Arbeitsmigrant*innen wurde lange Zeit nicht angemessen wahrgenommen, also die Tatsache, dass diese einen festen Bestandteil einer multinational zusammengesetzten Arbeiter*innenklasse darstellen. Auch die Arbeit von Frauen spielte (bis in die Selbstwahrnehmung und Wertschätzung der Klasse) eine geringe Rolle, also in besonderem Maße die von Frauen erbrachten Haus- und Sorgetätigkeiten, aber auch ihre formelle Erwerbs- und Schwarzarbeit, die beide wesentlich dazu beigetragen haben, dass sich die Arbeiterfamilien überhaupt langlebige Konsumgüter leisten oder eines oder mehrere ihrer Kinder in weiterführende Schulen und Hochschulen schicken konnten. Die Klasse selbst war ökonomisch, politisch und kulturell von der Bourgeoisie und dem Kleinbürgertum getrennt: durch die Einkommen, die Arbeit, durch die Zugehörigkeit zu Gewerkschaften und sozialdemokratischen bzw. kommunistischen Parteien. Von der Seite der Arbeiter gab es nicht die Bestrebung eines Aufstiegs, der Stolz bestand darin, Arbeiter zu sein, mit anderen Arbeitern in einem Milieu zusammenzuleben und sich in der Klasse auch familiär zu reproduzieren.

In den 1960er Jahren ist es offensichtlich zu einer tiefgreifenden Veränderung in der Reproduktion der Arbeiterklasse gekommen. Junge Arbeiter*innen wollten von sich aus erneut aus dem Klassenschicksal heraus. Dies geschah verbreitet durch Bildungsaufstieg, also den Besuch weiterführender Schulen und dann der Hochschulen. Didier Eribon schildert ausdrücklich seine Abneigungen, die er als Arbeiterkind gegenüber dem eigenen Klassenmilieu verspürte, und all seine Bemühungen, sich durch Bildung von seinem Herkunftsmilieu zu befreien, indem er die Demarkationslinie der Klassen überschritt und von einem Lager ins andere wechselte. Er habe das für sich entschieden und dabei kein schlechtes Gewissen gehabt, sondern ein Gefühl von Freiheit verspürt, das gelegentlich überschattet war von der Sorge, den epistemologischen Bruch mit seiner Klassenherkunft doch nicht tief genug durchgeführt zu haben. »Die Arbeiterkultur und ›Armutskultur‹, die mich belastete und von der ich fürchtete, sie könnte auch nach meiner überstürzten Flucht an mir haften. Ich musste den Teufel austreiben, der sich in mir eingenistet hatte, dafür sorgen, dass er meinen Körper verließ. Oder ihn unsichtbar machen, damit niemand seine Gegenwart spürte. Dies sollte sich für Jahre als eine Aufgabe erweisen, mit der ich in jedem einzelnen Moment meines Lebens beschäftigt war.« (Eribon 2016, 105) Eribon legt nahe, dass der Wunsch, aus der Arbeiterklasse auszubrechen, seine individuelle Initiative und sein Freiheitswille gewesen war. Das ist sicher der Fall. Aber darin steckt noch etwas anderes. Wie nebenbei gibt er nämlich zu verstehen, dass seine Bildungsbestrebung den Ausbildungs- und Bildungsehrgeiz seiner Mutter fortsetzte, die es nicht schaffte, sich vom statistischen Schicksal der Arbeiter*in zu befreien, und dann einen erheblichen Anteil ihres Einkommens in die Förderung des Sohnes investierte. »Sie sah in mir jemanden, der mit ihrer Hilfe eine Chance wahrnehmen konnte, die ihr selbst verwehrt geblieben war. Ihre enttäuschten Träume konnten sich durch mich verwirklichen.« (Eribon 2016, 75)

Ich schlage vor, diesen Aufstieg von Arbeiterkindern durch Bildung als einen Kampf zu begreifen, den die Arbeiter*innen geführt haben. Sie haben eine enorme Anstrengung unternommen und Opfer gebracht, um einen Teil der eigenen Kinder auf dem Weg über Schulen, Hochschulen, Gewerkschaften oder Parteien auf die Höhen der bürgerlichen Lebensverhältnisse zu bringen. Dieser Aufstieg durch die Rekrutierungsmuster der bürgerlichen Bildungsinstitutionen hatte nachhaltige Folgen für die Arbeiter*innenklasse selbst. 1) Zwischen der Elterngeneration und den avancierenden Kindern kam es zu Distanz: sprachlich, habituell, politisch, kulturell (ebd., 76). Die Arbeiter*innen waren misstrauisch, ob diejenigen, die in ihrem Namen die Proteste gegen die bürgerliche Klasse organisierten und die Revolution forderten, sie nicht mit einem weiteren Aufstieg vergessen und aufgeben würden. In einer von sozialer Scham vor der eigenen Herkunft bestimmten Abkehr konnte es zu einer klassenrassistischen Abwertung der Arbeiter*innen kommen (ebd., 19ff.). 2) Die Arbeiter verloren die nächste Generation derjenigen, die die Kampferfahrungen, das Wissen, den Wunsch nach radikaler Gesellschaftsveränderung hätten fortsetzen können. Eribon formuliert die innere Ambivalenz. Man blieb links und kritisch, man übernahm nicht die Werte der Bourgeoisie; man blieb durchaus dem Ziel einer Revolution durch die Arbeiterklasse verbunden. Aber es war eine idealisierte revolutionäre Arbeiterbewegung, während man gegenüber den Alltagspraktiken der konkreten Arbeiter abschätzig eingestellt war (ebd., 24). Es handelte sich um eine Konversion, die in den 1970er Jahren vielfach zu beobachten war: Linke, die wichtige Emanzipationspraktiken verfolgten (Kämpfe für einen entgeltfreien ÖPNV, gegen Immobilienspekulation, gegen fossile Energieträger, gegen Rassismus oder Neokolonialismus), die erfolgreich revolutionäre Betriebs- oder sozialistisch-kommunistische Parteipolitik verfolgten und die dann sehr schnell die Orientierung wechselten und die Kritik der Klasse und des Kapitalismus durch die der Industrie, der Atomenergie, des Wachstums ersetzten. Damit entstand ein tiefer Bruch zwischen den organischen Intellektuellen und Lohnarbeitenden, diese verloren in einem relevanten Maß das organisierende, intellektuelle Moment; die Gewerkschaften waren desorientiert und suchten sich Rat auch bei Neoliberalen und neoliberal Gewendeten. Die Sozialdemokratie wechselte von einer keynesianischen Politik wohlfahrtsstaatlicher Integration zu einer neoliberalen Politik der neuen Mitte. Die Linken entsorgten im Namen der Individualisierung den Begriff der Klasse: »Sie nahmen gegenüber der Welt nunmehr einen Regierungsstandpunkt ein und wiesen den Standpunkt der Regierten verächtlich von sich, und zwar mit einer verbalen Gewalt, die von den Betroffenen durchaus als solche erkannt wurde. In den christsozialen oder philanthropischen Ausprägungen dieses neokonservativen Diskurses ließ man sich bestenfalls dazu herab, diejenigen, die gestern noch ›unterdrückt‹ oder ›beherrscht‹ gewesen waren und politisch ›gekämpft‹ hatten, als ›Ausgeschlossene‹ darzustellen, als ›Opfer‹ von ›Armut, Prekarisierung und Ausgrenzung‹.« (ebd., 121) Sozialistische und kommunistische Projekte lösten sich vielfach auf. Womit die Arbeiterfamilien nicht gerechnet hatten, war gerade die Tatsache, dass die erfolgreich aufsteigenden Kinder sich auf den neuen sozialen Feldern, die sie erreichten, orientieren und bewähren und sich in eine auch durch ihre eigene Initiative verändernde gesellschaftliche Arbeitsteilung eingliedern mussten, die die Digitalisierung und Ökologisierung, die Bildung neuer Wissenspraktiken und einer neuen Alltagskultur vorantrieb und in Bereichen der Organisation, Kommunikation und Psychotechniken eine Vielzahl von neuen Berufen hervorbrachte: Kommunikationstraining, Organisations- und Personalentwicklung, Coaching, Marketing und Werbung, Beratung, Prognostik und Planung; der Gesundheit und des Körpers: Ernährungsberatung, Therapie, Meditation, Yoga, Tanz; der Technik: Computerbetreuung, Softwareentwicklung, Gestaltung von Websites, Entwicklung von Technologien für erneuerbare Energie, Biotechnik. Damit gingen soziale Prozesse einher: Urbanisierung, Yuppifizierung, Gentrifizierung.

Die Gymnasien und Hochschulen veränderten sich. Diese waren historisch höhere Bildungsanstalten für die bürgerliche Klasse. Frauen und Arbeiterkinder galten über lange Zeit als nicht fähig für eine Eliteausbildung. Doch seit den 1960er Jahren nahm die Zahl der Studierenden trotz aller bürgerlichen Widerstände deutlich zu. In den Hochschulen selbst kommt es zu einer sozialen und meritokratischen Verkennung: so als hinge der Studienerfolg von Leistungen ab. Klassenunterschiede werden erst einmal unsichtbar. Dies führt auch zur Verwirrung auf dem Heiratsmarkt. Viele der Studierenden konnten in den anderen Studierenden bürgerliche Kinder vermuten, obwohl mehr oder weniger alle Bildungsaufsteiger waren (eher mit Hintergrund im Kleinbürgertum als in der Arbeiter*innenklasse). Die Tatsache, dass mittlerweile mehr als die Hälfte eines Jahrgangs an den Hochschulen ausgebildet wird, wertet schulische Abschlusstitel insgesamt ab. Damit sinken die zu erwartenden Einkommen aus einer Hochschulausbildung. Ein großer Teil der Studierenden (ca. 70 %) muss zur Finanzierung des Studiums erwerbstätig sein. Dies bedeutet, dass viele von ihnen zeitweilig Teil einer neuen Arbeiter*innenklasse sind – und dies im Rahmen neuer Dienstleistungsarbeiten: Lernhilfe, Computerbetreuung, Call-Center, Click- und Cloudwork, Lieferdienste, NGO-Aktivitäten, Teamer-Tätigkeiten, Organizing. Neben die äußere Entwertung der Hochschulabschlüsse trat auch eine innere Transformation des Wissenschaftsprozesses, der nun weniger auf Bildung, auch nicht so sehr auf eine wissenschaftliche Berufsqualifikation, sondern auf Wettbewerblichkeit und Employability zielt. Der Bildungsaufstieg war verbunden mit einem Wissen, das kritisch und parteilich war: Marx und Marxismus, Kritische Theorie, Frauenbewegung. Doch mit dem Bildungserfolg und der Akademisierung setzte sich auch ein verändertes Verhältnis zum Wissen durch: eine abwägende Distanz und allenfalls eine Befürwortung eng begrenzter lokaler Parteilichkeiten, Akzeptanz systemischer Arbeitsteilungen und der damit einhergehenden Trennungen von Faktizität und Geltung, der Rückzug auf die Begründung formaler Universalismen. Gerade weil so viele Individuen von ›unten‹ in die Hochschulen gelangten, musste es darum gehen, durch Zuschnitt der Fachprofile, Modularisierung der Studiengänge, Berufungspolitik und Erhöhung des Verwaltungsaufwands die kritischen Lehrinhalte und Wissenstraditionen aus den Curricula zu verdrängen, die Möglichkeiten für kritische Bildungsprozesse zu unterbinden und die Forschungen den unternehmerischen Verwertungsimperativen zu unterwerfen (vgl. Demirović 2015).

Ein Teil der Wissenschaftler*innen wurde während der Ausbildung und dann in der Berufsausübung – also nicht durch eine proletarisierte Lebenslage, sondern durch die Funktion – Teil der komplex zusammengesetzten Arbeiter*innenklasse. Anders als der Bildungsaufstieg von Arbeiterkindern nahelegt, existiert eine industrielle Arbeiterklasse fort, die sich jedoch auch ihrerseits verändert durch Qualifikation, Arbeitsorganisation, Alltagskultur. Die Klassenstruktur verändert sich zudem durch Ausgründungen oder Auslagerungen von Arbeitsfunktionen an Solo- und Scheinselbständige oder andere Formen von atypischer Beschäftigung. Viele Tätigkeiten können (internetbasiert) im oder aus dem Homeoffice erbracht werden: Softwareentwicklung, Computerberatung, Einkauf, Verkauf, Marketing; Monteure und Handwerker arbeiten unternehmensnah, aber in eigener Verantwortung und auf eigene Rechnung; Serviceleistungen (Reinigung, Transport und Zulieferung, Catering) werden von Subunternehmen erbracht. Vorangetrieben von staatlicher Politik, konnte sich ein Niedriglohnsektor entwickeln, der in Deutschland etwa acht Millionen Menschen umfasst und viele in die Situation bringt, mehr als einen Job anzunehmen. Im Verhältnis zu den 1960er Jahren, der Hochphase der industriellen Arbeit in Deutschland, veränderte sich die Arbeitsteilung drastisch. Ein erheblicher Teil der industriellen Fertigung wurde seit den 1990er Jahren eingestellt (Werften, Eisen und Stahl) oder in die Billiglohnländer der europäischen Peripherie, nach China, Südostasien oder in die Amerikas verlagert (Computer, Autos, Textilien, Schuhe, Farben, pharmazeutische Produkte). In Deutschland nahm nicht zuletzt durch demografische Veränderungen der Pflegebereich personell an Gewicht zu und trägt zur Kapitalverwertung aufgrund von Privatisierungen in der Krankenversorgung oder der Altenpflege erheblich bei.

Zusätzlich verändern die Migrationsprozesse die Klassenstruktur und die Lebensgewohnheiten. Dies meint zunächst die Binnenmigration: Arbeiter*innen führen doppelte Haushalte, weil sie während der Arbeitswoche oder über mehrere Wochen hinweg weit entfernt von ihrem Wohnort leben. Von großer Bedeutung ist die Arbeitsmigration aus dem EU-Ausland, die Arbeitskräfte jeweils für mehrere Wochen oder Monate nach Deutschland kommen lässt (Lastwagenfahrer, Bau- oder Erntearbeiter*innen, Pflegekräfte, Arbeitskräfte in der Gastronomie oder Fleischindustrie). Es gibt weitere Kategorien wie diejenigen, die aus Osteuropa migrieren und eine deutsche Staatsbürgerschaft erhalten, oder diejenigen, die aus Drittstaaten wie der Türkei oder Staaten des früheren Jugoslawien einwandern, als sogenannte Gastarbeiter gesehen wurden, aber sich seit langem entscheiden, in Deutschland zu bleiben. Die Migrantengruppen bilden einen erheblichen Teil der Arbeiter*innenklasse, werden aber auch nach Jahrzehnten nicht wie selbstverständlich in diesem Sinn repräsentiert. Dies hat auch damit zu tun, dass die Arbeitsmigrant*innen kaum (noch) mit organischen Intellektuellen verbunden sind, die sozialistische oder kommunistische Praktiken artikulieren (auch in den Herkunftsländern wie Italien, Spanien sind linke Traditionen geschwächt worden, nationalistische oder rechtsreligiöse Ideologien bestimmen die migrantischen Zusammenhänge). In den migrantischen Arbeiter*innenhaushalten kommt es zu Aufstiegspraktiken (in die gewerbliche Selbständigkeit, durch Erwerb von Bildungstiteln), so dass es zu vergleichbaren Erfahrungen kommt wie in den verschiedenen Kategorien der einheimischen Arbeiter*innenklasse.

›Klasse‹ und Klassenpolitik sind kein Nostalgieprojekt, es geht nicht um die Rückbesinnung auf einen harten Kern einer gleichbleibend existierenden Arbeiterklasse, cis-männlich-weiß-autoverliebt. Die Klasse ist ein Prozess, sie ändert sich ständig und nimmt neue Formen an, in manchen Phasen erscheint es so, als gäbe es sie nicht, weil sie aus dem Koordinatensystem der herrschenden Tendenzen der bürgerlichen Gesellschaft herausfällt. Doch die Praktiken des Klassenkampfs bringen sie zurück. In der Summe der angedeuteten Prozesse setzt sich heute die Arbeiter*innenklasse neu zusammen: Sozial-räumlich wird sie durch die Politik der Unternehmen und der Staaten vielfach neu gegliedert, ihre Lebenslagen gehen weit auseinander, einige Kategorien sind hochqualifiziert bis hin zur akademischen Ausbildung (oftmals ohne entsprechende berufliche Funktionen und Einkommen), andere haben ihre Lebensgrundlage in modernsten technologischen und globalen Entwicklungen, wieder andere erfüllen die Funktion einfacher Handarbeit. Erhebliche Anteile der Arbeiter*innenklasse sind migrantisch und verstehen sich bislang nur partiell als der deutschen Gesellschaft und ihren Konfliktlinien zugehörig. Es kann jeweils mehrere Jahre dauern, bis sich dies ändert, und insofern erzeugen die fortgesetzten Migrationsprozesse ständig neue Ungleichzeitigkeiten (vgl. Demirović 2018).

Offensichtlich fehlen bislang die organischen Intellektuellen, die diese sehr heterogenen Praktiken miteinander verbinden. Patrick Eiden-Offe (2018, 28) hat, wie oben erwähnt, unter Bezug auf Marx daran erinnert, dass das Proletariat in der Zeit des Vormärz als »buntscheckig-heterogen« begriffen wurde, und schlägt vor, in der heutigen Situation diese Bedeutungsschicht des Begriffs wieder aufzunehmen. »Neue Klassenpolitik« stellt sich meines Erachtens gerade dieser Herausforderung (vgl. Candeias 2017): nachdem über Jahrzehnte hinweg die Arbeiter*innen sich selbst nicht oder nur unzulänglich repräsentieren konnten, dazu beizutragen, dass dies wieder möglich ist. Dabei geht es nicht um die Wiederherstellung eines überholten Proletkults, eines Kerns, einer Einheitlichkeit, sondern um das verbindende Bewusstsein, dass die Zumutung jener Identität – also ›Klasse‹ sein zu müssen und ein fremdbestimmtes Schicksal immer noch zu erfahren – ein Ende finden muss. Das Buntscheckige ist noch nicht, es muss erst freigesetzt werden. Dieses Ziel nennen wir Sozialismus, einen neuen Sozialismus.

Literatur

Adorno, Theodor W., 1968: Spätkapitalismus oder Industriegesellschaft?, in: ders., *Gesammelte Schriften*, Bd. 8, Frankfurt/M 1972

ders., u. Ursula Jaerisch, 1968: Anmerkungen zum sozialen Konflikt heute, in: ders., *Gesammelte Schriften*, Bd. 8, Frankfurt/M 1972

Althusser, Louis, 1977: Ideologie und ideologische Staatsapparate, in: ders., *Ideologie und ideologische Staatsapparate*, Hamburg

Atzmüller, Roland, 2019: *Krisenbearbeitung durch Subjektivierung. Kritische Theorie der Veränderung des Staates im Kontext humankapitalzentrierter Sozialpolitik*, Münster

Bourdieu, Pierre, 1982: *Die feinen Unterschiede*, Frankfurt/M

Candeias, Mario, 2017: Eine Frage der Klasse. Neue Klassenpolitik – ein verbindender Antagonismus, in: *LuXemburg Spezial: Neue Klassenpolitik*, Berlin

Demirović, Alex, 2015: *Wissenschaft oder Dummheit*, Hamburg

ders., 2018: Das Geschlechterverhältnis und der Kapitalismus. Plädoyer für ein klassenpolitisches Verständnis des multiplen Herrschaftszusammenhangs, in: K. Pühl u. B. Sauer (Hg.), *Kapitalismuskritische Gesellschaftsanalyse: queer-feministische Positionen*, Münster

ders., 2018a: Bevölkerung und Klassenpolitik. Gramscis hegemonietheoretische Annäherung an die Frage der Migration, in: *LuXemburg online*, www.zeitschrift-luxemburg.de/bevoelkerung-und-klassenpolitik-gramscis-hegemonietheoretische-annaeherung-an-die-frage-der-migration/

Eiden-Offe, Patrick, 2018: Der Prolet ist ein anderer. Klasse und Imaginäres heute, in: *Merkur*, H. 825

ders., 2019: Klasse und Identity Politics im Vormärz, in: *Geschichte der Gegenwart*, https://geschichtedergegenwart.ch/klasse-und-identity-politics-im-vormaerz-gespraech-mit-patrick-eiden-offe/

Eribon, Didier, 2016: *Rückkehr nach Reims*, Berlin

Foucault, Michel, 1982: Subjekt und Macht, in: ders.: *Dits et Écrits. Schriften*, Bd. 4, Frankfurt/M

Linden, Marcel van der, 2018: Wer sind die Arbeiter_innen?, in: T. Haubner u. T. Reitz (Hg.), *Marxismus und Soziologie*, Weinheim-Basel

Poulantzas, Nicos, 1975: *Klassen im Kapitalismus – heute*, Hamburg

ders., 1978: *Staatstheorie. Politischer Überbau, Ideologie, Sozialistische Demokratie*, Hamburg

Thien, Hans-Günter, 2018: *Die verlorene Klasse. ArbeiterInnen in Deutschland*, Münster (2. Aufl.)

Thompson, E. P., 1987: *Die Entstehung der englischen Arbeiterklasse*, 2 Bde., Frankfurt/M

7.6. Umkämpfte Globalisierung und soziale Klassen. 20 Thesen für eine demokratische Klassenpolitik

Klaus Dörre

These 1: Die Globalisierung hat die Komposition sozialer Ungleichheiten verändert. Weltweit nimmt die Ungleichheit innerhalb der Nationalstaaten und zwischen den Klassen seit drei Jahrzehnten wieder zu (Piketty 2014). In den frühindustrialisierten Ländern sind Klassengesellschaften neuen Typs entstanden, in denen Regime »multipler Ungleichheiten« (Dubet 2019) die Klassenverhältnisse verdecken und unkenntlich machen.

Während sich Ungleichheiten zwischen Nationalstaaten vor allem wegen des Aufholens großer Schwellenländer und insbesondere Chinas verringern, wächst die Einkommens- und Vermögensungleichheit *innerhalb* der Nationalstaaten oder verharrt auf hohem Niveau (Therborn 2012; Milanovic 2016; 2017). Es ist allerdings nicht ausgemacht, dass dieser Trend anhält, denn betrachtet man das prognostizierte Pro-Kopf-Wachstum, könnte der Abstand zwischen China und den alten Zentren künftig wieder größer werden. Zudem muss beachtet werden, dass sich nicht nur im globalen Süden, sondern auch in den alten Zentren (Sub-)Peripherien herausgebildet haben (z. B. Griechenland, europäischer Süden und Südosten). An der scharfen Ausprägung vertikaler, klassenspezifischer Ungleichheiten innerhalb der nationalen Gesellschaften ändert das jedoch nichts.

2018 besaßen ganze 0,8 Prozent der erwachsenen Weltbevölkerung 44,8 Prozent des Haushaltsgesamtvermögens, während 63,9 Prozent lediglich über einen Vermögensanteil von 1,9 Prozent verfügten (Credit Suisse 2018). Parallel zu erhöhten Einkommen aus Kapitalerträgen ist die durchschnittliche Lohnquote in den wichtigsten Industrieländern zwischen 1980 und 2013 nahezu kontinuierlich gesunken (IWF 2017). Die Lohnsteigerungen der nachfolgenden Jahre haben diese Schieflage nicht grundlegend korrigiert. Rasches Wachstum in großen und kleinen Schwellenländern, das dort Mittelklassen expandieren lässt, geht zulasten von Verlierergruppen in den OECD-Staaten. Hauptgewinner der Globalisierung sind Geldeliten, die auf allen Kontinenten, überwiegend aber noch immer in den alten kapitalistischen Zentren leben. 44 Prozent des Einkommenszuwachses, der zwischen 1988 und 2008 erzielt wurde, entfielen auf die reichsten fünf Prozent, nahezu ein Fünftel auf das reichste eine Prozent der erwachsenen Weltbevölkerung. Die aufstrebenden Mittelklassen in den Schwellenländern erhielten lediglich zwei bis vier Prozent der absoluten Zuwächse (Milanovic 2016; 2017).

Für die Verlierer, hauptsächlich die Industriearbeiterschaft und – allerdings nur mittelbar, weil zu erheblichen Teilen lokal gebunden – das wachsende Dienstleistungsproletariat der alten Zentren, entfällt damit zunehmend, was Branko Milanovic als »Ortsbonus« der Vermögensverteilung bezeichnet. Das Glück, in einem reichen Land geboren zu sein, schützt nicht mehr vor Einkommens- und Statusverlusten, sozialem Abstieg, Prekarität und sozialem Ausschluss. »Grobe« Klassenunterschiede prägen sich wieder stärker aus. Zugleich gewinnen neue Spaltungen und Ungleichheiten an Bedeutung, die sich teilweise *innerhalb* der direkt oder indirekt von Löhnen abhängigen Klassen bemerkbar machen. Selbst in Gesellschaften mit prosperierender Wirtschaft sind unsichere Arbeits- und Beschäftigungsverhältnisse zu einer »normalen Organisationsform« (Castel 2011, 136) des sozialen Lebens geworden.

In gewisser Weise vollzieht sich eine doppelte Exklusion. Am oberen Ende der sozialen Hierarchie expandiert eine – quantitativ gleichwohl winzige – soziale Gruppe von Superreichen, die sich verbindlicher Regeln, wie sie für große Mehrheiten in den nationalen Gesellschaften gelten, weitgehend entledigt hat. Am unteren Ende der Hierarchie entstehen und wachsen hingegen soziale Großgruppen, die auf völlig andere Weise aus der etablierten gesellschaftlichen Ordnung herausfallen. Diese Gruppen sind von regulärer Erwerbsarbeit, aber auch von elementaren sozialen und demokratischen Rechten ausgeschlossen. Aus der Perspektive der sogenannten Mehrheitsgesellschaften erscheinen sie wirtschaftlich schlicht »überflüssig«. In nahezu allen frühindustrialisierten Ländern umfassen diese Unterklassen etwa zehn bis 15 Prozent der nationalen Bevölkerungen (Mann 2014, 114f.). Eine umfassende soziologische Theorie, die in der Lage wäre, die verwirrende Vielfalt sozialer Spaltungen angemessen auf den Begriff zu bringen und klassenanalytisch zu verorten, existiert gegenwärtig nicht. Umso wichtiger ist es, an Klassentheorien und -analysen zu arbeiten, die diese Lücke schließen könnten.

These 2: *Im Unterschied zu Schichtungsmodellen benennen Klassentheorien Kausalmechanismen, die das »Glück der Starken« mit »der Not der Schwachen« verbinden (Boltanski/Chiapello 2003, 398). Ausbeutung im marxschen Sinne ist aber nur ein Kausalmechanismus unter mehreren anderen.*

Soziale Klassen sind große Menschengruppen, die sich durch ihre besondere Stellung im Produktions- und Reproduktionsprozess der Gesellschaft auszeichnen. Diese in der gesellschaftlichen Arbeitsteilung verankerten Gruppen sind hinsichtlich ihrer sozialen Verkehrskreise und ihrer Lebensführung relativ homogen. Sie existieren nur innerhalb prozessierender, sich geschichtlich entwickelnder Wechselbeziehungen, die je nach Konstellation eher friedlich oder konfliktreich gestaltet werden können. Sowohl in den Sozialwissenschaften als auch im politischen Diskurs kann Klasse im Sinne eines sozialen Ordnungsbegriffs, aber auch als herrschaftskritische Kategorie verwendet werden. Das größte Anregungspotenzial für eine herrschaftskritische Verwendung besitzt noch immer die marxsche Klassentheorie.

Karl Marx, dessen Klassenkonzept fragmentarisch blieb, übernahm von Vorläufertheorien die Verortung von Klassenverhältnissen in der sozioökonomischen Kernstruktur kapitalistischer Gesellschaften, die Kritik am Herrschaftscharakter der Klassenbeziehungen sowie das politische Ziel, Klassenherrschaft zu überwinden. Die eigentliche Besonderheit von Marx' Klassentheorie ergibt sich jedoch aus der Konstruktion eines Vermittlungsprinzips, das die gesellschaftlichen Hauptklassen unauflöslich aneinanderkettet. In der Aneignung von unbezahlter Mehrarbeit eigentumsloser Lohnabhängiger durch Privateigentümer, die über die Produktionsmittel verfügen, sieht Marx den zentralen Kausalmechanismus, auf den sich die Klassenbeziehungen kapitalistischer Gesellschaften gründen. Im Unterschied zu den Frühsozialist*innen begreift er Ausbeutung als Austauschbeziehung formal gleichgestellter Warenbesitzer. Die Aneignung unbezahlter Mehrarbeit ist demnach an der Oberfläche kein Akt der Übervorteilung, denn die Besitzer von Produktionsmitteln und Arbeitskraft treten sich in der Zirkulationssphäre mit ihren formalen Vertragsbeziehungen als gleichberechtigte Eigentümer gegenüber. Für sie gilt »Freiheit, Gleichheit, Eigentum und Bentham«[1] (MEW 23, 189).

Der kapitalistische Warentausch, auch der zwischen Kapitalisten und Lohnarbeitern, »schließt an und für sich keine andren Abhängigkeitsverhältnisse ein als die aus seiner eignen Natur entspringenden« (ebd., 182). Deshalb ist es sinnvoll, »den Austausch von Äquivalenten als Ausgangspunkt« für die Analyse spezifisch kapitalistischer Ausbeutung zu nutzen (180). Die Ausbeutung der von Löhnen abhängigen Klassen wird möglich, weil Lohnabhängige nicht für die von ihnen erzeugten Produkte, sondern für ihre Arbeitskraft bezahlt werden, die sie an die Besitzer von Produktionsmitteln verkaufen müssen. Da die Ware Arbeitskraft die besondere Eigenschaft besitzt, über ihre Reproduktionskosten hinaus wertbildend zu sein, die Löhne aber um die durchschnittlichen Reproduktionskosten der Arbeitskraft oszillieren, kann während der unbezahlten Arbeitszeit ein Mehrprodukt erzeugt werden. Dieses Mehrprodukt eignen sich die Kapitalbesitzer an, um es nach Abzug der Kosten, etwa für Maschinen, Rohstoffe, Gebäude, Grund und Boden, und abhängig vom Volumen des eigenen Konsums zumindest teilweise mit dem Ziel zu reinvestieren, im nächsten Pro-

---

1 Jeremy Bentham war ein englischer Jurist, Philosoph und Sozialreformer und gilt als Begründer des klassischen Utilitarismus. Er formulierte ein Prinzip des Nutzens, das besagt, dass all das gut ist, was »das größte Glück der größten Zahl« hervorbringt. Auf diesem Prinzip gründete sich später eine Marktgläubigkeit, die Marx spöttisch kritisierte.

duktionszyklus einen noch größeren Mehrwert zu schaffen, der dann erneut reinvestiert werden kann.

Eine zeitgemäße Klassentheorie muss – ungeachtet der bekannten Schwierigkeiten mit Marx' Werttheorie – von einer begrenzten Pluralität sozialstrukturell relevanter Kausalmechanismen ausgehen, die allerdings nicht in gleicher Weise und auch nicht in jedem Fall klassenkonstitutiv wirken. Zu diesen Mechanismen gehören neben der (1) vertraglich auf Äquivalententausch beruhenden Ausbeutung (Karl Marx), (2) sekundäre (bzw. Über-)Ausbeutung, die aus ungleichem Tausch, außerökonomischem Zwang und Dominanz resultiert (Nancy Fraser, Silvia Federici), (3) soziale Schließung (Max Weber, Theodor Geiger), (4) bürokratische Kontrollmacht (Erik Olin Wright), (5) Enteignung unter anderem von Gemeineigentum und öffentlichen Gütern (Rosa Luxemburg, David Harvey, Silvia Federici) sowie (6) Distinktion einschließlich bewusster Auf- und Abwertungen sozialer Gruppen (Pierre Bourdieu, Didier Eribon).

Konstitutiv im Sinne mobilisierbarer Klassen wirken im Kapitalismus nur jene Kausalmechanismen, die soziale Großgruppen vertikal zueinander in Beziehungen setzen. Kausalmechanismen, die auf der horizontalen Ebene angesiedelt sind, können Klassenfraktionen hervorbringen. Denkbar ist aber auch, dass sie im Sinne einer Innen-Außen-Dialektik wirksam werden, die gesellschaftliche Inklusions- und Exklusionsbereiche voneinander trennt. Distinktion, soziale Abwertung und Ausschluss wirken sowohl vertikal als auch horizontal. Sie stehen für das Phänomen demobilisierter Klassen, das heißt für einen Aggregatzustand subalterner Klassen, der von Konkurrenz und symbolischer Distinktion beherrscht wird.[2]

Die Wechselbeziehungen zwischen den verschiedenen Kausalmechanismen sind noch kaum erforscht. Gleiches gilt für die strategische Nutzung von Machtressourcen, die den Übergang zu mobilisierten Klassen begünstigt. Solche Leerstellen zu untersuchen, ist Anliegen des Projekts Klassenanalyse Jena (PKJ), das am Bereich Arbeits-, Industrie- und Wirtschaftssoziologie der FSU Jena angesiedelt ist und seitens der Rosa-Luxemburg-Stiftung gefördert wird. Grundsätzlich gilt: Alle genannten Kausalmechanismen sind in sämtlichen Spielarten des Kapitalismus ständig präsent. Ihre Gewichtung verschiebt sich jedoch in Abhängigkeit zur Akkumulationsdynamik, zu den gesellschaftlichen Kräfteverhältnissen, sozialen Kon-

---

2 Im *Elend der Philosophie* (MEW 4: 180f.) findet sich eine der wenigen Passagen, in der Marx die häufig benutzte Redewendung von der Klasse »an sich« und »für sich« ansatzweise formuliert. Weil diese Beschreibung geschichtsphilosophisch aufgeladen ist, erscheint es um ein Vielfaches produktiver, diese Formel durch die Unterscheidung zwischen mobilisierten und demobilisierten Klassen zu ersetzen. Demobilisiert sind Klassen, sofern sie nicht über angemessene aktive Repräsentationen von ökonomisch-sozialen und politischen Klasseninteressen verfügen und deshalb wechselseitige Konkurrenz, Distinktion und soziale Abwertung dominieren. Mobilisierte Klassen verfügen über angemessene Repräsentationen – sei es in Gestalt spontaner Bewegungen, sei es durch Organisationen wie Gewerkschaften, politische Parteien, Räte etc.

flikten und politischen Blockbildungen. Vereinfacht gesprochen gewinnen Kausalmechanismen wie Überausbeutung, Dominanz, Distinktion oder symbolische Auf- und Abwertung in dem Maße an Bedeutung, in dem eine Einhegung primärer, das heißt rationaler kapitalistischer Ausbeutung durch den Einsatz von Machtressourcen beherrschter Klassen und deren Institutionalisierung in sozialen und demokratischen Rechten der Subalternen misslingt oder wenn sie bewusst aufgebrochen wird. Die Etablierung und Expansion eines Niedriglohnsektors in Deutschland ist ein markantes Beispiel. Niedriglohnbeschäftigung bedeutet, an wohlfahrtsstaatlichen Standards gemessen, sekundäre (Über-)Ausbeutung, häufig gepaart mit außerökonomischer Disziplinierung von Frauen und Migrant*innen. Wichtig ist, dass Klassen, die auf Ausbeutung, aber auch auf der Mobilisierung von Gegenmacht zur Einschränkung oder Überwindung von Ausbeutung beruhen, etwas signifikant anderes sind als Klassen, die aus Klassifikationen, Distinktion und sozialer Abwertung entstehen. Beide Klassentypen können nebeneinander existieren und sich überlappen. Das heißt auch, dass – wie bereits Max Weber argumentiert hat – jede Person unterschiedlichen Klassen angehört.

Grundsätzlich gilt: Klassen*strukturen* können nach Marx nicht außerhalb von Klassen*verhältnissen* existieren, die sich in ständiger Bewegung und Veränderung befinden (Thien 2019). Sicherlich lassen sich rein statistisch große Lohnarbeiterklassen abbilden. Doch wenn sich gemeinsame soziale Verkehrskreise und Praxen solch statistischer Einheiten nicht nachweisen lassen, bleiben sie Klassen auf dem Papier. Sie sind dann Klassen nur insofern, wie auch die französischen Parzellbauern zu Zeiten Louis Bonapartes III. eine Klasse darstellten:

> »So wird die große Masse der Nation gebildet durch einfache Addition gleichnamiger Größen, wie etwa ein Sack von Kartoffeln einen Kartoffelsack bildet: Insofern Millionen von Familien unter ökonomischen Existenzbedingungen leben, die ihre Lebensweise, ihre Interessen und ihre Bildung von denen anderer Klassen trennen, und ihnen feindlich gegenüberstellen, bilden sie eine Klasse. Insofern ein nur lokaler Zusammenhang unter den Parzellbauern besteht, die Dieselbigkeit ihrer Interessen keine Gemeinsamkeit, keine nationale Verbindung und keine politische Organisation unter ihnen erzeugt, bilden sie keine Klasse. Sind sie daher unfähig, ihre Klasseninteressen im eigenen Namen […] geltend zu machen.« (MEW 8, 198)

These 3: *Zu den vergessenen Stärken der marxschen Klassentheorie gehört, dass sie mit Klassenhandeln zugleich gesellschaftlichen Wandel erklären will und erklären kann. Konflikte zwischen Kapital und Arbeit, die um die Verfügung über und die Verteilung des Mehrprodukts geführt werden, sind in kapitalistischen Gesellschaften noch immer eine strukturprägende Achse gesellschaftlicher Auseinandersetzungen.*

Vor mehr als einem halben Jahrhundert hat Ralf Dahrendorf diese Stärke von Marx' Klassentheorie präzise benannt:

> »Es geht mir um eine Sache: um den bemerkenswerten Tatbestand nämlich, dass soziale Strukturen zum Unterschied von den meisten anderen Strukturen aus sich selbst die Elemente ihrer Überwindung, ihres Wandels zu erzeugen vermögen. [...] Zumindest ein bedeutender Soziologe, Karl Marx, hat den Begriff der Klassen im hier angedeuteten Sinne verwendet [...]. Schicht ist ein deskriptiver Ordnungsbegriff. Der Begriff der ›Klasse‹ dagegen eine analytische Kategorie, die nur im Zusammenhang einer Klassentheorie sinnvoll sein kann. ›Klassen‹ sind aus bestimmten Strukturbedingungen hervorgegangene Interessengruppierungen, die als solche in soziale Konflikte eingreifen und zum Wandel sozialer Strukturen beitragen.« (Dahrendorf 1957, VIII f.)

Dahrendorfs Grundgedanke ist für eine zeitgemäße Klassentheorie noch immer unverzichtbar. Für eine bloße Beschreibung sozialer Ungleichheiten wird der Klassenbegriff nicht benötigt. Wenn es darum geht, vertikale Ungleichheiten möglichst genau abzubilden, sind Schichtmodelle oder Milieustudien wahrscheinlich leistungsfähiger als eine an Marx angelehnte Klassentheorie. Kritische Klassenkonzeptionen kommen jedoch nicht umhin, jene Herrschaftsmechanismen aufzudecken, die mit den Klassenverhältnissen in modernen kapitalistischen Gesellschaften eng verkoppelt sind. Ihr Anliegen ist die Überwindung, zumindest die Einhegung und Begrenzung von Ausbeutung und Klassenherrschaft. Deshalb können sie auf die Frage nach sozialen Kräften, die Interessen beherrschter Klassen repräsentieren und entsprechende Transformationen anstreben, nicht verzichten.

Um analytisch verwendbar zu sein, muss die Kategorie des Klassenhandelns jedoch von geschichtsphilosophischer Auflagung entlastet werden. Klassen, so Göran Therborn, »sind keine einheitlichen Handlungssubjekte«, und sie müssen auch nicht als solche angesehen werden, »um von Klassenhandeln sprechen zu können« (1987, 143). Stattdessen gilt: »Klassenhandeln ist nicht mehr und nicht weniger als das Handeln von Individuen und Gruppen, Netzwerken und formalen Organisationen einer Klasse zur Verteidigung und Verbesserung von Klassenpositionen (und den damit einhergehenden sozialen Bedingungen). ›Klasse‹ ist ein analytischer Begriff und sollte als solcher betrachtet werden, und nicht als eine Truppe, die man durch die Straßen marschieren sehen kann.« (Ebd.)

Nur in relativ seltenen Fällen eignet sich Klasse als ein politischer Mobilisierungsbegriff. Klassenpolitik bedeutet unter heutigen Bedingungen vor allem, Projekte zu definieren, denen sich Klasseninteressen der von Löhnen Abhängigen im öffentlichen Raum zuordnen lassen können.

These 4: *Entscheidend für den Übergang von demobilisierten zu mobilisierten Klassen ist die Verfügung über und die Nutzung von Machtressourcen zum Erhalt oder zur Verbesserung der jeweiligen Klassenposition.*

Macht bezeichnet »jede Chance, innerhalb einer sozialen Beziehung den eigenen Willen auch gegen Widerstreben durchzusetzen« (Weber [1921], 28). Analytisch muss zwischen – primär, aber nicht ausschließlich ökonomischer – (1) Kapitalmacht, (2) staatlicher Macht und (3) den Machtquellen subalterner Klassen unterschieden werden.

(1) Kapitalmacht beruht auf der Stellung kapitalistischer Unternehmen am Markt (strukturelle Macht), auf der organisierten Wahrnehmung von unternehmensübergreifenden Interessen durch Wirtschaftsverbände (Organisationsmacht), auf der Interessenwahrnehmung in Zwangskörperschaften und korporativen Gremien (institutionelle Macht) sowie auf der Umwandlung von ökonomischer in politisch wirksame Lobbymacht (gesellschaftliche Macht).

(2) Staatliche Macht resultiert unter anderem aus der Ausübung des Gewaltmonopols, aus der Verfügung über Polizei und Militär, aus der Fähigkeit zum Erlassen und zur Sanktionierung von Gesetzen und Regelwerken, aber auch aus der Möglichkeit, Sozialeigentum zu gewähren oder zu beschneiden und kollektive Willensbildung zu beeinflussen.

(3) Die Macht der Lohnabhängigen ist demgegenüber ihrem Ursprung nach eine heterodoxe Machtform (Silver 2005, 38), die sich in Relation zu den Machtressourcen dominanter kapitalistischer Akteure (Unternehmen, Wirtschaftsverbände, Staat) entfaltet. Ihre Anwendung setzt ein gemeinsames Interesse von Lohnabhängigen voraus, um Asymmetrien in den Austauschbeziehungen zwischen Kapital und Arbeit mittels kollektiver Erschließung besonderer Machtressourcen zumindest zu korrigieren: *Strukturelle Macht* von Lohnabhängigen erwächst aus einer besonderen Positionierung am Arbeitsmarkt oder im Produktionsprozess. *Labour unrest*, sprich: Absentismus, Bummelei, Sabotage, spontane Aktionen bis hin zu situativen Empörungen, Revolten und Aufständen stellen Varianten struktureller Macht dar, die auch Gruppen ohne Spezialqualifikationen oder besondere Positionierung in Produktionsprozessen ausüben können (Silver 2005, 11 u. 44ff.). Von diesen Ressourcen unterscheidet sich *Organisationsmacht*, die aus dem Zusammenschluss zu Gewerkschaften, Genossenschaften oder politischen Parteien entsteht. Sie erschöpft sich nicht in Organisationsgraden, sondern setzt Konfliktbereitschaft, Mobilisierungsfähigkeit und die innere Bindung ihrer Mitglieder voraus. Anders als strukturelle Macht, die häufig spontan genutzt wird, ist Organisationsmacht auf eine bewusste, teilweise strategisch geplante Erschließung durch kollektive Akteure angewiesen. *Institutionelle Macht* fixiert und normiert Resultate von Aushandlungen oder Konflikten. Sie präformiert Handlungsstrategien von Betriebs-

räten, Gewerkschaften, Kapitalverbänden und politischen Akteuren, die auch dann noch als wahrscheinlich, naheliegend und verbindlich gelten, wenn sich gesellschaftliche Kräfteverhältnisse gravierend verändert haben.

Gewerkschaften und politische Akteure können institutionelle Ressourcen, die ihnen das Arbeitsrecht, die Mitbestimmung oder der Tarifvertrag bieten, selbst in Zeiten rückläufiger Organisationsmacht nutzen. Selbiges setzt voraus, dass die Organisationen der Lohnabhängigen trotz nachlassender Bindefähigkeit seitens der dominanten kapitalistischen Akteure weiterhin als authentische Repräsentanten kollektiver Arbeitsinteressen akzeptiert werden. Ob Lohnabhängigenmacht öffentlich anerkannt wird, hängt wesentlich von der Erschließung einer vierten Machtquelle ab, die in der Literatur wahlweise als *assoziierte* (Dörre u. a. 2009, 57), *kommunikative* (vgl. Urban 2010; Gerst u. a. 2011, 141–44) oder *gesellschaftliche Macht* (Arbeitskreis Strategic Unionism 2013, 359–63) bezeichnet wird. Während die Kategorie der assoziierten Macht vor allem auf die Bündnisfähigkeit von Gewerkschaften und Lohnabhängigenorganisationen zielt, thematisiert kommunikative Macht die Diskursfähigkeit und den Kampf um kulturelle Hegemonie. Die Kategorie der gesellschaftlichen Macht sucht beiden Funktionen Rechnung zu tragen.

Zu überlegen ist, ob *Reproduktionsmacht* als eigene Machtquelle zu behandeln ist. Reproduktionsmacht erwächst aus den Besonderheiten von Sorgearbeiten, die teilweise informell und häufig in Haushalten, halb(-staatlichen) oder Non-Profit-Organisationen ausgeübt werden. Ein Charakteristikum auch von professionell ausgeübten Sorgearbeiten, die am Wohlbefinden anderer Menschen orientiert sind, ist, dass sie ein nicht genau quantifizierbares Maß an Zeit und emotionaler Zuwendung benötigen. Die Gestaltung zwischenmenschlicher Beziehungen und der damit verbundenen Abhängigkeiten ist unmittelbar Teil der Sorgeleistungen (vgl. Aulenbacher u. a. 2014). Diese Besonderheit prägt die Bedingungen, die für die Entstehung kollektiver Reproduktionsmacht ausschlaggebend sind.

Unabhängig davon gilt: Die Macht der Lohnabhängigen ist eine, aber nicht die einzige Form heterodoxer Macht, die sich subalterne Klassenfraktionen zunutze machen können. Bewegungen beherrschter Arbeiterklassen, so lässt sich auf der Suche nach Kriterien für eine analytische Heuristik zuspitzen, brechen bevorzugt an Ausbeutung, oder schwächer: am Kampf um das gesellschaftlich erzeugte Mehrprodukt aus. Sie richten sich gegen eine klar identifizierbare gegnerische Klasse, zielen vornehmlich auf Gleichheit oder Gleichwertigkeit und beruhen auf der Nutzung verschiedener Quellen von Lohnarbeitsmacht.

Bewegungen polanyischen Typs zeichnen sich durch andere Charakteristika aus. Diese Bewegungen setzen nicht an Klassen und Ausbeutung im

Arbeitsprozess an, sondern an den gesellschaftszerstörenden Konsequenzen deregulierter Märkte. Folgt man Beverly Silver, so richten sich Bewegungen polanyischen Typs gegen eine expansive Marktmacht, die den Akteuren diffus und abstrakt erscheint. Diese Macht lässt sich selten eindeutig zuordnen und die Kritik an ihr kann in unterschiedliche Richtungen politisiert werden. Möglich ist, dass marktkritische Bewegungen reaktiv-nationalistische oder gar faschistische Züge annehmen. Im Unterschied zu den Implikationen des marxschen Klassenuniversalismus, der unterstellte, die »Exploitation des Weltmarktes« werde »die Produktion und Konsumtion aller Länder kosmopolitisch« gestalten (MEW 4, 466), muss nach Polanyi stets mit dem Gegenteil gerechnet werden. Nivellierende Marktmacht kann eine »endemische Tendenz« unter Lohnabhängigen bestärken, »klassenunspezifische Grenzen abzustecken, auf deren Basis sie [die Lohnabhängigen, KD] beanspruchen können, vor dem Mahlstrom [des Marktes, KD] geschützt zu werden« (Silver 2005, 41).

In operationalisierbare Kriterien übersetzt, brechen Bewegungen polanyischen Typs bevorzugt an Unsicherheit, Entfremdung und Missachtung auf, ihr Gegnerbezug bleibt diffus. Sie klagen Schutz nicht nur vor sozialer Unsicherheit, sondern auch vor Gefährdungen der *öffentlichen Sicherheit* ein (Castel 2005). Dabei ist der Nationalstaat ihr Hauptadressat. Die Wirksamkeit dieser Bewegungen beruht wesentlich auf der Fähigkeit zu gesellschaftlicher Polarisierung und der Ausübung von Blockademacht in politischen Entscheidungsprozessen. Zu den Machtressourcen polanyischer Bewegungen gehört mitunter die Bereitschaft zur Ausübung von Gewalt, die sich sowohl gegen staatliche Institutionen als auch gegen Konkurrenten und Andersdenkende richten kann. In der sozialen Realität sind die Grenzen zwischen Bewegungen des marxschen und Bewegungen des polanyischen Typus allerdings fließend (vgl. Dörre 2019).

These 5: *Aus der Perspektive einer Theorie kapitalistischer Landnahmen gibt es stets ein Innen und ein Außen kapitalistischer Klassenverhältnisse. Für die Abhängigkeit kapitalistischer Klassenverhältnisse von einem nichtkapitalistischen Anderen liefert die »zweite Produktionsweise« (Silvia Federici, Frigga Haug), in der bezahlte wie unbezahlte Sorgearbeiten die Arbeitskraft überhaupt erst herstellen, ein markantes Beispiel.* [...]

These 6: *In Deutschland wie auch in anderen kapitalistischen Zentren haben sich demobilisierte Klassengesellschaften herausgebildet. Einerseits prägen sich klassenspezifische Ungleichheiten stärker aus, andererseits verlieren Bewegungen und Organisationen, die dem Klassenkampf von oben durch Mobilisierung eigener Machtressourcen etwas entgegensetzen könnten, seit Langem an Einfluss.*

Obwohl die Bundesrepublik sowohl bei Einkommen und Vermögen als auch beim Wohnen, der Gesundheit, Bildung und sozialer Distinktion zu einer der ungleichsten Gesellschaften Europas und der OECD-Welt geworden ist (Kaelble 2017, 176; Alvaredo u. a. 2018, 155–61), sind Gewerkschaften und politische Akteure, die an der Konfliktachse von Kapital und Arbeit agieren, so schwach wie nie zuvor in der Nachkriegsgeschichte. Diese Konstellation kann als Tendenz zu einer demobilisierten Klassengesellschaft bezeichnet werden (Dörre 2018). Damit ist auch gemeint, dass die sozialen Kämpfe und Konflikte auf der Klassenachse, die es nach wie vor und hierzulande gar in steigendem Maße gibt (Schmalz/Schneidemesser 2019), im politischen Raum und auch innerhalb der politischen Linken überwiegend nur auf geringe Resonanz stoßen. Hinzu kommt ein Trend zur Desorganisation der Arbeitsbeziehungen.

Obwohl die Erwerbstätigkeit in Deutschland ein Rekordniveau erreicht hat, liegt der gewerkschaftliche Organisationsgrad nur noch bei etwa 18 Prozent der abhängig Erwerbstätigen. Die Regulierung von Löhnen und Arbeitsstandards findet zunehmend in zwei Welten statt: In der schrumpfenden ersten Welt existieren noch immer Flächentarife und Mitbestimmung. Das ist in der expandierenden zweiten Welt so nicht mehr der Fall. In dieser Welt des Outsourcings, der schlecht bezahlten Dienstleistungsjobs und der abgewerteten »Frauenarbeit« dominieren, sofern überhaupt vorhanden, betriebliche oder unternehmensspezifische Regelungen. Es ist die Welt der unsicheren Beschäftigung, der niedrigen Löhne und fehlenden sozialen Wertschätzung, die – gemessen an wohlfahrtsstaatlichen Standards, sozialen Rechten und realen Partizipationsmöglichkeiten – zu einem Außen, einem expandierenden gesellschaftlichen Exklusionsbereich geworden ist.

Erodierende Sozialsysteme, geschwächte Gewerkschaften und die Marktmacht großer Konzerne haben gemeinsam mit dem technologischen Wandel dafür gesorgt, dass die Lohnquote seit den 1980er Jahren in allen OECD-Ländern bis in die jüngste Vergangenheit kontinuierlich gesunken ist. Auch wenn sich dieser Trend seit 2013 wieder leicht umgekehrt hat, sind wir doch weit vom Ausgangsniveau der 1980er Jahre entfernt. Das ist Ausdruck eines erfolgreichen Klassenkampfs von oben, der dazu geführt hat, dass klassenspezifische Ungleichheiten ein Ausmaß angenommen haben, das sie nach Auffassung liberaler Ökonomen zur Wachstumsbremse werden lässt. Anders formuliert: Weil die politische Ökonomie der Arbeit extrem geschwächt ist, können nicht einmal systemstabilisierende Umverteilungsmaßnahmen realisiert werden. Sind die Wachstumsraten niedrig und bleibt Umverteilung von oben nach unten aus, wirkt der pikettysche Kausalmechanismus r (= Vermögensrendite) » g (= Wirtschaftswachstum) im Sinne eines Ungleichheitsverstärkers. Da die Wachstumseinbußen nur zeitverzögert auf die Renditen durchschlagen, nimmt die Vermögenskonzentration weiter zu, das heißt, dass sich klassenspezifische Ungleichheiten weiter ausprägen, die Marktmacht der Vermögenden wächst und sich die Wahrscheinlichkeit, diese in politische Lobbymacht zu transformieren, deutlich erhöht.

These 7: *Demobilisierte Klassengesellschaften beruhen auf einem dualistischen, präziser: einem national-transnationalen Modus der Klassenbildung, der die finanzkapitalistischen Eliten begünstigt. Während die finanzkapitalistischen Fraktionen der herrschenden Klassen trotz nationaler Rekrutierungsmuster grenzüberschreitend agieren, vollzieht sich Klassenbildung auf der Achse einer politischen Ökonomie der Arbeit noch immer vorwiegend in der nationalstaatlichen Arena.* […]

These 8: *Besonders im deutschsprachigen Raum verstellt der Mythos »Mitte« (Kadritzke 2017) den Blick für reale Veränderungen in den Klassenbeziehungen und soziale Polarisierungen. Deshalb ist es sinnvoll, den Begriff der Mittelklassen enger zu fassen, als dies gegenwärtig in kulturalistischen Klassenanalysen geschieht.* […]

These 9: *Die Vorstellung einer großen, wenngleich intern fraktionierten und fragmentierten Klasse aller Lohnabhängigen lässt sich auch in den kapitalistischen Zentren analytisch nicht aufrechterhalten. Eine Anerkennung der Pluralität von Ausbeutungsformen und Spaltungen impliziert, dass mehrere Klassen von (Lohn-)Arbeiter*innen existieren.* […]

These 10: *Innerhalb der veränderten Klassenstruktur stellt die Marginalisierung von Industrie- und Produktionsarbeiter*innen eine – gewichtige – Sonderproblematik dar. Vieles spricht dafür, dass der Begriff der Arbeiterin bzw. des Arbeiters neu definiert werden muss.* […]

These 11: *Wenn eine große Klasse aller Lohnabhängigen als strukturiertes und zugleich strukturierendes Kollektiv nicht mehr existiert, kann »Einheit« nur noch als temporärer, politisch immer wieder neu hergestellter sozialer Block der Lohnabhängigkeit gedacht werden.*

Die Vorstellung einer großen, allumfassenden Lohnarbeitsklasse erzeugt beständig das Problem, dass begründet werden muss, weshalb deren Fraktionen nicht auf der Höhe ihrer Arbeitstätigkeit agieren, gewerkschaftliche Organisierung verweigern, in ihren männlichen Teilen in überdurchschnittlichem Maß für konservative oder gar rechtspopulistische Parteien votieren und andere Handlungsstrategien für realitätstauglicher halten als eine Beteiligung am organisierten Klassenkampf. Daher lässt sich »Einheit« mit dem Konzept eines sozialen Blocks lohnabhängiger Klassen besser analysieren als mit einer statistischen Klasse, die allenfalls auf dem Papier und in Zahlen existiert. Der Zusammenhalt eines solchen Blocks kann mit Antonio

Gramsci nur politisch gedacht werden. Sie muss über hegemoniefähige Projekte und unter Berücksichtigung von realen Interessenunterschieden immer wieder neu hergestellt werden.

Was auf den ersten Blick spitzfindig erscheinen mag, besitzt praktische Relevanz. So reicht es beispielsweise nicht aus, rückläufigen Einfluss der politischen Linken in der gewerkschaftlich organisierten Industriearbeiterschaft mit dem Hinweis relativieren zu wollen, dass der Zustrom an neuen Mitgliedern bei Linkspartei oder SPD ohnehin aus den urbanen, akademisch gebildeten Milieus stamme. Ebenso wenig kann Einflussverlust in der Industriearbeiterschaft durch Geländegewinne im Dienstleistungssektor kompensiert werden. Gibt man zum Beispiel spezifische Klassenlagen von Industrie- und Produktionsarbeiter*innen politisch preis, sind linke Hegemonie und Mehrheitsfähigkeit ausgeschlossen. Gleiches gilt selbstverständlich auch, wenn sich linke Politik auf die verbliebene und zudem schrumpfende Industriearbeiterschaft beschränkt.

These 12: *Auch in demobilisierten Klassengesellschaften wird unablässig gekämpft. Auf dezentraler, betrieblicher Ebene werden Konflikte ungleich härter ausgetragen als in früheren Zeiten. Das ändert jedoch nichts daran, dass die organisierten Arbeitsbeziehungen erodieren und Klassenkonflikte im politischen Raum keine angemessene Repräsentation finden.*

[...] Branchenbezogene *Tarifkonflikte* machen noch immer das Normalgeschäft von Arbeitgeberverbänden und Gewerkschaften aus. Sie finden, wie die Warnstreiks der IG Metall (Metall- und Elektroindustrie, MuE), überwiegend in der Welt gesicherter tariflicher Regelungen statt und mobilisieren noch immer die Mehrzahl der Streikenden. Im Übergang zum Feld staatszentrierter Konflikte zeichnen sich bei flächenbezogenen Regelungen indes neue Dynamiken ab. Der Arbeitskampf in den Sozial- und Erziehungsdiensten (SuE) wurde als Auseinandersetzung um die Aufwertung einer ganzen Berufsgruppe und den Stellenwert von Reproduktionsarbeit geführt. Deshalb hatte er eine implizit politische Dimension. Seitens der zuständigen Gewerkschaften von langer Hand vorbereitet, nahm der Arbeitskampf in manchen Regionen den Charakter einer sozialen Bewegung an. Im Streikverlauf wechselte die Schrittmacherrolle von ver.di und der Gewerkschaft Erziehung und Wissenschaft (GEW) zu den Belegschaften. Mit den Streikdelegierten verfügten die Erzieher*innen über eine eigene Repräsentation, die dafür sorgte, dass der Schlichtungsvorschlag in einer Befragung mit großer Mehrheit abgelehnt wurde. Ohne unmittelbar ökonomischen Druck auf die Arbeitgeber ausüben zu können, konnte die Verweigerung einer Dienstleistung politisch nur wirken, weil sich Eltern und öffentliche Meinung teilweise mit den Streikenden verbündeten. Obwohl als Erzwingungsstreik angelegt, besaß der Arbeitskampf demonstrative Funktion und wurde bewusst zur Rekrutierung neuer Mitglieder genutzt.

In *staatszentrierten Konflikten* werden öffentliche Arbeitgeber als Beschäftiger, Tarif- und Konfliktpartei aktiv. Wie beim Streik der Gewerkschaft Deutscher Lokomotivführer (GDL) kann der Staat aber auch in einer regelsetzenden Funktion zum Schrittmacher in Arbeitskonflikten werden. So hat die GDL einen impliziten politischen Streik um die Koalitionsfreiheit und das Tarifeinheitsgesetz geführt. Mobilisierungsfähig war sie aber nur, weil sie mit den Forderungen nach Lohnerhöhungen, Arbeitszeitverkürzung und qualitativen Verbesserungen (Pausen) wichtige Beschäftigteninteressen aufgriff. Ökonomischen Druck konnte die GDL ausüben, weil sie den Kampf um die öffentliche Meinung führte und dafür kommunikative Machtressourcen nutzte.

Betriebszentrierte Konflikte entstehen, wo strategische Entscheidungen in Konzernen die tariflichen Standards beeinflussen (Post) oder wo es darum geht, die Gewerkschaft überhaupt als anerkannte Tarifpartei zu etablieren (Amazon). Im ersten Fall war das Unternehmen der Schrittmacher. Mit der Ausgründung des Paketzustellers DHL Delivery GmbH zielte die Deutsche Post AG darauf, bestehende tarifliche Regelungen zu unterlaufen, um im neuen Unternehmen deutlich kostengünstiger beschäftigen zu können. Um Einfluss auf die Ausgründungsentscheidung des Konzerns nehmen zu können und streikfähig zu sein, musste sich ver.di damit behelfen, die Arbeitszeitvereinbarung des Manteltarifs zu kündigen. Das Unternehmen führte die Auseinandersetzung offensiv und mit Managementmethoden, wie sie in früheren Zeiten nur von US-Konzernen bekannt waren. Die Gewerkschaft erreichte zwar eine Besitzstandswahrung für die Stammbelegschaft, doch die Ausgründung wurde nicht zurückgenommen. Insofern wirft der Arbeitskampf die Frage auf, wie Gewerkschaften auf strategische Unternehmensentscheidungen einwirken können, die eine Fragmentierung der Arbeitsbeziehungen forcieren. Auch in diesem Fall besaß die Ausübung ökonomischen Drucks auf das Unternehmen eine versteckte politische Dimension. Die Deutsche Post AG muss mit Anbietern konkurrieren, in denen Gewerkschaften allenfalls schwach repräsentiert sind und die deshalb mit deutlich niedrigeren Lohn- und Arbeitsstandards agieren können. Mit der Privatisierung der Post hat der Staat die Voraussetzungen für einen solchen Dienstleistungsmarkt überhaupt erst geschaffen.

An der Grenzlinie zwischen der ersten und der zweiten Welt tariflicher Regulation werden betriebs- oder unternehmenszentrierte Konflikte zum Normalfall. Anders als bei der Ausgründung der DHL Delivery GmbH haben die Auseinandersetzungen häufig einen offensiven Charakter. Belegschaften suchen den Konflikt, um betriebliche Mitbestimmung, tarifliche Normen, höhere Löhne und bessere Arbeitsbedingungen durchzusetzen. Bei Amazon fällt es schwer, den Schrittmacher eindeutig zu benennen. Ging der Arbeitskampf zunächst von ver.di aus, hat die Haltung der Unternehmensleitung doch dazu beigetragen, den Konflikt zu eskalieren. Wie im

Fall der Post gibt es eine Differenz zwischen dem formellen Streikanlass (Wechsel in den Einzelhandelstarif) und dem eigentlichen Ziel des Arbeitskampfs (Anerkennung der Gewerkschaft als Verhandlungspartner, Einflussnahme auf das Arbeits- und Kontrollregime des Unternehmens). Auch dieser Streik konnte keine unmittelbare ökonomische Wirkung entfalten, da die Gewerkschaftsmacht nicht ausreichte, um Auftragsverlagerungen im transnationalen Unternehmensnetzwerk zu blockieren. Der Arbeitskampf hatte deshalb vor allem demonstrativen Charakter. Wirkung erzielte er indirekt, ein Ende ist nicht absehbar. Auch deshalb haben Bündnisfähigkeit und kommunikative Ressourcen in dieser Auseinandersetzung für ver.di einen hohen Stellenwert. Zahlreiche betriebliche Rekrutierungskonflikte, die wir exemplarisch in ostdeutschen Betrieben untersucht haben, ähneln der Amazon-Auseinandersetzung insofern, als es um den Anschluss an bestehende tarifliche Regelungen und eine betriebliche Durchsetzung elementarer wirtschaftlicher und sozialer Rechte von den Belegschaften geht. Dabei werden die beteiligten Gewerkschaften tendenziell zu betrieblichen Akteuren und Streiks zu einem Mittel, um die Kompromissfähigkeit der Gegenseite mittels gestärkter Organisationsmacht überhaupt erst zu erzwingen.

Die neue Konfliktformation entsteht aufgrund fragmentierter Arbeitsbeziehungen und sie zeugt von einer Aufsplitterung der Arbeitskonflikte. Den Gewerkschaften verlangt sie ab, sich wieder stärker als *soziale Bewegung* zu verstehen. Erstaunlicherweise prägen Bewegungsmomente auch solche Konflikte, die als Kämpfe von und für Berufsgruppen angelegt sind. Das gilt selbst für den GDL-Streik, dem gern das Etikett einer ständischen Auseinandersetzung angeheftet wird. Damit wird man diesem Konflikt, der sicher auch ständische Züge trägt, aber nicht vollständig gerecht. Berufsstolz und das Vertrauen auf die eigenen fachlichen Fähigkeiten kollidieren mit der markt- und wettbewerbsgetriebenen Abwertung der Arbeit ganzer Berufsgruppen. Richtig genutzt, verwandelt sich ein vermeintlich berufsständisches Bewusstsein in eine Quelle von Widerständigkeit, Protest und kollektivem Engagement. Ein ähnliches Phänomen zeigt sich in den Sozial- und Erziehungsdiensten. Hier hat eine berufliche Identität, die lange als Hindernis für gewerkschaftliche Organisierung galt, ein Facharbeiterbewusstsein hervorgebracht, das zur subjektiven Triebkraft eines heftigen Arbeitskampfs geworden ist.

Daran zeigt sich exemplarisch, wie die *Eigensinnigkeit von Beschäftigten* und die *politischen Überzeugungen von Aktiven* zu einer wichtigen Machtressource der Gewerkschaften werden können. Obwohl von politischem Klassenbewusstsein im Sinne früherer sozialistischer Arbeiterbewegungen keine Rede sein kann, finden sich bei den aktiven Schlüsselgruppen doch Identitätskerne und Motivationen, aus denen sich das Bemühen um eigensinnige, autonome Bestimmungen gewerkschaftlicher Interessenpolitik speist. Ohne solch überschießende Motivationen lassen sich Arbeitskämpfe nicht verstehen. Zu den subjektiven Streikbilanzen der Aktiven gehört die Erfahrung, der Gegenseite immerhin die Stirn geboten zu haben. Diese Erfahrung bleibt subjektiv auch dann wichtig, wenn Arbeitskämpfe, wie im Fall der Erzieher*innen oder der Post, an zentralen Forderungen gemessen nicht mit einem Erfolg enden. Ob Niederlagen konstruktiv verarbeitet werden, hängt wesentlich von der Vermittlungsarbeit gewerkschaftlich Aktiver ab. Deren Deutungsangebote, das beständige Ringen um einigermaßen stabile, zugleich aber erfahrungsoffene Überzeugungen, sind eine wichtige Dimension kommunikativer Gewerkschaftsmacht, deren Stellenwert in einer fragmentierten Arbeitslandschaft beständig zunimmt.

Alles in allem deuten die untersuchten Arbeitskämpfe auf eine *polanyische* Reaktion von Lohnabhängigen hin, die an wahrgenommener Verteilungsungerechtigkeit aufbricht, ohne im *politischen* Raum klassenbildend zu wirken. Lohnforderungen dienen häufig als Auslöser von Arbeitskämpfen. Vordergründig entspricht das der Funktionsweise von Gewerkschaften, die hauptsächlich quantitative Forderungen (Lohn) bedienen. In den aktuellen Arbeitskonflikten zeigt sich jedoch eine andere Dynamik. Der Lohn wird zum Katalysator für qualitative Ansprüche von Beschäftigten. Nur wegen der Kumulation unterschiedlicher Ungerechtigkeitserfahrungen sind prozentuale Lohnforderungen bei qualifizierten Angestellten überhaupt mobilisierungsfähig. In den unteren Einkommensgruppen, die überdurchschnittliche Lohneinbußen hinnehmen mussten, werden Lohnforderungen sicherlich auf absehbare Zeit zentral bleiben. Bei Fachkräften und Spezialist*innen mit hohen Einkommen ist das subjektiv schon längst nicht mehr der Fall. Sofern diese Gruppen sich in Arbeitskonflikten engagieren, sind Lohnkonflikte vor allem ein Ventil, um dem verbreiteten Unmut über Arbeitsintensivierung, Leistungsdruck und Entgrenzung von Erwerbsarbeit und fehlender freier Zeit Ausdruck zu verleihen. In einer Konstellation, in der vor allem qualifizierte Beschäftigte nicht mehr genötigt sind, das gute Leben auf dem Altar der Effizienz zu opfern, haben die Konfliktfelder Leistungsintensivierung, Arbeitszeit, Gesundheit und vor allem Weiterbildung längst ein ähnliches politisches Gewicht, wie es der Lohn als verbindendes Thema in den untersuchten Konflikten besitzt.

Unabhängig davon zeigt sich schon jetzt ein schleichender *Funktionswandel des Streiks*. Arbeitskämpfe sind noch immer ein Mittel, um über ökonomischen Druck exemplarische Tarifabschlüsse für ganze Branchen durchzusetzen. Mehr und mehr werden sie jedoch zu einer vor allem symbolisch-politischen Mobilisierungsform, die in den Betrieben eingesetzt wird, um die gewerkschaftliche Organisationsmacht zu vergrößern und so überhaupt erst Bedingungen für ausgehandelte Konfliktregulierungen zu schaffen. Der Funktionswandel von Arbeitskämpfen tritt nicht immer offen zutage. Er macht sich eher in den Bereichen deregulierter, prekärer Arbeit als in der »ersten Welt« kollektivvertraglicher Regulation bemerkbar. Seine Folgen sind dennoch gravierend. Die Gewerkschaften können sich weniger denn je auf ihre institutionellen Machtressourcen (tarifliche Normen, Mitbestimmung, Arbeitsrecht) verlassen. Sie sind auf Konfliktfähigkeit angewiesen, die sich letztendlich auf Organisationsmacht gründet. Kollektive Handlungs- und Streikfähigkeit muss Betrieb für Betrieb immer wieder neu hergestellt werden. Sie ist zwingend auf eine Erschließung bislang schwach organisierter Gruppen von Lohnabhängigen angewiesen. Arbeitskämpfe werden tendenziell weiblicher, erfassen auch den prekären Sektor und werden gerade in den neuen Dienstleistungsbranchen mit besonderer Härte geführt. Teilweise beruhen sie auf direkter Mitglieder- und Beschäftigtenpartizipation, die sich sowohl auf die Streikformen als auch auf Forderungen und Streikziele auswirkt. Gewerkschaften werden nur aktiv, sofern sie im Betrieb einen bestimmten Organisationsgrad erreicht haben. Gewerkschaftliches Engagement wird auf diese Weise an Bedingungen geknüpft, reine Stellvertreterpolitik ist nicht mehr möglich, die Belegschaften müssen sich organisieren und selbst aktiv werden. Dadurch werden die Auseinandersetzungen weniger berechenbar. Ihr Ausgang ist häufig ungewiss, weil auch die Handlungsweisen und -strategien der Konfliktparteien weniger vorhersehbar sind.

Ob all das dazu führt, dass die Gewerkschaften dauerhaft wieder Charakteristika sozialer Klassenbewegungen ausprägen, um ihre Organisationsmacht zu vergrößern und Streikbereitschaft herzustellen, lässt sich nur schwer vorhersagen. Der Zwang, gewerkschaftliche Erneuerung im Konflikt betreiben zu müssen, macht Interessenpolitik komplizierter. Deshalb benötigen die Gewerkschaften wohl *politische Unterstützungsleistungen*, wollen sie der übermächtigen Kapitalseite, die sich in fragmentierten Arbeitsbeziehungen in unterschiedlicher Weise ausprägt, voluntaristisch und gegebenenfalls mit dem Mittel des Streiks begegnen. Tatsächlich taucht der Staat überraschend häufig und in unterschiedlichen Kontexten als Akteur in den Auseinandersetzungen auf. Er ist, wie im Falle der Erzieher*innen, selbst Konfliktpartei. Er nimmt als Privatisierungsagent und Eigentümer zumindest indirekt Einfluss auf die Arbeitsbeziehungen bei Post und Bahn. Und er wird, wie im Falle des Bahnstreiks, eine entscheidende Instanz, wenn es darum geht, die Regeln für den Arbeitskampf neu zu definieren und an den Strukturwandel der Arbeitsbeziehungen anzupassen.

Insgesamt gilt: Der Trend zur Fragmentierung organisierter Arbeitsbeziehungen lässt sich kurzfristig nicht umkehren. Selbst eine Zunahme von Arbeitskämpfen und Streiks vermag nichts daran zu ändern, dass die organisierten Arbeitsbeziehungen erodieren. In den meisten europäischen Ländern sinkt der gewerkschaftliche Netto-Organisationsgrad (Anteil der berufsaktiven Gewerkschaftsmitglieder an allen abhängig Beschäftigten). Während er in Schweden noch bei etwa 67 Prozent liegt, ist er in vielen Ländern unter die 20-Prozent-Marke gesunken. In Frankreich beträgt er nur noch acht Prozent. Mit – wie schon erwähnt – 18 Prozent Organisationsgrad nimmt Deutschland eine mittlere Position ein. Auch die Tarifbindung der

Unternehmen nimmt in den meisten EU-Ländern ab. Während in Österreich immerhin 98 Prozent der Beschäftigten in Unternehmen mit Tarifbindung arbeiten, sind es in Griechenland nur noch 40 Prozent, in Ungarn 23 Prozent und in Polen nur noch 15 Prozent. Entscheidend ist jedoch die Gesamttendenz, die sich in den meisten EU-Staaten über viele Jahre hinweg in Richtung Desorganisation und Entkollektivierung der Arbeitsbeziehungen bewegt hat.

Deutschland stellt diesbezüglich keine Ausnahme dar. Obwohl sich der Mitgliederbestand einiger Gewerkschaften (IG Metall) bei den Berufsaktiven wieder konsolidiert hat, schwindet der Organisationsanreiz auf der Kapitalseite. Arbeitgeberverbände ermöglichen Unternehmen eine Mitgliedschaft ohne Tarifbindung. Das hat die Verbindlichkeit tariflicher Normen zusätzlich geschwächt. Die Prägekraft von Flächentarifverträgen und der Tarifbindung allgemein hat in der gesamten Bundesrepublik seit den 1990er Jahren kontinuierlich abgenommen und ist in den ostdeutschen Bundesländern besonders schwach. 2017 arbeiteten 43 Prozent der Beschäftigten im Westen und 56 Prozent der Ost-Arbeitnehmer*innen in Betrieben, in denen es keine Tarifbindung mehr gab. 71 Prozent der westdeutschen und 81 Prozent der ostdeutschen Betriebe werden nicht mehr über Kollektivvereinbarungen reguliert. Mit der Erosion des Flächentarifs geht dem dualen System der Interessenrepräsentation ein wichtiges Standbein verloren. Die alte Arbeitsteilung zwischen Betriebsräten und Gewerkschaften steht zur Disposition. Wo den Gewerkschaften oberhalb der Betriebs- und Unternehmensebene die Konfliktpartner fehlen, kann der »demokratische Klassenkampf« – gemeint sind nach den Regeln organisierter Arbeitsbeziehungen geführte und ausgehandelte Arbeitskonflikte und Tarifauseinandersetzungen – nicht mehr aus dem Betrieb ausgelagert werden. Teilweise sind die Tarifparteien gar nicht mehr handlungsmächtig und die Gewerkschaften benötigen, wie beim allgemeinen gesetzlichen Mindestlohn, den interventionistischen Staat, um überhaupt noch verbindliche soziale Regeln setzen zu können. Festzuhalten ist deshalb: Über Kampf- und Streikerfahrungen verfügen nur vergleichsweise kleine Teile der lohnabhängigen Klassen. Ein sozialer Block aus abhängig Beschäftigten ist bisher weder in Deutschland noch in anderen europäischen Ländern entstanden.

These 13: *Sofern mobilisierte Klassen und ein wirkmächtiger sozialer Block der Lohnabhängigen nicht entstehen, kommt es zu sozialen Strukturbildungen, die als Wettbewerbsklassen bezeichnet werden können. Wettbewerbsklassen gehen aus Konkurrenz und symbolischer Abwertung sozialer Großgruppen hervor.*

Den Hauptgrund hat Didier Eribon präzise benannt: Sofern man »›Klassen‹ und Klassenverhältnisse einfach aus den Kategorien des Denkens und Begreifens und damit aus dem politischen Diskurs entfernt«, verhindert man damit »noch lange nicht, dass sich all jene kollektiv im Stich gelassen fühlen, die mit den Verhältnissen hinter diesen Wörtern objektiv zu tun haben« (Eribon 2016, 122). Es öffnen sich soziale Räume, in welchen Klassen vorwiegend aufgrund negativer Klassifikationen und Zuschreibungen entstehen. Zugespitzt formuliert: Sofern im Alltagsbewusstsein der Menschen, die zu den beherrschten Klassen gehören, die Orientierungen fehlen, die mobilisierte Kollektive hervorbringen könnten, wirken Klassenverhältnisse im Modus der Konkurrenz, infolge einer permanenten Scheidung in Gewinner und Verlierer sowie mittels kollektiver Auf- und Abwertungen. Abwertung führt zur Herausbildung von sozialen Lagen, die all jene diskriminieren, die sich mit solchen Lagen arrangieren müssen. Dabei spielt der Staat, der in entwickelten Kapitalismen direkt oder indirekt 40 bis 60 Prozent des Bruttoinlandsprodukts verteilt, eine zentrale Rolle. Durch Zuweisung oder Beschneidung von »Sozialeigentum«, einem kollektiven Eigentum zur individuellen Existenzsicherung, nehmen Staatsaktivitäten erheblichen Einfluss auf die Klassenstrukturierung der Gesellschaft. Grenzziehungen, die mit der Enteignung von Sozialeigentum verbunden sind, bewirken Klassenbildung qua kollektiver Abwertung und Stigmatisierung sozialer Großgruppen.

Das Phänomen der Wettbewerbsklassen verweist auf Schwachstellen auch jener Klassentheorien, die sich auf Marx' Kritik der politischen Ökonomie beziehen. Negative Klassenbildung, also eine Herausbildung sozialer Lagen und Muster der Lebensführung, die aufgrund kollektiver Abwertung entstehen, ist bei Marx und in den an ihn anschließenden Klassenkonzepten so nicht vorgesehen. Das rächt sich spätestens dann, wenn neben Gruppen an oder unterhalb der Schwelle sozialer Respektabilität auch große Teile der Lohnabhängigen zum Objekt kollektiver Abwertungen werden. Genau das ist in der Gegenwart der Fall.

These 14: *Soziale Gruppen in – statistisch erfassbaren – Arbeiterklassenlagen nehmen sich heute mehrheitlich als gesellschaftlich abgewertet wahr. Diese Problematik ist zumindest teilweise eine politisch hausgemachte. Sie verweist auf den Repräsentationsmodus einer bonapartistischen Demokratie.*

Ein Grundproblem der politischen Linken ist gegenwärtig, dass sie eine verbindende Politik für einen sozialen Block der von Löhnen Abhängigen nicht *gesellschaftlich wirksam* zu entwickeln vermag. Das ist einer der Gründe, weshalb die Zunahme klassenspezifischer Ungleichheiten gegenwärtig zu einer Triebkraft der rechtspopulistischen Revolte werden kann. Im Anschluss an Marx kann man die zeithistorische Konstellation der Gegenwart als Tendenz zur Herausbildung bonapartistischer Demokratien bezeichnen. In seiner berühmten Schrift *Der achtzehnte Brumaire des Louis Bonaparte* (MEW 8) analysiert Marx Kräfteverhältnisse und Bündniskonstellationen zwischen Klassen und Klassenfraktionen, die die damalige französische Gesellschaft prägten. Am Beispiel der französischen Parzellenbauern[3] begründet er, weshalb sich eine Mehrheitsklasse aufgrund ihrer monadischen Produktionsweise, fehlender Kommunikationsmittel und geringer Organisiertheit nicht als mobilisierte Klasse zu formieren vermag. Strukturell vorhandene Klassen bringen demnach keineswegs im Selbstlauf bewusst handelnde Klassenbewegungen hervor. Im Gegenteil, demobilisierte Klassen ohne repräsentative Akteure haben kaum eine andere Wahl, als ihre – stets widersprüchlichen und deshalb interpretierbaren – Interessen an handlungsfähige politische Akteure zu delegieren. Die Mehrheitsklasse der französischen Parzellenbauern votierte für Louis Bonaparte und dessen Ordnungspartei, weil diese neben sozialen Vergünstigungen die Wiederherstellung öffentlicher Sicherheit versprach. Mit demokratischen Mitteln an die Macht gelangt, nutzte die Ordnungspartei ihre Position sodann zur Beseitigung der Demokratie und der Wiederherstellung einer monarchistischen Herrschaftsform.

Unter völlig anderen Bedingungen macht sich die Demobilisierung von – diesmal Arbeiterklassen – in der Gegenwart erneut bemerkbar. Zwar wiederholt sich die Geschichte nicht, es ist jedoch auffällig, dass es dem Alltagsbewusstsein von Lohnabhängigen im Allgemeinen und dem von Industriearbeiter*innen im Besonderen an verbindenden Begriffen, an Denkformen und Orientierungen fehlt, mit deren Hilfe sie sich in die Lage versetzen könnten, Ungleichheiten im Sinne von kollektiver Mobilisierung und »demokratischem Klassenkampf« (Korpi 1983) zu deuten, um so gesellschaftliche Kräfteverhältnisse zu verändern und Einfluss auf das Geschehen im politischen Raum zu nehmen. Diese bonapartistische Konstellation kann dazu führen, dass die klassenspezifische *deep story* von Industriearbeiter*innen – eine Tiefengeschichte verletzten Gerechtigkeitsempfindens – einen verzerrten politischen Ausdruck bei der radikalen Rechten finden kann.

These 15: *Als Reaktion auf Ungleichheit, Unsicherheit und soziale Abwertung reagieren Teile der – vor allem männlichen – Arbeiterschaft mit Selbstaufwertung durch Abwertung anderer. Den Kampf um Statuserhalt oder Statusverbesserung tragen rechtsaffine Arbeiter*innen mit dem Mittel des Ressentiments aus.* […]

These 16: *Anspruch demokratischer Klassenpolitik muss es sein, strukturelle und politische Ursachen von Ungleichheit, Prekarität und sozialem Ausschluss klar zu benennen, um so jegliche Vorstellung von homogenen nationalen Gemeinschaften zu destruieren. Starre Entgegensetzungen von Identitäts- bzw. Anerkennungspolitik auf der einen und linkem Populismus auf der anderen Seite sind für dieses Anliegen analytisch wie politisch kontraproduktiv.*

---

3   Frauen hatten in Frankreich erst ab 1945 Wahlrecht.

Eine demokratische Klassenpolitik wird gegenwärtig im Umfeld der Rosa-Luxemburg-Stiftung, aber auch von parteiunabhängigen Linken formuliert. Es gehe »im Kern darum, verschiedene linke, häufig isoliert voneinander stattfindende Perspektiven zusammenzuführen«, beschreibt der Journalist Sebastian Friedrich die Aufgaben einer neuen Klassenpolitik (Friedrich 2018, 21). Ähnlich argumentiert Mario Candeias, Direktor des Instituts für Gesellschaftsanalyse der Rosa-Luxemburg-Stiftung, wenn er zum Perspektivwechsel auffordert und »eine neue Klassenpolitik« vorschlägt, »die die Vielfältigkeit von Interessen des linken Mosaiks nicht negiert« (Candeias 2017, 1–13). Es gehe um einen »verbindenden Antagonismus«, eine »Stärkung der sozial-ökonomischen Themen« (ebd.). Bernd Riexinger, Co-Vorsitzender der Partei DIE LINKE, betont die Chancen der klassenpolitischen Debatte:

> »Das Konzept einer verbindenden Klassenpolitik dient als Inspiration und Aufforderung auf dem Weg zu einer erneuerten Kultur der Linken, als eine im Alltag verankerte Organisierung der ›gesamten Klasse‹ mit ihren vielen verschiedenen Gesichtern. Dazu gehört eine linke Partei, die ebenso glaubhaft die Interessen der Beschäftigten und Erwerbslosen wie jene der unter prekären Bedingungen arbeitenden und lebenden Geflüchteten, Migrant*innen und der LGBTIQ-Community[4] vertritt und gemeinsam mit ihnen für eine Gesellschaft jenseits des Kapitalismus eintritt.« (Riexinger 2018, 158)

[…] Solche Überlegungen treiben die Idee einer Mosaiklinken weiter, wie sie Hans-Jürgen Urban formuliert hat. Klassenpolitik bedeutet nach dieser Auffassung, politischen Themen, die verbinden, größeres Gewicht zu verleihen. »Die« Klasse der Lohnarbeiter*innen wird zum Bezugspunkt für eine »übergeordnete Strategie« (Friedrich 2018, 22; ähnlich: Leisewitz/Lütten 2018): »Die Chance einer Neuen Klassenpolitik liegt darin, Menschen ganz unterschiedlicher Identitäten zu vereinen, ohne das zu ignorieren, was sie voneinander unterscheidet. Das Ziel ist, Erfahrungen zu bündeln und aufzuzeigen, dass trotz geschlechtlicher, ethnischer oder nationalstaatlicher Grenzziehungen überschneidende Interessen bestehen, gemeinsame Kämpfe möglich sind – und erfolgreich sein können.« (Friedrich 2018, 22)

Das Hauptproblem einer solchen klassenpolitischen Orientierung ist, dass sie in der Bundesrepublik als eigenständige politische (Zwischen-) Position kaum wahrgenommen wird. Was Intellektuelle wie Arlie Hochschild oder Didier Eribon an linker Klassenvergessenheit monieren,

---

4 Der Terminus LGBTIQ ergibt sich aus den englischen Kürzeln für Lesbian, Gay, Bisexual, Trans, Intersex und Queer und ist ein Sammelbegriff für Menschen, die sich nicht in der Heteronormativität wiederfinden, da ihre sexuelle Orientierung gegenüber dem Partnergeschlecht, ihre eigene Geschlechtsidentität oder ihre körperliche Geschlechtsbeschaffenheit davon abweichen.

wird – jenseits der Vertreter*innen einer verbindenden Klassenpolitik – in Deutschland sonst nur selektiv aufgenommen und in eine höchst unproduktive Kontroverse zwischen Identitäts- bzw. Anerkennungspolitik (vgl. Demirović 2020 in diesem Band) einerseits, linkspopulärer Formierung andererseits übersetzt. Fürchten die einen die Rückkehr zum Hauptwiderspruch, die Verharmlosung von Rassismus und nationalstaatliche Verengung linker Politik (exemplarisch: Dyk u. a. 2017; deutlich differenzierter: Dyk 2019), geben sich die anderen überzeugt, dass nur eine Verbindung von sozialer Frage und Migrationskritik in der (national-)staatlichen Arena in der Lage sei, rechtsaffine Arbeiter*innen von der radikalen Rechten zurückzugewinnen (Heisterhagen 2018; differenzierter: Nölke 2017).

Während die Linkspopulären für sich reklamieren, die deutsche Antwort auf Didier Eribon zu sein, nehmen Anhänger*innen der Identitäts- bzw. Anerkennungspolitik selbiges zum Anlass, den vermeintlichen Rückfall in klassenpolitischen Reduktionismus und methodologischen Nationalismus öffentlichkeitswirksam zu destruieren. Die Auseinandersetzung um die maßgeblich von Sahra Wagenknecht initiierte und auf Bundesebene inzwischen gescheiterte (Nicht-)Bewegung »aufstehen« bietet ein Musterbeispiel für medial verstärkte diskursive Verzerrungen.

Solche Streitigkeiten unter Linken sind – teilweise – ein Ausdruck von Interessendivergenzen innerhalb und zwischen lohnabhängigen Klassen(-fraktionen). Demokratische Klassenpolitik bedeutet daher im ersten Schritt, den Angehörigen der verschiedenen Lohnabhängigenklassen Deutungsangebote zu machen, die es ihnen erlauben, als bewusst handelnde Klassensubjekte in soziale Konflikte zu intervenieren. Nur dann vermag Klassenpolitik möglicherweise zu leisten, was dem bloßen Beharren auf Vielfalt und Differenz aus dem Blick zu geraten droht. Statt wertebasierten Zusammenhalt überzubetonen, muss darum gerungen werden, dem gerade bei Arbeiter*innen verbreiteten Empfinden von sozialer Abwertung und Kontrollverlust über den eigenen Lebenszusammenhang entgegenzuwirken, indem Streit, Konflikt und Klassenkampf als Formen demokratischer Vergesellschaftung wiederentdeckt und zu symbolischer Aufwertung von links benutzt werden.

Einem solchen Anliegen kann ein an Karl Polanyi angelehnter Klassenbegriff hilfreich sein, der dem Marx der Bonapartismus-Analyse allerdings nähersteht, als der österreichische Sozialist selbst vermutete. Klasseninteressen, so Polanyi, lieferten nur »eine begrenzte Erklärung für langfristige gesellschaftliche Entwicklungen«, denn kollektive Teilinteressen müssten letzten Endes immer »auf eine Gesamtsituation bezogen sein« (Polanyi [1944], 210). Zudem seien Klasseninteressen »vor allem auf Geltung und Rang, auf Status und Sicherheit« gerichtet und deshalb »in erster Linie nicht ökonomischer, sondern gesellschaftlicher Natur« (212). Ein allzu eng gefasster Interessenbegriff müsse daher zu einer »verzerrten Vorstellung der sozialen und politischen Geschichte führen« (213). Er blende aus, dass rein ökonomische Sachverhalte für das Klassenverhalten weit weniger relevant seien »als Fragen gesellschaftlicher Anerkennung« (212).

In Marx' Bonapartismus-Analyse, vor allem aber bei Antonio Gramsci und dessen Hegemonietheorie findet man ähnliche Überlegungen. Ein Klassenbegriff, der die Anerkennungsdimension integriert, könnte an Analysen anschließen, die über Ausbeutung und Entfremdung hinaus andere Kausalmechanismen sozialer Ungleichheit thematisieren (Dominanz, soziale Schließung, Exklusion). Vor allem jedoch würde er ermöglichen, die klassenspezifische Pluralität sozialer Fragen genauer in den Blick zu nehmen. Im Rahmen des Forschungsprojekts Klassenanalyse der Universität Jena befragte rechtsaffine Lohnabhängige betrachten sich überwiegend weder als arm noch als prekär. Ihre sozialen Probleme sind andere. In der für kapitalistische Gesellschaften zentralen »Bewährungsprobe des Lohns« (Boltanski/Chiapello 2003) und der mit ihr verbundenen Anerkennungsproblematik sehen sie sich als Angehörige von Gruppen, deren Leistung gesellschaftlich ungenügend honoriert wird. Diese Problematik wird von einem politischen System, das soziale Verwerfungen mit Armut, Erwerbslosigkeit oder Prekarität gleichsetzt, nicht oder nur ungenügend repräsentiert (Dörre u. a. 2018; Candeias 2018). Missachtung – das ist der reale Kern, den die These einer neuen kulturellen Spaltung (*cleavage*) enthält (Merkel 2017) – wird ihnen auch von Angehörigen jener akademisch qualifizierten und deshalb kulturell überlegenen Klassen(-fraktionen) entgegengebracht, die den pragmatischen Konservatismus, die Werthaltungen, Familienformen und Lebensstile der – schrumpfenden – Industriearbeiterschaft qua Distinktion abwerten (Williams 2017; Evans/Tilly 2017).

Abwertungserfahrungen gehen als besonderer Problemstoff in die Formierung des rechtspopulistischen Blocks ein. Zum kulturellen Bindemittel können sie aber nur werden, solange es an mobilisierenden, demokratisch-inklusiven Klassenpolitiken fehlt, die den widersprüchlichen Charakter radikal rechter Politikangebote aufdecken und öffentlich nachvollziehbar machen. Denn es sind die vom marktradikalen Teil des rechtspopulistischen Blocks favorisierten Rezepte (z. B. Europäischer Binnenmarkt ohne regulierende europäische Institutionen), die, zur Anwendung gebracht, erzeugen, was sich im Alltag von Lohnabhängigen als Ungleichheitserfahrung, kollektive Abwertung und Kontrollverlust bemerkbar macht und durch rückwärtsgewandte Re-Vergemeinschaftung kompensiert werden soll. Demokratische Klassenpolitik hingegen zersetzt jegliche Vorstellung homogener nationaler Gemeinschaften. Sie fordert zu kollektiver Selbsttätigkeit auf, und sie verbindet, weil sie letztendlich nur über ethnische, nationale und Geschlechtergrenzen hinweg erfolgreich sein kann (Zwicky/Wermuth 2018; Candeias/Brie 2016; 2017). Anders als Voten für einen neuen Linkspopulismus (Mouffe 2018) kann sie darauf verzichten, Antagonismen ausschließlich im politischen Raum anzusiedeln und mit Hilfe eines an Carl Schmitt angelehnten Freund-Feind-Schemas zu begründen. Interessengegensätze und Antagonismen verortet sie in den (Klassen-)Strukturen realer Gesellschaften. Eine vergleichende Forschung, die Unterschiede und Gemeinsamkeiten von Lohnabhängigenklassen, deren Bewegungen und Kämpfen systematisch untersucht, könnte dazu beitragen, demokratischer Klassenpolitik ein wissenschaftliches Fundament zu bieten und Gegensätze innerhalb der Linken zu versachlichen.

These 17: *Demokratische Klassenpolitik muss mit realen Klassenauseinandersetzungen korrespondieren, diese intellektuell, konzeptuell und praktisch weitertreiben und ihnen zu öffentlicher Resonanz verhelfen. Dergleichen geschieht gegenwärtig allenfalls punktuell und völlig unzureichend.*

Der Arbeitszeitkonflikt in der Metall- und Elektroindustrie und seine Nichtbeachtung in linken Öffentlichkeiten liefern dafür ein Beispiel. Dass es der IG Metall gelungen ist, die Forderung nach einer 28-Stunden-Woche ohne Lohnausgleich als Option mobilisierungsfähig zu machen, grenzt fast schon an ein Wunder. In einer extrem fragmentierten Arbeitswelt existiert nicht nur eine große Vielzahl an Arbeitszeitregimen, die Arbeitszeiten sind zugleich hochgradig polarisiert: Während Vollzeitbeschäftigte häufig überlange Arbeitszeiten haben, leiden viele Teilzeitbeschäftigte an verkürzten Erwerbszeiten. Würde man die unbefriedigten Arbeitszeitwünsche der Unterbeschäftigten mitzählen, wäre die Arbeitslosigkeit etwa doppelt so hoch wie offiziell registriert. Bedenkt man ferner, dass Einkommensungerechtigkeit auch für vergleichsweise gut verdienende Facharbeiter*innen ein zentrales Konfliktfeld ist, mutet es umso erstaunlicher an, dass die Auseinandersetzung um die kurze Vollzeit in den Powerstreiks der IG Metall gelegentlich Züge einer sozialen Bewegung annahm. So konstatierte ein zunächst sehr skeptischer Journalist der linksalternativen Schweizer Wochenzeitung *WoZ*: »Arbeitskampf kann ein ziemliches Spektakel sein.« (Hackbarth 2018)

Ein Grund für diese Dynamik an der Basis, die den bewegungsnahen Journalisten überrascht, resultiert aus dem Umstand, dass die IG Metall erfolgreich zu einem Thema Politik macht, das in den Arbeits- und Sozialwissenschaften häufig diskutiert wird – ohne dass Gewerkschaftsarbeit dabei eine Rolle spielt, obwohl beispielsweise die IG Metall einen weiten Arbeitsbegriff politisiert. Sie verbindet die Forderung nach Arbeitszeitverkürzung mit der faktischen Aufwertung anderer Tätigkeiten: Zeit für Pflege und Erziehung, Zeit für Muße, um sich von den Belastungen der Schichtarbeit zu erholen. Damit gelingt es, etwas zu thematisieren, das trotz aller Fragmentierung ein gemeinsames Merkmal von Arbeitsverhältnissen in der modernen Arbeitswelt ist: Die Zwänge flexibilisierter Erwerbsarbeit okkupieren sämtliches Arbeitsvermögen – von der unbezahlten Sorgearbeit bis zu den zweckfreien Tätigkeiten in der freien Zeit.

Eine Folge dieser Flexibilisierung ist, dass selbst dann, wenn formal weniger gearbeitet wird, die fremdbestimmte Zeit nicht nur in der subjektiven Wahrnehmung, sondern auch real zunimmt. Wir verlieren an Zeitsouveränität und müssen immer mehr Zeit für Steuerungsarbeit verwenden, um die verschiedenen Lebensbereiche in der Balance zu halten. Als »Balanceimperialismus« haben Oskar Negt und Alexander Kluge dies schon vor gut 20 Jahren bezeichnet. Balanceimperialismus ist ein Modus der Überausbeutung, der die Aneignung unbezahlter Mehrarbeit de facto auf die Nichterwerbsarbeit und die formal freie Zeit ausdehnt. Gegen diese Okkupation hat die IG Metall einen Pflock gesetzt – und das kommt bei den Beschäftigten, Männern wie Frauen, sehr gut an.

In diesem Zusammenhang grenzt es an Fahrlässigkeit, dass die politische Linke (von Ausnahmen abgesehen)[5] dieser Auseinandersetzung kaum Beachtung geschenkt hat, denn Digitalisierung, ökologische Transformation und tiefgreifende Umbrüche des Industriemodells vor Augen, steht Arbeitszeitpolitik im Schnittfeld der künftigen Megatrends.

Und dies aus drei Gründen: Wenn die neue Phase der Digitalisierung dazu führt, notwendige Arbeit einzusparen, dann vermehrt sich erstens die *disposable time* als eigentlicher individueller und gesellschaftlicher Reichtum, den es gerecht zu verteilen gilt. Zweitens ist eine kurze Vollzeit für alle mit hoher Wahrscheinlichkeit ökologisch sinnvoll. Klimawandel und verschwenderischer Umgang mit Naturressourcen schließen aus, dass Wohlstand in Zukunft in erster Linie mit der Steigerung des individuellen Massenkonsums verbunden wird. Neben langlebigen Gütern benötigen wir, die Absicherung eines kulturell angemessenen Lebensniveaus vorausgesetzt, die Verfügung über *disposable time* auch, um ökologisch nachhaltige Lebensstile entwickeln zu können. Drittens schließlich wäre eine kurze Vollzeit für alle eine Antwort auf Stress und wachsende psychische wie physische Belastungen in der Arbeitswelt. Sie wäre es dann, wenn es zugleich gelänge, die Erwerbsarbeitszeit gerechter zu verteilen und einer möglichen Reaktion der Unternehmensseite in Gestalt von Arbeitsintensivierung entgegenzuwirken, indem Interessenvertretungen Einfluss auf die Personalbemessung nehmen können. Eine gesellschaftlich finanzierte, bedingungslose Grundzeit für alle könnte eine sinnvolle Alternative oder auch eine wichtige Ergänzung zur Politik linearer Arbeitszeitverkürzung sein. Dergleichen intellektuell wie konzeptuell vorzubereiten, in Gewerkschaften, sozialen Bewegungen und politischen Parteien diskursiv zu verankern und gesellschaftlich konfliktfähig zu machen ist ein konkretes klassenpolitisches Projekt.

---

5 Riexinger/Becker 2017 sowie Rosa-Luxemburg-Stiftung, Dossier »Kämpfe um Arbeitszeit«, www.rosalux.de/ dossiers/kaempfe-um-arbeitszeit/.

These 18: *Demokratische Klassenpolitik kann und muss auf jeder Ebene – von Betrieb und Unternehmen über die nationalstaatliche Arena bis hin zu grenzüberschreitenden Vernetzungen – international angelegt sein. Eine wichtige Orientierung bieten die Kernarbeitsnormen der Internationalen Arbeitsorganisation (ILO). […]*

These 19: *Unter den Bedingungen einer ökonomisch-ökologischen Zangenkrise verwandelt sich der alte industrielle Klassen- zunehmend und unwiderruflich in einen sozial-ökologischen Transformationskonflikt.*

Anders als Ulrich Beck (1986) in seiner *Risikogesellschaft* vermutete, resultiert dieser gegenwärtige Konflikt jedoch nicht aus zwei getrennten Logiken, denen die Tendenz innewohnt, dass die »Probleme der dicken Bäuche« (Logik der Reichtumsverteilung) zunehmend von globalen ökologischen Gefahren überlagert und verdrängt werden (Logik der Risikoverteilung). Klassenspezifische Verteilungskonflikte und ökologische Gesellschaftskonflikt lassen sich nicht aufeinander reduzieren; sie sind jedoch in hohem Maße miteinander verwoben und können deshalb als sozial-ökologischer Transformationskonflikt beschrieben werden. Dies lässt sich exemplarisch an dem Zusammenhang zwischen sozialer Ungleichheit und der Zunahme klimaschädlicher Emissionen verdeutlichen: Chancel und Piketty (2015) haben eindrucksvoll gezeigt, dass die einkommensstärksten zehn Prozent der Weltbevölkerung (700 Millionen von sieben Milliarden) für 45 Prozent der Emissionen verantwortlich sind, während die unteren 50 Prozent global lediglich 13 Prozent emittieren. Während die Anteile der reichsten Bevölkerungsgruppen an den klimaschädlichen Emissionen überproportional steigen, sind sie bei den ärmsten Teilen der Weltbevölkerung rückläufig. Die einkommensstärksten zehn Prozent mit dem höchsten Emissionsausstoß leben auf allen Kontinenten, 30 Prozent davon in Schwellenländern. Die Zunahme der CO_2-Emissionen wird in immer größerem Ausmaß durch die Einkommensungleichheit innerhalb der Staaten verursacht. 1998 erklärten diese Ungleichheiten etwa 30 Prozent der globalen Emissionen; 2013 waren es bereits 50 Prozent.

Offenkundig, so ist festzuhalten, forciert die Zunahme klassenspezifischer Ungleichheiten klimaschädliche Emissionen. In ausgeprägt ungleichen Gesellschaften dürfte die Bereitschaft, die Kosten des ökologischen Strukturwandels mitzutragen, in den unteren Klassen wohl kaum zunehmen. Das in dieser Problematik anklingende doppelte Gerechtigkeitsproblem wird von den ökologischen Bewegungen, sehr vorsichtig formuliert, noch immer dramatisch unterschätzt. Gegen die Beiläufigkeit, mit der die Verteilungsproblematik innerhalb von grünen und Degrowth-Bewegungen verhandelt wird, lässt sich einwenden, dass Umverteilung von oben nach unten auch ökologisch nachhaltig wirkt, sofern sie soziale Träger von Lebensstilen begünstigt, deren Emissionen relativ niedrig sind oder sogar sinken. Selbst im wissenschaftlichen Umfeld des Club of Rome wird deshalb die Stärkung von Gewerkschaften empfohlen und nach einer weltweiten Bewegung für soziale Gerechtigkeit gerufen (Becker u. a. 2018). Von dieser Ausrichtung ist in den ökologischen Bewegungen hierzulande und besonders bei den Partei-Grünen noch wenig angekommen. Das könnte sich als fatal erweisen, wenn die Kosten des Klimawandels etwa durch Preis- und Steuererhöhungen ungebremst auf die subalternen Klassen durchschlagen.

Ganz gleich, ob Auseinandersetzungen primär auf der sozialen oder in erster Linie auf der ökologischen Konfliktachse angesiedelt sind, die jeweils andere Perspektive kann, oder besser: darf, nicht mehr ausgeblendet werden. Die akute ökonomisch- ökologische Zangenkrise ist das »Ergebnis von Entwicklung und Unterentwicklung zugleich« (Magri 2014, 413). Sie betrifft nicht nur die »äußere Umwelt des Menschen, sondern auch sein soziales Umfeld (seinen Lebensstil, nicht allein das Wachstumstempo der Produktion) und den Menschen selbst«; »gerade diese beiden Tatsachen zwingen uns dazu […], Umweltfrage und Sozialkritik im Zusammenhang zu sehen und die Frage nach einer anderen Art von Entwicklung zu stellen« (ebd.).

These 20: *Grundsätzlich kann zwischen einer eher konservierenden und einer eher transformierenden Klassenpolitik unterschieden werden. Transformierende Klassenpolitik benötigt die Vision einer besseren, nachkapitalistischen Gesellschaft. Die beginnende Debatte um eine neo- oder ökosozialistische Option weist in diese Richtung.*

Die sozial-ökologische Konfliktdynamik hat inzwischen das Herzstück (nicht nur) des bundesdeutschen Wirtschafts- und Industriemodells erreicht. Ein Grund sind mit Sanktionen versehene Dekarbonisierungsziele, wie sie das Europäische Parlament im Dezember 2018 beschlossen hat. Alle maßgeblichen gesellschaftlichen Akteure – Unternehmen, Wirtschaftsverbände, Parteien, Gewerkschaften und Nichtregierungsorganisationen – müssen entscheiden, wie sie sich zu diesen Zielen verhalten wollen. Nehmen wir als Beispiel das Wertschöpfungssystem Automobil. Im Grunde ist längst klar, dass selbst ein beschleunigter Übergang zur Elektromobilität nicht ausreichen wird, um den Gefahren der menschengemachten Klima- und Ressourcenproblematik wirksam zu begegnen. Es geht um sehr viel mehr und um Grundlegendes. Benötigt werden neue Mobilitätssysteme, eine allmähliche Abkehr vom privaten Pkw sowie der Ausbau des öffentlichen Nah- und Fernverkehrs. Kurzum: Es geht um einen vollständigen Bruch mit über lange Zeit hegemonialen Verkehrskonzepten. Ohne die Rückkehr zu öffentlichem Eigentum, etwa bei der Bahn, ohne gerechtere Finanzierung von Mobilität dürfte eine nachhaltige Verkehrswende nicht zu haben sein. Mit Blick auf die Automobil- und Zulieferindustrie, aber auch über diese Branchen hinaus sprechen selbst Elitenvertreter*innen deshalb über die Transformation und Konversion ganzer Branchen. Eine Industrie- und Beschäftigungspolitik innerhalb des autoindustriellen Komplexes, die solche Zielstellungen ausblendet, ist – bestenfalls – partikularistische, konservierende Klassenpolitik. Ihr spiegelverkehrtes Pendant stellt ökologischer Protest dar, der unter Missachtung der sozioökonomischen Konfliktlinie Autofahrer*innen, Beschäftigte in den Karbonbranchen und deren Interessenvertretungen pauschal zu Gegner*innen im Transformationskonflikt erklärt.

In klarer Abgrenzung zu beiden Ansätzen zielt demokratische Klassenpolitik auf eine Verbindung von sozialen und ökologischen Überlebensinteressen. Einen nachhaltigen Kapitalismus kann es aufgrund seiner expansiven Funktionsmechanismen nicht geben. Das muss transformierende Klassenpolitik beachten. Ihr Hauptanliegen ist die Umverteilung von Entscheidungsmacht über das Was, Wie und Wozu der Produktion. Um dies zu akzentuieren, sollte die Wahrnehmung unmittelbarer Klasseninteressen bei Einkommen, Beschäftigung, Arbeits- und Reproduktionsbedingungen mit einer neo-sozialistischen Zielstellung verbunden werden, deren Kernprojekt eine neue Wirtschaftsdemokratie ist. Neo-Sozialismus ist ein Label, um politische Projekte zu bündeln, mit denen sich Entscheidungen, in denen es um die Grundlagen menschlicher Zivilisation geht, zugunsten ökologischer und sozialer Nachhaltigkeitsziele beeinflussen lassen (vgl. die Debatte in: Dörre/Schickert 2019).[6] Es gibt einen Lackmustest, mit dessen Hilfe sich »nachhaltig« und »nicht nachhaltig« unterscheiden lassen: »1. Reduziert sich der ökologische Fußabdruck? [und reduzieren sich die klimaschädlichen Emissionen, KD] 2. Steigt – für jeden frei zugänglich – die Lebensqualität?« (Grober 2013, 269).[7]

An diesen Nachhaltigkeitskriterien muss sich transformierende Klassenpolitik messen lassen. Ihr Erfolg wird davon abhängen, ob und wie sie Spannungsverhältnisse, die zwischen beiden Zielsetzungen zweifelsohne existieren, demokratisch auszubalancieren vermag. Ein Beispiel mag das verdeutlichen. Die rasche Dekarbonisierung der Wirtschaft mit einer Jobgarantie für alle Beschäftigten der Karbonbranchen zu verbinden, wie das

---

6 Vgl. auch die bereits 2012 in der Zeitschrift *LuXemburg* (3/2012) geführte Debatte »Grüner Sozialismus«, unter: www.zeitschrift-luxemburg.de/gruner-sozialismus-luxemburg-312-ist-erschienen/. Jüngst auch die Ausgabe »Socialism for Future« der Zeitschrift *LuXemburg* (3/2020), www.zeitschrift-luxemburg.de/socialism-for-future-luxemburg-32019-im-erscheinen/.

7 Ein anderer Vorschlag von Mario Candeias (2012) lautet: »Kriterien für einen solchen gerechten Übergang zu einem grünen Sozialismus könnten sein: Alle zu treffenden Maßnahmen müssten daran gemessen werden, ob sie a) relevant zur Senkung von CO_2-Emissionen beitragen, b) zur Reduzierung von Armut und Vulnerabilität (Verletzlichkeit), c) zur Reduzierung von Einkommens- und anderen Ungleichheiten, d) Beschäftigung und Gute Arbeit befördern und e) demokratische Partizipation der Einzelnen ermöglichen.«

die demokratische Sozialistin Alexandria Ocasio-Cortez im Rahmen eines Green New Deal für die USA propagiert (Ocasio-Cortez u. a. 2019), ist eine Forderung mit verbindendem und zugleich transformativem Potenzial. Sie hebt sich wohltuend von einem Verbalradikalismus ab, der jeglicher Reformpolitik innerhalb des Kapitalismus sogleich den Stempel der »Systemstabilisierung« aufdrücken möchte. Zugleich wird schon in den Debatten um die Realisierung von Jobgarantien deutlich werden, wo die systemischen Grenzen des politisch Machbaren liegen.

Abschließend sei festgehalten: Transformierende, demokratische Klassenpolitik mit neo-sozialistischer Zielsetzung steht nicht für die gesamte Mosaiklinke (Urban 2018; Candeias/Brie 2016). Die um Geschlecht, Ethnie und Nation sowie gesellschaftliche Naturverhältnisse zentrierten Konfliktlinien verfügen über je eigene Dynamiken und Repräsentationen. Sie lassen sich nicht aufeinander reduzieren, besitzen jedoch gemeinsame Schnittmengen. Um im Regime »multipler Ungleichheiten« (Dubet 2019) überhaupt wahrgenommen zu werden, benötigt transformierende Klassenpolitik freilich eigene Stimmen. Ihre Protagonist*innen müssen, auch innerhalb der Linken, streitbar sein. In internen Auseinandersetzungen suchen sie jedoch zuerst nach Verbindendem. Innerhalb des Gesamtkunstwerks respektieren sie jedes einzelne Mosaiksteinchen. Nur so wird entstehen können, was wir unbedingt benötigen – eine ausstrahlungskräftige, massenwirksame, attraktive, vielfältige und eben deshalb auch klassenpolitisch handlungsfähige Mosaiklinke.

Literatur

Alvaredo, Facundo, Lucas Chancel, Thomas Piketty, Emmanuel Saez u. Gabriel Zucman (Hg.), 2018: *Die weltweite Ungleichheit*. Der World Inequality Report 2018, München

Arbeitskreis Strategic Unionism (2013): Jenaer Machtressourcenansatz 2.0, in: S. Schmalz u. K. Dörre (Hg.), *Comeback der Gewerkschaften? Machtressourcen, innovative Praktiken, internationale Perspektiven*, Frankfurt/M-New York, 345–75

Aulenbacher, Brigitte, Birgit Riegraf u. Hildegard Theobald, 2014: Sorge: Arbeit, Verhältnisse, Regime, in: *Soziale Welt*, Sonderband 20, Baden-Baden

Beck, Ulrich, 1986: *Risikogesellschaft. Auf dem Weg in eine andere Moderne*, Frankfurt/M

Becker, Karina, Klaus Dörre u. Peter Reif-Spirek (Hg.), 2018: *Arbeiterbewegung von rechts? Ungleichheit – Verteilungskämpfe – populistische Revolte*, Frankfurt/M-New York

Boltanski, Luc, u. Ève Chiapello, 2003: *Der neue Geist des Kapitalismus*, Konstanz

Bose, Sophie, Klaus Dörre, Jakob Köster, John Lütten, Nelson Dörre u. Armin Szauer, 2019: Braunkohleausstieg im Lausitzer Revier – Sichtweisen von Beschäftigten, in: Rosa-Luxemburg-Stiftung (Hg.), *Nach der Kohle. Alternativen für einen Strukturwandel in der Lausitz*, Studien 4/2019, Berlin, 91–114

Candeias, Mario, 2012: Was ist sozialistisch am Grünen Sozialismus?, in: *LuXemburg* 3/2012, unter: www.zeitschrift-luxemburg.de/was-ist-sozialistisch-am-grunen-sozialismus/

ders., 2017: Eine Frage der Klasse. Neue Klassenpolitik als verbindender Antagonismus, in: *LuXemburg*, Sonderausgabe 2017, 1–12, unter: www.zeitschrift-luxemburg.de/eine-frage-der-klasse-neue-klassenpolitik-als-verbindender-antagonismus/

ders., 2018: Den Aufstieg der radikalen Rechten begreifen. Wie hängen unterschiedliche Erklärungsmuster zusammen? Dimensionen einer verallgemeinerten Kultur der Unsicherheit, in: ders. (Hg.), *Rechtspopulismus, radikale Rechte, Faschisierung. Bestimmungsversuche, Erklärungsmuster und Gegenstrategien*, hg. von der Rosa-Luxemburg-Stiftung, Materialien 24, Berlin, 33–60, unter: www.rosalux.de/fileadmin/rls_uploads/pdfs/Materialien/Materialien24_Rechtspopulismus_web.pdf

ders., u. Michael Brie, 2016: Rückkehr der Hoffnung. Für eine offensive Doppelstrategie, *LuXemburg-Online*, unter: www.zeitschrift-luxemburg.de/rueckkehr-der-hoffnung-fuer-eine-offensive-doppelstrategie/

dies., 2017: Linkspartei: Gegen das politische Vakuum, in: *Blätter für deutsche und internationale Politik* 11/2017, 81–6

Castel, Robert, 2005: *Die Stärkung des Sozialen. Leben im neuen Wohlfahrtsstaat*, Hamburg

ders., 2011: *Die Krise der Arbeit: Neue Unsicherheiten und die Zukunft des Individuums*, Hamburg

Chancel, Lucas, u. Thomas Piketty, 2015: *Carbon and Inequality: From Kyoto to Paris. Trends in the Global Inequality of Carbone Emissions (1998–2013) & Prospects for an Equitable Adaptation Fund*, Paris

Credit Suisse, 2018: *Global Wealth Report*, unter: www.credit-suisse.com/corporate/de/articles/news-and-expertise/global-wealth-report-2018-us-and-china-in-the-lead-201810.html

Dahrendorf, Ralf, 1957: *Soziale Klassen und Klassenkonflikt in der industriellen Gesellschaft*, Stuttgart

Destatis, 2016: *Statistisches Jahrbuch*. Deutschland und Internationales, Statistisches Bundesamt, Wiesbaden

Dörre, Klaus, 2019: »Take Back Control!« Marx, Polanyi and Right-Wing Populist Revolt, in: *Österreichische Zeitschrift für Soziologie* 2/2019, 225–243, unter: https://doi.org/10.1007/s11614-019-00340-9

ders., Sophie Bose, John Lütten u. Jakob Köster, 2018: Arbeiterbewegung von rechts? Motive und Grenzen einer imaginären Revolte, in: *Berliner Journal für Soziologie* 28, 55–90

ders., Anja Happ u. Ingo Matuschek (Hg.), 2013: *Das Gesellschaftsbild der LohnarbeiterInnen. Soziologische Untersuchungen in ost- und westdeutschen Industriebetrieben*, Hamburg

ders., Hajo Holst u. Oliver Nachtwey, 2009: Organizing. A Strategic Option for Trade Union Renewal?, in: *International Journal of Action Research* 1/2009, 33–67

ders., u. Christiane Schickert (Hg.), 2019: *Neosozialismus. Solidarität, Demokratie und Ökologie vs. Kapitalismus*, München

Dubet, François, 2019: Der Wandel, die Ungleichheit und die Explosion der Wut, in: *Zeitschrift für sozialistische Politik und Wirtschaft* 230, 10–13

Dyk, Silke van, 2019: Identitätspolitik gegen ihre Kritik gelesen. Für einen rebellischen Universalismus, in: *Aus Politik und Zeitgeschichte* 9–11/2019, 25–33

dies., Emma Dowling u. Stefanie Graefe, 2017: Rückkehr des Hauptwiderspruchs? Anmerkungen zur aktuellen Debatte um den Erfolg der Neuen Rechten und das Versagen der Identitätspolitik, in: *Prokla* 188, 411–20

Eribon, Didier, 2016: *Rückkehr nach Reims*, Berlin

Evans, Geoffrey, u. James Tilley, 2017: *The New Politics of Class. The Political Exclusion of the British Working Class*, Oxford

Friedrich, Sebastian (Hg.), 2018: *Neue Klassenpolitik. Linke Strategien gegen Rechtsruck und Neoliberalismus*, Berlin

Gerst, Detlef, Klaus Pickshaus u. Hilde Wagner, 2011: Revitalisierung der Gewerkschaften durch Arbeitspolitik?, in: T. Haipter u. K. Dörre (Hg.), *Gewerkschaftliche Modernisierung*, Wiesbaden, 136–63

Grober, Ullrich, 2013: *Die Entdeckung der Nachhaltigkeit. Kulturgeschichte eines Begriffs*, München

Hackbarth, Daniel, 2018: Der Griff nach dem Zipfelchen, in: *WoZ. Die Wochenzeitung* 6/2018, 8.2.2018, unter: www.woz.ch/1806/gewerkschaftspolitik/der-griff-nach-dem-zipfelchen

Heisterhagen, Nils, 2018: *Die liberale Illusion. Warum wir einen linken Realismus brauchen*, Bonn

IWF – Internationaler Währungsfonds (2017): *World Economic Outlook April 2017: Gaining Momentum?*, unter: www.imf.org/en/publications/weo/issues/2017/04/04/world-economic-outlook-april-2017

Kadritzke, Ulf, 2017: *Mythos »Mitte«. Oder: Die Entsorgung der Klassenfrage*, Berlin

Kaelble, Hartmut, 2017: *Mehr Reichtum, mehr Armut: soziale Ungleichheit in Europa vom 20. Jahrhundert bis zur Gegenwart*, Frankfurt/M-New York

Korpi, Walter, 1983: *The Democratic Class Struggle*, London

Kronauer, Martin, 2019: Rechtstendenzen in der Arbeiterschaft und die Notwendigkeit der sozialen Transformation, in: *WSI-Mitteilungen* 3/2019, 193–201

Leisewitz, Andre, u. John Lütten, 2018: Neue Klassendiskussion. Anmerkungen zu Klassentheorie, Klassenverhältnissen und zur linken Strategiekrise, in: *Z. Zeitschrift für marxistische Erneuerung* 116, 26–39

Linden, Marcel van der, 2017: *Workers of the World. Eine Globalgeschichte der Arbeit*, Frankfurt/M-New York

Magri, Lucio, 2014: *Der Schneider von Ulm. Eine mögliche Geschichte der KPI*, Hamburg

Mann, Michael, 2014: Das Ende ist vielleicht nah – aber für wen?, in: I. Wallerstein u. a. (Hg.), *Stirbt der Kapitalismus? Fünf Szenarien für das 21. Jahrhundert*, Frankfurt/M-New York, 89–122

Merkel, Wolfgang, 2017: Die populistische Revolte, in: *Kulturpolitische Mitteilungen* 157, 53–6

Milanovic, Branko, 2016: *Die ungleiche Welt. Migration, das Eine Prozent und die Zukunft der Mittelschicht*, Berlin

ders., 2017: *Haben und Nichthaben. Eine kurze Geschichte der Ungleichheit*, Stuttgart

Mouffe, Chantal, 2018: *Für einen linken Populismus*, Berlin

Nölke, Andreas, 2017: *Linkspopulär vorwärts handeln statt rückwärts denken. Gegen den Rechtsruck*, Frankfurt/M

Ocasio-Cortez, Alexandria, u. a., 2019: 116th Congress, 1st Session. H. Re. 109. Recognizing the duty of the Federal Government to create a *Green New Deal*, the House of Representatives, 7.2.2019

Piketty, Thomas, 2014: *Capital in the Twenty-First Century*, Cambridge

Polanyi, Karl, 1995: *The Great Transformation. Politische und ökonomische Ursprünge von Gesellschaften und Wirtschaftssystemen* (1944), Frankfurt/M

Riexinger, Bernd, 2018: *Neue Klassenpolitik. Solidarität der Vielen statt Herrschaft der Wenigen*, Hamburg

ders., u. Lia Becker, 2017: For the many, not the few: Gute Arbeit für Alle! Vorschläge für ein neues Normalarbeitsverhältnis, in: *Sozialismus*, Supplement, 9/2017

Russell Hochschild, Arlie, 2016: Ausgehöhlt. Die Tea Party, ein Erdsturz in Louisiana und die Abgründe amerikanischer Politik, in: *LuXemburg* 3/2016, unter: www.zeitschrift-luxemburg.de/ausgehoehlt-die-tea-party-ein-erdsturz-in-louisiana-und-die-abgruende-amerikanischer-politik/ Schmidt, Jürgen, 2015: *Arbeiter in der Moderne. Arbeitsbedingungen, Lebenswelten, Organisationen*, Frankfurt/M-New York

Silver, Beverly J., 2005: *Forces of Labor. Arbeiterbewegung und Globalisierung seit 1870*, Berlin/Hamburg

Therborn, Göran, 1987: Auf der Suche nach dem Handeln. Geschichte und Verteidigung der Klassenanalyse, in: *Prokla* 66, 128–60

ders., 2012: Class in the 21st Century, in: *New Left Review* 78, 5–29

Thien, Hans-Günter, 2019: *Die verlorene Klasse. ArbeiterInnen in Deutschland*, Münster

Urban, Hans-Jürgen, 2010: Wohlfahrtsstaat und Gewerkschaftsmacht im Finanzmarkt-Kapitalismus. Der Fall Deutschland, in: *WSI-Mitteilungen* 9/2010, 443–50

ders., 2018: Mosaiklinke, in: W. F. Haug u. a. (Hg.), *Historisch-kritisches Wörterbuch des Marxismus: Maschinerie bis Mitbestimmung*, Bd. 9/I, Hamburg

Weber, Max, 1980: *Wirtschaft und Gesellschaft. Grundriss der verstehenden Soziologie (1921)*, Tübingen

Williams, Joan C., 2017: *White Working Class. Overcoming Class Cluelessness in America*, La Vergne

Wright, Erik Olin, 1985: *Classes*, London-New York

Zwicky, Pascal, u. Cédric Wermuth, 2018: Die »wirtschaftsdemokratische Offensive« der Sozialdemokratischen Partei der Schweiz – eine Praxisnotiz, in: *Berliner Journal für Soziologie* 1–2/2018, 263–73

Gekürzte Fassung aus: Demobilisierte Klassengesellschaft und Potenziale verbindender Klassenpolitik, hg. v. M. Candeias, Reihe Beiträge zur Klassenanalyse 2, Rosa-Luxemburg-Stiftung, Berlin 2019, 11–56

Autor*innen

Étienne Balibar (1942 geboren) ist französischer Philosoph und bekannter Marxist. Er war Schüler und enger Mitarbeiter von Louis Althusser. Zusammen verfassten sie das berühmt gewordene *Das Kapital lesen* (1968). An der Universität Paris-X (Nanterre) wurde er Professor. Mit Immanuel Wallenstein schrieb er das nicht minder bekannte Werk *Rasse, Klasse, Nation* (1988), aus dem hier ein Kapitel dokumentiert wird. Balibar war ab 1961 Mitglied der Kommunistischen Partei Frankreichs (PCF). Allerdings wurde er aus der Partei ausgeschlossen, nachdem er deren Migrationspolitik in einem seiner Artikel kritisiert hatte. Er blieb stets engagierter Intellektueller.

Tithi Bhattacharya (1971 geboren) lehrt südasiatische Geschichte an der Purdue Universität in West Lafayette (Indiana, USA). Als engagierte Feministin streitet sie für eine neue Klassenpolitik. Mit Cinzia Arruzza und Nancy Fraser hat sie das Manifest *Feminism for the 99 %* (2019) verfasst und mit dem Sammelband *Social Reproduction Theory: Remapping Class, Recentering Oppression* (2017) einen wichtigen Beitrag zur marxistisch-feministischen Theorie der Reproduktion geleistet.

Pierre Bourdieu (1930–2020) gehört zu den einflussreichsten Soziologen in der zweiten Hälfte des 20. Jahrhunderts und wirkte als Professor an der Pariser Universität École des hautes études en sciences sociales (EHESS) sowie dem Collège de France. Zwei seiner bekanntesten Werke sind *Die feinen Unterschiede* (1979) – aus dem hier Abschnitte präsentiert werden – und *Das Elend der Welt* (1997). Immer wieder mischte er sich in gesellschaftliche Auseinandersetzungen ein, unterstützte die Bewegung der »Papierlosen« oder Streikbewegungen, griff mit seiner Streitschrift »Prekärität ist überall« (1998) ein und stand damit in der Tradition engagierter Intellektueller in Frankreich.

Mario Candeias (1969 geboren) ist Direktor des Instituts für Gesellschaftsanalyse der Rosa-Luxemburg-Stiftung und Mitbegründer der Zeitschrift *LuXemburg*. In dieser Funktion arbeitet er an Strategien verbindender Klassenpolitik und sozialistischer Transformation. Von ihm erschienen u. a. *Neoliberalismus. Hochtechnologie. Hegemonie. Grundrisse einer transnationalen kapitalistischen Produktions- und Lebensweise* (2004/2009) und *Plätze sichern! ReOrganisierung der Linken in der Krise. Zur Lernfähigkeit des Mosaiks in den USA, Spanien und Griechenland* (zusammen mit Eva Völpel 2014).

Mariarosa Dalla Costa (1943 geboren) war Dozentin an der Universität Padua, ab 1967 bei Potere Operaio aktiv, der wichtigsten operaistischen Gruppe in Italien. 1971 verließ sie die Organisation und gründete gemeinsam mit anderen Frauen Lotta Feminista.

Alex Demirović (1952 geboren) ist Philosoph und Sozialwissenschaftler und hierzulande einer der eingriffslustigsten linken Intellektuellen. Er lehrte unter anderem an den Universitäten in Frankfurt am Main und Berlin, ist Vorstandsmitglied der Rosa-Luxemburg-Stiftung, Fellow am Institut für Gesellschaftsanalyse der Stiftung und Gründungsmitglied der Zeitschrift *LuXemburg*.

Frank Deppe (1941 geboren) promovierte bei Wolfgang Abendroth und wurde dann Professor für Politikwissenschaften an der Universität Marburg und einer der wichtigsten Vertreter der »Marburger Schule«, die mit seiner Hilfe zahlreiche marxistische Wissenschaftler*innen und geschulten Nachwuchs für die Gewerkschaften herausbildete. Frühzeitig entwickelte er eine kritische Europaforschung und ist einer der wichtigsten lebenden Theoretiker der Arbeiterbewegung.

Klaus Dörre (1957 geboren) studierte bei Frank Deppe und ist heute einer der bekanntesten kritischen Gewerkschafts- und Streikforscher der Bundesrepublik. Als Professor an der Universität in Jena betreibt er dabei eine engagierte und kritische Soziologie mit starker Nachwuchsförderung, u. a. mit dem PKJ, dem von der Rosa-Luxemburg-Stiftung geförderten Projekt Klassenanalyse Jena. Das Institut für Soziologie in Jena ist damit zum wichtigsten verbliebenen Zentrum marxistischer Wissenschaft aufgestiegen.

Autor*innen

Didier Eribon (1953 geboren) ist Soziologe und Autor. Er forscht und lehrt als Professor an der Université de Picardie Jules Verne in Amiens. Im deutschsprachigen Raum wurde er vor allem durch seinen viel diskutiertes klassenanalytisches Buch *Rückkehr nach Reims* bekannt, aus dem Auszüge hier nachgedruckt werden. Bekanntheit erreichten auch seine Biografie von *Michel Foucault* (1989) oder seine *Betrachtungen zur Schwulenfrage* (2000).

Barbara Fried (1970 geboren) ist leitende Redakteurin der Zeitschrift *LuXemburg* und stellvertretende Direktorin des Instituts für Gesellschaftsanalyse der Rosa-Luxemburg-Stiftung. Sie ist im Netzwerk Care Revolution aktiv und arbeitet zu Fragen von Sorgearbeit und einem klassenorientierten Feminismus. Von ihr erschien u. a. das Buch *Antiamerikanismus als kulturalisierende Praxis* (2014) oder *Zur Relevanz gesellschaftstheoretischer Analysen für die aktualempirische Forschung der Kritischen Psychologie – am Beispiel Rassismus* (2002).

Antonio Gramsci (1891–1937) war ein italienischer Schriftsteller, Journalist, Politiker und einer der bedeutendsten marxistischen Philosophen. Er gehört zu den Begründern der Kommunistischen Partei Italiens, deren Generalsekretär er von 1924–27 war. Am 8. November 1926 wurde er von den Faschisten verhaftet. Der Staatsanwalt, Michele Isgrò, schloss seine Anklagerede mit folgenden Worten: »Wir müssen für zwanzig Jahre verhindern, dass dieses Hirn funktioniert.« Er erreichte das Gegenteil. Während seiner Zeit im Gefängnis verfasste Gramsci 32 Hefte mit philosophischen, soziologischen und politischen Überlegungen, die berühmten *Gefängnishefte*, aus denen wir hier Teile abdrucken.

Stuart Hall (1932–2014) war einer der wichtigsten marxistischen Kulturtheoretiker seiner Zeit. Mit den Cultural Studies brachte er ein interdisziplinäres Projekt auf den Weg, das den Schlüssel zur Analyse gesellschaftlicher Verhältnisse in den kulturellen Alltagspraxen sieht. Antikolonialistischen, antiimperialistischen und antirassistischen Bewegungen gab er seine Stimme und wichtige theoretische Impulse. Hall war Mitbegründer der New Left.

Frigga Haug (1937 geboren) ist Soziologin, kritische Psychologin und die bedeutendste marxistische Feministin der Bundesrepublik. Von Beginn war sie in der westdeutschen Frauenbewegung aktiv. Sie ist Mitherausgeberin und Autorin des *Historisch-kritischen Wörterbuchs des Marxismus* und der Zeitschrift *Das Argument*. In ihrer Zeit als Professorin an der Hochschule für Wirtschaft und Politik leitete sie u. a. das *Projekt Automation und Qualifikation*. Mit der *Vier-in-einem-Perspektive* plädiert sie für ein neues Verhältnis von Lohnarbeit zu sozialer Reproduktion.

Ursula Huws war Leiterin des unabhängigen Forschungsinstituts Analytica und Gastprofessorin am Working Lives Research Institute der London Metropolitan University. Seit 2010 ist sie Professor of Labour and Globalisation an der University of Hertfordshire. Sie interessiert sich für die Veränderungen von Arbeit im Hightech-Kapitalismus und die Frage, was das für Klassenverhältnissen im 21. Jahrhundert heißt. In ihrem Buch *The Making of a Cybertariat. Virtual Work in a Real World* (2003) stellt sie die Frage, wie das Kybertariat – Beschäftigte in der Informationsverarbeitung – zu einer handlungsfähigen Klasse werden kann.

Rosa Luxemburg (1871–1919) ist eines der ikonischen Gesichter der sozialistischen Bewegung. Und eine der wenigen Frauen, vielleicht die einzige, deren zentrale Rolle darin unbestritten ist. Sie beeindruckt als brillante Autorin und klarsichtige Theoretikerin, als mitreißende Rednerin und engagierte Politikerin, als lyrische Chronistin und streitbare Genossin. Und sie steht für eine Haltung, in der Entschiedenheit im politischen Kampf und »weitherzigste Menschlichkeit« ein Ganzes bilden. Die sozialdemokratische Politikerin, Gründerin des Spartakusbundes und der Kommunistischen Partei, Revolutionärin wurde 1919 von Freikorps ermordet. Einer ihrer Aussprüche gilt noch immer: »Ich war, ich bin, ICH WERDE SEIN!«

Antonio Negri (1933 geboren) war Mitbegründer der Potere Operaio, weshalb er in Italien politisch verfolgt wurde und 14 Jahre in Paris im Exil lebte. Mit seinem Buch *Empire* (zusammen mit Michael Hardt) gilt er als Vordenker der globalisierungskritischen Bewegung und als prominenter Vertreter des postoperaistischen Denkens. Die Entwicklung seiner Klassenanalyse zeichnet Steve Wright in diesem Band nach.

Nicos Poulantzas (1936–1979) war der wohl wichtigste marxistische Staatstheoretiker und lehrte als Professor an der Reformuniversität Vincennes. Seine Bücher *Politische Macht und gesellschaftliche Klassen* (1968), *Die Krise der Diktaturen* (1977) oder *Staatstheorie* (1978) wurden zu häufig zitierten Standardwerken. Seinen staatstheoretischen Ansatz analysiert Alex Demirović in diesem Band.

Gayatri Chakravorty Spivak (1942 geboren) ist eine der Gründungsfiguren der postkolonialen Theorie. Als Professorin für Literaturwissenschaft an der Columbia University (NY) pendelt sie zwischen der akademischen Welt und den Slums von Kalkutta, in denen sie seit Jahren Bildungs- und Organisierungsarbeit betreibt. Ihr Text *Kann die Subalterne sprechen?* (1988/dt. 2008) wurde zu einem einflussreichen Bezugspunkt marxistischer, poststrukturalistischer und postkolonialer Kritikansätze. Von dort aus wirft sie im Jahr 2014 mit *Wer hört die Subalterne?* einen Rück- und Ausblick, der hier dokumentiert wird.

Edward Palmer Thompson (1924–1993) war marxistischer Historiker und Friedensaktivist. Er gilt als einer der Pioniere einer Geschichte von unten. Thompson war einer der prominentesten Intellektuellen in der Communist Party of Great Britain, die er 1956 wegen des Einmarsches der Sowjetunion in Ungarn verließ, und er spielte, ebenso wie Stuart Hall, eine Schlüsselrolle in der Neuen Linken in Großbritannien in den späten 1950er Jahren.

Michael Vester (1939 geboren) ist wie kaum ein anderer der Frage der gesellschaftlichen (und kulturellen) Milieus nachgegangen und hat diese als Struktur und Praxis diskutiert. Er leitete ab 1991 das Forschungszentrum Arbeitsgruppe Interdisziplinäre Sozialstrukturforschung (agis). Einer seiner letzten Veröffentlichungen stellte er folgenden von Edward P. Thompson stammenden Satz voran: »But class itself is not a thing, it is a happening«. An ihm orientiert entstand auch sein erstes wichtiges Werk *Die Entstehung des Proletariats als Lernprozess* (1970). Später gab der den Band *Das Elend der Theorie* mit Schriften von Thompson heraus. Heute ist Vester emeritierter Professor für Politikwissenschaft an der Universität Hannover und Mitglied des Gesprächskreises Klassen- und Sozialstrukturanalyse der Rosa-Luxemburg-Stiftung.

Lise Vogel (1938 geboren) ist eine feministische Soziologin und Kunsthistorikerin aus den USA. Als Mitbegründerin der Theorie der sozialen Reproduktion nahm sie maßgeblich Einfluss auf die marxistisch-feministische Theorie. Ihr Klassiker *Marxism and the Oppression of Women* erschien 1983 und wurde auf Deutsch 2019 im Unrast Verlag veröffentlicht – das in der Zeitschrift *LuXemburg* veröffentlichte neue Vorwort zu diesem Buch findet sich hier.

Paul Willis (1945 geboren) ist Kultursoziologe und Anthropologe. Er war Professor für Ethnographie an der Keele University und ist seit 2010 an der Princeton University. Er wurde als empirischer Sozialforscher durch die 1977 erschienene Studie *Learning to Labour: how working class kids get working class jobs* (dt. *Spaß am Widerstand*, 1979/2013) bekannt und zählt zu den prominenten Theoretikern der britischen Cultural Studies.

Steve Wright (1954 geboren) arbeitet als wissenschaftlicher Mitarbeiter an der Monash University in Australien und ist Herausgeber von *Work of the Future* (1997) und *Never Give In* (1998). Sein Buch *Den Himmel stürmen* (2002) widmet sich der Theoriegeschichte des Operaismus.